[제2판] 민사집행실무총서(Ⅰ)

부동산경매(2)

편집대표 윤 경

공저 박영호·김선형

韓國司法行政學會

머 리 말
(부동산경매)

민사집행은 여러 가지 실체법적 문제와 절차법적 문제가 결합되어 있어서 실무가들이 가장 어려워하는 분야입니다. 그 중에서도 부동산집행은 민사집행의 가장 기본이 되고, 사건 건수도 많은 민사집행의 가장 핵심 분야입니다.

부동산경매 업무가 사법보좌관님들에게 넘어간 지가 20년 가까이 되어 가고 있는 시점에서, 사법보좌관으로 일선에서 부동산 경매업무를 오래 동안 처리한 후 3년 동안이나 대법원 재판연구관으로서 대법원에 접수되는 민사집행 및 신청 사건들에 관한 보고서 작성을 담당하였던 김선형 심의관님과 집행실무총서 부동산집행 편의 개정 작업을 함께 진행하면서 실제 경매 업무를 처리한 지가 오래된 법관은 다루기 힘든 부동산 배당 및 부동산 경매의 실제 현장에서 발생하고 있는 여러 새로운 법리적인 문제점이나 실무적인 문제점들을 모두 다룰 수 있게 된 것이야 말로 이번 개정 작업의 가장 큰 성과라 생각합니다.

특히나 이 책에서는 2014년판 및 2020년판 법원실무제요 민사집행 중 부동산집행 부분을 집필한 저와 김선형 심의관님이 법원실무제요에 담았던 내용뿐만 아니라, 법원실무제요를 집필하는 과정에서 의견대립 등으로 인하여 한 쪽으로 의견정리가 되지 않아서 생략한 내용들이나, 여러 가지 사정상 법원실무제요에 담을 수 없었던 현재 경매계장님들이나 사법보좌관님들의 부동산경매 처리 방식이나 방안 등을 포함하여 부동산경매 실무와 관련하여 일선 관계자들이 가장 궁금해 하거나 가려워하는 내용들을 가급적 모두 포함시키려고 노력하였기 때문에, 부동산 집행과 관련한 거의 모든 의문점들이 이 책만 읽으면 해소될 수 있도록 최대한 노력하였습니다.

개정판 집행실무총서에서는 집행업무를 담당하였던 부장판사 및 사법보좌관님들 중 부동산, 채권, 보전 법원실무제요를 집필하셨던 분들을 집필진으로 영입하여, 법원의 집행 실무 현장에서 문제가 되고 있는 여러 고민거리들에 대하여 이론적, 실무적인 해결책을 제시하였기 때문에 이번 집행실무총서는 집행 관련 업무를 처리하는 실무가들뿐만 아니라 민사집행 특히 부동산 경매에 관심이 많은 일반인들에게도 가장 권위 있고, 신뢰성 있는 지식과 정보를 제공할 수 있을 것으로 확신합니다.

머 리 말

(집행실무총서)

이번에 민사집행 실무총서가 전면 개정되어 새로운 모습으로 선보이게 되었습니다. 가장 특이할 만한 점은 집필진이 모두 바뀌었다는 것입니다. 대부분의 집필자들 모두 법원에서 민사집행실무를 직접 담당했던 경험이 있는 부장판사 등 실무가란 점입니다. 새로운 집필진은 다년간의 실무경험을 바탕으로 이미 많은 논문과 단행본을 내었고, 법원실무제요와 주석 민사집행의 집필진으로 활약을 했던 집행분야의 탁월한 전문가들입니다. 그런 분들이 서로 뜻을 모아 새로이 민사집행분야의 종합실무서를 전면개정하여 시리즈물로 편찬한 것입니다.

민사집행법은 민법과 민사소송법 등 모든 민사법의 이론과 깊이 연결이 되어 있는 종합예술분야입니다. 이 책은 민사집행에 관한 실무서입니다. 민사집행법에 관한 이론서는 많지만, 실질적으로 도움이 되는 실무서는 흔치 않습니다. 그만큼 민사집행법이 어렵기도 하고, 민사집행에 관한 실무를 직접 처리해본 법률실무가가 드물기 때문입니다. 종합적인 실무서에 대한 요청과 바람이 오랫동안 있었음에도 이런 기대에 부응할만한 책이 나오지 못한 것도 현실입니다.

실무서이다 보니 집행실무에서는 문제가 되지만, 아직 대법원 판례가 나오지 않은 부분들도 있습니다. 법원 실무상 발생하는 문제점을 정리하는 데서 출발하였기 때문에 집필방향은 민사집행 담당업무를 담당하는 법관이나 실무담당 직원들의 입장에서 바라본 실무례를 참고로 하여 서술되었습니다.

이번에 전면개정된 민사집행실무총서 시리즈물은 단순한 이론서를 넘어 기존의 책들에서는 전혀 다루지 않는 새로운 실무상 문제점들이나 쟁점들은 분석함으로써 기존 이론서나 실무서의 한계를 완전히 뛰어넘었습니다.

이 책이 민사집행에 관한 실무가들의 가려운 곳을 긁어주고, 관련 업무 처리에 큰 도움을 줄 것이라 확신합니다. 책의 집필을 위해 커다란 노고를 아끼지 않으신 집필자 여러분과 한국사법행정학회 관계자들께 마음 깊이 고마움을 전합니다.

2023. 6.

편집위원 대표 윤 경

필자들을 대표하여 민사집행법의 대가로 인정받고 계신 윤경 변호사님께서 편집 대표를 맡으시고, 그 초고까지 작성하셨던 집행실무총서 중 부동산집행 편을 개정할 수 있는 기회를 가지게 되어 무척이나 영광으로 생각한다는 말을 전하고 싶습니다. 또한 판사로 임관한 이후 의료소송과 관련된 책들과 논문을 수십 편 발표해서 원래 의료소송법의 전문가로 인정받고 있던 필자를 민사집행법의 길로 이끌어 주시는 한편 법관으로서 나아갈 길을 몸소 보여주신 제 인생의 사표이신 김능환 전 대법관님, 민일영 전 대법관님께 항상 미안한 마음과 고마운 마음이 공존하였는데 이번 민사집행실무총서의 부동산 집행, 채권집행, 민사보전 각 편 모두의 집필을 통하여 어느 정도 제가 지금껏 선배 법조인들로부터 물려받거나 배운 지식들을 후배 법조인들에게 물려줄 수 있는 기반을 다지게 되면서 김능환, 민일영 전 대법관님께 오랜 기간 동안 품고 있었던 부채의식은 어느 정도 줄어들 것 같습니다. 하지만 민사집행법을 연구하는 후학으로서 두 대법관님에 대한 존경심과 고마운 마음은 앞으로도 점점 더 커질 것 같습니다.

특히나 개인적으로는 이 책이 출판되기 직전에 갑자기 하늘나라로 소천하신 어머니 김요자 여사의 영전에 어머니의 아들로서 부끄럽지 않게 치열하고 열심히 살았다는 작은 흔적으로 이 책을 바치면서 제가 살아오는 인생 내내 너무 감사했고, 사랑했다고 전하고 싶습니다.

마지막으로 집행실무총서의 개정 작업을 위해 노고를 아끼지 않으신 한국사법행정학회 이중한, 이형한 부장님 및 이종균 회장님께 깊은 감사를 표합니다.

나아가 이 책의 내용에 부족한 부분이 있거나 잘못된 부분이 있으면 언제든지 지적 및 비판을 하여 주실 것을 부탁드립니다.

2023. 7.

공저자를 대표하여 박영호 부장판사

범 례

Ⅰ. 이 책은 “집행실무총서” 시리즈 중 첫 번째 권인 “부동산경매”이며 총 5개의 편과 37개의 장으로 구성하여 제1권(제1편~제3편)과 제2권(제4편~제5편)의 2권으로 발간되었다.

Ⅱ. 집필 항목 구분은 다음과 같다.

Ⅰ.
1.
가.
1)
가)
(1)
(가)
①
㉮

Ⅲ. 주번호는 각 장별로 새롭게 시작하였다.

Ⅳ. 법령의 표기방법

1. 법령을 인용할 때 원칙적으로 약어를 사용하지 않았다.

2. 본문속에 법령을 표기할 때에는 본문의 법령인용은 원문 그대로 사용하며 제○조 제○항 제○호 등으로 기재한다.

Ⅴ. 판례인용 및 출처의 약어표기

1. 판례의 표기는 다음과 같다.

▶ 대법원∨1996.∨4.∨26.∨선고∨96다1078∨판결

▶ 대법원∨1992.∨5.∨26.∨선고∨92다84∨판결,∨대법원 1993.∨10.∨26.∨선고∨93다6409∨판결,∨대법원 1996.∨6.∨14.∨선고∨96다46374∨판결

▶ 대법원∨1996.∨11.∨16.자∨95마252∨결정

▶ 대법원∨1995.∨11.∨16.∨선고∨94다56852,∨56853∨전원합의체∨판결

▶ 의정부지방법원∨2004.∨12.∨6.∨선고∨2004구합539∨판결

▶ 부산지방법원∨동부지원∨2000.∨1.∨18.∨선고∨2000가합10574∨판결

▶ 헌법재판소∨1994.∨7.∨29.∨선고∨92헌바49,∨52∨결정

2. 외국 출전 및 판결은 그 나라의 표준적인 표시방법에 따라 표시할 수 있다. 다만, 일본 판결의 경우에는 번역하지 않고 그대로 표기하며, 선고일은 평성, 소화 등 연호를 기재하고, ( )안에 서기연도를 부기한다.

▶ 일본 대심원 대정 9년 12월 20일 판결

☞ 日大判 大正 9(1920). 12. 20.

▶ 일본 최고재판소 소화 34년 6월 19일 판결

☞ 日最判 昭和 34(1959). 6. 19.

Ⅵ. 기타 인용 표기

1. 참고문헌의 표기는 다음과 같이 한다.

▶ 손진홍, 채권집행실무, 한국사법행정학회(2019), 728.

2. 저자가 2명 이상인 경우 '/ '를 사용하여 2명의 이름을 모두 밝히되, 3명 이상인 경

우에는 '○○○ 외 2인' 등으로 표기한다.

3. 논문이나 단행본, 월간지, 가타 논문집의 인용은 다음과 같이 한다.

▶ 문정일, "공유물분할을 위한 경매에서의 법정매각조건", 대법원판례해설(81), 법원도서관(2010), 424.

▶ 조용현, "유치권에 의한 경매에서 인수주의와 소멸주의", 자유와 책임 그리고 동행: 안대희 대법관 재임기념, 사법발전재단(2012), 239-291.

▶ 이우재, "공동근저당권의 이시배당방법과 그 법리의 조세채권에의 확장", 민사재판의 제문제(16), 한국사법행정학회(2007), 211-244.

4. 외국문헌

▶ 高橋宏志, "法人格否認と執行力の擴張", 別冊ジュリスト 民事執行·保全 判例百選(第2版), 有斐閣(2012), 23-24.

▶ 中野貞一郎, 民事執行法(增補新訂六版), 青林書院(2010), 386-387.

Ⅶ. 한문표기방법

본문의 표기는 한글을 기본으로 하되 한자의 표기가 필요한 경우 ( ) 안에 병기한다.

〈제 1 권〉

〈제 2 권〉

목 차(제1권)

제1편 경매의 신청

제5장 배당요구

제6장 경매신청의 취하

제3편 경매의 실시

제1장 매각기일 및 매각결정기일의 지정·공고·통지

제2장 매각의 실시

목 차(제2권)

제4편 매각허부의 절차

제1장 매각허가에 대한 이의

제2장 매각허부결정

제4장 매각대금의 지급

제5장 침해방지조치와 관리명령

제6장 소유권이전등기 등의 촉탁

제7장 부동산 인도명령

제5편 배당 절차

제1장 배당표의 작성 및 비치

제2장 배당기일에서 배당표에 대한 이의

제3장 배당받을 채권자의 배당액

제5장 배당이의의 소

제6장 배당금의 지급

제7장 주택임대차보호법

제8장 상가건물 임대차보호법

제9장 형식적 경매

제4편 매각허부의 절차

제 1 장 매각허가에 대한 이의
제 2 장 매각허부결정
제 3 장 매각허가여부에 대한 즉시항고 및
사법보좌관 처분에 대한 이의
제 4 장 매각대금의 지급
제 5 장 침해방지조치와 관리명령
제 6 장 소유권이전등기 등의 촉탁
제 7 장 부동산 인도명령

제1장 매각허가에 대한 이의

Ⅰ. 매각결정기일의 개시

1. 의의

매각결정기일이라 함은 집행법원이 매각기일의 종결 후 법원 내에서 매각허부의 결정에 관하여 이해관계인의 진술을 듣고 직권으로 법정의 이의사유가 있는지 여부를 조사한 후 매각의 허가 또는 불허가결정을 하는 기일이다.

법원은 매각기일의 종료 후 미리 정해진 기일에 매각결정기일을 열어 매각허가 여부에 관하여 이해관계인의 진술을 듣고 직권으로 법정의 이의사유가 있는지 여부를 조사한 다음, 매각의 허가 또는 불허가결정을 선고한다.

2. 기일의 지정, 공고, 통지 및 개시

매각결정절차는 법원 안에서 진행하여야 한다(민사집행법 제109조 제2항). 매각결정기일은 매각기일과 함께 공고된다(민사집행법 제104조 제1항). 매각결정기일은 매각기일부터 1주 이내로 정하여야 한다(민사집행법 제109조 제1항). 이는 훈시규정이다. 법원은 매각결정기일을 이해관계인에게 통지하여야 한다(민사집행법 제104조 제2항).[1] 이 통지는 집행기록에 표시된 이해관계인의 주소에 등기우편으로 발송할 수 있다(민사집행법 제104조 제3항, 민사집행규칙 제9조).

Ⅱ. 매각결정기일의 변경

1. 변경

법원은 직권으로 매각결정기일을 변경할 수 있다.

법원은 자유재량에 의하여 매각기일 전에 매각기일과 함께 매각결정기일을 변경하거나 또는 매각실시 후에 매각결정기일만을 변경할 수도 있고 또 매각결정기일을 개시한 후에 이를 연기할 수도 있다.

매각결정기일은 매각의 실시에 앞서 지정되어 이해관계인에게 통지되며 일정한 방법으로 공고되지만(민사집행법 제104조 제1항, 제2항), 매각실시를 마친 뒤에 매각

1) 공유지분의 경매 시에는 다른 공유자에 대하여 입찰기일을 통지하여야 하며, 이를 흠결하면 매각허가결정에 대한 항고사유가 된다(대법원 1998. 3. 4.자 97마962 결정).

결정기일이 변경된 때에는 법원사무관 등은 최고가매수신고인·차순위매수신고인 및 이해관계인에게 변경된 기일을 통지하여야 한다(민사집행규칙 제73조). 그러나 변경된 기일을 공고할 필요는 없다(대법원 1966. 7. 29.자 66마125 결정, 1981. 1. 19.자 80마96 결정).

2. 통지

매각실시를 마친 뒤에 매각결정기일이 변경된 때에는, 법원사무관등은 최고가매수신고인, 차순위매수신고인 및 이해관계인에게 변경된 기일을 통지하여야 한다(민사집행규칙 제73조 제1항). 여기서 말하는 매각결정기일의 변경은 종전 기일을 취소함과 동시에 새로운 기일을 정하는 협의의 변경 외에, 종전 기일을 취소한 후에 후일 별도로 새로운 기일을 지정하는 경우를 포함한다. 후자에 관하여는 구 기일을 취소한 시점에 그 취지를 통지할 필요는 없고, 새로운 기일이 지정되면 그 때 새로운 기일을 통지하면 된다. 통지를 받을 상대방은 최고가매수신고인·차순위매수신고인 및 이해관계인이다. 여기서 이해관계인은 민사집행법 제90조에 규정된 이해관계인을 의미한다.

이 통지는 기록에 표시된 이해관계인등의 주소에 등기우편으로 발송할 수 있다(민사집행규칙 제73조 제2항). 새로 지정된 매각결정기일도 매각기일부터 1주 이내이어야 하나 이는 훈시규정이므로 1주 이후라도 위법은 아니다.

매각결정기일을 변경하는 예로는, 매각기일이 종료되고 최고가매수신고인이 결정되었으나 매각불허가사유의 유무를 조사하는데 심문이 필요함에 따라 시간을 필요로 하는 때, 농지취득자격증명을 발급 받는데 시간이 소요되어 매각결정기일까지 제출할 수 없는 때와 같이 매각결정기일을 예정대로 열 수 없는 사정이 발생한 경우를 들 수 있다.

매각실시 후 매각결정기일까지의 사이에 강제집행의 일시정지를 명하는 재판의 정본이 제출된 때(민사집행법 제49조 제2호)에는 일단 매각결정기일을 연 다음에 민사집행법 제121조 제1호 후단, 제123조 제2항에 의하여 매각불허가결정을 함이 상당하다.

Ⅲ. 이해관계인의 진술

1. 진술할 수 있는 이해관계인의 범위

법원은 매각결정기일에 출석한 이해관계인에게 매각허가에 관한 의견을 진술하게 하여야 한다(민사집행법 제120조 제1항).

여기서 이해관계인이라 함은 민사집행법 제90조의 이해관계인보다 넓은 개념으로서 같은 조가 규정하는 이해관계인뿐만 아니라 최고가매수신고인 또는 자기에게 매각을 허가할 것을 구하는 그 외의 매수신고인도 포함한다. 다만 자기가 최고가매수신고인으로서 매각허가를 받아야 한다고 주장하려는 자는 매수신고 시에 제공한 보증을 찾아가지 아니하고 맡겨둔 채로 있어야 하며 만일 이를 찾아간 경우에는 매각결정기일에 출석하여 의견진술을 할 자격을 상실한 것으로 보아야 한다.

전의 매수인은 재매각의 매각결정기일에 이의진술권을 가지지 못한다. 다만 전의 매수인에 대한 매각대금지급기한의 통지가 부적법함에도 대금미납을 이유로 재매각명령을 한 경우 이와 같은 재매각명령의 위법은 민사집행법 제121조 제1호의 집행을 계속 진행할 수 없는 때에 해당하므로, 전의 매수인은 이를 이유로 재매각명령에 따른 매각결정기일에 이의를 하거나 매각허가결정에 대하여 즉시항고를 할 수 있다(대법원 2001. 6. 4.자 2000마7550 결정).

2. 진술의 방법 및 시기

이해관계인의 진술은 원칙으로 매각결정기일에 구술로 하여야 하나 서면으로 제출하여도 무방하다.

이해관계인이 매각허가에 관한 의견을 진술할 수 있는 시기는 매각허가가 있기까지 즉 매각허가여부의 결정의 선고가 있기까지이다(민사집행법 제120조 제2항). 매각결정기일이 열렸으나 속행기일이 정하여진 경우에는 속행기일에 진술할 수 있음은 물론이다.

3. 진술의 내용

이해관계인의 진술에는 매각허가에 대한 이의 및 이에 대한 반대진술이 있다. 진술인은 진술이유를 증명하는 증거를 제출할 수 있다. 진술을 하지 아니한 자 또는 불출석자도 매각허가결정에 대한 즉시항고권을 상실하지 아니한다. 매각허가에 대한 이의에 대하여는 다음 항에서 별도로 설명한다.

Ⅳ. 매각허가에 대한 이의

1. 의의

매각허가에 대한 이의라 함은 이해관계인이 민사집행법 제121조 소정의 이의사유에 기하여 매각을 허가하여서는 안 된다는 소송법상의 진술을 말한다. 이의신청이 서면으로 제출된 경우에는 문서건명부에 접수하여 경매사건기록에 시간적 접수순서에 따라 가철하며 인지는 첩부를 요하지 아니한다.[2)]

2. 이의사유

매각허가에 대한 이의사유는 민사집행법 제121조에 열거된 것에 한정되므로 그 이외의 사유(예컨대 민사집행법 제112조, 제116조 제2항)에 기하여 이의를 진술할 수는 없다.

최고가매수신고인이 사건번호를 잘못 알아 착오로 자신이 본래 매수신고를 하려던 사건의 매각대상 부동산이 아닌 다른 사건의 부동산에 매수신고를 하였다는 사유는 제121조 각 호의 어디에도 해당한다고 볼 수 없다(대법원 2004. 6. 8.자 2004마209 결정).

민사집행법 121조 소정의 이의사유는 다음과 같다.

가. 강제집행을 허가할 수 없거나 집행을 계속 진행할 수 없을 때(1호)

1) '강제집행을 허가할 수 없을 때'라 함은 강제집행의 요건, 강제집행개시의 요건, 강제경매신청의 요건이 흠결된 경우를 말한다. 집행권원의 부존재(대법원 1961. 11. 8.자 4294민재항567 결정, 1961. 12. 19.자 4292민재항617 결정), 집행력있는 정본의 부존재, 집행문의 부존재, 토지관할의 부존재, 당사자능력의 부존재(대법원 1959. 12. 30.자 4292민재항172 결정), 경매신청의 흠결(대법원 1966. 11. 7.자 66마896 결정), 판결정본송달의 흠결, 조건성취 또는 승계증명 송달의 흠결, 청구채권

2) 재판예규 제1146호 민사접수서류에 붙일 인지액 및 그 편철방법 등에 관한 예규(재민 91-1).

의 변제기 미도래, 담보나 반대급부의 불제공 등의 사유 또는 매각부동산의 부존재나 그 소유권의 부존재 등 또는 매각부동산이 법률상 양도할 수 없는 것일 경우(경매목적물인 부동산이 법률상 양도가 금지된 것이거나 또는 압류가 금지된 경우) 등의 사유가 이에 해당한다.

강제집행에 있어서는 형식상의 강제집행요건이 존재하면 족하고 실체법상의 요건이 실질적으로 존재하는 것까지 확인할 필요는 없으므로, 실체법상 집행권원의 내용인 채권이 변제 기타의 사유로 이미 소멸하였다거나 또는 변제기가 유예되었다 하더라도 채무자가 그것을 이유로 본법 제44조의 청구이의의 소로써 집행권원의 효력을 배제하는 판결을 받아서 집행법원에 제출하기 전까지는 경매의 개시나 속행에 영향이 없다. 따라서 부동산에 대한 강제경매가 개시되기 이전에 또는 경매진행 도중에 채무가 변제되었다 하더라도 그것을 매각허가에 관한 이의신청사유로 주장할 수는 없다(대법원 1979. 9. 12.자 77마268 결정 등). 다만, 채권전액을 변제하고 채권자로부터 변제를 받았다는 증서를 받았거나 의무이행을 미루도록 승낙한 취지를 적은 증서를 받아서 매각결정기일 전에 경매법원에 제출한다면 경매법원은 민사집행법 제49조에 의하여 그 강제경매를 정지하거나 취소하여야 할 것이므로 그 경우에는 이를 매각허가에 대한 이의신청사유로 삼을 수 있다.

나아가 임의경매에서는 담보권의 부존재·소멸, 피담보채권의 불발생·소멸·이행기의 연기 등 실체상의 하자를 매각허가결정에 대한 항고사유로 삼을 수 있으므로(대법원 2008. 9. 11.자 2008마696 결정 등) 앞서 본 강제경매에 대한 내용이 적용될 여지가 없다.

2) '집행을 계속 진행할 수 없을 때'라 함은 집행의 정지 또는 취소사유가 있을 때(민사집행법 제49조, 제50조), (개인)회생채권에 기한 강제경매에서 (개인)회생절차의 개시결정이 있거나(다만 개인회생채권의 경우 채권자목록에 기재된 경우에 한함), (개인)회생절차상 포괄적 금지명령이 발령된 경우, (개인)회생절차상 중지·금지명령이 제출된 경우, 파산채권이나 재단채권에 기한 강제경매에서 파산선고가 있는 때, 경매신청이 취하(민사집행법 제93조)된 것을 간과하고 매각기일을 진행한 후 뒤늦게 발견한 경우, 매각기일을 이해관계인에게 통지하지 않은 경우(대법원 1984. 9. 27.자 84마266결정, 1999. 11. 15.자 99마5256결정), 경매개시결정이 채무자에게 송달되지 않은 경우(대법원 2005. 7. 19.자 2005마419 결정), 공유물지분에 대한 경매를 진행하면서 다른 공유자에게 대한 통지가 누락된 경우(대법원 2007. 12. 27. 선고 2005

다62747 판결) 등 집행절차 중에 집행법상 절차의 진행을 저해하는 사유가 발생한 경우를 말한다.

집행법원은 매각기일 및 매각결정기일을 이해관계인에게 통지하여야 하고(민사집행법 제104조 제2항), 이러한 통지는 집행기록에 표시된 이해관계인의 주소(등기부등본, 권리신고서 또는 배당요구신청서 상의 주소 등)에 등기우편으로 발송할 수 있는바(민사집행법 제104조 제3항, 민사집행규칙 제9조), 채무자는 민사집행법 제90조 제2호에 의하여 당연히 이해관계인이 된다. 여기서 말하는 이해관계인의 주소는 집행기록에 의하여 알 수 있는 주소 중 최근의 주소여야 하고(대법원 1993. 7. 6.자 93마549 결정), 이러한 송달방법은 우편송달에 해당하므로 그 발송 시에 송달의 효력이 있다. 그런데 채무자에게 매각기일과 매각결정기일의 통지를 하지 아니한 절차상 위법은 민사집행법 제121조 제1호의 사유가 되는 것이다(대법원 2005. 7. 19.자 2005마419 결정).

하지만 이해관계인이 기일 통지를 받지 못하였더라도 그 이해관계인이 매각기일을 스스로 알고 그 기일에 출석하여 매수에 참가함으로써 자신의 권리보호에 필요한 조치를 취할 수 있었다면, 그 이해관계인에 대한 매각기일 및 매각결정기일 통지의 누락은 특별한 사정이 없는 한 본조 제1호에서 정한 매각허가에 대한 이의신청사유인 '집행을 계속 진행할 수 없을 때'에 해당한다고 볼 수 없다(대법원 2002. 12. 24.자 2001마1047 결정).

조세, 그 밖의 공과금을 주관하는 공공기관에 대한 최고를 하지 않은 경우(대법원 1959. 5. 19.자 4292민재항2 결정), 매각기일공고에 기재되지 않은 다른 집행관이 경매를 실시한 경우(대법원 1996. 8. 19.자 96마1174 결정) 등은 본 호의 이의신청사유에 해당하지 않는다.

3) 나아가 집행권원이 일단 성립된 후에 실체적 청구권이 소멸하였더라도 청구이의의 소에 의하여 그 집행권원의 효력을 배제하기 전까지는 그 집행권원에 기한 강제집행을 할 수 있으므로 실체적 청구권이 소멸하였다는 사실은 본 호의 이의신청사유가 되지 않는다. 하지만 임의경매에서는 실체적 청구권의 부존재·소멸도 본 호의 이의신청사유가 되고, 경매개시 후에 채권이 변제 등의 사유로 소멸하였다는 사실은 본 호 후단의 이의신청사유가 된다(대법원 1992. 11. 11.자 92마719 결정).

나. 최고가매수신고인이 부동산을 매수할 능력이나 자격이 없는 때(2호)

1) 부동산을 매수할 능력이 없는 때

'부동산을 매수할 능력이 없는 때'라 함은 미성년자, 피성년후견인, 피한정후견인과 같이 독립하여 법률행위를 할 수 있는 능력이 없는 경우를 의미하고, '부동산을 매수할 자격이 없는 때'는 법률의 규정에 의하여 매각부동산을 취득할 자격이 없거나 그 부동산을 취득하려면 관청의 증명이나 인·허가를 받아야 하는 경우를 의미하는 것으로서, 부동산을 매수할 경제적 능력을 의미하는 것이 아니다(대법원 2009. 10. 5.자 2009마1302결정).

2) 부동산을 매수할 자격이 없는 때

'부동산을 매수할 자격이 없는 때'라 함은 법률의 규정에 의하여 매각부동산을 취득할 자격이 없거나 그 부동산을 취득할 때 필요한 관청의 증명이나 인·허가가 없는 경우를 말한다.

매각부동산을 취득할 자격이 없는 경우에는 재매각에 있어서의 전의 매수인(민사집행법 제138조 제4항, 대법원 1978. 8. 30.자 78마215 결정), 채무자(민사집행규칙 제59조), 매각절차에 관여한 집행관 또는 매각 부동산을 평가한 감정인(민사집행규칙 제59조) 및 그 친족(집행관법 제15조) 등이 이에 속한다.

매각부동산 취득에 관청의 증명이나 인·허가가 필요한 경우에는 ① 학교법인의 기본재산(사립학교법 제28조 제1항, 대법원 1994. 1. 25. 선고 93다42993 판결), ② 전통사찰 소유의 일정한 부동산(전통사찰의보존및지원에관한법률 제9조 제1항, 대법원 1999. 10. 22. 선고 97다49817 판결), ③ 향교재단법인의 부동산(향교재산법 제8조 제1항 제1호), ④ 공익법인의 기본재산(공익법인의설립·운영에관한법률 제11조 제3항), ⑤ 의료법인의 재산(의료법 제48조 제3항, 의료법시행령 제21조), ⑥ 사회복지법인의 기본재산(사회복지사업법 제23조 제3항), ⑦ 농지(농지취득자격증명, 농지법 제8조 제1항), ⑧ 어업권(어업권이전의 인가, 수산업법 제19조) 등이 속한다.

따라서 매각부동산을 취득하기 위하여 최고가매수신고인이 그 허가나 증명을 받지 못하였다면 본 호의 이의신청사유가 된다(대법원 2014. 4. 3.자 2014마62 결정). 다만 이러한 증명 또는 허가는 매각허가여부의 결정 시까지 추후보완하면 이의신청사유가 되지 않는다(대법원 1968. 2. 22.자 67마169 결정).

매각기일까지 이러한 증명이나 허가를 받지 못한 경우에는 본조 제2호에 정하여진 최고가매수신고인이 부동산을 매수할 자격이 없는 경우로서 자격의 흠결이 제거되지 아니한 때에 해당하므로 집행법원은 법 제123조 제2항에 따라 직권으로 매각을 허가하지 아니하여야 한다(대법원 2003. 12. 17.자 2003마1669 결정).

사회복지사업법 제23조 제3항은 강행규정으로서 부동산임의경매절차에서 사회복지법인의 기본재산인 부동산에 관한 낙찰에 대하여 주무관청의 허가가 없는 경우 기본재산의 소유권이 매수인에게 이전되지는 않는다(대법원 2003. 9. 26.자 2002마4353 결정). 사회복지법인의 기본재산에 대하여 실시된 부동산경매절차에서 최고가매수신고인이 그 부동산 취득에 관하여 특별시장·광역시장·특별자치시장·특별자치도지사의 허가를 얻지 못하였다면 민사집행법 제121조 제2호에 정한 '최고가매수신고인이 부동산을 매수할 자격이 없는 때'에 해당하므로 경매법원은 그에 대한 매각을 불허하여야 하고, 이는 사회복지법인이 시·도지사의 허가를 받아 토지 및 건물에 대하여 공동근저당권을 설정하였다가 건물을 철거하고 새 건물을 신축하여, 민법 제365조의 '저당지상 건물에 대한 일괄매각청구권'에 기하여 위 신축건물에 대한 경매가 진행된 경우라도 마찬가지이므로, 위 신축건물의 매각에 관하여 별도로 시·도지사의 허가가 없다면 최고가매수신고인에 대한 매각은 허가될 수 없다(대법원 2007. 6. 18.자 2005마1193 결정).

경매대상 토지가 농지법 제2조 제1호의 농지에 해당하여 집행법원이 농지취득자격증명서 제출을 매각조건으로 정하였으나 최고가매수신고인이 매각결정기일까지 이를 제출하지 않은 경우, 이는 민사집행법 제121조 제2호의 매각불허가사유에 해당하고, 최고가매수신고인이 농지취득자격증명서의 발급에 필요한 모든 요건을 갖추었음에도 행정청이 부당히 위 증명서의 발급을 거부하여 이를 제출하지 못한 경우에도 마찬가지다(대법원 2014. 4. 3.자 2014마62 결정).

다. 부동산을 매수할 자격이 없는 사람이 최고가매수신고인을 내세워 매수신고를 한 때(3호)

위 제2호에 해당하는 사람이 탈법행위로서 제3자인 다른 사람의 명의를 빌려 매수신고를 함으로써 최고가매수신고인이 된 때를 의미한다. 즉 부동산을 매수할 자격이 없는 자가 위 제2호의 규정을 회피하기 위한 탈법행위로서 다른 사람의 명의를 빌려 매수신고를 하는 사례까지 방지하기 위하여, 제3자를 내세워 매수 신고를 하게 하는 경우를 매각이의사유 및 직권 매각불허사유로 하고 있다.

라. 최고가매수신고인, 그 대리인 또는 최고가매수신고인을 내세워 매수신고를 한 사람이 민사집행법 제108조 각호 가운데 어느 하나에 해당되는 때(4호)

집행관은 민사집행법 제108조 각 호의 1에 해당된다고 인정되는 자에 대하여는 매각장소에 들어오지 못하도록 하거나 매각장소에서 내보내거나 매수의 신청을 하지 못하도록 할 수 있는데, 이러한 제도적 장치에도 불구하고 제108조 각 호의 1에 해당하는 자가 최고가매수신고인이 되거나 그 대리인인 경우에는 매각허가에 대한 이의사유가 됨은 물론, 동조 각 호의 1에 해당하는 자가 그 규정을 회피하기 위하여 제3자를 내세워 매수 신고를 하게 하는 경우에도 매각이의사유 및 직권 매각불허사유가 된다.

마. 최저매각가격의 결정, 일괄매각의 결정 또는 매각물건명세서의 작성에 중대한 흠이 있는 때(5호)

최저매각가격의 결정 내용 및 그 절차에 중대한 잘못이 있는 때(대법원 1998. 10. 28.자 98마1817 결정, 2000. 11. 2.자 2000마3530 결정 등), 일괄매각의 결정 절차 또는 결정 자체에 중대한 위법이 있는 때, 매각물건명세서에 기재할 사항에 중대한 흠 또는 그 기재 내용에 중대한 오류가 있거나(대법원 1997. 10. 13.자 97마1612 결정, 2000. 1. 19.자 99마7804 결정 등), 현황조사의 생략 등 그 작성 절차에 중대한 하자가 있는 경우이다. 물건명세서의 사본을 비치하지 아니한 경우에도 매각허가에 대한 이의사유가 된다.

1) 최저매각가격 결정의 중대한 흠

최저매각가격이란 경매에서 매각을 허가하는 최저의 가격을 말하는데, 최저매각가격제도를 채택하고 있는 이유는 부동산이 그 실세보다 훨씬 저가로 매각되게 되면 이해관계인의 이익을 해치게 되므로 공정 타당한 가격을 유지하여, 부당하게 염가로 매각되는 것을 방지함과 동시에 매수신고를 하려는 사람에게 기준을 제시함으로써 매각이 공정하게 이루어지도록 함에 있다(대법원 1994. 11. 30.자 94마1673 결정, 1995. 7. 29.자 95마540 결정). 이는 집행당사자나 기타 이해관계인의 이익을 보장하기 위한 것으로 법정의 매각조건이며 이해관계인 전원의 합의에 의하여도 바꿀 수 없다(민사집행법 제110조 제1항). 이처럼 최저매각가격은 적정한 현금화의 전제가 되는 중요한 매각조건의 하나이므로 그 결정에 중대한 잘못이 있을 때는 매각허가에 대한 이의신청사유가 된다.

'최저매각가격의 결정에 중대한 하자가 있는 때'라고 하려면 최저매각가격의 결정이 법에 정한 절차에 위반하여 이루어지거나 감정인의 자격 또는 평가 방법에 위법사유가 있어 이에 기초한 결정이 위법한 것으로 되는 등의 사정이 있어야 한다(대법원 2011. 11. 25.자 2011마1791결정 등).

단순히 감정인의 평가액과 이에 근거하여 결정한 최저매각가격이 시가에 비하여 저렴하다는 사유만으로는 여기에 해당한다고 볼 수 없지만(대법원 2004. 11. 9.자 2004마94 결정 등), 감정에 의하여 산정한 평가액이 감정평가의 일반적 기준에 현저하게 반한다거나 사회통념상 현저하게 부당하다고 인정되는 경우에는 최저매각가격의 결정에 중대한 하자가 있는 것으로 될 수 있다(대법원 2000. 6. 23.자 2000마1143 결정, 2004. 11. 9.자 2004마94 결정).

매각의 대상이 된 목적물의 일부를 누락하고 평가하여 최저매각가격의 결정에 중대한 하자가 생긴 경우(대법원 1998. 10. 28.자 98마1817 결정), 최저매각가격의 저감이 잘못된 경우 등도 여기에 해당한다.

이를 유형별로 분석해 보면 다음과 같다.

가) 감정평가방법, 절차에 문제가 있는 경우

판례는, ① 감정물건의 현황을 육안으로 확인한 후 평가하여야 함에도 건물 현황을 실제 파악하지 아니하고 등기부상의 표시에만 의존하여 평가한 경우(대법원 1968. 8. 26.자 68마798 결정), ② 매각부동산 중 창고의 가액을 평가함에 있어 창고의 면적을 실제보다 45.04㎡ 작게 잡아 평가액이 실제보다 11,034,800원이나 낮게 평가된 경우(대법원 1993. 9. 15.자 93마1065 결정), ③ 지상의 미등기건물이 같이 경매되는 경우와 그렇지 아니한 경우는 경매목적물인 그 부지의 평가액에도 영향이 있다 할 것인데, 집행법원이 미등기건물을 경매목적물에서 제외하면서 감정인에게 미등기건물이 제외된 경우의 토지평가액의 보정을 명하는 등의 조치를 취하지 아니하고 종전에 제출된 평가서의 미등기건물이 포함된 전체평가액에서 미등기건물의 가액만을 공제하고 최저경매가격을 정한 경우(대법원 1993. 9. 15.자 93마1065 결정), ④ 감정인이 건물의 용도를 착각하였을 뿐만 아니라 건물의 면적을 100㎡나 작게 잡아 평가한 경우(대법원 1991. 12. 16.자 91마239 결정), ⑤ 분필된 부동산 간에 10배의 차이가 나도록 평가되었음에도(분필된 토지 중 한 필지의 토지는 평당 1,000원으로 다른 한 필지의 토지는 평당 100원으로 평가), 그 원인 등에 대해 심리하지 않고 단순히 오기에 불과하다고 본 경우(대법원 1964. 8. 25.자 64마546 결정), ⑥ 경매부동산에 관하여 환지예정지가 지정되어 있는데도 이를 간과한 채 평가한 가액을 최저매각가격으로 한 경우(대법원 1974. 1. 8.자 73마683 결정) 위법하다고 하였다.

한편, 경매대상 부동산이 업무시설임을 전제로 가격평가를 하였으나 실제로는 근린생활시설인 사안에서, 이는 매각목적물의 평가를 실시함에 있어 부동산의 물적 상태나 그 용도 및 이에 대한 각종 규제 등을 실제와 다르게 적용하여 그 가격을 결정한 것으로서, 그러한 사유가 본 호(제5호) 소정의 매각허가에 대한 이의신청사유가 될 수 있음은 별론으로 하고, 이로써 매수인인 재항고인이 부동산의 소유권을 취득하지 못하거나 또는 부동산의 부담이 현저히 증가하여 재항고인이 인수할 권리가 중대하게 변동되었다고 할 수 없으므로, 위와 같은 사유는 본법 제127조 제1항에 의한 매각허가결정의 취소사유는 될 수 없다고 본 판례가 있다(대법원 2005. 8. 8.자 2005마643 결정).

나) 일부 경매대상 물건이 감정평가에서 누락된 경우

수목의 가액을 포함하여 경매대상이 된 임야의 가액을 평가하여야 함에도 불구하고 위 수목의 가액을 제외시킨 채 오직 토지가격만을 평가하여 이를 그대로 최저매각가격으로 결정한 것은 그 가격결정에 중대한 흠이 있는 경우에 해당한다(대법원 1998. 10. 28.자 98마1817 결정).

또한 지하굴착공사에 의한 콘크리트구조물(대법원 1994. 4. 22.자 93마719 결정), 건물의 부합물인 증축부분(대법원 1981. 6. 15.자 81마151 결정)에 대한 평가를 누락한 경우, 공장저당에 의한 경매에서 감정평가서상의 평가대상인 기계, 기구 등이 매각물건명세서상의 기재와 동일한지 여부 및 저당권의 효력이 미치는지 여부에 의심이 있는 경우(대법원 1993. 4. 6.자 93마116 결정)도 이에 해당한다.

한편, 일부 경매대상 물건이 감정평가에서 누락되었다 하더라도 감정인의 총평가액과 누락부분의 가액, 후순위 근저당권자의 배당가능성 등을 고려하여 그 누락부분이 매각을 허가하지 않아야 할 정도로 중대한 것인 경우에만 최저매각가격의 결정에 중대한 하자가 있는 것으로 판단될 수 있다. 즉, 선순위 근저당권자의 채권최고액이 합계 17억 2,500만 원이고 감정인의 총평가액은 929,596,000원인데 누락된 기계기구의 담보제공 당시 가액이 311만 원에 불과한 경우에는 최저매각가격의 결정에 중대한 흠이 있는 경우에 해당하지 않는다(대법원 2000. 11. 2.자 2000마3530 결정). 반면, 공장공용물을 누락한 채 3,341,262,090원으로 평가된 공장부동산에 대하여, 1회 입찰기일 전에 그 누락사실이 발견되어 경매법원이 기일을 연기하고 보완감정을 실시한 결과 위 공장공용물이 1,026,742,060원으로 평가되었음에도 공장공용물이 누락된 매각물건명세서를 변경하지 않고 입찰기일공고에도 입찰목적물의 최저입찰가격을 위 3,341,262,090원으로 그대로 기재하여 진행된 입찰기일에서 35억 8,700만 원으로 입찰한 사람이 최고가매수신고인이 된 사안에서는 최저매각가격의 결정 및 매각물건명세서의 작성에 중대한 하자가 있다고 보았다(대법원 2003. 9. 1.자 2003마754 결정).

다) 경매대상에 포함되지 않은 부합물 등을 감정평가에 포함시킨 경우

위 나)항과 같이 목적물을 누락한 채 평가하는 경우도 있지만, 매각대상이 아닌 목적물을 잘못 포함시켜 평가하는 경우도 있다. 이 경우도 정당한 평가액과의 차이가 크다면 중대한 흠이 있다고 보아야 한다. 판례도, 경매대상 토지(2,388.27㎡)와 이에 인접한 경매대상이 아닌 토지에 걸쳐서 지하구조물(3,334.52㎡)이 축조되어 있어, 위 지하구조물 중 경매대상 토지에 위치한 부분만 경매대상 토지에 부합되었다고 할 것임에도, 경매대상 토지에 위치한 부분을 포함한 위 지하구조물 전체 면적을 기준으로 가액을 평가하여 결과적으로 40-50억 원 정도가 많게 평가된 경우에는 최저매각가격 결정에 중대한 하자가 있다고 하였다(대법원 1995. 7. 29.자 95마540 결정).

라) 감정평가액이 현저하게 부당하다고 인정되는 경우

판례는, ① 평가 기준일로부터 5년여 전에 설정된 근저당권의 채권최고액이 이미 감정평가액을 초과하고 있고, 그 이후에도 수차에 걸쳐 그 평가액을 넘는 금액을 채권최고액으로 하는 근저당권이 추가로 설정되었으며, 개별공시지가에 따라 계산한 토지의 가격이 감정평가액의 수 배에 달할 뿐 아니라, 실제 매매 사례 또한 그 감정평가액을 훨씬 초과하는 경우(대법원 1995. 7. 12.자 95마453 결정), ② 감정인이 별다른 감정의 근거를 제시하지 아니한 채 경매부동산 전체를 일괄하여 2억 원이라고 평가하였는데, 근저당권 채권최고액의 합계가 2억 5,300만 원으로 위 감정평가액을 넘고, 개별공시지가를 기초로 하더라도 경매부동산 중 토지의 가격이 501,580,585원이 되어 위 감정평가액을 훨씬 넘는 경우(대법원 1994. 2. 24.자 93마1934 결정), ③ 근저당권 채권최고액 합계액이 감정평가 금액의 수배에 달하는 경우(대법원 2000. 6. 23.자 2000마1143 결정) 평가액이 현저하게 부당하여 본 호의 사유가 된다고 하였다.

마) 가격 저감상의 하자

적법하게 결정된 최저매각가격을 아무런 이유 없이 저감하는 것은 허용되지 않

지만, 매각기일에 매수신고가 없이 매각기일이 최종적으로 마감되었기 때문에 새 매각기일을 정하였을 때에는 최저매각가격을 상당히 낮출 수 있고(민사집행법 제119조), 새 매각기일에서도 매수가격의 신고가 없으면 매수가격의 신고가 있을 때까지 차례로 최저매각가격의 저감 및 새 매각기일의 지정 절차를 되풀이 할 수 있다. 다만, 이러한 가격저감은 어디까지나 전의 매각기일이 적법하게 열렸던 것을 전제로 하는 것이므로, 부적법한 기일에는 매수신고가 없더라도 최저매각가격을 저감할 수 없다.

이와 반대로 새 매각을 실시함에 있어서 최저매각가격을 저감하지 않았다고 하더라도 그것이 당연히 본 호의 이의신청사유가 되는 것은 아니다.

가격저감에 대하여는 독립된 불복방법이 없고, 본 호에 따라 매각결정기일에서 매각허가에 대한 이의 또는 매각허가결정에 대한 항고로 불복할 수 있다.

2) 일괄매각의 결정의 중대한 흠

'일괄매각의 결정에 중대한 하자가 있는 때'라고 함은 일괄매각의 결정 절차 또는 결정 자체에 중대한 위법이 있는 경우를 말한다. 다음과 같은 경우들이 있을 수 있다.

가) 개별매각을 하여야 하는데 일괄매각을 한 경우

일괄매각을 하기 위해서는 매각목적물 사이에 이용상의 일체성 내지 견련관계가 있어야 한다. 그런데 부동산의 종류와 개수가 많고 그 사이에 이용상의 일체성 내지 견련관계가 없음에도 불구하고 일괄매각을 한다면 부동산의 이용방법 및 자금 등의 관계상 매수희망자가 한정되어 버릴 것이고 따라서 개별경매의 경우에 비하여 오히려 매수신고가격이 현저하게 떨어질 가능성이 있다. 그러므로 이러한 경우의 일괄매각결정은 위법하다고 보아야 하고, 본 호의 이의신청사유가 된다.

공장저당법에 정하여진 공장재단을 이루지 아니한 다수의 토지가 공장저당의 목적물이 된 경우에 있어서 그 중 일부의 토지 위에 공장에 속하는 건물이나 공장의 공용물 등이 설치되어 있지 아니하면 단순히 공동으로 공장저당의 목적물이 되었다는 이유만으로 다수의 토지 전부에 대하여 일괄매각을 하여야 하는 것은 아니고, 이러한 경우에도 그 토지들이 공장의 부지로 상용되고 있는 것으로 사회통념상 인정될 수 있는 경우에 한하여 이를 공장건물이 서 있는 토지와 마찬가지로 보아 그 토지 또는 건물 및 공장의 공용물 등과 분리하여 분할매각을 할 수 없다. 하지만 농지와 농지가 아닌 토지는 특별한 사정이 없는 한 그 상호간에 이용관계에 있어서 견련성이 없으며, 농지법상의 농지인 경우에는 매수인의 자격이 법령에 의하여 제한되므로 농지와 농지가 아닌 토지를 일괄하여 매각하게 되면 농지취득자격증명을 받을 수 없는 사람은 매수신고를 할 수 없게 되어 매수희망자를 제한하게 되므로 경매목적인 토지 중 일부 토지만이 농지에 해당하는 경우에는 일괄매각의 요건을 갖추지 못하였다고 보아야 한다(대법원 2004. 9. 24.자 2003마757 결정). 따라서 농지가 공장에 속하는 토지 또는 건물 및 공장의 공용물 등과 함께 공장저당의 목적물이 된 경우에 있어서 그 농지 위에 공장에 속하는 건물이나 공장의 공용물 등이 설치되어 있지 아니하면 단순히 공장저당의 목적물이 되었다는 이유만으로 그 농지에 대하여도 일괄매각을 할 수는 없다(대법원 2004. 11. 30.자 2004마796 결정).

여러 개의 재산을 일괄매각하는 경우에 그 가운데 일부의 매각대금으로 모든 채권자의 채권액과 강제집행비용을 변제하기에 충분하면 다른 재산의 매각은 허용되지 않는다(민사집행법 제101조 제3항 본문). 즉, 과잉매각이 되면 일괄매각이 허용되지 않는데 이러한 경우에 전체 토지를 일괄매각 결정한 경우 위법하다고 보아야 하고, 본 호의 이의신청사유가 된다.

나아가 일괄매각을 하는 것보다 개별매각을 하는 것이 보다 고가로 매각될 수 있으리라고 예상되는 경우에도 일괄매각을 할 수 없는데, 이러한 경우에 일괄매각을 하게 되면 본 호에 해당한다.

나) 일괄매각을 하여야 하는데 하지 않은 경우

반대로 이용상의 일체성이 있어 일괄하여 매각하여야만 보다 고가로 경매될 수 있거나 개별매각으로는 매각 자체가 어려워지는 경우에는 특별한 사정이 없는 한 일괄매각결정을 하여야 한다. 예컨대, 면적이 적어 합쳐야만 건축이 가능한 2개의 인접토지 등과 같이 이를 일괄하여 동일인에게 귀속시켜 이용하게 하는 것이 경제적 효용성을 높여 고가로 매각할 수 있다고 예상되는 경우, 토지와 건물이 하나의 기업시설을 구성하고 있는 경우(대법원 1968. 12. 30.자 68마1406 결정), 2필지 이상의 토지가 개별매각에 의하여 일부토지만 매각되면 나머지 토지가 맹지(盲地)가 되어 값이 현저히 떨어지게 되는 경우 등 여러 개의 부동산의 위치, 형태, 이용관계 등을 고려하여 이를 일괄매수하게 하는 것이 알맞다고 인정되는 경우에는, 집행법원으로서는 일괄매각이 부당하다거나 일괄매각을 할 수 없다고 볼 사유가 없는 한 일괄매각의 방법에 의하여 경매절차를 진행하여야 한다. 이와 같은 경우에 개별 부동산별로 분할매각하면 이는 집행법원의 재량권의 범위를 넘는 행위로서 본 호의 이의신청사유가 된다(대법원 2003. 8. 19.자 2003마803 결정). 민법 제365조의 일괄매각 및 공장저당법에 의한 일괄매각의 경우와 같이 무조건 일괄매각을 하여야 함에도 불구하고 개별매각을 한 경우에도 본 호에 따라 이의할 수 있다. 민사집행법 제101조 제3항 단서에 해당하는 경우, 즉 토지와 그 위의 건물을 일괄매각하는 경우나 재산을 분리하여 매각하면 그 경제적 효용이 현저하게 떨어지는 경우 또는 채무자의 동의가 있는 경우에 해당함에도 합리적인 이유 없이 일괄매각을 허용하지 아니하면 역시 본 호의 이의신청사유가 된다.

다) 일괄매각의 결정방법이나 절차, 시기 등에 잘못이 있는 경우

일괄매각의 결정을 하면서 결정문을 작성하지 않거나 일괄매각결정을 공고하지 않은 경우 또는 매각목적물에 대한 매각기일 이후에 매각결정을 한 경우에는 일괄매각결정 절차에 흠이 있는 것이 된다. 일괄매각결정 없이 일괄매각으로 절차를 진행하거나, 또는 일괄매각결정을 하고도 개별매각으로 절차를 진행한 경우에도 마찬가지이다.

매각목적물에 따라 배당순위에 차이가 있음에도 따로 최저매각가격을 정하지 아니하고 일괄하여 최저매각가격을 정한 결과 민사집행법 제101조 제2항에 따른 재산별 대금액을 정할 수 없게 되었다면 매각불허가 사유에 해당하는 흠이 된다(대법원 1995. 3. 2.자 94마1729 결정).

라) 일괄매각결정 자체에 관한 흠이 아닌 경우

집행법원이 일괄매각을 명하지 아니하였는데도 집행관이 일괄매각의 방법으로 경매를 실시하였다든가 법원이 일괄매각을 명하였는데 집행관이 개별매각을 실시한 경우에는 본 호의 문제가 아니라 제7호의 '경매절차에 그 밖의 중대한 잘못이 있는 때'에 해당하므로 제7호에 의한 이의신청사유가 된다.

3) 매각물건명세서 작성의 중대한 흠

가) 명세서작성의 취지 및 법적 성격

민사집행법 제105조에서 집행법원은 매각물건명세서를 작성하여 현황조사보고서 및 평가서의 사본과 함께 법원에 비치하여 누구든지 볼 수 있도록 하여야 한다고 규정하고 있는 취지는 경매절차에 있어서 매각대상 부동산의 현황을 되도록 정확히 파악하여 일반인에게 그 현황과 권리관계를 공시함으로써 매수 희망자가 매각대상 부동산에 필요한 정보를 쉽게 얻을 수 있도록 하여 예측하지 못한 손해를 입는 것을 방지하고자 함에 있다(대법원 2008. 6. 2.자 2006마807 결정).

매각물건명세서는 일반인들에게 매각부동산의 명세와 권리관계, 특히 매각 후의 부동산의 물적 부담을 명확히 공시하여 주기 위하여 집행법원이 작성하는 매각목적

물건의 현황과 권리관계(매각조건)를 기재한 서면으로서 현재 매각기일의 진행과 매각허부의 결정은 매각물건명세서 작성의 정확성 여부와 그 하자 여부에 의하여 결정되고 있다고 할 만큼 경매절차에서 중요한 지위를 차지하고 있으나, 공신적 효력이 인정되지는 않는다(대법원 1994. 1. 15.자 93마1601 결정).

나) 중대한 하자의 판단 기준

매각물건명세서의 작성에 하자가 있더라도 매각의 결과에 영향을 미치지 아니할 정도의 하자가 있는 경우 이를 불허가사유로 삼을 수는 없는 것이고, '물건명세서의 작성에 중대한 하자가 있는 때'에 해당하는지의 여부는 그 하자가 일반 매수희망자가 매수의사나 매수신고가격을 결정함에 있어 어떠한 영향을 받을 정도의 것이었는지를 중심으로 하여 부동산경매와 매각물건명세서 제도의 취지에 비추어 구체적인 사안에 따라 합리적으로 판단하여야 할 것이고, 이러한 법리는 경매에 갈음하는 입찰의 경우에도 마찬가지이다(대법원 2003. 12. 30.자 2002마1208 결정).

집행법원으로서는 만일 경매절차의 특성이나 집행법원이 가지는 기능의 한계 등으로 인하여 매각대상 부동산의 현황이나 관리관계를 정확히 파악하는 것이 곤란한 경우에는 그 부동산의 현황이나 권리관계가 불분명하다는 취지를 매각물건명세서에 그대로 기재함으로써 매수신청인 스스로의 판단과 책임 하에 매각대상 부동산의 매수신고가격이 결정될 수 있도록 하여야 할 것이다(대법원 2008. 1. 31. 선고 2006다913 판결). 제시 외 건물이 등기되지 않은 등으로 소유자가 명백히 밝혀지지 아니한 상태에서, 경매법원이 제시 외 건물을 경매목적물에서 제외한 후 '법정지상권 성립 여지 있음'이라고만 매각물건명세서를 작성하였더라도 매각물건명세서의 작성에 중대한 흠이 있다고 보기 어렵다(대법원 2008. 6. 2.자 2006마807 결정).

다) 매각물건명세서 작성상 중대한 하자가 인정된 경우

① 농지취득자격증명이 필요하지 않음에도 불구하고 이와 반대의 취지로 명세서가 작성된 경우(대법원 2003. 12. 30.자 2002마1208 결정)

② 임차인의 전입신고일자가 저당권 설정일자보다 뒤임에도 불구하고 앞선 일자로 잘못 기재된 경우(대법원 1999. 9. 6.자 99마2696 결정)

③ 경매법원이 선순위 근저당권의 설정일자와 임차인이 아파트를 점유하고 있다는 것 및 선순위 근저당권 설정일자보다 앞선 주민등록 전입일자를 기재하고, 임차보증금액란은 공란으로 하여 매각물건명세서를 작성하였으나, 그 직후에 임차인이 확정일자를 갖춘 임대차계약서에 기한 권리신고 및 배당요구를 함으로써 매각기일을 기

준으로 할 때에는 임차인의 임차권이 매각으로 인하여 소멸하게 되어 매수인이 이를 인수, 승계하지 아니하는 상태로 되었는데도, 종래의 명세서를 그대로 두고 변경하지 아니한 경우(대법원 1997. 10. 13.자 97마1612 결정)

④ 선순위근저당권자 보다 앞선 일자로 임차인의 전입신고가 되어 있음이 명백함에도, 임대차의 전입신고 여부가 '미상' 또는 '동사무소에서 확인 안 됨'으로 기재되는 등 매각물건명세서가 임대차관계의 실체를 제대로 반영하지 않은 경우(대법원 1995. 11. 22.자 95마1197 결정)

⑤ 미등기건물을 목적물에서 제외할 경우에는 그 취지를 명확히 하여 매수희망자들로 하여금 그 취지를 알 수 있도록 하여야 함에도, 미등기건물을 매각목적물에서 제외하면서도 부동산 표시에 등기부상 목적물 외에 미등기건물이 있음을 아무 설명 없이 표시하여 마치 미등기건물이 목적물에 포함되어 있는 것처럼 기재하였고, 지상권의 개요 란에도 토지와 건물이 다른 사람에게 매각되면 지상권이 설정되는 것으로 보게 될 여지가 있다고만 기재한 경우(대법원 1991. 12. 27.자 91마608 결정)

라) 매각물건명세서 작성상 중대한 하자로 인정되지 않은 경우

① 물건명세서에 임차인의 배당요구나 그 통지에 관한 사항이 기재되지 않은 경우(대법원 2001. 9. 25. 선고 2001다1942 판결)

② 매수인이 임대인의 지위를 양수해야 하는 선순위 임차인과 그 부동산의 소유자가 부자관계에 있다는 사실을 매각물건명세서에 기재하지 않은 경우(대법원 2000. 1. 19.자 99마7804 결정)

③ 매각물건명세서에 선순위 임차인의 배당요구 사실이 기재되지 않은 경우(대법원 1999. 11. 15.자 99마4498 결정)

바. 천재지변, 그 밖에 자기가 책임을 질 수 없는 사유로 부동산이 현저하게 훼손된 사실 또는 부동산에 관한 중대한 권리관계가 변동된 사실이 매각절차의 진행 중에 밝혀진 때(6호)

1) 매각대상 부동산이 천재지변이나 자기가 책임질 수 없는 사유로 물리적으로 현저하게 훼손되거나(대법원 1993. 9. 27.자 93마480 결정), 매수인이 소유권을 취득하지 못하거나 인수할 권리가 변동되는 것과 같이 중대한 권리관계의 변동이 매각절차 진행 중에 발생하거나 발견되는 경우에는 매각허가에 대한 이의사유 및 직권 불허가사유가 된다.

2) 매각허가에 대한 이의신청사유를 규정한 제121조 제6호에서 말하는 '부동산에 관한 중대한 권리관계의 변동'이라 함은 부동산에 물리적 훼손이 없는 경우라도 선순위 근저당권의 존재로 후순위 처분금지가처분(내지 가등기)이나 대항력 있는 임차권 등이 소멸하거나 또는 부동산에 관하여 유치권이 존재하지 않는 것으로 알고 매수신청을 하여 매각허가결정까지 받았으나 그 이후 선순위 근저당권의 소멸로 인하여 처분금지가처분(내지 가등기)이나 임차권의 대항력이 존속하는 것으로 변경되거나 또는 부동산에 관하여 유치권이 존재하는 사실이 새로 밝혀지는 경우와 같이 매수인이 소유권을 취득하지 못하거나 또는 매각부동산의 부담이 현저히 증가하여 매수인이 인수할 권리가 중대하게 변동되는 경우를 말한다(대법원 2005. 8. 8.자 2005마643 결정, 2005. 12. 9.자 2005마952 결정). 예컨대, 제1순위로 저당권이, 제2순위로 처분금지가처분(또는 가등기)이 등기되어 있는 경우에, 통상의 경우라면 매각에 의하여 제1순위 저당권이 소멸하므로 처분금지가처분등기(또는 가등기)도 함께 소멸하게 되나, 경매 진행 중 집행법원도 모르게 제1순위 저당권이 말소되는 경우에는 처분금지가처분(또는 가등기)이 가장 선순위가 되어 매각으로 인하여 말소되지 아니하고 매수인에게 인수되므로, 이는 매각부동산의 권리 관계에 중대한 변경을 초래하는 것이 된다(대법원 1998. 8. 24.자 98마1031 결정). 경매대상 목적물에 예상외의 거액의 유치권이 붙어있는 경우도 마찬가지이다(대법원 2001. 8. 22.자 2001마2652 결정).

하지만, 담보가등기에 기한 본등기가 강제경매절차의 매각기일 후에 이루어지고, 가등기에 기한 본등기가 강제경매 신청 전에 청산절차를 거친 것이라는 증명이 없는 경우에는, 그 담보가등기권자는 그 가등기에 기한 본등기를 청구할 수 없고, 그 가등기가 부동산의 매각에 의하여 소멸하되 다른 채권자보다 자기 채권을 우선변제 받을 권리가 있을 뿐인 이상, 가등기에 기한 본등기가 경료되었다는 사정만을 들어서 부동산에 관한 중대한 권리관계의 변동이 있다고 볼 수 없다(대법원 2010. 11. 9.자 2010마1322 결정).

3) 부동산 임의경매절차에서 매수신고인이 당해 부동산에 관하여 유치권이 존재하지 않는 것으로 알고 매수신청을 하여 이미 최고가매수신고인으로 정하여졌음에도 그 이후 매각결정기일까지 사이에 유치권의 신고가 있을 뿐만 아니라 그 유치권이 성립될 여지가 없음이 명백하지 아니한 경우에도 장차 매수신고인이 인수할 매각부동산에 관한 권리의 부담이 현저히 증가하여 민사집행법 제121조 제6호가 규정하는

이의신청사유가 발생된 경우에 해당한다(대법원 2008. 6. 17.자 2008마459 결정).

사. 매각절차에 그 밖의 중대한 잘못이 있는 때(7호)

이해관계인의 이익이 침해되거나 매각절차의 공정성을 해칠 우려가 있는 중대한 절차위반의 사유는 매각허가에 대한 이의사유가 된다. 따라서 이해관계인의 이익을 침해하는 바 없는 경미한 하자만이 있는 경우에는 이의사유로 삼을 수 없다. 경매절차에 그 밖의 중대한 잘못이 있는 경우로는 다음과 같은 경우들이 있다.

1) 무잉여임에도 경매절차를 진행한 경우

최저매각가격이 압류채권자의 채권에 우선하는 채권과 절차비용에 미달하는데도 불구하고 집행법원이 이를 간과하고 민사집행법 제102조에서 정한 조치를 취하지 아니한 채 경매절차를 진행하였는데, 결과적으로 최고가매수신고인의 매수가액이 우선채권 총액과 절차비용에 미달하는 경우에는 즉시항고사유가 된다(대법원 1995. 12. 1.자 95마1143 결정).

여러 개의 부동산을 경매하는 경우에는 각개의 부동산별로 무잉여 여부를 심사해야 하나, 수개의 부동산에 관한 일괄매각결정을 한 경우나 수개의 부동산이 공동담보를 목적으로 되어 있고 동시에 경매되는 경우에는 전체로서 판단하여 배당받을 가능성이 있으면 무잉여로 판단하지 않는다.

항고법원이 무잉여에 해당하는지 여부를 판단함에 있어, 신청채권자나 우선채권자에게 배당될 금액이 조금이라도 있는지를 판단함에 그치는 것이 좋으며, 집행법원이 배당표를 작성하는 것과 같이 배당할 금액, 배당받을 채권자 및 채권액, 배당순위 등을 모두 확정하여 판단하는 것은 삼가는 것이 좋다. 이후 집행법원의 실제 배당절차에서 배당받을 채권자 및 채권액, 배당순위 등은 바뀔 가능성이 있기 때문이다.

2) 최저매각가격의 공고누락 또는 공고에서 부동산의 최저매각가격, 면적 등에 중대한 착오가 있는 경우

매각기일의 공고가 법률의 규정에 위반한 경우에도 그 하자가 사소한 경우 예컨대 매각기일의 공고사항에 매각기일이나 매각결정기일의 시간의 기재가 빠졌다거나 부동산의 표시에 있어서 다소 다른 점이 있더라도 매각부동산의 동일성을 식별할 수 있는 정도라면 이의사유가 되지 못하지만(대법원 1999. 10. 12.자 99마4157 결정), 매각기일의 공고를 법률상 규정한 방법에 의하지 아니하거나, 민사집행규칙 제55조에 규정한 공고기간(2주전까지 공고하여야 함)을 두지 아니한 경우와 같이 그 정도

가 중대한 때에는 매각허가에 대한 이의사유 및 직권 불허가사유가 된다(대법원 1960. 7. 19.자 4293민재항199 결정, 1961. 10. 14.자 4294민재항579 결정).

따라서 매각부동산의 표시가 동일성을 식별하는데 지장을 주거나 평가를 그르치게 할 정도인 경우(대법원 1999. 10. 12.자 99마4157 결정), 최저매각가격의 기재가 누락되었거나 착오로 잘못 기재한 것이 사소한 것이 아닌 경우(대법원 1994. 11. 30.자 94마1673 결정)도 마찬가지이다.

매각기일을 공고함에 있어서 부동산의 표시가 실제와 다른 점이 있더라도 매각부동산의 동일성을 식별하는 데 지장이 없을 정도라면 중대한 착오가 아니지만(대법원 1999. 10. 12.자 99마4157 결정), ① 실제 면적이 1,507㎡인 부동산을 15.7㎡로 잘못 표시하여 공고한 경우나(대법원 1999. 10. 12.자 99마4157 결정), ② 매각할 건물이 본가 이외에 부속건물이 2동이나 있는데 건물의 동수를 1동으로 하고 면적도 다르게 표시한 경우(대법원 1964. 10. 28.자 64마595 결정), ③ 제시 외 건물을 경매대상에 포함시켜 공고한 경우(대법원 1999. 8. 9.자 99마504 결정) 등과 같이 매각기일 공고 시 이해관계인에게 목적물을 오인하게 하거나 평가를 그르치게 할 정도로 부동산 표시를 잘못한 경우에는 매각허가결정에 대한 이의를 할 수 있다.

하지만 매각허가 또는 불허가의 대상이 된 매수신고가 이루어진 당해 매각기일의 공고에 법규위반이 없는 이상 이전의 매각기일의 공고가 법률의 규정에 위반되었다고 하더라도 이를 매각불허가사유에 해당한다고 보아 매각불허할 것은 아니다(대법원 2001. 8. 30.자 99마7372 결정).

3) 매각기일 절차상의 하자

① 집행관이 입찰표의 제출을 최고한 후 1시간이 지나지 아니하면 입찰을 마감하지 못하도록 되어있음에도(민사집행규칙 제65조 제1항) 이를 위반한 경우나, ② 최고가매수신고인이 있음에도 불구하고 집행관이 그의 이름과 가격을 부르고 매각의 종결을 고지하는 절차를 취함이 없이 추가매각을 실시한 경우(대법원 2000. 3. 28.자 2000마724 결정), ③ 매수신고를 하는 경우에는 보증금으로 최저매각가격의 10분의 1을 집행관에게 제공하여야 함에도 집행관이 이 규정에 위반하여 그 액수에 미달하는 보증금만을 받거나 또는 보증금을 받지 아니하고 매수를 허가한 경우(대법원 2008. 7. 11.자 2007마911 결정), ④ 최고가매수신고인의 이름과 가격을 부름이 없이 매각기일을 종결하든가, 적법한 차순위매수신고가 있는데도 그 이름과 가격을 부르지 않고 매각기일을 종결한 경우, ⑤ 집행법원이 매각기일 1주 전까지 매각물건명

세서 사본을 비치하지 아니하였거나 혹은 중대한 하자가 있는 매각물건명세서 사본을 비치하였다가 매각기일 5일 전에 이를 정정하였음에도 매각기일을 변경하지 아니한 채 그대로 경매절차를 진행하면서 그 정정내용을 일반 매수희망자들에게 따로 고지하지도 아니한 경우(대법원 2010. 11. 30.자 2010마1291 결정) 또한 매각허가결정에 대한 이의를 할 수 있다.

하지만 매각기일공고에 게시되지 아니한 다른 집행관에 의하여 경매가 실시된 경우, 최고가매수신고인이 착오로 본래 기재하려고 한 입찰 가격보다 높은 가격을 기재한 경우(대법원 2010. 2. 16.자 2009마2252 결정), 최고가 매수인이 입찰표를 작성하면서 착오로 자신이 본래 기재하려고 한 입찰가액에 '0'을 하나 더 넣어 282,390,000원을 적을 것을 2,823,900,000원을 적은 경우(대법원 2010. 2. 19.자 2009마2006 결정), 적법한 차순위 매수신고를 한 자가 없는 경우에 집행관이 최고가 매수신고인의 성명과 그 가격만을 부른 경우(대법원 1996. 8. 19.자 96마1174 결정)는 매각허가에 대한 이의사유가 되지 않는다.

대법원예규에 의한 경매절차 진행 사실의 주택임차인에 대한 통지는 법률상 규정된 의무가 아니라 당사자의 편의를 위하여 주택임차인에게 임차 목적물에 대하여 경매절차가 진행 중인 사실과 소액임차권자나 확정일자부 임차권자라도 배당요구를 하여야 우선변제를 받을 수 있다는 내용을 안내하여 주는 것일 뿐이므로, 임차인이 그 권리신고를 하기 전에 임차 목적물에 대한 경매절차의 진행 사실에 관한 통지를 받지 못하였다고 하더라도 이는 매각허가결정에 대한 불복사유가 될 수 없다(대법원 1999. 8. 26.자 99마3792 결정, 2000. 1. 31.자 99마7663 결정). 임차인이 권리신고를 한 후 위 통지를 받지 못한 경우라면 매각허가결정에 대한 불복사유가 됨은 당연하다.

3. 강제경매와 임의경매의 이의사유의 차이점

강제경매의 경우에는 절차상의 하자만이 매각허가결정에 대한 이의신청사유가 되고, 집행채권의 부존재·소멸·이행기의 연기 등과 같은 실체상의 하자는 청구이의의 소로써만 이를 주장할 수 있고 매각허가결정에 대한 이의신청사유가 되지 못한다.

반면 임의경매의 경우는 절차상의 하자 외에도 담보권 부존재·소멸, 피담보채권의 불발생·소멸·이행기의 연기 등 실체상의 하자를 매각허가결정에 대한 이의신청사유로 삼을 수 있다(대법원 1991. 1. 21자. 90마946 결정). 그러나 매각허가결정에 대한 항고기각의 결정이 고지된 후에 저당채무 및 집행비용을 변제하였다는 사유는 집행법원에 하는 경매개시결정에 대한 이의사유가 됨은 별문제로 하고 법률심인 상고심에 대한 적법한 재항고이유가 되지 못한다(대법원 1992. 6. 11자. 92마356 결정).

4. 이의의 제한

1) 매각허가에 대한 이의는 이의진술자인 이해관계인 자신의 권리에 관한 이유에 의하여야 하고 다른 이해관계인의 권리에 관한 이유로 신청하지 못한다(민사집행법 제122조). 민사집행법 제121조 각 호가 정한 이의사유는 이해관계인 개인의 권리와 관계없는 공익적 규정 위배인 경우와 개인의 권리에 관계되는 사익적 규정 위배인 경우로 나누어지고, 공익적 규정을 위배한 경우 이의가 없더라도 법원이 직권으로 참작하여 매각불허가의 결정을 하여야 하므로 이의의 제한은 의미가 없고, 사익적 규정을 위배한 경우 다른 이해관계인의 권리에 관한 위법을 가지고 이의사유를 주장하는 것은 이의진술자에게 아무런 이익이 없기 때문에 다른 이해관계인의 권리에 관한 사유로 이의를 진술하는 것을 금지하고 있는 것이다(대법원 2004. 11. 9.자 2004마94 결정).

매각허가결정에 대한 항고는 민사집행법에 규정한 매각허가에 대한 이의신청사유가 있다거나, 그 결정절차에 중대한 잘못이 있다는 것을 이유로 드는 때에만 할 수 있으므로(민사집행법 제130조 제1항), 위 제122조의 규정은 매각허가결정에 대한 항고에도 그대로 적용이 된다(민사집행법 제131조 제3항).

따라서 다른 이해관계인에 대한 매각기일통지의 송달에 하자가 있음을 항고이유로 주장할 수 없다(대법원 1992. 1. 30.자 91마728 결정, 1997. 6. 10.자 97마814 결정). 반면, 채무자에 대한 경매개시결정의 고지 없이는 유효하게 매각절차를 속행할 수 없으므로 채무자에 대한 경매개시결정 송달의 흠을 매각허가결정에 대한 항고사유로 삼을 수 있다(대법원 1992. 1. 30.자 91마728 결정, 1997. 6. 10.자 97마814 결정).

2) 이의사유는 이해관계인 개인의 권리와 관계없는 공익적 규정위배인 경우와 이해관계인 개인의 권리에 관계되는 사익적 규정위배인 경우로 나눌 수 있는바, 전자의 경우에는 이의가 없더라도 법원이 직권으로 참작하여 매각불허의 결정을 하여야 하므로 이의의 제한은 별 의미가 없고, 사익적 규정위배인 경우에 다른 이해관계인의 권리에 관한 위법을 가지고 이의사유를 주장하는 것은 이의진술자에게는 아무런 이

익이 없으므로 다른 이해관계인의 권리에 관한 사유로 이의를 진술하는 것을 금하는 것이다(대법원 2004. 11. 9.자 2004마94 결정).

예컨대 남을 가망이 없는 경우에 민사집행법 제102조의 절차를 밟도록 한 것은 압류채권자나 우선채권자의 보호를 위한 것이므로 채무자는 위 절차를 거치지 아니하였다는 이유로 이의를 할 수 없고(대법원 1987. 10. 30.자 87마861 결정 등). 또한 다른 이해관계인에게 매각기일의 통지가 없었음을 이유로 이의신청할 수 없으며(대법원 1997. 6. 10.자 97마814 결정). 법정매각조건의 변경에 합의한 이해관계인이 다른 이해관계인의 합의가 없다는 것을 이유로 이의를 할 수 없다.

5. 이의의 방법과 그 종기

이해관계인의 이의진술은 말로 하여야 하고 매각허가결정이 선고되기 전까지 할 수 있다.

매각허가결정이 확정된 뒤에 민사집행법 제121조 제6호의 사유가 밝혀진 경우에 매수인은 대금을 낼 때까지 매각허가결정의 취소신청을 할 수 있다(민사집행법 제127조 제1항).

6. 이의에 대한 재판

법원은 이의신청이 정당하다고 인정한 때에는 매각을 허가하지 아니한다(민사집행법 제123조 제1항).

매각허가에 대한 이의는 독립한 신청이 아니므로 정당하지 않다고 인정한 때에는 이의의 진술이 있었음을 매각조서에 기재함으로써 족하고 이의신청자체에 대하여 응답을 할 필요는 없으며 매각허가의 결정을 선고하면 된다.

이의를 진술한 이해관계인도 이의가 받아들여지지 아니한 경우에 매각허가 결정에 대한 즉시항고를 할 수 있을 뿐 별도로 매각허가에 대한 이의가 받아들여지지 아니한데 대한 불복항고를 할 수 없다(대법원 1983. 7. 1.자 83그18 결정).

[매각허가에 대한 이의신청서 1]

매각허가에 대한 이의신청

사 건 ○○타경 ○○○○ 부동산 강제경매
신 청 인(채무자) ○ ○ ○
피신청인(채권자) ○○은행

위 당사자간 귀원 00타경 ○○○○ 부동산 강제경매사건의 매각허가에 대하여 아래의 이유로 이의신청 합니다.

신 청 이 유

1. 본건 강제경매는 위 당사자간의 ○○지방법원 ○○지원 ○○가단○○ 대여금 사건의 집행력 있는 판결정본에 기하는 것이기는 하나, 신청인(채무자)의 신청으로 인하여 ○○지방법원이 ○○년 ○월 ○일에 한 강제집행 정지결정을 받았으므로 그 속행은 허용되어서는 안됩니다. 그런데 신청인(채무자)은 그 정지결정의 정본을 제출하지 않았기 때문에 이 사건 매각을 보게 된 것이므로, 매각허가는 허용될 수 없습니다.
2. 이 사건 매각부동산에는 임대차가 있는 것임에도 불구하고 20 년 ○월○일 행하여진 매각기일 및 매각결정기일의 공고에는 그 임대의 기한 및 차임의 기재도 없었으므로 이 사건 매각절차는 위법하므로, 매각허가를 허용해서는 아니됩니다.
3. 이상의 이유에 의하여 이 사건 매각은 이를 허용하지 않는다는 결정을 하여 주시옵기 바라며 민사집행법 제120조, 제121조에 의하여 이에 이의신청을 제출하는 바입니다.

20 년 월 일

위 신청인(채무자) ○ ○ ○ (인)

○○지방법원 귀중

[매각허가에 대한 이의신청서 2]

매각허가에 관한 이의신청

이의신청서(채무자) ○○○
상 대 방(채권자) ○○○

위 당사자 간의 귀원 20 타경 ○○호 부동산강제경매사건의 매각허가에 관하여 신청인은 다음 이유로 이의를 신청합니다.

다 음

1. 이 사건 최고가매수신고인 ○○○는 본 신청서 첨부의 호적등본에 의하여 명백한 바와 같이 미성년으로서 단독으로 부동산을 취득할 능력이 없는 자인데도 불구하고 집행관은 본건의 최고가매수신고인이 됨을 허가하였음은 잘못된 것입니다.
1. 매각기일공고는 민사집행법 제106조 소정의 요건을 기재하지 않으면 안됨에도 불구하고 본건의 매각기일공고에는 임대차의 기한 및 차임의 기재가 없습니다. 본건 부동산에는 경매신청 당시부터 임대차가 사실상 존재하고 있으므로, 공고 중에 이 기재를 하지 않은 것은 위법하다고 할 것입니다.

첨 부 서 류

1. 호적등본 1통

○년 ○월○일
위 신청인 ○○○ ㊞

○ ○ 지방법원 귀중

[최고가매수신고인의 매각 불허가 신청서]

매각 불허가 신청서

사 건 20 타경○○ 부동산 강제경매
채 권 자 ○○은행
채 무 자 ○○○
소 유 자 ○○○
최고가매수신고인 ○○○
(이의신청인)

위 당사자간 귀원 200 타경○○ 부동산 강제경매사건의 관하여 아래와 같은 사유로 인하여 매각 불허가를 신청합니다.

신 청 취 지

별지 목록 기재 부동산에 대한 매각은 이를 불허한다.
라는 재판을 구합니다.

신 청 이 유

본인은 20 년 ○○월 ○○일 경매 ○계에서 진행된 입찰에서 사건번호○○-○○○을 낙찰 받았습니다.
본 물건은 매각물건명세서에 첨부된 감정평가액이 55,000,000원으로 되어 있으나 본인이 현지 부동산에 의뢰해 조사해본 결과 시세가 35,000,000 - 37,000,000원으로 형성되어 있습니다. 즉, 시세보다 50%이상 과대 감정된 것입니다.
매각물건 명세서에 포함된 감정평가서를 보면 현지시세가 중요한 평가기준으로 되어있음을 알 수 있는데도 시세보다 50%이상 과대평가되어 있다는 사실은 감정평가사의 중요한 직무상 과실이라 여겨지는바, 본물건의 감정을 다시 실시하여 재평가된 가격으로 매각이 되어야 한다고 생각되어 매각 불허가를 신청하오니 처리하여 주시기 바랍니다.

첨부 : 현지부동산시세조사서

20 년 ○○월 ○○일
최고가매수신고인 ○ ○ ○ ㊞

○○지방법원 ○○지원 귀중

제2장 매각허부결정

Ⅰ. 매각허가여부에 관한 재판

집행법원은 매각결정기일에 출석한 이해관계인에게 매각허가에 관한 의견을 진술하게 하여(민사집행법 제120조 제1항) 이를 참고로 하는 외에 직권으로 매각불허가사유(민사집행법 제123조 제2항)의 유무를 기록에 의하여 조사한 다음 매각허가여부의 재판을 한다.

매각허가여부에 대하여서는 결정으로 재판하고 매각결정기일에 선고하여야 한다(민사집행법 제126조 제1항). 매각을 허가하거나 허가하지 아니하는 결정은 선고한 때에 고지의 효력이 생긴다(민사집행규칙 제74조). 매각허가결정 또는 불허가결정은 확정되어야 효력이 있다(민사집행법 제126조 제3항).

다음 항에서 차례로 살펴본다.

Ⅱ. 매각불허가결정

1. 매각불허가결정을 하여야 할 경우

가. 이해관계인의 이의가 정당하다고 인정할 때

법원은 매각결정기일에 출석한 이해관계인의 매각허가에 대한 이의가 정당하다고 인정한 경우에는 매각을 허가하지 아니한다(민사집행법 제123조 제1항).

나. 직권으로 매각불허가할 사유가 있을 때

매각결정기일에 이해관계인의 매각허가에 대한 이의가 없더라도 법원이 직권조사의 결과 민사집행법 제121조에 열거된 이의사유가 있다고 인정되는 때에는 직권으로 매각불허가결정을 하여야 한다(민사집행법 제123조 제2항 본문).

다만 같은 법 제121조 제2호 또는 제3호의 경우에는 능력 또는 자격의 흠이 제거되지 아니한 때에 한한다(민사집행법 제123조 제2항 단서). 따라서 매각기일 당시에 존재하였던 최고가매수신고인의 행위능력 또는 부동산취득자격의 흠이 그 후 매각결정허가여부의 재판 시까지 법정대리인의 추인이나 법령이 정한 관청의 증명, 인·허가(예컨대 농지의 경우 농지취득자격증명, 어업권경매의 경우 이전인가 등)로 말미암아 추후보완된 경우에는 불허가결정을 하여서는 아니 된다.

경매법원이 매각불허가결정을 한 후 그 결정에 대한 항고사건 계속 중에 농지취득자격증명이 제출된 경우에는 항고법원으로서는 이와 같은 사유까지 고려하여 매각불허가결정의 당부를 판단하여야 한다(대법원 2004. 2. 25.자 2002마4061 결정). 하지만 재항고심도 상고심과 마찬가지로 사후심·법률심이므로 농지취득자격증명의 흠결을 이유로 한 매각불허결정에 대한 재항고를 하면서 비로소 농지취득자격증명을 발급받았다는 사유는 적법한 재항고이유가 될 수 없다(대법원 2005. 10. 7.자 2005마697 결정, 2007. 6. 29.자 2007마258 결정).

다. 과잉매각으로 되는 때

1) 과잉매각이 금지되는 경우

가) 여러 개의 부동산을 매각하는 경우에 한 개의 부동산의 매각대금으로 모든 채권자의 채권액과 강제집행비용을 변제하기에 충분하면 다른 부동산의 매각을 허가하여서는 안 된다(민사집행법 제124조 제1항 본문).

나) 여기서 각 채권자의 채권이라 함은 경매신청채권자와 그에 우선하는 선순위채권자는 물론이고 배당요구채권자 중 경매신청인과 동순위로 배당을 받을 자의 채권도 포함한다. 압류가 경합된 경우 뒤의 압류채권자의 채권도 포함된다. 그러나 경매신청채권자보다 후순위의 채권은 포함되지 않는다. 그러므로 경매신청채권자가 우선권이 없는 일반채권자인 때에는 배당요구를 한 모든 채권자의 채권이 포함된다.

채권액의 산정은 민사집행법 제84조 제4항에 의하여 각 채권자가 배당요구의 종기까지 집행법원에 제출한 채권신고서와 증빙서류에 의할 것이고, 첫 경매개시결정등기 전에 등기된 가압류채권자(민사집행법 제148조 제3호) 또는 저당권·전세권, 그 밖의 우선변제청구권으로서 첫 경매개시결정등기 전에 등기되었고 매각으로 소멸하는 것을 가진 채권자(동조 제4호)가 배당요구의 종기까지 채권신고를 하지 아니한 때에는 그 채권자의 채권액은 등기부등본 등 집행기록에 있는 서류와 증빙에 따라 계산한다(민사집행법 제84조 제5항). 우선채권자가 근저당권자인 경우에 현존채권액이 기록상 밝혀지지 않으면 채권최고액을 그 채권액으로 볼 수밖에 없다.

다) 과잉매각금지에 관한 민사집행법 제124조는 여러 개의 부동산을 개별매각하는 경우뿐 아니라 일괄매각하는 경우에도 적용되지만(민사집행법 제101조 제3항 본문), 같은 법 제101조 제3항 단서에 따른 일괄매각의 경우에는 적용되지 아니한다(민사집행법 제124조 제1항 단서).

토지와 그 위의 건물을 일괄매각하는 경우(대법원 1970. 1. 30.자 69마1307 결정, 1985. 7. 23.자 85마269 결정)나 재산을 분리하여 매각하면 그 경제적 효용이 현저하게 떨어지는 경우 또는 채무자의 동의가 있어 일괄매각 결정을 한 경우에는 과잉매각 금지 규정이 적용되지 아니한다(제124조 제1항 단서, 제101조 제3항 단서).

토지와 지상건물을 동시에 경매하여 동일인이 그 전부에 관하여 최고가매수신고인으로 정하여진 경우에는 일괄매각의 결정을 하지 않았다 하더라도 일괄매각의 경우에 준하여 그 중 어느 하나의 매각대금만으로 채권액과 집행비용을 변제할 수 있는 경우라도 나머지 부동산에 대하여 과잉매각을 이유로 매각을 불허가할 것은 아니다(대법원 1968. 9. 30.자 68마890 결정).

2) 과잉매각의 경우 채무자의 매각할 부동산 지정

과잉매각의 경우에는 채무자는 그 부동산 가운데 매각할 것을 지정할 수 있다(민사집행법 제124조 제2항).

이 경우 채무자는 매각허가결정이 선고되기 전에 매각부동산 지정신청서 등 서면을 제출하는 방법으로 지정권을 행사하면 된다(민사집행규칙 제52조). 채무자의 지정권 행사는 이해관계인들에게 중대한 영향을 미칠 뿐 아니라 매각절차의 진행방향을 좌우하게 되므로, 이러한 점을 고려하여 지정권의 행사 여부와 지정 내용을 절차상 명확하게 하기 위하여 그 지정은 서면으로 하도록 한 것이다.

서면으로 지정하는 때에는 그 지정신청서는 문서건명부에 전산입력하여 접수하고 경매사건기록에 시간적 접수순서에 따라 가철하며 인지는 첩부를 요하지 아니한다(재민 91-1).

채무자는 매각허가결정이 선고되기 전까지 지정권을 행사하여야 하고(민사집행규칙 제52조), 매각허가결정의 선고 후에는 이를 행사할 수 없다.

지정의 방식에 관하여는 특별한 규정이 없으므로 매각할 재산이나 부동산을 지정할 수도 있고 또 매각을 원하지 않는 재산이나 부동산을 지정할 수도 있다.

매각을 한 후에 지정권이 행사되고 그 중 일부 재산만 매각하여도 그 채권 등의 변제에 충분하다고 인정되는 때에는, 법원은 채무자의 지정에 따라 매각을 허가할 재산을 선택하여야 한다.

채무자가 지정권을 행사하지 아니한 때에는 법원은 자유재량에 의하여 매각허가를 할 부동산을 선택할 수 있다(대법원 1966. 10. 10.자 66마891 결정). 채무자에 대하여 지정권의 행사를 최고할 의무가 있는 것은 아니나 채무자가 매각결정기일에 출석한 경우에는 그의 의견을 물어 처리함이 상당하다.

[매각부동산지정신청서]

매각부동산지정신청

채 권 자 ○ ○ ○
채 무 자 ○ ○ ○

위 당사자 간의 귀원 20 타경 ○○호 부동산강제경매사건에 관해서 별지 목록 기재의 부동산이 경매에 부쳐졌으나 본건 각 채권액 금OO원정, 집행비용 금OO 원정, 합계 금OO원정이므로 본건 부동산중 어느 토지(또는 건물)의 매득금으로 위 채권액 및 집행비용에 충당하기에 충분하므로 동 부동산을 매각하도록 지정합니다.

20 . . .

채 무 자 ○ ○ ○ ㊞

○ ○ 지방법원 귀중

3) 매각실시 전의 경우

민사집행법 제124조 제1항 본문은 매각이 실시되어 매수의 신고가 있음을 전제로 한 규정이다. 매각실시 전 단계에 있어서는 부동산의 최저매각가격과 각 채권자의 채권 및 집행비용을 비교하여 그 중 일부 부동산만 경매하여도 그 채권 등의 변제에 충분하다는 점이 명백한 경우에 한하여 그 부동산에 대하여만 매각을 명하고 나머지 부동산에 대하여는 매각명령을 유보함이 상당하다.

실제로는 당초의 최저매각가격대로 매각이 되지 아니하고 최저매각가격이 저감된 후에야 비로소 매각이 이루어지는 예가 많고 또 과잉매각에 의한 채무자의 불이익은 매각허가결정 단계에서 매각을 허가하지 아니함으로써 막을 수 있는 길이 있으므로 위와 같은 경우에 일부 부동산에 대하여만 매각을 실시할 것인가 아니면 전부동산에 대하여 매각을 실시할 것인가는 법원의 재량에 속한다(대법원 1998. 10. 28. 자 98마1817 결정).

4) 과잉매각의 금지 위반의 효과

과잉매각의 금지에 위반하여 매각허가결정을 한 경우에는 이 결정에 의하여 불이익을 입는 이해관계인은 즉시항고를 할 수 있다(민사집행법 제129조 제1항, 제121조 제7호). 채무자의 적법한 지정권 행사가 있었는데 집행법원이 이를 무시하고 매각허가를 한 경우라든가, 또는 과잉매각의 금지를 부당하게 적용하여 매각을 허가하지 아니한 경우에 채무자(전자의 경우) 또는 채권자 및 매수신고인등(후자의 경우)이 각 그 결정에 대하여 즉시항고할 수 있다. 과잉매각 금지 규정에 위반하여 매각을 허가하였을 경우에는 항고이유로 되나, 항고법원이 직권으로 조사할 사항은 아니다(대법원 1978. 4. 20.자 78마45 전원합의체 결정). 과잉매각금지에 위반되거나 채무자의 지정권 행사에 반하는 등 위법이 있는 매각허가결정이라 하더라도 그 결정이 확정되면 그 하자는 치유되고 매각허가결정의 효력을 더 이상 다툴 수 없다.

라. 집행정지결정 정본이 제출된 경우

매각기일 종료 후 매각허가결정 선고 전에 집행법원에 민사집행법 제49조 제2호 소정의 집행정지결정 정본이 제출된 경우에는 같은 법 제121조 제1호 후단에 해당하므로 매각불허가결정을 하여야 한다(대법원 2009. 3. 12.자 2008마1855 결정). 매각허가결정이 있은 뒤에 같은 법 제49조 제2호의 서류가 제출된 경우에는 매수인은 매각대금을 낼 때까지 매각허가결정의 취소신청을 할 수 있다(민사집행규칙 제51조 제2항 전문). 채무자 회생 및 파산에 관한 법률상의 중지명령(채무자회생법 제44조 제1항, 제593조 제1항) 등이 제출된 경우에도 실무상 위 중지명령 등은 민사집행법 제49조 제2호 문서에 준하여 취급하고 있으므로 매각허가결정의 취소신청을 할 수 있다. 이 신청에 관한 결정에 대하여는 즉시항고를 할 수 있다(민사집행규칙 제51조 제2항 후문).

채무자가 매각허가결정이 선고된 후 집행법원에 강제집행의 일시정지를 명하는 재판의 정본을 제출한 경우 매각허가결정의 확정을 저지할 수는 없으나 경매절차를 필요적으로 정지하여야 하고, 매각허가결정 확정 후 대금지급기한을 지정하는 것은 위법하다(대법원 1995. 2. 16.자 94마1871 결정). 그럼에도 집행법원이 매각허가결정의 확정에 따른 대금지급기한을 정할 경우 이해관계인은 민사집행법 제16조 소정의 집행에 관한 이의에 의하여, 매수인은 민사집행규칙 제51조 제2항에 의한 매각허가결정의 취소신청에 의하여 각 그 시정을 구할 수 있는바, 이러한 불복 절차 없이 매수인이 대금납부기한 내에 매각대금을 완납한 이상 매수인은 부동산에 관한 소유권을 적법하게 취득한다(대법원 1993. 6. 25. 선고 93다12305 판결, 1992. 9. 14. 선고 92다28020 판결).

2. 부동산의 훼손 또는 권리관계의 변동이 있는 경우(민사집행법 제121조 제6호, 제127조 제1항)

현저한 훼손이어야 하고, 그 손상 정도가 경미한 경우는 이에 해당하지 않는다. 훼손이 경미한가의 여부는 사회적 내지 경제적 견지에서 평가될 성질의 것이다. 부동산에 물리적 훼손이 없는 경우라도 부동산의 교환가치가 감손된 때에는 민사집행법 제121조 제6호, 제127조의 규정이 적용된다 할 것이다.

가. 매수가격 신고 전에 부동산의 현저한 훼손 또는 권리관계의 중대한 변동이 밝혀진 경우

매수가격을 신고하기 전에 부동산에 현저한 훼손이 생긴 경우에는 법원은 다시 감정평가를 실시한 다음 최저매각가격을 변경하여 매각을 실시한다. 만일 이와 같은 절차를 다시 밟지 않은 채 매각을 실시한 경우에는 매각불허가사유(민사집행법 제121조 제5호, 제6호)에 해당하므로 법원은 직권으로 매각불허가결정을 하여야 한다. 부동산의 현저한 훼손뿐 아니라 매수인이 소유권을 취득하지 못하거나 또는 인수할 권리가 변동되는 것과 같은 중대한 권리관계의 변동이 매수가격 신고 전에 발생하는 경우도 마찬가지이다.

또 매각허가결정 후라도 아직 확정전이면 매수인은 즉시항고를 제기하여 집행법원 스스로의 경정에 의하거나(민사소송법 제446조) 또는 항고법원의 취소결정에 의하여 구제받을 수 있다.

나. 매수가격 신고 후 매각허가결정 확정 전에 부동산의 현저한 훼손 또는 권리관계의 중대한 변동이 밝혀진 경우

1) 불복방법

최고가매수신고인(또는 매수인)은 매각허가에 대한 이의신청(민사집행법 제121조 제6호) 또는 매각허가결정에 대한 즉시항고(민사집행법 제129조)를 할 수 있다.

2) 매각허가에 대한 이의신청 절차 및 법원의 조치

매각허가에 대한 이의신청은 매각결정기일에 출석하여 구술로 함이 원칙이나 매각결정기일까지 서면으로 하여도 무방하고, 민사집행법 제121조에 의한 이의신청이 서면으로 제출된 경우에는 문건입력 프로그램에 전산입력하여 접수한 다음 경매사건 기록에 가철하며 인지는 첩부를 요하지 않는다(재민 91-1).

최고가매수신고인 등으로부터 매각허가에 대한 이의신청이 있으면 법원은 사실을 조사하여 그 신청이 정당하다고 인정되면 그 신청내용에 따라 매각불허가결정을 선고하고(민사집행법 제123조 제1항) 그 신청이 이유 없는 때에는 이에 응답할 필요는 없으며 매각허가결정을 선고하면 된다. 조사결과 훼손의 정도가 심하여 부동산으로서의 경매가 불가능하다고 인정되면 민사집행법 제96조 제1항에 따라 직권으로 매각절차를 취소한다. 법원은 사실조사를 할 때에 당사자를 심문하거나 변론을 열 수도 있다.

민사집행법 제121조 제6호에 정해진 사유(부동산의 현저한 훼손이나 중대한 권리관계의 변동)에 의하여 매각불허가결정을 하여 새 매각기일을 열게 된 때에는 최저매각가격결정부터 새로 하여 경매를 속행한다(민사집행법 제125조 제2항).

3) 매각허가결정에 대한 즉시항고절차 및 법원의 조치

부동산의 현저한 훼손 등을 간과하여 매각허가결정을 한 경우 매각허가에 대한 즉시항고사유가 된다. 이에 대한 자세한 내용은 후술한다(매각허가여부 결정에 대한 즉시항고 및 사법보좌관 처분에 대한 이의 부분 참조).

4) 최고가 매수신고가 있은 후 유치권신고가 접수된 경우

부동산 임의경매절차에서 매수신고인이 당해 부동산에 관하여 유치권이 존재하지 않는 것으로 알고 매수신청을 하여 이미 최고가매수신고인으로 정하여졌음에도 그 이후 매각결정기일까지 사이에 유치권의 신고가 있을 뿐만 아니라 그 유치권이 성립될 여지가 없음이 명백하지 아니한 경우에도, 집행법원으로서는 매수가격 신고 후 매각허가결정 확정 전에 부동산의 현저한 훼손 또는 권리관계의 중대한 변동이 밝혀져서 장차 매수신고인이 인수할 매각부동산에 관한 권리의 부담이 현저히 증가하는 민사집행법 제121조 제6호의 이의 사유가 발생된 것으로 보아 이해관계인의 이의 또는 직권으로 매각을 허가하지 아니하는 결정을 하는 것이 상당하다(대법원 2005. 8. 8.자 2005마643 결정, 2007. 5. 15.자 2007마128 결정).

다. 매각허가결정 확정 후 대금납부 전에 부동산의 현저한 훼손 또는 권리관계의 중대한 변동이 밝혀진 경우

1) 불복방법

가) 매각허가결정단계에서 부동산의 현저한 훼손이나 중대한 권리관계의 변동을 간과하여 매각허가결정이 되고 매수인도 이를 모르고 즉시항고를 제기하지 않아 매각허가결정이 확정된 후 대금납부 전에서야 부동산의 현저한 훼손 또는 권리관계의 중대한 변동이 밝혀진 경우에 매수인은 민사집행법 제127조 제1항에 의하여 매각허가결정의 취소신청을 할 수 있다.

그 결과 매각허가결정을 취소한 경우에는 그 훼손의 정도에 따라 재평가 후 최저매각가격을 새로 정하여 새 매각을 진행하거나, 훼손이 심하여 부동산으로서의 존재를 잃은 때에는 경매절차를 취소하고 경매개시결정 기입등기를 말소하도록 촉탁한다(제134조).

나) 선순위 근저당권의 존재로 후순위 임차권의 대항력이 소멸하는 것으로 알고 부동산을 매수하였으나, 이후 선순위 근저당권의 소멸로 인하여 임차권의 대항력이 존속하는 것으로 변경됨으로써 매각부동산의 부담이 현저히 증가하는 경우에도, 매수인은 자신에 대한 매각허가결정의 취소신청을 구할 수 있다(대법원 1998. 8. 24.자 98마1031 결정).

다) 매각절차의 진행이 정지되어 이로 인하여 매각기일과 대금납부기일 사이에 오랜 기간이 경과되어 그 사이에 매각부동산의 가격이 현저히 하락한 경우에도 매수인은 민사집행법 제127조 제1항을 준용하여 매각허가결정의 취소를 구할 수 있다.

라) 최고가매수신고인의 귀책사유로 인하여 부동산이 훼손된 때에는 달리 불허가사유가 없는 한 법원은 매각허가결정을 하지 않으면 안 된다. 이 경우에 그 매수인이 대금을 납부하지 않으면 훼손된 상태에서 다시 평가하여 재매각을 실시한다(다만, 전의 매수인은 집행절차 외에서 위 훼손으로 인한 손해배상채무를 지게 되나 이는 불법행위일반이론에 의한다).

마) 민사집행법 제127조 제1항에 의하여 매각허가결정을 취소한 때에는 법원은 최저매각가격결정부터 새로 하여 경매를 속행한다(민사집행법 제134조).

바) 하지만 매수인이 대금을 납부한 후에는 그 훼손이 대금납부 전에 생긴 것이라 하더라도 감액신청을 하는 것은 별론으로 하고 민사집행법 제127조 제1항에 의한 매각허가결정의 취소신청을 할 수 없다고 봄이 타당하다.

또한 재매각명령이 나면 확정된 매각허가결정의 효력이 상실되므로, 매수인으로서는 '재매각명령이 난 이후'에는 매각허가결정의 취소신청을 할 수 없다(대법원 2009. 5. 6.자 2008마1270 결정).

2) 매각허가결정의 취소신청절차 및 법원의 조치

가) 취소신청절차

매각허가결정의 취소신청 방식에 관하여는 특별한 규정이 없으므로 서면 또는 말로 할 수 있다(민사소송법 제161조 제1항). 민사집행법 제127조 제1항에 따라 매각허가결정의 취소신청서가 제출되면 집행사건으로 전산입력하여 접수하고 이를 경매사건기록에 시간적 접수순서에 따라 합철한 후 경매사건기록표지에 사건번호와 사건명을 병기하며 위 신청서에는 1,000원의 인지를 첩부하여야 한다(재민 91-1).

나) 법원의 조치

최고가매수신고인의 귀책사유로 인하여 부동산이 훼손된 때에는 달리 불허가 사유가 없는 한 법원은 매각허가를 하여야 한다. 이 경우에 그 매수인이 대금을 납부하지 않으면 훼손된 상태에서 다시 감정평가하여 재매각을 실시한다(다만 전의 매수인은 집행절차 외에서 위 훼손으로 인한 손해배상채무를 지게 되나 이는 불법행위일반이론에 의한다).

민사집행법 제127조 제1항에 의하여 매각허가결정을 취소한 때에는 법원은 최저매각가격결정부터 새로 하여 경매를 속행한다(민사집행법 제134조).

매각절차의 진행이 정지되어 매각결정기일과 대금지급기한 사이에 오랜 기간이 경과되는 바람에 그사이에 매각부동산의 가격이 현저히 하락한 경우에도, 매수인은 민사집행법 제127조 제1항을 준용하여 매각허가결정의 취소를 구할 수 있을 것이나, 민사집행규칙 제50조 제2항이 신설됨에 따라 위 조항에 따른 매각허가결정에 대한 취소를 신청하는 방법이 주로 이용되고 있다.

매각허가결정의 취소신청에 대한 결정은 사법보좌관규칙 제2조 제1항 제7호에 따라 사법보좌관의 업무범위에 속하고, 이 결정에 대한 불복은 사법보좌관 처분에 관한 이의신청 절차를 거쳐야 하므로, 사법보좌관이 내린 매각허가결정의 취소신청에 관한 결정에 대하여 민사집행법 제127조 2항에 따른 즉시항고를 하는 경우에는 사법보좌관 처분에 대한 이의신청 절차를 거쳐야 한다.

3) 취소결정에 대한 불복방법

가) 매각허가결정의 취소신청에 대한 결정에 대하여는 즉시항고할 수 있다(민사집행법 제127조 제2항).

나) 사법보좌관이 한 '부동산훼손의 경우 매각허가결정의 취소신청에 대한 결정'에 대한 불복방법은 '그 결정에 대한 이의신청'이다.

이의신청을 받은 사법보좌관은 이의신청사건을 지체 없이 판사에게 송부하여야 한다(사법보좌관규칙 제4조 제5항).

판사는 이의신청이 이유 있다고 인정되는 때에는 결정으로 사법보좌관의 처분을 경정하고(사법보좌관규칙 제4조 제6항 제3호), 이의신청이 이유 없다고 인정되는 때에는 사법보좌관의 처분을 인가하고, 이의신청사건을 항고법원에 송부하여야 한다. 이 경우 이의신청은 해당 법률에 의한 항고 또는 즉시항고로 본다(사법보좌관규칙 제4조 제6항 제5호).

이에 관하여 자세한 것은, "제4편 제3장 매각허가 여부에 대한 즉시항고 IV. 사법보좌관의 매각허부결정에 대한 불복방법과 처리 요령" 참조.

3. 부동산의 훼손 등으로 인한 매각목적물의 하자와 담보책임

매각절차상으로는 목적물의 훼손이나 중대한 권리관계의 변동의 경우에는 민사집행법 제121조 제6호(매각허가에 대한 이의신청), 제127조 제1항(매각허가결정에 대한 취소신청)에 의하여, 목적물의 멸실이나 권리이전을 할 수 없는 사정이 명백한 경우에는 같은 법 제96조 제1항(매각절차의 취소)에 의하여 처리할 것이다.

가. 담보책임의 요건

매도인의 담보책임이 발생하는 것은 경매한 물건 또는 권리의 전부 또는 일부가 타인에게 속하거나(민법 제570 내지 제573조) 또는 수량부족이나 일부멸실(민법 제574조), 제한물권이 있는 경우(민법 제575조), 저당권 등이 행사된 경우(민법 제576조) 등으로 매수인이 완전한 권리를 취득할 수 없는 경우에 한하며, 하자담보책임규정(민법 제580조 제1항)은 적용되지 않는다. 즉 추탈담보책임(권리의 하자로 인한 담보책임)에 한한다. 이러한 담보책임은 매매의 경우와 마찬가지로 매각절차는 유효하게 이루어졌으나 경매의 목적이 된 권리의 전부 또는 일부가 타인에게 속하는 등의 하자로 매수인이 완전한 소유권을 취득할 수 없거나 이를 잃게 되는 경우에 인정되는 것이고, 매각절차 자체가 무효인 경우에는 채무자나 채권자의 담보책임은 인정될 여지가 없다(대법원 1991. 10. 11. 선고 91다21640 판결 등). 한편 민법 제578조와 민법 제580조 제2항이 말하는 '경매'는 민사집행법상의 강제집행이나 담보권 실행을 위한 경매 또는 국세징수법상의 공매 등과 같이 국가나 그를 대행하는 기관 등이 법률에 기하여 목적물 권리자의 의사와 무관하게 행하는 매도행위만을 의미한다(대법원 2016. 8. 24. 선고 2014다80839 판결 참조).

나. 담보책임의 내용

매수인은 제1차적으로 채무자에 대하여 각 해당 조문(민법 제570조 내지 제577조)이 규정하는 바에 따라 계약의 해제 또는 대금감액의 청구를 할 수 있다(민법 제578조 제1항). 채무자가 무자력인 때는 매수인은 대금의 배당을 받은 채권자에 대하여 그 대금의 전부 또는 일부의 반환을 청구할 수 있다(민법 제578조 제2항).

다. 담보책임 행사방법

담보책임은 매각절차 외에서 별소에 의하여 청구할 수 있지만, 매각절차진행 중에 담보책임의 사유가 발생할 수 있으므로 매각절차 내에서 청구하는 것도 가능하다.

즉 최고가매수신고인 또는 매수인은 자기가 책임질 수 없는 사유로 인하여 매각부동산의 권리에 흠이 생겨 매수의 목적을 달할 수 없는 경우, 최고가매수신고인은 매각허가에 대한 이의신청(민사집행법 제121조 제6호)을, 매수인은 대금을 납부할 때까지 매각허가결정의 취소신청(민사집행법 제127조 제1항)을 할 수 있는 외에도, ① 대금납부 후 배당 전인 때에는 집행법원에 대하여 매각허가결정에 의한 매매를 해제하여 납부한 대금의 반환을 청구할 수 있고, ② 해제를 하지 않고 대금의 감액만을 청구하고자 할 때에는 ㉠ 대금납부 시까지는 집행법원에 대금의 감액 주장을 할 수 있으며, ㉡ 대금납부 후 배당실시 전인 때에는 감액분의 대금의 반환을 청구할 수 있다.

1) 매수의 목적을 달할 수 없는 경우

매수인이 매각부동산의 권리에 흠이 있어 매수의 목적을 달할 수 없기 때문에 담보책임을 추구하려고 할 때에는 ① 최고가매수신고인은 매각허가에 대한 이의신청(민사집행법 제121조 제6호)을, 매수인은 대금을 납부할 때까지 매각허가결정의 취소신청(민사집행법 제127조 제1항[1])을 할 수 있고, ② 대금납부 후 배당 전인 때에는 집행법원에 대하여 매각허가결정에 의한 매매를 해제하여 납부한 대금의 반환을 청구할 수 있다(대법원 1997. 11. 11.자 96그64 결정). 경매절차의 진행 중에 경매목적물인 자수기로부터 중요부품의 대부분이 분리되어 반출됨으로써 자수기가 작동될 수

1) 부동산의 훼손 또는 권리관계의 변동이 매수가격의 신고 전에 있었던 경우라도 그 훼손 및 이를 간과한 것이 자기가 책임을 질 수 없는 사유로 인한 것인 때에도 민사집행법 제127조 제1항이 유추적용 된다(대법원 2001. 8. 22. 2001마2652 결정 참조).

없게 된 경우 이는 경매목적물의 일부가 이미 멸실된 경우에 해당하므로 민법 제578조, 제574조, 제572조 제2항에 의한 계약해제를 할 수 있다(대법원 2001. 6. 12. 선고 99다34673 판결 참조).

2) 대금 감액을 구할 경우

해제를 하지 않고 대금의 감액만을 청구하고자 할 때에는 ① 대금납부 시까지는 집행법원에 대하여 대금의 감액 주장을 할 수 있을 것이며(대법원 1973. 12. 12.자 73마912 결정 등), ② 대금납부 후 배당실시 전인 때에는 감액분의 대금의 반환을 청구할 수 있다.

[부동산훼손에 의한 매각대금감액신청(부동산 강제경매)]

부동산훼손에 의한 매각대금감액신청

사　　건　　20　타경000호(부동산강제경매)
매 수 인　　○ ○ ○
채 권 자　　○ ○ ○
채 무 자　　○ ○ ○

대금감액신청의 목적물의 표시
별지목록 기재와 같음

1. 위 당사자 간 귀 원 20 타경OOO호 부동산강제경매사건에 관하여 매수인은 별지 목록 기재의 부동산을 20 . . .에 매각허가를 받았으나, 위 매각부동산은 매수인이 매각허가를 받기 전인 같은 해 . . 18:00부터 내린 집중호우로 인하여 매각부동산 일부가 유실되어 그 시가가 현저하게 하락되었습니다.
2. 따라서 이 건 부동산의 매각대금 100,000,000원을 50,000,000원으로 감액하여 준다면 위 부동산을 매수하겠습니다.

첨 부 서 류

1. 부동산 평가서　　1통
1. 사진　　5매
1. 부동산 목록　　1통

20 . . .

매수인 ○ ○ ○ ㊞

○ ○ 지방법원 귀중

[감액결정 문례]

○ ○ 지 방 법 원
결 정

사 건 20 타경○○○ 부동산강제(임의)경매
채 권 자 ○ ○ ○
채 무 자 ○ ○ ○
소 유 자 ○ ○ ○

주 문

이 법원이 20 . . . 위 매수인에게 매각을 허가한 별지 목록 기재 부동산에 대한 매각가격 금 ○○○원을 금 ○○○원으로 감액한다.

이 유

기록에 의하면 이 사건 매각목적물 중 별지 도면 표시 (1)부분이 20 . . . 멸실된 사실이 인정되므로 위 매수인의 매각대금감액 신청은 정당하여 주문과 같이 결정한다.

20 . . .

판 사 ○ ○ ○ ㊞

4. 매각불허가결정의 기재사항(=허가의 이유 기재 필요)

민사집행법은 매각허가결정에 기재할 사항은 규정하고 있으나(민사집행법 제128조 제1항) 매각불허가결정의 기재사항에 관하여는 아무런 규정이 없고 또 법원공문서규칙에도 매각불허가결정의 서식에 관하여는 정한 바가 없으나, 결정서를 작성하여 선고하는 것이 통례이며 매각불허가결정에는 매각부동산, 최고가매수신고인의 이름을 표시하고 매각을 허가하지 아니한다는 취지를 선언하고 불허가의 이유를 기재하여야 한다(재민 2004-3 제51조).

항고심의 심리를 위하여 그 이유를 적어야 할 필요가 있을 뿐만 아니라 매각불허가결정은 그 이유에 따라서 어떤 것은 절대적 종국적으로 그 매각절차를 실시할 수 없어 경매사건 자체를 완결시키는 경우가 있고(예컨대 목적물의 멸실, 집행취소사유의 발생 등) 또 어떤 것은 상대적 일시적으로 당해 매각은 불허하지만 매각절차를 다시 진행하여야 하는 경우도 있으므로(예컨대 최고가매수신고인의 행위무능력이나 매각기일공고절차의 위법 등 순수한 절차상의 하자로 인하여 매각불허되는 경우 또는 집행정지결정이 제출된 경우 등) 매각불허가결정에는 반드시 불허의 이유를 설시할 필요가 있기 때문이다.

[매각불허가결정 문례]

○ ○ 지 방 법 원
매각불허가결정

사 건 20 타경 부동산강제(임의)경매
최고가매수신고인 ○○○(-)
서울 ○○구 ○○동 ○○○

주 문

최고가매수신고인 ○○○에 대하여 별지 기재 부동산에 대한 매각을 허가하지 아니한다 .

이 유

별지 목록 부동산에 대하여 20 . . . 매각기일에 최고가 매수신고인 ○○으로부터 금 ○○○원의 매수가격신고가 있었으나, 기록에 의하면……한 위법이 있으므로(예, 매각기일의 공고에 ……의 기재가 흠결된 위법이 있으므로) 주문과 같이 결정한다.

20 . . .
판사 ㊞

민사집행법 123, 126, 268

주: (이유 예시) 별지 기재 부동산에 대하여 . . . : 매각기일에 최고가매수신고인

○○○로부터 금 원의 매수신고가 있었으나, 기록에 의하면 … (생략) … 매각을 허가하지 아니함이 상당하므로 주문과 같이 결정한다.

『불허가결정의 이유 예문』

① 개시결정정본의 부적법송달에 의한 불허가

☞ 채무자 겸 소유자 OOO에 대한 경매개시결정정본의 송달이 부적법하여 강제집행을 속행할 수 없는 때에 해당되므로 민사집행법 제121조 제1호 및 제123조 제1항에 의하여 주문과 같이 결정한다.

② 매각기일 및 매각결정기일 통지의 부적법 등에 의한 불허가

☞ 민사집행법 제121조 제1호, 제123조 제1항에 의하여

③ 매각물건명세서상의 임차인 전입일자 착오기재 등으로 인한 불허가

☞ 매각물건명세서상의 임차인 OOO의 전입일자가 20 . . .인바, 20 . . . 자로 오기되었으며, 이로 인하여 신청채권자보다 우선변제받는 선순위임차보증금이 합계 금 OO원이므로 신청채권자에게 매수통지를 하여야 하는 데 이를 누락하는 등 매각물건명세서 작성의 중대한 하자가 있으므로 민사집행법 제121조 제5호, 제123조 제2항에 의하여 주문과 같이 결정한다.

④ 매수신청부적격자에 의한 불허가

☞ 최고가매수신고인은 이 사건의 채무자로서 부동산을 매수할 자격이 없는 때에 해당하므로 민사집행법 제121조 제2호 및 제123조 제2항에 의하여 주문과 같이 결정한다.

⑤ 농지취득자격증명 미제출로 인한 불허가

☞ 별지 기재 부동산은 농지이므로 최고가매수신고인는 농지취득자격증명서를 제출하여야 하는데 이를 제출하지 아니하였으므로 민사집행법 제121조 제2호 및 제123조 제2항에 의하여 주문과 같이 결정한다.

⑥ 남을 가망이 없는 경우로 인한 불허가

☞ 신청채권자보다 우선하는 부동산의 부담금 OO원(임차보증금, 세금 등)과 집행비용을 공제하면 신청채권자에게 변제할 잉여가 없는 때에 해당하므로 민사집행법 제121조 제1호 및 제123조 제2항에 의하여 주문과 같이 결정한다.

5. 매각불허가결정의 선고

매각불허가결정은 매각결정기일에 선고하여야 하며(민사집행법 제126조 제1항), 이 결정은 선고한 때에 고지의 효력이 발생한다(민사집행규칙 제74조). 그밖에 결정서의 정본이나 등본을 이해관계인에게 송달하거나 공고할 필요는 없다. 다만 실무에서는 매각허가결정과 마찬가지로 공고를 하고 있다(민사집행규칙 제11조). 선고사실은

매각결정기일조서에 적어야 한다(민사집행법 제126조 제2항, 민사소송법 제154조).

6. 매각불허 후의 절차

가. 민사집행법 제123조에 의한 매각불허의 경우(이의신청이 정당하거나 직권으로 하는 경우)

1) 종국적 장애에 의한 불허가의 경우

그 불허가가 종국적으로 매각을 불허할 사유에 기한 것이어서 다시 매각을 명할 것이 아닌 경우, 예컨대 매각부동산이 멸실되거나 집행취소사유(민사집행법 제50조, 제49조 제1호, 제3호)가 있어 불허가결정이 선고된 경우에는 그 불허가결정이 확정되면 경매신청을 포함한 그 이후의 매각절차는 모두 소멸하여 매각절차는 이로써 종결되어야 하므로 다시 경매절차를 취소하여야 한다.

그러나 실무에서는 통상 이러한 종국적인 사유가 있는 경우 곧바로 그 장애사유에 따라, ① 취하된 경우에는 별도의 재판이 없이, ② 그 밖의 사유에 따라서는 매각절차를 취소하여야 하는 경우인지 아니면 이미 행한 집행처분까지 취소하여야 하는 경우인지에 따라 '경매개시결정을 취소하고 경매신청을 기각'하거나 또는 '경매절차를 취소'한 다음, 그 결정정본을 원인증서로 첨부하여 말소촉탁을 하고 있고(민사집행법 제141조), 더 나아가 매각불허가결정을 하지는 않는다.[2]

2) 종국적 불허사유가 아닌 경우

가) 민사집행법 제123조에 의하여 매각을 불허하는 경우에 그 불허가 종국적으로 매각을 불허할 사유에 기한 것이 아니고, 다시 매각을 명하여야 할 경우(예컨대 민사집행법 제121조 제2호 내지 제7호의 이의사유가 있는 경우 또는 집행정지결정이 제출되었다가 그 정지결정이 실효된 경우)에는 매각불허가결정이 확정된 후 직권으로 새 매각기일을 정한다(민사집행법 제125조 제1항). 다만, 집행의 일시정지를 명하는 서류(민사집행법 제49조 제2호)의 제출에 따라 허가하지 아니한 경우에는 그 뒤의 절차를 사실상 정지한다.

나) 민사집행법 제121조 제6호 사유(부동산의 현저한 훼손이나 중대한 권리관계의 변동)에 의하여 매각불허가결정을 하고 새 매각기일을 열게 된 때에는 법원은 최저매각가격결정부터 새로 하여 경매를 속행한다(민사집행법 제125조 제2항).

---

2) 이와 달리 별도로 경매개시결정의 취소나 경매신청 각하 결정을 할 필요 없이 매각불허가결정 정본을 원인증서로 붙여 경매개시결정 기입등기의 말소촉탁을 한다는 견해도 있다.

나. 과잉매각을 이유로 매각부동산의 일부를 매각불허한 경우

1) 과잉매각을 이유로 민사집행법 제124조 제1항에 의하여 여러 개의 부동산 중 일부에 대하여 매각불허가결정을 한 경우에는 그 불허가결정이 확정되더라도 매각이 허가된 부동산에 대한 매각대금이 완납될 때까지 그대로 두었다가 대금이 완납된 후 매각불허된 부동산에 대하여 '경매절차를 취소한다'는 결정을 한 다음 경매개시결정등기의 말소촉탁을 하여야 한다(민사집행법 제141조).

왜냐하면 매각허가된 부동산의 매각대금이 완납되지 아니하는 경우에는 그 부동산을 재매각하여야 하는바, 경매신청채권 및 배당요구채권에 대한 변제액과의 관계상 필요가 있다고 인정되는 때에는 매각불허가된 부동산도 함께 경매에 부칠 수 있기 때문이다.

2) 그런데 위 매각불허가된 부동산에 대하여 경매절차 취소결정이 없이 바로 말소촉탁을 할 수 있다는 반대의 견해가 있다. 즉 매각불허가결정이 확정된 때에는 매수인과 매각허가를 주장한 매수신고인은 매수에 관한 책임이 면제되고(민사집행법 제133조) 이는 사건을 종결시키는 종국결정이므로, 법원사무관 등은 등기원인증서인 매각불허가결정등본만을 붙여 등기관에게 말소촉탁을 할 수 있다는 것이다.

그러나 매각불허가결정은 사건을 종결시키는 종국결정이 아니고, 매각불허가결정이 확정되었더라도 그이유가 다양하므로 계속 매각을 할 것인지 아니면 사건 자체를 종결시킬 것인지가 매각불허가결정 자체로부터 파악되는 것으로 아니므로, 매각불허가결정만으로 말소촉탁을 할 수 없고 전항(위 1)항)에서 본바와 같이 '남을 가망이 없음이 명백함'을 이유로 경매절차를 취소하는 결정(민사집행법 제102조 제2항)을 한 다음 말소촉탁을 하여야 한다.

다. 민사집행법 제127조에 의한 매각불허의 경우(현저한 훼손이 매각허가결정 확정 뒤 밝혀진 경우)

민사집행법 제127조 제1항의 규정에 의하여 매각허가결정을 취소한 때에는 재평가를 명하여 최저매각가격부터 새로 정하여 경매를 속행한다(민사집행법 제134조). 다만 매각부동산의 훼손이 심하여 부동산으로서의 존재를 상실한 때에는 동법 제96조 제1항에 의하여 매각절차를 취소하고, 이 취소결정이 확정되면 경매개시결정등기의 말소를 촉탁한다. 말소촉탁 시에는 위 매각절차취소결정을 등기원인으로 한다.

7. 매각허가여부의 결정을 하지 않을 때의 불복

집행법원은 매각기일의 최고가매수신고인에 대하여 매각을 허가하거나 허가하지 않는 결정을 하여야 하므로(민사집행법 제126조 제1항), 집행법원이 최고가매수신고인임이 명백한 자에 대하여 특별한 사정없이 매각허가여부의 결정을 하지 않는 때에는 최고가매수신고인은 민사집행법 제16조에 정한 '집행에 관한 이의'에 의하여 불복할 수 있다(대법원 2008. 12. 29.자 2008그205 결정).

8. 매수신청보증의 반환

매각을 허가하지 아니한 결정이 확정된 때에는 매수인과 매각허가를 주장한 매수신고인은 매수에 관한 책임이 면제되므로(민사집행법 제133조), 즉시 보증금반환청구권이 생긴다. 그 반환절차는 법원보관금취급규칙 제13조에서 규정하고 있다.

9. 선순위 저당권이 소멸함으로써 인수할 부담이 생긴 경우 매수인의 구제방법

가. 문제점 제기

대항력을 갖춘 임차인보다 선순위의 근저당권이 있었으나 위 임차인보다 후순위인 근저당권자의 신청으로 진행된 경매절차에서 매각대금 지급 전에 선순위의 근저당권이 소멸됨으로써 임차인이 대항력을 가지게 되는 경우 매수인은 어떻게 구제받아야 하는지가 문제된다.

나. 검 토

1) 임차인은 매수인에게 대항력을 주장할 수 있음

가) 강제집행이나 후순위 저당권의 실행으로 임차주택이 매각되어 선순위 저당권이 소멸하면 비록 후순위 저당권자에게는 대항할 수 있는 임차권이라 하더라도 선순위 저당권보다 뒤에 대항력을 갖춘 임차권은 함께 소멸하므로 이런 경우 매수인(낙찰자)에게는 임대차를 가지고 대항할 수 없다.[3)]

---

3) 대법원 1987. 2. 24. 선고 86다카1936 판결, 1990. 1. 23. 선고 89다카33043 판결, 1999. 4. 23. 선고 98다32939 판결, 2000. 2. 11. 선고 99다59306 판결. 경매목적 부동산이 매각된 경우에는 소멸된 선순위 저당권보다 뒤에 등기되었거나 대항력을 갖춘 임차권은 함께 소멸하는 것이고, 따라서 그 매수인은 법 제3조에서 말하는 임차주택의 양수인 중에 포함된다고 할 수 없어 매수인에 대하여 그 임차권의 효력을 주장할 수 없고 소멸된다.

나) 그러나 임대차의 대항력 발생시기보다 앞선 저당권이 피담보채무의 변제 등 사유로 소멸되었다면 임차권의 대항력이 소멸하지 아니한다(대법원 1996. 2. 9. 선고 95다49523 판결). 그 저당권이 매각대금지급 전에 소멸하였어도 매수인에게 대항할 수 있다(대법원 1998. 8. 24.자 98마1031 결정). 부동산의 경매절차에서 주택임대차보호법 제3조에서 정한 대항요건을 갖춘 임차권보다 선순위의 근저당권이 있는 경우에는 매각으로 인하여 선순위 근저당권이 소멸하면 그 보다 후순위의 임차권도 선순위의 근저당권이 확보한 담보가치의 보장을 위하여 그 대항력을 상실하는 것이지만(대법원 2003. 10. 6. 자 2003마1438 결정 등 참조), 매각으로 인하여 근저당권이 소멸하고 매수인이 소유권을 취득하게 되는 시점인 매각대금 지급기일 이전에 선순위 근저당권이 다른 사유로 소멸한 경우에는 대항력이 있는 임차권의 존재로 인하여 담보가치의 손상을 받을 선순위의 근저당권이 없게 되므로 임차권의 대항력이 소멸하지 않는다.

따라서 선순위 근저당권이 매각대금 지급기일 이전에 다른 사유로 소멸한 경우에도 임차인은 매수인에게 대항력을 주장할 수 있다.

2) 경매절차상의 구제방법[4]

가) 매각허가결정 확정 전

최고가매수신고인 또는 매수인은 민사집행법 제121조 제6호의 사유를 들어 매각허가에 대한 이의신청을 하거나 매각허가결정에 대한 즉시항고를 할 수 있다.

나) 매각허가결정 확정 후 대금 납부 전

(1) 선순위 근저당권의 존재로 후순위 임차권의 대항력이 소멸하는 것으로 알고 부동산을 낙찰 받았으나, 그 이후 선순위 근저당권의 소멸로 인하여 임차권의 대항력이 존속하는 것으로 변경됨으로써 매각부동산의 부담이 현저히 증가하는 경우에는, 매수인으로서는 동법 제127조 제1항에 의하여 매각허가결정의 취소신청을 할 수 있다(대법원 1998. 8. 24.자 98마1031 결정).

(2) 다만 매수인은 위와 같은 사정이 있더라도 매수할 의사가 있는 경우에는 집행법원에 대금감액을 신청할 수 있고, 집행법원은 민법상 쌍무계약에 있어서의 위험부담 내지 하자담보책임의 이론을 적용하여 감액결정을 할 수 있다.[5]

---

4) 윤경, 「부동산경매(입찰)의 실무(하)」, 법률정보센타(1999), 276-277

5) 대법원 1973. 12. 12.자 73마912 결정, 1979. 7. 24.자 78마248 결정, 2004. 12. 24. 자 2003마1665 결정(임의경매절차가 진행되어 그 매각허가결정이 확정되었는데 그 매각대금 지급기일이 지정되기 전에 그 매각목적물에 대한 소유자 내지 채무자 또는 그 매수인의 책임으로 돌릴 수

다) 대금납부 후

(1) 매각대금에 대한 배당이 실시되기 전인 경우에는 집행법원에 대하여 대금의 전부나 일부의 반환을 구할 수 있다(대법원 1997. 11. 11.자 96그64 결정).

(2) 배당이 실시된 이후에는 민법상의 매도인의 담보책임(민법 제578조 등)을 유추적용하여 채무자에게 계약해제 또는 대금감액을 청구할 수 있고, 채무자가 무자력인 경우에는 배당을 받을 채권자 등에게 대금 전부나 일부의 반환을 청구함으로써 구제받을 수 있다(대법원 1997. 11. 11.자 96그64 결정).

3) 채무자 등에 대한 손해배상청구

매수인이 낙찰을 받은 후 채무자가 후순위 임차권의 대항력을 존속시킬 목적으로 선순위 근저당권의 피담보채무를 모두 변제하고 그 근저당권을 소멸시키고도 이 점에 대하여 매수인(낙찰자)에게 아무런 고지도 하지 않아 매수인(낙찰자)이 대항력 있는 임차권이 존속하게 된다는 사정을 알지 못한 채 대금지급기일에 매각대금을 지급하였다면, 채무자는 민법 제578조 제3항의 규정에 의하여 매수인(낙찰자)이 입게 된 손해를 배상할 책임이 있다(대법원 1998. 8. 24.자 98마1031 결정, 2003. 4. 25. 선고 2002다70075 판결).

경매의 목적물에 대항력 있는 임대차가 존재하는 경우에 매수인이 이를 알지 못한 때에는 주택임대차보호법 제3조 제3항의 규정에 의하여 매수인은 이로 인하여 계약의 목적을 달성할 수 없는 경우에 한하여 계약을 해제하고 채무자 또는 채무자에게 자력이 없는 때에는 배당을 받은 채권자에게 그 대금의 전부나 일부의 반환을 구하거나, 그 계약해제와 함께 또는 그와 별도로 경매목적물에 위와 같은 흠결이 있음을 알고 고지하지 아니한 채무자나 이를 알고 경매를 신청한 채권자에게 손해배상을 청구할 수 있다(대법원 1996. 7. 12. 선고 96다7106 판결).

Ⅲ. 매각허가결정

1. 매각허가결정의 성질

실체법적 측면에서 보면 매수신고는 매수의 청약이고, 매각허가결정은 승낙으로

없는 사유로 말미암아 그 매각목적물의 일부가 멸실되었고, 그 매수인이 나머지 부분이라도 매수할 의사가 있어서 경매법원에 대하여 그 매각대금의 감액신청을 하여 왔을 때에는 경매법원으로서는 민법상의 쌍무계약에 있어서의 위험부담 내지 하자담보책임의 이론을 적용하여 그 감액 결정을 허용하는 것이 상당하다), 2005. 3. 29.자 2005마58 결정 등.

서 이에 의하여 매각계약(경매계약)이 성립하고, 그 효과로 매각대금지급의무와 동의무의 이행에 따른 소유권이전의무가 발생한다. 절차법적 측면에서 보면 매수신고는 집행기관에 대한 신청이고, 매각허가결정은 그 신청에 대한 응답의 재판이다.

2. 매각허가결정을 하여야 할 경우

집행법원은 이해관계인의 매각허가에 대한 이의가 이유 없다고 인정되고 기타 직권으로 매각불허가할 사유가 없다고 인정되는 때에는 최고가매수신고인에게 매각을 허가한다는 취지의 결정을 한다(민사집행법 제126조 제1항).

매각허가결정은 선고하는 외에 공고도 하여야 하나(제128조 2항), 이해관계인에게 송달할 필요는 없다(대법원 2000. 1. 31.자 99마6589 결정).

3. 매각허가결정의 기재사항

매각허가결정에는 매각한 부동산, 매수인과 매각가격을 적고 특별한 매각조건으로 매각한 때에는 그 조건을 적어야 한다(민사집행법 제128조 제1항).

가. 매각한 부동산의 표시

1) 부동산의 표시

매각한 부동산이라 함은 매각을 허가하는 부동산을 말한다. 그 표시를 함에 있어서는 부동산을 특정할 수 있을 정도로 기재하면 된다. 토지의 경우에는 소재지, 지번, 지목, 지적을 기재하고, 건물의 경우에는 소재지, 종류, 구조, 건평 등을 기재한다.

등기부의 표시와 실측이 다른 경우에는 양자를 병기한다.

매각부동산의 소유자를 표시할 필요는 없다.

2) 종물의 표시

부동산의 종물에는 당연히 매각허가결정의 효력이 미치므로 종물의 표시는 하지 아니하여도 관계없다 할 것이나 명확성을 기하기 위하여 기재하여 주는 편이 좋다.

특별매각조건에 종물을 제외한 경우에는 그 취지를 기재한다.

3) 대지사용권(종된 권리)의 표시

가) 구분건물에 대한 경매에 있어서 비록 경매신청서에 대지사용권에 대한 표시가 없는 경우에도 집행법원으로서는 대지사용권이 있는지, 그 전유부분 및 공용부분

과 분리처분이 가능한 규약이나 공정증서가 있는지 등에 관하여 조사하여야 한다. 그 결과 전유부분과 불가분적인 일체로서 경매의 대상이 되어야 할 대지사용권의 존재가 밝혀진 때에는 이를 경매 목적물의 일부로서 평가에 포함시켜 최저매각가격을 정하여야 할 뿐만 아니라, 매각기일의 공고와 매각물건명세서의 작성에 있어서도 그 존재를 표시하여야 하고(대법원 1997. 6. 10.자 97마814 결정 참조), 매각허가결정에도 전유부분과 일체로서 매각의 대상이 된 대지사용권의 존재를 표시하여야 하므로, 매각허가결정에 대지사용권에 관한 기재를 누락한 경우에는 경정결정을 하여 주어야 한다(대법원 2001. 6. 8.자 2000그80 결정 참조).

나) 그러나 전유부분과 불가분적인 일체로서 경매의 대상이 되어야 할 대지사용권이 있는 것으로 밝혀져 평가에 포함되었는지 여부나, 매각기일의 공고와 매각물건명세서의 작성에 있어서도 그 존재가 표시되었는지 여부가 명백하지 아니한 경우에는, 위와 같은 경정결정을 하여 줄 수 없다(대법원 2006. 4. 21.자 2004그157 결정).

결정경정신청을 이유 없다 하여 기각한 결정에 대하여는 통상항고의 방법으로 불복할 수 없고 민사소송법 제449조 소정의 특별항고가 허용될 뿐인데(대법원 1995. 7. 12.자 95마531 결정 참조), 특별항고는 재판에 영향을 미친 헌법위반이 있거나, 재판의 전제가 된 명령·규칙·처분의 헌법 또는 법률의 위반 여부에 대한 판단이 부당하다는 것을 이유로 하는 때에만 할 수 있다(민사소송법 제449조 제1항 참조).

나. 매수인

1) 매각허가결정은 매수인에 대하여 매각을 허가하는 것이므로 그 결정에는 매각허가를 받게 되는 매수인을 표시하여야 한다. 원칙적으로 매각기일에 최고가매수신고인으로 호창되어 매각기일조서에 그 취지가 기재되고 서명날인을 한 자(민사집행법 제116조 제2항)의 주소, 이름을 표시한다.

공동매수의 경우에는 전원을 매수인으로 표시하는 외에 그 지분이 정하여져 있으면 각자의 지분도 표시하여야 한다. 매수인이 미성년자나 금치산자, 한정치산자인 경우에는 법정대리인도 아울러 표시한다. 또 매수인이 법인의 경우에는 대표자도 표시한다.

매각기일과 매각결정기일 사이에 최고가매수신고인의 사망에 의한 상속, 법인의 합병 등에 의한 일반승계가 있는 경우에는 상속인등 승계인으로부터 승계를 증명하는 자료를 첨부한 신고가 있으면 그 승계인을 매수인으로 표시한다. 집행법원이 그 승계사실을 모르고 피승계인에 대하여 매각허가결정을 한 경우에도 나중에 사망사실이 밝혀지면 승계인을 매수인으로 하여 소유권이전등기의 촉탁을 한다. 이 경우에 상속인 명의로 매각허가결정을 경정하여 등기를 촉탁함이 원칙이나 위 결정의 효력이 상속인에게 미치므로 실무상으로는 경정결정을 함이 없이 통상 상속을 증명하는 서면을 첨부하여 촉탁을 하고 있다.

매각허가결정 후에 매수인이 사망한 경우에도 호적등본 등에 의하여 매수인과 상속인간의 관계가 증명되면 족하고, 별도로 매각허가결정을 경정할 것은 아니다. 등기촉탁 시 등기권리자의 표시를 '매수인 망 ○○○의 상속인 ○○○' 라고 표시하면 될 것이다.

2) 매각결정기일 전에 최고가매수신고인의 지위를 타인에게 양도한 경우 : 이때에는 양수인에 대하여 매각허가를 할 수 있는가에 관하여 다툼이 있다. 긍정설은 최고가매수신고인의 권리는 일신전속권이 아닐 뿐만 아니라 그 양수인이 최고가매수신고인의 권리의 양수와 함께 의무도 인수하는 한 이해관계인의 이익을 해하는 것도 없고 또한 최고가매수신고인이 매각대금의 지급능력이 없는 경우에 매각대금지급의무를 이행시키는 것이 재매각을 방지하여 경매의 목적을 신속히 달성할 수 있는 이점도 있다는 점 등을 이유로 최고가매수신고인의 지위의 양도를 인정한다. 반면 부정설은 최고가매수신고인의 지위의 양도를 인정하는 명문의 규정이 없을 뿐만 아니라 집행법원으로 하여금 양도계약의 유·무효 등 실체법상의 심사를 하게 하는 것은 오히려 집행절차의 신속을 해한다는 이유로 그 지위의 양도를 인정하지 아니한다. 그러나 최고가매수신고인의 지위는 집행법상의 지위인 점, 매수신청인의 자격이 제한되는 점 및 차순위매수신고인 등 이해관계인의 이익을 고려할 때 부정설이 타당하다.

다. 매각가격의 표시

최고가매수신고인이 신고한 매수가격을 말한다. 여러 개의 부동산을 일괄매각하는 경우에는 일괄하여 1개의 매각가격을 표시하고, 분할(개별)매각의 경우에는 각 부동산별로 매각가격을 명시하여야 한다. 다만, 동시에 매각되는 여러 개의 부동산이 성질상 일괄매각할 수 없는 경우에는 별론으로 하고 일괄매각이 가능한 경우라면 매각가격을 표시함에 있어서 동시에 동일인에게 매각허가하는 여러 개의 부동산의 매각가격을 합산하여 일괄표시 하여도 위법은 아니다(대법원 1961. 3. 20.자 4294민재항50 결정).

저당 토지 위에 과수가 있는 경우 토지에 대한 저당권은 별단의 사유가 없는 한 과수에도 미치므로 위 토지에 대한 매각허가결정에 매각가액을 표시함에 있어서는 그 토지 자체뿐만 아니라 그 저당과수까지를 포함한 매각가격으로 합산 표시함이 마땅하며 위 토지만의 가격으로 표시하는 것은 잘못이다(대법원 1975. 2. 27.자 74마154 결정).

라. 특별매각조건

특별매각조건으로 매각한 때, 예컨대 이해관계인의 합의로 채권자에 우선하는 저당권을 매수인이 인수하기로 하고 매각허가를 한 때에는 그 특별매각조건을 적어야 한다.

[매각허가결정 양식]

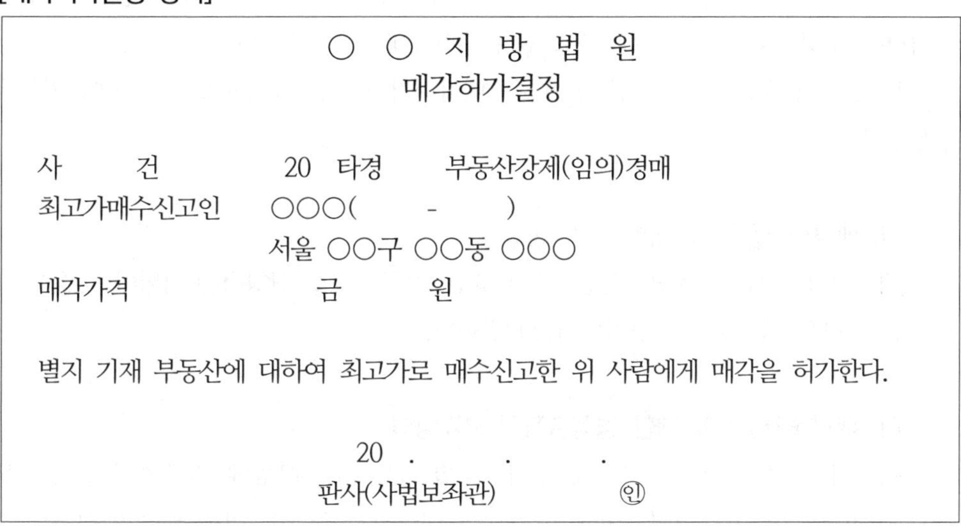

○ ○ 지 방 법 원
매각허가결정

사 건 20 타경 부동산강제(임의)경매
최고가매수신고인 ○○○(-)
서울 ○○구 ○○동 ○○○
매각가격 금 원

별지 기재 부동산에 대하여 최고가로 매수신고한 위 사람에게 매각을 허가한다.

20 . . .
판사(사법보좌관) ㊞

민사집행법 128①, 268

4. 매각허가결정의 선고 및 공고

가. 선고

매각허가결정은 매각결정기일에 법정에서 반드시 선고하여야 한다(민사집행법 제126조 제1항). 통상의 경우 결정은 상당하다고 인정되는 방법으로 고지하는 것이 원칙이지만(민사집행법 제23조 제1항, 민사소송법 제221조 제1항), 매각허부결정은 매각결정기일에 선고하며, 이 결정은 이를 선고한 때에 그 효력이 발생한다(민사집행규칙 제74조). 매각허가결정을 선고하지 아니하고 일반 결정의 경우와 같이 결정서의 정본이나 등본의 송달에 의하여 고지하는 것은 위법하다.

매각허부결정은 이해관계인들의 출석 여부에 관계없이 선고에 의하여 일률적으로 그 고지의 효력이 생기게 되므로, 결정정본을 이해관계인에게 송달할 필요가 없다(대법원 2000. 1. 31.자 99마6589 결정). 매각허부결정을 선고하지 않고 공고만 하는 경우에는 불변기간인 항고기간이 진행되지 아니한다.

나. 공고

매각허가결정은 선고하는 외에 공고하여야 한다(민사집행법 제128조 제2항). 공고는 법원게시판 게시, 관보·공보 또는 신문 게재, 전자통신매체를 이용한 공고 중 어느 하나의 방법으로 할 수 있다(민사집행규칙 제11조 제1항). 예규는 법원게시판에 게시하는 방법으로 공고하도록 하고 있다(재민 2004-3 제50조).

법원사무관등은 그 공고를 한 다음 매각허가결정공고보고서를 작성하여 기록에 첨부한다.

다. 매각허가결정문 등본의 신청방법

매각허가결정문 등본의 신청 시 필요한 서류는 ① 신청서(비치되어 있음), ② 대리인일 경우 위임장, ③ 인지대 1,000원이다.

라. 매각허가결정에 대한 경정결정의 고지방법

특별히 규정한 바가 없으므로 민사소송법 제221조 제1항에 의하여 상당한 방법으로 고지하면 된다(대법원 1985. 3. 28.자 84마카31 결정). 이해관계인에게 경정결정의 정본을 송달하는 것이 유일한 고지방법은 아니라고 하더라도 단지 법원게시판에 공고하거나(대법원 1969. 2. 28.자 69마77 결정), 배당기일통지서를 송달(대법원 1985. 3. 28.자 84마카31 결정 참조)한 것만으로는 결정을 상당한 방법으로 고지한 것으로 볼 수 없다.

[매각허가결정공고보고서]

○ ○ 지 방 법 원 매각허가결정공고보고서 사 건 20 타경 부동산강제(임의)경매 20 . . .자 부동산매각허가결정을 20 . . . 이 법원 게시판에 게시하였습니다. 20 . . . 법원사무관 ○○○ ㊞

민사집행법 128②, 268

5. 대금지급의무 발생

매수인은 매각결정이 확정된 후 집행법원이 정한 대금지급기한까지 매각대금을 지급하여야 한다(민사집행법 제142조 제1항, 제2항). 지급할 금액은 현금으로 매수신청의 보증을 제공한 경우(입찰보증금 입금증명서 포함)에는 최고가매수신고가격(매각가격)에서 매수신청의 보증을 공제한 금액이고, 보증이 지급위탁계약체결문서인 경우에는 매수신고가격 전액을 지급하여야 한다. 자기앞수표는 현금과 동일시 할 수 있으나 추심수수료가 든 경우에는 그 비용만큼도 지급하여야 한다.

6. 매각허가결정이 된 후에 집행정지·취소서류가 제출된 경우

1) 강제경매절차에서 매각허가결정이 된 후에라도 매수인이 매각대금을 납부하기 전까지 민사집행법 제49조 제2호의 서면인 강제집행의 일시정지를 명하는 결정정본이 제출된 경우 집행법원은 필요적으로 그 매각절차의 진행을 정지하여야 하고, 또 같은 조 제1호의 서면인 강제집행을 허가하지 아니한다는 취지의 집행력 있는 판결정본이 제출된 경우에는 이미 실시한 집행처분을 취소하여야 하는 것이므로, 집행법원이 한 경매개시결정도 취소하여야 한다(대법원 1994. 2. 7.자 93마1837 결정).

2) 강제집행의 일시정지를 명하는 재판의 정본이 제출되었음에도 매각절차의 진행을 정지하지 아니한 채 그대로 진행하여 매수인으로부터 매각대금을 지급받는 것은 위법하므로, 집행법원이 대금지급기한을 정하고 대금납부를 받는 등 매각절차를 진행하는 경우에 이해관계인은 민사집행법 제16조 소정의 집행에 관한 이의에 의하여, 매수인은 민사집행규칙 제51조 제2항에 의한 매각허가결정의 취소신청에 의하여 각 그 시정을 구할 수 있는바, 이러한 불복 절차 없이 매각절차가 그대로 완결된 경우에는 그 집행행위에 의하여 발생된 법률효과를 부인할 수 없다(대법원 1992. 9. 14. 선고 92다28020 판결).

Ⅳ. 매각결정기일조서

매각결정기일을 실시한 경우에는 그 기일마다 법원사무관등이 매각결정기일조서를 작성하여야 한다. 매각결정기일에는 출석한 이해관계인이 매각허가에 관한 진술을 하고 매각허가 또는 불허가결정을 선고하는 점에서 변론과 유사하므로 민사집행법은 변론조서에 관한 규정(민사소송법 제152조 내지 제154조, 제156조 내지 제158조, 제164조)을 매각결정기일조서에 준용하도록 하고 있다(민사집행법 제126조 제2항).

1) 집행법원의 법원사무관등은 매각결정기일에 참여하여 매각결정기일의 조서를 작성하여야 한다(민사소송법 제152조 제1항의 준용). 기일이 연기되거나 속행된 경우에는 기일마다 조서를 작성한다.

2) 매각결정기일조서에는 사건의 표시, 법관과 법원사무관등의 이름, 이해관계인, 최고가매수신고인 및 차순위매수신고인과 그 대리인의 출석상황, 매각결정기일의 장소와 연월일 등을 기재하고 법관(사법보좌관)과 법원사무관등이 기명날인하여야 하며 법관이 기명날인할 수 없는 사유가 있는 때에는 법원사무관등이 그 사유를 적는다(민사소송법 제153조의 준용). 매각결정기일조서에 법관(사법보좌관) 또는 법원사무관등의 날인이 결여된 때에는 그 조서로서는 매각허가결정 선고의 사실을 제대로 증명할 수 없으므로 그 매각허가결정은 위법하다(대법원 1965. 4. 28.자 65마205 결정).

3) 매각결정기일조서에는 출석한 이해관계인의 진술의 내용, 특히 매각허가에 대한 이의 및 이에 대한 다른 이해관계인의 진술의 요지(민사집행법 제120조 제1항), 과잉매각에 있어서의 채무자에 의한 매각부동산의 지정(민사집행법 제124조 제2항)과 매각허가결정 또는 불허가결정의 선고를 적어야 한다(민사소송법 제154조의 준용).

4) 이해관계인의 진술 등에 의하여 서류의 인용 또는 첨부를 요하는 경우에는 매각결정기일조서에 이를 인용하거나 첨부하여 조서의 일부로 할 수 있다(민사소송법 제156조의 준용).

5) 이해관계인의 신청이 있으면 매각결정기일조서를 낭독하여 주거나 열람하게 하고 조서에 그 사유를 적어야 하며 조서의 기재에 관하여 이해관계인의 이의가 있으면 조서에 그 사유를 적어야 한다(민사소송법 제157조의 준용).

6) 기일실시의 방식에 관한 규정의 준수는 조서에 의하여서만 증명할 수 있다(민사소송법 제158조).

7) 조서에 적힌 사항에 대하여 관계인이 이의를 제기한 때에는 조서에 그 취지를 적어야 한다(민사소송법 제164조).

[매각결정기일조서 양식]

<table>
<tr><td colspan="4" align="center">○ ○ 지 방 법 원
매각결정기일조서</td></tr>
<tr><td>사　　건 20 타경</td><td>부동산강제(임의)경매</td><td></td><td></td></tr>
<tr><td>판사(사법보좌관)</td><td>기　　일</td><td>. . . :</td><td></td></tr>
<tr><td>법원사무관</td><td>장　　소</td><td>제</td><td>호 법정</td></tr>
<tr><td></td><td>공개여부</td><td></td><td>공 개</td></tr>
<tr><td colspan="4">사건과 관계인의 이름을 부름</td></tr>
<tr><td>채 권 자</td><td></td><td></td><td>불출석</td></tr>
<tr><td>채 무 자</td><td></td><td></td><td>불출석</td></tr>
<tr><td>소 유 자</td><td></td><td></td><td>불출석</td></tr>
<tr><td>최고가매수신고인</td><td></td><td></td><td>불출석</td></tr>
<tr><td>차순위매수신고인</td><td></td><td></td><td>불출석</td></tr>
<tr><td colspan="4">판사(사법보좌관)</td></tr>
<tr><td colspan="4">매각허가(불허가)결정을 선고.
해당 물건번호 : 1</td></tr>
<tr><td></td><td colspan="2">법원사무관
판사(사법보좌관)</td><td>㉥
㉥</td></tr>
</table>

민사집행법 126, 268, 민사소송법 152 내지 154

제3장 매각허가여부에 대한 즉시항고 및 사법보좌관 처분에 대한 이의

Ⅰ. 매각허가여부의 결정에 대한 불복방법

1. 일반론

이해관계인은 매각허가여부 결정에 따라 손해를 볼 경우에만 그 결정에 대하여 즉시항고를 할 수 있고(민사집행법 제129조 제1항), 또 매각허가에 정당한 이유가 없거나 결정에 적은 것 외의 조건으로 허가하여야 한다고 주장하는 매수인 또는 매각허가를 주장하는 매수신고인도 즉시항고를 할 수 있다(민사집행법 제129조 제2항). 따라서 매각허가여부 결정은 불복을 신청할 수 없는 결정에 해당하지 않아 특별항고의 대상이 될 수 없다(대법원 1981. 12. 22.자 81그15 결정 등).

이와 같이 매각허가여부 결정에 대한 불복방법으로서는 즉시항고만이 인정되고 그 외에 통상항고(민사소송법 제439조)나 비송사건절차법에 의한 항고는 허용되지 않으며, 매각허가결정 후에는 매각불허사유가 존재하는 때에도 집행에 관한 이의(민사집행법 제16조)로 그 시정을 구할 수는 없다. 따라서 '부동산매각허가에 대한 이의신청'이라는 제목으로 제출된 불복은 이를 즉시항고로 보아 처리함이 타당하다(대법원 1972. 8. 23.자 72마763 결정 참조).

또한 사법보좌관의 처분 중 판사가 처리하는 경우 즉시항고의 대상이 되는 처분에 대하여는 이의신청을 할 수 있으므로, 사법보좌관이 매각허가여부를 결정한 경우에는 즉시항고에 앞서 사법보좌관 처분에 대한 이의신청을 거쳐야 한다.

2. 항고권자 또는 이의신청권자: 이해관계인 등

매각을 허가하거나 허가하지 아니하는 결정에 대하여는, ① 그 결정에 따라 손해를 보는 이해관계인, ② 매각허가에 정당한 이유가 없거나 결정에 적은 것 외의 조건으로 허가해야 한다고 주장하는 매수인, ③ 매각허가를 주장하는 매수신고인이 즉시항고를 할 수 있다(민사집행법 제129조).

민사집행법 제129조 제1항, 제2항에 의한 부동산매각허가결정에 대한 이의신청(사법보좌관 결정시)이나 즉시항고(판사 결정시)는 이해관계인, 매수인 및 매수신고인만이 제기할 수 있고, 여기서 이해관계인이란 같은 법 제90조 각 호에서 규정하는 압류채권자와 집행력 있는 정본에 의하여 배당을 요구한 채권자, 채무자 및 소유자, 등기부에 기입된 부동산 위의 권리자, 부동산 위의 권리자로서 그 권리를 증명한 자를 말하고, 경매절차에 관하여 사실상의 이해관계를 가진 자라 하더라도 위에서 열거한 자에 해당하지 아니한 경우에는 경매절차에 있어서의 이해관계인이라고 할 수 없다(대법원 2005. 5. 19.자 2005마59 결정).

가. 민사집행법 제90조의 이해관계인

1) 항고적격 또는 이의신청 적격

매각허가여부의 결정에 따라 손해를 볼 가능성이 있는 이해관계인에 한하여 즉시항고 또는 사법보좌관의 처분에 대한 이의신청의 적격을 가진다(민사집행법 제129조 제1항). 여기서 말하는 이해관계인이란 민사집행법 제90조 각 호에서 규정하는 압류채권자와 집행력 있는 정본에 의하여 배당을 요구한 채권자, 채무자 및 소유자, 등기부에 기입된 부동산 위의 권리자, 부동산 위의 권리자로서 그 권리를 증명한 자를 말하고, 경매절차에 관하여 사실상의 이해관계를 가진 자라 하더라도 위에서 열거한 자에 해당하지 않는 경우에는 경매절차에서의 이해관계인이라고 할 수 없다.

경매개시결정등기 후 전입신고한 임차인도 민사집행법 제129조 제1항에서 말하는 이해관계인이다. 단 배당요구의 종기까지 배당요구를 한 자만이 여기에 해당한다.

이중경매개시결정이 있고 선행사건의 집행절차에 따라 경매가 진행되는 경우 이해관계인의 범위는 선행의 경매사건을 기준으로 정하여야 한다. 따라서 선행사건의 배당요구의 종기 이후에 설정된 후순위 근저당권자로서 위 배당요구의 종기까지 아무런 권리신고를 하지 아니한 위 배당요구의 종기 이후의 이중경매신청인은 선행사건에서 이루어진 매각허가결정에 대하여 즉시항고를 제기할 수 있는 이해관계인이 아니다(대법원 2005. 5. 19.자 2005마59 결정).

한편 경매개시결정의 등기 후에 전입신고를 한 임차인이 민사집행법 제129조 제1항의 이해관계인이 되기 위해서는 '매각허가결정이 있을 때까지' 그러한 사실을 증명하여 신고해야 한다(대법원 2002. 5. 16.자 2002마1617 결정). 따라서 매각허가결정 후 즉시항고를 제기하면서 이해관계인 여부에 관한 소명자료로 임대차계약서, 주민등록표 등본을 제출한 경우 그 항고는 부적법하다.

위와 같이 민사집행법 제90조 각 호에서 열거한 자에 해당하지 않는 자가 한 매각허가결정에 대한 즉시항고는 부적법하고 또한 보정할 수 없음이 분명하므로 집행법원이 결정으로 즉시항고를 각하하거나 사법보좌관이 이의신청을 각하하여야 하고, 집행법원이 항고각하결정을 하지 않은 채 항고심으로 기록을 송부한 경우에는 항고심에서 항고를 각하하여야 한다(대법원 2005. 5. 19.자 2005마59 결정).

2) 손해의 의미

매각기일 또는 매각결정기일을 통지받지 못한 이해관계인은 법이 보장하고 있는 절차상의 권리를 침해당한 손해를 받은 것이므로 즉시항고를 할 수 있고, 구체적 또는 추상적으로 재산상의 손해가 발생한 경우에 한하여 즉시항고를 할 수 있는 것은 아니다(대법원 2001. 3. 22.자 2000마6319 결정).

그러나 채무자가 입찰기일 및 낙찰기일 등을 통지받지 못하였다고 하여도 그러한 절차상의 위법사유만으로는 채무자에게 어떠한 손해가 발생하였다고 볼 수는 없으므로, 국가를 상대로 손해배상청구를 할 수 없다(대법원 2001. 7. 10. 선고 2000다66010 판결).

한편 일괄매각결정이 부당하다는 이유로 매각허가결정에 대해 공유자가 즉시항고한 경우에는 공유자가 위 매각허가결정으로 인하여 어떠한 손해를 입는다고 볼 만한 사정이 없으므로 공유자에게는 항고의 이익이 없다(대법원 2019. 12. 12.자 2019마534 결정 참조).

배당요구채권자, 매각허가에 의하여 자신의 권리가 소멸하는 대신 배당을 받게 되어있는 담보권자, 채무자 등도 '매각불허가결정'에 대하여 항고의 이익이 없다.

3) 이해관계인이 아닌 자의 항고

가) 이해관계인이 아닌 자가 한 즉시항고는 부적법하다. 민사집행법 제90조 각 호에서 열거한 자에 해당하지 아니한 자(이해관계인이 아닌 자)가 한 매각허가결정에 대한 즉시항고는 부적법하고 또한 보정할 수 없음이 분명하므로 민사집행법 제15조 제5항에 의하여 집행법원이 결정으로 즉시항고를 각하하거나 사법보좌관이 이의신청을 각하하여야 한다. 원심법원이 민사집행법 제15조 제5항에 따라 결정으로 재항고를 각하하지 아니하고 사건을 재항고심(대법원)으로 송부한 경우에는 대법원이 재항고를 각하함이 상당하다(대법원 2005. 4. 28.자 2005마234 결정).

나) 항고권자의 채권자가 채권자대위권에 의하여 항고할 수는 없다.

다) 매각허가결정이 있은 후에 즉시항고장을 제출하면서 경매개시결정등기 후에 저당권이나 소유권을 취득한 사실을 증명하는 서류를 제출한 자는 이해관계인이라 할 수 없다(대법원 1994. 9. 13.자 94마1342 결정).

라) 가압류권자, 가처분권자는 이해관계인이 아니고(대법원 1994. 9. 30.자 94마1534 결정), 경매부동산의 명의신탁자도 이해관계인이 아니다(대법원 1994. 9. 12.자

94마1465, 1466 결정).

마) 매각부동산에 관하여 소유권 회복의 등기를 할 수 있는 확정판결이 있다 하더라도 이에 기한 등기를 갖추고 집행법원에 권리신고를 하기 전에는 항고할 수 있는 이해관계인이 아니다(대법원 1991. 4. 18.자 91마141 결정).

바) 매수신고인의 우선매수신고 자체가 부적법한 경우에는 매각허가결정에 의하여 어떠한 손해를 받는다고 할 수 없어 민사집행법 제129조 제1항에 의하여서는 매각허가결정에 대하여 즉시항고를 할 수 없다(대법원 2006. 3. 13.자 2005마1078 결정, 민사집행법 제129조 제2항에 의하여 즉시항고가 가능한지 여부와는 별개의 문제임).

사) 유치권과 같이 목적부동산의 매각으로 소멸하지 아니하는 권리를 가지고 있는 사람은 매각허가결정에 따라 자기의 이익을 침해당하지 아니하므로 항고의 이익이 없다(대법원 2003. 6. 11.자 2003마787 결정).

[이해관계인이 아닌 자의 즉시항고각하(이의신청각하) 결정]

○ ○ 지 방 법 원

결 정

사 건	20 타경○○○○○ 부동산임의경매
채 권 자	○○협동조합중앙회
채 무 자	○○○
소 유 자	채무자와 같음
매 수 인	○○○ 외 7명
항 고 인	○○○

주 문

이 사건 즉시항고(이의신청)를 각하한다

이 유

별지 목록 기재 각 부동산에 관한 20 . . .자 매각허가결정에 대하여 OOO이 즉시항고(이의신청)를 제기하였으나, 위 OOO은 이 사건 압류기입등기 이후에 근저당권 설정등기를 경료한 근저당권자로서 배당요구종기일까지 배당요구를 하지 않았으므로, 민사집행법 제129조 제1항, 제15조 제5항에 의하여 주문과 같이 결정한다.

20 . . .

판사(사법보좌관) ○○○

나. 매수인

민사집행법 제90조 소정의 이해관계인 이외에 매각허가에 정당한 이유가 없거나 허가결정에 적은 것 외의 조건으로 허가하여야 한다고 주장하는 매수인 또는 매각허가를 주장하는 매수신고인도 즉시항고할 수 있다(민사집행법 제129조 2항).

매수인은 매각허가여부의 결정에 대하여 항고할 수 있으나, 일반의 이해관계인의 경우와 달리 그 결정으로 인하여 손해를 받을 것이 요건이 되는 것이 아니고, 매각허가에 정당한 이유가 없거나(예컨대 어떤 이유로 자기에게 매각허가될 것이 아니었던 경우, 다른 사람이 최고가매수신고인으로 호창을 받았다고 주장하는 경우, 무권대리인이 한 매수신고에 의하여 매각허가되었다고 주장하는 경우 등), 결정에 적은 것 외의 조건으로 허가하여야 한다는 것(결정에 기재된 것과는 다른 매각조건으로 매각허가되어야 한다는 것, 예컨대 결정에 기재된 특별매각조건이 매각기일에 고지받은 매각조건과 다르다는 것을 주장하는 경우, 결정에 기재된 매각대금이 자기가 신고한 대금액보다 많다고 주장하는 경우 등)을 주장하는 것이 그 요건이다(민사집행법 제129조 제2항).

매수인이 항고를 하는 경우에는 그가 신고한 매수신고가격에 구속되므로, 그 신고가격 이하로 매각허가할 것을 주장할 수 없게 된다(민사집행법 제129조 제3항 참조).

다. 매수신고인

1) 매수신고인이 항고의 이익을 가지는 것은 자기가 적법한 최고가매수신고인임을 주장하여 자기에게 매각허가하여 달라는 것을 주장하는 경우에 한정된다(민사집행법 제129조 제2항). 따라서 매수신고인이 단순히 매각의 불허를 구하는 데 불과한 때는 항고나 이의신청의 이익이 없다.

매각불허가결정에 대하여는 최고가매수신고인이 모든 매각불허가사유가 존재하지 않는다고 주장하여 항고하는 경우가 이에 해당하고, 매각허가결정에 대하여는 실질적으로 자기가 최고가매수신고인인데 그 매수신고를 무시하고 다른 매수신고인을 최고가매수신고인으로 정하여 그 자에게 매각허가한 경우나, 최고가매수신고인으로 매각허가 받은 자가 소정의 보증을 제공하지 아니하였기 때문에 차순위의 자가 최고가매수신고인으로 매각허가 받아야 한다고 주장하는 경우가 이에 해당한다.

2) 어느 경우이든 항고권자나 이의신청권자는 매각결정기일에 집행관으로부터 최고가매수신고인으로 호창된 자 또는 그러한 호창을 받았어야 했던 자에 한정되고, 매수신고를 하지 않은 자 또는 매수신고는 했으나 보증금을 찾아간 자는 항고권자나, 이의신청권자가 될 수 없다.

따라서 경매사건의 목적물이 농지인데 최고가 매수신고인이 농지취득자격 증명을 발급 받지 못하였다는 이유로 매각허가가 되지 아니한다고 하더라도 차순위 매수신고인이 최고가 매수신고인으로 되어 매각허가를 받을 수 있게 되는 것은 아니므로, 차순위 매수신고인은 항고를 할 이익이 없다(대법원 2004. 12. 27.자 2004마1009 결정).

매수신고인의 공유자우선매수신고 자체가 부적법한 경우 민사집행법 제129조 제1항의 매각허가결정에 대한 즉시항고나 이의신청을 할 수 없다(대법원 2006. 3. 13.자 2005마1078 결정).

3) 매수신고인이 매각허가여부의 결정에 대하여 항고하고 자기에게 매각허가될 것을 주장하는 경우에는 자기가 신고했던 매수신고가격에 구속되므로(민사집행법 제129조 제3항) 그 가격 이하로의 매각허가를 주장할 수 없다.

Ⅱ. 매각허가결정에 대한 불복 시(즉시항고, 이의신청) 보증의 제공

1. 보증의 공탁

가. 법관이 매각허가결정을 한 경우

매각허가결정에 대하여 항고를 하고자 하는 사람은 보증으로 매각대금의 10분의 1에 해당하는 금전 또는 법원이 인정한 유가증권을 공탁하여야 한다(민사집행법 제130조 제3항). 무익한 항고를 제기하여 절차를 지연시키는 것을 방지하기 위하여 매각허가결정에 불복하는 모든 항고인에 대하여 보증금을 공탁하도록 하고 있다.

위 규정은 매각허가결정에 대한 항고 시에 적용되는 것이므로, 매각불허가결정에 대하여는 보증의 제공을 요하지 않는다.

사법보좌관이 아닌 법관이 경매절차를 진행하여 매각허가결정을 하고 이에 대하여 즉시항고를 하는 경우에는 그 항고장에 민사집행법 제130조 제4항에서 정한 보증으로 매각대금의 10분의 1에 해당하는 현금 또는 법원이 인정한 유가증권을 담보로 공탁하였음을 증명하는 서류를 붙이도록 법률에서 규정하고 있고, 그러한 보증이 없는 경우 1주일 이내에 각하하도록 법률로 규정하고 있으므로, 그러한 보증을 제공하지 않은 경우에는 법원이 항고장을 각하함에 있어 적당한 기간을 정하여 그 공탁을 명하거나 그 서류를 제출할 것을 내용으로 하는 보정명령을 할 필요가 없다(대법원 2006. 11. 23.자 2006마513 결정).

여기서 '법원이 인정한 유가증권'이란 항고하고자 하는 자가 미리 법원에 유가증권의 지정신청을 하여 법원으로부터 지정을 받은 유가증권을 말한다. 그러나 지급보증위탁계약체결 증명문서의 제출에 의한 보증의 제공은 허용되지 않는다(재민 2003-5 제5조 제4호). 법원은 위 지정신청이 있으면 항고인이 보증으로 공탁할 수 있는 유가증권의 종류, 수량을 지정할 수 있다.

나. 사법보좌관이 매각허가결정을 한 경우

매각허가결정을 사법보좌관이 한 경우 개정 사법보좌관규칙(2015. 5. 23. 시행)에 따라 사법보좌관 처분에 대한 이의신청 단계에서도 항고보증의 제공이 요구된다. 사법보좌관규칙 제4조 제10항은 이의신청의 요건 및 절차 등에 관하여는 그 성질에 반하지 않는 한 해당 법률에서 정하고 있는 불복절차에 관한 규정을 준용한다고 규정하고 있다.

따라서 사법보좌관의 처분에 대하여 이의신청을 할 때에는 즉시항고기간 내에 항고보증서류를 제출하여야 한다는 민사집행법 제130조 제3항의 규정이 적용되므로, 사법보좌관 이의신청사건 기록을 송부받은 판사로서는 이의신청서에 같은 조 제3항의 보증으로 매각대금의 10분의 1에 해당하는 현금 또는 법원이 인정한 유가증권을 공탁하였음을 증명하는 서류가 붙어 있지 않은 경우에는 별도의 보정명령 없이 이의신청서를 각하하여야 한다(대법원 2016. 10. 27.자 2016그115 결정 참조).

2. 공탁할 금액

보증은 매각대금의 10분의 1에 해당하는 금전 또는 법원이 인정하는 유가증권이라야 한다(민사집행법 제130조 3항).

3. 항고인이 2인 이상인 경우 항고인별로 공탁하여야 하는지 여부

민사집행법 제130조 제3항은 "매각허가결정에 대하여 항고를 하고자 하는 사람은 보증으로 매각대금의 10분의 1에 해당하는 금전 또는 법원이 인정한 유가증권을 공탁하여야 한다"고 규정하고 있는바, 위 규정의 입법 취지는 매각허가결정에 불복하는 모든 항고인에 대하여 보증금을 공탁할 의무를 지움으로써 무익한 항고를 제기하여 절차를 지연시키는 것을 방지하고자 하는 데 있는 점, 매각허가결정에 대한 항고는 이해관계인이 매각허가에 대한 이의신청사유가 있는 경우 등에만 할 수 있는데, 그 이의에 대하여 민사집행법 제122조는 다른 이해관계인의 권리에 관한 이유로 이의를 신청하지 못한다고 규정하고 있는 점, 민사집행법 제90조에서 경매절차의 이해관계인이 될 수 있는 사람을 제한적으로 열거하고 있는 점, 복수의 항고인이 매각허가결정에 대하여 항고를 제기하는 경우 항고장을 함께 제출하는지 별도로 제출하는지 라는 우연한 사정에 따라 제공할 보증의 액이 달라지는 것은 불합리한 점 등을 종합하여 보면, 매각허가결정에 대하여 즉시항고를 제기하는 항고인이 2인 이상인 경우에는, 그들이 경매절차에서의 이해관계의 기초가 되는 권리관계를 공유하는 등의 특별한 사정이 없는 한, 항고인별로 각각 매각대금의 10분의 1에 해당하는 금전 또는 유가증권을 공탁하여야 한다(대법원 2006. 11. 23.자 2006마513 결정).

4. 매각허각결정에 대한 항고 시 보증의 제공이 없는 경우

가. 판사 처리사건의 경우(=항고장 각하결정)

1) 판사 명의로 한 매각허가결정에 관하여 즉시항고가 들어 온 경우를 살펴보자.

항고장에는 보증을 제공하였음을 증명하는 서류(공탁서)를 붙여야 한다(민사집행법 제130조 제4항).

만일 위 서류를 붙이지 아니한 때에는 원심법원은 그 항고장을 받은 날부터 1주 이내(즉시항고기간이 도과된 직후)에 결정으로 항고장을 각하하여야 한다(민사집행법 제130조 제4항).

2) 항고장에 민사집행법 제130조 제4항에 정한 보증으로 매각대금의 10분의 1에 해당하는 현금 또는 법원이 인정한 유가증권을 담보로 공탁하였음을 증명하는 서류를 붙이지 아니한 경우 법원이 항고장을 각하함에 있어 적당한 기간을 정하여 그 공탁을 명하거나 그 서류를 제출할 것을 내용으로 하는 보정명령을 하여야 하는 것은 아니다(대법원 2006. 11. 23.자 2006마513 결정).

3) 위 1주의 기간에 관한 규정은 훈시규정이므로, 그 기간이 경과한 후에 한 각하결정도 적법하다(대법원 1982. 1. 15.자 81그19 결정).

4) 항고기간 도과 후에 추완항고를 한 경우에도 보증금의 공탁이 없으면 그를 이유로 추완항고장을 각하한다.

나. 사법보좌관 처리사건의 경우(= 이의신청 각하결정)

1) 사법보좌관 명의로 한 매각허가결정에 관하여 이의신청(즉시항고)이 들어 온 경우의 처리는 2015. 3. 23. 이전에는 앞서 본 경우와 달랐다.

① 판사의 매각허가결정에 대하여 즉시항고를 하면서 항고장에 보증을 제공하였음을 증명하는 서류(공탁서)를 붙이지 않은 경우 원심법원은 '보정명령이 없이도' 즉시항고기간이 도과된 직후에 결정으로 항고장을 각하할 수 있었으나, ② 사법보좌관이 한 매각허가결정에 대한 이의신청(즉시항고)이 있는 경우 보증금에 대한 보정명령 없이 항고장 각하하여서는 안 되고, 판사는 '반드시 보정명령을 발하여야 하고', 보정기간 내에 보정하지 않은 경우에 한하여 결정으로 '이의신청을 각하'할 수 있었다.

2) 하지만 사법보좌관규칙 제4조는 민사집행법 등이 규정한 집행절차의 지연방지 및 남항고 방지책 등의 입법취지에 배치되지 않도록 하고, 이의신청 시에도 민사집행법의 즉시항고절차에 따른 요건을 갖추도록 하기 위하여 ① 사법보좌관의 처분을 인가할 때 '이의신청인에게 보정을 명하고 이의신청인이 보정하지 않은 때에는 이의신청을 각하할 수 있는' 사유를 "이의신청에 민사소송 등 인지법에서 정하는 인지가 붙어 있지 아니한 때"로 축소하는 한편(이로써 항고의 요건이 되는 항고이유서, 항고보증금 등은 '보정을 명하여야 하는' 사유에서 제외되었다), ② 같은 조 제10항에서 "이의신청의 요건 및 절차 등에 관하여는 그 성질에 반하지 아니하는 한 해당 법률에서 정하고 있는 불복절차에 관한 규정을 준용한다."라고 규정함으로써 민사집행법 제15조, 제130조가 이의신청의 '절차'에 관하여도 준용될 수 있음을 분명히 하는 내용으로 2014. 9. 1. 개정되어 2015. 3. 23.부터 시행되고 있다.

이에 따라 2015. 3. 23. 이후 접수되는 즉시항고 대상이 되는 처분에 대한 이의신청 사건에 대해서는, 민사집행법 제130조 제3항에 따른 항고보증서류가 제출되지 않은 경우 별도의 보정명령을 내릴 필요 없이, 사법보좌관 처분이 고지된 날로부터 1주일(= 즉시항고기간) 이내에 '항고보증서류'가 제출되지 않으면 이의신청서가 제출된 날로부터 1주일 이내에 민사집행법 제130조 제4항에 따라, 바로 항고로 의제되는 이의신청을 각하하는 것으로 정리되었다고 볼 수 있다.

이와 관련하여, 이의신청인이 이의신청서를 제출한 날로부터 10일 이내에 '항고

이유서'를 제출하지 않은 경우 제1심의 단독판사나 항고법원이 이의신청인에게 상당한 기간을 정하여 항고이유서를 제출하도록 보정을 명하여야 함을 전제로, 항고법원이 그와 같이 항고이유서 제출을 명하지도 않은 채 항고를 각하한 것이 잘못되었다는 취지의 대법원 결정(대법원 2016. 8. 24.자 2016마741 결정)이 있다. 그러나 위 대법원 결정은 2014. 9. 1. 개정(2015. 3. 23. 시행)된 위 사법보좌관규칙 제4조가 적용되기 전의 것으로, 위 대법원 결정의 취지를 2015. 3. 23. 이후 접수되는 즉시항고 대상이 되는 처분에 대한 이의신청 사건에 적용할 수는 없다 할 것이다.

3) 항고보증금을 납부하지 않았거나 이의신청기간이 도과된 경우 사법보좌관 이의신청을 사법보좌관이 각하할 수 있는지 여부도 문제가 되는데, 이와 관련하여 사법보좌관 처분을 담당하는 사법보좌관도 1-1심이라는 전제 하에 항고보증금을 납부하지 않은 채 청구된 사법보좌관의 매각허가결정에 대한 이의신청을 사법보좌관이 직접 각하하는 실무 례도 있으나, 사법보좌관규칙 제4조 제5항에서는 "이의신청을 받은 때에는 이의신청사건을 지체 없이 소속법원의 단독판사 등에게 송부하여야 한다."고 규정하고 있을 뿐 사법보좌관이 각하 등의 처분을 할 수 있다는 근거 규정이 사법보좌관 규칙에 없으므로 이의신청이 그 요건을 갖추지 못하였거나 기간을 도과한 경우라 하더라도 판사가 그 각하 여부를 결정하므로, 사건을 판사에게 송부하여야 할 것이다[1].

[이의신청서 각하결정 예시]

서 울 중 앙 지 방 법 원
결 정

사 건	20 타경OOO1 부동산임의경매
채 권 자	조OO
	서울 OO구 OO동 315
채 무 자	곽OO (560724-2167819)
(이의신청인)	
	서울 OO구 OO동 714-5
	송달장소 서울 OO구 OO동 617-18 OO빌딩 301호
소 유 자	채무자와 같음

1) 법원실무제요 민사집행(II): 부동산집행, 법원행정처(2020), 360

주 문

이의신청인 곽OO의 이의신청서(즉시항고장)를 각하한다.

이 유

이의신청인 곽OO는 이 법원(사법보좌관)의 20 . . .자 매각허가결정에 불복하여 20 . . . 이의신청서를 제출하였으나, 거기에 민사집행법 제130조 제3항 소정의 보증제공서류가 붙어 있지 아니하고, 이 법원이 상당한 기간을 정하여 보정을 명하였음에도 불구하고 이의신청인이 이를 보정하지 아니하였으므로, 사법보좌관규칙 제4조 제6항 제6호를 적용하여 주문과 같이 결정한다.

20 . . .

판 사 O O O

다. 항고인이 2인 이상인 경우 항고인별로 공탁하여야 하는지 여부

매각허가결정에 대하여 즉시항고를 제기하는 항고인이 2인 이상인 경우에는, 그들이 경매절차에서의 이해관계의 기초가 되는 권리관계를 공유하는 등의 특별한 사정이 없는 한, 항고인별로 각각 매각대금의 10분의 1에 해당하는 금전 또는 유가증권을 공탁하여야 한다(대법원 2006. 11. 23.자 2006마513 결정).

라. 항고장각하결정이 있기 전에 보증제공이 있은 경우

1) 항고제기기간 경과 후에라도 각하결정을 하기 전에 보증을 공탁하면 하자가 치유되는 것으로 보아 항고법원으로 기록을 송부한다.

2) 매각허가결정에 대한 항고에 대하여 집행법원이 보증제공 증명서류가 첨부되어 있지 않다는 이유로 항고장 각하결정을 하였으나, 항고인이 위 항고장각하결정이 있기 전에 보증제공을 하였고 이를 이유로 위 항고장각하결정에 대하여 불복신청을 한 경우, 집행법원은 스스로 위 항고장각하결정을 취소하고(재도의 고안) 경매기록 원본을 항고법원으로 송부한다. 이 경우 항고에 대한 결정이 확정될 때까지 경매절차를 정지한다(재민 95-2 제7조).

3) 항고기간 도과 후에 추후보완항고를 한 경우에 보증금의 공탁이 있으면, 추후보완항고의 사유가 없음이 명백하여 결국 항고기간도과로 볼 수 있는 경우가 아닌

한 기록원본을 송부하여 항고심의 판단에 맡기는 것이 바람직하다.

마. 항고장(이의신청서) 각하결정 시점

즉시항고(이의신청)기간 내에는 그 하자를 보완할 수 있으므로 항고(이의신청)제기기간 내에는 항고장(이의신청서)을 각하할 수 없는 점에 주의하여야 한다.

따라서 매각허가 결정에 대하여 항고를 함에 있어 보증제공 증명서류를 첨부하지 아니한 경우, 집행법원은 보증제공 증명서류가 제출되었는지의 여부를 다시 한 번 확인한 다음 즉시항고기간이 도과된 직후 결정으로 항고장을 각하한다(재민 95-2 제3조).

바. 항고장각하결정에 대한 불복방법

앞서 본 바와 같이 ① 판사가 매각허가결정을 한 경우에는 판사가 항고장각하결정을 할 수 밖에 없고, ② 사법보좌관이 매각허가결정을 한 경우에도 항고보증금을 납부하지 않았거나 이의신청기간이 도과된 경우에도 항고장으로 간주되는 사법보좌관 이의신청의 경우에도 이의신청사건을 지체 없이 소속법원의 단독판사 등에게 송부하도록 규정한 사법보좌관규칙 제4조 제5항 때문에 판사가 그 각하 여부를 결정하여야 하므로, ③ 매각허가결정을 사법보좌관이나 법관 누가 하였던지 간에 그 결정에 대한 항고장 각하결정은 판사가 하여야 한다.

나아가 이러한 판사의 항고장 각하결정에 대한 불복방법은 아래와 같은 방법으로 이루어진다.

1) 즉시항고

보증공탁이 없음을 이유로 한 항고장각하결정에 대하여 즉시항고로 불복할 수 있다(민사집행법 제130조 제5항).

이때의 즉시항고에는 집행정지의 효력이 없고(민사집행법 제15조 제6항 본문), 그 즉시항고로 인하여 매각허가결정의 확정이 차단되지 아니하므로 강제집행절차는 정지되지 아니한다(대법원 1995. 1. 20.자 94마1961 결정).

따라서 집행법원은 매각절차를 그대로 진행할 수 있다.

2) 경매법원의 조치

가) 기록등본의 송부

(1) 보증제공 증명서류의 불첨부를 이유로 한 항고장각하결정에 대하여 불복신

청이 있는 경우, 경매법원은 경매기록 일부의 등본(집행기록 중 필요한 부분의 등본) 등(이하 “기록등본”이라고 한다)을 항고법원(지방법원 본원 합의부, 이하 같다)으로 송부한다(재민 95-2 제4조 제1항).

(2) 항고법원으로 송부할 기록등본은 ¨1책의 기록에 관하여 수개의 절차에서 동시에 소송이 계속하게 되는 때의 처리요령(재일 80-3)¨ 2항에 의하여 작성하되, 다음의 각 서류(즉 1. 경매기록 표지의 등본, 2. 매각허가결정의 등본, 3. 항고장의 등본, 4. 항고장각하결정의 등본 및 그 송달보고서의 등본, 5. 항고장각하결정에 대한 불복신청서 및 그 불복신청에 대한 집행법원의 의견서, 6. 항고인이 불복신청서 이후에 제출한 서류 중 당해 불복신청과 관련된 서류)를 편철하여 작성한다.

기록등본을 송부하는 때에는, 경매기록 원본의 표지 오른쪽 위의 여백에 ¨재민 95-2 예규에 의하여 20 . . . 기록일부의 등본을 ○○지방법원으로 송부¨라고 주서하고, 기록등본의 표시 오른쪽 위의 여백에 ¨재민 95-2 예규에 의한 기록등본임¨ 이라고 주서한다(재민 95-2 제4조 제3항).

나) 경매절차의 속행

보증제공 증명서류의 불첨부를 이유로 한 항고장각하결정에 대하여 불복신청이 있더라도, 집행법원은 “항고장각하결정에 대한 불복신청서 및 그 불복신청에 대한 집행법원의 의견서, 항고인이 불복신청서 이후에 제출한 서류 중 당해 불복신청과 관련된 서류”를 등본하여 경매기록 원본에 편철하고, 그 경매기록 원본에 의하여 이후의 경매절차를 그대로 진행한다(재민 95-2 제5조).

3) 항고가 병존하는 경우

가) 보증제공 증명서류를 첨부한 자의 항고와 보증제공 증명서류를 첨부하지 않은 자의 항고가 병존하는 경우에도 집행법원은 보증제공 증명서류를 첨부하지 않은 자의 항고장을 각하하여야 한다(재민 95-2 제6조 제1항).

나) 보증제공 증명서류를 첨부한 자의 매각허가결정에 대한 항고와 보증제공 증명서류의 불첨부를 이유로 한 항고장각하결정에 대한 항고가 병존하는 경우, 집행법원은 매각허가결정에 대한 항고에 대하여는 경매기록 원본을, 항고장각하결정에 대한 항고에 대하여는 재민 95-2 제4조를 준용하여 작성한 기록등본을 항고법원으로 각 송부한다.

다) 보증제공 증명서류의 불첨부를 이유로 한 항고장각하결정의 고지가 송달불능 등으로 지연되는 경우 집행법원은 우선 보증제공 증명서류를 첨부할 필요가 없는

자 또는 보증제공 증명서류를 첨부한 자의 항고에 대하여 기록송부기간을 준수하여 경매기록 원본을 항고법원으로 송부한다.

라) 전항과 같이 경매기록 원본이 항고법원으로 이미 송부된 후 보증제공 증명서류의 불첨부를 이유로 한 항고장각하결정에 대한 불복신청이 있는 경우, 집행법원은 그 불복신청서 및 집행법원의 의견서 등을 항고법원으로 송부하고, 송부서의 하단에 "경매기록 원본은 매각허가결정에 대한 항고에 의하여 이미 20 . . . 귀 법원으로 송부하였음"이라고 주서한다.

마) 전항에 의하여 서류를 송부받은 항고법원은 먼저 송부된 경매기록 원본에 의하여 재민 95-2 제4조를 준용하여 기록등본을 작성한 다음 항고장각하결정에 대한 불복신청사건을 심리한다. 다만 경매기록 원본의 표지 오른쪽 위의 여백에 "재민 95-2 예규에 의하여 20 . . . 기록일부의 등본을 작성함" 이라고 주서한다.

바) 집행법원은 매각허가결정이 취소됨이 없이 항고법원 또는 대법원으로부터 경매기록 원본이 반송되어 온 때에는 경매절차를 속행한다.

4) 반송된 기록등본의 처리

가) 항고법원 또는 대법원으로부터 기록등본이 반송되어 온 때에는 그 기록등본을 경매기록 원본에 첨철한다(재민 95-2 제8조 제1항).

나) 경매기록을 보존할 단계에 이르렀으나 기록등본이 아직 반송되어 오지 않은 경우에는 그 기록등본이 반송되어 올 때까지 경매기록의 보존을 보류한다.

5. 항고(이의신청)가 기각, 각하된 경우 보증금의 처리

가. 보증을 배당할 금액에 편입함

매각허가결정에 대한 항고나 이의신청이 기각되어 확정된 경우의 보증금의 처리는 다음과 같다.

1) '채무자 및 소유자'가 한 항고나 이의신청이 기각된 때에는 보증으로 제공한 금전이나 유가증권을 돌려 줄 것을 요구하지 못하므로(민사집행법 제130조 제6항) 그 전액을 배당할 금액에 편입시킨다(민사집행법 제147조 제1항 제3호).

2) '채무자 및 소유자 외의 사람'이 한 항고나 이의신청이 기각된 때에는 항고인 등은 보증으로 제공한 금전이나 유가증권을 현금화한 금액 가운데 항고를 한 날부터 항고기각결정이 확정된 날까지의 매각대금에 대한 연 100분의 12의 이율(민사집행규칙 제75조)에 의한 금액(이 금액이 보증을 넘으면 '보증'의 한도, 즉 '보증으로 제공

한 금전이나, 유가증권을 현금화한 금액'을 한도로 한다)만 돌려 줄 것을 요구할 수 없으므로(민사집행법 제130조 제7항 본문) 그 지연손해금만을 배당할 금액에 포함시키고 나머지는 보증제공자에게 반환한다. 다만, 보증으로 제공한 유가증권을 현금화하기 전에 위의 금액을 항고인이 지급한 때에는 그 유가증권을 돌려 줄 것을 요구할 수 있다(같은 항 단서).

반환받지 못한 보증금은 나중에 배당할 금액에 산입되지만[2](민사집행법 제147조 제1항 제3호, 제4호), 항고가 기각되었더라도 경매신청이 취하되거나 매각절차가 취소된 때에는 항고인이 보증금을 반환받을 수 있다.

나. 채무자 및 소유자가 하는 항고의 실익(= 항고기각으로 보증이 몰수될 위험성이 있음에도 불구하고 그 실익이 있는 경우가 존재함)

매각허가결정에 대한 항고는 실무상 주로 채무자나 소유자가 하는 경우가 많다. 그런데 그 항고 이유가 받아들여지지 않을 가능성이 많기 때문에 항고보증금을 몰취당할 가능성이 많음에도 불구하고, 이를 적극적으로 이용하는 채무자나 소유자가 점차 늘어나고 있다.

그 이유는 무엇인가?

1) 첫 번째 이유는 즉시항고로 인해 법률상으로는 집행정지의 효력은 없지만 사실상 집행정지의 효력이 있기 때문이다. 매각허가결정 또는 불허가결정은 확정되어야 효력이 있으므로(제126조 제3항), 즉시항고가 제기되면 집행법원은 대금지급이나 배당기일을 지정·실시할 수 없다. 집행법상의 즉시항고에는 집행정지의 효력이 없으므로 즉시항고의 제기에도 불구하고 경매절차를 속행하여야 하는데, 유독 매각허가결정에 대한 즉시항고를 할 경우에는 대금지급기한을 지정할 수 없어 매각허가결정이 확정될 때까지 경매절차를 진행할 수 없는 것이다.

---

2) 이 경우 보증금의 구체적인 출급절차는 그 보증이 현금으로 공탁되어 있느냐 유가증권으로 공탁되어 있느냐에 따라 다르다. 즉 현금으로 공탁되어 있는 경우에는 집행법원은 보증으로 공탁된 금액을 포함하여 배당을 한 후 공탁금에 관하여 공탁사무처리규칙 제39조의 규정에 따라 지급위탁서를 공탁공무원에게 송부하고 배당받은 집행채권자에게는 증명서 3통을 교부하여야 하며, 이를 받은 공탁공무원은 동조의 절차에 따라 수령권자에게 공탁금출급을 인가하고, 유가증권으로 공탁되어 있는 경우에는 집행법원은 항고기각 또는 각하의 재판이 확정되었음을 증명하는 서면과 보증금이 배당할 금액에 포함되게 되었음을 증명하는 서면을 첨부하여 공탁유가증권출급청구를 하고 그 청구를 받은 공탁공무원은 집행법원에게 공탁유가증권출급을 인가함으로써 그 출급이 이루어지며(행정예규 제145호 경락허가결정에 대한 항고시 보증으로 공탁한 현금 또는 유가증권의 지급절차) 출급받은 유가증권의 현금화절차는 민사소송규칙 제157조에 규정된 절차에 따른다.

2) 두 번째로 채무자나 소유자의 즉시항고가 기각되어 항고보증금이 몰수되었다고 하더라도, 매수인이 매각대금을 납부할 때까지 채무자나 소유자가 '경매신청채권자의 청구금액을 전액 변제하고 집행취소서류를 제출하는 경우'[3] 경매절차가 취소되므로, 항고보증금을 돌려받을 수 있다. 즉 매각허가결정에 대한 항고의 보증으로 담보를 제공한 후 항고가 기각되었더라도 집행취소서류가 제출되어 집행이 취소되는 경우 항고인은 보증금을 반환받을 수 있고, 그 절차는 집행취소결정정본을 첨부하여 공탁물회수청구를 하면 된다.[4]

따라서 채무자나 소유자가 경매신청채권자의 채권을 변제할 시간을 좀 더 갖고자 하는 경우 즉시항고를 통하여 경매절차를 사실상 정지시킨 다음, 즉시항고의 기각으로 몰수된 보증금도 나중에 집행취소서류를 제출함으로써 돌려받는 것이다.

다. 항고가 각하된 경우

민사집행법 제130조 제6, 7항의 규정은 항고가 기각된 경우뿐만 아니라 항고심에

---

3) 채무자 등이 경매신청채권자의 청구금액을 전액 변제하고 집행취소서류를 제출하는 방법은 다음과 같다.
① 강제경매의 경우에는 전액을 변제받은 경매신청채권자가 매수신고가 있은 뒤 경매신청을 취하하는 경우에는 최고가매수신고인 또는 매수인의 동의를 받아야 하기 때문에(이런 경우 최고가매수신고인 또는 매수인이 동의를 하는 경우는 거의 찾아보기 힘들다), 채무자가 청구이의의 소(민사집행법 44조)를 제기하여 본안재판부로부터 집행정지결정(잠정처분)을 받은 다음 본안에서 승소판결을 받아 그 판결정본을 민사집행법 49조 1호의 취소서류로 집행법원에 제출하면, 위와 같은 동의 없이도 경매절차는 취소된다.
② 임의경매의 경우 매수신고가 있은 뒤 경매신청을 취하하는 경우에는 최고가매수신고인 또는 매수인과 민사집행법 114조의 차순위매수신고인의 동의를 받아야 그 효력이 생기므로(민사집행법 93조 2항), 채무자가 경매신청채권자에게 피담보채무액 전액을 변제를 한 경우라도 위 동의가 없는 한 신청채권자의 경매신청취하는 효력이 없다.
따라서 피담보채무액 전액을 변제받은 경매신청채권자가 경매신청의 기초가 된 담보물권(근저당권)을 말소하여 준다면, '담보권의 등기가 말소된 등기부의 등본'을 민사집행법 제266조 제1항 제1호 서류로 제출함으로써 집행취소를 받으면 된다. 이때에는 최고가매수신고인 또는 매수인의 동의 없이 경매절차가 취소된다.
경매신청채권자가 피담보채무액 전액을 변제받았음에도 불구하고 경매신청의 기초가 된 담보물권(근저당권)을 말소하지 않을 경우 채무자로서는 채권자(경매신청채권자)를 상대로 채무부존재확인소송 또는 저당권말소청구소송을 제기하고 수소법원으로부터 경매절차의 일시정지를 명하는 잠정처분을 받은 다음 승소확정판결의 정본을 민사집행법 제266조 제1항 제2호의 집행취소서류로 제출하거나, 승소확정판결에 기하여 근저당권을 말소한 다음 근저당권이 말소된 등기부등본을 민사집행법 제266조 제1항 제1호의 집행취소서류로 제출하면 된다. 이러한 집행취소서류를 제출할 경우 최고가매수신고인 또는 매수인의 동의 없이도 경매절차가 취소된다.

4) '행정예규 제145호 경락허가결정에 대한 항고시 보증으로 공탁한 현금 또는 유가증권의 지급절차' 참조.

서 항고가 각하되거나 항고장이 각하된 경우에도 적용된다. 즉 위 규정은 원심법원에서 항고각하결정을 하거나 항고장각하명령을 한 경우에는 적용되지 않지만, 원심에서 이를 간과하여 항고심에서 항고를 각하하거나 항고장을 각하한 경우에는 적용된다. 이해관계인이 아닌 자가 제기한 항고가 항고심에서 각하된 경우에도 마찬가지이다.

라. 배당절차에서 잔여가 있는 경우(근저당권자의 채권최고액을 배당하고도 남는 경액이 있는 경우 포함) 항고보증금 및 전 매수인 입찰보증금의 처리(=채권최고액 초과 금액 요구하는 근저당권자가 아니라 항고인에게 돌려줌, 전 매수인 아니라 채무자에게 잉여금으로 지급함)

1) 배당절차에서 채권자에게 배당하고 남은 금액이 있으면 채무자 또는 소유자에게 지급하는바, 남은 금액이 있다고 하더라도 채무자나 소유자 이외의 항고인이 출연한 보증금이 채무자나 소유자에게 귀속되는 것은 불합리하므로, 채무자와 소유자를 제외한 항고인이 제공한 항고보증금이 배당할 금액에 편입된 경우에 배당하고 남은 금액이 있으면 배당할 금액에 편입된 금액의 범위 안에서 이를 제공한 사람에게 돌려주어야 한다(민사집행법 제147조 제2항).

한편 실채권액이 근저당권의 채권최고액을 초과하고 있고 근저당권자가 경매신청서 또는 채권계산서에 의하여 그 초과액까지도 청구하고 있을 경우에 "매각대금으로 그 최고액을 변제하고도 잔액이 있으며 그 잔액으로부터 변제받을 후순위 배당권자권도 없는 때"에는 "근저당권설정자와 채무자가 동일한 경우"라면 근저당권자에게 채권최고액 초과 부분도 배당한다(대법원 1992. 5. 26. 선고 92다1896 판결, 대법원 2009. 2. 26. 선고 2008다4001 판결). 이와 관련하여 채무자의 잉여금반환 채권에 대하여 별도의 가압류나 압류가 있는 경우에는 이와 달리 보아야 한다는 입장도 있지만 채무자의 잉여금반환 채권에 대한 별도의 가압류나 압류는 어디까지나 채무자의 잉여금반환 채권의 존재를 전제로 한 것인데 앞서 본 법리에 따르면 잉여금반환 채권이 부존재할 뿐더러 잉여금반환의 압류, 가압류권자가 원래 경매절차에서 채권자로 참여하였다면 적법하게 배당받을 수 있었음에도 스스로 그런 기회를 행사하지 않은 점 등을 고려하여 보면 그러한 경우에도 근저당권자에게 채권최고액 초과 부분을 배당하는 것이 타당하다.

그런데 문제는 이런 경우에 배당절차에서 채권자에게 배당하고 남은 금액이 있으면, ① 근저당권자에게 채권최고액을 한도로 모든 채권자에게 배당하고 남는 금액을 항고인에게 반환하여야 하는지 아니면 ② 채권최고액 초과부분까지도 근저당권자에게 전부 배당하고 남을 경우에만 그 금액을 반환하여야 하는지 여부이다. 근저당권자에게 채권최고액 초과부분까지도 배당하려면 소유자에게 지급할 잉여금이 있어야 하는데 위와 같은 경우에는 항고인에게 반환되어야 하는 금원이기 때문에 소유자에게 지급할 잉여금이라고는 할 수 없으므로, 근저당권자에게는 채권최고액까지만 배당하고 남는 금액은 항고인에게 반환하여야 한다.

2) 배당하고 남은 금액을 돌려주는 경우에 그 보증을 제공한 사람이 여럿인 때에는 배당할 금액에 편입된 각 보증 등의 비율에 따라 나누어 준다(민사집행법 147조 3항).

3) 이와 관련하여, 전의 매수인의 입찰보증금이 배당재단에 포함되어 채권자에게 배당하고 남는 금액이 있는 경우 전의 매수인의 입찰보증금을 보증을 제공한 전의 매수인에게 돌려 줄 수 있는지 여부도 문제된다.

이에 관하여는 ① 전의 매수인의 입찰보증금이 배당재단에 포함되어 채권자에게 배당하고 남는 금액이 있는 경우 이를 모두 소유자인 채무자에게 잉여금으로 지급하는 것은 전의 매수인의 입찰보증금까지도 채무자에게 지급하는 결과를 초래하게 되므로 민사집행법 제147조 제2항의 규정을 유추 적용하여 그 입찰보증금 한도 내에서 보증을 제공한 전의 매수인에게 반환하여야 한다는 견해(적극설)와 ② 민사집행법에 항고보증금에 대하여만 위 반환 규정이 있고 전의 매수인의 입찰보증금에 대하여는 반환규정이 없을 뿐만 아니라, 채권자에게 배당하고 남는 금원이 모두 전의 매수인의 입찰보증금으로 볼 수도 없고, 입찰보증금은 항고보증금과는 달리 경매절차지연에 따른 이해관계인들의 손해보전의 성격도 가지는 점을 고려하면 설사 전의 매수인의 입찰보증금이 배당재단에 포함되어 채권자에게 배당하고 남는 금액이 있는 경우에도 전의 매수인에게 반환하여서는 안 되며, 이를 모두 소유자인 채무자에게 잉여금으로 지급하여야 하므로 민사집행법 제147조 제2항의 규정을 전의 매수인의 입찰보증금에 유추 적용하여서는 안 된다는 견해(소극설)의 대립이 있다.

항고보증금은 항고의 남용을 통한 경매절차지연을 방지할 목적으로, 입찰보증금은 매각대금납부를 담보하기 위한 목적으로 각 그 보증을 제공하게 하고 있어 그 취지가 다르며, 민사집행법에는 항고보증금에 대하여만 위 반환 규정을 두고 있는 점에 비추어 소극설이 타당하다.

마. 유가증권인 보증의 현금화

채무자 및 소유자의 보증공탁을 한 후 항고가 기각되거나 항고인(채무자 및 소유자)이 항고를 취하한 경우(민사집행법 제130조 제6, 8항) 그 보증이 유가증권인 때에는 법원은 집행관에게 현금화하게 하여 그 비용을 뺀 금액을 배당할 금액에 산입하여야 한다(민사집행규칙 제80조 제1항 전문). 이 경우 현금화비용은 보증을 제공한 사람이 부담한다(민사집행규칙 제80조 제1항 후문).

또한 채무자 및 소유자 이외의 사람이 보증공탁을 한 후 항고가 기각되거나 항고인(채무자 및 소유자 이외의 사람)이 항고를 취하하여(민사집행법 제130조 제7, 8항) 항고의 보증 중 항고인이 돌려줄 것을 요구하지 못하는 금액이 배당할 금액에 산입되는 경우 그 보증이 유가증권인 때에는, 법원은 집행관에게 현금화하게 하여 그 비용을 뺀 금액 중 항고인이 돌려 줄 것을 요구하지 못하는 금액을 배당할 금액에 산입하고, 나머지가 있을 경우 이를 항고인에게 반환한다(민사집행규칙 제80조 제2항 본문). 이 경우 현금화비용은 보증을 제공한 사람이 부담한다. 다만, 집행관이 그 유가증권을 현금화하기 전에 항고인이 법원에 돌려줄 것을 요구하지 못하는 금액에 상당하는 금전을 지급한 때에는 그 유가증권을 항고인에게 반환하고, 항고인이 납부한 금전을 배당할 금액에 산입하여야 한다(민사집행규칙 제80조 제2항 단서).

집행관은 현금화를 마친 뒤에는 바로 그 대금을 법원에 제출하여야 한다(민사집행규칙 제80조 제4항). 집행관의 현금화절차에 관하여는 유가증권에 관한 현금화절차를 규정하고 있는 민사집행법 제210조 내지 제212조의 규정이 준용된다(민사집행규칙 제80조 제3항). 따라서 집행관은 유가증권 중 시장가격이 있는 것은 매각하는 날의 시장가격에 따라 적당한 방법으로 매각하고, 그 시장가격이 형성되지 아니한 것은 동산매각의 일반절차에 따라 매각할 수 있다(민사집행법 제210조).

[유가증권 현금화명령]

○ ○ 지 방 법 원
유가증권현금화명령

사 건 20 타경 부동산강제(임의)경매
채 권 자 ○ ○ ○
채 무 자 ○ ○ ○

소 유 자 ○ ○ ○
매 수 인 ○ ○ ○

○○지방법원 소속 집행관은 별지에 적은 유가증권을 유체동산집행방법에 따라 현금화하여 이 법원에 제출하여야 한다.

20 . . .

판사(사법보좌관) ㊞

6. 항고가 인용된 경우 보증금의 처리

항고가 인용된 경우에는 확정증명을 제출하여 바로 보증금을 회수할 수 있으며, 따라서 담보취소절차를 밟을 필요가 없다.

항고인이 공탁물을 회수할 경우에는 공탁서와 항고인용의 재판이 확정되었음을 증명하는 서면 또는 당해 보증금이 배당할 금액에 포함될 필요가 없게 되었음을 증명하는 서면(집행법원 법원사무관등이 발급한 것에 한함)을 첨부하여 공탁물회수청구를 한다(행정예규 제980호).

7. 항고인이 항고를 취하한 경우 보증금의 처리

항고인이 항고를 취하한 경우에도 항고가 기각된 경우와 같이 취급하므로, 민사집행법 제130조 제6, 7항의 준용(민사집행법 제130조 제8항)에 의하여 위와 같이 보증의 반환이 제한된다. 재항고를 취하한 경우에는 항고기각으로 확정되므로, 마찬가지로 항고가 기각된 경우(민사집행법 제130조 제6, 7항)에 따라 처리하게 되므로, 역시 보증의 반환이 제한된다.

8. 항고 시 보증으로 공탁한 현금 또는 유가증권의 지급절차

매각허가결정에 대한 항고를 할 때에 보증으로 공탁한 현금이나 유가증권의 출급 또는 회수의 절차는 다음과 같다(행정예규 제145호).

가. 공탁자가 회수하는 경우의 절차

공탁의 사유가 소멸된 경우에는 공탁자가 공탁서와 항고인용의 재판이 확정되었음을 증명하는 서면 또는 당해 보증금이 배당할 금액에 포함될 필요가 없게 되었음을 증명하는 서면(집행 법원의 법원사무관등이 발급한 것에 한한다)을 첨부하여 공탁물 회수청구를 할 수 있다.

나. 배당금액의 일부로 출급하는 경우의 절차

1) 현 금

집행법원은 보증으로 공탁된 금액을 포함하여 배당을 한 후 공탁금에 관하여 공탁사무처리규칙 제39조의 규정에 따라 지급위탁서를 공탁공무원에게 송부하고, 배당받은 집행채권자에게는 증명서 3통을 교부하여야 하며, 이를 받은 공탁공무원은 동조의 절차에 따라 수령권자에게 공탁금 출급을 인가한다.

2) 유가증권

집행법원은 항고기각 또는 각하의 재판이 확정되었음을 증명하는 서면, 항고취하를 증명하는 서면 기타 보증금이 배당할 금액에 포함되게 되었음을 증명하는 서면을 첨부하여 공탁유가증권 출급청구를 하고 그 청구를 받은 공탁공무원은 집행법원에게 공탁유가증권 출급을 인가한다.

Ⅲ. 항고(이의신청) 이유

1. 매각허가결정의 경우

1) 매각허가결정에 대한 항고는 민사집행법 제121조에서 규정한 매각허가에 대한 이의신청사유가 있다거나, 그 결정 절차에 중대한 잘못이 있다는 것을 이유로 드는 때에만 할 수 있다(민사집행법 제130조 제1항). 사법보좌관의 매각허가결정에 대한 이의신청 또한 매각허가결정에 대한 즉시항고로 간주되므로(사법보좌관규칙 제4조 제6항 제5호), 매각허가결정에 대한 항고와 동일하게 민사집행법에 규정한 매각허가에 대한 이의신청사유가 있다거나, 그 결정절차에 중대한 잘못이 있다는 것을 이유로 하는 때에만 할 수 있다고 봄이 타당하다.

매각허가결정 이전의 매각절차에 중대한 잘못이 있는 경우(민사집행법 제121조 제7호), 매각허가결정절차 자체에 대하여 중대한 잘못이 있는 경우도 즉시항고사유 또는 이의신청사유가 된다. 매각허가결정절차에 중대한 잘못이 있는 경우로는 매각기일의 종료 이후 매각결정기일종료 시까지 사이에 민사집행법 제49조 제2호에서 정한 집행정지서류가 제출(민사집행법 제121조 제1호 후단의 사유에 해당함)되었음에도 이를 간과하여 매각허가결정이 이루어진 경우 등을 들 수 있다. 약속어음 공정증서의 기초가 된 약속어음이 위조되었다는 취지의 주장은 집행권원의 효력에 관한 실체상의 사유로서 민사집행법 제130조에서 정한 매각허가결정에 대한 즉시항고사유에 해당하지 않는다(대법원 2017. 9. 22.자 2015마995 결정).

2) 즉시항고의 항고심은 사후심적 구조를 가지고 있지만, 원재판의 시점에서는 적법한 재판이었다고 하더라도 그 후에 생긴 사실에 기초하여 항고심이 원재판을 취소 또는 변경하는 것도 가능하므로, 매각허가결정 후 항고심 재판까지의 사이에 생긴 사유도 항고이유로 주장할 수 있다.

3) 다른 이해관계인의 권리에 관한 것을 이유로 하는 항고 또는 사법보좌관 처분에 대한 이의신청은 허용되지 않으므로(민사집행법 제122조, 제131조 제3항), 다른 이해관계인에 대한 매각기일통지의 송달에 하자가 있음을 항고이유로 주장할 수 없다(대법원 1992. 1. 30.자 91마728, 대법원 1997. 6. 10.자 97마814 결정). 그러나 채무자에 대한 경매개시결정의 고지 없이는 유효하게 매각절차를 속행할 수 없으므로 채무자에 대한 경매개시결정 송달의 흠을 매각허가결정에 대한 즉시항고사유로 삼을 수 있다(대법원 1997. 6. 10.자 97마814 결정).

2. 매각불허가결정의 경우

매각불허가결정에 대한 항고 또는 사법보좌관 처분에 대한 이의신청은 그 매각불허가결정에 기재된 사유에 대하여 다투면 충분하다(민사집행법 제15조). 따라서 항고법원은 항고인의 그 주장이 정당하다고 인정되면 항고를 인용하면 충분하고, 나아가 직권으로 법에 규정된 다른 매각불허가원인이 없는지 까지 살펴본 다음 불허가의 원인이 발견되더라도 이를 이유로 항고를 기각할 필요까지는 없다.

3. 재심사유가 있는 경우

매각허가 또는 불허가결정에 재심사유(민사소송법 제451조 제1항 각 호의 사유)가 있는 경우에는 그 자체로 항고사유 또는 사법보좌관의 처분에 대한 이의신청사유가 된다(민사집행법 제130조 제2항). 매각허가여부에 대한 결정이 확정된 후에는 재심사유를 주장하여 준재심을 신청할 수 있다(민사소송법 제461조).

4. 임의경매에서 실체상의 이유에 의한 항고

강제경매에서의 항고사유는 앞에서 본 바와 같으므로, 강제경매에 있어서는 집행채권의 부존재·소멸·이행기의 연기 등과 같은 실체상의 하자는 청구이의의 소로써만 이를 주장할 수 있고, 경매개시결정에 대한 이의사유나 매각허가에 대한 이의사유 및 매각허가결정에 대한 항고사유가 되지 못한다.

반면 임의경매에 있어서 담보권의 부존재·소멸, 피담보채권의 불발생·소멸·이행기의 연기 등 실체상의 하자를 매각허가결정에 대한 항고사유로 삼을 수 있는가 즉 그와 같은 실체상의 이유가 민사집행법 제121조 제1호의 "강제집행(여기서는 담보권의 실행을 위한 경매)을 허가할 수 없거나 집행을 계속 진행할 수 없을 때"에 해당하는가에 관하여 판례는 이를 긍정한다(대법원 1991. 1. 21.자 90마946 결정 등). 그러나 매각허가결정에 대한 항고기각의 결정이 고지된 후에 저당채무 및 집행비용을 변제하였다는 사유는 집행법원에 하는 경매개시결정에 대한 이의사유가 됨은 별문제로 하고 법률심인 상고심에 대한 적법한 재항고이유가 되지 못한다(대법원 1991. 2. 9.자 90마898 결정).

Ⅳ. 사법보좌관의 매각허부결정에 대한 불복방법과 처리 요령

1. 일반론

사법보좌관규칙 제4조[5]는 사법보좌관의 처분 중 '그러한 처분을 판사가 한 경우라면 항고·즉시항고 또는 특별항고의 대상이 되는 처분'에 대한 이의절차이다.

사법보좌관규칙 제4조는 사법보좌관의 처분에 대한 원칙적인 이의절차로서, 이러한 이의가 있으면 사법보좌관은 이의신청사건을 판사에게 송부하여야 하고(다만, 사법보좌관은 재도의 고안에 의한 경정을 할 수 있다), 이에 대하여는 일단 판사가 심사하여 이의신청을 각하하거나, 사법보좌관의 처분을 경정하거나, 사법보좌관의 처

5) 사법보좌관규칙 규칙 제4조 (즉시항고 등의 대상이 되는 처분에 대한 이의신청) ① 제2조제1항의 규정에 따른 사법보좌관의 처분 중 판사가 처리하는 경우 항고·즉시항고 또는 특별항고의 대상이 되는 처분에 대하여는 제2항 내지 제10항에서 규정하는 절차에 따라 이의신청을 할 수 있다.

분을 인가한 후 이의신청사건을 항고법원에 송부하여야 한다. 위 이의신청 각하재판이나 사법보좌관처분의 경정재판에 대하여는 해당 법률에서 정한 절차에 따라 불복할 수 있다.

위 이의신청에 관하여는 그 성질에 반하지 않는 한 해당 법률에서 정하고 있는 불복절차에 관한 규정을 준용한다.

2. 사법보좌관의 매각허가여부 결정에 대한 이의신청

가. 근거 규정

법원조직법 제54조와 이에 근거한 사법보좌관규칙에 의하면 부동산에 관한 강제경매절차 또는 담보권 실행을 위한 경매절차에서의 법원사무는 사법보좌관도 이를 행할 수 있다(사법보좌관규칙 제2조 제1항 제7호, 제11호).

나아가 사법보좌관규칙 제4조는 사법보좌관이 행한 처분 중 판사가 처리하는 경우 즉시항고의 대상이 되는 처분에 대한 불복은 사법보좌관 처분에 대한 이의신청으로 하도록 규정하고 있으므로, 당사자로서는 매각허부결정을 사법보좌관이 행한 경우에는 즉시항고가 아니라 사법보좌관의 처분에 대한 이의신청으로 제기하여야 하고, 설사 당사자가 즉시항고의 형식으로 불복하더라도 이를 사법보좌관의 처분에 대한 이의신청으로 처리하여야 한다.

나. 이의신청의 제출 상대방 및 방식

이의신청은 대상이 되는 처분의 표시와 그 처분에 대한 이의신청 취지를 밝혀 '사법보좌관'에게 하여야 한다. 다른 특별한 규정이 없는 한 이의신청은 서면으로 하여야 하고 이에 따라 [전산양식 A5100]의 이의신청서가 마련되어 있다.

[이의신청서 양식(전산양식 A5100)]

이의신청서

사법보좌관의 결정에 대하여 법원조직법 제54조 제3항, 사법보좌관규칙 제4조에 따라 이의를 신청합니다.
사건번호 :
사 건 명 :

<table>
<tr><td rowspan="3">신청인</td><td>성명</td><td></td></tr>
<tr><td>주소</td><td></td></tr>
<tr><td>연락처</td><td></td></tr>
<tr><td rowspan="2">이의신청대상처분</td><td>처분일자</td><td></td></tr>
<tr><td>처분내용</td><td></td></tr>
<tr><td>신청취지</td><td colspan="2"></td></tr>
<tr><td>신청이유</td><td colspan="2"></td></tr>
</table>

접 수 인

200 . . .

신청인 (서명 또는 날인)

※ 기재할 내용이 많은 경우 별지를 사용하실 수 있습니다.

2014. 9. 1. 개정되기 전의 사법보좌관 규칙 제4조 제4항에서는 "제1항의 규정에 따라 이의신청을 하는 때에는 '민사소송 등 인지법' 또는 해당 법률에서 정하는 인지, 보증제공서류 등을 붙일 필요가 없다."고 규정하여 사법보좌관의 처분에 대한 이의신청에는 보증제공서류를 붙일 필요가 없었으나 개정 사법보좌관규칙(2015. 3. 23. 시행)에서 사법보좌관 처분에 대한 이의신청 시에도 민사집행법의 항고절차에 따른 요건을 갖추도록 하였으므로 인지를 제외한 보증제공서류 등 항고절차의 요건이 되는 서류들은 민사집행법의 규정에 따라 제출하여야 한다(사법보좌관규칙 제4조 제4, 10항).

판사가 이의신청이 이유 없다고 인정하여 사법보좌관의 처분을 인가하고 항고법원에 사건을 송부하는 경우에는 이의신청 자체를 해당 법률에 의한 즉시항고로 보는데(사법보좌관규칙 제4조 제6항 제5호), 개정된 사법보좌관 규칙에 따라 2015. 3. 23. 이후 접수되는 사건에 있어서는 단독판사 등은 사법보좌관의 처분을 인가하려 할 때, 그때까지 ① '민사소송 등 인지법'에서 정한 인지가 붙어 있지 않다면 종전 규정과 같이 상당한 기간을 정하여 인지보정을 명하여야 하지만, ② 민사집행법 제

15조 제3항에 따른 항고이유서, 같은 법 제130조 제3항에 따른 항고보증서류가 제출되어 있지 않다면 별도로 보정명령을 내릴 필요 없이 민사집행법이 정하는 바에 따라 항고로 의제될 이의신청을 각하하도록 변경되었다.

따라서 사법보좌관 처분에 대한 이의신청의 접수를 담당하는 직원은 신청인에게 "만일, 항고절차의 요건 서류(인지 제외)를 민사집행법 등의 규정에 따라 제출하지 아니하면 사법보좌관의 처분을 인가하여야 할 때라도 별도의 보정을 명하지 아니하게 되며, 항고이유서와 항고보증서류를 민사집행법 규정에 따라 정해진 기한 내에 제출하지 아니하면 같은 법이 정한 바에 따라 이의신청을 각하하여야 함"을 안내하고 있다.

그러나 이의신청서에 이의신청 대상이 되는 처분의 표시와 그 처분에 대한 이의신청취지를 밝히지 않은 경우(사법보좌관규칙 제4조 제2항)나 사법보좌관 처분에 대한 이의신청이 이유 없다고 인정되는 때 인지미납의 경우(사법보좌관규칙 제4조 제6항 제5, 6호)에는 상당한 기간을 정하여 이의신청인에게 보정을 명하고 이에 응하지 않은 때에 이의신청을 각하한다(사법보좌관규칙 제4조 제6항 제1, 2, 6호).

이의신청서를 제출할 때에는 이의신청에 대한 법원의 판단에 따른 결정문 송달과 항고법원 기록송부비용은 이의신청인이 부담하여야 하므로 송달료를 예납하여야 한다(민사소송법규 제19조 제1항, 송달료규칙 제2조, 재일 87-4 6조 1항).

다. 사법보좌관 처분에 대한 이의신청 사건의 처리 개요(2015. 3. 23. 이후)

1) 이의신청 당시에 항고에 관한 인지를 붙인 경우

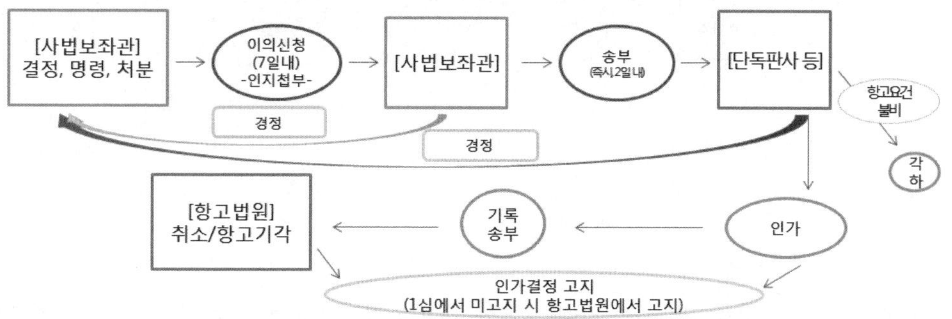

제1심 집행법원					항고법원
접수단		사법보좌관		단독판사 등	

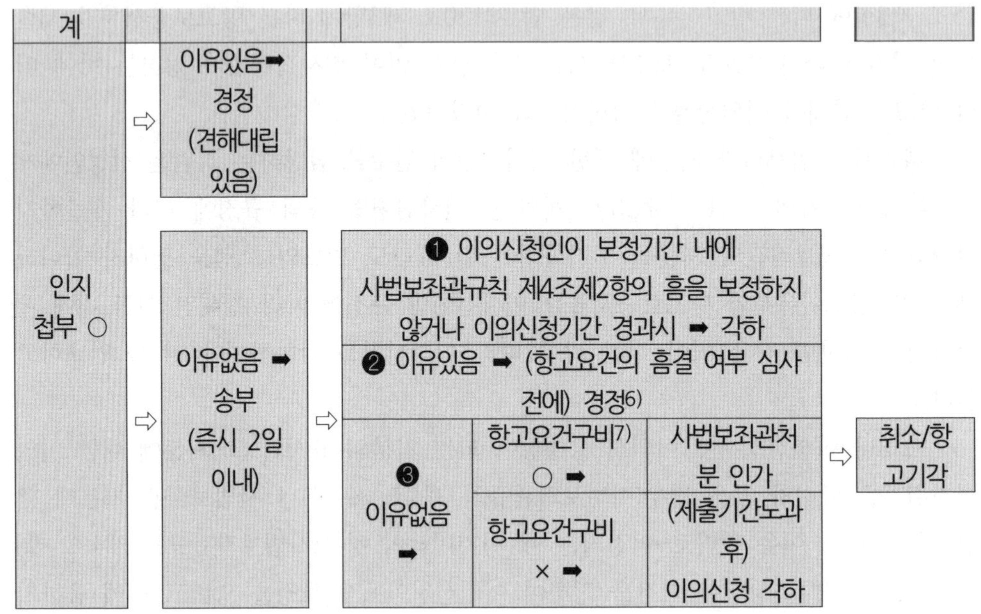

계								
인지 첨부 ○	⇨	이유있음➡ 경정 (견해대립 있음)						
	⇨	이유없음 ➡ 송부 (즉시 2일 이내)	⇨	❶ 이의신청인이 보정기간 내에 사법보좌관규칙 제4조제2항의 흠을 보정하지 않거나 이의신청기간 경과시 ➡ 각하				
				❷ 이유있음 ➡ (항고요건의 흠결 여부 심사 전에) 경정[6]				
				❸ 이유없음 ➡	항고요건구비[7] ○ ➡	사법보좌관처분 인가	⇨	취소/항고기각
					항고요건구비 × ➡	(제출기간도과 후) 이의신청 각하		

2) 이의신청 당시에 인지를 붙이지 않은 경우(인지만 보정 대상)

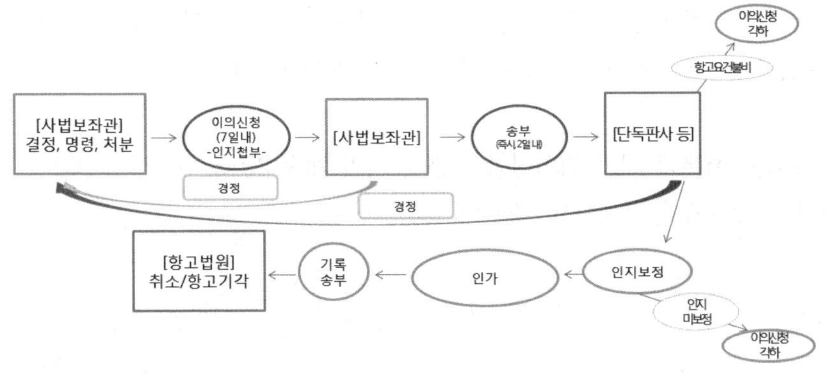

6) 이때의 경정은 1심의 심리(사법보좌관 처분에 대한 후견적 지위에서, 법관이 심리하는 것)로서 사법보좌관 처분에 잘못이 있다면 당연히 이루어져야 하는 것으로, 항고요건(소송요건)을 먼저 심사한다는 것은 사법보좌관 규칙 개정의 취지에 맞지 아니함. 즉, 항고요건(소송요건)은 사법보좌관 처분을 인가할 사안으로 항고할 때에 검토되어야 함

7) 여기에서 말하는 항고요건이란 민사집행법 제15조제3항에 따른 항고이유서, 같은 법 제130조 제3항에 따른 항고보증 서류의 제출 등 항고를 위한 제반 요건을 말함

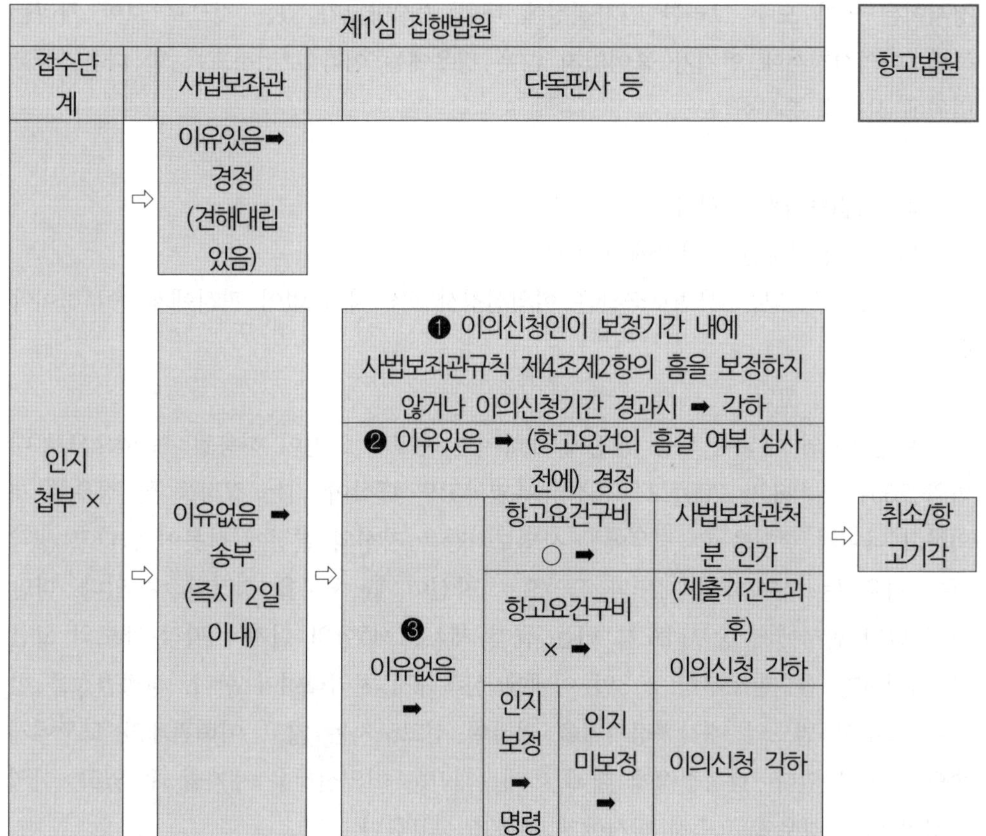

라. 이의신청기간

사법보좌관의 매각허가여부 결정에 대한 이의신청은 그 처분을 고지받은 날부터 7일 이내에 하여야 하고, 이 기간은 불변기간이다(사법보좌관규칙 제4조 제3항).

마. 즉시항고장만 제출한 경우의 처리

사법보좌관이 매각허가여부를 결정하였음에도 당사자가 사법보좌관의 처분에 대하여 이의신청서를 제출하지 않고 즉시항고장을 제출한 경우에는 실무상 즉시항고장 자체를 사법보좌관의 처분에 대한 이의신청서를 제출한 것으로 보아 처리하고 있다. 사법보좌관규칙에서는 사법보좌관 처분에 대한 이의신청을 즉시항고로 보아 처리하도록 하고 있기 때문에 실무상으로는 이의신청서를 제출하든, 즉시항고장을 제출하든 일응은 사법보좌관 처분에 대한 이의신청으로 보아 판사가 사법보좌관 처분의 당부를 판단하고, 판사가 사법보좌관 처분을 인가하는 경우에는 즉시항고장이든, 이의신청서이든 양자 모두 그러한 인가결정에 대한 즉시항고가 있는 것으로 보아 처리를 하되, 이의신청서에 인지가 붙어있지 않은 경우에는 이를 보정하도록 한 다음, 항고법원에 사건을 송부한다.

바. 사법보좌관의 처리

1) 이의신청사건을 판사에게 송부

이의신청을 받은 사법보좌관은 이의신청사건을 지체 없이 판사에게 송부하여야 한다.

2) 재도의 고안

특별항고의 대상이 되는 결정에 대하여는 재도의 고안이 허용될 수 없으므로(대법원 2001. 2. 28.자 2001그4 결정), 특별항고의 대상이 되는 결정을 한 경우를 제외하고 나머지 결정을 한 경우에는 사법보좌관은 자신의 결정에 잘못이 있다고 생각하는 경우에는 신속하게 재도의 고안으로 자신이 한 처분을 경정할 수 있다. 다만 지체 없이 판사에게 송부하도록 하는 규칙 제4조 제5항의 취지에 따라 재도의 고안은 이의신청 접수일로부터 2-3일 이내에 신속하게 처리하여야 한다. 경정결정을 한 경우 실무상 별도의 매각결정기일을 정하여 선고하지는 않고 이해관계인 모두에게 송달을 하고 있다. 경정결정에 대해 이해관계인은 이의신청을 제기할 수 있고, 이의신청이 있는 경우에는 즉시 판사에게 기록을 송부한다.

3) 사법보좌관의 각하 가능 여부

항고보증금을 납부하지 않았거나 이의신청기간이 도과된 경우 사법보좌관 이의신청을 사법보좌관이 각하하는 실무 례도 있으나, 사법보좌관규칙 제4조 제5항에서는 "이의신청을 받은 때에는 이의신청사건을 지체없이 소속법원의 단독판사 등에게 송부하여야 한다."고 규정하고 있을 뿐 사법보좌관이 각하 등의 처분을 할 수 있다는 근거 규정이 사법보좌관 규칙에 없으므로 이의신청이 그 요건을 갖추지 못하였거나 기간을 도과한 경우라 하더라도 판사가 그 각하 여부를 결정하므로, 사건을 판사에게 송부하여야 한다.

사. 판사의 이의신청사건 처리

이의신청사건을 송부받은 집행법원의 단독판사 등은 다음과 같이 처리하여야 한다(사법보좌관규칙 제4조 제6, 10항).

1) 보정명령(=불응 시 이의신청 각하결정)

가) 이의신청서를 심사하여 신청이 사법보좌관규칙 제4조 제2항에 위배되는 경우(예컨대 이의신청 대상 처분의 표시나 이의신청취지에 흠이 있는 경우 등)에는 보정명령을 내린 후 흠이 보정되지 않은 때와 이의신청 기간을 경과한 때에는 결정으로 이의신청을 각하한다. 이의신청의 요건 및 절차 등에 관하여는 그 성질에 반하지 않는 한 해당 법률에서 정하고 있는 불복절차에 관한 규정을 준용한다(사법보좌관규칙 제4조 제6항 1호, 2호 전단, 10항). 이 각하결정은 해당 법률에 규정된 불복신청에 대한 각하재판으로 보며(사법보좌관규칙 제4조 제6항 2호 후단), 이 재판에 대하여는 해당 법률에서 정한 절차에 따라 불복할 수 있다(사법보좌관규칙 제4조 제7항).

나) 이의신청서에 이의신청(항고)이유가 적혀 있지 않고 이의신청서를 제출한 날부터 10일 이내에 이의신청(항고)이유서도 제출하지 않은 경우와 이의신청이 부적법하고 이를 보정할 수 없음이 분명한 경우(민사집행법 제90조 각 호의 이해관계인이 아닌 사람이 제기한 이의신청 등)에는 별도의 보정명령 없이 결정으로 이의신청을 각하한다(민사집행법 제15조 제5항, 사법보좌관규칙 제4조 제10항). 이와 관련하여, 이의신청인이 이의신청서를 제출한 날로부터 10일 이내에 '항고이유서'를 제출하지 않은 경우 집행법원의 단독판사 등이 이의신청인에게 상당한 기간을 정하여 항고이유서를 제출하도록 보정을 명하여야 함을 전제로, 항고법원이 그와 같이 항고이유서 제출을 명하지도 않은 채 항고를 각하한 것이 잘못되었다는 취지의 대법원 결정(대법원 2016. 8. 24.자 2016마741 결정)이 있다. 그러나 위 대법원 결정은 2014. 9. 1. 개정(2015. 3. 23. 시행)된 위 사법보좌관규칙 제4조가 반영되지 않은 것으로 보이므로, 위 대법원 결정의 취지를 2015. 3. 23. 이후 접수되는 즉시항고 대상이 되는 처분에 대한 이의신청 사건에도 적용할 수는 없다.

하지만 실무상 항고이유서 미제출 시 관행적으로 이를 제출하라는 보정명령을 하는 경우가 종종 있는데, 민사집행법 제15조 제3항에 의한 항고이유서 제출기간은 불변기간이라 할 수 없으므로, 만일 이의신청인에게 항고이유서 제출에 관한 보정명령을 하였고 보정명령에서 정해진 상당한 기간 내에 항고이유서가 제출된 경우라면 이의신청서를 제출한 날부터 10일 이내에 항고이유서가 제출되지 않았다는 이유로 이의신청을 각하하여서는 안 될 것이다(대법원 2019. 8. 21.자 2018마7371 결정).

또한 이의신청을 하면서 이의신청기간 내에 민사집행법 제130조 제3항에 따른 보증의 제공이 없는 경우에는 별도의 보정명령 없이 이의신청서를 받은 날부터 1주 이내에 결정으로 이의신청서를 각하한다(민사집행법 제130조 제4항, 사법보좌관규칙 제4조 제10항, 대법원 2016. 10. 27.자 2016그115 결정 참조).

다) 이 경우 '이의신청을 각하'한다는 것이 '이의신청서 각하명령'인지, '이의신청서 각하결정'인지 아니면 '이의신청 각하결정'인지 문제가 되는데, 해당법률에 규정된 절차에 따라 해결하면 된다.

즉 이의신청인이 인지를 보정하라는 명령에 응하지 아니하면 해당 법률에 규정된 절차(민사소송법 제443조, 제399조)에 따라 '이의신청서 각하명령'을 하고, 이의신청인이 보증제공서류를 보정하라는 명령에 응하지 아니하면 해당 법률에 규정된 절차(민사집행법 제130조 제4항)에 따라 '이의신청서 각하결정'을 하여야 한다. 또 이의신청이유서를 내지 아니하거나 이의신청이유를 대법원규칙이 정하는 바(이의신청의 이유는 대상처분의 취소 또는 변경을 구하는 사유를 구체적으로 적어야 하고, 그 사유가 법령위반인 때에는 그 법령의 조항 또는 내용과 법령에 위반되는 사유를, 사실의 오인인 때에는 오인에 관계되는 사실을 구체적으로 밝혀야 한다)에 따라 적지 아니한 경우 이를 보정하라는 명령에 응하지 아니하면 해당 법률에 규정된 절차(민사집행법 제15조 제5항)에 따라 '이의신청 각하결정'을 한다.

2) 이의신청이 이유 없는 경우

가) 처분을 인가하고, 기록을 항고심으로 송부

이의신청이 이유 없다고 인정되고 즉시항고의 요건이 갖추어진 때에는 사법보좌관의 처분을 인가하고, 이의신청사건을 항고법원에 송부하여야 한다.[8] 이 경우 이의신청은 해당 법률에 의한 항고 또는 즉시항고로 본다.(사법보좌관규칙 제4조 제6항 제5호[9])

나) 인가의 방식: 결정의 고지

관련 규정의 내용을 종합하면, 사법보좌관규칙 제4조 제6항 제5호에 따른 단독판사 등의 '인가'는 사법보좌관이 한 처분의 적정성을 확인하는 단독판사 등의 판단

---

8) 반면 '사법보좌관의 처분 중 그러한 처분을 판사가 한 경우라면 특별항고의 대상이 되는 처분'에 대한 이의신청이 이유 없다고 인정되는 때에는 결정으로 이의신청을 각하하여야 한다(사법보좌관규칙 제4조 제6항 제4호). 이 각하결정에 대하여는 불복할 수 없다(같은 조 제8항). 이 각하결정에 대하여는 불복할 수 없으므로 결국 특별항고만이 가능하게 된다.

9) 사법보좌관규칙 제4조 제6항 5. 사법보좌관의 처분 중 판사가 처리하는 경우 항고 또는 즉시항고의 대상이 되는 처분에 대한 이의신청이 이유 없다고 인정되는 때에는 사법보좌관의 처분을 인가하고 이의신청사건을 항고법원에 송부할 것. 이 경우 이의신청은 해당법률에 의한 항고 또는 즉시항고로 본다.

행위로서 재판의 한 형식인 '결정'으로 하여야 하고, 절차진행의 투명성을 위해 그 인가결정은 이의신청인에게 반드시 고지하여야 한다(대법원 2021. 9. 9.자 2021마167 결정). 따라서 사법보좌관의 매각허가결정에 대한 이의신청서나 즉시항고장의 우측 상단에 아무런 문언의 기재 없이 행하여진 판사의 날인만으로는 사법보좌관규칙 제4조 제6항 제5호에 따른 '인가'결정이 있었다고 보기 어렵고, 그 경우 항고심으로서는 기록을 다시 사법보좌관의 소속법원에 이송하여 적법한 절차를 거치도록 하여야 한다(대법원 2021. 9. 9.자 2021마167 결정 참조).

인가결정은 이의신청인에게 고지하나(사법보좌관규칙 제4조 제6항 5-2호) 이에 대하여는 불복할 수 없다(같은 조 제8항).

[처분인가결정문 예시]

서 울 중 앙 지 방 법 원

결　　　정

사　　건　　20　타경0000　부동산임의경매
채 권 자　　김갑동
채 무 자　　이을병
소 유 자　　박정무

주　　문

이 사건 사법보좌관의 처분(매각허가결정)을 인가한다.

이　　유

채무자의 이의신청은 이유 없다고 인정되므로, 사법보좌관규칙 제4조 제6항 제5호를 적용하여 주문과 같이 결정한다.

20　.　.　.

판 사　　○　○　○

3) 이의신청이 이유 있는 경우

이의신청이 이유 있다고 인정하는 때에는 결정으로 사법보좌관의 처분을 경정한다(사법보좌관규칙 제4조 제6항 제3호). 그 경우의 결정 례는 아래와 같다. 이 경정은 판사가 사법보좌관의 처분을 심사하여 하는 사법보좌관규칙상 처분으로서, 사법보좌관이 재도의 고안에 의하여 하는 경정과는 그 성격이 다르다. 이 재판에 대하여는 해당 법률에서 정한 절차에 따라 불복할 수 있다(같은 조 제7항).

[매각불허가결정에 대한 처분경정 예시]

서 울 중 앙 지 방 법 원
결 정

사 건 20 타경OOO 부동산임의경매
채 권 자 최OO (430908-5100185)
서울 OO구 OO동 125-9
채 무 자 김OO (480523-1849913)
서울 강남구 OO동 511 OO맨션 208동 1106호
송달신고 장소 : 서울 강남구 OO동 203
OO빌딩 2층 OO 주식회사
소 유 자 채무자와 같음

최고가매수신고인(이의신청인)
조OO (4000000-1000000)
서울 마포구 OO동 82 우성아파트 3동 00호
매 각 가 격 288,120,000원

주 문

1. 이 법원이 20 . . . 서울 OO구 OO동 562-83 대 648㎡[물건3]에 관하여 한 매각불허가결정을 취소한다.
2. 서울 OO구 OO동 562-83 대 648㎡[물건3]에 대하여 최고가로 매수신고한 위 조OO에게 매각을 허가한다.

이 유

… (전략) …

그렇다면 이 법원(사법보좌관)의 20 . . .자 매각불허가결정의 취소를 구하는 최고가매수신고인 조OO의 이의신청은 그 이유가 있다고 인정되므로, 사법보좌관규칙 제4조 제6항 제3호에 따라 사법보좌관의 처분을 경정하기로 하여 주문과

같이 결정한다.

20 . . .

판 사 O O O

[매각허가결정에 대한 처분경정 예시]

서 울 중 앙 지 방 법 원
결 정

사 건 20 타경OOO 부동산강제경매
채 권 자 이OO (000000-1000000)
서울 OO구 역삼동 782-42, 301호
송달신고장소 서울 OO구 OO동 1698-4 OO빌딩 302호
채 무 자 문OO (4000000-1000000)
의왕시 OO동 446-1
미성년자이므로 법정대리인 친권자 모 정OO
소 유 자 채무자와 같음
최고가매수신고인 문OO (4000000-1000000)
용인시 OO면 OO리 31
이의신청인 정은숙 (6000000-2000000), 근저당권자
의왕시 OO동 446-1

주 문

1. 이 법원(사법보좌관)의 20 . . .자 매각허가결정을 취소한다.
2. 최고가매수신고인에 대하여 별지 기재 부동산에 대한 매각을 허가하지 아니한다.

이 유

이 법원(사법보좌관)은 20 . . . 별지 기재 부동산에 대한 최고가매수신고인 문OO에게 매각을 허가하는 결정을 하였다. 그러나 기록에 의하면, 이 사건은 근저당권자 정OO의 선순위 채권 등으로 말미암아 무잉여에 해당한다고 판단되고, 이는 민사집행법 제123조 제2항, 제121조 제1호, 제7호가 규정하는 매각불허가 사유에 해당한다.

그렇다면 이 법원(사법보좌관)의 20 . . .자 매각허가결정의 취소를 구하는 근저당권자 정OO의 이의신청은 그 이유가 있다고 인정되므로, 사법보좌관규칙 제4조 제6항 제3호에 따라 사법보좌관의 처분을 경정하기로 하여 주문과 같이 결정한다. 20 . . . 판 사 O O O

4) 처분의 집행정지 등

이의신청사건을 송부 받은 판사는 상당하다고 인정하는 때에는 해당 법률에 규정된 절차에 따라 사법보좌관 처분의 집행을 정지하거나 그 밖의 필요한 처분을 할 수 있다(사법보좌관규칙 제4조 제6항 후단).

5) 판사의 처리 방향 요약

판사의 이의신청 사건 처리 방향을 요약하면 아래 도표와 같다.

보정명령(제4조 제6항 제1,6호)	
① 제1호의 보정명령	- 이의신청대상이 되는 처분의 표시와 그 처분에 대한 이의신청 취지(이의신청 이유를 포함한다)를 밝히지 아니한 때(제4조 제2항)
② 제6호의 보정명령	- 이의신청이 해당법률에 규정된 항고·즉시항고의 요건을 갖추지 아니한 때(이의신청이유서 미제출, 이의신청이유기재방법 위반)
③ 제6호의 보정명령	- 이의신청서에 인지가 붙어 있지 아니한 때
각하(제4조 제6항 제2, 4, 6호)	
◉ 이의신청 각하결정	- 위 ①보정명령에 불응한 때(제2호) - 위 ②보정명령에 불응한 때(제6호) - 이의신청기간을 경과한 때(제2호) - 특별항고의 대상이 되는 처분에 대한 이의신청이 이유 없다고 인정되는 때(제4호)
◉ 이의신청서 각하명령	- 위 ③보정명령 중 인지보정명령에 불응한 때(제6호)

◆ 불복방법 - 제4조 제6항 제4호의 이의신청 각하결정에 대하여는 불복불가(제4조 제8항), 따라서 특별항고만이 가능하다. - 나머지 각하결정 등에 대하여는 해당법률에서 정한 절차에 따라 불복가능(제4조 제7항)
경정(제4조 제6항 제3호)
- 이의신청이 이유 있다고 인정되는 때 - 처분의 일부만이 부당한 때에는 일부를 취소하고, 나머지는 인가한다. ◆ 불복방법 - 해당법률에서 정한 절차에 따라 불복가능(제4조 제7항)
인가(제4조 제6항 제5호)
- 이의신청이 이유 없다고 인정되는 때 - 실무상 독립한 인가결정서를 작성하는 방식을 채택하고 있다. - 인가결정을 이의신청인에게 고지하여야 한다(제4조 제6항 5호의 2) ◆ 불복방법 - 이의신청을 인가처분에 대한 항고·즉시항고로 간주하므로(제4조 제9항), 따로 불복할 필요가 없고, 항고법원은 인가처분을 항고의 대상으로 삼아 심리한다.
집행정지 등
- 상당하다고 인정하는 때에는 해당 법률에 규정된 절차에 따라 사법보좌관 처분의 집행을 정지하거나 그 밖의 필요한 처분을 할 수 있다(제4조 제6항 후문).

아. 10일 이내 항고이유서 제출 및 항고기간 내에 항고보증서류의 제출

사법보좌관규칙이 2014. 9. 1. 일부 개정되기 전에는 인지 외에 항고절차의 요건이 되는 서류 중 항고이유서나 보증제공서류도 단독판사 등이 보정명령을 하기 전에는 제출할 필요가 없었으나, 위 규칙 개정(2015. 3. 23. 시행)에 따라 항고절차의 요건이 되는 서류 등을 민사집행법에 따라 미리 제출하여야 한다. 이는 민사집행법이 규정한 집행절차의 지연방지와 남항고방지라는 입법취지에 배치되지 않도록 하기 위해 사법보좌관규칙을 정비한 것이다.

따라서 사법보좌관이 처분을 한 경우 이의신청인은 민사집행규칙 제13조가 규정한 항고이유를 구체적으로 기재하여 이의신청서 제출일부터 10일 이내에 항고이유서에 준하는 서면을 제출해야 하고, 이의신청인이 이러한 조치를 취하지 않으면 단독판사등은 결정으로 그 이의신청을 각하하여야 한다. 위와 같은 각하 결정에 대하여는 즉시항고를 할 수 있다. 항고이유서 제출기간은 불변기간이 아니므로(대법원 2009. 4. 10.자 2009마519 결정, 대법원 2011. 2. 7.자 2011마54 결정) 소송행위의 추후보완은 허용되지 않으나 집행법원이 그 기간을 늘리는 것은 허용된다.

한편 사법보좌관의 매각허가결정에 대하여 이의신청을 하는 때에 이의신청인은 보증제공서류(공탁서)를 이의신청서에 붙여야 하고, 만일 위 서류를 붙이지 않은 경우 단독판사 등은 그 이의신청서를 받은 날부터 1주 이내(이의신청기간이 경과된 직후)에 결정으로 이의신청서를 각하하여야 한다. 이 각하 결정에 대하여도 즉시항고로 불복할 수 있다(대법원 2016. 10. 27.자 2016그115 결정).

자. 항고법원의 처리

1) 이의신청사건을 송부받은 항고법원은 '판사가 한 인가처분'에 대한 항고 또는 즉시항고로 보아 재판절차를 진행한다(사법보좌관규칙 제4조 제9항). 즉 판사가 사법보좌관의 처분을 인가한 경우에는 '판사의 인가처분 결정'이 항고법원의 심판대상이 된다.

2) 항고법원이 집행법원의 결정(판사의 인가처분 결정)을 취소하는 경우에 그 매각허가 여부의 결정은 집행법원이 하고 항고법원은 할 수 없으므로(민사집행법 제132조), 항고법원은 인가처분을 취소하고 사건을 환송해야 하며, 사건을 환송받은 판사는 환송취지에 따라 경정결정을 하여야 한다. 예를 들어 사법보좌관의 매각허가결정에 대하여 채무자가 이의신청을 하여 판사가 사법보좌관의 처분을 인가하고 항고심으로 사건을 송부하였는데, 항고심에서 판사의 인가처분을 취소하는 결정이 확정되어 내려 온 경우 원심법원의 판사는 사법보좌관의 매각허가결정을 취소하고 매각불허가결정을 하는 경정결정을 하여야 한다.[10)]

3) 이러한 원심법원의 결정을 사법보좌관하여야 하는지 판사가 하여야 하는지 견해의 대립이 있으나, 이의신청사건 자체를 사법보좌관으로부터 송부 받은 이상 판사가 직접 매각허부결정을 할 수밖에 없다. 사법보좌관이 판사에게 이의신청사건을

10) 주문례 예시: 1. 사법보좌관이 20 . . . 선고한 매각(불)허가결정을 취소한다. 2. 별지 목록 기재 부동산에 관하여 최고가매수신고인에게 매각을 허가하지 아니한다(or 허가한다).

송부한 이후에는 그 사건을 사법보좌관에게 다시 환송하는 제도가 없으므로, 당해 처분에 관한 사법보좌관의 임무는 거기에서 종결되기 때문이다. 이의신청 사건이 송부된 경우 당해 이의신청의 대상이 된 처분 자체의 결정은 법관이 하여야 하므로 판사가 직접 매각허부결정을 하여야 하지만, 그 이후의 경매사건 처리(재매각명령, 대금지급기한지정, 배당기일의 실시 등)는 다시 사법보좌관이 하여야 한다.

Ⅴ. 판사의 매각허가여부 결정에 대한 즉시항고

1. 항고장의 제출

사법보좌관이 매각허가여부 결정을 한 경우에는 사법보좌관 처분에 대한 이의신청 절차를 거치므로 종래와 같은 즉시항고에 관한 절차가 그대로 적용될 수 없지만, 판사가 매각허가여부 결정을 한 경우에는 민사집행법 제129조에서 정한 이해관계인 등의 즉시항고에 관한 규정이 여전히 그대로 적용된다.

즉시항고는 매각허가여부의 결정을 선고한 원심법원에 대하여 항고장을 제출하여야 한다(민사집행법 제15조 제2항). 항고장에는 항고인, 원결정의 표시, 그 결정에 대하여 즉시항고를 한다는 취지, 항고의 취지를 기재하고 법원을 표시한 후 항고인 또는 그 대리인이 기명날인한다(민사소송법 제397, 398, 443조).

따라서 판사가 매각허가여부를 결정한 경우 이해관계인은 매각허가여부의 결정에 따라 손해를 볼 경우에만 그 결정에 대하여 즉시항고를 할 수 있고(민사집행법 제129조 제1항), 또 매각허가에 정당한 이유가 없거나 결정에 적은 것 외의 조건으로 허가하여야 한다고 주장하는 매수인 또는 매각허가를 주장하는 매수신고인도 즉시항고를 할 수 있다(민사집행법 제129조 제2항). 따라서 매각허가여부의 결정은 불복을 신청할 수 없는 결정에 해당하지 아니하여 특별항고의 대상이 될 수 없다(대법원 1981. 12. 22.자 81그15 결정, 1990. 3. 31.자 90그12 결정 등). 그러므로 판사가 한 매각허가결정에 대하여 '부동산매각허가에 대한 이의신청'이라는 제목으로 제출된 불복은 이를 즉시항고로 보아 처리함이 상당하다(대법원 1972. 8. 23.자 72마763 결정 참조).

항고장에 항고이유를 기재할 수 있고, 이때에는 별도의 항고이유서를 제출할 필요가 없다.

2. 즉시항고기간

가. 매각허가여부의 결정선고일부터 1주 이내

즉시항고를 하려는 항고인은 원결정을 고지받은 날부터 1주 이내에 항고장을 원심법원에 제출하여야 하는바(민사집행법 제15조 제2항), 매각허가여부의 결정은 이해관계인이 매각결정기일에 출석하였는지 여부를 묻지 않고 이를 선고한 때에 고지의 효력이 발생하므로(민사집행규칙 제74조),[11] 위 1주의 기간은 매각허가여부의 결정선고일 부터 일률적으로 진행된다.

위 기간은 불변기간이다(민사집행법 제15조 제2항).

위 기간은 매각허가여부의 결정이 적법하게 선고된 것을 전제로 하여 진행되므로 선고가 없이 공고만 된 경우에는 위 기간은 진행되지 아니한다.

항고기간 경과 후라도 추후보완항고는 가능하다(민사소송법 제173조).

나. 선고하기도 전에 즉시항고를 제기한 경우(= 부적법 각하)

매각허가결정이 선고되기 전에 존재하지도 아니한 매각허가결정을 대상으로 하여 제기된 항고는 부적법하다고 할 것이고, 그 항고가 부적법하다는 이유로 각하되지 않고 있는 동안에 항고인에게 불이익한 매각허가결정이 선고되었다고 하여도 당해 항고는 적법한 것으로 되지 아니한다(대법원 1994. 8. 30.자 94마1245 결정, 1998. 3. 9.자 98마12 결정).

다. 항고기간을 도과한 경우

1) 항고기간을 도과하여 즉시항고를 한 경우에는 '항고가 부적법하고 이를 보정할 수 없음이 분명한 때'에 해당하므로 즉시항고 각하결정을 한다(민사집행법 제15조 5항).

즉 매각허부결정은 그 즉시항고기간이 도과함으로써 확정되는 것이고 기간도과 후 즉시항고가 제기되었다 하더라도 위 확정의 효력은 번복되지 아니하므로, 매각허가결정에 대한 즉시항고가 제기되었더라도 그 기간을 도과한 것이 명백한 때에는 원심재판장(집행법원인 제1심 단독판사)은 즉시항고를 각하하고(민사집행법 제15조) 이후의 경매절차를 그대로 진행하여야 한다.

이 즉시항고 각하결정에 대하여 다시 즉시항고가 있는 때에는 재판장이 지정하

---

11) 대법원 1980. 9. 24. 선고 80다1411 판결

는 필요부분에 관한 기록의 등본을 만들어 항고법원(지방법원 본원 합의부)으로 송부한다(민사집행규칙 제14조 제1항).[12)]

2) 다만, 이 경우에도 상당한 이유가 있다고 인정되는 때(예컨대 기간의 도과 또는 송달의 적법 여부 등에 관하여 충분한 의심을 할 만한 사유가 있어 후일 원재판이 취소 또는 변경될 경우 항고인이 회복하기 어려운 손실을 입게 될 염려가 있을 때 등)에는 민사집행법 제15조 제6항에 의하여 항고에 대한 결정이 있을 때까지 경매절차를 정지할 수 있다(재민 92-7 제3항).

3. 항고 보증 등

이러한 즉시항고는 매각기일에 최고가 매수신고인이 생겼다는 사실에 대하여는 할 수 없고 통상 위 매각기일 1주일 후에 매각허가결정기일이 지정되므로 이때 담당법관이 매각허가결증을 하면 그 결정을 확인한 후 항고를 하면 되는데, 위 항고는 매각허가결정기일로부터 1주일 이내에 하여야 한다. 매각허가결정에 대한 즉시항고의 경우에만 항고의 보증을 제공하며, 매각불허가결정에 대한 즉시항고의 경우에는 보증을 제공할 필요가 없다.

한편 매각허가결정에 대한 즉시항고인은 항고보증금(최저 매각가격의 10분의 1)을 납부하여야 하는데 이 보증금은 항고에 대한 결정에서 기각(또는 항고장 각하, 항고취하, 재항고취하)되면 몰수하게 되므로 항고 이유가 타당한지 여부에 대하여 신중히 검토한 후 항고장을 제출하여야 한다. 그러나 항고보증금을 몰취당할 가능성이 많음에도 불구하고, 이를 적극적으로 이용하는 채무자나 소유자가 점차 늘어나고 있다.

4. 신청 시 필요한 서면 등

① 즉시항고장, ② 정부수입인지 2,000원, ③ 송달료 및 ④ 항고장에 항고이유를 적지 아니한 때에는 항고인은 항고장을 제출한 날로부터 10일 이내에 항고이유서를 제출하여야 한다.

항고장이 제출되면 이를 문건입력 프로그램에 전산입력하여 접수하고 경매사건기록에 시간적 접수순서에 따라 편철하며, 2,000원의 인지가 첩부되어야 한다(재민

12) 재판예규 제866-18호 매각허부결정에 대한 즉시항고기간 도과 후에 즉시항고가 제기된 경우의 처리요령(재민 92-7) 제2항.

91-1).

5. 항고법원의 상대방의 지정

항고절차는 편면적인 불복절차로서 판결절차에 있어서와 같은 대립되는 당사자를 예상하고 있지 않으므로 엄격한 의미에서 상대방은 없다. 따라서 항고장에 반드시 피항고인의 표시가 있어야 하는 것은 아니고 또 항고장을 반드시 상대방에게 송달하여야 하는 것도 아니다(대법원 1966. 8. 12.자 65마473 결정, 1997. 11. 27.자 97스4 결정).

그러나 실무에서는 부동산의 인도명령(민사집행법 제136조), 압류물의 인도명령(민사집행법 제193조), 금전채권의 압류명령(민사집행법 제227조) 등과 같이 채권자의 이익을 위하여 행하여진 재판에 대하여, 채무자 또는 제3채무자가 즉시항고를 하여 항고심에서 원재판이 변경된 경우 등에 있어서는, 재항고의 기회를 주기 위하여 그 재판의 내용상 이해가 대립되는 채권자에게 결정문을 통지하고, 심리에 있어서도 상대방으로 정하여 관여시키고 결정문에도 이를 표시하는 예가 적지 않다.

매각허부결정에 대한 항고에 있어서는 항고법원이 항고인의 상대방을 정할 수 있음에 관하여 명문의 규정을 두고 있다(민사집행법 제131조 제1항).

6. 항고이유의 기재

1) 항고장에 항고이유를 적지 아니한 때에는 항고인은 항고장을 제출한 날부터 10일내에 항고이유서를 원심법원에 제출하여야 한다(민사집행법 제15조 제3항). 항고이유서를 내지 아니하거나 항고이유를 대법원규칙이 정하는 바에 따라 적지 아니한 때에는 원심법원은 결정으로 그 즉시항고를 각하하여야 한다(민사집행법 제15조 제5항). 이는 남항고에 의한 절차지연을 방지하기 위한 조항이다.

민사집행법은 경매절차의 촉진을 위하여 항고이유서 제출강제주의를 채택한 것이다.

2) 즉시항고의 이유는 원심재판의 취소 또는 변경을 구하는 사유를 구체적으로 적어야 한다(민사집행규칙 제13조 제1항). 즉시항고의 항고심은 사후심적 구조를 가지고 있지만, 원심재판의 시점에서는 적법한 재판이었다고 하더라도 그 후에 생긴 사실에 기초하여 항고심이 원심재판을 취소 또는 변경하는 것도 가능하다고 해석되므

로, "원심재판의 취소 또는 변경을 구하는 사유"를 적도록 하고 있는 것이다.

3) 원심재판의 취소 또는 변경을 구하는 사유가 법령의 위반 또는 사실의 오인인 경우를 구별하여 각각의 이유를 기재하여야 한다. 따라서 그 사유가 법령위반인 때에는 그 법령의 조항 또는 내용과 법령에 위반되는 사유를, 사실의 오인인 때에는 오인에 관계되는 사실을 구체적으로 밝혀야 한다(민사집행규칙 제13조 제2항).

법령의 위반을 주장하는 때에는 그 법령의 조항 또는 내용 및 법령에 위반되는 사유를 적시하여야 한다. 법령의 조항 또는 내용으로 되어 있으므로, 예를 들어 민사집행법 제00조라는 방식으로 적시하지 않더라도 그 조항의 내용을 적시하면 될 것이다. 판례위반의 주장은 법령위반의 주장의 일종으로 볼 수 있는데, 판례위반을 주장하는 때에는 그 판례를 구체적으로 적시하여야 한다.

사실의 오인을 주장하는 때에는 오인에 관계되는 사실을 적시하여야 한다. 원심재판의 사실인정 중 오인된 부분을 구체적으로 적시하여야 하는바, 그 부분에 관하여 진실이라고 주장하는 사실도 적는 것이 상당하다.

항고인이 항고이유서 제출기한 내에 항고이유서를 제출하지 아니하거나, 구체적이고도 명시적인 이유의 설시가 없이 단순히 원판결에 사실오인 내지 법리오해의 위법이 있다고만 기재하는 등으로 항고이유의 기재방법(민사집행규칙 제13조)에 위반한 경우 또는 항고가 부적법하고 이를 보정할 수 없음이 분명한 때에는 원심법원은 결정으로 그 즉시항고를 각하하여야 한다(민사집행법 제15조 제5항). 위 각하결정에 대하여는 즉시항고를 할 수 있다(민사집행법 제15조 제8항). 이 경우 즉시항고를 각하한 결정에 대한 항고의 대상은 매각허부결정이 아니라 즉시항고를 각하한 결정의 당부이므로, 즉시항고를 각하한 결정에 대한 항고 시에 기록 전체를 항고심으로 송부하도록 한다면 항고절차에 관하여 현행법과 같이 개정한 취지가 몰각되므로, 실무에서는 이러한 항고가 있을 경우 기록 중 필요부분만 등본하여 송부하고 있다.

4) 원심법원이 즉시항고를 각하하여야 함에도 불구하고 이를 각하하지 아니하고 사건을 송부한 경우에는 항고법원은 곧바로 즉시항고를 각하하여야 하며, 이와 같은 법리는 민사집행법상의 재항고에 있어서도 마찬가지라 할 것이다(대법원 2004. 9. 13.자 2004마505 결정, 2005. 3. 24.자 2005마131 결정, 2007. 3. 20.자 2007마33 결정 등).

[매각허가결정에 대한 항고장]

항 고 장

사 건 OO타경OO 부동산 강제경매
항고인(소유자) ○ ○ ○
○○시 ○○구 ○○동 ○○
소송대리인 변호사 ○ ○ ○

항고인은 귀원 20 타경OO 부동산강제경매 사건에 관하여 귀원이 20 . . .에 선고한 매각허가결정에 대하여 불복하므로 항고를 제기합니다.

항 고 취 지

원심결정을 취소한다.
라는 재판을 구합니다.

항 고 이 유

매각기일은 이해관계인에게 미리 통지하여야 하는바, 20 . . . 매각기일에 관하여 항고인은 통지를 전혀 받지 못하였습니다. 그런데 원심법원은 위 매각기일에서 최고가매수신고인으로 정하여진 ○○○에게 매각을 허가하는 결정을 하였습니다.
따라서 위 매각허가결정은 민사집행법 제104조 제2항, 제121조 제1, 7호, 제129조 제1항, 제130조 제1항에 의하여 취소되고, 매수인 ○○○에 대한 매각허가는 불허되어야 합니다.

20 . . .
항고인 소송대리인 변호사 ○ ○ ○ ㉫

○ ○ 지방법원 귀중

[주의] 구 민사소송법은 항고심이 경락불허가결정을 할 수 있게 하였으므로(제643조 3항, 제635조), 항고취지에 "원심결정을 취소한다. 별지 목록 기재 부동산에 대한 이 사건 경락을 허가하지 아니한다." 라고 적는 것이 보통이었다.

[매각불허가결정에 대한 항고장]

항 고 장

사 건 OO타경○○ 부동산 강제경매
항 고 인 ○○○

인천 ○○○구○○동○○○번지 ○○호

위 항고인 ○○지방법원 ○○지원 OO타경○○ 부동산 강제경매사건에 관하여 동 법원에서 OO년 ○월○일 매각불허가결정을 하였으나 동 결정에 대하여 불복이므로 다음과 같이 항고를 제기합니다.

항 고 취 지

원심결정을 취소한다.
라는 재판을 구합니다.

항 고 이 유

○○지방법원 ○○타경○○○○ 부동산 강제경매사건에 관하여 항고인은 최고가매수신고를 하였습니다. 그러나 당시 항고인은 미성년자로서 부동산을 취득할 능력이 없으나 그 후 ○○년 ○월 ○일의 매각결정기일에 있어서는 별지 호적등본과 같이 완전한 능력자가 되었습니다. 그런데 민사집행법 제121조, 소위 부동산 취득하는 능력이 없는 때에는 매각기일에 있어서의 취득의 능력 여하를 말하는 것이 아니고 실체상 부동산의 소유권을 취득할 매각기일에 있어서 그 취득이 능력 없는 경우를 규정하는 것이라는 것은 해석상 의심을 주지 아니할 수 없으므로 원심 법원은 이해관계의 이의를 정당하다고 인정하여 항고인에 대하여 매각불허가의 결정을 것은 위법이라고 사료되므로 본 항고에 이르렀습니다.

첨 부 서 류

1. 호적등본 1통.
1. 납부서 1통.

20 년 월 일

위 항고인 ○ ○ ○ (인)

○○지방법원 귀중

[주] 수입인지 2,000원 첨부, 송달료 2회분 납부

7. 즉시항고에 대한 집행법원의 조치

가. 즉시항고의 효력

1) 일반적으로 항고에는 집행정지의 효력이 없으나, 즉시항고의 경우에는 집행정지의 효력이 있다(민사소송법 제447조). 그러나 집행절차에 관한 집행법원의 재판에 대한 즉시항고에는 이심의 효력과 확정차단의 효력이 있을 뿐이고, 집행정지의 효력은 없다(민사집행법 제15조 제6항 본문).

2) 매각허가결정은 확정되어야 효력이 있는데(민사집행법 제126조 제3항), 항고

된 경우 매각허가결정은 확정되지 아니하므로 그 허가결정에 따른 후속조치(대금지급기한의 지정 등)를 할 수는 없게 된다.

나. 항고장 심사를 통한 항고장각하명령 또는 항고각하결정

1) 항고장각하명령

항고장에 기재사항의 흠이 있거나 법률의 규정에 의한 인지를 붙이지 아니한 경우에는 집행법원은 항고인에게 상당한 기간을 정하여 그 기간 내에 그 흠을 보정할 것을 명하고, 항고인이 흠을 보정하지 아니한 때에는 항고장각하명령을 한다(민사소송법 제399조, 제443조, 민사집행법 제15조 제10항).

인지보정명령에는 첩부하여야 할 인지액을 명시하여야 한다(대법원 1991. 11. 20.자 91마616 결정).

2) 항고장각하결정

보증공탁이 없는 때(민사집행법 제130조 제4항)에는 항고장각하결정을 한다.

위 항고장각하명령과 항고장각하결정에 대하여는 즉시항고를 할 수 있다(민사소송법 제399조 제3항, 민사집행법 제130조 제5항).

3) 항고각하결정

가) 항고이유서 기간 내 부제출, 항고이유의 기재방법에 위반한 경우, 항고가 부적법하고 이를 보정할 수 없음이 분명한 때(민사집행법 제15조 제5항)에는 항고각하결정을 한다.

항고기간을 도과한 것임이 명백한 때에는 종전에는 항고장각하명령을 하였지만, 신법 하에서는 '항고가 부적법하고 이를 보정할 수 없음이 분명한 때'에 해당하므로 항고각하결정을 하여야 한다. 이해관계인 등이 아닌 자가 제기한 즉시항고는 부적법하므로 이 경우에도 원심법원은 항고각하결정을 한다.

다만 보증의 제공이 없는 경우에는 원심법원은 이를 이유로 항고장을 각하하여야 한다(민사집행법 제130조 제4항).

나) 원심법원이 즉시항고를 각하하여야 함에도 불구하고 이를 각하하지 아니하고 사건을 송부한 경우에는 항고법원은 곧바로 즉시항고를 각하하여야 하며, 이와 같은 법리는 민사집행법상의 재항고에 있어서도 마찬가지라 할 것이다(대법원 2007. 3. 20.자 2007마33 결정 등 참조).

다. 원심법원의 항고장각하명령 또는 항고각하결정에 대하여 즉시항고가 있는 경우의 처리

1) 매각허가결정에 대한 즉시항고를 제기한 경우에 보증의 제공이 없음을 이유로 한 원심법원의 항고장각하결정(민사집행법 제130조 제4항)에 대하여는 '확정되어야 효력이 있다'는 규정이 없으며, 그 각하결정에 관한 즉시항고(민사집행법 제130조 제5항)에 대하여는 집행정지의 효력이 없어서, 그 즉시항고로 인하여 매각허가결정의 확정이 차단되지 않으므로 강제집행(강제경매)절차는 정지되지 않는다(대법원 1995. 1. 20.자 94마1961 전원합의체결정).

위와 같이 매각허가결정에 대한 즉시항고에 관하여 원심법원이 내린 항고장각하명령(결정)이나 항고각하결정에 대하여 다시 즉시항고가 있더라도 그 즉시항고로 매각허가결정의 확정이 차단되지 않는 이상 매각허가결정에 대한 즉시항고기간이 도과되면 매각허가결정은 그대로 확정되고, 집행법원은 집행기록의 필요 부분을 등본으로 만들어 항고법원에 송부하고, 그 집행기록의 원본에 의하여 이후의 매각절차를 그대로 진행하면 된다(재민 95-2).

이 경우의 즉시항고가 매각허가결정의 확정을 차단하는 효력이 없는 이유는, 그 즉시항고의 대상은 원심법원의 항고장각하명령(결정)이나 항고각하결정이지, 매각허가결정이 아니기 때문이다. 따라서 매각허가결정을 하여서는 안 될 사유에 관한 주장은 그 매각허가결정에 대한 항고장을 부적법하다고 하여 각하한 원심결정에 대한 적법한 불복사유가 될 수 없다(대법원 1989. 9. 7. 자 89그29 결정).

2) 다만 원심법원에서 한 항고장각하명령을 하거나 항고각하결정에 대하여 즉시항고가 매각허가결정의 확정을 차단하지 못하므로 매각절차를 그대로 진행할 수 있다고 하여도, 상당한 이유가 있을 때(예컨대 기간의 도과 또는 송달의 적법 여부 등에 관하여 충분한 의심을 할 만한 사유가 있다거나 즉시항고의 사유가 구체적으로 적시된 것인지에 관한 점이 불확실하여 후일 원재판이 취소 또는 변경될 경우 항고인이 회복하기 어려운 손실을 입게 될 염려가 있을 때 등)에는 민사집행법 제15조 제6항에 따라 항고법원의 결정시까지 절차를 정지할 수 있다(재민 92-7).

3) 한편 원심법원의 항고장각하명령 또는 항고각하결정을 간과하여 항고심에서 항고장각하명령 또는 항고각하결정을 한 경우에는 매각허가결정은 확정되지 않는다. 이 경우 즉시항고의 대상은 매각허가결정이기 때문이다. 따라서 항고심에서의 항고장각하명령 또는 항고각하결정에 대하여 재항고를 할 수 있다.

4) 이해관계인이 아닌 자가 제기한 즉시항고에 대하여 원심법원이 항고각하결정을 하지 않은 채 항고심으로 기록을 송부한 후 항고심에서 항고를 각하한 경우 항고인은 항고의 보증 중 민사집행법 제130조 제7항에서 정한 금원을 돌려줄 것을 요구할 수 없다. 같은 조 제7항은 항고심에서 항고를 기각한 경우뿐만 아니라 항고를 각하한 경우에도 적용되기 때문이다.

라. 항고가 정당하다고 인정한 경우

1) 집행법원은 항고가 정당한 이유가 있다고 인정하는 때에는 스스로 그 재판을 경정한다(민사소송법 제446조, 민사집행법 제15조 제10항).

2) 재도의 고안으로 매각허가결정이나 매각불허가결정을 취소할 때 별도로 매각결정기일을 정하여 선고할 필요는 없고, 민사소송법 제221조 제1항에 의하여 상당한 방법으로 고지하면 되고, 그 고지로서 경정결정의 효력이 발생한다.

그 고지방법으로서는 경정결정의 송달이 유일한 방법은 아니지만, 경정결정에 대하여는 이해관계인은 즉시항고를 할 수 있으므로 경정결정의 고지는 즉시항고권 행사에 지장이 없는 방법에 의하여야 할 것이다. 실무에서는 이해관계인 모두에게 송달을 하고 있다.

[원결정취소결정 문례: 재도의 고안]

○ ○ 지 방 법 원

결 정

사 건 20 타경 부동산강제(임의)경매
채 권 자 ○○○
채 무 자 ○○○
소 유 자 ○○○
최고가매수신고인 ○○○

주 문

1. 이 법원이 별지 목록 기재 부동산에 대하여 20 . . . 최고가매수신고인 ○○○에 대하여 한 매각허가결정은 이를 취소한다.
2. 위 부동산에 대하여 최고가매수신고인 ○○○에 대한 매각을 허가하지 아니한다.

이 유

별지 목록 기재 부동산에 대한 이 법원의 20 . . .자 매각허가결정에 대하여 채무자 ○○○부터 즉시항고가 있는바, 이 법원은 위 항고가 이유 있다고 인정되므로 {공유자에게 매각기일과 매각결정기일을 통지하여야 하고, 이를 하지 않았을 경우 매각허가결정에 대한 항고사유가 되는바(대법원 1998. 3. 4.자 97마962 결정), 공유자 ○○○에게 이러한 통지를 누락함} 민사소송법 제446조, 민사집행법 제15조 제10항에 의하여 주문과 같이 결정한다.

20 . . .

판 사 ○○○ ㊞

마. 등본하여 송부한 기록의 처리

1) 기록표지에 관련사항 표시: 기록등본만을 송부하는 경우에는 경매기록 원본의 표지 오른쪽 위의 여백에 '즉시항고에 따른 재판장의 명에 의하여 20 . . . 기록일부의 등본을 ○○지방법원으로 송부'라고 주서하고, 기록등본의 표지 오른쪽 위의 여백에 '즉시항고로 인한 기록등본임'이라고 주서한다(재민 95-2 제4조 제3항).

2) 반송된 기록의 처리: 항고심으로부터 기록등본이 반송되어 온 때에는 그 기록등본을 경매기록원본에 첨철한다(재민 95-2 제8조 제1항).

Ⅵ. 항고심의 절차

매각허가여부의 결정에 대한 항고심의 심리절차에도 강제집행편에 따로 규정을 둔 몇 가지 특칙(민사집행법 제131, 132조)을 제외하고는 일반항고에 관한 민사소송법 제3편 제3장의 규정이 그대로 적용된다(민사집행법 제15조 제10항). 따라서 매각허가여부의 결정에 대한 항고사건의 심리에 있어서 변론의 여부와 항고인 기타 이해관계인의 심문여부는 항고법원의 자유재량에 속하고(민사소송법 제443조 제1항, 제134조), 반드시 변론 내지 심문의 방법에 의한 사실심리를 하여야 하는 것은 아니다(대법원 2001. 3. 22.자 2000마6319 선고).

1. 항고심의 심판범위

가. 기준시

1) 항고심의 결정시를 기준으로 항고이유를 판단하므로, 매각허가결정 후 항고심 재판까지의 사이에 생긴 사유도 항고이유로 주장할 수 있다.

매각불허가결정에 대해 최고가매수신고인은 즉시항고할 수 있고 항고심 계속 중에 농지취득자격증명이 제출된 경우에 항고법원은 이를 참작하여 매각허부결정의 당부를 판단하여야 한다. 따라서 농지취득자격증명을 항고심의 종결시까지 제출하면 미제출의 하자가 치유된다.

농지취득자격증명이 경매법원의 매각불허가결정에 대한 재항고심에서 비로소 제출된 경우 재항고심은 법률심으로서 사후심이므로 그와 같은 사유는 재항고심의 고려사유가 될 수 없다(대법원 2007. 6. 29.자 2007마258 결정).

2) 매각허가여부의 결정에 대한 항고심의 심리에는 민사집행법 제122조의 규정이 준용되므로(민사집행법 제131조 제3항). 항고인은 다른 이해관계인의 권리에 관한 사유를 자기의 항고이유로 삼을 수 없다.

나. 심판범위

항고법원은 항고장 또는 항고이유서에 적힌 이유에 대하여서만 조사하므로(민사집행법 제15조 제7항 본문), 항고심에서 매각불허사유에 관하여 직권으로 조사·판단할 의무가 없다(대법원 2004. 2. 25. 선고 2002마4061 결정).

항고인은 항고장을 제출한 날부터 10일 이내에 항고이유서를 원심법원에 제출(민사집행법 제15조 제3항)하여야 하는 항고이유서 제출강제주의를 전제로 하고 있으므로, 항고심에서는 원칙적으로 항고이유에서 지적한 매각허가에 대한 이의사유의 유무에 대하여만 심리하여 매각허가여부의 결정에 대한 취소여부를 판단하여야 한다. 다만, 매각허가여부의 결정에 대한 항고에 있어서도 원심 재판에 영향을 미칠 수 있는 법령위반 또는 사실오인에 관하여는 직권으로 조사할 수 있으므로(민사집행법 제15조 제7항 단서), 항고법원으로서는 항고인이 항고이유서에 주장하지 아니한 위 파기사유가 있음을 발견한 경우 이를 이유로 파기할 수 있다. 이 직권조사는 경매사건기록에 의하여 조사하는 것뿐이고 기록에 없는 것까지 탐지할 필요는 없다.

항고법원의 그 밖의 절차는 일반 항고절차에 따른다(제15조 10항). 항고법원이 항고사건을 심리함에 있어서 변론을 열거나 이해관계인을 심문할 것인지 여부를 결정하는 것은 그 항고법원의 자유재량에 속하며, 특별한 사정이 없는 한 항고법원이 변론을 열거나 이해관계인을 심문하지 않은 채 서면심리만으로 결정에 이르렀다고 하여 이를 위법하다고 할 수 없다(대법원 2001. 3. 22.자 2000마6319 결정).

다. 민사소송법상 항고절차의 준용

아래에서 보는 상대방의 지정이나 심리의 병합 및 집행법원의 결정 취소 시 매각허부결정의 주체에 관하여 민사집행법 제131, 132조에 특칙을 둔 경우를 제외하고는 매각허가여부의 결정에 대한 항고심의 심리절차에도 항고에 관한 민사소송법 제3편 제3장의 규정이 그대로 적용된다(민사집행법 제15조 제10항). 따라서 매각허가여부의 결정에 대한 항고사건의 심리에 있어서도 변론의 여부와 항고인 그 밖의 이해관계인의 심문여부는 항고법원의 자유재량에 속한다(민사소송법 제134조, 제443조 제1항).

2. 심리의 병합

한 개의 결정에 관한 여러 개의 항고는 병합한다(민사집행법 제131조 제2항). 그러나 소송행위의 추완의 방법에 의하여 항고를 제기하는 경우와 같이 병합심리가 사실상 불가능한 때에는 병합하지 않더라도 무방하다. 이 규정은 훈시규정이다.

3. 상대방의 지정

항고법원은 필요한 경우에 반대진술을 하게 하기 위하여 항고인의 상대방을 정할 수 있다(민사집행법 제131조 제1항). 누구를 상대방으로 정할 것인가는 법원의 재량에 속한다. 가장 이해관계가 절실한 자를 상대방으로 정하면 될 것이나 복수로 지정하여도 무방하다. 예컨대, 채무자가 한 매각허가결정에 대한 항고사건에서 채권자와 매수인을 모두 그 상대방으로 지정하는 것과 같다.

상대방으로 지정된 자는 자기의 이익을 방어하기 위하여 사실과 법률에 관한 의견을 진술하고 증거자료를 제출할 수 있다. 그러나 상대방으로 지정되었다 하여 이에 의하여 항고심에 있어서의 당사자로 되는 것은 아니다(반대설 있음). 따라서 상대방이 사망하더라도 항고심절차에 중단이 생기지 않으며 또 항고가 인용되더라도 상대방에게 비용의 부담을 명할 수 없다. 또한 상대방을 지정하더라도 반드시 변론을 열어야 하는 것은 아니다.

[상대방지정 결정문]

<table>
<tr><td>

○ ○ 지 방 법 원
결 정

사 건 20 라 매각허가결정에 대한 항고
항 고 인

위 사건에 관하여 반대의 진술을 하게 하기 위하여 아래의 사람을 상대방으로 정한다.

아 래

채 권 자 ○ ○ ○
서울 ○○구 ○○동 ○○○

20 . . .

재판장 판사 ○ ○ ○
판사 ○ ○ ○
판사 ○ ○ ○

</td></tr>
</table>

4. 재판의 내용(= 매각허부결정을 할 수 없음)

1) 항고법원은 매각허가결정에 대한 항고가 이유 없는 경우에는 항고기각결정을 하고, 이유 있는 경우에는 원결정을 취소하여야 하나, 매각불허가결정을 직접 할 수는 없다(민사집행법 제132조). 항고법원이 집행법원의 결정을 취소하는 경우에 그 매각허부의 결정은 집행법원이 하게 된다(민사집행법 제132조).

2) 매각불허가결정에 대한 항고가 이유 있을 때에는 원결정을 취소하고, 항고가 이유 없으면 항고기각결정을 한다. 항고법원은 원결정에서 든 불허가사유가 부당하다고 인정되면 항고를 인용하면 족하고, 나아가 법에 규정된 다른 매각불허가원인이 없는지를 살펴본 다음 불허가의 원인이 발견되면 이를 이유로 항고를 기각할 필요까지는 없다. 재심의 소의 요건을 이유로 하는 항고의 경우에는 다른 불허가사유가 있더라도 항고를 인용하여야 한다(민사집행법 제130조 제2항).

3) 항고법원의 결정은 민사소송법 제221조에 의하여 고지하여야 한다(민사집행법 제23조 제1항). 항고심에서 항고를 기각할 때는 그 결정을 당사자인 항고인에게만 고지하면 충분하나, 항고인용의 경우에는 항고인의 상대방뿐만 아니라 그 결정에 대하여 항고권이 있다고 인정되는 이해관계인 전원에게 고지하여야 한다. 항고심의 항고인용 결정에 대하여 이해관계인 등이 항고를 하면 이는 재항고로 보아 대법원으로 송부하여야 한다.

4) 항고법원의 재판을 집행법원 게시판에 공고할 필요는 없다.

5. 항고심의 원심취소결정에 대한 원심법원의 조치

1) 원심법원은 항고심에서 원결정을 취소한 결정이 확정되어 내려오면, 매각허가여부의 결정을 한다(민사집행법 제132조).

2) 사법보좌관의 처분을 인가하는 결정을 한 다음 기록을 항고심에 송부한 경우 항고심의 심판대상은 '판사의 인가처분'이므로 항고심에서 판사의 인가처분을 취소하는 결정이 확정되어 내려 온 경우, 원심법원에서는 '사법보좌관의 매각허가(or 불허가)결정을 취소하고, 최고가매수신고인에게 매각을 허가 또는 허가하지 아니하는 결정'을 하여야 한다.[13)]

이러한 원심법원의 결정을 사법보좌관이 하여야 하는지 판사가 하여야 하는지 견해의 대립이 있으나, 이의신청사건 자체를 사법보좌관으로부터 송부 받은 이상 판사가 직접 매각허부결정을 할 수밖에 없다. 사법보좌관이 판사에게 이의신청사건을 송부한 이후에는 그 사건을 사법보좌관에게 다시 환송하는 제도가 없으므로, 당해 처분에 관한 사법보좌관의 임무는 거기에서 종결되기 때문이다.

이의신청 사건이 송부된 경우 당해 이의신청의 대상이 된 처분 자체의 결정은 법관이 하여야 하므로 판사가 직접 매각허부결정을 하여야 하지만, 그 이후의 경매사건 처리(재매각명령, 대금지급기한지정, 배당기일의 실시 등)는 다시 사법보좌관이 하여야 한다.

---

13) 주문례 예시: 1. 사법보좌관이 20 . . . 선고한 매각(불)허가결정을 취소한다. 2. 별지 목록 기재 부동산에 관하여 최고가매수신고인에게 매각을 허가하지 아니한다(or 허가한다).

Ⅶ. 항고심에서 매각허가결정이 취소된 경우 재항고를 할 수 있는 자

1. 매각허부결정에 대한 재항고

매각허부결정에 대한 항고사건에서 항고를 인용하거나 기각하는 결정을 한 경우 그 결정에 대하여 재항고를 할 수 있는지 여부에 관하여는 명문규정이 없으나, 민사소송의 일반원칙에 따라 재항고를 할 수 있다고 보아야 한다[14](민사소송법 제442조).

매각불허가결정에 대한 즉시항고(민사집행법 제129조 제1항)도 민사집행법상의 즉시항고이므로 그에 관한 항고법원의 결정에 대한 재항고절차에 있어서는 민사집행법상의 즉시항고와 재항고에 관한 규정이 준용된다(대법원 2004. 9. 13.자 2004마505 결정, 2005. 4. 28.자 2005마234 결정).

2. 재항고권자

가. 재항고권자

1) 항고법원이 항고를 기각한 결정에 대하여는 그 재판을 받은 항고인만이 재항고를 할 수 있고, 다른 사람은 그 결정에 이해관계가 있다 할지라도 재항고를 할 수 없다(대법원 1992. 4. 21.자 92마103 결정 등).

2) 반대로 항고법원이 항고를 인용하여 원결정을 취소하고 다시 상당한 결정을 하거나 원심법원으로 환송하는 결정을 하였을 때에는 그 새로운 결정에 의하여 손해를 받은 이해관계인이 재항고를 할 수 있다고 할 것이다.

3) 매각허가를 주장하는 매수신고인은 즉시항고를 할 수 있는 자이므로(민사집행법 제129조 제2항), 매각허가결정이 항고법원에 의하여 취소되었다면 매수인(낙찰자)도 재항고를 할 수 있다.

나. 판례의 태도

1) 대법원 1959. 12. 30.자 4292민재항219 결정의 요지

위 결정은, "경락허가결정에 대하여 경매부동산상의 권리를 주장하는 자의 항고에 의하여 그 경락허가결정이 취소된 경우에 위 항고절차에 있어 구 민사소송법 제682조에 의하여 경락인을 상대방으로 정한 바 없다면 경락인은 그 항고절차에서의 당

---

14) 김상원 [외]편, 제3판 (주석)강제집행법(Ⅲ), 한국사법행정학회(1993), 421

사자가 아니므로 위 취소결정에 대하여 재항고신청을 할 수 없다"고 판시하고 있다.

2) 결정의 취지 및 내용

위 결정의 취지에 따르면, 이 사건 항고심절차에서 경락인이 상대방으로 지정된 바가 없기 때문에 재항고를 할 수 없다는 것이다. 위 결정이유를 분석해 보면, ① 항고절차의 당사자만이 재항고를 할 수 있고, ② 항고절차에서 항고법원에 의해 상대방으로 지정되지 아니한 자는 항고절차의 당사자가 아니므로 재항고 할 수 없다(즉 항고법원에 의해 상대방으로 지정되면 항고절차의 당사자가 된다)는 것으로 나누어 볼 수 있다.

다. 위 판례의 타당성 검토

1) 위 판례의 태도는 부당함

항고는 원칙적으로 두 당사자의 대립을 예상하지 않는 편면적인 불복절차로서 항고인과 이해가 상반되는 자가 있는 경우라도 판결절차에 있어서와 같이 엄격한 의미의 대립을 인정할 수 있는 것이 아니므로, 항고장에 반드시 상대방의 표시가 있어야 하는 것도 아니고, 항고장을 상대방에게 송달하여야 하는 것도 아니다(대법원 1966. 8. 12.자 65마473 결정, 1997. 11. 27.자 97스4 결정).

특히 매각허부에 대한 항고에 있어서 항고법원은 필요한 경우에는 반대진술을 하게 하기 위하여 항고인의 상대방을 정할 수 있을 뿐(민사집행법 제131조 제1항)으로 상대방의 지정이 항고법원의 전권에 속하는 것이고, 이 경우 상대방으로 지정된 자의 지위는 진술(반대진술)을 할 기회를 부여받은 데 그칠 뿐이지 나아가 그 항고사건의 당사자가 되는 것은 아니다.[15)]

따라서 그 상대방이 항고인의 주장을 인정하였다고 해서 재판상의 자백이 성립한다거나, 상대방의 사망에 의하여 항고심절차가 중단된다거나 하는 일은 있을 수 없다. 또 상대방은 사실상 및 법률상의 진술을 할 수 있을 뿐이지, 스스로 항고를 하지 않은 이상 항고인과 별도로 원결정의 취소변경를 구하거나 독립한 항고이유의 주장을 하거나 할 수는 없다. 상대방이 진술할 수 있는 범위도 자기의 권리에 관계되는 사항에 국한된다.

2) 위 대법원 결정은 사실상 변경되어 폐기되었음

하지만 항고법원에서 상대방으로 지정되지 아니한 자도 항고법원의 인용결정에

15) 주석 민사집행법 3권, 사법행정학회(2020), 781

의하여 이해관계가 있는 자의 재항고가 당연히 허용됨을 전제로 하는 대법원 결정이 수차 있었으므로 위 결정의 견해는 사실상 변경된 것으로 볼 것이다(대법원 1999. 11. 17.자 99마2551 결정, 2002. 1. 3.자 2001마6073 결정 등).

따라서 매각허가결정에 대한 즉시항고에 대하여 항고법원이 항고를 기각한 경우 항고인만이 재항고를 할 수 있고 다른 사람은 그 결정에 이해관계가 있다 할지라도 재항고를 할 수 없는 것이지만, 항고법원이 항고를 인용하여 원결정을 취소하고 다시 상당한 결정을 하거나 원심법원으로 환송하는 결정을 하였을 때에는 그 새로운 결정에 따라 손해를 볼 이해관계인은 재항고를 할 수 있다(대법원 2002. 12. 24. 선고 2001마1047 전원합의체 결정).

Ⅷ. 즉시항고 또는 이의신청과 집행정지

1) 즉시항고 또는 사법보좌관의 매각허부결정에 대한 이의신청에는 집행정지의 효력이 없다(민사집행법 제15조 제6항 본문). 매각허가여부의 결정은 확정되어야 효력이 있으므로(민사집행법 제126조 제3항), 즉시항고 또는 사법보좌관의 매각허부결정에 대한 이의신청이 있으면 집행법원은 대금지급기한이나 새 매각기일을 지정·실시할 수 없게 되어(민사집행법 제142조 제1항 참조), 집행법원은 사실상 매각절차를 진행할 수 없다.

2) 그러나 항고기간 또는 이의신청기간을 도과하여 즉시항고 또는 사법보좌관의 매각허부결정에 대한 이의신청을 한 경우에는 항고각하결정(민사집행법 제15조 제5항) 또는 이의신청각하결정을 하고, 이후의 절차를 진행할 수 있다 할 것이다. 보증공탁이 없음을 이유로 한 항고장각하결정(민사집행법 제130조 제4항)이나 민사집행법 제15조 제5항에 의한 항고각하결정의 경우에도 동일하다. 즉 원심법원이 항고장각하명령이나 항고각하결정을 한 경우에는 이에 대한 즉시항고가 있다고 하여도 매각허가결정의 확정이 차단되는 것이 아님은 앞서 본 바와 같다.

Ⅸ. 재항고, 준재심

1. 재항고

항고심의 재판에 불복하거나 손해를 받는 이해관계인은 재항고권이 있다(민사소송법 제442조, 민사집행법 제23조 제1항). 재항고절차에는 상고에 관한 규정을 준용한다(민사소송법 제443조 제2항).

2. 준재심

매각허가여부의 결정에 민사소송법 제451조 제1항 각 호 소정의 재심사유가 있으면 그 결정이 확정된 후에도 준재심을 신청할 수가 있다(민사소송법 제461조). 다만, 재심사유를 이미 항고로 주장하였거나, 이를 알면서 주장하지 아니하였으면 준재심을 신청하지 못한다(민사소송법 제451조 제1항 단서, 제461조). 준재심은 재심사유를 안 날부터 30일 이내에 신청하여야 한다(민사소송법 제456조 제1항).

제4장 매각대금의 지급

Ⅰ. 대금지급기한

1. 매수인의 대금지급의무

가. 대금지급기한제도의 채택

구 민사소송법은 매각대금의 지급에 관하여 대금지급기일제도를 채택하고 있었기 때문에, 매각대금을 법원이 지정한 대금지급기일이 아닌 날에 지급하거나 또는 공탁하여도 대금 납부로서 효력이 없었고, 대금을 분할지급하는 것도 불가능하다고 해석되었다.

그러나 이 때문에 채무자 등이 그 기일 전에 채무를 변제하고 집행취소문서를 제출하는 등에 의하여 경매절차가 취소됨으로써 매수인이 결국 그 소유권을 취득하지 못하게 되는 등 매수인의 지위가 불안정하였고, 또한 매수인이 하루 빨리 매각대금을 지급하고 그 소유권을 취득하여야 할 사정이 있는 경우에도 지정된 기일까지 기다려야 하는 문제점이 있었다.

이러한 문제점을 해소하기 위하여 현행법은 대금지급기한 제도를 채택함으로써, 매수인이 정해진 대금지급기한까지 언제라도 매각대금을 지급하고 그 소유권을 취득하게 하였고, 이로써 부수적으로는 매수인의 지위안정을 통하여 적정가격에 의한 매각을 유도하는 효과를 거둘 수도 있을 것이다.

나. 대금지급의무

매수인은 매각허가결정 확정 후에 법원이 정한 기한까지 매각대금을 지급하여야 한다(민사집행법 제142조 제2항).

매수인은 반드시 대금지급기한의 마지막 날에 매각대금을 지급해야 하는 것은 아니고, 대금지급기한 전에 매각대금을 지급하고 소유권을 취득할 수 있다.

매수인의 권리의무는 매각허가결정의 효력으로서 발생하는 것이므로 매수인의 일방적인 의사표시로써 이를 포기할 수 없고 따라서 매수인이 대금지급기한 이전에 매수인으로서의 권리의무를 포기하고 매각대금을 내지 않겠다는 포기서를 법원에 제출하였다 하더라도 매수인은 여전히 대금지급의무를 부담한다(대법원 1971. 5. 10.자 71마283 결정 참조).

2. 대금지급기한의 지정

가. 대금지급기한의 지정

1) 법원은 매각허가결정이 확정되면 매각허가결정확정일 또는 상소법원으로부터 기록송부를 받은 날부터 3일 안에 대금지급기한을 지정하고 통지하여야 한다(재민 91-5).

대금지급기한은 매각허가결정이 확정된 날부터 1월 안의 날로 정하여야 한다. 다만, 경매사건기록이 상소법원에 있는 때에는 그 기록을 송부받은 날부터 1월 안의 날로 정하여야 한다(민사집행규칙 제78조, 재민 91-5).

매각허가결정 확정 전에 대금지급기한을 지정한 경우 그 기한 지정은 아무런 효력이 없고, 따라서 그 기한 내에 매수인이 매각대금을 납부하지 아니하였다 하더라도 매각허가결정이 그 효력을 상실하는 것은 아니다(대법원 1992. 2. 14. 선고 91다40160 판결).

기한을 정함에 있어서는 연, 월, 일 및 시각을 정하여야 한다.

기한을 정할 때는 대금을 지급할 장소도 함께 밝혀야 하는데, 대금을 지급할 장소는 보통 집행법원의 민사집행과 등 법원사무관등이 근무하는 곳으로 표시한다. 왜냐하면 대금을 납부할 때는 매수인이 법원사무관등으로부터 납부명령서를 교부받은 후 이를 법원보관금 취급점에 제출하여 납부하여야 하고, 한편 취급점이 법원사무관등에게 그 수납내역을 전송하면 법원사무관등은 취급점으로부터 전송된 수납내역을 확인한 후 사건번호, 과코드 및 재판부번호 등 필요한 사항을 전산등록함으로써 실질적으로 대금지급절차가 완결되기 때문이다.

대금을 지급할 장소는 매수인에게 대금지급기한을 통지할 때 함께 고지하는 것이 실무이다.

[문례: 대금지급기한지정]

○ ○ 지 방 법 원

대금지급기한지정

사　　건　20　타경　　부동산강제(임의)경매
채 권 자
채 무 자

소 유 자 이 사건의 대금지급기한을 . . . : 로 정한다. 20 . . . 판 사 ㊞

민사집행법 142①, 268, 민사집행규칙 78, 194

2) 다만 매수인은 매각조건에 따라 부동산의 부담을 인수하는 외에 배당표의 실시에 관하여 매각대금의 한도에서 관계채권자의 승낙이 있으면 대금의 지급에 갈음하여 채무를 인수할 수 있는데(민사집행법 제143조 제1항) 이를 실무상 채무인수라 하고, 또 채권자가 매수인인 경우에는 매각결정기일이 끝날 때까지 법원에 신고하고 배당받아야 할 금액을 제외한 대금을 배당기일에 낼 수 있는데(민사집행법 제143조 제2항) 이를 차액지급이라 한다.

이처럼 채권자가 매수인으로서 차액지급을 하는 경우에는 배당받아야 할 금액을 제외한 나머지 대금을 '배당기일'에 낼 수 있다고 명시되어 있으므로 따로 대금지급기한을 정할 필요가 없고 바로 배당기일을 정하면 되고, 또한 매수인이 채무를 인수하는 경우에는 나머지 대금을 '배당기일'에 낼 수 있다는 규정은 없으나, 채무인수의 경우 배당기일이 정해지지 않는 한 배당기일까지의 원리금을 미리 확정할 수 없어 인수하여야 할 채무의 액수가 명백하지 아니한 결과 매수인이 지급하여야 할 금액도 명백하지 않을 뿐 아니라 인수하는 채무의 액수에 관하여는 대금의 지급이 확실시된다는 점은 차액지급의 경우와 다를 바 없으므로, 매수인이 관계채권자의 승낙서를 첨부하여 채무인수신고를 한 경우에도 대금지급기한을 정할 필요가 없고 바로 배당기일을 정하면 된다.

한편 대금지급기한까지 대금지급을 하지 아니하여 재매각을 명하였으나 그 후 매수인이 대금을 지급하여 재매각절차가 취소된 경우에는 이미 대금은 모두 지급되었으므로 별도로 대금지급기한을 지정할 필요가 없다.

3) 집행법원이 특별한 이유 없이 대금지급기한을 지정하지 않는 경우 매수인은 집행에 관한 이의로 불복할 수 있다.

나. 대금지급기한의 지정이 없는 상태에서 대금을 지급한 경우의 효력

1) 문제점 제기

담보권실행을 위한 경매절차에서 매각허가결정에 대한 항고가 제기되어 항고기각결정이 확정된 날 매수인이 매각잔대금 전액을 지급하였는데, 그 다음날 소유자가 근저당권을 말소하고 민사집행법 제266조 제1항 제1호의 집행취소서류(담보권의 등기가 말소된 등기부등본)를 제출하였다. 그런데 그 다음 날 항고법원으로부터 기록을 송부받은 집행법원에서 대금지급기한을 지정하였다(말소서류가 제출된 것을 모르고 지정함).

이러한 경우 매수인이 소유권을 취득하는지 아니면 집행법원이 경매취소결정을 해야 해서 매수인이 소유권을 취득하지 못하는지 여부가 문제된다.

2) 소유권취득시점에 관한 견해의 대립

가) 제1설

① 구법과는 달리 현 민사집행법 제135조와 제142조 제2항의 문리해석상 대금지급기한의 지정을 매각대금 납부의 유효요건으로 볼 이유는 없는 점, ② 현행 민사집행법이 대금지급기일 대신 대금지급기한 제도를 도입한 취지(매수인의 조속한 지위 안정), ③ 매수인의 권리의무는 매각허가결정의 효력으로서 이미 발생하는 것이므로 대금지급기한의 지정은 표현 그대로 매각대금의 지급기한을 정하는 의미밖에 없다고 볼 수 있는 점, ④ 만약 대금지급기한의 지정을 매각대금 납부의 유효요건으로 보게 된다면, 집행법원의 대금지급기한의 지정 속도에 따라서 매수인의 소유권취득 여부가 결정되는 불합리한 결과를 가져올 수 있는 점 등에 비추어 매수인이 매각허가결정 확정 후 매각대금을 완납한 시기에 민사집행법 제135조에 따라 소유권을 취득한다.

대금지급기한 제도를 채택한 현행 집행법에서 매수인의 매각대금납부의무는 매각허가결정 확정으로 당연히 발생하는 의무이자 권리인 것이지 법원의 대금지급기한 지정에 의하여 대금납부의무가 발생한다고 볼 수는 없다. 대금지급기한을 지정하고 통지하는 것은 대금납부절차(납부할 금액, 기한 등)를 명확히 하는데 그 의의가 있는 것이지 법원의 대금지급기한 지정행위가 매수인의 대금납부의무를 발생시키거나 매수인의 대금지급 또는 소유권취득의 유효요건이 된다고 할 수 없다.

민사집행법 제142조 제2항은, “매수인은 매각허가결정 확정 후에 법원이 정한 기한까지 매각대금을 지급하여야 한다”고 규정하여 매각허가결정의 확정에 의하여 대금지급의무가 현실적으로 발생하고, 재판예규 968호 부동산경매사건의 진행기간 등에 관한 예규(재민 91-5)에서 정한 매각허가결정 확정일로부터 3일 안에 대금지급기한을 지정하여야 하는 것은 훈시규정에 불과하다.

나) 제2설

매수인이 매각허가결정 확정 후 법원이 대금지급기한을 지정한 날로부터 매각대금을 완납한 시기에 소유권 취득하므로, 대금지급기한의 지정이 없는 상태에서 대금을 지급한 것은 적법한 매각대금의 지급이 아니다.

따라서 집행법원은 항고기각결정에 의하여 매각허가결정이 확정된 후에 다시 대금지급기한을 정하여야 하고 매수인은 그 기한까지 다시 대금을 지급하여야 한다. 다만, 이 경우 매수인이 이미 지급한 대금을 반환받지 않고 있는 사이에 새로 법원이 대금지급기한을 정하면 대금지급기한을 정한 시점에 대금지급의 효력이 발생한다.

따라서 위 사안의 경우 대금지급기한을 새로 정한 시점에서 매수인은 소유권을 취득한다.

3) 검토: 제2설이 타당함

집행법원이 대금지급기한을 지정하지도 아니하였는데 매수인이 임의로 대금을 지급하였다고 하여 이를 적법한 대금지급이라고 볼 수는 없다. 경매의 특성상 매각허가결정과 별도로 대금지급기한을 지정할 수밖에 없는 점, 규칙이나 예규에서 대금지급기한의 지정기한을 단기간 내로 제한하고 있고, 실제로 실무상으로도 매수인이 매각대금을 지참하고 올 경우 최대한 조속히 대금지급기한을 지정하고 있어 매수인의 지위불안정이라는 피해가 최소화되어 있는 점 등에 비추어 보면, 제2설에 따르는 것이 타당하다.

위 사건의 경우 대금지급기한의 지정이 없는 상태에서 대금을 지급한 것은 적법한 매각대금의 지급이 아니지만, 집행법원이 집행취소를 하지 않은 채 대금지급기한을 새로 정한 시점에서 매수인은 소유권을 취득한다.

다. 집행정지서면의 제출과 대금지급기한의 지정[1)]

1) 강제경매의 경우

가) 이중경매신청이 없는 경우

(1) 매각허가결정이 확정된 후에 민사집행법 제49조의 서류가 제출된 경우에는

1) 법원실무제요 민사집행(II): 부동산집행, 법원행정처(2020), 405-413

비록 매각허가결정이 확정된 뒤일지라도 강제집행을 정지 또는 제한하여야 하므로 대금지급기한을 정할 수 없고 대금지급기한을 이미 정한 경우에도 대금을 수령할 수 없다(민사집행법 제49조 참조).

그러나 민사집행법 제49조 제3호(집행을 면하기 위하여 담보를 제공한 증명서류), 제4호(집행할 판결이 있은 뒤에 채권자가 변제를 받았거나, 의무이행을 미루도록 승낙한 취지를 적은 증서), 제6호(강제집행을 하지 않는다거나 강제집행의 신청이나 위임을 취하한다는 취지를 적은 화해조서의 정본 또는 공정증서의 정본)의 서류는 매수신고가 있은 뒤에는 매수인(차순위매수신고인을 포함한다. 아래에서 위 서류의 제출에 동의를 받아야 하는 경우를 가리킬 때는 '매수인등'이라 한다)의 동의를 받아야 그 효력이 생긴다(민사집행법 제93조 제2, 3항). 따라서 경매법원은 이러한 동의가 없는 동안에는 대금지급기한을 정할 수 있고, 대금도 수령할 수 있다. 다만 민사집행법 제49조 제3, 4, 6호의 서류를 제출할 때 매수인등의 동의를 받지 않아 집행정지 효력이 없더라도 그 서류 제출의 효과는 생기므로, 위 서류가 제출된 이상 민사집행규칙 제50조 제3항 제1호에 따라 같은 법 제49조 제3, 6호의 서류가 제출된 때에는 그 채권자를 배당에서 제외하여야 한다.

한편 민사집행법 제49조의 서류를 매각대금을 낸 뒤에 제출한 때에는 집행정지 효력은 없고, 민사집행규칙 제50조 제3항에 따라 처리하여야 한다.

(2) 민사집행법 제49조 제1호(집행할 판결 또는 그 가집행을 취소하는 취지나, 강제집행을 허가하지 않거나 그 정지를 명하는 취지 또는 집행처분의 취소를 명한 취지를 적은 집행력 있는 재판의 정본), 3호, 5호(집행할 판결, 그 밖의 재판이 소의 취하 등의 사유로 효력을 잃었다는 것을 증명하는 조서 등본 또는 법원사무관등이 작성한 증서), 6호의 서류가 제출된 때(단 3, 6호의 서류는 매수인등의 동의를 받아야 한다)에는 이미 실시한 집행처분을 취소하여야 하고(민사집행법 제50조 제1항 전단) 대금지급기한을 정할 수 없다.

(3) 민사집행법 제49조 제2호(강제집행의 일시정지를 명한 취지를 적은 재판의 정본), 제4호의 서류(단 제4호의 서류는 매수인등의 동의를 받아야 한다)가 제출된 경우에는 집행을 일시 유지하여야 한다(민사집행법 제50조 제1항 후문). 제2호의 서류가 제출된 경우에는 그 일시정지를 명한 재판이 실효될 때까지 정지하여야 한다.

제4호의 서류 가운데 변제를 받았다는 취지를 적은 증서를 제출하여 강제집행이 정지되는 경우 그 정지기간은 2개월이고(민사집행법 제51조 제1항), 제4호의 서류

가운데 의무이행을 미루도록 승낙하였다는 취지를 적은 증서를 제출하여 강제집행이 정지되는 경우 그 정지는 2회에 한하며 통산하여 6개월을 넘길 수 없다(민사집행법 제51조 제2항). 이 정지기간이 지날 때까지 적법하게 취하·취소되지 않거나, 다시 민사집행법 제49조 제2호의 서류가 제출되어 계속 정지하여야 할 사유가 발생하지 않은 경우에는 대금지급기한을 정하여(이 경우 대금지급기한을 정한 후에 위 서류가 제출되었더라도 위 정지기간이 진행되는 동안에 그 대금지급기한이 지나는 경우가 대부분일 것이다) 대금을 받을 수 있다.

강제집행의 일시정지를 명하는 재판의 정본이 제출되었음에도 경매절차의 진행을 정지하지 않은 채 그대로 진행하여 매수인으로부터 매각대금을 지급받는 것은 위법하다. 따라서 법원이 대금지급기한을 정하고 대금을 받는 등 경매절차를 진행하는 경우에 이해관계인은 민사집행법 제16조의 집행에 관한 이의에 의하여, 매수인은 민사집행규칙 제50조 제2항에 의한 매각허가결정의 취소신청에 의하여 각 그 시정을 구할 수 있다. 이러한 불복 절차 없이 대금납부가 완료된 경우에는 판례는 대금납부의 효력을 인정하고 있다(대법원 1992. 9. 14. 선고 92다28020 판결, 대법원 2001. 2. 23. 선고 2000다57801 판결 등).

따라서 매각대금이 완납된 후에는 이해관계인이 이러한 위법한 처분들에 관하여 민사집행법 제16조의 집행에 관한 이의나 즉시항고에 의하여 그 시정을 구할 수 없고, 민사집행법 제50조에 따른 집행처분의 취소신청도 할 수 없다(대법원 1995. 2. 16.자 94마1871 결정).

하지만 대금지급기한의 지정이 없는 상태에서 대금을 지급한 것은 적법한 매각대금의 지급이 아니고, 원래 집행법원은 집행취소서류(담보권의 등기가 말소된 등기부등본)의 제출에 따라 경매절차를 취소하였어야 함에도 대금지급기한을 정하여 결과적으로 매수인의 대금납부를 유효하게 만들었다면, 소유자에 대하여 손해배상책임(국가배상책임)을 진다(대법원 2004. 12. 24. 선고 2003다22592 판결).

나) 이중경매신청이 있는 경우

이중경매신청이 있는데 선행사건이 취소된 경우에 관하여, 민사집행법 제87조 제2항은 법원은 같은 법 제91조 제1항의 규정에 어긋나지 않는 한도에서 후행사건에 따라 절차를 계속 진행하여야 한다고 규정하고 있다. 그리고 이 규정의 의미는 같은 법 제91조 제1항의 규정에 어긋나지 않는 한도에서 후행사건에 따라 절차를 계속 진행하는 경우 이는 선행사건의 속행이라는 성격을 가진다. 따라서 선행사건이 취소된 경우에는 후행사건의 경매신청인을 위하여 그때까지 진행되어 온 선행의 매각절차를 인계하여 당연하게 매각절차를 속행하여야 한다. 이 경우에 선행한 매각절차의 결과는 후행한 매각절차에서 유효한 범위에서 그대로 승계되어 이용된다(대법원 2001. 7. 10. 선고 2000다66010 판결).

그런데 선행사건에서 이미 매각허가결정이 선고된 후에 선행사건이 취소된 경우와 관련하여, 이때에는 선행사건이 취소됨으로써 선행사건에서의 매각허가결정의 효력도 무조건 실효된다는 견해가 있으나 이는 부당하다. 왜냐하면 민사집행법 제93조 제3항이 같은 법 제49조 제3, 4, 6호의 서류를 제출하는 경우에는 최고가매수신고인 또는 매수인과 차순위매수신고인의 동의를 받도록 규정하고 있는 반면, 민사집행규칙 제49조 제2항은 매수신고가 있은 뒤 위 제3호 또는 제6호의 서류를 제출하더라도 같은 법 제105조 제1항 제3호의 기재사항이 바뀌지 않는 때에는 최고가매수신고인 등의 동의를 받지 않아도 효력이 있다고 규정하고 있다. 그 취지는 후행사건에 의한 속행에 의하여 매각조건에 변경이 생기는 경우에는 후행사건에 의하여 다시 매각을 하여야 하고, 결국 최고가매수신고인 등은 그 지위를 잃게 되므로 그의 동의를 받도록 할 필요가 있지만 매각조건에 변동이 없는 경우에는 다시 매각할 필요가 없기 때문에 최고가매수신고인 등은 취소에 의하여 아무런 영향을 받지 않게 된다. 따라서 민사집행규칙 제49조 제2항은 이러한 경우에 같은 법 제93조 제3항 전단의 적용을 배제하여 최고가매수신고인 등의 동의를 받을 필요가 없도록 한 것이다.

이러한 법리는 선행사건에서 매각허가결정이 선고된 뒤에 선행사건이 취소된 경우라 하여 달리 볼 여지가 없기 때문이다. 즉 선행사건에서의 매각허가결정이 무조건 실효된다고 해석하려면 민사집행규칙 제49조 제2항의 '매수신고가 있은 뒤'를 '매수신고가 있은 뒤 매각허가결정이 있기 전까지'로 해석하여야 하나, 그 위임규정에 해당하는 민사집행법 제93조 제3항 및 제2항의 '매수신고가 있은 뒤'는 매수인 또는 차순위매수신고인의 동의를 받도록 하고 있는 점에 비추어 매각허가결정이 선고된 뒤에도 적용되는 것이므로, 위 두 조문상의 '매수신고가 있은 뒤'를 각각 달리 해석하여서는 안 되고, 모두 매각허가결정이 선고된 뒤에도 적용된다고 해석하여야 한다. 그러므로 선행사건이 취소된다고 하여 선행사건에서의 매각허가결정이 당연히 실효되는 것은 아니고, 후행사건에 의하여 매각절차를 계속 진행하는 경우에는 그 절차에서도 선행사건에서의 매수인등은 그 지위를 상실하지 않고, 반대로 후행사건에 의하여 계속 진행할 경우 민사집행법 제91조 제1항의 규정에 어긋나기 때문에 매각절차를 계속 진행할 수 없고 결국 새로 매각하여야 하는 때에만 실효된다고 할 것이다.

한편 후행사건으로 진행할 경우 그 절차는 후행사건의 신청인을 위한 절차인데, 후행사건의 경매신청인이 배당을 받을 수 없는 이른바 무잉여에 해당하여(특히 후행사건이 배당요구의 종기 이후의 신청에 의한 것인 때에는 무조건 무잉여에 해당한다) 배당을 받을 가능성이 없는데도 그대로 진행하게 하는 것은 민사집행법 제91조 제1항의 무잉여 집행금지의 원칙에 반한다.

또한 후행사건으로 진행할 경우 매수인이 인수하여야 할 부담이 바뀌는 경우(예를 들어, 먼저의 압류와 뒤의 압류 중간에 임차권이 설정되어 있는데 선행사건이 취소되어 임차권이 매수인에게 인수되어야 할 부담으로 된 경우 또는 최선순위의 대항력 있는 임차인이 강제경매를 신청하였는데 그가 선순위의 확정일자를 갖추지는 않아서 소액보증금만을 배당받고 나머지는 매수인이 인수할 것으로 예상되었으나, 변제로 인하여 그의 압류가 민사집행법 제49조 제1호의 서류에 의하여 취소되어 후행사건으로 계속 진행하면 매수인의 부담이 감소하는 경우)에도 이미 취소된 사건에서의 매각허가결정의 효력을 그대로 유지하는 것은 부당하다.

이에 민사집행법은 이중경매신청이 있는데 선행사건이 취소된 때에는 법원은 민사집행법 제91조 제1항의 규정에 어긋나지 않는 한도에서 후행사건에 따라 절차를 계속 진행하여야 하고(민사집행법 제87조 제2항), 이 경우에 후행사건이 배당요구의 종기 이후의 신청에 의한 것인 때에는 집행법원은 새로이 배당요구를 할 수 있는 종기를 정하도록 하고 있다(민사집행법 제87조 제3항). 여기서 민사집행법 제91조 제1항의 규정에 어긋나는 때란 압류채권자의 채권이 부동산에 우선권을 가지고 있음에도 이중압류채권자의 채권은 이와 같은 우선권을 가지고 있지 않기 때문에 이중압류채권자에 우선하는 부동산의 부담이 바뀌고 같은 법 제91조의 잉여주의의 적용상 절차를 속행할 수 없게 되는 때를 가리킨다.

이를 전제로 민사집행법 제49조 각 호의 서류가 제출되었을 때의 처리를 살펴보면 다음과 같다.

(1) 제49조 제1호, 5호의 서류: 이 서류가 제출되면 선행사건에 의한 경매절차에서 행한 집행처분은 취소되어야 하고(민사집행법 제50조 제1항), 민사집행법 제91조 제1항의 규정에 어긋나지 않는 한도에서 후행사건에 따라 절차를 계속 진행(즉 속행)하여야 한다(민사집행법 제87조 제2항).

따라서 위 서류가 제출된 때에는 선행사건은 취소로 종결하되, 후행사건으로 속행하더라도 민사집행법 제91조 제1항의 규정에 어긋나지 않는 경우에는 선행사건에서 이미 실시한 매각허가결정의 효력은 소멸하지 않고, 그 이후의 절차만을 후행사건에 따라 계속 진행하면 된다. 따라서 법원은 바로 대금지급기한을 정하고 대금을 수령하면 된다.

반면에 후행사건으로 속행할 경우 민사집행법 제91조 제1항의 규정에 어긋나는 때는 후행사건으로 속행할 수 없다. 따라서 이때에는 이미 취소된 선행사건으로 진행할 때 있었던 매각허가결정은 당연히 실효되고, 대금도 수령할 수 없다.

특히 후행사건이 배당요구의 종기 이후의 신청에 의한 것인 때에는 그 자체로서 무잉여에 해당함이 명백하므로, 이때에는 당연히 민사집행법 제91조 제1항의 규정에 어긋나는 경우에 해당한다. 따라서 이 경우 법원은 적어도 후행사건으로 진행할 경우 민사집행법 제91조 제1항에 어긋나지 않게 하기 위하여 새로이 배당요구를 할 수 있는 종기를 정하여야 한다(민사집행법 제87조 제3항 전단). 한편 후행사건이 선행사건의 경매개시결정등기 전에 등기된 저당권자 등에 의한 임의경매신청으로 배당요구의 종기 이후에 신청한 경우 새로이 배당요구의 종기를 정하여야 하는지에 대해 견해가 나뉘지만 후행사건의 임의경매신청채권자는 선행사건의 배당절차에 당연히 참가할 수 있어 새로이 배당요구의 종기를 정할 필요가 없다는 게 다수의 실무 례이다.

배당요구의 종기 이후에 신청된 후행사건에 따라 진행하기 위하여 배당요구의 종기를 새로이 정하였지만 배당요구의 종기가 지난 뒤에 결과적으로 후행사건에 의하여 속행하여도 민사집행법 제91조 제1항의 규정에 어긋나지 않는 것으로 판명된 경우에 선행사건에서의 매각허가결정의 효력이 그대로 유지되는지 문제된다. ㉠ 하나의 견해는 민사집행법 제87조 제2항은 선행사건이 취소된 때에는 법원은 같은 법 제91조 제1항에 어긋나지 않는 한도에서 후행사건에 따라 절차를 계속 진행하여야 한다고 규정하고 있을 뿐인데, 이 경우 후행사건에 따라 절차를 계속 진행하여도 결과적으로 같은 법 제91조 제1항에 어긋나지 않으므로 선행사건에서의 매각허가결정은 그대로 유효하고 후행사건에서는 나머지 절차만 진행하여도 된다고 한다. ㉡ 다른 견해는 후행사건이 배당요구의 종기 이후의 신청에 의한 것이어서 새로이 배당요구의 종기를 정하여야 하는 경우에는 취소된 사건으로 진행할 때 있었던 매각허가결정은 그 확정 여부에 관계없이 무조건 효력을 상실하고 후행사건에 의하여 새로이 매각을 실시하여야 한다고 한다. 사견으로는 전자의 견해를 지지한다.

(2) 제49조 제2호의 서류: 이 서류가 제출된 경우에는 선행사건은 집행이 정지

되는데(민사집행법 제50조 제1항 후단), 이때에는 후행사건에 의하여 무조건 절차가 계속 진행되는 것이 아니라, 그 절차의 계속 진행 여부는 후행사건에 관한 압류채권자의 신청에 따라 결정되게 된다(민사집행법 제87조 제4항). 따라서 후행사건에 관한 압류채권자가 절차속행신청을 한 경우에는 대금지급기한을 정하거나 대금을 수령할 수 있지만 그러한 속행신청이 없는 동안에는 대금지급기한을 정하거나 대금을 수령할 수 없고, 집행정지 상태로 두어야 한다.

한편 후행사건의 경매신청이 배당요구의 종기 이후에 행하여진 것이거나 선행사건이 취소되는 경우 민사집행법 제105조 제1항 제3호의 기재사항이 바뀔 때에는 후행사건에 관한 압류채권자는 절차속행신청권이 없다(민사집행법 제87조 제4항 본문 괄호 및 단서). 이러한 경우에는 절차속행신청이 있더라도 대금지급기한을 정하거나 대금을 수령할 수 없고, 집행정지 상태로 두어야 한다.

따라서 위와 같이 후행사건에 관한 압류채권자가 절차속행신청을 하지 않거나 절차속행신청권이 없어서 집행정지 상태로 두어야 할 경우에는 매수인은 법원에 대하여 매각허가결정의 취소를 신청할 수 있다(민사집행규칙 제50조 제2항).

(3) 제49조 제3, 6호의 서류: 이 서류가 제출된 때에는, 선행사건이 위 서류의 제출로 인하여 취소되고 후행사건에 따라 절차를 계속 진행(민사집행법 제87조 제2항)할 경우 민사집행법 제105조 제1항 제3호의 기재사항이 바뀌는지 여부에 따라 매수인등의 동의 여부 및 처리가 달라진다.

즉 위 기재사항이 바뀌지 않는 경우에는 다시 매각할 필요가 없고, 매수인은 선행사건의 취소에 의하여 아무런 영향을 받지 않게 되므로, 이 경우에는 그들의 동의를 받을 필요가 없다(민사집행규칙 제49조 제2항). 따라서 선행사건은 취소하되 후행사건에 따라 절차는 계속 진행되므로 대금지급기한을 정하고 대금을 수령하여야 한다.

반면에 위 기재사항이 바뀌는 경우에는 후행사건에 의하여 다시 매각을 하여야 하고, 결국 매수인등은 그 지위를 잃게 되므로 선행사건에 관하여 위 서류를 제출하는 데 매수인등의 동의를 받아야 한다(민사집행규칙 제49조 제2항의 반대해석). 따라서 매수인등의 동의를 받지 못한 경우에는 선행사건은 취소의 효력이 없으므로 절차를 계속 진행하여 대금지급기한을 정하고 대금을 수령하여야 한다. 매수인등의 동의를 받은 경우에는 선행사건은 확정적으로 취소되는 한편 후행사건으로 진행하면서 그대로 대금을 지급하게 하는 것은 민사집행법 제91조 제1항의 규정에 어긋나므로, 대금지급기한을 정하거나 대금을 수령할 수 없고(결국 선행사건에서의 매수인등은 그 지위를 잃게 된다), 후행사건에 의하여 다시 매각을 하여야 한다.

한편 후행사건이 배당요구의 종기가 지난 뒤의 신청에 의한 것인 때에는 위의 기재사항이 바뀌는지에 관계없이 매수인등의 동의를 받아야 한다(민사집행규칙 제49조 제2항, 제1항의 반대해석 및 민사집행법 제93조 제3항 전단). 그리고 동의를 받은 후의 절차는 민사집행법 제49조 제1호, 제5호의 서류가 제출된 경우와 동일하게 처리하여야 한다.

(4) 제49조 제4호의 서류의 경우: 매수신고가 있은 뒤 민사집행법 제49조 제4호의 서류를 제출하는 경우에는 어느 경우든지 매수인등의 동의를 받아야 한다(민사집행법 제93조 제3항).

따라서 이 경우에 매수인등의 동의를 받지 않은 경우에는 선행사건에 관하여 정지효력이 발생하지 않으므로 대금지급기한을 정하고 대금을 수령하여야 한다.

반면에 매수인등이 동의한 경우에는 선행사건은 정지되고, 이후는 후행사건에 관한 압류채권자의 절차속행신청에 따라 결정되게 된다(민사집행법 제87조 제4항). 즉 후행사건에 관한 압류채권자가 절차속행신청을 한 경우에는 대금지급기한을 정하거나 대금을 수령할 수 있지만 그러한 속행신청이 없는 동안에는 대금지급기한을 정하거나 대금을 수령할 수 없고, 집행정지 상태로 두어야 한다.

그러나 후행사건이 배당요구의 종기 이후의 신청에 의한 것이거나 선행사건이 취소되는 경우 민사집행법 제105조 제1항 제3호의 기재사항이 바뀔 때에는 후행사건의 압류채권자는 절차속행신청권이 없으므로(민사집행법 제87조 제4항 단서) 이러한 경우에는 대금지급기한을 정하거나 대금을 수령할 수 없고, 집행정지 상태로 두어야 한다.

그리고 이 경우 매수인은 스스로 위 서류의 제출에 동의하여 선행사건에 정지효력을 부여한 자이므로 민사집행법 제49조 제2호의 서류가 제출된 경우와 달리 민사집행규칙 제50조 제2항에 의한 매각허가결정의 취소를 신청할 수도 없다(민사집행규칙 제50조 제2항 참조).

2) 담보권 실행을 위한 경매의 경우

가) 매각허가결정이 선고된 후에 민사집행법 제266조 제1항의 서류가 제출된 경우는 같은 법 제49조의 서류가 제출된 경우에 준한다(민사집행법 제275조, 제268조). 이 경우 민사집행법 제266조 제1항의 서류 중 제1호(담보권의 등기가 말소된 등기사항증명서), 제2호(담보권 등기를 말소하도록 명한 확정판결의 정본) 및 제3호

(담보권이 없거나 소멸되었다는 취지의 확정판결의 정본)의 서류는 같은 법 제49조 제1호와 제5호의 서류에 준하여 처리하고, 같은 법 제266조 제1항 제5호(담보권 실행을 일시정지 하도록 명한 재판의 정본)의 서류는 같은 법 제49조 제2호의 서류에 준하여 처리하면 된다. 민사집행법 제266조 제1항 제4호(채권자가 담보권을 실행하지 않기로 하거나 경매신청을 취하하겠다는 취지 또는 피담보채권을 변제받았거나 그 변제를 미루도록 승낙한다는 취지를 적은 서류)의 서류는 그 내용에 따라 같은 법 제49조 제4호 또는 제6호의 서류에 준하여 처리하면 된다.

나) 경매법원이 정한 대금지급기일이라 함은 시간까지를 말하는 것이고(대법원 1970. 3. 31. 선고 70다32 판결 참조), 담보권의 실행을 위한 경매에 있어서 매각허가결정이 확정된 후이더라도 매수인이 매각대금을 지급하기 전까지는 경매법원에 민사집행법 제266조 제1항 제1호의 서면인 '담보권의 등기가 말소된 등기부의 등본'의 제출이 가능하며, 이 경우 경매법원은 필요적으로 그 경매절차를 정지하여야 한다(대법원 1994. 2. 7.자 93마1837 결정 등 참조).

다) 결국 이중경매개시결정이 없는 경우 매각허가결정이 선고된 후에 민사집행법 제266조 제1항의 어느 하나에 해당하는 서류가 제출되면(단 제4호의 서류는 매수인등의 동의를 요한다) 비록 매각허가결정이 확정된 후일지라도 강제집행을 정지하여야 하므로(민사집행법 제266조 제1항) 대금지급기한을 정할 수 없고 대금지급기한을 이미 정한 경우에도 대금을 수령할 수 없다(민사집행규칙 제194조 본문, 제50조 참조).

그 밖의 것은 강제경매의 경우와 같으므로, 강제경매에 준하여 처리하면 된다.

또한 이중경매신청이 있는 경우에 선행사건에 관하여 집행정지서류가 제출된 때의 처리도 강제경매의 경우에 준하여 처리하면 될 것이다.

라. 적법한 대금지급으로 볼 수 없는 경우

1) 매수인은 매각허가결정의 확정에 의하여 매수인의 대금지급의무가 현실적으로 발생하므로 매각허가결정확정 전에는 대금지급기한을 정할 수 없고, 매각허가결정 확정 전에 법원이 대금지급기한을 정하여 매수인으로 하여금 매각대금을 납부하게 하였다고 하더라도 이는 적법한 매각대금의 지급이라고 할 수 없다(대법원 1992. 2. 14. 선고 91다40160 판결 등).

2) 매각허가결정이 일단 확정되어 매각대금의 지급이 있었더라도 이해관계인의

추후보완에 의한 항고제기가 항고법원에서 허용되었다면 비록 위 추후보완항고에 의한 항고가 기각되고 또한 재항고도 기각되었다 하더라도 위 대금지급은 적법한 지급이라 할 수 없다(대법원 2007. 12. 27. 선고 2005다62747 판결 등). 따라서 이 경우 집행법원은 재항고기각결정에 의하여 매각허가결정이 확정된 후에 다시 대금지급기한을 정하여야 하고 매수인은 그 기한까지 다시 대금을 지급하여야 한다. 다만 이 경우 매수인이 이미 지급한 대금을 반환받지 않고 있는 사이에 새로 법원이 대금지급기한을 정하면 대금지급기한을 정한 시점에 대금지급의 효력이 발생한다.

3. 대금지급기한의 통지

법원은 대금지급기한을 정하면 이를 매수인과 차순위매수신고인에게 통지하여야 한다(민사집행법 제142조 제1항). 이해관계인이나 배당을 요구한 채권자에게는 통지할 필요가 없다.

공동매수의 경우에 공동매수인의 대금지급의무는 성질상 불가분채무이므로 전원에 대하여 대금지급기한의 통지를 하여야 한다.

매수인이 대금지급기한까지 대금을 지급하지 못하면 매수인은 매수인으로서의 지위를 상실하고 매수신청의 보증을 반환받지 못하며 재매각절차에서 매수신청을 할 수 없게 되는 등 손해가 크고, 한편 이 통지가 적법하지 못할 경우에는 그 후의 재매각절차에 대한 중대한 하자가 되므로 통지는 신중을 요한다.

통지는 매수신청서에 적힌 매수인의 주소·거소 또는 사무소에 하면 되는데, 대한민국 안에 주소·거소와 사무소가 없으면서 대한민국 안에 송달이나 통지를 받을 장소와 영수인을 정하여 법원에 신고하지 아니한 때에는 이 통지를 생략할 수 있으나(민사집행법 제118조 제2항), 통지하여야 할 내용의 중요성에 비추어 이 경우에는 매각기일조서나 매수신고서에 적힌 매수인이나 대리인의 전화번호나 팩스번호를 찾아 법원사무관등이 직접 통지를 하는 것이 바람직하다.

매수신청 후에 새로운 주소나 거소를 신고한 경우에는 그 곳으로 통지한다.

통지의 방법은 민사집행규칙 제8조가 적용된다. 따라서 상당하다고 인정되는 방법으로 할 수 있고(민사집행규칙 제8조 제1항), 반드시 송달의 방법으로 할 필요는 없다. 그러나 통지의 중요성에 비추어 대금지급기한통지서를 작성하여 송달하는 것이 바람직하다. 대금지급기한통지서가 송달불능 된 경우에는 송달불능사유가 폐문부재이어서 통지를 받을 자가 당해 송달지에서 송달을 받을 가능성이 있는 경우에는 민사집행법 제14조 제2항, 민사집행규칙 제9조에 따라 발송송달을 하고, 그 밖의 사유로 송달불능 된 경우에는 다른 송달 가능한 장소(예를 들면 법인의 경우 매수신청서에 첨부된 법인등기부에 적힌 대표자 개인의 주소지와 법인의 주된 사무소 소재지가 모두 적법한 송달장소이다)가 있으면 그 곳에 송달을 실시한다. 그리고 이와 같이 하여도 송달된 사실이 명백하지 않을 때에는 입찰표 등에 적힌 매수인이나 대리인의 전화번호나 팩스번호를 찾아 법원사무관등이 직접 통지를 한다.

통지를 한 때에는 법원사무관등은 그 취지 및 통지의 방법을 기록에 표시하여야 한다(민사집행규칙 제8조 제2항). 그리고 이상의 방법으로도 통지를 할 수 없을 때는, 민사집행법 제118조 제2항에 해당하는 경우가 아닌 한 이 통지는 생략할 수 없으므로 직권으로 공시송달을 하여야 한다(민사집행규칙 제8조 제4항 참조).

[서식: 대금지급기한통지서]

○ ○ 지 방 법 원

대금지급기한통지서

귀하

사 건 20 타경 부동산강제(임의)경매
채 권 자
채 무 자
소 유 자
매 수 인
차순위매수신고인

아래와 같이 대금지급기한이 정하여졌으니 지급기한까지 이 법원에 출석하여 매각대금을 납부하시기 바랍니다.

대금지급기한 . . . : 민사집행과

20 . . .

법원사무관 (직인생략)

※ 사건진행 ARS는 지역번호 없이 1588-9100입니다. 바로 청취하기 위해서는 안내음성에 관계없이 '1'+'9'+[열람번호 000999 2001 013 3334]+'*'를 누르면 됩니다(광주·전남 지역에서 타지역 사건조회 : (02)530-1234).

법 원 소재지		담 당	
		전 화	

▸ 주차시설이 협소하오니 대중교통을 이용하여 주시기 바랍니다.

4. 대금지급기한의 변경

대금지급기한의 변경은 매수인의 신청에 의한 경우와 법원의 직권에 의한 경우가 있다.

매수인의 변경신청은 받아들이는 경우가 거의 없지만, 예외적으로 여러 부동산을 매각하는데 그 중 일부가 먼저 매각되었고, 나머지는 상당한 기간이 지난 후에야 매각될 것으로 예상되며 먼저 매각된 부동산의 매각대금만으로 일부 배당절차를 실시하는 것은 적당하지 아니한데, 먼저 매각된 부동산에 임차인이 있어 임차인이 배당을 받기 전에 인도명령이 발령될 가능성이 있거나 또는 매수인이 인도받지 못할 사유가 있고, 한편 매수인이 그 부동산을 대체주거로 매수하였는데 그 매수비용이 주로 종전 주거의 처분비용인 경우에는 이를 받아들이기도 한다.

법원의 직권에 의한 변경은, 대금지급기한 통지 후 물건명세서에 적힌 매각조건에 변경이 있는 것으로 밝혀진 때, 매수인이 매각허가결정확정 후 천재지변, 그 밖에 매수인이 책임질 수 없는 사유로 부동산이 현저하게 훼손되었거나 또는 부동산에 관한 중대한 권리관계가 변동되었다고 주장하면서 민사집행법 제127조 제1항에 의한 매각허가결정취소신청을 하였는데 그 진위의 조사에 상당한 시간이 필요한 때 등의 경우에 한다.

어느 경우이든 대금지급기한의 변경이 있으면 이를 다시 매수인이나 차순위매수신고인에게 통지한다.

II. 대금지급의 액수와 방법

1. 납부할 금액

가. 매수신청의 보증으로 금전이 제공된 경우

매수신청의 보증으로 금전이 제공된 경우에 낼 금액은 매각가격에서 보증금을 제외한 금액이다(민사집행법 제142조 제3항).

매수인이 지급하여야 할 매각대금은 매각허가결정서에 적힌 매각대금일 것이나 매수신청의 보증(민사집행법 제102조 제2항의 규정에 따라 제공된 보증을 포함한다)으로 받은 금전(매수보증금)은 매각대금에 넣도록 되어 있으므로(민사집행법 제142조 제3항) 매수보증금이 금전일 경우에는 매각대금에서 이를 공제한 잔액만을 실제로 지급하면 된다.

금융기관 발행의 자기앞수표는 금전이 제공된 경우와 같이 보면 될 것이다.

나. 매수신청의 보증으로 금전 외의 것이 제공된 경우[2)]

1) ① 매수신청의 보증으로 금전 외의 것이 제공된 경우(민사집행법 제102조 제2항의 규정에 따라 제공된 보증 및 한국자산관리공사나 농업협동조합자산관리회사가 한국자산관리공사 설립 등에 관한 법률 제45조, 농업협동조합의 구조개선에 관한 법률 제32조에 따라 지급확약서를 담보로 제공한 경우를 포함한다. 이하 같다)나, ② 보증의 제공이 없는 경우(주택매입사업시행자가 부도공공건설임대주택 임차인 보호를 위한 특별법 제12조 후문, 공공주택사업자가 공공주택 특별법 제41조 제2항, 국가보훈처장이 5·18민주유공자예우에 관한 법률 제53조 제1항·국가유공자 등 예우 및 지원에 관한 법률 제61조 제1항, 보훈보상대상자 지원에 관한 법률 제66조 제1항, 특수임무유공자 예우 및 단체설립에 관한 법률 제52조 제1항에 따라 보증의 제공 없이 우선매수 신고를 한 경우를 말한다)에는 각 허가결정서에 적힌 매각대금 전액을 지급하여야 한다.

2) 이 경우 매수인이 매각대금 중 보증액을 뺀 나머지 금액만을 낸 때에는, 법원은 보증을 현금화하여 그 비용을 뺀 금액을 보증액에 해당하는 매각대금 및 이에 대한 지연이자에 충당하고, 모자라는 금액이 있으면 다시 대금지급기한을 정하여 매수인으로 하여금 내게 한다(민사집행법 제142조 제4항). 이 경우 그 절차가 끝날 때까지는 차순위매수신고인에 대한 매각허부결정, 재매각절차의 실시 등과 같은 대금부지급 시의 절차는 진행할 수 없다.

3) 매수인이 낸 현금이 매각대금 중 보증액을 뺀 나머지에도 미달하는 경우에는 위와 같은 현금화 절차를 밟을 필요가 없이 매각대금을 내지 아니한 것으로 처리한다.

4) 한편 보증을 현금화하여 비용을 뺀 금액을 보증액에 해당하는 매각대금 및 이에 대한 지연이자에 충당할 경우 지연이자율은 연 12%이고(민사집행법 제142조

---

2) 법원실무제요 민사집행(II): 부동산집행, 법원행정처(2020), 418

제5항, 제138조 제3항, 민사집행규칙 제75조), 한편 충당의 순서는 민법 제479조의 법정변제충당원칙에 의하여 이자에 먼저 충당하여야 한다.

따라서 매수인이 추가로 지급하여야 할 금액은, [매각대금 - {대금지급기한까지 지급한 금액 + 〈(매수신청의 보증을 현금화한 금액 - 현금화비용) - (보증액에 해당하는 매각대금×0.12×대금지급기한 이후부터 금융기관으로부터 보증을 현금화한 날까지의 일수÷365, 이는 보증액에 해당하는 매각대금에 대한 대금지급기한 후부터 금융기관으로부터 보증을 현금화한 날까지의 기간에 해당하는 연 12%의 지연이자이다)〉}]×{1 + (0.12×금융기관으로부터 보증을 현금화한 날부터 매수인이 나머지 대금을 실제로 지급한 날까지의 일수÷365, 이는 금융기관으로부터 보증을 현금화한 날부터 매수인이 나머지 대금을 실제로 지급한 날까지의 기간 동안의 연 12%의 지연이자이다)}이 된다.

예를 들어, 매수신청의 보증은 1,000만 원, 매수신고가격은 1억 5,000만 원인데, 매수인이 1,000만 원의 지급보증위탁계약체결 증명문서를 보증으로 제출하였고, 한편 대금지급기한이 9월 30일이라고 하면, 본래 매수인은 대금지급기한까지 1억 5,000만 원을 내야 한다. 그런데 매수인이 대금지급기한까지 1억 4,000만 원만을 지급하였다면, 법원은 지급보증위탁계약체결 증명문서를 발행한 금융기관에 1,000만 원을 납부할 것을 최고하여야 한다(민사집행규칙 제80조 제5항). 이때 금융기관이 최고에 응하여 10월 5일에 1,000만 원을 지급하였는데, 현금화비용(최고서송달비용 등)으로 10만 원이 소요되었다면 매각대금 및 지연이자에 충당할 금액은 990만 원이다.

따라서 990만 원은 10월 5일까지 1,000만 원에 대한 5일간의 연 12%의 지연이자 16,438원(원 미만은 반올림)에 우선충당되고, 나머지 9,883,562원은 미지급된 1,000만 원에 충당되므로, 10월 5일까지 지급된 매각대금은 1억 49,883,562원이고, 미지급한 대금은 116,438원이다.

그런데 매수인이 10월 10일에 추가로 대금을 지급하려 한다면 매수인은 미지급한 116,438원에 대한 5일간의 연 12%의 지연이자 191원과 위 116,438원, 합계 116,629원을 지급하여야 한다.

5) 매수신청의 보증으로 제공된 것이 유가증권인 때에는 법원은 집행관에게 현금화하게 하여(민사집행규칙 제80조 제1항) 그 비용을 뺀 금액을 배당할 금액에 산입하여야 한다.

2. 대금지급방법

가. 현금 지급방법: 원칙

1) 대금은 현금으로 지급하여야 한다. 금융기관이 발행한 자기앞 수표는 현금에 준한다.

대금지급기일제도하에서는 대금의 분할지급이 허용되지 아니하였으나, 현행 대금지급기한제도하에서는 허용하지 아니할 이유가 없다. 여럿이 공동으로 매수한 경우에 각자 매수한 지분에 해당하는 금액을 지급하는 경우가 이에 해당할 것이다.

그러나 공동매수인은 매각대금 전액에 관하여 불가분채무를 부담하므로 일부 매수인이 자기의 부담부분에 해당하는 금액을 전액 지급하더라도 이는 매각대금 전액에 대하여는 일부지급에 불과하다. 따라서 다른 공동매수인이 자기의 부담부분에 해당하는 금액을 지급하지 아니한 경우 결국 해당 부동산 전부에 대하여 매각대금을 지급하지 아니한 것으로 된다.

동일절차에서 동일인이 여러 부동산을 분할(개별)매각에 의하여 매수신청을 하여 매각허가결정이 있었던 경우에 이는 각 부동산별로 매수를 한 것이므로 매수인은 일부의 부동산에 대한 매각대금만을 지급하여도 된다.

매각허가결정에 표시된 매수인이 그 결정선고 전 또는 선고 후에 사망한 경우에 그 결정은 상속인에 대하여 효력이 미치므로 상속인은 호적등본 등을 첨부하여 상속개시가 있었다는 사실을 신고하고 상속인의 명의로 대금을 지급할 수 있다.

2) 매수인이 대금을 지급하려면 법원보관금 납부명령서가 있어야 한다. 따라서 법원사무관등은 담임법관(사법보좌관)으로부터 납부명령서를 받아 매수인에게 교부하여야 한다. 매수인은 납부명령서를 가지고 각 법원별 취급점(대법원장이 법원보관금 취급규칙 제4조에 의하여 지정한 곳으로 보통 각 법원의 청사 내에 있는 금융기관의 지점 또는 출장소이다)에 비치되어 있는 법원보관금납부서를 작성하여 취급점에 납부하여야 한다. 납부자가 납부한 금액이 납부고지한 금액보다 부족할 때에는 법원사무관등은 그 차액을 추가납부하게 하여야 한다(재일 97-2 제9조).

취급점이 매수인으로부터 매각대금을 납부받았을 때에는 매수인에게 법원보관금 영수증서를 교부하고, 지체 없이 출납공무원과 법원사무관등에게 그 수납내역을 전송하여야 하고, 법원사무관등은 취급점으로부터 전송된 수납내역을 확인한 후 사건번호, 과코드 및 재판부번호 등 필요한 사항을 전산등록하여야 하며, 출납공무원은 취급점으로부터 전송된 수납내역에 대하여 법원보관금 수불명세서와 법원보관금 일계표를 각 출력하여 이를 확인하여야 한다(보관금규칙 제10조-제12조).

[대금납부절차]

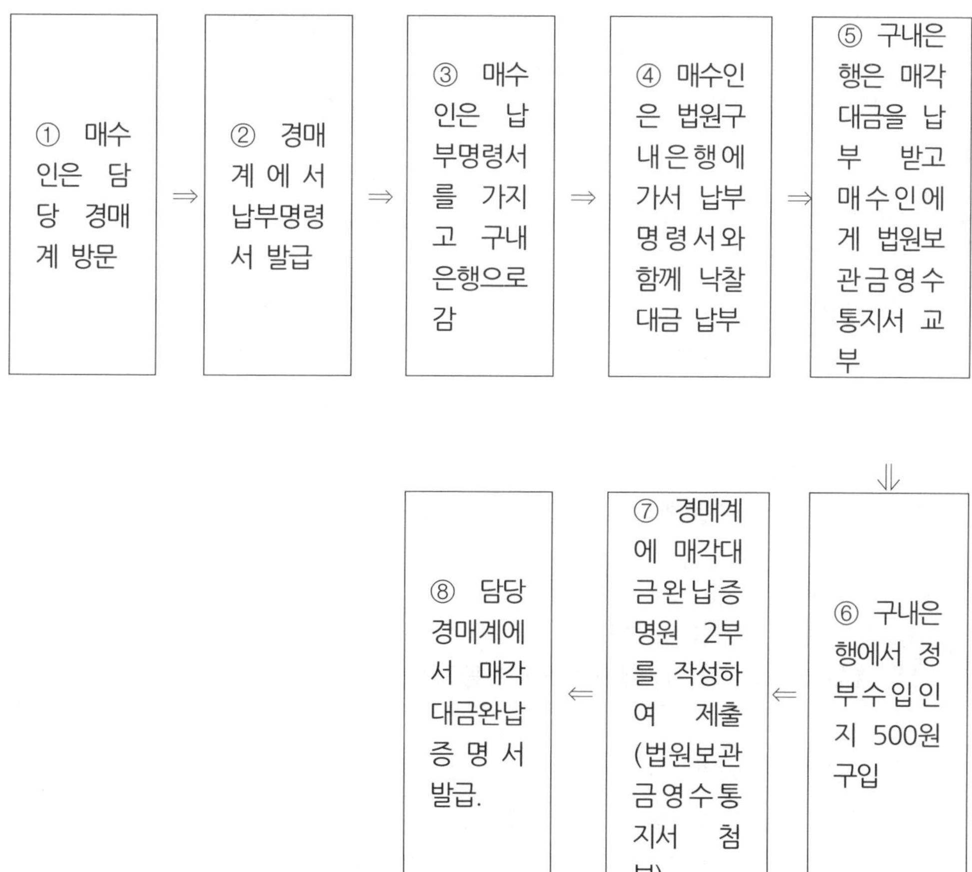

① 매수인은 담당 경매계 방문 ⇒ ② 경매계에서 납부명령서 발급 ⇒ ③ 매수인은 납부명령서를 가지고 구내은행으로 감 ⇒ ④ 매수인은 법원구내은행에 가서 납부명령서와 함께 낙찰대금 납부 ⇒ ⑤ 구내은행은 매각대금을 납부 받고 매수인에게 법원보관금영수통지서 교부

⇓

⑥ 구내은행에서 정부수입인지 500원 구입 ⇐ ⑦ 경매계에 매각대금완납증명원 2부를 작성하여 제출(법원보관금영수통지서 첨부) ⇐ ⑧ 담당 경매계에서 매각대금완납증명서 발급.

[매각대금완납증명원]

매 각 대 금 완 납 증 명 원

사　　건　　○○타경 ○○○　　부동산 강제경매
채 권 자　　○○은행

채 무 자 ○ ○ ○
소 유 자 ○ ○ ○
매 수 인 ○ ○ ○

위 당사자간 귀원 ○○타경 ○○○○부동산 강제경매사건에 관하여 위 매수인 ○○○은 서기 20 년 월 일 14:00시 귀 법원에서 실시한 대금지급기일에 금 50,000,000원을 납부한 사실을 증명하여 주시기 바랍니다.

20 년 월 일
매수인 ○ ○ ○ (인)
인천 ○○구 ○○동 ○○번지 ○○호

○○지방법원 귀중

위 사실을 증명합니다.
20 년 월 일

○○지방법원
법원사무관(주사) (인)

☞ 유의사항
1) 매각부동산 목록을 첨부합니다.
2) 2부를 작성합니다(원본에 500원 인지를 붙임).

나. 특별한 지급방법

1) 배당액과의 차액지급(배당액의 공제)

가) 차액지급신고의 종기(= 매각결정기일이 끝날 때까지)

(1) 채권자가 매수인인 경우에는 매각결정기일이 끝날 때까지 법원에 신고하고 배당받아야 할 금액을 제외한 대금을 배당기일에 낼 수 있다(민사집행법 제143조 제2항). 여기서 배당받아야 할 금액이란 매수인이 배당요구한 채권을 의미하는 것이 아니라, 매수인이 배당할 금액과 배당순위에 따라 배당기일에 실제로 배당받을 수 있는 금액을 말한다.

차액지급신고서가 제출되면 문서건명부에 등재하여 이를 접수하고 경매사건기록에 시간적 접수순서에 따라 가철하며 인지는 붙일 필요가 없다.[3)]

---

3) 재판예규 제1146호 민사접수서류에 붙일 인지액 및 그 편철방법 등에 관한 예규(재민 91-1).

(2) 신청시 필요한 서면: 차액지급(상계)신청서, 채권계산서(기재할 내용: 채권의 원금, 이자, 비용, 기타 부대채권)

나) 차액지급신고인의 제한

차액지급의 신고는 채권자가 매수인이 된 경우에 한한다. 여기서 말하는 채권자는 '배당받을 수 있는 채권자'를 말하고 '경매신청채권자'에 한정되는 것은 아니다.

뒤에서 보는 '채무 인수에 의한 대금지급'의 경우에는 이러한 제한이 없다.

다) 차액지급이 허용되지 않는 경우

(1) 매수인이 배당받을 절차적 요건을 갖추었다고 하더라도 그 배당순위에 비추어 실제로 배당받을 것이 없거나 또는 적법한 배당요구를 하지 못하였을 때는 차액지급은 허용될 수 없다.

(2) 매수인이 배당표에 배당을 받는 것으로 기재되더라도 그 배당금을 현실로 수령할 수 없어 공탁하여야 하는 경우, 즉 ① 민사집행법 제160조 제1항 각 호의 공탁사유에 해당하거나, ② 매수인인 저당권자의 저당권부채권이 압류 또는 가압류된 경우, ③ 매수인의 채권(차액지급신고인의 배당금교부청구권)이 압류·가압류된 경우에도 차액지급은 허용될 수 없다.[4)]

(3) 차액지급의 의사는 매각결정기일이 끝날 때까지 법원에 신고되어야 하므로(민사집행법 제143조 제2항), 그 이후에 된 차액지급의 신고는 부적법하다.

(4) 다만 위에 본 사유들에 해당하지 아니하여 일단 차액지급이 허용된 이상 매수인의 채권의 전부 또는 일부가 부존재하는 것으로 나중에 밝혀지더라도 대금납부의 효력에는 변함이 없다(대법원 1990. 2. 27. 선고 88다카6549 판결, 1991. 2. 8. 선고 90다16177 판결).

라) 차액지급신고인의 배당금지급청구권이 압류·가압류된 경우 차액지급의 허용 여부(= 불가)

(1) 차액지급신고인의 배당금지급청구권이 압류·가압류된 경우 차액지급은 허용될 수 없다.[5)]

(2) 그런데 이에 대하여 다음과 같은 반론이 있을 수 있다.

가압류명령을 받은 제3채무자가 가압류 채무자에 대한 반대채권을 가지고 있는 경우에 가압류 채권자에게 상계로써 대항하기 위하여는 가압류의 효력발생 당시에

4) 법원실무제요 민사집행(II): 부동산집행, 법원행정처(2020), 420-421

5) 차액지급신고인의 배당금교부청구권에 대하여 압류나 가압류 등이 있는 경우 차액지급이 허용되지 않는다{윤경, 「부동산경매(입찰)의 실무(하)」, 법률정보센타(1999) 266쪽}.

양 채권이 상계적상에 있거나 반대채권이 압류당시 변제기에 달하지 아니한 경우에는 피압류채권인 수동채권의 변제기와 동시에 또는 그보다 먼저 변제기에 도달하는 경우이어야 한다(대법원 1987. 7. 7. 선고 86다카2762 판결 등). 한편 매수인은 매각허가결정확정 후에 법원이 지정한 기한까지 매각대금을 납부하여야 하므로(민사집행법 제142조 제2항), 상계의 수동채권은 대금납부기일(배당기일과 동일함)에 이행기가 도래한다. 또 부동산경매에서 경매법원이 배당표를 작성하고 배당표가 확정되면 그로써 매각대금의 배당금액과 배당권자가 확정된다고 할 것이므로 비록 당사자가 가압류나 지급금지가처분 등 때문에 현실적으로 배당금을 수령하지는 아니하였다고 하더라도 배당표가 확정된 이상 정당한 배당권자에 대한 관계에서는 당사자가 배당표상의 배당금을 취득하였다고 봄이 상당하므로(대법원 1988. 2. 23. 선고 87다카472 판결, 1997. 10. 10. 선고 97다8687 판결), 자동채권인 배당금지급청구권도 배당기일에 배당표가 확정되었을 때 변제기가 도래한다. 따라서 자동채권과 수동채권의 변제기가 같은 날이므로 차액지급신고인은 상계로서 가압류권자에게 대항할 수 있다는 것이다.

(3) 그러나 대법원 86다카2762 판결 등의 사안은 수동채권이 가압류 된 경우이고, 자동채권이 가압류된 경우는 아니므로 위 판례 등을 차액지급신고인의 배당금지급청구권이 압류·가압류된 경우에 그대로 적용할 수 없다. 또한 자동채권인 배당금지급채권은 수동채권인 대금지급채권이 이행기가 도래한 후 변제기가 도래하는 것이므로(대금납부가 이루어 진 후에야 비로소 배당이 이루어지므로) 자동채권과 수동채권의 변제기가 동시에 도달하는 것이 아니다.

[차액지급신고서(전산양식 A3427)]

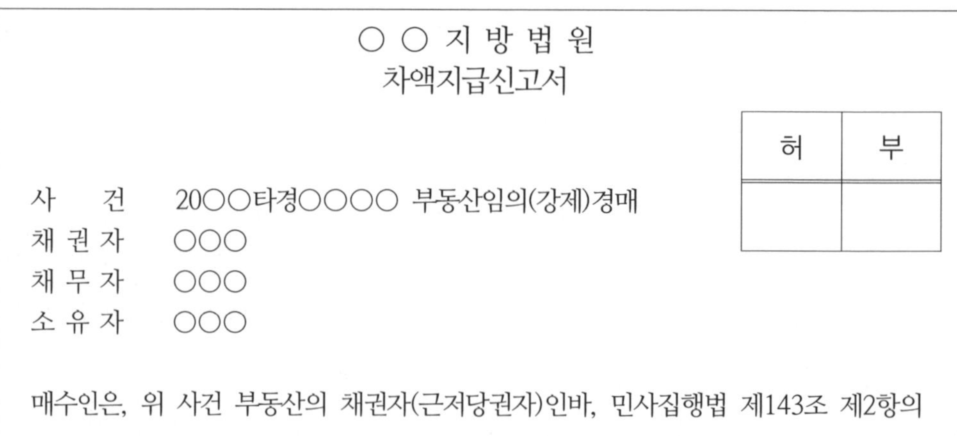

○ ○ 지 방 법 원
차액지급신고서

허	부

사 건 20○○타경○○○○ 부동산임의(강제)경매
채 권 자 ○○○
채 무 자 ○○○
소 유 자 ○○○

매수인은, 위 사건 부동산의 채권자(근저당권자)인바, 민사집행법 제143조 제2항의

> 규정에 따라 매수인이 배당기일에 실제로 배당받을 수 있는 금액을 제외한 나머지 매각대금을 배당기일에 낼 것을 신고합니다. 만일, 매수인이 배당받아야 할 금액에 대하여 이의가 제기된 때에는 매수인은 배당기일에 이에 해당하는 금액을 내겠습니다.
>
> 20○○. ○○. ○○.
> 신고인(매수인) ○○○ (날인 또는 서명)
> 전화번호 :
>
> ○○지방법원 귀중
>
> ※ 차액지급의 의사는 매각결정기일이 끝날 때까지 법원에 신고되어야 하므로(민사집행법 143조 2항), 그 이후에 된 차액지급의 신고는 부적법합니다.

마) 차액지급의 신고가 있는 경우 경매절차의 진행방법

(1) 차액지급의 신고는 법원의 판단을 구하는 행위가 아니다. 따라서 법원은 부적법한 신고라고 판단한 경우에는 그 신고를 무시하고 대금지급기한을 정하면 되고, 따로 그 신고에 대하여 각하 등의 재판을 할 필요는 없다.

앞에서 본 차액지급이 허용될 수 없는 경우에 해당하는 때에는 '부'란에 날인하고, 매각허가결정이 확정되면 배당기일은 지정하지 않고 대금지급기한만을 지정하여 통지하여야 하고, 대금지급기한까지 대금을 지급하지 않으면 재매각을 명한다.

실무에서는 매수인이 차액지급신고서를 제출한 경우에 신고서 상단에 고무인으로 '허·부'란을 만들어 담임법관(사법보좌관)의 지시를 받는다. 이는 매수인의 채권에 대하여 배당을 할 것인지 여부와 배당할 경우 배당액에 공탁사유가 없는지, 즉 매수인이 배당액을 수령할 수 있는지를 미리 판단하게 하는 효과가 있을 뿐 그 표시에 따른 구속력이 생기는 것은 아니다.

(2) 차액지급신고서나 차액지급의 경우 매수인이 배당받아야 할 금액에 대한 이의신청서가 제출되면 문서건명부에 등재하여 이를 접수하고, 시간적 접수순서에 따라 경매사건기록에 가철하며 인지는 첩부하지 아니한다.[6]

---

6) 재판예규 제1146호 민사접수서류에 붙일 인지액 및 그 편철방법 등에 관한 예규(재민 91-1).

채권자인 매수인이 매각대금과 배당액의 상계신청을 한 경우, 대금지급기일까지 민사집행법 제143조 제3항 소정의 이의 즉 상계할 매수인이 배당받아야 할 금액에 대하여 이의가 없는 이상, 지정된 대금지급기일에 상계의 효력이 발생한다고 할 것인데, 대금지급기일은 시간까지를 의미하므로 결국 상계에 의한 대금지급의 효력은 집행법원이 정한 대금지급기일의 경과와 더불어 발생한다(대법원 1990. 12. 11. 선고 90다카19098·19104 판결 등).

그런데 집행법원이 이해관계인 또는 배당요구채권자 등에게 상계할 매수인의 채권에 대한 이의를 할 수 있는 기회를 주기 위하여 대금지급기일과 배당기일을 동시에 지정한 경우에 있어서, 종전의 대법원판결들이 '대금지급기일까지 민사집행법 제143조 제3항 소정의 이의가 없는 이상, 지정된 대금지급기일에 상계의 효력이 발생한다.'고 판시한 취지는 이해관계인 또는 배당요구채권자가 대금지급기일 및 배당기일에 집행법원이 제시하는 배당표를 보고 상계할 낙찰인의 채권에 대하여 이의를 하지 않으면 그 대금지급기일에 상계의 효력이 발생하고, 이해관계인 또는 배당요구채권자가 그 배당기일에 상계할 낙찰인의 채권에 대하여 이의를 하면 이의 있는 채권액에 기한 상계는 허용되지 않으므로 매수인이 이의 있는 채권액에 상응하는 대금을 지급하거나 담보를 제공하여야만 상계의 효력이 발생한다는 취지라고 할 것이다(대법원 2006. 2. 10. 선고 2004재다788 판결).

(3) 차액지급신고를 하였는데도 불구하고 법원이 대금지급기한을 정한 경우 매수인은 법원이 차액지급을 인정하지 아니한 것에 대하여 다투기 위하여 대금지급기한을 지정한 결정이나 재매각명령에 대하여 집행에 관한 이의를 할 수 있다. 집행에 관한 이의신청서가 제출되면 1,000원의 인지를 첩부하여야 하고, 독립한 민사집행사건으로 번호를 부여하고 민사집행사건부에 등록하며, 별도기록을 만든다.[7)]

다만 집행에 관한 이의는 집행법원의 집행절차에 관한 재판으로서 즉시항고를 할 수 없는 것에 대하여 하는 것이므로(민사집행법 제16조 제1항 참조), 집행에 관한 이의를 제기하지 않고 있는 사이에 재매각명령에 따른 매각이 실시되어 매각허가결정이 선고된 경우에는 재매각의 결과 이루어진 매각허가결정에 대한 즉시항고로만 다툴 수 있고 따로 대금지급기한지정결정 등에 대하여 집행에 관한 이의를 할 수는 없다(대법원 2001. 6. 4.자 2000마7550 결정). 왜냐하면 이 경우 재매각은 차액지급을 인정하지 아니함으로써 결국 대금지급의 기회조차 부여하지 아니한 채 바로 대금

7) 재판예규 제1146호 민사접수서류에 붙일 인지액 및 그 편철방법 등에 관한 예규(재민 91-1).

을 지급하지 아니한 것으로 보고 실시된 것으로서, 재매각절차에 집행을 계속 진행할 수 없는 때(민사집행법 제121조 제1호) 또는 경매절차에 중대한 잘못이 있는 때(같은 조 제7호)에 해당하게 되므로, 민사집행법 제130조에 의하여 매각허가결정에 대한 항고사유가 되는 것이고, 따라서 차액지급을 인정하지 아니한 것은 매각허가결정에 대한 즉시항고로 다툴 수 있게 되어 더 이상 집행법원의 집행절차에 관한 재판으로서 즉시항고를 할 수 없는 것에 해당하지 않기 때문이다.

(4) 매수보증으로 제공한 금전을 제외하고 내야할 대금액이 배당받아야 할 금액보다 소액인 때에는 차액으로 지급할 금액도 없게 되나, 그 반대인 경우에는 매수인은 차액을 지급하여야 하므로, 법원사무관등은 배당기일 3일 전에 배당표원안이 작성되면 매수인에 대하여 배당기일에 지급하여야 할 차액을 미리 전화나 팩스로 통지하는 것이 바람직하다.

(5) 차액지급에 의하여 배당받아야 할 금액만큼 대금지급의 효력이 생기고, 또 채권에 대한 배당액 지급의 효과가 생긴다. 한편 매수보증으로 제공한 금전을 제외하고 내야 할 대금액이 배당받아야 할 금액보다 적은 금액인 때에는 차액으로 지급할 금액도 없게 된다. 그 반대인 경우에는 매수인은 차액을 지급하여야 하므로, 법원사무관등은 배당기일 3일 전에 배당표원안이 작성되면 매수인에게 배당기일에 지급하여야 할 차액을 미리 전화나 팩스로 통지하는 것이 바람직하다.

(6) 차액지급의 의사는 매각결정기일이 끝날 때까지 법원에 신고되어야 하므로(민사집행법 제143조 제2항), 그 이후에 된 차액지급의 신고는 부적법하다고 할 것이다.

[대금지급기한 및 배당기일지정]

○ ○ 지 방 법 원

대금지급기한 및 배당기일지정

사 건 20 타경○○○○ 부동산임의경매

채 권 자 ○○○새마을금고

채 무 자 망 ○○○의 상속인 ○○○ 외4

소 유 자 채무자와 같음

매 수 인 ○○○

위 사건의 대금지급기한 및 배당기일을 20 . ○○. ○○. 14 :00 로 지정한다.

20 . ○○. ○○.

판 사 ○ ○ ○

차액지급신고서가 제출되어 허가를 한 경우 매각허가결정이 확정되면 바로 대금지급기한과 배당기일을 함께 정한다.

(7) 차액지급의 경우 매수인이 배당받아야 할 금액에 대하여 이의가 있는 경우에는 매수인은 배당기일이 끝날 때까지 이에 해당하는 대금을 내야 하고(민사집행법 제143조 제3항), 이를 내지 않으면 재매각을 명한다. 다만 매수인이 이의 있는 금액을 현금으로 지급할 의사를 표시한 경우에는 배당기일을 속행(연기)하기도 한다.

한편 위 이의는 실질적으로 관계채권자의 채권의 존부, 범위 및 순위에 관한 배당표에 대한 이의의 일종이므로, 채무자는 배당표원안이 비치된 이후 배당기일이 끝날 때까지 서면으로도 할 수 있으나, 다른 채권자는 반드시 배당기일에 출석하여 이의를 진술하여야 한다(민사집행법 제151조).

이의가 있을 경우에 내야 할 대금은 나중에 배당이의가 종료되면 그 결과에 따라 재배당 또는 추가배당할 배당재단이 되는 것이므로 반드시 현금(금융기관발행의 자기앞수표를 포함한다)만을 내야하고, 별도의 현금화절차가 필요한 유가증권이나 금융기관발행의 지급보증서 등의 다른 담보는 제공할 수 없다.

(8) 그런데 차액지급의 경우 매수인이 배당받아야 할 금액에 대하여 이의가 있는데도 대금을 현실적으로 납부받지 않고 차액지급에 따라 배당절차를 마친 경우 대금납부의 효력이 발생하는지 여부가 문제된다. 이에 대해서 ① 이는 배당이의 있는 채권을 공탁하지 않고 지급한 것과 같으므로 이로써 대금납입이 되었다고 봐야 하고, 절차의 안정 등을 고려할 때 경매절차는 종결되었다고 보아야 하므로 배당이의의 소에서 승소한 이의채권자는 매수인을 상대로 부당이득의 반환을 구하는 등의 방법으로 구제받아야 한다는 견해와 ② 차액지급의 경우 매수인이 배당받아야 할 금액에 대한 이의는 차액지급을 저지하는 효력을 가져 법원이 차액지급처리 하더라도 무효이므로 대금을 지급하지 않은 것을 이유로 재매각을 하여야 한다는 견해로 나뉜다. 전자의 견해가 타당하다.

바) 조서의 작성

통상 배당기일조서만 작성하고 대금지급조서의 작성을 누락하는 경우가 많으므로 주의하여야 한다.

배당기일조서와 대급지급조서는 별도로 작성하여도 되고, 함께 작성하여도 무방하다. 함께 작성할 경우 조서 명칭은 '대금지급 및 배당기일조서'라고 기재하고, 조서에 "근저당권자 겸 매수인, 매각대금의 지급에 갈음하여 매수인에게 배당된 금원을 제외한 나머지 잔대금을 지급하다."라고 추가 기재한다.

사) 주의할 점(= 이의가 있는 부분에 대한 대금을 현실적으로 납부하여야 함)

(1) 주의할 점은 차액지급의 경우 매수인이 배당받아야 할 금액에 대하여 이의가 있는 경우에는 매수인은 배당기일이 끝날 때까지 '이에 해당하는 대금'[8]을 내야 한다는 것이다(민사집행법 제143조 제3항). 차액지급의 경우 매수인이 배당받아야 할 금액에 대하여 이의가 있음에도 대금을 현실적으로 납부받지 않고 배당절차를 마친 경우에도 대금납부의 효력이 발생하는데, 이의 있는 부분에 대한 대금을 현실적으로 납부받지 않으면 배당이의의 소에서 승소확정판결을 받은 이의채권자가 추후 승소한 배당금의 지급을 청구할 경우 법원에서는 지급할 배당금이 없게 되는 문제가 발생하기 때문이다. 이 부분이 집행법원에서 간혹 실수를 하는 부분이다.[9]

따라서 이의 있는 부분에 대한 대금을 내지 않으면 재매각을 명한다.

다만 매수인이 이의 있는 금액을 현금으로 지급할 의사를 표시한 경우에는 배당기일을 1-2주 속행하여 그 금액을 지급할 기회를 주는 것이 실무 례이다.

결국 이의가 있는 경우 매수인은 배당기일에 "매수인이 배당받을 금액을 제외한 나머지 금액" 및 "다른 채권자가 이의한 금원에 상응한 대금"을 모두 납부하여야 하고, 그렇지 않은 경우 재매각을 명한다.

채무인수신청서나 채무인수의 경우 매수인이 배당받아야 할 금액에 대한 이의신청서가 제출되면 문서건명부에 등재하여 이를 접수하고, 시간적 접수순서에 따라 경매사건기록에 가철하며 인지는 첩부하지 아니한다.[10]

(2) 위 이의는 실질적으로 관계채권자의 채권의 존부, 범위 및 순위에 관한 배

---

8) 매수인이 내야 할 '이에 해당하는 대금'은, 차액지급의 경우 차액지급으로 소멸할 매수인이 배당받을 채권 중 이의 있는 금액부분을 뜻한다. 예를 들어 매수인이 10,000,000원의 채권으로 배당요구하여 전액 배당받는 것으로 배당표에 기재되어 있으나, 다른 채권자가 매수인의 채권이 7,000,000원이라고 다투면서 나머지 3,000,000원에 관하여 이의하는 경우에는 3,000,000원을 내면 된다. 채무인수의 경우에도 마찬가지이다.

9) 윤경, 「부동산경매(입찰)의 실무(하)」, 법률정보센타(1999), 265

10) 재판예규 제1146호 민사접수서류에 붙일 인지액 및 그 편철방법 등에 관한 예규(재민 91-1).

당표에 대한 이의의 일종이므로, 채무자는 배당표원안이 비치된 이후 배당기일이 끝날 때까지 서면으로도 할 수 있으나, 다른 채권자는 반드시 배당기일에 출석하여 이의를 진술하여야 한다(민사집행법 제151조).

이의가 있을 경우에 내야 할 대금은 반드시 현금(자기앞수표 포함)만을 내야하고, 별도의 현금화절차가 필요한 유가증권이나 금융기관발행의 지급보증서 등의 다른 담보는 제공할 수 없다.

(3) 이의가 있는 경우 조서에는 "판사(사법보좌관), 별지 배당표를 이해관계인들에게 제시. 임차권자 홍길동, 채권자 겸 매수인 임꺽정의 배당액 중 금 3,000,000원에 대하여 이의가 있다고 진술. 채권자 겸 매수인 임꺽정, 임차권자 홍길동의 이의를 부인한다고 진술. 판사(사법보좌관), 매수인에게 위 이의한 금원에 상응하는 대금을 다음 배당기일까지 납부할 것을 명함. 속행(다음 배당기일 2009. O. O. 14 : 00)"으로 기재한다. 판사(사법보좌관)의 날인이 없는 확정되지 않은 배당표 원안은 조서 뒤에 별지로 첨부한다.

2) 채무의 인수

가) 일부 인수도 가능함

(1) 매수인은 매각조건에 따라 부동산의 부담을 인수하는 외에 배당표의 실시에 관하여 매각대금의 한도에서 관계채권자의 승낙을 얻어 대금지급에 갈음하여 관계채권자에 대한 채무자의 금전채무를 인수함으로써 인수한 채무에 상당한 매각대금의 지급의무를 면할 수 있다(민사집행법 제143조 제1항). 여기서 채무인수는 모든 채권자의 채무를 인수하여야 하는 것은 아니고 승낙을 얻은 일부 채권자의 채무만 인수할 수도 있다. 이때 인수되는 채무의 액수는 배당기일에 채권자가 매각대금에서 배당받을 채권액을 한도로 하므로 배당기일에서야 비로소 인수액이 확정된다(대법원 2018. 5. 30. 선고 2017다241901 판결).

채무 인수에 따른 대금지급의 경우에는 차액지급과 같은 '신고의 종기'가 없다. 채무인수의 신고인은 반드시 채권자(배당받을 수 있는 채권자)일 필요가 없다는 점도 차액지급의 경우와 다른 점이다.

채무인수신청서가 제출되면 문서건명부에 등재하여 이를 접수하고 경매사건기록에 시간적 접수순서에 따라 가철하며 인지는 붙일 필요가 없다(재민 91-1).

(2) 신청시 필요한 서면: ① 매수인의 채무인수신청서, ② 채권계산서, ③ 채무인수승낙서, ④ (채권자의) 인감증명서

[채무인수신고서(전산양식 A3428)]

○ ○ 지 방 법 원
채무인수신고서

허	부

사　　건　　20○○타경○○○○ 부동산임의(강제)경매
채 권 자　　○○○
채 무 자　　○○○
소 유 자　　○○○

매수인은, 다음과 같이 관계채권자(근저당권자)의 승낙을 얻었으므로 동 채권자에 대한 채무자의 채무를 매각대금의 지급에 갈음하여 인수하고(근저당권자의 근저당권은 존속시키고), 그 배당액 상당의 매각대금의 지급의무를 면제받기 위하여 민사집행법 제143조 제1항의 규정에 따라 신고합니다. 만일, 매수인이 인수한 채무에 대하여 이의가 제기된 때에는 매수인은 배당기일에 이에 해당하는 금액을 내겠습니다.

-다　　음-

□ 근저당권자 ○○○ (　　　-　　　)
서울 서초구 서초동 ○○○

덧붙임 : 1. 채무인수 승낙서 1부
2. 관계채권자의 인감증명서 1부

20○○. ○○. ○○.
신고인(매수인) ○○○ (날인 또는 서명)
전화번호 :

○○지방법원 ○○지원 귀중

※1. 관계채권자의 승낙서에는 반드시 인감을 날인하고, 신고서 제출일부터 6월 이내에 발행된 인감증명서를 붙여야 합니다.
2. 승낙자가 개인인 경우는 신고서 제출일부터 6월 이내에 발행된 주민등록 등본 또는 초본, 법인일 경우에는 법인등기부 등본 또는 초본을 붙여 주시기 바랍니다.

[채무인수에 관한 승낙서]

채무인수에 관한 승낙서

사　　건　　20　타경○○○(부동산강제경매)
매 수 인　　○ ○ ○
채 권 자　　○ ○ ○
채 무 자　　○ ○ ○

위 부동산강제경매사건에 있어서 경매의 목적물을 매수인이 매각허가를 받고, 매수인이 그 매각대금으로 납부할 금 OOO원의 한도 내에서 위 경매목적물의 제1번 저당권채권자로부터 채무자가 부담하는 동일한 조건으로, 다음 채무를 인수하여 매각대금 일부의 지급에 갈음할 것을 승낙합니다.

다　　음

금 300만원 및 20　.　.　부터 20　.　.　까지 년 2할의 비율에 의한 지연 손해금

20　.　.　.

위 채권자(1번 근저당권자) ○ ○ ○ ㉿

매수인 ○ ○ ○ 귀하

나) 채무인수의 신고가 있는 경우 경매절차의 진행방법

(1) 그리고 채무인수신청이 있는 경우에 실무상 채무인수신청서 상단에 고무인으로 '허·부'란을 만들어 담임법관(사법보좌관)의 지시를 받는데, 이는 매수인이 인수하려는 채무에 관하여 배당을 할 것인지 여부와 배당할 경우에 배당액에 공탁사유가 없는지를 미리 판단하게 하는 효과가 있을 뿐임은 차액지급의 경우와 같다. 또한 채무인수신청을 받아들이는 경우에 매각허가결정이 확정된 후이면 바로 배당기일을 정하면 되고, 따로 대금지급기한을 정할 필요가 없는 것도 차액지급의 경우와 같다.

(2) 채무인수의 경우에 매각대금과 인수한 채무와의 차액을 지급하면 되는데, 법원사무관등은 배당기일 3일 전에 배당표원안이 작성되면 매수인에 대하여 배당기일에 지급하여야 할 예상액을 전화나 팩스로 통지하는 것이 바람직하다.

(3) 채무인수의 경우도 배당기일조서 외에 대금지급조서를 작성하여야 함은 차액지급의 경우와 같다.

(4) 배당표에는 관계채권자(자신의 채무가 인수되는 배당권자)를 기재하여 배당표 작성하되 괄호 안에 채무인수라고 기재한다.[11)]

(5) 매수인이 관계채권자의 승낙을 얻어 매각대금의 지급을 갈음하여 채무를 인수한 경우 매수인이 현금으로 매각대금을 내는 것과 효과가 같다. 이러한 채무인수를 승낙한 관계채권자는 인수된 채무액 범위에서 채권의 만족을 얻은 것으로 보아야 하므로, 그 범위에서 채무자의 채무도 소멸하게 된다. 따라서 위 규정에서 정하고 있는 채무인수는 면책적 채무인수이다(대법원 2018. 5. 30. 선고 2017다241901 판결).

다) 주의할 점(=이의가 있는 부분에 대한 대금을 현실적으로 납부하여야 함)

(1) 인수할 채무에 관하여 적법한 이의가 있으면 매수인은 배당기일이 끝날 때까지 이에 해당하는 대금을 내야한다(민사집행법 제143조 제3항). 이 경우 이의가 있는 부분에 대한 대금을 현실적으로 납부받지 않은 채 배당절차를 마쳐서는 아니된다. 이 부분 역시 주의를 요한다.[12)]

대금을 내지 아니하면 재매각을 명한다.

결국 이의가 있는 경우 매수인은 배당기일에 "인수되고 남은 나머지 금액" 및 "다른 채권자가 이의한 금원에 상응한 대금"을 모두 납부하여야 하고, 그렇지 않은 경우 재매각을 명한다.

이의가 있을 경우에 내야할 대금은 나중에 배당이의가 종료되면 그 결과에 따라 재배당 또는 추가배당하여야 할 배당재단이 되는 것이므로 반드시 현금(금융기관 발행의 자기앞수표를 포함한다)만을 내야하고, 배당재단의 형성을 위하여 다시 현금화 절차와 추가비용이 필요한 유가증권이나 금융기관 발행의 지급보증서 등의 다른 담보는 제공할 수 없다.

(2) 이의가 있는 경우에 배당기일의 속행, 이의의 방법, 이의사유, 내야 할 대금 등과 채무인수신청서 및 채무인수에 대한 이의신청서의 접수 및 기록편철방법은 차액지급의 경우와 같다.

---

11) 관계채권자(자신의 채무가 인수되는 배당권자)를 배당표에 기재하는 이유는 관계채권자의 채권을 매수인이 모두 인수하는 경우에도 관계채권자가 채권의 일부만을 배당받기 때문에 그 일부에 해당하는 금원만을 매각대금에서 공제할 경우가 있을 수 있고, 채무인수가 있음을 배당표를 통하여 명확하게 알 수 있으며, 관계채권자들의 배당액에 대하여 다른 이해관계인이 배당이의를 할 수 있기 때문이다.

12) 윤경, 「부동산경매(입찰)의 실무(하)」, 법률정보센타(1999), 268

라) 인수되는 등기부상의 권리를 말소하여야 하는지 여부(말소대상이 아님)

(1) 민사집행법 제143조 제1항에 의하여 매수인이 매각대금의 지급에 갈음하여 채무를 인수한 경우에는 그 인수한 채무와 관계된 해당권리를 위하여 등기된 부담도 존속시켜야 하고 말소촉탁하여서는 아니 된다.

따라서 근저당권의 피담보채권을 인수할 경우 그 근저당권을 말소하여서는 아니 된다. 전세권 등도 마찬가지이다.[13)]

(2) 이때 집행법원이 말소되지 아니하는 근저당권 등의 등기에 관한 변경등기를 촉탁하여야 하는지 여부가 문제될 수 있다.

그러나 집행법원으로서는 당사자 사이의 구체적인 합의 내용은 모른 채 인수할 채무액만을 특정시켜 주는 것이고 변경등기의 촉탁에 관한 아무런 규정도 없으므로, 변경등기에 관하여는 집행법원이 촉탁할 사항은 아니고 당사자들이 처리하도록 하는 것이 타당하다.[14)]

마) 채무인수의 법적성격(=면책적 채무인수)

민사집행법 제143조 제1항에 따라 매수인이 관계채권자의 승낙을 얻어 매각대금의 지급을 갈음하여 채무를 인수한 경우 매수인이 현금으로 매각대금을 내는 것과 효과가 같다. 이러한 채무인수를 승낙한 관계채권자는 인수된 채무액 범위에서 채권의 만족을 얻은 것으로 보아야 하므로, 그 범위에서 채무자의 채무도 소멸하게 된다. 따라서 위 규정에서 정하고 있는 채무인수는 면책적 채무인수로 보아야 한다(대법원 2018. 5. 30. 선고 2017다241901 판결).

3) 차액지급 또는 채무인수 시 나머지 금액의 납부기일 및 납부액

가) 매수인이 대금의 지급에 갈음하여 채무인수(민사집행법 제143조 제1항)를 신청하였거나 또는 채권자인 매수인이 차액지급신고(민사집행법 제143조 제2항)를 한 경우에는 매각대금에서 인수하거나 매수인이 배당받을 금액을 제외한 '나머지 금액'을 '배당기일'에 내야 한다.

나) 여기서 말하는 '나머지 금액'이란 ① 차액지급의 경우에는「매각대금 - 매수신청보증으로 지급한 금액 - 매수인에 대한 배당액 - (경매신청채권자가 매수인일 때에는 집행비용)」이고, ② 채무인수의 경우에는「매각대금 - 매수신청보증으로 지급한 금액 - 인수한 채무액」이다.

13) 윤경,「부동산경매(입찰)의 실무(하)」, 법률정보센타(1999), 267

14) 민사집행법 실무연구[재판자료 제109집](2006년), 62

4) 차액지급 또는 채무인수의 맹점

차액지급이나 채무인수는 매수인에게는 매우 유리한 제도이다. 그럼에도 불구하고 이러한 제도도 커다란 약점이 있다.

차액지급의 경우 매수인이 배당받아야 할 금액에 대하여 이의가 있거나, 채무인수의 경우 인수한 채무에 관하여 이의가 있으면, 매수인은 배당기일이 끝날 때까지 이에 해당하는 대금을 내야하고(민사집행법 제143조 제3항), 이의가 제기된 부분에 대한 상당한 대금의 납입은 반드시 현실의 대금지급방법으로만 하도록 규정되어 있다. 매수인이 이를 납입하지 아니하면, 집행법원은 재매각을 명한다. 이 점을 채무자나 소유자가 악용을 하는 것이다.

즉 차액지급이나 채무인수의 경우 매수인은 배당받아야 할 금액이나 인수한 채무액을 공제한 잔액만을 매각대금으로 납부할 것으로 예상하고 자금계획을 세우게 되는데, 다른 채권자나 소유자 등이 이의를 할 경우 배당받을 금액만큼을 현실적으로 납부하는 것이 어렵게 되어 결과적으로는 재매각에 들어가는 경우가 많다.

이러한 맹점을 이용하여 채무자나 소유자 등이 '매수인이 인수한 채무나 배당받아야 할 금액'에 대하여 채무가 부존재한다는 사유 등을 들어 일단 무조건적으로 이의를 함으로써 사실상 재매각으로 유도함으로써 절차의 신속한 진행을 방해하는 경우가 실무에서는 종종 발생한다.

집행법원으로서는 채무자나 소유자로부터의 이의가 있는 경우 배당기일을 1-2주 속행하여 매수인에게 그 금액을 지급할 기회를 주지만, 속행된 배당기일에 그 대금을 내는 매수인은 극히 적은 실정이다.

결론적으로 차액지급이나 채무인수의 경우 채무자나 소유자는 '매수인이 인수한 채무나 배당받아야 할 금액'에 대하여 채무가 부존재한다는 사유 등을 들어 일단 무조건적으로 이의를 함으로써 매수인의 대금납부를 막아 경매절차의 진행을 손쉽게 방해할 수 있는 것이다.

3. 매수신청보증의 현금화 및 반환

가. 매수신청보증의 현금화

매수신청의 보증으로 금전 외의 것이 제공된 경우로서 매수인이 매각대금 중 보증액을 뺀 나머지 금액만을 낸 때에는, 법원은 보증(민사집행법 제102조 제2항에 따라 제공된 잉여보증을 포함한다)을 현금화하여 그 비용을 뺀 금액을 보증액에 해당하는 매각대금 및 이에 대한 지연이자에 충당하여야 한다(민사집행법 제142조 제4항).

나. 자기앞수표

자기앞수표는 집행법원에 제출되면 집행법원의 현금화명령이 없더라도 집행법원의 예금계좌가 있는 은행을 통하여 교환에 돌려지게 되어 현금화되므로 현금화절차가 필요 없다.

다. 자기앞수표 외의 유가증권인 경우의 현금화

1) 보증으로 제공된 것이 자기앞수표 외의 유가증권인 때에는 법원은 집행관에게 현금화하게 하여야 한다. 이 경우 현금화비용은 보증을 제공한 사람이 부담한다(민사집행규칙 제80조 제1항). 집행관은 민사집행법 제210조 내지 제212조의 규정을 준용하여 유체동산집행방법으로 현금화한 후 바로 그 대금을 법원에 제출하여야 한다(민사집행규칙 제80조 제3, 4항).

2) 보증이 유가증권으로 제공되어 있는 경우(매수신청의 보증제공을 유가증권으로 할 수 있는 경우는 민사집행법 제102조 제2항, 민사집행규칙 제54조 제1항 제2호의 잉여보증뿐이다)에는, 보증으로 제공된 유가증권을 출급하여 현금화하여야 하는데, 그 절차는 매각허가결정에 대한 항고보증으로 유가증권 등을 공탁한 경우에 그 항고보증을 출급하여 현금화하는 절차에 준하나, 다만 공탁된 유가증권과는 달리 매수신청의 보증으로 제출된 유가증권은 공탁물이 아니라 민사보관물에 해당하여 원칙적으로 담당 법원사무관등이 보관하고 예외적으로 주무과장이 지정하는 자가 보관하므로(재민 79-7), 공탁된 유가증권과 같은 출급절차를 거칠 필요는 없다. 따라서 보증이 유가증권으로 제공되어 있는 경우에는, 담임법관(사법보좌관)은 유가증권현금화명령을 발령하고, 법원사무관등은 이 유가증권현금화명령을 첨부하여 보관유가증권을 출급하여 집행관에게 인계하여 집행관으로 하여금 현금화한 후 비용을 뺀 금액을 법원보관금으로 제출하게 하면 된다(민사집행규칙 제80조 참조).

라. 보증서(지급보증위탁계약체결문서)의 현금화

1) 현금화방법

보증으로 제공된 것이 은행 등이 압류채권자 또는 매수인을 위하여 일정액의 금전을 법원의 최고에 따라 지급한다는 취지의 기한의 정함이 없는 지급보증위탁계약이 압류채권자 또는 매수인과 은행 등과의 사이에 체결된 사실을 증명하는 문서인 경우에는, 매수신청인이 매각대금을 납부하지 아니하면 집행법원은 지급보증위탁계약에 의하여 금전지급의무를 부담하고 있는 은행 등에 대하여 정하여진 금액의 납부를 최고하는 방법으로 현금화한다(민사집행규칙 제80조 제5항).

2) 최고시기

가) 최고시기는 매수신청인이 매각대금을 납부하지 아니한 것으로 확정되는 때인바, ① 차순위매수신고인이 있는 경우에는 그에 대한 매각허가결정이 있는 때[15]이고, ② 차순위매수신고인이 없는 경우에는 재매각기일 3일전까지는 대금을 지급할 수 있기 때문에(민사집행법 제138조 제3항) 재매각기일 3일전이다(재민 2004-3 제46조 제1항).

나) 매수신청인이 차액지급신고 또는 채무인수신고를 하고, 배당기일에 그 차액을 지급하지 아니하는 경우 납입할 대금이 보증금의 한도 내에 있는 때에는 배당기일을 연기하고, 집행법원은 즉시 보증금에 대한 납입을 최고하여야 한다[16](재민 2004-3 제46조 제2항).

3) 최고의 방법

법원사무관등은 보증금납부최고서(전산양식 A3399)를 작성하여 판사로부터 기명날인을 받은 다음 보증서 사본과 함께 보증회사에 등기우편[17]으로 발송하고(재민 2004-3 제46조 1항), 그 사본을 기록에 철한다.

4) 보증회사의 납입

보증회사는 보증금 납입의 최고를 받은 날로부터 5일 이내에 법원보관금취급규칙의 별지 제1-3호 서식의 법원보관금납부서를 작성하여 보관금 취급점에 보증금을 납부하여야 한다. 보증회사가 보증금을 납부하지 아니하면 즉시 법원행정처 송무국에 연락하여 조치를 받도록 한다.

---

15) 차순위매수신고인에 대한 매각결정기일은 최초의 대금지급기한 후 3일 안에 지정하고, 그 기간은 최초의 대금지급기한일로부터 2주 이내의 날로 정한다(재민 91-5).

16) 대금을 납부하지 않은 것으로 처리할 수 있으나, 보증서에 의하여 대금이 납부될 수 있는 경우라면 유효로 취급하여도 무방하기 때문이다(예컨대, 1,000만 원에 낙찰되어 100만 원의 보증서가 제출되고, 매수신청인이 최선순위채권자로서 배당받을 950만 원을 제외한 나머지 50만 원의 차액지급신고를 하고도 이를 납부하지 않았다면, 보증서에 기하여 이를 납부받을 수 있기 때문이다).

17) 나중에 최고에 따른 법률관계(지연손해금등)를 명백히 하기 위함이다.

5) 보증금의 반환 통지

보증회사의 보증금 납입 후 경매신청의 취하 또는 경매절차의 취소[18]가 있는 경우 법원사무관 등은 보증회사에 그 반환을 통지한다[19](재민 2004-3 제48조). 통지방법은 전화, 구두, 우편 등 연락가능한 방법으로 하면 된다. 보증회사는 일반적인 보관금 환급절차에 따라 환급을 받는다.

[보증금납부최고서(전산양식 A3399)]

○ ○ 지 방 법 원

보증금납부최고서

○○회사 ○○지점 귀하

다음 증권에 대하여 매수인의 매각대금 미납으로 인한 보험금 청구사유가 발생하여 보증금의 납입을 최고하오니, 이 최고서를 송달받은 날부터 5일 이내에 법원 보관금 취급점에 보증금을 납부하여 주시기 바랍니다.

○ 보증보험 계약자 및 보증금 청구 내용

증권번호		청구금액	
사건번호 (물건번호)		입금점 (보관금취급점)	○○은행 ○○지점
보험계약자 (매수신청인)	이름 　　　　　주소		

○ 경매물건 소유자 관련사항

이 름	
주민등록번호 (법인사업자등록번호)	
주 소	

첨부: 보증서 사본 1부

2020. . .

18) 이중경매사건에서는 후행사건도 취하 또는 취소되어야 한다.

19) 법원보관금취급규칙 21조에 의하면, 사건담임자는 사건이 종결되면 환급명령서를 발급받아 반환하도록 규정되어 있지만, 보증금이 고액이므로 보증회사로 하여금 적극적으로 환급절차를 취할 수 있도록 별도의 통지를 하도록 한 것이다.

판사(사법보좌관) ○○○ ㊞

[유가증권현금화명령]

○ ○ 지 방 법 원
유가증권현금화명령

사 건 20 타경 부동산강제(임의)경매
매 수 인

○○지방법원 소속 집행관에 대하여, 별지에 적은 유가증권을 유체동산집행방법에 따라 현금화하여 이 법원에 제출할 것을 명한다.

20 . . .
판사(사법보좌관) ○○○ ㊞

[금전지급최고서]

○ ○ 지 방 법 원
금전지급최고서

수 신 주식회사 ○○은행 ○○지점
사 건 20 타경 부동산강제(임의)경매
매 수 인 홍 길 동(650809-1234211)
(주소)

위 사건에 관하여, 매수인은 매수인을 위하여 일정액의 금전을 법원의 최고에 따라 지급한다는 취지의 기한의 정함이 없는 지급보증위탁계약이 매수인과 귀 은행 등과 사이에 체결된 사실을 증명하는 문서를 제출하여 매수신청을 하였는바, 매수인에 대한 매각허가결정이 확정되었으니 위 계약에 기한 금 ○○○원을 20 . . . 10 : 00까지 이 법원에 지급하여 주시기 바랍니다.

20 . . .
판사(사법보좌관) ○○○ ㊞

마. 매수신청보증의 반환

차순위매수신고인은 매수인이 대금을 모두 지급한 때 매수의 책임을 벗게 되고 즉시 매수신청의 보증을 돌려 줄 것을 요구할 수 있다(민사집행법 제142조 제6항).

압류채권자가 민사집행법 제102조 제2항에 따라 제공한 잉여보증도 압류채권자가 매수인이 되지 아니하였고, 매수인이 대금 전액을 지급한 경우에는 압류채권자에게 반환하여야 하고, 또한 매수인도 대금전액을 지급한 때에는 매수신청의 보증으로 제공한 지급보증위탁계약체결증명서 등의 반환을 요구할 수 있다.

이 경우 현금의 반환절차는 법원보관금취급규칙에서 정한 절차에 따르고, 매수인이나 압류채권자, 차순위매수신고인에 대한 유가증권, 지급위탁계약체결증명서의 반환은 민사보관물 관리에 관한 예규(재민 79-7)에서 정한 절차에 따른다.

4. 대금지급조서

구 민사소송법은 대금지급기일제도를 채택한 결과 대금지급기일에 대금을 지급한 경우에는 법원사무관등은 대금지급기일조서를 작성하였고, 나아가 대금지급기일이 지난 후에 대금과 지연이자 및 절차비용을 지급한 경우에도 대금지급조서를 작성하였는바, 현행법은 대금지급기한을 채택하였으므로, 대금지급기일조서를 작성할 여지는 없고, 대금지급조서만을 작성하면 될 것이다.

매수인이 본래의 대금지급기한이 지난 후에 대금과 지연이자 및 절차비용을 지급하였을 때는 지연이자와 절차비용까지 지급하였다는 취지를 적는다.

한편 조서에 적어야 할 사항 중 기일은 매수인이 대금을 모두 지급한 때를, 장소는 대금지급기한통지서에 지급장소로 적은 민사집행과를 적는 것이 통상이다.

[서식: 대금지급조서]

○ ○ 지 방 법 원

대금지급조서

사 건 20 타경 부동산강제(임의)경매

일 시 20 . . . :

장 소 민사집행과

\- -

매 수 인

① 매각대금을 지급하다.
해당 물건번호 : 1
② 매각대금과 지연이자(및 절차비용을)를 지급하다.
해당 물건번호 : 1

법원사무관 ㊞
판사(사법보좌관) ㊞

주 : ① 대금지급기한까지 대금을 납부한 경우의 기재례
② 대금지급기한이 지난 후 재매각기일의 3일 이전까지 대금을 납부한 경우의 기재례

민사집행법 142②, 138③, 268
* 매각대금 외에 지연이자 및 절차비용을 지급하였을 때는 '매각대금과 지연이자 및 절차비용을 지급하다'라고 적는다.

[서식: 대금지급조서(미지급의 경우)]

○ ○ 지 방 법 원
대금지급조서

사 건 20 타경○○ 부동산강제경매
일 시 20 . ○○. ○○ 10 : 00
장 소 민사집행과

매수인
매각대금을 지급하지 아니하다.
해당 물건번호 : 1

법원주사 ○ ○ ○

판사(사법보좌관) ○ ○ ○

Ⅲ. 매수인의 대금지급의무불이행과 법원의 조치

매수인이 대금지급기한내에 그 의무를 이행하지 않을 경우에 집행법원이 어떠한 절차를 취할 것인가는 차순위매수신고인이 있고 없음에 따라 다르다.

1. 차순위매수신고인에 대한 매각허가여부의 결정

1) 차순위매수신고인이 있는 경우에 매수인이 대금지급기한까지 그 의무를 이행하지 아니한 때에는 차순위매수신고인에게 매각을 허가할 것인지를 결정하여야 한다(민사집행법 제137조 제1항 본문). 따라서 법원은 매각결정기일을 새로 지정하여 차순위매수신고인에 대한 매각허가여부의 결정을 하고 매각허가결정이 확정되면 대금지급기한을 지정하여 이후의 매각절차를 진행하고, 매각불허가결정이 확정되면 직권으로 재매각을 실시한다.

다만 매수인이 매수신청의 보증으로 금전 외의 것이 제공된 경우로서 매각대금 중 보증액을 뺀 나머지 금액만을 낸 때에는 법원이 그 보증을 현금화하여 그 비용을 뺀 금액을 보증액에 해당하는 매각대금 및 이에 대한 지연이자에 충당하고, 모자라는 금액이 있으면 다시 대금지급기한을 정하여 매수인으로 하여금 내게 하여야 하고(민사집행법 제142조 제4항), 차순위매수신고인에게 매각을 허가할 것인지를 결정할 것은 아니다(민사집행법 제137조 제1항 단서).

2) 매수인이 대금을 납부하지 아니하여 차순위매수신고인에 대한 매각허가결정이 있는 때에는 매수인은 매수신청의 보증을 돌려 줄 것을 요구하지 못한다(민사집행법 제137조 제2항). 위 보증은 배당할 금액(민사집행법 제147조 제1항)에 포함된다(민사집행규칙 제79조).

3) 차순위매수신고인에 대한 매각결정기일은 최초의 대금지급기한 후 3일 안에 지정하되, 최초의 대금지급기한 후 2주 안의 날로 정하여야 한다(재민 91-5).

차순위매수신고인에 대한 매각허가여부의 결정에 관한 절차도 최고가매수신고인에 대한 매각허가여부의 결정에 관한 절차와 같다. 따라서 차순위매수신고인에 대한 매각허가여부의 결정도 반드시 이를 매각결정기일에 선고하여야 한다.

4) 최고가매수신고인에 대한 매각허가결정이 항고심이나 재항고심에서 취소된 경우에는 차순위매수신고인이 있더라도 민사집행법 제137조가 적용될 여지가 없으므로 집행법원은 새 매각기일을 정하여 매각절차를 진행한다.

2. 재매각

가. 의의

재매각은 매수인(차순위매수인이 매각허가를 받은 경우를 포함한다)이 대금지급기한 또는 민사집행법 제142조 제4항의 다시 정한 기한까지 대금지급의무를 완전히 이행하지 아니하였고,[20] 차순위매수신고인이 없는 때에는 법원이 직권으로 다시 실시하는 매각을 말한다(민사집행법 제138조 제1항).

재매각은 매각절차를 다시 실시하는 점에서 새 매각과 같으나, 재매각은 매각허가결정 확정 후 매수인의 대금지급의무불이행을 원인으로 함에 반하여, 새 매각은 매각허가결정에 이르지 아니하였거나 매각허가결정의 확정에 이르지 아니한 경우에만 실시하는 점에서 구별된다.

매수인이 재매각명령 전에 매각대금 및 지연이자와 절차비용을 지급한 경우에는 재매각절차를 진행할 필요가 없다(민사집행법 제138조 제3항 참조).

나. 재매각의 요건

1) 매수인이 매각대금지급의무를 완전히 이행하지 아니하였을 것

매각대금지급의무를 완전히 이행하지 아니하면 재매각이 실시되므로 일괄매각된 여러 개의 부동산 중 일부 부동산의 매각대금에 상당하는 대금지급만이 있을 때에는 의무를 완전히 이행한 것이라고 볼 수 없고, 또 여러 사람이 동일 부동산을 매각허가받은 경우에 공동매수인 내부관계에서는 부담부분이 정하여져 있더라도 법원에 대하여는 연대하여 전액을 지급할 의무가 있으므로 그 중 1인만이 그 부담액만을 납부하고 그 나머지는 납부하지 아니하는 경우에는 매수인들은 그 의무를 완전히 이행한 것이라고 볼 수 없다. 판례도 민사집행법 제140조 제3항에 따라 각자 우선매수신고를 한 여러 사람의 공유자에게 공유지분의 비율에 따라 공동으로 채무자의 지분을 매수하게 한 경우 그 공유자들이 대금지급기한까지 매각대금 전액을 납부하지 않은 때에는 민사집행법 138조에 따라 채무자의 지분 전부의 재매각을 명하여야 한다는 입장이다(대법원 2012. 3. 9.자 2011그316 결정).

2) 매수인이 대금지급기한 또는 민사집행법 제142조 제4항의 다시 정한 기한까지 이행하지 아니하였을 것

따라서 매수인이 위 기한까지 대금지급의무를 불이행하면 재매각을 명할 수 있다.

3) 차순위매수신고인이 없을 것

매수인이 대금지급기한까지 그 의무를 이행하지 아니하였더라도 차순위매수신고

---

20) 일괄매각된 여러 개의 부동산 중 일부 부동산의 대금만 내거나, 한 부동산의 공동매수인 중 일부가 내부관계상 자기의 의무를 이행하였어도 전체적으로 대금을 다 내지 아니하면 완전한 의무이행이 아니다.

인이 있는 경우에는 바로 재매각을 명할 수 없고 그에 앞서 차순위매수신고인에 대한 매각허가여부를 결정하여야 한다(민사집행법 제137조 제1항 본문).

따라서 차순위매수신고인이 있는 경우에는 그에 대한 매각불허가결정이 확정되거나, 차순위매수신고인에 대하여 매각허가결정이 확정되었지만 차순위매수신고인도 대금지급기한까지 대금을 지급하지 않은 때에 비로소 재매각을 실시할 수 있다.

4) 의무불이행이 재매각명령 시까지 존속할 것

매수인은 지급기한이 지난 후에도 재매각기일의 3일 이전까지는 대금지급을 할 수 있기 때문에(민사집행법 제138조 제3항) 재매각명령 전에 대금을 지급한 때에는 재매각의 요건을 구비하지 못한 것으로 된다.

다. 재매각의 대상

재매각의 대상으로 되는 목적물은 원칙으로는 매수인에게 매각허가 되었던 부동산이다. 다만, 당초 여러 개의 부동산에 대한 매각실시를 하였으나 민사집행법 제124조의 과잉매각으로 되어 일부 부동산에 대하여서만 매각허가를 하고 나머지 부동산에 대하여서는 매각불허가를 하였다가 매수인이 대금을 지급하지 아니하여 그 부동산에 대하여 재매각을 실시하게 된 경우에 법원은 필요하다고 인정하면 앞서 과잉매각으로 매각허가를 하지 아니하였던 부동산도 함께 매각에 부칠 수 있다. 이 경우에 매각불허 된 부동산의 경매는 재매각이 아니므로 전의 매수인의 매수금지의 문제는 생기지 아니한다.

라. 재매각명령

1) 발령

집행법원은 재매각의 요건이 구비되면 재매각명령을 발하여야 하고, 그 사유발생일부터 1주 안에 재매각기일을 지정하고 통지하여야 한다(재민 91-5).

재매각을 명함에 있어 경매개시결정을 다시 할 필요는 없고 재매각명령서를 작성하여 이를 집행기록에 가철하여 두었다가 후일 매각기일공고절차를 완료하여 재매각을 실시할 때에 집행기록과 함께 집행관에게 교부한다. 재매각명령이 발령되면 종전의 매각허가결정은 당연히 실효된다.

재매각명령을 전의 매수인 기타 이해관계인에게 고지할 필요는 없다. 재매각기일은 통지하여야 한다.

2) 불복신청

재매각명령에 대하여는 이해관계인이 집행방법에 대한 이의로서 불복할 수 있다. 이 불복은 재매각기일이 종결될 때까지 할 수 있다.

[재매각명령서 양식]

○ ○ 지 방 법 원

재매각명령

사　　건　20 타경　　부동산강제(임의)경매
채 권 자
채 무 자
소 유 자

매수인 ○○○가 이 법원이 정한 대금지급기한인 20 .　.　.　:　까지 대금납부의무를 이행하지 아니하였으므로 별지 기재 부동산에 대한 재매각을 명한다.

20 .　.　.

판사(사법보좌관)　　　㊞

민사집행법 138①, 268

마. 재매각절차

1) 매각조건

재매각절차에도 전의 매수인이 최고가매수신고인으로 불렸던 매각기일에 정하여졌던 최저매각가격, 그 밖의 매각조건이 재매각 절차에 그대로 적용된다(민사집행법 제138조 제2항). 최저매각가격을 저감하거나 前의 매수인이 응찰하였던 가격을 최저매각가격으로 정하여서는 안 된다.

즉 재매각은 전의 매수인이 최고가매수신고인으로 호명받은 매각기일부터 재개·속행되는 것이므로 재매각명령 후 최초의 재매각기일의 최저매각가격 기타 매각조건에 대하여는 전의 매수인이 최고가매수신고인으로 호명받은 매각기일에 있어서 정하여졌던 최저매각가격 기타 매각조건이 그대로 적용되어 재매각기일에서는 그 매각조건에 따라 매각을 실시하여야 한다. 따라서 민사집행법 제97조 제1항에 의하여 감정인이 처음 평가한 금액이나 전의 매수인이 매수신고한 가격을 최저매각가격으로 하여 재매각을 실시하여서는 안 된다(대법원 1975. 5. 31.자 75마172 결정).

또한 재매각 직전의 매각기일에 있어서의 최저매각가격을 저감하여 이를 재매각에 있어서의 최저매각가격으로 하여서도 안 된다. 이해관계인간에 매각조건의 변경에 관하여 합의가 있으면 일반의 원칙에 따라서 종전의 매각조건을 변경할 수 있고 또 법원도 직권으로 매각조건을 변경할 수 있다. 실무에서는 재매각의 경우 직권으로 매수신청의 보증금액을 변경하여 최저매각가격의 10분의 2로 정한 금액을 보증으로 보관하게 하고 있다(민사집행규칙 제63조 제2항).

[매수신청보증에 관한 변경 결정문례]

○ ○ 지 방 법 원

결 정

사 건 20 타경 부동산강제(임의)경매
채 권 자
채 무 자
소 유 자

주 문

매수신청의 보증액을 최저매각가격의 10분의 2로 한다.

이 유

이 사건에 관한 매수신청의 보증을 달리 정함이 상당하다고 인정되므로 민사집행규칙 제63조 제2항에 의하여 주문과 같이 결정한다.

20 . . .

판사(사법보좌관) ㊞

민사집행법 113, 268, 민사집행규칙 63, 194

2) 재매각기일의 지정·공고·통지·실시

가) 법원이 재매각을 명한 때에는 즉시 재매각기일을 지정하여 일반의 매각절차와 같은 방법으로 이를 공고하여야 한다.

재매각기일은 그 공고일로부터 2주 후 20일 안의 날로 정하여야 한다(재민 91-5, 민사집행규칙 제56조).

재매각기일도 일반의 매각기일의 경우와 마찬가지로 이해관계인에게 통지를 하여야 한다(민사집행법 제104조 제2항). 전의 매수인은 이해관계인이 아니므로 통지할 필요가 없다. 판례도 공유물지분에 대한 경매에서 우선매수권을 행사하여 매각허가결정을 받은 공유자가 대금지급기한까지 대금을 지급하지 않아 재매각절차가 진행된 경우 재매각절차에서 '전의 매수인'에 해당하는 공유자에 대한 매각기일과 매각결정기일의 통지가 누락되었다고 하더라도 이를 위법하다거나 민사집행법 제121조 제1호에 정한 매각허가 이의사유인 '집행을 계속 진행할 수 없는 때'에 해당한다고 볼 수 없다는 입장이다(대법원 2014. 9. 2.자 2014마969 결정).

나) 재매각기일의 절차는 민사집행법 제138조의 특별규정에 의하는 경우 외에는 모두 일반의 부동산 매각기일의 절차에 따른다. 다만, 재매각에서는 전의 매수인은 매수신청을 할 수 없다(민사집행법 제138조 제4항).

재매각기일에 매수신고가 없거나 최저매각가격에 미달하여 허가할 매수가격의 신고가 없는 때에는 일반 매각절차의 경우와 마찬가지로 민사집행법 제119조의 규정에 따라 새 매각기일을 지정한다.

바. 재매각절차에서 전의 매수인에 대한 효력

1) 매수신청의 불허

재매각절차에서는 전의 매수인은 매수신청을 할 수 없다(민사집행법 제138조 제4항).

전의 매수인은 그 재매각기일뿐만 아니라 그 사건의 경매가 완료될 때까지 당해 물건에 관한 일체의 매각절차에 참가하여 매수신고인이 될 수 없다.

2) 매수신청보증의 반환 불허

가) 일반론

매수인이 대금을 납부하지 아니하여 바로 재매각절차에 들어간 때 또는 차순위 매수신고인에 대한 매각불허가결정을 거쳐 재매각절차에 들어간 때에는 전의 매수인은 매수신청의 보증을 돌려줄 것을 요구하지 못하며(민사집행법 제138조 제4항), 전 매수인이 제출한 매수신청의 보증은 배당재원에 충당된다(민사집행법 제147조 제1항 제5호). 재매각의 결과 매각대금이 재매각 전의 매각대금보다 다액인 경우에도 역시

반환청구를 하지 못한다.

그 보증이 유가증권인 때에는 법원은 집행관에게 현금화하게 하여 그 비용을 뺀 금액을 배당할 금액에 산입하여야 한다(민사집행규칙 제80조).

나) 매각절차의 취소, 경매신청의 취하의 경우 보증의 반환

재매각명령 후 매각절차가 취소되거나 경매신청이 적법하게 취하된 때에는 매각절차의 속행이 없어진 결과가 되므로 전의 매수인은 매수신청의 보증의 반환을 청구할 수 있다. 다만, 이중경매에서 선행사건이 취소 또는 취하된 경우에도 후행사건에 의하여 재매각절차가 계속 진행되는 한 후행절차는 선행절차의 속행이라는 성격을 지니는 것이므로 반환청구가 불가능하다. 따라서 후행사건마저 취소 또는 취하되어야 매수신청의 보증의 반환청구가 가능하다.

다) 부동산이 없어지거나 남을 가망이 없어 경매를 취소한 경우 보증의 반환

재매각으로 들어간 후에 부동산이 없어지거나(민사집행법 제96조 제1항) 또는 최저매각가격을 저감한 결과 민사집행법 제102조(남을 가망이 없을 경우의 경매의 취소)를 적용하여 매각절차를 취소한 경우에도 전의 매수인은 보증금을 반환받을 수 있다. 매수신청의 보증은 전의 매수인의 대금 미납이라는 의무불이행으로 인하여 이해관계인에게 생긴 손해를 담보하기 위한 것이라고 보기 어렵고, 보증금의 몰수는 매각절차가 적법하게 진행되어 보증금이 배당할 금액에 산입되어 배당에 제공되는 것을 전제로 하는 것이기 때문이다.

다만 재매각을 하는 경우의 남을 가망이 없을 경우에 해당하는지 여부는 재매각시의 최저매각가격만을 기준으로 판단할 것이 아니라, 재매각기일의 최저매각가격과 전의 매수인이 제공한 보증금 중 반환하지 아니하는 금액의 합계액이 압류채권자의 채권에 우선하는 부동산의 모든 부담과 절차비용을 넘지 않는지 여부를 가지고 판단하여야 한다.

라) 대지와 건물의 일괄재매각 후 건물에 대한 보존등기가 말소되어 매각허가결정을 취소하고, 건물 부분에 대한 경매개시결정을 취소한 경우 보증금의 반환 여부

(1) 문제점 제기

대지 및 지상건물 일괄매각 후 대금 미납으로 재매각을 하여 매수인에 대한 매각허가결정이 확정되었으나, 건물에 대한 보존등기의 말소를 명하는 판결이 확정되자 민사집행법 제127조에 따라 대지와 건물에 대한 매각허가결정을 취소하고, 나아가 건물에 대한 경매개시결정을 취소하고, 건물 부분에 관한 경매신청을 각하한 다음,

대지에 대한 경매절차를 다시 진행하는 경우 前 경매에서 대금을 미납한 전의 매수인에게 보증금을 반환하여야 하는지가 문제된다.

(2) 견해의 대립

(가) 제1설(소극설): 경매절차가 전체로서 취소된 것은 아니기 때문에 보증금을 반환할 수 없다.

(나) 제2설(대지와 건물 가액 비율대로 안분하여 건물 부분에 관한 금액을 돌려주어야 한다는 견해): 남은 대지에 대한 매각절차에서 배당재단을 이루는 것은 매각대상인 대지의 매각대금인데, 종전 매수인의 보증금(대지 및 건물의 감정가의 1/10 상당)은 대지와 건물에 관한 부분이 함께 포함되어 있으므로, 건물 부분과 관련한 비율만큼의 보증금은 재매각대상인 대지와 무관한 것인데도 대지의 배당재단에 들어가서 대지의 이해관계인들에게 배당된다는 것은 부당하므로, 건물 부분에 상응하는 만큼의 보증금은 반환하여야 한다.

(다) 제3설(적극설): 남아 있는 토지에 대한 매각절차는 종전의 일괄매각의 재매각절차라고 보기는 어려우므로 전 매수인에게 보증금을 전액 반환하는 것이 옳다. 대금미납으로 인한 재매각절차가 다른 사정으로 취소된 것이고, 토지에 대한 매각은 최저매각가격의 결정부터 새로 하여야 하는 것이므로 민사집행법 제138조 제4항의 재매각절차라고 보기는 어렵다.

(3) 결론(= 제3설 찬성)

제3설이 타당하다.

만일 재매각절차에서 집행법원이 건물 부분에 대한 매각허가결정(또는 경매절차)만을 취소하고, 재매각절차의 매수인에게 건물 부분에 상응하는 만큼의 매각대금을 감액하여 준 채 대지부분에 대한 대금을 납부받아 배당까지 나아갔다면, 제2설이 타당하다.

그러나 위 사안에서는 대지만의 취득으로는 매수목적을 달성할 수 없다고 보아 집행법원이 대지 및 건물 전체에 대한 매각허가결정을 취소하였으므로, 그 후 진행되는 대지에 대한 매각절차를 종전 매각절차의 재매각절차라고 보기 어렵다. 집행법원이 위와 같이 판단한 이상 어차피 대지와 건물 전체의 일괄매각절차는 이루어질 수 없으므로 누가 매수인이 되든지 그 매각허가결정은 취소되어 매수신청의 보증금을 돌려주어야 하기 때문이다.

마) 채권자에게 배당하고 남는 금액이 있는 경우 매수신청보증의 반환 여부

(1) 남는 금원의 반환 여부

전의 매수인의 입찰보증금이 배당재단에 포함되어 채권자에게 배당하고 남는 금액이 있는 경우 전의 매수인의 입찰보증금을 보증을 제공한 전의 매수인에게 돌려줄 수 있는지 여부가 문제된다.

이에 관하여는 Ⓐ 전의 매수인의 입찰보증금이 배당재단에 포함되어 채권자에게 배당하고 남는 금액이 있는 경우 이를 모두 소유자인 채무자에게 잉여금으로 지급하는 것은 전의 매수인의 입찰보증금까지도 채무자에게 지급하는 결과를 초래하게 되므로 민사집행법 제147조 제2항의 규정을 유추 적용하여 그 입찰보증금 한도 내에서 보증을 제공한 전의 매수인에게 반환하여야 한다는 견해(적극설)와 Ⓑ 민사집행법에 항고보증금에 대하여만 위 반환 규정이 있고 전의 매수인의 입찰보증금에 대하여는 반환규정이 없을 뿐만 아니라, 채권자에게 배당하고 남는 금원이 모두 전의 매수인의 입찰보증금으로 볼 수도 없고, 입찰보증금은 항고보증금과는 달리 경매절차지연에 따른 이해관계인들의 손해보전의 성격도 가지는 점을 고려하면 설사 전의 매수인의 입찰보증금이 배당재단에 포함되어 채권자에게 배당하고 남는 금액이 있는 경우에도 전의 매수인에게 반환하여서는 안 되며, 이를 모두 소유자인 채무자에게 잉여금으로 지급하여야 하므로 민사집행법 147조 2항의 규정을 전의 매수인의 입찰보증금에 유추 적용하여서는 안 된다는 견해(소극설)의 대립이 있다.

항고보증금은 항고의 남용을 통한 경매절차지연을 방지할 목적으로, 입찰보증금은 매각대금납부를 담보하기 위한 목적으로 각 그 보증을 제공하게 하고 있어 그 취지가 다르며, 민사집행법에는 항고보증금에 대하여만 위 반환 규정을 두고 있는 점에 비추어 소극설이 타당하다.

바) 근저당권자가 채권최고액을 초과하는 금액을 채권신고 하였을 경우 매수신청보증의 반환 여부

실채권액이 근저당권의 채권최고액을 초과하고 있고 근저당권자가 경매신청서 또는 채권계산서에 의하여 그 초과액까지도 청구하고 있을 경우에 "매각대금으로 그 최고액을 변제하고도 잔액이 있으며 그 잔액으로부터 변제받을 후순위권자도 없는 때"에는 "근저당권설정자와 채무자가 동일한 경우"라면 근저당권자에게 채권최고액 초과 부분도 배당한다(대법원 1992. 5. 26. 선고 92다1896 판결).

문제는 이런 경우에 배당절차에서 채권자에게 배당하고 남은 금액이 있으면, 근저당권자에게 채권최고액을 한도로 모든 채권자에게 배당하고 남는 금액을 전의 매

수인에게 반환하여야 하는지 아니면 채권최고액 초과부분까지도 전부 배당하고 남을 경우에만 그 남은 금액을 전의 매수인에게 반환하여야 하는지 여부이다.

근저당권자에게 채권최고액 초과부분까지도 배당하려면 소유자에게 지급할 잉여금이 있어야 하는데 위와 같은 경우에는 전의 매수인에게 반환되어야 하는 금원이기 때문에 소유자에게 지급할 잉여금이라고는 할 수 없으므로, 근저당권자에게는 채권최고액까지만 배당하고 남는 금액은 전의 매수인에게 반환하여야 한다.

3) 경매취하에 대한 동의권자에서 제외

재매각명령이 내려진 이후 전의 매수인이 법정의 대금 등을 지급하지 아니한 상태에서 경매신청인이 경매신청 자체의 취하로써 매각절차를 종결시키고자 하는 경우 원래의 대금지급기한까지 그 의무를 이행하지 아니하여 재매각절차를 야기한 전의 매수인은 민사집행법 제93조 제2항이 규정하는 경매신청 취하에 대한 동의권자에 해당하지 아니한다(대법원 1999. 5. 31.자 99마468 결정).

4) 차순위매수신고인에 대한 매각허가결정 후부터는 전의 매수인의 매각대금납부의 불허

민사집행법 제137조 제2항에서 최고가매수신고인이 대금납부 후 보증금 몰취의 제재를 받는 시점을 차순위매수신고인에 대한 매각허가결정이 있는 때로 정하고 있는 점을 고려하면, 차순위매수신고인이 매각허가결정을 받으면 그때부터는 차순위매수신고인이 새로운 매수인으로 우선하게 되고, 그 이전의 단계에서는 최고가매수신고인이 우선하여 대금을 납부할 수 있다.

3. 재매각절차의 취소

가. 의의

매수인이 재매각기일의 3일 이전까지 대금, 그 지급기한이 지난 뒤부터 지급일까지의 대금에 대한 연 100분의 12(민사집행규칙 제75조)의 비율에 의한 지연이자와 절차비용을 지급한 때에는 재매각절차를 취소하여야 한다(민사집행법 제138조 제3항).

재매각취소를 인정하는 취지는, 재매각절차라는 것이 전의 매수인의 대금지급의무의 불이행에 기인하는 것이어서 전의 매수인이 매각대금을 완전히 지급하려고 하는 이상 구태여 번잡하고 시일을 요하는 재매각절차를 반복하는 것보다는 최초의 매각절차를 되살려서 그 대금 등을 수령하는 것이 신속한 절차진행을 위하여 합당하기 때문이다(대법원 1999. 11. 17.자 99마2551 결정). 재매각취소결정이 있으면 일단 효

력이 상실된 매각허가결정이 부활하고 매수인은 확정적으로 소유권을 취득하게 된다.

전의 매수인이 재입찰절차의 취소를 구하기 위하여 법정의 대금 등을 지급함에 있어서는 채무인수방식의 특별지급은 허용되지 아니한다(대법원 1999. 11. 17.자 99마2551 결정).

나. 취소의 요건

1) 재매각기일의 3일 이전까지 지급할 것

가) "재매각기일의 3일 이전까지"의 의미

"재매각기일의 3일 이전까지"라 함은 재매각기일의 전일부터 소급하여 3일이 되는 날까지를 의미한다(대법원 1992. 6. 9.자 91마500 결정). 예컨대 재매각기일이 1월 10일이면 1월 9일부터 역산하여 3일이 되는 날은 1월 7일이 되므로 1월 7일까지 대금 등을 납부한 때에는 재매각절차를 취소한다.

3일이 되는 날(위 예에서 1월 7일)이 일요일 기타 공휴일이면 그 익일(위 예에서 1월 8일)이 대금 등의 납부로 재매각절차의 취소를 구할 수 있는 날의 말일이 된다. 이때 지연이자 계산기간은 본래의 대금지급기일 다음날부터 실제의 대금납부일까지이다.

나) 기간입찰의 경우 (="입찰기간의 3일 이전"까지)

기간입찰의 경우에는 "재매각기일의 3일 이전"이 아니라 "입찰기간의 3일 이전"까지만 대금을 지급할 수 있다고 보아야 한다.

민사집행법 제138조 제3항은 기일입찰에서는 매각기일에 들어가지 않은 이상 매수희망자가 입찰표를 제출할 수 없으므로 그 3일 이전까지는 대금을 지급받더라도 매수희망자에게 별다른 피해가 가지 않음을 전제로 한 규정이기 때문이다.[21] 입찰공고 이후에는 매수희망자의 보호를 위하여 원칙적으로 매각기일의 변경이 허용되지 아니하는 것처럼 입찰기간 3일 전의 이후에는 매수희망자의 보호를 위하여 재매각기일을 취소하여 대금을 납부받을 수는 없다고 봄이 타당하다. 재매각절차를 반복함이 없이 신속한 절차진행을 하는 것이 필요하다고 하여도 재매각절차에서 입찰에 새로운 이해관계를 가진 매수신고인의 권리를 침해하면서까지 전의 매수인을 보호할 필

---

21) 대법원 1999. 11. 17.자 99마2551 결정은 재매각취소를 인정하는 취지에 관하여 "번잡하고 시일을 요하는 재매각절차를 반복하는 것보다는 대금 등을 수령하는 것이 신속한 절차진행을 위하여 합당하기 때문"이라고 판시하고 있는바, 그 판시내용은 정당하나 이는 기일입찰만 있던 구법시대의 판결이므로, 기간입찰의 경우에까지 절대적으로 적용될 수는 없다.

요는 없는 것이다.

위와 같은 해석은 민사집행법 제138조 제3항의 법문(명문)에 반한다는 비판이 있을 수 있으나, 위 조항에서 말하는 "재매각기일"이란 기간입찰의 경우 개찰기일만을 의미하는 것이 아니라 입찰기간까지 포함하는 개념이라고 할 것이다. 민사집행규칙 제56조도 "매각기일"에 관하여 "기간입찰의 방법으로 진행하는 경우에는 입찰기간의 개시일"이라고 괄호 안에 규정하고 있다.

다) 위 3일 전의 이후라도 재매각기일 전에 매수인이 대금납부를 원할 경우의 처리

위 3일 전의 이후라도 재매각기일 전에 매수인이 대금납부를 원할 경우 재매각기일을 변경하여 대금납부를 허가하는 것이 다수의 실무례이다. 이때 재매각기일의 통지를 위한 송달을 이미 하였다면 절차비용을 포함시켜 납부받아야 한다.

라) 재매각기일이 변경되거나, 재매각기일에 허가할 매수가격의 신고가 없는 경우 등

① 재매각기일이 변경되어 새 매각기일이 지정된 경우에 그 새 매각기일은 물론, ② 재매각기일에 허가할 매수가격의 신고가 없어 민사집행법 제119조의 규정에 의하여 새 매각기일이 정해진 경우, ③ 재매각기일에서 최고가매수신고가 있었지만 매각불허가결정이 확정되어 새 매각기일이 정해진 경우에 그 새 매각기일도 종전의 매각절차에 대한 관계에 있어서는 재매각기일이므로 매수인이 그 기일의 3일 이전까지 그 대금 등을 지급하면 재매각절차를 취소하여야 한다.[22)]

3일 이전의 요건을 갖추지 못하였기 때문에 법원이 그 대금수령을 거부하고 재매각명령을 하였지만 매수신청이 없어서 새 매각기일을 정한 경우에 이에 의하여 전의 매수인의 대금의 제공이 적법한 것으로 되는 것은 아니므로 전의 매수인으로서는 속행된 새 매각기일의 3일 이전까지 다시 대금 등을 지급하지 않으면 재매각절차의 취소를 구할 수 없다.

2) 매수인이 대금, 지연이자와 절차비용을 지급하였을 것

가) 대금, 지연이자와 절차비용

「대금」이라 함은 매각허가결정에 기재되어 있는 매각대금을 말한다. 다만 매수신청의 보증으로 현금 또는 자기앞수표를 제공한 경우에는 그 보증으로 제공된 금액(단 자기앞수표 추심에 수수료가 든 경우에는 수수료를 뺀 금액)은 공제된다(민사집행법 제142조 제3항, 제4항).

「지연이자」라 함은 대금지급기한 말일의 다음날부터 기산하여 현실로 대금을

22) 윤경, 「부동산경매(입찰)의 실무(하)」, 법률정보센타(1999) 271쪽.

지급한 날까지의 매각대금에 대한 연 100분의 12(민사집행규칙 제75조)의 비율에 의한 이자(매각대금×0.12×지연일수/365)를 말한다. 대금납부기한 경과 후 실제 지급기일까지 강제집행정지결정으로 인해 경매절차가 정지된 경우에는 실무상 정지된 기간 동안의 지연이자를 공제한 나머지 금액을 납부받고 있다.

'절차비용'이라 함은 재매각기일공고·통지비용, 재매각절차취소결정의 고지비용 등이다. 이러한 금액의 지급은 대금지급기한내에 납부할 대금의 납부방법과 동일하다. 즉 매수인은 법원으로부터 납부명령서를 받아 법원보관금취급점에 비치되어 있는 납부서를 작성하여 취급점에 납부한다(법원보관금취급규칙 제9조). 위 금액을 납부한 매수인은 영수증을 첨부하여 그 취지를 집행법원에 신고하는 것이 바람직하다. 재매각절차취소시한이 경과할 우려가 있기 때문이다.

나) 채무인수 또는 상계의 방식에 의한 대금지급 불가

전의 매수인이 재매각절차의 취소를 구하기 위하여 대금 등을 지급함에 있어서 민사집행법 제143조가 규정하고 있는 채무인수 또는 상계의 방식에 의한 특별지급방법은 허용할 수 없다(대법원 1999. 11. 17.자 99마2551 결정). 재매각기일 전에 매수인이 상계 또는 채무인수 신청을 할 경우 이를 대금납부로 보아 재매각명령을 취소할 수는 없다. 현실적으로 대금납부를 하여야만 재경매를 취소할 수 있는데, 매수인은 매각허가결정확정일 후에 법원이 지정한 대금지급기한 내에 매각대금을 납부하여야 하므로(민사집행법 제142조 제2항), 상계의 수동채권은 대금납부기한 중에 이행기가 도래한다. 또 부동산경매에서 집행법원이 배당표를 작성하고 배당표가 확정되면 그로써 매각대금의 배당금액과 배당권자가 확정된다고 할 것이므로 비록 당사자가 지급금지가처분 등 때문에 현실적으로 배당금을 수령하지는 아니하였다고 하더라도 배당표가 확정된 이상 정당한 배당권자에 대한 관계에서는 당사자가 배당표상의 배당금을 취득하였다고 봄이 상당하므로(대법원 1997. 10. 10. 선고 97다8687 판결), 자동채권인 배당금교부청구권도 배당기일에 배당표가 확정되었을 때 변제기가 도래한다. 민사집행법 제138조 제3항은 "매수인이 재매각기일의 3일 이전까지 대금, 지연이자와 절차비용을 지급한 때에는 재매각절차를 취소하여야 한다."고 규정하고 있는데, 재매각을 명한 후 상계신청을 하여도 상계적상에 있지 아니하므로 이를 대금납부로 볼 수 없다(대법원 1996. 4. 23. 선고 95누6052 판결).

[매각대금납입신청서]

매각대금납입신청서

사　　건　　○○타경 ○○○부동산 강제경매
채 권 자　　○○은행
채 무 자　　○ ○ ○
소 유 자　　○ ○ ○
매 수 인　　○ ○ ○

위 당사자간 귀원 ○○타경 ○○○○부동산 강제경매사건에 관하여 매수인은 20년 ○월 ○일 ○○ : ○○시 매각대금 납부기일을 통지받았으나 사정에 의하여 동 기일에 납부하지 못하였으므로 재매각기일에 앞서 매입대금, 지연이자 및 절차비용을 합산하여 민사집행법 제138조 제3항에 의하여 다음과 같이 납입합니다.

다　　음

1. 매각잔금 : 금 ○○원정
2. 지연이자 : 금 ○○원정 (① 20○○년 ○월○일부터 20○○년 ○월○일까지 연 ○%의 이자 금○○원, ② 20○○년 ○월 ○일부터 20○○년 ○월 ○일까지 연 ○%의 이자 금 ○○원)
3. 합 계 금 : 금 ○○원정

20　년　　월　　일

위 매수인　○ ○ ○　(인)
인천시 ○○구 ○○동 ○○번지 ○○호

○○지방법원　　귀중

다. 차순위매수신고인도 대금지급을 하지 않은 경우

차순위매수신고인이 매각허가결정을 받아 매수인이 되었으나 차순위매수신고인도 대금을 지급하지 아니하여 재매각을 하는 경우에는 최고가로 매수인이 된 자와 차순위로 매수인이 된 자 모두 같은 입장이기 때문에 둘 중 먼저 대금을 지급한 매수인이 매매목적물의 권리를 취득한다(민사집행법 제138조 제3항 후문).

라. 2차 매수인의 대금미지급으로 재매각명령이 있는 경우 1차 매수인이 재매각기일의 3일 이전까지 대금을 지급할 수 있는지 여부

1) 문제점 제기

매각절차에서 매각허가결정을 받은 매수인 甲(1차 매수인)이 대금을 지급하지 않아서 다시 재매각이 되어 그 재매각기일에서 다른 매수인 乙(2차 매수인)이 매각허가결정까지 받았는데, 乙도 매각대금을 납부하지 않아서 또다시 제2차 재매각명령을 한 경우에 매수인 乙이 재매각기일의 3일 이전까지 대금, 지연이자와 절차비용을 지급하면 재매각절차가 취소하는 것은 당연하지만, 당초의 매수인(1차 매수인 甲)도 2번째 재매각기일의 3일 이전까지 대금을 지급할 수 있는지 여부가 문제된다.

2) 견해의 대립

가) 긍정설

당초의 매수인도 민사집행법 제138조 제3항의 규정에 따라 매각대금 등을 지급하여 소유권을 취득할 수 있다. 위 조문에 규정된 재매각에는 제1차 재매각뿐만 아니라 그 이후의 모든 재매각절차도 포함된다고 해석하여야 하고, 그렇게 해석하는 것이 경매부동산을 비싼 값으로 신속하게 매각할 수 있어 채권자와 채무자를 보호하고 아울러 집행법원의 업무도 경감시킬 수 있다.

나) 부정설

당초의 매수인은 민사집행법 제138조 제3항의 규정에 따라 매각대금 등을 지급할 수 없다. 위 조문에 규정된 재매각은 당초 경매 직후의 재매각만을 가리킨다고 해석하여야 하고, 법문상 제2차 재매각기일 3일 전까지 대금 등이 지급된 경우에 취소하는 것은 제2차 재매각명령이고 제1차 재매각명령은 포함되지 않는다고 보아야 하며, 긍정설에 따르게 되면 제1차 재매각절차에서의 매수인의 지위가 당초 매수인에 비하여 불리하게 된다.

3) 검토(= 부정설)

결론적으로 2차 매수인의 대금미지급으로 재매각명령이 있는 경우 재매각기일의 3일 이전까지 대금을 지급할 수 있는 자는 '2차 매수인'이지 '당초의 매수인(1차 매수인)'이 아니다.

그 이유는 다음과 같다.

가) 민사집행법 제138조에 규정된 재매각이란 당초 매각의 직후의 재매각만을 당초 매각절차와의 관계에서 재매각으로 보는 것이므로, 위 사안에서 대금을 지급할

수 있는 매수인이란 2차 매수인 乙을 말하는 것이다. 2차 매수인 乙이 대금을 지급하지 아니하여 다시 재매각절차가 진행된 경우 민사집행법 제138조 제4항에 의하여 재매각의 참여가 제한되는 '전의 매수인'이라 함은 직전 매각절차의 매수인인 乙만을 의미하는 것이고, 甲은 두 번째 재매각절차에서 유효하게 매수인이 될 수 있으므로 '전의 매수인'에 해당하지 않고 따라서 甲은 같은 법 제138조 제3항의 규정에 따라 대금을 납부할 자격도 없다.

나) 일단 재매각명령이 내려진 이상 최초 매각결정은 효력이 상실되어 재매각명령이 취소되지 아니하는 한 그 효력을 회복할 수 없고, 법문상 乙의 대금미납으로 인한 두 번째 재매각기일 3일전까지 대금을 납부함으로써 취소의 대상이 되는 것은 乙의 대금미납으로 인한 두 번째 재매각명령 뿐이고, 甲의 대금미납으로 인한 첫 번째 재매각명령은 취소된다고 할 수 없다.

다) 당초의 매수인(1차 매수인)에게 이후의 모든 재매각절차에 참여할 수 있게 한다는 것은 경매에 참여하는 사람들의 예측가능성을 어렵게 하여 경매절차 자체를 불안정하게 할 수 있고, 더욱이 채무자나 당초 매수인 등이 경매절차를 지연시킬 목적으로 이를 악용할 여지가 있으며, 민사집행법 제138조 제4항 등에서 매각대금을 지급하지 아니한 매수인에 대하여 일정한 제재를 가하고 있음에도 언제까지나 경매절차에 참여할 수 있는 기회를 준다는 것은 부당하다.[23]

마. 취소절차

1) 취소결정

집행법원은 법원보관금취급점으로부터 법원보관금수납내역을 전송받거나(법원보관금취급규칙 제10조 제2항), 매수인이 제출한 법원보관금영수증에 의하여 재매각절차취소요건이 구비되었다고 판단되면 재매각절차를 취소하는 결정을 한다.

재매각절차의 취소결정은 그 효과와 영향이 크고 또 불복신청의 기회를 준다는 뜻에서 적어도 경매신청채권자, 채무자 및 전의 매수인에게는 이를 고지할 필요가 있다고 보는 견해도 있으나 실무상으로는 고지를 하지 않고 있다. 나아가 경매신청채권자, 채무자 등을 제외한 그 밖의 이해관계인들에게는 실무상으로나, 이론상으로나 재매각절차의 취소결정을 고지할 필요가 없다.

---

23) 민사집행법 실무연구[재판자료 제109집](2006년), 61

2) 불복방법

재매각절차취소결정에 대한 불복방법으로서는 집행에 관한 이의를 할 수 있다(민사집행법 제16조 제1항). 집행에 관한 이의신청서가 제출되면 1,000원의 인지를 첩부하여야 하고, 독립한 민사집행사건으로 번호를 부여하고 민사집행사건부에 등록하며, 별도기록을 만든다.[24)]

[재매각절차 취소결정]

<table>
<tr><td>
○ ○ 지 방 법 원
결 정

사 건 20 타경 부동산강제(임의)경매
채 권 자
채 무 자
소 유 자
주 문
별지 기재 부동산에 대한 재매각절차를 취소한다.
이 유
위 사건에 관하여 매수인 ○○○가 민사집행법 제138조 제3항에 따른 대금과 지연이자 및 절차비용을 납입하였으므로 주문과 같이 결정한다.

20 . . .
판사(사법보좌관) ㊞
</td></tr>
</table>

민사집행법 138③, 268

바. 취소 후의 조치

집행법원은 재매각절차를 취소한 경우에는 즉시 배당기일을 지정하고 배당기일 통지를 한다(민사집행법 제146조).

대금은 이미 완납되었으므로 대금지급기한을 지정할 필요는 없다. 매수인이 납부한 대금 등은 배당할 금액이 된다.

법원사무관등은 매수인 앞으로의 소유권이전등기, 매수인이 인수하지 아니한 부

24) 재판예규 제1146호 민사접수서류에 붙일 인지액 및 그 편철방법 등에 관한 예규(재민 91-1).

동산 위의 부담의 기입의 말소등기, 경매개시결정등기의 말소등기를 촉탁한다(민사집행법 제144조 제1항).

Ⅳ. 매각대금 지급의 효과(=소유권취득 및 부동산 인도청구)

1. 소유권취득시기

가. 취득시점

강제경매와 임의경매 모두 매수인은 매각대금을 다 낸 때에 매각의 목적인 권리를 취득하며(민사집행법 제135조), 부동산의 인도청구권이 발생하는 등 실체법적 효력이 생긴다.

매각대금을 완납하여야만 소유권취득의 효력이 생기는 것이므로, 매수인이 대금을 분할하여 지급하거나 또는 민사집행법 제142조 제4항에 의하여 보증을 현금화하여 매각대금 및 이에 대한 지연이자에 충당하고, 모자라는 금액이 있어서 다시 대금지급기한을 정하여 매수인으로 하여금 내게 한 때에는 그 나머지 금액을 모두 낸 때에 소유권을 취득하고, 낸 대금에 비례하여 지분을 취득하는 것이 아니다.

차순위매수신고인은 매수인이 대금을 모두 지급한 때 매수의 책임을 벗게 되고 즉시 매수신청의 보증을 돌려받을 수 있다(민사집행법 제142조 제6항).

대금을 다 낸 매수인은 매각부동산의 인도명령을 신청할 수 있다(민사집행법 제136조 제1항).

경매에 의한 소유권취득은 승계취득이다(대법원 1991. 8. 27.자 91다3703 결정).

나. 다른 사람의 명의로 매각허가결정을 받은 경우 소유권을 취득하는 자(=명의인)

부동산경매절차에서 부동산을 매수하려는 사람이 매수대금을 자신이 부담하면서 다른 사람의 명의로 매각허가결정을 받기로 그 다른 사람과 약정함에 따라 매각허가가 이루어진 경우 그 경매절차에서 매수인의 지위에 서게 되는 사람은 어디까지나 그 명의인이므로 경매 목적 부동산의 소유권은 매수대금을 실질적으로 부담한 사람이 누구인가와 상관없이 그 명의인이 취득한다고 할 것이고(대법원 2000. 4. 7. 선고 99다15863,15870 판결, 2002. 3. 15. 선고 2000다7011,7028 판결), 이 경우 매수대금을 부담한 사람과 이름을 빌려 준 사람 사이에는 명의신탁관계가 성립한다(대법원 2005. 4. 29. 선고 2005다664 판결, 2006. 11. 9. 선고 2006다35117 판결). 나아가 이러한 명의신탁약정은 부동산 실권리자명의 등기에 관한 법률 제4조 제1항에 의하여 무효이므로, 명의신탁자는 명의수탁자에 대하여 그 부동산 자체의 반환을 구할 수는 없고 명의수탁자에게 제공한 매각대금에 상당하는 금액의 부당이득반환청구권을 가질 뿐이고(대법원 2009. 9. 10. 선고 2006다73102 판결, 대법원 2010. 7. 8. 선고 2009다94476 판결), 경매절차에서의 소유자가 명의신탁약정 사실을 알고 있었거나 소유자와 명의신탁자가 동일인이라고 하더라도 그러한 사정만으로 그 명의인의 소유권 취득이 같은 법 제4조 제2항에 따라 무효로 되지는 않는다(대법원 2012. 11. 15. 선고 2012다69197 판결 등). 경매가 사법상 매매의 성질을 갖지만 다른 한편 공법상 처분으로서의 성질도 가지고 있고, 소유자는 경매절차에서 매수인의 결정 과정에 관여할 수 없는 점 등을 고려하면 경매절차에서의 소유자를 같은 법 제4조 제2항 단서의 '상대방 당사자'라고 볼 수 없기 때문이다.

2. 소유권취득의 대상

1) 매각허가결정에 기재된 부동산의 범위가 매수인이 취득하는 소유권의 범위가 된다.

2) 매각부동산의 구성부분, 정착물(다만, 등기된 입목, 민사집행법 제189조 제2항 제1호의 정착물, 같은 항 제2호의 미분리의 과실 및 민사집행법 제83조 제2항에 의하여 분리한 과실은 제외된다), 종물 및 종된 권리(건물을 위한 지상권, 요역지를 위한 지역권 등)는 매각허가결정서에 기재되어 있지 않더라도 그 소유권을 취득한다(대법원 2000. 4. 14.자 99마2273 결정, 2001. 9. 4. 선고 2001다22604 판결 등).

집합건물에서 구분소유자의 대지사용권은 규약이나 공정증서로써 달리 정하는 등의 특별한 사정이 없는 한 전유부분과 종속적 일체불가분성이 인정되어 전유부분에 대한 경매개시결정과 압류의 효력은 종물 또는 종된 권리인 대지사용권에도 미치는 것이므로(집합건물법 제20조 제1, 2항), 건축자의 대지소유권에 관하여 부동산등기법에 따른 구분건물의 대지권등기가 마쳐지지 않았다 하더라도 전유부분에 관한 경매절차가 진행되어 그 경매절차에서 전유부분을 매수한 매수인은 전유부분과 함께 대지사용권을 취득한다(대법원 2012. 3. 29. 선고 2011다79210 판결 등). 동일인의 소유에 속하는 전유부분과 토지공유지분(대지지분) 중 전유부분 만에 관하여 설정된 저당권의 효력은 규약이나 공정증서로써 달리 정하는 등의 특별한 사정이 없는 한 종물 내지 종된 권리인 대지지분에까지 미치므로, 전유부분에 관하여 설정된 저당권에 기한 경매절차에서 전유부분을 매수한 매수인은 대지지분에 대한 소유권을 함께 취득하고, 그 경매절차에서 대지에 관한 저당권을 존속시켜 매수인이 인수하게 한다는 특별매각조건이 정하여져 있지 않았던 이상 설사 대지사용권의 성립 이전에 대지에 관하여 설정된 저당권이라고 하더라도 대지지분의 범위에서는 민사집행법 제91조 제2항이 정한 '매각부동산 위의 저당권'에 해당하여 매각으로 소멸한다. 이러한 대지지분에 대한 소유권의 취득이나 대지에 설정된 저당권의 소멸은 전유부분에 관한 경매절차에서 대지지분에 대한 평가액이 반영되지 않았다거나 대지의 저당권자가 배당받지 못하였다고 하더라도 마찬가지이다(대법원 2013. 11. 28. 선고 2012다103325 판결). 한편 구분소유권이 이미 성립한 집합건물이 증축되어 새로운 전유부분이 생긴 경우에는, 건축자의 대지소유권은 기존 전유부분을 소유하기 위한 대지사용권으로 이미 성립하여 기존 전유부분과 일체불가분성을 가지게 되었으므로 규약 또는 공정증서로써 달리 정하는 등의 특별한 사정이 없는 한 새로운 전유부분을 위한 대지사용권이 될 수 없다(대법원 2017. 5. 31. 선고 2014다236809 판결). 따라서 증축된 부분을 경매로 취득한 매수인은 대지사용권이 없는 전유부분만을 취득하게 된다.[25)]

집합건물의 분양자가 수분양자에게 대지지분에 관한 소유권이전등기나 대지권변경등기는 지적정리 후 해 주기로 하고 우선 전유부분에 관하여만 소유권이전등기를 마쳐 주었는데, 그 후 대지지분에 관한 소유권이전등기나 대지권변경등기가 되지 않은 상태에서 전유부분에 대한 경매절차가 진행되어 제3자가 전유부분을 매수한 경우에도 매수인은 대지사용권을 취득하고, 이는 수분양자가 분양자에게 그 분양대금을 완납한 경우는 물론 그 분양대금을 완납하지 못한 경우에도 마찬가지이다(대법원 2006. 9. 22. 선고 2004다58611 판결). 다만 이 경우에 대지사용권에 관한 이전등기와 대지권 등기는 법원의 촉탁에 의하여 할 수는 없고, 그 부동산을 매수한 매수인이 부동산등기법 제60조에 따라 분양자와 공동으로 대지사용권에 관한 이전등기와 대지권에 관한 등기를 동시에 신청하여야 한다(등기선례 8-314).

3) 집행법원이 매각허가결정을 하면서 착오로 부동산목록에 매각대상이 아닌 부동산을 포함시킨 경우 이는 명백한 오기로서 결정의 경정사유가 될 뿐 매각허가결정의 효력이 그 부동산에 미치지 아니한다(대법원 1993. 7. 6.자 93마720 결정). 경매신청이 되지 아니하였고 경매개시결정을 받은 바도 없는 부동산이 경매신청된 다른 부동산과 함께 경매되어 매각허가결정이 확정된 경우 그 부동산에 대한 매각허가결

25) 법원실무제요 민사집행(II): 부동산집행, 법원행정처(2020), 429-430

정은 당연무효이므로 매수인은 그 부동산에 대한 소유권을 취득할 수 없다(대법원 1991. 12. 10. 선고 91다20722 판결).

4) 일반적으로 담보권실행을 위한 임의경매에 있어 경매법원이 경매목적인 토지의 등기부상 면적을 표시하는 것은 단지 토지를 특정하여 표시하기 위한 방법에 지나지 아니한 것이고, 그 최저경매가격을 결정함에 있어 감정인이 단위면적당 가액에 공부상의 면적을 곱하여 산정한 가격을 기준으로 삼았다 하여도 이는 당해 토지 전체의 가격을 결정하기 위한 방편에 불과하다 할 것이어서, 특별한 사정이 없는 한 이를 민법 제574조 소정의 '수량을 지정한 매매'라고 할 수 없다(대법원 2003. 1. 24. 선고 2002다65189 판결).

3. 소유권이전등기등 촉탁

법원사무관등은 매수인이 매각대금을 완납하면 배당과는 관계없이 바로 매각허가결정의 등본을 첨부하여 매수인 앞으로 소유권을 이전하는 등기, 매수인이 인수하지 아니한 부동산의 부담에 관한 기입을 말소하는 등기, 경매개시결정등기를 말소하는 등기를 등기관에게 촉탁하여야 한다(민사집행법 제144조 제1항).

4. 매각부동산의 인도명령신청

매수인은 매각대금을 지급하고 매각부동산의 인도명령을 신청할 수 있다.

법원은 매수인이 대금을 낸 뒤 6월 이내에 신청하면 채무자, 소유자 또는 부동산 점유자에 대하여 부동산을 매수인에게 인도하도록 명할 수 있다(민사집행법 제136조 제1항 본문).

Ⅴ. 매각절차의 하자와 소유권취득 여부

1. 강제경매의 경우

가. 경매절차의 하자

1) 경매절차를 무효로 하는 하자인 경우[26)]

가) 일정한 재산을 양도하는 등 처분하기 위해 주무관청의 허가 등을 받아야 하

26) 법원실무제요 민사집행(II): 부동산집행, 법원행정처(2020), 431-435

는 경우가 있는데(사립학교법 제28조 제1항 본문, 전통사찰의 보존 및 지원에 관한 법률 제9조 제1항, 향교재산법 제8조 제1항 제1호, 공익법인의 설립·운영에 관한 법률 제11조 제3항 제1호, 사회복지사업법 제23조 제3항 제1호, 의료법 제48조 제3항, 보조금 관리에 관한 법률 제35조 제3항 제2호 등), 강제경매절차에 의하여 양도되는 경우에도 주무관청의 허가가 없다면 그 양도행위는 무효이다. 따라서 학교법인의 기본재산이 감독청의 허가 없이 강제경매절차에 의하여 매각되어 매수인 명의의 소유권이전등기가 마쳐졌다고 하더라도 그 등기는 원인무효의 등기로서 말소된다(대법원 1994. 1. 25. 선고 93다42993 판결 등 참조). 학교법인이 해산명령을 받아 해산되고 학교폐쇄 처분을 받아 사실상 학교법인으로서 실체를 상실하는 등 학교법인이 학교로서의 기능을 제대로 유지하지 못하는 경우에도 마찬가지이다(대법원 2005. 9. 6.자 2005마578 결정 등).

나) 전통사찰의 보존 및 지원에 관한 법률 제2조 제3호에서 정한 전통사찰보존지 등이 문화체육관광부장관의 허가 없이 강제경매절차에 의하여 처분된 경우 그 매각허가결정을 원인으로 하여 이루어진 소유권이전등기는 효력이 없다(대법원 1999. 10. 22. 선고 97다49817 판결).

다) 농지를 취득하려는 자가 농지에 대하여 소유권이전등기를 마쳤다 하더라도 농지취득자격증명을 발급받지 못한 이상 그 소유권을 취득하지 못하고, 설령 매수인 앞으로 소유권이전등기를 마쳤더라도 달라지지 않으며, 다만 매각허가결정과 대금납부 후에 농지취득자격증명을 추완할 수 있을 뿐이다(대법원 2008. 2. 1. 선고 2006다27451 판결 등).

라) 무권대리인의 촉탁에 의하여 공정증서가 작성된 경우 집행권원으로서의 효력이 없는 것이고 무효인 공정증서에 기하여 진행된 경매절차 역시 무효이므로 매수인은 소유권을 취득하지 못하고 그 등기는 원인무효로서 말소되어야 함이 원칙이며, 다만 무효 주장이 금반언 및 신의칙에 위반되는 경우에는 그 주장이 제한될 뿐이다(대법원 2002. 5. 31. 선고 2001다64486 판결). 무효인 공정증서에 기한 강제경매에서 채무자가 매수인에 대하여 그 공정증서가 유효하다는 신뢰를 부여한 경우에는 무효인 공정증서에 기하여 이루어진 강제경매가 무효라고 주장하는 것은 금반언 및 신의칙에 위반된다(대법원 1992. 7. 28. 선고 92다7726 판결, 대법원 2000. 2. 11. 선고 99다31193 판결 등).

마) 한편 구분소유권의 객체로서 적법한 물리적 요건을 갖추지 못한 건물의 일

부는 그에 관한 구분소유권이 성립될 수 없는 것이어서, 건축물대장상 독립한 별개의 구분건물로 등재되고 등기기록상에도 구분소유권의 목적으로 등기되어 있어 이러한 등기에 기초하여 매각절차가 진행되어 이를 매수하였다고 하더라도, 그 등기는 그 자체로 무효이므로 매수인은 그 소유권을 취득할 수 없다(대법원 1999. 11. 9. 선고 99다46096 판결, 대법원 2008. 9. 11.자 2008마696 결정).

바) 집합건물의 소유 및 관리에 관한 법률 제1조의2, 같은 법 시행령 제2, 3조에서는 일정한 범위의 상가건물(이하 '구분점포')에 관하여는 구조상 독립성 요건을 완화하여 '경계를 명확하게 알아 볼 수 있는 표지를 바닥에 견고하게 설치하고 구분점포별로 부여된 건물번호 표지를 견고하게 붙임'으로써 구분소유권의 객체가 될 수 있다고 규정하고 있는데, 부동산이 비록 집합건축물대장에 독립한 별개의 구분건물로 등록되어 있고 부동산등기기록에도 구분소유권의 목적으로 등기되어 있다 하더라도 위와 같이 완화된 요건을 갖추지 못한 경우에는 구분소유권의 객체가 될 수 없으므로, 이를 경매절차에서 매수하더라도 그 소유권을 취득할 수 없다(대법원 2010. 1. 14.자 2009마1449 결정).

강제경매신청 당시 구분상가이나 인접 호와 벽체나 출입문 등에 의한 경계구분 없이 바닥에 테이프를 부착하는 방식으로 소유범위를 구분하고 있었다가 강제경매신청이 기각되자 상가 평면도에 따라 점포바닥에 스테인리스로 각 구분점포의 경계표지 및 건물번호표지를 부착한 경우 집합건물의 소유 및 관리에 관한 법률 제1조의2, 같은 법 시행령 제2, 3조의 요건을 충족하여 구분소유권의 객체가 되었다고 볼 여지가 있으므로 집합건축물대장 등과 일치하는지, 부착한 경계표지 및 건물번호표지가 위 규정에 따른 요건을 충족하였는지 여부 등을 심리하여 그 부동산이 구분소유권의 객체로서 부동산강제경매의 대상이 될 수 있는지를 판단해야 한다(대법원 2018. 3. 30.자 2017마1291 결정).

사) 신축건물의 보존등기를 건물 완성 전에 하였더라도 그 후 건물이 완성된 이상 등기를 무효라고 볼 수 없는데(대법원 1970. 4. 14. 선고 70다260 판결). 이러한 법리는 1동 건물의 일부분이 구분소유권의 객체로서 적합한 구조상 독립성을 갖추지 못한 상태에서 구분소유권의 목적으로 등기되고 이에 기초하여 근저당권설정등기나 소유권이전등기 등이 순차로 마쳐진 다음 집합건물의 소유 및 관리에 관한 법률 제1조의2, 같은 법 시행령 제2, 3조에 따라 경계를 명확하게 식별할 수 있는 표지가 바닥에 견고하게 설치되고 구분점포별로 부여된 건물번호표지도 견고하게 부착되는 등

으로 구분소유권의 객체가 된 경우에도 마찬가지이다(대법원 2016. 1. 28. 선고 2013다59876 판결).

2) 경매절차를 무효로 하는 하자가 아닌 경우

앞서 본 바와 같이 경매개시결정이 채무자에게 송달되지 않은 것과 같이 강제경매절차를 무효로 하는 하자가 아닌 한 경매절차에 하자가 있더라도 매각허가결정이 확정되고 매수인이 대금을 납부한 이상 경매절차 밖에서 별소로 매각허가결정의 무효를 주장하여 매수인의 소유권 취득의 효과를 다툴 수 없다.

나. 집행권원의 하자

1) 집행권원, 집행문의 부존재

집행력 있는 정본이 전혀 존재하지 않은 채 실시된 강제경매는 절대적 요건에 흠결이 있어 외형상 적법한 절차가 행해졌다 하더라도 당연무효로서 아무런 효력이 생기지 않는다. 집행문이 없는 집행권원에 기하여 이루어진 강제경매는 절대적으로 무효이고, 그 결과 매각을 원인으로 한 소유권이전등기는 원인무효의 등기로서 말소대상이 된다(대법원 1978. 6. 27. 선고 78다446 판결).

강제경매신청에는 집행력 있는 판결이나 공정증서의 정본을 집행법원에 제출하여야 하고 집행법원은 그 정본의 사본을 근거로 하여서는 부동산강제경매절차를 개시할 수 없다. 따라서 부동산강제경매절차가 집행력 있는 판결이나 공정증서의 정본 없이 개시되었다면 그 후에도 그 하자를 추완보정할 수도 없다(대법원 1968. 12. 30. 자 68마912 결정).

2) 집행권원의 무효

가) 집행권원이 무효인 경우에는 매수인이 대금을 납부하더라도 소유권을 취득할 수 없다. 공정증서가 집행권원으로서 집행력을 가질 수 있도록 하는 집행인낙의 표시는 공증인에 대한 소송행위이므로, 무권대리인의 촉탁에 의하여 공정증서가 작성된 경우 그 공정증서는 집행권원으로서의 효력이 없으므로(대법원 2001. 2. 23. 선고 2000다45303, 45310 판결), 그러한 무효인 공정증서에 기한 경매절차에서 부동산을 매수한 자는 소유권을 취득할 수 없다(대법원 2000. 2. 11. 선고 99다31193 판결, 대법원 2002. 5. 31. 선고 2001다64486 판결 참조).

나) 회생채권에 관하여 회생절차개시 이전부터 회생채권 또는 회생담보권에 관하여 집행권원이 있더라도, 회생계획인가결정이 나면 채무자 회생 및 파산에 관한 법률

제252조에 따라 모든 권리가 변경·확정되고 종전의 회생채권 또는 회생담보권에 관한 집행권원에 의한 강제집행은 할 수 없으며, 회생채권자표와 회생담보권자표의 기재만이 집행권원이 되므로 유의하여야 한다(대법원 2017. 5. 23.자 2016마1256 결정).

다) 사망자를 피고로 하는 소제기는 부적법하므로 그 상태에서 선고된 제1심판결은 당연 무효이다(대법원 1970. 3. 24. 선고 69다929 판결). 또한 피고가 소 제기 당시에는 생존하였으나 그 후 소장 부본이 송달되기 전(실무상 소장 부본을 공시송달 방법으로 송달한 경우에는 공시송달의 효력이 발생하는 날과 피고의 사망 일자를 대조하여 보아야 한다)에 피고가 사망한 경우에도 마찬가지로 적용된다(대법원 2015. 1. 29. 선고 2014다34041 판결). 이러한 법리는 사망자를 채무자로 한 지급명령에 대해서도 마찬가지로 적용된다. 설령 지급명령이 상속인에게 송달되는 등으로 형식적으로 확정된 것 같은 외형이 생겼더라도 사망자를 상대로 한 지급명령이 상속인에 대하여 유효하다고 볼 수 없다. 경정은 지급명령이 유효함을 전제로 하므로 지급명령의 채무자를 상속인으로 경정하는 결정을 받았더라도 효력이 없다.

회생절차폐지결정이 확정되어 효력이 발생하면 관리인의 권한은 소멸하므로, 관리인을 채무자로 한 지급명령 발령 후 정본 송달 전에 회생절차폐지결정이 확정된 경우에도 채무자가 사망한 경우와 마찬가지로 보아야 한다(대법원 2017. 5. 17. 선고 2016다274188 판결).

3) 집행권원의 취소

매수인의 대금납부 후에 집행권원의 집행력을 배제하는 서류가 제출되어 이미 실시한 집행처분을 취소하더라도 매수인의 소유권취득은 영향을 받지 않는다.

4) 집행채권의 소멸 또는 집행권원의 집행력 배제

가) 집행채권이 소멸되어 민사집행법 제49조 제4호의 서류(변제증서)가 제출되더라도 민사집행법 제51조의 규정에 의하여 2월의 집행정지의 효과가 있음에 그칠 뿐[27], 그 이상으로 매각절차의 진행이나 효력을 저지 또는 부정하는 사유가 될 수 없다(대법원 1992. 9. 14. 선고 92다28020 판결, 1993. 4. 23. 선고 93다3165 판결).

나) 매수인이 대금을 지급한 후에는 집행권원의 집행력을 배제하는 서류가 제출되더라도 매수인의 소유권취득은 영향을 받지 않는다. 따라서 확정된 종국판결에 터잡아 경매절차가 진행된 경우 그 뒤 그 확정판결이 재심소송에서 취소되었다고 하더

27) 민사집행법 제49조 제4호 서류(변제증서, 의무이행유예증서)의 제출시점은 매수신고가 있기 전까지이다(민사집행법 제93조 제3항).

라도 그 경매절차를 미리 정지시키거나 취소시키지 못한 채 경매절차가 계속 진행된 이상 매각대금을 완납한 매수인은 매각목적물의 소유권을 적법하게 취득한다(대법원 1996. 9. 6. 선고 96다26589 판결, 1996. 12. 20. 선고 96다42628 판결). 또한 가집행선고 있는 판결에 기한 강제집행은 확정판결에 기한 경우와 같이 본 집행이므로 상소심의 판결에 의하여 가집행선고의 효력이 소멸되거나 집행채권의 존재가 부정된다 하더라도 그에 앞서 이미 완료된 집행절차나 이에 기한 매수인의 소유권취득의 효력에는 아무런 영향을 미치지 아니한다(대법원 2007. 1. 15.자 2006마1359 결정 등). 하지만, 강제경매가 반사회적 법률행위의 수단으로 이용된 경우에는 그러한 강제경매의 결과를 용인할 수 없다(대법원 1993. 4. 23. 선고 93다3165 판결).

2. 임의경매의 경우

가. 담보권이 처음부터 부존재인 경우

담보권설정계약이 무효이거나 위조서류에 의하여 담보권설정등기가 된 경우와 같이 당초부터 담보권이 부존재인 경우 또는 담보권은 유효하게 성립되었으나 경매개시결정전에 피담보채무가 변제되어 담보권이 소멸된 경우에는 이에 기한 경매절차 역시 당연무효이므로 그 절차에서 매수인이 대금을 납부하였다 하더라도 경매부동산의 소유권을 취득하지 못한다(대법원 1999. 2. 9. 선고 98다51855 판결).

나. 담보권 설정에 승인이 필요함에도 승인이 없었던 경우

1) 사회복지법인의 기본재산이 국가의 보조금에 의하여 취득하거나 효용이 증가된 중요재산에 해당하는 경우 기본재산을 담보에 제공하기 위해서는 사회복지사업법 제23조 제3항에 규정된 특별시장·광역시장·도지사·특별자치도지사의 허가뿐만 아니라 보조금 관리에 관한 법률 제35조 제3항에 따라 중앙관서의 장(보조금 관리에 관한 법률 제2조 제7호)의 승인도 받아야 한다(대법원 2015. 10. 29. 선고 2015다223350 판결 참조). 그럼에도 불구하고 그러한 승인 없이 이루어진 근저당권의 실행으로 매각이 이루어진 경우에 매수인은 대금을 납부하였다 하더라도 경매부동산의 소유권을 취득하지 못한다. 사회복지법인의 기본재산에 관하여 담보로 제공할 당시 주무관청의 허가를 받았을 경우에는 그 근저당권의 실행으로 매각이 될 때에 다시 주무관청의 허가를 받을 필요는 없다(대법원 1993. 7. 16. 선고 93다2094 판결, 대법원 2009. 12. 28.자 2008마1439 결정).

2) 구 보조금의 예산 및 관리에 관한 법률(2011. 7. 25. 개정되기 전의 것) 제35조는 보조금에 의하여 취득하거나 효용이 증가된 재산을 보조사업 완료 후에도 중앙관서의 장의 승인 없이 보조금의 교부 목적에 위배되는 용도에 사용하거나 양도·교환 또는 대여하거나 담보로 제공하는 것을 금지하고 있는데, 이는 간접보조사업자·간접보조금에 적용되지 않으므로, 간접보조사업자가 간접보조금으로 취득한 재산을 중앙관서의 장의 승인 없이 담보로 제공하더라도 유효하다(대법원 2018. 11. 15. 선고 2015다247257 판결, 대법원 2018. 12. 7. 자 2018마740 결정). 그러나 2011. 7. 25. 개정된 보조금 관리에 관한 법률 제35조 제3항은 입법적으로 간접보조사업자도 위 금지대상자에 포함하고 있으므로, 개정법이 적용되는 경우에는 간접보조사업자가 간접보조금으로 취득한 중요재산을 중앙관서의 장의 승인 없이 담보에 제공하는 것은 무효이다(대법원 2018. 12. 7.자 2018마740 결정, 대법원 2019. 4. 25. 선고 2018다212993 판결).

다. 담보권이 매각절차개시 후 소멸한 경우

일단 유효하게 성립되었던 담보권이 경매절차개시 후에 피담보채권의 변제, 담보권의 포기 등의 사유로 인하여 사후적으로 소멸한 경우에는 대금을 모두 지급한 이상 소유권을 취득하는 데 아무런 장애가 되지 않는다(민사집행법 제267조, 대법원 1992. 11. 11.자 92마719 결정, 2001. 2. 27. 선고 2000다44348 판결).

3. 경매절차의 무효를 주장하는 것이 신의칙에 반하는 경우

가. 경매의 기초가 된 집행권원이나 담보권의 무효를 다투는 경우

무권대리인의 촉탁에 의하여 공정증서가 작성된 경우 집행권원으로서의 효력이 없는 것이고 무효인 공정증서에 기하여 진행된 경매절차 역시 무효이어서 매수인은 소유권을 취득하지 못하고 그 등기는 원인무효로서 말소되어야 함이 원칙이며, 다만 무효주장이 금반언 및 신의칙에 위반되는 경우에는 그 주장이 제한될 뿐이다(대법원 2002. 5. 31. 선고 2001다64486 판결).

1) 신의칙 위반이 인정된 사례

무효인 공정증서에 기한 강제경매에서 채무자가 매수인에 대하여 그 공정증서가 유효하다는 신뢰를 부여한 경우에는 무효인 공정증서에 기하여 이루어진 강제경매도 무효라고 주장하는 것은 금반언 및 신의칙에 위반된다(대법원 1992. 7. 28. 선고

92다7726 판결, 2000. 2. 11. 선고 99다31193 판결). 금반언 및 신의칙 위반을 인정한 사례로는 아래와 같은 것들이 있다.

가) 경매목적이 된 부동산의 소유자가 경매절차가 진행 중인 사실을 알면서도 그 경매의 기초가 된 근저당권 내지 채무명의인 공정증서가 무효임을 주장하여 경매절차를 저지하기 위한 조치를 취하지 않았을 뿐만 아니라 배당기일에 자신의 배당금을 이의 없이 수령하고 매수인(낙찰자)으로부터 이사비용을 받고 부동산을 임의로 명도해 주기까지 하였다면 그 후 매수인(낙찰자)에 대하여 위 근저당권이나 공정증서가 효력이 없음을 이유로 경매절차가 무효라고 주장하여 그 경매목적물에 관한 소유권이전등기의 말소를 청구하는 것은 금반언의 원칙 및 신의칙에 위반되는 것이어서 허용될 수 없다(대법원 1993. 12. 24. 선고 93다42603 판결).

나) 무효인 공정증서상에 집행채무자로 표시된 자가 그 공정증서를 집행권원으로 한 경매절차가 진행되고 있는 동안에 공정증서의 무효를 주장하여 경매절차를 저지할 수 있었음에도 불구하고 그러한 주장을 일체 하지 않고 이를 방치하였을 뿐 아니라, 오히려 공정증서가 유효임을 전제로 변제를 주장하여 매각허가결정에 대한 항고절차를 취하였고 매각허가결정의 확정 후에 매각대금까지 배당받았다면, 특별한 사정이 없는 한 집행채무자로 표시된 자는 매수인에 대하여 그 공정증서가 유효하다는 신뢰를 부여한 것으로서 객관적으로 보아 매수인으로서는 이와 같은 신뢰를 갖는 것이 상당하다고 할 것이므로, 그 후 집행채무자로 표시된 자가 매수인에 대하여 공정증서의 무효임을 이유로 이에 기하여 이루어진 강제경매도 무효라고 주장하는 것은 금반언 및 신의칙에 위반되는 것이다(대법원 1992. 7. 28. 선고 92다7726 판결).

다) 사업영위 실적이 없다는 이유로 직권으로 폐업조치되고 법인설립허가가 취소되었으며 파산선고까지 받은 의료법인이 그 사용 부동산에 관한 강제경매절차에서 재산 처분에 관하여 시·도지사로부터 허가(의료법 제48조 제3항)를 받아 주어야 할 입장에 있는데도 그 부동산을 매수하여 운영해 오고 있는 의료법인에 대하여 소유권이전등기가 시·도지사의 허가 없이 이루어진 것이라는 이유로 그 말소를 구하는 것은 신의칙에 위배된다(대법원 2005. 9. 30. 선고 2003다63937 판결).

2) 신의칙 위반이 부정된 사례

가) 무효인 공정증서에 기한 경매임을 이유로 경매절차가 무효라고 주장하여 그 경매목적물에 관한 소유권이전등기의 말소를 청구하는 경우에 그 말소 주장이 금반언의 원칙 및 신의칙에 위반되는 것이어서 허용될 수 없다고 하려면, 무효인 공정증

서상에 집행채무자로 표시된 자가 그 공정증서를 집행권원으로 한 경매절차가 진행되고 있는 동안에 공정증서의 무효를 주장하여 경매절차를 저지할 수 있었음에도 불구하고 그러한 주장을 일체 하지 않고 이를 방치하였을 뿐만 아니라, 오히려 공정증서가 유효임을 전제로 변제를 주장하여 매각허가결정 등에 대한 항고절차를 취하고 매각허가결정 확정 후에 매각대금까지 받았다든지 배당기일에 자신의 배당금을 이의 없이 수령하고 매수인으로부터 이사비용을 받고 부동산을 임의로 명도하였다든지 하여 매수인에 대하여 객관적으로 그 공정증서가 유효하다는 신뢰를 부여하는 경우라야 한다.

따라서 집행채권자를 상대로 청구이의의 소를 제기하고 강제집행정지결정을 받았음에도 이를 집행법원에 제출하지 아니하였다는 사정만으로는 공정증서가 유효라는 신뢰를 매수인에게 보인 것이라 할 수 없으므로 경매목적물에 대한 소유권이전등기의 말소를 청구하는 것이 금반언의 원칙 및 신의칙에 위반되지 않는다(대법원 2000. 2. 11. 선고 99다31193 판결).

나) 의사무능력자나 소유자가 근저당권설정계약의 무효를 주장하면서도 그 근저당권에 기한 임의경매절차의 배당절차를 통하여 그에게 배당된 돈을 수령하는 등의 행위가 객관적으로 보아 매수인(경락인)으로 하여금 위 임의경매절차가 유효하다는 신뢰를 갖게 하는 정도에 이르러서, 그 후 그 경매절차의 무효를 주장하는 것이 금반언의 원칙 또는 신의칙 위반에 해당한다고 볼 만한 사정이 있는 경우에는 의사무능력자나 소유자가 경락인을 상대로 다시 근저당권의 무효를 주장하면서 소유권이전등기의 말소를 구하는 소를 제기할 수는 없지만, 아직 배당금을 수령하지 아니한 의사무능력자나 소유자가 배당절차에서 근저당권설정계약의 무효를 주장하여 배당이의를 하는 것이 부당하다고 할 수는 없다.

따라서 의사무능력자가 사실상의 후견인이었던 아버지의 보조를 받아 자신의 명의로 대출계약을 체결하고 자신 소유의 부동산에 관하여 근저당권을 설정한 후 의사무능력자의 여동생이 특별대리인으로 선임되어 위 대출계약 및 근저당권설정계약의 효력을 부인하는 경우에, 이러한 무효 주장이 '거래관계에 있는 당사자의 신뢰를 배신하고 정의의 관념에 반하는 예외적인 경우에 해당하지 않는 한' 의사무능력자에 의하여 행하여진 법률행위의 무효를 주장하는 것이 신의칙에 반하여 허용되지 않는다고 할 수 없다(대법원 2006. 9. 22. 선고 2004다51627 판결).

나. 경매목적물의 제3취득자가 경매개시결정의 무효를 주장하는 경우는 신의칙 위반 아님

경매개시결정을 채무자에게 송달하지 아니한 채 진행한 무효인 경매절차에서 경매목적물의 제3취득자인 소유자가 매각대금 중 채권자들에게 순차로 배당되고 남은 금원을 지급받기까지 하였으며, 채무자가 위 경매절차에 관하여 아무런 이의를 제기하지 아니하였다고 하더라도, 그와 같은 사정만으로 그 경매로 인하여 경매목적물에 관한 소유권을 상실할 우려가 있는 제3취득자인 소유자가 그 경매개시결정이 채무자에게 송달되지 아니하여 무효라고 주장하는 것을 가리켜 신의칙에 반한다거나 권리남용에 해당한다고 볼 수 없다.

4. 경매절차에서 절차상의 하자를 다툴 수 있는 종기

가. 일반론

민사집행법 제135조는 “매수인은 매각대금을 다 낸 때에 경매의 목적인 권리를 취득한다”고 규정하고 있다.[28)]

강제경매이건 임의경매이건 불문하고 경매절차에 하자가 있더라도 매각허가결정이 확정되고 매수인이 대금을 납부한 이상 경매절차 외에서 별소로 매각허가의 무효를 주장하여 매수인의 소유권취득의 효과를 다툴 수 없다. 경매절차의 공법적 성질과 절차의 확실성 및 안정성의 요청에 따른 것이다. 따라서 경매절차에 하자가 있었더라도 경매절차내의 구제방법에 의하여 그때그때 매각허가결정의 확정이 저지되지 아니하고 대금이 완납되기에 이른 이상 경매절차는 매수인에 대한 관계에서는 유효하게 완료한 것이라고 하겠고, 그 후 별소로 경매의 무효 또는 매각허가결정의 무효·취소를 주장하여 매수인의 소유권취득의 효과를 부정하는 것은 허용될 수 없다.

대금납부 후에 경매개시결정이 취소되더라도 이를 이유로 경매절차 중 또는 별소로 매수인의 소유권취득의 효과를 다툴 수는 없다. 또한 민사집행법 제267조도, 임의경매의 경우에 실질적인 개시결정취소의 사유가 있는 경우에도 매수인이 대금을 완납한 때는 그 주장이 차단되고 소유권 취득의 효과를 부정할 수 없다고 규정하고 있다.

---

28) 임의경매도 마찬가지이다(민사집행법 제268조).

나. 판례의 태도

판례도 통상 경매절차에 있어서 매각허가결정이 확정되고 매각대금이 납부되면 더 이상 절차상의 하자를 들어 매각허가의 효력을 다툴 수는 없는 것으로 보고 있다.

1) 매각허가결정 확정 후 이해관계인인 채무자에게 매각기일을 통지하지 아니한 사유로써 매각허가의 효력을 다툴 수 있는지 여부 (= 소극)

경매법원이 이해관계인인 채무자에게 매각기일을 통지하지 아니하였다고 하더라도 위와 같은 위법은 매각허가결정에 대한 이의사유로서 매각허가결정에 대한 항고 등으로 다투어야 할 것이지 매각허가결정이 확정된 후에는 위와 같은 사유를 주장하여 경락의 효력을 다툴 수는 없다(대법원 1992. 2. 14. 선고 91다40160 판결).

2) 매각허가결정이 선고된 후 채무자가 경매법원에 강제집행의 일시정지를 명하는 재판의 정본을 제출하였음에도 이를 정지하지 않고 경매절차를 진행한 경우

강제집행의 일시정지를 명하는 재판의 정본이 제출되었음에도 경매절차의 진행을 정지하지 아니한 채 그대로 진행하여 매수인으로부터 매각대금을 지급받는 것은 위법하므로, 법원이 대금지급기한을 정하고 대금을 받는 등 경매절차를 진행하는 경우에 이해관계인은 민사집행법 제16조의 집행에 관한 이의에 의하여, 매수인은 민사집행규칙 제50조 제2항에 의한 매각허가결정의 취소신청에 의하여 각 그 시정을 구할 수 있는바, 이러한 불복 절차 없이 경매절차가 그대로 완결된 경우에는 그 집행행위에 의하여 발생된 법률효과를 부인할 수 없다(대법원 1992. 9. 14. 선고 92다28020 판결).

채무자가 매각허가결정이 선고된 후 경매법원에 강제집행의 일시정지를 명하는 재판의 정본을 제출하였다 하더라도 매각허가결정이 선고된 후 즉시항고기간의 도과로 매각허가결정이 확정되고 매수인이 대금납부기일에 매각대금을 완납한 이상 매수인은 부동산에 관한 소유권을 적법하게 취득한다(대법원 1992. 2. 14. 선고 91다40160 판결, 1993. 6. 25. 선고 93다12305 판결 등).

따라서 매각대금이 완납된 후에는 이해관계인이 이러한 위법한 처분들에 관하여 민사집행법 제16조의 집행에 관한 이의, 나아가 즉시항고에 의하여 그 시정을 구할 수 없으며, 민사집행법 제50조에 의한 집행처분의 취소신청도 할 수 없다(대법원 1995. 2. 16.자 94마1871 결정 참조).

다. 추완항고의 경우(= 경매 종결 후에도 가능함)

경매법원이 이해관계인 등에게 매각기일 등의 통지를 하지 아니하여 그가 매각허가결정에 대한 항고기간을 준수하지 못하였다면 특단의 사정이 없는 한 그 이해관계인은 자기책임에 돌릴 수 없는 사유로 항고기간을 준수하지 못한 것으로 보아야 하며, 그러한 경우에는 형평의 원칙으로부터 인정된 구제방법으로서의 추완이 허용되어야 한다.

매각허가결정에 대하여 이해관계인이 추완에 의한 항고를 제기한 경우 항고법원에서 추완신청이 허용되었다면 비록 다른 이유로 항고가 이유 없는 경우에도 매각허가결정은 확정되지 아니하고 따라서 그 이전에 이미 매각허가결정이 확정된 것으로 알고 경매법원이 매각대금 납부기일을 정하여 매수인으로 하여금 매각대금을 납부하게 하였다고 하더라도 이는 적법한 매각대금의 납부라고 할 수 없는 것이어서, 배당절차가 종료됨으로써 경매가 완결되었다고 하여 그 추완신청을 받아들일 수 없는 것은 아니다(대법원 2002. 12. 24. 선고 2001마1047 전원합의체 결정).

Ⅵ. 매각대금을 납부하였으나 소유권을 취득하지 못한 매수인(낙찰자)의 구제방법

1. 매수인의 구제방법

매각대금을 납부하였으나 소유권을 취득하지 못한 매수인의 구제방법은 ① 경매절차가 유효한 경우와 ② 경매절차가 무효인 경우로 나누어 보아야 한다. 결론적으로 ① 경매절차가 유효한 경우에는 하자담보책임을, ② 경매절차가 무효인 경우에는 부당이득반환청구를 할 수 있다.[29)]

2. 경매절차가 유효한 경우(= 하자담보책임)

1) 경매에 관하여 매매에 관한 담보책임 규정을 적용하도록 한 것은 경매가 국가기관에 의하여 강제적으로 진행되기는 하지만 그 실질은 사법상의 매매이기 때문이고, 담보책임이 매매계약의 유효를 전제로 하여 성립하는 것처럼 경매에 있어서도

29) 윤경, "어업권이전의 인가를 받지 못한 낙찰자의 인도명령신청", 대상판례: 대법원 2002. 1. 21. 2001마6076, 인권과 정의 311호(2002.07), 97-114 참조.

경매가 유효한 경우에만 담보책임이 성립한다.

판례도, 민법 제578조 제1항, 제2항에 의한 담보책임은 매매의 경우와 마찬가지로 경매절차는 유효하게 이루어졌으나 경매의 목적이 된 권리의 전부 또는 일부가 타인에게 속하는 등의 하자로 매수인이 완전한 소유권을 취득할 수 없거나 이를 잃게 되는 경우에 인정되는 것이고 경매절차 자체가 무효인 경우에는 경매의 채무자나 채권자의 담보책임은 인정될 여지가 없으며, 매수인은 경매채권자에게 경매대금 중 그가 배당받은 금액에 대하여 일반 부당이득의 법리에 따라 반환을 청구할 수 있을 뿐, 민법 제578조 제2항에 의한 담보책임을 물을 수 없다고 판시하여(대법원 1991. 10. 11. 선고 91다21640 판결, 1993. 5. 25. 선고 92다15574 판결), 담보책임은 경매절차가 유효하지만 경매목적 권리의 전부 또는 일부가 타인에게 속하는 경우에만 인정되고, 경매절차가 무효인 경우에는 부당이득반환청구만 가능하고 담보책임은 물을 수 없다고 보고 있다.

2) 예를 들어, 경매절차가 유효하게 진행되어 매수인이 매각대금을 전액 완납하였으나, 최선순위의 가등기에 의한 본등기가 경료되어 매수인이 소유권을 취득할 수 없는 경우가 있다.[30] 이 처럼 매각대금 납부 후 매각부동산에 관해 가등기에 기한 소유권이전의 본등기가 경료되어 매수인이 소유권을 상실한 경우에는 민사집행법 제96조의 부동산의 멸실 등으로 말미암은 경매취소사유에 해당하지 않지만, 매각대금의 배당을 하기 전인 경우 매수인의 구제는 민법 제578조, 제576조를 유추적용하여 담보책임을 추급할 수는 있다고 보아 민사집행법 제96조를 유추적용하여 집행법원에 대하여 경매에 의한 매매계약을 해제하고 납부한 매각대금의 반환을 청구하는 방법으로 담보책임을 추급할 수 있다. 이러한 담보책임은 매수인이 경매절차 밖에서 별소에 의하여 채무자 또는 채권자를 상대로 추급하는 것이 원칙이라고 할 것이나, 아직 배당이 실시되기 전이라면, 이러한 때에도 매수인으로 하여금 배당이 실시되는 것을 기다렸다가 경매절차 밖에서 별소에 의하여 담보책임을 추급하게 하는 것은 가혹하므로, 이 경우 매수인은 민사집행법 제96조를 유추적용하여 집행법원에 대하여 경매에 의한 매매계약을 해제하고 납부한 매각대금의 반환을 청구하는 방법으로 담보책

30) 최선순위의 소유권이전등기청구권보전을 위한 가등기가 경료되어 있는 부동산에 대하여도 그 가등기는 순위보전의 효력밖에 없으므로 그 부동산에 대하여 압류의 등기를 하고 강제경매절차를 속행할 수 있으나, 경매절차 중에 그 가등기에 기한 본등기가 경료된 때에는 가등기의 순위보전의 효력에 의하여 결국 압류 이전에 소유권이 제3자에게 이전된 경우와 마찬가지로 그 경매절차를 속행할 수 없게 되므로, 민사집행법 제96조에 의하여 경매절차를 취소하고, 대금납부의무를 면하게 하여야 한다.

임을 추급할 수 있다(대법원 1997. 11. 11.자 96그64 결정).

3. 경매절차가 무효인 경우(=부당이득반환청구)

경매절차가 무효인 경우(예를 들어, 경매목적물이 당초부터 채무자의 소유에 속하지 않았던 경우 등) 즉, 매각허가결정과 대금납부의 효력이 없는 경우에는 매수인이 납부한 대금은 아무런 법률상 원인이 없이 지급한 금원이므로, 매수인은 배당 전이면 집행법원에 대하여, 배당이 실시된 이후이면 배당받은 채권자를 상대로 부당이득반환을 구할 수 있다.

판례도, "매수인이 강제경매절차를 통하여 부동산을 경락받아 대금을 완납하고 그 앞으로 소유권이전등기까지 마쳤으나, 그 후 강제경매절차의 기초가 된 채무자 명의의 소유권이전등기가 원인무효의 등기이어서 경매 부동산에 대한 소유권을 취득하지 못하게 된 경우, 이와 같은 강제경매는 무효라고 할 것이므로 매수인은 경매채권자에게 매각대금 중 그가 배당받은 금액에 대하여 일반 부당이득의 법리에 따라 반환을 청구할 수 있고, 민법 제578조 제1항, 제2항에 따른 경매의 채무자나 채권자의 담보책임은 인정될 여지가 없다."고 판시하고 있다(대법원 2004. 6. 24. 선고 2003다59259 판결. 1993. 5. 25. 선고 92다15574 판결).

제5장 침해방지조치와 관리명령

Ⅰ. 부동산의 침해방지를 위한 조치

1. 제도의 취지

매각절차를 개시하는 결정을 한 뒤에 법원은 직권 또는 이해관계인의 신청에 따라 부동산에 대한 침해행위를 방지하기 위하여 필요한 조치를 할 수 있다(민사집행법 제83조 제3항). 일반적으로는 압류가 되더라도 매각대금이 완납될 때까지는 채무자의 사실적인 이용·수익의 권능은 박탈되지 아니하나, 채무자가 부동산의 가액을 감소시키는 행위를 할 때에는 경매의 실효성을 확보하기 위하여 일종의 보전처분으로서 침해방지를 위한 필요한 조치를 취할 수 있다.

2. 당사자

가. 신청권자

침해행위방지조치는 이해관계인의 신청 또는 집행법원의 직권으로 결정의 형식으로 한다(민사집행법 제83조 제3항). 신청할 수 있는 이해관계인은 압류채권자 또는 최고가매수신고인이다.

나. 신청의 상대방

신청의 상대방은 부동산을 점유하는 채무자, 소유자뿐만 아니라 채무자 이외의 자가 부동산을 점유하는 경우에도 그 점유권원을 압류채권자, 가압류채권자 혹은 민사집행법 제91조 제2항 내지 제4항의 규정에 의하여 소멸되는 권리를 갖는 자에 대하여 대항할 수 없는 경우에는 그 점유자도 상대방으로 하고 있다(민사집행규칙 제43조 제2항).

3. 신청의 처리

이 신청이 있으면 문서건명부에 등재하고 경매신청사건기록에 가철[1]하며 인지를 붙이지 아니한다(재민 91-1). 이에 대한 결정을 하는 경우에는 결정서에 경매신청사건번호 및 사건명을 기재한다.

---

1) "가철"이라 함은 문서건명부에 등재.접수한 민사접수서류를 본안사건기록, 주된 절차사건기록 또는 선행사건기록(이하 "주기록"이라고 한다)에 시간적 접수순서에 따라 편철하는 것을 말한다.

가. 보전처분의 요건과 내용

1) 금지명령·작위명령의 경우(민사집행규칙 제44조 제1항)

가) '침해행위를 방지하기 위한 필요한 조치'로는 매각허가결정이 있을 때까지 가격감소행위를 금지하거나(금지명령) 일정한 행위를 명할 수 있다(작위명령). '부동산에 대한 침해행위'라 함은 목적물의 교환가치를 현저하게 감소시키거나 또는 감소시킬 우려가 있는 채무자의 행위로서 주로 목적물에 물리적 손상을 가하는 행위를 말하므로, 통상의 용법에 의한 사용·수익과정에서 보통 예상될 수 있는 범위의 감소는 여기에 해당되지 아니한다.

채무자 소유의 건물 등 부동산에 강제경매개시결정의 기입등기가 경료되어 압류의 효력이 발생한 이후에 채무자가 위 부동산에 관한 공사대금 채권자에게 그 점유를 이전함으로써 그로 하여금 유치권을 취득하게 한 경우, 그와 같은 점유의 이전은 목적물의 교환가치를 감소시킬 우려가 있는 처분행위에 해당한다(대법원 2005. 8. 19. 선고 2005다22688 판결. 이러한 처분행위는 민사집행법 제92조 제1항, 제83조 제4항에 따른 압류의 처분금지효에 저촉되므로 점유자로서는 위 유치권을 내세워 그 부동산에 관한 경매절차의 매수인에게 대항할 수 없다).

나) 금지명령·작위명령은 채무자 또는 부동산의 점유자가 부동산의 가격을 현저히 감소시키거나 감소시킬 우려가 있는 행위(가격감소행위 등)를 하는 경우에 발령한다. 여기서의 행위에는 작위·부작위가 모두 포함된다. 따라서 적극적으로 건물을 파괴하는 행위 뿐 아니라, 보존행위로서 필요한 수리행위를 하지 아니하고 방치하는 경우도 여기에 해당된다. 반면, 매각부동산을 제3자에게 임대하는 행위는 부동산에 대한 매수신고를 방해하고 부당하게 가격을 감소시킬 목적으로 이루어지는 등의 특별한 사정이 없는 한 가격감소행위 등에 해당되지 아니할 것이다.

다) 금지명령 또는 작위명령을 발령하기 위해서는 압류채권자 또는 최고가매수신고인의 신청이 있어야 한다. 여기서 말하는 압류채권자란 강제경매 또는 담보권실행을 위한 경매의 신청을 한 압류채권자를 말하고, 배당요구의 종기 후에 강제경매 또는 담보권실행을 위한 경매를 신청한 자는 제외된다. 위 보전처분은 부동산의 가격이 현저히 감소됨으로써 충분한 배당을 받지 못하게 되는 압류채권자를 보호하기 위한 것이므로, 배당을 받을 수 없는 배당요구종기 후의 압류채권자에게 신청권을 부여할 필요가 없기 때문이다. 최고가매수신고인도 그 부동산에 대한 가격감소행위 등을 막을 이익이 있으므로, 신청권이 있다.

신청은 경매개시결정 후부터 매각허가결정의 선고가 있을 때까지 하여야 한다. 매각허가결정이 선고된 후 부동산을 인도할 때까지는 민사집행법 제136조 제2항의 규정에 의하여 관리인에게 부동산을 관리하게 하는 보전처분이 가능하다. 매수인이 대금을 지급한 후에는 집행목적물이 부동산에서 매각대금으로 옮겨지게 되므로, 채무자 또는 부동산의 점유자가 가격감소행위 등을 하더라도 압류채권자는 이를 저지할 수 없기 때문이다.

2) 집행관 보관명령의 경우(민사집행규칙 제44조 제2항)

집행관 보관명령에는 다음의 두 가지 경우가 있다.

첫째는 민사집행규칙 제44조 제2항 전단의 경우로서, 부동산을 점유하는 채무자·소유자 또는 부동산의 점유자로서 그 점유권원을 압류채권자·가압류채권자 혹은 민사집행법 제91조 제2항 내지 제4항의 규정에 따라 소멸되는 권리를 갖는 사람에 대하여 대항할 수 없는 사람이 민사집행규칙 제44조 제1항의 규정에 따른 명령에 위반한 때이다.

둘째는 같은 조 제2항 후단의 경우로서, 가격감소행위 등을 하는 경우에 같은 조 제1항의 규정에 따른 명령으로는 부동산 가격의 현저한 감소를 방지할 수 없다고 인정되는 특별한 사정이 있는 때이다.

이와 같이 집행관 보관명령은 원칙적으로 금지명령 등에 위반한 때에 발하여지는 제2차적 보전처분이나, 특별한 사정이 있는 경우에 예외를 인정하고 있다.

집행관 보관명령은 채무자의 사용·수익권을 빼앗는 것이므로, 이를 발령함에는 신중을 기하여야 할 것이다. 따라서 법원이 이 명령을 발하기 위해서는 ① 압류채권자 또는 최고가매수신고인의 신청이 있어야 하고, ② 매각허가결정 전까지만 명령을 할 수 있으며, ③ 신청인에게 담보를 제공하도록 규정하였다.

[보전처분의 시점]

	경매개시결정이후 ~ 매각허가결정 전	매각허가결정 이후 ~ 대금납부 전	대금납부 이후 ~ 부동산 인도
압 류 채 권 자	민사집행규칙 44조, 법 83조 3항	법 136조 2항	
최고가매수신고인	민사집행규칙 44조, 법 83조 3항		
매 수 인		법 136조 2항	법 136조 1항

나. 발령 및 집행

1) 발령의 절차

관할법원은 경매개시결정을 한 법원이다. 민사집행규칙 제44조 제1항의 금지명령 등에 관하여는 담보를 제공하게 하거나 제공하지 아니하게 하고, 같은 조 제2항의 집행관 보관명령에서는 반드시 담보를 제공하게 하고 명령을 발하여야 한다. 이 담보에 대하여는 민사집행법 제19조 제3항에 따라 민사소송법 제122조·123조·125조 및 제126조의 규정 등이 준용된다.

법원이 채무자·소유자 외의 점유자에 대하여 민사집행규칙 제44조 제1항 또는 제2항의 규정에 따른 결정을 하려면 그 점유자를 심문하여야 한다(같은 조 제3항 본문). 이는 상대방의 절차상의 권리를 보장하기 위한 것이다. 다만 그 점유자가 압류채권자·가압류채권자 또는 민사집행법 제91조 제2항 내지 제4항의 규정에 따라 소멸되는 권리를 갖는 사람에 대하여 대항할 수 있는 권원에 의하여 점유하고 있지 아니함이 명백한 때 또는 이미 그 점유자를 심문한 때에는 그러하지 아니하다(같은 조 제3항 단서).

금지명령·작위명령은 집행권원에 해당되므로(민사집행법 제56조 제1호), 금지하거나 작위를 명하는 내용은 구체적으로 특정되어야 한다. 민사집행규칙 제44조에 의한 보전처분명령은 신청채권자과 그 상대방에게 고지하여야 한다(민사집행규칙 제7조 제1항 제2호).

금지명령·작위명령, 집행관 보관명령이 발령된 후에 사정의 변경이 있는 때에는 법원은 신청에 의하여 그 결정을 취소하거나 변경할 수 있다(민사집행규칙 44조 4항). 이러한 취소 또는 변경결정은 확정되지 않으면 효력이 생기지 아니한다(같은 조 제6항). 사정변경에 의한 취소 또는 변경의 신청을 할 수 있는 사람은 그 보전처분의 신청인, 상대방 및 그들의 승계인이다.

2) 명령의 집행

가) 금지명령·작위명령은 대체집행(민사집행법 제260조), 간접강제(민사집행법 제261조)의 규정에 따라 집행된다. 따라서 금지명령과 작위명령은 즉시항고로서 독립하여 불복할 수 있는 재판으로서 집행권원에 해당되며(민사집행법 제56조 제1호), 이를 집행하기 위해서는 그 명령의 정본 또는 등본을 상대방에게 송달하여야 하며 집행문도 부여받아야 한다. 집행기간은 매각허가결정이 있을 때까지이다. 이처럼 금지명령과 작위명령은 그 특성상 명령의 송달 전에 집행을 하거나 그 집행기간을 명령이 고

지된 날부터 2주일로 제한하는 것은 적당하지 아니하므로(민사집행규칙 제44조 제7, 8항 참조), 이 점에서 집행관보관명령과 그 성질을 달리 한다.

나) 집행관 보관명령은 집행권원의 일종에 해당되지만 그 발령요건이나 집행절차에서 보전처분에 준하는 성격을 가지고 있다. 즉 보관명령의 집행은 그 결정이 상대방에게 송달되기 전에도 집행할 수 있다(민사집행규칙 제43조 제8항). 또한 매각허가 결정이 있기 전이라도 결정이 신청인에게 고지된 날부터 2주일을 경과한 때에는 집행할 수 없다(같은 조 제7항). 집행관 보관명령은 발령 후 당사자의 승계가 없는 한 집행문 없이 집행할 수 있다(민사집행법 제136조 제1항의 규정에 따른 인도명령은 집행문을 부여받아야 집행할 수 있는 점과 비교된다). 집행관 보관명령에 기하여 집행관이 집행행위를 한 때에는 이에 관한 조서를 작성하여야 한다(민사집행법 제10조).

다) 금지명령·작위명령과 집행관 보관명령에 대하여는 즉시항고를 할 수 있다(민사집행규칙 제43조 제5항).

[부동산의 침해방지를 위한 보전처분 결정의 문례]

○ ○ 지 방 법 원

결 정

사 건 20 타경 부동산강제경매

신 청 인 ○○○ (주민등록번호)

(주소)

채 무 자 ○○○ (주민등록번호)

(주소)

주 문

채무자는 별지 목록 기재 건물을 손괴하여서는 아니된다.

이 유

이 법원 20 타경 부동산강제경매사건에 관하여 신청인의 침해방지 신청이 이유 있다고 인정되므로 민사집행법 제83조 제3항, 민사집행규칙 제44조 제1항에 의하여 주문과 같이 결정한다.

20 . . .

판사(사법보좌관) ○○○ ㊞

II. 부동산관리명령

1. 총설

강제경매에 있어서 매수인은 매각대금을 지급한 후가 아니면 그 부동산의 인도를 청구하지 못한다(민사집행법 제136조 제1항). 따라서 매수인이 매각허가결정을 받은 후 대금을 지급하고 그 부동산의 인도를 받을 때까지 사이에 채무자인 그 부동산의 소유자의 법률상의 처분행위 또는 사실상의 행위에 의하여 그 부동산의 가치가 감소되어 매수인이나 채권자의 이익을 해할 염려가 있으므로, 매각허가결정이 있은 후 인도할 때까지 매수인이나 채권자의 신청이 있으면 법원이 관리인을 선임하여 그 관리인으로 하여금 그 부동산을 관리하게 하는 관리명령을 발할 수 있다(민사집행법 제136조 제2항). 매각부동산 관리명령은 신청일로부터 2일 안에 하여야 한다(재민 91-5).

이 관리명령은 매각부동산의 현상유지를 목적으로 하는 일종의 보전처분으로서 압류 후 매각부동산에 대한 침해행위를 방지하기 위하여 인정하고 있는 민사집행법 제83조 제3항 소정의 보전처분과 그 뜻을 같이 한다.

2. 관리명령의 신청

가. 신청권자

관리명령을 신청할 수 있는 자는 매수인 또는 채권자이다(민사집행법 제136조 제2항). 매각대금을 다 낸 뒤에는 매수인은 직접 자기에게 인도할 것을 구할 수 있으므로 관리명령을 신청할 수 없다.

재매각을 명한 후에는 전의 매수인은 관리명령의 신청권이 없다. 여기서 '채권자'라 함은 집행채권자만을 의미하고 매각대금으로부터 변제를 받을 권리를 가진 채권자를 모두 포함하는 개념은 아니다.

나. 신청의 시기

관리명령의 신청은 매각허가가 결정된 뒤 인도할 때까지 사이에 할 수 있다(민사집행법 제136조 제2항).

관리명령은 보전처분이므로 매각허가결정에 대한 즉시항고가 있더라도 항고법원에 의하여 허가결정이 취소되지 않는 한 관리명령의 신청을 할 수 있고 또 허가결정 후 매각절차가 집행정지에 의하여 정지된 경우라도 관리명령의 신청을 할 수 있다.

다. 관할

관리명령은 집행법원의 전속관할에 속한다. 사법보좌관규칙은 2005. 6. 3. 제정 이후 계속 '민사집행법 제136조의 규정에 따른 인도명령 및 관리명령'을 사법보좌관의 업무 범위에서 제외하고 있었다(사법보좌관규칙 제2조 제1항 제7호 단서 나목). 그러나 2020. 4. 23. 개정(2020. 7. 1. 시행)된 사법보좌관규칙 제2조 제1항 제7호 단서에서 위 나목이 삭제되어, 2020. 7. 1.부터는 사법보좌관이 인도명령과 관리명령을 할 수 있게 되었다(다만 부칙에 따라 위 개정 조항 시행 후 최초로 접수되는 인도명령, 관리명령 신청 사건부터 적용된다).

라. 신청의 방법

관리명령의 신청은 집행법원에 서면 또는 구술로 할 수 있다(민사집행법 제23조 제1항, 민사소송법 제161조). 신청서에는 매각부동산을 매수인에게 인도할 때까지 법원이 상당하다고 인정하는 관리인(또는 신청인이 추천하는 사람)을 선임하여 관리를 명하도록 신청하는 취지를 적어야 한다. 보전의 필요성에 관하여 기재함을 요하지는 않는다.

신청서에는 1,000의 인지를 첩부한다(인지법 제9조, 재민 91-1). 관리인에 대한 보수 또는 관리에 소요되는 비용은 관리명령신청인이 부담하므로 신청인은 이를 예납하여야 한다.

이 신청이 있으면 독립된 집행신청사건으로 취급하여 독립된 사건번호(예컨대 20○ 타기○○)를 부여하고, 그 신청서는 경매신청기록에 합철하며 그 표지에 관리명령신청의 사건번호와 사건명(예컨대, 부동산관리명령)을 병기한다(재민 91-1).

[부동산관리명령신청(부동산 강제경매)]

부동산 관리명령신청

사　　건　　　　20 타경OO 부동산강제경매
신청인(매수인)　　○ ○ ○
상대방(채무자)　　○ ○ ○

위 당사자간 귀원 20 타경OO 부동산강제경매 사건에 관하여 신청인은 별지 목록 기재의 부동산에 관하여 매각허가결정을 받았으나, 대금지급시까지 채무자 겸 소유자를 거주시킬 경우에 내부의 시설을 손괴할 우려가 있으므로, 그 인도가 있을 때까지 위 부동산을 관리할 관리인을 선임하여 관리를 명하여 주실 것을 신청합니다.

20　.　.　.

신청인(매수인) ○ ○ ○ ㉠

○ ○ 지방법원 경매○계　　　귀중

3. 관리명령의 재판

관리명령의 신청이 있으면 집행법원은 변론을 거치지 않고 심리하여 신청이 이유 있다고 인정할 때에는 관리인을 선임하고 그로 하여금 매각부동산의 관리를 명하는 재판 즉 관리명령을 발한다. 관리명령의 신청에 관하여는 특별한 사정이 없는 한 신청일로부터 2일 안에 재판을 하여야 한다(재민 91-5).

관리인의 자격에 관하여는 법률상 제한이 없다. 따라서 법원은 관리의 구체적 내용, 부동산의 종류, 위치, 구조 등을 고려하여 적임자를 관리인으로 선임하여야 한다. 통상 집행관이나 변호사를 관리인으로 선임한다. 그러나 채권자나 채무자 또는 매수인을 관리인으로 선임할 수는 없다. 특히 매수인을 선임하는 것은 대금지급 전에 부동산을 인도하는 결과로 되어 부당하다.

신청인이 적임자를 추천할 수도 있으나 법원은 이에 구속되지 아니한다. 관리명령에는 상대방을 적어야 한다. 관리명령의 상대방은 채무자, 소유자 및 매각부동산을 점유하고 있는 제3자이다.

관리명령은 송달 기타 적당한 방법으로 신청인과 상대방(채무자)에게 고지하여야 한다(민사집행규칙 제7조 제1항 제2호). 다만 실무상으로는 신청을 하지 않은 매수인 또는 경매신청채권자에게도 고지를 하고 있다. 신청을 각하한 결정은 신청인에게만 고지하면 된다. 관리명령신청에 관한 재판에 대하여는 즉시항고할 수 있다(민사집행법 제136조 제2항, 제5항).

[관리명령]

○ ○ 지 방 법 원
부동산관리명령

사 건 20 타기 부동산관리명령
신청인(매수인) ○○○
서울 ○○구 ○○동 ○○
상대방(채무자) ○○○
서울 ○○구 ○○동 ○○

주 문

이 법원 20○○타경○○○ 부동산강제경매 사건에 관하여 이 법원 소속 집행관 ○○○를 관리인으로 선임하고 위 관리인에게 채무자 소유의 별지 기재 부동산의 관리를 명한다.

이 유

이 법원 20○○타경○○○ 부동산강제경매 사건에 관하여 신청인의 부동산관리명령 신청은 이유있다고 인정되므로 민사집행법 제136조 제2항에 의하여 주문과 같이 결정한다.

20 . . .

판사(사법보좌관) ○○○ ㊞

4. 관리의 착수

관리인으로 선임된 자는 관리명령에 기하여 채무자에 대하여 매각부동산의 인도를 구하여 채무자가 임의로 인도하면 인도를 받아 관리에 착수한다. 즉 관리인은 부동산을 관리하기 위하여 부동산을 점유할 필요가 있으며 그 인도에 의하여 비로소 관리권을 행사할 수 있게 된다.

그러나 채무자가 관리인의 인도요구에 응하지 아니하는 경우에 관리인은 관리명령만으로써는 인도를 강제할 수 없다. 그러므로 채무자가 인도를 거부한 경우에는 매수인 또는 채권자의 신청에 의하여 법원으로부터 인도명령을 받아 인도를 강제할 수 있을 뿐이다(민사집행법 제136조 제3항).

5. 인도명령

채무자가 관리인에게 매각부동산을 임의로 인도하지 아니하는 경우에는 관리인은 관리명령만 가지고서는 그 인도를 강제할 권한을 가지지 아니하므로 관리에 착수할 수 없다. 따라서 관리명령을 한 경우 부동산의 관리를 위하여 필요하면 법원은 매수인 또는 채권자의 신청에 따라 담보를 제공하게 하거나 제공하게 하지 아니하고 민사집행법 제136조 제1항의 규정에 준하는 명령(인도명령)을 할 수 있다(민사집행법 제136조 제3항). 이 신청서에는 500원의 인지를 첩부한다(인지법 제10조). 인도명령신청에 대하여는 독립한 사건번호를 부여하지 않고 문서건명부에 등록하고 시간적 접수순서에 따라 경매사건 기록에 편철한다.

법원은 이 신청이 이유 있다고 인정하는 경우에는 인도명령을 발한다. 법원이 인도명령의 정본을 신청인에게 송달하면 신청인은 이에 기하여 집행관에게 집행을 위임하여(민사집행법 제136조 제6항) 민사집행법 제258조에 의하여 인도를 집행하도록 한다. 부동산 관리를 위한 인도명령은 민사집행법 제136조 제1항의 인도명령과 달리 보전처분에 준하는 성질을 가지므로 발령 후 당사자 승계가 없는 한 집행문 없이 집행할 수 있다. 인도명령 정본은 집행 전에 채무자에게 송달하거나 집행관으로 하여금 집행과 동시에 채무자에게 송달하게 한다.

위 인도명령의 신청에 관한 재판에 대하여는 즉시항고를 할 수 있다(민사집행법 제136조 제5항).

[관리인에의 부동산인도명령신청(부동산 강제명령)]

관리인에의 부동산인도명령신청

사 건 　　　20○ 타경○○ 부동산강제경매
신청인(매수인) ○ ○ ○
상대방(채무자) ○ ○ ○

위 당사자간 귀원 20 타경OO 부동산강제경매 사건에 관하여 동 법원의 20 . . . 별지 목록 기재 부동산의 부동산관리명령에 기하여, 관리인 OOO가 관리를 위한 그 인도를 구하였던 바, 채무자(소유자)가 이를 거절하여 관리의 불능에 이르게 되었으므로 채무자(소유자)는 위 부동산의 점유를 풀고 관리인에게 인도하라는 명령을 하여 주십시오.

20 . . .

신청인(매수인) ○ ○ ○ ㉭

○ ○ 지방법원 경매○계 귀중

[인도명령]

○ ○ 지 방 법 원
부동산인도명령

사 건 20 타기 부동산관리명령
신청인(매수인) ○○○
서울 ○○구 ○○동 ○○
상대방(채무자) ○○○
서울 ○○구 ○○동 ○○

주 문

상대방은 별지 목록 기재 부동산을 관리인 ○○○에게 인도하라.

이 유

이 법원 20 타기 부동산관리명령 사건에 관하여 이 법원이 20 . . . 이 법원 소속 집행관 ○○○를 관리인으로 선임하고 관리를 명하는 결정을 하였는바, 신청인의 관리를 위한 인도명령 신청이 이유 있다고 인정되므로(담보를 제공하게 하는 경우에는 담보로 ○○○원을 공탁하게 하고 또는 담보로 ○○○원을 공탁하는 것을 조건으로) 민사집행법 제136조 제2항·제3항에 의하여 주문과 같이 결정한다.

20 . . .

판사(사법보좌관) ○○○ ㊞

6. 관리의 방법

관리인은 매각부동산의 인도를 받은 후 선량한 관리자의 주의로써 이를 보존 유지하여야 한다.

관리인은 위 목적범위 내에서 관리권을 가지므로 그 목적범위를 넘어 부동산을 제3자에게 사용 또는 임대시켜 차임 등을 얻는 등의 수익권을 가지는 것은 아니다. 다만, 천연과실이 발생하는 경우에는 관리인은 이를 관리 수취할 권한이 있다.

관리인은 부동산의 현상을 유지하기 위하여 관리비용을 지출할 수 있으며 이 경우 일일이 법원의 허가를 받거나 이해관계인의 동의를 얻을 필요가 없다. 그러나 법원은 관리인에 대하여 필요에 따라 관리상의 지휘·감독을 할 수 있다.

7. 관리의 종료

가. 매수인이 대금을 다 낸 경우

관리인은 매수인이 매각대금을 다 내고 관리인의 관리 하에 있는 매각부동산의 인도를 청구한 때에는 관리사무를 청산하고 그 부동산을 매수인에게 인도하여야 한다.

이때 매수인은 대금을 완납한 것을 증명하여 관리인으로부터 인도를 받으면 족하고 법원으로부터 별도의 인도명령을 받을 필요는 없다.

관리인이 그 부동산을 인도하면 당연히 그 관리권은 종료되며 별도로 관리명령의 취소 등을 요하지 아니한다.

나. 매각허가결정이 실효된 경우

경매개시결정의 취소, 항고에 의한 매각허가결정의 취소, 경매신청의 취하 또는 재매각명령에 의하여 매각허가결정의 효력이 상실된 경우에 관리인의 관리가 언제 종료되는가에 관하여, ① 관리명령은 부수적 보전처분이므로 매각허가결정이 실효되면 관리명령도 당연히 실효되어 그 때 관리인의 관리도 종료된다는 견해와 ② 허가결정의 실효사실을 아는 법원이 직권으로 관리명령의 실효를 선언하는 관리명령취소결정을 하여야 관리가 종료된다는 견해가 대립되어 있다. ①의 견해가 다수설이기는 하지만 절차의 명확성을 위해서는 법원이 직권으로 관리명령취소결정을 하는 것이 바람직하다. ①의 견해를 취하는 경우라도 법원은 관리인에게 관리명령의 실효를 통지하여야 할 것이다.

8. 관리비용

관리인에 대한 보수 기타 관리에 소요되는 비용은 관리명령을 신청한 매수인이나 채권자가 부담하여야 하며 이것이 집행비용으로 되어 채무자의 부담으로 되는 것은 아니다. 왜냐하면 관리명령은 직접적으로 매수인 또는 채권자를 보호하기 위한 것이고 또 이것은 집행절차의 파생적 부수처분으로서 매각절차에 속하지 아니하기 때문이다(집행비용으로 보아야 한다는 반대설 있음).

제6장 소유권이전등기 등의 촉탁

Ⅰ. 소멸주의와 인수주의

1. 소멸주의와 인수주의

가. 소멸주의

목적 부동산의 물적 부담을 매각으로 소멸시키는 원칙을 소멸주의(소제주의)라고 한다.

나. 인수주의

목적 부동산에 압류채권자의 채권에 우선하는 채권에 관한 부담이 있는 경우에 그 부담을 매수인이 인수하도록 하는 것을 인수주의라고 한다.

다. 잉여주의

경매 부동산의 매각대금으로 그 우선 부담과 경매비용을 변제하고도 남을 것이 있는 경우에 한하여 경매를 허용하고 압류채권자가 자기의 채권을 변제받을 가망이 없는 경매는 허용하지 않는다는 원칙을 잉여주의라고 한다.

2. 민사집행법의 규정

1) 집행법은 법정매각조건으로서 우선변제권이 있는 담보물권에 관하여는 소멸주의를 취함과 동시에 잉여주의도 취하고 있다.

즉, 저당권과 가등기담보권은 매각으로 소멸한다(민사집행법 제91조 제2항, 가등기담보 등에 관한 법률 제15조). 담보가등기와 달리 소유권이전등기청구권의 순위보전을 위한 가등기는 선순위의 담보권이나 가압류가 없는 이상 말소되지 않고 매수인에게 인수된다. 다만 최선순위의 가등기에 대해 권리신고가 되지 않아 담보가등기인지 순위보전의 가등기인지 알 수 없는 경우 집행법원으로서는 일단 이를 순위보전을 위한 가등기로 보아 매수인에게 그 부담이 인수될 수 있다는 취지를 입찰물건명세서에 기재한 후 그에 기하여 경매절차를 진행하면 족하고, 반드시 그 가등기가 담보가등기인지 순위보전의 가등기인지 밝혀질 때까지 경매절차를 중지하여야 하는 것은 아니다(대법원 2003. 10. 6.자 2003마1438 결정).

그러나 압류채권자의 채권에 우선하는 채권에 관한 부동산의 부담을 매수인에게 인수하게 하거나, 매각대금으로 그 부담을 변제하는 데 부족하지 아니하다는 것이 인정된 경우가 아니면 그 부동산을 매각하지 못한다(민사집행법 제91조 제1항).

2) 가) 용익권[지상권·지역권·전세권 및 등기된 임차권(임차권등기명령에 의하여 임차권등기를 한 임차인도 포함)]은 저당권·압류채권·가압류채권에 대항할 수 없는 경우에는 매각으로 소멸하나(민사집행법 제91조 제3항), 이에 대항할 수 있는 경우에는 소멸할 까닭이 없으므로 매수인에게 인수된다(민사집행법 제91조 제4항 본문). 대항력구비 여부는 경매절차에 의하여 소멸하게 되는 최선순위 저당권, 압류, 가압류채권을 기준으로 하므로, 경매절차에 의하여 소멸되는 선순위 저당권보다 뒤에 등기되었거나 대항력을 갖춘 임차권은 함께 소멸하는 것이고, 매수인(경락인)에게 대항할 수 없다(대법원 2000. 2. 11. 선고 99다59306 판결).

한편, 매각으로 인하여 근저당권이 소멸하고 매수인이 소유권을 취득하게 되는 시점은 매각대금을 지급한 날이므로, 매각대금 지급기일 이전에 선순위 근저당권이 다른 사유(채무자의 변제)로 소멸한 경우에는, 대항력이 있는 임차권의 존재로 인하여 담보가치의 손상을 받을 선순위 근저당권이 없게 되므로 임차권의 대항력이 소멸하지 않고, 이 경우 채무자는 이로 인한 매수인의 손해에 대하여 민법 제578조 제3항에 의한 배상책임을 부담한다(대법원 2003. 4. 25. 선고 2002다70075 판결).

나) 이와 같은 용익권은 매수인이 인수하는 것이 법정매각조건이 된다.

다만, 대항력 있는 전세권의 경우 민사집행법은 전세권자가 배당요구를 한 경우에 소멸하는 것으로 규정하고 있다(민사집행법 제91조 제4항 단서).

주택임대차보호법상의 대항력과 우선변제권의 두 가지 권리를 겸유하고 있는 임차인이 먼저 우선변제권을 선택하여 임차주택에 대하여 진행되고 있는 경매절차에서 보증금 전액에 대하여 배당요구를 하였으나 그 순위에 따른 배당이 실시될 경우 보증금 전액을 배당받을 수 없었던 때에는 보증금 중 경매절차에서 배당받을 수 있었던 금액을 공제한 잔액에 관하여 경락인에게 대항하여 이를 반환받을 때까지 임대차관계의 존속을 주장할 수 있다. 즉 배당에 잘못이 있었는데 임차인이 이의를 제기하지 않아 그대로 확정된 경우, 임차인이 그 후 경락인에게 대항할 수 있는 보증금잔액은 경매절차에서 올바른 배당순위에 따른 배당이 실시될 경우의 받을 배당액을 공제한 나머지 금액이지 임차인이 배당절차에서 현실로 배당받은 금액을 공제한 나머지 금액이 아니다(대법원 2001. 3. 23. 선고 2000다30165 판결).[1]

1) 한편 대항력과 우선변제권의 두 가지 권리를 겸유하고 있는 임차인이 우선변제권을 선택하여 제

3) 담보물권 중 우선변제권이 없는 유치권에 관하여는 인수주의를 취한다(민사집행법 제91조 제5항).

매수인이 인수하는 유치권은 원칙적으로 경매절차의 압류채권자에게 대항할 수 있는 것이라고 보아야 하므로, 경매부동산의 압류 당시에는 이를 점유하지 아니하여 유치권을 취득하지 못한 상태에 있다가 압류 이후에 경매부동산에 관한 기존의 채권을 담보할 목적으로 뒤늦게 채무자로부터 그 점유를 이전받음으로써 유치권을 취득하게 된 경우에는 경매절차의 매수인에게 대항할 수 없으므로 이러한 유치권은 매수인에게 인수되는 유치권에 해당하지 않는다(대법원 2005. 8. 19. 선고 2005다22688 판결, 2006. 8. 25. 선고 2006다22050 판결). 이 경우 유치권을 취득한 채권자는 경매개시결정 기입등기의 경료사실을 과실 없이 알지 못하였다는 사정을 내세워 그 유치권으로 경매절차의 매수인에게 대항할 수 없다(대법원 2006. 8. 25. 선고 2006다22050 판결).

4) 가) 가압류등기는 매각으로 항상 말소의 대상이 된다.

가압류등기 뒤에 소유권을 이전받은 신소유자의 채권자가 경매를 신청하여 매각된 경우에 그 가압류등기는 말소된다. 즉 부동산에 대한 선순위가압류등기 후 가압류목적물의 소유권이 제3자에게 이전되고 그 후 제3취득자의 채권자가 경매를 신청하여 매각된 경우 가압류채권자는 그 매각절차에서 당해 가압류목적물의 매각대금에서 가압류결정 당시의 청구금액을 한도로 하여 배당을 받을 수 있고, 제3취득자의 채권자는 위 매각대금 중 가압류의 처분금지적 효력이 미치는 범위의 금액에 대하여는 배당을 받을 수 없다(대법원 2006. 7. 28. 선고 2006다19986 판결, 2007. 4. 13. 선고 2005다8682 판결).

나) 압류채권자에 우선하는 최선순위의 가처분등기는 매각에 불구하고 그대로 남는다.

3. 선순위의 담보권 뒤에 설정된 순위보전의 가등기가 말소되는 이유

선순위 담보권이 설정된 후에 경료된 소유권이전을 위한 순위보전의 가등기는 경매를 통하여 말소가 된다(등기선례 1-653). 이 경우 가등기가 말소되지 않는다면,

---

1경매절차에서 보증금 전액에 대하여 배당요구를 하였으나 보증금 전액을 배당받을 수 없었던 때에는 경락인에게 대항하여 이를 반환받을 때까지 임대차관계의 존속을 주장할 수 있을 뿐 우선변제권은 경락으로 인하여 소멸하므로, 제2경매절차에서는 배당을 받을 수 없다(대법원 2001. 3. 27. 선고 98다4552 판결).

매수인은 가등기로 인하여 소유권을 상실하게 되는 위험부담을 떠안아야 하므로, 경매가 사실상 진행되지 않거나 진행되더라도 최저매각가격이 상당히 저감되게 되고, 이로써 이미 선순위 저당권이 확보한 담보가치를 해치지 때문이다(대법원 2003. 4. 25. 선고 2002다70075 판결, 2003. 10. 6.자 2003마1438 결정 등 참조).

4. 소멸주의와 인수주의에 관한 사례

1) 1순위로 근저당권, 2순위로 가처분 등기, 3순위로 전세권, 4순위로 근저당권이 설정되어 있는 부동산에 관하여 매각이 이루어진 경우

최선순위가 근저당권(언제나 매각으로 소멸)이므로, 최선순위의 근저당권 및 이에 뒤지는 가처분, 전세권 등 부담은 모두 소멸한다.

2) 1순위로 가처분, 2순위로 근저당권, 3순위로 전세권이 설정되어 있는 경우

근저당권이 최선순위가 아니므로 이에 앞서는 가처분은 매수인이 인수하여야 할 부담으로 되고, 2순위 근저당권 및 이에 뒤지는 전세권 등 부담은 매각으로 소멸한다.

3) 1순위로 가등기(단, 담보가등기로 신고된 경우), 2순위로 가처분, 3순위로 근저당권, 4순위로 전세권이 설정되어 있는 경우

최선순위인 가등기가 담보가등기이므로 저당권과 마찬가지로 소멸하고, 따라서 이에 뒤지는 가처분, 근저당권, 전세권 등 부담은 매각으로 소멸하나, 만일 위 경우에 가등기가 소유권이전을 위한 가등기인 경우에는 그 가등기와 근저당권에 앞서는 가처분은 매수인이 인수하여야 할 부담이 되고, 근저당권과 전세권만이 소멸한다.

II. 소유권이전등기 등의 촉탁

1. 등기촉탁

매수인이 매각대금을 다 내면 매각부동산의 소유권을 취득하므로(민사집행법 제135조), 법원사무관 등은 매수인 앞으로 소유권을 이전하는 등기, 매수인이 인수하지 아니하는 부동산의 부담에 관한 기입을 말소하는 등기를 등기관에 촉탁하여야 한다(민사집행법 제144조 제1항). 그 등기에 드는 비용은 매수인이 부담한다(민사집행법 제144조 제2항).

매각대금을 완납한 매수인은 민사집행법 제144조 제1항의 규정에 의하여 경매

법원이 낙찰된 부동산에 대하여 매수인 앞으로의 소유권이전등기를 촉탁함으로써 소유권이전등기를 경료받을 수 있으므로 종전 소유자 등을 상대로 매각허가(낙찰)를 원인으로 한 소유권이전등기절차의 이행을 소구할 이익이 없다(대법원 1999. 7. 9. 선고 99다17272 판결).

매각대금이 지급되면 법원사무관등은 매각허가결정의 등본을 붙여 매수인 앞으로의 소유권이전등기, 매수인이 인수하지 아니한 부동산의 부담에 관한 기입등기의 말소등기, 경매개시결정등기의 말소등기를 촉탁하여야 한다(민사집행법 제144조 제1항). 민사집행법 제144조 제1항 각 호의 등기는 부동산등기법 제25조 단서에 따라 일괄하여 촉탁할 수 있다(부동산등기규칙 제47조 제1항 제3호). 등기촉탁은 법원사무관등의 명의로 등기촉탁서를 작성하여 관할등기소의 등기관에게 송부하는 방법으로 행한다.

2. 촉탁의 시기

등기촉탁은 매각대금을 다 내면 한다. 법원사무관등은 매수인이 대금을 지급하면 바로 매각허가결정의 등본을 첨부하여 매수인 앞으로 소유권을 이전하는 등기, 매수인이 인수하지 아니한 부동산의 부담에 관한 기입을 말소하는 등기, 경매개시결정등기를 말소하는 등기를 등기관에게 촉탁하여야 한다(민사집행법 제144조 제1항).

그런데 촉탁을 하려면 주민등록표등본, 등록세영수필통지서 및 영수필확인서, 국민주택채권매입필증 등의 서류를 첨부해야 하기 때문에 실제로는 매수인으로부터 위 서류가 제출되었을 때 촉탁하게 된다.

매수인이 위의 각 촉탁서 첨부서류를 제출한 날부터 3일 안에 촉탁하여야 한다(재민 91-5).

3. 등기촉탁절차[2)]

가. 등기촉탁 방법

1) 집행법원은 부동산에 관한 경매절차에서 매각에 의한 소유권이전등기를 촉탁하는 경우에 서면촉탁에 의한다. 다만 전자기록사건에서 매수인이 전자촉탁을 신청하는 경우에는 전자촉탁에 의한다[집행법원의 소유권이전등기촉탁에 관한 업무처리지침

2) 법원실무제요 민사집행(II): 부동산집행, 법원행정처(2020), 460-463

(재민 2015-3 제3조)]

전자촉탁의 경우 집행법원의 법원사무관등은 전자기록사건의 부동산에 관하여 매수인의 전자촉탁 신청에 의하여 매각에 의한 소유권이전등기 촉탁을 할 때에는 이 지침에서 달리 정한 경우를 제외하고는 해당 법원과 등기소 사이에 연계된 서버를 이용하여 전자적 방법으로 촉탁하여야 한다(재민 2015-3 제5조). 이 경우 법원사무관등은 등기촉탁전자화시스템에서 제공하는 전산양식(매각에 의한 소유권이전등기촉탁서[전산양식 A3425])을 이용하여 촉탁서를 작성하고, 그에게 부여된 행정전자서명 정보를 함께 송신하여야 한다. 전산장애로 인하여 전자촉탁이 불가능한 경우에는 서면촉탁으로 한다.

2) 서면촉탁의 경우 경매절차에서 등기촉탁서를 등기소로 송부하는 때에는 민사소송법에 규정된 송달의 방법으로 하여야 한다. 다만 청사 내의 등기과로 송부할 때에는 법원직원에게 하도록 할 수 있으나, 이 경우에도 이해관계인이나 법무사 등에게 촉탁서를 교부하여 송달하도록 하여서는 안 된다(재민 2004-3 제54조 제1항).

한편 매각대금을 지급할 때까지 매수인과 부동산을 담보로 제공받으려고 하는 사람이 민사집행규칙 제78조의2의 규정에 따라 공동으로 신청한 경우, 민사집행법 제144조 제1항의 촉탁은 등기신청의 대리를 업으로 할 수 있는 사람으로서 신청인이 지정하는 사람에게 촉탁서를 교부하여 등기소에 제출하는 방법으로 하여야 한다(민사집행법 제144조 제2항 전문).

3) 매수인과 부동산을 담보로 제공받으려고 하는 사람이 등기촉탁공동신청 및 지정서[전산양식 A3430]를 제출한 때에는 법원사무관등은 피지정자에게 등기촉탁서 및 피지정자임을 증명할 수 있는 확인서[전산양식 A3431]를 교부하고 피지정자로부터 영수증[전산양식 A3432]을 제출받는다(재민 2004-3 제54조 제2항, 재민 2015-3 제6조 제2항).

4) 매수인에 대한 소유권이전등기와 부동산 부담등기의 말소등기, 경매개시결정 등기의 말소등기는 그 등기의 목적은 다르나 서로 관련성이 있으므로 동일한 촉탁서에 의하여 동시에 촉탁하여도 무방하고, 실무상으로도 동일한 촉탁서에 의하여 촉탁하는 것이 관례이다.

촉탁서를 송부한 때에는 그 사본 1통을 경매기록에 가철하여 둔다.

[매각으로 인한 소유권이전등기촉탁서(전산양식 A3425)]

○ ○ 법 원

등기촉탁서

등기관 귀하

사 건	20 타경 부동산강제경매
부동산의 표시	별지와 같음
등기권리자	○○○(-)
	서울 ○○구 ○○로 ○○○
등기의무자	○○○
	서울 ○○구 ○○로 ○○○
등기원인과 그 연월일	20 . . .자 강제경매로 인한 매각
등기목적	1. 소유권이전등기 2. 말소할 등기: 별지와 같음
과세표준	금 원
취 득 세	(이전등기)금 (지방교육세 포함)
등록면허세	(말소등기)금 원(지방교육세 포함)
국민주택채권	금 원
채권발행번호	
	금 원
첨 부	1. 매각허가결정 등본 1통
	2. 주민등록표 등본 또는 초본 1통
	3. 토지 및 건축물대장 등본 각 1통

위 등기를 촉탁합니다(등본작성 : 20 . . .).

2○ . . .

법원사무관 [직인]

접	20○○년○월○일	접 수	기 입	교 합	각종통지
수	제 호				

민사집행법 144①, 268

[피지정자 확인서(전산양식 A3431)]

피지정자 확인서(등기소 제출용)

사　　건　　20○○타경　　부동산강제(임의)경매
채 권 자　　○○○
채 무 자　　○○○
소 유 자　　○○○

아래의 자는 위 경매사건의 별지목록 기재 부동산에 관하여 민사집행법 제144조 제2항에 따른 '신청인이 지정하는 자'로서 등기과(소)에 접수하기 위하여 등기촉탁서를 교부받은 자임을 확인합니다.

아　래

자격 및 성명 : 법무사(변호사) ○○○
주　　　　소 : ○○시 ○○구 ○○로 ○○○, ○동 ○○○호(○○동)
○○법무사(변호사)사무소

2○○○. ○. ○.

○○지방법원 경매 ○계 참여관 ○○○ [직인]

나. 공동매수의 경우 및 여러 개 부동산의 매수인이 다른 경우

1) 1개의 부동산에 대하여 여럿이 공동으로 매수인이 된 경우에도 1통의 촉탁서에 의하여 촉탁한다. 다만 공유부동산의 지분의 전부 또는 일부에 대하여 여럿이 공동으로 매수인이 된 경우에는 등기촉탁서에 등기의무자들의 각 지분 중 각 ○분의 ○지분이 등기권리자(매수인) 중 1인에게 이전되었는지를 기재하고 촉탁서는 등기권리자별로 작성하거나 또는 등기의무자 1인의 지분이 등기권리자들에게 각 ○분의 ○지분씩 이전되었는지를 기재하고 등기의무자별로 촉탁서를 작성하여야 한다(등기예규 제1363호 참조).

2) 여러 개의 부동산의 매수인이 각각 다를 때는 각 매수인별로 별도의 촉탁서를 작성하고, 여러 개의 부동산이라도 매수인이 동일인인 경우에는 1통의 촉탁서를 작성하여 동시에 촉탁한다. 또 매수인이 동일인인 경우에는 부동산마다 각별로 매각허가결정이 된 경우에도 1통의 촉탁서를 작성하는 것이 실무이다. 다만 위 각 경우

에도 부동산마다 관할등기소가 다른 경우에는 관할등기소마다 촉탁서를 달리 작성하여야 한다.

다. 등기필정보통지서 우편송부신청

매수인이 우편에 의하여 등기필정보통지서를 송부받기 위해서는 등기필정보통지서 우편송부신청서[전산양식 A3429]를 작성하여 등기촉탁신청서와 함께 집행법원에 제출하여야 한다. 매수인이 수인인 경우에는 매수인 중 1인을 등기필정보통지서 수령인으로 지정하고, 나머지 매수인들의 위임장 및 인감증명서[인감증명서에 갈음하여 위 신청서에 서명을 하고 본인서명사실확인서 또는 전자본인서명확인서의 발급증을 첨부할 수 있다(재일 2012-2 제2조)]를 제출하여야 한다.

법원사무관등은 등기촉탁서 오른쪽 상단에 '등기필정보통지서 우편송부신청'이라는 표시를 하고, 등기촉탁서에 등기필정보통지서 송부용 주소안내문, 송달통지서와 우표처리송달부를 첨부한다. 법원사무관등은 등기필정보통지서 우편송부신청서, 송달실시기관으로부터 수령한 송달통지서를 기록에 편철하여야 한다(재민 2004-3 54조 2항, 재민 2015-3 제7조). 현재 전산에서는 등기필정보 및 등기완료통지서 양식으로 출력·통지되고 있다.

라. 소유권이전등기의 전자촉탁 시 등기필정보의 통보

매수인이 소유권이전등기 전자촉탁을 직접 신청한 경우 등기권리자인 매수인은 다음의 순서에 따라 등기필정보를 수신한다.

① 전자소송시스템에 접속하여 전자신청 메뉴에서 신청내역조회를 선택하고, 개인공인인증서 정보를 입력하여 사용자인증을 받는다. ② 신청내역을 조회하여 처리상태가 등기완료로 기록되어 있는 사건을 선택한 후 등기필정보를 전송받는다(등기필정보는 3회에 한하여 전송받을 수 있다). 동일한 등기신청 사건에서 수인이 권리자로 표시되어 있는 경우 다른 사람에 관한 등기필정보는 전송받을 수 없다. ③ 전송된 등기필정보를 확인하기 위해서는 등기권리자의 공인인증서정보를 입력하여야 한다. ④ 전자신청을 위임받은 대리인이 신청한 경우 등기필정보를 권리자 자신이 직접 전송받을 수 없고, 대리인이 위 ①과 ②의 절차에 따라 등기필정보를 전송받은 후 등기권리자에게 그 파일을 전자우편으로 송신하거나 직접 전달한다(재민 2015-3 제8조).

4. 촉탁신청 시 필요한 서면 등

등기촉탁신청 시에 필요한 서면 및 소유권이전등기촉탁서의 양식은 아래와 같다.

가. 신청서 1통

나. 신청서 부본 3통

다. 별지목록(부동산의 표시- 등기부등본을 보고 작성)

라. 말소할 등기의 표시(매수인이 인수하지 않은 부동산 위의 부담의 등기 및 경매신청등기를 표시)

예) 2009. 4. 13. 접수 제1234호 가압류등기
2012. 1. 3. 접수 제1111호 근저당권등기
2015. 5. 1. 접수 제1341호 강제경매신청등기

마. 등록세 및 채권산출내역서

바. 등록세영수필확인서 및 통지서(부동산소재지 구청 세무과에서 등록세 납부서를 발급받을 때 '매각대금완납증명원'을 제출하여야 하므로 미리 경매계에서 발급 받아야 함. 소유권이전등기와 말소등기는 별도의 납부서로 납부함) : 부동산소재지 구청 세무과 발급

사. 제1종 국민주택채권(채권번호만 적으면 됨 - 국민은행에서 구입)

아. 주민등록(등)초본(매수인) 1통

자. 토지(임야)대장등본 1통

차. 건축물대장등본 1통

카. 부동산등기부등본 1통

타. 대법원등기수입증지[소유권이전 1건당 1만 5천원(위 금액에 신청 대상이 되는 부동산 개수를 곱한 금액), 말소 1건당 3,000원][3)]

※ 농지인 경우에도 농지취득자격증명은 불필요(매각허부에 대한 재판 시 이미 제출함)

[부동산소유권이전등기 촉탁신청서 1]

소유권이전등기 등 촉탁신청

3) 등기사항증명서 등 수수료규칙(대법원 규칙 제2823호) 참조

사 건 20 타경 호 부동산강제(임의)경매
채권자
채무자
소유자
매수인 성 명
주 소

위 당사자간 귀원 타경 호 부동산강제(임의)경매신청사건에 관하여 매수인은 귀원으로부터 매각허가결정을 받고 20 . . .자로 매각대금을 전액 납부하였으므로 관할등기소에 별지목록 1기재 부동산에 관하여 소유권이전등기 및 별지목록 2.기재 말소할 등기내역과 표시와 같이 말소등기를 촉탁하여 주시기 바랍니다.

[첨 부 서 류]

1. 부동산표시 및 말소할등기내역서 각 1 부.
1. 등록세 및 국민주택채권 과표산출내역서 1 부.
1. 부동산등기부 등본 1 통
1. 토지대장등본 1 통
1. 건축물관리대장등본 1 통
1. 주민등록표등본 1 통
1. 위 각 부본 각2부
1. 등록세 및 교육세영수필확인서(이전 및 말소) 1 통
1. 국민주택채권 영수필증 1 부
1. 대법원수입증지(소유권이전등기: 15,000원, 말소할 등기 1건당: 3,000)
1. 우표 3,020원

년 월 일

위 신청인(매수인) (인)
연락처 :

서울중앙지방법원 민사집행과 귀중

[부동산소유권이전등기 촉탁신청서 2]

부동산소유권이전등기 촉탁신청서

사건번호 타경 부동산강제(임의)경매
채 권 자
채 무 자(소유자)
매 수 인

위 사건에 관하여 매수인 OOO는(은) 귀원으로부터 매각허가결정을 받고 20 . . . 대금전액을 완납하였으므로 별지목록기재 부동산에 대하여 소유권이전 및 말소등기를 촉탁하여 주시기 바랍니다.

첨부서류

1. 부동산목록 4통
1. 부동산등기부등본 1통
1. 토지대장등본 1통
1. 건축물대장등본 1통
1. 주민등록등본 1통
1. 등록세 영수증(이전, 말소)
1. 대법원수입증지-이전등기 15,000원, 말소등기 1건당 3,000원(토지, 건물 각각임)
1. 말소할 사항(말소할 각 등기를 특정할 수 있도록 접수일자와 접수번호) 4부

년 월 일

신청인(매수인) (인)

연락처(☎)

지방법원 귀중

☞ 유의사항

1. 법인등기부등(초)본, 주민등록등(초)본, 토지대장 및 건물대장등본은 발행일로부터 3월 이내의 것이어야 함.
2. 등록세 영수필확인서 및 통지서에 기재된 토지의 시가표준액 및 건물의 과세표준액이 각 500만 원 이상일 때에는 국민주택채권을 매입하고 그 주택채권발행번호를 기재하여야 함.

5. 촉탁서에 적어야 할 사항[4)]

법원사무관등이 민사집행법 제144조에 따라 행하는 촉탁에 관한 등기에 관하여도 원칙적으로 신청에 의한 등기에 관한 부동산등기법의 규정이 준용된다(부동산등기법 제22조 제2항). 따라서 촉탁서에는 부동산등기규칙 제43, 44, 46조의 각 사항을 적어야 한다.

가. 부동산의 표시

촉탁할 등기의 목적이 되는 매각부동산은 등기기록의 표시와 일치하여야 한다.

경매개시결정등기 후 매각부동산에 관하여 행정구역변경, 환지, 증축 등으로 등기기록상에 지번 또는 주소, 지적, 구조 등의 변경이 있는 사실이 매수인이 제출한 새로운 등기사항증명서 등에 의하여 확인되면 그 표시변경등기일자가 매각허가결정 전이면 매각허가결정을 경정한 다음 촉탁서에 변경된 표시를 적고, 매각허가결정 후이면 변경 전의 부동산의 표시를 하고 그 밑에 변경된 현재의 등기사항증명서의 내용대로 표시하여 촉탁한다.

경매개시결정등기 후 목적토지에 관하여 합필, 분필의 등기, 목적건물에 관하여 분할, 합병, 구분의 등기가 된 경우에도 위와 같은 요령으로 처리한다. 매각허가결정에 기재된 공유지분 중 일부에 대하여 등기촉탁신청을 할 수 없는 사정이 있는 경우 법원사무관등은 등기상 권리관계에 부합하는 범위 내에서 등기촉탁신청을 수리하여 등기촉탁을 하여야 하고, 그 지분이 매각허가결정에 기재된 공유지분과 다르다는 이유로 등기촉탁신청을 거절할 수는 없다(대법원 2017. 5. 25.자 2016그644 결정).

경매절차가 진행 중인 토지에 대하여 '지적재조사에 관한 특별법'에 따른 지적재조사에 의하여 면적이 일부 증가하였더라도 이는 토지의 이동에 해당하여 그 동일성이 유지되는 것이므로, 지적재조사 완료에 따라 그 면적이 증가하여 토지대장에 변경등록이 된 다음 변경 전의 표시대로 매각허가결정이 있었고 이후 등기기록에 표시변경등기가 이루어졌다면, 매각허가결정을 경정할 필요 없이 촉탁서에 변경 전의 부동산의 표시를 하고 그 밑에 변경된 현재의 내용대로 표시를 하여 매각을 원인으로 한 소유권이전등기촉탁을 할 수 있다(등기선례 201804-3호).

부동산등기법 제29조 제11호는 그 등기명의인이 등기를 신청하는 경우에 적용되는 규정이므로, 등기를 촉탁하는 경우에는 등기기록과 대장상의 부동산의 표시가

---

4) 법원실무제요 민사집행(II): 부동산집행, 법원행정처(2020), 463-466

부합하지 않더라도 무방하기 때문이다(등기예규 1625호 제5항).

매각부동산이 여럿인 경우에는 별지 목록에 의하여 부동산을 표시한다.

나. 등기권리자

등기권리자는 매수인을 표시한다. 따라서 매수인이 자연인인 경우에는 이름, 주민등록번호, 주소를, 법인인 경우에는 상호, 법인의 등록번호, 소재지를 적는다. 법인의 경우 대표기관의 표시는 등기할 사항은 아니지만 등기촉탁서에 대표기관을 표시하여야 한다. 법인 아닌 사단이나 재단의 경우 그 대표자나 관리인의 성명, 주소 및 주민등록번호는 등기할 사항이므로 이를 증명하는 정보를 등기소에 제공하여야 한다(부동산등기규칙 제48조 제4호).

상속인이 여럿인 경우에는 그 지분도 표시하여야 한다.

여럿이 공동으로 매수한 경우에는 공동매수인을 모두 표시한다. 이 경우 매각허가결정에 지분이 표시되어 있으면 촉탁서에도 그 지분을 표시하여야 한다.

다. 등기의무자

1) 소유권이전등기의 등기의무자

가) 압류의 효력발생 당시의 등기부상 소유명의자

소유권이전등기의 등기의무자는 압류의 효력발생 당시의 등기기록상 소유명의자이나, 압류의 효력발생 당시의 등기기록상 소유명의자라도 그 소유권이 매각으로 인하여 말소될 것인 때(예를 들어, 甲 소유의 부동산에 乙이 가압류를 한 후에 丙에게 소유권이 이전되었는데 乙이 甲에 대한 집행권원으로 위 가압류를 본압류로 이전하는 경매신청을 한 경우 丙 명의의 소유권이전등기)에는 그 소유자는 소유권이전등기의 등기의무자가 아니고 경매절차상 소유자로 인정된 자(위의 예에서 甲)가 등기의무자이다. 따라서 압류의 효력발생 후에 소유권을 취득한 제3자가 있더라도 그 소유권이전등기는 압류에 대항할 수 없으므로 그 제3자가 등기의무자로 되는 것은 아니다.

나) 압류의 효력발생 당시의 소유자가 사망한 경우

압류의 효력발생 당시의 소유자가 사망하여 상속등기가 된 경우에는 그 상속인을 등기의무자로 표시하고 상속등기가 되어있지 않은 경우에는 사망한 사람을 등기의무자로 표시하면 되고, 소유권이전등기의 촉탁을 위하여 따로 상속등기를 하게 할 필요는 없다.

2) 부동산 위의 부담등기의 말소의 경우 등기의무자

부동산 위의 부담등기를 말소할 때에는 그 말소될 등기의 명의자(예를 들어, 저당권설정등기의 경우에는 저당권자, 가압류등기의 경우에는 가압류채권자)가 등기의무자로 되고 경매개시결정등기에 관하여는 경매신청인이 등기의무자가 될 것이나, 실무에서는 소유권이전등기와 동일한 촉탁서에 의하여 촉탁하는 경우에는 촉탁서에 이러한 등기의무자의 표시는 하지 않고 압류의 효력발생 당시의 소유자만을 등기의무자로 표시하고 있다. 그러나 추가말소촉탁의 경우처럼 부담등기의 말소등기만을 촉탁하는 경우에는 그 말소되는 부담등기의 등기명의자만을 등기의무자로 표시하여야 한다.

라. 등기원인과 그 연월일

등기원인은 '강제경매(임의경매)로 인한 매각'이고, 등기원인 일자는 매각대금을 모두 낸 날로 적어야 한다(재민 2004-3 제52조 제1항, 재민 2015-3 제4조 제1항). 예를 들어, '20○○. ○. ○. 강제경매로 인한 매각'이라고 표시한다.

마. 등기목적

촉탁에 의하여 기입될 이전등기나 말소할 등기를 구체적으로 표시한다. 소유권이전등기의 경우에는 단순히 '소유권이전등기'라고 표시하고 부담등기 및 경매개시결정등기의 말소의 경우에는 말소할 각 등기를 특정할 수 있을 정도로 접수일자와 접수번호도 아울러 표시한다.

예를 들어, 저당권설정등기의 경우에는 '20○○. ○. ○. 접수 제○○○호 저당권설정등기의 말소 또는 저당권설정등기 말소(20○○. ○. ○. 접수 제○○○호)'라고 표시한다.

말소할 등기가 여러 건일 경우에는 따로 별지 목록을 작성하여 첨부한다.

바. 취득세액, 등록면허세액 및 과세표준액

매수인은 취득세와 등록에 대한 등록면허세를 납부하여야 한다(지방세법 제7조 제1항, 제24조 제1호). 등기를 촉탁하는 경우에는 취득세액, 등록면허세액 및 과세표준액을 신청정보의 내용으로 등기소에 제공하여야 한다(부동산등기규칙 제44조). 취득세 또는 등록면허세의 과세표준액은 매각대금액이다(지방세법 제10조 제5항 제4호, 제27조 제3항).

부동산에 대한 취득세는 과세표준액의 1,000분의 40(농지는 1,000분의 30)에 해당하는 금액이다(지방세법 제11조 제1항 제7호). 부동산이 공유물일 때에는 그 취득 지분의 가액을 과세표준으로 하여 그 각각의 세율을 적용한다.(지방세법 제11조 제2항). 소유권이전등기의 경우 과세표준액의 1,000분의 20에 해당하는 등록면허세(지방세법 제28조 제1항 제1호 나목)와 그 등록면허세의 100분의 20에 해당하는 지방교육세를 납부하여야 하고(지방세법 제151조 제1항 제2호), 말소등기에서는 매 1건당 6,000원의 등록면허세와 1,200원의 지방교육세(등록면허세액의 100분의 20)를 납부하여야 한다(지방세법 제28조 제1항 제1호 마목, 제151조 제1항 제2호). 현재 실무에서는 매수인이 국고수납은행에 취득세 및 등록면허세를 납부하고 그 영수필확인서를 법원에 제출하고 있다.

등기촉탁서에는 소유권이전등기와 말소등기별로 위 취득세, 등록면허세와 지방교육세의 합산액을 표시한다. 예를 들어, '이전등기 ○○○원(지방교육세포함)', '말소등기 ○○○원(지방교육세포함)'이라고 적는다.

매각에 의하여 취득한 부동산이라도 등기되지 아니한 부동산이나 기계·기구 등은 취득세와 등록면허세 부과의 대상이 되지 않으므로, 그 매각가격 중에 미등기 부동산이나 기계·기구의 가격이 포함되어 있고 그 구분이 명백한 때에는 그 금액은 취득세와 등록면허세 과세표준액에서 제외된다(등기선례 1-916).

사. 첨부서류

촉탁서의 첨부서류 란에는 촉탁서에 실제로 첨부한 서류를 표시한다. 촉탁서 첨부서류에 관하여는 다음 항에서 설명한다. 등록세 영수필통지서와 영수필확인서는 첨부서류 란에 적지 아니한다.

6. 촉탁서에 첨부할 서류

가. 매각허가결정 등본

등기촉탁서에는 매각허가결정의 등본을 붙여야 한다(민사집행법 제144조 제1항, 제268조). 매각허가결정 등본은 등기원인을 증명하는 정보가 된다(부동산등기규칙 제46조 제1항 제1호).

나. 등기권리자의 주소 등을 증명하는 정보

등기를 촉탁할 때에는 등기권리자(매수인)의 주소(또는 사무소 소재지) 및 주민등록번호를 증명하는 정보를 제공하여야 한다(부동산등기규칙 제46조 제1항 제6호 본문). 매수인이 자연인인 경우에는 주민등록표 등·초본, 법인인 경우에는 등기사항증명서, 법인 아닌 사단, 재단인 경우에는 정관이나 그 밖의 규약(부동산등기규칙 제48조 제1호, 등기예규 1621호 제3항 참조)이 이에 해당한다. 등기의무자의 주소를 증명하는 정보는 제공할 필요가 없다(등기예규 1625호 제4-2항).

주소를 증명하는 정보는 매수인으로 하여금 제출하게 한다.

법인 아닌 사단이나 재단이 매수인인 경우 등기를 촉탁할 때에는 대표자나 관리인임을 증명하는 정보, 대표자나 관리인의 주소 및 주민등록번호를 증명하는 정보도 등기소에 제공하여야 한다(부동산등기규칙 제48조 제2, 4호).

다. 부동산등기용등록번호를 증명하는 정보

매수인이 외국인, 주민등록번호가 없는 재외국민, 법인 아닌 사단 또는 재단, 국내에 영업소나 사무소의 설치 등기를 하지 아니한 외국법인인 경우에는 부동산등기법 제49조에서 규정하는 부동산등기용등록번호를 증명하는 정보를 제공하여야 한다(부동산등기규칙 제46조 제1항 제6호 본문).

라. 상속을 증명하는 서면

매각대금지급 전에 매수인이 사망한 경우에는 전술한 바와 같이 상속인을 위하여 소유권이전등기를 촉탁하여야 하므로 제적등본, 가족관계증명서, 상속포기 심판서 등 상속을 증명하는 서면을 제출하게 하여 이를 첨부하여야 한다(다만 상속인명의로 매각허가결정을 경정하여 촉탁하는 경우에는 그러하지 아니하다).

마. 국민주택채권 매입액 및 발행번호 기재

매각부동산의 시가표준액이 일정한 금액(토지는 500만 원, 주택은 2,000만 원, 토지 및 주택 외의 부동산은 1,000만 원) 이상인 경우에는 매수인 명의로 소유권이전등기를 하기 위해서는 매수인이 국민주택채권을 매입하여야 하므로(주택도시기금법 제8조 제1항 제2호, 주택도시기금법 시행령 제8조 제2항, 별표 1.과 부표 15.), 법원은 매수인으로 하여금 촉탁 전에 국민주택채권을 매입하고 그 채권발행번호를 법원사무관등에게 제출하게 하여 이를 촉탁서에 기재하여야 한다.

국민주택채권의 매입금액은 촉탁 당시의 과세시가표준액에 주택도시기금법 시행령 제8조 제2항 별표에서 정한 매입률을 곱하여 산출한다. 국민주택채권의 매입금액은 촉탁당시의 과세시가표준액을 기준으로 하여 산출하는데 국민주택채권의 매입대상과 금액표는 다음과 같다.

15. 부동산등기	등기하려는 부동산이 공유물인 때에는 공유지분율에 따라 산정한 시가 표준액을, 공동주택인 경우에는 세대당 시가표준액을 각각 기준으로 하며, 이 경우 공유지분율에 따라 시가표준액을 산정함에 있어서 둘 이상의 필지가 모여서 하나의 대지를 형성하고 있는 때에는 그 필지들을 합하여 하나의 필지로 본다.	
가. 소유권의 보존 또는 이전	(가) 건축물의 소유권 보존은 제외한다. (나) 공유물을 공유지분율에 따라 분할하여 이전등기를 하는 경우와 신탁 또는 신탁종료에 따라 수탁자 또는 위탁자에게 소유권이전등기를 하는 경우는 제외한다.	
1) 주택		
가) 시가표준액 2천만원 이상 5천만원 미만	시가표준액이 공시되지 아니한 신규분양 공동주택의 경우에는 「지방세법」 제10조제5항제3호 및 같은 법 시행령 제18조제3항제2호에 따른 취득가격을 말한다. 이하 이 1)에서 같다	시가표준액의 13/1,000
나) 시가표준액 5천만원 이상 1억원 미만		
(1) 특별시 및 광역시		" 19/1,000
(2) 그 밖의 지역		" 14/1,000
다) 시가표준액 1억원 이상 1억6천만원 미만		
(1) 특별시 및 광역시		" 21/1,000

(2) 그 밖의 지역		〃 16/1,000
라) 시가표준액 1억6천만원 이상 2억6천만원 미만		
(1) 특별시 및 광역시		〃 23/1,000
(2) 그 밖의 지역		〃 18/1,000
마) 시가표준액 2억6천만원 이상 6억원 미만		
(1) 특별시 및 광역시		〃 26/1,000
(2) 그 밖의 지역		〃 21/1,000
바) 시가표준액 6억원 이상		
(1) 특별시 및 광역시		〃 31/1,000
(2) 그 밖의 지역		〃 26/1,000
2) 토지		
가) 시가표준액 5백만원 이상 5천만원 미만		
(1) 특별시 및 광역시		〃 25/1,000
(2) 그 밖의 지역		〃 20/1,000
나) 시가표준액 5천만원 이상 1억원 미만		
(1) 특별시 및 광역시		〃 40/1,000
(2) 그 밖의 지역		〃 35/1,000
다) 시가표준액 1억원 이상		
(1) 특별시 및 광역시		〃 50/1,000
(2) 그 밖의 지역		〃 45/1,000
3) 주택 및 토지 외의		

부동산		
가) 시가표준액 1천만원 이상 1억3천만원 미만		
(1) 특별시 및 광역시		" 10/1,000
(2) 그 밖의 지역		" 8/1,000
나) 시가표준액 1억3천만원 이상 2억5천만원 미만		
(1) 특별시 및 광역시		" 16/1,000
(2) 그 밖의 지역		" 14/1,000
다) 시가표준액 2억5천만원 이상		
(1) 특별시 및 광역시		" 20/1,000
(2) 그 밖의 지역		" 18/1,000

국가기관, 지방자치단체, 주택도시기금법 시행령 제8조 제1항에 따른 공공기관, 지방공기업법에 따른 지방공기업, 한국자산관리공사 설립 등에 관한 법률에 따라 설립된 한국자산관리공사, 부동산투자회사법에 따른 부동산투자회사, 한국주택금융공사법에 따라 설립된 한국주택금융공사가 매수인인 경우에는 국민주택채권의 매입의무가 면제된다(주택도시기금법 시행령 별표 중 2.항). 또한 일정한 종교단체, 사회복지법인, 학교법인, 사립학교경영자, 농업인, 어업인, 임업인, 영농조합법인, 농업회사법인이 매수인인 경우에도 국민주택채권의 매입의무가 면제된다(주택도시기금법 시행령 별표 중 3.항 나. 및 마.).

매수인이 국민주택채권 매입발행번호를 기재하지 않으면 법원사무관등은 소유권이전등기의 촉탁을 하지 않을 수 있다.

바. 토지대장 등본·건축물대장 등본

국민주택채권의 매입의무의 유무판단, 매입액의 산출을 위하여 토지대장 등본, 건축물대장 등본, 개별공시지가 확인서가 필요하므로 법원사무관등은 매수인으로 하여금 등기촉탁일로부터 3개월 이내에 발행된(부동산등기규칙 제62조) 위 대장 등본을 제출토록 하여 이를 촉탁서에 첨부하여야 한다.

등기촉탁서에 첨부된 등록면허세 영수필확인서의 여백에 부동산별로 시가표준액이 기재되어 있어 별도로 시가표준액을 계산하지 않고 이에 의하여 국민주택채권매입금액을 산정할 수 있는 경우에는 등기신청서에 개별공시지가 확인서를 첨부할 필요가 없다(등기선례 6-738).

사. 취득세 및 등록면허세 영수필확인서

등기촉탁서에는 취득세 및 등록면허세 영수필확인서 1부를 첨부하여야 하며, 다만 전자정부법 제36조 제1항에 따라 행정기관 간에 그 납부사실을 전자적으로 확인할 수 있는 경우에는 그러하지 아니하다(지방세법시행령 제36조 제1항, 제49조 제1항). 그러나 부동산등기법 제24조 제1항 제2호에 따라 전산정보처리조직을 이용하여 등기를 하려는 때에는 취득세 및 등록면허세 영수필확인서를 전자적 이미지 정보로 변환한 자료를 첨부하여야 하며, 다만 전자정부법 제36조 제1항에 따라 행정기관 간에 그 납부사실을 전자적으로 확인할 수 있는 경우에는 그렇지 않다(지방세법시행령 제36조 제2항, 제49조 제2항).

따라서 매수인은 등기를 촉탁하기 전에 취득세 및 등록면허세 영수필확인서를 법원사무관등에게 제출하여야 하며, 매수인이 이를 제출하지 아니하면 등기를 촉탁하지 않는다(지방세법시행령 제36조의2 제1항, 제49조의2 제1항, 부동산등기법 제29조 제10호).

등기 후에 취득세 또는 등록면허세가 납부되지 아니하였거나 납부부족액을 발견한 경우 등기소장은 다음 달 10일까지 납세지를 관할하는 시장·군수·구청장에게 이를 통보하여야 한다(지방세법시행령 제38조, 제50조 제1항, 지방세법시행규칙 제11조, 제14조).

아. 농지취득자격증명과 토지거래허가증명의 요부

1) 민사집행법에 의한 경매절차에서 농지에 대하여는 농지취득자격증명에 관한 사항을 집행법원이 매각허가 결정 시에 직권으로 조사하게 되어 있으므로, 농지에 대하여 매각으로 인한 소유권이전등기를 촉탁할 때에는 농지취득자격증명을 첨부할 필요가 없다(등기선례 3-865, 등기예규 1635호 3. 나.).

2) 전통사찰 소유의 전통사찰보존지 및 전통사찰보존지에 있는 건물에 대하여 민사집행법에 따른 매각을 원인으로 한 소유권이전등기를 촉탁하는 경우는 문화체육관광부장관의 허가서를 첨부할 필요가 없다(등기예규 1484호, 제4조 제1호 단서). 또 재단법인 소유 명의의 부동산에 관하여 매각을 원인으로 한 소유권이전등기촉탁의 경우에도 주무관청의 허가서를 첨부할 필요가 없다[등기예규 886호 2) 나. 참조].

민법상 재단법인의 정관에 기본재산은 담보설정 등을 할 수 없으나 주무관청의 허가·승인을 받은 경우에는 이를 할 수 있다는 취지로 정해져 있고, 정관 규정에 따라 주무관청의 허가·승인을 받아 민법상 재단법인의 기본재산에 관하여 근저당권을 설정한 경우, 그와 같이 설정된 근저당권을 실행하여 기본재산을 매각할 때에는 주무관청의 허가를 다시 받을 필요는 없다(대법원 2019. 2. 28.자 2018마800 결정)

3) 민사집행법에 따른 경매의 경우에는 토지거래계약의 허가에 관한 규정이 적용되지 않으므로 토지거래계약허가증을 첨부할 필요가 없다(부동산 거래신고 등에 관한 법률 제14조 제2항 제2호).

7. 등기촉탁거절에 대한 불복방법

경매목적 부동산이 매각되어 그 매각대금이 모두 지급되었음에도 법원사무관등이 그에 따른 후속 조치로서의 등기촉탁을 거절하는 경우 민사소송법 제223조를 준용하여 매수인은 법원사무관등의 처분에 대한 이의를 제기할 수 있고, 그 이의를 기각한 결정에 대해서는 민사소송법 제439조를 준용하여 통상항고에 의하여 불복할 수 있다(대법원 2009. 10. 16.자 2009그90 결정 등). 다만 그 이의를 인용한 결정에 대하여는 민사소송법 제439조를 준용할 수 없으므로 통상항고를 할 수 없고 민사소송법 제449조를 준용하여 특별항고로써 불복할 수 있다(대법원 2013. 5. 6.자 2013마325 결정).

Ⅲ. 촉탁할 등기

1. 소유권이전등기

가. 등기원인

1) 매수인이 대금을 모두 지급하면 매각부동산의 소유권을 취득하므로 매각허가

결정을 원인으로 하여 매수인 앞으로 소유권을 이전하는 등기를 관할등기소 등기관에게 촉탁하여야 한다(민사집행법 제144조 제1항 제1호). 매각(강제경매, 임의경매)을 원인으로 한 소유권이전등기에는 부동산등기 특별조치법 제3조(계약서 등의 검인에 대한 특례)의 규정을 적용하지 않는다[부동산등기특별조치법 및 동법에 따른 대법원규칙의 시행에 관한 등기사무처리지침(등기예규 1419호) 1.항 가. (2) 참조].

2) 등기원인은 매각허가결정이고, 그 원인일자는 대금을 다 낸 날이다. 매수인이 매각대금을 모두 낸 후 법원사무관등이 매수인 앞으로 소유권이전등기를 촉탁하는 경우 그 등기촉탁서상의 등기원인은 강제경매(임의경매)로 인한 매각으로, 등기원인인 일자는 매각대금을 모두 낸 날로 적어야 한다[기재 예시 : 200○.○.○. 강제경매(임의경매)로 인한 매각].[5)]

3) 등기촉탁서에는 매각허가결정 등본과 등기촉탁서 부본(등기필증 작성용)을 붙여야 한다.

나. 농지에 대한 소유권이전등기촉탁의 경우 농지취득자격증명의 요부

민사집행법에 의한 경매절차에서 농지에 대하여는 농지취득자격증명에 관한 사항을 집행법원이 매각허부 재판 시에 직권으로 조사하게 되어 있으므로, 농지에 대하여 매각으로 인한 소유권이전등기를 촉탁함에 있어서는 농지취득자격증명을 첨부할 필요가 없다.[6)]

다. 공유지분 중 일부지분의 촉탁

경매절차의 매수인은 매각허가결정에 기재된 공유지분 중 일부에 대하여 등기촉탁신청을 할 수 없는 사정이 있는 경우 그러한 제한이 없는 부분에 대하여만 등기촉탁신청을 할 수 있고, 이 경우 법원사무관등은 등기상 권리관계에 부합하는 범위 내에서 위 등기촉탁신청을 수리하여 등기촉탁을 하여야 하고, 그 지분이 매각허가결정에 기재된 공유지분과 다르다는 이유로 등기촉탁신청을 거절할 수는 없다(대법원 2017. 5. 25.자 2016그644 결정).

5) 재판예규 제1119호 부동산등에 대한 경매절차 처리지침(재민 2004-3) 제52조 제1항.
6) 등기선례 3-865 농지에 대한 경락으로 인한 소유권이전등기촉탁시 농지매매증명 첨부 여부.

라. 최고가매수신고인 또는 매수인이 사망한 경우의 처리

1) 매각허가결정 전에 최고가매수신고인이 사망한 경우

매각허가결정 전에 최고가매수신고인이 사망한 경우에는 상속인에 대하여 매각허가결정을 하여야 한다.

법원이 상속사실을 모르고 사망한 사람을 매수인으로 표시하여 매각허가결정을 하였더라도 위 결정의 효력은 상속인에게 미치므로 상속인으로부터 대금지급이 있으면 상속인을 매수인으로 하여 상속인을 위하여 이전등기의 촉탁을 하여야 한다.

이 경우에 상속인 명의로 매각허가결정을 경정하여 등기를 촉탁함이 원칙이나, 위 결정의 효력이 상속인에게 미치므로 경정결정을 함이 없이 통상 상속을 증명하는 서면을 첨부하여 촉탁을 하는 것이 실무이다.

2) 매각허가결정의 선고 후 확정 전에 매수인이 사망한 경우

매각허가결정의 선고 후 확정 전에 매수인이 사망한 때에도 마찬가지로 처리한다. 다만 매각허가결정선고 시에는 피상속인이 생존해 있었으므로 상속인 명의로 매각허가결정을 경정할 필요는 없다.

3) 매각허가결정확정 후 대금지급 전에 사망한 경우

매각허가결정확정 후 대금지급 전에 매수인이 사망함으로써 그 상속인이 매수인의 지위를 승계하여 매각대금을 지급한 경우에는 사망한 매수인을 위하여 소유권이전등기촉탁을 할 것이 아니라 직접 상속인 명의로 소유권이전등기를 촉탁할 것이다.

이 경우에 등기촉탁서에는 매각허가결정등본 외에 상속을 증명하는 제적등본, 호적등본 등의 서면을 첨부하여야 한다.

이 경우 등기촉탁서의 등기권리자로서 '매수인 ○○○의 상속인 ○○○'라고 표시한다.

4) 대금지급 후에 사망한 경우

매수인이 죽은 경우에는 그가 죽은 시기가 대금을 내기 전이든 후이든 불문하고 상속인의 명의로 소유권이전등기를 촉탁하는 것이 실무 례이다.[7] 따라서 매수인이 대금지급 후에 사망한 경우에도 매각허가결정등본 외에 상속을 증명하는 제적등본, 호적등본을 첨부하여 직접 상속인명의로의 이전등기를 촉탁한다.

---

7) 이와 달리 매각부동산의 소유권은 일단 매수인인 피상속인에게 이전되고 상속인은 다시 이를 승계하게 되므로 이 경우에 직접 상속인을 위하여 소유권이전등기의 촉탁을 하는 것은 등기부상 실체적인 권리변동사실과 부합하지 아니하는 결과로 되어 부당하므로 대금지급 후에 매수인이 사망한 경우에는 사망한 매수인을 위하여 소유권이전등기의 촉탁을 하여야 한다(즉 등기촉탁서에 등기권리자로서 사망한 매수인의 이름만을 적는다)는 견해도 있다.

마. 매수인의 지위가 양도된 경우

매수인이 그 지위를 3자에게 양도한 경우에도 소유권이전등기는 매수인 앞으로 할 것을 촉탁하여야 한다. 즉 매각허가결정 확정 후에 매수인이 그 매수인의 지위를 제3자에게 양도하고 그 제3자가 매각대금을 지급한 경우라 하더라도 법원은 매수인을 위하여 이전등기촉탁을 하여야 할 것이며 제3자를 등기권리자로 하여 이전등기촉탁을 하여서는 안 된다. 왜냐하면 집행법원은 그 양도행위의 유·무효를 심사할 권한이 없을 뿐만 아니라 양수인 명의로 직접 이전등기의 촉탁을 하는 것은 진실의 권리변동과는 부합되지 아니하는 것으로서, 부동산거래에 대한 실체적 권리관계에 부합하는 등기를 신청하도록 하기 위하여 부동산을 매수한 사람이 그 부동산을 다른 사람에게 전매한 경우에도 매수인 앞으로의 소유권이전등기를 생략하지 못하도록 한 부동산등기특별조치법 제2조의 입법취지에도 반하기 때문이다.

바. 재외국민 또는 국외이주자가 매수한 경우의 처리[8)]

1) 외국인의 경우

외국인(대한민국의 국적을 보유하고 있지 아니한 자를 말함)이 국내 부동산을 취득하고자 할 경우에는 다음의 서류를 갖추어야 한다(등기예규 992호[9)]).

가) 외국인(대한민국의 국적을 보유하고 있지 아니한 자)이 매수인인 경우에는 부동산등기용 등록번호를 증명하는 서면을 첨부하여야 한다(부동산등기법 제48조 제2항, 법인 아닌 사단·재단 및 외국인의 부동산등기용등록번호 부여절차에 관한 규정 제15조 참조). 외국인의 부동산등기용등록번호는 체류지(국내에 체류지가 없는 경우에는 대법원 소재지)를 관할하는 지방출입국·외국인관서의 장으로부터 부여받는다(부동산등기법 제49조 제1항 제4호 참조). 다만 국내거소 신고를 한 외국국적동포의 경우에는 국내거소 신고번호(재외동포의 출입국과 법적 지위에 관한 법률 제제7조 제1항에 의한 국내거소 신고번호를 말한다)로 이에 갈음할 수 있다(등기예규 1686호 제14조 제3호).

나) 계약을 원인으로 하여 토지를 취득하는 경우에 외국인토지법 제4조 제2항 각호의 1(재외동포의 출입국과 법적 지위에 관한 법률에 의하여 국내거소신고를 한 외국국적동포에 대하여는 같은 항 제1호)에 해당하는 때에는 시장·군수·구청장의 토

8) 윤경, 「부동산경매(입찰)의 실무(하)」, 법률정보센타(1999) 433-434

9) 등기예규 제992호 외국인 및 재외국민의 국내 부동산 처분 등에 따른 등기신청절차.

지취득허가증을 첨부하여야 한다. 다만, 위 각호의 1에 해당하지 않는 때에는 이를 소명하기 위하여 토지이용계획확인서를 첨부하여야 한다.

하지만 경매로 취득하는 경우에는 필요 없다. 외국인 등이 토지를 취득하는 경우 시장·군수·구청장의 허가를 받아야 하나(외국인토지법 제4조 제2항), 외국인이 경매로 토지를 취득하는 경우 별다른 제한이 없다(외국인토지법 제5조).

다) 주소를 증명하는 서면이 필요하다.

주소를 증명하는 서면으로서 본국 관공서의 주소증명서 또는 거주사실증명서(예를 들어, 일본, 독일, 프랑스, 대만 등의 경우)를 첨부하여야 한다. 다만 외국인등록사실증명 또는 국내거소 신고를 한 외국국적동포의 경우에는 재외동포의 출입국과 법적 지위에 관한 법률 제7조 제5항에 따른 국내거소신고 사실증명으로도 가능하다(등기예규 1686호 제13조 제1항 제1, 2호 참조).

첨부정보가 외국 공문서이거나 외국 공증인이 공증한 문서(이하 '외국공문서 등')인 경우에는 재외공관 공증법 제30조 제1항에 따라 공증담당영사로부터 문서의 확인을 받거나 '외국공문서에 대한 인증의 요구를 폐지하는 협약'에서 정하는 바에 따른 아포스티유(Apostille)를 붙여야 한다. 다만 외국 공문서 등의 발행국이 대한민국과 수교하지 않은 국가이면서 위 협약의 가입국이 아닌 경우와 같이 부득이한 사유로 문서의 확인을 받거나 아포스티유를 붙이는 것이 곤란한 경우에는 그렇지 않다(부동산등기규칙 제46조 제9항).

본국에 주소증명서 또는 거주사실증명서를 발급하는 기관이 없는 경우(예를 들어, 미국, 영국 등의 경우)에는 주소를 공증한 서면을 첨부하여야 한다. 다만 이 경우에도 주소증명서에 대신할 수 있는 증명서(예컨대, 운전면허증 또는 신분증 등)를 본국 관공서에서 발급하는 경우, 관할등기소의 등기관에게 그 증명서 및 원본과 동일하다는 취지를 기재한 사본을 제출하여 원본과 동일함을 확인받은 때 또는 그 증명서의 사본에 원본과 동일하다는 취지를 기재하고 그에 대하여 본국 관공서의 증명이나 공증인의 공증 또는 외국주재 한국대사관이나 영사관의 확인을 받은 때에는 그 증명서의 사본으로 주소를 증명하는 서면에 갈음할 수 있다.

라) 외국인, 외국정부 등 부동산 거래신고 등에 관한 법률 제2조 제4호 각 목의 어느 하나에 해당하는 개인·법인 또는 단체가 경매를 원인으로 대한민국 안의 부동산을 취득하는 경우 그 부동산 취득일부터 6개월 이내에 대통령령으로 정하는 바에 따라 신고관청에 신고하여야 한다.

만일 그 토지가 위 법률 제9조 제1항 각 호(군사기지 및 군사시설 보호법 제2조 제6호에 따른 군사기지 및 군사시설 보호구역과 그 밖에 국방목적을 위하여 대통령령으로 정하는 지역, 문화재보호법 제2조 제2항에 따른 지정문화재와 이를 위한 보호물 또는 보호구역, 자연환경보전법 제2조 제12호에 따른 생태·경관보전지역, 야생생물 보호 및 관리에 관한 법률 27조에 따른 야생생물 특별보호구역)에 해당한다면 토지취득허가증을 첨부하여야 한다(같은 법 제9조 제1항 본문, 등기예규 1686호 제15조 제1항 참조). 그 토지가 토지거래허가구역인 경우에는 토지거래계약 허가증을 첨부 정보로 제공하면 되고 토지취득허가증을 첨부할 필요가 없다(부동산 거래신고 등에 관한 법률 제14조 제2항 제2호, 제9조 제1항 단서, 등기예규 1686호 제15조 제2항 참조).

2) 재외국민의 경우

재외국민(대한민국에 현재하지 아니한 자로서 국외로 이주를 하여 주민등록이 말소되거나 처음부터 없는 자를 뜻하며 단지 해외여행자는 이에 포함되지 않음)이 국내 부동산을 취득하고자 할 경우에는 다음의 서류를 갖추어야 한다(등기예규 992호).

가) 주소를 증명하는 서면: 재외국민등록부등본, 주민등록법에 따라 주민등록 신고를 한 경우에는 주민등록표 등·초본, 체류국 관공서의 주소증명정보 중 어느 하나를 첨부하여야 하며, 만일 위 증명을 발급받을 수 없을 때에는 체류국 공증인이 주소를 공증한 서면을 제출하여야 한다(등기예규 1686호 10조).

재외국민이 귀국하여 국내에 있는 경우 주소를 증명하는 서면은 국내거소신고사실증명으로도 가능하다.

나) 부동산등기용등록번호: 재외국민이 등기권리자(취득, 상속 등)로서 신청하는 때에 주민등록번호를 부여받은 적이 없는 경우에는 등기소에서 부동산등기용등록번호를 부여받아 그 증명서를 첨부하여야 한다[부동산등기법 제49조 제1항 제2호, 법인 및 재외국민의 부동산등기용등록번호 부여에 관한 규칙 제4조 제1항, 제7조, 등기예규 1389호 참조]. 다만 외국국적동포의 경우와는 달리 국내거소신고번호로 부동산등기용등록번호에 갈음할 수는 없다(부동산등기법 제41조의 2 제1항 제2호).

우리나라에서 주민등록번호를 부여받은 적이 있는 재외국민(국외이주로 인하여 주민등록이 말소된 경우 포함)은 그 주민등록번호를 부동산등기용등록번호로 사용하여야 한다(등기예규 1686호 제11조 제1호).

사. 제3취득자가 매수인이 된 경우의 처리

제3취득자가 매수인이 된 경우의 소유권이전등기 촉탁에 관한 업무처리지침(등기예규 1378호)에 따라 다음과 같이 처리한다.

1) 경매개시결정등기 전에 소유권이전등기를 받은 제3취득자가 매수인이 된 경우

경매개시결정등기 전에 소유권이전등기를 받은 제3취득자가 매수인이 된 경우에는, 경매개시결정등기의 말소촉탁 및 매수인이 인수하지 않는 부담기입의 말소촉탁 외에 소유권이전등기촉탁은 하지 않는다(위 예규 제1항). 매수인이 등기의무자로서 등기신청할 때에는 종전 소유권이전등기시 등기소로부터 교부받은 등기필증을 등기의무자의 권리에 관한 등기필증으로 제출한다.

[경매개시결정등기 이전에 소유권이전등기를 받은 제3취득자가 매수인이 된 경우 기입례]

【 갑 구 】	(소유권에 관한 사항)			
순위번호	등기목적	접수	등기원인	권리자 및 기타사항
2	소유권이전	2000년 1월 7일 제534호	2000년 1월 4일 매매	소유자 김갑동 621011-1345678 서울특별시 서초구 방배동 12
3	임의경매개시결정	2007년 1월 5일 제314호	2007년 1월 4일 서울중앙지방법원의 경매개시결정(2007타경18)	채권자 이을순 540709-2156789 서울특별시 서초구 서초동 48
4	3번임의경매개시결정등기말소	2007년 6월 8일 제12345호	2007년 5월 21일 임의경매로 인한 매각	(매수인 2번소유자 김갑동)

2) 공유부동산에 대한 경매개시결정등기가 경료되고, 경매절차에서 일부 공유자가 매수인이 된 경우

공유부동산에 대한 경매개시결정등기가 경료되고, 경매절차에서 일부 공유자가 매수인이 된 경우에는, 경매개시결정등기의 말소촉탁 및 매수인이 인수하지 않는 부담기입의 말소촉탁을 하되 소유권이전등기촉탁은 위 매수인의 지분을 제외한 나머지

지분에 대한 공유지분이전등기 촉탁을 한다(위 예규 제2항). 매수인이 등기의무자로서 등기신청할 때에는 종전등기필증과 공유지분이전등기 후 교부받은 등기필증을 등기의무자의 권리에 관한 등기필증으로 제출한다.

[공유부동산에 대하여 경매개시결정등기가 되고, 경매절차에서 일부 공유자가 매수인이 된 경우 기입례]

【 갑 구 】	(소유권에 관한 사항)			
순위번호	등기목적	접수	등기원인	권리자 및 기타사항
2	소유권이전	2000년 1월 7일 제534호	2000년 1월 4일 매매	공유자 지분 3분의 1 박갑동 621011-1345678 서울특별시 동대문구 장안동 6 지분 3분의 1 박을동 640302-1234234 서울특별시 광진구 자양동 24 지분 3분의 1 박병동 660623-1234876 서울특별시 마포구 신수동 36
3	임의경매개시결정	2007년 1월 5일 제314호	2007년 1월 4일 서울중앙지방법원의 경매개시결정(2007타경18)	채권자 이을순 540709-2156789 서울특별시 서초구 서초동 48
4	2번박갑동지분전부,2번박병동지분전부이전	2007년 6월 8일 제12345호	2007년 5월 21일 임의경매로 인한 매각	공유자 지분 3분의 2 박을동 640302-1234234 서울특별시 광진구 자양동 24
5	3번임의경매개시	2007년 6월 8일	2007년 5월 21일	

	결정등기 말소	제12345 호	임의경매로 인한 매각	

3) 경매개시결정등기(체납처분에 의한 압류등기, 매각에 의하여 소멸되는 가압류등기도 같다) 후에 소유권이전등기를 받은 제3취득자가 매수인이 된 경우[10)]

부동산의 권리를 취득한 제3자가 그 취득할 때에 경매신청 또는 압류 있음을 알았을 경우에는 압류에 대항하지 못하는 것이므로(민사집행법 제92조 제1항) 경매신청의 기입등기가 이루어진 후에 경료된 제3취득자 명의의 소유권이전등기는 매수인에게 대항하지 못하는 것으로서 매수인이 인수하지 아니한 부동산 위의 부담의 기입에 해당하여 매각대금의 완납이 있는 경우에는 법원이 직권으로 그 말소를 촉탁하여야 하는 것이고(민사집행법 제144조 제1항), 그 제3취득자를 채무자로 하여 이루어진 압류 또는 가압류의 등기는 매각대금의 완납에 의하여 실효되는 것이고, 이러한 법리는 그 제3취득자가 매수인이 되었다거나 그 제3취득자를 채무자로 한 압류 또는 가압류의 등기가 매각대금의 완납이 있은 후에 이루어졌다고 하더라도 달라지지 아니하는 것이다(대법원 2002. 8. 23. 선고 2000다29295 판결).

따라서 경매개시결정등기(국세체납처분에 의한 압류등기, 매각에 의하여 소멸되는 가압류등기도 같다) 후에 소유권이전등기를 받은 제3취득자가 매수인이 된 경우에는, 경매개시결정등기와 제3취득자 명의의 소유권등기의 말소촉탁과 동시에 매각을 원인으로 한 소유권이전등기 촉탁을 하여야 한다(위 예규 3항).

[경매개시결정등기 이후에 소유권이전등기를 받은 제3취득자가 매수인이 된 경우 기입례]

【 갑 구 】		(소유권에 관한 사항)		
순위번호	등기목적	접수	등기원인	권리자 및 기타사항
2	강제경매개시결정	2007년 1월 5일 제314호	2007년 1월 4일 서울중앙지방법원의 경매개시결정(2007타경18)	채권자 이을순 540709-2156789 서울특별시 서초구 서초동 48
3	소유권	2007년 1월	2006년 12월 4일	소유자 최갑동

10) 윤경, “경매개시결정등기후의 제3취득자가 경락인이 된 경우 그 등기의 효력”, 대상판례 : 대판 2002. 8. 23. 2000다29295, Jurist 386호 (2002.11), 62-68

	이전	9일 제723호	매매	621011-1345678 서울특별시 강서구 방화동 12
4	3번소유권말소	2007년 6월 8일 제12345호	2007년 5월 21일 강제경매로 인한 매각	
5	소유권이전	2007년 6월 8일 제12345호	2007년 5월 21일 강제경매로 인한 매각	소유자 최갑동 621011-1345678 서울특별시 강서구 방화동 12
6	2번강제경매개시결정등기말소	2007년 6월 8일 제12345호	2007년 5월 21일 강제경매로 인한 매각	

4) 매수인이 등기의무자로서 등기신청할 때

위 1)항의 경우에는 종전 소유권이전등기 시 등기소로부터 통지받은 등기필정보를 위 2)항의 경우에는 종전 등기필정보와 공유지분이전등기 후 통지받은 등기필정보를 등기의무자의 등기필정보로 각 제공한다.

2. 구분건물의 전유부분에 설정된 근저당권의 실행으로 경락된 경우 건물대지에 대한 소유권이전등기(등기예규 1367호 참조)

구분건물의 전유부분에 설정된 근저당권 실행에 따른 경매절차에서 전유부분을 매수한 자는 종된 권리인 대지사용권까지 취득하지만, 그 대지사용권이 소유권(공유지분권)인 경우 그 건물 대지에 대한 지분이전등기를 하기 위해서는 부동산등기법 소정의 절차에 부합하여야 한다.

구분건물의 전유부분에만 설정된 근저당권의 실행으로 매각허가(경락)된 경우 건물대지에 대한 매수인(경락인) 앞으로의 소유권이전등기 등은 구분건물의 전유부분에 설정된 근저당권의 실행으로 경락된 경우 건물대지에 대한 소유권이전등기 등에 대한 사무처리지침(등기예규 제1050호)에 따라 다음과 같은 절차에 의한다.

가. 매각허가 결정(경정결정 포함)에 대지에 대한 표시가 있는 경우

1) 대지권 등기가 경료되지 않은 경우

가) 전유부분에 대한 등기

전유부분 만에 대하여 매각허가를 원인으로 한 소유권이전등기 촉탁이 있는 경우에는 통상의 절차에 따른다.

나) 대지부분에 대한 등기

(1) 전유부분 소유자와 토지의 소유자가 일치한 경우

(가) 등기촉탁서 및 매각허가 결정의 토지의 표시가 등기부와 동일하고, 등기의무자가 토지등기부의 소유자와 동일한 경우에는 토지에 대하여 경매기입등기가 경료되지 않았다 하더라도 토지 부분에 대한 소유권이전등기촉탁은 이를 수리한다.

(나) 위 (가)의 경우 토지 부분에 경료된 부담기입등기 또한 경매법원의 말소등기 촉탁이 있으면 이를 수리한다.

(다) 등기실행과 관련하여 등기원인은 전유부분의 등기와 동일하게 "○○년 ○○월 ○○일 매각허가"로 기재한다.

(2) 전유부분 소유자와 토지의 소유자가 다른 경우

(가) 전유부분과 토지부분에 대하여 동시에 소유권이전등기를 촉탁하였으나 등기촉탁서의 등기의무자와 토지등기부의 소유자가 다를 경우에는 전유부분에 대하여는 등기하고 토지부분에 대한 촉탁은 이를 각하한다(부동산등기법 제29조 제7호 참조).

(나) 토지부분에 대하여는 순차이전등기를 통하여 등기의무자가 일치된 후, 경매법원의 소유권이전등기 촉탁이 있으면 이를 수리한다.

(다) 이 경우 등기실행절차는 위 (1)과 같이 처리한다.

2) 대지권등기가 경료된 경우

가) 경매절차 진행 중 또는 대금납부 후에 대지권 등기가 경료된 경우, 경매법원으로부터 대지권까지 포함한 소유권이전등기촉탁이 있으면 이를 수리한다.

나) 등기촉탁서와 매각허가결정(경정결정)의 부동산 표시는 등기부와 일치하여야 한다. 단, 토지의 이전할 지분이 대지권 비율과 같으면 이는 동일한 것으로 본다.

다) 등기실행과 관련하여 등기원인은 "○○년 ○○월 ○○일 매각허가(대지권 포함)"으로 기재한다.

라) 토지 부분에 경료된 부담기입등기에 대한 경매법원의 말소등기 촉탁은 이를 수리한다.

나. 매각허가 결정에 대지에 대한 표시가 없는 경우

1) 대지권등기가 경료되지 않은 경우

매각허가 결정에 전유부분만 기재된 경우 형식적심사권밖에 없는 등기관은 토지까지 경매되었는지 여부를 판단할 수 없으므로 전유부분에 대하여는 통상의 절차에 의하여 이를 수리하고 토지부분에 대한 등기 촉탁은 각하한다(부동산등기법 29조 8호).

2) 대지권등기가 경료된 경우

가) 대지권등기가 경료된 후에는 전유부분 만에 대한 소유권이전등기 촉탁은 불가하므로 전유부분 만에 대하여 매수인 앞으로 소유권이전등기를 실행하기 위하여는 대지권변경(대지권말소)등기 절차를 선행하여야 한다.

나) 따라서 위 절차가 선행되지 않은 상태에서 매수인 앞으로 소유권이전등기 촉탁이 있는 경우에는 이를 전부 각하한다(부동산등기법 제29조 제2호, 제61조 제3항).

다) 위 가)의 경우 매수인의 대위 신청에 의한 대지권변경등기(대지권말소)는 부동산등기법 제102조 내지 제102조의5에서 정한 절차에 따라 처리하고, 이후 전유부분 만에 대하여 매각허가를 원인으로 한 소유권이전등기 촉탁이 있으면 이를 수리한다.

3) 토지 소유권이전등기

가) 이후 토지 부분에 대한 소유권이전등기는 경매법원의 촉탁에 의할 수 없고 통상의 절차에 의하여야 한다. 이 경우 전유부분 취득을 원인으로 한 소유권이전등기 신청(공동신청)이 있는 경우의 등기부의 기재는 "○○년 ○○월 ○○일 건물 ○동 ○○호 전유부분 취득"으로 한다.

나) 토지등기 위에 등기된 부담기입등기는 경매법원의 촉탁에 의할 수 없고 통상의 절차에 의하여 말소하여야 한다.

다. 강제경매의 경우

앞서 본 내용은 구분건물의 전유부분에 설정된 근저당권의 실행으로 구분건물이 매각된 경우에 관한 것이지만 구분건물이 강제경매로 매각된 경우에도 앞서 본 내용이 대체적으로 그대로 적용될 수 있다.

한편, 분양회사가 집합건물에 관한 대지의 소유권 등 대지사용권을 취득하였으나 지적정리 등의 지연으로 대지권등기는 지적정리 후 해 주기로 하는 약정 하에 우선 집합건물 만에 관하여 소유권보존등기를 한 후 수분양자에게 소유권이전등기를 하였는데, 그 후 대지권등기가 되지 아니한 상태에서 집합건물에 관한 매각절차가 진행되어 제3자가 집합건물을 매수한 경우, 대지권을 분리하여 매각할 수 있는 요건을 갖추었고 또한 그 매각절차에서 특별매각조건을 정하는 등의 방법으로 대지권을 분리하여 매각한 것임이 명백한 경우가 아니면 그 매수인은 집합건물의 대지권도 취득하게 된다(대법원 2006. 3. 27.자 2004마978 결정, 대법원 2009. 6. 23. 선고 2009다26145 판결 등). 따라서 매각 후 등기촉탁 이전에 대지권등기가 되었다면 집합건물과 아울러 대지권에 대하여도 등기촉탁에 의하여 매수인 앞으로 이전등기가 된다 할 것이고, 만일 등기촉탁 시까지 대지권등기가 되어 있지 않은 경우에는 매수인으로서는 집합건물에 대하여서만 등기촉탁의 방법으로 소유권이전등기를 할 수 있고 대지권에 대하여는 분양회사가 매수인과 공동으로 대지권표시변경등기를 하거나 매수인이 중간자 명의의 등기를 할 필요 없이 분양회사로부터 곧바로 자신에게 지분이전등기를 공동 또는 판결을 얻어 단독으로 신청할 수 있다(중간생략등기 허용). 왜냐하면 구분소유자의 대지사용권은 그가 가지는 전유부분의 처분에 따르기 때문에 구분건물의 소유자는 전유부분에 대한 소유권이전등기를 마침으로써 대지에 대한 지분이전등기가 되기 전이라도 이미 대지사용권을 취득한 것이므로 굳이 중간자 명의의 지분이전등기를 거칠 필요가 없기 때문이다. 대지사용권 이전등기는 매매계약서에 의한 등기가 아니기 때문에 등기원인을 매매로 할 수 없다. 이 경우에는 등기원인을 '20○○년 ○월 ○일(전유부분에 대한 소유권이전등기를 마친 날) 건물 ○동 ○호 전유부분 취득'이라고 하여야 할 것이다(부동산등기법 제60조, 부동산등기규칙 제46조 제4항, 대법원 2008. 9. 11. 선고 2007다45777 판결, 등기선례 200705-8 등).

3. 매수인이 인수하지 아니한 부동산의 부담에 관한 기입의 말소

가. 말소의 대상이 되는 부동산의 부담의 범위

매각대금이 지급된 경우에는 법원사무관등은 직권으로 매수인이 인수하지 아니한 부동산의 부담에 관한 기입을 말소하는 등기를 촉탁하여야 한다(민사집행법 제144조 제1항 제2호).

매수인이 인수하지 아니한 부동산의 부담에 관한 기입이라 함은 매각에 의하여 소멸하는 저당권의 등기뿐만 아니라 매수인에 대항할 수 없는 모든 권리의 등기를 말한다.

매수인에게 대항할 수 있는 것으로서 말소촉탁하여서는 안 되는 것에는 민사집행법 제91조 제1항에 의하여 매수인이 인수하기로 한 경우를 들 수 있으나, 민사집행법 제143조 제1항에 의하여 매수인이 매각대금의 지급에 갈음하여 채무를 인수한 경우에는 그 인수한 채무와 관계된 해당권리를 위하여 등기된 부담도 존속시켜야 하고 말소촉탁하여서는 안 된다. 이때 집행법원이 말소되지 아니한 근저당권 등의 등기에 관한 변경등기를 촉탁하여야 하는지 여부가 문제될 수 있다. 그러나 집행법원으로서는 당사자 사이의 구체적인 합의 내용은 모른 채 인수할 채무액만을 특정시켜 주는 것이고 변경등기의 촉탁에 관한 아무런 규정도 없으므로, 변경등기에 관하여는 집행법원이 촉탁할 사항은 아니고 당사자들이 처리하도록 하는 것이 타당하다.

나. 소멸여부의 기준시점

부동산 위의 부담의 인수 또는 소멸과 같은 매각조건의 확정시기는 대금납부 시이다(대법원 1998. 8. 24.자 98마1031 결정, 대법원 2003. 4. 25. 선고 2002다70075 판결 참조).

다. 말소할 등기의 조사

1) 조사

말소촉탁할 등기는 경매기록에 편철된 등기부등본에 의하여 그 존재를 알 수 있으므로 그 등기부등본에 의하여 말소할 등기를 조사하여 말소등기의 촉탁을 한다.

압류의 효력발생 후에 기입된 등기는 매수인이 새로운 등기부등본을 제출하여 그 등기의 존재를 법원사무관등에게 알리면 된다.

2) 누락된 등기의 추가촉탁

말소의 대상이 된 권리의 존재를 알지 못하여 말소촉탁에서 누락된 경우에는 등기소로부터 말소할 등기의 누락이 있다는 통지가 있거나 매수인으로부터 그 말소등기의 추가촉탁신청이 있으면 법원사무관등은 소유권이전등기의 촉탁 후라도 누락된 등기의 말소를 추가촉탁하여야 한다.

법원사무관등이 말소할 등기가 아니라고 인정하여 말소촉탁을 하지 아니한 경우에 관하여는, 매수인은 이에 대하여 불복을 신청할 수 없고 그 등기명의자를 상대로 말소등기청구의 소를 제기할 수밖에 없다는 견해(제1설), 민사집행법 제16조를 유추적용하여 집행에 관한 이의를 할 수 있다는 견해(제2설), 민사소송법 제223조를 준용하여 법원사무관등의 처분에 대한 이의를 제기할 수 있다는 견해(제3설)가 대립되어 있다. 실무에서는 제3설을 따르고 있다.

3) 착오로 말소등기를 촉탁한 경우

착오로 말소등기를 촉탁한 경우에는 직권으로 그 회복등기를 촉탁해야 할 것이다.

이 경우 그 회복에 관하여 이해관계가 있는 제3자가 있는 때에는 그 승낙서 또는 이에 대항할 수 있는 재판의 등본을 제출받아 첨부하여야 한다(부동산등기법 재59조, 제22조 제2항, 대법원 2004. 2. 27. 선고 2003다35567 판결).

4. 말소의 대상이 되는 등기

가. 저당권설정등기 등

1) 저당권, 가등기담보권 등

가) 저당권, 가등기담보권 등은 압류채권자보다 선순위라도 매각에 의하여 소멸되므로(민사집행법 제91조 제2항, 가등기담보법 제15조) 각 그 등기는 말소촉탁의 대상이 된다. 설정등기 후에 소유권의 변동이 있어도 저당권자나 가등기담보권자는 모두 배당받을 수 있고 모두 말소의 대상이 된다.

한편 甲, 乙 공유의 부동산에 대하여 공유자 전원의 지분 전부에 대한 근저당권설정등기가 마쳐진 후 乙의 지분이 강제경매절차에서 매각된 경우, 위 근저당권설정등기 중 乙의 지분에 대한 부분은 민사집행법 제144조 제1항 제2호에서 정한 '매수인이 인수하지 않은 부동산의 부담에 관한 기입'으로서 집행법원의 일부말소등기(또는 일부말소 의미의 변경등기)촉탁에 의하여 말소될 수 있고, 이 경우 등기관은 근저당권설정등기의 목적을 甲의 지분으로 하는 변경등기를 하여야 한다(등기선례 8-254).

나) 담보가등기가 경료된 부동산에 대하여 경매 등이 행해진 때에는 담보가등기 권리는 그 부동산의 매각에 의하여 소멸하나(가등기담보법 제15조), 권리신고가 되지 않아 담보가등기인지 일반가등기인지 알 수 없는 경우에는 일단 순위보전을 위한 가등기로 보아 그 가등기가 최선순위이면 매수인에게 그 부담이 인수되므로 말소하여서는 안 되고, 그 가등기보다 선순위의 담보권이나 또는 가압류가 있으면 함께 말소한다.

다) 전유부분에 관하여 설정된 저당권에 기한 경매절차에서 대지에 관한 저당권을 존속시켜 매수인이 인수하게 한다는 특별매각조건이 정하여져 있지 않았던 이상, 대지사용권의 성립 이전에 대지에 관하여 설정된 저당권이라고 하더라도 대지지분의 범위에서는 민사집행법 제91조 제2항이 정한 '매각부동산 위의 저당권'에 해당하여

매각으로 소멸한다. 그 경매절차에서 대지지분에 대한 평가액이 반영되지 않았다거나 대지의 저당권자가 배당받지 못하였다고 하더라도 마찬가지이다(대법원 2008. 3. 13. 선고 2005다15048 판결, 대법원 2013. 11. 28. 선고 2012다103325 판결).

2) 부기등기의 말소 촉탁 여부

말소될 저당권에 관하여 채권압류의 등기(민사집행법 제228조)가 되어 있는 경우에 주등기의 말소만 촉탁하면 되고 부등기에 관하여는 별도로 말소촉탁을 할 필요가 없다. 이 경우에는 등기관이 주등기를 말소한 후 부등기를 부동산등기법 제172조 제2항에 의하여 직권으로 말소하게 된다.

저당권이전의 부기등기는 주등기인 저당권설정등기에 종속되어 주등기와 일체를 이루는 것이어서 피담보채무가 소멸된 경우 또는 근저당권설정등기가 당초 원인무효인 경우 주등기인 근저당권설정등기의 말소만 구하면 되고 그 부기등기는 별도로 말소를 구하지 않더라도 주등기의 말소에 따라 직권으로 말소되므로(대법원 1995. 5. 26. 선고 95다7550 판결 등), 구태여 부기등기의 말소촉탁을 할 필요는 없지만, 실무에서는 당사자가 신청하여 오면 이를 촉탁하고 있다.[11]

나. 용익물권의 등기 및 임차권등기

1) 원칙적 말소촉탁(= 단 예외 있음)

가) 지상권·지역권·전세권 및 등기된 임차권[12] 중 저당권·압류채권·가압류채권에 대항할 수 없는 경우(민사집행법 제91조 제3항)에는 매각으로 소멸되므로 말소촉탁의 대상이 된다. 그 밖의 권리는 매수인에 대항할 수 있으므로 소멸되지 아니하고 존속하나, 다만 그 중 전세권의 경우에는 전세권자가 민사집행법 88조에 따라 배당요구를 하면 매각으로 소멸되므로(민사집행법 제91조 제4항 단서) 이 경우에는 말소촉탁의 대상이 된다.

나) 전세권설정등기는 부동산의 전부 또는 특정 일부분에 대하여 할 수 있으나 일부지분에 대하여는 할 수 없으므로(등기예규 1351호), 전세권의 일부지분에 대한 말소등기(일부말소 의미의 경정등기) 또한 할 수 없다. 따라서 수인이 공유하는 부동산의 일부공유자의 지분에 대한 근저당권설정등기와 부동산 전체에 대한 전세권설정등기가 순차적으로 마쳐진 후, 위 근저당권의 실행에 따른 매각절차에서 전세권의 인

11) 윤경, 「부동산경매(입찰)의 실무(하)」, 법률정보센타(1999), 457
12) 여기서 말하는 등기된 임차권에는 "임차권등기명령에 의하여 임차권등기를 한 임차인"도 포함된다(대법원 2005. 9. 15. 선고 2005다33039 판결).

수에 관한 특별매각조건이 없이 매각되고 대금이 완납되었다면, 위 전세권등기는 매수인이 인수하지 않은 부담에 관한 기입의 등기에 해당하여 전부 말소의 대상이 된다(등기선례 8-248). 지상권의 경우도 마찬가지로 볼 수 있다.

다) 근저당권 등 담보권 설정의 당사자들이 그 목적이 된 토지 위에 차후 용익권이 설정되거나 건물 또는 공작물이 축조·설치되는 등으로 그 목적물의 담보가치가 감소하는 것을 막기 위하여 담보권과 아울러 지상권(이른바 담보지상권)을 설정한 경우에 담보권이 소멸하면 등기된 지상권의 목적이나 존속기간과 관계없이 지상권도 그 목적을 잃어 함께 소멸한다(대법원 2011. 4. 14. 선고 2011다6342 판결, 대법원 2014. 7. 24. 선고 2012다97871, 97888 판결 참조).

라) 도시철도법 등에 의한 구분지상권 등기규칙 제2조에 따라 마친 구분지상권 설정등기 또는 같은 규칙 제3조의 수용의 대상이 된 구분지상권설정등기는 그보다 먼저 마친 강제경매개시결정의 등기, 근저당권 등 담보물권의 설정등기, 압류등기 또는 가압류등기 등에 기하여 경매 또는 공매로 인한 소유권이전등기의 촉탁이 있는 경우에도 이를 말소하여서는 안 된다(도시철도법 등에 의한 구분지상권 등기규칙 제4조, 등기선례 6-354 참조).

2) 대항력 있는 임차권등기(=보증금 전액을 받기 전까지 말소촉탁 불가)

가) 주택이나 상가건물 임대차보호법의 적용대상인 상가건물의 임차권은 등기된 여부를 불문하고 임차목적물에 대하여 민사집행법상의 경매가 행하여진 경우에는 그 임차목적물의 매각에 의하여 소멸하지만(주택임대차보호법 제3조의5 본문, 상가건물 임대차보호법 제8조 본문), 매수인에게 대항할 수 있는 임차권은 보증금이 전액 변제되지 아니하면 그 임차주택의 매각에 의하여 소멸되지 아니한다(주택임대차보호법 제3조의5 단서, 상가건물 임대차보호법 제8조 단서).

여기서 임차권이 매각에 의하여 소멸되는가의 기준이 되는 전액 변제되어야 할 보증금은 매각으로 인하여 소멸하는 최선순위의 담보권이나 압류·가압류의 효력발생 전의 보증금을 가리키고, 그 후에 증액된 부분은 그에 해당하지 않는다(대법원 1990. 8. 14. 선고 90다카11377 판결, 대법원 2010. 5. 13. 선고 2010다12753 판결 등). 이것을 실무상 대항력 있는 보증금이라고 한다..

따라서 위 특별법의 적용을 받는 임차권등기는 원칙적으로 말소촉탁의 대상이 되지만, 최선순위의 대항력과 우선변제권을 겸유한 임차인이 경매절차에서 보증금전액에 관하여 배당요구를 하였으나 대항력 있는 보증금 중 일부라도 변제받지 못한 경우에는, 대항력 있는 보증금 중 경매절차에서 반환받을 수 있었던 금액을 공제한 잔액에 관하여 매수인에게 대항하여 이를 반환받을 때까지 임대차관계의 존속을 주장할 수 있으므로, 이 경우에는 말소촉탁을 할 수 없다. 다만 실무상으로는 대항력과 우선변제권을 겸유한 임차인이 경매절차에서 배당요구를 하였으나 배당표에 대항력 있는 보증금 중 일부라도 배당받지 못하는 것으로 적혀 있는 경우에 집행법원의 법원사무관등으로서는 배당표에 배당을 받는 것으로 적힌 금액 외에 나머지 금액까지도 경매절차에서 배당받을 수 있었는지를 판단할 수는 없으므로 일단 배당표에 나타난 배당내용을 보고 말소촉탁 여부를 판단할 수밖에 없을 것이다. 결국 위 특별법에 의하여 대항력과 우선변제권을 겸유하고 있는 임차인이 대항력 있는 보증금 전액을 우선변제받지 못하면 임차권은 소멸하지 않고, 우선변제를 받을 것인지는 임차인이 자유롭게 선택할 수 있으며, 한편 우선변제권의 행사는 배당요구로 나타나므로, 대항력 있는 임차권도 배당요구에 의하여 그 소멸여부와 매수인에게 인수되는 대항력 있는 보증금의 범위가 결정되는 셈이다.

나) 한편 대항력 있는 임차권자가 보증금 전액을 배당받았으나, 다른 채권자가 배당이의를 하여 배당액을 수령하지 못한 경우에도 임차권등기의 말소촉탁을 할 수 없는 것인지가 문제된다.

임차권등기권자가 대항력이 있는 임차인이라면, 배당표가 확정될 때까지 매수인의 명도청구뿐 아니라 임차권등기말소에 대하여도 대항할 수 있다. 게다가 임대인의 임대차보증금 반환의무와 임차인의 주택임대차보호법 제3조의3에 의한 임차권등기 말소의무는 동시이행관계에 있지 않고, 오히려 임대인의 임대차보증금의 반환의무가 임차인의 임차권등기 말소의무보다 먼저 이행되어야 할 의무이다.[13] 따라서 임차권등기권자는 배당표가 확정되어 금원을 지급받은 다음에야 비로소 임차권을 말소할 의무가 있으므로, 배당이의소송이 확정되어야(승소든 패소든 관계없이), 말소촉탁이 가능하다.

그런데 이 경우 이미 임차보증금이 배당액으로 공탁되어 있으므로, 임차권등기를 미리 말소한다고 하여도 임차인이 보증금을 받지 못할 염려는 없다. 임차보증금반환의무를 임차권등기말소보다 선이행의무로 한 것은 보증금을 수령을 확실히 담보하고자 하는 것인데, 이런 점에서는 임차권등기를 미리 말소하여도 임차인에게는 아무

13) 대법원 2005. 6. 9. 선고 2005다4529 판결. 임차권등기는 임차인으로 하여금 기왕의 대항력이나 우선변제권을 유지하도록 해 주는 담보적 기능만을 주목적으로 하는 점에서 근저당권과 같이 선이행의무이다.

런 피해가 돌아가지 않는다.

결론적으로, ① 이론상으로는 배당이의소송이 확정되어야만 임차권등기의 말소촉탁이 가능한 것이고, ② 다만 위 사안에서는 임차보증금이 공탁되어 있어 임차권등기가 미리 말소된다고 하여도 임차인이 피해를 볼 염려가 없다는 특수상황이 존재한다. 이러한 점을 고려하여 후자의 견해를 취하는 실무도 있는 것으로 보인다.

3) 배당요구를 하지 않은 '대항력 있는 임차권등기명령권자'의 임차권등기가 말소촉탁대상인지 여부

임차권등기명령에 의한 등기를 한 임차인은 민법상 등기된 임차권자의 지위와 다를 바 없고, 등기부상 알 수 있는 부동산 위의 권리자이므로 민사집행법 제90조 제3호 소정의 이해관계인이 된다. 이러한 등기를 한 임차인은 법률상 당연히 배당요구를 한 것으로 보아야 하므로,[14] 우선변제를 받기 위하여 배당요구를 할 필요가 없다(대법원 2005. 9. 15. 선고 2005다33039 판결).

한편 첫 경매개시결정등기 전에 등기된 임차권 중 매각으로 소멸하는 담보권·압류·가압류보다 먼저 대항력을 갖춘 최선순위 임차권의 권리자가 배당을 받으려면 배당요구가 필요한지에 관하여는 견해가 대립되는데, 이 경우 민사집행법 제91조 제4항 단서가 유추적용되지 않으므로 위와 같은 등기된 임차권은 매각으로 말소되고 임차권자는 그 순위에 따라 우선변제를 받는다.

따라서 대항력 있는 임차권등기명령권자가 전액 우선변제받은 경우에는 말소촉탁의 대상이 된다.

4) 임차권등기명령에 의하여 등기된 임차권의 우선순위 판단시점

임차권등기명령에 의하여 등기된 임차권이 있을 경우 그것이 매수인에 대항할 수 있는 것인지는 등기된 때만을 기준으로 판단할 것이 아니라 실제로 대항력을 갖춘 때를 기준으로 판단하여야 한다. 즉 대항력을 취득하지 못한 임차인의 경우에는 임차권등기명령에 의한 등기가 된 때에 비로소 대항력이 생기므로 등기된 때를 기준으로 매수인에 대항할 수 있는지를 판단하면 되지만, 이미 대항력을 갖춘 임차인의 경우에는 임차권등기명령에 의한 등기가 됨으로써 이미 취득한 대항력이 계속 유지되므로 이 경우에는 임차권등기가 된 때가 아닌 본래의 대항력을 취득한 때를 기준으로 매수인에 대항할 수 있는지를 판단하여야 한다.[15]

---

14) 윤경, "경매(입찰)에서의 주택임차권 등기권자의 지위", 법조 49권 4호 (2000.04), 25-27
15) 윤경, "경매(입찰)에서의 주택임차권 등기권자의 지위", 법조 49권 4호 (2000.04), 27-29

그러므로 임차권등기명령에 의한 임차권등기가 압류 후에 기입되었어도 대항력을 갖춘 때가 매각에 의하여 소멸하는 최선순위의 권리보다 앞서고 그 대항력이 임차권등기가 될 때까지 중단없이 계속 유지되었으며 임차권자가 보증금을 전액 변제받지 못한 경우에는 그 임차권은 말소촉탁의 대상이 되지 아니한다.[16]

5) 대항력 있는 임차권등기명령권자가 일부 변제받은 경우 변경등기촉탁

주택(또는 상가건물)임차인의 경우 임차권등기명령에 의하여 등기할 때 보증금을 등기하여야 하는바, 등기하여야 할 보증금은 당초의 계약상의 보증금이 아니라 반환받지 못한 보증금인데(임차권등기명령절차에 관한 규칙 제2조 제1항 제5호, 제6조), 대항력과 우선변제권을 겸유하면서 임차권등기까지 마친 임차인이 먼저 우선변제권을 선택하여 경매절차에서 보증금전액에 대하여 배당요구를 하였으나 대항력 있는 보증금 중 일부만을 변제받은 경우에는 변제받지 못한 잔액에 관하여만 매수인에게 대항할 수 있으므로, 이 경우에는 임차권등기를 말소촉탁하여서는 안 되지만 등기된 보증금의 액수를 변제받지 못한 잔액으로 변경하는 변경등기촉탁은 하여야 할 것이다.

다. 전액 변제받지 못한 최선순위 전세권등기

1) 전세권의 경우 경매절차에서 전세권이 언제 종료되었는지, 그리고 전세권의 목적물이 건물인지 토지인지에 상관없이 최선순위의 전세권은 오로지 전세권자의 배당요구에 의하여만 소멸되고, 전세권자가 배당요구를 하지 않는 한 전세권은 매수인에게 인수되며, 반대로 배당요구를 하면 존속기간이 언제이든지 상관없이 전세권은 소멸한다(민사집행법 제91조 제3항 단서).

2) 그러므로 최선순위 전세권자가 배당요구를 한 이상 그 배당금이 전세권반환채권액에 미달하더라도 전세권은 소멸하고, 그 전세권등기는 말소촉탁의 대상이 된다.

이 점에서 주택임대차보호법이나 상가건물 임대차보호법의 적용을 받는 대항력 있는 임차인의 경우 '보증금 전액이 변제되지 아니한 경우'에 그 임차권이 경매로 소멸하지 않은 것(주택임대차보호법 제3조의 5, 상가건물 임대차보호법 제8조 참조)과 차이가 있다.

3) 다만 전세권의 목적물이 주택이나 상가건물인 경우, 임차인으로서 우선변제를 받을 수 있는 권리와 전세권자로서 우선변제를 받을 수 있는 권리는 근거규정 및

---

16) 윤경, "경매(입찰)에서의 주택임차권 등기권자의 지위", 법조 49권 4호 (2000.04), 29-33

성립요건을 달리하는 별개의 것이므로, 전세권자가 주택임대차보호법이나 상가건물 임대차보호법에서 정한 우선변제요건도 갖춘 경우에는 위 법에 의한 보호도 받게 된다(대법원 1993. 12. 24. 선고 93다39676 판결 등).

전세권등기일자로는 매각으로 소멸하는 것처럼 보이는 전세권이라도 임대차보호법에서 정한 대항요건을 갖춘 것으로서는 최선순위인 경우에는 임차권자로서 매수인에게 대항할 수 있다(대법원 1993. 11. 23. 선고 93다10552, 10569 판결 참조).

집합건물이 아닌 지상건물과 그 부지 중 건물에만 전세권설정등기를 한 경우라도 전세권자가 주택임대차보호법이나 상가건물 임대차보호법상의 우선변제권의 요건을 갖춘 경우에는 그 부지의 매각대금에서도 배당을 받는다.

전세권설정계약서에 날인된 등기소의 일부인도 확정일자로 보아야 하므로(대법원 2002. 11. 8. 선고 2001다51725 판결), 부지의 매각대금에 대한 배당순위도 위 날짜를 기준으로 판단하여야 한다.

라. 소유권이전등기, 소유권이전청구권보전의 가등기

1) 압류의 효력발생 후에 제3자 명의로 마쳐진 소유권이전등기는 매수인에게 대항할 수 없으므로 말소촉탁의 대상이 된다.

소유권이전청구권보전의 가등기도 마찬가지이다. 그러나 압류의 효력발생 전에 마쳐진 것은 매수인에게 대항할 수 있으므로 소멸되지 아니하고 존속하지만, 이 경우에도 그보다 앞서 선순위로서 매각에 의하여 소멸되는 담보권에 관한 등기가 존재하는 경우에는 그 담보권등기 이후에 기입된 가등기도 말소촉탁의 대상이 된다(대법원 1980. 12. 30.자 80마491 결정, 1985. 2. 11.자 84마606 결정 등).

경매개시결정으로 인한 압류의 효력발생 이전에 기입된 국세체납처분에 의한 압류등기 또는 가압류가 있고, 그 압류 또는 가압류등기가 매각으로 인하여 소멸하는 경우에는 그 압류·가압류 기입 이후의 가등기는 말소촉탁의 대상이 된다(등기예규 1378호 참조).

한편 공유자 중 1인인 甲의 공유지분에 대하여 가압류 또는 압류의 효력발생이 있은 후 위 甲과 다른 공유자인 乙이 각 그 지분을 丙에게 매각하고 소유권이전등기를 마친 다음 丙이 다시 그 부동산에 관하여 丁 앞으로 저당권설정등기를 하였는데 그 후 甲의 지분에 대한 가압류권자의 경매신청(또는 압류채권자의 경매)으로 甲의 지분이 다른 사람에게 매각된 경우에 매각에 의한 소유권이전등기의 촉탁을 할 때에는 丙 명의의 소유권이전등기 및 丁 명의의 저당권설정등기의 경정등기(丙 명의의 소유권이전등기는 甲의 지분에 해당하는 지분의 일부말소등기를, 丁 명의의 저당권설정등기는 저당권의 목적을 甲의 지분에 해당하는 지분을 제외한 나머지 지분으로 축소하는 일부말소등기를 하게 된다)를 촉탁하여야 한다(등기선례 4-633 참조).

2) 담보가등기권리는 그 부동산의 매각에 의하여 소멸하나(가등기담보법 제15조), 권리신고가 되지 않아 담보가등기인지 일반가등기인지 알 수 없는 경우에는 일단 순위보전을 위한 가등기로 보아 그 가등기가 최선순위이면 매수인에게 그 부담이 인수되므로 말소하여서는 안 되고, 그 가등기보다 선순위의 담보권이나 또는 가압류가 있으면 함께 말소한다.

어떤 가등기가 담보가등기인지 여부는 당해 가등기가 실제 채권담보를 목적으로 한 것인지 여부에 의하여 결정되는 것이지 당해 가등기의 등기부상 원인이 매매예약으로 기재되어 있는지 아니면 대물변제예약으로 기재되어 있는가 하는 형식적 기재에 의하여 결정되는 것이 아니므로(대법원 1998. 10. 7.자 98마1333 결정), 가등기권리자가 채권신고를 하지 아니하고 채권계산서도 제출하지 아니하는 이상(권리신고서를 제출하였다 하여도 반드시 담보가등기로 단정할 수 없다고 본 판례로는 대법원 1996. 9. 6. 선고 95다51694 판결이 있음) 집행법원으로서도 그 가등기가 담보가등기인지 아닌지를 안다는 것은 사실상 어렵다.

집행법원에서 담보가등기를 최선순위의 가등기로 보아 매각물건명세서에 그 부담이 인수될 수 있다는 취지를 기재한 후 경매절차를 진행하여 매각되었다고 하더라도 매수인이 매각대금을 모두 지급함으로써 소유권을 취득하였다면 담보가등기권리는 소멸되었다고 보아야 할 것이고 그 후에 경료된 위 가등기에 기한 본등기는 원인을 결여한 무효의 등기가 된다(대법원 1994. 4. 12. 선고 93다52853 판결).

최선순위이어서 매각절차에서 말소되지 않은 가등기라 할지라도 그것이 후에 담보가등기였고 그 피담보채무가 소멸했음에도 가등기에 기한 본등기가 경료되고 그에 따라 가등기 후 매수인의 소유권이전등기가 직권말소된 경우 매수인은 소유권에 기한 방해배제 청구로서 직접 가등기 및 그에 기한 본등기의 말소등기를 청구할 수 있다(대법원 1997. 10. 24. 선고 97다29097 판결).

마. 가압류등기

1) 말소의 대상임

가압류등기는 어느 경우이든 경락에 의하여 항상 말소의 대상이 된다.[17)]

즉, 압류채권자에 우선하는 가압류등기는 매각대금으로부터 공탁에 의한 배당을 받을 수 있어 소멸하고(민사집행법 제148조 제3호, 제160조 제1항 제2호), 압류의 효력 발생 후의 가압류등기는 매수인(경락인)에게 대항할 수 없으므로 소멸한다(압류의 효력 발생 후의 가압류등기를 한 자는 민사집행법 제88조에 따라 배당요구를 할 수 있음).

2) 제3취득자의 채권자가 신청한 경매절차에서 전소유자에 대한 가압류가 말소대상인지 여부

가) 갑이 가압류한 다음 가압류목적물의 소유권이 B에게 이전되고 B(현 소유자)의 채권자(저당권자 포함)가 경매신청을 하여 경락이 된 경우, 즉 현 소유자의 채권자가 경매신청을 한 경우 구 소유자에 대한 가압류권이 말소촉탁대상인지 여부가 문제된다.

대법원 2006. 7. 28. 선고 2006다19986 판결은, "가압류채권자는 그 매각절차에서 당해 가압류목적물의 매각대금에서 가압류결정 당시의 청구금액을 한도로 하여 배당을 받을 수 있고, 제3취득자의 채권자는 위 매각대금 중 가압류의 처분금지적 효력이 미치는 범위의 금액에 대하여는 배당을 받을 수 없다."고 판시하여, 전소유자의 가압류권자는 배당을 받게 된다는 입장을 취하고 있고, 이 경우 종전 소유자를 채무자로 한 가압류등기는 말소촉탁의 대상이 된다(등기선례 8-299, 대법원 2007. 4. 13. 선고 2005다8682 판결). 이때 전 소유자의 가압류권자와 신 소유자의 채권자는 안분배당을 하는 것이 아니라, 전소유자의 가압류권자에게 "가압류 청구금액의 범위 내"에서 먼저 배당을 하여야 하고(대법원 2006. 7. 28. 선고 2006다19986 판결), 체납처분에 의한 압류의 경우도 마찬가지이다.

나) 한편 이 경우 가압류채권자가 배당을 받으면 그 가압류는 말소되어야 하지만, 전소유자에 대한 가압류채권자가 항상 배당을 받아야 한다거나 또는 그 가압류가 말소의 대상이 되는 것은 아니다. 즉 가압류권자가 배당을 받고, 가압류의 부담도 매수인에게 인수되지 아니하고 소멸되는 것으로 매각조건이 설정되어 매각될 수도 있

---

17) 민사집행법 제144조 제1항 제2호. ※ 민사집행법 제144조 (매각대금 지급 뒤의 조치) ① 매각대금이 지급되면 법원사무관등은 매각허가결정의 등본을 붙여 다음 각 호의 등기를 촉탁하여야 한다. 2. 매수인이 인수하지 아니한 부동산의 부담에 관한 기입을 말소하는 등기.

고, 이 경우에는 그 가압류는 말소되어야 한다. 그러나 경우에 따라서는 집행법원이 종전 소유자를 채무자로 하는 가압류등기의 부담을 매수인이 인수하는 것을 전제로 하여 위 가압류채권자를 배당절차에서 배제하고 매각절차를 진행시킬 수도 있으며, 이와 같이 매수인이 위 가압류등기의 부담을 인수하는 것을 전제로 매각절차를 진행시킨 경우에는 위 가압류의 효력이 소멸하지 아니하므로 집행법원의 말소촉탁이 될 수 없다.

따라서 종전 소유자를 채무자로 하는 가압류등기가 이루어진 부동산에 대하여 매각절차가 진행되었다는 사정만으로 위 가압류의 효력이 소멸되었다고 단정할 수 없고, 구체적인 매각절차를 살펴 집행법원이 위 가압류등기의 부담을 매수인이 인수하는 것을 전제로 하여 매각절차를 진행하였는가 여부에 따라 위 가압류 효력의 소멸 여부를 판단하여야 한다(대법원 2007. 4. 13. 선고 2005다8682 판결).

다) 부동산에 관하여 가압류등기가 마쳐졌다가 그 등기가 아무런 원인 없이 말소되었다는 사정만으로는 곧바로 가압류의 효력이 소멸하는 것은 아니지만, 가압류등기가 원인 없이 말소된 이후에 그 부동산 소유권이 제3자에게 이전되고 그 후 제3취득자의 채권자 등 다른 권리자의 신청에 따라 경매절차가 진행되어 매각허가결정이 확정되고 매수인이 그 매각대금을 다 낸 때에는, 위 경매절차에서 집행법원이 위 가압류의 부담을 매수인이 인수할 것을 특별매각조건으로 삼지 않은 이상 원인 없이 말소된 가압류의 효력은 소멸한다(대법원 2017. 1. 25. 선고 2016다28897 판결 등 참조).

한편 말소되지 않아야 할 부동산가압류의 기입등기가 법원의 촉탁에 의하여 잘못 말소된 경우 가압류채권자가 말소된 가압류기입등기의 회복등기를 소구할 수는 없지만(말소등기의 회복을 할 때에 말소된 종전의 등기가 공동신청으로 된 것이라면 그 회복등기도 공동신청에 의함이 원칙이나 그 등기가 등기관의 직권 또는 법원의 촉탁에 의하여 말소된 경우에는 그 회복등기도 등기관이 직권 또는 법원의 촉탁에 의하여 행하여져야 할 것이다) 말소된 가압류기입등기를 회복할 때에는, 만일 말소 당시의 소유자 등 등기상 이해관계가 있는 제3자가 있다면, 그를 상대로 말소된 가압류기입등기의 회복절차에 대한 승낙청구의 소를 제기하여 말소된 가압류등기를 회복할 수 있다(대법원 2002. 4. 12. 선고 2001다84367 판결, 대법원 2010. 3. 4.자 2009그250 결정).

3) 가압류등기 이후의 대지권 등기의 말소방법

토지 만에 대한 가압류등기가 된 후 대지권 취지의 등기가 된 경우에 그 가압류에 기한 토지만에 대한 강제경매신청으로 인한 매각허가결정에 의한 소유권이전등기를 하기 위해서는 매수인은 우선 매각허가결정 및 동 확정증명을 대위원인을 증명하는 서면으로 하여 건물표시변경등기(대지권 말소의 의미)신청을 함으로써, 등기관으로 하여금 대지권등기의 말소와 동시에 직권으로 토지등기기록 중 대지권인 취지의 등기를 말소하고 건물등기기록 중 대지권에 대한 등기로서의 효력이 있는 등기를 부동산등기규칙 제93조에 따라 토지등기기록의 해당 사항 란에 전부 전사하게 한 다음, 매각허가결정으로 인한 소유권이전등기촉탁과 동시에 그 토지의 등기기록 중 가압류기입등기 후의 소유권이전등기와 매수인이 인수하지 않은 부동산 부담에 관한 기입등기의 말소등기촉탁을 하여야 할 것이다(등기선례 3-778, 등기선례 7-439). 따라서 이와 같은 경우에는 매수인이 먼저 건물표시변경(대지권말소)등기신청을 함으로써 대지권 및 대지권인 취지의 등기의 말소절차를 밟은 후에 이를 법원사무관등에게 소명자료와 함께 신고하여야 하고, 법원사무관등은 매수인으로부터 위와 같은 신고가 있은 후에 촉탁을 하게 된다.

바. 가처분등기

1) 말소 여부

가) 압류의 효력발생 후에 된 처분금지가처분등기는 매수인에 대항할 수 없으므로 말소촉탁의 대상이 되고(등기예규 453호 참조), 압류의 효력발생 전에 된 가처분등기는 말소되지 아니한다. 다만, 압류의 효력발생 전에 된 가처분등기라 할지라도 그보다 선순위로서 매각으로 소멸하는 담보권·압류·가압류 등기가 존재하는 경우에는 역시 말소의 대상이 된다.

강제경매의 개시 당시 이미 소멸하였음에도 형식상 등기만이 남아 있을 뿐이었던 근저당권보다 후순위라는 이유로 집행법원의 촉탁에 따라 이루어진 가처분기입등기의 말소등기는 원인무효이고, 가처분채권자는 그 말소등기에도 불구하고 여전히 가처분채권자로서의 권리를 가진다(대법원 1998. 10. 27. 선고 97다26104, 26111 판결).

나) 한편 민법 제365조의 규정에 의한 토지 저당권자의 일괄매각 청구에 의하여 진행된 경매절차에서 저당 토지 및 지상건물이 매각된 경우, 그 토지에 설정된 저당권의 효력은 지상건물에는 미치지 아니한다 할 것이므로, 토지를 목적으로 저당권을

설정한 자가 그 토지에 건물을 축조하여 소유권보존등기까지 마친 상태에서, 그 건물만에 대하여 처분금지가처분등기, 민법 제365조의 규정에 의한 저당권자의 일괄매각청구에 의한 임의경매개시결정등기, 위 건물의 수분양자인 가처분권자들 명의로의 소유권이전등기, 제3자 명의의 저당권설정등기가 순차로 경료된 다음, 위 토지 및 건물이 임의경매로 매각된 경우, 그 매각으로 인한 건물에 관한 소유권이전등기 촉탁 시 건물에 관하여 된 위 가처분등기는 매수인이 인수하여야 할 부담등기로서, 그 건물에 관하여 매각으로 인하여 말소되는 선순위의 저당권·압류·가압류 등이 없는 한 말소등기 촉탁의 대상이 되지 않는다(등기선례 5-680, 등기예규 1061호 참조).

다) 또 토지소유자가 그 지상 건물소유자에 대한 건물철거·토지인도청구권을 보전하기 위하여 건물에 대한 처분금지가처분을 한 때에는 처분금지가처분등기가 건물에 관한 강제경매개시결정등기 또는 담보권설정등기 이후에 이루어졌어도 매각으로 인하여 말소되지 아니한다. 따라서 집행법원은 가처분이 있을 경우 직권으로 가처분 집행법원으로부터 가처분결정서등본을 송부받아 피보전권리를 명백히 하여 이를 매각물건명세서 등에 적어야 하고, 위의 경우에 해당하는 때에는 법원사무관등은 말소촉탁을 하지 않도록 유의하여야 한다.

2) 근저당권자인 신청채권자가 경매대상 목적물에 관한 근저당권설정등기청구권을 보전하기 위하여 처분금지가처분등기를 경료한 다음 본안판결로 근저당권설정등기를 마치고 이에 기하여 부동산임의경매신청을 한 경우에 위 가처분등기의 효력 및 말소 여부, 가압류와의 배당순위 및 그 후 가처분이 말소된 경우 법리가 달라지는지 여부

가) 근저당권자인 신청채권자가 매각대상 목적물에 관한 근저당권설정등기청구권을 보전하기 위하여 처분금지가처분등기를 한 다음 본안에서 승소하여 본안판결로 근저당권설정등기를 마치고 이에 기하여 부동산임의경매신청을 한 경우에는 가처분권자 스스로 가처분을 한 법원에 가처분의 목적달성을 이유로 가처분등기의 말소촉탁을 신청하여 가처분을 한 법원의 법원사무관등의 말소촉탁으로 말소하면 될 것이다(부동산등기법 제94조 제2항, 등기예규 1413호 참조).

그런데 경매를 신청한 가처분권자가 집행법원의 권유에도 불구하고 말소신청을 하지 않을 경우 등기관이 직권으로 그 가처분등기를 말소하여야 한다(부동산등기법 제94조 제2항, 등기예규 1413호 참조). 나아가 매수인도 위 등기예규상의 가처분등기의 말소에 이익이 있는 자에 포함되므로 만일 집행법원의 법원사무관등이 가처분

의 말소촉탁을 누락하였다고 하더라도 매수인 스스로 근저당권설정등기로 가처분이 목적달성하였음을 소명하여 집행법원이나 가처분을 한 법원의 법원사무관등에게 가처분의 말소촉탁을 신청할 수 있다.

나) 위 가처분등기가 이루어지고 이에 기한 근저당권설정등기가 경료되기 전에 다른 채권자가 동일 부동산에 가압류를 한 경우 그 가압류의 말소 여부 및 배당순위를 살펴보기로 한다.

위 가처분등기의 피보전권리는 '목적 부동산에 관한 근저당권설정등기청구권'이므로 위 가처분 이후에 다른 채권자의 가압류등기가 이루어졌다고 하여 "위 가처분의 효력에 반하는 것은 아니다". 따라서 위 가처분에 기한 근저당권설정등기가 경료되어도 가처분 이후에 기입된 가압류 등기는 말소되지 않는다(등기예규 제1062호[18]).

가처분에 기하여 근저당권설정등기를 마친 근저당권자로서는 자신의 가처분보다 후순위인 가압류권자에게 우선 배당을 주장할 수 있다. 마치 가등기에 순위보전의 효력이 있는 것처럼 가처분의 순위보전효에 의하여 위 '가처분의 기입등기시점'[19]에 근저당권의 우선변제효가 발생한다. "근저당권설정등기청구권의 보전을 위한 가처분 이후에 다른 채권자의 가압류등기가 이루어 졌다고 하여 위 가처분의 효력에 반하는 것은 아니다"의 의미는 '가압류기입등기의 존재'가 그 효력에 반하지 않는다는 것이지, '가압류기입등기의 순위'가 그 효력에 반하지 않는다는 뜻이 아니기 때문이다. 따라서 이 경우 근저당권이 가압류에 우선하여 배당을 받아야 하므로, 근저당권자와 가압류권자를 안분배당하여서는 아니 된다.

가처분에 기하여 근저당권설정등기를 마친 다음 가처분이 말소되는 경우에도 위 법리가 달라지지 않는다. 따라서 위 가처분권자가 가처분에 기하여 근저당권설정등기를 마친 다음 그 가처분을 말소한다고 하여 이미 가처분에 기하여 설정된 근저당권설정등기의 순위가 '가처분기입등기시점'이 아닌 '근저당권설정등기시점'으로 바뀌는 것은 아니다(대법원 2002. 3. 15. 선고 2001마6620 판결).[20]

다) 동일한 부동산에 관하여 동일 순위로 등기된 강제경매개시결정으로 인한 압류와 처분금지가처분의 효력은 그 당해 채권자 상호 간에 한해서는 처분금지적 효력

---

18) 등기예규 제1062호 소유권 이외의 권리의 설정등기청구권을 보전하기 위한 처분금지가처분등기에 관한 사무처리예규.

19) 가처분에 기하여 근저당권설정등기를 마친 근저당권자의 경우 순위 기준일은 '저당권설정등기일'이 아니라 '가처분기입등기일'이다.

20) 윤경, "가압류에서 이전한 본압류의 효력", 대상판례: 대판 2002. 3. 15. 2001마6620, Jurist 381號 (2002.06), 41-50

을 서로 주장할 수 없다(대법원 1998. 10. 30.자 98마475 결정, 대법원 2011. 9. 30.자 2010마1972 결정). 따라서 강제경매절차가 진행되어 가처분채권자가 본안사건에서 승소하여 그 승소판결에 의한 소유권이전등기(가처분채권자가 승소판결에 의하지 아니하고 가처분채무자와 공동으로 가처분에 기한 소유권이전등기를 한 경우에도 마찬가지이다)를 하기에 앞서 먼저 매수인이 매각대금을 완납하였다면 위 가처분등기는 집행법원의 말소촉탁에 의하여 말소될 것이고, 가처분채권자가 먼저 본안사건에서 승소하여 그 승소판결에 의한 소유권이전등기를 하였다면 강제경매절차는 민사집행법 96조 1항의 규정에 의하여 취소될 것이다.

사. 국세체납처분에 의한 압류등기, 공매공고 등기

1) 국세체납처분에 의한 공매와 강제경매절차 또는 담보권실행을 위한 경매절차는 각각 독자적으로 진행할 수 있고 양 절차 중 먼저 진행된 절차에서 소유권을 취득한 자가 진정한 소유자로 확정되고(대법원 1999. 5. 14. 선고 99다3686 판결 등), 또 그 매각후의 배당에 있어서 국세는 우선적으로 변제되어야 하므로 경매절차에서 국세체납처분에 의한 압류등기에 관계된 국세를 우선변제하고 그 압류등기와 공매공고의 등기를 말소하여야 한다(대법원 1961. 2. 9. 선고 4293민상124 판결). 지방세의 경우도 마찬가지이다.

2) 체납처분에 의한 압류등기 후 소유권이 이전되어 새로운 소유자의 채권자가 경매신청을 하여 매각이 된 경우에, 체납처분에 의한 압류권자에게도 배당을 하고 그 압류등기도 말소할 수 있다.

아. 예고등기

예고등기는 권리에 관한 공시를 목적으로 하는 등기가 아니므로 부동산의 부담으로 되지 아니하여 말소촉탁의 대상이 되지 않으며, 제1심 수소법원의 촉탁 또는 등기관의 직권으로 말소한다.

근저당권말소의 예고등기가 경료된 후에 목적부동산이 매각되어 근저당권이 소멸하게 된 경우에, 그 예고등기는 등기관이 직권으로 말소할 수 있다(등기선례 6-490).

개정 부동산등기법(2011. 4. 12. 법률 제10580호)은 예고등기제도를 폐지하였으나 종전에 이루어진 예고등기의 말소에 관하여는 종전의 규정에 따라 처리하도록 규정하고 있다(부동산등기법 부칙 제3조).

자. 사용승인을 받지 아니한 건물이라는 취지의 말소여부

사용승인을 받지 아니한 미등기건물에 관하여 경매개시결정을 한 법원의 압류등기 촉탁에 의하여 건물의 보존등기를 하는 경우에는 등기부 중 표시 란에 당해 건물이 사용 승인을 받지 않은 건물임을 적어야 하는데(부동산등기법 제66조 제2항 단서, 등기예규 1469호), 이 경우에 경매 중에 건축법상의 사용승인이 이루어지더라도 사용승인을 받지 아니한 건물이라는 취지의 말소는 예고등기와 마찬가지로 권리에 관한 공시를 목적으로 하는 등기가 아니어서 부동산의 부담으로 되지 아니하므로 말소촉탁의 대상이 되지 아니하고, 단지 그 건물 소유권의 등기 명의자가 그에 대한 말소등기를 신청할 수 있다(부동산등기법 제66조 제3항 참조).

차. 매각대금납부 후 이전등기 촉탁 전에 경료된 제3자 명의의 소유권이전등기, 가압류등기 등의 말소 여부(= 적극)

1) 매각대금 납부 이후에 경료된 제3자 명의의 소유권이전등기, 전소유자를 상대로 한 가압류등기, 체납처분에 의한 압류등기는 말소촉탁의 대상이 되는지 여부에 대하여는 견해의 대립이 있다.

매수인이 매각대금을 완납하면 매수인에게 소유권이전의 효력이 발생하기 때문에 그 이후 종전 소유자의 소유권이전등기에 기하여 경료된 가압류등기 등은 처음부터 효력이 없다고 할 것이므로 집행법원이 그 말소에 관여할 수는 없고, 등기공무원이 부동산등기법에 따라 직권말소하거나 매수인이 등기권리자를 상대로 방해배제에 기한 말소등기청구 소송이나 제3자이의의 소 등을 제기하여 개별적으로 해결하여야 한다는 견해가 있다.

그러나 말소될 운명에 있는 무효의 등기라면 집행법원이 직권으로 그 말소를 촉탁하는 것이 절차의 신속과 간명화를 위하여 타당하고,[21] 이것이 현재 법원의 실무례이다.

2) 판례도 같은 입장을 취하고 있다.

대법원 2002. 8. 23. 선고 2000다29295 판결은, “부동산의 권리를 취득한 제3자가 그 취득할 때에 경매신청 또는 압류 있음을 알았을 경우에는 압류에 대항하지

---

21) 윤경, 「부동산경매(입찰)의 실무(하)」, 법률정보센타(1999), 458

못하는 것이므로(민사집행법 제92조 제1항) 경매신청의 기입등기가 이루어진 후에 경료된 제3취득자 명의의 소유권이전등기는 매수인에게 대항하지 못하는 것으로서 매수인이 인수하지 아니한 부동산 위의 부담의 기입에 해당하여 매각대금의 완납이 있는 경우에는 법원이 직권으로 그 말소를 촉탁하여야 하는 것이고(민사집행법 제144조 제1항), 그 제3취득자를 채무자로 하여 이루어진 압류 또는 가압류의 등기는 매각대금의 완납에 의하여 실효되는 것이고, 이러한 법리는 그 제3취득자가 매수인이 되었다거나 그 제3취득자를 채무자로 한 압류 또는 가압류의 등기가 매각대금의 완납이 있은 후에 이루어졌다고 하더라도 달라지지 아니한다"고 판시하고 있다.

종래 부동산 경매신청의 기입등기가 이루어진 후에 당해 경매목적물의 소유권을 취득한 제3취득자가 경매절차에서 매각허가를 받아 대금을 납부하면 ① 제3취득자 명의의 기존 소유권이전등기를 말소하고 다시 그 앞으로 매각허가를 원인으로 소유권이전등기를 할 것이냐, 아니면 ② 그와 같이 번거로운 절차를 밟을 것 없이 제3취득자 명의의 소유권 이전등기는 그대로 두고 그 밖의 다른 등기들(매수인이 인수하지 아니한 것)만 말소할 것이냐 하는 문제가 논의되었는데, 이 판결은 전자의 입장을 분명히 한 것이다.

이처럼 제3취득자 명의의 소유권이전등기가 말소의 대상이 된다고 보는 이상 그 당연한 귀결로, 제3취득자(전 소유자)가 매수인이 되어 매각대금을 완납한 상태에서 그의 채권자인 甲이 가압류를 한 경우 제3취득자(전 소유자) 명의의 소유권이전등기와 甲 명의의 가압류등기는 모두 경매법원의 촉탁에 의하여 말소된다. 결국 판례도 적극설을 취하고 있는 것이다.

카. 매각목적물이 일부지분인 경우 말소 범위

1) 근저당권이나 가압류의 경우 일부 말소촉탁

가) 일부 말소촉탁

(1) 부동산 전체에 대하여 근저당권이나 가압류가 있는데 그 근저당권자나 가압류권자가 아닌 다른 채권자의 경매신청에 의하여 경매가 개시되었고 매각대상이 일부 지분인 경우에 최선순위의 근저당권자나 가압류권자에게 배당하여야 할 금액이 문제된다. 이에 대해서 근저당권의 채권최고액이나 가압류의 청구금액 중 매각 대상인 지분에 상응한 비율로 안분한 금액이라는 견해와, 선순위의 근저당권자나 가압류권자는 채권최고액이나 청구금액 전액에 대하여 우선적으로 배당받고, 다른 권리자와

의 관계는 변제자의 대위문제로 해결하여야 한다는 견해로 나뉘어져 있다. 후자의 견해가 다수설, 판례(대법원 2012. 3. 29. 선고 2011다74932 판결)이다.

그러나 후자의 견해에 따르더라도 무잉여가 되는 경우가 많으므로, 실무에서는 위와 같은 견해의 대립과 무잉여의 가능성을 들어 위와 같은 최선순위의 근저당권이나 가압류를 매수인이 인수하도록 특별매각조건을 정하거나 선순위 권리자로부터 근저당권의 채권최고액이나 가압류의 청구금액 중 매각지분에 상응한 비율로 안분한 금액만을 배당받고 매각지분에 해당하는 권리를 일부 말소하는 데 동의한다는 각서가 제출되면 매각하는 경우도 있다.

그런데 집합건물의 대지권의 목적인 토지의 경우에는 매각대금 중 대지권부분에 관한 매각대금으로 최선순위의 근저당권자나 가압류권자에게 배당하면 압류채권자에게 배당할 것이 없다고 하더라도 압류채권자가 전유부분의 매각대금에서 배당받을 수 있는 한 무잉여로 보지 않는 것이 통설이므로 위와 같은 특별매각조건 없이 매각하는 경우도 있다. 이처럼 최선순위의 근저당권이나 가압류를 매수인이 인수하도록 특별매각조건을 정하지 않았다면 위와 같은 최선순위의 근저당권이나 가압류도 그 지분에 한하여 일부말소촉탁을 하여야 하고(대법원 2008. 3. 13. 선고 2005다15048 판결 등), 또한 매각 대상인 구분건물의 대지권에 해당하는 지분에 별도등기라는 취지의 등기가 있으면 이것도 말소촉탁하여야 한다. 단 대지권의 목적인 토지 전체에 등기된 별도등기라는 취지는 말소촉탁하여서는 안 된다[등기예규 1470호 3.항 (라) (3) 참조].

(2) 공유자 중 1인인 갑의 공유지분에 대하여 가압류 또는 압류의 효력발생이 있은 후 위 갑과 다른 공유자인 을이 각 그 지분을 병에게 매각하고 소유권이전등기를 마친 다음 병이 다시 그 부동산에 관하여 정 앞으로 저당권설정등기를 하였는데 그 후 갑의 지분에 대한 가압류권자의 경매신청(또는 압류채권자의 경매)으로 갑의 지분이 다른 사람에게 매각된 경우에 매각에 의한 소유권이전등기의 촉탁을 함에 있어서는 병 명의의 소유권이전등기 및 정 명의의 저당권설정등기의 경정(병 명의의 소유권이전등기는 갑의 지분에 해당하는 지분의 일부말소등기를, 정 명의의 저당권설정등기는 저당권의 목적을 갑의 지분에 해당하는 지분을 제외한 나머지 지분으로 축소하는 일부말소등기를 하게 된다)을 촉탁하여야 한다(등기선례 4-633 참조).

나) 대지권의 목적이 된 토지의 경우

등기부상 소유자인 갑을 채무자로 한 을 명의의 근저당권이 설정된 토지에 대하여, 병 앞으로 소유권이전등기가 된 후 정이 병을 채무자로 한 가압류등기를 한 상태에서, 병이 위 토지상에 집합건물을 신축하여 그 집합건물에 대한 소유권보존등기 및 대지권등기를 하고 같은 날짜로 위 집합건물을 일체로 하여 을 명의의 추가근저당권설정등기를 하고 그 후 을의 담보권실행에 의한 경매절차에서 무가 특정의 전유부분과 그 대지권을 매수한 경우, 토지등기부상 근저당권은 집합건물 등기부상의 추가근저당권의 채권과 동일한 채권을 담보하는 것이라 할 것이므로, 이는 민사집행법 제144조 제1항 제2호의 "매수인이 인수하지 아니한 부동산의 부담에 관한 기입"으로서 말소촉탁의 대상이 되고, 그보다 후순위의 가압류등기 역시 배당 여부에 관계없이 말소촉탁의 대상이 되므로, 매수인이 인수하지 아니한, 매수한 특정 구분건물의 대지권에 해당하는 지분만큼은 근저당권 및 가압류등기에 대한 일부말소촉탁에 의하여 말소(일부말소 의미의 경정등기)될 수 있다(등기선례 6-502).

2) 지상권의 경우 전부 말소

가) 부동산 전체에 대하여 지상권이 설정되어 있는데(최선순위 지상권이 아닌 경우) 다른 채권자의 경매신청에 의하여 일부 지분에 관한 경매절차가 개시되어 매각된 경우 지상권 전부에 관한 말소촉탁을 한다.[22] 지상권은 용익물권이기 때문이다.[23]

나) 토지가 나대지 상태일 때 근저당권 및 지상권을 순차 설정한 후 그 토지상에 집합건물을 건축하고 토지에는 그 집합건물을 위한 대지권등기가 된 후 경매가 진행된 결과 집합건물 중의 일부 호수만 매각된 경우 위 토지에 관한 근저당권은 지분말소의 방법으로 말소촉탁이 가능하지만, 그 지상권은 지분말소촉탁을 할 수 없고, 위 집합건물을 최종적으로 매수한 매수인이 지상권 전부의 말소신청을 하거나, 지상권 전부에 대한 말소촉탁을 한다(등기예규 1366호 2.항의 다. 및 등기선례 8-248 참조).

타. 대금납부 후 최선순위 담보권이 말소된 경우 후순위 등기의 말소 여부

대항요건을 갖춘 임차권보다 선순위의 근저당권이 있는 경우 대금지급 전에 저당권이 소멸하면 임차권의 대항력이 소멸하지 않으나(대법원 1998. 8. 24.자 98마1031 결정, 대법원 2003. 4. 25. 선고 2002다70075 판결), 대금지급 후에 저당권이

---

22) 등기선례 3-636 토지의 일부지분에 대한 지상권설정등기말소등기절차를 명하는 확정판결에 따른 말소등기절차(토지의 전부에 관하여 지상권설정등기가 경료된 후 위 토지의 일부지분에 대한 지상권설정등기의 말소를 명하는 승소확정판결에 따라 지상권말소등기를 신청한 경우에는 그 등기전부를 말소하여야 한다).

23) 윤경, 「부동산경매(입찰)의 실무(하)」, 법률정보센타(1999), 457

소멸하면 임차권의 대항력이 소멸한다(등기선례 2-605 참조).

근저당권설정등기, 지상권설정등기, 가등기가 순차 기입되고, 강제경매에 의한 매각허가결정이 확정된 후 매각대금을 지급하였으나, 그 배당기일 전에 채무자의 임의변제에 따라 근저당권설정등기가 말소된 경우에도, 위 지상권설정등기 및 가등기는 말소촉탁의 대상이 되지만(등기선례 2-605), 매수인이 소유권을 취득하게 되는 시점인 매각대금지급 전에 선순위 근저당권이 다른 사유로 소멸한 경우에는, 위 지상권설정등기 및 가등기는 말소촉탁의 대상이 되지 않는다. 이 경우 매수인은 대금을 낼 때까지 매각허가결정의 취소신청을 할 수 있다(대법원 1998. 8. 24.자 98마1031 결정 참조).

파. 채무자 회생 및 파산에 관한 법률에 의한 보전처분등기나 회생절차개시결정의 기입등기 또는 파산선고의 등기

보전처분은 채무자 등에 대하여 일정한 행위의 제한을 가하는 것이고 제3자의 권리행사를 금지하는 것은 아니므로, 보전처분등기가 경료된 채무자의 부동산 등에 대하여 가압류, 가처분 등 보전처분, 강제집행 또는 담보권실행을 위한 경매, 체납처분에 의한 압류 등의 기입등기촉탁이 있는 경우에도 이를 수리하여야 한다. 또한 회생절차개시결정의 기입등기가 된 채무자의 부동산 등의 권리에 관하여 회생채권 또는 회생담보권에 기한 강제집행 등에 의한 등기의 촉탁이 있는 경우 등기관은 이를 각하하여야 하지만, 법원이 채무자 회생 및 파산에 관한 법률 제58조 제5항에 의하여 처분의 속행을 명한 결정문 등을 첨부하여 촉탁한 경우, 환취권 및 공익채권에 기한 경우에는 이를 수리하여야 한다(등기예규 제1125호 참조).

파산선고의 등기가 된 채무자의 부동산 등의 권리에 관하여 파산채권에 기한 강제집행, 가압류, 가처분 등기의 촉탁이 있는 경우 등기관은 이를 각하하여야 하고, 담보권실행을 위한 경매절차에 의한 등기의 촉탁이 있는 경우 등기관은 이를 수리하여야 한다(등기예규 제1125호 제21조 제3항).

위와 같이 등기촉탁되어 적법하게 진행된 경매절차에서 법원사무관등이 매각으로 인한 소유권이전등기의 촉탁과 함께 보전처분등기나 회생절차개시결정의 기입등기 또는 파산선고의 등기의 말소를 촉탁한 경우에 이를 수리하여야 하므로, 위 등기는 말소촉탁의 대상이 된다.

하. 가압류·가처분 기입등기가 말소된 경우 채권자가 채무자를 상대로 말소된 기입등기의 회복등기절차의 이행을 소구할 수 있는지 여부

1) 부동산처분금지가처분의 기입등기는 채권자나 채무자가 직접 등기공무원에게 이를 신청하여 행할 수는 없고 반드시 법원의 촉탁에 의하여야 하는바, 이와 같이 당사자가 신청할 수 없는 처분금지가처분의 기입등기가 법원의 촉탁에 의하여 말소된 경우에는 그 회복등기도 법원의 촉탁에 의하여 행하여져야 하므로, 이 경우 처분금지가처분 채권자가 말소된 가처분기입등기의 회복등기절차의 이행을 소구할 이익은 없다(대법원 2000. 3. 24. 선고 99다27149 판결 등). 가압류의 경우에도 마찬가지이다(대법원 1998. 11. 27. 선고 97다41103 판결).

다만, 판례는 촉탁등기 중 체납처분에 의한 압류등기에 대하여는 말소청구소송을 인정하고 있다(대법원 1985. 11. 12. 선고 85다81,85다카325 판결, 1991.3.27. 선고 90다8657 판결 등).

거. 몰수보전등기

강제경매개시결정등기, 근저당권 등 담보물권의 설정등기, 압류등기, 가압류등기 등이 몰수보전등기 전에 경료된 경우에는 매각으로 인한 이전등기 및 몰수보전등기의 말소를 촉탁할 수 있으나, 몰수보전등기 후에 경료된 경우에는 경매절차를 진행할 수 없으므로 매각이 되더라도 매각으로 인한 이전등기 및 몰수보전등기의 말소를 촉탁할 수 없다(등기예규 1375호).

너. 주택법 제61조 제3항의 규정에 따른 금지사항의 부기등기 말소

주택법 제61조 제3항, 구 임대주택법(2015. 8. 28. 법률 제13499호로 개정되기 전의 것) 제18조 제2항에 따른 금지사항 부기등기 후 당해 부동산이 매각된 경우 소유권이전등기 및 금지사항 부기등기의 말소를 촉탁할 수 있다(등기예규 1616호 3.항 라. 및 부칙 2조).

5. 경매개시결정등기의 말소

매각이 완결되면 경매개시결정등기는 필요 없게 되므로 법원사무관등은 직권으로 그 등기를 말소촉탁한다(민사집행법 제144조 제1항 제3호).

6. 최선순위 확정일자부 임차인이 배당요구를 한 경우 그 확정일자 이후에 경료된 소유권이전등기청구권의 보전을 위한 가등기는 말소대상인지 여부(=소극, 견해변경)[24)]

가. 문제점 제기

A는 B로부터 그 소유의 주택을 임차하면서 주민등록전입을 한 다음 날 최선순위로 확정일자를 받았다. 그런데 그 후 B가 C 앞으로 소유권이전등기청구권 보전을 위한 가등기를 설정하여 주었다.

임대차 계약 종료 후 B가 보증금의 반환을 지체하자, A는 B를 상대로 보증금반환청구의 소를 제기한 후 주택명도와 동시에 보증금을 지급하라는 판결을 받았고, 그 확정 판결에 기하여 위 주택에 관한 경매를 신청하였고, 아울러 선순위 임차권에 기한 배당요구를 하였다. 이 경우 C의 가등기는 경매를 통하여 말소가 되는 것인가가 문제가 된다.

C의 가등기가 말소된다면 별 문제가 없지만, 말소되지 않는다면 위 부동산의 가치는 현저하게 떨어져 최선순위 변제권을 가진 A가 배당요구를 한다고 하여도 사실상 배당을 받을 것이 없게 되거나 가사 배당받더라도 추후 C의 본등기가 이루어지면 소유권을 상실한 매수인(낙찰자)은 배당받은 채권자 A를 상대로 추급권을 행사할 가능성이 높기 때문이다.

즉 위 사례에서 가등기가 말소되지 않는다면, 이미 성립한 A의 우선변제권은 그 후에 이루어진 B의 법률행위에 의하여 침해되어 무용지물이 되어버리는 결과가 된다. 이런 문제는 A 이외의 제3자가 경매를 신청한 경우에도 발생한다.

나. 견해의 대립

경매절차에서 최선순위 확정일부 임차인이 배당요구를 한 경우 그 확정일자 이후에 경료된 소유권이전등기청구권의 보전을 위한 가등기는 말소대상인지 여부에 관하여는 다음과 같은 견해의 대립이 있다.

1) 적극설

가등기가 말소대상이라는 견해로서, 그 근거는 다음과 같다. ① 대항력과 우선변제권을 겸유하고 있는 임차인이 대항력을 행사할 것인지 아니면 우선변제를 받을 것

---

24) 자세한 것은, 윤경, “경매절차에서 최선순위 확정일부 임차인이 배당요구를 한 경우 그 확정일자 이후에 경료된 소유권이전등기청구권의 보전을 위한 가등기는 말소대상인지 여부”, Jurist 408호 (2004.09), 56-64 참조.

인지는 임차인이 자유롭게 선택할 수 있으며, 한편 우선변제권의 행사는 배당요구로 나타난다. 그런데 가등기가 말소되지 않는다면, 임차인의 우선변제권이 현저히 침해되므로, 그 가등기는 말소되어야 하는 것이다. 가등기가 말소되지 않는다면, 임차인의 권리확보 뒤에 이루어진 채무자의 법률행위에 의하여 이미 확보된 임차인의 권리가 침해되는 부당한 결과가 발생한다. ② 판례의 태도도 적극설을 취하고 있다. 대법원 1992. 10. 13. 선고 92다30597 판결은 주택임대차보호법 제3조의2 제1항은 대항요건(주택의 인도와 주민등록전입신고)과 임대차계약증서상의 확정일자를 갖춘 주택임차인은 후순위권리자 기타 일반채권자보다 우선하여 보증금을 변제받을 권리가 있음을 규정하고 있는 바, 이는 임대차계약증서에 확정일자를 갖춘 경우에는 부동산 담보권에 유사한 권리를 인정한다는 취지라고 설명하고 있다. 실제로 경매 실무상 배당요구를 한 우선변제권 있는 주택임차권자의 지위는 저당권자 등 담보물권자의 지위와 거의 같다. 다른 것이 있다면 다른 담보물권자는 경매신청권[25]이 있는 반면 위 임차권자는 경매신청권이 없다는 것뿐이다. 임차권은 저당권 등의 담보물권처럼 경락에 의하여 소멸되는 것이 원칙임을 주택임대차보호법 제3조의5에서도 명문으로 규정하고 있다. 따라서 배당요구한 주택임차권자의 우선변제권도 다른 담보물권처럼 경락으로 인하여 소멸한다.[26] 게다가 대법원 2007. 6. 21. 선고 2004다26133 전원합의체 판결에 의하면, 임차인의 우선변제권은 법정담보물권으로 확고하게 승격되었다.

그런데 저당권설정 후 경료된 소유권이전등기청구권의 순위보전을 위한 가등기가 경락을 통하여 말소(대법원 1980. 12. 30. 자 80마491 결정, 1985. 2. 11. 자 84마606 결정, 2003. 10. 6. 자 2003마1438 결정)됨은 앞에서 살펴 본 바와 같으므로, 마찬가지로 담보권와 동일한 지위에 있는 우선변제권 있는 임차권이 성립한 후에 경료된 순위보전을 위한 가등기는 당연히 말소되어야 하는 것이다.

아래에서 보는 소극설의 논거를 이해하기도 어렵지만, 소극설에 의할 경우 다음과 같은 부당한 결론에 이르게 된다.

첫째, 대항력과 우선변제권을 겸유한 임차인이 자신의 선택에 따라 우선변제권을 행사하였음에도 그 후에 채무자(소유자)에 의하여 이전청구권보전을 위한 가등기가 설정되었다는 우연한 사정에 의하여 그 우선변제권이 침해되거나 박탈된다는 것

25) 저당권자의 경매신청권은 민법 363조 1항에, 전세권자의 경매신청권은 민법 제318조 제1항에, 가등기담보권자의 경매신청권은 가등기담보 등에 관한 법률 12조에 규정되어 있다.

26) 민일영, “동일주택에 대한 2회의 경매와 임차인의 우선변제권에 관한 시론”, 법조 1999. 3. 통권 510호, 64

은 부당하다. 특히 이미 임차인의 권리가 성립한 후에 이해상반자인 소유자의 법률행위(가등기 설정행위)에 따라 이미 성립한 소유자의 채권자인 임차인 A의 권리내용이 함부로 좌우되는 것도 이해하기 어렵다.

둘째, 소극설에 의할 경우, 가등기가 말소되지 않아 임차인의 우선변제권이 침해된 결과 임차인이 보증금의 일부만 우선변제 받게 되었는데, 그 후 가등기에 기한 본등기가 이루어져 이미 지급받은 배당금마저 추급당한다면, 우선변제권을 침해받은 임차인이 그 후 대항요건의 상실 등으로 추급당한 보증금에 대한 대항력마저 제대로 행사하지 못하고 임차보증금을 날리게 될 우려가 많다. 이는 대항력과 우선변제권에 의하여 임차인을 강하게 보호하려는 취지와도 전혀 맞지 않으며, 오히려 임차인으로 하여금 우선변제권과 대항력 모두를 행사할 수 없게 만드는 이상한 결과가 된다.

2) 소극설

매수인이 인수하지 아니한 부동산의 부담에 관한 기입인지 여부는 오로지 부동산등기부에 적힌 것을 기준으로 판단하여야 하고, 등기부에 기입되지 아니한 권리로서 특별법에 의하여 우선변제권이 인정되는 권리가 성립한 때를 기준으로 판단하여서는 안 된다는 견해이다. 예를 들어 매각에 의하여 소멸하는 부동산의 부담 중 최선순위의 것보다 앞서 담보가등기 아닌 가등기가 있는데, 다시 그 등기보다 앞서 대항력과 확정일자를 갖춘 등기되지 아니한 주택임차권자가 있고, 그 임차권자가 경매절차에서 보증금전액을 변제받은 경우에도 위 가등기의 부담은 소멸하지 아니하고 매수인에게 인수되는데, 이에 비추어 보면 등기되지 않은 선순위 확정일부 임차권 이후에 경료된 가등기 부담 또한 소멸되지 않는다고 봄이 타당하다.[27]

다. 결론

적극설은 소극설에 따라 매수인이 인수할 부동산의 부담에 관한 기입인지 여부를 등기부를 기준으로 판단한다고 할 경우 대항력과 우선변제권을 겸유하는 임차인이 피해를 입으므로 법정담보물권으로 승격된 임차인의 우선변제권을 보호하기 위해서는 최선순위 확정일자부 임차인이 배당요구를 한 경우 그 확정일자 이후에 경료된 소유권이전등기청구권의 보전을 위한 가등기를 말소하여야 한다는 취지로 주장하고 있다.

하지만 확정일자 이후에 경료된 소유권이전등기청구권의 보전을 위한 가등기가

---

27) 법원실무제요 민사집행(II): 부동산집행, 법원행정처(2020), 444

말소되지 않아서 피해를 입는 것은 어디까지나 매수인일 뿐이고, 그러한 가등기의 말소 여부와 확정일자부 임차인의 우선배당은 아무런 관련이 없다 할 것이어서 적극설의 논거는 받아들이기 어렵다.

매수인으로서는 매각물건명세나 부동산 등기부에 기재된 내용을 토대로 자신이 인수할 부동산의 부담을 판단할 수밖에 없으므로 소극설이 논리상 더 타당하고 현재 경매 실무의 대세도 소극설을 따르고 있다.

Ⅳ. 등기촉탁비용

1) 소유권이전등기와 부동산의 부담에 관한 기입등기 및 경매개시결정등기의 말소에 관한 비용은 매수인이 부담한다(민사집행법 제144조 제3항).

따라서 매수인은 대금지급과 동시에 위 비용을 법원사무관등에게 지급하여야 한다. 지급할 비용으로서는 등기신청수수료[등기사항증명서 등 수수료규칙(대법원규칙 2823호)], 촉탁서송부비용, 등기관이 등기필정보통지서를 법원에 송부하는 비용, 법원사무관등이 등기필정보통지서를 매수인에게 송부하는 비용 등이 있고, 취득세 및 등록면허세는 전술한 바와 같이 현금으로 법원사무관등에게 지급하지 않고 취득세 및 등록면허세 영수필확인서만 제출하면 된다.

등기신청수수료는 매 부동산마다 소유권이전등기는 15,000원, 말소등기 및 변경등기는 3,000원이다(대법원규칙 2823호, 제5조의2 제1, 2항). 전자신청하는 경우의 신청수수료는 매 부동산마다 소유권이전등기는 10,000원, 말소등기 및 변경등기는 1,000원이다(대법원규칙 2823호, 제5조의5 제1, 2항). 등기신청수수료의 납부는 그 수수료 상당액을 전자적 방법으로 납부하거나, 법원행정처장이 지정하는 금융기관에 현금으로 납부한 증명서를 등기촉탁서에 첨부하는 방법으로 한다(대법원규칙 2823호, 제6조 제1항). 전자신청을 하는 경우의 수수료는 신용카드, 금융기관 계좌이체 또는 전자화폐 등의 결제방법으로 납부하여야 한다(제6조 제5항).

2) 촉탁의 대상이 되는 등기의 목적이 수 개인 경우에는 각 등기의 목적에 따른 신청수수료를 합산한 금액을 납부하여야 한다. 예를 들어, 매각으로 인한 등기촉탁서에 의하여 소유권이전등기의 촉탁과 아울러 1번 및 2번 근저당권설정등기 및 가압류등기의 각 말소를 촉탁하는 경우에는 24,000원(15,000원 + 3,000원 × 3)을 납부하여야 한다(등기예규 1662호).

3) 실무상 송달료는 현금이 아닌 우표로 납부하도록 하고 있다(재일 87-4 제8조 제1항 단서).

매수인이 위 비용을 지급하지 않으면 등기촉탁을 하지 않으며 상당한 기간 경과 후에는 그대로 기록 보존조치를 취한다.

다만 등기필정보통지서를 법원에 나온 매수인에게 직접 교부할 수도 있으므로 매수인에 대한 등기필정보통지서 송부비용의 지급이 없다 하여 촉탁을 거부할 수는 없다.

Ⅴ. 등기필정보통지서의 송부·교부

1. 등기필정보통지서 우편송부 신청의 경우

등기관은 이전등기를 완료하였을 때에는 등기필정보통지서를 작성하여 집행법원의 법원사무관등에게 송부·교부하여야 한다(부동산등기법 제50조 제1항 본문, 부동산등기규칙 제107조). 작성된 등기필정보통지서의 교부절차는 다음과 같다(등기예규 1625호 제7항, 재민 2004-3 제52조의2, 재민 2015-3 제7조).

1) 매수인은 우편에 의하여 등기필증을 송부받기 위해서는 등기필증 우편송부신청서(전산양식 A3429)를 작성하여 등기촉탁신청서와 함께 법원에 제출하여야 한다.

2) 매수인이 수인인 경우에는 매수인 중 1인을 등기필증 수령인으로 지정하고, 나머지 매수인들의 위임장 및 인감증명서를 제출하여야 한다.

3) 법원사무관등은 등기촉탁서 및 그 부본 오른쪽 상단에 “등기필증 우편송부신청”이라는 표시를 하고, 등기촉탁서에 등기필증 송부용 주소안내문, 송달통지서와 우표처리송달부를 첨부한다.

4) 법원사무관등은 등기필증 우편송부신청서, 송달실시기관으로부터 수령한 송달통지서를 기록에 편철하여야 한다. 현재 전산에서는 등기필정보 및 등기완료통지서 양식으로 출력·통지되고 있다.

5) 집행법원으로부터 ‘등기필정보통지서 우편송부 신청’이 기재된 등기촉탁서가 접수되어 해당 등기가 완료된 때에는 등기필정보통지서 교부담당자는 즉시 등기필정보통지서 송부용 우편봉투를 이용하여(우편송달통지서가 적절히 처리될 수 있도록 주의) 매수인에게 등기필정보통지서를 송부하여야 한다.

매수인에게 등기필정보통지서를 송부하기 이전에 매수인 또는 대리인(등기소에 위임장을 제출하여야 한다. 다만 변호사나 법무사를 제외한 대리인인 경우에는 본인의 인감증명이 첨부된 위임장 필요)이 등기소에 출석하여 등기필정보통지서의 교부를 신청한 경우에는 영수증을 받은 후 교부하고, 그 영수증은 이를 즉시 집행법원에 송부하여야 한다.

2. 등기필정보통지서 우편송부 신청 이외의 경우

등기필정보통지서 교부담당자는 등기촉탁서 접수일로부터 5일간 등기필정보통지서를 보관하여야 한다. 위 기간 내에 매수인이 등기소에 출석하여 등기필정보통지서의 교부를 신청한 경우 위 가.항의 절차에 의하여 처리하고, 위 기간이 지나도 매수인이 등기소에 출석하여 등기필정보통지서의 교부를 신청하지 않은 경우에는 집행법원에 등기필정보통지서를 송부하여야 한다.

3. 매수인이 여러 사람인 경우

매수인이 수인인 경우에는 매수인 중 1인을 등기필정보통지서 수령인으로 지정하고, 나머지 매수인들의 위임장 및 인감증명서[인감증명서에 갈음하여 위 신청서에 서명을 하고 본인서명사실확인서 또는 전자본인서명확인서의 발급증을 첨부할 수 있다(재일 2012-2 제2조)]를 제출하여야 한다. 그 경우 등기필정보통지서의 우편송부 또는 교부는 등기필정보통지서를 송부 또는 교부받을 자로 등기촉탁서에 지정되어 있는 자에게 하여야 한다. 다만 다른 매수인이 등기소에 출석하여 지정매수인의 인감이 첨부된 위임장을 제출하며 교부를 청구한 경우에는 그 매수인에게 교부하고, 등기소는 위 영수증과 위임장을 집행법원에 송부하여야 한다.

[등기필증 우편송부 신청서(전산양식 A3429)]

(앞면)

등기필증 우편송부 신청서

사건번호 : 20 타경 부동산임의(강제)경매
부동산의 표시 :

위 사건에 관하여 매수인은 소유권이전등기촉탁으로 인한 등기필증을 다음과 같이 우편송부하여 줄 것을 신청합니다.

1. 수령받을 매수인 :
※ 매수인 또는 수인의 매수인 중 1인이어야 합니다.
※ 수인의 매수인 중 1인을 수령인으로 지정할 경우에는 인감이 날인된 위임장을 함께 제출하여야 합니다.
2. 송달장소 :

20 . . .

신청인(매수인) : ㊞

OO지방법원 지원 경매 제 계 귀하

(뒷면)

위 임 장

매수인들은 매수인 ( )를 등기필증 수령인으로 지정합니다.

순번	매수인이름	주 소	인감 날인
1			
2			
3			
4			
5			
6			
7			
8			

9			
10			

20 . . .

※ 첨부 : 인감증명서 매수인별 각 1부

Ⅵ. 세금계산서의 발급(부정)

실무상 매수인이 집행법원에 대하여 세금계산서의 발급을 요청하는 경우가 있다.

사업자 소유의 물건에 대하여 경매가 진행되어 매각되었는데 매수인이 사업자인 경우 집행법원에서 매수인에게 세금계산서를 발급할 수 있는지 여부에 관하여 ① 경매에 의해 재화를 양도하는 경우에도 그 소유자가 재화의 공급자이고 집행법원은 공급자가 아니므로 매수인은 소유자로부터 세금계산서를 교부받아야 한다는 견해(제1설), ② 사업자 소유의 경매물건에 대하여 경매가 진행된 경우 경매물건의 감정평가금액에 부가가치세가 포함되었는지 여부가 불명확하더라도 집행법원은 언제든지 매수인에게 세금계산서를 교부할 수 있다는 견해(제2설), ③ 경매물건의 감정평가서에 부가가치세가 포함된 감정평가액이 명백히 기재된 경우에만 세금계산서를 교부할 수 있다는 견해(제3설)의 대립이 있었다.

그러나 현행 부가가치세법 시행령 제18조 제3항 제2호는 민사집행법에 따른 경매(강제경매, 담보권 실행을 위한 경매, 민법·상법 등 그 밖의 법률에 따른 경매를 포함한다)에 따라 재화를 인도 또는 양도하는 것은 재화의 공급으로 보지 않는다고 규정하여 매수인이 집행법원에 대하여 세금계산서 발급을 요청하는 경우에도 이를 발급하면 안 되도록 명문의 규정을 두어 위 논의를 입법적으로 해결하였다. 위와 같이 민사집행법에 따른 경매는 부가가치세법상 부가가치세 부과 대상인 재화의 공급이 아니므로 경매실시기관인 법원이 매수인(낙찰자)으로부터 부가가치세를 거래징수할 의무도 없고 매수인이 부가가치세를 납부할 의무도 없다.

Ⅶ. 민사집행 및 보전처분 사무를 처리하는 법원사무관등의 재정보증제도 도입

직원들의 사기진작과 적극적인 업무 처리 도모를 위하여 등기관 및 공탁관의 재정보증제도와 같이 민사집행 및 보전처분 사무를 처리하는 법원사무관등 재정보증제도가 도입되었다(민사집행규칙 제18조의2). 보증범위는 집행업무 담당자는 8억 원까지, 신청업무 및 항고업무 담당자는 3억 5천만 원까지이다(2022. 2. 1. 현재).

제7장 부동산 인도명령

Ⅰ. 총설

1. 취지

법원은 매수인이 대금을 낸 뒤 6월 이내에 신청하면 채무자, 소유자 또는 부동산 점유자에 대하여 부동산을 매수인에게 인도하도록 명할 수 있는바(민사집행법 제136조 제1항) 이를 인도명령이라 한다. 매수인이 매각대금을 다 낸 때에는 채무자 등에 대하여 직접 자기에게 매각부동산을 인도할 것을 구할 수 있으나, 채무자 등이 인도하지 아니하는 때에는 집행법원에 대하여 집행관으로 하여금 매각부동산을 강제로 매수인에게 인도케 하는 내용의 인도명령을 신청하여 그 명령에 따라 부동산을 인도받을 수 있는 것이다(민사집행법 제136조 제1항).

인도명령은 즉시항고로서만 불복할 수 있는 재판(민사집행법 제136조 제5항)으로 집행권원이 된다(민사집행법 제56조 제1호).

2. 신청시 필요한 서면

① 부동산인도명령신청서 1부(민사집행과에 비치), ② 정부수입인지 1,000원(구내 은행에서 구입), ③ 송달료 15,600원(구내 은행에 납부, 당사자 2명 기준), ④ 목록 3부, ⑤ 채무자의 일반승계인을 상대방으로 하는 경우에는 호적등본 또는 상업등기부 등본 1통, ⑥ 부동산등기부등본 1통(등기과)

Ⅱ. 인도명령의 당사자

1. 신청인

가. 신청인의 의의

인도명령을 신청할 수 있는 자는 매수인(대법원 1970. 9. 30.자 70마539 결정)과 매수인의 상속인 등 일반승계인에 한한다. 매수인의 특별승계인은 신청인적격이 없다(대법원 1966. 9. 10.자 66마713 결정).

매수인이나 그 승계인이 매각대금을 지급하였음을 요하며 매수인 명의로 소유권이전등기가 되었음을 요하지는 않는다.

상속 또는 회사의 합병 등에 의하여 매수인의 지위를 승계한 일반승계인은 매수인과 동일한 집행법상의 권리를 가지므로 그 일반승계사실을 증명하여 인도명령을 신청할 수 있다.

관리명령에 기하여 관리인이 부동산의 점유를 취득하였으면 매수인은 대금지급 후 직접 관리인에 대하여 자기에게 인도할 것을 구할 수 있으므로 채무자 등에 대하여 인도명령을 신청할 이익이 없다. 그러나 아직 관리인이 부동산의 점유를 취득하지 못한 사이에 대금지급이 있었다면 매수인은 채무자 등에 대하여 인도명령을 구할 수 있다.

토지만이 매각된 경우에는 매수인은 그 토지의 인도만을 구할 수 있을 뿐이고 지상건물의 철거 및 인도를 구할 수는 없다.

나. 매수인으로부터의 양수인

인도명령신청권은 매각대금을 모두 지급한 매수인에게 부여된 집행법상의 권리이므로 매수인이 매각부동산을 제3자에게 양도하였다 하더라도 매수인이 인도명령을 구할 수 있는 권리를 상실하지 아니한다(대법원 1970. 9. 30.자 70마539 결정). 양수인 앞으로 소유권이전등기를 마친 경우에도 마찬가지이다.

인도명령이 발하여진 후의 일반승계인은 승계집행문의 부여를 받아 인도명령의 집행을 할 수 있다. 매수인으로부터 매각부동산을 양수한 양수인(특정승계인)은 매수인의 집행법상의 권리까지 승계하는 것은 아니기 때문에 그 양수인은 인도명령을 신청할 권리를 가지지 않는다(대법원 1966. 9. 10.자 66마713 결정). 매수인을 대위하여 인도명령을 신청하는 것도 허용되지 아니한다.

다. 공동매수인의 경우

여럿이 공동으로 매수인이 되었거나 사망한 매수인을 여럿이 상속한 경우 공동매수인 또는 상속인 전원이 공동하여 인도명령을 신청할 수 있음은 물론이고 불가분채권에 관한 규정(민법 제409조) 또는 공유물의 보존행위에 관한 규정(민법 제265조 단서)에 의하여 각자가 단독으로도 인도명령을 신청할 수 있다고 할 것이다.

공유물의 소수지분권을 취득한 소유자가 공유물을 독점적으로 점유하고 있는 다른 소수지분권자를 상대로 인도청구를 할 수 있는지 문제된다. 대법원 2020. 5. 21. 선고 2018다287522 전원합의체 판결은 공유물의 소수지분권자가 다른 공유자와 협의 없이 공유물의 전부 또는 일부를 독점적으로 점유·사용하고 있는 경우 다른 소수지분권자는 공유물의 보존행위로서 그 인도를 청구할 수 없다(다만 자신의 지분권에 기초하여 공유물에 대한 방해 상태를 제거하거나 공동 점유를 방해하는 행위의 금지 등을 청구할 수 있다)고 판단하였다. 그러므로 부동산을 공유자 甲, 乙이 각 2분의 1 지분씩 공유하고 있는데, 甲의 공유지분(2분의 1 지분)이 경매로 매각되어 매수인이 부동산 전부를 점유하고 있는 공유자 乙을 상대로 부동산인도명령을 신청한 경우 법원은 그 신청을 기각해야 한다(대법원 2020. 6. 12.자 2020마5186 결정 참조).

2. 상대방

가. 상대방의 의의

인도명령의 상대방은 채무자, 소유자 또는 부동산점유자이다(민사집행법 136조 1항). 채무자나 소유자의 일반승계인도 인도명령의 상대방이 될 수 있다(대법원 1973. 11. 30.자 73마734 결정).

관리명령에 기하여 관리인이 부동산의 점유를 취득하였으면 매수인은 대금지급 후 직접 관리인에 대하여 자기에게 인도할 것을 구할 수 있으므로 채무자 등에 대하여 인도명령을 신청할 이익이 없으나 아직 관리인이 부동산의 점유를 취득하지 못한 사이에 대금지급이 있었다면 매수인은 채무자 등에 대하여 인도명령을 구할 수 있다.

뒤에서 상세히 살펴보는 바와 같이 "매각대금지급 전에 점유를 개시한 자"만이 인도명령의 상대방이 된다는 견해가 있으나, 그렇게 한정할 근거가 전혀 없다. "매각대금지급 후에 점유를 개시한 자"도 인도명령의 상대방이 된다.

나. 채무자

1) 채무자의 범위

채무자는 경매개시결정에 표시된 채무자를 말하고 그 일반승계인이 포함되며, 상속인이 여럿인 경우에는 각 공동상속인마다 개별적으로 인도명령의 상대방이 된다.

부동산의 인도명령의 상대방이 채무자인 경우에 그 인도명령의 집행력은 당해 채무자는 물론 채무자와 한 세대를 구성하며 독립된 생계를 영위하지 아니하는 가족과 같이 그 채무자와 동일시되는 자에게도 미친다(대법원 1998. 4. 24. 선고 96다30786 판결). 이와 같은 법리는 채무자의 경우뿐 아니라 소유자 또는 부동산점유자의 경우에도 마찬가지라고 할 것이다.

2) 채무자의 점유 여부

채무자의 점유는 직접점유는 물론 간접점유도 요건은 아니다. 경매에 의한 소유권취득은 승계취득(대법원 1991. 8. 27. 선고 91다3703 판결)이므로, 채무자는 매각의 법률적 효과로 부동산을 매수인에게 인도하여야 할 의무가 있기 때문이다. 다만 채무자가 부동산을 직접 점유하고 있지 않은 경우에는 민사집행법 제258조에 의한 인도집행을 할 수 없고 단지 채무자가 직접점유자에 대하여 인도청구권을 가지고 있을 때에 한하여 민사집행법 제259조에 의하여 인도청구권을 넘겨받는 방법으로 집행할 수 있을 뿐이다.

3) 채무자가 임차인의 지위를 겸하고 있는 경우

채무자가 임차인의 지위를 겸하고 있는 경우(예컨대 주택임대차보호법 또는 상가건물 임대차보호법상의 대항력 있는 임차인이 담보권실행을 위한 경매절차의 채무자인데 보증금 중 배당받지 못한 금액이 있는 경우)에는 단순한 채무자로 취급할 것이 아니라 점유자로서 매수인에게 대항할 수 있는지 여부를 따져 인도명령을 발하여야 한다.

다. 소유자

여기서 말하는 소유자는 경매개시결정 당시의 소유명의자로 보면 되고(경매개시결정 후의 제3취득자도 포함시켜야 한다는 견해도 있다), 이렇게 볼 때 가압류에서 본압류로 이전된 경우에 본압류 당시의 소유명의자는 당연히 본조 소정의 소유자에 해당한다.

소유자의 점유도 인도명령의 요건이 아님은 채무자의 경우와 같다.

라. 부동산점유자

1) 점유여부의 판단기준 시

채무자와 소유자 이외의 자가 인도명령의 상대방이 되기 위해서는 우선 부동산을 점유하는 것이 필요하며, 점유하지 않는 자는 어떤 경우에도 상대방이 될 수 없다. 점유여부의 판단기준 시는 인도명령의 성립 당시이다.

집행관이 작성한 현황조사보고서는 경매목적물의 점유관계를 파악하는 데 유력한 자료가 되지만 거기에 우월한 증명력이 있다고 할 수는 없다(대법원 2006. 11. 23.자 2006마713 결정).

2) 간접점유자의 경우

여기서의 점유자란 직접점유자만을 가리키며, 간접점유자는 포함되지 않는다. 따라서 인도명령 성립당시에 부동산을 직접 점유하지 않고 있는 자는 상대방이 될 수 없고, 직접점유자만이 인도명령의 상대방이 된다.

3) 경매개시결정에 기한 압류의 효력이 발생하기 전에 점유를 시작한 점유자의 경우

구 민사소송법은 인도명령의 상대방 중 채무자, 소유자 이외의 자를 압류의 효력이 발생한 후에 점유를 시작한 부동산점유자로 한정하였으나 현행법은 단순히 부동산점유자로 규정함으로써 압류의 효력이 발생하기 전에 점유를 시작한 점유자에 대하여도 인도명령을 발령할 수 있도록 하였다.

따라서 점유를 시작한 때가 압류의 효력발생 전인지 여부와 관계없이, 심지어는 매각으로 인하여 소멸하는 최선순위의 담보권이나 가압류보다 먼저 점유를 시작한 점유자라도 매수인에게 대항할 수 있는 권원에 의하여 점유하고 있는 것으로 인정되는 경우가 아니면 인도명령의 상대방이 된다.

4) 매각대금 납부 이후 점유개시한 사람도 상대방인지 여부(= 적극)[1)]

가) 법률의 개정

구 민사소송법에서는 "압류의 효력이 발생한 후에 점유를 시작한 부동산점유자"를 인도명령 발령 상대방인 점유자로 제한하고 있다가 민사집행법 개정 시에 이 부분이 삭제되어 점유 요건에 대하여 아무런 제한을 두지 않고 있기 때문에, 매수인이 매각대금을 납부하여 소유권을 취득한 후에 점유를 개시한 자에 대하여도 부동산인도명령을 신청할 수 있지 않은가가 문제된다.

나) 법률의 개정

(1) 매각대금지급 전에 점유를 개시한 자에 대해서만 인도명령이 가능하다는 견해

민사집행법 하에서도 "매각대금지급 전에 점유를 개시한 자"만이 인도명령의 상대방이 된다는 견해가 있다. 부동산인도명령은 민사집행의 효율성을 달성하기 위해 집행절차상 특별히 규정된 제도로서, 일반 민사소송 절차에 비해 대단히 신청인에게 간이한 절차로 부동산을 명도받을 수 있게 되어 있는데, 이는 부동산인도명령제도가 상대방인 점유자에게는 일반 민사소송 절차에 비해 상대적으로 권리보호에 불충분한 제도이기 때문이라는 것이다. 즉, 매수인이 매각대금을 납입하고 그 부동산의 소유권을 취득하였다면 그때까지 그 부동산을 점유하고 있는 자는 종래에는 어떠한 권원에

---

1) 재판자료 제117집, 민사집행법 실무연구 II, 120-125

의해 점유를 취득하였건 간에 매수인에 대하여는 무권리자일 가능성이 많고, 따라서 이러한 경우, 부동산의 점유자 보다는 부동산의 매수인을 보호할 필요가 훨씬 크므로 간이한 부동산인도명령절차에 의하더라도 그것이 특별히 점유자에게 불리하다고 주장할 수 없으나, 부동산 매수인이 소유권을 취득한 후에 그 부동산에 대하여 점유를 개시한 자에 대하여는 위에서 말한 "그 점유자는 매수인에 대하여는 무권리자일 가능성이 많다"고 하는 사실상의 추정이 적용될 수 없고, 이러한 점유자에 대해서 까지 간이한 부동산인도명령절차에 의해 그 점유자의 점유권을 박탈하고 부동산을 명도받을 수 있게 하는 것은 지나치게 매수인을 보호해 주는 것이고 점유자에게는 부당하므로, 매수인이 소유권을 취득한 이후에 점유를 개시한 자에 대하여는 그 점유자가 어떠한 권리로 점유를 개시하였는지 일반 원칙에 따라서 따져보는 것이 맞고, 이것은 일반 민사소송절차(소유권에 터잡은 명도소송)에 의하는 것이 소유자와 점유자 양쪽에 공평하다는 것이다. 이 견해는 민사집행법은 구 민사소송법이 인도명령의 대상을 "채무자·소유자 또는 압류의 효력이 발생한 후에 점유를 시작한 부동산 점유자"로 규정하였던 것을 단순하게 "채무자·소유자 또는 부동산 점유자"로 규정함으로써 그 대상을 확대하였는바, 이는 점유자의 점유개시 시기가 압류이전인 경우를 포함하는 것으로 확대한 것이지 대금납입 이후에 점유를 개시한 점유자까지 확대한 것은 아니라고 본다.

(2) 대금지급 이후 점유를 개시한 사람도 명령의 대상이 된다는 견해

민사집행법은 인도명령의 상대방을 확장하여 점유자가 매수인에게 대항할 수 있는 권원을 가진 경우 이외에는 심문을 통해 인도명령을 발할 수 있게 하였다. 즉, 부동산집행에 있어서는 부동산이 적정한 가격으로 현금화되는 것이 무엇보다도 중요한바, 이를 위해서는 일반의 부동산 시장에 있어서와 마찬가지로 매수인이 용이하게 경매목적물을 인도받을 수 있어야 한다. 이를 위해 구 민사소송법은 대금을 납부한 매수인이 집행절차에 부수하여 간이한 방법으로 부동산을 인도받을 수 있도록 하는 부동산인도명령제도를 두고 있었지만, 인도명령의 상대방을 채무자, 소유자 및 압류의 효력이 발생한 후에 점유를 시작한 부동산 점유자로 제한하여 대부분의 경우에 해당하는 압류의 효력이 발생하기 전에 점유를 시작한 부동산 점유자(경매부동산의 소유자등과의 사이에 임대차 등의 법률관계를 통하여 경매부동산을 점유하기 시작한 자로서 매수인에게 대항할 수 있는 점유권원을 가지지 못한 자)에 대해서는 인도명령제도를 이용할 수 없었고, 채무자 또는 소유자가 아닌 점유자에 대하여 인도명령을

발령하기 위해서는 반드시 그를 심문하여야 하는 등 그 절차가 너무 엄격하였다.

이와 같이 구 민사소송법상의 인도명령제도는 매수인이 간이한 절차를 통해 경매부동산을 인도받는 효율적인 수단으로 기능하지 못하여, 적지 않은 경우 매수인은 부동산을 인도받기 위하여 점유자를 상대로 소송을 제기하여야 하였고, 이러한 불편은 일반인으로 하여금 경매에 참가하는 것을 꺼리게 하는 중요한 원인으로 작용하였다. 또 인도절차의 어려움 때문에 경매부동산의 매각가격이 시세에 비하여 낮아지게 됨으로써 채권자·채무자 및 이해관계인 모두가 불이익을 입게 되었다. 경매의 활성화를 위해서는 인도명령제도를 개선하여 경매부동산의 인도를 쉽게할 필요성이 크다고 할 것인바, 민사집행법은 인도명령의 상대방을 확장하여 점유자가 매수인에게 대항할 수 있는 권원을 가진 경우 이외에는 모든 점유자에 대하여 인도명령을 발할 수 있게 하고, 그 절차에 있어서도 인도명령을 발령하기 위해 반드시 점유자를 심문하지 않아도 되는 예외를 두는 등 인도명령제도를 대폭 개선하였다(민사집행법 제136조 제1, 4항).

매수인에게 대항할 수 없는 자는 어차피 매수인에게 경매부동산을 인도하여야 할 지위에 있는 자이므로 이러한 점유자를 인도명령의 상대방에 포함시킨다고 하여 특별히 부당하다고 할 수 없고, 부동산의 점유자가 매수인에게 부동산을 인도하여야 하는 지의 여부는 매수인에게 대항할 수 있는 점유권원을 가지고 있는지의 여부에 의하여 결정되므로, 점유자가 전 소유자와의 관계에서 점유권원을 가지고 있을 뿐 매수인에게 대항할 수 있는 점유권원을 가지고 있지 않음이 명백한 경우에는 심문절차를 생략하여 간이한 심리방식만으로 인도명령을 발할 수 있도록 하는 것이 타당하다고 한다.

(3) 검토

이 부분은 인도명령제도의 연혁이나 취지 및 운영상의 문제점을 종합적으로 고려하여 판단할 문제인데, 결국 정책적 결단의 문제로서, 대법원판례로 정리되어야 한다. 다만, 인도명령 발령을 저지할 요건으로서의 '점유자가 매수인에게 대항할 수 있는 권원'이란 변론을 거쳐 판결로 선고하는 것과 같은 정도의 증명을 요구하는 것이 아니라, 본안에서 다투어 볼 필요가 있는 정도의 소명으로 족한 것이므로, 대금지급 이후 점유를 개시한 자도 인도명령의 대상이 된다는 견해에 의하더라도 점유자에 대한 심문을 통해 '매수인에게 대항할 수 있는 권원', 즉 '점유자의 채무자(또는 종전소유자)에 대한 점유권원으로서 매각에 의하여 효력을 잃지 않고 매수인에게 대항할 수 있는 권원'에 대한 판단과정에서 그 운영의 묘를 잘 살리면 인도명령의 대상을 확장할 경우 예상되는 문제는 극복할 수 있으므로 적극설을 지지한다.

5) 점유보조자의 경우

가) 인도집행에 있어 점유하고 있는 채무자가 집행권원에 표시되어 있어야 하는 것은 당연하지만, 채무자와 함께 거주하고 있는 가족이나 동거인 또는 고용인 등에 대하여는 사회통념상 그들이 채무자와 별개 독립한 점유를 가진다고 인정되는 등의 특별한 사정이 없는 한 별도의 집행권원 없이도 채무자와 동시에 퇴거시켜서 집행할 수 있다. 이들은 채무자의 점유보조자로서 채무자의 지시에 따라 그 수족으로서 부동산을 소지하는데 그치고 독립된 점유가 인정되지 않기 때문이다.

나) 점유보조자는 독립한 점유주체가 아니므로 그에 대한 인도청구를 기각하여야 하지만(대법원 1998. 6. 26. 선고 98다16456, 16463 판결), 인도명령신청 단계에서는 점유보조자인지 여부를 판단하기가 쉽지 않으므로, 피신청인이 이 점을 다투지 않는 한 매수인에게 대항할 수 있는 점유자인지 여부만 따져 인도명령을 발령한다.

6) 매수인에게 대항할 수 있는 권원이 있는 경우

가) 점유자가 매수인에게 대항할 수 있는 권원에 의하여 점유하고 있는 것으로 인정되는 경우에는 상대방이 될 수 없다(민사집행법 제136조 제1항 단서).

이러한 정당한 점유권원의 입증책임은 점유자에게 있으므로, 점유권원이 입증된 경우에만 인도명령을 기각하게 된다.

여기서 매수인에게 대항할 수 있는 권원이란 점유자의 채무자에 대한 점유권원으로서 매각에 의하여 효력을 잃지 않고 매수인에게 대항할 수 있는 권원을 말한다. ① 매수인에게 인수되는 용익권, 유치권을 보유하고 있는 경우(매각으로 인하여 소멸하는 저당권·압류·가압류 등에 우선하는 대항력 있는 임차권, 지상권 등의 용익권이라든가, 유치권이 인정되는 경우)나 ② 매각 후 매수인과 새로 임대차계약을 체결하는 등 새로운 약정에 의하여 점유권원을 취득한 경우(법정지상권이라든가 매수인과 점유자의 합의에 의하여 새로 성립한 용익권 등이 포함)를 예로 들 수 있다. 그러나 자신은 임차인이 아니고 부동산에 관하여 일체의 권리를 주장하지 않겠다는 내용의 확인서를 작성하여 준 경우, 그 후 대항력을 갖춘 임차인임을 내세워 이를 경락받은 채권자의 인도명령을 다투는 것은 금반언 및 신의칙에 위배되어 허용되지 않는다(대법원 1997. 6. 27. 선고 97다12211 판결, 2000. 1. 5.자 99마4307 결정).

나) 부동산인도명령이 매수인(낙찰자)에게 실체상의 권리 이상의 권리를 부여하

는 것일 수는 없다는 점에서 채무자나 소유자라도 실체상의 점유권원을 가지는 경우에는 민사집행법 제136조 제1항 단서를 유추적용하여 매수인(낙찰자)의 인도명령신청을 거절할 수 있다고 할 것인바, 매도인은 그 매매의 효과로서 매수인에 대하여 그 매도 부분에 관한 점유이전의무를 지므로, 매수인(낙찰자)이 대금납부 후 소유자, 채무자 기타 인도명령의 상대방이 될 수 있는 점유자에게 매매 등 소유권을 양도하는 행위를 한 경우에는 인도명령을 신청할 수 없다(대법원 1999. 4. 16.자 98마3897 결정).

주택임대차보호법(또는 상가건물 임대차보호법)상의 대항력과 우선변제권을 겸유하고 있는 임차인이 우선변제권을 선택하여 임차주택(또는 상가건물)에 대하여 진행되고 있는 경매절차에서 보증금에 관하여 배당요구를 한 경우에, 대항력 있는 보증금 전액을 배당받을 수 있는 때에는 매수인에게 대항하여 보증금을 반환받을 때까지 임대차관계의 존속을 주장할 수는 없다고 하더라도 다른 특별한 사정이 없는 한 임차인이 경매절차에서 보증금 상당의 배당금을 지급받을 수 있는 때, 즉 임차인에 대한 배당표가 확정될 때까지는 매수인에 대하여 임차주택(또는 상가건물)의 인도를 거절할 수 있다(대법원 1997. 8. 29. 선고 97다11195 판결). 따라서 대항력과 우선변제권을 겸유하고 있는 임차인이 경매절차에서 배당요구를 하였고 보증금의 액수나 확정일자의 순위로 미루어 전액 배당을 받을 수 있을 것으로 예상되거나, 심지어 배당표에 전액 배당받는 것으로 배당표가 작성되었다고 하더라도, 배당이의가 없거나 또는 배당이의가 있더라도 그 이의가 완결되어 배당표가 확정될 때까지는 매수인에게 대항할 수 있는 권원에 의하여 점유하고 있는 것이다. 즉 주택임대차보호법상의 대항력과 우선변제권의 두 권리를 겸유하고 있는 임차인이 우선변제권을 선택하여 임차주택에 대하여 진행되고 있는 경매절차에서 보증금에 대한 배당요구를 하여 보증금 전액을 배당받을 수 있는 경우에는, 특별한 사정이 없는 한 임차인이 그 배당금을 지급받을 수 있는 때, 즉 임차인에 대한 배당표가 확정될 때까지는 임차권이 소멸하지 않는다(대법원 2004. 8. 30. 선고 2003다23892 판결).

주택 경매절차의 매수인이 권리신고 및 배당요구를 한 주택임차인의 배당순위가 1순위 근저당권자보다 우선한다고 신뢰하여 임차보증금 전액이 매각대금에서 배당되어 임차보증금반환채무를 인수하지 않는다는 전제 아래 매수가격을 정하여 낙찰을 받아 그 주택에 관한 소유권을 취득하였다면, 설령 그 주택임차인이 1순위 근저당권자에게 무상거주확인서를 작성해 준 사실이 있어 임차보증금을 배당받지 못하게 되었다고 하더라도, 그러한 사정을 들어 주택의 인도를 구하는 매수인에게 주택임대차보호법상 대항력을 주장하는 것은 신의칙에 위반되어 허용될 수 없다(대법원 2017. 4. 7. 선고 2016다248431 판결).

7) 경매목적물을 인도받은 후의 점유자

임의인도이든 인도명령집행에 의한 인도이든 매수인이 일단 부동산을 인도(점유개정 또는 반환청구권의 양도에 의한 점유이전의 경우도 포함한다)받은 후에는 제3자가 불법으로 이를 점유하여도 그 자를 상대방으로 하여 더 이상 인도명령을 신청할 수 없으나, 다만 인도명령을 신청한 바 없이 점유자에 대하여 잠시 인도를 유예해 준 것에 불과한 경우에는 인도명령신청권을 상실하지 아니하고, 단지 유예기간이 지난 뒤에야 행사할 수 있을 뿐이다.

[인도명령 신청서 서식]

부동산인도명령 신청

사건번호 200 타경 호
신 청 인 (낙찰인) 성 명 :
주 소 :
피신청인 (임차인) 성 명 :
주 소 :
송달장소 :

채권자와 채무자간의 별지목록기재 부동산에 관한 귀원 부동산강제(임의)경매 사건에서 신청인은 매수인으로서 200 . . .에 낙찰대금을 완납한 후 위 피신청인에게 위 부동산의 인도를 청구하였으나 이에 불응하고 있으므로 위 피신청인으로 하여금 신청인에게 위 부동산을 인도하라는 명령을 발하여 주시기 바랍니다.

[첨부서류]

1. 부동산 목록 3부
1. 매각대금완납증명사본 1부

200 . . .
신청인(낙찰인) (인)
연락처 :

서울중앙지방법원 민사집행과 귀중

* 인지 1,000원 + 송달료 15,600원 (당사자 2명 기준)

Ⅲ. 매수인에게 대항력이 있는 임차인에 대한 인도청구

1. 대항력과 우선변제권의 의미

가. 주택임대차보호법상 대항력

1) 대항력의 의미

주택임대차보호법 제3조 제1항은 주택인도와 주민등록(전입신고)을 마친 때에는 그 다음날부터 제3자에 대하여 효력이 생긴다고 규정하고 있는바, 이와 같은 효력을 대항력이라고 한다.

주택임대차보호법상의 대항력은 임대인의 지위가 승계된다는 의미이다. 주택임대차보호법(이하 "주택임대차보호법"이라 한다) 제3조 제2항에 '임차주택의 양수인(기타 임대할 권리를 승계한 자를 포함한다)은 임대인의 지위를 승계한 것으로 본다.'고 규정하고 있다.

임대인 지위의 승계는 법률상의 당연승계이므로 양도인이나 양수인에 의한 양도사실의 통지 혹은 임차인의 승낙 등은 불필요하며, 양수인의 권리취득의 원인은 매매·증여 등의 법률행위이든, 상속·경매·체납처분에 의한 공매 등의 법률의 규정에 의한 경우이든 상관없이 모두 포함된다. 그리고 이와 같이 임대인의 지위의 승계가 있을 경우 임대차보증금반환채무도 부동산의 소유권과 결합하여 일체로서 이전하는 것이므로 종전 임대인(양도인)의 보증금반환채무는 소멸한다는 것이 대법원의 확립된 판례이다(대법원 1989. 10. 24. 선고 88다카13172 판결, 1993. 7. 16. 선고 93다17324 판결).

2) 임대차가 존속 중인 경우

대항력이 있는 임대차가 존속 중에 주택이 양도된 경우에는 양수인이 임대인의 지위를 승계한 것으로 본다(주택임대차보호법 제3조 제2항). 따라서 이 경우에는 양수인의 보증금반환의무와 임차인의 명도의무는 동시이행의 관계에 있다.

3) 임대차가 종료한 경우

가) 대항력 있는 임대차가 종료한 후 임대차보증금을 반환하기 전에 임대주택이 양도된 경우에도 임대차보증금을 반환하기 전까지는 여전히 임대차가 존속하므로, 이 경우에도 임대차의 지위는 승계된다. 이 점을 아래에서 자세히 살펴본다.

나) 주택임대차보호법 제3조 제1항에 의하여서는 대항력이 있는 임대차라도 기간만료·해지통고 등에 의하여 적법히 종료되면 그 대항력을 상실하는 것이어서 임대차가 종료된 이후 아직 보증금을 반환받지 못하고 있는 상태에서 임차주택이 양도된 경우 원칙적으로는 양수인이 임대인의 지위를 승계하지 아니한다고 해석되게 되어 임차인 보호에 문제가 생긴다. 이러한 점을 감안하여 주택임대차보호법 제3조 제2항에 대항력의 의미를 임대인의 지위를 승계하는 것이라고 구체화하고 제4조 제2항에 '임대차가 종료한 경우에도 임차인이 보증금을 반환받을 때까지는 임대차관계는 존속하는 것으로 본다'는 내용의 규정을 신설하여 기간만료, 해지통고 등에 의하여 임대차가 적법하게 종료된 이후의 양수인에 대하여서도 대항력을 주장할 수 있게 되었다.

이에 따라 임대차 종료 후의 양수인이 임차인을 상대로 명도를 청구할 경우 임차인은 임차보증금의 반환과 동시이행할 것을 주장할 수 있게 되었는데, 이 경우 양수인은 임대차관계가 종료된 상태에서의 임대인의 지위를 승계한다(대법원 1997. 8. 22. 선고 96다53628 판결, 1998. 7. 10. 선고 98다15545 판결).

결국 임대차 존속 중의 양수인은 주택임대차보호법 제3조 제2항에 따라, 임대차가 종료된 후의 양수인은 주택임대차보호법 제4조 제2항에 따라 임대인의 지위를 승계한다. 즉, 임차인과 종전 임대인 사이의 임대차가 종료된 경우 법 제4조 제2항에 의하여 그 존속이 의제되고, 그 후 임대인이 임차주택을 양도한 때에는 법 제3조 제2항에 의하여 양수인이 임대인의 지위를 승계하고, 이로써 양수인은 임대차가 종료된 상태에서의 임대인의 지위를 승계한다[2].

나. 우선변제권

주택인도와 주민등록을 마친 임차인이 임대차계약증서에 확정일자를 받은 때에는 우선변제권을 가진다(주택임대차보호법 제3조의2 제2항). 다만 소액임차인의 경우에는 그 보증금 중 일정액에 대하여는 확정일자 없이도 우선변제권을 가진다.

2) 이홍복, "임차주택의 경매시 우선변제권을 행사하지 아니한 임차인의 대항력", 법조(1987.03), 103-104

다. 대항력과 우선변제권의 관계

주택임차인이 대항력과 우선변제권을 동시에 보유하고 있을 때 임차인은 두 가지 권리 중 하나를 선택하여 행사할 수 있다(대법원 1993. 12. 24. 선고 93다39676 판결, 1996. 7. 12. 선고 94다37646 판결).

라. 임차인이 매수인(낙찰자)에게 대항할 수 있는 경우

1) 경매에 의하여 소멸하는 선순위 저당권이 없는 경우

가) 강제경매의 경우

임대차의 대항력 발생 후에 경매개시결정의 기입등기(가압류가 있는 경우에는 그 가압류기입등기)가 되었을 때 매수인(낙찰자)에게 대항할 수 있다(대법원 1983. 4. 26. 선고 83다카116 판결).

나) 담보권실행을 위한 경매(임의경매)의 경우

임대차의 대항력 발생 후에 저당권설정등기가 되었을 때 매수인(낙찰자)에게 대항할 수 있다. 대항력을 갖춘 임차인이 저당권설정등기 이후에 임차인과의 합의에 의하여 보증금을 증액한 경우 보증금 중 증액부분에 관하여는 저당권에 기하여 건물을 경락받은 소유자에게 대항할 수 없다(대법원 1990. 8. 14. 선고 90다카11377 판결).

2) 경매에 의하여 소멸하는 선순위 저당권이 있는 경우

강제집행이나 후순위 저당권의 실행으로 임차주택이 매각되어 선순위 저당권이 소멸하면 비록 후순위 저당권자에게는 대항할 수 있는 임차권이라 하더라도 선순위 저당권보다 뒤에 대항력을 갖춘 임차권은 함께 소멸하므로 이런 경우 매수인(낙찰자)에게는 임대차를 가지고 대항할 수 없다(대법원 1999. 4. 23. 선고 98다32939 판결, 2000. 2. 11. 선고 99다59306 판결).

경매목적 부동산이 매각된 경우에는 소멸된 선순위 저당권보다 뒤에 등기되었거나 대항력을 갖춘 임차권은 함께 소멸하는 것이고, 따라서 그 매수인은 주택임대차보호법 제3조에서 말하는 임차주택의 양수인 중에 포함된다고 할 수 없어 매수인에 대하여 그 임차권의 효력을 주장할 수 없고 소멸된다.

다만, 임대차의 대항력 발생시기보다 앞선 저당권이 피담보채무의 변제 등 사유로 소멸되었다면 임차권의 대항력이 소멸하지 아니한다(대법원 1996. 2. 9. 선고 95다49523 판결). 그 저당권이 매각대금지급 전에 소멸하였어도 매수인에게 대항할 수 있다(대법원 1998. 8. 24.자 98마1031 결정, 2003. 4. 25. 선고 2002다70075 판결).

매수인이 낙찰을 받은 후 채무자가 후순위 임차권의 대항력을 존속시킬 목적으로 선순위 근저당권의 피담보채무를 모두 변제하고 그 근저당권을 소멸시키고도 이 점에 대하여 매수인(낙찰자)에게 아무런 고지도 하지 않아 매수인(낙찰자)이 대항력 있는 임차권이 존속하게 된다는 사정을 알지 못한 채 대금지급기일에 매각대금을 지급하였다면, 채무자는 민법 제578조 제3항의 규정에 의하여 매수인(낙찰자)이 입게 된 손해를 배상할 책임이 있다.

경매의 목적물에 대항력 있는 임대차가 존재하는 경우에 매수인이 이를 알지 못한 때에는 주택임대차보호법 제3조 제3항의 규정에 의하여 매수인은 이로 인하여 계약의 목적을 달성할 수 없는 경우에 한하여 계약을 해제하고 채무자 또는 채무자에게 자력이 없는 때에는 배당을 받은 채권자에게 그 대금의 전부나 일부의 반환을 구하거나, 그 계약해제와 함께 또는 그와 별도로 경매목적물에 위와 같은 흠결이 있음을 알고 고지하지 아니한 채무자나 이를 알고 경매를 신청한 채권자에게 손해배상을 청구할 수 있다(대법원 1996. 7. 12. 선고 96다7106 판결).

3) 결론

① 임차주택에 저당권, 가압류 또는 압류, 담보가등기 중 가장 빠른 등기가 경료된 시점을 기준으로 그 전까지 대항력을 구비하거나, ② 임차주택에 위와 같은 등기가 되어 있지 아니한 경우에는 경매개시결정 혹은 체납처분에 의한 압류의 효력이 발생하기 전까지 대항력을 구비한 경우 매수인에게 대항할 수 있다.

이를 요약하면, 임차인이 대항력을 갖춘 시점(대항력의 발생시기는 주택인도와 주민등록을 마친 '다음 날'임)이 최선순위 저당권설정일이나 최선순위 (가)압류기입등기일보다 먼저인 경우 그 임차인은 매수인(낙찰자)에게 대항할 수 있다.

마. 대지에 관한 근저당권 설정 후 주택이 신축된 경우 주택임차인의 건물 매수인에 대한 대항력 여부

1) 문제점 제기

토지에 관하여 2009. 6. 20. 甲을 근저당권자로 하는 별도등기가 마쳐지고, 이후 위 지상에 집합건물이 신축되었다. 乙이 2009. 10. 24. 위 건물 701호에 임차인으로서 주민등록 전입신고를 마쳤으며, 집합건물 전부에 관하여 2010. 1. 20. 소유권보존등기(대지권등기 포함)가 마쳐졌고, 같은 날 丙 명의의 근저당권설정등기가 마쳐진 후 집합건물이 경매로 넘겨져 701호의 낙찰자 丁이 대금을 지급한 경우 丁의 乙

에 대한 인도명령 신청이 인용될 수 있는지가 문제된다.

2) 검토(= 임차인은 건물 매수인에 대하여 대항력이 있음)

가) 임차인이 건물의 매수인에게 대항할 수 있는지 여부는 토지에 대하여 선순위 근저당권자가 있는지 여부와 관계없이 건물만을 기준으로 판단하여야 한다.

따라서 토지에 대하여 1순위 저당권이 설정되고, 그 후 임차인이 대항력을 갖춘 다음 건물에 1순위 저당권이 설정된 경우 건물의 매수인에게 대항할 수 있는 지의 여부는 건물만을 기준으로 하므로, 이 경우의 임차인은 건물의 매수인에게 대항할 수 있다.

하지만 대항력과 달리 배당에 있어서는 나대지에 근저당권이 있었던 경우에 건물 임차인은 대지의 환가대금에 대하여는 우선변제권이 없으므로, 대지와 건물의 매각대금을 나누어 대지 부분의 매각대금은 대지의 근저당권자에게 우선배당한다.

위 사안과 같이 건물에 관하여 아무런 저당권이 설정되지 않은 상태에서 입주 및 주민등록의 대항요건을 마친 건물임차인은 건물매수인에 대하여 임대차보증금을 전액 반환받을 때까지는 임차주택을 비워주지 않아도 된다. 이러한 법리는 근저당권이 설정된 대지에 건물이 건축된 후 대지의 근저당권자가 지상 건물에 대하여 일괄경매를 청구한 경우에도 마찬가지이다.[3]

나) 마찬가지로 건물의 일부를 목적으로 하는 전세권은 그 목적물인 건물 부분에 한하여 그 효력을 미치므로, 건물 중 일부(2층 부분)를 목적으로 하는 전세권이 임차인이 대항력을 취득하기 이전에 설정되었다가 매각으로 인하여 소멸하였다고 하더라도, 임차인의 임차권이 전세권의 목적물로 되어 있지 아니한 주택 부분(1층의 일부)을 그 목적물로 하고 있었던 이상 매각으로 인하여 임차인의 대항력이 소멸한다고 볼 수는 없다(대법원 1997. 8. 22. 선고 96다53628 판결).

2. 대항력 있는 임차인을 상대로 인도명령신청이 있는 경우의 처리

가. 처리방법

대항력 있는 임차인은 임차보증금 상당의 배당금을 전액 지급받을 수 있는 때(임차인에 대한 배당표가 확정될 때)까지 매수인의 임차주택 인도청구를 거절할 수 있다.

주택임대차보호법(또는 상가건물 임대차보호법)상의 대항력과 우선변제권을 겸

3) 재판자료 109집, 민사집행법 실무연구(2006년), 68

유하고 있는 임차인이 우선변제권을 선택하여 임차주택(또는 상가건물)에 대하여 진행되고 있는 경매절차에서 보증금에 관하여 배당요구를 한 경우에, 대항력 있는 보증금 전액을 배당받을 수 있는 때에는 매수인에게 대항하여 보증금을 반환받을 때까지 임대차관계의 존속을 주장할 수는 없다고 하더라도 다른 특별한 사정이 없는 한 임차인이 경매절차에서 보증금 상당의 배당금을 지급받을 수 있는 때, 즉 임차인에 대한 배당표가 확정될 때까지는 매수인에 대하여 임차주택(또는 상가건물)의 명도를 거절할 수 있다(대법원 1997. 8. 29. 선고 97다11195 판결, 2004. 8. 30. 선고 2003다23892 판결).

따라서 대항력과 우선변제권을 겸유하고 있는 임차인이 경매절차에서 배당요구를 하였고 보증금의 액수나 확정일자의 순위로 미루어 전액 배당을 받을 수 있을 것으로 예상되거나 심지어 배당표에 전액 배당받는 것으로 배당표가 작성되었다고 하더라도 '배당이의가 없거나 또는 배당이의가 있더라도 그 이의가 완결되어 배당표가 확정될 때'까지는 매수인에게 대항할 수 있는 권원에 의하여 점유하고 있는 것이다.

나. 요약

결국 대항력 있는 임차인이라도 배당기일에 임차보증금 전액을 배당받고, 그 배당표가 확정되면, 배당금을 수령하였는지 여부와 무관하게 인도명령을 발령할 수 있다.

그러나 대항력 있는 임차인이 ① 임차보증금의 일부만 배당받거나, ② 임차보증금 전부를 배당받았다고 하여도 배당이의 등으로 배당표가 확정되지 않은 경우에는 인도명령을 발령할 수 없다.

3. 대항력과 우선변제권을 겸유한 주택임차인이 보증금 전액을 배당받을 수 있는 경우 배당표가 확정될 때까지 주택의 점유로 인한 부당이득 반환의무를 매수인에 대하여 지는 지 여부

가. 문제점 제기

대항력과 우선변제권을 겸유하고 있는 임차인이 배당요구를 하여 전액배당을 받는 것으로 배당표가 작성되었으나, 다른 채권자의 배당이의로 배당표의 확정이 저지되어 배당액을 출급할 수 없게 되자 매수인에 대한 임차주택의 명도를 거절하고 임차주택 전부를 계속하여 사용·수익하는 경우, 매수인에 대하여 임차주택의 사용·수익으로 인한 부당이득반환의무를 지는지 여부가 문제된다.

이에 대하여 대법원 2004. 8. 30. 선고 2003다23885 판결은, "특별한 사정이 없는 한 임차인이 그 배당금을 지급받을 수 있는 때, 즉 임차인에 대한 배당표가 확정될 때까지는 임차권이 소멸하지 않는다고 해석함이 상당하다 할 것이므로, 매수인이 매각대금을 납부하여 임차주택에 대한 소유권을 취득한 이후에 임차인이 임차주택을 계속 점유하여 사용·수익하였다고 하더라도 임차인에 대한 배당표가 확정될 때까지의 사용·수익은 소멸하지 아니한 임차권에 기한 것이어서 매수인에 대한 관계에서 부당이득이 성립되지 아니한다."고 판시하고 있다.

이 점을 아래에서 자세히 분석하여 보기로 한다.

나. 임차인에 대한 배당표가 확정될 때까지의 사용·수익에 대한 부당이득 여부

1) 원칙

임차인이 그 배당금을 지급받을 수 있는 때, 즉 임차인에 대한 배당표가 확정될 때까지는 임차권은 소멸하지 않고, 매수인이 종전 임대인의 지위를 그대로 승계하며, 종전의 적법한 임대차관계가 그대로 유지된다. 즉 주택임대차보호법 제3조의5 단서 규정[4)]에 따라 그 배당금을 현실적으로 수령할 수 있는 상태, 즉 배당표가 확정될 때까지는 종전 임차권이 그대로 유지되므로 그때까지 임차인의 사용·수익은 매수인에 대한 관계에서 부당이득이 성립하지 아니한다(대법원 2004. 8. 30. 선고 2003다23885 판결).

2) 보증금 이외에 월차임의 약정이 없는 경우

임차인은 명도를 거절할 수 있음은 물론 차임 상당의 부당이득반환의무도 성립하지 않는다.

매수인이 위와 같은 부담과 위험을 회피하려면, 임차인에게 그가 배당받을 보증금 상당액을 대위변제한 다음, 임차인으로부터 임차주택을 명도받고 배당표가 확정된 때에 그 배당금을 임차인에 대한 변제자대위로써 수령하는 방법이 있다.

배당이의소송으로 인하여 배당표의 확정이 늦어지는 관계로 그 기간만큼 명도받

---

4) 보증금이 전액 변제되지 아니한 대항력 있는 임차권은 소멸하지 아니한다는 내용의 주택임대차보호법 제3조의5 단서를 신설한 입법 취지가 같은 법 제4조 제2항의 해석에 관한 종전의 대법원판례(대법원 1997. 8. 22. 선고 96다53628 판결 등)를 명문화하는 데에 있는 점 등으로 보아, "임대차가 종료된 경우에도 임차인이 보증금을 반환받을 때까지 임대차관계는 존속하는 것으로 본다."라고 규정한 같은 법 제4조 제2항과 동일한 취지를 경락에 의한 임차권 소멸의 경우와 관련하여 주의적·보완적으로 다시 규정한 것으로 보아야 하므로, 소멸하지 아니하는 임차권의 내용에 대항력뿐만 아니라, 우선변제권도 당연히 포함되는 것으로 볼 수는 없다(대법원 2006. 2. 10. 선고 2005다21166 판결).

지 못함에 따라 매수인이 입은 손해는 배당이의를 한 후순위저당권자 등을 상대로 손해배상을 구하는 등의 방법으로 해결하여야 한다.

배당금에 대한 공탁이자는 공평의 견지에서 매수인에게 귀속시켜야 하고, 이 부분(배당금에 대한 공탁이자)에 대하여는 매수인에 대한 관계에서 임차인의 부당이득이 성립한다.

3) 보증금 이외에 월차임의 약정이 있는 경우

종전의 임대차관계가 그대로 유지됨에 따라 임차인은 매수인에게 매각대금 지급기일 이후 배당표 확정시까지 차임을 지급하여야 한다. 이 때 차임지급의무의 법적 성질은 부당이득이 아니다.

다. 임차인에 대한 배당표가 확정된 이후의 사용·수익에 대한 부당이득 여부

1) 보증금 전부를 배당받은 경우

임차인은 매수인에 대하여 차임 상당의 부당이득 반환의무를 부담한다.

2) 일부만 배당받은 경우

대항력과 우선변제권을 겸유하고 있는 임차인이 배당요구를 하였으나 보증금 전액을 배당받지 못하고 일부만 배당받은 경우, 그 잔액에 대하여 매수인에게 동시이행의 항변을 할 수 있으므로, 배당금 수령 시 매수인의 명도확인서가 필요 없다.

배당받지 못하는 보증금에 상응하는 부분에 관하여는 임대차가 존속하는 것이므로 임차인의 사용·수익을 부당이득이라고 할 수 없지만, 배당받은 부분에 관하여는 임차인이 사용·수익하는 만큼 임료 상당의 부당이득을 하고 있는 것이므로 임차인이 이를 반환하여야 한다(대법원 1998. 7. 10. 선고 98다15545 판결 참조).

본래 보증금만 있고 차임은 없었던 임대차라면 감소된 보증금에 상응하는 차임 상당을 반환하여야 하고, 보증금 이외에 차임이 있었던 임대차라면 감소된 보증금에 상응하는 차임 상당을 반환하여야 한다.

라. 결론

주택임대차보호법상의 대항력과 우선변제권의 두 권리를 겸유하고 있는 임차인이 우선변제권을 선택하여 임차주택에 대하여 진행되고 있는 경매절차에서 보증금에 대한 배당요구를 한 경우 ① 배당이의가 제기됨이 없이 배당표가 확정되었다면, 배당받은 금액 부분에 대하여는 매수인에게 대항하여 임대차관계의 존속을 주장할 수 없다.

따라서 보증금 중 일부만을 배당받은 후 임차목적물 전부를 계속하여 사용·수익하는 경우 배당받은 보증금에 해당하는 부분에 대한 임료상당의 부당이득반환의무를 지게 된다(대법원 1998. 7. 10. 선고 98다15545 판결 참조). 반면 ② 배당이의소송이 제기되어 배당받을 수 있었던 금액을 받지 못하고 있는 경우라면 그 배당금을 받을 수 있을 때, 즉 배당표가 확정될 때까지 임차인의 사용·수익은 매수인에 대한 관계에서 부당이득이 성립하지 아니한다(대법원 2004. 8. 30. 선고 2003다23885 판결).

4. "임대차 존속 중인 상태"에서 보증금의 일부만 배당받은 경우 목적물의 사용·수익에 대한 임차인의 반환의무

가. 개정 전 법 하의 판례

대항력과 우선변제권을 겸유하고 있는 임차인이 배당요구를 하였으나 보증금 전액을 배당받지 못한 경우, 그 잔액에 대하여 매수인에게 동시이행의 항변을 할 수 있고, 대항력과 우선변제권을 겸유하고 있는 임차인이 배당요구를 하였으나 보증금 중 일부만을 배당받은 후 임차목적물 전부를 계속하여 사용·수익하는 경우, 이는 불법점유는 아니므로 그로 인한 손해배상책임은 없다고 하겠으나, 임료 상당의 금원 중에서 배당받은 보증금에 해당하는 부분에 대하여는 부당이득반환의무가 있다는 것이 개정 전 법 하의 판례의 태도이다(대법원 1998. 5. 12. 선고 98다1621 판결, 1998. 7. 10. 선고 98다15545 판결).

나. 법 개정 이후의 해석(임대차가 존속 중인 상태에서 보증금 일부만 배당받은 경우로 한정함)

1) 제1설(부족한 임료의 청구라는 견해)

법 개정 이후에는 대항력과 우선변제권 있는 임대차가 기간이 만료되지 않은 경우에 (법 개정 이후 배당요구의 통지가 행해지지 않으므로) 경매절차에서 임대차가 종료하지 않고 임대차가 존속 중인 상태에서 보증금 일부를 배당받게 되며, 그런 상태에서 매수인과 사이에 그 후 임대차관계가 존속하게 된다면, 매수인으로서는 임차인에 대하여 배당받은 보증금에 해당하는 임료 상당액을 부당이득을 원인으로 할 것이 아니라 임대차계약에 기한 부족 임료로서 바로 청구할 수 있다.

2) 제2설(부당이득반환청구라는 견해)

배당표가 확정되어 보증금의 일부를 배당받게 되면, 그 부분에 한하여 임대차관계가 종료된 것이므로, 부당이득반환청구가 가능하다. 임차인이 보증금 중 일부만을 배당받은 후 임차목적물 전부를 계속하여 사용·수익하는 경우 그 사용·수익으로 인한 임료 상당의 금원 중에서 배당받은 보증금에 해당하는 부분에 대하여는 부당이득반환의무가 있다.

3) 소결(=제1설 찬동)

주택임대차보호법의 해석상 제1설이 타당하다.

제1설에 대하여는 다음과 같은 비판이 있다. ① 제1설에 의하면, 임대차가 종료하지 않고 임대차가 존속 중인 상태에서 보증금 일부를 배당받게 되는데, 이는 민법 이론으로 설명할 수 없는 이상한 결론이다. ② 또한 제1설에 의할 경우 임차인이 보증금 잔액으로 동시이행의 항변을 하기 위한 목적으로 점유를 하였을 뿐 목적물을 실질적으로 점유·사용하고 있지 않은 경우에도 차임지급의무를 거절할 수 없게 되는 불합리한 결과가 발생한다.

첫 번째 비판에 관하여 보면, 이는 민법 규정의 특칙인 주택임대차보호법의 해석론이므로, 반드시 민법 이론과 일치시킬 필요가 없다.

두 번째 비판에 관하여 살펴본다. 두 번째 비판은 법정임대차관계의 효력과 혼동한 것이다. 임대차가 종료한 경우에도 임차인이 보증금을 반환받을 때까지는 임대차관계는 존속한 것으로 본다(주택임대차보호법 제4조 제2항). 임차인이 보증금을 반환받을 때까지는 그 정산을 위하여 일종의 법정임대차관계가 여전히 존속한다는 의미이다. 임차인이 계속 거주하는 한 차임지급의무를 부담하나, 거주하지 않고 이사한 경우에는 차임지급의무를 부담하지 않는다. 이 점에서 계약기간 중이면 거주 여부를 불문하고 차임을 지급하는 본래의 임대차관계와 다르다. 그런데 위 사안에서처럼 원래의 임대차가 존속 중인 상태에서는 그 임대차계약에 따른 차임지급의무를 지는 것은 당연하다.

5. 대항력과 우선변제권을 겸유한 주택임차인이 배당요구를 하였음에도 불구하고 배당받지 못한 경우 매수인에게 보증금을 청구할 수 있는지 여부 및 그 금액의 범위

가. 문제점 제기

1) 대항력 및 우선변제권을 가진 주택임차인이 적법한 배당요구를 하였음에도 불구하고 배당금을 전액 배당받지 못한 경우 나머지 잔액에 대하여 매수인에게 대항하여 그 보증금의 지급을 구할 수 있는지가 우선 문제된다.

2) 나아가 집행법원이 위 임차인에게 전액 배당을 하여야 함에도 불구하고 전혀 배당을 하지 않은 채 배당표가 확정된 경우 임차인은 매수인에게 보증금 전액의 지급을 구할 수 있는지가 두 번째 문제점이다.

나. 대항력 및 우선변제권을 가진 주택임차인의 배당요구에 따른 배당 시 일부 미지급된 임대차보증금이 있는 경우

1) 이에 대하여는 ① 보증금잔액채무는 양도인(임대인)이 부담한다는 양도인부담설[5]과, ② 매수인에게 대항할 수 있는 보증금 전액을 배당받지 못한 때에는 그 잔액을 매수인으로부터 반환받을 수 있다고 보는 양수인부담설[6]의 대립이 있다.

2) 대법원 1997. 8. 22. 선고 96다53628 판결은, "그 순위에 따른 배당이 실시될 경우 보증금 전액을 배당받을 수 없었던 때에는 보증금 중 경매절차에서 배당받을 수 있었던 금액을 공제한 잔액에 관하여 매수인에게 대항하여 이를 반환받을 때까지 임대차관계의 존속을 주장할 수 있다고 봄이 상당하며, 이 경우 임차인의 배당요구에 의하여 임대차는 해지되어 종료되고, 다만 같은 법 제4조 제2항에 의하여 임차인이 보증금의 잔액을 반환받을 때까지 임대차관계가 존속하는 것으로 의제될 뿐이므로, 매수인은 같은 법 제3조 제2항에 의하여 임대차가 종료된 상태에서의 임대인의 지위를 승계한다"고 판시하여, 양수인부담설을 채택하였다.

3) 따라서 두 가지 권리를 겸유하고 있는 임차인이 먼저 우선변제권을 선택하여 임차주택에 대하여 진행되고 있는 경매절차에서 보증금 전액에 대하여 배당요구를 하였다고 하더라도, 그 순위에 따른 배당이 실시될 경우 보증금 전액을 배당받을 수 없었던 때에는 보증금 중 경매절차에서 배당받을 수 있었던 금액을 공제한 잔액에 관하여 매수인에게 대항하여 이를 반환받을 때까지 임대차관계의 존속을 주장할 수 있다.

다. 대항력과 우선변제권을 겸유하고 있는 임차인이 보증금 전액을 배당받지 못한 경우 매수인에게 대항할 수 있는 보증금 잔액의 범위

1) 다음으로 집행법원이 위 임차인에게 보증금 전액인 10,000,000원 중 8,000,000

---

5) 이주흥, 주택임대차보증금회수를 위한 우선변제권의 행사와 경매절차상 취급", 법조 458호(1994. 11.), 58

6) 민일영, "주택임대차보증금의 우선변제를 둘러 싼 문제점에 관한 소고", 민법학논총·후암곽윤직선생고희기념, 박영사(1995), 391-392

원을 배당을 하여야 함에도 불구하고 5,000,000원만 배당하여 그 배당표가 확정된 경우 임차인은 매수인에게 실제 배당받은 금액을 공제한 잔액 5,000,000원의 지급을 구할 수 있는지(실제 배당액 기준설), 아니면 정당하게 배당받을 수 있었던 금액을 공제한 잔액 2,000,000원의 지급을 구할 수 있는지(정당 배당액 기준설) 여부가 문제된다.

2) 대법원 2001. 3. 23. 선고 2000다30165 판결은, "주택임대차보호법상의 대항력과 우선변제권의 두 가지 권리를 겸유하고 있는 임차인이 먼저 우선변제권을 선택하여 임차주택에 대하여 진행되고 있는 경매절차에서 보증금 전액에 대하여 배당요구를 하였으나 그 순위에 따른 배당이 실시될 경우 보증금 전액을 배당받을 수 없었던 때에는 보증금 중 경매절차에서 배당받을 수 있었던 금액을 공제한 잔액에 관하여 매수인에게 대항하여 이를 반환받을 때까지 임대차관계의 존속을 주장할 수 있는바, 여기서 매수인에게 대항할 수 있는 보증금잔액은 보증금 중 경매절차에서 올바른 배당순위에 따른 배당이 실시될 경우의 배당액을 공제한 나머지 금액을 의미하는 것이지 임차인이 배당절차에서 현실로 배당받은 금액을 공제한 나머지 금액을 의미하는 것은 아니라 할 것이다."라고 판시하여, "정당 배당액 기준설"을 채택하였다. 즉 임차인은 경매절차에서 배당받지 못한 보증금에 관하여 매수인에게 대항할 수 있는데, 그 범위는 보증금에서 올바른 배당순위에 따른 배당이 실시될 경우에 배당받을 수 있는 금액을 공제한 것이다.

3) 따라서 이러한 임차인에 대하여 인도명령신청이 있는 경우 임차인은 매수인(인도명령신청인)으로부터 "보증금 10,000,000원에서 올바른 배당순위에 따른 배당이 실시될 경우의 배당액(8,000,000원)을 공제한 나머지 금액(2,000,000원)"을 지급받을 때까지 이 사건 부동산을 점유할 권원이 있다. 임차인이 임차목적물 전부를 계속하여 사용·수익하는 경우 올바른 배당순위에 따른 배당이 실시될 경우의 배당액(8,000,000원)에 상응하는 부분에 대한 임료상당의 부당이득반환의무를 매수인에게 지게 됨은 물론이다. 하지만 임차인이 임차목적물 전부를 계속하여 사용·수익함이 없이 유치권이나 동시이행항변권과 같은 인도거절권능을 가지는 경우에 임차인이 이러한 권능을 행사하기 위한 방편으로 임차목적물을 점유하고 있다면, 매수인에게 손해가 발생하였다 하더라도 임차인의 부당이득반환의무는 성립되지 아니한다(대법원 2003. 4. 11. 선고 2002다59481 판결 등).

배당받을 수 있었던 금액(8,000,000원)이 현실로 배당받은 금액(5,000,000원)보다 많은 경우에는 임차인으로서는 그 차액(3,000,000원)에 관하여는 과다 배당받은 후순위 배당채권자를 상대로 부당이득의 반환을 구할 수 있다(대법원 2001. 3. 23. 선고 2000다30165 판결).

라. 대항력 있는 임차인에게 잔여 보증금을 지급한 매수인이 전 소유자를 상대로 부당이득반환청구를 할 수 있는지 여부(=소극)

1) 문제점 제기

주택임대차보호법상 대항력과 우선변제권을 겸유한 임차인이 배당요구를 하였으나 보증금 전액을 배당받을 수 없었던 때에는 나머지 금액에 대하여 매수인에게 대항하여 이를 반환받을 때까지 임대차의 존속을 주장할 수 있는데, 이러한 경우 매수인이 임차인에게 나머지 보증금을 내어 주고 부동산을 명도받았다면 내어 준 보증금에 대하여 전 소유자(채무자)에게 부당이득반환청구를 할 수 있는지 여부가 문제된다.

2) 검 토

가) 주택임대차보호법상의 대항력을 갖춘 후 임대부동산의 소유권이 이전되어 그 양수인이 임대인의 지위를 승계하는 경우에는 임대차보증금반환채무도 부동산의 소유권과 결합하여 일체로서 이전하는 것이며 이에 따라 양도인의 보증금반환채무는 소멸한다(면책적 채무인수설, 대법원 1996. 2. 27. 선고 95다35616 판결, 2005. 9. 15. 선고 2005다33039 판결). 그 이유는, 만일 보증금반환채무가 양도인에게 남아 있다고 해석하면 임대차계약관계에서 발생하는 채권·채무 즉 목적물의 사용수익을 하게 하는 채무, 수선의무, 필요비, 유익비상환의무 등은 모두 이전하는데 오로지 보증금반환채무만이 남는 것이 되어 불합리할 뿐만 아니라 임대차계약의 위와 같은 여러 채권·채무는 임대인이 어떤 사람인가 하는 개인적 색채보다는 부동산자체와 관련된 것이 대부분으로서 임대목적물의 소유자로서 거의 완전하게 이행할 수 있는 성질의 것이며, 임차인으로서는 동시이행의 항변, 유치권의 행사 등에 의하여 이행을 확보할 수 있기 때문에 임대인의 교체에 의하여 큰 영향을 받지 않는다는 데 있다.

나) 신소유자가 임차인에게 보증금을 반환하였다 하더라도 그것은 자기 채무의 이행에 불과하므로 종전 임대인에게 부당이득반환을 구할 수는 없다(대법원 1993. 7. 16. 선고 93다17324 판결). 매수인이 임차인에게 보증금 전액 또는 일부를 부담 내지 반환하였더라도 그것은 채무인수의 법률효과로 인하여 매수인이 자기의 채무를 이행한 것일 뿐 그로 인하여 원래의 임대인이 법률상 원인 없이 부당한 이득을 얻었다거나, 원래 임대인의 보증금반환채무를 매수인이 대위변제하였다거나, 또는 매수인

에게 손해가 발생하였다고 볼 수는 없기 때문이다.

다) 대항력을 갖춘 임차인이 양수인이 되어 임차인의 보증금반환채권이 혼동으로 소멸된 경우에도 동일하다. 즉 대항력을 갖춘 임차인이 양수인이 된 경우에도 임대인의 보증금반환채무는 소멸하고 양수인인 임차인이 임대인의 자신에 대한 보증금반환채무를 인수하게 되어, 결국 임차인의 보증금반환채권은 혼동으로 인하여 소멸하게 된다(대법원 1996. 11. 22. 선고 96다38216 판결).

라) 주택임대차보호법 제3조 제1항의 대항요건을 갖춘 임차인의 임대차보증금반환채권에 대한 압류 및 전부명령이 확정되어 임차인의 임대차보증금반환채권이 집행채권자에게 이전된 경우 제3채무자인 임대인으로서는 임차인에 대하여 부담하고 있던 채무를 집행채권자에 대하여 부담하게 될 뿐 그가 임대차목적물인 주택의 소유자로서 이를 제3자에게 매도할 권능은 그대로 보유하는 것이며, 위와 같이 소유자인 임대인이 당해 주택을 매도한 경우 주택임대차보호법 제3조 제2항에 따라 전부채권자에 대한 보증금지급의무를 면하게 되므로, 결국 임대인은 전부금지급의무를 부담하지 않는다(대법원 2005. 9. 9. 선고 2005다23773 판결).

6. 대항력 없는 임차인에 대한 매수인의 부당이득청구(임차인이 배당금을 수령할 때까지는 부당이득반환의무가 발생하지 않는 것인지 여부)

1) 매각대금을 납부한 매수인은 대항력이 없는 점유자를 상대로 인도명령을 받을 수 있고, 매각대금을 납부한 이후부터는 점유한 부분의 명도완료시까지 임료 상당의 부당이득을 구할 수 있다.

2) 문제는 대항력 없는 임차인이 배당을 받았으나, 매수인으로부터 명도확인서를 받지 못하여 배당금을 수령하지 못하고 있는 동안에는 매수인에 대하여 그 점유로 인한 부당이득반환의무가 발생하지 않는 것인가 하는 점이다.

임차인에 대한 배당표가 확정된 후 임차인이 그 배당금을 수령하려면, ① 임대차계약서원본, ② 주택임차인은 주민등록등본, 상가건물임차인은 등록사항 등의 현황서등본, ③ 매수인의 인감이 날인된 임차목적물명도확인서, ④ 매수인의 인감증명서를 제출해야 한다. 소액임차인 및 전세권자의 경우도 마찬가지이다.

이런 실무 례에 비추어 임차인이 배당금을 수령할 때까지는 이사를 가기 어려운 사정은 이해되지만, 대항력이 없는 임차인은 매수인이 매각대금을 납부한 이후부터는 인도완료 시까지 매수인에 대하여 점유·사용하는 부분에 대한 임료 상당의 부당이득반환의무를 지게 된다.

7. 부도공공건설임대주택을 주택매입사업시행자 이외의 자가 매수한 경우 임차인에 대한 인도명령의 가부[7)]

가. 문제점 제기

부도공공건설임대주택 임차인 보호를 위한 특별법 제10조 제4항에 의하면 주택매입사업시행자 이외의 자가 부도임대주택을 매입한 경우에는 당해 부도 임대주택의 임차인에게 3년의 범위 이내에서 대통령령이 정하는 기간 동안 임대하여야 한다고 규정하고 있다.

따라서 '부도공공건설임대주택 임차인 보호를 위한 특별법'(2007. 1. 19. 제정)에서 규정하고 있는 부도 임대주택을 경락받은 매수인이 임차인을 상대로 인도명령을 신청한 경우 이를 인용할 수 있는지 여부가 문제된다.

나. 검토

1) '임차를 원하는 임차인'을 상대로 인도청구 불가

가) 부도공공건설임대주택 임차인 보호를 위한 특별법은 2005년 12월 13일 당시 임대 중인 공공건설임대주택의 임대사업자가 부도가 났을 경우에 임차인의 지위가 불안정해 지는 것을 막기 위해서 제정된 것으로, 일단 부도가 나면 임차인들이 국가가 지정한 주택매입사업시행자에게 그 주택의 매입을 요청하고, 주택매입사업자는 그 주택을 매입하여 임차인에게 다시 그 주택을 임대하도록 되어 있다. 국가가 지정한 주택매입사업시행자가 아닌 일반 제3자의 경우에도 3년 동안은 의무적으로 임대하도록 되어 있다.

관련 규정은 아래와 같다.

제10조 (국민임대주택 등으로 공급) ① 주택매입사업시행자가 제5조의 규정에 따라 부도임대주택을 매입한 경우에는 국민임대주택 등으로 공급할 수 있다. ② 제1항의 규정에 따라 국민임대주택 등으로 공급한 경우에는 부도임대주택의 임차인에 대하여 주택공급에 관한 규칙에서 정하는 바에 따라 입주자로 우선 선정한다.

7) 재판자료 제117집, 129-133

> ③ 제1항의 규정에 따라 국민임대주택 등으로 공급하는 경우의 입주자격, 임대조건 등에 관하여 필요한 사항은 대통령령으로 정한다.
> ④ 주택매입사업시행자 이외의 자가 부도임대주택을 매입한 경우에는 당해 부도임대주택의 임차인에게 3년의 범위 이내에서 대통령령이 정하는 기간 동안 임대하여야 한다.

나) 그런데 임차인이 계속 임차를 하고 싶다고 하면 임대인으로서는 3년간 임대를 해 주어야 하는바, 이 경우 임대차계약이 당연히 체결된 것으로 볼 수 있는지 의문이 든다. 위 법률상 임대조건에 관해서는 아무런 규정이 없기 때문이다. 주택매입사업시행자 같은 경우에는 시행령에 따라 임대보증금과 임대기간 등에 관한 규정이 있는데, 일반 제3자의 경우에는 '임대하여야 한다'고만 되어 있고, 그 조건에 관해서 아무런 규정이 없다.

살피건대, 위 법 제10조 제4항에 의하면 매수인은 임대할 의무가 있지만, 그렇다고 하여 임차인이 임대차계약체결의사를 일방적으로 표시한 것만으로 예약완결권처럼 그 행사로서 즉시 계약이 성립한 것과 같은 효과를 주는 것은 아니다. 임대차계약에서 임대차보증금의 액수는 가장 중요한 요소이므로, 이 점에 대한 합의가 없이는 임대차계약이 성립되었다고 할 수는 없다.[8)]

물론 매수인으로서는 임차인의 체결요구에 응할 의무를 지고, 매수인과 임차인 모두 새로운 임대차 계약의 체결을 위하여 성실하게 협의하여야 할 의무가 있다고 할 것이며, 만약 매수인(낙찰자)이 일반 거래실정이나 사회통념에 비추어 현저히 부당하다고 보여지는 사항을 계약내용으로 주장하는 등으로 계약이 체결되지 못하였다면 임차인(상대방)은 이를 이유로 한 손해배상책임을 물을 수 있을 것이지만, 이러한 협의 없이 임차인의 일방적 의사만으로 임대차계약이 성립되었다고 볼 수 없다.[9)]

위 법 제10조 제4항의 규정만으로 당연히 임대차계약이 체결되었다고 볼 수 없지만, 매수인은 위 법에 따른 임대의무가 있으므로 임차인이 임차를 원한다면 아직 임대차계약이 체결되기 이전이라도 매수인은 임차인을 상대로 인도명령을 구할 수 없다. 매수인의 임차인에 대한 인도명령신청은 위 법에서 규정한 임대의무에 반하는 것으로 신의칙상 허용될 수 없다.

물론 영구적으로 인도명령을 구할 수 없는 것은 아니고, 임대조건 등에 관한 입

8) 대법원 1986. 2. 11. 선고 84다카2454 판결, 1993. 6. 8. 선고 92다49447 판결, 1997. 1. 24. 선고 96다26176 판결 등 참조.
9) 대법원 2002. 1. 25. 선고 99다63169 판결 등 참조.

장 차이로 사실상 임대차계약이 체결되기 어려운 사정이 확실하다고 인정되는 경우라면, 인도청구가 가능하다.

하지만, '부도공공건설임대주택 임차인 보호를 위한 특별법' 제10조 제4항은 "주택매입사업시행자 외의 자가 부도임대주택을 매입한 경우에는 당해 부도임대주택의 임차인(임대주택법 제19조를 위반하지 아니한 임차인으로 동일 임대주택에의 계속 거주를 희망하는 경우에 한한다)에게 3년의 범위 이내에서 대통령령으로 정하는 기간 동안 종전에 임차인과 임대사업자가 약정한 임대조건으로 임대하여야 한다."라고 하여, 주택매입사업시행자 외의 자가 부도임대주택을 매입한 경우에 부도임대주택을 매입한 자에게 임차인과 사이에 그 주택을 종전 임대차계약과 동일한 조건으로 임대할 의무를 부과하고 있을 뿐, 당해 부도임대주택에서 거주하는 임차인의 요구에 따라 임대차계약이 당연히 성립한 것으로 보도록 규정하거나, 임차인에게 종전 임대조건보다 유리한 조건으로 임대하도록 요구할 권리를 부여하고 있지 않다. 따라서 부도임대주택을 매입한 자는 임차인이 임대주택에서 계속 거주하기를 희망하는 경우에 한하여 임차인과 3년의 범위 내에서 종전 임대조건으로 임대차계약을 체결할 의무가 있으나, 부도임대주택을 매입한 자가 임차인에게 종전 임대조건으로 임대차계약을 체결할 것을 청약하였음에도 이를 거절하는 등으로 임차인이 종전 임대조건으로는 임대차계약을 체결하지 아니할 뜻을 명확히 하였다면 부도임대주택을 매입한 자의 위 조항에 따른 임대차계약 체결 의무는 소멸한다고 보아야 하고(대법원 2011. 9. 8. 선고 2011다54 판결), 그 경우에는 임차인을 상대로 인도청구가 가능하다고 할 것이다..

2) 매각물건명세서에 기재 필요

부도공공건설임대주택 임차인 보호를 위한 특별법의 적용을 받는 부도임대주택을 낙찰받은 매수인은 임차인을 상대로 인도명령을 받을 수 없게 됨으로서 예측하지 못한 손해를 입을 수 있다.

따라서 집행법원은 매각물건명세서에 "부도공공건설임대주택 임차인 보호를 위한 특별법 제10조 제4항에 따라 주택매입사업시행자 이외의 자가 이 사건 매각대상 부동산(부도임대주택)을 낙찰받은 경우 그 매수인은 당해 부도 임대주택의 임차인에게 3년의 범위 이내에서 대통령령이 정하는 기간 동안 임대할 의무가 있음."이라고 기재하는 것이 바람직하다.

3) 명도확인서 제출 여부

가) 부도임대주택의 임차인이 배당을 받은 경우 배당금을 수령하기 위하여 매수

인의 명도확인서를 제출하여야 하는지가 문제된다.

나) 임차인이 매수인과의 임대차계약을 원할지라도 아직 임대차계약이 체결되지 않았다면, 배당금을 수령하기 위하여 매수인의 명도확인서가 필요하다. '매수인이 임대차계약을 원하는 임차인을 상대로 인도명령을 할 수 없다는 것'과 '임차인이 배당금을 수령하기 위하여 매수인의 명도확인서를 제출하여야 한다는 것'은 전혀 별개의 문제이므로, 연관시켜 생각할 필요가 없다.

다) 반면 매수인과의 임대차계약이 체결된 경우라면, 임차인은 명도확인서 없이도 배당금을 수령할 수 있다.

8. 외국인이나 재외국민이 주택임대차보호법의 보호를 받을 수 있는지(= 적극)[10]

'외국인'은 출입국관리법에 따른 외국인등록과 체류지 변경신고를 함으로써(출입국관리법 제31조, 제36조, 제88조의2), '외국국적동포'는 '재외동포의 출입국과 법적 지위에 관한 법률' 제6조에 따른 국내거소신고나 국내거소이전신고를 함으로써(출입국관리법 제9조, 제10조 4항), 주택임대차보호법에 의한 보호를 받을 수 있다.

대법원 2016. 10. 13. 선고 2014다218030, 218047 판결은 다음과 같은 이유로 외국인 또는 외국국적동포가 출입국관리법이나 재외동포법에 따라서 한 외국인등록이나 체류지변경신고 또는 국내거소신고나 거소이전신고가 주택임대차보호법 제3조 제1항에서 주택임대차의 대항력 취득 요건으로 규정하고 있는 주민등록과 동일한 법적 효과가 인정된다고 보아야 한다고 판결하였다. ① 출입국관리법과 재외동포법이 외국국적동포가 국내거소신고와 거소이전신고를 하면 주민등록법에 의한 주민등록 및 전입신고를 한 것으로 간주하는 것은, 외국국적동포는 주민등록법에 의한 주민등록을 할 수 없는 대신 국내거소신고와 거소이전신고를 하면 주민등록을 한 것과 동등한 법적 보호를 해 주고자 하는 데 그 취지가 있고, 이는 특히 주택임대차보호법에 의하여 주택의 인도와 주민등록을 마친 임차인에게 인정되는 대항력 등의 효과를 부여하는 데에서 직접적인 실효성을 발휘하게 되는 점, ② 거래의 안전을 위하여 임대차의 존재를 제3자가 인식할 수 있게 하는 공시방법으로서는, 출입국관리법에 의한 외국인등록 및 체류지 변경신고와 재외동포법에 의한 국내거소신고 및 거소이전신고는 주민등록법에 의한 주민등록에 비하여 그 효과가 제한적이지만, 주민등록의 경우에도 열람이나 등·초본의 교부가 본인이나 세대원 또는 정당한 이해관계가 있는

10) 법원실무제요 민사집행(II): 부동산집행, 법원행정처(2020), 482

자 등에게만 허용되어 그 공시 기능은 부동산등기와 같은 정도에 미치지 못하는 한계가 있어, 외국인등록 등과 비교한 공시효과의 차이는 상대적인 데 그칠 뿐만 아니라, 2014. 1. 1.부터 시행된 주택임대차보호법이 확정일자 부여 및 임대차 정보제공 제도를 신설하면서, 외국인(외국국적동포를 포함한다)도 확정일자 부여를 받을 수 있는 대상자에 포함시킴으로서 확정일자부에 의한 임대차계약 공시의 효과는 내국인과 외국인 사이에 차이가 없게 된 점, ③ 헌법 제2조 제2항은 국가는 법률이 정하는 바에 의하여 재외국민을 보호할 의무를 진다고 규정하고 있는데, 이러한 헌법정신은 재외국민의 가족이 외국인 또는 외국국적동포인 경우에도 관철되어야 실질적으로 실현될 수 있는 점 등에 비추어 보면, 외국인 또는 외국국적동포가 출입국관리법이나 재외동포법에 따라서 한 외국인등록이나 체류지변경신고 또는 국내거소신고나 거소이전신고에 대하여는, 주택임대차보호법 제3조 제1항에서 주택임대차의 대항력 취득요건으로 규정하고 있는 주민등록과 동일한 법적 효과가 인정된다고 보아야 한다. 이는 외국인등록이나 국내거소신고 등이 주민등록과 비교하여 그 공시기능이 미약하다고 하여 달리 볼 수 없다.

마찬가지 이유로 외국인의 외국인등록이나 체류지 변경신고 또한 주택임대차보호법상 대항요건으로 규정된 주민등록과 동등한 법적 효과가 인정된다고 보아야 한다(대법원 2016. 10. 13. 선고 2015다14136 판결).

'재외국민'의 경우에는 구 재외동포의 출입국과 법적 지위에 관한 법률(2014. 5. 20. 개정되기 전의 것, 이하 '구 재외동포법')에 국내거소신고와 거소이전신고가 출입국관리법 제88조의2 제2항과 같이 재외국민의 주민등록과 전입신고를 갈음한다는 명문의 규정은 없지만, 이를 유추적용해서 재외국민이 구 재외동포법 제6조에 따라 마친 국내거소신고와 거소이전신고도 외국국적동포의 그것과 마찬가지로 주민등록과 전입신고를 갈음한다고 보아야 한다. 따라서 재외국민의 국내거소신고는 주택임대차보호법 제3조 제1항에서 주택임대차의 대항요건으로 정하는 주민등록과 같은 법적 효과가 인정되어야 하고, 이 경우 거소이전신고를 한 때에 전입신고가 된 것으로 보아야 한다(대법원 2019. 4. 11. 선고 2015다254507 판결). 대법원 2015다254507 판결이 선고됨으로써 재외국민은 국내거소신고를 하더라도 주택임대차보호법에 의한 보호를 받을 수 없다고 한 대법원 2005. 7. 15.자 2005마358 결정, 대법원 2013. 9. 16.자 2012마825 결정은 사실상 폐기된 것으로 보인다.

주민등록법이 2014. 1. 21. 법률 제12279호로 개정되면서 재외국민의 주민등록

말소제도를 폐지하고 재외국민 주민등록 제도(주민등록법 제6조 제1항 제3호 참조)가 2015. 1. 22.부터 시행되고 있다(재외동포법이 2014. 5. 20. 법률 제12593호로 개정되면서 재외국민에 대한 국내거소신고 제도는 폐지되었다). 따라서 2015. 1. 22. 이후에는 재외국민은 주민등록을 함으로써 주택임대차보호법에 따른 보호를 받을 수 있다.

9. 건물의 소유를 목적으로 한 토지임차인으로부터 건물 양수한 자가 토지 소유자 동의를 얻어 건물 전소유자의 임차권을 양수한 경우(=토지 제3취득자에게 대항 가능)[11]

민법 제622조 제1항은 건물의 소유를 목적으로 한 토지임대차는 이를 등기하지 않은 경우에도 임차인이 그 지상건물을 등기한 때에는 제3자에 대하여 임대차의 효력이 생긴다고 규정하고 있는데 그것은 건물 소유를 목적으로 한 토지 임차인의 보호를 도모하고 사회경제상의 손실을 방지하자는 뜻에서 위와 같은 토지 임차권의 대항력은 될 수 있는 한 현실의 이용관계 그 자체를 보호하고자 함에 있고, 한편 위 규정도 그 임차지상에 임차인이 소유하는 건물의 등기라고 볼만한 등기가 있으면 임차인은 그 토지 임차권을 가지고 제3자에게 대항할 수 있다는 것으로서 건물등기의 지번이 반드시 토지등기의 지번과 일치할 것을 요구하고 있다고는 해석되지 않는다(대법원 1986. 11. 25. 선고 86다카1119 판결 참조). 그리고 처음에 임차인이 소유하는 건물의 등기를 제대로 마쳐 민법 제622조 제1항이 규정하는 대항력을 적법하게 취득하였으면 나중에 그 건물의 부지가 속한 토지가 분할되어 소재지번이 변경되었다는 사정만으로 임차인이 이미 취득한 대항력을 상실하게 되는 것은 아니고(대법원 2007. 2. 8. 선고 2006다70516 판결, 대법원 2011. 7. 22.자 2011마778 결정 등 참조), 그러한 임차인으로부터 건물을 양수한 자가 토지소유자의 동의를 얻어 건물의 전소유자의 임차권을 적법하게 양수한 경우라면 그 토지의 제3취득자에게 그 임차권으로 대항할 수 있다(대법원 1966. 9. 27. 선고 66다1224 판결, 대법원 2011. 7. 22.자 2011마778 결정 등).

11) 법원실무제요 민사집행(II): 부동산집행, 법원행정처(2020), 482-483

Ⅳ. 임차인의 배당금 수령과 명도확인서

1. 명도확인서

임차인은 임차주택을 양수인에게 인도하지 아니하면 보증금을 수령할 수 없다(주택임대차보호법 제3조의2 제3항). 임대차계약이 종료된 경우 임대차보증금 반환채무와 임차목적물 인도채무는 동시이행관계에 있기 때문이다(대법원 1990. 12. 21. 선고 90다카24076 판결, 1992. 5. 12. 선고 91다35823 판결 등).

임차인에 대한 배당표가 확정된 후 임차인이 그 배당금을 수령하려면, ① 임대차계약서원본, ② 주택임차인은 주민등록등본, 상가건물임차인은 등록사항 등의 현황서등본, ③ 매수인의 인감이 날인된 임차목적물명도확인서, ④ 매수인의 인감증명서를 제출해야 한다.

매수인으로부터 명도확인서를 받아 제출해야 집행법원은 배당금을 지급하며, 명도확인서가 제출되지 않으면 집행법원에서는 배당금을 공탁하게 된다.

우선변제권이 있는 임차인은 임차주택의 가액으로부터 다른 채권자보다 우선하여 보증금을 변제받음과 동시에 임차목적물을 명도할 의무가 있으며, 주택임대차보호법 제3조의2 제3항의 규정에 따라 경매 또는 공매절차에서 임차인이 보증금을 수령하기 위해서는 임차주택을 명도한 것을 증명하여야 한다. 그러나 임차인의 주택명도의무가 보증금반환의무보다 선이행되어야 한다는 뜻은 아니다(대법원 1994. 2. 22. 선고 93다55241 판결).

2. 소액임차인 및 전세권자의 경우(=명도확인서 필요)

가. 소액임차인의 경우

임차인은 임차주택을 양수인에게 인도하지 아니하면 보증금을 수령할 수 없으므로(주택임대차보호법 제3조의2 제3항), 매수인 명의의 명도확인서를 제출하여야 배당금을 지급할 수 있는 데, 소액임차인의 경우에는 주택임대차보호법 제8조에서 위 제3항을 준용하지 않으므로 명도확인서가 필요 없다는 견해가 있다.

그러나 임차보증금의 반환은 임차목적물의 인도와 동시이행관계에 있으므로 임차권자의 의무이행 전에 배당액을 지급할 수는 없고, 따라서 소액임차인도 명도확인서를 제출하여야 한다[12]. 명도확인서가 제출되지 않았다면 정지조건부 채권에 대한 배당액 교부 방법과 마찬가지로 임차물의 인도를 조건으로 배당액을 공탁하고 임차인이 목적물의 인도를 증명한 때에 이를 지급하게 된다. 임차인이 미리 목적물을 인도한 때에는 공탁함이 없이 바로 배당금을 지급할 수 있음은 물론이다.

나. 전세권자의 경우

전세권설정등기는 대금납부 후 어차피 경매법원의 등기촉탁에 의하여 직권으로 말소될 것이므로 그 이행제공여부에 대한 소명이 필요 없다는 견해가 있으나, 전세권 말소 외에 목적물의 인도도 동시이행관계에 있으므로, 임차인과 마찬가지로 매수인의 명도확인서가 필요하다.

3. 대항력 있는 임차권자가 일부만 배당받은 경우(=명도확인서 불요)

대항력과 우선변제권을 겸유하고 있는 임차인이 배당요구를 하였으나 보증금 전액을 배당받지 못하고 일부만 배당받은 경우, 그 잔액에 대하여 매수인에게 동시이행의 항변을 할 수 있으므로, 배당금 수령시 매수인의 명도확인서가 필요 없다.

배당받지 못하는 보증금에 상응하는 부분에 관하여는 임대차가 존속하는 것이므로 임차인의 사용·수익을 부당이득이라고 할 수 없지만, 배당받은 부분에 관하여는 임차인이 사용·수익하는 만큼 임료 상당의 부당이득을 하고 있는 것이므로 임차인이 매수인에게 이를 반환하여야 한다(대법원 1998. 7. 10. 선고 98다15545 판결 참조). 다만 점유로 인한 실질적인 이익이 있어야 부당이득 반환의무가 성립한다. 여기서 말하는 실질적 이익은 점유 그 자체로 인한 이득을 말하는 것이 아니다. 즉 점유 외에 사용·수익까지 동반하여야 비로소 이득을 얻는다고 보아야 한다. 따라서 임차인이 동시이행의 항변권을 행사하는 방법으로 목적물의 반환을 거부하기 위하여 임차건물을 계속 점유한 경우(예를 들어 사용수익을 하지 않은 채 시정을 하여 둔 경우)라면, 이는 본래의 임대차계약상의 목적에 따라 사용·수익하지 아니하여 실질적인 이득을 얻은 바 없으므로 그로 인하여 임대인에게 손해가 발생하였다 하더라도 임차인의 부당이득반환의무는 성립되지 아니한다(대법원 2001. 2. 9. 선고 2000다61398 판결, 2003. 4. 11. 선고 2002다59481 판결 등).

---

12) 재판예규 제866-41호 주택임대차보호법 제8조에 관한 질의회답(재민 84-10) 문 10.

[명도확인서]

명 도 확 인 서

사건번호 : 20 타경 부동산임의(강제)경매
이 름(임차인) :
주 소 :
전화번호 : 집 : 휴대폰 :

위 사건에서 위 임차인은 임차보증금에 따른 배당금을 받기 위해 매수인에게 목적 부동산을 명도하였음을 확인합니다.

첨부서류 : 매수인 명도확인용 인감증명서 1통

20 년 월 일

매수인 (인)
연락처(☎)

○○지방법원 경매○계 귀중

◇ 유의사항 ◇

1) 주소는 경매기록에 기재된 주소와 같아야 하며, 이는 주민등록상 주소이어야 합니다.
2) 임차인이 배당금을 찾기 전에 이사를 하기 어려운 실정이므로, 매수인과 임차인간에 이사날짜를 미리 정하고 이를 신뢰할 수 있다면 임차인이 이사하기 전에 매수인은 명도확인서를 해줄 수도 있습니다.

4. 미등기건물임차인이 대지의 환가대금에서 배당을 받은 경우 명도확인서 제출 여부

가. 미등기 임차주택의 임차인이 대지의 환가대금에서 우선변제를 받을 수 있는지 여부(=적극)

대항요건 및 확정일자를 갖춘 임차인과 소액임차인은 임차주택과 별도로 그 대지만이 경매될 경우에도 그 대지의 환가대금에 대하여 우선변제권을 행사할 수 있으므로(대법원 2007. 6. 21. 선고 2004다26133 전원합의체 판결), 미등기 임차주택의 임차인 또한 대지의 환가대금에서 우선변제를 받을 수 있다.

나. 대지만 매각되어 미등기주택의 임차인이 대지의 환가대금에서 배당을 받은 경우 그 배당금 출급에 있어 미등기주택 소유자의 건물명도확인서가 필요한지 여부(=불요)

1) 명도확인서란, 금전채권으로 목적물의 인도와 동시이행관계를 주장할 수 있는 점유자가 자신의 채권을 배당절차에서 배당받아 배당표가 확정된 경우 그 권리(배당금의 출급)를 행사함에 있어 동시이행관계에 있는 의무(목적물의 인도의무)를 이행시켜 '매각목적물의 대금을 완납한 매수인'의 권리를 용이하게 확보하여 주는데 그 목적이 있는 것이다.

주택임차인의 경우 임차보증금의 반환과 건물의 인도(명도)는 동시이행관계에 있지만, 임차보증금의 반환과 건물부지(토지)의 인도와는 동시이행관계에 있지 않다. 물론 토지의 임대차라면 임차보증금의 반환과 토지의 인도와는 동시이행관계에 있다.

2) 그런데 대지만 매각된 경우 그 매각대금에서 배당을 받게 된 건물의 임차인은 매각대상토지와는 전혀 무관한 미등기건물소유자의 명도확인서를 제출할 필요가 없다.

주택임대차보호법 제3조의2 제3항의 규정은 건물이 매각되거나 건물과 그 대지가 함께 매각되는 경우에만 적용되는 것이고, 대지만 매각되는 경우에는 그 적용이 배제된다.

'미등기건물의 현 소유자'는 대지 만에 대한 경매절차와는 전혀 무관한 자이며(대지의 전 소유자일 뿐임), 그 경매절차에서 집행법상 아무런 지위를 가지고 있지 않으므로, 집행법원이 보호할 필요가 없는 제3자이다. 집행법원으로서는 매각대상 부동산(대지)에 관하여만 동시이행 여부를 따져야 하는 것이고, 경매절차와는 무관한 미등기건물과의 동시이행관계까지 고려할 필요가 없다.

이러한 결론은 미등기건물의 임차인이 임차보증금을 대지의 매각대금에서 전액 배당받았을 경우에도 마찬가지이다. 이런 경우 미등기 건물의 소유자는 임차인을 상대로 별소로 명도청구를 하여야 한다.

결국 미등기주택의 임차인이 대지 환가대금에서 배당금을 출급받음에 있어 "미등기주택 소유자의 건물명도확인서"는 필요하지 않다.

다. 매수인(토지소유자)의 명도확인서는 필요한지 여부(=불요)

미등기주택의 임차인이 배당금을 출급받음에 있어 "매수인(낙찰자)의 토지명도확인서도 필요하지 않다.

그 이유는 미등기주택의 임차인은 대지의 점유자가 아니기 때문이다. 즉 건물의 부지가 된 토지(이 사건 매각대상토지)의 점유자는 건물의 소유자이고, 건물의 점유자(임차인 등)는 건물의 부지가 된 토지의 점유자가 아니다.13)

따라서 이 사건 매각대상토지의 점유자가 아닌 미등기 건물의 임차인이 토지에 대한 명도확인서를 제출할 필요가 없는 것이다.

5. 임차권자의 동시이행의 판결에 기한 경매신청(=명도확인서 불요)

1) 임차인이 제3자가 신청한 경매에서 보증금을 배당받는 경우와는 달리 임차인이 임차주택에 대하여 보증금반환청구소송의 확정판결 기타 이에 준하는 집행권원에 기한 경매를 신청하는 경우에는 반대의무의 이행 또는 이행의 제공을 증명하는 서면을 제출할 필요가 없다(주택임대차보호법 3조의2 제1항 참조). 2002. 11. 1.부터 시행된 상가건물 임대차보호법 제5조 제1항에도 같은 취지의 규정이 있다.

따라서 그 판결주문에 건물의 명도와 동시이행으로 보증금지급을 명하였다 하여도 이행제공 여부를 따질 것 없이 경매개시결정을 할 수 있다.

2) 이 경우에도 임차인이 배당금을 수령할 때는 명도확인서를 제출하여야 한다.

6. 매수인이 명도확인서의 작성을 거절할 경우

임차인과 매수인과의 감정대립으로 매수인이 명도확인서의 작성·교부를 거절하는

---

13) 사회통념상 건물은 그 대지를 떠나서는 존재할 수 없는 것이므로 건물의 대지가 된 토지는 그 건물의 소유자가 점유하는 것으로 보아야 하고, 이 경우 건물의 소유자가 현실적으로 건물이나 그 대지를 점거하고 있지 않더라도 그 건물의 소유를 위하여 그 대지를 점유하는 것으로 본다(대법원 1991. 6. 25. 선고 91다10329 판결, 1995. 11. 14. 선고 95다23200 판결, 1996. 6. 14. 선고 95다47282 판결 등 다수).
건물을 소유자 아닌 사람이 점유하는 경우 건물 소유자와 별개로 건물 점유자도 그 대지를 점유하는 것으로 볼 것인가에 관하여 占有說과 非占有說의 대립이 있는데, 대법원 2003. 11. 13. 선고 2002다57935 판결에서 "미등기건물을 양수하여 건물에 관한 사실상의 처분권을 보유하게 됨으로써 그 양수인이 건물부지 역시 아울러 점유하고 있다고 볼 수 있는 등의 다른 특별한 사정이 없는 한 건물의 소유명의자가 아닌 자로서는 실제로 그 건물을 점유하고 있다고 하더라도 그 건물의 부지를 점유하는 자로는 볼 수 없다."고 판시함으로써 비점유설의 입장에 있음을 분명히 하였다.

경우가 있다.

이런 경우에는 다른 방법으로 "매각부동산을 매수인에게 명도하였다."는 점을 입증하여도 무방하다. 예를 들어 통반장의 확인서, 아파트의 경우 아파트 관리소장 명의의 확인서 등을 들 수 있다. 입증이 어려운 사정이 있는 경우에는 집행법원에 사실조회신청을 하면, 일정한 요건 하에 집행법원에서 관할 경찰서에 '매수인에 대한 명도 여부'를 사실조회하기도 한다.

[관할경찰서에 대한 사실조회서]

서 울 중 앙 지 방 법 원
(기타집행3계)
사 실 조 회 촉 탁 서

서울OO경찰서 귀중

사　　건　　20 타경OOO　　부동산임의경매
채 권 자　　조OO

위 사건의 배당공탁금 교부에 관한 심리상 필요하여 다음사항을 사실 조회하오니 회신하여 주시기 바랍니다.

- 다　　음 -

1. 현재 위 조OO(580812-1006119)의 '서울 관악구 OO동 602-199 제5,6층 제502호'의 주소지에 거주 유무 확인

* 회신 내용에 법원 사건 번호를 기재하여 주시고, 빠른 시일 내에 도착되도록 배려하여 주시기 바랍니다. 끝.

법원 전화번호 : 02) 530-2346

20　.　.　.

판사(사법보좌관)　　O　O　O

Ⅴ. 유치권자와 인도명령

1. 경매에서의 유치권

가. 유치권의 성립 요건

1) 유치권은 타인의 물건이나 유가증권을 점유한 자가 그 물건이나 유가증권에 관하여 생긴 채권을 가지는 경우에 그 채권의 변제를 받을 때까지 목적물을 유치할 수 있는 권리를 말하는 것으로서, 우리 민법은 이를 질권, 저당권과 함께 담보물권의 일종으로 규정하고 있다(민법 제320조). 유치권은 타인의 물건 등의 점유자가 그 물건 등에 관하여 생긴 채권의 변제를 받을 때까지 이를 유치할 수 있는 권리(민법 제320조)로서, 이는 공평의 견지에서 그 목적물의 점유자의 채권을 특히 보호하여 '채권자 평등의 원칙'을 깨뜨리려는 데에 그 취지가 있다.

2) 유치권의 성립 요건은 다음과 같다. ① 물건과 유가증권을 대상으로 한다. ② 채권이 유치권의 목적물에 관하여 생긴 것이어야 한다. ③ 채권이 변제기에 있어야 한다. ④ 유치권자는 타인의 물건 기타 유가증권의 점유자이어야 한다. ⑤ 유치권의 발생을 배제하는 법령상·계약상의 사유가 없어야 한다.

3) 민법 제320조 제1항은 유치권을 단순한 인수거절권으로서가 아니라 목적물을 점유할 수 있는 독립한 물권으로 구성하고 있으므로, 이에 따라 유치권자는 목적물의 소유권이 누구에게 속하든 그 권리를 주장할 수 있고, 채권의 변제를 받을 때까지 유치할 수 있다. 즉, 채무자뿐만 아니라 그 물건의 양수인이나 경매로 인한 매수인(낙찰자) 등에 대해서도 권리의 주장 및 유치가 가능한 것이다. 유치물이 제3자의 소유가 된 때에도 채권의 청구는 채무자에게 하여야 한다.

4) 민사집행법 제91조 제5항은 "매수인은 유치권자에게 그 유치권으로 담보하는 채권을 변제할 책임이 있다"고 규정하고 있다. 따라서 유치권의 행사에 따른 민법상 인도거절의 권능에 더하여 유치권자가 직접 매수인에 대하여 채권의 변제를 청구할 수 있는지가 문제된다.

이에 대하여 대법원 1996. 8. 23. 선고 95다8713 판결은, 민사집행법 제91조 제5항의 "변제할 책임이 있다."라는 의미는 부동산상의 부담을 승계한다는 취지로서 인적 채무까지 인수한다는 취지는 아니므로, 유치권자는 매수인(경락인)에 대하여 그 피담보채권의 변제가 있을 때까지 유치목적물인 부동산의 인도를 거절할 수 있을 뿐이고 그 피담보채권의 변제를 청구할 수는 없다고 판시한 바 있다. 따라서 유치물이 제3자의 소유가 되더라도 유치권자는 자신의 채권청구를 당초의 채무자에게 하여야 한다.

유치권의 피담보채권의 채무자와 경매목적물의 소유자가 다른 경우, 예컨대 강제경매 또는 담보권실행을 위한 경매절차에서 매수한 부동산에 대하여 전 소유자에 대한 공사대금채권으로 매수인에 대하여 유치권을 주장하는 경우에도 매수인은 법 제91조 제5항에 의하여 유치권자에게 그 유치권으로 담보하는 채권을 변제할 책임이 있으나 인적채무까지 인수하는 것은 아니다.

나. 견련관계

견련관계란 피담보채권이 목적물 자체로부터 또는 자체를 원인으로 하여 발생한 경우와 피담보채권이 목적물 반환청구권과 동일한 법률관계나 사실관계로부터 발생한 경우를 말한다.

1) 피담보채권이 목적물 자체로부터 또는 자체를 원인으로 하여 발생한 경우

가) 목적물 자체로부터 발생한 경우란 채권이 목적물 자체를 원인으로 하여 발생한 경우를 말한다. ① 목적물에 대하여 지출된 유익비·필요비 등의 비용상환청구권(대법원 1977. 11. 22. 선고 76다2731 판결, 1979. 3. 27. 선고 77다2217 판결 등), ② 공사대금채권(대법원, 2005. 8. 19. 선고 2005다22688 판결, 2005. 8. 19. 선고 2004다8197, 8203 판결 등), ③ 수치인(受置人)의 비용상환청구권(대법원 1984. 7. 16.자 84모38 결정), ④ 목적물로부터 손해를 받은 경우 그 손해배상청구권, ⑤ 임치물의 성질 또는 하자로 인하여 생긴 손해에 대한 배상청구권(민법 제697조) 등을 들 수 있다.

나) 그러나 채권이 목적물 자체를 목적으로 하는 경우(임차보증금반환청구권이나 건물을 임차목적대로 사용 못한 것을 이유로 하는 손해배상청구권, 임차인의 부속물매수청구권, 권리금반환청구권 등)는 제외된다.[14] 임차인의 임차권은 임차물을 목적으로 하여 성립하는 것이다. 임대인이 건물시설을 하지 않았기 때문에 임차인이 건물을 임차목적대로 사용하지 못함으로 인하여 입은 손해에 기한 손해배상청구권은 목적물에 관하여 생긴 채권이 아니다.

명의신탁자의 명의수탁자에 대한 부당이득반환청구권의 경우에도 부동산 자체로부터 발생한 채권이 아닐 뿐만 아니라 소유권 등에 기한 부동산의 반환청구권과 동

14) 대법원 1976. 5. 11. 선고 75다1305 판결(임차보증금반환청구권이나 건물을 임차목적대로 사용 못한 것을 이유로 하는 손해배상청구권), 1977. 12. 13. 선고 77다115 판결(임차인의 부속물매수청구권 및 보증금반환청구권), 1994. 10. 14. 선고 93다62119 핀결(권리금반환청구권).

일한 법률관계나 사실관계로부터 발생한 채권이라고 보기도 어려우므로, 결국 민법 제320조 제1항에서 정한 유치권 성립요건으로서의 목적물과 채권 사이의 견련관계를 인정할 수 없다(대법원 2009. 3. 26. 선고 2008다34828 판결).

2) 피담보채권이 목적물 반환청구권과 동일한 법률관계나 사실관계로부터 발생한 경우

채권이 동일한 법률관계에서 발생하는 경우로는 매매계약에서 매도인의 매매대금청구권과 매수인의 목적물인도청구권[15], 운송계약으로부터 생긴 운송인의 운송료청구권과 수취인의 운송물품인도청구권, 물건의 수리위탁계약으로부터 생긴 수리인의 수리대금청구권과 위탁자의 목적물인도청구권 사이 등을 예로 들 수 있다.

채권이 동일한 사실관계에서 발생하는 경우로는, 2인이 서로 자신의 물건을 잘못 가지고 간 경우에 이러한 우연한 사정에 의한 상대방에 대하여 가지는 반환청구권은 채권적 청구권이 아니라 물권적 청구권이라고 할 수 있지만, 이때 상대방에 대하여 자신의 물건을 돌려받을 때까지 유치권을 행사할 수 있다.

다. 유치권자의 점유

1) 성립요건이자 존속요건

점유는 유치권의 성립요건일 뿐만 아니라 존속요건도 되므로 유치권자가 점유를 상실하면 원칙적으로 유치권도 소멸하고(민법 제328조), 다만 점유가 제3자에 의하여 불법 침탈된 경우에는 유치권자가 점유물반환청구권을 행사하여 점유를 회수하게 되면 점유를 상실하지 않은 것으로 되어(민법 제204조, 제192조) 유치권이 소멸하지 않은 것으로 된다.

유치권의 성립에 있어서 채권과 점유 사이의 견련관계가 요구되지 아니한다. 따라서 목적물에 관련되는 채권이 먼저 발생하고 뒤에 목적물을 점유하게 된 경우는 물론, 물건의 점유를 일시 상실하였다가 다시 점유하게 된 경우에도 유치권을 취득한다.

2) 간접점유 포함

유치권의 성립요건인 유치권자의 점유는 직접점유이든 간접점유이든 관계없다. 간접점유를 인정하기 위해서는 간접점유자와 직접점유를 하는 자 사이에 일정한 법률관계, 즉 점유매개관계가 필요한데, 간접점유에서 점유매개관계를 이루는 임대차계약 등이 해지 등의 사유로 종료되더라도 직접점유자가 목적물을 반환하기 전까지는

15) 日最判 1972(昭和 47). 11. 16. 昭45(オ) 1055号.

간접점유자의 직접점유자에 대한 반환청구권이 소멸하지 않는다. 따라서 점유매개관계를 이루는 임대차계약 등이 종료된 이후에도 직접점유자가 목적물을 점유한 채 이를 반환하지 않고 있는 경우에는, 간접점유자의 반환청구권이 소멸한 것이 아니므로 간접점유의 점유매개관계가 단절된다고 할 수 없다(대법원 2019. 8. 14. 선고 2019다205329 판결).

3) 배제사유로서의 불법점유

가) 불법점유

채권자의 점유가 불법행위에 의하여 시작된 것이어서는 안 된다(민법 제320조 제2항). 점유의 불법개시란 점유가 적극적으로 가해진 불법행위 즉, 사기, 강박, 침탈 등에 의한 경우뿐만 아니라 점유자가 채무자에 대항할 수 있는 점유의 권원 없이 그 권원 없음을 알거나 과실로 알지 못하고 개시된 경우도 포함한다.

따라서 점유자가 무권원에 대하여 선의이고 과실이 없는 경우에는 유치권이 인정된다(대법원 1959. 1. 15. 선고 4290민상760 판결).

나) 원시적 불법점유

점유자가 점유를 취득할 당시부터 그 점유 취득 자체가 불법행위가 되는 경우는 전형적인 불법행위에 기한 점유취득이 된다(대법원 1976. 5. 25. 선고 76다482 판결 등).

다) 사후적 불법점유

점유 개시 시기에는 적법한 점유 권한이 있었지만 나중에 그 권원이 소멸하였음에도 불구하고 계속 점유하던 중 채권을 취득한 경우(예를 들어 보증금 없는 월세 건물임대차계약에서 차임연체를 이유로 임대차계약이 해제되면 임차인은 무권원 점유가 되는데, 이후 임차인이 건물 수리비를 지출한 경우)에 채권자의 점유가 본조에서 말하는 불법점유에 해당한다고 볼 수 있는지가 문제된다.

살피건대, 점유 개시 시기에는 적법한 점유권한이 있었으나 피담보채권의 발생 전에 점유권원을 상실하였고 점유자가 이를 점유할 권한이 없음을 알았거나 이를 알지 못함에 과실이 있는 경우 불법행위에 기한 점유에 해당한다. 민법 제320조 제2항에서 말하는 '불법행위'란 민법 제750조에서 말하는 불법행위와 동일하므로, 점유 개시 시기에는 적법한 점유권한이 있었다고 하더라도 피담보채권의 발생 전에 점유권원을 상실하였다면 그 점유는 권한 없는 위법한 점유가 되며, 이에 대하여 점유자가 안 경우 뿐 아니라 이를 알지 못함에 과실이 있는 경우 불법행위가 되기 때문이다. 판례 중에는 ① 악의 또는 선의, 중과실인 경우에 한하여 불법점유가 된다고 본 듯한 판결(대법원 1966. 6. 7. 선고 66다600, 601 판결, 대법원 2011. 12. 13. 선고 2009다5162 판결)과 ② 악의인 경우에 한하여 불법점유가 된다고 본 듯한 판결(대법원 1984. 7. 16.자 84모38 결정)이 있다.

라. 유치권의 범위

건물임차인이 건물에 관한 유익비상환청구권에 터잡아 취득하게 되는 유치권은 임차건물의 유지사용에 필요한 범위 내에서 임차대지부분에도 그 효력이 미친다(대법원 1980. 10. 14. 선고 79다1170 판결). 그러나 건물의 점유자가 건물의 소유자에게 유치권을 주장할 수 있는 경우에도 그 건물의 존재와 점유가 토지소유자에게 불법행위가 되는 경우라면 그 유치권으로 토지소유자에게 대항할 수 없다(대법원 1989. 2. 14. 선고 87다카3073 판결).

2. 유치권자는 매수인(낙찰자)에게 대항할 수 있는 권원을 가진 자

목적물에 대한 경매가 있을 때에는 채권자는 유치권으로 매수인에게 대항할 수 있다(민사집행법 제91조 제5항). 매수인은 채권을 변제하지 않으면 유치물을 수취하지 못한다. 따라서 유치권자는 매수인에게 대항할 수 있는 권원을 가진 자이다.

[유치권행사신고서]

유치권 행사 신고서

사건번호 타경 호 부동산강제경매
채권자
채무자
소유자

위 사건과 관련하여 당사는 본건 경매부동산에 대하여 아래와 같이 공사대금 채권이 있어 매수인에 대해 이로 인한 유치권을 행사할 계획임을 알려드리오니 경락인이 선의의 피해를 보지 않도록 경매진행에 참조하여 주시기 바랍니다

아 래

발생채권 : 공사 미수금

원금 금 원
이자 금 원
합계 금 원

단, 이자는 채무이행기인 년 월 일부터 년 월 일 까지 연 %를 적용함.

[첨 부 서 류]

1. 공사도급계약서 사본 1부
1. 법인등기부등본
1. 지상권설정계약서
1. 공사미수금현황
1. 건설 면허증

200 년 월 일

위 신고인 (채권자) 인
연락처 :

서울중앙지방법원 민사집행과 귀중

3. (가)압류, 체납압류, 저당권과 유치권의 대항력 여부[16]

가. 민사유치권

1) 경매개시결정의 기입등기에 따른 압류 이후 유치권(대항력 부정, 개시결정압류 〉 유치권)

경매절차와 관련하여 유치권의 효력을 제한한 선도적 판결은 대법원 2005. 8. 19. 선고 2005다22688 판결이다. 대법원은 위 판결에서 "채무자 소유의 건물 등 부동산에 강제경매개시결정의 기입등기가 경료되어 압류의 효력이 발생한 이후에 채무자가 위 부동산에 관한 공사대금 채권자에게 그 점유를 이전함으로써 그로 하여금 유치권을 취득하게 한 경우, 그와 같은 점유의 이전은 목적물의 교환가치를 감소시킬 우려가 있는 처분행위에 해당하여 민사집행법 제92조 제1항, 제83조 제4항에 따른 압류의 처분금지효에 저촉되므로 점유자로서는 위 유치권을 내세워 그 부동산에 관

16) 법원실무제요 민사집행(II): 부동산집행, 법원행정처(2020), 484-488

한 경매절차의 매수인에게 대항할 수 없다."라고 판시하였고, 대법원 2006. 8. 25. 선고 2006다22050판결은 압류의 효력 발생 후 점유이전 및 피담보채권의 발생이 있었던 사안에서 같은 판시를 반복하면서 그 경우 부동산에 경매개시결정의 기입등기가 경료되어 있음을 유치권자인 채권자가 알았는지 여부 또는 이를 알지 못한 것에 관하여 과실이 있는지 여부 등은 채권자가 그 유치권을 경매절차의 매수인에게 대항할 수 없다는 결론에 아무런 영향을 미치지 못한다고 하였다.

판례는 아래 3가지 모든 경우에 유치권자는 자신의 점유를 내세워 경매절차의 매수인에게 대항할 수 없다고 보고 있다. 즉 점유권원을 주장할 수 없다.

가) 경매개시결정의 기입등기 후에 점유를 이전받은 다음 채권을 취득하여 유치권이 성립한 경우(대법원 2006. 8. 25. 선고 2006다22050 판결)

나) 채권은 경매개시결정의 기입등기 전에 취득하였는데 경매개시결정의 기입등기 후에 점유를 이전받아 유치권이 성립한 경우(대법원 2005. 8. 19. 선고 2005다22688 판결)

다) 점유는 경매개시결정의 기입등기 전에 이전받았는데 경매개시결정의 기입등기가 마쳐진 다음에 채권을 취득하여 유치권이 성립한 경우(대법원 2011. 10. 13. 선고 2011다55214 판결, 대법원 2015. 7. 9. 선고 2014다17213 판결).

2) 가압류 이후 개시결정 압류 이전에 취득한 유치권(대항력 인정, 가압류 〈 유치권)

부동산에 가압류등기가 이루어진 다음 채무자의 점유이전으로 제3자가 유치권을 취득하는 경우, 점유자는 가압류의 처분금지효에 저촉되지 않고 경매절차의 매수인에게 대항할 수 있다(대법원 2011. 11. 24. 선고 2009다19246 판결). 위 판결은 유치권 성립 당시 '현실적인 매각절차가 개시되었는지 여부'를 기준으로 경매절차의 매수인에게 대항할 수 있는지를 판단하였다. 그 근거로 다음 2가지를 들었다. ① 부동산에 가압류등기가 되면 채무자의 처분행위로 가압류채권자에게 대항할 수 없는데, 여기서 처분행위란 해당 부동산을 양도하거나 이에 대해 용익물권, 담보물권 등을 설정하는 행위를 말하고 특별한 사정이 없는 한 점유의 이전과 같은 사실행위는 이에 해당하지 않는다. ② 경매개시결정의 기입등기가 된 다음 취득한 유치권으로 대항할 수 있다면 매수인이 매수가격 결정의 기초로 삼은 매각물건명세서 등에 드러나지 않는 유치권의 부담을 그대로 인수하게 되어 경매절차의 공정성과 신뢰를 현저히 훼손하게 되므로 이를 제한해야 한다. 그러나 부동산에 가압류등기가 되어 있을 뿐 경매개시결정 등이 이루어지지 않아 현실적인 매각절차가 이루어지지 않고 있는 상황에서 채무자의 점유이전으로 제3자가 유치권을 취득한 경우에는 달리 보아야 한다.

위 사안은 가압류에서 이전되는 압류가 아니라 다른 채권자에 의하여 경매절차가 개시된 경우에 관한 것이었다.

위 판결 취지에 따르면, 가압류등기 후 유치권을 취득한 자는 그 이후 가압류에서 이행되는 본압류에 따른 경매절차에서도 경매절차의 매수인에게 대항할 수 있다고 보아야 할 것이다.

위 판결에 따르면 같은 점유이전행위가 압류의 처분금지효에는 저촉되지만 가압류의 처분금지효에는 저촉되지 않는다는 것인데, 이러한 구별은 압류와 가압류의 효력에 관한 일반적인 이론으로는 좀처럼 설명되기 어렵고, 가압류의 경우에는 점유이전행위를 처분행위로 보지 않는다는 위 대법원 판결의 논거에 대하여는 많은 비판이 따랐다.

3) 체납압류 후 경매개시 결정 압류(내지 공매절차 개시) 이전에 성립한 유치권(대항력 인정, 체납압류 〈 유치권)[17)]

가) 경매절차의 절차적 안정성을 경매개시결정 압류 이후 취득한 유치권 효력 제한 근거로 보아 경매절차가 바로 진행되지 않는 체납압류만으로 유치권 제한 불가능하다고 보아 유치권자 대항력 인정하는 견해(전원합의체 판결의 다수 견해)

앞서 본 바와 같이 대법원 2011. 11. 24. 선고 2009다19246 판결에서 선언한 가압류 이후에 성립한 유치권의 경우에는 점유이전행위와 같은 사실행위는 가압류의 처분금지효에 반하는 처분행위로 볼 수 없다는 법리에 대하여 많은 비판이 나오자 그 이후 선고된 체납압류와 유치권의 관계 대한 대법원 2014. 3. 20. 선고 2009다60336 전원합의체 판결에서 다수견해는 경매절차가 개시된 후에 취득한 유치권의 효력을 제한하는 근거를 민사집행제도의 적정한 운영을 위한 경매절차의 절차적 안정성에 대한 요청에서 찾는다. 그리하여 다수의견은 반대의견이 지적하는 것처럼 대법원 2005. 8. 19. 선고 2005다22688 판결이나 대법원 2006. 8. 25. 선고 2006다22050 판결과는 달리 '압류의 처분금지효'를 언급하지 않는다.

다수의견은 요약하면 다음과 같은 논리의 궤적을 따라가게 된다. ① 민법상 유치권은 그 목적 부동산에 이미 저당권과 같은 담보물권이 설정되어 있는지 여부에

---

17) 황진구, 체납처분압류가 있는 부동산에 대하여 취득한 유치권의 효력-대법원 2014. 3. 20. 선고 2009다60336 전원합의체 판결, 양승태 대법원장 재임 3년 주요 판례 평석, 사법발전재단(2015), 285-288

관계없이 성립하는 담보물권이고, 민사집행법 제91조 제5항이 정하고 있는 바와 같이 원칙적으로 경매절차의 매수인은 유치권의 부담을 인수한다. ② 그러나 이미 경매절차가 개시된 상태에서 유치권을 취득한 경우에도 아무런 제한 없이 경매절차의 매수인에게 유치권을 행사할 수 있다고 한다면, 경매절차의 매수인은 유치권의 존재와 범위를 예상할 수 없어 매우 불안할 수밖에 없고, 이는 집행절차에 대한 신뢰를 근본적으로 훼손하고 적정한 가격에 의한 매각절차의 안정적 운용을 불가능하게 할 것이다. ③ 민사집행제도로서 민사집행법이 설계한 부동산경매절차와 민법이 인정하는 유치권 제도가 충돌하는 영역이라고 할 수 있으므로, 유치권에 관하여 합목적적 해석을 통하여 입법자가 예정한 제도의 취지를 될 수 있는 한 손상하지 않으면서 그 제도의 폐해를 제거하는 데 필요한 범위 내에서 그 효력을 제한할 필요가 있다. ④ 이와 같이 유치권의 효력을 제한하는 취지는 매각절차인 경매절차의 법적 안정성을 보장하기 위한 것이므로, 매각이 이루어지는 경매절차의 개시와 직접 관계가 없는 저당권이나 가압류등기 후에 유치권을 취득하였다는 사정은 경매절차의 매수인에 대하여 유치권을 행사하는 데 아무런 영향을 미치지 않는다. ⑤ 경매절차의 목적부동산에 체납처분압류가 되어 있는지 여부는 현재 매각이 진행 중인 경매절차와는 아무 관계가 없으므로 경매절차의 매수인에게 유치권을 행사할 수 있는지 여부를 정하는 데 고려할 요소가 아니다. ⑥ 체납처분압류 자체를 놓고 보더라도 체납처분압류는 경매절차에서의 압류(민사집행법 제83조)와는 달리 압류와 동시에 매각절차인 공매절차가 개시되는 것이 아니기 때문에 경매절차이든 공매절차이든 부동산의 매각절차와는 직접 관계가 없고, 유치권을 취득할 당시 그 부동산에 체납처분압류가 있었다는 사정을 가지고 경매절차의 매수인에 대한 유치권 행사를 제한할 필요성은 더욱 인정할 수 없다는 것이다.

결국 대법원 2014. 3. 20. 선고 2009다60336 전원합의체 판결 이후 대법원 판례는 경매절차개시 후에 취득한 유치권으로 경매절차의 매수인에게 대항할 수 없다고 보는 실질적인 근거가 그러한 경우에까지 유치권의 효력을 인정하는 것은 그 부동산이 매각되는 경매절차에 대한 신뢰와 집행절차의 법적 안정성이라는 측면에서 허용될 수 없다는 취지이지, 압류나 가압류 등에서 인정되는 처분금지효에서 당연히 도출되는 결론이 아니라고 보고 있다.

다수의견에 대한 대법관 김소영의 보충의견은 유치권과 관련한 압류의 처분금지효에 관한 위 대법원판례의 태도를 "책임재산을 신속하고 적정하게 환가하여 채권자의 만족을 얻게 하려는 경매절차의 운영을 위해서는 유치권자의 주관적 사정에 따라 개별적으로 유치권의 효력을 판단하기보다는 일률적으로 유치권의 효력을 정할 필요성이 더 크기 때문"에 "경매개시결정이 등기로 공시된 이후에는 유치권 취득을 위한 점유의 이전을 압류의 처분금지효에 저촉되는 처분행위로 간주"하고 "압류에 대한 유치권자의 악의도 의제"하여 민사집행법 제92조 제1항에 따라 유치권자의 권리취득으로써 압류에 대항하지 못한다고 본 것으로 이해하고 있다.

나) 체납압류의 처분금지효 인정하여 체납압류 이후 유치권을 제한하여 유치권자의 대항력 부정하는 견해(전원합의체 판결의 소수 견해)

소수의견은 다음과 같은 점들을 논거로 들면서 처분금지효를 유치권 제한의 결정적인 근거로 들면서 체납압류의 처분금지효를 인정하여 그 이후 성립된 유치권을 제한하여 유치권자의 대항력을 부정하고 있다.

① 대법원의 확립된 판례는 경매절차개시 후에 취득한 유치권으로써 경매절차의 매수인에게 대항할 수 없다고 보는 근거를 압류의 처분금지효에서 찾고 있고, 이 점을 부정할 수는 없다. ② 국세징수법에 따른 체납처분압류에 처분금지의 효력이 있다는 점은 의문의 여지가 없다. ③ 체납처분절차에서 체납처분압류는 경매절차에서 압류에 대응하는 것이므로 양자의 처분금지효를 달리 취급할 수 없다. ④ 다만 체납처분절차와 민사집행절차가 서로 별개의 절차이므로, 체납처분압류의 처분금지효가 경매절차에서 영향을 미치고, 체납처분압류의 처분금지효에 저촉되는 유치권으로써 경매절차의 매수인에게 대항할 수 없다고 보는 근거에 관한 설명이 필요한데, 두 절차가 별개임에도 불구하고 경매절차에서 부동산이 매각되었을 때 경매절차의 압류에 선행하는 체납처분압류등기를 말소하는 것의 정당성은 선행하는 체납처분압류에 의해 파악된 부동산의 교환가치가 경매절차에서도 그대로 실현될 때, 즉 그 부동산이 체납처분압류에 따른 공매절차에서 매각된 경우와 동일하게 취급해 줄 때만 확보되기 때문이다.

다) 견해(대항력 인정하는 것이 타당함)

전원합의체 판결의 소수의견에서는 경매절차개시 후에 취득한 유치권의 효력을 제한하는 근거를 압류의 처분금지효에서 찾으면서 그 유치권 취득행위가 압류의 처분금지효에 저촉되는 처분행위에 해당한다고 하는데, 반대의견에 대해서는 설령 유치권을 취득하게 하는 점유이전행위가 압류의 처분금지효에 저촉되는 처분행위에 해당한다는 것을 긍정한다고 하더라도, 채권자가 압류의 효력 발생 전에 점유를 이전받았으나 압류의 효력 발생 후에 유치권의 피담보채권이 발생함으로써 비로소 유치권을 취득한 경우 등과 같이 유치권의 취득과 관련하여 압류의 처분금지효에 저촉되는 처분행위를 상정하기 어려운 경우가 있다는 비판이 가능하다.

무엇보다도 반대의견과 같이 유치권 제한의 근거를 엄격하게 압류의 처분금지효에서만 찾으면 가압류 후 경매절차개시 전에 취득한 유치권의 효력을 경매절차의 매수인에게 주장할 수 있다는 대법원판례의 입장을 설명할 수 없다는 문제가 있다.

대법원 전원합의체 판결이 가압류와 관련된 대법원 2011. 11. 24. 선고 2009다19246 판결에서 선언한 가압류의 경우에만 점유의 이전이 사실상의 행위로서 처분금지효에 반하는 처분이 아니라는 법리의 논리적 문제점을 해결하기 위하여 결국에는 경매절차개시 후에 취득한 유치권으로 경매절차의 매수인에게 대항할 수 없다고 보는 실질적인 근거를 경매절차에 대한 신뢰와 집행절차의 법적 안정성으로 보아야 한다고 입장을 정리하는 한편 궁극적으로는 유치권자의 매수인에 대한 대항력 행사 가능성 여부를 판단하는 절대적인 기준은 경매개시결정 압류 등으로 인하여 경매절차가 실제 개시되기 전, 후인지 여부라는 점을 명시적으로 밝혔고, 그러한 전원합의체 판결의 태도는 매우 합당하다고 생각한다.

한편 2011. 4. 4. 법률 제10527호로 개정된 국세징수법 제67조의2는 공매공고에 대한 등기 제도를 신설하였다. 위 개정규정은 2012. 1. 1. 시행 이후 최초 공매공고하는 분부터 적용된다(부칙 제1조, 5조). 위 전원합의체 판결은 유치권 성립 당시 '현실적인 매각절차가 개시되었는지 여부'를 기준으로 매수인에게 대항할 수 있는지를 판단하겠다는 것이다. 이에 따르면, ① 체납처분에 따른 압류가 있더라도 공매절차 개시(2012. 1. 1. 이전에는 '공매공고' 시점이, 그 이후에는 공매공고 등기 시점으로 볼 수 있을 것이다) 이전에 성립한 유치권의 경우에는 공매절차의 매수인에게 대항할 수 있다고 보아야 할 것이다. 반면, ② 체납처분압류에 이어 공매절차가 개시되거나 경매절차가 개시된 다음에 성립한 유치권의 경우에는 공매절차의 매수인 또는 경매절차의 매수인에게 대항할 수 없다고 보아야 할 것이다.

4) 저당권 설정 이후 경매개시결정 압류 이전에 취득한 민사유치권(대항력 인정, 저당권 〈 민사유치권)

앞에서 보았듯이 최종적으로 유치권이 경매절차에서 부동산을 매각받은 매수인에게 대항력을 행사할 수 있는지 여부는 경매개시결정의 기입등기와 유치권 중 어느 것이 먼저 성립하였는지에 따라 달라질 뿐이므로, 유치권 취득시기가 근저당권 설정

이후라거나 유치권 취득 전에 설정된 근저당권에 기하여 경매절차가 개시되었는지 여부는 유치권자의 대항력과는 아무런 관계가 없다(대법원 2009. 1. 15. 선고 2008다70763 판결, 대법원 2014. 4. 10. 선고 2010다84932 판결).

따라서 저당권 설정 이후 경매개시결정 압류 이전에 취득한 민사유치권의 경우에는 공매절차의 매수인 또는 경매절차의 매수인에게 대항가능하다 할 것이다.

나. 저당권 설정 이후에 취득한 상사유치권(대항력 부정, 저당권 > 상사유치권)

1) 상사유치권은 민사유치권과 달리 피담보채권이 '목적물에 관하여' 생긴 것일 필요는 없지만 유치권의 대상이 되는 물건은 '채무자 소유'일 것으로 제한되어 있다(상법 제58조, 민법 제320조 제1항). 이와 같이 상사유치권의 대상이 되는 목적물을 '채무자 소유의 물건'에 한정하는 취지는, 상사유치권의 경우에는 목적물과 피담보채권 사이의 견련관계가 완화됨으로써 피담보채권이 목적물에 대한 공익비용적 성질을 가지지 않아도 되므로 피담보채권이 유치권자와 채무자 사이에 발생하는 모든 상사채권으로 무한정 확장될 수 있고, 그로 인하여 이미 제3자가 목적물에 관하여 확보한 권리를 침해할 우려가 있어 상사유치권의 성립범위 또는 상사유치권으로 대항할 수 있는 범위를 제한한 것으로 볼 수 있다.

즉 상사유치권이 채무자 소유의 물건에 대해서만 성립한다는 것은, 상사유치권은 성립 당시 채무자가 목적물에 대하여 보유하고 있는 담보가치만을 대상으로 하는 제한물권이라는 의미를 담고 있다 할 것이고, 따라서 유치권 성립 당시에 이미 목적물에 대하여 제3자가 권리자인 제한물권이 설정되어 있다면, 상사유치권은 그와 같이 제한된 채무자의 소유권에 기초하여 성립할 뿐이고, 기존의 제한물권이 확보하고 있는 담보가치를 사후적으로 침탈하지는 못한다고 보아야 한다.

2) 그러므로 채무자 소유의 부동산에 관하여 이미 선행 저당권이 설정되어 있는 상태에서 채권자의 상사유치권이 성립한 경우, 상사유치권자는 채무자 및 그 이후 채무자로부터 부동산을 양수하거나 제한물권을 설정받는 자에 대해서는 대항할 수 있지만, 선행 저당권자 또는 선행 저당권에 기한 임의경매절차에서 부동산을 취득한 매수인에 대한 관계에서는 상사유치권으로 대항할 수 없다(대법원 2013. 2. 28. 선고 2010다57350 판결, 대법원 2013. 3. 28. 선고 2012다94285 판결).

3) 우리 민법과 상법은 부동산유치권을 물권으로 구성하여 등기주의와 충돌하는 문제가 있으므로, 이를 완화하려면 부동산유치권으로 대항가능한 제3자의 범위를 제

한하여야 한다는 입장에서, 부동산유치권의 성립 가능성을 논리적으로 전제하면서도 유치권의 절대적인 대항력을 부정하여 점유개시 시점 또는 유치권 성립 시점보다 시간적으로 먼저 설정된 저당권이 존재하는 경우에는 유치권이 선순위 저당권자에 대항할 수 없다는 견해가 대항관계설인데, 민사유치권의 경우에는 대법원 2009. 1. 15. 선고 2008다70763 판결이 근저당권과 민사유치권의 우열이 문제되는 사안에서 대항관계설을 채택하지 아니함을 분명히 하였지만, 상사유치권의 경우에는 민사유치권의 경우와 달리 대법원 2013. 2. 28. 선고 2010다57350 판결 등이 대항관계설을 명시적으로 채택하였다.

이러한 대항관계설에 따르면 선행하는 저당권이나 (가)압류가 없는 경우에는 상사유치권자는, ① 채무자에 대한 관계에서뿐만 아니라 ② 채무자의 양수인, ③ 채무자로부터 저당권을 설정 받은 후행 저당권자나 후행 (가)압류채권자 및 ④ 후행 저당권이나 후행 (가)압류에 기한 경매절차에서 부동산을 취득한 매수인에 대한 관계에서도 유치권을 주장할 수 있다.

하지만 선행하는 저당권이나 (가)압류가 있는 경우 부동산 상사유치권자는 채무자나 그 이후 소유권 기타 권리를 취득한 자에 대하여는 상사유치권을 주장할 수 있으나, 채무자 소유의 부동산이라고 하더라도 그 부동산에 상사유치권이 성립하기 전에 저당권설정등기나 (가)압류등기가 경료된 경우, 그 저당권자나 (가)압류채권자에 대하여는 상사유치권을 주장하지 못하고, 그 결과 그 저당권에 기한 임의경매절차, 그 (가)압류에 기한 강제경매절차에서 매수인이 그 부동산을 취득하면, 후순위의 상사유치권은 인수되지 않고 완전히 소멸하게 되어, 종전의 상사유치권자는 더 이상 누구에게도 유치권을 주장할 수 없게 된다.

4) 상사유치권이 동시에 민사유치권의 성립 요건을 충족하고 있는 경우 어느 기준에 따라 대항 여부를 판단해야 하는지 문제될 수 있는데, 민사유치권에 관한 법리에 따라 처리함이 타당하다. 민사유치권은 피담보채권과 목적물 사이의 견련관계를 이유로 인정되는 것이므로 선행 저당권자 등에 대한 관계에서 상사유치권에 비해서 보호할 필요가 있기 때문이다.

다. 신의칙 위반 또는 권리남용에 해당하는 저당권 침해하는 유치권 행사의 제한

채무자가 채무초과의 상태에 이미 빠졌거나 그러한 상태가 임박함으로써 채권자가 원래라면 자기 채권의 충분한 만족을 얻을 가능성이 현저히 낮아진 상태에서 이미 채무자 소유의 목적물에 저당권 기타 담보물권이 설정되어 있어서 유치권의 성립에 의하여 저당권자 등이 그 채권 만족상의 불이익을 입을 것을 잘 알면서 자기 채권의 우선적 만족을 위하여 위와 같이 취약한 재정적 지위에 있는 채무자와의 사이에 의도적으로 유치권의 성립요건을 충족하는 내용의 거래를 일으키고 그에 기하여 목적물을 점유하게 됨으로써 유치권이 성립하였다면, 유치권자가 그 유치권을 저당권자 등에 대하여 주장하는 것은 다른 특별한 사정이 없는 한 신의칙에 반하는 권리행사 또는 권리남용으로서 허용되지 않는다(대법원 2011. 12. 22. 선고 2011다84298 판결, 반대로 신의칙에 반하는 권리행사로 보기에 부족하다고 본 사례로는 대법원 2014. 12. 11. 선고 2014다53462 판결).

위 판결 사안은 상사유치권에 관한 것이지만 위 법리는 민사유치권에도 적용될 수 있다. 위와 같이 신의칙에 반하는 권리행사 또는 권리남용에 해당하는 유치권을 주장하는 점유자는 경매절차의 매수인에게 대항할 수 없으므로, 인도명령의 대상이 된다.

저당권자 등은 경매절차 기타 채권실행절차에서 위와 같은 유치권을 배제하기 위하여 그 부존재의 확인 등을 소로써 청구할 수 있다(대법원 2011. 12. 22. 선고 2011다84298 판결).

4. 부동산 유치권을 제한하려는 논의의 전개[18)]

민사유치권은 부동산에 관한 것인 경우에도 등기할 필요 없이 권리자에게 그 목적인 물건을 유치하여 계속 점유할 수 있는 대세적 권능이 부여되었고, 앞서 본 바와 같이 경매개시결정 압류 등기 이전에 성립되기만 하면 일반채권자는 물론 다른 담보권자에 관계에서도 사실상 최우선순위의 담보권으로서 작용한다. 또한 상사유치권 역시 일부 성립요건에서 민사유치권과 차이를 보일 뿐, 그 목적물에 부동산이 포함되는 것은 물론 그 효력도 민사유치권과 동일한 것으로 이해되어 왔다.

그런데 허위의 채권에 기하거나 또는 진정한 채권에 기하더라도 남용이라고 볼 수 있는 유치권의 행태가 빈번하게 행해지면서 제도 자체에 대한 비판과 아울러, 아래에서 보는 바와 같이 부동산유치권의 성립과 효력을 제한하려는 해석론이 여러 방면으로 전개되어 왔고, 더 나아가 민법개정위원회의 개정 작업을 거쳐 2013. 7. 정부

18) 박양준, 부동산 상사유치권의 대항범위 제한에 관한 법리, 법과 정의 그리고 사람:. 박병대 대법관 재임기념 문집(2017), 959-959

안으로 국회에 제출된 민법 일부개정 법률안(의안 번호 1906019)에는 부동산 유치권의 폐지와 민사집행법에 의한 유치권의 인수주의를 소멸주의로 변경하는 내용을 포함하는 움직임까지 있었지만 아직 입법적인 해결은 이루어지지 않았다.

가. 유치권의 성립요건인 개별적 견련관계를 제한하려는 해석론

1) 개별적 견련관계를 엄격하게 인정하여 유치권을 제한하는 입장

성립요건의 측면에서 부동산유치권의 발생을 억제하려는 시도는 민사유치권에서 '채권과 물건 사이의 견련관계'를 제한적으로 인정하는 방식으로 이루어졌고, 그 결과 부동산 민사유치권의 인정범위가 상당히 좁아지게 되었다.

판례는 ① 물건으로 인한 손해배상청구권, ② 물건에 관한 비용상환청구권, ③ 공사도급인의 보수청구권 및 그 연장인 손해배상청구권 정도에서만 유치권의 성립을 인정하는 데 머물고 있고, 이와 달리 매매대금(매매 관련 부당이득반환청구권, 손해배상청구권 포함), 임대차보증금반환채권(권리금반환채권, 임대차 관련 손해배상청구권 포함)에 기한 목적물의 인도거절권은 동시이행항변권일 뿐이지 유치권은 아니므로 대세적 효력은 없다고 보고 있다(대법원 2012. 1. 12.자 2011마2380 결정, 대법원 1975. 6. 18. 선고 74다2637 판결 등).

대법원 2012. 1. 26. 선고 2011다96208 판결은 건축자재대금채권은 매매계약에 따른 매매대금채권에 불과할 뿐 건물 자체에 관하여 생긴 채권이라고 할 수는 없음에도 건물에 관한 유치권의 피담보채권이 된다고 본 원심판결이 위법하다고 판단하여 건축자재대금채권은 건물 자체와 견련성이 없다는 이유로 그 채권을 근거로 한 건물에 대한 유치권성립을 부정한 바 있다.

2) 견련관계를 토대로 건물공사 수급인의 건물 부지에 대한 유치권 부정

실무는 건물신축공사의 도급계약상 보수청구권 및 그 연장인 손해배상청구권을 위하여 신축건물에 대하여 유치권의 성립을 인정하고 있고, 유치권에 관한 판례의 상당 부분이 이에 해당한다(대법원 1995. 9. 15. 선고 95다16202, 95다16219 판결 등). 다만, 실무는 계약상 비용상환청구권인 건물수급인의 보수청구권을 보호하기 위하여 유치권을 인정하고 있기는 하나, 그 견련관계가 인정되는 범위를 '독립한 신축건물과 그에 대한 보수청구권 사이'로 엄격하게 제한하고 있다.

따라서 건물신축공사의 수급인이 신축건물에 대하여 유치권을 가지는 경우 그 건물의 대지에 대해서까지 민사유치권이 인정되는 것은 아니며(대법원 2013. 5. 9.

선고 2013다2474 판결), 건물의 신축공사를 도급받은 수급인이 사회통념상 독립한 건물이라고 볼 수 없는 정착물을 토지에 설치한 상태에서 공사가 중단된 경우에 그 정착물은 토지의 부합물에 불과하여 이러한 정착물에 대하여 유치권을 행사할 수 없는 것이고, 또한 공사중단 시까지 발생한 공사대금 채권은 토지에 관하여 생긴 것이 아니므로 그 공사대금 채권에 기하여 토지에 대하여 유치권을 행사할 수도 없는 것이다(대법원 2008. 5. 30.자 2007마98 결정, 등 참조).

나. 건물신축공사 수급인의 건축부지에 대한 상사유치권의 성립을 제한하려는 해석론

1) 문제의 소재

위에서 본 바와 같이 판례 및 하급심이 민사유치권의 견련성을 좁게 해석하면서 건물신축공사 수급인의 건축부지에 대한 민사유치권 성립이나 미완성 건물에 대하여는 민사유치권 성립을 부정하자, 피담보채권과 목적물의 견련성을 요구하지 않는 상사유치권을 새로운 공격방법으로 활용되기 시작하였고, 이에 대한 적절한 대응이 필요하게 되었다.

2) 실무의 태도

우리 대법원은 이에 대해 지상물건설 수급인의 보수청구권 등을 담보하기 위한 부지에 관한 상사유치권의 성립을 일반적·유형적으로 배제·부정하는 방식으로 대응한다(대법원 2008. 5. 30.자 2007마98 결정 , 대법원 2008. 12. 24. 선고 2007다52706, 2007다52713 판결) 즉, ① 유치권 행사를 위한 배타적 지배 이전에는 수급인의 대지점유 자체를 부정하고, ② 일단 건물 관련 수급인의 대지 점유 자체는 인정하더라도 그 점유가 도급계약을 직접적인 원인으로 한 것이 아니어서 상행위를 원인으로 이 사건 토지에 대한 점유를 취득한 것이 아니라고 평가하여, 상사유치권의 성립을 제한하고 있고, 하급심 실무도 대체로 이에 따르고 있다.

우리 대법원은 '상행위에 의한 점유취득 부정설'을 취하여 상사유치권의 목적물에서 부동산을 제외하는 방식을 취하지 않고도, 수급인의 상사유치권을 일반적·유형적으로 배제하고 있다고 할 수 있다.

다. 상가임차인의 상가임대차보증금채권 등을 피담보채권으로 한 상가에 대한 상사유치권의 성립을 제한하려는 해석론

나아가 하급심 판례는 상가임차인의 상가임대차보증금채권 등을 피담보채권으로 한 상가에 대한 상사유치권과 관련해서도 상사유치권의 성립요건 중 상행위의 개념을 제한해석 함으로써 상가임대차 보증금채권을 위한 부동산 상사유치권의 성립을 부정하는 것이 주요한 흐름이다[19]

상사유치권의 성립을 부정하는 하급심 사례들은 상사유치권제도의 연혁적 취지, 임대차와 등기를 갖춘 물권의 민사상 우선순위에 주목하여, 상사건물의 임대인과 임차인은 계속적·반복적 거래관계에 있는 것이 아니라 1회의 임대차계약에 의하여 수년간 임대차관계를 유지할 뿐이기 때문에, 그로 인한 점유 취득으로 상사유치권을 인정하는 것은 상거래의 신속성, 대량성, 계속반복성, 몰개성성을 고려하여 보다 편리한 방법으로 담보를 취득하도록 마련된 상사유치권 제도의 취지에 부합하지 않고, 또한 임차인보호를 위한 별도의 입법(상가건물 임대차보호법)도 상가임대차보증금을 위한 상사유치권이 성립되지 않음을 전제로 이루어진 것으로 보아야 하므로 상가임차인의 상가임차보증금반환채권 등을 보호하기 위하여 상사유치권을 부여하는 것은 이러한 법체계에 부합하지 않는다는 점을 근거로 상법 제58조 법문의 '상행위'를 '지속적 거래관계에 따른 상행위'로 제한 해석하여, 임대차보증금 채권은 상행위로 인한 채권에 해당하지 않는다거나 임차인이 임대인에 대한 상행위로 인하여 상가의 점유를 취득한 것이 아니라는 결론에 이르고 있다.

라. 동시이행의 항변권과 유치권 성립의 제한

대법원 2014. 1. 16. 선고 2013다30653 판결은 "수급인의 공사대금채권이 도급인의 하자보수청구권 내지 하자보수에 갈음한 손해배상채권 등과 동시이행의 관계에 있는 점 및 피담보채권의 변제기 도래를 유치권의 성립요건으로 규정한 취지 등에 비추어 보면, 건물신축 도급계약에서 수급인이 공사를 완성하였다고 하더라도, 신축된 건물에 하자가 있고 그 하자 및 손해에 상응하는 금액이 공사잔대금액 이상이어서, 도급인이 수급인에 대한 하자보수청구권 내지 하자보수에 갈음한 손해배상채권 등에 기하여 수급인의 공사잔대금 채권 전부에 대하여 동시이행의 항변을 한 때에는,

19) 서울서부지방법원 2008. 8. 29. 선고 2007가합859 판결, 울산지방법원 2012. 3. 28.자 2011라170 결정, 서울고등법원 2012. 1. 11. 선고 2010나68871 판결(대법원 2013. 6. 13. 선고 2012다25753 판결로 이 부분 판시 그래도 확정) 등

공사잔대금 채권의 변제기가 도래하지 아니한 경우와 마찬가지로 수급인은 도급인에 대하여 하자보수의무나 하자보수에 갈음한 손해배상의무 등에 관한 이행의 제공을 하지 아니한 이상 공사잔대금 채권에 기한 유치권을 행사할 수 없다고 보아야 한다." 고 판시한 바 있다.

위 대법원 판결은 건물신축 도급계약에서 완성된 신축 건물에 하자가 있고 하자 및 손해에 상응하는 금액이 공사잔대금액 이상이어서 도급인이 하자보수청구권 등에 기하여 수급인의 공사잔대금 채권 전부에 대하여 동시이행 항변을 한 경우, 수급인이 공사잔대금 채권에 기한 유치권을 행사할 수 있다고 판시하여, 유치권의 피담보채권액보다 큰 금전채권이 유치권의 피담보채권과 동시이행의 관계에 있는데 당사자가 동시이행의 항변을 한 경우에는 유치권을 행사하지 못한다는 입장을 취하는 한편, 수급인이 하자보수의무나 손해배상의무를 부담하는 경우에는 그 이행을 제공하지 않고서는 공사잔대금 채권에 기한 유치권을 행사할 수가 없다는 입장을 취하여, 도급인으로서는 자신이 가지는 동시이행항변권 행사를 통하여 수급인의 유치권 행사를 제한할 수 있다는 입장을 취하였다.

5. 소유자의 동의 없이 유치권자로부터 목적물을 임차한 자가 매수인에게 대항할 수 있는지 여부

가. 유치권자로부터의 임차한 자의 점유 태양

유치권자로부터 임차한 자는 유치물을 직접점유하는 자이고, 유치권자는 임대차계약을 매개로하여 간접점유를 하는 것이다(민법 제194조). 직접점유자가 점유를 상실하면, 그 상실이 자발적이든 아니든 또는 간접점유자에 대한 관계에서 위법한 것이라고 하더라도 간접점유자도 점유를 상실한다.

나. 유치권자의 사용수익의 한계

유치권자는 과실수취권(민법 제323조)은 있지만, 다음과 같은 2가지 의무가 있다. 즉 유치권자는, ① 선량한 관리자의 주의의무로 유치물을 점유하여야 하고, ② 채무자의 승낙 없이 유치물을 사용, 대여(임대차 또는 사용대차)하거나 담보로 제공할 수 없고(민법 제324조 제2항 본문), 유치물의 보전에 필요한 사용만을 할 수 있을 뿐이다(동항 단서).

유치권자가 이러한 의무에 위반한 경우 손해의 발생 여부와 상관없이 채무자나 소유자는 유치권의 소멸을 청구할 수 있다(민법 제324조 제3항).

채무자의 유치권소멸 청구권은 형성권이므로, 채무자의 일방적 의사표시에 의하여 유치권은 소멸한다.[20]

다. 임차인의 대항 여부(= 쟁점)

적법한 권원을 가진 자가 법규정에 반하여 임대를 한 경우(ex, 동의 없는 전대차 등)에 관하여는 견해의 대립이 있다.

1) 제1설

유치권자는 함부로 유치물을 대여할 수 없다. 유치권자는 채무자나 소유자의 승낙 없이 유치물을 함부로 임대할 수 없으므로(민법 제324조 제2항), 임차인은 자신의 임대차를 가지고 매수인에게 대항할 수 없다.

2) 제2설

적법한 권원을 가진 자가 법 규정에 반하여 임대를 한 경우를 '동의 없는 전대차'의 경우와 마찬가지로 보는 견해이다.

유치권에 기한 점유는 간접점유도 인정하고 있고, 한편 인도명령의 상대방은 직접점유자만을 대상으로 하여야 하므로, 직접점유자가 매수인에게 대항하지 못하고 점유를 상실할 경우 간접점유자인 유치권자도 점유를 상실함으로써 유치권을 행사하지 못하는 불합리한 결과가 발생한다. 따라서 매수인이 ① 위와 같은 무단 임대행위를 들어 민법 제324조 제3항에 따른 유치권소멸청구권을 행사한 경우에는 임차인에 대하여 소유권에 기한 유치물인도청구를 행사할 수 있고, ② 유치권소멸 청구권을 행사하지 않은 경우에는 유치물을 직접 자기에게 반환할 것을 청구하지 못하고 유치권자에게 반환할 것을 청구할 수 있을 뿐이다.[21]

이러한 견해에 대하여는 다음과 같은 반론이 있다. 즉 동의 없는 전대차와 대상판결의 경우와는 사안이 다르다. 임차인은 목적물을 사용수익할 수 있는 권한이 있으므로 무단으로 전대를 하였다고 하여도 소유자가 전차인으로부터 막바로 인도를 구할 수 없지만, 유치권의 경우 유치권자는 유치물의 사용수익권이 없으므로 무단으로 임대를 한 경우 소유자가 임차인으로부터 막바로 인도를 구할 수 있다고 한다.

---

20) 민법주해[VI] 물권(3), 박영사(1992), 322

21) 편집대표 곽윤직 편, 민법주해 [XV] 채권(8), 박영사(1997), 116; 편집대표 박준서, 주석민법 채권각칙(3) (제3판), 한국사법행정학회(1999), 439-440

3) 결론

제1설이 타당하다. 대법원 2002. 11. 27. 자 2002마3516 결정, 대법원 2017. 2. 8.자 2015마2025 결정 등도, "유치권의 성립요건인 유치권자의 점유는 직접점유이든 간접점유이든 관계없지만, 유치권자는 채무자의 승낙이 없는 이상 그 목적물을 타에 임대할 수 있는 처분권한이 없으므로(민법 제324조 제2항 참조), 유치권자의 그러한 임대행위는 소유자의 처분권한을 침해하는 것으로서 소유자에게 그 임대의 효력을 주장할 수 없고, 따라서 소유자의 동의 없이 유치권자로부터 유치권의 목적물을 임차한 자의 점유는 민사집행법 제136조 제1항 단서에서 규정하는 '매수인에게 대항할 수 있는 권원'에 기한 것이라고 볼 수 없다."고 판시하여 제1설을 채택하였다.

Ⅵ. 공유지분에 기한 인도청구

1. 공유지분 매수인의 인도청구

가. 보존행위로서 인도청구가능

공유지분의 매수인은 공유자의 일원에 불과하며, 공유자는 공유물의 전부를 사용할 수 있으나 그 상용은 지분에 의하여 제약되고(민법 제263조) 구체적인 사용방법에 관하여는 공유자 사이의 합의가 필요하다. 공유물의 관리 행위는 공유자 지분의 과반수로 결정되지만 보존행위는 각 공유자가 단독으로 할 수 있다(민법 제265조).

제3자가 경매목적물을 점유하고 있는 경우에는 그에게 점유의 정당한 권원이 인정되지 아니하는 이상 그로부터 인도를 받는 것은 매수인 이외의 다른 공유자와 관계에 있어서도 보존행위에 속한다고 할 수 있으므로 인도명령이 가능하다.

나. 점유자가 종전 공유자였던 채무자인 경우(원칙적 가능, 공유자 지위가 아니라 용익권에 기해서 점유 시 지분비율에 따라 결정)

공유물을 현실적으로 점유하고 있는 자가 종전의 공유자였던 채무자일 경우에는, 그의 공유물의 점유·사용이 공유자인 지위에 기한 것인 이상 채무자는 경매에 의하여 그 지위를 상실하고 매수인이 그 지위를 승계하므로, 매수인은 보존행위로서 채무자를 상대로 인도명령을 받을 수 있다. 그러나 종전의 공유자였던 채무자라 하더라도 그의 공유물 사용이 공유자인 지위를 떠나서 그 목적물에 대한 용익권에 기인한 것일 경우는 다른 공유자가 점유하고 있는 경우에 준하여 처리해야 한다. 즉, 채무자가 아니었던 다른 공유자가 점유하고 있는 경우에는 매수인이 취득한 공유지분이 과반수에 달하느냐의 여부에 따라 결정해야 한다. 따라서 매수지분이 과반수에 달하게 되면 관리행위로서 점유자를 상대로 인도명령을 청구할 수 있고, 과반수에 미달하면 청구할 수 없다(민법 제265조).

2. 판례의 태도

가. 소수지분권자의 다른 소수지분권자에 대한 공유물인도청구(= 소극), 1/2 지분권자의 다른 1/2 지분권자에 대한 공유물인도청구(= 소극)

1) 종전 판례는 보존행위로 보아 공유물인도 청구인용

과거에는 소수지분권자가 다른 소수지분권자에 대하여 그가 일방적으로 점유하는 공유토지의 인도와 지상건물의 명도를 청구한 사안에서 공유물에 관하여 지분을 소유하고 있는 공유자나 그 지분에 관한 소유권이전등기 청구권을 가지고 있는 자라고 할지라도 다른 공유자와의 협의 없이는 공유물을 배타적으로 점유하여 사용, 수익할 수 없는 것이므로, 다른 공유자는 자신이 소유하고 있는 지분이 과반수에 미달되더라도 공유물을 점유하고 있는 자에 대하여 공유물의 보존행위로서 공유물의 인도나 명도를 청구할 수 있다고 보았다(대법원 1994. 3. 22. 선고 93다 9392, 9408 전원합의체 판결).

과거 판례는 또한 1/2지분권자가 공유토지 전체를 점유한 다른 1/2지분권자에 대하여 토지 명도 및 지상건물철거를 청구한 사안에서 공유물보존행위로서 배타적 사용을 배제할 수 있다는 이유로 이를 인용하고 있다(대법원 1978. 5. 23. 선고 77다1157 판결, 1979. 6. 12. 선고 79다647 판결, 1983. 2. 22. 80다1280,1281 판결, 대법원 1991. 1. 15. 선고 88다카19002, 19003 판결).

2) 최근 선고된 전원합의체 판결은 공유물인도 청구는 다른 공유자의 이익을 침해하여 보존행위가 아니라고 보아 공유물인도 청구배척(방해배제만 허용)

하지만 최근에 선고된 대법원 2020. 5. 21. 선고 2018다287522 전원합의체 판결은 “보존행위는 공유물의 멸실·훼손을 방지하고 그 현상을 유지하기 위하여 하는 사실적, 법률적 행위를 뜻한다. 이러한 보존행위를 공유자가 다른 공유자와 협의하지 않고 단독으로 할 수 있도록 한 취지는 보존행위가 긴급을 요하는 경우가 많고 다른 공유자에게도 이익이 되는 것이 보통이기 때문인데, 공유자 중 1인인 피고가 공유물을 독점적으로 점유하고 있어 다른 공유자인 원고가 피고를 상대로 공유물의 인도를 청구하는 것은 공유물을 점유하는 피고의 이해와 충돌되므로, 다른 공유자에 대한 공유물 인도청구를 민법 제265조 단서에서 정한 보존행위라고 보기 어렵다. 나아가 원고의 피고에 대한 물건 인도청구가 인정되려면 먼저 원고에게 인도를 청구할 수 있는 권원이 인정되어야 하는데 원고 역시 피고와 마찬가지로 소수지분권자에 지나지 않으므로 원고가 공유자인 피고를 전면적으로 배제하고 자신만이 단독으로 공유물을 점유하도록 인도해 달라고 청구할 권원은 없다."고 판시하여 종전 판결들의 태도를 전면적으로 변경하였다.

나아가 위 전원합의체 판결에 의하면 이와 같이 공유물의 소수지분권자가 다른 공유자와 협의 없이 공유물의 전부 또는 일부를 독점적으로 점유·사용하고 있는 경우 다른 소수지분권자는 공유물의 보존행위로서 그 인도를 청구할 수는 없고, 다만 자신의 지분권에 기초하여 공유물에 대한 방해 상태를 제거하거나 공동 점유를 방해하는 행위의 금지 등을 청구할 수 있다.

이러한 전원합의체 판결의 판지에 따르면 부동산을 공유자 甲, 乙이 각 2분의 1 지분씩 공유하고 있는데, 甲의 공유지분(2분의 1 지분)이 경매로 매각되어 매수인이 부동산 전부를 점유하고 있는 공유자 乙을 상대로 부동산인도명령을 신청한 경우 법원은 그 신청을 기각해야 한다(대법원 2020. 6. 12.자 2020마5186 결정 참조).

나. 다수지분권자의 다른 소수지분권자에 대한 공유물인도청구(=적극)

부동산에 관하여 과반수 공유지분을 가진 자는 공유자 사이에 공유물의 관리방법에 관하여 협의가 미리 없었다 하더라도 공유물의 관리에 관한 사항을 단독으로 결정할 수 있으므로 공유토지에 관하여 과반수 지분권을 가진 자가 그 공유토지의 특정된 한 부분을 배타적으로 사용수익할 것을 정하는 것은 공유물의 관리방법으로서 적법하다(대법원 1991. 9. 24. 선고 88다카33855 판결, 다만 다른 공유자들에 대하여 그들 지분에 상응하는 부당이득이 성립할 수 있다고 설시하고 있다).

한편 건물을 ① 甲(61.58%), ② 乙(34.42%), ③ 丙(4%)이 소유하고 있는데 A가 2010. 6. 30. 위 건물 중 ①, ③의 지분에 관하여 가압류결정을 받아 2010. 7. 1. 가압류등기를 마쳤고, B는 2012. 9. 1. 소유자 甲, 乙, 丙으로부터 위 건물을 임차한 다음 2012. 9. 12. 위 건물을 인도받아 전입신고를 마치고 거주하고 있으며, 그 후 C가 위 가압류사건의 본안판결의 집행으로 진행된 경매절차에서 위 건물 중 ① 지분을 취득한 경우(물론 ① 지분에 대해서만 경매신청을 함), 임차인 B는 가압류의 처분금지의 효력으로 인해 ①, ③ 지분에 대하여는 임차권의 대항력을 주장할 수 없고, 가압류가 되지 않은 ② 지분에 대하여만 그 대항력을 주장할 수 있게 되었다. 그렇다면 임차인 B는 위 경매절차에서 과반수의 지분을 취득한 C의 인도명령을 거부할 수 없다(대법원 2016. 2. 25.자 2014마546 결정 참조).

다. 소수지분권자의 다수지분권자에 대한 공유물인도청구(=소극)

소수지분권자가 다수지분권자에 대하여 공유물인도청구를 한 경우에 이를 허용할 것인지 여부에 관하여, 공유토지에 관하여 과반수 지분권을 가진 자가 그 공유토지의 특정된 한 부분을 배타적으로 사용수익할 것을 정하는 것은 공유물의 관리방법으로서 적법하다는 판례에 비추어 볼 때, 이를 허용하지 않는 것이 타당하다.

판례는 소수지분권자의 다수지분권자에 대한 공유물인도청구에 대하여 다수지분권자의 관리사항 결정권(관리행위)에 배치되기 때문에 허용될 수 없다는 점을 명백히 하였다(대법원 2001. 11. 27. 선고 2000다33638,33645 판결).

Ⅶ. 인도명령의 신청

1. 신청의 방법

인도명령의 신청은 집행법원에 서면 또는 말로 할 수 있다(민사집행법 제23조 제1항, 민사소송법 제161조 제1항). 집행절차의 부수적인 신청이므로 민사집행법 제4조의 적용은 없으나 통상서면으로 한다. 채무자, 소유자 또는 현황조사보고서 등 기록상 명백한 점유자를 상대방으로 하여 신청하는 경우에는 특별한 증빙서류의 제출을 요하지 아니하나 가령 채무자의 일반승계인을 상대방으로 하는 경우에는 가족관계증명서 또는 등기사항증명서를 제출하여야 하며 기록상 드러나지 않는 점유자를 상대방으로 하는 경우에는 채무자에 대한 인도명령에 기하여 인도의 집행을 실시하였으나 제3자의 점유로 집행불능이 되었다는 집행관이 작성한 부동산인도집행조서(집행불능조서) 등본 또는 주민등록표 등본 등 그 점유 사실을 증명할 수 있는 서면을 제출하여야 할 것이다.

집행법원은 인도명령의 신청이 있는 경우에 한하여 인도명령을 발할 수 있고, 가사 인도명령을 발할 수 있는 요건의 구비가 기록상 명백하다 하더라도 신청이 없이 직권으로 인도명령을 발할 수 없다.

신청서에는 1,000원의 인지를 붙여야 한다(인지법 제9조 제5항 제4호).

신청서가 제출되면 독립한 기타집행사건으로 번호를 부여하고 기타집행사건부에 등록하며, 위 신청서는 경매사건기록에 시간적 접수순서에 따라 합철하고 그 기록표지에 사건번호와 사건명을 병기한다(재민 91-1).

2. 신청의 시기

인도명령은 매각대금을 낸 뒤 6월 이내에 신청해야 한다(민사집행법 제136조 제1항). 6월이 지난 뒤에는 점유자를 상대방으로 하여 소유권에 기한 인도 또는 명도소송을 제기할 수밖에 없다.

매각부동산 인도명령은 신청일로부터 3일 안에 하여야 한다(재민 91-5).

부동산인도명령은 부동산경매절차에서 대금을 납부한 매수인의 신청에 의하여 채무자·소유자 또는 부동산 점유자에 대하여 부동산을 매수인에게 인도할 것을 명하는 재판으로서 간이·신속한 절차에 의하여 매수인으로 하여금 부동산을 인도받을 수 있도록 기판력이 없는 집행권원을 부여하는 것이므로(민사집행법 제136조 제1, 5항, 제56조 제1호), 만약 매수인이 소로써 같은 부동산에 관하여 채무자·소유자 또는 부동산 점유자를 상대로 인도를 청구하는 소를 제기하여 그 인도청구를 인용하는 판결이 확정되어 기판력 있는 집행권원을 얻게 된 경우에는 더 이상 부동산인도명령을 신청할 이익이 없게 된다(대법원 2013. 12. 27.자 2011마1204 결정).

인도를 명하는 가집행 선고 있는 미확정 판결이 있고 본안 소송 계속 중인 경우 부동산인도명령을 신청할 이익이 있는지에 관해서는 이를 긍정하는 견해와 부정하는 견해가 있는데, 각 제도의 취지와 근거가 다른 만큼 부동산인도명령 신청할 이익을 있다.

3. 관할법원

당해 부동산에 대한 경매사건이 현재 계속되어 있거나 또는 과거에 계속되어 있었던 집행법원이다(민사집행법 제136조 제1항). 이는 전속관할이다. 사법보좌관규칙은 2005. 6. 3. 제정 이후 계속 '민사집행법 제136조의 규정에 따른 인도명령 및 관리명령'을 사법보좌관의 업무 범위에서 제외하고 있었다(사법보좌관규칙 제2조 제1항 제7호 단서 나목). 그러나 2020. 4. 23. 개정(2020. 7. 1. 시행)된 사법보좌관규칙 제

2조 제1항 제7호 단서에서 위 나목이 삭제되어, 2020. 7. 1.부터는 사법보좌관이 인도명령과 관리명령을 할 수 있게 되었다(다만 부칙에 따라 위 개정 조항 시행 후 최초로 접수되는 인도명령, 관리명령 신청 사건부터 적용된다).

[인도명령신청서 문례 1]

인도명령 신청

수 입
인 지

신 청 인(매수인) OOO
서울 서초구 서초동 123-45
피신청인(채무자) OOO

신 청 취 지

피신청인은 신청인에게 별지 목록 기재 부동산을 인도하라.

신 청 이 유

채권자 OOO, 채무자 OOO 사이의 별지 목록 기재 부동산에 관한 귀원 20 타경OOO 부동산강제경매 사건에서 신청인은 매수인으로서 20 . . .에 매각대금을 다 낸 후 위 채무자(피신청인)에게 위 부동산의 인도를 청구하였으나 위 채무자(피신청인)가 불응하고 있으므로, 위 채무자(피신청인)로 하여금 신청인에게 위 부동산을 인도하도록 하는 명령을 내려 주시기 바랍니다.

20 . . .

신청인(매수인) OOO ㊞

서울중앙지방법원 귀중

[인도명령신청서 문례 2]

부동산인도명령 신청

사건번호

신청인(매수인)

○시 ○구 ○동 ○번지

피신청인(임차인)

○시 ○구 ○동 ○번지

위 사건에 관하여 매수인은 . . . 에 낙찰대금을 완납한 후 채무자(소유자, 부동산점유자)에게 별지 매수부동산의 인도를 청구하였으나 채무자가 불응하고 있으므로, 귀원 소속 집행관으로 하여금 채무자의 위 부동산에 대한 점유를 풀고 이를 매수인에게 인도하도록 하는 명령을 발령하여 주시기 바랍니다.

년 월 일

매 수 인 (인)

연락처(☎)

OO지방법원 귀중

☞유의사항

1) 매수인은 대금완납 후 6개월 내에 채무자, 소유자 또는 부동산 점유자에 대하여 부동산을 매수인에게 인도할 것을 법원에 신청할 수 있습니다.

2) 신청서에는 1,000원의 인지를 붙이고 1통을 집행법원에 제출하며 인도명령정본 송달료(2회분)를 납부하셔야 합니다.

Ⅷ. 인도명령의 재판

1. 심리

인도명령의 신청이 있는 경우에 한하여 집행법원은 그 적부를 판단할 수 있으며 인도명령을 발할 수 있는 요건의 구비가 기록상 명백하다 하더라도 그 신청이 없으면 집행법원이 직권으로 인도명령을 발할 수는 없다.

가. 서면심리 또는 임의적 심문

법원은 서면심리만으로 인도명령의 허부를 결정할 수도 있고 또 필요하다고 인정되면 상대방을 심문하거나 변론을 열 수도 있다(민사집행법 제23조 제1항, 민사소송법 제134조).

채무자 또는 소유자의 일반승계인에 대하여 인도명령을 발하는 경우에는 심문을 하지 않고 인도명령을 할 수 있다. 이 경우 신청인은 일반승계인임을 입증할 수 있는 자료(호적등본 또는 상업등기부등본)을 제출하여야 한다.

나. 필요적 심문을 하여야 하는 경우(채무자 및 소유자 외의 점유자)

그러나 법원이 채무자 및 소유자 외의 점유자에 대하여 인도명령을 하려면 그 점유자를 심문하여야 한다. 다만, 그 점유자가 매수인에게 대항할 수 있는 권원에 의하여 점유하고 있지 아니함이 명백한 때 또는 이미 그 점유자를 심문한 때에는 그러하지 아니하다(민사집행법 제136조 제4항).

일단 심문기일을 정하여 진술할 기회를 주었음에도 그 점유자가 심문에 응하지 아니한 때에는 그의 진술을 듣지 않고서도 인도명령을 발할 수 있다. 그러나 심문기일통지서가 송달불능이 된 경우에는 바로 인도명령을 발할 수 없고 주소보정을 명하거나 공시송달 등 적법한 통지절차를 거쳐야 할 것이다.

인도명령의 신청을 기각 또는 각하하는 경우에까지 심문을 요하는 것은 아니다.

다. 심문서의 송달

심문은 서면 또는 말로 그 점유자가 의견을 진술할 기회를 주면 충분하므로, 심문기일을 여는 경우에는 그 점유자에게 심문기일을 통지하여야 하고, 심문기일을 열지 않는 경우에는 그 점유자에게 심문서를 보내어 심문서 도달 후 일정한 기간 내에 서면으로 의견을 진술할 것을 최고하면 된다. 실무에서는 심문서 방식의 심문절차가 주로 활용되고 있다.

실무에서는 채무자 및 소유자 외의 "점유자"에 대하여 인도명령신청이 들어오면, 아래와 같은 내용의 심문서를 보낸다.

점유자가 매수인에게 대항할 수 있는 권원에 의하여 점유하고 있지 아니함이 기록상 명백한 경우에는 점유자를 심문할 필요 없이 인도명령을 발할 수 있으므로(민사집행법 제136조 제4항 단서), 점유자에게 심문서를 발송할 필요가 없지만, 실무에서는 이 경우에도 심문서를 보낸다.[22)]

22) 그 이유는 다음과 같다. 채무자 및 소유자 외의 "점유자"는 거의 임차인인데, 매수인은 일반적으로 매각대금을 납부하자마자 인도명령을 신청하고 있고, 이 때 집행법원이 바로 인도명령을 발령한 경우에 "매수인에 대한 대항력은 없지만, 소액우선변제권을 가진 임차인이나 배당을 받

[심문서 문례]

서울중앙지방법원
심 문 서

사 건 20 타기123 부동산인도명령
(20 타경7893 부동산강제경매)
신 청 인(매수인) ○○○
피신청인(임차인) ○○○

위 사건에 관하여 신청인(매수인)이 피신청인을 상대로 별지 목록 기재 부동산을 신청인(매수인)에게 인도할 것을 명하는 인도명령을 신청하였는바, 피신청인(임차인)은 이에 대하여 주장할 내용이 있으면 이 서면이 도달한 날로부터 7일 이내에 서면으로 밝혀주시고 그에 대한 증거자료가 있으면 함께 제출하기 바랍니다.

20 . . .

판사(사법보좌관) ○○○

[인도명령 진행 실무례]

구 분	진 행 방 안	
채 무 자	신청일로부터 3일 이내 인도명령 발령	
소 유 자	신청일로부터 3일 이내 인도명령 발령	
임 차 인	심문서 발송	배당기일 종결 후 3일 이내 결정
유치권자	심문기일 지정	심문 후 결정
기타 점유자	심문기일 지정	심문 후 결정

을 수 있는 확정일부 임차인"은 배당기일 이전에 목적물을 인도하여야 하는 처지가 되어, 배당기일에 배당금을 지급받기도 전에 매각목적물에서 쫓겨나는 처지가 된다. 이처럼 임차인에게 너무 가혹한 상황이 발생하는 것을 막기 위하여 집행법원은 배당기일까지 인도명령을 보류하는 정책적 고려의 일환으로 대항력 없는 임차인에게도 심문서를 송달하고 있다. 게다가 배당기일 전에 인도명령을 발할 경우 대부분의 임차인이 즉시항고를 함으로써 집행법원의 업무가중을 유발하는 점도 고려된 것으로 보인다. 따라서 집행법원에서는 임차인 등에게 심문서를 송달한 다음 배당기일 다음 날 정도에 인도명령을 발하는 실무례가 통상적인 것으로 여겨지지만, 위와 같은 상황을 고려할 필요가 없거나 점유자의 점유로 인하여 매수인의 재산권 행사에 곤란을 줄 경우에는 즉시 인도명령을 발하여야 한다.

	심문서 발송	답변서 검토 후 결정
	신청인에 보정명령	보정명령 검토 후 결정하거나, 심문서 발송 후 답변서 들어오면 결정

※ 일응의 기준이며, 반드시 이에 따르는 것은 아님.

2. 재판 및 집행

가. 입증의 방법 및 정도

1) 부동산인도명령 신청사건에서는 매수인은 상대방의 점유사실만 소명하면 되고, 그 점유가 매수인에게 대항할 수 있는 권원에 의한 것임은 이를 주장하는 상대방이 소명하여야 한다(대법원 2017. 2. 8.자 2015마2025 결정, 2018. 2. 9.자 2017마781 결정 등)

대법원 2015마2025 결정은 매수인의 인도명령 신청에 대하여 피신청인이 유치권자인 공사대금 채권자의 감사인 자와 함께 점유보조자로서 부동산을 점유하고 있다고 주장한 사안에서, 피신청인의 주장과 같이 이 사건 경매개시결정등기 이전부터 공사대금 채권자가 유치권자로서 이 사건 부동산을 점유하고 있다고 인정하기 위해서는, 피신청인이 공사대금 채권자의 점유보조자로서 공사대금 채권자를 위하여 이 사건 부동산을 관리하고 있었다고 인정될 수 있어야 하는데, 이 사건 부동산의 현황조사서에는 피신청인이 임차인으로서 2012. 12. 11. 이 사건 부동산에 전입하여 위 현황조사 시점인 2014. 5. 20.까지 계속 거주하고 있었을 뿐인 이상 그 사정만으로는 피신청인이 이 사건 경매개시결정등기 이전부터 공사대금 채권자의 점유보조자로서 이 사건 부동산을 사용·관리하여 왔다고 인정하기에 부족하고, 오히려 피신청인은 이 사건 경매개시결정등기 이전부터 이 사건 부동산을 사용하여 왔다 하더라도 이는 공사대금 채권자와 독립하여 임차인으로서 점유하여 왔다고 볼 수 있을 뿐이다. 그리고 피신청인이 유치권자임을 주장하는 공사대금 채권자로부터 이 사건 부동산을 임차하였다 하더라도, 소유자로부터 승낙을 받았다는 등의 특별한 사정이 없는 한 그 임차의 효력을 소유자에게 주장할 수 없으므로, 이러한 피신청인의 점유는 민사집행법 제136조 제1항 단서에서 규정한 매수인에게 대항할 수 있는 적법한 권원에 기한 것이라고 볼 수도 없다. 그럼에도 원심이 판시와 같은 사정만을 들어 피신청인이 이 사건 경매개시결정등기 이전부터 공사대금 채권자의 점유보조자로서 이 사건 부동산을 점유하여 왔다고 잘못 인정한 다음 부동산인도명령 신청을 기각한 것은 위법하다고 판단하였다.

2) 채무자, 소유자 또는 현황조사보고서 등 기록상 명백한 점유자를 상대방으로 하여 신청하는 경우에는 특별한 증빙서류의 제출을 요하지 아니하다.

법원은 신청인이 제출한 주민등록표등·초본, 전에 발한 인도명령의 집행조서등본, 호적등본, 등기부등본 등의 자료와 집행기록(예컨대 현황조사보고서, 평가서 등) 및 상대방심문의 결과 등에 의하여 인도명령의 사유가 소명(단 증명이 필요하다는 설도 있다)되면 인도명령을 발한다. 일반승계인을 상대방으로 하는 경우에는 그 승계 사실이 소명되면 족하고, 제3자를 상대방으로 하는 경우에는 그 자가 점유하고 있는 사실만 소명되면 인도명령을 할 수 있다.

3) 기록상 드러나지 않는 점유자를 상대방으로 하는 경우에는 ① 채무자에 대한 인도명령에 기하여 인도의 집행을 실시하였으나 제3자의 점유로 집행불능이 되었다는 집행관이 작성한 집행조서(집행불능조서)등본이나 ② 주민등록표등본 등 그 점유사실과 점유개시시기를 증명할 수 있는 서면 등을 제출하여야 한다. "매각대금지급 후에 점유를 개시한 자"도 인도명령의 상대방이 된다.

집행법원은 신청인에 대하여 "피신청인이 현재 이 사건 매각목적물을 점유하고 있다는 점 및 그 점유개시시기"에 관하여 주장과 함께 이를 뒷받침할 증거자료를 제출하도록 보정명령을 발하기도 한다.

그런데 실무에서는 집행법원에서 일단 '기록상 드러나지 않는 점유자'에 대하여 심문서를 송달한 후 '그 심문서를 점유자가 수령하였다는 취지의 송달보고서'가 도착하면, 피신청인이 매각대상 목적물을 현재 점유하고 있다고 보아 위의 입증자료 없이도 피신청인에 대한 인도명령을 발령한다.

4) 상대방이 매수인에게 대항할 수 있는 권원(예컨대 유치권)에 의하여 점유하고 있음이 기록에 의하여 명백하거나 상대방이 이 사실을 주장하고 소명한 때에는 신청을 기각하여야 할 것이다. 이 경우에 반대급여와 상환으로 인도를 명하는 이른바 조건부명령을 할 것이 아니다.

나. 재판의 형식과 내용

재판의 형식은 결정이지 소송법상 의미의 명령이 아니다(민사집행법 제136조 제5항 참조).

인도명령의 신청을 대금을 낸 뒤 6월이 지난 뒤에 하는 등 부적법하면 신청을 각하할 것이고, 신청이 이유 없다고 인정되면 이를 기각할 것이지만 인도명령의 신청에 관한 재판에는 실체적 확정력이 없으므로(대법원 1981. 12. 8. 선고 80다2821 판결 참조), 각하와 기각을 엄격히 구별할 필요는 없다(대법원 1960. 7. 21.자 4293민항137 결정 참조).

그리고 인도명령신청에 대한 재판은 그것이 인용하는 것이든 기각하는 것이든 매수인의 소유권에 기한 인도청구권의 존부에 관하여 기판력을 갖지 않는다(대법원 1981. 12. 8. 선고 80다2821 판결).

매수인이 대금을 낸 뒤에 채무자로부터 민사집행법 제49조의 집행정지서면이 제출되더라도 매수인의 권리에 영향을 주지 못하므로 인도명령을 발하는 데 아무런 지장이 없다.

매수인이 인도명령에 의하여 간이·신속하게 부동산을 인도받을 수 있다고 하더라도 이에 의하지 않고 채무자 등을 상대로 소로써 부동산의 인도를 청구하는 것을 배제할 수 없다(대법원 1971. 9. 28. 선고 71다1437 판결). 즉 인도명령제도를 이유로 하여 매수인의 인도청구소송의 소의 이익을 부정할 수는 없다.

인도명령은 특별한 사정이 없는 한 신청일로부터 3일 안에 하여야 한다(재민 91-5).

다. 재판의 주문

신청이 부적법하면 각하하고, 적법하지만 발령요건을 갖추지 못한 경우에는 신청을 기각하면 된다. 하지만 신청이 요건을 갖추어 정당하면, "피신청인은 신청인에게 별지 목록 기재 부동산을 인도하라"는 취지의 재판을 한다.

상대방이 부동산의 특정부분만을 점유하고 있는 때에는 점유부분을 특정하여 인도명령을 발하는 데, 이 경우 점유부분을 특정하기 위하여 정확한 실측도면을 요하는 것은 아니므로 감정인의 감정서나 집행관의 현황조사보고서에 첨부된 도면을 이용하여 특정하여도 된다.

인도명령은 민사집행법 제56조 제1호의 항고로만 불복할 수 있는 재판으로서 집행권원이 되는 것이고 집행을 받을 자에게 집행권원을 송달하는 것이 집행개시요건이므로(민사집행법 제39조 제1항), 신청인 및 상대방에게 인도명령정본을 송달하여야 한다. 다만, 상대방에게 송달할 정본을 신청인에게 교부하여 집행관으로 하여금

집행 시에 상대방에게 송달하게 하여도 무방하다.

라. 인도명령의 집행

인도명령은 이른바 확정되어야 효력이 생기는 재판으로는 규정되어 있지 아니하므로 송달만으로 즉시 효력(집행력)이 생기며 즉시항고가 제기되더라도 집행정지의 효력이 생기지 않는다(민사집행법 제15조 제6항).

상대방이 인도명령에 따르지 아니할 때에는 신청인은 집행관에게 그 집행을 위임하여 집행관으로 하여금 민사집행법 제258조에 의하여 인도집행을 하도록 한다(민사집행법 제136조 제6항).

인도명령은 경매법원 자신이 부동산에 대한 강제집행의 부수절차로서 집행권원을 부여한 것이므로 인도명령의 집행에는 집행문의 부여가 필요 없다는 견해도 있으나 인도명령은 항고로만 불복할 수 있는 재판으로서 민사집행법 제56조 제1호의 집행권원에 해당하는데, 우리 집행법체계상 집행권원 중에 집행문이 필요 없는 때에는 따로 그러한 취지를 규정한 것에 비추어 보면(예컨대 민사집행법 제58조 제1항, 소액 제5조의8 제1항), 인도명령에 대하여는 집행문이 필요 없다고 하는 규정이 없으므로 집행문이 필요하다.

한편 인도명령이 발하여진 뒤에 승계관계가 발생하였을 경우(예컨대 인도명령의 발령 후에 신청인 또는 상대방에 관하여 일반승계사유가 생긴 경우라든가 상대방의 점유가 다른 사람에게 승계된 경우)에는 민사소송법 제218조, 민사집행법 제25조, 제31조 등을 유추적용하여 승계집행문을 부여받아 집행할 수 있다.

민사집행법 제39조 제2항은 강제집행을 받는 채무자에게 집행법원이 조건성취, 승계 등의 사실을 인정하여 집행문을 부여하였다는 사실을 알림으로써 강제집행이 적법한 개시요건을 갖추었음을 확인시키고 나아가 집행채무자에게 집행문부여에 대한 이의신청이나 집행문부여에 대한 이의의 소 등 그 방어방법을 강구할 기회를 주기 위한 취지의 것이어서, 집행채무자가 강제집행의 개시 전에 승계집행문부여에 대하여 불복 절차를 밟을 수 있도록 충분한 기간을 두고 승계집행문을 송달하는 것이 집행채무자 보호의 관점에서는 바람직할 수 있다 하더라도, 그러한 충분한 기간을 두지 않고 강제집행의 개시에 근접하여 승계집행문을 송달한 후 강제집행을 개시하였다고 하여 이를 반드시 위법하다고 볼 것은 아니다(대법원 2012. 6. 14. 선고 2010다41256 판결, 인도집행 개시 5분 전에 승계집행문을 송달하고 집행에 착수한 사안).

한편 인도명령의 상대방이 채무자인 경우에 그 인도명령의 집행력은 당해 채무자는 물론 채무자와 한 세대를 구성하며 독립된 생계를 영위하지 않는 가족과 같이 그 채무자와 동일시되는 자에게도 미친다(대법원 1998. 4. 24. 선고 96다30786 판결).

[부동산인도명령(전산양식 A3426)]

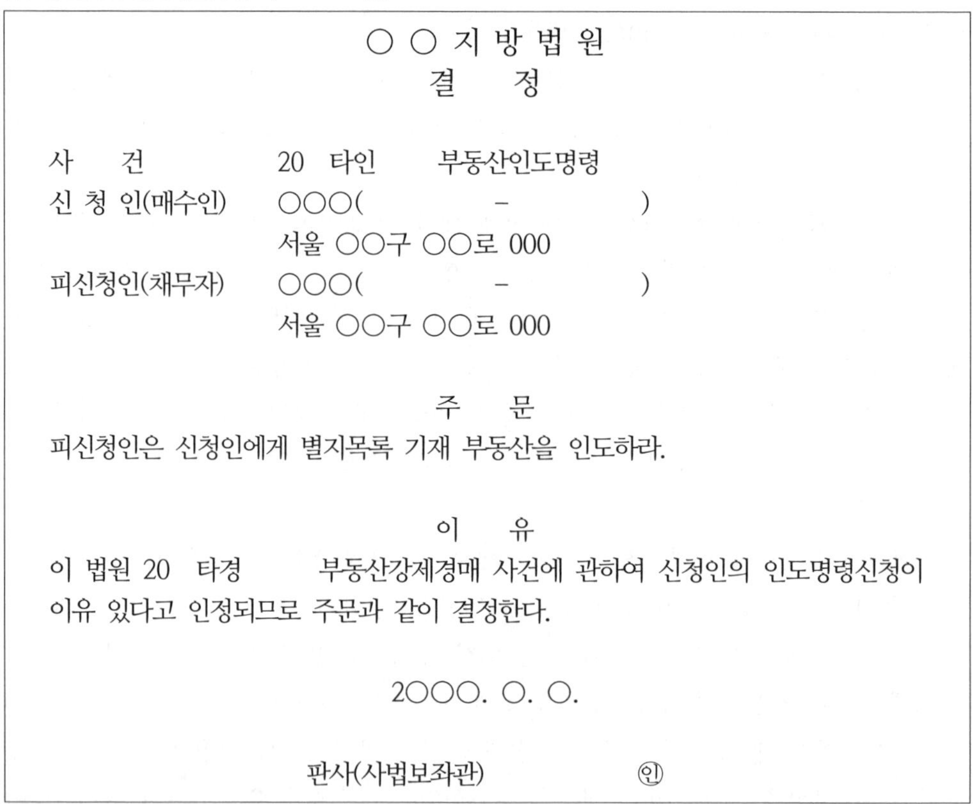

○ ○ 지 방 법 원
결 정

사 건 20 타인 부동산인도명령
신 청 인(매수인) ○○○(-)
서울 ○○구 ○○로 000
피신청인(채무자) ○○○(-)
서울 ○○구 ○○로 000

주 문

피신청인은 신청인에게 별지목록 기재 부동산을 인도하라.

이 유

이 법원 20 타경 부동산강제경매 사건에 관하여 신청인의 인도명령신청이 이유 있다고 인정되므로 주문과 같이 결정한다.

2○○○. ○. ○.

판사(사법보좌관) ㉐

Ⅸ. 인도명령의 집행절차[23)]

1. 집행의 신청

부동산 등의 인도집행에서 집행관의 직무행위는 채무자가 점유하는 부동산 등이 있는 곳에서 실시되는 것이므로, 그 집행의 신청은 그 직무행위가 실시되는 곳을 관할하는 지방법원 또는 지원 소속 집행관에 대하여 하여야 한다(집행관규칙 제4조 제

23) 법원실무제요 민사집행(IV): 부동산집행, 법원행정처(2020), 695-713

1항).

인도집행도 강제집행이므로, 민사집행법 1편(총칙) 및 2편(강제집행) 1장(총칙)에서 정한 강제집행의 신청방식에 따라 신청하여야 한다. 따라서 채권자의 집행신청은 서면으로 하여야 한다(민사집행법 제4조).

신청서에는 집행력 있는 정본(민사집행법 제42조 제1항)과 집행개시의 요건을 충족하였음을 증명하는 서면(민사집행법 제39조, 제40조, 제41조)을 첨부하여야 하고, 신청시에는 집행관수수료규칙 제25조에 의하여 비용을 예납하여야 한다.

점유를 이전받은 사람에게 승계집행문을 받아 인도집행을 하는 경우에는 강제집행을 개시하기 전에 승계집행문을 송달하여야 한다(민사집행법 제39조 제2항). 그런데 집행채무자가 강제집행의 개시 전에 승계집행문 부여에 대하여 불복 절차를 밟을 수 있도록 충분한 기간을 두고 승계집행문을 송달하는 것이 집행채무자 보호의 관점에서는 바람직할 수 있다 하더라도, 그러한 충분한 기간을 두지 않고 강제집행의 개시에 근접하여 승계집행문을 송달한 후 강제집행을 개시하였다고 하여 이를 가리켜 반드시 위법하다고 볼 것은 아니다(대법원 2012. 6. 14. 선고 2010다41256 판결). 강제집행의 일방 당사자인 집행채권자의 처지에서 볼 때 부동산 인도집행의 경우 승계집행문 부여 사실을 상당한 기간 전에 집행채무자에게 알리게 되면 집행채무자가 부동산의 점유를 타인에게 이전하는 등으로 강제집행의 목적을 달성하지 못할 우려도 배제할 수 없다는 점 등을 고려한 것이다.

2. 집행기관

부동산 등 인도의 집행기관은 목적물이 있는 곳을 관할하는 지방법원이나 지원에 소속된 집행관(민사집행법 제258조 제1항)이다.

그 관할은 지방법원 본원 또는 지원별로 정해진다(집행관규칙 제4조). 구체적인 집행은 채권자의 집행관에 대한 위임이 있어야 개시된다. 또한 집행관은 소속 지방법원이나 지원의 관할구역의 내외에 걸치는 부동산 등에 대한 인도의 강제집행을 하는 때에는 소속 지방법원이나 지원의 관할구역 밖에서도 직무를 행할 수 있다.

3. 집행방법

집행관은 직접 실력으로 부동산 등에 대한 채무자의 점유를 배제하고 채권자에게 그 점유를 취득하게 하는 직접강제의 방법에 의하여 집행하여야 한다. 간접강제의 방법이 허용되지 않는 것은 동산인도청구권의 경우와 마찬가지이다.

채무자가 집행에 저항하는 경우에는 필요한 한도 내에서 위력을 행사해서라도 집행을 수행하여야 하고, 필요한 때에는 경찰 또는 국군의 원조를 요청할 수 있다(민사집행법 제5조 제2항). 집행관은 집행하는 데 저항을 받거나 채무자의 주거에서 집행을 실시하려는데 채무자나 사리를 분별할 지능이 있는 그 친족·고용인을 만나지 못한 때에는 성년 두 사람이나 특별시·광역시의 구 또는 동 직원, 시·읍·면 직원(도농복합형태의 시의 경우 동지역에서는 시 직원, 읍·면 지역에서는 읍·면 직원) 또는 경찰공무원 중 한 사람을 증인으로 참여하게 하여야 한다(민사집행법 제6조).

다만, 채무자나 그 가족이 와병 중이어서 강제집행이 그 병세를 악화시킨다는 등의 특별한 사정이 있는 때에는 일시적으로 강제집행을 보류함이 상당하다. 이 경우에 집행관은 의사에게 병세를 진찰하게 할 수 있고, 그 비용은 집행비용으로서 채무자에게 부담시킬 수 있다고 해석된다. 하지만 채무자가 진찰을 거부하고 꾀병이라고 인정되는 때에는 소극적 저항이 있다고 할 수 있으므로 강제력을 사용하여 집행을 속행할 수 있다.

또한 부동산의 인도집행에서는 채권자가 바로 단행하도록 요구하는 경우는 별도로 하고, 제1회의 기일에는 채무자에 대하여 인도를 최고하는 것에 그치고, 당사자의 사정을 고려하여 인도의 유예기간을 주는 취지로 다음 기일을 정하는 방법도 허용된다. 실무상 강제집행 실행 전 상당기간 집행예고를 실시하고 있고, 집행과 관련한 사전협의 절차를 거침으로써 집행사건의 80% 가량이 강제집행이 아닌 임의이행으로 종국되고 있는 것이 현실이다.

집행관이 집행을 하기 위해서는 채권자나 그 대리인이 인도받기 위하여 출석하여야 한다(민사집행법 제258조 제2항). 동산인도집행과 다른 점이다. 채권자나 대리인이 출석하여 점유를 취득하지 않으면 강제집행의 목적을 달성하지 못하기 때문이다. 따라서 채권자나 그 대리인이 출석하지 않았음에도 불구하고 집행관이 채무자로부터 그 점유를 완전히 빼앗아 집행관 자신이 점유하거나 제3자로 하여금 점유하게 하는 것은 하자가 있는 집행이다(대법원 1962. 2. 8. 선고 4293민상677 판결). 채권자가 채권자대위권에 기하여 인도소송을 제기한 경우와 같이 집행권원이 채권자 이외의 제3자에게 인도를 명하는 것인 경우에는 그 제3자나 그의 대리인이 출석한 경우에 한하여 집행할 수 있으나, 제3자가 출석하지 않기 때문에 채권자에게 인도한 때에는 채권자가 제3자를 대리하여 인도받은 것으로 보고 이로써 인도집행은 종료된 것으로 보아야 한다.

그러나 채권자가 사전에 집행관에게 대리인 선임을 위임한 경우에는 굳이 채권자나 그 대리인의 출석을 필요로 하지 않는다. 그리고 퇴거의 집행에는 채권자에게 점유를 이전할 필요가 없으므로 채권자나 그 대리인의 출석을 요하지 않는다.

4. 가족·동거인 등에 대한 집행

인도집행에서 점유하고 있는 채무자가 집행권원에 표시되어 있어야 하는 것은 당연하지만, 채무자와 함께 거주하고 있는 가족이나 동거인 또는 고용인 등에 대하여는 사회통념상 그들이 채무자와 별개의 독립한 점유를 가진다고 인정되는 등의 특별한 사정이 없는 한 별도의 집행권원 없이도 채무자와 동시에 퇴거시켜서 집행할 수 있다. 이들은 채무자의 점유보조자로서 채무자의 지시에 따라 그 수족으로서 부동산을 소지하는 것에 그치고 독립된 점유가 인정되지 않기 때문이다(민법 제195조).

집행문이 부여된 집행권원 정본에 표시된 채무자(점유자)가 임의퇴거하고 종전부터 채무자와 동거하여 온 점유보조자가 당해 건물을 점유하고 있는 경우에 채무자에 대한 집행권원의 집행력은 점유보조자에게 미치므로 그 점유보조자에 대한 승계집행문을 받지 않아도 종전의 집행권원으로 인도집행을 할 수 있다.

반면 채무자의 임차인 등과 같이 독립된 권원에 의하여 점유하고 있는 사람들에 대하여는 별도로 집행권원이 있어야 집행을 할 수 있다. 그러나 이들이 강제집행에 이의를 제기하지 않고 집행이 종료된 때에는 집행의 효력에 영향을 미치지 않는다. 만일 집행관이 임차인 등의 항의를 묵살하고 인도집행을 강행한다면 이는 임차인 등에 대한 관계에서 불법행위가 된다(대법원 1985. 5. 28. 선고 84다카1924 판결). 따라서 집행권원에 표시된 채무자 이외의 사람이 목적물인 건물에 외관상 집행권원에 표시된 사람과 관계없이 거주하고 있는 것으로 보이는 경우에는 이 거주자를 집행권원에 표시된 사람의 점유보조자로 인정하는 데는 신중하여야 한다.

호텔이나 여관 등의 접객업소를 경영하는 사람을 채무자로 하는 건물 인도집행에서는 그 건물에 손님으로서 임시로 머무르고 있는 사람들에 대하여는 별도의 집행권원이 없이도 함께 집행할 수 있으나, 하숙인은 독립된 점유를 가지는 것으로 보아야 하므로 그러하지 아니하다.

채무자가 법인인 경우에는 그 기관인 대표자 또는 종업원의 행위를 통하여 건물을 점유하게 되는데 대표자로서 건물을 소지하는 때에는 그 건물의 직접 점유자는 법인이다. 따라서 대표자 개인에 대한 건물인도의 집행권원에 기하여 인도집행을 하기 위해서 현장에 갔으나 그 건물의 일부가 개인 채무자가 대표자로 있는 회사가 점유하고 있는 것으로 판명된 경우에는 그 회사가 이른바 1인 회사라고 보이는 때에도 회사가 점유하는 부분에 인도집행을 할 수는 없다.

5. 건물의 일부에 대한 집행 및 공동점유자에 대한 집행

1개의 건물 전부의 인도를 명하는 집행권원에 기초하여 건물의 일부(물리적으로 다른 부분과 구별할 수 있고 독립된 효용을 가지는 것에 한하여)만에 관하여 집행할 수 있다. 목적부동산이 물리적으로 다른 부분과 구별할 수 있고 독립된 효용을 가진 여러 개의 부분으로 되어 있는 경우에는 개개의 부분별로 채무자의 점유를 빼앗아 차례대로 채권자에게 그 점유를 이전하여야 하는 것이 원칙이다. 그 도중에 집행정지 명령이 있는 때에는 채권자에게 아직 점유를 인도하지 않은 부분에만 집행을 정지하게 된다. 즉, 집행을 마친 부분의 집행정지나 집행취소는 구할 수 없다. 집행을 다음날까지 속행하여야 하는 때에는 집행을 마친 부분은 반드시 채권자에게 그 점유를 인도하여야 하고 집행관이 그 보관의 책임을 지는 사태는 피하여야 한다. 그 밖의 경우에는 1개의 불가분적인 건물에 대한 채무자의 점유를 빼앗아 가는 과정에 불과하므로 마지막으로 전부를 모아서 채권자에게 인도하게 된다. 이 경우에 집행을 다음날까지 속행하여야 하는 때에는 채무자의 목적물에 대한 점유를 배제하는 데 착수한 것에 불과하고, 집행관이 목적물의 입구를 잠그거나 봉인하는 등의 조치를 취하는 것은 허용되지 않는 것에 유의하여야 한다. 다만 집행의 대상이 규모가 큰 건물의 명도이어서 명도의 완료까지 수 기일을 요하는 경우 그 일부분이 독립하여 사용할 수 없으나 다른 부분과 구별할 수 있으며, 그 부분에 대한 채무자의 점유를 배제한 단계에서 당해 기일을 종료하여야 하는 때에는 그 부분에 대하여만 목적물의 입구를 잠그거나 봉인하는 것은 허용된다.

집행을 속행한 때에는 채무자가 다음날의 집행개시까지 이미 반출된 물건 등을 목적건물 내의 원래의 장소로 반입하더라도, 1개의 불가분물에 대한 집행이고, 아직 집행은 종료되지 않았으므로, 반입한 물건을 다시 반출하더라도 관계없다.

6. 공동점유자에 대한 집행

건물 전부를 2인이 공동점유하고 있는 경우에는 각자 점유하고 있는 부분이 특정되어 있는 경우에는 그중 1인에 대한 집행권원에 기초하여 그 1인에 대한 인도집행을 할 수 있다는 점에 대하여는 의문이 없으나, 그렇지 않은 경우에는 그 중 1인에 대한 집행권원에 기초하여 인도집행을 하기 위해서는 다른 공동점유자가 동의하여야 할 수 있다.

한편, 점유자 2인에 대한 집행권원으로 인도집행을 하려 하였는데 집행 당시에는 1인만이 점유하고 있는 경우에는 집행을 하는 데 아무런 문제가 없다.

7. 건물·수목 등이 있는 토지의 인도집행의 가부

단순히 토지의 인도를 명하는 집행권원에 기초하여 집행하는 경우에 목적물인 토지 위에 건물이 있는 때에는 건물은 토지와 별개의 부동산이므로 그 건물을 철거하지 않는 한 그 부지인 토지부분의 점유를 빼앗을 수 없고, 그 한도에서 집행은 불능이 된다. 집행관은 직접 건물을 철거할 수 없으며, 이 경우에는 건물철거청구에 관한 별도의 집행권원을 얻어 대체집행에 의하여야 한다.

현재의 판례는 토지의 인도를 명한 집행권원의 효력은 그 지상에 건립된 건물이나 수목의 인도에까지 미치는 것이 아니고, 또한 위와 같은 건물이나 수목을 그대로 둔 채 토지에 대한 점유만을 풀어 채권자에게 인도할 수는 없으므로 집행관으로서는 지상에 건물이 건축되어 있거나 수목이 식재되어 있는 토지에 대하여 그 지상물의 인도나 수거, 철거를 명하는 집행권원이 따로 없는 이상 토지를 인도하라는 집행권원만으로는 그 인도집행을 실시할 수 없다(대법원 1980. 12. 26.자 80마528 결정 등)고 한다.

그러나 법률상 독립된 부동산인 건물이라고 하려면 토지의 정착물로서 최소한의 기둥과 지붕 및 주벽이 있어야 하므로, 토지로부터 쉽게 분리할 수 있거나 기둥과 지붕 및 주벽이 없다면 이를 건물이라고 할 수 없다(대법원 2009. 1. 15. 선고 2008도9427 판결). 따라서 토지 지상에 있는 구조물이 토지의 정착물인 건물이 아니라 강제집행의 목적물이 아닌 동산에 불과한 경우에는 집행관으로서는 위 구조물을 제거하여 채무자에게 인도하여야 하는 것이지(민사집행법 제258조 제3항) 인도대상 목적이 아닌 위 구조물이 있다는 이유로 토지에 대한 인도집행을 거절할 수는 없다(대법원 2018. 6. 29.자 2018그552 결정).

또한, 수목이 있는 경우에 집행관은 목적물인 토지와 수목을 누가 점유관리하고 있는지를 조사, 판단하여 채무자가 이를 점유관리하고 있다고 인정되는 이상 그 수목은 목적물인 토지의 부합물로서 취급하여 토지인도의무에 포함되는 것으로 보고 현상 그대로 토지와 함께 채권자에게 인도하면 충분하므로 인도대상인 토지 위에 수목이 식재되어 있는 것만으로는 토지의 인도가 집행불능이라고 볼 수 없다.

나아가 건물의 철거와 토지인도를 명하는 판결의 집행에서 건물철거를 동시에 집행하지 않고 토지인도만을 집행할 때에는 그 건물의 용도에 따라 현상유지에 일반적으로 필요하다고 인정되는 범위 내의 토지는 제외하여야 하고 그 부분에 관한 인도집행은 그 건물철거 시에 하여야 한다(대법원 1977. 6. 30.자 77마59 결정).

8. 강제집행의 목적물이 아닌 동산의 처리

가. 채무자 등에게 인도

강제집행의 목적인 부동산이나 선박의 종물인 동산은 집행권원에 기재되어 있지 않더라도 부동산 등과 함께 강제집행의 대상이 되므로 집행관은 이 또한 채권자에게 점유를 이전하여야 한다.

그러나 그 외의 동산에는 집행권원의 효력이 미치지 않으므로 이는 집행관이 제거하여 채무자에게 인도하여야 하고(민사집행법 제258조 제3항), 채무자가 없는 때에는 같이 사는 사리를 분별할 지능이 있는 친족 또는 채무자의 대리인이나 고용인에게 인도하여야 한다(민사집행법 제258조 제4항). 이러한 동산이 제3자의 소유라고 하더라도 집행관은 이를 채무자에게 인도하여야 하고, 이 동산의 인도는 채권자를 위한 집행행위가 아니므로 소유자인 제3자가 제3자이의의 소를 제기할 수는 없다.

건물인도의 강제집행은 당해 건물에 대한 채무자의 점유를 빼앗아 채권자에게 그 점유를 취득하게 함으로써 종료하는 것이고, 당해 건물 내에 있는 집행목적 외 동산의 처리는 종료된 강제집행에서 파생된 사무적인 부수처분에 불과한 것으로서 채권자를 위한 집행행위가 아니므로, 비록 채권자가 건물부분의 인도집행 당시 그곳에 남아 있던 동산이 집행채무자의 소유가 아님을 알면서도 집행관에게 인도집행을 위임하여 시행하게 하였다 하더라도, 이러한 사유만으로는 그 인도집행이 위법하다고 할 수 없다(대법원 1996. 12. 20. 선고 95다19843 판결).

그 동산에 압류, 가압류 또는 가처분의 집행이 되어 있을 때에는 집행관은 압류

등의 집행을 한 집행관에게 그 취지와 그 동산에 대하여 취한 조치를 통지하여야 한다(민사집행규칙 제188조).

나. 보관

이러한 동산을 인도받을 채무자나 그 대리인 등이 없는 때에는 집행관은 그 동산을 채무자의 비용으로 보관하여야 한다(민사집행법 제258조 제5항). 채무자 등이 그 수령을 거부할 때에도 마찬가지로 집행관이 보관하여야 하는 것으로 해석된다. 그 보관비용은 집행비용에 포함된다. 따라서 채권자는 집행법원의 비용액확정결정을 받은 다음 별도로 채무자로부터 이를 추심할 수 있다.

위와 같이 부동산 등의 인도집행에서 강제집행의 목적물이 아닌 동산이 있는 경우에 집행관에게는 강제집행의 목적물이 아닌 동산을 제거하여 인도집행을 할 책무가 있으므로, 이를 제거하여 보관 혹은 매각하는 것이 다소 곤란하다는 사유만으로는 목적물의 인도집행을 불능으로 처리할 수 없다. 설령 그 동산을 제거하여 보관하는 것이 불가능하거나 현저히 곤란하더라도(예컨대 돼지 6,000두) 매각이 가능한 경우에는 강제집행의 목적물에 그대로 남겨둔 채 매각하면 된다(대법원 2018. 10. 15.자 2018그612 결정 참조). 민사집행법 제258조 제3항 내지 제6항의 규정은 동산을 인도받을 채무자 또는 그 대리인이 없거나 채무자가 그 수취를 거부할 때에 집행관으로 하여금 이를 보관하게 하고 보관 후에도 채무자가 수취를 계속 거부하는 경우 이를 매각할 수 있도록 하고 있는데, 결국 집행관의 보관은 당해 동산이 매각의 대상이 됨을 전제로 하는 것으로서 극히 단기간에 종료하는 것을 예정한 임시적인 조치로 보아야 한다.

민사집행법 제258조 제3항 내지 제6항의 규정은 동산을 인도받을 채무자 또는 그 대리인이 없거나 채무자가 그 수취를 거부할 때에 집행관으로 하여금 이를 보관하게 하고 보관 후에도 채무자가 수취를 계속 거부하는 경우 이를 매각할 수 있도록 하고 있는데, 결국 집행관의 보관은 당해 동산이 매각의 대상이 됨을 전제로 하는 것으로서 극히 단기간에 종료하는 것을 예정한 임시적인 조치로 보아야 하므로, 매각의 대상이 될 수 없는 유골함 등은 보관의무 등이 없으므로 집행관이 채권자의 요구를 거부하고 유골함 등의 철거집행 등을 실시하지 않았더라도 정당하다(대법원 2015. 4. 10. 선고 2012그186 판결).

집행관은 동산을 스스로 보관할 수도 있고 채권자나 제3자를 보관인으로 선임하여 보관하게 할 수도 있다. 채권자의 승낙을 받아 채권자에게 보관시킬 경우에는 목적 외 동산을 채권자에게 보관시킴으로써 그 건물에 목적 외 동산을 남긴 상태에서 그대로 인도집행을 마칠 수 있다. 이 경우에 보관 중 사고를 방지하기 위해서 적당한 방법으로 그 물건이 인도집행의 목적 외 동산이라는 취지와 보관개시의 일시 및 집행관의 이름 등을 표시하여 두어야 한다. 위와 같이 채권자로 하여금 보관하게 한 경우, 채권자의 그 보관에 관한 권리나 의무는 원칙적으로 집행관과의 사이에 체결된 임치계약 등 사법상의 계약에 의하여 정하여 진다고 할 것이므로, 채권자가 집행관과의 약정에 따라 그 동산을 보관하던 중 이를 분실하였다 하더라도 채권자가 그 보관에 필요한 계약상의 주의의무를 다하였다고 인정되는 때에는 집행관이나 그 동산의 소유자 등에 대하여 계약상의 손해배상책임은 물론 불법행위로 인한 손해배상책임까지도 부담하지 아니한다. 그러나 이 경우 채권자가 보관상의 주의의무를 제대로 이행하지 못한 과실의 정도가 불법행위의 요건을 충족시킬 수 있고, 또한 그 보관상 주의의무의 위반행위가 구체적인 태양이나 정도 등에 비추어 위법하다고 인정되는 경우에는, 달리 특별한 사정이 없는 한 채권자는 집행관이나 그 동산의 소유자 등에 대하여 불법행위로 인한 손해배상책임을 진다(대법원 1996. 12. 20. 선고 95다19843 판결).

동산을 보관함에 있어 집행관은 동산이 훼손되거나 가치가 감소되지 않도록 상당한 주의를 하여야 하고, 보관인에게 보관을 위탁하는 경우에는 그 보관인의 선임감독에 충분한 주의를 기울여야 한다.

동산을 보관하게 된 경우에는 민사집행법 제189조 제3항을 유추하여 그 보관사실을 채무자에게 통지하여야 하고, 채무자가 그 수취를 청구한 때에는 이를 채무자에게 인도하여야 한다. 만일 제3자가 동산에 관한 자기의 권리를 소명하고 채무자가 이의를 제기하지 않을 때에는 집행관은 그 제3자에게 인도하여야 하지만, 채무자가 이의를 제기할 때에는 집행관으로서는 실체적 권리관계를 심사할 수 없으므로 제3자의 권리주장에도 불구하고 채무자에게 인도하여야 한다. 이 경우 제3자로서는 채무자에 대하여 그 동산의 인도를 청구할 수밖에 없고, 집행에 관한 이의(민사집행법 제16조)를 제기할 수도 없다.

집행관은 수취를 청구하는 채무자나 제3자에 대하여 보관비용에 관한 유치권을 행사할 수 있다.

이러한 동산의 보관은 부동산 인도의 강제집행에서 파생되는 부수처분에 불과하므로 채권자가 부동산을 점유함으로써 강제집행이 종료된 뒤에는 그 부수처분의 위법을 이유로 강제집행의 취소나 정지를 구할 수 없다.

다. 매각

채무자나 그 밖에 동산을 수취할 권한이 있는 사람이 그 동산의 수취를 게을리 한 때에는 집행관은 집행법원의 허가를 받아 동산에 대한 강제집행의 매각절차에 관한 규정에 따라 그 동산을 매각한다(민사집행법 제258조 제6항).

이 매각은 동산이 채무자의 소유에 속하는 경우뿐만 아니라 제3자의 소유에 속하는 경우에도 원칙적으로 가능하다. 그리고 매각을 위하여 동산을 별도로 압류할 필요도 없다. 집행관이 채권자를 보관인으로 선임하여 보관하게 한 경우에도 집행관이 집행법원의 허가를 받아 매각한다.

나아가 민사집행법 제258조 제6항은 매각허가의 대상이 되는 동산을 집행관이 강제집행 목적물에서 제거하여 보관하는 동산으로 한정하고 있지 않으므로, 그 적용 여부는 채무자가 그 수취를 게을리 하였는지 여부에 따라 달라진다고 보아야 하고, 집행관이 위와 같은 동산을 보관하고 있는지 여부와는 상관없다. 따라서 부동산 인도청구의 집행에서 집행관은 강제집행 목적물에서 목적물이 아닌 동산을 제거하여 보관하는 경우는 물론 그 동산을 제거하여 보관하는 것이 불가능하거나 현저히 곤란하여 강제집행 목적물에 그대로 남아있는 경우에도 채무자가 그 동산의 수취를 게을리 하면 집행법원의 허가를 받아 그 동산을 매각할 수 있다고 보아야 한다(대법원 2018. 10. 15. 선고 2018그612 판결).

민사집행법 제258조 제6항에 따른 동산매각의 허가신청은 집행관이 하여야 하고, 신청서에는 1,000원의 인지를 붙여야 한다(인지 9조 5항 4호). 신청서 양식은 신청서가 제출되면 기타집행사건으로 접수하여 사번번호(20○○타기○○○)와 사건명을 붙이고 전산입력하면 된다. 집행관이 채권자를 보관인으로 선임하여 보관하게 한 경우에도 채권자가 자기의 이름으로 매각허가를 신청할 수는 없다.

[양식 1: 매각허가신청서]

강제집행 목적물 외 동산의 매각허가신청서

채권자 : ○○○ (부동산 인도집행 등의 채권자)

채무자 : ○○○ (부동산 인도집행 등의 채무자)

신청취지

별지목록 동산에 관하여 동산에 대한 강제집행의 매각절차에 따른 매각을 허가하여 주시기 바랍니다.

신청이유

○○법원 소속 집행관 ○○○은 부동산 등의 인도청구의 집행목적물이 아닌 별지목록 동산을 채무자에게 인도하여 갈 것을 통보하였으나 채무자가 그 동산의 수취를 게을리 하므로 민사집행법 제258조 제6항에 따른 매각의 허가를 신청합니다.

소명방법

1. 부동산인도집행조서(또는 부동산인도불능조서) 사본 1부
2. 부동산인도관련 집행권원 사본 1부
3. 유체동산 목록 사본 1부
4. 유체동산의 수취통지서 1부
5. 채무자 주민등록표 초본 1부
6. 기타 소명자료
7. 송달료는 우송할 경우 납부

20 . . .

○○법원 소속 집행관 ○○○ (날인 또는 서명)

[양식 2: 목적물 외의 동산의 매각허가결정]

○○지방법원

결 정

사 건 20○○타기 ○○ 강제집행 목적물 외의 동산의 매각허가

채권자 ○○○ (부동산 인도집행 등의 채권자)

주소

채무자 ○○○ (부동산 인도집행 등의 채무자)

주소

주 문

별지목록 동산에 관하여 동산에 대한 강제집행의 매각절차에 따라 매각할 것을 허가한다.

이 유

위 당사자 사이의 ○○법원 ○○타인○○○ 인도명령 등 사건의 집행력 있는 정본에 의한 ○○법원 ○○본○○○ 부동산 인도집행의 목적물이 아닌 동산에 대하여 같은 법원 소속 집행관 ○○○의 매각허가신청은 이유 있으므로, 민사집행법 제258조 제6항에 의하여 주문과 같이 결정한다.

20 . . .
사법보좌관 ○ ○ ○ ㊞

○○지방법원
결 정

사 건 20○○타기 ○○ 강제집행 목적물 외의 동산의 매각허가
채권자 ○○○ (부동산 인도집행 등의 채권자)
주소
채무자 ○○○ (부동산 인도집행 등의 채무자)
주소

주 문

위 당사자간 00법원 00타인00호 사건의 집행력 있는 결정정본에 의한 부동산인도집행 사건에 관하여 집행관이 채권자에게 보관 위탁한 채무자 소유의 별지 기재 유체동산에 대하여 집행관이 동산에 대한 강제집행의 매각절차에 관한 규정에 의하여 이를 매각하고 그 비용을 공제한 후 그 대금을 공탁할 것을 허가한다.

이 유

채권자의 위임을 받은 00법원 소속 집행관 000의 신청은 이유 있으므로 민사집행법 제258조 제6항에 의하여 주문과 같이 결정한다.

20 . . .
사법보좌관 ○ ○ ○ ㊞

위의 동산매각에 관한 집행법원의 허가 사무는 사법보좌관이 행할 수 있다(사법보좌관규칙 제2조 제1항 제10호의2).

동산매각 허가결정의 주문은 "별지 목록 기재 동산에 관하여 동산에 대한 강제집행의 매각절차에 따라 매각할 것을 허가한다."와 같은 방식으로 기재하면 된다.

집행법원이 매각을 허가하는 결정을 한 때에는 이를 신청인인 집행관에게 고지

하여야 한다(민사집행규칙 제7조 제2항).

집행법원의 이 결정에 대하여는 즉시항고를 할 수 있다는 특별한 규정이 없으므로 이의가 있으면 집행에 관한 이의(민사집행법 제16조)를 신청할 수 있다. 매각허가 결정에 대한 채무자의 이의신청이 기각되면, 채무자는 즉시항고를 할 수는 없으나 대법원에 특별항고를 하는 방법으로 불복할 수 있다(대법원 2018. 10. 15.자 2018그612 선고 참조).

동산을 매각한 때에 집행관은 그 매각대금에서 매각 및 보관에 필요한 비용을 빼고 그 나머지 대금을 공탁하여야 한다(민사집행법 제258조 제6항). 이 공탁은 일종의 변제공탁이고 공탁금의 지급은 피공탁자의 출급청구에 따라 이루어진다.

채권자는 부동산의 인도집행을 신청함에 있어 집행관에게 수수료를 지급하여야 하고 이는 집행비용에 해당하지만, 집행 목적물이 아닌 동산매각은 인도집행 자체는 아니므로 동산의 매각대금에서 곧바로 인도집행비용을 상환받을 수는 없고, 채권자가 매각대금의 공탁금에서 인도집행비용을 상환받기 위해서는 집행비용액확정결정을 얻어 채무자가 가지는 공탁금의 출급청구권에 대하여 별도의 집행절차를 밟아야 한다.

집행관이 동산을 매각함에 있어서는 조서를 작성하여 매각의 사유를 적어야 한다.

라. 불복방법

집행관의 처분에 대하여 이의가 있는 채권자나 채무자 등은 집행에 관한 이의(민사집행법 제16조)를 신청할 수 있다. 그러나 집행관의 동산보관 처분 전의 절차상의 하자를 내세워 그 이후에 이루어진 보관 및 매각절차에 대하여 이의를 신청할 수는 없다. 또한 제3자가 소유권을 주장하여 제3자이의의 소나 집행에 관한 이의 등을 제기할 수도 없다.

9. 점유자에 대한 판단 기준

부동산인도명령에 있어서는 점유자가 누구인지를 특정하여 채무자와 점유자가 같거나 최소한 점유보조자로 인정되어야 집행관이 집행을 하고, 그렇지 않은 경우에는 집행 불능 처리를 하므로 점유자가 누구인지를 확정하는 것이 인도명령에 대한 집행에 관한 이의 소송에서는 주된 쟁점이 된다.

가. 일반적인 기준

점유자가 누구인지를 판단하는 방법으로는 주민등록등본, 사업자등록증, 임대차 계약서, 각종 우편물, 납세고지서, 문패, 상호, 간판, 양복에 새겨진 이름 등을 참고하여 판단한다.

주거 안에 있는 물건이라 하여도 소지의 외관 자체로 보아 제3자의 물건임이 명백한 경우에는 압류하거나 인도집행을 할 수 없다.

나. 주민등록등본, 사업자등록증 만에 의한 판단 자제

앞서 본 일반적인 기준은 참고적인 사항으로 실제 점유상황과 이들 서류를 합쳐서 점유자가 누구인지 판단하여야 한다. 그러므로 집행관들이 집행을 하면서 점유 사실을 인정할 만한 아무런 가재도구도 없는 경우에는 점유자가 없고 아무런 집행저항도 없다고 보아 이를 인도집행을 하는 것이 타당함에도, 주민등록등본 사본 한 장을 우연히 발견하고는 곧바로 주민등록등본의 사본상 명의자를 점유자로 인정하여 집행불능 처리하는 경우에는 집행에 관한 이의의 대상이 된다.

주민등록등본이나 사업자등록증은 점유 사실 및 기타 사정과 종합적으로 판단하여야 하는 판단기준의 하나에 불과하다. 만약 채무자 명의의 다른 주민등록증 등 앞서 본 일반적 판단 기준 서류가 더 많이 발견되었음에도, 제3자 명의의 주민등록등본이나 사업자등록증이 한 장 발견되었다 하여 집행불능 처리한다면 판단 착오를 이유로 집행에 관한 이의의 대상이 될 수 있다.

다. 채무자 주소 이외 장소에 목적물이 있는 경우 채권자 주장 만에 의한 점유 불인정

채무자의 점유 여부를 알 수 없는 경우 예컨대, 채무자의 주소나 영업소 외의 노상이나 공터 등에 압류목적물이 있고 관리자나 점유자가 누구인지 확인할 수 없는데 채권자는 채무자의 소유라고 주장하는 경우와 같이 채무자의 점유 여부에 관한 판단자료가 채권자의 주장만 있는 경우에는 집행에 나아갈 수 없을 것이다(채무자의 주소나 영업소가 아닌 장소에 물건이 있는 경우임을 주의하여야 한다).

라. 영업장·공장에 대한 점유 판단 기준

영업장·공장의 점유는 사업자등록증, 간판, 상호, 영수증 기타 영업장 내의 부착물 등으로 점유자를 확인하게 된다. 그 중 사업자등록증이 가장 중요한 판단기준이 될 것이나, 반드시 그것만을 기준으로 할 것이 아니다. 사업자의 명의를 기준으로 집행함을 원칙으로 하되, 사업장에서 명의만을 다른 사람(처나 가족 등)으로 하고, 채무자가 실질적으로 사업을 하고 있다고 판단이 되는 경우(채무자가 대표로 기재된 명함, 종업원의 진술, 명의가 변경된 날짜 등을 참고함)에 채권자의 요청에 따라 압류를 하거나 인도를 할 수 있다. 영업명의가 처 앞으로 되어 있다 하여도 처나 고용인 등의 행동이나 진술, 채권자의 진술 등을 종합하여 진술한 업주가 채무자인 남편이라고 인정되는 경우에도 집행할 수 있다.

갑이 채무자 을을 상대로 한 건물인도 소송의 화해조서로 인도집행을 하려고 하는데 점포 내에는 채무자의 처 앞으로 등록된 사업자등록증이 게시되어 있었지만, 그간 자진인도 촉구 차 현장 방문 시 점포 종업원에 의하면 당 점포는 채무자가 직접 운영하고 있다고 말할 뿐만 아니라 집행관이 점포를 방문하여 채무자를 만나 자진인도를 촉구하면서 확인한 사항 등을 종합한 결과 채무자가 실질적인 점포 점유자이며 점포운영자로 인정된 경우에는 인도집행이 가능하다.

영업이 양도된 경우 영업양도인에 대한 집행권원으로 바로 영업양수인의 소유재산에 대하여 강제집행을 할 수는 없고(대법원 1967. 10. 31. 선고 67다1102 판결), 갑 회사와 을 회사가 기업의 형태, 내용이 실질적으로 동일하고 갑 회사가 을 회사의 채무를 면탈할 목적으로 설립된 것으로 법인격을 남용하는 것으로 인정되는 경우라 하더라도 을 회사에 대한 집행권원으로 갑 회사에 대하여 강제집행을 할 수 없다(대법원 1995. 5. 12. 선고 93다44531 판결).

집행대상 유체동산이 존재하는 공장에 관한 사업자등록명의가 집행권원에 표시된 채무자와 다른 사람의 이름으로 되어있고 변경된 사업자등록명의인 또는 그 직원이 참석하여 집행대상 유체동산의 소유권 및 점유권이 변경된 사업자 등록명의인에게 있다는 사유를 들어 집행에 이의함으로써 집행관이 더 이상의 집행행위로 나아갈 수 없었다면, 집행대상 재산의 실체적 소유관계에 관한 사유나 그 권리변동의 효력발생에 관한 사유를 조사하여 판단할 권한이 없고 외관으로 그 소유권 및 점유권을 파악할 수밖에 없는 집행관으로서는 강제집행면탈에 관한 판결이나 채권자취소소송에 의한 판결 등 그 외관을 제거하는 다른 유력한 자료가 없는 한 그 집행위임을 거부할 정당한 사유가 있다 할 것이다(수원지방법원 2002. 3. 11.자 2001라1553 결정).

10. 집행권원상 목적물 표시와 실제 목적물이 다를 경우의 집행 가부

판결정본 또는 화해조서정본 혹은 가처분결정상의 부동산 표시와 실제목적 부동산의 구조·평수 등에 차이가 있거나, 본집행 집행권원과 가처분결정 및 실제 목적물 사이에 구조·평수 등에 차이가 있다 하더라도, 당사자·사건·위치 등이 일치하고 현장조사결과 및 당사자의 주장을 종합해 보아 동일 목적물임이 인정되는 한, 그 구조나 평수에 약간의 차이가 있더라도 집행대상물로 인정하여 집행해도 무방할 것이다.

약간의 차이가 있는 경우를 일률적으로 정할 수는 없지만, 집행권원상 100평인데 실제 평수는 99평 또는 101평으로서 1평이 어느 부분인지 특정할 수 없는 경우, 또는 집행권원상 철근 콘크리트조 2층 건평 50평 건물로 되어 있는데 2층의 방 한 칸(2평)만이 목조로 되어 있을 경우 등에는 특단의 사정이 없는 한 동일 목적물로 볼 수 있을 것이다.

11. 집행의 종료와 그 통지

부동산 등의 인도집행은 부동산 등에 관하여 채권자가 현실의 점유를 취득한 때에 종료한다. 따라서 거실의 명도집행에 있어서 집행관이 채무자의 점유를 빼앗아 거실입구를 막고 봉인한 후 집행의 공시서를 붙이는 것만으로는 채권자가 현실의 점유를 취득하였다고 볼 수 없으므로 그 집행은 완료되었다고 할 수 없다. 그러나 건물명도의 집행권원에 대하여 집행정지 결정이 발령되었다면 그 집행권원에 기한 명도의 집행은 할 수 없는 것이지만, 어떤 사정으로 인하여 그 건물에 관하여 채무자로부터 점유를 수취하여 채권자가 점유를 취득하였다면 명도의 집행은 완료되었다고 할 수 있다. 부동산 등의 인도집행을 마친 때에는 집행관은 채무자에게 그 취지를 통지하여야 한다(민사집행규칙 제187조). 채무자가 집행에 참석한 때에는 말로써 통지하면 충분하다(민사집행규칙 제8조 제1항).

다만, 판례는 채권자나 그 대리인이 인도받기 위하여 출석하지 않았음에도 불구하고 집행관이 채무자로부터 점유를 빼앗아 그 점유를 집행관 자신 또는 제3자에게 인도하였다면 이는 하자 있는 집행이지만 그 후에는 같은 집행문에 의하여 또 다시 집행할 수는 없다고 하고 있으므로(대법원 1962. 2. 8. 선고 4293민상677 판결), 이 경우에는 채권자 자신이 점유를 취득하지 않더라도 집행을 마친 것으로 보아야 한다.

토지소유권에 기한 건물철거 및 토지인도청구소송에서 건물철거청구는 그 토지

인도청구권에 근거하여 하는 것이며, 건물철거는 그 토지인도의 수단 내지 이행의 태양으로서 그 인도청구권의 내용에 불과하고 그 토지인도 집행의 방법을 명시하는 데 지나지 않는다 할 것이어서 위 청구에 기한 건물철거 및 토지인도를 명하는 판결의 집행에 있어서는 건물철거와 그 건물의 부지의 인도집행까지 끝나지 않으면 그 토지의 인도집행은 아직 종료되지 않았다고 보아야 한다(대법원 1977. 6. 30.자 77마59 결정).

집행의 목적이 아닌 동산은 집행관이 제거하여야 하므로 그 제거가 끝나지 않았으면 집행이 종료되어 채권자가 점유를 취득하였다고 할 수는 없다. 그러나 대부분의 동산이 부동산의 외부로 반출되었으면 별다른 가치가 없는 동산의 일부가 남아있다 하더라도 집행을 마친 것으로 볼 수 있다. 또한 동산의 제거가 완료된 이상 이를 채무자에게 인도하지 못하였다거나 그 경매절차 등이 완료되지 않았다고 하더라도 인도집행 자체도 완료되었다고 봐야 한다.

공동점유의 경우 채무자인 공동점유자 1인에 대한 것만으로도 그 집행은 종료하고, 공동점유자 전원의 점유를 빼앗아야 집행이 종료되는 것은 아니다. 따라서 A에 대한 건물 전부의 명도를 명한 집행권원에 기하여 B가 독립점유하고 있는 부분 및 A와 공동사용하고 있는 부분을 제외한 나머지 부분에 대하여 명도절차가 적법하게 이루어진 때에는 A에 대한 집행권원에 의한 집행절차는 종료하였다고 보아야 할 것이다.

또한 건물에 대한 명도의 집행권원이 집행정지 중이더라도 그 집행권원에 기하여 집행관이 채무자의 건물에 대한 점유를 빼앗아 채권자의 점유로 이전시킨 이상 그 집행은 종료되었다고 보아야 한다. 인도집행은 관념상의 것이 아니라, 점유의 사실상태를 문제로 하는 것이므로, 집행정지 중인 것을 간과하였더라도 사실상 점유가 이전된 이상, 집행은 종료하였다고 보아야 하기 때문이다.

간접점유자가 직접점유자를 통하여 부동산을 간접적으로 점유하고 있는 경우 간접점유자 및 직접점유자에 대한 집행권원을 가지고 부동산에 대한 인도청구권을 집행하는 채권자로서는 현실적으로 직접점유자에 대하여 인도집행을 함으로써 간접점유자에 대한 인도집행을 한꺼번에 할 수밖에 없으므로, 직접점유자에 대하여 부동산에 대한 인도집행을 마치면 간접점유자에 대하여도 집행을 종료한 것으로 보아야 할 것이다(대법원 2000. 2. 11.자 99그92 결정).

언제 집행이 종료되는가 하는 점은 채무자의 입장에서는 집행정지 등의 구제절차를 밟을 수 있는 시한인 반면 채권자의 입장에서는 그 집행종료 전의 채무자의 침입에 대하여 종래의 집행권원에 기초한 집행이 가능한 시한이라고 할 수 있다. 채권자가 점유를 취득한 후에 채무자가 다시 침입한 때에는 종래의 집행권원에 의한 집행은 불가능하고, 새로운 집행권원을 얻어야 한다. 그러나 채무자가 점유를 상실하였더라도 채권자가 점유를 취득하지 못한 때에는 아직 집행을 마치지 않은 경우이므로 종전의 집행권원에 기초하여 인도집행을 할 수 있다. 다만, 이에 대해서는 채무자가 점유를 상실하였으나 아직 채권자가 점유를 취득하지 못하여 집행이 종료되지 않은 경우에도 채무자가 새로운 점유를 취득하면 이는 종전의 점유와는 별개의 점유이므로 종전의 집행권원으로는 집행할 수 없다고 주장하는 반대견해도 있다.

집행관이 채무자의 점유를 해제하고 이를 채권자에게 인도하여 강제집행이 완결된 후에 채무자가 집행의 목적이었던 건물에 들어간 것은 공무상표시무효죄가 되지는 않지만(대법원 1985. 7. 23. 선고 85도1092 판결), 부동산강제집행효용침해죄(형법 제140조의2)가 성립될 수 있다.

12. 집행종료의 통지

부동산 등의 인도집행을 마친 때에는 집행관은 채무자에게 그 취지를 통지하여야 한다(민사집행규칙 제187조). 채무자가 집행에 참석한 때에는 말로써 통지하면 충분하다(민사집행규칙 제8조 제1항).

13. 집행조서의 작성

집행관이 부동산 또는 선박의 인도집행을 한 경우에는 집행조서를 작성하여야 하는데(민사집행법 제10조 제1항), 집행조서에 적어야 할 사항에 관하여는 민사집행법 제10조 제2항, 제3항과 민사집행규칙 제6조에 통칙규정을 두고 있고, 민사집행규칙 제189조에 부동산 등의 인도집행에 있어서의 특칙규정을 두고 있다. 부동산 등의 인도집행을 실시한 때에 집행조서에 적어야 할 사항에는 ① 집행의 목적물에 대한 채무자의 점유를 풀고 채권자 또는 그 대리인에게 그 점유를 취득시킨 것, ② 채권자나 그 대리인이 집행목적물의 인도를 받기 위하여 출석한 것과 그 밖에 ③ 강제집행의 목적물이 아닌 동산을 민사집행법 제258조 제3항 또는 제4항에 규정된 사람에게 인도한 때에는 그 취지(민사집행규칙 제189조 제1호), ④ 위의 동산을 보관한 때에는 그 취지 및 보관한 동산의 표시(민사집행규칙 제189조 제2호) 등이 있다.

X. 인도명령에 대한 불복방법 등

1. 인도명령의 신청에 관한 재판에 대한 불복

가. 즉시항고

인도명령의 신청에 관한 재판에 대하여는 즉시항고할 수 있다(민사집행법 제136조 제5항).

부동산인도명령에 기한 집행이 이미 종료된 경우에는 항고의 이익이 없게 된다(대법원 2005. 11. 14.자 2005마950 결정).

인도명령에 대한 불복사유는 ① 인도명령의 발령 시에 판단하여야 할 절차적, 실체적 사항(예컨대 신청인의 자격, 상대방의 범위 및 신청기한 등), ② 인도명령 심리절차의 하자, ③ 인도명령 자체의 형식적 하자(예컨대 인도목적물의 불특정, 상대방의 불특정 등), ④ 인도명령의 상대방이 매수인에 대하여 부동산의 인도를 거부할 수 있는 점유권원의 존재(예컨대 매수인이 상대방에게 부동산을 양도하였거나 임대한 경우 등)에 한정된다.

따라서 매각절차 자체에 존재하는 하자는 매각허가결정에 대한 이의, 매각허가결정에 대한 즉시항고 등 대금지급 전에 허용되는 불복신청방법에 의할 것이며 이러한 하자로써 인도명령에 대하여 불복할 수 없다.

확정된 인도명령에 대하여는 인도명령의 상대방은 청구에 관한 이의의 소(민사집행법 제44조)를, 인도명령의 상대방이 아닌 제3자가 인도집행을 받게 되는 때에는 제3자 이의의 소(민사집행법 제48조)를 제기할 수 있다.

확정된 인도명령에 대하여 민사소송법 제451조 제1항 각 호에 규정한 사유가 있는 때에는 준재심신청(민사소송법 제461조, 제451조-460조)을 할 수 있다(대법원 2007. 5. 29.자 2006재마44 결정 등).

항고장에는 2,000원의 인지를 붙여야 한다(인지법 제11조).

나. 이는 민사집행법상의 즉시항고임

1) 인도명령에 관한 재판은 집행절차의 종료 후에 이루어지는 것으로서 엄밀한 의미에서의 민사집행절차에 해당될 수 없으나 인도명령은 집행절차에 부수하여 매수

인으로 하여금 간이한 방법으로 부동산을 인도받을 수 있도록 하는 제도이므로 민사소송법상의 즉시항고에 준하기보다는 민사집행법상의 즉시항고에 관한 규정이 준용되고, 그에 관한 항고법원의 결정에 대한 재항고절차에 있어서는 민사집행법상의 즉시항고와 재항고에 관한 규정이 준용된다(민사집행규칙 제14조의2 제2항, 대법원 2004. 9. 13.자 2004마505 결정, 대법원 2012. 5. 15.자 2012마185 결정 등).

2) 따라서 상대방은 재판을 고지받은 날부터 1주의 불변기간 이내에 항고장을 원심법원에 제출하여야 하고(민사집행법 제15조 제2항), 항고장에 항고이유를 적지 아니한 때에는 항고장을 제출한 날부터 10일 내에 항고이유서를 원심법원에 제출하여야 한다(같은 조 제3항). 항고이유는 대법원규칙이 정하는 바에 따라 적어야 한다(같은 조 제4항). 항고인이 제3항의 규정에 따른 항고이유서를 제출하지 아니하거나 항고이유가 제4항의 규정에 위반한 때 또는 항고가 부적법하고 이를 보정할 수 없음이 분명한 때에는 원심법원은 결정으로 그 즉시항고를 각하하여야 한다(같은 조 제5항). 그 밖에 항고제기방식에 관한 사항은 매각허가결정에 대한 즉시항고와 같다.

3) 민사집행법 제136조에 규정된 부동산인도명령에 대한 즉시항고는 항고법원이 그 재판 전에 강제집행 일시정지의 잠정처분을 하지 않는 한 집행정지의 효력이 없으므로, 이미 강제집행이 종료된 후에는 부동산인도명령에 대하여 즉시항고를 할 수 없을 뿐 아니라, 즉시항고사건 계속 중에 강제집행이 종료된 경우에도 그 즉시항고는 불복의 대상을 잃게 되어 부적법하게 된다(대법원 2008. 2. 5.자 2007마1613 결정, 대법원 2018. 8. 28.자 2018마5527 결정 등).

4) 인도명령에 대한 즉시항고(민사집행법 제136조 제5항)도 민사집행법상의 즉시항고이므로 그에 관한 항고법원의 결정에 대한 재항고절차에 관해서는 민사집행법상의 즉시항고와 재항고에 관한 규정이 준용되므로 제1심의 인도명령에 대한 즉시항고를 기각한 원심의 항고기각결정에 대하여 재항고인이 항고를 제기하면서 10일 이내에 재항고이유서를 제출하지 않은 경우, 원심으로서는 결정으로 재항고를 각하하여야 하고, 원심이 이를 각하하지 않은 때에는 대법원이 이를 각하한다(대법원 2004. 9. 13.자 2004마505 결정, 대법원 2008. 9. 29.자 2008마1275 결정).

다. 즉시항고 중 인도집행이 종료된 경우(=즉시항고의 이익이 없음)

집행방법에 관한 이의는 강제집행의 방법이나 집행행위에 있어서 집행관의 준수할 집행절차에 관한 형식적 절차상의 하자가 있는 경우에 한하여 집행당사자 또는 이해관계가 있는 제3자가 집행법원에 대하여 하는 불복신청을 말하는 것으로, 집행법원이 그 재판 전에 강제집행의 일시정지의 가처분을 하지 아니하는 한 집행정지의 효력이 없고, 이의 기각결정에 대한 즉시항고의 경우에도 법률에 특별한 규정이 있는 경우에 한하여 집행정지의 효력이 있으므로, 이미 강제집행이 종료된 후에는 집행방법에 관한 이의를 할 수 없을 뿐만 아니라 집행방법에 관한 이의신청사건이나 그 기각결정에 대한 즉시항고사건이 계속 중에 있을 때 강제집행이 종료된 경우에도 그 불허가를 구하는 이의신청이나 즉시항고는 이의나 불복의 대상을 잃게 되므로 이의나 항고의 이익이 없어 부적법하게 되는바(대법원 1987. 11. 20.자 87마1095 결정 참조), 위와 같은 법리는 부동산인도명령에 대한 즉시항고의 경우에도 마찬가지로 적용된다(대법원 2005. 11. 14.자 2005마950 결정, 2016. 9. 2.자 2016마1077 결정 등 참조).

부동산인도명령에 대한 즉시항고를 제기하였으나 즉시항고사건이 계속 중에 있을 때 부동산인도명령에 기하여 인도집행이 마쳐진 경우 부동산인도명령에 기한 집행이 이미 종료된 것인 이상 즉시항고는 불복의 대상을 잃게 되므로 더 이상 항고를 유지할 이익이 없게 된다(대법원 2007. 4. 30.자 2007마151 결정).

라. 청구에 관한 이의의 소도 가능

대법원 2015. 3. 26. 선고 2014다13082 판결은 인도명령 신청에 대한 재판에 대하여는 즉시항고가 허용되므로 이는 민사집행법 제56조 제1호에 의하여 집행권원이 되고, 따라서 상대방은 실체상의 이유에 의하여 인도명령의 집행력을 배제할 사유가 있는 경우에는 민사집행법 제44조에 따라 청구에 관한 이의의 소를 제기할 수 있다고 판단하였다.

2. 인도명령의 집행에 대한 불복

인도명령의 집행자체에 존재하는 위법에 대하여는 집행에 관한 이의(민사집행법 제16조)에 의하여 다툴 수 있다. 집행에 관한 이의신청서가 제출되면 1,000원의 인지를 첩부하여야 하고, 독립한 민사집행사건으로 번호를 부여하고 민사집행사건부에 등록하며, 별도기록을 만든다(재민 91-1).

3. 집행정지

상대방이 인도명령에 대하여 즉시항고를 제기한 경우에, 즉시항고는 집행정지의 효력을 가지지 아니하므로(민사집행법 제15조 제6항), 민사집행법 제15조 제6항의 집행정지명령(주문례: 신청인과 피신청인 사이의 ○○지방법원 20○○. ○. ○.자 20○○타인○○○ 부동산인도명령 신청사건의 집행력 있는 결정 정본에 기한 강제집행은 신청인이 피신청인을 위하여 5,000,000원을 공탁할 것을 조건으로 ○○지방법원 20○○라○○○ 사건의 결정시까지 이를 정지한다.)을 받아 이를 집행관에게 제출하여 그 집행을 정지할 수 있고, 청구에 관한 이의의 소나 제3자 이의의 소를 제기한 경우에는 민사집행법 제46조의 잠정처분을 받아 이를 집행관에게 제출하여 그 집행을 정지할 수 있다(민사집행법 제46조, 제48조).

부동산경매절차에서 발령된 부동산인도명령의 집행을 저지하기 위한 강제집행정지의 재판은 민사집행법 제15조 제6항외에는 달리 근거가 없다. 위 규정에 따른 강제집행정지의 재판은 항고법원이 직권으로 하는 것이고 당사자에게 신청권이 인정된 것은 아니므로, 이에 대한 당사자의 강제집행정지신청은 단지 법원의 직권발동을 촉구하는 의미밖에 없다. 따라서 법원은 이 신청에 대하여는 재판을 할 필요가 없다. 설령 항고법원이 그 신청을 기각하는 재판을 하였다고 하여도 불복이 허용될 수 없으므로, 그에 대한 특별항고는 부적법하다(대법원 2011. 10. 19.자 2011그171 결정, 대법원 2017. 7. 18.자 2017그42 결정, 대법원 2019. 8. 30.자 2019마259 결정 등).

제5편 배당 절차

제1장 배당표의 작성 및 비치

Ⅰ. 배당기일의 지정 및 통지

1. 배당기일의 실시

매각대금이 지급되면 법원은 배당절차를 밟아야 한다(민사집행법 145조 1항). 채권자의 채권변제에 충분한 때에도 배당절차를 생략해서는 안 된다.

2. 배당기일의 지정

매수인이 매각대금을 지급하면 법원은 배당에 관한 진술 및 배당을 실시할 기일을 정하여야 한다(민사집행법 제146조 본문). 이 기일을 실무상 배당기일이라 한다.

부동산경매사건의 진행기간 등에 관한 예규(재민 91-5)에 따르면 매수인이 매각대금을 지급하면 3일 안에 배당기일을 지정하되, 배당기일은 대금지급 후 4주 안의 날로 정하도록 되어 있다. 보통은 대금지급 후에 배당기일을 지정함이 원칙이나 매수인이 적법하게 채무인수신청(민사집행법 제143조 제1항)을 하였거나 또는 차액지급신청(같은 조 2항)을 한 경우에는 바로 배당기일을 정하고 대금지급기한을 정할 필요가 없음은 전술한 바와 같다. 실무에서는 대금지급 및 배당기일을 지정하고 있다.

재매각을 명하였다가 대금의 지급이 있어 재매각절차를 취소한 경우에는 바로 배당기일을 지정한다.

배당기일을 지정한 경우에는 기일지정서를 작성하여 기록에 편철한다.

[배당기일지정서]

○ ○ 지 방 법 원

배당기일지정

사　　건　　20　타경 ○○○　　부동산임의경매
채 권 자　　주식회사 ○○은행
채 무 자　　○ ○ ○
소 유 자　　채무자와 같음

위 사건의 배당기일을 20　. ○○. ○○. 14 : 00로 지정한다.

20 . . .

판사(사법보좌관) ○ ○ ○

[배당기일변경결정문]

○ ○ 지 방 법 원
배당기일변경

사 건 20 타경○○ 부동산강제경매
채 권 자 ○○○(선정당사자)
채 무 자 ○○○관리주식회사
소 유 자 채무자와 같음.

위 사건에 대한 20 . . . ○○:○○ 배당기일을 변경하고, 다음 기일은 20 . . . ○○:○○ 으로 지정한다.

20 . ○○. ○○.

판사(사법보좌관) ○ ○ ○

3. 배당기일의 통지

가. 통지

1) 법원은 배당기일을 정하고 이해관계인과 배당을 요구한 채권자에게 이를 통지하여야 한다(민사집행법 제146조 본문). 다만 채무자가 외국에 있거나 있는 곳이 분명하지 않은 때에는 통지하지 않는다(민사집행법 제146조 단서).

구 민사소송법 제654조의2는 배당기일에 이해관계인과 배당을 요구한 채권자를 소환하여야 한다고 규정하고 있었고 이 때문에 소환은 기일소환장을 민사소송법의 송달에 관한 규정에 의하여 송달하는 방법으로 하였으나, 민사집행법은 배당기일을 통지하여야 한다고 규정하고 있으므로, 배당기일의 통지는 민사집행규칙 제8조 제1항이 정한 바에 따라 상당하다고 인정되는 방법으로 할 수 있다. 다만 이 통지는 배당기일의 실시와 관련하여 배당에 관한 의견의 진술, 배당이의의 진술 등 채권만족의 마지막 단계를 위한 절차이므로 신중을 요한다. 따라서 배당기일통지서를 작성하여 송달하는 것이 바람직하다. 실무에서는 우편송달을 실시한 후 송달불능이 되면 발송송달 또는 공시송달을 하고 있다.[1] 그 밖에 통지할 장소나 통지의 방법은 대금지급기한의 통지에 준하여 처리하면 될 것이다.

채권자 중 있는 곳이 분명하지 않아 기일통지가 불가능하게 되면 직권으로 공시송달을 하여야 한다.

2) 실무상 통지는 법원사무관 등의 명의로 하고 있다(민사집행규칙 8조 5항 참조).

3) 한편 배당기일이 정해지면 배당기일통지(민사집행법 제146조)뿐 아니라 계산서 제출최고(민사집행규칙 81조)도 하여야 하는데, 배당기일통지서에 채권계산서를 1주 안에 제출할 것을 최고하는 취지를 부기하여 송달하는 구민사소송법하의 실무례대로 하여도 된다.

나. 통지 시점

배당기일통지는 각 채권자와 채무자에 대하여 늦어도 배당기일 3일 전에 도달될 수 있도록 하여야 한다. 왜냐하면 배당기일 3일 전보다 뒤에 통지가 도달되면 민사집행법 제149조 제1항의 3일간의 배당표열람기간을 지킬 수 없기 때문이다.

다. 통지받을 채권자

이 통지를 받을 채권자에는 압류채권자뿐 아니라 민사집행법 제148조 각 호의 배당받을 채권자의 범위에 해당하는 채권자가 모두 포함되며, 청구이의의 소, 제3자이의의 소, 집행문부여에 대한 이의의 소의 피고로서 집행의 일시정지명령을 받은 채권자에게도 통지를 생략해서는 안 된다.

이 통지의 방식에 민사집행규칙 제8조가 적용된다고 하여도, 이 통지는 민사집행규칙에 의한 통지가 아니라 민사집행법에 의한 통지이므로 민사집행규칙 제8조 제4항의 통지생략규정은 적용되지 않는다.[2] 따라서 배당기일통지는 생략되어서는 안 된다. 통지를 받지 못한 결과 기일에 출석하지 못하여 이의를 진술할 수 없었던 자는 배당이의의 소를 제기할 수 없고, 따라서 어느 채권자에 대한 통지의 누락은 그 채권자의 권리를 침해하는 절차적 하자가 되기 때문이다. 그러므로 배당액이 '0'인 채권자에게도 통지하여야 한다.

---

1) 법원실무제요 민사집행[Ⅱ], 사법연수원(2020), 154쪽.
2) 대법원 2010. 6. 14.자 2010마363 결정 참조.

매수인에게는 배당기일통지를 할 필요가 없으나, 매수인이 채무인수신청(민사집행법 143조 1항)이나 차액지급신청(같은 조 2항)을 한 때에는 매수인에게도 통지하여야 함은 물론이다.

라. 통지 누락에 대한 불복방법

배당기일통지가 누락된 것에 관하여는 집행에 관한 이의(민사집행법 16조)로 다툴 수 있다.[3)]

집행에 관한 이의신청서가 제출되면 1,000원의 인지를 첩부하여야 하고, 독립한 민사집행사건으로 번호를 부여하고 민사집행사건부에 등록하며, 별도기록을 만든다.[4)]

[배당기일통지서(전산양식 A3445)]

[경매○계]

○ ○ 지 방 법 원

배당기일통지서

사　　건　20　타경　　　부동산강제(임의)경매
채 권 자
채 무 자
소 유 자
배 당 기 일 20　.　.　.　:　(제　호 법정)

위와 같이 배당기일이 지정되었으니 이 법원에 출석하시기 바랍니다.
해당물건번호 :

2○○○. ○. ○.

법원사무관　　　　　(직인생략)

유의사항

3) 법원실무제요 민사집행[Ⅱ], 사법연수원(2020), 155쪽.
4) 재판예규 제1692호 민사접수서류에 붙일 인지액 및 그 편철방법 등에 관한 예규(재민 91-1).

<table>
<tr><td rowspan="4">배당금수령
공통
첨부서류</td><td>개인 본인</td><td>개인 대리인</td><td>법인 대리인</td></tr>
<tr><td rowspan="2">신분증
배당금이 공탁된 후에는 인감증명서 2통 및 인감도장
(배당금 1,000만 원 이하를 청구하는 경우는 제외)</td><td>신분증
위임장 및 위임자의 인감증명서 각 2통</td><td>신분증
위임장 및 법인 인감증명서 각 2통
법인등기사항증명서 2통
기타 자격증명서면
(재직증명서 등)</td></tr>
<tr><td colspan="2">위임장 작성요령은 아래 2) 참조</td></tr>
<tr><td colspan="3">주소변동 있는 경우 주민등록표 초본 등도 필요</td></tr>
<tr><td>배당금수령
임차인
추가
첨부서류</td><td colspan="3">▸ 임차인이 배당금을 수령하려면 ①임대차계약서원본, ②주택임차인은 과거주소변동 사항이 포함된 주민등록표 등본 또는 초본, 상가건물임차인은 상가건물 임대차 현황서 등본 ③매수인의 인감이 날인된 임차목적물 인도(퇴거)확인서, ④매수인의 인감증명서를 각 1통씩 배당당일에 제출하셔야 합니다(단, 배당요구종기까지 배당요구한 임차인에 한하여 배당받을 수 있습니다)[명도(퇴거)확인서 작성요령은 아래 3) 참조].</td></tr>
<tr><td>채권계산서
제출 관련
사항</td><td colspan="3">▸ 임차인을 제외한 채권자는 채권의 원금·배당기일까지의 이자, 그 밖의 부대채권 및 집행비용을 적은 계산서를 이 통지서를 받은 날로부터 1주 안에 법원에 제출하시기 바랍니다. 채권계산서 양식은 아래 1)과 같습니다[임차인은 아래 3)의 서류만 제출하시면 됩니다]. 채권자가 채무자로부터 전부 변제받은 경우에도 채권계산서를 제출하여 주시기 바랍니다(이 경우 채권 원금, 이자, 비용, 합계를 각 “0원”으로 기재합니다).
※ 경매신청서 작성 서기료를 집행비용으로 인정받기 위해서는 반드시 지출을 소명하는 해당 법무사 작성의 영수증 등 소명자료를 제출하여야 합니다(경매신</td></tr>
</table>

	청서에 법무사 제출위임장이 첨부되어 있는 경우도 제출하여야 함). ▶ 계산서에는 채권원인증서의 사본을 첨부하고, 채권 원인증서의 원본은 배당요구서에 첨부한 경우가 아니면 배당당일에 제출하셔야 합니다.
배당요구 근로자 추가 첨부서류	▶ 근로자가 집행법원에 「근로기준법」 제38조에서 정한 임금채권 및 「근로자퇴직급여보장법」 제12조에서 정한 퇴직금채권의 우선변제권에 기한 배당요구를 하는 경우에는, 판결 이유 중에 배당요구 채권이 우선변제권 있는 임금채권이라는 판단이 있는 법원의 확정판결이나 고용노동부 지방고용노동관서에서 발급한 체불 임금등·사업주 확인서 중 하나와 다음에서 열거한 서면 중 하나를 소명자료로 첨부하여야 합니다. 가. 사용자가 교부한 국민연금보험료 원천공제계산서 또는 기여금 공제내역을 알 수 있는 급여명세서 등(국민연금법 제90조제2항 참조) 나. 원천징수의무자인 사업자로부터 교부받은 근로소득에 대한 원천징수영수증(소득세법 제143조 참조) 다. 국민건강보험공단이 발급한 국민연금보험료 납부사실 확인서(국민연금법 제88조 참조) 라. 국민건강보험공단이 발급한 국민건강보험료 납부사실 확인서(국민건강보험법 제69조 참조) 마. 고용노동부 지방고용노동관서가 발급한 고용보험 피보험자격취득확인통지서(고용보험법 제17조 참조) 바. 위 가.항 내지 마.항 기재 서면을 제출할 수 없는 부득이한 사정이 있는 때에는 사용자가 작성한 근로자명부(근로기준법 제41조 참조) 또는 임금대장(근로기준법 제48조 참조)의 사본(다만, 이 경우에는 사용자가 사업자등록을 하지 아니하는 등의 사유로 위 가.항 내지 마.항 기재 서면을 발급받을 수 없다는 사실을 소명하는 자료도 함께 제출하여야 함.)
배당이의 관련 사항	▶ 배당이의는 지정된 배당장소에서 배당기일 당일에 한하여 구술로만 가능합니다(단, 채무자는 배당기일 3

	일전부터 서면으로도 가능). ▸ 대리인이 배당기일에 출석하여 배당이의를 할 때는 개인의 경우 배우자 또는 4촌 이내의 친족, 법인의 경우 피고용자로서 소송대리허가신청서와 관계 소명자료(주민등록표 등본, 가족관계증명서, 재직증명서 등)를 작성, 제출하여 집행법원의 허가를 받아야 합니다. ▸ 배당이의를 한 경우에는 배당기일로부터 7일 이내에 집행계에 배당이의의 소 제기증명서 및 그 소장 사본을 제출하거나 또는 청구이의의 소 제기증명서, 그 소장 사본 및 집행정지재판의 정본을 제출하여야 합니다.
기타사항	▸ 배당기일통지서를 받은 이해관계인일지라도 배당순위에 의하여 배당금이 없는 경우도 있습니다. 배당금 유무는 배당기일 3일 전부터 해당 집행계에 확인하실 수 있습니다. ▸ 채권자가 배당액을 입금할 예금계좌(예금통장사본 첨부) 및 채권자의 주민등록번호(법인인 경우 사업자등록번호)를 신고하면 그 예금계좌에 입금하여 드릴 수 있습니다. 이 경우 입금에 소요되는 수수료는 채권자 부담입니다. ▸ 사건진행ARS는 지역번호 없이 1588-9100입니다. 바로 청취하기 위해서는 안내음성에 관계없이 '1'+'9'+[열람번호] +'*'를 누르면 됩니다.

법원 소재지	
전화[장소]	

[배당배제신청서]

배당배제신청서

신 청 인 ○○○

피신청인 1. ○○○

2. ○○○

청구취지

○○지방법원 20○○타경○○의 사건에 관하여 배당요구를 한 피신청인은 허위채권자이므로 동인에 대한 배당을 배제하고, 다른 각 채권자의 비율에 의한 배당을 요청하오니 검토 후 재가 바랍니다.

청구원인

1. 피신청인 ○○○는 방 1칸을 전세보증금 20,000,000원에 임차하였다고 배당요구를 하였습니다.
하지만 본 사건 부동산의 시세를 파악한 결과 50,000,000원 정도에 매매거래가 이루어지고 있습니다.
그런데 주택 전체를 임차한 보증금액도 아니고 방 1칸을 20,000,000원에 임차 하였다는 것은 상식 밖의 일이라고 사료됩니다.
2. 그리고 피신청인 ○○○는 20○○년 ○○월 ○○일 전입신고 하기 전 본 사건 부동산에서는 근저당설정 2건, 가압류 5건에 채무금액이 106,330,000원이라는 상당한 금액의 채무관계가 있음에도 불구하고 방1칸을 임차하였다는 것은 주택 임대차 보호법을 악용한 위장전입이라고 할 수 있습니다(별첨: 등기사항증명서 1부).
3. 또한 피신청인 ○○○와 신청외 ○○○과의 초본을 열람한 결과 20○○년에 동일한 주소지에 전입신고 되어 20○○년까지 같은 주소지에서 거주하였다는 것을 알 수 있습니다. (별첨 : ○○○ 주민등록 초본 1부, ○○○주민등록 초본 1부)
피신청인 ○○○은 본 사건 부동산의 소유자인 ○○○의 모친으로써 ○○○씨와는 친인척이 아니면 가까운 지인이라는 것을 알 수 있습니다.
이런 점들을 고려해볼 때 피신청인 ○○○는 ○○○의 식구와 타협하여 소액 임대차 보증금을 노린 위장전입이라고 할 수 있을 것입니다.
4. 또한 피신청인 ○○○은 본 자금 차용시 세입자가 아니라는 확인서를 작성하여 본 배당에 참가할 자격이 없다고 할 것입니다(별첨: 세입자가 아니라는 확인서 1부).
5. 또한 피신청인 ○○○은 주거지가 일정치 않으며 위에서 언급했듯이 상당수의 채무관계와 세입자가 임차한 집에 또다시 전입신고를 하고 점유한다는 것은 상식적으로 이해가 되질 않으며 피신청인 ○○○도 소액임대차 보증금을 노린 전입세대라고 밖에 볼 수 없습니다.
6. 피신청인 ○○○와 ○○○의 전입일자를 보면 20○○년 ○○월 ○○일, 같은 년 ○○월 ○○일입니다. 그리고 부동산 임의경매 개시결정은 20○○년 ○○월 ○○일입니다. 피신청인 ○○○와 ○○○은 같은 달 3일 간격으로 전입신고하여

소액임대 보증금을 하려고 했던 흔적이 역력합니다.
7. 이에 신청인은 20○○타경○○○ 부동산임의경매 사건의 피신청인의 배당배제 신청을 하오니 검토 후 재가바랍니다.

- 첨부 서류 -

1. 등기사항증명서 1부
2. 피신청인1 주민등록 초본 1부
3. 피신청인2 주민등록 초본 1부
4. 신청 외 주민등록 초본 1부
5. 주소별 세대 열람 내역서 1부
6. ○○○의 세입자가 아닌 확인각서 사본 1부
7. 부동산 ○○ 경매정보 서비스 1부

20 년 ○○월 ○○일

신청인 ○ ○ ○

○○지방법원 경매○계 귀중

Ⅱ. 계산서 제출의 최고

1. 민사집행규칙 제81조의 취지

민사집행법 제84조 제4항의 채권신고의 최고 외에, 배당기일이 정하여진 때에는 법원사무관 등은 각 채권자에 대하여, 채권의 원금·배당기일까지의 이자, 그 밖의 부대채권 및 집행비용을 적은 계산서를 1주 안에 법원에 제출할 것을 최고하여야 한다(민사집행규칙 81조).

민사집행법 제148조 각 호의 배당받을 채권자가 정해졌다고 하더라도 배당표나 배당표원안의 작성을 위해서는 사전에 자료를 정리하여 그 작성을 위한 준비를 할 필요가 있는데, 이를 위한 자료로는, 압류채권자의 신청서, 배당요구채권자의 배당요구서(민사집행규칙 제48조), 등기사항증명서, 채권자가 제출한 채권신고서(민사집행법 제84조 제4항), 그 밖에 집행기록에 첨부된 자료가 있다. 그러나, 이들 자료는 절차의 초기 단계에서 제출된 것이므로, 그 후에 이루어진 변제 등의 사정을 명백히 하고 이자 등의 계산을 할 필요가 있고, 또한 집행비용도 기록만으로 파악하는 것은 힘들 뿐 아니라, 기록상으로는 판명되지 않는 경우도 있을 수 있다.

그래서 민사집행규칙 제81조에서는 법원사무관 등으로 하여금 각 채권자에 대하여 계산서를 제출하도록 최고하게 하였다. 그러나 각 채권자가 이 최고에 응하여 반드시 계산서를 제출하여야 하는 것은 아니다.

2. 계산서 제출의 최고의 대상

가. 최고의 대상

최고를 받을 채권자는 민사집행법 제148조 각 호의 배당받을 채권자의 범위와 같다. 집행정지를 받은 채권자에게도 최고를 하여야 한다. 법원사무관 등은 집행기록에 의하여 배당에 참가할 채권자를 조사한 다음 이들 모두에게 최고를 하여야 한다.

배당에 참가할 수 있는 채권자는 최고를 기다리지 않고 스스로 계산서를 제출할 수도 있다.

나. 최고의 방식

최고는 민사집행규칙 제8조에 정한 바에 따른다. 따라서 최고는 적당한 방법으로 하면 되고 반드시 송달하여야 하는 것은 아니나, 실무에서는 채권자들에게 최고서를 기록상 최후 주소로 발송송달을 하거나, 우편송달한 후 송달불능이 되면 발송송달 또는 공시송달을 하고 있다.

최고서에는 정형화된 채권계산서 양식을 함께 송달함으로써 채권자들의 채권계산서 제출을 쉽게 할 필요가 있다.

최고서에는 채권의 원금·배당기일까지의 이자, 그 밖의 부대채권 및 집행비용을 적은 계산서를 최고서를 송달받은 날로부터 1주 안에 법원에 제출할 것을 최고하는 취지를 적는다.

한편 계산서 제출 최고의 주체는 법원사무관 등이고(민사집행규칙 81조), 배당기일통지의 주체는 법원이지만(민사집행법 146조 본문), 법원은 당사자 그 밖의 관계인에 대한 통지는 법원사무관 등으로 하여금 그 이름으로 하게 할 수 있으므로(민사집행규칙 8조 5항), 배당기일통지서에 채권계산서를 1주 안에 제출할 것을 최고하는 취지를 부기하여 법원사무관등 명의로 통지하여도 된다.

다. 최고의 기간

1주의 기간은 늘일 수는 있으나 줄일 수는 없다. 또 이 기간은 불변기간이 아니므로 추후보완할 수는 없다.

그러나 1주일의 기간이 지났다는 사실만으로 채권자에게 실권의 효과가 생기는 것은 아니므로 배당표 작성 시까지 계산서를 제출할 수 있고 또 제출한 계산서에 적은 채권액을 보완할 수 있다.

[채권계산서 제출최고서(전산양식 A3443)]

○ ○ 지 방 법 원 최 고 서
귀하
사　　건 20 타경　부동산강제(임의)경매 압류채권자 채 무 자
위 사건에 관하여 귀하가 청구하는 채권의 원금·배당기일까지의 이자, 그 밖의 부대채권 및 집행비용을 적은 계산서를 이 최고서를 송달받은 날부터 1주 안에 법원에 제출하시기 바랍니다.
2○○○. ○. ○.
법원사무관　　　(직인생략)

민집규 81

3. 계산서의 제출

가. 기재사항

계산서에 적어야 할 사항은 채권의 원금·배당기일까지의 이자, 그 밖의 부대채권 및 집행비용으로서, 이는 배당표에 적어야 할 사항과 동일하다(민사집행법 150조 1항).

원금은 채권신고서 제출 당시의 원금액 중 변제 등으로 인하여 소멸된 것이 있으면 그만큼 감축할 수 있을 뿐, 배당요구의 종기까지 적법하게 추가배당요구를 한 경우가 아니면 채권신고서 제출 당시의 원금액을 초과하지 못한다. 이자는 배당기일까지의 이자가 포함된다. 부대채권이란 지연손해배상채권, 소송비용액확정절차에 의하여 확정된 본안소송비용 등을 말한다. 비용 중 우선변제가 인정되지는 않지만 매각대금에서 변제받을 비용(예를 들어, 배당요구 신청비용, 이중압류채권자가 지출한 비용 등)도 여기에 해당한다.

집행권원이 독촉절차에 의한 지급명령의 경우 별도의 소송비용액확정절차가 필요 없으므로[5] 독촉절차비용을 포함하여 배당요구를 한 경우 이를 인정한다. 물론 별도로 독촉절차비용을 청구금액에 포함하지 않은 경우까지 배당에 포함할 것은 아니다.

집행비용이란 매각대금에서 우선변제받을 집행비용, 즉 공익비용을 말하며 계산서를 제출할 당시의 금액을 적는다.

회생채무자 소유의 부동산에 대한 경매 시에는, 다수설에 의하면 공익채권과 회생채권의 배당절차가 다르므로, 공익채권자가 압류채권자이거나 배당요구하였을 경우에는, 그것이 공익채권인지 회생채권인지 알 수 있을 정도로 구분하여 적어야 하고, 특히 매각부동산에 대한 담보권자는 회생담보권에 속하는 이자와 공익채권 및 후순위회생채권에 속하는 이자 등을 구분하여 계산서를 제출하여야 하며, 이와 같이 구분하여 계산서를 제출하지 않은 경우에는 보정을 명하여야 한다.

나. 제출시한

최고를 받은 채권자는 1주 안에 계산서를 제출하여야 한다. 다만 1주는 훈시적인 규정이므로, 1주가 지난 후에 제출된 계산서도 배당표를 작성하는 데 도움이 되는 것은 마찬가지이므로, 무효 등의 문제는 생기지 않는다.

계산서에는 소명자료를 붙일 필요는 없으나, 집행비용이나 부대채권과 같이 기록상 명백하지 않은 것에 대하여는 소명자료를 붙여야 배당법원으로부터 채권액으로 인정받을 수 있고, 배당법원도 그러한 경우 소명자료의 제출을 요구할 수 있다.

계산서가 제출되면 문건입력 프로그램에 전산입력하여 이를 접수하고 경매사건기록에 시간적 접수순서에 따라 가철하며 인지는 붙일 필요가 없다.[6]

다. 계산서 제출의 효과

민사집행규칙 제81조의 최고에 응하여 채권계산서를 제출하여도 이는 배당요구의 종기 후에 제출된 것이므로 독립된 배당요구의 효력이 생기는 것이 아니고, 다만

5) 소송비용실무, 사법발전재단(2015), 95쪽.
6) 재판예규 제1692호 민사접수서류에 붙일 인지액 및 그 편철방법 등에 관한 예규(재민 91-1).

배당받을 채권자의 채권에 관한 배당기일까지의 변동내용을 조사하여 현존 채권액을 확인하려는 의미밖에 없다. 따라서 이에 의하여 종전의 채권액을 확장할 수는 없고 단지 여기에 적힌 채권액이 종전의 채권액보다 감소된 액이라면 그 감소액을 기준으로 하여 배당표를 작성하여야 한다.

한편 수 개의 근저당권을 가진 채권자가 하나의 채권계산서를 제출한 경우(각 근저당권별로 채권액을 구분하지 않은 경우) 근저당권별 설정일자가 다른 경우에는 각 근저당권별로 채권금액이 얼마인지 확인해야 하므로 신청채권자에게 보정명령을 해야 한다.

[보정명령 예시]

근저당권별로 채권금액이 얼마인지 명확히 하고 수정된 채권계산서를 제출하시기 바랍니다.

다만 다른 이해관계인이 없는 경우나 신청채권자가 채권최고액 범위 내에서 전부 배당받는 것이 명확한 경우 등에는 별도의 보정명령 없이 제출된 채권계산서를 기준으로 배당하면 된다.

라. 계산서를 제출하지 않은 경우의 효과와 집행법원의 조치

1) 부제출의 효과

최고에 전혀 응하지 않은 채권자가 있는 경우의 효과에 관하여 민사집행법이나 민사집행규칙은 아무런 규정도 두고 있지 않다. 계산서의 제출은 배당표 작성의 준비행위에 지나지 않고, 계산서 제출의 유무에 따라 민법·상법, 그 밖의 법률에 의하여 정해지는 채권자의 권리가 좌우될 수는 없으므로, 최고에도 불구하고 채권자가 계산서를 제출하지 않았다고 하여 배당을 받지 못하는 것은 아니다. 이 경우에는 앞서 본 신청서 등의 자료 외에 집행력 있는 집행권원의 정본, 등기사항증명서 등 기록에 나타나 있는 자료에 따라 계산하는 수밖에 없다.

2) 배당요구가 필요한 채권자의 경우 집행법원의 조치

배당요구를 한 채권자는 배당요구신청서에 그 원인과 액수를 기재하도록 되어 있으므로, 계산서를 제출하지 않을 경우 배당요구신청서의 내용대로 계산을 하면 된다.

3) 배당요구 없이도 당연히 배당받는 채권자의 경우 집행법원의 조치

반면 당연히 배당받는 민사집행법 제148조 제3호 및 제4호의 채권자가 배당요구의 종기까지 채권신고를 한 때에는 그 신고내용에 따르면 되고, 배당요구의 종기까지 채권신고도 하지 않은 경우에는 후에 계산서를 제출하더라도 이들 채권자의 채권액은 제출된 계산서대로 인정할 것이 아니라 등기사항증명서 등 집행기록에 있는 서류와 증빙에 따라 계산하여야 하고, 이 경우 다시 채권액을 추가하여서는 안 된다(민사집행법 제84조 제5항).

압류등기(경매개시결정등기) 전에 등기된 가압류채권자, 저당권자, 체납처분에 기한 압류등기권자의 경우에는 배당요구의 종기 전에 일응 채권계산서를 제출하였다고 하더라도 그 후 배당표가 작성될 때까지 그 금액을 보정하는 채권계산서를 다시 제출할 수 있으며, 이 경우 배당법원으로서는 특단의 사정이 없는 한 배당표 작성 당시까지 제출한 채권계산서와 증빙 등에 의하여 가압류청구금액이나 등기기록상 기재된 채권최고액 또는 조세체납에 기한 압류등기상의 청구금액의 범위 내에서 배당받을 채권액을 산정하여야 한다.[7]

4. 배당요구의 종기 이후에 채권을 추가·확장할 수 있는지 여부

가. 첫 경매개시결정등기 전에 등기된 가압류채권자, 저당권자, 체납처분에 기한 압류등기권자의 경우(= 추가·확장 가능)

1) 배당요구 없이도 당연히 배당받는 채권자의 경우에는 배당요구의 종기 이후에도 채권을 추가·확장할 수 있다.

2) 경매신청채권자에 우선하는 근저당권자는 채권계산서를 제출하지 않았다고 하더라도 배당에서 제외할 수 없고, 또한 위 근저당권자는 배당요구의 종기 전에 일단 피담보채권액을 기재한 채권계산서를 제출하였다고 하더라도 그 후 배당표가 작성될 때까지 피담보채권액을 보정·증액하는 채권계산서를 다시 제출하면, 배당법원은 배당표 작성 당시까지 제출한 채권계산서와 증빙 등에 의하여 위 근저당권자가 등기기록상 기재된 채권최고액의 범위 내에서 배당받을 채권액을 산정하여야 한다.[8]

3) 부동산에 관한 경매개시결정등기 이전에 체납처분에 의한 압류등기가 마쳐진 경우에도 이와 마찬가지로 배당법원은 위 압류등기상의 청구금액의 범위 내에서는

---

7) 대법원 1999. 1. 26. 선고 98다21946 판결, 대법원 2002. 1. 25. 선고 2001다11055 판결, 대법원 2002. 11. 26. 선고 2001다36696 판결.

8) 대법원 1999. 1. 26. 선고 98다21946 판결.

배당표 작성 당시까지 제출한 서류와 증빙 등에 의하여 국가가 배당받을 체납세액을 산정하여야 한다.[9]

나. 배당요구가 필요한 배당요구채권자의 경우(= 추가·확장 불가)

민사집행법 제88조에서 규정하는 배당요구가 필요한 배당요구채권자는 배당요구의 종기까지 배당요구를 한 경우에 한하여 비로소 배당을 받을 수 있고, 적법한 배당요구를 하지 아니한 경우에는 실체법상 우선변제청구권이 있는 채권자라 하더라도 그 매각대금으로부터 배당을 받을 수는 없으며, 또한 배당요구의 종기까지 배당요구한 채권자라 할지라도 채권의 일부 금액만을 배당요구한 경우에 배당요구의 종기 이후에는 배당요구하지 아니한 채권을 추가하거나 확장할 수 없다.[10]

5. 채권의 일부만 기재한 채권계산서의 제출과 부당이득과의 관계(= 소극)

가. 첫 경매개시결정등기 전에 등기된 가압류채권자, 저당권자, 체납처분에 기한 압류등기권자의 경우(= 소극)

근저당권자가 채권계산서를 제출하거나 이를 보정함으로써 그에 따라 배당표가 확정되고, 그 확정된 배당표에 의하여 배당이 실시되었다면, '채권계산서를 전혀 제출하지 않아 등기기록상 채권최고액을 기준으로 하여 배당하여야 할 경우와는 달리', 제출 또는 보정된 채권계산서상의 채권액을 기준으로 하여 배당할 수밖에 없고, 신고된 채권액을 초과하여 배당할 수는 없는 만큼, 배당할 금액에서 선순위 근저당권자가 미처 청구하지 못함으로 인하여 그에게 배당되지 않은 피담보채권 중 일부에 해당하는 금액이 후순위 채권자 등에게 배당되었다 하더라도, 이를 법률상 원인이 없는 것이라고 볼 수는 없다.[11]

위와 같이 법리는 '첫 경매개시결정등기 전에 등기된 가압류채권자, 저당권자, 체납처분에 기한 압류등기권자'의 경우에 모두 적용된다.

나. 배당요구를 하여야만 배당절차에 참여할 수 있는 채권자의 경우(= 소극)

배당요구를 하여야만 배당절차에 참여할 수 있는 채권자의 경우도 마찬가지로

---

9) 대법원 2002. 1. 25. 선고 2001다11055 판결.

10) 대법원 2005. 8. 25. 선고 2005다14595 판결, 대법원 2008. 12. 24. 선고 2008다65242 판결.

11) 대법원 2000. 9. 8. 선고 99다24911 판결, 대법원 2002. 10. 11. 선고 2001다3054 판결.

부당이득반환청구를 할 수 없다. 즉 배당요구를 하여야만 배당절차에 참여할 수 있는 채권자가 배당요구의 종기까지 배당요구를 하지 않은 채권액에 대하여 배당요구의 종기 이후에 추가 또는 확장하여 배당요구를 하였으나 그 부분을 배당에서 배제하는 것으로 배당표가 작성·확정되고 그 확정된 배당표에 따라 배당이 실시되었다면, 그가 적법한 배당요구를 한 경우에 배당받을 수 있었던 금액 상당의 금원이 후순위 채권자에게 배당되었다고 하여 이를 법률상 원인이 없는 것이라고 할 수 없다.[12)]

[채권계산서 1]

채 권 계 산 서

사　　건　　20　타경 ○○○부동산 강제경매
채 권 자　　주식회사 ○○은행
채 무 자　　○ ○ ○
소 유 자　　○ ○ ○
배당요구채권자　　○○은행

위 당사자간 귀원 20　타경 ○○○○ 부동산 강제경매사건에 관하여 배당요구채권자○○은행은 아래와 같이 채권계산서를 제출합니다.

아　　　래

원　　　　금 : 금 ○○○○ 원
이　　　　자 : 금 ○○○○ 원
비용기타부대채권 : 금 ○○○○ 원
합　　　　계 : 금 ○○○○ 원

【명 세 별 첨】

20　.　.　.

위 배당요구채권자　　○○은행
○○시 ○○구 ○○동 ○○○번지 ○○호
대표자 이사장 ○○○
지 배 인 ○ ○ ○(소관:채권관리팀)

12) 대법원 2005. 8. 25. 선고 2005다14595 판결.

담당자 : ○ ○ ○(T. 02 - ○○ - ○○)

○○지방법원 귀중

[채권계산서 2]

채 권 계 산 서

사건번호

채 권 자

채 무 자

위 사건에 관하여 배당요구채권자 ○ ○ ○는 아래와 같이 채권계산서를 제출합니다.

아 래

1. 원금 원정(단 년 ○ 월 ○ 일자 대여금)
1. 이자 원정(단 년 ○ 월 ○ 일부터 년 ○ 월 ○ 일까지의 연 ○푼의 이율에 의한 이자금)
1. 기타(집행비용 등 필요할 경우 기재)

합계 금 원정

년 월 일

채권자(배당요구채권자) (인)

연락처(☎)

지방법원 귀중

☞유의사항

1) 집행법원의 제출최고에 의하여 제출하는 채권계산서에는 ① 채권의 원금, ② 이자, ③ 비용, ④ 기타 부대채권을 기재합니다.

2) 인지는 붙이지 않고 1통을 제출합니다.

[채권계산서 3]

채 권 계 산 서

채 권 자 ○ ○ ○
채 무 자 ○ ○ ○
소 유 자 ○ ○ ○
위 당사자간 귀 원 20 타경○○○ 부동산 임의경매 사건에 관하여 배당기일(20 . . .)까지의 채권자가 청구할 채권액에 관하여 다음과 같은 채권계산서를 제출합니다.

다 음

총 채 권 액 (20 . . .일 현재)	
원 금	12,692,735원
이자 및 수수료	1,561,089원
합 계	14,253,824원

20 . . .
채권자 주식회사 ○○은행
지배인 ○○○

○○지방법원 경매○계 귀중

※원금 및 이자계산내역(20 . . . ~ 20 . . . 14일간)

원 금	일반원금	할부원금(할부잔액포함)	현금 원금	합계
	12,692,735원	0원	0원	12,692,735원
이자계산 12,692,735원 x 24% x 1일 14일 ÷ 365일				116,842원
20 . . .까지의 수수료				1,444,247원
가지급금				0원
총채권액				14,253,824원

Ⅲ. 배당표의 작성

1. 배당표원안의 작성

가. 배당표원안의 작성시기와 작성자료

1) 배당표원안

배당표원안이란 채권자들이 제출한 계산서와 기록을 기초로 하여 집행법원이 채권자들에 대한 배당액 그 밖에 배당실시를 위하여 필요한 일정사항을 적은 문서로서, 배당기일에 채권자들로 하여금 배당에 관한 의견을 진술시키는 기초가 되는 것이다. 현재 배당절차는 사법보좌관이 담당하고 있다.

이 배당표는 집행법원이 작성하는 것만으로 그대로 확정되는 것이 아니고(배당계획안에 불과하다) 배당기일에 채권자들 사이에 합의가 성립하거나 이의가 없을 때 비로소 배당표로서 확정된다.

2) 작성시기

배당표는 민사집행규칙 제81조의 계산서 제출기간이 지난 뒤에 작성한다.

각 채권자 중 최고서를 송달받은 날부터 1주의 제출기간이 가장 늦게 만료되는 채권자를 기준으로 그 다음날부터 배당표원안을 작성할 수 있다.

3) 작성의 기초자료

채권자들이 계산서를 제출한 때에는 계산서에 적힌 채권액과 우선권을 기초로 하여 배당표를 작성한다. 또한 집행비용에 관하여는 법원이 계산서뿐만 아니라 소명자료, 집행기록 등을 참작하여 계산하여야 한다.

채권자가 계산서를 제출하지 않은 때에는 집행기록에 나타난 담보권이나 가압류의 내용, 배당요구서나 집행력 있는 정본의 취지와 그 증빙서류에 따라 법원이 채권자들의 채권을 계산하여 배당표원안을 작성한다. 여기서 증빙서류란 집행기록에 편철된 서류를 말한다.

계산서의 제출도 없고 기록상으로도 채권액이 분명하지 않은 경우에는 그 채권은 배당에서 제외한다.

실무상으로는 배당표 작성의 기초자료로 이해관계인표를 작성하고 있는데 배당받지 못하는 채권자의 청구금액, 원인날짜 등도 모두 기재하고 있다. 이를 통해 배당기일에 배당이의가 있는 경우 배당받지 못한 채권자의 권리관계를 파악하기 쉽도록 하여 불필요한 배당이의를 방지하는 역할도 한다.

그리고 보통 매수인이 소유권이전등기촉탁신청 시 부동산등기사항증명서를 제출하므로 배당 시 이를 기준으로 권리관계 확인하는데 차액지급(상계) 등으로 인해 경매개시결정 이후 부동산등기사항증명서가 추가로 제출되지 않았다면 등기사항증명서를 열람, 출력하여 등기된 권리의 변동 여부를 확인하는 것이 적절하다.

나. 배당표원안의 경정

배당표원안을 작성한 후라도 배당표원안에 적은 내용에 관하여 잘못된 계산 등 분명한 잘못이 있는 때에는 신청 또는 직권에 의하여 경정할 수 있다.

열람에 제공한 후에 경정한 경우에는 일단 지정한 배당기일을 변경할 것이고 배당기일에 경정한 경우에는 기일을 속행하여야 한다. 다만, 잘못의 정도가 사소하거나 이해관계인의 이의가 없으면 기일을 변경하거나 속행할 필요가 없다.

다. 배당표원안의 비치와 열람

1) 집행법원은 배당기일에 출석한 이해관계인과 배당을 요구한 채권자를 심문하여 배당표를 확정하여야 하나(민사집행법 제149조 제2항), 그에 앞서 채권자와 채무자에게 보여주기 위하여 배당기일의 3일 전에 배당표원안을 작성하여 법원에 비치하여야 한다(민사집행법 제149조 제1항, 재민 91-5). 배당표의 비치는 법원사무관등의 사무실에 하면 된다.

2) 배당표를 비치하지 않거나 배당표 비치기간을 준수하지 않으면 배당기일 변경 또는 연기의 사유가 되지만 배당절차의 무효나 취소사유가 되지는 않는다. 또 이해관계인이 배당기일에 이의를 하지 않고 배당표에 대한 진술을 한 때에는 배당기일의 연기를 신청할 권리를 잃게 된다(민사집행법 제23조 제1항, 민사소송법 제151조 본문).

3) 비치된 배당표원안을 열람한 이해관계인 및 배당을 요구한 채권자들은 배당표원안에 적은 내용에 대하여 이의가 있을 경우에는 반드시 배당기일에 출석하여 이의를 진술하여야 하고 미리 서면으로 이의할 수 없다(민사집행법 제151조 제1항, 제3항). 다만 채무자는 법원에 배당표원안이 비치된 이후 배당기일이 끝날 때까지 채권자의 채권 또는 그 채권의 순위에 대하여 서면으로도 이의할 수 있다(민사집행법 제151조 제2항). 이의신청서가 제출되면 문건입력 프로그램에 전산입력하여 이를 접수하고, 시간적 접수순서에 따라 경매사건기록에 가철하며 인지는 첩부하지 않는다.[13]

2. 배당표에 적어야 할 사항

민사집행법 제150조 제1항은 배당표에 매각대금, 각 채권자의 채권의 원금, 이자, 비용, 배당의 순위와 배당비율을 적도록 규정하고 있으나 재판사무에 관한 문서 양식에 관한 예규의 배당표양식에 의하면 배당표에는 위 사항 외에 배당법원의 표시, 사건번호, 배당할 금액, 매각부동산, 채권자의 이름, 배당순위와 이유, 배당액, 잔여액 등을 적도록 되어 있다.

배당표가 배당기일에 확정되면 판사(사법보좌관)가 기명날인한다.

배당표에 적어야 할 사항 중 중요한 사항을 적는 요령은 다음과 같다.

가. 배당할 금액

1) 배당할 금액에 산입될 금액

배당할 금액을 실무상 배당재단이라고 하는데, 여기에 산입될 것은 다음과 같다.

가) 대금(민사집행법 제147조 제1항 제1호)

매각대금을 말한다. 매수신청의 보증으로 금전이 제공된 경우에 그 금전은 매각대금에 넣는다(민사집행법 제142조 제3항).

매수신청의 보증으로 금전 외의 것이 제공된 경우로서 매수인이 매각대금 중 보증액을 뺀 나머지 금액만을 낸 때에는 법원이 보증을 현금화하여 그 비용을 뺀 금액을 보증액에 해당하는 매각대금 및 이에 대한 지연이자에 충당하는데(민사집행법 제142조 제4항), 이 중 매각대금에 충당된 것은 여기에 해당한다. 위의 보증이 유가증권인 경우에 이 유가증권은 공탁물이 아니라 민사보관물이므로 현금화절차는 민사보관물의 현금화절차에 의한다.

나) 민사집행법 제138조 제3항 및 제142조 제4항의 경우에는 대금지급기한이 지난 뒤부터 대금의 지급·충당까지의 지연이자(민사집행법 제147조 제2호)

재매각명령이 있은 후 전의 매수인이 매각대금과 지연이자 및 절차비용을 지급하여 재매각절차가 취소된 경우에(민사집행법 제138조 제3항) 대금지급기한이 지난 뒤부터 지급일까지의 기간 동안에 해당하는 매수인이 지급한 지연이자 및 매수신청의 보증으로 금전 외의 것이 제공된 경우로서, 법원이 민사집행법 제142조 제4항에 따라 보증을 현금화하여 그 비용을 뺀 금액을 보증액에 해당하는 매각대금 및 이에 대한 지연이자에 충당할 경우 이자에 충당된 것이 여기에 해당한다.

---

13) 재판예규 제1692호 민사접수서류에 붙일 인지액 및 그 편철방법 등에 관한 예규(재민 91-1).

다) 민사집행법 제130조 제6항의 보증(같은 법 제130조 제8항에 따라 준용되는 경우를 포함한다. 민사집행법 제147조 제1항 제3호)

채무자 및 소유자가 한 매각허가결정에 대한 항고가 기각 또는 각하되거나 항고가 취하된 때에는 항고인이 보증으로 제공한 금전이나 유가증권은 그 반환을 청구하지 못하고(민사집행법 제130조 제6항, 제8항), 그 보증금은 배당할 금액에 산입된다. 그 보증이 유가증권인 경우에는 그 유가증권을 현금화하여 현금화비용을 뺀 금액이 배당할 금액에 산입된다(민사집행규칙 제80조 제1항).

이 경우 보증으로 공탁된 것이 유가증권이어서 현금화절차가 필요한 때에는, '매각허가결정에 대한 항고 시 보증으로 공탁한 현금 또는 유가증권의 지급절차'(행정예규 980호)에 의하여, 집행법원은 유가증권현금화명령을 첨부하여 공탁유가증권 출급청구를 하고 그 청구를 받은 공탁관이 집행법원에 공탁유가증권출급을 인가함으로써 그 출급이 이루어지며, 출급 받은 유가증권을 집행관에게 인도하여 집행관으로 하여금 민사집행법 제210조부터 제212조까지의 규정을 준용하여 현금화하게 한 후 그 비용을 뺀 금액을 법원보관금으로 제출하게 하면 될 것이다(민사집행규칙 제80조 참조).

라) 민사집행법 제130조 제7항 본문의 보증 가운데 항고인이 돌려 줄 것을 요구하지 못하는 금액 또는 같은 조 제7항 단서의 규정에 따라 항고인이 낸 금액(각각 같은 조 8항에 따라 준용되는 경우를 포함한다. 민사집행법 제147조 제1항 제4호)

채무자 및 소유자 외의 사람이 한 매각허가결정에 대한 항고가 기각 또는 각하되거나 항고가 취하된 때에는 항고인이 보증으로 제공한 금전이나 유가증권을 현금화한 금액 가운데 항고를 한 날부터 항고기각 또는 각하결정이 확정된 날까지(항고가 취하된 경우에는 취하된 날까지)의 매각대금에 대한 연 12%(민사집행규칙 제75조)에 의한 금액(보증으로 제공한 금전이나 유가증권을 현금화한 금액을 한도로 한다)에 대하여는 돌려 줄 것을 요구할 수 없고(민사집행법 제130조 제7항 본문, 제8항) 그 보증금은 배당할 금액에 산입된다. 그 보증이 유가증권인 경우에 이 유가증권은 민사보관물이 아니라 공탁물이므로(민사집행법 제130조 제3항 참조), 그 현금화절차는 위 3)에서 본 바와 같다(민사집행규칙 제80조 참조).

마) 민사집행법 제138조 제4항의 규정에 의하여 매수인이 돌려줄 것을 요구할 수 없는 보증(보증이 금전 외의 방법으로 제공되어 있는 때에는 보증을 현금화하여 그 대금에서 비용을 뺀 금액. 민사집행법 제147조 제1항 제5호)

재매각이 실시된 경우에 전의 매수인이 제공한 매수신청의 보증은 반환을 청구하지 못하고(민사집행법 제138조 제4항) 그 보증은 배당할 금액에 산입된다. 그 보증이 유가증권인 경우에 이 유가증권은 공탁물이 아니라 민사보관물이므로 현금화절차는 위 1)에서 본 바와 같다.

바) 민사집행법 제137조 제2항의 보증(보증이 금전 외의 방법으로 제공되어 있는 때에는 보증을 현금화하여 그 대금에서 비용을 뺀 금액. 민사집행규칙 79조)

차순위매수신고인에 대한 매각허가결정이 있는 경우 매수인이 매수신청의 보증으로 제공한 금전이나 유가증권 또는 은행 등과 지급보증위탁계약체결사실을 증명하는 문서를 현금화한 것도 배당할 금액에 산입된다. 그 보증이 유가증권인 경우의 현금화절차는 위 1)에서 본 바와 같고, 그 보증이 은행 등과 지급보증위탁계약체결사실을 증명하는 문서인 경우에는 법원이 은행 등에 대하여 정해진 금액의 납부를 최고하는 방법으로 현금화한다.

사) 위 각 금액에 대한 배당기일까지의 사이에 발생한 보관금 이자

위 각 항목의 금원은 보관금이든 공탁금이든 별단예금으로 예탁하여 보관하므로 그에 대하여 예탁한 날부터 이자가 발생하는데(법원보관금취급규칙 제7조, 공탁법 제6조, 공탁금의 이자에 관한 규칙 제2조), 그 이자 중 배당기일까지의 이자에서 이자소득세를 원천징수한 잔액은 당연히 배당할 금액에 포함된다.[14)]

실무에서는 배당기일 전에 배당표원안을 작성하므로 이에 해당하는 이자를 추산하여 배당할 금액에 산입하여 배당표원안을 작성하는데, 법원사무관 등은 배당기일이 정해지면 법원전산시스템을 이용하여 배당이자조회서를 출력하여 기록에 편철한다.

배당기일연기 등의 사유가 있을 때는 새로 정해진 배당기일까지의 이자를 재조회하여 배당할 금액에 포함하여야 한다(재일 97-2 14조 3항).

2) 개별배당재단의 형성

민사집행법 제98조, 제99조에 의하여 여러 부동산을 일괄매각하거나 부동산과 다른 종류의 재산을 일괄매각하는 경우에 각 재산의 매각대금에서 배당받을 채권자가 다른 때에는 각 부동산의 매각대금마다 구분하여 배당표를 작성하는, 이른바 개별배당재단의 형성이 필요하게 된다.[15)]

일괄매각의 경우 개별배당재단을 형성하려면 일괄매각대금 중 각 재산의 대금액

---

14) 법원보관금에 대하여는 재판예규 제1798호 법원보관금취급규칙의 시행에 따른 업무처리지침(재일 97-2) 14조, 15조 참조.

15) 대법원 2003. 9. 5. 선고 2001다66291 판결, 대법원 2004. 2. 27. 선고 2003다17682 판결 등 참조.

을 특정할 필요가 있는데, 이 경우 각 재산의 대금액은 총대금액을 각 재산의 최저매각가격비율에 따라 나눈 금액으로 한다. 각 재산이 부담할 집행비용액을 특정할 필요가 있는 때도 같다(민사집행법 제101조 제2항).

따라서 일괄매각하는 경우에는 개별배당재단 형성의 필요가 있는지를 미리 조사하여 매각실시 전에 각 재산의 최저매각비율을 정하여야 한다(민사집행법 제101조 제2항).

예를 들어 다음과 같이 부동산이 일괄매각되었다고 가정하자.

부동산	최저매각 가격비율	배당재단	순 위 1 번	순 위 2 번	순 위 3 번
X	50% (3/6)	6000만 원 (1억 2,000만 원×3/6)	저당권자 A 3,000만 원	공동저당권자 D 2,400만 원	압류권자 E 2,000만 원
Y	33.3333% (2/6)	4000만 원 (1억 2,000만 원×2/6)	저당권자 B 2,000만 원	〃	압류권자 F 1,000만 원
Z	16.6667% (1/6)	2000만 원 (1억 2,000만 원×1/6)	저당권자 C 1,000만 원	〃	저당권자 G 500만 원
총 매각대금 : 1억 2,000만 원					

위와 같은 경우 X, Y, Z 부동산에 대한 경매신청채권자가 각 E, F, G이고 이들의 신청에 의한 각 경매절차가 병합되어 일괄매각 되었다고 한다면 E, F, G는 각각 X, Y, Z로부터만 변제를 받을 수 있기 때문에 개별배당재단의 형성이 필요하게 된다. 따라서 이 경우에는 개별배당재단의 형성을 위해 일괄매각대금을 먼저 각 부동산에 할당하여 각 재산의 대금을 정하고 다시 공동저당권자 D의 채권액을 각 배당재단에 할당하는 2단계의 할당이 필요하다.

우선 개별배당재단의 형성을 위한 할당은 총 대금액을 각 재산의 최저매각가격비율에 따라 나눈 금액으로 한다. 따라서 위의 경우 총 매각대금 1억 2,000만 원은 X, Y, Z 부동산에 각 6,000만 원, 4,000만 원, 2,000만 원으로 할당되어 각 부동산에 대한 배당재단이 된다.

그런데 매각 전에 미리 최저매각가격의 비율을 정하지 아니하고 매각허가결정이 확정된 경우에는 차선의 방안으로, 최저매각가격을 정하는 것과 같은 방식으로 정하면 될 것이다. 따라서 보통은 총 대금액을 각 재산의 감정가 비율에 의하여 안분하여 각 재산의 대금을 정하면 될 것이다.

그러나 이러한 방식은 일괄매각되는 각 부동산의 매각조건이 동일하여 모두 같은 비율로 저감될 것이라는 전제하에서나 성립될 수 있는 것으로서, 예를 들어 일부 부동산에는 매수인에게 인수되는 부담이 있어 그 물건에 관하여는 저감율이 다른 부동산보다 높을 것이라고 예견되는 경우에는 매수인에게 인수되는 부담을 고려하여 최저매각가격의 비율을 감정가비율과는 다르게 정하여야 할 것이므로, 최저매각가격의 비율을 미리 정하지 않아 차선으로 그에 준하는 방법으로 각 재산의 대금을 정할 때도 같은 고려가 있어야 한다. 따라서 일부 부동산에 관하여만 매수인이 인수하는 부담이 있는 경우에도, 이를 고려하여 최저매각가격을 정하는 것과 같은 방법으로 각 부동산의 대금을 정하여야 할 것이다. 이에 의하면 결국 각 부동산의 최저매각가격비율은 각 부동산에 관한 감정가의 비율로 하고, 다만 일부 부동산에 관하여 매수인이 인수하는 부담이 있는 경우에는 다음의 금액비율로 하면 될 것이다.

가) 인수되는 부담이 있는 부동산에 대하여는 일괄매각대금에 매수인이 인수하는 총부담의 가액을 합한 금액을 위 감정가비율로 안분한 금액에서 당해 부동산에 대하여 인수되는 부담을 공제한 금액

나) 인수되는 부담이 없는 부동산에 대하여는 일괄매각대금에 매수인이 인수하는 총부담의 가액을 합한 금액을 위 감정가비율로 안분한 금액

예를 들어 X, Y 2개의 부동산이 있고 둘 다 부담이 없는 상태에서의 평가액이 1,000만 원인데 Y부동산에는 매수인이 인수하여야 할 500만 원의 임차권의 부담이 있다면 개별의 최저매각가격은 통상 X부동산이 1,000만 원, Y부동산이 500만 원이 될 것으로 예상된다.

그리고 이 경우 그 일괄의 최저매각가격이 1,800만 원으로 정해졌고 경매결과 2,100만 원에 매각되었다면 개별배당재단은 위 원칙에 따라 X부동산이 1,400만 원 [2,100만 원×1,000/(1,000+500)], Y부동산이 700만 원[2,100만 원×500/(1,000+500)]이 될 것이다. 그러나 이렇게 되면 위 임차권 인수의 부담을 넣어서 생각해 볼 때 결국 X부동산은 1,400만 원, Y부동산은 1,200만 원(700만 원+500만 원)의 배당재단이 형성되어 Y부동산의 배당재단에 대한 채권자가 불리해 진다.

따라서 이러한 불공평을 피하기 위해서는 일괄의 매각대금 2,100만 원에 인수하여야 할 부담액 500만 원을 합한 2,600만 원을 본래의 각 부동산의 평가액에 따라 1,300만 원씩 할당하고 그런 다음에 Y부동산에 대해서는 인수될 500만 원을 뺀 800

만 원을 배당재단으로 함이 타당하다.

다시 위의 예로 돌아가 배당재단을 정하기 위한 할당이 끝나면 다음으로 D의 공동저당권의 피담보채권을 각 부동산에 할당하여야 하는데, 그러기 위해서는 먼저 위에서 각 부동산 별로 산출된 매각대금에서 D의 공동저당권에 우선하는 A, B, C의 채권액을 빼야 하므로 이를 각 공제하고 그 나머지 금액을 기준으로 하여 각 부동산의 부담액을 정한다.

3) 배당표의 작성

배당할 금액은 각 항목에 따라 명세를 밝히고 그 합계액을 표시한다.

배당표에는 배당할 금액의 명세로 매각대금, 지연이자 및 절차비용, 전 매수인의 매수신청보증금, 매각대금 등 이자, 항고보증금의 다섯 가지로 구분하고 있는데, 그 중 매각대금은 매수인이든 차순위매수인이든 매각부동산의 소유권을 취득한 자가 지급한 매각대금을 뜻하므로 위에 적은 배당할 금액 중 ①항의 금액을 매각대금란에 적고, ②항의 금액을 지연이자 및 절차비용란에 적으며, ③, ④항의 금액은 항고보증금란에 적고, ⑤, ⑥항의 금액은 전 매수인의 매수신청보증금란에 적으며, 원금이 위 ①항에서 ⑥항까지의 것 중 어느 것이든 그에 대하여 발생한 보관금 이자인 ⑦항의 금액은 매각대금 등 이자란에 적는다.

[기재례: 배당표]

○ ○ 지 방 법 원

배 당 표

사 건 20 타경 부동산강제경매

배 당 할 금 액		금 72,000,000		
명세	매 각 대 금	금 66,500,000		
	지연이자 및 절차비용	금 0		
	전경매보증금	금 5,000,000		
	매각대금이자	금 500,000		
	항고보증금	금 0		
집 행 비 용		금 1,500,000		
실제 배당할 금액		금 70,500,000		
매 각 부 동 산		서울 서초구 서초동 1234 대 200㎡ 및 위 지상 1층 건물 100㎡		
채 권 자		김갑동	종로구	국민은행
채	원 금	37,000,000	1,000,000	10,000,000

권금액	이 자	0	0	500,000
	비 용	0	0	0
	계	37,000,000	1,000,000	10,500,000
배당순위		1	2	3
이 유		소액임차인	교부권자(당해세)	근저당권자
채권최고액		37,000,000	1,000,000	10,000,000
배 당 액		37,000,000	1,000,000	10,000,000
잔 여 액		33,500,000	32,500,000	22,500,000
배당비율		100.00%	100.00%	100.00%
공탁번호 (공탁일)		금제 호 (20 . . .)	금제 호 (20 . . .)	금제 호 (20 . . .)
채 권 자		이을순	박병식	
채권금액	원 금	15,000,000	10,000,000	
	이 자	5,000,000	0	
	비 용	0	0	
	계	20,000,000	10,000,000	
배당순위		4	4	
이 유		신청채권자 (확정판결)	가압류권자	
채권최고액		20,000,000	10,000,000	
배 당 액		15,000,000	7,500,000	
잔 여 액		7,500,000	0	
배당비율		75.00%	75.00%	%
공탁번호 (공탁일)		금제 호 (20 . . .)	금제 호 (20 . . .)	금제 호 (20 . . .)

2○○○. ○. ○.

판사(사법보좌관) ○ ○ ○

나. 집행비용

1) 집행비용의 의미

가) 강제집행에 필요한 비용은 채무자의 부담으로 하고 그 집행에 의하여 우선적으로 변상을 받는다(민사집행법 제53조 제1항). 집행비용은 집행권원 없이도 배당재단으로부터 각 채권액에 우선하여 배당받을 수 있다.

나) 여기서 '집행비용'이란 각 채권자가 지출한 비용의 전부가 포함되는 것이 아니라 배당재단으로부터 우선변제를 받을 집행비용만을 의미하며 이에 해당하는 것으로서는 해당 경매절차를 통하여 모든 채권자를 위하여 체당한 비용으로서의 성질을 띤 집행비용(공익비용)에 한한다. 집행비용은 민사집행에 필요한 비용, 즉 민사집행의 준비 및 실시를 위하여 필요한 비용을 의미하므로,[16] 현실적으로 지출한 비용이라고 하더라도 해당 집행과 무관하거나 집행에 필요가 없는 것은 집행비용에 해당하지 않

는다.[17)]

가압류가 본압류로 이행된 경우의 가압류집행비용은 이에 포함되나,[18)] 사해행위취소소송을 위하여 지출한 소송비용 등은 사해행위취소소송으로 원상회복된 채무자의 재산에 대한 집행에 의하여 우선적으로 변상받을 수 있는 집행비용에 해당하지 않는다.[19)]

한편 부동산을 목적으로 하는 담보권 실행을 위한 경매절차에서 그 경매신청 전에 부동산의 소유자가 사망하였으나 그 상속인이 상속등기를 마치지 않아 경매신청인이 경매절차의 진행을 위하여 부득이 상속인을 대위하여 상속등기를 마쳤다면 그 상속등기를 마치기 위해 지출한 비용은 담보권 실행을 위한 경매를 직접 목적으로 하여 지출된 비용으로서 그 경매절차의 준비 또는 실시를 위하여 필요한 비용이고, 나아가 그 경매절차에서 모든 채권자를 위해 체당한 공익비용이므로 집행비용에 해당한다고 봄이 타당하다.[20)]

상속재산관리인을 선임하여 경매절차가 진행 된 경우 상속재산관리인의 보수를 공익비용으로 볼 것인지가 문제되는데, 상속재산관리인이 경매절차만을 위한 것이 아닌 점, 그 보수액 등은 가정법원이 결정해야 하는 것이 바람직한 점 등을 들어 공익비용으로 인정하는 것은 적절하지 않다는 견해도 있으나,[21)] 위 비용은 경매절차 진행을 위해 채권자가 미리 납부한 비용으로 전체 채권자를 위한 비용으로 충분히 볼 수 있고 그 보수액은 집행법원이 정하는 것이 아니라 가정법원에서 정하는 점, 상속재산관리인 선임 실무상 보수 상당액을 청구인으로부터 미리 납부받고 있는데 이를 공익비용으로 인정하지 않을 경우 채권자가 그 비용을 환수하기 어려운 점 등을 감안하면 특별한 사정이 없는 한 공익비용으로 인정하여 집행절차에서 지급하는 것이 적절할 것으로 본다.[22)] 이 경우 가정법원에서 상속재산관리인의 보수 등을 정한 경우에는 그 금액을 인정해주면 되고, 신청채권자가 임의로 보수를 지급한 경우 변호사 보수 기준에 따라 산정된 금액 범위 내에서 인정하면 될 것이다.

집행채권보다 우선변제를 받을 집행비용은 원칙적으로 집행채권자(경매신청채권

---

16) 대법원 2011. 2. 10. 선고 2010다79565 판결.
17) 대법원 2005. 2. 18.자 2004마1043 결정, 대법원 2005. 11. 18. 선고 2005다772 판결 참조.
18) 대법원 2006. 11. 24. 선고 2006다35223 판결.
19) 대법원 2011. 2. 10. 선고 2010다79565 판결.
20) 대법원 2021. 10. 14. 선고 2016다201197 판결.
21) 윤경·손흥수, 부동산경매(1), 한국사법행정학회(2017), 640쪽 참조.
22) 법원실무제요 가사[Ⅱ], 사법연수원(2021), 1087~1088쪽

자)가 지출한 비용으로서, 압류채권자가 강제집행의 신청과 그 준비를 위하여 지출한 필요비용과 절차의 진행을 위하여 압류채권자가 예납한 금액 중 실제로 사용된 비용이다. 여기에는 강제경매의 실시를 위하여 필요한 비용뿐만 아니라 경매신청의 준비를 위하여 필요한 비용도 포함된다.

집행비용 중 집행기록상 명백한 비용(예를 들어, 매각수수료 등 집행실시비용 중 재판상의 비용)에 관하여는 채권자가 특히 청구하지 않겠다는 취지의 의사표시가 없는 한 계산서의 제출이 없더라도 집행기록에 의하여 계산하고 집행기록상 명백하지 않은 비용은 채권자가 제출한 채권계산서 및 소명자료에 의하여 계산한다. 실무상 수불내역서 등을 확인하여 실제 지출된 집행비용을 확인하고 있는데, 인지액, 등록면허세 등이 실제 납부된 금액과 일치하지 않는 경우(추가 납부된 금액이 있는 경우)가 종종 있어 확인할 필요가 있다.

다) 여기에 적을 집행비용 이외의 것으로서 배당할 금액으로부터 변제받을 비용(예를 들어, 배당요구신청비용, 압류가 경합된 경우 뒤에 한 경매신청비용 등)은 각 채권자의 채권금액란 중 비용란에 적는다. 이러한 비용은 다른 배당채권에 우선하여 변제받을 수 없고, 해당 채권자의 배당금에서만 우선변제받을 수 있어 실무상 이를 별도로 인정하지는 않는 것으로 보인다.

라) 법원사무관 등은 집행비용의 계산관계를 명확히 하기 위하여 배당표작성에 지장이 없도록 늦어도 배당기일 3, 4일 전까지 집행비용계산서를 작성하여 담임법관(사법보좌관)의 승인을 받는다.

마) 배당기일에 출석한 각 채권자와 채무자는 배당표에 적힌 집행비용의 계산에 대하여 불복이 있으면 이의를 진술할 수 있는데, 이의사유에 따라 집행에 관한 이의 또는 배당이의로 처리하되, 법원이 지출한 비용에 관하여 이의사유가 명백한 경우에는 집행에 관한 이의로 보고 직권으로 정정함이 타당하다.

2) 후행경매의 비용

가) 압류가 경합된 경우 후행경매신청에 소요된 비용(예를 들어, 경매신청서 서기료, 등록면허세, 인지대, 등기신청수수료, 제출비용, 송달료 등)은 배당요구에 소요된 비용과 마찬가지로 우선변제를 받을 집행비용이 아니다.

나) 그러나 선행경매절차가 취소, 취하됨으로 인하여 후행경매신청에 기하여 경매절차가 진행된 때에는 후행경매신청사건의 경매신청비용 이하 전 비용이 집행비용으로서 우선변제된다.

(1) 선행경매절차가 취소, 취하된 경우

선행경매절차가 취소, 취하되는 경우에 선행사건의 절차에 의하여 지출된 비용은 원칙적으로 집행비용으로 되지 않으나, 그 비용 중 감정평가비용, 현황조사비용 등 모든 채권자의 이익을 위하여 지출된 비용은 당연히 선행사건의 신청채권자에게 우선변제 되어야 한다. 다만 후행사건으로 매각대상에 전부에 대한 재감정 또는 재현황조사 등을 다시 실시한 경우에는 선행사건에서의 감정이나 현황조사가 그대로 이용되었다고 볼 수 없어 공익비용이라 할 수 없으므로 집행비용으로 인정할 수 없을 것이다. 일부에 대해서만 재감정 등을 실시한 경우에는 선행사건의 감정평가비용 등도 집행비용으로 인정할 수 있다.

따라서 집행법원은 그러한 경우 선행사건의 신청채권자에게도 배당기일통지를 하여야 하며, 배당기일에 출석하지 않은 경우에는 그 비용액을 공탁하여야 할 것이다(민사집행법 160조 2항 참조).

(2) 선행사건이 집행정지되어 후행사건에 기하여 절차가 진행된 경우

선행사건이 집행정지되어 뒤에 한 경매신청에 기하여 절차가 진행된 경우에는 집행정지 시까지의 선행사건의 절차비용은 우선변제되어야 하는데, 이 경우 선행사건의 절차비용은 모든 채권자를 위하여 체당한 공익비용으로서 집행정지된 채권이 궁극적으로 집행이 불허되더라도 우선변제되어야 할 것이므로 집행정지서면이 무엇이든 상관없이 채권자에게 배당액을 지급하여야 하고 공탁할 것이 아니다.

이와 같이 집행비용을 우선변제받을 채권자가 2인 이상인 경우에는 각 채권자별로 집행비용액을 적어야 한다.

(3) 일부중복 병합사건의 경우

선행사건은 경매목적물이 토지이고, 후행사건은 토지와 건물인 경우 등 경매목적물이 일부만 중복되는 경우 실무상 두 사건을 병합하여 진행하고 있다.

선행사건을 모사건으로 진행한 경우 후행사건의 집행비용 중 인지, 송달료, 등록면허세 등은 선행사건 매각대상이 아니었다가 추가된 건물을 위한 공익비용이므로 집행비용으로 인정한다. 후행사건을 모사건으로 진행한 경우에도 동일하게 선행사건에 이미 들어간 공익비용은 집행비용으로 인정한다.

위 사례에서 후행사건의 토지에만 소요된 비용을 공익비용으로 인정할 것인지에 대해선 견해 대립이 있는데[23] 후행사건의 토지 부분은 선행사건과의 관계에서 이중

23) 자세한 내용은 윤경·손흥수, 부동산경매(2), 한국사법행정학회(2017), 1633~1634쪽 참조.

경매인 상태이므로 원칙적으로 공익비용으로 볼 수는 없을 것이다.

3) 서기료

서기료의 집행비용 인정 범위와 관련해선, 실무상 변호사나 법무사에게 위임하여 신청서를 제출한 경우 청구금액을 기준으로 자동으로 산출된 금액을 인정하고 있다. 변호사나 법무사에게 위임하여 신청서를 작성하지 않은 경우에는 서기료를 지급하지 않는다.

신청채권자가 별도의 서기료 영수증을 제출한 경우 위 산출된 금액과 비교하여 영수증상 금액이 더 많은 경우에는 위 산출된 금액으로 인정하고, 더 적은 경우에는 서기료 영수증 금액으로 인정한다.

4) 외국송달 비용

이해관계인에 대한 외국송달 비용도 집행비용으로 인정해야 하는데 보통 송달료 계산에 포함되어 있지 않으므로 이를 누락하기 쉽다. 송달료 항목에 포함할 수 없는 경우에는 기타 항목에 외국송달비용으로 포함하여 집행비용으로 인정해야 한다.

헤이그송달협약에 따른 송달을 실시한 경우 캐나다, 미국, 그리스는 비용상환에 관한 규정을 별도로 두고 있으나(재일 2014-1 '국제민사사법공조에 관한 예규' 5조 8항) 그 외 국가의 경우 규정이 없는 상태여서 외화송금 방식에 의할 수밖에 없다.[24] 이 경우 신청채권자가 납부한 보관금이 있으면 보관금을 출급하여 외화 송금수표를 구입한 후 법원행정처에 공문을 시행하여 해당 국가에 지급하도록 요청하고, 위 비용은 집행비용으로 처리한다.

송달받을 사람의 국적이 대한민국일 경우에는 당사자 의사에 반하지 않는 한 영사 송달촉탁을 하는 게 원칙이고(재일 2014-1 3조 2항) 이 경우 송달수수료는 후불로 송달증명서에 기재된 금액을, 송달증명서에 금액의 기재가 없는 경우에는 6미국달러 상당 금액을 보관금에서 출급하여 국고에 귀속시킨다.(재일 2014-1 8조 3항).

5) 집행비용에 포함되지 않는 비용

가) 배당요구를 하기 위하여 지출한 비용은 모든 채권자를 위하여 체당한 비용이 아니므로 여기서 말하는 집행비용에는 포함되지 않고, 그 채권자의 채권금액에 산입하여 배당한다.

나) 집행비용은 경매절차에 있어서 직접 발생한 것에 한하므로 경매개시결정에 대한 이의사건이라든가 매각허가결정에 대한 항고사건을 위하여 지출한 비용은 포함

---

24) 법원실무제요 민사소송[Ⅲ], 법원행정처(2017), 2001쪽.

되지 않는다.

다) 매수인에 대한 소유권이전등기나 부담기입의 말소등기를 위한 등록면허세 등 비용은 매수인이 부담할 것이므로 집행비용이 되지 않는다(민사집행법 144조 2항).

[집행비용계산서(전산양식 A3122)]

○ ○ 지 방 법 원

집행비용계산서

사 건 20 타경 부동산강제(임의)경매

순번	내 역	금 액
1	경매신청서 등 첩부 인지대	원
2	경매신청서 서기료	원
3	등본수수료	원
4	경매개시결정등기등록세(지방교육세 포함)	원
5	등기신청수수료	원
6	송달료	원
7	현황조사비용	원
8	감정평가비용	원
9	공고비용	원
10	매각수수료	원
11	기타	원
합계		원

집행기록에 의하여 위 계산을 하였습니다.

20 . . .

법원사무관 ㊞

민집 150①, 268

다. 실제배당할 금액

실제배당할 금액이란 실제로 각 채권자에게 배당할 금액으로서 위에서 본 배당할 금액에서 집행비용을 공제한 나머지를 말한다.

라. 매각부동산

매각대금이 발생한 해당 매각부동산을 표시한다. 등기기록 표제란에 적힌 부동산의 표시를 모두 적을 필요는 없고 매각부동산을 특정할 수 있을 정도로만 적으면 된다.

마. 채권자

여기에는 배당가입채권자의 이름 또는 관서명(예를 들어, 종로세무서, 종로구, 국민은행, 고용노동부 서울북부지청 등)을 적는다.

채권자는 조금이라도 배당을 받는 채권자뿐만 아니라 배당요구 신청이 각하되지 않은 채권자인 이상 배당액이 '0'인 채권자도 배당표에 기재하여야 한다. 이와 관련하여 실무에서는 배당액이 '0'인 채권자는 배당표에 기재하지 않고 있으나, 이러한 실무는 후술하는 추가배당과 관련하여 문제가 있을 수 있다. 즉 집행기록의 보존기한이 지난 뒤에 추가배당사유가 발생한 경우에는 사실상 추가배당을 불가능하게 하므로, 민사집행법 제148조에 해당하는 채권자는 설령 배당액이 '0'이더라도 배당표에 기재하여야 한다.

바. 채권금액

채권금액이란 배당에 참가한 모든 채권자의 채권액을 말한다. 채권금액은 각 채권자별로 배당순위에 따라 좌측으로부터 순차로 적는다.

채권자가 채무자에 대하여 가지는 채권이라도 청구 또는 배당요구를 하지 않거나 채권계산서에 적지 않은 것은 포함되지 않는다(단 압류의 효력발생 전에 등기한 저당권자나 가압류채권자의 채권은 그러하지 않다).

채권의 일부만을 청구한 경우에는 청구한 일부의 채권만이 채권금액으로 된다. 이 경우 배당표에 일부청구라는 취지를 적을 필요가 없다.

채권금액에는 원금 뿐만 아니라 이자(지연손해금 포함) 및 비용도 포함된다.

이자는 배당요구의 종기까지 제출된 계산서에 이자채권이 적혀있는 한 배당기일

까지의 이자를 계산하여 오면 그 부분 이자는 배당에 포함한다.[25)]

한편 여기서 비용이란 집행비용, 즉 우선변제받을 집행비용을 제외한 비용(예를 들어, 배당요구신청비용, 이중압류채권자가 지출한 비용), 그 밖에 자기의 채권보전 내지 실현을 위하여 지출한 비용으로서 우선변제를 받을 수 없는 비용(예를 들어, 소송비용액 확정절차에 의하여 확정된 본안소송비용, 금융기관인 저당권자가 채무자를 위하여 대납한 화재보험금 등. 다만, 본안소송비용은 여기서 말하는 비용에 포함되지 않는다는 견해가 있다)을 말한다.[26)]

이러한 비용은 다른 배당채권에 우선하여 변제받을 수는 없으나 해당 채권자에 대한 배당금 중에서는 집행채권 또는 배당요구채권의 원금이나 이자에 우선하여 변제받아야 할 성질의 것이므로[27)](법정변제충당. 민법 제477조) 배당표(채권금액 중 비용란)에 적어야 한다. 이러한 비용에 관하여서는 그 내역을 명백히 하기 위하여 각 채권자별로 집행비용계산서를 작성하여 배당표에 첨부하여야 한다.

사. 배당순위

각 채권자는 민법·상법, 그 밖의 법률에 의한 우선순위에 따라 배당순위가 정하여 진다(민사집행법 제145조 제2항).

배당참가채권이 모두 일반채권자라면 채권발생의 선후에 불구하고 평등한 비율로 배당을 받게 되지만 민법·상법, 그 밖의 법률에 의하여 일반채권자에 우선하여 변제받을 수 있도록 규정되어 있는 채권이 있으면 이러한 채권에 관하여는 우선적으로 변제하여야 하므로 배당표에 각 채권의 배당순위를 표시하여야 한다.

배당순위는 번호로 표시하며 동일순위의 채권자가 수인인 때에는 같은 번호로 표시한다. 예를 들어 당해세인 국세채권, 저당채권, 압류채권, 배당요구채권이 배당에 가입한 경우에는 국세채권에 대하여는 1로, 저당채권자에 대하여는 2로, 나머지에 대하여는 3으로 표시한다.

아. 이유

이유란에는 배당순위를 결정하는 근거를 적는다.

우선권이 있는 채권에 대하여는 그 우선권의 근거를 적고(예를 들어, 우선특권

25) 대법원 2011. 7. 14. 선고 2009다70555 판결.

26) 법원실무제요 민사집행[Ⅲ], 사법연수원(2020), 171쪽.

27) 대법원 1999. 8. 24. 선고 99다22281, 22298 판결 등.

의 경우에는 그 내용을 적으며, 조세채권의 경우에는 국세·지방세의 표시를, 공과금의 경우에는 그 종목을, 또 저당권자인지 근저당권자인지를 표시한다) 그 외의 경우에는 배당받은 채권자가 압류채권자인지 가압류채권자인지 또는 배당요구채권자인지를 표시한다.

채권자의 배당근거의 날짜(근저당권 설정일, 조세나 공과금의 법정기일 또는 납부기한)나 사건번호(집행권원 또는 가압류결정)를 기재해주는 것이 이해관계인이 배당순위를 이해하는 데 도움이 되고 추가배당을 할 경우 집행법원이 이전 배당 내용을 확인하기 용이하다.

자. 채권최고액

채권최고액은 위 채권금액 중에서 해당 순위에서 우선변제받는 것으로 인정되는 최고한도의 금액을 말한다.

차. 배당비율, 배당액

1) 배당은 우선순위에 따라 선순위의 채권으로부터 순차로 전액을 배당한 다음 잔액이 있으면 그 잔액에 관하여 일반채권자의 각 채권액의 비율대로 안분한다.

2) 배당비율은 실무상 두 가지 개념이 있다.[28)]

첫 번째는 배당순위가 동일한 배당가입채권 간에 각 배당가입채권액의 동순위채권합산액에 대한 백분율(각 배당가입채권액 ÷ 동순위 채권합산액 × 100)을 뜻하는 경우가 있다. 이 경우에는 청구금액이 동일하지 않으면 배당비율도 다르다. 다만 선순위채권은 후순위채권에 우선하여 전액배당하여야 하므로 그에 대한 배당율은 100%로 표시한다.

예를 들어 배당할 금액이 100만 원인데 배당가입채권으로서 국세채권이 50만 원, 집행채권자의 채권이 100만 원, 배당요구채권자의 채권이 150만 원인 경우에 배당비율은 국세채권이 100%, 집행채권자의 채권이 40%(100 ÷ 250 × 100), 배당요구채권자의 채권이 60%(150 ÷ 250 × 100)가 된다.

두 번째는 배당순위가 동일한 채권자들에게 배당할 금액의 동순위채권합산액에 대한 백분율(동순위채권자들에게 배당할 금액÷동순위채권합산액×100)을 뜻하는 경우가 있다. 이에 의하면 배당비율은 결국 각 채권자의 당해 순위의 배당가입채권액과

28) 법원실무제요 민사집행[Ⅲ], 사법연수원(2020), 182~183쪽.

실제 배당받은 금액의 비율을 뜻하게 된다. 즉 당해순위의 배당가입채권액이 100만 원인데 50만 원을 배당받았으면 배당비율은 50%이고, 이 경우 선순위자의 배당비율은 항상 100%이며, 동순위자의 배당비율은 항상 같다.

배당비율을 어느 개념으로 사용하는지는 경우에 따라 다른데, 부동산경매절차에서는 통상 두 번째 개념으로 사용하고 있다.

3) 배당비율은 배당액을 산출하는 기초가 된다.

산출방법을 보면 첫 번째 개념에 의하면, 배당에 참가한 채권자가 모두 동순위인 때에는 바로 배당할 금액에 배당비율을 곱하면 각 채권자에게 배당할 배당액이 산출되고, 선순위채권자가 있는 경우에는 최선순위채권으로부터 순차로 그 채권금액을 배당하고 일반채권자에 대하여는 배당할 금액에서 선순위채권 전액을 공제한 잔액에 관하여 위 배당비율에 따라 배당액을 산출한다. 앞의 예에서 국세채권에 대한 배당액은 그 전액인 50만 원이 되고, 집행채권자, 배당요구채권자에 대한 배당액은 20만 원[(100－50)×40÷100} 및 30만 원{(100－50)×60÷100]이 된다.

두 번째 개념에 의하면 각 채권자의 당해 순위의 배당가입채권액에 배당비율을 곱하여 산출된 금액이 각 채권자에게 배당할 배당액이 된다.

4) 배당액은 편의상 원 이하를 사사오입하는 방식으로 계산한다. 원 이하를 사사오입하기 위해서는 적어도 원 이하 1자리까지는 계산하여야 하므로 배당할 금액의 자리수를 참작하여 배당비율을 소수점 이하 몇자리까지 표시하여야 할 것인가를 정하여야 한다.

매각대금으로 모든 채권자의 채권 및 집행비용을 변제하기에 충분한 경우에는 배당비율을 표시하지 않아도 무방하나 실무에서는 모두 100%로 적는 것이 통례이다.

각 채권자에 대한 배당비율과 배당액의 산출내용을 명백하게 하기 위하여 별지로 계산명세서를 작성하여 배당표에 첨부함이 좋을 것이다.

실무에서 재판사무시스템을 이용할 경우, 재판사무시스템의 강제집행환경을 설정한 후 [600. 배당]메뉴에서 해당 세부메뉴를 클릭하여 필요한 자료를 입력하여 처리한다.

[예시: 계산명세서]

계 산 명 세 서

[첫 번째 개념에 의할 경우]
1. 채권자 김갑돌
$1,000,000/1,803,000 \times 100 = 55.46311\%$
$1,000,000 \times 55.46311/100 = 554,631$
2. 채권자 이을동
$502,000/1,803,000 \times 100 = 27.84248\%$
$1,000,000 \times 27.84248/100 = 278,425$
3. 채권자 정철수
$301,000/1,803,000 \times 100 = 16.69439\%$
$1,000,000 \times 16.69439/100 = 166,944$

[두 번째 개념에 의할 경우]
1. 배당비율
$1,000,000/1,803,000 \times 100 = 55.46311\%$
2. 배당액
채권자 김갑돌
$1,000,000 \times 55.46311/100 = 554,631$
채권자 이을동
$502,000 \times 55.46311/100 = 278,425$
채권자 정철수
$301,000 \times 55.46311/100 = 166,944$

카. 잔여액

배당할 금액으로부터 배당표 가장 왼쪽란에 기재된 채권자의 배당액을 공제한 금액을 가장 왼쪽란의 잔여액란에 적고 그 다음부터는 전자의 잔여액에서 배당액을 공제한 금액을 잔여액으로 적는다. 예를 들어, 국세채권의 잔여액란에는 배당할 금액 100만 원에서 배당액 50만 원을 공제한 금 50만 원을, 압류채권자의 잔여액란에는 위 잔여액 50만 원에서 배당액 20만 원을 공제한 금 30만 원을, 배당요구채권자의 잔여액란에는 0을 적는다.

타. 공탁번호(공탁일)

배당액이 민사집행법 제160조에 의하여 공탁될 경우 공탁번호 및 공탁일을 적는다. 다만 공탁하여야 할 배당액은 배당기일에 이미 명백한 것도 있으나 일정한 기간 동안 기다려야 공탁사유가 밝혀지는 경우가 있고, 이 때문에 부동산경매사건의 진행기간 등에 관한 예규(재민 91-5)가 배당액의 공탁은 배당기일부터 10일 안에 하도록 규정하고 있으므로, 공탁번호란은 배당기일에 적을 수는 없고 후에 보충하여 적을 수밖에 없다.

3. 회생채무자의 부동산, 파산재단 또는 개인회생재단에 속하는 부동산이 매각된 경우[29)]

이 경우에는 배당의 실시에 관하여 다음과 같은 점에 유의하여야 한다.

가. 회생채무자 소유의 부동산이 매각된 경우

회생절차가 개시된 경우 특별한 사정이 없는 한 회생채권자 및 회생담보권자는 회생절차에 의하지 않고서는 변제받을 수 없다[채무자 회생 및 파산에 관한 법률(이하 '채무자회생법'이라 한다) 제131조 본문, 제141조 제2항]. 만일 회생채무자가 회생계획을 이행하지 않을 경우에는 수행명령을 신청하여 회생법원의 감독권 행사를 통하여 변제의 이행을 받는 방법이 있을 뿐(채무자회생법 제258조 제1항), 회생채권 및 회생담보권의 회수를 위하여 강제집행이나 배당요구를 할 수 없다(채무자회생법 제58조 제1항 제2호, 제256조 제1항 본문). 그러나 회생채무자의 부동산이라고 하여 절대적으로 강제집행 또는 담보권 실행을 위한 경매가 불가능한 것은 아니다.

나. 회생계획에 담보권 실행경매 조항을 둔 경우

먼저 회생담보권의 경우 회생계획에서 경매절차 실행 권한을 부여하는 것이 가능한지에 대해 견해 대립이 있는데[30)] 긍정설에 따를 경우 담보권 실행을 위한 경매가 가능하다(경매절차 속행명령에 관한 채무자회생법 제58조 제5항 참조). 이 경우 담보권자에 대한 매각 위임 조항 중에 '최우선순위 회생담보권자는 담보권 실행(임의경매 신청 등)의 방법으로 매각할 수도 있다'는 문구를 추가하는 방법을 취하는데[31)] 회생담보권자 의결권 과반수의 동의를 얻도록 정하는 경우도 있다.[32)] 회생실무에서 회생계획안에 담보권 실행경매 조항을 둘 수 있는지에 대해 견해의 대립이 있으나,

29) 법원실무제요 민사집행[Ⅲ], 사법연수원(2020), 185~194쪽 참조.
30) 서울회생법원 재판실무연구회, 회생사건실무(상)(제5판), 박영사(2019), 727~728쪽.
31) 서울회생법원 재판실무연구회, 회생사건실무(상)(제5판), 박영사(2019), 728쪽.
32) 서울회생법원 재판실무연구회, 회생사건실무(상)(제5판), 박영사(2019), 728쪽 주140.

회생계획에 담보권 실행경매 조항은 담보목적물을 처분하여 회생담보권 등을 변제하기 위한 하나의 방법으로 회생계획인가를 통해 관리인과 담보권자의 동의를 얻었고, 담보목적물이 회생계획의 매각예정연도에 매각되지 않은 경우로 최우선순위 회생담보권자로 신청권자를 제한하며 회생법원의 허가를 얻도록 하는 등 무분별한 담보권 실행을 방지하기 위한 장치를 회생계획에서 규정하고 있으므로 긍정설에 따라 회생계획에 담보권 실행경매 조항을 두는 것이 가능하다고 볼 것이다.

한편, 담보권 실행경매 조항은 없는 상태에서 담보목적물 매각위임에 관한 규정에 근거하여 매각의 한 방법으로 민사집행법에 따른 담보권 실행경매를 할 수 있는지도 문제가 되는데, 담보권 실행경매 조항이 없는 경우에도 실무상 담보목적물 매각위임에 관한 규정을 근거로 경매신청을 하는 경우가 종종 있다. 위 담보권 실행경매 조항을 둘 수 있는지에 대한 부정설에 따르면 당연히 경매신청이 불가하나 긍정설에 따르는 경우에도 회생계획에 담보권 실행경매 조항이 없으면 경매신청이 가능하지 않는다고 볼 수도 있는데, 담보목적물 매각위임에 관한 규정에 따라 최우선순위 회생담보권자에 의한 임의매각이 어려운 경우에는 매각의 한 방법으로 집행법원의 경매절차를 이용하는 것도 파산관재인이 별제권의 목적물을 환가하는 것에 준한다고 볼 수 있다. 파산관재인이 별제권의 목적물을 환가하는 경우 채무자회생법 제497조 제1항, 제496조에 따라 민사집행법에 따라 환가해야 하는데, 위 규정에 따른 현금화절차는 민사집행법 제274조의 '기타 법률이 규정하는 바에 따른 경매'에 해당하므로 강제경매의 방법이 아니라 임의경매의 예에 따라 실시하여야 할 것이고, 그중에서도 청산을 위한 경매에 해당한다고 볼 수 있으므로[33] 회생법원의 허가 등이 있으면 이를 허용하는 것이 적절하다.

다. 공익채권의 경우

공익채권은 회생절차에 의하지 않고 수시로 변제할 수 있는데(채무자회생법 제180조 제1항), 이에 근거하여 공익채권에 기한 강제집행이나 배당요구가 가능하다는 견해가 통설이다. 공익채권에 기하여 부동산에 관한 경매가 실행되는 경우 그 부동산에 관한 회생담보권은 그 효력을 잃지 않으므로 회생담보권자는 그 부동산의 매각대금에서 우선 변제를 받을 권리가 있다.

1) 그런데 위의 각 경우에 집행법원이 회생담보권자나 공익채권자에게 직접 지

33) 윤경·손흥수, 부동산경매(1), 한국사법행정학회(2017), 2,189쪽.

급할 수 있는가, 아니면 회생채무자의 관리인으로 하여금 변제하도록 하여야 하는가에 관하여는 견해가 나뉜다.

제1설은 경매절차에서 공익채권 등에 기한 압류나 배당요구는 해당 부동산의 매각대금에서 변제를 받을 자를 정하는 것에 그치고 실질적인 변제절차는 일괄하여 회생채무자의 관리인이 하도록 모두 관리인에게 교부하여야 한다고 한다. 이 견해에 의하면 매각대금은 전액을 회생채무자의 관리인에게 교부하여야 할 것이다.

제2설은 위의 각 경우에 집행법원이 직접 회생담보권자나 공익채권자에게 지급하여야 한다고 하고, 나아가 회생채권 중 회생절차개시 전에 체납처분을 마친 조세 등 교부청구권자에게도 직접 지급하여야 한다고 한다. 즉 회생절차 개시 전에 체납처분을 마친 조세 등 교부청구권자는 회생계획의 변제조건에 따라 일정 기간 조세채권의 변제기가 유예되고, 체납처분의 실행이 중지될 뿐(채무자회생법 제58조 제2항 제3호, 제3항), 다른 회생채권의 경우와 달리 회생계획의 인가에 의해서도 그 체납처분이 실효되지 않으므로(채무자회생법 제256조 제1항 본문), 집행법원은 회생채무자의 관리인을 통하지 않은 채 조세 등 교부청구권자에게 직접 지급하여야 한다는 것이다.

제2설에 의하면 배당표 작성 시 공익채권, 회생담보권 및 회생절차개시 전 체납처분을 마친 조세 등 채권은 집행법원이 직접 지급하여야 하므로 이를 구분하여 적고 나머지는 회생채무자의 관리인에게 교부하는 것으로 배당표를 작성하여야 한다.

집행법원의 입장에서는 관리인에게 모두 교부하고 관리인이 회생절차에서 채권자들에게 변제하는 방식이 편리하긴 하나 채무자회생법상 공익채권자나 공익담보권자는 회생절차의 제약을 받지 않으므로 직접 배당을 받을 수 있다. 반면 회생담보권자에게도 직접 배당이 가능하다는 제2설은 회생절차에 의하지 않고 변제를 받을 수 없다는 채무자회생법 규정에 반하고, 회생절차 개시 전에 체납처분을 마친 조세 등 교부권자의 경우 채무자회생법 제58조 제3항에 따라 회생절차개시결정으로 중지되므로 공익채권에 해당하지 않는 한 회생채권에 해당하는 조세는 직접 배당받을 수는 있지만 공탁을 하는 것이 타당하다.[34] 이는 파산선고 전에 체납처분을 마친 조세채

34) 조세 등의 청구권을 회생채권과 공익채권으로 구분하는 기준은 청구권이 회생절차개시결정 전에 성립하였는지 여부가 되는데, 조세채권의 성립이란 법률이 정한 과세요건을 모두 충족하여 납세의무가 추상적으로 발생하는 것을 말한다. 조세채권의 성립시기에 관하여는 국세기본법 제21조, 지방세기본법 제34조에 세목별로 규정되어 있다. 다만 회생절차개시결정 전에 성립된 조세채권이라도 회생절차개시 당시 아직 납부기한이 도래하지 않은 것으로서, ① 원천징수하는 조세[다만 법인세법 67조(소득처분)의 규정에 의하여 대표자에게 귀속된 것으로 보는 상여에 대한 조세는 원천징수된 것에 한한다], ② 부가가치세·개별소비세 및 주세, ③ 본세의 부과징수의 예에 따라 부과징수하는 교육세 및 농어촌특별세, ④ 특별징수의무자가 징수하여 납부하여

권의 경우 채무자회생법 제349조 제1항에 따라 파산선고가 체납처분의 속행을 방해하지 않으므로 배당절차에서 직접 배당받을 수 있는 점[35]과 비교해볼 때 위와 같은 규정이 없고 회생절차개시결정으로 중지되는 조세채권은 직접 배당은 하되 공탁하는 것이 타당하다. 다만 회생담보권이나 회생채권 등 회생절차에서 변제를 받아야 하는 채권도 회생법원의 허가가 있으면 변제받을 수 있으므로(채무자회생법 제132조)[36] 회생법원의 허가서를 제출하면 직접 배당할 수 있다(제3설).

2) 한편 제2설에 의할 경우 회생담보권과 공익채권 및 회생절차개시 전에 체납처분을 한 조세채권의 배당순위가 문제되는데, 그 배당순위도 근본적으로 민사집행법 제145조 제2항이 적용되므로 민법·상법, 그 밖의 법률에 의한 우선순위에 따라 배당하여야 한다. 그런데 회생채무자의 경우에는 채무자회생법 제180조 제2항에 '공익채권은 회생채권과 회생담보권에 우선하여 변제한다'고 규정하고 있으므로 이에 따라야 하는데, 다만 이 조항은 공익채권이 회사의 일반재산으로부터 변제를 받는 경우에 우선한다는 의미이지, 회생담보권이 설정된 특정재산의 매각대금으로부터도 우선변제를 받는다는 의미는 아니며, 회생담보권이 설정된 재산 위에 공익담보권이 설정된 경우에는 회생담보권이 우선함을 주의하여야 한다.[37] 또한 회생계획이 정한 징수 유예기간이 지난 후 회생채권인 조세채권에 기하여 국세징수법에 의한 체납처분이 이루어진 경우, 국세기본법 제35조 제1항에 따라 국세의 우선권이 보장되는 체납처분에 의한 강제환가절차에서는 회생채권인 조세채권이라 하더라도 공익채권보다 우선하여 변제된다.[38]

회생채무자에 대한 회생절차가 개시된 후 관리인의 공익채권 이행지체로 인하여 생긴 손해배상청구권도 공익채권에 해당한다.[39]

야 하는 지방세는 채무자회생법 179조 1항 9호에 의하여 공익채권으로 된다[서울회생법원 재판실무연구회, 회생사건실무(상)(제5판), 박영사(2019), 432~433쪽].

35) 대법원 2003. 8. 22. 선고 2003다3768 판결.

36) 임채홍·백창훈, 회사정리법(상), 한국사법행정학회(2002), 538쪽. 회생담보권에 관해선 회생채권과 같은 명문의 규정이 없으나 입법상의 실수라고 본다.

37) 대법원 1993. 4. 9. 선고 92다56216 판결.

38) 대법원 2012. 7. 12. 선고 2012다23252 판결 참조.

39) 대법원 2004. 11. 12. 선고 2002다53865 판결, 대법원 2011. 6. 24. 선고 2009다38551 판결, 대법원 2014. 11. 20. 선고 2013다64908 전원합의체 판결.

라. 파산재단에 속하는 부동산이 매각된 경우

1) 채무자회생법 제475조가 재단채권은 파산절차에 의하지 않고 수시로 이를 변제한다고 규정하고 있음에도 불구하고 파산채권이나 재단채권 모두 파산절차에 의하지 않고는 변제받을 수 없고, 따라서 파산채권·재단채권에 기하여 독립하여 강제집행을 하거나 배당요구할 수 없다는 것이 통설이다. 이에 의하면 집행법원은 이들 채권에 대하여 배당을 실시할 여지가 없고, 단지 별제권은 파산절차에 의하지 않고 이를 행사할 수 있으므로(채무자회생법 412조), 파산재단에 속하는 부동산에 대한 경매절차에서는 그것이 어떤 사유로 개시된 것이든(설령 파산채권에 기하여 개시된 것으로서 파산관재인이 채무자회생법 348조 1항 단서에 의하여 파산재단을 위하여 그 절차를 속행한 경우에도) 경매법원은 별제권자에게만 지급할 수 있을 뿐이다.

다만 ① 주택임대차보호법 제3조 제1항의 규정에 의한 대항요건을 갖추고 임대차계약증서상의 확정일자를 받은 임차인과 같은 법 제8조의 규정에 의한 소액임차인(이 경우 임차인은 파산신청일까지 주택임대차보호법 3조 1항의 규정에 의한 대항요건을 갖추어야 한다), ② 상가건물 임대차보호법 제3조의 규정에 의한 대항요건을 갖추고 임대차계약증서상의 확정일자를 받은 임차인과 같은 법 제14조의 규정에 의한 소액임차인은 파산재단에 속하는 주택(대지를 포함한다)의 환가대금에서 그 우선순위에 따라 배당받을 수 있다(채무자회생법 415조). ③ 근로기준법 제38조 제2항 각 호에 따른 채권과 근로자퇴직급여 보장법 제12조 제2항에 따른 최종 3년간의 퇴직급여 등 채권의 채권자는 파산재단에 속하는 재산에 대한 별제권 행사 또는 채무자회생법 제349조 제1항의 체납처분에 따른 환가대금에서 우선하여 변제받을 수 있다[2014. 12. 30. 개정(2015. 7. 1. 시행)된 채무자회생법 415조의2 본문 참조. 다만 채무자회생법 415조의2의 개정 규정은 이 법 시행 후 최초로 발생하는 임금, 재해보상금, 퇴직금 등 근로관계로 인한 채권부터 적용한다(부칙 3조)]. 따라서 위와 같은 경우 채권자(임차인, 임금채권자)는 파산재단에 속하는 재산에 대한 별제권 행사에 따른 경매절차에서 배당요구를 할 수 있고, 그 채권에 대한 배당은 배당요구를 한 채권자에게 직접 한다. 그러나 근로복지공단이 대지급금을 지급하여 근로자의 임금 등 채권을 대위하는 자격에서 배당요구를 한 경우에는 그 배당액을 근로복지공단에 지급할 수 없고 파산관재인에게 교부한다(채무자회생법 415조의2 단서 참조).

그리고 채무자회생법 제348조 제1항 단서에 의하여 속행된 경우에는 집행비용은 재단채권이 되므로(채무자회생법 348조 2항 전단) 별제권자에게 배당하고 남은 나머지 전부, 즉 집행비용을 포함한 잔금 전액을 파산관재인에게 교부하여야 하고, 별제권행사에 의하여 개시되었거나 속행된 경우에는 별제권의 원리금뿐만 아니라 집행비용도 별제권자에게 배당하고, 그 나머지를 파산관재인에게 교부한다. 실무상으로는 배당표의 채권자란에는 배당요구권자를 기재하고 바로 뒤에 '(파산관재인에게 교부)'라고 기재한다.

근로자의 임금·퇴직금 및 재해보상금은 그 발생시기가 파산선고 전후인지 여부를 불문하고 모두 재단채권이 된다(채무자회생법 473조 10호). 재단채권은 파산절차에 의하지 않고 파산관재인이 수시로 변제하여야 하지만(채무자회생법 475조), 임금채권 등 재단채권에 기하여 파산선고 전에 강제집행이 이루어진 경우에도 그 강제집행은 파산선고로 인하여 효력을 잃는다.[40] 파산폐지의 결정에는 소급효가 없으므로, 파산선고로 효력을 잃은 강제집행은 사후적으로 파산폐지결정이 확정되더라도 그 효력이 부활하지 않는다.[41]

2) 다만 파산선고 전에 체납처분을 마친 조세채권 등에 관하여는 주의할 점이 있다.

가) 채무자회생법 제349조 제1항은 파산선고 전에 파산재단에 속하는 재산에 대하여 국세징수법 또는 지방세징수법에 의하여 징수할 수 있는 청구권(국세징수의 예에 의하여 징수할 수 있는 청구권으로서 그 징수우선순위가 일반 파산채권보다 우선하는 것을 포함한다)에 기한 체납처분을 한 때에는 파산선고는 그 처분의 속행을 방해하지 않는다고 규정하고 있다. 이처럼 조세채권에 대하여 파산절차와는 다른 별개의 체납처분절차의 속행을 특별히 허용한 취지는 파산선고 전에 체납처분을 한 조세채권에 대하여 체납처분절차에 의한 환가대금에서 바로 우선변제를 받을 수 있도록 하기 위한 것이다.[42] 이에 따르면 파산선고 전에 체납처분을 한 조세채권은 파산선고가 있더라도 체납처분절차를 속행하여 그 환가대금에서 바로 우선변제를 받고, 그 나머지만이 파산재단에 귀속되므로 결과적으로 체납처분을 한 조세채권은 다른 재단채권보다 우선변제를 받게 된다. 따라서 과세관청이 파산선고 전에 체납처분으로 부동산을 압류(참가압류를 포함한다)한 경우에는 그 후 체납자가 파산선고를 받더라도 그 체납처분을 속행하여 우선성이 보장된다고 해석함이 타당하므로 별제권(담보물권 등)의 행사로서의 부동산경매절차에서 그 매각대금으로부터 직접 배당받을 수

40) 대법원 2008. 6. 27.자 2006마260 결정.
41) 대법원 2014. 12. 11. 선고 2014다210159 판결.
42) 대법원 2003. 8. 22. 선고 2003다3768 판결 참조.

있다. 파산선고 전에 체납압류를 마친 각종 공과금의 경우에도 조세채권에 준해서 처리하는 것이 실무이다.

나) 다음으로 위 채무자회생법 제349조 제1항의 해석과 관련하여, 파산선고 후 별제권의 행사에 따른 임의경매절차나 같은 법률 제348조 제1항 단서에 의하여 속행된 강제경매절차에서 조세채권자가 교부청구를 할 수 있는지, 나아가 조세채권의 현실적인 배당을 허용할 것인지에 대하여 견해가 나뉜다. 판례는 교부청구를 인정하되 배당액은 과세관청이 아닌 파산관재인에게 교부하여야 한다는 입장이다.[43] 이에 의하면, 같은 법률 제477조 제1항 본문에서 정하는 바와 같이 파산재단이 재단채권의 총액을 변제하기에 부족한 것이 분명하게 된 때에는 재단채권의 변제는 법령이 규정하는 우선권에 불구하고 아직 변제하지 않은 채권액의 비율에 따라 하게 되므로, 조세채권자가 다른 재단채권자보다 우선변제를 받게 되는 결과를 막을 수 있게 된다. 반면에 국세징수법 또는 지방세징수법 소정의 체납처분에 의하는 경우에는 조세채권자가 우선변제받지만, 법원의 집행절차에서는 우선변제받지 못하므로, 어떠한 절차가 우선적으로 진행되느냐의 우연한 사정에 따라 조세채권자의 우선변제여부가 결정되어 부당하다는 비판이 있다.

3) 또한 별제권에 선행하는 가압류등기가 있는 경우에는 다음과 같은 점에 주의하여야 한다.

가) 선행 가압류의 실효 여부

별제권에 선행하여 파산채권에 기한 가압류등기(이른바 선행 가압류)가 있고 파산선고에 의하여 선행 가압류도 실효된다고 인정할 경우, 별제권자는 선행 가압류채권자와 안분배당을 받을 필요가 없게 되어 가압류의 제한을 받지 않는 완전한 변제권을 갖게 되는 결과가 된다. 이는 파산선고를 계기로 선행 가압류에 의하여 권리가 제한되었던 별제권자가 뜻하지 않은 반사적 이익을 얻게 되는 결과를 가져오는데, 별제권자가 이러한 이득을 얻게 되는 것은 법의 목적이 아님이 분명하다. 별제권자는 파산선고에 의하여 그 권리행사에 영향을 받지 않는다는 것이지, 파산선고 전보다 더 유리한 지위에 설 수 있게 되어서는 안 되기 때문이다. 또한 파산선고 전 강제집행·가압류 또는 가처분의 실효의 의미를 파산재단에 불리한 집행처분의 실효라는 상대적 실효로 이해할 때(채무자회생법 제348조 제1항 규정의 취지는 관련 당사자 간의 모든 관계에서 강제집행, 집행보전행위가 절대적으로 무효가 된다는 것이 아니라 파

43) 대법원 2003. 6. 24. 선고 2002다70129 판결.

산재단에 대한 관계에서만 상대적으로 무효가 된다는 의미로 해석된다)[44], 별제권보다 선행하는 가압류집행이 반드시 파산재단에 불리하다고 볼 수만은 없으므로, 선행 가압류를 실효시킬 필요도 없을 것이다. 따라서 채무자에 대한 파산선고가 없었다면 당해 부동산에 대한 별제권에 기한 집행절차에서 선행 가압류채권자에게 배당할 수 있었던 경우에는, 그 가압류는 파산재단에 대한 관계에서 불리한 집행처분이 아니므로 실효되지 않는다고 보아야 할 것이다.

나) 배당의 실시

집행법원은 파산선고가 없었던 경우의 배당순위에 따라 선행 가압류채권자와 별제권자에게 안분배당하는 내용의 배당표를 작성한 후, 가압류채권자에 대한 배당금을 공탁하여야 한다. 그러나 가압류채권자는 파산채권자로서 파산절차에 의하지 않고는 그 권리를 행사할 수 없으므로 향후 집행권원을 얻었다고 하더라도 위 공탁금을 수령할 수는 없다(위 공탁금을 가압류채권자가 수령한다면 결국 파산채권자가 파산절차에 의하지 않고 그 권리를 행사하여 만족을 얻게 되는 결과가 되기 때문이다). 따라서 가압류채권자에 대한 배당금이 공탁된 경우에는 파산관재인만이 이를 수령할 수 있다고 할 것이다. 그 구체적인 수령방법과 관련하여서는 파산관재인이 가압류채권자가 파산채권신고를 하여 확정되었음을 소명할 수 있는 파산채권자표 등본 또는 채권확정소송의 판결 등본(물론 파산선고결정문, 파산관재인 선임증이 필요할 수 있다)을 집행법원에 제출하여 배당금을 수령할 수 있을 것이다.

마. 개인회생재단에 속하는 부동산이 매각된 경우

1) 개인회생절차는 회생절차와 같은 이른바 재건형 절차에 해당하나, 파산절차의 별제권 규정들을 준용하고 있으므로(채무자회생법 제586조, 제412조), 별제권자는 개인회생절차의 변제계획에 의하지 않고 그 권리를 행사하여 자신의 채권의 만족을 얻을 수 있다. 그러나 별제권자의 담보권 실행에 관하여 일체의 제약이 없다고 한다면 개인회생절차의 진행이 방해되거나 개인회생채권자 일반의 이익에 반하는 경우가 생길 수 있다. 따라서 개인회생절차개시결정이 있으면 담보권 실행을 중지 또는 금지하되, 다만 위 중지·금지는 '변제계획의 인가결정일 또는 개인회생절차 폐지결정의 확정일 중 먼저 도래하는 날'까지만 적용되도록 규정하였다(채무자회생법 제600조 제2항).

---

44) 대법원 2000. 12. 22. 선고 2000다39780 판결.

한편 개인회생절차개시결정으로 인하여 개인회생채권에 기한 강제경매절차나 담보권 실행을 위한 경매절차가 중지되더라도, 법원은 상당한 이유가 있는 때에는 이해관계인의 신청에 의하거나 직권으로 위와 같이 중지된 경매절차의 속행을 명할 수도 있다(채무자회생법 제600조 제1항, 제2항, 제3항 본문).

결국 ① 개인회생절차개시결정으로 중지되었던 개인회생채권에 기한 강제경매절차 또는 담보권 실행을 위한 경매절차가 법원의 속행명령에 따라 속행되는 경우, ② 변제계획의 인가결정일 이후 직권으로 또는 별제권자 등의 신청에 따라 담보권 실행을 위한 경매절차가 속행되는 경우에는 별제권자, 개인회생채권자, 개인회생재단채권자 등에 대한 배당이 문제될 수 있다.

2) 별제권자는 개인회생절차의 변제계획에 의하지 않고 채권의 만족을 얻을 수 있으므로, 경매법원은 별제권자에게 배당금을 직접 지급하는 것으로 배당표를 작성하면 된다. 근저당권인 경우에는 채권최고액 범위 내에서 배당을 실시한다.

피담보채권이 근저당권의 채권최고액을 초과하는 경우 별제권의 행사에 의하여 변제를 받을 수 없는 채권액에 관하여는 개인회생채권자로서 그 권리를 행사할 수 있을 뿐이므로(채무자회생법 제586조, 제413조 본문), 위 초과 부분을 별제권자에게 직접 배당할 수는 없다. 실무상 별제권 행사로 변제받지 못할 것으로 예상되는 부분을 미리 변제계획에 미확정채권으로 설정하고 그에 해당하는 변제금을 유보해 두면서 그 유보금에 대한 처리절차도 함께 정하는 것이 일반적인데, 만일 위 초과 부분이 미확정채권 범위 내라면 변제계획에 정한 유보금 배분절차를 거치게 되나 위 초과 부분이 미확정채권의 범위를 넘는다면 변제계획안 변경절차(채무자회생법 제619조)를 거쳐야 한다. 따라서 어느 경우든 위 초과 부분에 해당하는 배당금은 채무자에게 지급하여야 한다.

3) 채무자회생법 제586조는 파산절차에 관한 같은 법 제415조를 준용하고 있다. 따라서 ① 주택임대차보호법 제3조 제1항의 규정에 의한 대항요건을 갖추고 임대차계약증서상의 확정일자를 받은 임차인과 같은 법 제8조의 규정에 의한 소액임차인, ② 상가건물 임대차보호법 제3조 제1항의 규정에 의한 대항요건을 갖추고 임대차계약증서상의 확정일자를 받은 임차인과 같은 법 제14조의 규정에 의한 소액임차인에 대하여는 개인회생재단에 속하는 주택 및 대지의 환가대금에서 그 우선순위에 따라 직접 배당한다.

한편 채무자회생법 제586조가 일부 임금 등 채권에 관한 같은 법 제415조의2를 준용하고 있지는 않다. 그러나 임금 등 채권은 개인회생재단채권으로서(채무자회생법 제583조 제1항 제3호 참조) 개인회생재단채권은 개인회생절차에 의하지 않고 수시로 변제하며 개인회생채권보다 먼저 변제한다(채무자회생법 제583조 제2항, 제476조, 제477조). 나아가 파산절차와는 달리 개인회생절차에서는 재단부족의 경우 변제방법에 관한 같은 법 제477조를 준용하지 않고 있다. 따라서 임금 등 채권자에게 직접 배당함이 타당하다. 마찬가지로 다른 개인회생재단채권의 경우에도 그 채권자에게 직접 배당한다.

다만 개인회생재단채권을 개인회생채권보다 먼저 변제한다는 규정(채무자회생법 제476조, 제583조 제2항)은 별제권에 의하여 담보된 재산을 제외한 채무자의 일반재산으로부터 변제를 받는 경우 개인회생재단채권이 개인회생채권에 우선한다는 의미이다. 따라서 별제권이 설정된 재산에 대하여 경매절차가 진행되는 경우 그 배당순위는 민사집행법 제145조 제2항이 규정한 바와 같이 민법·상법, 그 밖의 법률에 의한 우선순위에 따르게 된다.

4) 개인회생채권자목록에 기재된 개인회생채권은 변제계획에 의하지 않고는 변제받을 수 없다(채무자회생법 제582조). 따라서 그러한 채권자에 대하여는 직접 배당할 수 없고 채무자에게 지급하게 된다.

개인회생채권자목록에 기재된 개인회생채권에 해당하는 조세채권 등의 경우, 개인회생절차개시결정 전에 일정한 조세채권 등에 기한 체납처분이 마쳐졌다면, 개시결정으로 인하여 그 체납처분 절차가 중지되고(채무자회생법 제600조 제1항 제4호), 위와 같이 중지된 체납처분은 변제계획 인가결정에 의해서도 실효되지 않으며(채무자회생법 제615조 제3항 참조), 오히려 변제계획 인가결정 이후 속행이 가능하므로, 그 조세채권자에게 직접 배당하여야 한다는 견해가 있다. 그러나 다른 개인회생채권의 경우와 달리 취급할 이유가 없으므로 채무자에게 배당하면 된다. 다만 개인회생채권자목록에 기재되지 않은 경우에는 개인회생절차개시결정 또는 변제계획 인가결정 등의 효력 자체가 문제되지 않으므로 조세채권자에게 직접 배당하여야 할 것이다.

4. 배당표 등본 신청방법

배당표 등본의 신청 시 필요한 서류는 ① 신청서(비치되어 있음), ② 대리인일 경우 위임장, ③ 인지대 1,000원이다.

[배당표(전산양식 A3446)]

<table>
<tr><td colspan="5">○ ○ 지 방 법 원
배 당 표
20 타경 부동산강제(임의)경매</td></tr>
<tr><td colspan="2">배 당 할 금 액(①)</td><td colspan="3">금 원</td></tr>
<tr><td rowspan="5">명
세</td><td>매 각 대 금</td><td colspan="3">금 원</td></tr>
<tr><td>지 연 이 자 및
절차비용</td><td colspan="3">금 원</td></tr>
<tr><td>전경매보증금</td><td colspan="3">금 원</td></tr>
<tr><td>매각대금이자</td><td colspan="3">금 원</td></tr>
<tr><td>항고보증금</td><td colspan="3">금 원</td></tr>
<tr><td colspan="2">집 행 비 용(②)</td><td colspan="3">금 원</td></tr>
<tr><td colspan="2">실 제 배당할 금액
(① - ②)</td><td colspan="3">금 원</td></tr>
<tr><td colspan="2">매 각 부 동 산</td><td></td><td></td><td></td></tr>
<tr><td colspan="2">채 권 자</td><td></td><td></td><td></td></tr>
<tr><td rowspan="4">채
권
금
액</td><td>원 금</td><td>원</td><td>원</td><td>원</td></tr>
<tr><td>이 자</td><td>원</td><td>원</td><td>원</td></tr>
<tr><td>비 용</td><td>원</td><td>원</td><td>원</td></tr>
<tr><td>계</td><td>원</td><td>원</td><td>원</td></tr>
<tr><td colspan="2">배 당 순 위</td><td></td><td></td><td></td></tr>
<tr><td colspan="2">이 유</td><td></td><td></td><td></td></tr>
<tr><td colspan="2">채권 최고액</td><td>원</td><td>원</td><td>원</td></tr>
<tr><td colspan="2">배 당 액</td><td>원</td><td>원</td><td>원</td></tr>
<tr><td colspan="2">잔 여 액</td><td>원</td><td>원</td><td>원</td></tr>
<tr><td colspan="2">배 당 비 율</td><td>원</td><td>원</td><td>원</td></tr>
<tr><td colspan="2">공 탁 번 호
(공 탁 일)</td><td>년 금제 호
(. . .)</td><td>년 금제 호
(. . .)</td><td>년 금제 호
(. . .)</td></tr>
</table>

판 사(사법보좌관) ㉑

(주) 같은 순위일 때는 같은 순위번호를 붙일 것. 민집 150①, 268

[배당표 등본 및 집행비용계산서 등본 신청서]

배당표 등본 및
집행비용계산서 등본신청

채 권 자 ○○○
채 무 자 ○○○
소 유 자 ○○○

위 당사자간 귀원 2008타경 ○○○○○호 부동산 임의경매 사건에 관하여 귀원에서 20○○년 ○월 ○○일 자로 실행한 배당에 대한 배당표 및 집행비용계산서 등본 각1통을 교부하여 주시기 바랍니다.

20○○년 ○월 ○○일
가압류권자 : ○○캐피탈
채권양수인 : ○○자산관리공사
서울시 강남구 ○○○
사 장 : ○ ○ ○
대 리 인 : ○ ○ ○

○○지방법원 귀중

제2장 배당기일에서 배당표에 대한 이의

Ⅰ. 배당기일에서의 배당표의 확정

1. 배당표의 확정

법원은 미리 작성한 배당표원안을 배당기일에 출석한 이해관계인과 배당을 요구한 채권자에게 보여주고 그들을 심문하여 그 의견을 듣고 또 즉시 조사할 수 있는 증거를 조사한 다음 이에 기하여 배당표원안에 추가·정정할 것이 있으면 추가·정정하여 배당표를 완성·확정한다(민사집행법 149조 2항, 152조 2항).

배당표에 대하여 이의가 있으면 그 이의 있는 부분에 한하여 배당표는 확정되지 않는다(민사집행법 152조 3항 참조).

배당기일에 출석한 이해관계인과 배당을 요구한 채권자가 합의한 때에는 이에 따라 배당표를 작성하여야 한다(민사집행법 150조 2항).

배당표에 대하여 이해관계인이나 배당요구채권자의 이의가 없어 그대로 확정되면 법원 및 각 채권자와 채무자는 이에 기속된다.

2. 차액지급 또는 채무인수 시의 잔여액의 납부

1) 매수인이 대금의 지급에 갈음하여 채무인수(민사집행법 제143조 제1항)를 신청하였거나 또는 채권자인 매수인이 차액지급신고(민사집행법 제143조 제2항)를 한 경우에는 매각대금에서 인수하거나 매수인이 배당받을 금액을 제외한 나머지 금액을 배당기일에 내야 한다.

이 경우에 내야할 금액은, 채무인수의 경우에는 [매각대금 - 매수신청보증으로 지급한 금액 - 인수한 채무액]이고, 차액지급의 경우에는 [매각대금 - 매수신청보증으로 지급한 금액 - 매수인에 대한 배당액 - (신청채권자가 매수인일 때에는 집행비용)]이다. 단, 차액지급의 경우에 신청채권자인 매수인이 우선변제받을 집행비용에 관하여는 차액지급을 원하지 않을 때에는 이에 해당하는 금액도 내야 한다.

2) 한편 매수인이 인수한 채무나 배당받아야 할 금액에 대하여 이의가 제기된 때에는 매수인은 배당기일이 끝날 때까지 이에 해당하는 대금을 내야 하고(민사집행법 제143조 제3항), 이를 내지 않으면 재매각을 명한다. 다만 실무에서는 매수인이 이의 있는 금액을 현금으로 지급하겠다는 의사를 표시한 경우에는 배당기일을 속행(연기)하기도 한다.

매수인이 내야 할 '이에 해당하는 대금'은, 차액지급의 경우 차액지급으로 소멸할 매수인이 배당받을 채권 중 이의 있는 금액 부분을 뜻한다. 따라서 매수인이 5,000만 원의 채권으로 배당요구하였고, 배당표에도 매수인이 배당요구한 채권 전액을 배당받는 것으로 기재되어 있으나, 다른 채권자가 매수인의 채권이 3,000만 원밖에 안 된다고 다투면서 2,000만 원에 관하여 이의하는 경우에는 이의 있는 2,000만 원만을 내면 된다.

채무인수의 경우에도 그 법리는 같다.

이의가 있을 경우에 내야할 대금은 나중에 배당이의가 종료되면 그 결과에 따라 재배당 또는 추가배당하여야 할 배당재단이 되는 것이므로 반드시 현금(금융기관 발행의 자기앞수표를 포함한다)만을 내야하고, 배당재단의 형성을 위하여 다시 현금화절차와 추가비용이 필요한 유가증권이나 금융기관 발행의 지급보증서 등의 다른 담보는 제공할 수 없다.

3) 한편 위 이의는 실질적으로 관계채권자의 채권의 존부, 범위 및 순위에 관한 배당표에 대한 이의의 일종이므로, 채무자는 배당표원안이 비치된 이후 배당기일이 끝날 때까지 서면으로도 할 수 있으나, 다른 채권자는 반드시 배당기일에 출석하여 이의를 진술하여야 한다(민사집행법 제151조).

그 밖의 이의절차나 사유 등도 후술하는 배당표에 대한 이의와 같다.

4) 그런데 차액지급이나 채무인수의 경우 매수인이 인수한 채무나 배당받아야 할 금액에 대하여 이의가 있음에도 대금을 현실적으로 납부받지 않고 채무인수 또는 차액지급에 따라 배당절차를 마친 경우 대금납부의 효력이 발생하는지 여부에 대하여는 ① 이는 배당이의 있는 채권을 공탁하지 않고 지급한 것과 같으므로 이로써 대금납입이 되지 않았다 할 수 없고, 절차의 안정 등을 고려할 때 경매절차는 종결되었다고 보아야 하며 배당이의의 소에서 승소한 이의채권자는 매수인을 상대로 부당이득의 반환을 구하는 등의 방법으로 구제받아야 한다는 견해와 ② 차액지급의 경우 매수인이 배당받아야 할 금액에 대한 이의는 차액지급을 저지하는 효력을 갖는 것이므로 법원이 차액지급처리하더라도 이는 무효이고 따라서 대금을 지급하지 아니한 것을 이유로 재매각을 하여야 한다는 견해로 나뉘나, 전자의 견해가 타당하다.

3. 사법보좌관이 작성한 배당표에 대하여 이의신청이 있는 경우 처리방법

가. 2017. 7. 1. 사법보좌관 규칙 개정 전의 경우[1)]

1) 개설

2017. 3. 31. 사법보좌관규칙을 개정하여 2017. 7. 1. 시행하기 전에는 배당표 작성 업무를 사법보좌관에게 위임하면서도 변호사협회 등의 극렬한 반대로 배당이의가 제기되면 사법보좌관이 작성한 배당표는 무효화되고 판사들이 다시 배당표를 작성하도록 하는 절차를 거침으로써 배당이의가 있는 경우에는 최종적인 배당표 작성 권한을 판사가 유보하는 형태를 취하였다.

따라서 사법보좌관이 작성한 배당표에 대하여 이의가 있는 경우 이것이 곧 사법보좌관의 처분에 대한 불복방법으로서의 이의신청이므로 사법보좌관은 스스로 이의를 완결시킬 수 없고 판사에게 송부하여야 하며, 판사는 이를 심사한 후 다시 그 명의로 배당표를 작성하게 되고, 판사가 작성한 배당표에 대하여 당사자는 다시 이의를 하여야 하므로(사법보좌관규칙 5조), 같은 사건의 배당절차에서 당사자는 두 번 이의를 하여야 했다. 즉, 사법보좌관이 작성한 배당표(처분)에 대하여 이의를 하였다고 하더라도 판사가 작성한 배당표(처분)에 대하여 다시 이의를 하지 않으면 배당표는 그대로 확정된다. 이 경우 이의신청사건을 심사하는 같은 심급의 판사도 사법보좌관규칙 제4조의 경우와 같이 이의신청사건의 사무분담을 지정받은 단독판사이다.

하지만 그 후 2017. 3. 31. 개정되어 2017. 7. 1. 시행된 사법보좌관 규칙에서는 사법보좌관규칙 제5조를 폐지하는 대신 사법보좌관규칙 제3조에 제4호를 신설하여 최초 배당표는 원칙적으로 사법보좌관이 1회만 작성하고 배당이의는 사법보좌관이 작성한 배당표에 대하여만 할 수 있도록 하였다(배당표 작성 업무는 원칙적으로 법관의 업무인데 사법보좌관에게 위임된 것에 불과하므로 예외적으로 법관이 경매계를 맡아 처음부터 직접 배당표를 작성하는 경우는 예외이다). 이에 따라서 배당표 작성이 사법보좌관에게 위임된 사건들에 있어서, 법관은 배당표 작성에는 전혀 관여하지 않고 배당이의소송이 제기되면 그 소송절차에서 배당표 내용의 당부만을 판단할 수 있게 되었다.

다만 개정된 사법보좌관 규칙에 따르더라도 배당표경정 사유(여러 개의 배당이의의 소의 판결 주문에 따라 각 원고의 배당액에 증액할 금액의 합계액이 피고에 대한 배당액 이하인 경우)가 발생한 사건은 판사가 처리한다.

---

1) 사법보좌관업무편람, 서울중앙지방법원 사법보좌관업무연구회(2006), 50-54쪽

2) 사법보좌관이 작성한 배당표에 대한 불복방법

가) 이의신청

당사자는 사법보좌관규칙 제5조 제1항에 따라 사법보좌관이 작성한 배당표에 대하여 사법보좌관을 상대로 이의신청을 할 수 있다. 이때 당사자가 아닌 자는 법원의 소송대리허가를 받아야 하는데 배당기일에서의 소송대리허가는 소송지휘권의 일환이므로 사법보좌관이 할 수 있다.

나) 이의신청의 방법

사법보좌관이 작성한 배당표에 대하여 하는 이의신청은 대상이 되는 처분의 표시와 그 처분에 대한 이의신청 취지를 밝히는 방법으로 사법보좌관에게 하여야 한다(사법보좌관규칙 제5조 제2항).

민사집행법 제151조에 의하면, 채권자는 배당기일에 출석해서만 이의를 할 수 있고, 채무자는 배당기일에 출석하여 이의를 하거나 법원에 배당표원안이 비치된 이후 배당기일이 끝날 때까지 사이에 서면으로도 이의할 수 있다. 그리고 사법보좌관이 작성한 배당표에 대한 이의신청은 민사집행법 제151조의 규정에 따른 기간 내에 하여야 하므로(사법보좌관규칙 제5조 제3항), 결국 사법보좌관이 작성한 배당표에 대한 이의신청을 함에 있어서도, 채권자는 배당기일에 출석하여 말로써 이의신청을 하여야 하고, 채무자는 배당기일에는 말로써 이의신청을 하는 것으로 충분하되, 배당표원안이 비치된 이후 배당기일이 끝날 때까지 사이에는 서면으로 이의할 수 있다고 해석함이 상당할 것이다.

3) 사법보좌관의 사건처리

가) 배당표의 경정

이의신청을 받은 경우, 먼저 민사집행법 제152조 제1항, 제2항의 규정에 따라 이의에 관계된 채권자로 하여금 이의신청에 대하여 진술(답변)을 하게 하고, 관계인이 이의신청을 정당하다고 인정하거나 다른 방법으로 합의한 때에는 이에 따라 배당표를 경정하여 배당을 실시하여야 한다(사법보좌관규칙 제5조 제4항 제1호). 당사자의 이의를 받아들여 배당표를 경정함에 있어 계산결과가 복잡하거나 즉시 경정하기 어려운 사정이 있는 경우에는 배당기일을 변경하여 진행할 수 있다.

나) 이의신청사건의 판사 송부

사법보좌관이 위 가)항의 절차를 진행하지 못할 경우에는 배당기일을 중지한 후 이의신청 사건을 지체 없이 판사에게 송부하여야 한다(사법보좌관규칙 제5조 제4항

제2호).

이와 관련하여 당사자가 배당표에 대하여 동의하는 취지 이외의 어떠한 진술이라도 하기만 하면 사법보좌관은 이를 이의로 취급하여 사법보좌관규칙 제5조 제4항에 따른 처리를 하여야만 하는지, 아니면 배당기일을 변경하여 다음 기일에 실시할 수 있는지에 관하여는 문제가 있다. 집행법원이 그러한 사정을 알았더라면 당연히 이를 감안하여 배당표를 작성함이 상당하다고 인정되는 때에는 기일을 변경할 수 있다고 볼 것이고, 그와 같이 하는 것이 굳이 기일을 진행할 경우에 유발될 이의와 소송을 방지하게 되어 합리적이라 할 것이다. 한편 민사집행법 제148조에 규정되지 않은 채권자가 이의신청을 한 경우에도 그러한 이의가 부적법하니 각하한다는 취지의 판단은 사법보좌관규칙 제4조 제6항 제2호 및 제6호와의 균형상 판사가 하는 것이 타당하므로, 사법보좌관은 배당기일을 중지한 후 사건을 판사에게 송부하여야 할 것이다.

사법보좌관이 이의신청 사건을 판사에게 송부하는 경우 사법보좌관 작성의 배당표는 그 기재 전부가 실효되지만, 어떠한 내용의 배당표에 대하여 어떠한 이의신청이 있었는지는 매우 중요하고 또 사법보좌관이 진행한 배당기일 조서에 그 내용이 기재되어야 할 것이므로, 사법보좌관 작성의 배당표는 폐기할 것이 아니라 거기에 이의로 인하여 실효되었다는 취지를 표시하여 사법보좌관의 배당기일 조서 뒤에 편철하여 두는 것이 바람직하다.

4) 판사의 사건처리

가) 일반적인 사건처리

이의신청 사건을 송부 받은 판사는 배당표를 작성하여 당해 기일 또는 속행된 기일에 배당기일을 실시하여야 한다(구 사법보좌관규칙 5조 5항).

실무에서는 사법보좌관이 배당절차를 진행하여 이의가 있는 경우 배당절차를 중지하고 이의신청사건을 판사에게 송부한다는 취지를 고하고, 뒤이어 판사가 곧바로 입정하여 배당기일을 실시하고 있으며, 사법보좌관 작성의 배당표상 이의가 없었던 부분에 대하여 배당을 실시하기 위해서는 당일 배당표가 재작성되어 기일이 진행되어야 하는 관계로 대부분의 경우 사법보좌관이 작성한 배당표와 동일하게 배당표가 재작성되는 것이 현실이었다.

판사는 이의신청이 부적법한 경우 이의를 각하하고, 이의가 적법한 경우 이의가 없는 부분에 한하여 배당을 실시하며, 관계인이 합의한 경우에는 배당표를 경정하여 배당을 실시한다.

이의신청사건을 송부 받은 판사가 당해기일에 배당기일을 실시하는 이유는, 만일 판사명의의 배당표를 당해 기일에 작성하지 못하게 되면 사법보좌관이 작성한 배당표상 이의가 없었던 부분에 대하여도 배당을 실시할 수 없게 되어 이의가 없었던 부분의 채권자들도 배당금을 수령할 수 없게 되는 문제가 생길 뿐만 아니라, 법원은 새로운 배당기일을 지정하여 기일통지서를 송달하여야 하고, 당사자는 그간의 이자 등 채권 변동에 따른 계산서를 다시 제출하거나 기일에 재차 출석하여야 하는 등 법원과 당사자의 업무와 불편이 가중되게 되기 때문이다.

나) 판사가 작성한 배당표에 대한 불복절차

판사가 한 사법보좌관규칙 제5조 제5항의 처분(배당표)에 대하여는 민사집행법상 절차에 따른 불복(배당표에 대한 이의, 배당이의의 소 등)이 가능하다(구 사법보좌관규칙 5조 6항).

판사가 작성한 배당표에 대하여 이의가 있는 경우 이의가 완결되지 않은 때에는 이의가 없는 부분에 한하여 배당을 실시하게 된다.

5) 배당표의 변경 등

사법보좌관이 작성한 배당표에 대하여 추가배당이나 재배당 등의 사유가 생긴 경우 이를 사법보좌관이 처리하는 것이 당연하지만, 판사가 작성한 배당표에 대하여 그러한 사유가 생긴 경우에 누가 처리할 것인가에 대하여는 견해가 갈린다.

즉, 사법보좌관이 작성한 배당표에 대하여 변경사유가 생긴 경우에는 사법보좌관이 처리하고, 판사가 작성한 배당표에 대하여 그러한 사유가 생긴 경우에는 판사가 해야 한다는 견해, 추가배당이나 재배당에 관한 민사집행법 제161조의 업무도 역시 사법보좌관규칙 제2조가 정하는 사법보좌관의 업무범위에 포함되어 있는 점, 추가배당은 종전 배당표상 배당받는 것으로 기재된 채권자에 대한 배당액의 전부 또는 일부를 당해 채권자가 배당받지 못하는 것으로 확정된 경우에 그 채권자의 배당액에 대하여 이의를 하였는지에 관계없이 배당에 참가할 모든 채권자를 대상으로 배당순위에 따라 추가로 배당하는 절차로서 사실상 새로운 배당에 가까운 것인 점, 재배당은 배당이의소송의 결과에 따라 배당이의소송의 원고와 피고 사이에서만 다시 배당하는 절차로서 배당이의소송을 담당한 재판부가 이미 배당표를 실질적으로 변경한 것을 기계적으로 적용하는 절차일 뿐인 점, 사법보좌관이 추가배당이나 재배당에 의하여 변경한 배당표에 대하여 이의신청이 제기되면 사법보좌관규칙 제5조의 절차에 따라 판사가 다시 배당표를 작성하면 아무런 문제가 없게 되는 점 등을 종합하여 보면, 판사가 작성한 배당표에 대하여 추가배당이나 재배당의 사유가 생긴 경우에도 원칙적으로 새로운 배당절차가 개시된 것으로 보아 사법보좌관이 처리하는 것이 타당하다는 견해[2)]가 있지만, 사법보좌관이 판사에게 이의신청사건을 송부한 이후에는 판사가 이의신청사건을 처리하게 되고, 그 사건을 사법보좌관에게 다시 환송하는 제도가 없어 해당 처분에 관한 사법보좌관의 업무는 거기에서 종결되므로 판사가 이를 처리하는 것이 맞다고 본다. 사법보좌관규칙 제7조 제1항 제2호가 사법보좌관의 사건이 판사가 한 재판을 취소하거나 변경하여야 하는 사무인 경우에는 그 사건을 소속 법원의 판사에게 송부하여야 한다고 규정하고 있는 점에서도 그렇다.

따라서 판사가 작성한 배당표에 대하여 추가배당을 할 경우에도 판사가 이를 행하여야 한다. 판사가 작성한 배당표에 대하여 변경사유가 생긴 경우 이는 새로이 배당절차가 개시된 것이라기보다는 판사에게 송부된 이의신청사건의 연장으로 보는 것이 타당하기 때문이다.

서울중앙지방법원에서는 판사가 작성한 배당표에 대하여 변경사유가 생긴 경우에도 원칙적으로 새로운 배당절차가 개시된 것으로 보아 사법보좌관이 처리하는 것으로 하고 있다고 한다.

나. 2017. 7. 1. 사법보좌관 규칙 개정 후의 경우

1) 개설

사법보좌관이 작성한 배당표에 대한 이의절차를 사법보좌관 및 법관이 중복하여 관여함으로써 발생하는 배당 이해관계인들의 불편을 해소하기 위하여 2017. 3. 31. 사법보좌관규칙을 개정하여(2017. 7. 1. 시행) 이의절차를 지급명령에 대한 이의절차와 같이 단순화하여 신속한 절차진행을 도모하였다.

즉 사법보좌관이 작성한 배당표에 대하여 이의신청이 있는 경우 민사집행법 제152조 제1, 2항의 규정에 따른 절차를 진행하지 못할 경우에는 배당기일을 중지한 후 이의신청사건을 지체 없이 소속법원 판사에게 송부하도록 한 사법보좌관규칙 제5조를 삭제하고, 사법보좌관이 민사집행법 제151조가 정하는 배당표에 대한 이의절차에 따라 처리하도록 사법보좌관규칙 제3조에 제4호를 신설하였다.

다만 부칙 제2조는 계속사건에 관한 경과조치로 '위 규칙은 이 규칙 시행 당시

---

2) 황병하, "사법보좌관의 처분에 대한 불복과 이의신청", 법조 56권 3호, 법조협회(2007. 3.), 203-204.

에 법원에 계속 중인 사건에 대하여도 적용하되 종전의 규정에 따라 생긴 효력에는 영향을 미치지 않는다'라고 규정하고 있다. 이에 따라 2017. 7. 1. 이전에 배당이의로 인하여 판사에게 사건이 송부된 후 2017. 7. 1. 이후로 배당기일이 속행된 사건과 2017. 6. 30.까지 배당기일이 진행된 사건(배당이의로 판사에게 송부된 사건) 중 배당표경정 사유(여러 개의 배당이의의 소의 판결 주문에 따라 각 원고의 배당액에 증액할 금액의 합계액이 피고에 대한 배당액 이하인 경우)가 발생한 사건은 판사가 처리하고, 나머지 경우에는 사법보좌관이 처리하게 된다.

2) 사법보좌관이 작성한 배당표에 대한 불복방법

사법보좌관이 작성한 배당표에 대한 이의신청 방법은 사법보좌관규칙 개정되기 전과 동일하다.

3) 배당이의에 대한 사법보좌관의 사건처리

2017. 7. 1. 이전에는 배당이의가 있으면 사법보좌관으로서는 배당협의 등이 되어 배당표를 경정하여 배당을 실시하는 경우가 아닌 한 배당기일을 중지한 후 이의신청 사건을 지체 없이 판사에게 송부하여야 하고, 그 경우 사법보좌관이 작성한 배당표는 실효되며, 판사가 그 이후 새로이 배당표를 작성한 후 다시 배당이의 절차를 밟아야 되었다.

하지만 2017. 7. 1. 이후에는 사법보좌관이 배당표를 작성한 경우에는 그 배당표가 최종적인 배당표로서 앞서 보았던 법관이 작성한 최종적인 배당표에 대한 배당이의에 대하여 취할 후속절차에 대한 논의가 그대로 적용되므로, 사법보좌관으로서는 자신이 직접 배당이의신청이 부적법한 경우 이의를 각하하고, 이의가 적법한 경우 이의가 없는 부분에 한하여 배당을 실시하며, 관계인이 합의한 경우에는 배당표를 경정하여 배당을 실시하면 된다.

종래에는 사법보좌관이 작성한 배당표에 대하여 이의가 있으면 그 배당표가 실효되고, 관계인이 합의한 경우에 한하여 배당표를 경정하여 배당을 실시할 수 있을 뿐이었고, 사법보좌관이 배당이의신청을 각하하거나, 이의가 없는 부분에 대하여 배당을 실시할 수 없었다.

하지만 2017. 7. 1. 이후로는 사법보좌관이 작성한 배당표가 최종적인 배당표이므로 배당이의가 있으면 ① 배당이의신청이 부적법한 경우 이의를 각하하고, ② 관계인이 합의한 경우에는 배당표를 경정하여 배당을 실시하며, ③ 이의가 적법한 경우 이의가 없는 부분에 한하여 배당을 실시하고, ④ 배당이의가 된 부분에 대하여는

법관이 아니라 사법보좌관이 배당절차를 중지한다. 그 판결결과에 따라 배당을 실시하거나 배당법원이 추가배당(민사집행법 161조 2항 2호의 경우) 또는 재배당절차를 실시하여야 한다.

종래에는 사법보좌관이 작성한 배당표에 대하여 배당이의가 있으면 판사가 다시 배당표를 작성하였으므로 판사가 작성한 배당표에 대하여 추가배당이나 재배당 등의 사유가 생긴 경우 이를 사법보좌관이 처리할지 아니면 판사가 처리할지에 대한 논의가 있었지만 이제는 그런 논의는 불필요하게 되었다.

즉 이제는 당초부터 사법보좌관이 작성한 배당표에 대하여는 배당표 작성단계에서는 법관이 관여할 여지가 없게 되었고, 법관은 배당이의소송 절차에서 판결로 배당표 내용의 당부만을 가릴 수 있게 되었으므로 배당이의소송 결과에 따라 사법보좌관이 작성한 배당표에 추가배당이나 재배당 등의 사유가 생기더라도 사법보좌관이 추가배당이나 재배당을 하면 된다.

다만 예외적으로 법관이 일부 경매계를 맡아 최초부터 법관이 직접 배당표를 작성하여 그 배당표에 대하여 배당이의가 들어와 배당이의소송결과에 따라 추가배당이나 재배당 등의 사유가 생긴 경우에만 법관이 추가배당이나 재배당을 하면 된다고 생각된다.

종래 1, 2년 정도 대전지방법원에서 시범적으로 법관이 직접 1, 2개 경매계를 맡아 직접 배당표를 작성하였지만, 법관이 직접 배당표를 작성하는 실무 례가 없는 현재 시점에서는 배당표의 작성권한 및 추가배당이나 재배당은 사법보좌관에게 포괄위임 되었다고 보아도 무방할 것이다.

4. 이의 있는 경우

가. 배당이의의 효과

1) 배당이의 신청에 의한 배당의 저지는 일시적인 것이고, 신청한 자가 배당기일로부터 1주 이내에 배당이의 소 등을 제기하여 이를 배당법원에 증명하지 않으면 배당이의를 취하한 것으로 보아(민사집행법 제154조 제3항) 유보되어 있었던 부분에 대하여도 배당표대로 배당을 실시하게 된다.

이의가 기일에 완결되지 않은 때에는 배당이의의 소 등의 제기를 증명한 경우에 이의 있는 채권의 배당액이 공탁되므로 그 한도에서 이의는 배당절차를 중지(유보)하는 효력이 있다(민사집행법 제152조 제3항, 제154조, 제268조).

2) 절차상의 이의를 한 경우에는 배당법원이 스스로 그 당부를 심사할 수 있으나, 실체적인 이의인 경우에는 배당법원은 그 당부를 심사할 권능이 없고 배당이의의 소나 청구이의의 소 등에서 별도로 일반법원이 판결절차에 따라 심판하게 된다.

형식상 적법한 실체법상의 이의가 있음에도 불구하고 이를 무시하고 배당을 실시하려고 하는 경우에는 집행에 관한 이의(민사집행법 제16조)를 제기하고 집행정지의 잠정처분을 받아 그 실시를 저지하는 수밖에 없고, 그러한 조치를 취하기 전에 배당이 실시된 경우에는 부당이득반환을 구하는 수밖에 없다.

3) 채권자가 배당요구 또는 채권신고 등의 방법으로 권리를 행사하여 강제경매절차에 참가하고, 그 권리행사로 인하여 소멸시효가 중단된 채권에 대하여 일부만 배당하는 것으로 배당표가 작성되고 다시 그 배당액 중 일부에 대하여만 배당이의가 있어 그 이의의 대상이 된 부분을 제외한 나머지 부분, 즉 배당액 중 이의가 없는 부분과 배당받지 못한 부분의 배당표가 확정이 되었다면, 이로써 그와 같이 배당표가 확정된 부분에 관한 권리행사는 종료되고 그 부분에 대하여 중단된 소멸시효는 위 종료 시점부터 다시 진행된다. 그리고 위 채권 중 배당이의의 대상이 된 부분은 그에 관하여 적법하게 배당이의의 소가 제기되고 그 소송이 완결된 후 그 결과에 따라 종전의 배당표가 그대로 확정 또는 경정되거나 새로 작성된 배당표가 확정되면 그 시점에서 권리행사가 종료되고 그때부터 다시 소멸시효가 진행한다.[3)]

나. 배당이의권자의 후속 조치

1) 배당이의를 한 자는 배당일로부터 1주일 이내에 배당을 실시한 집행법원이 속한 지방법원에 배당이의의 소를 제기한 후 소제기증명원을 발급 받아 소장부본과 함께 집행법원에 제출하여야 한다.

다만 집행력 있는 정본을 가진 채권자의 배당액에 대하여 채무자가 배당이의를 한 경우에는 청구이의의 소를 제기함과 아울러 집행정지의 잠정처분을 받아 제출하여야 하고, 이를 하나라도 제출하지 않은 때에는 이의가 취하된 것으로 본다(민사집행법 제154조 제3항).

2) 배당이의의 소가 소정의 기간 내에 제기되었으나 소제기증명서를 소정기간 경과 후에 제출한 경우에는 그 이의가 취하된 것으로 보아야 하므로(민사집행법 제154조 제3항), 집행법원으로서는 아직 배당이 실시되지 않았더라도 이의를 당한 배

3) 대법원 2009. 3. 26. 선고 2008다89880 판결.

당권자에게 배당을 실시하지 않을 수 없다.

3) 배당이의의 소는 일반 민사소송절차와 달라 소를 제기한 사람(원고)이 첫 변론기일에 불출석한 경우 소를 취하한 것으로 간주(민사집행법 제158조)되므로 유의하여야 한다. 첫 변론기일이란 최초로 지정된 변론기일을 말하는 것이 아니라 최초로 변론을 하게 된 기일을 말한다. 민사집행법 제158조의 '첫 변론기일'에 '첫 변론준비기일'이 포함되지 않는다.[4] 배당이의소송에서 원고가 변론준비기일에 출석한 적이 있더라도 첫 변론기일에 불출석하면 소를 취하한 것으로 간주된다.[5] 이러한 취하간주는 원고가 제1심에서 첫 변론기일에 불출석한 경우를 말하므로 제2회 이후의 변론기일이나 항소심의 기일에는 적용이 없다. 위 규정은 첫 변론기일에 원고가 불출석하고 피고가 출석한 경우뿐만 아니라 당사자 쌍방이 모두 불출석한 경우에도 적용된다.[6] 따라서 원고가 출석하지 않은 이상 피고의 출석여부를 따질 것도 없이 소취하간주로 본다. 이 규정은 원고가 첫 변론기일에 출석하지 않은 경우뿐만 아니라 출석하여도 변론을 하지 않거나 퇴정을 한 경우도 포함된다.

배당이의소송에서 배당표를 변경하는 것으로 판결이 확정되면 판결 내용에 따라 집행법원이 재배당[7]한다. 채무자가 청구이의의 소에서 승소한 경우에는 추가배당[8]을 한다.

II. 배당기일에서의 배당표에 대한 이의

1. 이의권자

가. 채권자

1) 기일에 출석한 채권자는 '자기의 이해에 관계되는 범위 안에서' 배당표의 작성, 확정 및 실시와 다른 채권자의 채권 또는 그 채권의 순위에 대하여 이의할 수 있다(민사집행법 제151조 제3항). 배당이의는 배당받은 각 채권자의 채권의 존부 및

4) 대법원 2006. 11. 10. 선고 2005다41856 판결, 대법원 2007. 10. 25. 선고 2007다34876 판결.
5) 대법원 2007. 10. 25. 선고 2007다34876 판결.
6) 대법원 1967. 6. 27. 선고 67다796 판결.
7) 배당이의의 소의 결과에 따라 배당이의의 소의 원고와 피고 사이에서만 다시 배당하는 절차를 재배당이라 한다.
8) 배당에 대하여 이의하지 않은 채권자를 포함한 모든 채권자와의 관계에서 배당표를 변경하지 않으면 안 되는 경우를 추가배당이라고 한다.

범위, 배당순위에 대한 것이지 배당액에 대한 것이 아니므로 배당이의의 소에 있어서 피고의 채권액이 그 받은 배당액보다 많다고 하더라도 배당의 기초가 된 채권액(배당요구액)에 대하여 다툼이 있고, 그 채권액이 줄어들 경우 민사집행법상의 배당법리에 따라 배당하면 결과적으로 배당액이 줄어들 경우에는 배당이의를 할 수 있다.[9)]

채권자 중에는 가압류채권자도 포함된다. 강제집행의 일시정지의 사유가 있는 채권자도 이의를 신청할 수 있다.

2) 배당기일통지를 받고도 출석하지 않은 채권자는 배당표와 같이 배당을 실시하는 데에 동의한 것으로 보게 되므로(민사집행법 153조 1항), 그 채권자에 관한 한 배당표는 확정된다.

채권자가 기일에 출석하지 않은 다른 채권자의 채권에 관하여 이의를 한 경우에는 출석하지 않은 채권자는 그 이의를 정당하다고 인정하지 않은 것으로 보게 된다(민사집행법 153조 2항).

3) 이의는 채무자를 제외하고는 배당기일에 출석하여 진술할 것을 요한다(민사집행법 151조 1항, 2항).

따라서 채무자 외의 자가 기일 전에 미리 이의서면을 제출하였다 하더라도 그 자가 기일에 출석하지 않으면 그 이의서면을 무시하고 배당을 실시한다.[10)]

나. 채무자

1) 기일에 출석한 채무자는 배당표의 작성, 확정 및 실시와 다른 채권자의 채권 또는 그 채권의 순위에 대하여 이의할 수 있다(민사집행법 151조 1항).

2) 다만 채무자는 민사집행법 제149조 제1항에 따라 법원에 배당표원안이 비치된 이후 배당기일이 끝날 때까지 서면으로 이의할 수 있다(민사집행법 151조 2항). 이의신청서가 제출되면 문건입력 프로그램에 전산입력하여 이를 접수하고, 시간적 접수순서에 따라 경매사건기록에 가철하며 인지는 첩부하지 않는다.[11)]

따라서 채무자가 배당표원안이 비치된 이후 배당기일이 끝날 때까지 서면으로

9) 대법원 2007. 8. 23. 선고 2007다27427 판결.

10) 대법원 1981. 1. 27. 선고 79다1846 판결(채권자가 미리 이의신청서를 집행법원에 제출하였다고 하여도 그 채권자가 배당기일에 출석하지 않았거나 출석하더라도 이미 제출한 이의신청서를 진술하지 않았다면 그 채권자는 이의신청을 하지 않은 것으로 보아야 하고, 이와 같이 배당기일에 출석하여 이의신청을 하지 않은 사람은 배당표의 실시에 동의 한 것으로 간주되는 자로서 배당표에 대한 이의의 소를 제기할 적격을 갖지 못한다).

11) 재판예규 제1692호 민사접수서류에 붙일 인지액 및 그 편철방법 등에 관한 예규(재민 91-1).

이의한 경우에는 배당기일에 출석하지 않았더라도 적법하게 이의를 한 것으로 보아야 하고, 비치된 배당표원안과 같이 배당을 실시하는 데 동의한 것으로 보아서는 안 된다.

3) 여기서 말하는 채무자에는 임의경매에 있어서는 담보부동산의 소유자(물상보증인 등)가 포함된다. 물상보증인 소유인 부동산의 경우 소유자 아닌 채무자도 배당이의가 가능하다.[12]

진정한 소유자이더라도 경매개시결정등기 당시 소유자로 등기되어 있지 않았다면 민사집행법 제90조 제2호의 '소유자'가 아니고, 그 후 등기를 갖추고 집행법원에 권리신고를 하지 않았다면 같은 조 제4호의 '부동산 위의 권리자로서 그 권리를 증명한 사람'도 아니므로, 경매절차의 이해관계인에 해당하지 않는다. 따라서 이러한 사람에게는 배당표에 대하여 이의를 진술할 권한이 없고, 그 이의를 진술하였더라도 이는 부적법한 것에 불과하여 배당이의의 소를 제기할 원고적격이 없다.[13] 반면에 경매개시결정등기 당시 소유자로 등기되어 있는 사람은 설령 진정한 소유자가 따로 있는 경우일지라도 그 명의의 등기가 말소되거나 이전되지 않은 이상 경매절차의 이해관계인에 해당하므로, 배당표에 대하여 이의를 진술할 권한이 있고, 나아가 그 후 배당이의의 소를 제기할 원고적격도 있다.[14]

다. 대리인에 의한 배당이의

1) 변호사대리원칙 및 그 예외

배당이의를 위하여 반드시 이의권자 본인이 배당기일에 출석하여야 하는 것은 아니고, 대리인이 출석하여도 무방하다. 배당절차는 단독판사가 심리하는 사건에 해당하므로 변호사대리원칙의 예외를 규정한 민사소송법 제88조가 적용된다(민사집행법 23조).

따라서 변호사가 아닌 대리인이 배당기일에 출석하여 배당이의를 할 경우 소송대리허가신청을 받아야 하는데, 소송대리허가신청은 서면으로 하여야 한다(민사소송규칙 제15조 제3항). 이 경우 대리인은 당사자의 배우자 또는 4촌 안의 친족으로 당사자와의 생활관계에 비추어 상당하다고 인정되거나(민사소송규칙 제15조 제2항 제1

12) 민사집행법 실무연구Ⅱ[재판자료 제117집], 191~194쪽; 의정부지방법원 고양지원 2006. 10. 20. 선고 2006가합98 판결(미항소 확정).

13) 대법원 2002. 9. 4. 선고 2001다63155 판결 참조.

14) 대법원 2015. 4. 23. 선고 2014다53790 판결.

호) 당사자와 고용 등 이에 준하는 계약관계를 맺고 그 사건에 관한 통상사무를 처리·보조하는 사람으로 그 사람이 담당하는 사무와 사건의 내용에 비추어 상당하다고 인정되는 경우여야 하므로(민사소송규칙 제15조 제2항 제2호) 이를 소명하는 자료(가족관계증명서, 주민등록등본, 재직증명서 등)가 제출되는 경우에만 소송대리를 허가하고 배당기일조서에 기재한다.

법무사는 당사자의 친척 등에 해당하지 않는 한 집행사건의 포괄적인 대리허가를 할 수 없다.(재민 72-1).

2) 유동화전문유한회사 관련 소송대리허가 여부[15]

유동화전문회사는 영업소나 직원을 둘 수 없으므로(자산유동화에 관한 법률 제20조 제2항) 자산관리자(같은 법 10조)나 업무수탁자(같은 법 제23조), 변호사를 통해 업무처리를 할 수밖에 없다.

자산관리자 또는 자산관리자의 직원이 소송대리허가신청을 하는 경우 민사소송법 제88조의 요건은 구비하지 못한 것으로 보아 불허하는 것이 타당하나 자산관리위탁계약서와 재직증명서 등을 첨부하여 소송대리허가신청을 하는 경우 이를 인정해주는 실무례도 있다.

한편 자산관리자에게 법률상 소송대리인의 자격을 인정해주는 취지의 판례[16]가 있으나 이 경우에도 자산관리자인 법인의 대표자 등이 직접 소송수행 가능한 것이지 자산관리자의 일반 직원은 소송 수행이 불가하다.

라. 불출석한 이해관계인의 경우

1) 배당표와 같이 배당을 실시하는 데에 동의 간주

가) 기일에 출석하지 않은 채권자는 배당표와 같이 배당을 실시하는 데에 동의한 것으로 본다(민사집행법 제153조 제1항). 기일에 출석하지 않은 채권자가 동의한 것으로 간주되는 것은 당초의 비치된 배당표원안과 같은 배당을 실시하는 것이므로 배당표원안에 대한 절차상의 사유에 기한 이의에 기초하여 배당표원안을 그 채권자에게 불이익하게 경정하는 경우에는 다시 새 배당기일을 지정하여 경정한 배당표에 대한 열람의 기회를 주어야 한다.

나) 민사집행법 제153조 제1항은 채권자에 대하여만 규정을 두고 있으나 채무

---

15) 2016 사법보좌관 정례세미나 회의록(실무상 제문제 등 종합토론) 167쪽 이하 참조.

16) 대법원 2002. 6. 25. 선고 2002다15122 판결.

자가 기일에 출석하지 않은 경우에도 마찬가지로 동의한 것으로 보아야 한다. 다만 채무자가 배당표원안이 비치된 이후 배당기일이 끝날 때까지 서면으로 이의한 경우에는 배당기일에 출석하지 않았더라도 적법하게 이의를 한 것으로 보아야 하고(민사집행법 제151조 제2항), 배당표와 같이 배당을 실시하는 데 동의한 것으로 보아서는 안 된다.

다) 그리고 이러한 동의간주는 배당기일의 적법한 통지가 되어 있지 않은 경우에는 할 수 없다.

2) 자신의 배당액에 이의가 있는 경우 그 이의를 불인정한 것으로 간주

기일에 출석하지 않은 채권자가 다른 채권자가 제기한 이의에 관계된 때에는 그 채권자는 이의를 정당하다고 인정하지 않은 것으로 본다(민사집행법 제153조 제2항).

따라서 적어도 불출석채권자에 관계되는 한도에 있어서는 이의는 그 기일에 완결할 수가 없고, 이의채권자는 배당이의 확정을 위한 절차를 취하여야 한다.

마. 근저당권이전등기가 수반하지 않은 근저당권부채권의 양도와 배당이의권자

1) 근저당권의 명의인이 배당이의권자인지 여부(= 소극)

근저당권부 채권이 양도되었으나 근저당권의 이전등기가 마쳐지지 않은 상태에서 실시된 배당절차에서 근저당권의 명의인은 배당이의를 할 수 없다.[17] 피담보채권을 양도한 저당권자는 채권의 양도로 인하여 더 이상 채권자가 아니므로 배당이의를 할 수 없는 것이다.

2) 피담보채권의 양수인은 배당이의를 할 수 있는지 여부

가) 문제는 이 경우 피담보채권의 양수인은 배당이의를 할 수 있는지 여부이다.

나) 저당권이전등기를 하지 않은 피담보채권의 양수인은 '일반채권자'에 불과하므로, 일반채권자로서 배당을 받을 수 있기 위하여 요구되는 요건(집행력 있는 정본을 소지하거나 가압류를 한 후 배당요구기한 내에 배당요구를 하였을 것)을 모두 갖춘 경우에 한하여 배당이의가 가능하다.[18] 저당권이전등기를 하지 않은 피담보채권의 양

17) 대법원 2003. 10. 10. 선고 2001다77888 판결(피담보채권과 근저당권을 함께 양도하는 경우에 채권양도는 당사자 사이의 의사표시만으로 양도의 효력이 발생하지만 근저당권이전은 이전등기를 하여야 하므로 채권양도와 근저당권이전등기 사이에 어느 정도 시차가 불가피한 이상 피담보채권이 먼저 양도되어 일시적으로 피담보채권과 근저당권의 귀속이 달라진다고 하여 근저당권이 무효로 된다고 볼 수는 없으나, 위 근저당권은 그 피담보채권의 양수인에게 이전되어야 할 것에 불과하고, 근저당권의 명의인은 피담보채권을 양도하여 결국 피담보채권을 상실한 셈이므로 집행채무자로부터 변제를 받기 위하여 배당표에 자신에게 배당하는 것으로 배당표의 경정을 구할 수 있는 지위에 있다고 볼 수 없다).

수인은 저당권이전등기를 하지 않은 동안에는 저당권자라고 볼 수 없기 때문이다.

다) '피담보채권을 양도하여 채권이 없는 양도인'이 양수인을 대신하여 배당요구를 할 수도 없다.

라) 한편 저당권부채권의 양도를 받았으나 아직 저당권이전의 부기등기를 마치지 못한 자도 비록 채권양도의 대항요건(민법 제450조)을 구비하였다 하더라도 저당권을 취득한 것이 아닌 반면, 저당권부채권이 법률의 규정에 의하여 이전하는 경우에는 저당권도 이에 따라 등기 없이도 이전되므로 이 경우에는 저당권을 취득한 자는 등기부상에 저당권자로 등기되지 않았더라도 저당권자와 마찬가지로 취급된다.

예를 들어, 저당권부채권이 상속, 포괄유증, 회사의 합병 등에 의하여 포괄승계된 경우, 저당권부채권이 전부명령에 의하여 전부된 경우, 공동저당에 있어서 차순위자의 대위로 인한 이전(민법 제368조)의 경우에는 포괄승계인 또는 전부채권자 등은 저당권이전의 부기등기 없이도 저당권자로서의 배당을 받을 수 있고, 배당이의도 할 수 있다.

바. 채권자대위에 기한 배당이의 가부(= 적극)

위 이의권자의 채권자가 채권자대위권에 기하여 배당이의를 할 수 있는지 여부에 관하여는 견해가 대립한다. 소극설은, 배당이의란 이의권자에게 집행법상 부여된 권리이므로 이의권자를 대위하여 이의를 하는 것은 허용될 수 없다고 한다.

그러나 금전채권보전을 위하여 특정채권(특정권리)을 대위행사할 수 있으므로(이 경우 무자력 요건을 요하지 않음[19])[20]), 이의권자의 채권자가 이의권자를 대위하여 배당이의를 하는 것을 부정할 이유가 없다. 실무는 적극설에 의하고 있다.[21])

---

18) 노만경, "근저당권부 채권이 양도되었으나 근저당권의 이전등기가 경료되지 않은 상태에서 실시된 배당절차에서 근저당권의 명의인이 배당이의를 할 수 있는지 여부", 대법원판례해설(46), 법원도서관(2004), 477쪽.

19) ① 임차보증금반환채권의 양수인이 양수금채권을 보전하기 위하여 임대인을 대위하여 임차인에 대하여 임차목적물의 인도청구를 하는 경우(대법원 1989. 4. 25. 선고 88다카4253, 4260 판결)와 ② 수임인이 민법 제688조 제2항 전단 소정의 대위변제청구권을 보전하기 위하여 채무자인 위임인의 채권을 대위하여 행사하는 경우(대법원 2002. 1. 25. 선고 2001다52506 판결)와 같이 금전채권보전을 위한 대위소송이라 하더라도 채무자의 무자력을 요건으로 하지 않는 경우가 있다.

20) 채권자대위권과는 달리, 특정물채권을 보전하기 위하여 채권자취소권을 행사하는 것은 허용되지 않는다(대법원 1995. 2. 10. 선고 94다2534 판결).

21) 법원실무제요 민사집행[Ⅲ], 사법연수원(2020), 198쪽. 한편, 사해행위취소채권자의 채권자대위에 의한 배당이의소송 가부에 대해선 민사집행법 실무연구Ⅱ[재판자료 제117집], 220~223쪽 참조.

[배당기일조서(이의 없는 경우, 전산양식 A3451)]

○ ○ 지 방 법 원
배당기일조서

사 건 20 타경 부동산강제(임의)경매
판사(사법보좌관) 기 일 20 . . . :
법원사무관 장 소
공개 여부 공개

사건과 관계인의 이름을 부름

채 권 자 김갑돌 출석
이을동 출석
박병삼 출석

채무자 겸 소유자 김일석 출석

판사(사법보좌관)
별지 배당표를 이해관계인들에게 제시
이해관계인들
(예시) 배당표에 대하여 이의 없다고 진술
판사(사법보좌관)
(예시) 배당표를 확정하고 이에 의하여 배당을 실시

법원사무관 ㊞
판사(사법보좌관) ㊞

민집 159, 268

2. 배당이의의 상대방

가. 배당이의 상대방

배당이의의 상대방을 누구로 할 것인가와 관련하여, 자기보다 선순위 채권자의 배당액에 관하여 이의할 수 있는가 하는 문제와 후순위 또는 동순위 채권자 중 어느 범위의 자를 상대방으로 할 것인가의 문제가 있다.

1) 자기의 채권보다 선순위채권임을 인정하는 이상 그 자에 대한 이의는 본래 부적법하지만 예외적으로 그 채권의 부존재를 이유로 하는 경우에는 이의하는 자의 배당순위에 상관없이 이의할 수 있다. 이 경우 부존재란 채권의 일부가 부존재한다고 주장하는 것도 포함된다.

예를 들어 1순위 근저당권자(채권액 3,000만 원) - 2순위 근저당권자(채권액 2,000만 원) - 3순위 가압류권자(채권액 1,000만 원) 중 1순위 근저당권자만 1천만 원을 배당받은 경우 가압류권자가 1순위 근저당권자를 상대로 배당이의를 할 수 있는가 하는 문제에 관해, 배당이의를 신청하지 않은 채권자 가운데 배당이의를 제기한 가압류권자보다 선순위 채권자(2순위 근저당권자)가 있고 그가 채권 전액의 만족을 얻지 못한 경우에는 1순위 근저당권자의 채권이 존재하지 않는 것으로 인정되더라도 문제가 된 배당 부분이 그 선순위 채권자(2순위 근저당권자)에게 먼저 배당되어야 한다는 점을 전혀 고려할 필요가 없다. 따라서 이 경우 가압류권자는 배당이의를 할 수 있고, 배당이의의 소에서 승소확정판결을 받아 1,000만 원을 수령할 수 있다. 다만 이 경우 2순위 근저당권자로서는 가압류권자를 상대로 별소로 부당이득반환청구소송을 제기할 수 있다.

2) 그러나 채권의 부존재가 아닌 배당의 순위에 관한 사유로 이의할 경우에는 이의하는 자가 자기보다 후순위 또는 동순위라고 지적하는 자들 중 어느 누구라도 상대방으로 하여 이의를 할 수 있는 것은 아니고, 배당표상 가장 후순위 채권자로부터 순차로 거슬러 올라가 이의 있는 채권자의 배당요구액에 달할 때까지의 배당액에 관계된 채권자에 대하여만 이의할 수 있다. 즉 이의가 제기된 현재의 배당표원안과 이의하는 채권자의 주장이 그대로 받아들여질 경우 작성될 배당표를 비교하여 전자의 배당표에서는 배당을 받지만 후자의 배당표에서는 삭제되거나 배당액이 줄어드는 채권자 및 범위를 이의의 상대방 및 이의의 범위로 하여야 한다. 예를 들어 1순위 근저당권자에게 3,000만 원, 2순위 근저당권자에게 5,000만 원이 배당되었는데, 소액임차인이 소액보증금의 우선배당을 주장하면서 이의를 하는 경우 소액임차인으로서는 2순위 근저당권자를 상대로 해야 한다. 그렇지 않고 1순위 근저당권자를 상대로 할 경우 원고가 배당받는 것이 타당하다고 해도 1순위 근저당권자는 여전히 3,000만 원을 배당받을 수 있기 때문이다.

나. 가압류채권자는 배당이의의 상대방이 아님

가압류채권자에 대한 배당액은 공탁되고(민사집행법 제160조 제1항 제2호), 가압류채권자가 이를 지급받기 위해서는 채무자를 상대로 집행권원을 얻어야 하므로 채무자는 가압류채권자에 대하여는 이의를 할 수 없다. 판례도 가압류채무자는 채권자가 제기한 본안소송 등에서 가압류의 피보전채권의 존부나 변제기의 도래 등을 다투어 그 결과에 따라 민사집행법 제161조에 의한 배당절차가 진행되도록 할 수 있을 뿐, 가압류채권자를 상대로 배당이의의 소를 제기할 수는 없다고 판시하고 있다.[22]

3. 절차상의 사유에 기한 이의(형식상의 이의)

가. 이의사유 및 성질

이해관계 있는 각 채권자와 채무자는 배당표의 작성방법이나 배당실시절차에 위법이 있음을 이유로 이의를 진술할 수 있다.

예를 들어 ① 매각허가결정이 취소되었음에도 불구하고 배당기일을 지정하여 배당표를 작성하였다는 것, ② 최고가매수신청인에 대한 매각을 허가하지 않고 새로 매각을 실시한 경우에 매각을 허가하지 않은 매수신청인의 매수신청보증금을 배당할 금액에 산입하여 배당표를 작성하는 등 배당재단에 포함되어서는 안 될 금액을 배당하는 것으로 배당표가 작성되었다는 것, ③ 민사집행법 제147조에 위반하여 배당할 금액에 산입하여야 할 금액을 누락하였다는 것, ④ 배당표의 작성이 민사집행법 제88조에 위반하여 배당요구의 종기까지 배당요구를 하지 않았다는 등의 사유로 배당표에 적을 수 없는 채권을 배당하는 것으로 배당표를 작성하였다는 것, ⑤ 배당표상에 잘못된 계산이 있다는 것, ⑥ 기일통지를 받지 못하였다는 것, ⑦ 배당표 열람기간이 준수되지 않았다는 것 등의 사유가 이에 속한다.

절차상의 사유로 하는 이의의 성질은 '집행에 관한 이의'라고 보아야 한다. 따라서 이의는 집행법원에 대하여 배당표 작성행위의 취소·변경을 구하는 것으로 충분하고 이의를 하는 채무자나 채권자가 다른 채권자를 상대방으로 지정하거나 이의의 범위를 특정할 필요가 없다.

그러나 이의사유에 따라서는 절차적인 사유에 기한 것인지 실체적인 사유에 기한 것인지가 명백하게 구분되지 않는 것이 있고, 배당표에 대한 이의를 할 때는 이의의 사유를 밝히거나 그에 대한 증거를 제출할 필요가 없으므로, 이의를 하는 채무

22) 대법원 2016. 8. 18. 선고 2015다256503 판결 참조.

자나 채권자가 상대방을 지정하고 이의의 범위를 특정하여 구체적인 배당표의 변경을 주장할 때는 실무상 실체상의 이의로 처리하는 경우가 많다.[23)]

나. 이의에 대한 조치

1) 이의가 정당하다고 판단되는 경우

배당기일에 채무자 또는 채권자가 위와 같은 위법을 주장하여 이의를 진술하는 것은 법원에 대하여 집행절차상의 위법에 대한 시정을 촉구하는데 불과하므로 법원은 그 이의가 정당하다고 인정하면 그 절차의 위법을 시정하여 배당표원안에 적힌 내용을 경정하여야 한다.

경정에 의하여 불이익을 받을 채권자의 전원이 출석하여 동의를 한 경우에는 즉시 배당표를 경정하여 기일을 속행할 수 있으나, 그렇지 않아 즉시 경정할 수 없을 때에는 배당의 실시를 연기하거나 속행기일을 정하여 경정된 배당표 열람의 기회를 준 후 경정한 배당표에 따라 배당을 실시한다.

2) 이의가 부당하다고 판단되는 경우

가) 이의가 부당하다고 인정하면 응답하지 않은 채 배당표를 확정하여 배당을 실시할 수 있다.

나) 이 경우에 이의를 한 자는 정식으로 집행에 관한 이의(민사집행법 16조)를 할 수 있다. 이때 집행을 저지하기 위해서는 민사집행법 제16조 제2항에 의하여 강제집행의 정지를 명하는 잠정처분을 받아서 집행법원에 제출하여야 하지만, 이러한 잠정처분이 없어 그대로 배당이 실시된 경우에는 배당절차는 유효하게 된다.

따라서 집행법원으로서는 절차상의 사유에 기한 이의가 제기된 경우 그 판단에 신중을 기하여야 하고, 특히 판단에 시일을 요하는 경우에는 배당기일을 속행하여 충분한 심리를 하여야 한다.

다) 한편 집행에 관한 이의가 제기되었으나 그대로 배당이 실시된 경우에는 이의를 한 채권자나 또는 위 가.항 ①, ②의 사례에서 배당된 금액에 대한 본래의 채권자는 배당표에 따른 배당을 받은 채권자에 대하여 부당이득반환을 구할 수 있고, 위 가.항 ③의 경우에는 민사집행법 제161조를 준용하여 누락된 금액에 대하여 추가배당을 하여야 한다.

---

23) 법원실무제요 민사집행[Ⅲ], 사법연수원(2020), 199쪽.

4. 실체상의 사유에 기한 이의

가. 이의사유 및 성질

1) 채무자는 각 채권자의 채권의 존부, 범위, 순위에 관하여 이의할 수 있고(민사집행법 151조 1항, 2항), 배당기일에 출석한 각 채권자는 '자기의 이해에 관계되는 범위 안에서'[24] 다른 채권자의 채권의 존부, 범위, 순위에 관하여 이의할 수 있다(같은 조 3항). 배당이의의 소에서 피고의 채권액이 그 받은 배당액보다 많다고 하더라도 배당의 기초가 된 채권액(배당요구액)에 대하여 다툼이 있고, 그 채권액이 줄어들 경우 민사집행법상의 배당법리에 따라 배당하면 결과적으로 배당액이 줄어들 경우에는 배당이의를 할 수 있다.[25] 예를 들면 실제 배당할 금액이 1억 원이고, 가압류채권자 甲의 청구금액이 1억 원, 배당요구채권자 乙, 丙의 청구금액이 각 5,000만 원이며, 甲, 乙, 丙이 일반채권자로서 동순위여서 甲이 5,000만 원, 乙, 丙이 각 2,500만 원씩 안분배당 받은 경우, 乙, 丙은 甲의 채권액이 1억 원이 아닌 8,000만 원에 불과하다면, 설령 그것이 배당액인 5,000만 원을 초과하더라도, 이를 이유로 배당이의를 할 수 있다. 甲의 채권액이 1억 원에서 8,000만 원으로 줄어들 경우 甲의 배당액이 줄어드는 반면 乙, 丙의 배당액이 늘어나기 때문이다.

전술한 절차상의 사유에 기한 이의가 배당절차상의 잘못을 이유로 한 것과는 달리, 위의 실체상의 사유에 기한 이의는 배당받을 채권자의 채권 자체에 관한 사정을 이유로 한 것이다.

이의를 할 수 있는 채권자는 집행력 있는 정본의 유무, 채권이 사법상의 것인지 공법상의 것인지 여부, 일반채권인지 우선권 있는 채권인지 여부, 그리고 배당표에 배당을 받는 것으로 기재되어 있는지 여부를 불문하고 배당에 참가한 모든 채권자를 포함하나, 배당에 참가하지 못하는 채권자, 즉 민사집행법 제148조 각 호에 해당하지 않는 자의 이의는 부적법하다.

채무자가 채권자의 채권 자체가 아니라 채권의 순위, 즉 그 채권에 대하여 '다른 채권자'의 채권보다 우선하여 배당하는 것 등에 관하여 이의하는 경우, 채무자의 이러한 이의는 위 '다른 채권자'가 민사집행법의 규정에 따라 배당받을 채권자에 해당함을 전제로 하는 것인데, 같은 법 제148조 각 호에 해당하지 않아 배당에 참가하지 못하는 채권자는 배당표에 대하여 이의할 수 없으므로, 채무자 역시 배당에 참가

24) 대법원 1994. 1. 25. 선고 92다50270 판결.
25) 대법원 2007. 8. 23. 선고 2007다27427 판결.

하지 못하는 위와 같은 채권자의 채권에 배당해야 한다는 이유로 배당이의의 소를 제기할 수는 없다.[26)]

또 이의의 상대방이 되는 채권자도 그 채권의 우선권의 유무, 집행력 있는 정본의 유무를 불문하고 그 사건에서 배당표원안에 배당을 받는 것으로 적힌 채권자라면 누구라도 무방하다. 또한 배당표원안에 채무자에게 잉여금이 지급되는 것으로 적혀 있으면 채무자도 상대방이 될 수 있다.

매각대금으로 모든 채권자를 만족시킬 수 있는 경우에는 모든 채권자는 이의를 할 수 없다.

2) 부동산경매절차에서 경매개시결정등기 이전에 등기되어 있는 근저당권은 매각으로 인하여 소멸하는 대신에 그 근저당권자는 민사집행법 제88조가 정하는 배당요구를 하지 않더라도 당연히 그 순위에 따라 배당을 받을 수 있다. 이와 같이 배당요구를 하지 않더라도 당연히 그 순위에 따라 배당을 받을 수 있는 근저당권자는 같은 조 제1항의 배당요구채권자에 포함되지 않고, 따라서 비록 그와 같은 근저당권자가 채권계산서를 제출하였고, 그 채권계산서에 기재한 피담보채권이 존재하지 않는다 하더라도 그 근저당권자는 위와 같은 피담보채권의 부존재를 이유로 하여 다른 채권자가 제기한 배당이의소송에서 그 근저당권의 피담보채권이 될 수 있는 다른 채권이 존재하고 있다는 주장을 할 수 있으며 그 다른 채권이 존재하고 있음이 밝혀진 경우에는 그 근저당권자에 대한 배당은 적법하다.[27)] 이는 앞서 본 근저당권자가 그 채권계산서에 기재한 피담보채권들 중 일부가 부존재하다는 이유로 다른 채권자가 제기한 부당이득반환소송에서 근저당권자가 나머지 피담보채권들의 채권액을 증액하여 주장하는 경우에도 마찬가지로 적용된다.[28)]

동일인의 소유에 속하는 토지 및 그 지상의 건물에 관하여 공동저당권이 설정된 후 그 건물이 철거되고 새로 건물이 신축된 경우에는 그 신축건물의 소유자가 토지의 소유자와 동일하고 토지의 저당권자에게 신축건물에 관하여 토지의 저당권과 동일한 순위의 공동저당권을 설정해 주었다는 등 특별한 사정이 없는 한 저당물의 경매로 인하여 토지와 그 신축건물이 다른 소유자에 속하게 되더라도 그 신축건물을 위한 법정지상권이 성립하지 않으므로,[29)] 위와 같은 경우 토지와 신축건물에 대하여

26) 대법원 2015. 4. 23. 선고 2013다86403 판결.

27) 대법원 1998. 7. 28. 선고 98다7179 판결, 대법원 2002. 11. 26. 선고 2001다36696 판결 등.

28) 대법원 2010. 12. 23. 선고 2010다62499 판결.

29) 대법원 2003. 12. 18. 선고 98다43601 전원합의체 판결 등 참조.

민법 제365조에 의하여 일괄매각이 이루어졌다면 그 일괄매각대금 중 토지에 안분할 매각대금은 법정지상권 등의 이용 제한이 없는 상태에서의 토지로 평가하여 산정하여야 한다. 따라서 집행법원이 위와 같은 일괄매각절차에서 각 부동산별 매각대금의 안분을 잘못하여 적법한 배당요구를 한 권리자가 정당한 배당액을 수령하지 못하게 되었다면 그러한 사유도 배당이의의 청구사유가 된다.[30]

원고가 피고의 근저당권설정 전에 마친 가압류 채권자의 채권 중 일부를 대위변제한 경우 그 채권자가 신청한 강제경매절차에서 그 채권자와 함께 권리를 행사할 수 있는 지위에 있으므로 민사집행법상의 배당법리에 따라 배당하면 결과적으로 피고의 배당액이 줄어들 경우에는 배당이의를 할 수 있다고 보아야 한다.[31]

3) 이의를 할 때에는 그 이유를 밝히거나 이유에 대한 증거를 제출할 필요는 없다. 이의가 정당한지 여부는 배당이의소송의 판결절차에서 가려지기로 예정되어 있으므로 이의의 이유를 밝히는 것과 그 입증은 그 소송절차에서 하도록 하는 것이 합리적이기 때문이다. 따라서 배당이의에 이유가 붙어 있다고 하더라도 배당이의의 소에서 이에 구속되지 않는다.[32]

배당표에 대한 실체상의 이의는 민사집행법이 인정하는 특수한 불복방법으로서, 배당표의 확정을 저지한다(민사집행법 제152조 제3항 참조).

나. 이의방법

1) 채무자는 배당기일에 출석하여 이의할 수 있을 뿐 아니라 배당표원안이 비치된 이후에는 배당기일이 끝날 때까지 서면으로도 이의할 수 있다(민사집행법 제151조 제1항, 제2항). 반면에 채권자는 반드시 배당기일에 출석하여 이의를 진술하여야 한다(같은 조 제3항 참조).

따라서 배당기일 준비 시 채무자가 서면으로 배당이의를 하지 않았는지 반드시 확인이 필요하고(사건조회 등을 요함) 서면으로 이의한 경우에는 출석하지 않은 경우에도 배당이의서를 진술간주하여 배당이의한 것으로 배당기일조서에 기재하여야 한다.

---

30) 대법원 2012. 3. 15. 선고 2011다54587 판결.
31) 대법원 2007. 8. 23. 선고 2007다27427 판결, 대법원 2012. 4. 26. 선고 2011다79883 판결.
32) 법원실무제요 민사집행[Ⅲ], 사법연수원(2020), 203쪽.

[배당기일조서 기재례]

채무자의 20○○. ○. ○.자 배당이의신청서에 따라 근저당권자 ○○○의 배당액 전부에 대해 이의하는 것으로 진술간주

2) 이의는 어느 채권에 대하여 어느 한도에서 그 존재 또는 우선권을 다투는지 여부 즉, 배당표원안에 적힌 내용을 어떻게 경정할 것을 구하는 것인지를 구체적으로 명시하여야 하고, 이의의 상대방과 그 범위를 명시하지 않은 이의는 부적법하다.

다만 이의의 이유까지 밝힐 필요는 없으므로, 집행법원은 이의의 상대방과 이의 있는 범위에 대하여 배당기일조서에 적으면 충분하고, 이의의 상대방 및 범위의 당부 문제는 결국 배당이의소송에서 소의 적법 여부 및 원고 청구의 당부에 관한 판단 문제로 남게 된다.

3) 이의가 있으면 집행법원은 그 적법여부만을 심사할 수 있으며 이의사유의 존부에 관하여 심사할 수는 없다.

적법한 이의가 있으면, 채권자가 한 이의신청의 당부는 배당이의의 소에서 가려지게 되고, 채무자가 한 이의신청의 당부는 배당이의의 소, 청구이의의 소 또는 정기금판결변경의 소(민사소송법 제252조 제1항)에서 가려지게 된다.

부적법한 이의에 대하여는 각하의 재판을 하며(실무에서는 따로 각하의 재판을 하지 않고 이를 무시하고 그대로 배당을 실시하는 처리방식을 취하고 있는 예가 많다) 적법한 이의에 대하여는 그 이의 내용에 불명한 점이 있으면 기일에 석명을 구한 다음 이의에 관계된 다른 채권자에게 인부의 진술을 하게 한다.

다. 채권자가 이의한 경우

1) 채권자는 이의의 결과 자기의 배당액이 증가되는 경우에 한하여 이의할 수 있으므로(민사집행법 제151조 제3항),[33] 이의의 내용은 상대방의 배당액을 감액하고, 감액분을 자기의 채권액의 한도에서 자기의 배당액에 더하여야 한다는 것을 주장하는 것이어야 한다.

또한 채권자가 다른 채권자에 대하여 이의할 경우에는 자기의 이해에 관계되는 범위 안에서 이의할 수 있으므로(민사집행법 제151조 제3항), 다른 채권자의 배당액에 관하여 이의하면서 그 채권액을 자기가 아닌 다른 채권자에게 배당해 줄 것을 요

---

33) 대법원 1994. 1. 25. 선고 92다50270 판결, 대법원 2010. 10. 14. 선고 2010다39215 판결.

구하는 내용의 이의는 부적법하고, 채권자는 자기의 배당요구금액을 초과하여 이의할 수는 없으므로 그 초과하는 부분의 이의도 부적법하다.

자기의 배당요구금액을 초과할 수 없다는 의미는 상대방별로 따져야 한다. 즉 자신의 배당요구금액이 1천만 원인 경우 다른 채권자가 배당받은 금원 중 1천만 원의 범위 내에서만 이의할 수 있지만, 이의할 채권자가 수인인 경우에는 상대방별로 각 1천만 원의 범위 내에서 이의할 수 있다.

배당이의는 배당받은 각 채권자의 채권의 존부 및 범위, 배당순위에 대한 것이지 배당액에 대한 것이 아니므로 배당이의의 소에 있어서 피고의 채권액이 그 받은 배당액보다 많다고 하더라도 배당의 기초가 된 채권액(배당요구액)에 대하여 다툼이 있고, 그 채권액이 줄어들 경우 민사집행법상의 배당법리에 따라 배당하면 결과적으로 배당액이 줄어들 경우에는 배당이의를 할 수 있다.[34)]

2) 이의가 기일에 완결되지 않은 때에는 이의 있는 채권에 대한 배당의 실시가 일시 유보되고 이의채권자가 배당이의의 소를 제기하고 배당기일부터 1주 이내에 그 소제기를 법원에 증명(민사집행법 제154조 제1항, 제3항)하면 그 부분의 배당액은 공탁되나(같은 법 제160조 제1항 제5호), 그 증명이 없이 이 기간이 지난 경우에는 이의에 불구하고 배당이 실시된다.

라. 채무자가 이의한 경우

1) 이의의 내용

채무자의 경우에는 채권자에 대한 배당액 자체가 문제이고, 자기에게 잉여금이 생기는지 여부는 불필요하다. 따라서 채무자가 이의할 경우에는 이의에 관계된 채권자의 채권을 줄이는 내용을 진술하면 충분하고, 그 줄어든 금액을 어느 채권자에게 배당하여야 한다는 것까지 진술할 필요는 없다.

2) 집행력 있는 집행권원의 정본을 가지지 않는 채권자(가압류채권자를 제외한다)의 채권이나 부동산상의 담보권자의 채권에 대하여 이의를 한 경우(=배당이의의 소 제기 필요)

채무자가 집행력 있는 집행권원의 정본을 가지지 않은 채권자(가압류채권자를 제외한다)의 채권이나 부동산상의 담보권자의 채권에 대하여 이의를 한 경우에는 이의가 기일에 완결되지 않으면 그 부분에 대하여는 배당의 실시가 일시 유보되고 이

34) 대법원 2007. 8. 23. 선고 2007다27427 판결.

의를 한 채무자가 민사집행법 제154조에 의한 배당이의의 소를 제기하여야 하며(민사집행법 제154조 제1항), 배당기일부터 1주 이내에 집행법원에 소제기를 증명하면 그 부분의 배당액은 공탁된다.[35)]

이러한 증명 없이 위 기간이 도과한 때에는 이의에도 불구하고 배당이 실시된다(민사집행법 154조 3항). 배당이의의 소가 소정의 기간 내에 제기되었으나 소제기증명서를 소정기간 경과 후에 제출한 경우에는 그 이의가 취하된 것으로 보아야 하므로(민사집행법 154조 3항), 집행법원으로서는 아직 배당이 실시되지 않았더라도 이의를 당한 배당권자에게 배당을 실시하지 않을 수 없다.

그러나 이의한 채권자가 위 기간을 넘긴 경우에도 배당표에 따라 배당을 받은 다른 채권자에 대하여 훗날 소로써 부당이득반환청구를 할 수 있는 권리에는 영향이 없다(민사집행법 제155조). 또한 배당이의를 하지 않은 채권자도 배당받아야 할 채권액의 범위에서는 배당을 받은 다른 채권자에 대하여 훗날 소로써 부당이득반환청구를 할 수 있다.[36)]

3) 집행력 있는 집행권원의 정본을 가진 채권자에 대하여 이의를 한 경우(=청구이의의 소 제기 필요)

집행력 있는 집행권원의 정본을 가진 채권자에 대하여 이의를 한 경우에는 채무자가 청구이의의 소(민사집행법 제44조)를 제기하고 또한 그 소에 관한 집행정지재판을 받아야 한다(같은 법 제154조 제2항, 제3항). 즉 집행력 있는 집행권원의 정본을 가진 채권자의 채권에 대하여 채무자가 이의를 한 경우에는 그 채권자가 이의를 정당하다고 인정하는 경우를 제외하고는 채무자는 그 집행력을 배제하기 위하여 청구이의의 소를 제기하고 배당기일부터 1주 이내에 청구이의의 소를 제기한 사실을 증명하는 서류와 그 소에 관한 집행정지를 명하는 취지의 잠정처분(같은 법 제46조)의 정본을 집행법원에 제출하여야 하고, 이를 하나라도 제출하지 않은 때에는 이의가 취하된 것으로 본다(같은 법 제154조 제3항). 다만 집행권원이 정기금의 지급을 명하는 판결이고, 그 판결이 확정된 뒤에 그 액수산정의 기초가 된 사정이 현저하게

35) 민사집행법은 실무상으로 사문화되어 있던 채권확정절차(구 민사소송법 606조 2항, 3항)를 폐지하고 제154조 1항의 규정을 두고 있으므로, 저당권자(저당권취득시기가 경매개시결정등기 전이든 후이든 같다)에 대하여 이의한 채무자는 배당이의소송을 하여야 한다.
또한 허위의 근저당권에 대하여 배당이 이루어진 경우, 배당채권자는 채권자취소의 소에 의하지 않고 배당이의의 소로써 그 시정을 구할 수 있다(대법원 2001. 5. 8. 선고 2000다9611 판결 참조).

36) 대법원 1964. 7. 14. 선고 63다839 판결, 대법원 2000. 10. 10. 선고 99다53230 판결, 대법원 2001. 3. 13. 선고 99다26948 판결, 대법원 2001. 10. 11. 선고 2001다3054 판결.

바뀜으로써 당사자 사이의 형평을 크게 침해할 특별한 사정이 생긴 것을 이의의 사유로 하는 경우에는 민사소송법 제252조 제1항의 정기금판결변경의 소를 제기하여야 할 것이다.

채무자가 이의를 진술한 것만으로는 배당기일부터 1주가 지나면 배당정지의 효력이 생기지 않으므로 위 청구이의의 소제기증명과 집행정지의 잠정처분재판정본 등의 제출이 없으면 그대로 배당절차를 속행한다. 즉 집행력 있는 집행권원을 가진 채권자에 대하여 이의한 채무자는 배당기일부터 1주 이내에 청구이의의 소제기 사실 증명서류와 아울러 그 소에 기한 집행정지재판의 정본을 집행법원에 제출하여야 하고, 채무자가 그중 어느 하나라도 제출하지 않으면, 집행법원으로서는 채무자가 실제로 위 기간 내에 청구이의의 소를 제기하고 그에 따른 집행정지재판을 받았는지 여부와 관계없이 채권자에게 당초의 배당표대로 배당을 실시하여야 하고, 배당을 실시하지 않고 있는 동안에 청구이의의 소에서 채권자가 패소한 판결이 확정되었다고 하여 달리 볼 것이 아니다.[37] 그러한 경우 채무자는 채권자를 상대로 부당이득반환 등을 구하는 방법으로 구제받을 수 있을 뿐이다.

한편 배당기일부터 1주 이내에 청구이의의 소제기 사실 증명서류와 그 소에 기한 집행정지재판의 정본이 제출되지 않았는데도 집행법원이 채권자에 대한 배당을 중지하였다가 청구이의의 소의 결과에 따라 추가배당절차를 밟는 경우, 채권자는 추가배당절차의 개시가 위법함을 이유로 민사집행법 제16조에 따라 집행에 관한 이의신청을 할 수 있으나, 채권자가 집행에 관한 이의 대신 추가배당표에 대하여 배당이의를 하고 당초의 배당표대로 배당을 실시해 달라는 취지로 배당이의의 소를 제기하였다면, 배당이의의 소를 심리하는 법원으로서는 소송경제상 당초의 배당표대로 채권자에게 배당을 실시할 것을 명한다는 의미에서 추가배당표상 배당할 금액을 당초의 배당표와 동일하게 배당하는 것으로 추가배당표를 경정함이 상당하다.[38]

집행력 있는 판결정본을 가진 채권자에 대한 배당에 관하여 이의한 채무자는 배당이의의 소가 아닌 청구이의의 소를 제기하여야 하지만, 집행력 있는 판결정본을 가진 채권자가 우선변제권을 주장하며 담보권에 기하여 배당요구를 한 경우에는 배당의 기초가 되는 것은 담보권이지 집행력 있는 판결정본이 아니므로, 채무자가 그 담보권에 대한 배당에 관하여 우선변제권이 미치는 피담보채권의 존부 및 범위 등을

37) 대법원 2011. 5. 26. 선고 2011다16592 판결, 대법원 2018. 8. 30. 선고 2018다24813 판결.
38) 대법원 2011. 5. 26. 선고 2011다16592 판결.

다투고자 하는 때에는 배당이의의 소로 다투면 되고, 집행력 있는 판결정본의 집행력을 배제하기 위하여 필요한 청구이의의 소를 제기할 필요는 없다.[39]

한편 임금채권자나 임차보증인 등 우선변제권을 가진 채권자가 집행권원도 가진 상태에서 배당요구를 한 경우 채무자의 배당이의 방법이 문제되는데, 해당 채권자가 우선변제권자로 배당받은 경우와 일반 채권자로 배당받은 경우를 구분해서 우선변제권자로 배당받은 경우에는 배당이의소송에 의해야 하나 일반 채권자로 배당받은 경우에는 청구이의소송에 의해야 할 것이다.

(최)우선변제권이 있음은 집행권원으로만 판단할 수 없고(집행권원에선 임금채권이나 임차보증금반환채권이 있음을 판단할 뿐 우선변제권 유무까지 판단해야 하는 것은 아님) 별도로 (최)우선변제권을 구비하고 있음을 소명해야 하며(임금채권자의 경우 재민 97-11 예규에 따른 소명자료를 제출해야 하고, 임차보증인의 경우 대항력 등을 구비하였음을 소명해야 함) 집행권원이 없어도 배당받을 수 있는 채권자이므로 배당이의소송에 의하는 것이 적절하다. 다만 우선변제권이 없는 지연손해금 등 일반 채권자로 배당받는 부분은 집행권원이 있어야 배당받을 수 있으므로 청구이의소송에 의하여야 한다.

채무자가 집행력 있는 집행권원의 정본을 가진 채권자에 대하여 청구이의의 소가 아니라 배당이의의 소를 제기한 것은 부적법하다.[40] 이 경우 청구취지변경을 하도록 하지 않았다고 해도 석명의무 위반이 아니다.[41]

4) 가집행선고 있는 판결을 가진 채권자에 대하여 이의를 한 경우(청구이의의 소나 배당이의의 소 제기 못함)

가집행선고 있는 판결에 대하여는 그 판결이 확정된 후가 아니면 청구이의의 소를 제기할 수 없으나, 채무자는 상소로써 채권의 존재 여부나 범위를 다투어 그 판결의 집행력을 배제시킬 수 있고 집행정지결정을 받을 수도 있으므로, 확정되지 않은 가집행선고 있는 판결에 대하여 청구이의의 소를 제기할 수 없다고 하여 채무자가 이러한 판결의 정본을 가진 채권자에 대하여 채권의 존재 여부나 범위를 다투기 위하여 배당이의의 소를 제기할 수 있는 것이 아니다.[42]

그러나 가집행선고는 그 선고 또는 본안판결을 바꾸는 판결의 선고로 바뀌는 한

39) 대법원 2011. 7. 28. 선고 2010다70018 판결, 대법원 2012. 9. 13. 선고 2012다45702 판결.
40) 대법원 2005. 4. 14. 선고 2004다72464 판결, 대법원 2011. 7. 28. 선고 2010다70018 판결.
41) 대법원 2016. 5. 12. 선고 2016다2970 판결.
42) 대법원 2015. 4. 23. 선고 2013다86403 판결, 대법원 2020. 10. 15. 선고 2017다228441 판결.

도에서 효력을 잃게 되므로(민사소송법 제215조), 만일 가집행선고 있는 제1심판결이 항소심에서 전부 취소되어 가집행선고의 효력도 상실되었다면 더 이상 집행력 있는 집행권원의 정본을 가진 채권자가 아니다. 채무자가 가집행선고 있는 제1심판결을 가진 채권자를 상대로 채권의 존부와 범위를 다투기 위해 제기한 배당이의의 소는 부적법하지만, 배당이의소송 도중 가집행선고 있는 제1심판결이 항소심에서 전부 취소되었고 그대로 확정되기까지 하였다면 위와 같은 배당이의의 소의 하자는 치유된다고 보아야 한다. 이러한 배당이의의 소의 하자 치유 여부는 특별한 사정이 없는 한 사실심 변론종결일을 기준으로 판단해야 한다.[43]

배당이의의 소에서 원고는 배당기일 후 사실심 변론종결일까지 발생한 사유도 이의사유로 주장할 수 있다.[44] 채권자가 받은 가집행선고 있는 제1심판결이 항소심에서 전부 취소되어 그대로 확정되었다면 채권자는 배당받을 지위를 상실하므로, 위와 같은 제1심판결의 취소는 배당이의의 소에서 배당이의 사유가 될 수 있다.[45]

5) 가압류권자를 상대로 이의를 하는 경우(=이의를 각하함, 다만 가압류권자가 이미 집행권원을 취득한 경우 청구이의의 소 제기)

가압류채권자에 대한 배당액은 공탁되고(민사집행법 제160조 제1항 제2호), 가압류채권자가 이를 지급받기 위해서는 채무자를 상대로 집행권원을 얻어야 하므로 채무자는 가압류채권자에 대하여는 이의를 할 필요가 없다(같은 법 제154조 제1항). 가압류채권(그 가압류등기가 경매개시결정등기 전후에 이루어진 여부를 불문함)에 대하여 이의가 있는 때에는 가압류채권자가 채무자를 상대로 본안소송을(같은 법 제154조 제1항) 각 제기하여 완결하게 되기 때문이다.[46]

판례도 가압류채무자는 채권자가 제기한 본안소송 등에서 가압류의 피보전채권의 존부나 변제기의 도래 등을 다투어 그 결과에 따라 민사집행법 제161조에 의한 배당절차가 진행되도록 할 수 있을 뿐, 가압류채권자를 상대로 배당이의의 소를 제기

43) 대법원 2020. 10. 15. 선고 2017다228441 판결.

44) 대법원 2015. 6. 11. 선고 2015다10523 판결 참조.

45) 대법원 2020. 10. 15. 선고 2017다228441 판결.

46) 이 점은 다소 찬동하기 어려운 점이 있다. 즉 판례(대법원 1999. 6. 8. 선고 99다17401, 17418 판결)에 의하면, 채무부존재확인을 구하는 본소에 대하여 그 채무의 이행을 구하는 반소가 제기된 경우에는 이미 적법하게 제기된 본소에 대한 소의 이익이 소멸되지는 않는다고 한다. 이러한 판례의 취지에 비추어 보면, 채무자로서는 배당이의를 통하여 적극적으로 가압류권자의 채무가 부존재한다는 점을 다툴 실익이 충분한 것이다. 그럼에도 불구하고 가압류권자가 채무자가 본안소송을 제기할 때까지 적극적인 조치를 취할 수 없도록 제한한 것은 민사집행법 154조 1항의 신설 시 발생한 입법상 오류나 실수로 보인다.

할 수는 없다고 판시하고 있다.[47)]

따라서 배당기일에 채무자가 가압류권자를 상대로 배당이의를 한 경우 그 이의는 부적법하므로 각하를 하여야 한다. 한편 채무자의 가압류권자에 대한 배당이의와 관련하여 집행력 있는 집행권원의 정본(사본)이 언제까지 집행법원에 제출되어야 민사집행법 제154조 제2항이 적용되는 것인지에 대해서 배당요구종기 전까지 제출되어야 한다는 견해와 배당기일까지 제출되어도 된다는 견해가 있다. 후자의 견해에 의하면 가압류권자가 배당요구종기 후 배당기일까지 집행력 있는 집행권원의 정본(사본)을 집행법원에 제출한 경우에 채무자는 배당기일에 위 가압류권자에 대하여 같은 법 제154조 제2항에 따른 이의를 할 수 있고, 제소기간 내에 청구이의의 소제기증명서와 집행정지재판의 정본을 제출함으로써 위 가압류권자에 대한 배당금의 지급을 저지할 수 있다.[48)]

가압류권자가 배당기일까지 집행력 있는 집행권원 정본(사본)을 제출하지 않은 경우에도 이미 집행권원을 취득한 상태이면 배당표가 그대로 확정될 경우 가압류권자는 배당금을 출급받을 수 있으므로 집행권원을 가진 가압류권자에 대해선 채무자가 배당이의를 할 경우 민사집행법 제154조 제1항에 따라 배당이의를 하지 못한다고 할 것이 아니라 같은 조 제2항에 따라 청구이의의 소를 제기할 수 있다고 보는 것이 타당하다. 민사집행법 제154조 제2항 법문상으로도 '집행력 있는 집행권원의 정본을 가진 채권자'로만 규정하고 있을 뿐 집행력 있는 집행권원의 정본(사본)에 의하여 배당요구를 하였다거나 집행권원의 정본(사본)을 배당기일까지 집행법원에 제출한 경우로 제한하지 않고 있으므로 배당기일까지 집행력 있는 집행권원을 제출하지 않은 경우에도 배당기일 당시 이미 가압류권자가 집행권원을 취득하였으면 청구이의소송을 제기해야 할 것이다. 이렇게 채권자가 가압류권자의 자격에서 배당받는 경우에도 이미 가압류의 본안에 해당하는 집행권원을 취득했을 수가 있고 채무자는 이러한 집행권원의 존재 여부를 알 수 있는 경우가 대부분임에도[49)] 민사집행법 제154조 제1항에 따라 채무자가 배당이의를 하지 못하도록 하는 것은 부당하고[50)] 이 경우 다른 집행력 있는 집행권원을 가진 채권자에 준하여 청구이의소송으로 다투게 하는 것이 타

47) 대법원 2016. 8. 18. 선고 2015다256503 판결 참조.

48) 법원실무제요 민사집행[Ⅲ], 사법연수원(2020), 211쪽.

49) 공시송달에 의한 경우 등 예외적인 경우가 아니면 집행권원 정본이 채무자에게 적법하게 송달되어 채무자가 집행권원의 존재를 알고 있는 것으로 추정할 수 있다.

50) 이러한 채권자는 배당표가 확정되면 바로 집행권원에 기해 배당금을 출급해갈 수 있으므로 이를 막기 위해서는 채무자가 별도의 지급금지가처분 등 별도의 조치를 해야 할 것이다.

당하다고 본다. 따라서 채무자가 가압류권자에게 배당이의를 한다고 하는 경우에는 가압류권자가 집행권원을 취득하였는지 등을 확인해보고[51] 집행권원을 이미 취득한 것으로 확인이 되면 배당이의를 받아 주고 청구이의소송 등을 제기하도록 안내하는 것이 적절할 것이다.

가압류채권자가 본안소송을 제기하지 않는 경우 채무자로서는 제소명령(민사집행법 제287조)을 신청하는 이외에 달리 방법이 없다.

마. 집행비용에 대한 배당이의

배당기일에 출석한 각 채권자와 채무자는 배당표에 기재된 집행비용의 계산에 대하여 불복이 있으면 이의할 수 있다(민사집행법 제151조, 제256조, 제268조 등).

법원은 위 이의가 이유 있으면 집행비용을 다시 계산하여 배당표의 기재를 경정한다. 집행비용의 재계산을 즉시 할 수 없는 경우에는 배당의 실시를 연기하고 다시 배당기일을 정하여 경정한 배당표에 따라서 배당을 실시한다.

법원이 위 이의가 이유 없다고 판단하여 배당표를 경정하지 않는 경우 이의진술인의 불복방법에 관하여는 견해가 대립하고 있다. 배당이의의 소를 제기할 수 없다고 보는 견해는, 법원은 그대로 배당을 실시하고 이의진술인은 집행에 관한 이의신청(민사집행법 제16조)을 할 수 있다고 한다. 이에 대하여 배당이의의 소를 제기할 수 있다고 보는 견해는, 법원은 이의가 완결되기 전에는 이의가 없는 부분에 한하여 배당을 실시하여야 한다고 한다.[52] 후자의 견해가 다수의 실무례이다.

바. 소제기 등을 증명하는 서류의 제출

1) 이의를 한 채권자나 채무자가 제출하여야 할 소제기의 증명은 수소법원의 소제기증명서 등을 제출하는 방법으로 하면 된다.

집행법원은 이의채권자가 소정기간 내에 관할법원에 이의의 소를 제기하였는지, 그 소가 이의와 관계가 있는 적법한 소인지를 심사하여야 하며 소의 내용이 위와 같은 사항을 흠결한 때에는 그 소제기의 증명은 배당의 실시를 유보하는 효력이 없다.

소제기증명서가 접수되면, 소제기증명서뿐 아니라 소장 사본을 제출하도록 하여 이의 있는 금액 전부에 대하여 소가 제기되었는지를 조사하고 이의 있는 금액 중 제

---

51) 주로 채무자가 가압류권자의 집행권원을 송달받은 경우가 대부분일 것이다.

52) 법원실무제요 민사집행[Ⅰ], 사법연수원(2020), 153쪽.

소되지 않은 금액에 대하여는 배당을 실시하여야 한다.[53)]

2) 1주의 법정기간은 법원이나 당사자가 연장할 수 없고 추후보완도 허용되지 않는다.

3) 이 기간 내에 소제기 증명 등의 서류를 집행법원에 제출하지 않은 때에는 배당이의가 취하된 것으로 보게 되므로(민사집행법 제256조, 제154조 제3항) 배당이의의 상대방에게 배당이 실시되고 배당금이 현실적으로 교부되게 된다.

이의한 채권자가 위 기간을 지키지 않은 경우에도 배당표에 따른 배당을 받은 다른 채권자에 대하여 부당이득반환청구의 소 등의 방법으로 우선권 및 그 밖의 권리를 행사하는 데 영향을 미치지 않는다(민사집행법 제155조).

4) 이의의 소가 소정 기간 내에 제기되었으나 그 소제기 증명서를 소정 기간 경과 후에 제출한 경우의 처리가 문제된다.

이 경우 아직 배당이 실시되지 않았으면 기간을 준수한 경우와 마찬가지로 취급하여야 하고, 그 결과 이의한 부분에 관하여는 배당을 실시하지 않고 배당이의 소송의 결과를 기다려 처리하여야 한다는 견해가 있다.

그러나 배당이의의 소가 소정의 기간 내에 제기되었으나 소제기증명서를 소정기간 경과 후에 제출한 경우에는 그 이의가 취하된 것으로 보아야 하므로(민사집행법 제154조 제3항), 집행법원으로서는 아직 배당이 실시되지 않았더라도 이의를 당한 상대방(배당권자)에게 배당을 실시하지 않을 수 없다. 민사집행법은 구 민사소송법과 달리 1주일 안에 소제기를 증명하는 서류를 제출하지 못하면 배당이의를 취하한 것으로 간주하고 있기 때문이다.[54)]

한편, 배당기일에 이의한 채권자나 채무자는 배당기일부터 1주일 이내에 배당이의의 소를 제기해야 하는데, 소송 도중에 배당이의의 소로 청구취지를 변경한 경우 제소기간을 준수하였는지 여부는 청구취지 변경신청서를 법원에 제출한 때를 기준으로 판단해야 한다.[55)]

[소제기증명원]

소제기증명원

53) 법원실무제요 민사집행[Ⅲ], 사법연수원(2020), 212쪽.
54) 대법원 2011. 5. 26. 선고 2011다16592 판결 참조.
55) 대법원 2020. 10. 15. 선고 2017다216523 판결.

원 고 ○○○
소송대리인 변호사 ○○○
피 고 ○○○

원고가 20 . . . 피고에 대하여 귀원 20 가합○○호로 별지 소장과 같은 배당이의 소송을 제기한 사실을 증명하여 주시기 바랍니다.

20 . . .

원고 소송대리인 변호사 ○○○ (인)

○○지방법원 귀중

위 증명함.

20 . . .

○○지방법원 법원주사 ○○○ (인)

[배당이의의 소 제기 신고서]

배당이의의 소 제기 신고서

사 건 20 타경○○ 부동산임의경매
신 청 인(배당요구채권자) ○○○

20 타경○○ 부동산임의경매 사건에 관하여 신청인(배당요구채권자)은 20 . . . 배당기일에 배당표에 대한 이의를 신청하고 그 이의가 완결되지 않은 상태인 바, 위 신청인은 20 . . . ○○지방법원에 대하여 배당이의의 소를 제기하였으므로 별지 소제기증명원을 첨부하여 신고합니다.

첨부서류

1. 소제기증명원

20 . . .

위 신청인 (배당요구채권자) ○○○ (인)

○○지방법원　　귀중

사. 이의의 상대방

배당이의의 상대방을 누구로 할 것인가와 관련하여, 자기보다 선순위 채권자의 배당액에 관하여 이의할 수 있는가 하는 문제와 후순위 또는 동순위 채권자 중 어느 범위의 자를 상대방으로 할 것인가의 문제가 있다.

1) 채권의 부존재를 이유로 이의하는 경우

자기의 채권보다 선순위채권이더라도 그 채권의 부존재를 이유로 하는 경우에는 이의하는 자의 배당순위에 상관없이 이의할 수 있다. 이 경우 부존재란 채권의 일부가 부존재한다고 주장하는 것도 포함된다.

2) 배당의 순위에 관한 사유로 이의하는 경우

채권의 부존재가 아닌 배당의 순위에 관한 사유로 이의하는 경우 이의하는 자가 배당받은 자 중 어느 누구라도 상대방으로 하여 이의를 할 수 있는 것은 아니고, 배당표상 가장 후순위 채권자로부터 순차로 거슬러 올라가 이의 있는 채권자의 배당요구액에 달할 때까지의 배당액에 관계된 채권자에 대하여만 이의할 수 있다. 즉 이의가 제기된 현재의 배당표원안과 이의하는 채권자의 주장이 그대로 받아들여질 경우 작성될 배당표를 비교하여 전자의 배당표에서는 배당을 받지만 후자의 배당표에서는 삭제되거나 배당액이 줄어드는 채권자 및 범위를 이의의 상대방 및 이의의 범위로 하여야 한다.

아. 배당이의 시 다른 채권자의 배당액을 고려하여야 하는지 여부

1) 다른 채권자의 배당액에 관하여서만 영향을 미칠 뿐 자기의 배당액에 관하여는 아무런 영향이 없는 채권자가 이의하는 경우(=이의 불가)

배당기일에 이의를 할 수 있는 채권자는 그 이의의 결과 자신이 더 많은 배당을 받을 수 있는 자이어야 하고, 다른 채권자의 배당액에 관하여서만 영향을 미칠 뿐 자기의 배당액에 관하여는 아무런 영향이 없는 채권자는 이의를 할 수 없고, 따라서 이러한 채권자가 배당이의를 하는 경우 그 신청을 기각하여야 한다.[56]

2) 피고의 채권이 존재하지 않는 것으로 인정되는 경우 원고에게 귀속시키는 배

56) 대법원 1994. 1. 25. 선고 92다50270 판결, 대법원 2010. 10. 14. 선고 2010다39215 판결.

당액을 계산함에 있어서 이의신청을 하지 않은 다른 채권자의 채권을 참작할 필요가 없는 지 여부(=고려할 필요 없음)

채권자가 제기하는 배당이의의 소는 대립하는 당사자인 채권자들 사이의 배당액을 둘러싼 분쟁을 해결하는 것이므로, 그 소송의 판결은 원·피고로 되어 있는 채권자들 사이에서 상대적으로 계쟁 배당부분의 귀속을 변경하는 것이어야 하고, 따라서 피고의 채권이 존재하지 않는 것으로 인정되는 경우 계쟁 배당부분 가운데 원고에게 귀속시키는 배당액을 계산함에 있어서 이의신청을 하지 않은 다른 채권자의 채권을 참작할 필요가 없는바,[57] 이와 같은 이치는 이의신청을 하지 않은 다른 채권자 가운데 원고보다 선순위의 채권자가 있다고 하여 달라지는 것은 아니다.[58] 다만 이 경우 이의 사유는 '채권의 부존재'이어야 하고, 배당순위를 문제삼아서는 안 된다.

예를 들어 1순위 근저당권자(채권액 3천만 원)-2순위 근저당권자(채권액 2천만 원)-3순위 가압류권자(채권액 1천만 원) 중 1순위 근저당권자만 1천만 원을 배당받은 경우 가압류권자가 1순위 근저당권자를 상대로 배당이의를 할 수 있는가 하는 문제에 있어서, 배당이의를 신청하지 않은 채권자 가운데 배당이의를 제기한 가압류권자보다 선순위의 채권자(2순위 근저당권자)가 있고 그가 채권 전액의 만족을 얻지 못한 경우에는 1순위 근저당권자의 채권이 존재하지 않는 것으로 인정되더라도 문제가 된 배당부분이 그 선순위 채권자(2순위 근저당권자)에게 먼저 배당되어야 한다는 점을 전혀 고려할 필요가 없다. 따라서 이 경우 가압류권자는 배당이의를 할 수 있고, 배당이의의 소에서 승소확정판결을 받아 1천만 원을 수령할 수 있다. 다만 이 경우 2순위 근저당권자로서는 가압류권자를 상대로 별소로 부당이득반환청구소송을 제기할 수 있다.

3) 원고가 배당받는 것이 타당하다고 하여도 피고가 그 배당순위상 원고의 배당 여부에 관계 없이 여전히 배당을 받을 수 있는 경우(=불가. 이의의 상대방을 잘못 지정한 경우임)

원고가 배당받는 것이 타당하다고 하여도 피고가 그 배당순위상 원고의 배당 여부에 관계없이 여전히 배당을 받을 수 있는 경우라면, 여전히 배당을 받을 수 있었던 범위에서는 원고의 청구는 이유 없게 된다.

예를 들어 1순위 근저당권자에게 3,000만원, 2순위 근저당권자에게 5,000만원이

---

57) 대법원 1998. 5. 22. 선고 98다3818 판결, 대법원 2001. 2. 9. 선고 2000다41844 판결, 대법원 2016. 7. 29. 선고 2016다13710, 13727 판결.

58) 대법원 2001. 2. 9. 선고 2000다41844 판결.

배당되었는데 소액임차인이 소액보증금의 우선배당을 주장하면서 이의를 하는 경우 소액임차인으로서는 2순위 근저당권자를 상대로 하여야 한다.

제1순위 근저당권자를 피고로 할 경우 원고가 배당받는 것이 타당하다고 하여도 제1순위 근저당권자는 여전히 3,000만원을 배당받을 수 있기 때문이다.

자. 일괄매각된 부동산의 각 매각대금으로부터 배당받을 채권자가 다른 경우 배당이의방법

대지와 건물을 일괄매각하더라도 배당절차는 기본적으로 개별매각의 경우와 다르지 않으므로, 대지와 건물을 개별매각하는 경우와 마찬가지로 대지에 대한 권리자는 대지매각대금에서, 건물에 대한 권리자는 건물매각대금에서 각 배당을 받아야 하고, 따라서 대지와 건물을 일괄매각하는 경우 각 재산의 매각대금에서 배당받을 채권자 및 채권이 다른 때에는 각 부동산의 매각대금마다 구분하여 이른바 개별배당재단을 형성한 후 각 대금마다 따로 배당표를 작성하여야 하며, 이 경우 배당표에 대한 이의는 각 물건마다 작성된 배당표를 대상으로 따로 처리되어야 하고, 설령 대지와 건물에 대한 배당표가 하나로 작성되었다고 하더라도 이는 대지매각대금에 대한 배당표와 건물매각대금에 대한 배당표의 각 채권자의 배당액이 합산되어 하나로 작성된 것에 불과하므로, 대지매각대금이 모두 대지에 대한 권리자들에게 배당되었는데, 다만 그들 사이의 배당순위만 문제되는 경우 대지에 대한 선순위 채권자로서 배당을 받지 못한 자는 대지에 대한 후순위 채권자로서 선순위 채권자에 우선하여 배당받은 채권자를 상대로 배당이의를 할 수 있는 것이고, 후순위권자가 건물매각대금으로부터 배당을 받을 수 있어서 결과적으로 후순위 채권자의 배당액에 변경이 없을 것이라고 하여도 마찬가지이다.[59]

차. 이의상대방의 인부

1) 배당이의에 대한 인부

가) 이의에 관계된 채권자가 출석하였으면 그에게 이의에 대한 인부를 진술하도록 하여야 한다(민사집행법 제152조 제1항). 이의에 관계된 채권자란 배당이의에 의하여 자기의 채권액이 줄어들게 되는 채권자를 뜻한다.

---

59) 대법원 2003. 9. 5. 선고 2001다66291 판결, 대법원 2004. 2. 27. 선고 2003다17682 판결, 대법원 2012. 3. 15. 2011다54587 판결.

만약 그 채권자가 재정하고 있으면서 인부를 하지 않을 때에는 법원은 소송지휘권을 발동하여 인부를 석명할 수 있다. 법원의 석명에 대하여 응답이 없는 경우에는 민사소송법 제150조 제1항 본문의 자백간주의 법리에 따라 이의를 승인한 것으로 간주하여야 한다는 견해도 있으나 이의를 승인하지 않은 것으로 취급한다.[60)]

2) 이의에 관계된 채권자가 이의를 정당하다고 인정한 때에는 법원은 이에 따라 배당표를 경정하여 배당을 실시한다(민사집행법 제152조 제2항).

이의를 정당하다고 인정할 수 있는 자는 이의에 관계된 채권자에 한하고 채무자라든가 또는 그 이의에 관계없는 다른 채권자는 이의를 승인할 자격이 없다.

채무자는 스스로 이의하는 것이 아니라면 다른 채권자의 이의에 대하여 반대진술을 하거나 또는 그 이의에 동의하여 배당표의 경정을 구할 수 없다.

3) 협의가 이루어진 경우

이의를 정당한 것으로 인정한 경우가 아니더라도 이의를 신청한 채권자와 그 이의에 관계된 상대방채권자 사이에 다른 방법으로 합의가 성립되면 법원은 그 합의내용에 따라서 배당표를 경정하여야 한다(민사집행법 제152조 제2항).

배당받은 채권자들 중 이의에 관계된 일부의 자들 사이에 다른 방법으로 합의가 성립된 경우(합의배당)와 달리 모든 채권자들 사이에 배당의 협의가 이루어진 경우를 협의배당(민사집행법 제169조 참조)이라고 하는데, 이를 인정하지 않을 이유가 없다. 이 경우 배당기일조서에는 배당협의서에 의하여 배당을 실시한다는 취지를 적고 그 협의서를 위 조서에 별지로 붙인다.

합의배당이든 협의배당이든 조서에 그 취지를 적어야 한다.

카. 배당이의의 상대방이 그 이의를 정당하다고 인정한 경우의 처리

1) 배당기일에 어느 한 채권자만 배당이의를 하고 이의의 상대방이 된 상대방채권자가 이의를 정당하다고 인정한 경우의 처리방법이 문제된다.

즉 배당기일에 한 채권자 A가 다른 채권자 B를 상대로 배당이의를 하였는데, 배당기일에 출석한 B도 A의 주장을 인정하였다. 다른 채권자인 C는 배당기일에 출석을 하지 않았다. B가 이의를 인정한 이상 배당기일에 배당표를 경정하여 배당표를 확정하여야 하는데, 문제는 배당표를 경정하는 방법이다.

이에 관하여는 ① A와 B 사이에서만 각자 인정되는 채권액에 따라 배당표를 경

60) 법원실무제요 민사집행[Ⅲ], 사법연수원(2020), 207쪽.

정하여야 한다는 견해(그 결과 C도 이의를 하였다면 더 배당받을 수 있었던 금액이 모두 A와 B에게 배당되는 것으로 배당표가 확정되지만 이는 C가 배당이의를 하지 않았기 때문이고, C는 배당표 확정 이후에라도 A와 B를 상대로 부당이득반환청구를 할 수 있다)와 ② 이의를 하지 않은 C까지 포함하여 A, B, C 사이에서 배당표를 다시 작성하여야 한다는 견해(이의하지 않은 C까지 이의를 한 것으로 보고 배당표를 경정하는 하여야 하므로, 배당표를 모두 회수한 후 새로이 작성된 배당표를 교부하면서 처음부터 경정된 내용으로 배당표를 작성하고 배당이의는 없었던 것처럼 정리를 한다. C는 부당이득반환청구를 하여야 하는 불편함이 없으며, 새로 작성된 배당표의 내용은 실질적으로 정당하다)의 대립이 있다.

2) 배당이의의 신청은 채권자가 하는 경우에는 채무자가 하는 그것과 달리 반드시 배당기일에 출석하여 말로써 하여야 하고(민사집행법 제256조, 제151조 1, 제2항), 기일에 출석하지 않은 채권자는 배당표와 같이 배당을 실시하는 데에 동의한 것으로 보고 있으므로(민집 256조, 153조 1항), 기일에 출석하지 않은 채권자는 당초의 배당표와 같은 배당을 하는데 동의한 것으로 보므로 굳이 A와 B의 채권액을 조절함에 있어서 배당기일에 출석하지도 않은 C의 채권액까지 고려해서 배당표를 경정할 필요는 없고, A와 B의 채권액을 조절하여 배당표를 경정하는 것(첫번째 방법)이 타당하다.

어차피 B가 A의 배당이의에 대해서 정당하다고 인정하지 않았더라면 A가 제기한 배당이의의 소를 통해서 A와 B 사이의 배당액만 상호 조정되는 것으로 배당표가 경정되었을 것이기 때문이다. 그러므로 A의 배당이의에 대해서 B가 배당기일에 인정함으로써 경정한 배당표상의 A의 배당액과, A가 제기한 배당이의의 소를 통하여 경정된 A의 배당액이 서로 달라지는 결과가 생겨서는 안 된다.[61)]

3) 다만 채권자의 이의신청의 내용이 잘못된 계산이나 기재 등 명백한 오류인 경우에는 위 이의신청 이전의 단계로서 집행법원이 직권으로 배당표를 경정할 수 있고, 이때의 경정방법은 통상 두 번째 방법이 될 것이다.

배당표를 열람에 제공한 후에 경정한 경우에는 일단 지정한 배당기일을 변경할 것이고, 배당기일에 경정하는 경우에는 기일을 속행하여야 한다. 다만 그 잘못의 정도가 사소하거나 명백하여 이해관계인의 이의가 없는 경우 기일을 변경·속행할 필요가 없이 배당기일에서 경정할 수 있다.

61) 민사집행법 실무연구[재판자료 제109집](2006년) 155-156쪽.

4) 한편 채무자의 이의에 대하여 이의상대방인 채권자가 그 이의를 정당하다고 인정한 경우에는 두 번째 방법에 의하여야 한다(민사집행법 161조 2항 2호 참조).

타. 이의의 철회 또는 취하

1) 유보되었던 배당의 실시

이의를 한 채권자는 서면 또는 구술로 이의를 철회 또는 취하할 수 있다. 이의가 철회되면 이의에 의하여 유보되었던 배당을 실시하여야 한다.

이의가 철회되면 종전 배당표에 따라 배당을 실시하는데 별도의 배당기일을 열어야 한다는 견해도 있으나 실무는 따로 기일을 지정하지 않고 법원사무관등이 민사집행법 제160조 제2항의 채권자가 배당기일에 출석하지 않은 때에 준해 공탁을 한 후 후일 수시로 출석한 채권자에게 지급증명서를 교부하고 있다.[62]

2) 배당이의소송의 처리방법

채권자 또는 채무자가 배당이의의 소를 제기한 후에 이의만 취하하고 배당이의의 소를 취하하지 않은 경우에는 배당이의의 소는 부적법하여 각하되어야 한다.

3) 청구이의의 소의 경우 처리방법

채무자가 청구이의의 소를 제기한 경우에는 이의의 취하만으로 집행권원의 집행력의 배제를 구할 이익이 없다고 단정할 수 없으므로 채무자가 소를 취하하지 않는 이상 청구이의 소송은 유지되어야 할 것이고 배당도 집행정지서면이 제출되어 있는 한 이를 실시할 수 없다는 견해[63]가 있으나 이의가 철회(취하)된 이상 청구이의의 소의 이익이 인정되는 것과 상관없이 배당을 실시한다.[64]

Ⅲ. 배당기일 조서의 작성

1) 배당기일에 참여한 법원사무관 등은 배당기일의 경과 및 내용에 관하여 조서에 명확히 적어야 한다(민사집행법 159조 4항 참조). 이를 배당기일조서 또는 배당조서라 한다.

이 조서에 대하여도 민사소송법 제152조, 제153조의 규정이 준용되므로 법원사무관 등이 작성하여 담임법관(사법보좌관)과 함께 기명날인하여야 한다.

---

62) 법원실무제요 민사집행[Ⅲ], 사법연수원(2020), 244~245쪽.

63) 최한수, 부동산경매실무요론, 한국사법행정학회(1999), 492쪽.

64) 주석 민사집행법Ⅳ(제4판), 한국사법행정학회(2018), 234~235쪽.

배당조서는 배당기일로부터 3일 안에 작성하여야 한다(재민 91-5).

2) 배당기일조서에 적어야 할 사항은 민사소송법 제153조, 제154조를 준용하여, ① 사건의 표시 ② 법관(사법보좌관)과 법원사무관 등의 이름 ③ 출석한 이해관계인 또는 그 대리인과 불출석한 이해관계인 및 그 대리인의 이름 ④ 배당실시의 장소와 연월일 ⑤ 배당이의의 유무 ⑥ 다른 채권자의 이의에 대한 진술 또는 진술을 하지 않은 경우에는 그 취지 ⑦ 배당의 방법에 관하여 합의가 있으면 그 사실과 내용 ⑧ 이의 있는 부분의 배당절차를 중지하였다는 취지 ⑨ 이의 없는 부분에 관하여 배당표대로 배당을 실시하였다는 취지 ⑩ 민사집행법 제160조에 해당하는 채권의 배당액의 지급을 정지하였다는 취지 등을 적어야 한다.

특히 이의 및 이에 대한 인부는 중요한 것이므로, 누가 누구의 채권에 대하여 이의를 하였는가 하는 것을 알 수 있을 정도로는 부족하고, 그 이의의 범위가 그 채권 전액에 미치는 것인지 일부에 한하는 것인지, 일부에 한하는 경우에는 그 금액을 특정할 수 있도록 적어야 하며, 다른 채권자의 인부에 관하여도 누가 누구의 이의를 인정하는지 또는 부인하는지를 적어야 한다.

위와 같은 일반적인 기재사항 외에 민사집행법 제159조에서 규정한 각 절차를 거친 여부도 조서에 적어야 한다(민사집행법 제159조 제4항).

3) 배당기일조서에는 이미 작성된 배당표를 별지로 붙인다. 배당기일에 배당합의서가 제출되어 그 합의서대로 배당을 실시하는 경우에는 그 합의서에 기하여 배당을 실시한다는 취지를 적고 그 합의서를 위 조서에 별지로서 첨부한다.

4) 배당기일조서를 적는 예는 다음과 같다.

[배당기일조서(이의 없는 경우, 전산양식 A3451)]

○ ○ 지 방 법 원

배당기일조서

사 건 20 타경 부동산강제(임의)경매

판사(사법보좌관) 기 일 20 . . . :

법원사무관 장 소

공개 여부 공개

사건과 관계인의 이름을 부름

채 권 자 김갑돌 출석
이을동 출석
박병삼 출석

채무자 겸 소유자 김일석 출석

판사(사법보좌관)
별지 배당표를 이해관계인들에게 제시
이해관계인들
(예시) 배당표에 대하여 이의 없다고 진술
판사(사법보좌관)
(예시) 배당표를 확정하고 이에 의하여 배당을 실시

법원사무관 ㉐
판사(사법보좌관) ㉐

민집 159, 268

[배당기일조서(이의 있는 경우, 전산양식 A3452)]

○○ 지 방 법 원
배당기일조서

사 건 20 타경 부동산강제(임의)경매
판사(사법보좌관) 기 일 20 . . . :
법원사무관 장 소
공개 여부 공개

사건과 관계인의 이름을 부름

채 권 자 김갑돌 출석
이을동 출석
박병삼 출석

채무자 겸 소유자 김일석 출석

- -

판사(사법보좌관)

별지 배당표를 이해관계인들에게 제시

채권자 김갑돌

채권자 박병삼의 채권액 전부 및 배당액에 관하여 이의가 있다고 진술

채권자 박병삼

채권자 김갑돌의 이의를 부인한다고 진술

채권자 이을동, 채무자

배당표에 대하여 이의 없다고 진술

판사(사법보좌관)

채권자 김갑돌에게 1주일 이내에 배당이의의 소제기증명과 소장 사본을 제출할 것을 명하고, 이의 있는 부분의 배당을 중지하고 이의 없는 부분에 관하여 배당표에 의하여 배당을 실시

법원사무관 ㉿

판사(사법보좌관) ㉿

민집 159, 268

[배당기일조서(이의 및 합의 있는 경우, 전산양식 A3453)]

○ ○ 지 방 법 원

배당기일조서

사 건 20 타경 부동산강제(임의)경매

판사(사법보좌관) 기 일 . . . :

법원사무관 장 소

공개 여부 공개

사건과 관계인의 이름을 부름

채 권 자 김갑돌 출석

이을동 출석

박병삼 출석

채무자 겸 소유자 김일석 출석

판사(사법보좌관)
별지Ⅰ 배당표를 이해관계인들에게 제시
채권자 김갑돌
채권자 박병삼의 채권액 전부 및 배당액에 관하여 이의가 있다고 진술
채권자 박병삼
채권자 김갑돌의 이의를 부인한다고 진술
채권자 김갑돌, 박병삼
별지Ⅱ 배당표와 같이 박병삼의 배당에 관하여 합의가 성립되었다고 진술
채권자 이을동, 채무자
별지Ⅱ 배당표에 대하여 이의 없다고 진술
판사(사법보좌관)
별지Ⅱ 배당표를 확정하고, 확정된 배당표에 의하여 배당을 실시

법원사무관 ㊞
판사(사법보좌관) ㊞

민집 159, 268

Ⅳ. 경매절차에서 배당을 받지 못한 자가 배당표가 확정된 후 부당이득반환청구를 할 수 있는지 여부[65)]

1. 문제점 제기

실제로 배당을 받아야 할 채권자가 배당을 받지 못하고 배당을 받지 못할 자가 배당을 받은 경우가 발생할 수 있는데, 이 경우에 배당을 받지 못한 채권자는 배당을 받지 못할 자이면서도 배당을 받은 자를 상대로 배당이의를 하고 나아가 배당이의의 소를 제기하여 구제를 받는 것이 원칙이나, 적법한 배당요구를 하지 못하였거나, 배당기일에 적법하게 이의를 하지 못하였거나 또는 이의는 하였으나 배당이의의 소제기 및 증명기간을 준수하지 못하여 배당이의의 소를 통하여 구제받을 수 없게

65) 윤경, “임의경매절차에서 착오로 축소신고된 채권계산서를 제출한 신청채권자의 부당이득반환청구”, 인권과 정의 317호, 대한변호사협회(2003), 151-156쪽 참조.

된 경우에 배당을 받지 못한 채권자가 배당을 받았던 자를 상대로 부당이득반환청구를 할 수 있는지 논란이 있었다.

2. 배당표의 기재 내용이 실체법상의 권리관계와 합치하지 않은 경우(= 부당이득청구 가능)

1) '배당요구를 한 배당요구채권자'나 '배당요구를 하지 않아도 당연히 배당에 참가할 수 있는 채권자'의 경우 부당이득반환청구가 가능하다.

판례는, 저당권자 등 당연히 배당에 참가할 수 있는 채권자 및 배당요구를 한 배당요구채권자가 실체상의 권리에 따른 배당을 받지 못한 경우, 즉 배당표의 기재 내용에 실체적 하자가 있는 경우에는 배당에 관하여 이의를 한 여부 또는 형식상 배당절차가 확정되었는가의 여부에 관계없이[66] 부당이득의 성립을 인정하고 있다.[67]

따라서 배당을 받아야 할 채권자가 배당을 받지 못하고 배당을 받지 못할 자가 배당을 받은 경우에는 배당을 받지 못한 채권자로서는 배당에 관하여 이의를 한 여부 또는 형식상 배당절차가 확정되었는가의 여부에 관계없이 배당을 받지 못할 자이면서도 배당을 받았던 자를 상대로 부당이득반환청구권을 갖는다.[68] 배당을 받지 못한 그 채권자가 일반채권자라고 하여 달리 볼 것은 아니다.[69]

민사집행법 제155조는 이의한 채권자가 배당이의의 소제기 증명기간을 지키지 않은 경우에도 배당표에 따른 배당을 받은 채권자에 대하여 소로 우선권 및 그 밖의 권리를 행사하는 데 영향을 미치지 않는다고 규정하고 있는데, 위 민사집행법 제155조는 배당표에 대한 이의를 한 채권자의 권리구제방안을 반드시 배당이의의 소에 한정하는 것은 아니라는 취지의 규정일 뿐이고, 부당이득반환을 구하기 위하여 적어도 적법한 배당이의가 있을 것을 요구하는 것은 아니다.

이와 관련하여, 담보권 실행을 위한 부동산경매절차에서 근저당권자인 갑 은행에 2순위로 채권액 전부가 배당되고 일반채권자인 을과 병 주식회사 등에는 6순위로

---

66) 대법원 1988. 11. 8. 선고 86다카2949 판결 등.

67) 대법원 1988. 11. 8. 선고 86다카2949 판결(배당요구를 한 임금채권자), 대법원 1993. 3. 26. 선고 92다52733 판결(강제경매를 신청한 일반채권자), 대법원 1994. 2. 22. 선고 93다55241 판결(담보권실행경매에서 배당요구를 한 우선변제권 있는 주택임차인), 대법원 1999. 1. 26. 선고 98다21946 판결(경매신청채권자에 우선하는 근저당권자), 대법원 1997. 2. 14. 선고 96다51585 판결(체납처분의 압류등기가 되어 있는 조세채권).

68) 대법원 2001. 3. 13. 선고 99다26948 판결 등.

69) 대법원 2001. 3. 13. 선고 99다26948 판결, 대법원 2007. 3. 29. 선고 2006다49130 판결 참조.

채권액 일부만 배당되자 배당기일에 출석한 병 회사가 갑 은행에 배당된 배당금에 관하여 이의하고 갑 은행을 상대로 배당이의의 소를 제기하여 확정된 화해권고결정에 따라 갑 은행에 배당된 배당금 전액을 수령하였는데, 그 후 위 배당기일에 출석하였으나 이의하지 않은 을이 병 회사를 상대로 병 회사가 수령한 배당금 중 을의 채권액에 비례한 안분액에 대해서 부당이득반환을 구한 사안에서, 대법원 전원합의체[70] 다수의견은 "대법원은 배당받을 권리 있는 채권자가 자신이 배당받을 몫을 받지 못하고 그로 인해 권리 없는 다른 채권자가 그 몫을 배당받은 경우에는 배당이의 여부 또는 배당표의 확정 여부와 관계없이 배당받을 수 있었던 채권자가 배당금을 수령한 다른 채권자를 상대로 부당이득반환 청구를 할 수 있다는 입장을 취해 왔다. 이러한 법리의 주된 근거는 배당절차에 참가한 채권자가 배당이의 등을 하지 않아 배당절차가 종료되었더라도 그의 몫을 배당받은 다른 채권자에게 그 이득을 보유할 정당한 권원이 없는 이상 잘못된 배당의 결과를 바로잡을 수 있도록 하는 것이 실체법 질서에 부합한다는 데에 있다. 나아가 위와 같은 부당이득반환 청구를 허용해야 할 현실적 필요성(배당이의의 소의 한계나 채권자취소소송의 가액반환에 따른 문제점 보완), 현행 민사집행법에 따른 배당절차의 제도상 또는 실무상 한계로 인한 문제, 민사집행법 제155조의 내용과 취지, 입법 연혁 등에 비추어 보더라도, 종래 대법원 판례는 법리적으로나 실무적으로 타당하므로 유지되어야 한다."고 판시하면서 병 회사는 을에게 병 회사가 수령한 배당금 중 을의 채권액에 비례한 안분액을 부당이득으로 반환할 의무가 있다고 판단하였다.

이에 대해 대법원 전원합의체 소수의견은, "종래 대법원 판례와 같이 배당절차 종료 후 배당이의 등을 하지 않은 채권자의 부당이득반환 청구를 허용하는 것은 민사집행법 제155조의 문언은 물론이고 민사집행법의 전체적인 취지에 반할 뿐만 아니라, 확정된 배당절차를 민사집행법이 예정하지 않은 방법으로 사후에 실질적으로 뒤집는 것이어서 배당절차의 조속한 확정과 집행제도의 안정 및 효율적 운영을 저해하는 문제점을 드러내고 있다.

그리고 배당절차에서 이의할 기회가 있었음에도 배당이의 등을 하지 않은 채권자는 더 이상 해당 절차로 형성된 실체적 권리관계를 다투지 않을 의사를 소극적으로 표명한 것이므로, 그러한 채권자의 자주적인 태도결정은 배당금의 귀속에 관한 법률상 원인이 될 수 있다. 그런데도 배당절차 종료 후 배당이의 등을 하지 않은 채권

70) 대법원 2019. 7. 18. 선고 2014다206983 전원합의체 판결.

자의 부당이득반환 청구를 허용하는 것은 금반언의 원칙에 반하는 것일 뿐만 아니라, 일련의 배당절차와 이에 투입된 집행법원과 절차 참가자들의 노력을 무시하는 결과를 초래한다.

따라서 채권자가 적법한 소환을 받아 배당기일에 출석하여 자기의 의견을 진술할 기회를 부여받고도 이러한 기회를 이용하지 않은 채 배당절차가 종료된 이상, 배당절차에서 배당받은 다른 채권자를 상대로 부당이득반환 청구의 소를 제기하여 새삼스럽게 자신의 실체법적 권리를 주장하는 것을 허용해서는 안 된다고 봄이 타당하다."며 종래 대법원 판례와 전원합의체 다수의견을 비판하였다.

전원합의체의 다수 의견은 잘못된 배당결과를 바로잡는 게 실체법 질서에 부합하고, 부당이득반환 청구를 허용해야 할 여러 가지 현실적 필요성을 제시하고 있는 반면, 소수의견은 민사집행법 제155조와 민사집행법의 전체적인 취지, 민사집행법이 정한 배당절차의 특수성, 민사집행법에 정한 절차에 따른 배당을 '법률상 원인'이 없는 것으로 볼 수 없다는 점 등을 근거로 배당이의 등을 하지 않은 채권자의 부당이득반환청구는 제한해야 한다는 입장이다.

배당이의를 하지 않은 채권자의 부당이득반환청구를 제한해야 한다는 소수의견의 입장에서도 배당기일 통지의 부적법 등의 절차상 하자가 있는 경우까지 부당이득반환청구를 제한하자는 건 아니므로 이해관계인에 대한 배당기일 통지 누락 등 절차적 하자가 없도록 주의가 필요하다.

2) 배당표의 확정 및 실시는 단지 강제집행절차의 종료를 의미하는 것뿐이며, 그것으로 실체적인 채권의 존부까지 확정하지 않으므로 민사집행법 제88조 제1항 소정의 배당요구를 한 자 또는 배당요구를 하지 않아도 당연히 배당에 참가할 수 있는 채권자(근로기준법상 우선변제권이 있는 임금채권자가 경매절차개시 전에 경매 목적 부동산을 가압류하고 배당표가 확정되기 전까지 그 가압류의 청구채권이 우선변제권 있는 임금채권임을 소명한 경우도 이에 해당함[71])가 배당기일에 출석하지 않았거나 출석하여 이의를 신청하지 않았다 하더라도 배당표에 실체적으로 부당한 것이 있다면 부당이득반환을 구할 수 있다.

3) 적법한 배당요구를 한 우선변제청구권이 있는 채권자가 배당을 받지 못하고 권리 없는 자가 배당을 받았다고 하더라도, 그로 인하여 손해를 입은 사람 즉, 부당이득반환을 구할 수 있는 사람은 그 배당이 잘못되지 않았더라면 배당을 받을 수 있

71) 대법원 2004. 7. 22. 선고 2002다52312 판결.

었던 사람이다.[72)]

후순위 근저당권과 함께 그 피담보채권을 양수하였지만 채권양도의 대항요건을 갖추지 못한 양수인이 선순위 근저당권자가 신청한 경매절차에서 배당을 받은 경우에, 채무자가 양수인을 상대로 채권양도의 대항요건 미비를 이유로 배당이의절차에서 다툼으로써 양수인이 배당을 받지 못하게 되더라도, 그 후순위 근저당권이 경매개시결정등기 전에 등기되어 매각으로 소멸하는 이상 채무자에 대한 관계에서 양도인이 민사집행법 제148조 제4호에 따라 배당요구 없이 당연히 배당을 받는 근저당권자에 해당한다고 볼 수 있으므로, 채무자에게는 위 배당으로 인하여 손해가 발생하였다고 할 수 없다.[73)]

4) 근저당권(저당권도 같다)은 물권으로서 불법말소되었다고 하더라도 권리가 소멸되는 것은 아니어서 첫 경매개시결정등기 전에 등기되어 있던 근저당권자는 불법말소 후 회복등기를 하지 않았다고 하더라도 배당요구 없이도 당연히 배당을 받을 수 있는 자에 해당하므로, 경매절차에서 배당을 받지 못한 경우 그 근저당권자는 경매절차에서 실제로 배당받은 자에 대하여 부당이득반환청구를 할 수 있다.[74)]

5) 배당이의소송은 대립하는 당사자인 채권자들 사이의 배당액을 둘러싼 분쟁을 상대적으로 해결하는 것에 지나지 않고, 그 판결의 효력은 오직 소송당사자인 채권자들 사이에만 미칠 뿐이다.[75)] 이는 배당이의의 소의 당사자가 아닌 배당요구채권자가 배당이의의 소의 판결에 기하여 경정된 배당표에 의하여 배당을 받은 다른 채권자를 상대로 하여 배당이 잘못되었다는 이유로 부당이득반환청구를 하는 경우에도 그대로 적용되는 것으로 보아야 한다.

따라서 배당이의의 소의 당사자가 아닌 배당요구채권자가 배당이의의 소의 판결에 기한 경정배당표에 의하여 배당을 받은 다른 채권자를 상대로 부당이득반환청구를 할 수 있다.[76)]

6) 배당이의소송에서 승소확정판결에 기하여 배당을 받은 채권자가 패소확정판결을 받은 자 아닌 다른 배당요구채권자가 받을 몫까지도 배당받은 결과가 되는 경

72) 대법원 2000. 10. 10. 선고 99다53230 판결, 대법원 2006. 9. 28. 선고 2004다68427 판결 등.

73) 대법원 2021. 12. 16. 선고 2021다215701 판결.

74) 대법원 1998. 10. 2. 선고 98다27197 판결, 대법원 2002. 10. 22. 선고 2000다59678 판결, 대법원 2010. 2. 11. 선고 2009다68408 판결 등.

75) 대법원 1998. 5. 22. 선고 98다3818 판결, 대법원 2007. 3. 29. 선고 2006다49130 판결, 대법원 2012. 4. 26. 선고 2010다94090 판결 참조.

76) 대법원 2007. 3. 29. 선고 2006다49130 판결.

우 그 다른 배당요구채권자가 위 배당받은 채권자를 상대로 부당이득반환청구를 할 수 있다.[77]

7) 임의경매절차에서 경매담당 법관이 근저당권이 경매목적물인 이 사건 토지 지분에 설정된 것이 아니라고 오인하여 그 기재를 누락한 채 배당표 원안을 작성한 잘못이 있고 위 근저당권자가 배당표 원안을 열람하거나 배당기일에 출석하여 이의를 진술하는 등 불복절차를 취하지 않음으로써 실체적 권리관계와 다른 배당표가 그대로 확정된 경우 담당 법관이 위법 또는 부당한 목적을 가지고 배당표를 작성, 확정하였다거나 법이 법관의 직무수행상 준수할 것을 요구하고 있는 기준을 현저하게 위반하는 등 그에게 부여된 권한의 취지에 명백히 어긋나게 그 권한을 행사하였다고 인정할 자료를 기록상 찾아볼 수 없으면 경매담당 법관의 위 직무행위가 국가배상법 제2조 제1항에서 말하는 위법한 행위로서 불법행위를 구성한다고 할 수 없다.[78]

법관이 행하는 재판사무의 특수성과 그 재판과정의 잘못에 대하여는 따로 불복절차에 의하여 시정될 수 있는 제도적 장치가 마련되어 있는 점 등에 비추어 보면, 법관의 재판에 법령 규정을 따르지 않은 잘못이 있더라도 이로써 바로 재판상 직무행위가 국가배상법 제2조 제1항에서 말하는 위법한 행위로 되어 국가의 손해배상책임이 발생하는 것은 아니다. 법관의 재판상 직무행위로 인한 국가배상책임이 인정되려면 법관이 위법하거나 부당한 목적을 가지고 재판을 하였다거나 법이 법관의 직무수행상 준수할 것을 요구하고 있는 기준을 현저하게 위반하는 등 법관이 그에게 부여된 권한의 취지에 명백히 어긋나게 이를 행사하였다고 인정할 만한 특별한 사정이 있어야 한다는 것이 확립된 판례의 입장이다.[79]

한편 실무상 대부분 사법보좌관이 배당표를 작성하고 있는데, 사법보좌관에게도 법관의 재판상 직무행위로 인한 국가배상책임에 관한 법리가 그대로 적용되는지가 문제된다. 사법보좌관이 원고 농업협동조합중앙회와 그 업무수탁기관인 농협은행 주식회사를 동일한 주체로 오인하여 가압류권자인 원고를 제외하고 배당표원안을 작성함에 따라 원고가 배당을 받지 못한 금액 상당에 대해 피고 대한민국을 상대로 손해배상을 청구한 사안에서, 판례[80]는 "법원조직법 제54조 제2항 제2호는 사법보좌관이

77) 대법원 2007. 2. 9. 선고 2006다39546 판결, 대법원 2007. 2. 22. 선고 2006다21538 판결, 대법원 2012. 4. 26. 2010다94090 판결.

78) 대법원 2001. 4. 24. 선고 2000다16114 판결.

79) 대법원 2001. 3. 9. 선고 2000다29905 판결, 대법원 2001. 4. 24. 선고 2000다16114 판결, 대법원 2001. 10. 12. 선고 2001다47290 판결, 대법원 2016. 10. 13. 선고 2014다215499 판결, 대법원 2022. 3. 17. 선고 2019다226975 판결, 대법원 2023. 6. 1. 선고 2021다202224 판결.

'민사집행법에 따른 부동산에 대한 강제경매절차, 담보권 실행 등을 위한 경매절차에서의 법원의 사무' 중 대법원규칙으로 정하는 업무를 할 수 있다고 규정하고 그 위임에 따라 사법보좌관규칙 제2조 제1항 제10호는 사법보좌관이 '민사집행법 제252조부터 제259조까지의 규정에 따른 배당절차에 관한 법원의 사무'를 행할 수 있다고 규정한다. 사법보좌관이 위 각 규정에 기초하여 민사집행법 제254조 및 제256조로 준용되는 제149조에 따라 배당표원안을 작성하고 확정하는 업무를 행하는 것은 배당절차를 관할하는 집행법원의 업무에 해당한다. 나아가 채권자는 사법보좌관이 작성한 배당표에 대해 이의하고 배당이의의 소를 제기하는 등의 불복절차를 통하여 이를 시정할 수 있다.

따라서 배당표원안을 작성하고 확정하는 사법보좌관의 행위는 재판상 직무행위에 해당하고, 사법보좌관의 이러한 재판상 직무행위에 대한 국가의 손해배상책임에 대하여도 위 법리가 마찬가지로 적용된다고 할 것이다."라고 판시하며, 사법보좌관이 가압류권자인 원고를 배당에서 제외하고 배당표원안을 작성하였다는 사정만을 들어 위법하거나 부당한 목적을 가지고 배당표원안을 작성하였다거나 사법보좌관에게 부여된 권한의 취지에 명백히 어긋나게 이를 행사하였다고 인정할 만한 특별한 사정이 있다고 보기 어려움에도, 피고에게 손해배상책임이 있다고 단정한 원심판결에는 사법보좌관의 재판상 직무행위에 대한 국가의 손해배상책임에 관한 법리를 오해하여 판결에 영향을 미친 잘못이 있다고 보아, 원심판결을 파기환송하였다.

3. 배당표의 기재 내용이 실체법상의 권리관계와 합치하는 경우(= 부당이득청구 불가)

가. 문제점 제기

배당표의 기재 내용이 실체법상의 권리관계와 합치하는 경우(이하 '배당표에 실체적 하자가 없는 경우'라 한다) 그 배당표의 기재 내용에 따라 배당을 받은 채권자에 대하여 경매절차를 해태함으로 인하여 실체법상의 권리에 따른 배당을 받지 못한 채권자가 경매절차를 해태하지 않았더라면 배당 받을 수 있었던 배당액에 관하여 경매절차 밖에서 부당이득으로서 그 반환을 청구할 수 있는지의 여부가 문제이다.

그 대표적인 사례로, ① 강제경매절차 및 담보권실행을 위한 경매절차에서 배당요구채권자임에도 불구하고 배당요구를 하지 않은 관계로 실체법상의 권리에 따른 배당을 받지 못한 경우(첫 번째 경우), ② 담보권실행경매절차에서 일부청구를 한 경

80) 대법원 2023. 6. 1. 선고 2021다202224 판결.

우(두 번째 경우)로 나누어 생각할 수 있다.

나. 배당요구를 하여야만 배당절차에 참여할 수 있는 채권자가 배당요구를 하지 않은 경우(=부당이득청구 불가)

배당요구를 하여야만 배당절차에 참여할 수 있는 채권자가 배당요구를 하지 않아 배당에서 제외된 경우 배당을 받은 다른 채권자를 상대로 부당이득을 구할 수 없다.[81] 배당받은 채권자를 상대로 부당이득반환을 청구할 수 있는 채권자는 적어도 민사집행법 제148조의 배당받을 채권자의 범위에 해당하여야 한다.

따라서 배당요구를 하여야만 배당절차에 참여할 수 있는 채권자가 배당요구를 하지 않은 경우에는 부당이득반환을 청구할 수 없다. 판례도 아래에서 보는 바와 같이 부정설을 취하고 있다.

1) 임금채권의 경우

배당요구를 하여야만 배당절차에 참여할 수 있는 임금채권자가 배당요구를 하지 않은 경우 부당이득청구를 할 수 없다.[82]

2) 우선변제청구권 있는 주택임대차보호법상의 임차보증금반환채권의 경우

임차보증금의 우선변제청구권이 인정되는 주택임차인이 적법한 배당요구를 하지 않은 경우에는 그가 적법한 배당요구를 한 경우에 배당받을 수 있었던 금액 상당의 금원이 후순위채권자에게 배당되었다고 하여 이를 법률상 원인이 없는 것이라고 할 수 없다.[83]

다. 경매신청채권자가 피담보채권의 일부만을 청구금액으로 기재한 경우(=부당이득청구 불가)

저당권자가 경매신청 시에 채권 중 일부만을 채권액으로 표시함으로써 나머지 채권액에 대한 배당을 받지 못한 경우에도 배당을 받은 다른 채권자를 상대로 부당이득을 구할 수 없다.

담보권실행을 위한 경매에서 경매개시결정 후에는 신청채권자는 청구금액의 확장을 할 수 없으므로,[84] 설령 경매신청채권자가 배당요구종기 이전에 청구금액을 확

81) 대법원 1998. 10. 13. 선고 98다12379 판결 등.

82) 대법원 1996. 12. 20. 선고 95다28304 판결, 대법원 1997. 2. 25. 선고 96다10263 판결, 대법원 1997. 4. 25. 선고 96다55709 판결.

83) 대법원 1998. 10. 13. 선고 98다12379 판결, 대법원 2002. 1. 22. 선고 2001다70702 판결.

장한 채권계산서를 제출하거나 나머지 금액을 가지고 배당요구를 하더라도 이를 반영하지 않은 배당표의 기재 내용에는 아무런 실체적 하자가 없는 것이므로, 그 배당표에 따라 배당받은 후순위채권자가 이득을 하였다 하여 이를 법률상 원인이 없다고 할 수는 없다.

판례도, "경매신청서에 기재된 청구금액을 기초로 배당표가 작성·확정되고 그에 따라 배당이 실시되었다면, 신청채권자가 청구하지 않은 부분의 해당 금원이 후순위채권자들에게 배당되었다 하여 이를 법률상 원인이 없는 것이라고 볼 수 없다"[85]고 하거나, "근저당권자가 경매신청서에 피담보채권 중 일부만을 청구금액으로 기재하여 담보권의 실행을 위한 경매를 신청한 후 청구금액을 확장한 채권계산서를 제출하였을 뿐 달리 배당요구종기까지 이중경매를 신청하는 등 필요한 조치를 취하지 않은 채 그대로 경매절차를 진행시켜 경매신청서에 기재된 청구금액을 기초로 배당표가 작성·확정되고 그에 따라 배당이 실시되었다면, 신청채권자가 청구하지 않은 부분의 해당 금원이 후순위채권자들에게 배당되었다 하여 이를 법률상 원인이 없는 것이라고 볼 수는 없다"[86]고 판시하여 부정설의 입장을 취하고 있다.

라. 판례의 태도 요약

실체적 하자가 있는 배당표는, ① 적법하게 배당요구종기까지 배당요구한 배당요구채권자의 우선변제권 있는 채권을 제외한 배당표이거나, ② 경매신청채권자에 우선하는 것으로 경매개시결정등기 이전에 등기된 근저당권자, 가압류채권자 등(배당요구를 하지 않아도 당연히 배당을 받는 채권자들임)의 채권에 관하여 그들이 배당요구를 하지 않았다거나 채권계산서를 제출하지 않았다는 이유로 배제한 배당표, ③ 배당순위에 어긋나게 배당한 배당표 등과 같이, 해당 경매절차에서 배당받을 실체법상의 채권의 전부 또는 일부를 침해한 위법이 있는 배당표를 의미한다.

당연히 우선변제청구권이 있는 채권일지라도 채권자의 귀책사유로 인하여 배당요구를 하지 않아 배당받지 못하게 되었다면, 그 채권에 대한 배당을 하지 않은 배

---

84) 대법원 1994. 1. 25. 선고 92다50270 판결, 대법원 1995. 2. 28. 선고 94다8952 판결, 대법원 1995. 6. 9. 선고, 95다15261 판결, 대법원 1997. 1. 21. 선고 96다457 판결, 대법원 1997. 2. 28. 선고 95다22788 판결, 대법원 1997. 2. 28. 선고 96다495 판결, 대법원 1998. 7. 10. 선고 96다39479 판결, 대법원 1999. 3. 23. 선고 98다46938 판결, 대법원 2001. 3. 23. 선고 99다11526 판결 등.

85) 대법원 1988. 2. 23. 선고 87다카1790 판결.

86) 대법원 1997. 2. 28. 선고 96다495 판결.

당표에 실체적 하자가 있다고 할 수는 없다.

실체적 하자 있는 배당표에 기한 배당으로 인하여 배당받을 권리를 침해당한 자는, ① 배당기일에 출석하여 이의를 하고 배당이의의 소를 제기하거나, ② 배당기일에 출석하여 이의를 하지 않음으로써 배당표가 확정되었다고 하더라도 부당이득금반환청구의 소를 제기하여 구제받을 수 있다. 확정된 배당표에 의하여 배당을 실시하는 것은 실체법상의 권리를 확정하는 것이 아니기 때문이다.[87)]

4. 채권의 일부만 기재한 채권계산서의 제출과 부당이득과의 관계(=소극)

가. 첫 경매개시결정등기 전에 등기된 가압류채권자, 저당권자, 체납처분에 기한 압류등기권자의 경우(=소극)

1) 담보권실행 경매절차에서 경매신청채권자가 피담보채권의 일부만을 청구금액으로 기재한 경우 판례는 부당이득의 성립을 부정하고 있다.

집행법원으로서는 임의경매신청채권자가 최종적으로 금액을 축소하여 신고한 채권계산서에 기초하여 배당표를 작성할 수밖에 없으며, 채권자 역시 자신이 제출한 채권계산서의 금액을 모두 변제받았으므로 배당받을 권리의 침해가 받은 바 없기 때문에, 그 계산서에 기초하여 작성된 배당표는 실체적 하자가 없는 정당한 배당표이다. 대법원 2000. 9. 8. 선고 99다24911 판결도, "경매신청채권자에 우선하는 근저당권자가 채권계산서를 제출하지 않았다고 하더라도 배당에서 제외할 수 없고, 또한 그 근저당권자가 경락기일 전에 피담보채권액에 관한 채권계산서를 제출한 경우에도 그 후 배당표가 작성될 때까지는 피담보채권액을 보정하는 채권계산서를 다시 제출할 수 있으며, 이 경우 배당법원으로서는 특별한 사정이 없는 한 배당표 작성 당시까지 제출된 채권계산서와 증빙 등에 의하여 그 근저당권자가 채권최고액의 범위 내에서 배당받을 채권액을 산정하여야 한다."고 하고 있다.

따라서 부당이득이 성립하지 않는다. 경매신청채권자는 청구금액을 증액할 수는 없지만, 축소하여 신고할 수는 있는 것이고, 이러한 채권계산서에 기초하여 배당표가 작성되었다면 이는 실체적 하자가 없는 정당한 배당표이므로, 채권자는 착오로 채권계산서의 기재가 잘못되었다고 하여도 이에 기하여 후순위 채권자들 및 채무자인 피고들에게 배당된 금원을 법률상 원인 없는 부당이득금이라고 할 수는 없다

87) 대법원 1996. 12. 20. 선고 95다28304 판결, 대법원 1997. 2. 14. 선고 96다51585 판결, 대법원 1997. 2. 25. 선고 96다10263 판결, 대법원 1997. 4. 25. 선고 96다55709 판결.

즉 근저당권자가 채권계산서를 제출하거나 이를 보정함으로써 그에 따라 배당표가 확정되고, 그 확정된 배당표에 의하여 배당이 실시되었다면, '채권계산서를 전혀 제출하지 아니하여 등기기록상 채권최고액을 기준으로 하여 배당하여야 할 경우와는 달리', 제출 또는 보정된 채권계산서상의 채권액을 기준으로 하여 배당할 수밖에 없고, 신고된 채권액을 초과하여 배당할 수는 없는 만큼, 배당할 금액에서 선순위 근저당권자가 미처 청구하지 못함으로 인하여 그에게 배당되지 않은 피담보채권 중 일부에 해당하는 금액이 후순위 채권자 등에게 배당되었다 하더라도, 이를 법률상 원인이 없는 것이라고 볼 수는 없다.[88)]

2) 위와 같이 법리는 '첫 경매개시결정등기 전에 등기된 가압류채권자, 저당권자, 체납처분에 기한 압류등기권자'의 경우에 모두 적용된다.

나. 배당요구를 하여야만 배당절차에 참여할 수 있는 채권자의 경우(=소극)

배당요구를 하여야만 배당절차에 참여할 수 있는 채권자의 경우도 마찬가지로 부당이득반환청구를 할 수 없다.

즉 배당요구를 하여야만 배당절차에 참여할 수 있는 채권자가 배당요구의 종기까지 배당요구를 하지 않은 채권액에 대하여 배당요구의 종기 이후에 추가 또는 확장하여 배당요구를 하였으나 그 부분을 배당에서 배제하는 것으로 배당표가 작성·확정되고 그 확정된 배당표에 따라 배당이 실시되었다면, 그가 적법한 배당요구를 한 경우에 배당받을 수 있었던 금액 상당의 금원이 후순위 채권자에게 배당되었다고 하여 이를 법률상 원인이 없는 것이라고 할 수 없다.[89)]

---

88) 대법원 2000. 9. 8. 선고 99다24911 판결, 대법원 2002. 10. 11. 선고 2001다3054 판결.
89) 대법원 2005. 8. 25. 선고 2005다14595 판결.

제3장 배당받을 채권자의 배당액

Ⅰ. 배당받을 채권자

경매절차에서 배당받을 채권자는 ① 배당요구의 종기까지 경매신청을 한 압류채권자, ② 배당요구의 종기까지 배당요구를 한 채권자,[1] ③ 첫 경매개시결정등기 전에 등기된 가압류채권자,[2] ④ 저당권·전세권, 그 밖의 우선변제청구권으로서 첫 경매개시결정등기 전에 등기되었고 매각으로 소멸하는 것을 가진 채권자이다(민사집행법 148조).

Ⅱ. (근)저당권자의 채권

1. 저당권의 피담보채권

가. 피담보채권의 범위

1) 저당권이 우선변제를 받을 수 있는 범위는 원본, 이자, 위약금, 채무불이행으로 인한 손해배상, 저당권의 실행비용이다(민법 제360조 본문).

2) 저당권에 의하여 담보되는 원본(원금)의 액과 변제기는 등기하여야 하고, 이자를 발생하게 하는 특약이 있는 때에는 이율, 발생기, 지급시기를 등기하여야 한다(부동산등기법 제75조 제1항 제4호). 만약 이자의 약정여부, 이율에 관하여 등기가 없으면 제3자(후순위권자, 제3취득자 등)에게 대항할 수 없다. 다만 이자의 약정에 관하여서만 등기가 있고 이율에 관하여 등기가 없으면 법정이율인 연 5%의 범위 내에서만 우선변제를 받을 수 있다(민법 제379조).

이자채권은 등기되어 있는 한 변제기 내의 것은 저당권에 의하여 무제한 담보되므로 변제기 내의 이자 전액은 매각대금으로부터 우선변제받을 수 있다.

이자약정이 있음은 등기되어 있으나 이율에 관한 등기가 없는 경우 상법이 정한 연 6%의 이자를 청구할 수 있는가에 관하여, 피담보채권이 상사채권인 이상 상법이 정한 연 6%의 비율에 의한 이자를 청구할 수 있다는 견해와 등기원인으로부터 피담보채권이 상사채권인 것이 명백한 경우에만 연 6%의 비율에 의한 상사이자에 관하여 우선권을 주장할 수 있다는 견해가 있다.[3]

1) 민사집행법 제88조 1항에 규정된 채권자로 배당요구의 종기까지 집행법원에 배당요구를 하여야 한다. 국세의 교부청구도 마찬가지이다.

2) 대법원 1995. 7. 28. 선고 94다57718 판결, 대법원 1998. 10. 13. 선고 98다12379 판결.

3) 법원실무제요 민사집행[Ⅲ], 사법연수원(2020), 32쪽.

3) 지연손해금, 즉 이행기일 후의 지연배상은 원본의 이행기일을 경과한 후의 1년분에 한하여 우선변제를 받을 수 있다(민법 제360조 단서).

지연손해금은 원본채무의 불이행으로 법률상 당연히 발생하므로 그 특약이나 등기가 없더라도 법정이율의 범위 내에서는 당연히 청구할 수 있다.

약정이자에 관한 등기가 있으면 그 이율에 의하여 지연손해금이 당연히 발생한다.

지연손해금은 배당표의 '채권금액'란 중 '이자'란에 약정이자와 합산하여 적는다.

4) 위약금의 등기에 관하여는 아무런 규정이 없으나 위약금의 특약이 있는 경우에는 그것이 손해배상액의 예정이든 아니든 등기를 하여야만 저당권에 의하여 담보된다고 해석할 것이다.

가) 민법 제360조의 제한 범위 초과액을 청구한 경우의 처리

저당권자가 경매신청서 또는 채권계산서로써 민법 제360조의 제한범위를 초과하는 지연손해금을 청구한 경우에 그 처리방법에 관하여는 경우를 나누어 생각하여야 한다.

(1) 후순위권자나 일반채권자가 없는 경우

목적부동산에 후순위권자(후순위 담보권자·후순위의 조세채권자 등)나 일반채권자의 배당요구가 없는 경우에는 저당권자는 매각대금으로부터 위 초과액까지도 변제받을 수 있다. 왜냐하면 저당권의 우선변제권의 범위를 제한하는 민법 제360조의 취지는 목적부동산에 대하여 이해관계를 가지는 제3자가 생긴 경우에 위 제3자와 저당권자의 이해의 조화를 도모하기 위하여 위 제3자에 대한 관계에서 그 우선권의 범위를 제한하는 것에 불과하고 저당권자와 이해관계 있는 제3자가 아닌 채무자와의 관계에서는 그 우선권의 범위를 제한하는 것이 아니기 때문이다.[4)]

(2) 제3취득자가 있는 경우

한편 목적부동산에 관하여 저당권설정 후에 소유권을 취득한 제3취득자는 그 부동산으로 담보된 채권, 즉 민법 제360조에 규정한 범위(지연배상은 이행기일 경과 후 1년분) 내의 금액만을 변제하면 그 저당권의 소멸을 청구할 수 있으므로(민법 제364조),[5)] 이와 같은 제3취득자가 있는 경우에는 저당권자는 매각대금으로부터 같은 법 제360조의 제한범위를 초과하는 지연손해금을 변제받을 수 없고, 따라서 매각대금으로부터 같은 법 제360조의 제한범위 내의 피담보채권액을 배당하고 잔액이 있으

4) 대법원 1992. 5. 12. 선고 90다8855 판결.

5) 대법원 2002. 5. 24. 선고 2002다7176 판결, 대법원 2006. 1. 26. 선고 2005다17341 판결 등 참조.

면 그 잔액은 제3취득자(소유자)에게 반환하여야 한다.[6)]

(3) 후순위권자가 있는 경우

목적부동산에 관하여 후순위권자(예를 들어, 2번 저당권자, 전세권자, 조세채권자 등)가 있는 경우에는 매각대금으로부터 선순위저당권자의 민법 제360조의 제한범위 내의 채권을 우선변제하고 잔액이 있으면 이를 후순위권자에게 배당한 후, 다시 잔액이 있으면 선순위권자의 민법 제360조의 제한을 초과하는 채권의 변제에 충당한다.

(4) 후순위권자와 일반채권자가 있는 경우

목적부동산에 대한 후순위권자와 일반채권자가 있는 경우에는 선순위저당권자에게 위 제한범위에서 우선배당을 하고 잔액이 있으면 이를 후순위권자에게 배당한 후, 다시 잔액이 있으면 그 잔액에 관하여 선순위저당권자의 위 제한범위 초과채권과 일반채권자의 채권을 동순위로 하여 안분비례로 배당을 한다. 또 일반채권자만 있는 경우에는 저당권자의 위 초과채권과 일반채권자의 채권은 동 순위로 안분비례에 의하여 배당을 한다. 다만 이때 저당권의 제한범위를 초과하는 부분으로서 우선변제의 효력이 미치지 않는 채권에 관하여 다른 일반채권자와의 사이에 동순위로 안분비례하여 배당받기 위해서는 저당권에 기한 경매신청이나 채권계산서의 제출이 있는 것만으로는 안 되고, 그 제한범위액을 초과하는 채권에 관하여 별도로 민사집행법 제268조, 제88조의 규정에 의한 적법한 배당요구를 하였거나 그 밖에 달리 배당을 받을 수 있는 채권으로서의 필요한 요건을 갖추고 있어야 한다.[7)] 따라서 다른 이해관계인이 있는 경우에는 위 판시에 따른 적법한 배당요구가 없는 한 제한범위를 초과하는 부분에 대하여 배당할 수 없다.

위와 같이 선순위 저당권자에게 배당을 하고 그 잔액에 관하여 후순위권자나 일반채권자에게 배당을 하는 경우에는 선순위 저당권자의 민법 제360조 제한범위 내의 채권과 위 제한범위 초과채권은 배당순위가 다르므로 배당표상에 채권금액을 적을 때는 위 제한범위 내의 채권액과 위 제한범위 초과채권액을 별개의 란에 따로 적어야 한다.

(5) 공동저당권의 경우

한편 공동저당권의 실행에 의하여 여러 개의 부동산이 때를 달리하여 경매되고, 매각대금을 각 부동산별로 배당하는 때에는 민법 제360조의 제한을 포괄적으로 적용

6) 대법원 1971. 5. 15.자 71마251 결정, 대법원 2009. 6. 25. 선고 2009다12818 판결 등 참조.
7) 대법원 1998. 4. 10. 선고 97다28216 판결, 대법원 1998. 10. 13. 선고 97다27794 판결 참조.

하여야 할 것이다. 예를 들어 먼저 경매가 실시된 부동산에 대한 매각대금에서 이행기일을 경과한 후 1년분의 지연손해금을 배당받은 채권자는 그 후 다시 원본의 잔액에 관하여 지연손해금이 생기더라도 그 이후의 배당을 할 때에는 후순위저당권자에 우선하여 위 1년분을 초과한 지연손해금의 배당을 받을 수 없다.

2. 근저당권의 피담보채권의 범위

가. 채권최고액의 의미

1) 채권최고액

근저당권이 담보하는 채권의 범위는 등기된 채권최고액을 한도로 하여 그 결산기에 현실적으로 존재하는 채권액의 전부에 미친다.

다만 이자, 채무불이행으로 인한 손해배상, 위약금도 위 채권최고액에 포함되므로(민법 357조)[8] 원금과 이자, 손해배상(지연손해금), 위약금 등을 합산하여 위 채권최고액의 범위 내에서만 근저당권의 효력이 미치며 이를 초과하는 부분은 우선변제를 받지 못한다. 채권최고액은 당사자 사이의 계속적 거래관계에 생긴 채권 가운데 담보할 한도액을 말하는 것이므로 근저당권의 실행비용(경매비용)은 채권최고액에 포함되지 않는다.[9] 이는 집행비용으로서 근저당권보다 선순위로 배당받는다. 근저당권의 피담보채무액 중 지연이자는 근저당권의 채권최고액의 한도 내에서 그 전액이 담보되는 것이고, 민법 제360조 단서에 의하여 1년분으로 제한되는 것은 아니다.[10]

또한 이와 같이 이자, 손해배상, 위약금이 최고액에 포함되는 결과 이자, 지연손해금, 위약금의 약정사실이나 그 이율, 액수 등에 관하여 따로 등기할 필요가 없다. 따라서 이자 등의 약정에 관한 등기가 없어도 이러한 약정이 있었다는 것을 채권자(근저당권자)가 증명한 때에는 최고액의 범위 내에서 채권금액으로 인정할 수 있다.

다만 약정이율이라도 법령의 제한에 위배되지 않아야 한다. 이자제한법(2007. 3. 29. 제정, 2007. 6. 30. 시행)에 따른 최고이자율은 계약체결 또는 갱신 시점을 기준으로 2007. 6. 30.부터 2014. 7. 14.까지는 연 30%, 2014. 7. 15.부터 2018. 2. 7.까지는 연 25%, 2018. 2. 8.부터 2021. 7. 6.까지는 연 24%, 2021. 7. 7.부터 현재는 연 20%이다. 한편 이자제한법이 없던 시기(1998. 1. 13.부터 2007. 6. 29.까지)의 고

8) 대법원 1957. 1. 10. 선고 4289민상401 판결, 대법원 2001. 11. 27. 선고 2001다47896 판결.
9) 대법원 2001. 11. 27. 선고 2001다47986 판결.
10) 대법원 1999. 9. 3. 선고 99다19377 판결.

율의 이자에 관하여도 판례[11]는 민법 제103조를 적용하여 '사회통념상 허용되는 한도를 초과하는 고율의 이자약정은 무효'라고 판시하여 채무자를 보호하였다. 다만 사회통념상 허용되는 한도를 초과하는 이율의 이자를 약정한 경우 그 전부가 무효인 것은 아니고 이자 중 정당한 이율 범위를 초과하는 부분만 무효이다. 이 경우 판례는 이자율에 관한 법률의 규제가 이루어진 시기와 정도 등을 고려하여야 한다고 하였는데,[12] 구 대부업의 등록 및 금융이용자보호에 관한 법률(2009. 1. 21. 법률 9344호 '대부업 등의 등록 및 금융이용자 보호에 관한 법률'로 개정되기 전의 것, 이하 '구 대부업법') 제11조가 '대부업의 등록을 하지 않고 사실상 대부업을 영위하는 자'에 대하여도 구 대부업법상의 제한이율이 적용되도록 하였음을 고려하면, 결국 이자제한법이 없던 시기로서 구 대부업법 및 같은 법 시행령이 시행되던 2002. 10. 28.부터 2007. 6. 29.까지는 구 대부업법 및 같은 법 시행령에 따른 연 66%의 제한이율을 넘는 부분만 무효라고 볼 것이다.

한편, 구 대부업법 시행령 제9조 제4항에 따른 여신금융기관의 연체이자율에 관한 규정[2019. 6. 12. 금융위원회 고시 2019-27호로 개정되기 전의 것(금융위원회 고시 2018-8), 이하 '이 사건 고시'라고 한다]은 시장의 상황 및 대부계약의 특성 등을 반영하여 비은행권 여신금융기관의 연체이자율을 산정하기 위하여 구 대부업법 시행령(2018. 11. 13. 대통령령 29287호로 일부개정되기 전의 것) 제9조 제4항 제2호의 위임을 받아 개정된 것인데, 상위규범인 위 시행령 부칙 제2조는 '제9조의 개정규정은 이 영 시행 이후 계약을 체결 또는 갱신하거나 연장하는 분부터 적용한다'고 규정하여 소급효를 제한하고 있으므로 이 사건 고시가 그 시행 전에 성립한 대출계약에도 적용된다고 볼 수는 없다.[13]

매각대금으로써 저당권자가 가지는 원금, 이자, 위약금, 손해배상, 실행비용 등을 전부 만족시킬 수 없는 때에는 비용, 손해배상, 위약금, 이자, 원금의 순서로 충당한다(민법 제479조).

---

11) 대법원 2007. 2. 15. 선고 2004다50426 전원합의체 판결.

12) 대법원 2015. 3. 12. 선고 2013다63721 판결.

13) 대법원 2022. 2. 11. 선고 2021다283766 판결(이 사건 고시 3조 1항은 연체가산이자율 상한을 연 3%로 인하하였는데 경과 규정을 두지 않아 그 소급 적용 여부가 문제된 사건에서 상위규범인 구 대부업법 시행령 부칙 제2조는 '제9조의 개정규정은 이 영 시행 이후 계약을 체결 또는 갱신하거나 연장하는 분부터 적용한다'고 규정하여 소급효를 제한하고 있으므로 이 사건 고시도 그 시행 전에 성립한 대출계약에는 적용된다고 볼 수 없다고 보아 소급효가 있다고 본 원심을 파기환송한 사안임).

임의경매절차에서 배당된 배당금이 담보권자가 가지는 피담보채권 전부를 소멸시키기에 부족한 경우에는 지정변제충당이나 합의변제충당은 허용될 수 없고 획일적으로 가장 공평타당한 충당방법인 민법 제477조 및 제479조의 규정에 의한 법정변제충당의 방법에 따라 충당하여야 한다.[14)]

판례는 채권최고액의 의미에 관하여 ① 채무자가 담보를 제공한 경우, ② 물상보증인이 담보를 제공한 경우, ③ 제3취득자가 있는 경우를 각 구별하고 있다.

가) 근저당권 설정자와 채무자가 동일한 경우

근저당권이 확정되기 전에는 채무자가 채무를 모두 변제하더라도 근저당권이 소멸하지 않는다. 그런데 근저당권이 확정된 후에 실제 채권액이 최고액을 초과하는 경우에 채무자 겸 근저당권설정자가 그 채무의 일부인 채권최고액만을 변제하고 근저당권의 말소를 청구할 수 있는지 문제된다.

채무자의 채무액이 근저당권의 채권최고액을 초과하는 경우에 채무자 겸 근저당권설정자가 채권최고액, 지연손해금 및 집행비용을 변제한 경우에도, 이는 채무의 일부 변제에 불과하고, 따라서 근저당권설정자가 근저당권의 말소를 청구할 수 없다.[15)] 그 이유는, 근저당권은 원본, 이자, 위약금, 채무불이행으로 인한 손해배상 및 근저당권실행비용 전부를 담보하는 것인데, 채권 전액이 변제될 때까지 근저당권이 잔존채무에 대하여 여전히 그 효력이 미치기 때문이다.[16)] 따라서 근저당권 설정자와 채무자가 동일한 경우에 근저당권의 채권최고액은 민사집행법 제148조에 따라 배당받을 채권자나 저당목적부동산의 제3취득자에 대한 우선변제권의 한도로서의 의미를 갖는 것에 불과하고, 그 최고액 범위 내의 채권에 한하여서만 변제를 받을 수 있다는 이른바 책임의 한도라고까지는 볼 수 없다.

---

14) 대법원 2000. 12. 8. 선고 2000다51339 판결, 대법원 2010. 12. 23. 선고 2009다57460 판결.

15) 대법원 1972. 1. 26.자 71마1151 결정, 대법원 2001. 10. 12. 선고 2000다59081 판결.

16) 대법원 1981. 11. 10. 선고 80다2712 판결(채무의 담보를 위하여 가등기를 경료한 채무자는 그 채무를 완제하지 않고는 그 가등기의 말소청구를 할 수 없다 할 것이고, 또 원래 저당권은 원본, 이자, 위약금, 채무불이행으로 인한 손해배상 및 저당권의 실행비용을 담보하는 것이며, 이것이 근저당에 있어서의 채권최고액을 초과하는 경우에 근저당권자로서는 그 채무자 겸 근저당권설정자와의 관계에 있어서는 그 채무의 일부인 채권최고액과 지연손해금 및 집행비용만을 받고 근저당권을 말소시켜야 할 이유는 없을 뿐 아니라 채무금 전액에 미달하는 금액의 변제가 있는 경우에 이로써 우선 채권최고액 범위의 채권에 변제충당한 것으로 보아야 한다는 이유도 없으니 채권 전액의 변제가 있을 때까지 근저당의 효력은 잔존채무에 여전히 미친다고 할 것이고, 근저당에 의하여 담보되는 채권액의 범위는 차순위 담보권자, 담보물의 제3 취득자 및 단순한 물상보증인으로서의 근저당권설정자에 대한 관계에서 거론될 수 있다), 대법원 2001. 10. 12. 선고 2000다59081 판결, 대법원 2010. 7. 22. 선고 2010다22774 판결 등.

결국 채무자의 채무액이 근저당권의 채권최고액을 초과하는 경우, 채무의 일부인 채권최고액과 지연이자 및 집행비용을 변제하더라도 채무전액을 변제할 때까지 근저당권의 효력이 잔존채무에 미치므로 위 일부변제만으로는 근저당권의 말소를 구할 수 없다.[17)]

나) 물상보증의 경우

이 경우 근저당권에 의하여 부담하는 채무액의 범위는 청산기에 이르러 확정되는 채권 중 채권최고액을 한도로 하는 것이다. 대법원 1974. 12. 10. 선고 74다998 판결은, "근저당권에 의하여 담보되는 채권액의 범위는 청산기에 이르러 확정되는 채권 중 근저당권설정계약에 정하여진 채권최고액을 한도로 하는 것이고 이 최고액을 초과하는 부분의 채권액까지 담보하는 것은 아니며 민법 제357조에서 말하는 담보할 채무의 최고액이란 뜻도 이와 같은 내용으로 해석하여야 한다."고 판시하고 있다. 이는 피담보채권액의 범위가 최고액을 한도로 한다는 취지이다.

따라서 근저당권설정자는 최고액 및 집행비용을 변제함으로써 근저당권의 말소를 구할 수 있다.[18)]

다) 제3취득자가 있는 경우

담보목적물의 제3취득자는 피담보채무를 변제하고 근저당권설정등기의 말소를 청구할 수 있다. 민법 제364조는 "저당부동산에 대하여 소유권, 지상권 또는 전세권을 취득한 제3취득자는 저당권자에게 그 부동산으로 담보된 채권을 변제하고 저당권의 소멸을 청구할 수 있다."고 규정하고 있는데, 이 규정은 근저당권의 경우에도 유추적용할 수 있다. 따라서 근저당목적물에 대한 제3취득자도 피담보채무를 변제하고 근저당권의 소멸을 청구할 수 있다.

근저당부동산을 매수한 제3취득자가 채무자를 대위하여 근저당권자에 대한 채무 중 위 부동산에 의하여 담보되어 있는 채권최고액과 그 경매비용 전부를 변제 공탁하였으면, 민법 제364조에 따라 근저당권의 소멸을 청구할 수 있다.[19)]

---

17) 대법원 1981. 11. 10. 선고 80다2712 판결, 대법원 2001. 10. 12. 선고 2000다59081 판결, 대법원 2010. 5. 13. 선고 2010다3681 판결.

18) 대법원 1974. 12. 10. 선고 74다998 판결은, "근저당권의 물상보증인은 민법 357조에서 말하는 채권의 최고액만을 변제하면 근저당권설정등기의 말소청구를 할 수 있고 채권최고액을 초과하는 부분의 채권액까지 변제할 의무가 있는 것이 아니다."라고 판시하여 마치 채권최고액의 변제만으로 이의를 신청할 수 있는 것처럼 잘못 해석될 소지가 있으나, 실제로 지출된 집행비용이 있다면 이러한 집행비용까지도 변제하여야 한다. 위 판시는 "채권의 최고액만을 변제하면 충분한지 아니면 채권최고액을 초과하는 부분의 채권액까지 변제할 의무가 있는지"에 중점을 두어 판단한 것일뿐 집행비용이 있다면 이는 당연히 포함된다는 것을 전제로 판시한 것으로 보아야 한다.

나. 피담보채권액의 범위

채권계산서와 증빙서류에 의해 근저당권의 결산기에 확정된 총채권액이 최고액 범위 내의 액수이면 그 액수를, 최고액을 초과하면 그 최고액을 채권금액으로 하여 배당표에 적는다.

이자, 손해배상, 위약금이 채권최고액에 포함되는 결과 이자, 지연손해금, 위약금의 약정사실이나 그 이율, 액수 등을 채권자(근저당권자)가 증명한 때에는 최고액의 범위 내에서 채권금액으로 인정한다.

근저당권은 피담보채무의 최고액만을 정하고 채무의 확정을 장래에 보류하여 설정하는 저당권이다(민법 제357조 제1항 본문 참조). 근저당권을 설정한 후에 근저당설정자와 근저당권자의 합의로 채무의 범위 또는 채무자를 추가하거나 교체하는 등으로 피담보채무를 변경할 수 있다. 이러한 경우 위와 같이 변경된 채무가 근저당권에 의하여 담보된다.[20] 후순위저당권자 등 이해관계인은 근저당권의 채권최고액에 해당하는 담보가치가 근저당권에 의하여 이미 파악되어 있는 것을 알고 이해관계를 맺었기 때문에 이러한 변경으로 예측하지 못한 손해를 입었다고 볼 수 없으므로, 피담보채무의 범위 또는 채무자를 변경할 때 이해관계인의 승낙을 받을 필요가 없다. 또한 등기사항의 변경이 있다면 변경등기를 해야 하지만(민법 제186조), 등기사항에 속하지 않는 사항은 당사자의 합의만으로 변경의 효력이 발생한다.[21]

채권최고액의 정함이 있는 근저당권에 관하여 채권의 총액이 그 채권최고액을 초과하는 경우에도, 적어도 근저당권자와 채무자 겸 근저당권설정자와의 관계에서는 위 채권 전액의 변제가 있을 때까지 근저당권의 효력은 채권최고액과는 관계없이 잔존채무에 여전히 미친다.[22] 따라서 민사집행 제148조에 따라 배당받을 채권자나 제3취득자가 없는 한 근저당권자의 채권액이 근저당권의 채권최고액을 초과하는 경우에 매각

---

19) 대법원 1971. 4. 6. 선고 71다26 판결, 대법원 1971. 5. 15.자 71마251 결정.

20) 대법원 1993. 3. 12. 선고 92다48567 판결, 대법원 1999. 5. 14. 선고 97다15777, 15784 판결 참조.

21) 대법원 2021. 12. 16. 선고 2021다255648 판결(근저당권의 설정자와 근저당권자가 근저당권 설정 이후 근저당권설정 변경계약을 통해 피담보채무를 추가하기로 합의하였고, 변경 당시 후순위저당권자인 원고의 승낙을 받을 필요가 없으며, 피담보채무의 범위는 부동산등기법 48조, 75조 2항에서 정한 근저당권의 등기사항에 해당하지 않아 당사자 합의만으로 피담보채무를 추가하는 변경의 효력이 있으므로 추가한 대출채무도 피담보채무에 포함된다고 판단하면서, 이와 달리 근저당권 설정 당시의 채무만을 이 사건 근저당권의 피담보채무라고 보아 배당표를 경정한 원심을 파기환송한 사안임).

22) 대법원 2001. 10. 12. 선고 2000다59081 판결, 대법원 2010. 7. 22. 선고 2010다22774 판결 등.

대금 중 그 최고액을 초과하는 금액이 있더라도 이는 근저당권설정자에게 반환할 것은 아니고, 근저당권자의 채권최고액을 초과하는 채무의 변제에 충당하여야 한다.[23)]

공동근저당권자가 스스로 근저당권을 실행하거나 타인에 의하여 개시된 경매 등의 환가절차를 통하여 공동담보의 목적부동산 중 일부에 대한 환가대금 등으로부터 다른 권리자에 우선하여 피담보채권의 일부에 대하여 배당받은 경우에, 그와 같이 우선변제받은 금액에 관하여는 공동담보의 나머지 목적부동산에 대한 경매 등의 환가절차에서 다시 공동근저당권자로서 우선변제권을 행사할 수 없다고 보아야 하며, 공동담보의 나머지 목적부동산에 대하여 공동근저당권자로서 행사할 수 있는 우선변제권의 범위는 피담보채권의 확정 여부와 상관없이 최초의 채권최고액에서 위와 같이 우선변제받은 금액을 공제한 나머지 채권최고액으로 제한된다고 해석함이 타당하다.[24)] 그리고 이러한 법리는 채권최고액을 넘는 피담보채권이 원금이 아니라 이자·지연손해금인 경우에도 마찬가지로 적용된다.[25)]

반면 당사자 사이에 하나의 기본계약에서 발생하는 동일한 채권을 담보하기 위하여 여러 개의 부동산에 근저당권을 설정하면서 각각의 근저당권 채권최고액을 합한 금액을 우선변제받기 위하여 공동근저당권의 형식이 아닌 개별 근저당권의 형식을 취하는 누적적 근저당권의 경우에는, 공동근저당권과 달리 담보의 범위가 중첩되지 않으므로 누적적 근저당권을 설정받은 채권자는 여러 개의 근저당권을 동시에 실행할 수도 있고 여러 개의 근저당권 중 어느 것이라도 먼저 실행하여 그 채권최고액의 범위에서 피담보채권의 전부나 일부를 우선변제받은 다음 피담보채권이 소멸할 때까지 나머지 근저당권을 실행하여 그 근저당권의 채권최고액 범위에서 반복하여 우선변제를 받을 수 있다.[26)] 따라서 누적적 근저당권(동일한 채권을 담보하면서 공

23) 대법원 2009. 2. 26. 선고 2008다4001 판결 등.

24) 대법원 2006. 10. 27. 선고 2005다14502 판결, 대법원 2012. 1. 12. 선고 2011다68012 판결, 대법원 2017. 9. 21. 선고 2015다50637 판결 등 참조.

25) 대법원 2017. 12. 21. 선고 2013다16992 전원합의체 판결.

26) 대법원 2020. 4. 9. 선고 2014다51756, 51763 판결(채권자가 동일한 채권을 담보하기 위하여 채무자 소유의 부동산과 물상보증인 소유의 부동산에 여러 개의 누적적 근저당권을 설정한 뒤, 물상보증인 소유 부동산이 공익사업으로 협의취득되자 채권자가 협의취득 보상금에 물상대위권을 행사하여 채권 일부를 변제받았고, 그 후 채무자 소유의 부동산이 경매로 매각되자 물상보증인이 변제자대위에 따라 누적적 근저당권에 기한 배당을 요구하였는데, 배당법원은 물상보증인에게 배당하지 않고 후순위자에게 배당한 사건으로 대법원은 물상보증인 소유의 부동산과 채무자 소유 부동산에 설정된 누적적 근저당권은 담보 범위가 다르더라도 동일한 채권을 담보하기 위한 것이므로 물상보증인이 변제자대위에 의하여 채무자 소유 부동산에 관한 근저당권을 대위취득하여 행사할 수 있다고 보아, 물상보증인에게 먼저 배당하는 것으로 배당표를 경정한

동근저당권 관계가 아니어서 담보범위가 중첩되지 않는 경우)을 설정해준 물상보증인이 대위변제한 경우 배당에서 물상보증인이 후순위근저당권자보다 우선하니 배당 시 주의가 필요하다.

한편, 소송행위를 하게 하는 것을 주목적으로 채권양도 등이 이루어진 경우, 그 채권양도가 신탁법상의 신탁에 해당하지 않는다고 하여도 신탁법 제6조가 유추적용되므로 무효이다. 소송행위를 하게 하는 것이 주목적인지의 여부는 채권양도계약이 체결된 경위와 방식, 양도계약이 이루어진 후 제소에 이르기까지의 시간적 간격, 양도인과 양수인 간의 신분관계 등 제반 상황에 비추어 판단하여야 한다.[27] 소송신탁에서의 소송행위란 민사소송법상의 소송행위에 한정되지 않고 널리 사법기관을 통하여 권리의 실현을 도모하는 행위를 말하는 것으로서 민사집행법에 의한 강제집행의 신청도 이에 포함된다.[28] 따라서 일반채권자가 우선배당을 받기 위한 목적으로 실질적인 권리의 이전 없이 근저당권자에게 채권양도를 한 경우 근저당권의 피담보채권에 포함되어 배당이 되더라도 이는 소송신탁에 해당하여 무효이다.[29]

3. 피담보채권의 확정

가. 근저당권자가 신청채권자인 경우(= 경매신청 시 확정)

근저당권자 자신이 경매를 신청하려면 경매신청 시에 이미 그 피담보채권액이 확정되어 있거나 또는 경매신청으로 인하여 피담보채권이 확정되어야 한다.

근저당권자가 피담보채무의 불이행을 이유로 경매신청을 한 경우에는 경매신청 시에 근저당권의 피담보채무액이 확정되고, 그 이후부터 근저당권은 부종성을 가지게 되어 보통의 저당권과 같은 취급을 받게 되므로 경매신청 이후에 발생한 원금채권은 그 근저당권에 의하여 담보되지 않는다.[30] 약정결산기가 지난 후에 발생한 원금채권도 같다.[31]

경매개시결정이 있은 후에 경매신청이 취하되었다고 하더라도 채무확정의 효과가 번복되는 것은 아니다.[32]

원심판결에 대한 상고를 기각한 사안임).

27) 대법원 2014. 11. 27. 선고 2014다48361, 2014다49111 판결 등 참조.

28) 대법원 2010. 1. 14. 선고 2009다55808 판결 등 참조.

29) 대법원 2022. 1. 14. 선고 2017다257098 판결.

30) 대법원 1998. 10. 27. 선고 97다26104, 26111 판결 등.

31) 대법원 1988. 10. 11. 선고 87다카545 판결.

근저당권자가 피담보채권 중 일부만을 청구금액으로 하여 경매신청을 한 경우에 그 나머지 부분에 대하여 배당기일까지 청구금액을 확장할 수 있다 하여도 이는 경매신청 시까지 이미 발생한 원금채권 및 그에 대한 경매신청 후의 지연손해금 채권에 대한 것이고 경매신청 이후에 발생한 원금채권은 그 근저당권에 의하여 담보되지 않는다.[33)]

나. 신청채권자 이외의 담보권자의 경우(= 매각대금 납부 시 확정)

다른 담보권자나 전세권자가 경매신청을 하거나 일반채권자가 강제경매신청을 한 경우에는 근저당권의 피담보채권이 언제 확정되는지 여부, 즉 근저당권자는 언제까지 발생한 원금채권을 최고액에 포함시켜 매각대금에서 우선변제를 받게 되느냐가 문제된다.

근저당권설정계약에 다른 담보권자나 일반채권자로부터 경매신청이 있으면 당연히 그 근저당거래계약이 종료되어 결산기가 도래한다는 특약이 있으면 이 특약에 의하여 근저당거래계약이 종료된 때를 기준으로 하여 피담보채권이 확정될 것이나, 이와 같은 특약이 없는 경우에는 후순위근저당권자가 근저당권의 실행을 위하여 경매를 신청한 경우 선순위근저당권의 피담보채권은 그 근저당권이 소멸하는 때, 즉 매수인이 '매각대금을 완납한 때'에 확정된다고 보아야 하므로 그 채권이 매각대금 지급시까지 발생한 것이기만 하면 채권최고액 범위 내에서는 배당요구의 종기 이후라도 채권계산서의 제출에 의하여 배당요구채권액을 확장할 수 있다.[34)]

4. 공동저당에서의 배당

가. 개설

1) 공동저당이란 동일한 채권을 담보하기 위하여 여러 개의 부동산(여러 개의 토지 또는 건물, 토지와 그 지상건물, 여러 개의 공장재단 등) 위에 설정된 저당권 또는 근저당권을 말한다.

동일한 채권이란 동일 당사자 간에 동일 발생원인에 의하여 발생한 채권으로서 그 급부내용이 동일한 것을 말하는데, 이와 관련하여 포괄근저당의 경우에 그 유효성

32) 대법원 2002. 12. 6. 선고 2002다18954 판결.

33) 대법원 1991. 9. 10. 선고 91다17979 판결.

34) 대법원 1999. 1. 26. 선고 98다21946 판결, 대법원 1999. 9. 21. 선고 99다26085 판결, 대법원 2002. 7. 12. 선고 2002다21868 판결, 대법원 2002. 11. 26. 선고 2001다36696 판결.

여부가 문제가 되고 있다.

부동산의 일부 공유지분에 관하여 저당권이 설정된 다음 그 부동산이 분할된 경우, 그 저당권은 분할된 각 부동산 위에 종전의 지분비율대로 존속하고,[35] 분할된 각 부동산은 그 저당권의 공동담보가 된다.[36]

공동저당은 반드시 각 부동산 위에 동시에 설정하여야 하는 것은 아니고 이른바 추가담보로서 때를 달리하여 설정할 수도 있다.

또한 목적물은 모두 동일인의 소유에 속할 필요가 없으므로 소유자가 다르더라도(예를 들어, 채무자 및 물상보증인의 각 소유부동산에 관하여 각각 저당권설정) 무방하고 또 목적물에 관한 공동저당권의 순위가 반드시 같을 필요가 없다(예를 들어, 甲 부동산에 대한 공동저당권은 1순위이고 乙 부동산에 대한 공동저당권은 2순위라도 무방하다).

공동근저당권자가 적극적으로 경매를 신청하였는지 아니면 제3자의 경매신청에 소극적으로 참가하였는지를 불문하고 공동근저당권의 목적부동산 중 일부 부동산에 대한 경매절차에서 자신의 우선변제권을 행사하여 우선변제권 범위의 채권최고액에 해당하는 전액을 배당받은 경우에는 후에 이루어지는 공동근저당권의 다른 목적부동산에 대한 경매절차를 통해서 중복하여 다시 배당받을 수 없다.[37]

이와 달리, 당사자 사이에 하나의 기본계약에서 발생하는 동일한 채권을 담보하기 위하여 여러 개의 부동산에 근저당권을 설정하면서 각각의 근저당권 채권최고액을 합한 금액을 우선변제받기 위하여 공동근저당권의 형식이 아닌 개별 근저당권의 형식을 취한 경우, 이러한 근저당권은 민법 제368조가 적용되는 공동근저당권이 아니라 피담보채권을 누적적으로 담보하는 근저당권에 해당한다. 이와 같은 누적적 근저당권은 공동근저당권과 달리 담보의 범위가 중첩되지 않으므로, 누적적 근저당권을 설정받은 채권자는 여러 개의 근저당권을 동시에 실행할 수도 있고, 여러 개의 근저당권 중 어느 것이라도 먼저 실행하여 그 채권최고액의 범위에서 피담보채권의 전부나 일부를 우선변제받은 다음 피담보채권이 소멸할 때까지 나머지 근저당권을 실행하여 그 근저당권의 채권최고액 범위에서 반복하여 우선변제를 받을 수 있다.[38]

2) 공동저당이라 하여 어떤 특별한 공시방법이 정하여져 있는 것은 아니고 각

---

35) 대법원 1993. 1. 19. 선고 92다30603 판결.
36) 대법원 2012. 3. 29. 선고 2011다74932 판결.
37) 대법원 2012. 1. 12. 선고 2011다68012 판결.
38) 대법원 2020. 4. 9. 선고 2014다51756 판결.

목적물마다 일반원칙에 따라 저당권설정등기를 하면 된다. 다만 공동저당권의 각 목적부동산마다 저당권설정등기를 할 때에는 그 목적부동산이 4개 이하인 경우에는 각 설정등기마다 다른 목적부동산과 공동으로 저당권의 목적이 되어 있음을 표시하는 기재를 하여야 한다(부동산등기법 제78조 제1항).

또 공동저당권의 목적부동산이 5개 이상인 때에는 공동담보목록을 작성하여야 하고(부동산등기법 제78조 제2항) 각 저당권설정등기마다 공동담보목록에 기입한 다른 부동산에 관한 권리가 함께 담보의 목적이라는 뜻을 기재하여야 한다(부동산등기법 제78조 제1항). 즉 개개의 목적부동산의 등기용지의 각 해당구 사항란에 '공동담보목록 제20○○-10호'라고 기입한다(부동산등기기록례집 308쪽 참조). 이 경우 공동담보목록은 이를 등기기록의 일부로 보고 그 기재는 이를 등기로 본다(부동산등기법 제78조 제3항).

이미 설정된 저당권의 피담보채권을 위하여 다시 다른 목적물을 추가하여 공동저당으로 하는 경우(추가적 공동담보)에는 추가목적물에 대한 저당권설정등기와 종전의 저당권설정등기의 쌍방에 각 목적물이 공동저당의 목적이라는 것을 기재하여야 하며 그 기재를 할 때에는 창설적 공동저당권설정등기의 경우에 준하여 한다(부동산등기법 제78조 제4항). 즉 새로 하는 설정등기에는 '공동담보 토지 서울특별시 ○○구 ○○동 ○○의 담보물에 추가'(담보물추가의 경우), 또는 '공동담보목록 제20○○-50호'(담보목록 제출의 추가설정의 경우)라고 기재하고 종전의 설정등기에는 부기등기로서 '1번 저당권담보추가 공동담보 토지 서울특별시 ○○구 ○○동 ○○ 20○○년 ○월 ○일 부기' 또는 '1번 저당권추가 공동담보목록 제20○○-50호 20○○년 ○월 ○일 부기'라고 기재하여 담보물이 추가되었음을 표시하여야 한다(부동산등기기록례집 310~312쪽 참조).

근저당권설정자와 근저당권자 사이에서 동일한 기본계약에 기하여 발생한 채권을 중첩적으로 담보하기 위하여 수 개의 근저당권을 설정하기로 합의하고 이에 따라 수 개의 근저당권설정등기를 마친 때에는 부동산등기법 제78조에 따라 공동근저당관계의 등기를 마쳤는지 여부와 관계없이 그 수 개의 근저당권 사이에는 각 채권최고액이 동일한 범위 내에서 공동근저당관계가 성립한다.[39]

3) 공동저당권자는 이른바 저당권의 불가분성(민법 제370조, 제321조)에 따라 공동저당목적부동산의 어느 것으로부터도 채권의 전부나 일부를 자유롭게 우선변제

39) 대법원 2010. 12. 23. 선고 2008다57746 판결.

받을 수 있으므로 저당권자의 의사에 따라 후순위저당권자, 물상보증인, 제3취득자에게 불공평한 결과를 가져올 수 있다.

따라서 민법은 공동저당권자의 자유선택권을 원칙적으로 보장하면서도 공동저당권자의 의사에 의한 불공평한 결과를 피하기 위하여 한편으로는 공동저당의 목적물 전부가 매각되어 매각대금을 동시에 배당하는 경우에 각 부동산에 합리적인 부담을 할당하도록 규정하고, 다른 한편으로는 일부의 부동산만이 매각되어 그 매각대금으로부터 변제받는 경우에는 그로 인하여 불이익을 받는 후순위저당권자가 공동저당권자가 가지는 다른 부동산의 저당권을 대위할 수 있는 규정을 두고 있다(민법 제368조).

공동저당권의 실행절차는 원칙적으로 보통저당권에서와 다르지 않지만, 채권자의 실행선택권이 인정된다. 즉 공동저당권자는 복수의 저당권 전부를 동시에 실행하거나 일부만을 실행할 수 있고, 일부만을 실행하는 경우에도 그 매각대금으로부터 피담보채권의 전액을 변제받을 수 있다. 그런데 공동저당권자의 선택권 행사가 사회생활상 용인될 수 없을 만큼 부당하다고 평가될 수 있는 경우에 후순위저당권자의 대위에 관한 정당한 기대를 침해한 한도에서 권리남용이 될 수 있다. 가령 근로자가 사용자의 다른 재산에 대한 권리자 등과 공모하여 오로지 후순위저당권자의 대위에 관한 정당한 기대를 해하려는 의도 아래 후순위저당권의 목적물이 아닌 사용자의 다른 재산에 대하여 손쉽게 행사할 수 있었던 임금채권 우선변제권 행사를 포기해 버린 경우 임금채권 우선변제권이 배제되거나 제한될 수 있다.[40]

민법 제368조는 공동근저당권의 경우에도 적용되고, 공동근저당권자가 스스로 근저당권을 실행한 경우는 물론이며 타인에 의하여 개시된 경매·공매절차, 수용절차 또는 회생절차 등에서 환가대금 등으로부터 다른 권리자에 우선하여 피담보채권의 일부에 대하여 배당받은 경우에도 적용된다.[41]

아래에서는 후순위저당권자 대위에 관하여 설명하고 아울러 공동저당권의 목적물 전부에 관하여 동일절차로써 매각이 실시되었으나 그중 일부의 부동산에 대한 매각대금이 먼저 지급된 경우의 배당관계도 설명한다.

나. 임금채권, 조세채권, 소액보증금반환채권 등의 경우

1) 근로기준법에 규정된 임금 등에 대한 우선특권은 사용자의 총재산에 대하여

40) 대법원 2006. 12. 7. 선고 2005다77558 판결.
41) 대법원 2017. 12. 21. 선고 2013다16992 전원합의체 판결.

저당권에 의하여 담보된 채권, 조세 등에 우선하여 변제받을 수 있는 이른바 법정담보물권으로서,[42] 사용자의 부동산이 여럿인 경우에는 마치 그 부동산 전부에 대한 공동저당권자와 유사한 지위에 서게 되므로 사용자 소유의 여러 부동산이 동시에 매각되어 그 경매대가를 동시에 배당하는 때에는 각 부동산의 경매대가에 비례하여 그 채권의 분담을 정하여야 한다.

나아가 사용자 소유의 여러 부동산 중 일부가 먼저 매각되어 그 경매대가에서 임금채권자들이 우선특권에 의하여 우선변제받은 결과 그 매각한 부동산의 저당권자가 민법 제368조 제1항에 의하여 위 여러 부동산으로부터 임금채권이 동시에 배당되는 경우보다 불이익을 받은 경우에는 같은 조 제2항 후문을 유추적용하여, 위 저당권자로서는 임금채권자가 위 여러 부동산으로부터 동시에 배당받았다면 다른 부동산의 경매대가에서 변제를 받을 수 있었던 금액의 한도 내에서 선순위자인 임금채권자를 대위하여 다른 부동산의 경매절차에서 우선하여 배당받을 수 있다.[43] 그러나 이러한 후순위저당권자의 대위권은 임금채권에 붙어 있는 법정담보물권적 성격을 가진 우선변제권을 공동저당과 유사한 관계에 있는 다른 부동산에 대위하여 행사하도록 허용하여 후순위저당권자나 다른 채권자 등의 이해관계를 조절하려는 것에 불과한 것이지 임금채권 자체를 대위하는 것은 아니다. 따라서 사용자의 일부 부동산에 대해 먼저 이루어진 경매절차에서 임금채권 우선변제권이 실행되어 그 경매대가가 배당되고 나서 사용자에 대해 파산절차가 개시되어 사용자의 나머지 재산이 파산재단에 속하게 되었다고 하여 민법 제368조 제2항 후문을 유추적용하여 후순위저당권자의 채권이 임금채권과 마찬가지로 채무자 회생 및 파산에 관한 법률상의 재단채권으로 취급되어 파산절차에 의하지 않고 파산채권보다 우선하여 파산재단을 구성하는 사용자의 모든 재산으로부터 수시로 변제받아야 하는 것은 아니다.[44]

2) 조세우선특권도 일정한 범위 내에는 조세채무자의 총재산에 대하여 우선변제권이 인정되는 점에서 임금채권과 같이 이른바 법정담보물권으로서의 성격을 가지므로, 조세채무자의 부동산이 여럿인 경우에는 조세채권자는 마치 그 부동산 전부에 대한 공동저당권자와 유사한 지위에 서게 된다. 따라서 납세의무자 소유의 여러 부동산 중 일부가 먼저 매각되어 과세관청이 조세우선특권에 의하여 조세를 우선변제받은

42) 대법원 2000. 9. 29. 선고 2000다32475 판결, 대법원 2005. 9. 29. 선고 2005다34391 판결, 대법원 2009. 11. 12. 선고 2009다53017, 53024 판결 등.

43) 대법원 2000. 9. 29. 선고 2000다32475 판결, 대법원 2005. 9. 29. 선고 2005다34391 판결 등.

44) 대법원 2009. 11. 12. 선고 2009다53017, 53024 판결.

결과 그 매각 부동산의 저당권자가 민법 제368조 제1항에 의하여 위 여러 부동산으로부터 조세채권이 동시배당되는 경우보다 불이익을 받은 경우에는 같은 조 제2항 후문을 유추적용하여, 위 저당권자는 과세관청이 위 여러 부동산으로부터 동시에 배당받았다면 다른 부동산의 경매대가에서 변제를 받을 수 있었던 금액의 한도 내에서 선순위자인 조세채권자를 대위하여 다른 부동산의 경매절차에서 우선하여 배당받을 수 있다.[45]

민법 제368조 제2항 후문에 따라 선순위자인 조세채권자를 대위하는 저당권자는 민사집행법 제268조에 의하여 담보권의 실행을 위한 경매절차에 준용되는 민사집행법 제88조 제1항, 제84조 제1항에 의하여 배당요구의 종기까지 적법하게 배당요구를 하였다면 배당을 받을 수 있고,[46] 선순위 조세채권자가 나중에 경매 또는 공매절차를 통하여 매각되는 부동산에 관하여 미리 압류를 해 두었거나 그 부동산의 경매 또는 공매절차에 참가하여 교부청구 또는 배분요구를 한 경우에만 후순위 저당권자가 선순위 조세채권자를 대위할 수 있는 것은 아니다.[47]

다만 여기서 저당권자는 당해 조세우선특권이라는 법정담보물권을 대위하여 행사하는 것일 뿐이고, 나아가 과세관청이 갖는 기본적 조세채권이나 별개의 토지에 대하여 취득하여 둔 조세저당권까지 대위할 수는 없다.[48]

한편 당해세의 경우에는 해당 부동산에서만 우선변제받을 수 있으므로 공동저당의 규정을 유추적용할 수 없다. 압류선착인 과세관청이 부동산별로 다른 경우에는 공동저당의 예에 따라 부동산별로 조세 배당을 먼저 한 다음 압류선착인 과세관청이 다른 과세관청이 배당받은 금액을 흡수하는 것으로 압류선착주의를 적용한다.

체납처분의 예에 따라 징수되는 공과금채권 중 우선변제권이 있는 것에 대해서는 위의 설명이 마찬가지로 적용될 수 있다.

3) 주택임대차보호법 제8조에 규정된 소액보증금반환청구권은 임차목적 주택에 대하여 저당권에 의하여 담보된 채권, 조세 등에 우선하여 변제받을 수 있는 이른바 법정담보물권이다. 주택임차인이 대지와 건물 모두로부터 배당을 받는 경우에는 마치 그 대지와 건물 전부에 대한 공동저당권자와 유사한 지위에 서게 되므로 대지와 건

45) 대법원 2001. 11. 27. 선고 99다22311 판결, 대법원 2006. 5. 26. 선고 2003다18401 판결, 대법원 2006. 5. 26. 선고 2003다18418 판결.

46) 대법원 2005. 9. 29. 선고 2005다34391 판결, 대법원 2009. 11. 12. 선고 2009다53017, 53024 판결 등 참조.

47) 대법원 2015. 4. 23. 선고 2011다47534 판결.

48) 대법원 2001. 11. 27. 선고 99다22311 판결.

물이 동시에 매각되어 주택임차인에게 그 경매대가를 동시에 배당하는 때에는 민법 제368조 제1항을 유추적용하여 대지와 건물의 경매대가에 비례하여 그 채권의 분담을 정하여야 한다.[49] 이는 우선변제권이 있는 확정일자를 갖춘 임차보증금반환채권을 가진 주택임차인, 상가건물 임차인에 대해서도 마찬가지로 적용될 수 있다.

다. 동시배당의 경우

1) 안분부담의 원칙

가) 공동저당권의 목적부동산이 전부 매각되어 그 경매대가를 동시에 배당하는 때에는 각 부동산의 경매대가에 비례하여 그 채권의 분담을 정한다(민법 368조 1항).

즉 동시배당의 경우에는 공동저당권자의 의사에 의하여 어느 특정부동산의 경매대가만으로부터 만족을 받는 것은 허용되지 않고 각 부동산의 경매대가의 비율로 공동저당권의 피담보채권의 부담을 안분할당하여 그 할당된 부담액에 한하여서만 공동저당권자는 각 부동산으로부터 우선변제를 받을 수 있고 그 할당부담액을 초과하는 부분은 후순위저당권자의 변제에 충당한다.

예를 들어, 공동저당권자의 채권액이 100만 원이고 공동저당의 목적인 A, B부동산의 경매대가가 각각 a 원, b 원이라 한다면 A, B 각 부동산의 부담액은 다음과 같은 수식에 의하여 산정한다.

A의 부담액 = 100만 원 × a/(a + b), B의 부담액 = 100만 원 × b/(a + b).

나) 이와 같은 부담의 안분은 공동저당권의 목적부동산 전부에 관하여 후순위저당권이 존재하는 경우에 한하지 않고 목적부동산의 일부에만 후순위저당권이 존재하는 경우에도 마찬가지로 적용되어야 한다.

그러나 공동저당권의 목적부동산 전부에 후순위저당권자가 존재하지 않고 동시에 그 부동산의 소유자가 동일한 경우에는 1개의 부동산의 경매대가로부터 공동저당권자의 채권전액(경매비용 포함)을 변제받을 수 있으면 과잉매각금지의 원칙에 따라 다른 부동산의 매각은 허용되지 않으므로(민사집행법 제124조, 제268조) 부담의 안분 문제는 발생할 여지가 없게 된다.

다만 과잉매각을 이유로 매각불허를 하지 않고 공동저당의 목적부동산의 전부에 관한 매각허가가 있어(예를 들어, 민사집행법 101조 3항 단서에 해당하여 매각한 경우) 그 대금을 배당하는 때에는 부담의 안분 문제가 생긴다.

---

49) 대법원 2003. 9. 5. 선고 2001다66291 판결.

다) 공동저당의 목적부동산 A, B, C 중 A, B 2개의 부동산을 동시에 매각한 경우에도 공동저당권자는 A, B부동산의 경매대가로부터 민법 제368조의 규정에 따라 채권전액을 변제받을 수 있다. A, B, C 3개의 부동산 가액의 비율에 의하여 안분할당된 A, B부동산의 부담액의 한도 내에서만 변제받을 수 있는 것은 아니다.

2) 각 부동산의 경매대가의 의미

가) 민법 제368조 제1항에서 말하는 '각 부동산의 경매대가'란 매각대금에서 해당 부동산이 부담할 경매비용과 선순위채권을 공제한 잔액을 말한다.50)

나) 그런데 해당 경매절차에서의 경매비용은 여러 부동산 전부를 매각하기 위하여 소요된 포괄적인 액수이고 각 부동산마다 개별적으로 구분하여 계산되는 것은 아니므로 '각 부동산의 경매대가'를 산정하려면 해당 부동산이 부담할 경매비용을 계산할 필요가 있다.

이 경우 그 계산방법에 관하여, 일괄매각이 된 경우에는 총경매비용을 각 부동산의 최저매각가격비율에 따라 안분하여 산출하도록 명문의 규정을 두고 있으나(민사집행법 제268조, 제101조 제2항 후문) 분할경매가 된 경우에는 이에 관한 규정이 없기 때문에 ① 평등분배의 방법으로 총 경매비용을 부동산의 개수로 나누어 나온 액이 각 부동산의 경매비용으로 된다는 견해와, ② 총 경매비용을 각 부동산의 매각대금의 비율로 안분하여 각 부동산의 경매비용을 산출한다는 견해가 대립되어 있으나, 위 ②의 견해가 타당하고 실무에도 이에 따르고 있다.51)

예를 들어, A, B부동산의 매각대금이 각각 200만 원, 100만 원이고 총경매비용이 30만 원이었다면 A부동산에 대한 경매비용은 20만 원(30×200/300), B부동산에 대한 경매비용은 10만 원(30×100/300)이 되므로 A, B부동산의 경매대가는 각각 180만 원, 90만 원이 된다. 다만 이 견해에 따르더라도 경매비용 중 절차를 공동으로 진행한 분에 관하여서만 안분비례 방법에 따라 경매비용을 산출하고 절차를 공동으로 진행하지 않은 분의 비용(예를 들어, A부동산에 관하여는 재매각, B부동산에 관하여는 새로운 경매를 실시한 경우에 재매각, 새로운 경매 이후의 비용)에 관하여는 해당 절차의 부동산이 부담하여야 하며, 또 공동저당부동산 전부에 대하여 경매신청을 하였으나 그중 일부 부동산이 민사집행법 제124조(과잉매각금지)에 의하여 매각불허가가 된 경우에는 불허가된 부동산에 고유한 절차비용은 경매신청인의 부담으

50) 대법원 2003. 9. 5. 선고 2001다66291 판결.

51) 법원실무제요 민사집행[Ⅲ], 사법연수원(2020), 382쪽.

로 돌아가므로 그 부분은 다른 부동산의 매각대금에서 교부할 수는 없다.

다) 선순위 조세 그 밖의 기타 공과금도 이른바 당해세를 제외하고는 공동저당 목적물의 소유자가 동일한 때에는 경매비용의 경우와 마찬가지로 각 매각대금액의 비율로 안분하여 각 부동산의 부담으로 한다.

그러나 목적물 소유자가 각각 다른 때에는 안분부담으로 할 것이 아니라 각 해당 부동산의 매각대금으로부터 조세 그 밖의 공과금을 빼야 한다. 예를 들어, A부동산은 甲 소유, B부동산은 乙 소유인데 甲에 대한 재산세, 乙에 대한 주민세가 교부청구 되었다면 A부동산의 경매대가는 A부동산의 매각대금에서 위 재산세액을 뺀 금액이, B부동산의 경매대가는 B부동산의 매각대금에서 위 주민세액을 뺀 금액이 된다.

라) 공동저당 목적부동산에 공동저당권보다 선순위의 저당권이 있는 경우에는 각 부동산의 매각대금에서 각 부동산의 경매비용(그 산출방법은 전술한 내용 참조)을 빼고 다시 선순위저당권자의 채권을 뺀 나머지 금액이 경매대가가 된다.[52)]

예를 들어, A, B, C부동산의 매각대금이 각 300만 원, 200만 원, 100만 원이고 A부동산에 관하여 1번 저당권자 乙이 50만 원, B부동산에 관하여 1번 저당권자 丙이 40만 원의 채권을 가지고 있는데, A, B, C부동산이 부담할 경매비용이 각 30만 원, 20만 원, 10만 원인 경우에 A, B, C부동산의 경매대가는 각 220만 원(300－30－50), 140만 원(200－20－40), 90만 원(100－10)이 된다.

3) 민법 제368조 제1항의 적용범위

민법 제368조 제1항은 원래 공동저당권자의 자의를 배제하여 후순위저당권자 사이의 이해 조정을 도모하려는 것을 주된 목적으로 한 규정이다. 위 규정에는 공동저당권이 설정된 부동산의 전부 또는 일부에 관하여 후순위저당권자가 존재하는 경우에 한하여 적용된다는 명문의 제한이 없으므로, 해당 부동산의 매각대금의 배당에 참여하는 후순위의 전세권자, 가압류채권자, 일반채권자(배당요구채권자)가 있는 경우에도 위 규정이 적용된다.[53)]

공동저당권이 설정되어 있는 수 개의 부동산 중 일부는 채무자 소유이고 일부는 물상보증인 소유인 경우 위 각 부동산의 경매대가를 동시에 배당하는 때에는, 물상보증인이 민법 제481조, 제482조의 규정에 의한 변제자대위에 의하여 채무자 소유 부동산에 대하여 담보권을 행사할 수 있는 지위에 있는 점 등을 고려할 때, “동일한

52) 대법원 2003. 9. 5. 선고 2001다66291 판결.

53) 대법원 2010. 4. 15. 선고 2008다41475 판결 참조.

채권의 담보로 수 개의 부동산에 저당권을 설정한 경우에 그 부동산의 경매대가를 동시에 배당하는 때에는 각 부동산의 경매대가에 비례하여 그 채권의 분담을 정한다"고 규정하고 있는 민법 제368조 제1항은 적용되지 않는다. 따라서 이러한 경우 경매법원으로서는 채무자 소유 부동산의 경매대가에서 공동저당권자에게 우선적으로 배당을 하고, 부족분이 있는 경우에 한하여 물상보증인 소유 부동산의 경매대가에서 추가로 배당을 하여야 한다.54) 이는 물상보증인이 채무자를 위한 연대보증인의 지위를 겸하고 있는 경우에도 마찬가지이다.55) 채무자와 물상보증인이 공유하고 있는 부동산 전체에 근저당권이 설정된 경우에도 동일한 법리가 적용되어 채무자 소유 지분에서 우선적으로 배당하고 부족한 부분이 있는 경우에만 물상보증인 지분에서 배당한다.56) 한편 근저당권 설정 당시 물상보증인 소유였던 지분이 상속 등을 원인으로 채무자 소유로 바뀐 경우에도 채무자는 물상보증인의 지위를 승계하므로 현재 채무자 지분이라는 이유로 채무자 지분에서 우선적으로 배당해서는 안 될 것이다.

공동저당의 목적인 채무자 소유의 부동산과 물상보증인 소유의 부동산 중 채무자 소유의 부동산에 대하여 먼저 경매가 이루어져 그 경매대금의 교부에 의하여 1번 공동저당권자가 변제를 받더라도 채무자 소유의 부동산에 대한 후순위 저당권자는 민법 제368조 제2항 후단에 의하여 1번 공동저당권자를 대위하여 물상보증인 소유의 부동산에 대하여 저당권을 행사할 수 없다. 그리고 이러한 법리는 채무자 소유의 부동산에 후순위 저당권이 설정된 후에 물상보증인 소유의 부동산이 추가로 공동저당의 목적으로 된 경우에도 마찬가지로 적용된다.57)

민법 제368조 제1항은 동일한 채권의 담보로 수개의 부동산에 저당권을 설정한 경우에 그 부동산의 경매대가를 동시에 배당하는 때에는 각 부동산의 경매대가에 비례하여 그 채권의 분담을 정하도록 규정하고 있다. 위 규정은 공동저당권의 목적물 전체 환가대금을 동시에 배당하는 이른바 동시배당의 경우에 공동저당권자의 실행선택권과 우선변제권을 침해하지 않는 범위 내에서 각 부동산의 책임을 안분시킴으로써 각 부동산상의 소유자와 차순위 저당권자 기타의 채권자의 이해관계를 조절하는 데에 그 취지가 있고, 공동근저당권의 경우에도 적용된다. 한편 당사자는 최초 근저당권 설정 시는 물론 그 후에도 공동근저당권임을 등기하여 공동근저당권의 저당물

54) 대법원 2010. 4. 15. 선고 2008다41475 판결.

55) 대법원 2016. 3. 10. 선고 2014다231965 판결.

56) 대법원 2016. 3. 10. 선고 2014다231965 판결.

57) 대법원 2014. 1. 23. 선고 2013다207996 판결.

을 추가할 수 있는데, 이와 같이 특정 공동근저당권에 있어 공동저당물이 추가되기 전에 기존의 저당물에 관하여 후순위 근저당권이 설정된 경우에도 민법 제368조 제1항이 마찬가지로 적용된다.[58]

한편 모든 부동산이 2인 이상의 물상보증인 소유인 경우에는 그들 사이의 구상관계를 고려할 때 민법 제368조 제1항이 적용되어야 한다.[59]

4) 동시배당의 몇 가지 실례

가) 공동저당권자가 선순위인 경우

각 부동산의 경매대가의 비율로 공동저당권자의 채권을 안분하여 각 부동산의 경매대가에 할당하고 나머지는 후순위권자에게 배당한다(총 경매비용이 100만 원이므로 각 매각대금에 비례하여 50만 원, 30만 원, 20만 원으로 안분할당하였음).

부동산	매각대금	경매비용	순 위 1 번	순 위 2 번
A	500만 원	50만 원	공동저당권자 甲 500만 원	乙 150만 원
B	300만 원	30만 원	공동저당권자 甲 500만 원	丙 100만 원
C	200만 원	20만 원	공동저당권자 甲 500만 원	丁 50만 원

위 예에서, A, B, C 각 부동산의 경매대가는 각 매각대금에서 경매비용을 공제한 각 450만 원, 270만 원, 180만 원이므로 공동저당권자 甲이 각 부동산으로부터 변제받는 액은 A부동산으로부터 250만 원[500×450/(450+270+180)], B부동산으로부터 150만 원[500×270/(450+270+180)], C부동산으로부터 100만 원[500×180/(450+270+180)]이 되고, 따라서 각 부동산의 후순위저당권자 乙·丙·丁은 모두 만족을 얻게 되며, 각 부동산에 관하여 잔액이 생기는데, 이는 잉여금으로 소유자에게 교부하거나 민사집행법 제147조 제1항 제4호의 보증을 제공한 자에게 돌려준다(민사집행법 147조 2항, 3항).

그리고 위 예에서, 만약 A부동산에 순위 3번의 저당권자 戊가 있고 그의 채권액이 70만 원인 경우에는, 戊는 50만 원 밖에 변제받지 못하고 후순위권자의 대위를 인정한 민법 제368조 제2항은 위와 같은 경우에 적용될 규정이 아니므로 戊는 변제받지 못한 나머지 20만 원은 B, C부동산의 잔여액으로부터는 어떠한 방법으로도 만족을 얻을 수 없다. 다만 戊가 B, C부동산의 소유자에 대한 채권자라면 별도로 배당

58) 대법원 2014. 4. 10. 선고 2013다36040 판결.

59) 주석 민법[물권4](제5판), 한국사법행정학회(2019), 194쪽.

요구를 하거나 위 잔여금의 반환청구권을 압류하거나 가압류하여 만족을 받을 수 있음은 별론이다.

나) 공동저당권자가 후순위인 경우

전술한 바와 같이 공동저당권이 순위 2번 또는 3번의 저당권인 경우에는 선순위권자(선순위저당권자, 전세권자, 조세채권자)에게 우선배당하고 잔액을 기준으로 하여 각 부동산의 부담액을 정한다(매각대금은 편의상 경매비용을 뺀 잔액으로 본다. 이하 같다).

부동산	매각대금	경매비용	순 위 1 번	순 위 2 번
A	500만 원	50만 원	저당권자 乙 150만 원	공동저당권자 甲 500만 원
B	300만 원	30만 원	저당권자 丙 90만 원	공동저당권자 甲 500만 원
C	200만 원	20만 원	저당권자 丁 60만 원	공동저당권자 甲 500만 원

위 예에서, 선순위의 乙·丙·丁이 각 그 채권전액을 교부받으면 그 결과 A부동산의 경매대가는 300만 원(500－50－150), B부동산의 경매대가는 180만 원(300－30－90), C부동산의 경매대가는 120만 원(200－20－60)이므로, 甲은 A부동산으로부터 250만 원[500×300/(300＋180＋120)], B부동산으로부터 150만 원[500×180/600], C부동산으로부터 100만 원 [500×120/600]을 각 배당받게 되고, A, B, C부동산에 관하여 각각 50만 원, 30만 원, 20만 원의 잔여액이 생기므로, 이는 잉여금으로서 소유자 등에게 교부 또는 반환된다. 이러한 결과는 다음의 예에서와 같이 공동저당권의 저당권이 공동저당물건의 일부에 관하여서만 순위 1번이고 나머지 일부에 관하여는 순위 2번인 경우의 배당에 관해서도 마찬가지이다.

부동산	매각대금	순 위 1 번	순 위 2 번
A	500만 원	저당권자 乙 200만 원	공동저당권자 甲 500만 원
B	300만 원	공동저당권자 甲 500만 원	저당권자 丙 200만 원
C	200만 원	공동저당권자 甲 500만 원	

위 예에서, A부동산의 경매대가는 300만 원(500－200), B부동산의 경매대가는 300만 원, C부동산의 경매대가는 200만 원이 되므로 공동저당권자 甲은 A부동산으로부터 1,875,000원[500×300/(300＋300＋200)], B부동산으로부터 1,875,000원[500×300/800],

C부동산으로부터 125만 원[500×200/800]을 각 배당받는다.

다) 공동저당목적부동산의 일부에 공동저당권과 동순위의 채권자가 있는 경우

부동산	매각대금	순 위 1 번	순 위 2 번
A	240만 원	공동저당권자 甲 200만 원	저당권자 丙 300만 원
B	400만 원	공동저당권자 甲 200만 원 공동저당권설정 전의 가압류 채권자 乙 300만 원	

위 예에서, B부동산의 매각대금 400만 원을 甲의 채권 200만 원과 乙의 채권 300만 원 사이에 안분하여 甲의 채권액에 상응하는 160만 원[400×200/(200+300)]을 甲에 대한 배당에 관한 한 B부동산의 경매대가로 보아, 甲의 채권 200만 원을 A부동산의 경매대가 240만 원과 B부동산의 경매대가 160만 원에 할당하여 A부동산의 부담액은 120만 원[200×240/ (240+160)], B부동산의 부담액은 80만 원[200×160/400]이 되고, 乙은 B부동산으로부터 300만 원 전액을, 丙은 A부동산으로부터 120만 원을 각 변제받고, B부동산의 매각대금 중 잔여액 20만 원은 잉여금으로서 소유자 등에게 교부 또는 반환된다.

또 위 예에서, 공동저당권자 甲의 채권이 700만 원인 때에는 甲에 대한 배당에 관하여 B부동산의 경매대가는 280만 원[400×700/(700+300)]이 되므로, 이것과 A부동산의 경매대가 240만 원을 기준으로 하여 산정한 甲에 대한 A부동산의 부담액은 3,230,769원[700×240/(240+280)], B부동산의 부담액은 3,769,231원[700×280/(240+280)]이 될 것이나, B부동산의 경매대가는 280만 원에 불과하므로, 결국 甲은 A부동산으로부터 240만 원, B부동산으로부터 280만 원을 각 변제받게 되고, 따라서 丙은 전혀 변제를 받지 못하게 된다.

라) 여러 개의 부동산에 관하여 채권액을 달리한 공동저당을 설정한 경우

공동저당권의 피담보채권은 동일한 채권이어야 하나 동일한 채권이 되기 위해서는 동일당사자 간의 동일 발생원인에 기한 채권이면 충분하므로, 동일한 채권을 담보하는 한 여러 개의 부동산에 관하여 채권액을 달리하는 공동저당도 가능하다. 예를 들어, 甲 저당권자가 1개의 금전소비대차계약으로 하는 150만 원의 대여금채권에 관하여 A부동산에 채권액 100만 원, B부동산에 채권액 150만 원으로 하여 각 저당권을 설정 받은 경우, 이는 공동저당권이 되며 이 경우에도 민법 제368조 제1항이 적

용된다.

이 경우 각 부동산의 부담액의 결정방법에 관하여 ① 각 저당권에 공통하는 금액부분에 관하여서만 공동저당의 관계에 있는 것으로 보아 부담액을 정한다는 견해와 ② B부동산에 대한 저당권은 1개이나 부담액을 산정할 때에는 100만 원을 피담보채권으로 하는 저당권과 50만 원을 피담보채권으로 하는 저당권이 동순위로 2개 존재한다고 보아 계산하여야 한다는 견해가 있다.[60)]

위 ①의 견해에 따르면 A·B 부동산의 경매대가가 각 90만 원인 경우에 A·B 부동산에 공통하는 100만 원을 A·B 양 부동산의 가액 비율에 안분하여 각각 50만 원으로 그 부담액을 결정하여 B부동산에 관하여는 그 부담액 50만 원과 잔액 40만 원을 합하여 부담액으로 하고 A부동산으로부터는 50만 원 합계 140만 원을 배당받게 된다.

그러나 위 ②의 견해에 따르면 먼저 B부동산의 경매대가를 B부동산 위의 동순위의 저당권의 피담보채권액의 비율로 안분한다.

즉 100만 원의 저당권에 대한 B부동산의 경매대가는 60만 원[90×100/(100+50)]이 되고, 50만 원의 저당권에 대한 B부동산의 경매대가는 30만 원[90×50/(100+50)]이 되므로, 위 각 경매대가를 기준으로 A·B 부동산에 공통하는 100만 원의 채권에 대한 A·B 각 부동산의 부담액을 산정하면 A부동산의 경매대가는 90만 원, B부동산의 경매대가는 60만 원이므로, A부동산의 부담액은 60만 원[100×90/(90+60)], B부동산의 부담액은 40만 원[100×60/(90+60)]이 되는바, B부동산 위의 50만 원의 채권은 위에서 본 바와 같이 30만 원 밖에 배당을 받지 못하고 20만 원의 부족이 있게 되나, 위 100만 원의 채권에 대한 B부동산의 부담액은 위와 같이 40만 원에 불과하여 오히려 20만 원의 잉여가 있게 되므로, 위 부족금 20만 원도 위 잉여액으로부터 변제받게 된다(잉여금이 없는 경우에는 후순위저당권자의 배당액으로 흡수한다). 그 결과 A부동산의 부담액은 60만 원, B부동산의 부담액은 90만 원이 되어 甲은 합계 150만 원의 배당을 받게 된다.

위 ②의 계산방법이 타당하다.[61)]

마) 2개 이상의 공동저당권이 있고 그 순위가 서로 엇갈리는 경우

---

60) 법원실무제요 민사집행[Ⅲ], 사법연수원(2020), 388쪽.

61) 법원실무제요 민사집행[Ⅲ], 사법연수원(2020), 388쪽.

부동산	매각대금	순 위 1 번	순 위 2 번
A	a	甲의 공동저당권 100만 원	乙의 공동저당권 180만 원
B	b	乙의 공동저당권 180만 원	甲의 공동저당권 100만 원

위와 같은 예는 乙이 B부동산에 대하여 1번 저당권을 취득하고 甲이 A, B부동산에 대하여 공동저당권을 설정받은 후, 乙이 A부동산에 대하여 추가로 B부동산과의 공동저당권을 취득한 경우 등에 많이 생긴다.

위와 같은 경우에는 견해가 나뉜다. ① 견해는 시간적으로 먼저 성립한 공동저당을 기준으로 하여 순위계산을 하고 그 순위가 엇갈리게 된 원인이 된 추가적 후순위저당권에 대하여는 공동저당으로서의 특별취급을 할 필요가 없다고 한다. 이 견해에 따르면 乙은 우선 B부동산에 대한 매각대금 b로부터 우선배당을 받고, 甲은 그 나머지와 A부동산에 대한 매각대금 a와의 비율에 따라 배당을 받으며, 만일 a에 나머지가 있고 乙이 b로부터 변제받지 못한 부족액이 있으면 위 남은 대금에서 부족액을 배당받게 될 뿐이고 서로 간에 대위문제가 생길 여지가 없다고 한다.

이에 대하여 ② 견해[62]는 공동저당으로 성립된 시간적 선후를 따지지 않고 모두 공동저당으로 취급하여 다음과 같은 산식에 의해서 각 부동산별로 각 채권자에 대한 부담액을 산출하여 배당을 할 것이라고 한다. 즉 우선 A부동산의 乙의 2번 저당권에 대한 경매대가를 ⓐ, B부동산의 甲의 2번 저당권에 대한 경매대가를 ⓑ라고 하면, ⓐ = a − 100만 원, ⓑ = b − 180만 원이 되며, 이에 따른 A부동산에 대한 甲 채권의 부담액은 [100만 원×{a/(a + ⓑ)}]가 되고 여기에 ⓑ = b − 180만 원을 대입하면 결국 [100만 원×{a/(a + b − 180만 원)}]이 된다.

같은 방식으로 B부동산에 대한 甲의 채권액의 부담액은 [100만 원×{ⓑ/(a + ⓑ)}] = [100만 원×{(b − 180만 원)/(a + b − 180만 원)}]이 되고, A부동산에 대한 乙 채권액의 부담액은 [180만 원×{ⓐ/(b + ⓐ)}] = [180만 원×{(a − 100만 원)/(b + a − 100만 원)}]이 되며, B부동산에 대한 乙 채권액의 부담액은 [180만 원×{b/(b + a − 100만 원)}]가 될 것이므로, 이에 따라 배당을 할 것이라고 한다. ② 견해가 실무상 다수설로 보인다.

바) 공동저당목적부동산 중 어느 것이 경매되느냐에 따라 후순위 저당권자의 이해가 엇갈리게 되나 대위가 허용되지 않는 경우

62) 주석 민법[물권4](제5판), 한국사법행정학회(2019), 198~200쪽.

부동산	매각대금	순 위 1 번	순 위 2 번	일반채권자
A	300만 원	공동저당권자 甲 300만 원	저당권자 乙 200만 원	
B	200만 원	공동저당권자 甲 300만 원		丙
C	100만 원	공동저당권자 甲 300만 원		丁

위와 같은 경우 A, B, C 각 부동산에 대한 매각대금이 동시에 배당되면 甲은 A부동산으로부터 150만 원, B부동산으로부터 100만 원, C부동산으로부터 50만 원을 배당받고 완전한 만족을 얻는다. 한편 乙은 A부동산으로부터 甲이 변제받고 남은 150만 원을 배당받기는 하지만, 나머지 50만 원(=200−150)은 변제받지 못한다.

이때 乙은 B, C부동산의 잔존가액(B는 200만 원−100만 원=100만 원, C는 100만 원−50만 원=50만 원)으로부터 변제받을 수 있는가가 문제되나, 이는 이시배당의 경우가 아니므로 부정함이 타당하다.[63]

그런데 위의 예에서 만약 甲이 B와 C에 대하여만 먼저 경매를 신청하였다면 甲은 B로부터 200만 원, C로부터 100만 원을 배당받아 완전한 만족을 얻게 되고, 이에 따라 A부동산 위의 甲의 공동저당권은 소멸하고 A부동산 위의 乙의 저당권은 순위가 상승하여 1번 저당권이 됨으로써 완전한 만족을 얻게 되어 甲이 어느 부동산에 대하여 먼저 경매를 신청하느냐에 따라 乙의 이해가 엇갈리게 된다. 그러나 乙이 A부동산에 대해 2번 저당권을 설정받을 때는 甲의 공동저당권으로 인해 자기가 전액을 변제받을 수 없다는 점을 각오했을 것이므로, 전자의 경우에 전액을 변제받지 못하게 되었다 하더라도 어쩔 수 없고, 후자의 경우는 우연한 사정에 의해 이익을 보게 된 것에 불과하다고 할 것이다.[64]

5) 동시배당의 경우 배당표 작성방법

민법 제368조 제1항이 적용되어 공동저당권자의 채권을 각 부동산의 경매대가에 안분배당하는 경우에는 각 채권자의 배당금액과 비용에 관한 계산관계가 복잡하여 이를 배당표에 모두 기재할 수 없으므로, 그 계산관계를 명백히 하기 위해서는 배당명세표(또는 배당계산표)를 별도로 작성하여 배당표에 첨부하고 배당표에는 각 채권자에게 지급할 배당액만을 기재한다.[65]

63) 법원실무제요 민사집행[Ⅲ], 사법연수원(2020), 390쪽.
64) 법원실무제요 민사집행[Ⅲ], 사법연수원(2020), 390쪽.
65) 법원실무제요 민사집행[Ⅲ], 사법연수원(2020), 390~391쪽.

[예시: 배당표]

○○지방법원
배 당 표

사 건 20 타경 부동산임의경매

배당할 금액(①)		금 50,000,000		
명세	매 각 대 금	금 49,500,000		
	지연이자 및 절차비용	금 0		
	전매수신청보증금	금 0		
	매각대금이자	금 500,000		
	항고보증금	금 0		
집 행 비 용(②)		금 1,500,000		
실제 배당할 금액 (① - ②)		금 48,500,000		
매 각 부 동 산		가. 서울 서초구 서초동 100 대지 100㎡ 나. 같은 동 101 임야 100㎡		
채 권 자		종로구	신한은행	김갑동
채권금액	원 금	1,000,000	10,000,000	9,000,000
	이 자	0	3,350,000	100,000
	비 용	0	0	50,000
	계	1,000,000	13,350,000	9,150,000
배 당 순 위		가. 나. 각 1	가. 2	나. 2
이 유		교부권자(당해세)	근저당권자	저당권자
채 권 최 고 액		1,000,000	20,000,000	9,150,000
배 당 액		1,000,000	13,350,000	9,150,000
잔 여 액		47,500,000	34,150,000	25,000,000
배 당 비 율		100.00%	100.00%	100.00%
공 탁 번 호 (공 탁 일)		금제 호 (20 . . .)	금제 호 (20 . . .)	금제 호 (20 . . .)
채 권 자		중소기업은행	이을순	박일수
채	원 금	19,000,000	10,000,000	5,000,000

채권금액	이 자	1,000,000	0	0
	비 용	0	0	0
	계	20,000,000	10,000,000	5,000,000
배 당 순 위		가. 나. 각 3	가. 4	나. 4
이 유		신청채권자 (근저당권)	저당권자	저당권자
채 권 최 고 액		20,000,000	15,000,000	10,000,000
배 당 액		20,000,000	3,980,000	1,020,000
잔 여 액		5,000,000	1,020,000	0
배 당 비 율		100.00%	39.80%	20.40%
공 탁 번 호 (공 탁 일)		금제 호 (20 . . .)	금제 호 (20 . . .)	금제 호 (20 . . .)
2○○○. ○. ○. 판사(사법보좌관) ○ ○ ○				

라. 이시배당(異時配當)의 경우

1) 차순위권자의 대위권

공동저당권의 목적부동산 일부만이 매각되어 그 경매대가를 먼저 배당하는 때에는 공동저당권자는 그 대가로부터 채권금액을 변제받을 수 있으나 이 경우 그 매각한 부동산의 차순위 저당권자는 선순위저당권자가 공동저당 목적부동산 전부가 매각되어 동시에 배당을 하였더라면 다른 부동산의 경매대가에서 변제를 받을 수 있는 금액의 한도 내에서 선순위자를 대위하여 저당권을 행사할 수 있다(민법 제368조 제2항).

임금채권자나 조세채권자가 사용자 또는 조세채무자 소유의 여러 개의 부동산 중 일부가 먼저 매각되어 그 경매대가에서 우선변제받은 경우 그 매각한 부동산의 저당권자로서는 임금채권자 또는 조세채권자가 위 여러 개의 부동산으로부터 동시에 배당받았다면 다른 부동산의 경매대가에서 변제를 받을 수 있었던 금액의 한도 내에서 선순위자인 임금채권자 또는 조세채권자를 대위하여 다른 부동산의 매각절차에서 우선하여 배당받을 수 있음은 전술하였다.[66]

66) 대법원 2000. 9. 29. 선고 2000다32475 판결, 대법원 2001. 11. 27. 선고 99다22311 판결, 대법

민법 제368조 제2항은 선순위의 공동저당권자가 공동저당 목적부동산의 일부에 관하여서만 경매신청을 한 경우라든가 또는 그 목적부동산 전부에 관하여 경매신청을 하였으나 민사집행법 제124조의 준용으로 그중 일부 부동산에 대하여서만 매각이 허가되고 나머지에 대하여는 매각불허가가 된 결과 매각된 일부 부동산의 매각대금만을 배당하는 경우에 다른 부동산이 부담하여야 할 채권액의 한도에서 차순위권자가 대위하는 것을 인정함으로써 차순위권자 상호 간 이익의 조화를 유지하려는 취지에서 나온 규정이다.67)

예를 들어, 甲이 300만 원의 채권을 위하여 400만 원 가격의 A부동산과 200만 원 가격의 B부동산에 관하여 순위 1번의 공동저당권을 가지고 있고, 乙이 300만 원의 채권을 위하여 A부동산에 관하여 2번 저당권을 가진 경우에, 甲이 A부동산만을 경매에 붙여 그 매각대금 400만 원을 배당하는 때에는 이로부터 甲은 그 채권 300만 원 전액의 변제를 받고 乙은 그 잔액 100만 원의 변제밖에 받지 못하게 되나, 만약 A·B 부동산이 동시에 매각되어 그 대금이 동시에 배당되었더라면 甲은 A부동산의 대금으로부터 200만 원, B부동산의 대금으로부터 100만 원의 변제를 받게 될 것이므로, B부동산이 동시에 매각되었더라면 분할부담하게 될 100만 원에 관하여는 乙은 甲을 대위하여 후일 B부동산의 대금으로부터 변제받을 수 있다. 이 법리는 B부동산 위에 순위 2번의 다른 저당권자가 있는 경우에도 다를 바 없다.

이와 같은 대위의 문제는 B부동산만이 대금 200만 원에 매각되었다고 가정하는 경우에 乙이 변제받을 수 있는 금액을 규정한 것이며, 실제로는 B부동산은 아직 매각되지 않은 상태에 있으므로, 甲이 B부동산으로부터 변제받을 수 있는 금액, 즉 乙이 대위할 수 있는 범위는 B부동산이 실제로 매각될 때까지는 판명되지 않는다. 따라서 A부동산의 매각대금을 배당하는 경우에는 집행법원은 乙의 대위의 문제를 고려할 필요 없이 甲에게 대금 300만 원, 乙에게 그 잔액 100만 원을 배당하여 사건을 종료하면 된다.

다만 그 후 B부동산이 매각되어 그 대금을 배당하는 때에는 甲의 채권액을 이미 매각된 A부동산의 경매대가와 B부동산의 경매대가의 비율로 안분하여 乙에게 100만 원을 배당하여야 한다.

甲이 A부동산의 대가에서 변제를 받은 사실은 乙이 B부동산에 대한 경매절차에

원 2005. 9. 29. 선고 2005다34391 판결, 대법원 2009. 11. 12. 선고 2009다53017, 53024 판결.
67) 대법원 2006. 10. 27. 선고 2005다14502 판결.

서 증명하여야 하며, 법원이 직권으로 이 사실을 조사할 의무는 없다.[68)]

후순위저당권자는 대위권발생사실만 입증(차순위저당권자로 기입된 등기사항증명서와 배당표등본 제출)하면 선순위의 공동저당권자의 권리를 행사할 수 있다.

2) 민법 제368조 제2항의 적용범위

후순위저당권자의 대위가 인정되기 위해서는,

가) 민법 제368조 제2항의 규정은 선순위의 공동저당권자가 저당권을 실행하는 경우뿐만 아니라 후순위권자가 일부의 부동산에 관하여 저당권을 실행하는 경우 및 일반채권자가 일부의 부동산에 관하여 강제경매를 신청한 경우에도 적용된다.

나) 민법 제368조 제2항에서 말하는 '차순위저당권자'란 공동저당권자의 바로 다음 순위의 저당권자뿐만 아니라 그 밖의 후순위 담보권자로서 매각으로 그 권리가 소멸되는 자 전부를 포함한다. 후순위저당권자들 사이에서는 그 저당권의 순위가 선순위인 자가 우선하고 서로 다른 부동산의 후순위저당권자가 수인인 경우 동순위로 대위한다.[69)]

법문상으로는 '차순위저당권자'로 되어 있으나 동순위 저당권자도 포함하는 개념으로 봄이 타당하다.[70)]

다) 대위권은 공동저당권자가 일부 부동산의 매각대금으로부터 그 채권의 전부를 변제받은 경우뿐만 아니라 그 채권의 일부만을 변제받은 경우에도 발생한다. 공동저당권자가 공동저당물 중 일부의 경매대가로부터 그 부동산의 책임분담액을 초과하여 배당받아 후순위 저당권자가 동시배당의 경우보다 적은 금액을 배당받은 경우여야 하고 대위하는 범위는 동시배당을 하였더라면 원 채권자가 이 사건에서 배당받았을 금액을 한도로 한다.[71)]

선순위의 공동저당권자가 일부의 부동산의 매각대금으로부터 그 채권의 일부만을 변제받은 경우에는 그 선순위의 공동저당권자는 여전히 잔액채권에 관하여 매각되지 않은 다른 부동산 위에 저당권을 보유하고 있으므로, 차순위저당권자의 대위권은 선순위의 공동저당권자가 그 채권의 전부를 변제받을 것을 정지조건으로 하여 발생한다(정지조건부 이전설).

선순위공동저당권자가 피담보채권을 변제받기 전에 공동저당 목적부동산 중 일부에 관한 저당권을 포기한 경우, 후순위저당권자가 있는 부동산에 관한 경매절차에

68) 법원실무제요 민사집행[Ⅲ], 사법연수원(2020), 394쪽.
69) 이우재, 배당의 제문제(제2판), 진원사(2012), 1080쪽.
70) 법원실무제요 민사집행[Ⅲ], 사법연수원(2020), 394쪽.
71) 이우재, 배당의 제문제(제2판), 진원사(2012), 1080쪽.

서 저당권을 포기하지 않았더라면 후순위저당권자가 대위할 수 있었던 한도에서는 후순위저당권자에 우선하여 배당을 받을 수 없고,72) 이는 공동근저당권의 경우에도 마찬가지로 적용된다.73)

다음의 예에서,

부동산	매각대금	순 위 1 번	순 위 2 번
A	300만 원	공동저당권자 甲 400만 원	저당권자 乙 200만 원
B	200만 원	공동저당권자 甲 400만 원	저당권자 丙 100만 원

A부동산만이 매각된 때에는 甲은 그 매각대금으로부터 300만 원의 변제를 받고도 아직 100만 원의 채권이 남아 있으므로 乙은 변제받을 수 없다.

만약 A·B 부동산이 동시에 매각되어 그 대금이 동시에 배당되었더라면 甲은 A부동산의 매각대금으로부터 240만 원[400×300/(300+200)], B부동산의 매각대금으로부터 160만 원[400×200/(300+200)]을 각 변제받을 수 있었을 것이므로, 乙은 B부동산 위의 甲의 공동저당권에 기하여 甲의 잔액채권 100만 원의 변제를 정지조건으로 하여 대위할 수 있다. 따라서 후일 B부동산이 200만 원에 매각된 때에는 甲은 B부동산의 분할부담액 160만 원으로부터 위 잔액채권 100만 원을 변제받고 그 나머지 60만 원을 乙이 변제받게 되며 丙은 200만 원에서 160만 원을 공제한 40만 원을 변제받게 된다.

한편 물상보증인의 변제자대위에 대한 기대권은 민법 제485조에 의하여 보호되어, 채권자가 고의나 과실로 담보를 상실하게 하거나 감소하게 한 때에는, 특별한 사정이 없는 한 물상보증인은 그 상실 또는 감소로 인하여 상환을 받을 수 없는 한도에서 면책 주장을 할 수 있다. 채권자가 물적 담보인 담보물권을 포기하거나 순위를 불리하게 변경하는 것은 담보의 상실 또는 감소행위에 해당한다. 따라서 채무자 소유 부동산과 물상보증인 소유 부동산에 공동근저당권을 설정한 채권자가 공동담보 중 채무자 소유 부동산에 대한 담보 일부를 포기하거나 순위를 불리하게 변경하여 담보를 상실하게 하거나 감소하게 한 경우, 물상보증인은 그로 인하여 상환받을 수 없는 한도에서 책임을 면한다. 그리고 이 경우 공동근저당권자는 나머지 공동담보 목적물인 물상보증인 소유 부동산에 관한 경매절차에서, 물상보증인이 위와 같이 담보 상실

72) 대법원 2011. 10. 13. 선고 2010다99132 판결 등.

73) 대법원 2009. 12. 10. 선고 2009다41250 판결.

내지 감소로 인한 면책을 주장할 수 있는 한도에서는, 물상보증인 소유 부동산의 후순위 근저당권자에 우선하여 배당받을 수 없다.[74)]

라) 공동근저당권자가 스스로 근저당권을 실행하거나 타인에 의하여 개시된 경매 등의 환가절차를 통하여 공동담보의 목적부동산 중 일부에 대한 환가대금 등으로부터 다른 권리자에 우선하여 피담보채권의 일부에 대하여 배당받은 경우에, 그와 같이 우선변제받은 금액에 관하여는 공동담보의 나머지 목적부동산에 대한 경매 등의 환가절차에서 다시 공동근저당권자로서 우선변제권을 행사할 수 없다고 보아야 하며, 공동담보의 나머지 목적부동산에 대하여 공동근저당권자로서 행사할 수 있는 우선변제권의 범위는 피담보채권의 확정 여부와 상관없이 최초의 채권최고액에서 위와 같이 우선변제받은 금액을 공제한 나머지 채권최고액으로 제한된다고 해석함이 타당하다. 그리고 이러한 법리는 채권최고액을 넘는 피담보채권이 원금이 아니라 이자·지연손해금인 경우에도 마찬가지로 적용된다. 공동근저당권이 설정된 목적부동산에 대하여 동시배당이 이루어지는 경우에 공동근저당권자는 채권최고액 범위 내에서 피담보채권을 민법 제368조 제1항에 따라 부동산별로 나누어 각 환가대금에 비례한 액수로 배당받으며, 공동근저당권의 각 목적부동산에 대하여 채권최고액만큼 반복하여, 이른바 누적적으로 배당받지 않는다. 이시배당이 이루어지는 경우에도 동시배당의 경우와 마찬가지로 공동근저당권자가 공동근저당권 목적부동산의 각 환가대금으로부터 채권최고액만큼 반복하여 배당받을 수는 없다고 해석하는 것이 민법 제368조 제1항 및 제2항의 취지에 부합하기 때문이다.[75)] 따라서 공동저당권이 설정된 부동산 중 일부가 먼저 환가되어 일부 변제를 받은 경우 공동담보의 나머지 목적 부동산에 대하여 공동근저당권자로서 행사할 수 있는 우선변제권의 범위는 피담보채권의 확정 여부와 상관없이 최초의 채권최고액에서 우선변제받은 금액을 공제한 나머지 채권최고액으로 제한되고, 회생절차에서 회생계획에 따라 변제받은 금액도 공동저당권의 담보목적 부동산에 대한 환가절차에서 근저당권의 우선변제권을 행사하여 배당받은 경우에 해당한다. 그러므로 공동근저당권의 배당에 있어 선행 경매 등 환가절차가 있는 경우에는 후행 경매절차에서 근저당권의 배당에 있어 주의가 필요하다.

마) 차순위저당권자의 대위권 발생의 요건으로서 공동저당권의 목적부동산이 전부 채무자의 소유에 속할 것을 요하는가, 그렇지 않으면 목적부동산의 일부가 물상보

74) 대법원 2018. 7. 11. 선고 2017다292756 판결.
75) 대법원 2017. 12. 21. 선고 2013다16992 전원합의체 판결.

증인 또는 제3취득자의 소유에 속하는 경우에도 위 대위권이 발생하는가에 관하여 견해가 대립된다.

우선 공동저당에 제공된 채무자 소유의 부동산과 물상보증인 소유의 부동산 가운데 물상보증인 소유의 부동산이 먼저 경매되어 그 매각대금에서 선순위공동저당권자가 변제를 받은 때에는 물상보증인은 채무자에 대하여 구상권을 취득함과 동시에 변제자대위에 의하여 채무자 소유의 부동산에 대한 선순위공동저당권을 대위취득한다. 그 물상보증인 소유의 부동산에 대한 후순위저당권자는 물상보증인이 대위취득한 채무자 소유의 부동산에 대한 선순위공동저당권에 대하여 물상대위를 할 수 있다.[76] 이러한 법리는 공동근저당권의 경우에도 마찬가지로 적용된다.[77]

이에 반하여 공동저당의 목적인 채무자 소유의 부동산과 물상보증인 소유의 부동산 중 채무자 소유의 부동산에 대하여 먼저 매각이 이루어져 그 매각대금의 교부에 의하여 1번 공동저당권자가 변제를 받더라도, 채무자 소유의 부동산에 대한 후순위저당권자는 민법 제368조 제2항 후단에 의하여 1번 공동저당권자를 대위하여 물상보증인 소유의 부동산에 대하여 저당권을 행사할 수 없다.[78]

따라서 대법원 판례에 따르면, 채무자 甲 소유의 부동산과 물상보증인 또는 제3취득자 乙 소유의 부동산이 순위 1번의 공동저당권의 목적이 되어 있고, 甲 소유 부동산에 제2순위의 저당권자가 있는 경우에 공동저당권자가 甲 소유 부동산을 먼저 매각하여도 甲 소유 부동산의 순위 2번의 저당권자는 乙 소유 부동산에 대위할 수 없는 반면에, 먼저 乙 소유 부동산을 매각하면 乙은 변제자의 대위에 관한 규정(민법 481조, 482조)에 의하여 공동저당권자에 대위하므로 甲 소유 부동산 위의 순위 2번의 저당권자는 乙이 변제받은 후의 잔액에 대하여서만 권리를 행사할 수 있다.

한편, 공동저당이 설정된 복수의 부동산이 같은 물상보증인의 소유에 속하고 그 중 하나의 부동산에 후순위저당권이 설정되어 있는 경우에, 그 부동산의 대가만이 배당되는 때에는 후순위저당권자는 민법 제368조 제2항에 따라 선순위 공동저당권자가 같은 조 제1항에 따라 공동저당이 설정된 다른 부동산으로부터 변제를 받을 수 있었던 금액에 이르기까지 선순위 공동저당권자를 대위하여 그 부동산에 대한 저당권을

76) 대법원 1994. 5. 10. 선고 93다25417 판결, 대법원 2017. 4. 26. 선고 2014다221777, 221784 판결.

77) 대법원 2018. 7. 11. 선고 2017다292756 판결.

78) 대법원 1994. 5. 10. 선고 93다25417 판결, 대법원 1995. 6. 13.자 95마500 결정, 대법원 2010. 4. 15. 선고 2008다41475 판결 등.

행사할 수 있다.

이 경우 공동저당이 설정된 부동산이 제3자에게 양도되어 그 소유자가 다르게 되더라도 민법 제482조 제2항 제3호, 제4호에 따라 각 부동산의 소유자는 그 부동산의 가액에 비례해서만 변제자대위를 할 수 있으므로 후순위저당권자의 지위는 영향을 받지 않는다.[79)]

같은 물상보증인이 소유하는 복수의 부동산에 공동저당이 설정되고 그중 한 부동산에 후순위저당권이 설정된 다음에 그 부동산이 채무자에게 양도됨으로써 채무자 소유의 부동산과 물상보증인 소유의 부동산에 대해 공동저당이 설정된 상태에 있게 된 경우에는 물상보증인의 변제자대위는 후순위저당권자의 지위에 영향을 주지 않는 범위에서 성립한다고 보아야 하고, 이는 물상보증인으로부터 부동산을 양수한 제3취득자가 변제자대위를 하는 경우에도 마찬가지이다. 이 경우 물상보증인이 자신이 변제한 채권 전부에 대해 변제자대위를 할 수 있다고 본다면, 후순위저당권자는 저당부동산이 채무자에게 이전되었다는 우연한 사정으로 대위를 할 수 있는 지위를 박탈당하는 반면, 물상보증인 또는 그로부터 부동산을 양수한 제3취득자는 뜻하지 않은 이득을 얻게 되어 부당하다. 같은 물상보증인이 소유하는 복수의 부동산에 공동저당이 설정된 경우 그 부동산 중 일부에 대한 후순위저당권자는 선순위 공동저당권자가 공동저당이 설정된 부동산의 가액에 비례하여 배당받는 것을 전제로 부동산의 담보가치가 남아있다고 기대하여 저당권을 설정받는 것이 일반적이고, 이러한 기대를 보호하는 것이 민법 제368조의 취지에 부합한다.[80)]

위와 같은 법리는 공동저당이 설정된 복수의 부동산에 선순위 공동근저당권이 설정되고 그 후 일부 부동산에 후순위 전세권이 설정된 경우에도 마찬가지로 적용된다.[81)]

바) 대위등기를 할 때 등기사항은 매각부동산, 매각대금, 선순위 저당권자가 변제받은 금액이다(부동산등기법 제80조 제1항).

사) 대위의 효과

대위는 선순위의 공동저당권자의 저당권이 법률상 당연히 차순위 저당권자에게 이전하는 효과를 발생케 한다. 이때 저당권의 이전은 법률 규정에 의한 이전이므로 등기 없이도 효력이 생긴다(민법 제187조, 일종의 법정 물권양도). 따라서 이와 같은 경우에는 매각목적부동산에 관한 공동저당권설정등기만 말소하고 다른 부동산에 관

79) 대법원 2021. 12. 16. 선고 2021다247258 판결.
80) 대법원 2021. 12. 16. 선고 2021다247258 판결.
81) 대법원 2021. 12. 16. 선고 2021다247258 판결.

한 공동저당권설정등기는 말소하여서는 안 된다. 대위의 효력은 저당권의 이전이고, 저당권의 이전은 부기등기를 하므로(부동산등기법 제52조 제2호) 대위등기는 부기등기의 방법에 의하여야 할 것이다.

아) 배당표 기재

이시배당으로 인해 후순위저당권자의 대위하는 경우 배당순위는 대위하는 원 채권자의 순위를 기재한다. 이유란에는 대위 근거조문 및 대위하는 경매사건과 채권자를 표시해주는 것이 적절하다.

[기재례]

민법 제368조 제2항에 의한 대위(인천지법 2014타경○○○ 사건의 선순위 근저당권자 ○○○ 대위)

3) 동일절차에서의 이시배당

가) 매수인이 매각대금을 지급하면, 각 채권자에게 배당을 실시하게 되는바 공동저당권의 목적인 여러 개의 부동산에 관하여 경매절차를 진행하여 그중 일부의 부동산이 매각되어 대금이 지급된 때에는 다른 부동산이 매각되는 것을 기다리지 않고 매각된 부동산에 관하여 배당을 실시할 수 있다.

이 경우 공동저당권자는 일부의 부동산의 매각대금으로부터 그 부동산의 분할부담액을 초과하여 저당권의 피담보채권 전액의 만족을 받을 수 있다.

그 결과 먼저 매각된 부동산 위의 차순위저당권자는 변제를 받지 못하게 되나, 전술한 바와 같이 민법 제368조 제2항의 규정에 의하여 차순위저당권자는 선순위의 공동저당권자를 대위하여 다른 부동산에 대한 공동저당권자의 저당권을 행사할 수 있으므로, 그 경매절차를 속행하여 다른 부동산의 매각대금으로부터 만족을 받게 된다.

차순위저당권자의 대위권은 일단 배당기일에 그 배당표에 따라 배당이 실시되어 배당기일이 종료되었을 때 발생하는 것이지 배당이의소송의 확정 등 그 배당표가 확정되는 것을 기다려 그때에 비로소 발생하는 것은 아니다.[82]

나) 그런데 공동저당권의 목적부동산이 소유자를 달리하는 경우, 예를 들어 채무자 소유의 A부동산과 물상보증인 소유의 B부동산이 공동저당의 목적으로 된 경우에 배당의 시기에 관하여는 동시배당을 하여야 한다는 견해와 수시배당을 하여야 한

82) 대법원 2006. 5. 26. 선고 2003다18401 판결, 대법원 2006. 5. 26. 선고 2003다18418 판결.

다는 견해가 대립되어 있다.[83]

동시배당설은 전항에서 본 것과 같이 목적부동산의 소유자가 다른 경우에는 민법 제368조 제2항에 의한 대위가 불가능하다는 견해와 판례에 입각하여 A부동산의 대금만을 미리 배당하게 되면 A부동산 위의 차순위 저당권자는 B부동산의 대금으로부터 변제를 받을 수 없게 되어 그 이익이 침해받으므로 B부동산의 매각을 기다려 A부동산의 대금과 일괄하여 동시배당하여야 한다고 주장한다.

이에 반하여 수시배당설은 A부동산만이 매각되어 그 대금으로부터 저당권자의 채권금액을 변제받을 수 있으면 B부동산의 경매는 불허될 것이며 이미 A부동산의 대금이 지급된 후에 이를 배당하지 않고 법원이 보관하고 있는 것은 부당하므로 B부동산의 매각을 기다리지 않고 수시로 배당하는 것이 타당하다고 주장한다.

마. 동시배당과 이시배당이 경합하는 경우

부동산	매각대금	순 위 1 번	순 위 2 번
A	300만 원	공동저당권자 乙 300만 원	공동저당권자 甲 300만 원
B	200만 원	공동저당권자 甲 300만 원	저당권자 丙 200만 원
C	100만 원	공동저당권자 甲 300만 원	저당권자 丁 100만 원
D	600만 원	공동저당권자 乙 300만 원	

위와 같은 경우 A, B, C, D 부동산이 동시에 매각되어 배당된다고 가정하면 乙의 공동저당채권액 300만 원은 A와 D에 각 100만 원과 200만 원씩 안분되고, 甲의 공동저당채권액 300만 원은 A에 120만 원[300×(300－100)/(300－100＋200＋100)], B에 120만 원[300×(200/500)], C에 60만 원[300×(100/500)]씩 할당되며, 丙은 B부동산에 대한 매각대금에서 80만 원(200－120)을, 丁은 C부동산에 대한 매각대금에서 40만 원(100－60)을 배당받게 되나, 위와 같은 경우에 A, B, C부동산만이 먼저 매각되어 배당이 된다면 甲의 입장에서는 동시배당이 되나 乙의 입장에서는 이시배당이 된다. 따라서 이 경우에 乙은 A부동산으로부터 300만 원 전액을 배당받게 되고, 甲은 B부동산으로부터 200만 원, C부동산으로부터 100만 원을 배당받게 된다.

이에 대하여 甲은 B와 C로부터 각 그 할당액인 120만 원과 60만 원을 배당받

83) 법원실무제요 민사집행[Ⅲ], 사법연수원(2020), 398~399쪽.

고 나머지 120만 원은 A로부터 배당받되 A의 매각대금은 모두 乙에게 배당되어 甲으로서는 A로부터는 현실적으로 배당을 받을 수 없으므로, 그 대신 乙의 D부동산 위의 권리를 대위한다고 하는 이론도 있을 수 있다. 그러나 이는 현실적으로 변제를 받을 수 없는 부동산에 대해서까지 채권을 분담함으로써 공동저당권자 甲에게 불이익을 강요하는 결과가 되어 채택하기 어렵다. 따라서 일단 甲에게는 위에서 본 바와 같이 B와 C부동산의 매각대금으로 전액 배당을 할 것이나, 사실은 동시배당이 되었더라면 앞에서 본 바와 같이 공동저당권자 乙은 A와 D로부터 각 100만 원과 200만 원을, 그리고 공동저당권자 甲은 A와 B로부터 각 120만 원, C로부터 60만 원을 각 배당받았을 터인데, A, B, C부동산만 먼저 매각되어 공동저당권자 乙이 A부동산으로부터만 전액 배당을 받아감으로써 乙이 D부동산으로부터 배당받을 수 있는 금액 중 120만 원에 한해서는 민법 제368조 제2항에 따라 A부동산의 차순위저당권자인 甲이 저당권을 행사할 수 있게 되었으므로, 甲도 B, C, D부동산(D는 대위에 의하여 이전) 중 B, C부동산으로부터만 전액 배당을 받아감으로써 甲의 D부동산에 대한 저당권은 다시 각 B, C부동산의 차순위저당권자인 丙, 丁에게 이전되어 결국 丙, 丁이 D부동산에 대하여 앞에서 본 각 80만 원과 40만 원의 한도 내에서 저당권을 대위행사할 수 있는 것으로 봄이 타당하다.[84)]

바. 특수한 경우의 배당

부동산	매각대금	순 위 1 번	순 위 2 번
A	1500만 원	공동저당권자 甲 1,000만 원	공동저당권자 乙 600만 원
B	300만 원	공동저당권자 丙 400만 원	
C	1000만 원	공동저당권자 甲 1,000만 원 공동저당권자 乙 600만 원 공동저당권자 丙 400만 원 甲, 乙, 丙은 동순위	

위의 경우 A부동산 위의 甲의 저당권과 C부동산 위의 甲의 저당권은 공동저당의 관계에 있고, 乙의 A 및 C에 대한 각 저당권과 丙의 B 및 C에 대한 저당권도 같은 관계에 있다. 이때에는 우선 C부동산의 매각대금을 甲, 乙, 丙에게 할당하여

84) 법원실무제요 민사집행[Ⅲ], 사법연수원(2020), 400쪽.

각 피담보채권액의 비율인 5 : 3 : 2의 비례에 따라 甲에게 500만 원, 乙에게 300만 원, 丙에게 200만 원씩 할당한다. 다음으로 甲 채권을 A와 C 사이에 나누게 되는데, 이때에는 그 채권 1,000만 원을 A부동산의 대금 1,500만 원과 C부동산의 대금 중 甲의 채권에 할당된 500만 원의 비율에 따라 다시 할당한다.

즉 1,000만 원×3/4 = 750만 원(A부동산이 甲 채권을 위해 부담할 액수)

1,000만 원×1/4 = 250만 원(C부동산이 甲 채권을 위해 부담할 액수)

다음으로 乙을 위한 A부동산의 대가는 원래의 매각대금 1,500만 원으로부터 우선변제채권인 甲 채권에 변제된 750만 원을 뺀 잔액 750만 원이다.

따라서 600만 원×750만 원/(300만 원 + 750만 원) = 4,285,714원(A부동산이 乙 채권을 위해 부담할 액수)

600만 원×300만 원/(300만 원 + 750만 원) = 1,714,286원(C부동산이 乙 채권을 위해 부담할 액수)

한편 丙 채권을 위한 할당액도 같은 방법으로 산정한다.

400만 원×300만 원/(200만 원 + 300만 원) = 240만 원(B부동산이 丙 채권을 위해 부담할 액수)

400만 원×200만 원/(200만 원 + 300만 원) = 160만 원(C부동산이 丙 채권을 위해 부담할 액수)

5. 근저당권자에게 채권최고액 초과 부분도 배당할 수 있는지 여부

가. 문제점 제기

실채권액이 근저당권의 채권최고액을 초과하고 있고 근저당권자가 경매신청서 또는 채권계산서에 의하여 그 초과액까지도 청구하고 있을 경우에 “매각대금으로 그 최고액을 변제하고도 잔액이 있으며 그 잔액으로부터 변제받을 후순위권자도 없는 때”에는 근저당권자에게 채권최고액 초과 부분도 배당할 수 있는지 여부가 문제된다. 판례는 ‘근저당권설정자와 채무자가 동일한 경우’와 ‘근저당권설정자가 물상보증인이거나 또는 목적부동산에 관하여 제3취득자가 생긴 경우’를 구별하고 있다.

나. 근저당권설정자가 물상보증인이거나 또는 목적부동산에 관하여 제3취득자가 생긴 경우

1) 근저당권자는 초과채권을 배당받지 못함

근저당권설정자가 물상보증인이거나 또는 목적부동산에 관하여 제3취득자가 생긴 경우에는 위 잔액은 근저당권설정자(물상보증인)나 제3취득자에게 교부되어야 한다.[85)]

물론 후순위권리자가 있는 경우라면 근저당권자는 매각대금에서 최고액을 초과한 부분에 관하여 우선변제를 청구할 수 없다. 즉 매각대금으로부터 근저당권의 채권최고액을 변제하고도 남은 금액(잔액)이 있는 때에 ① 그 잔액으로부터 변제받을 후순위 채권자가 있는 경우는 물론이고, ② 후순위 채권자가 없는 경우에도, 근저당권설정자가 물상보증인이거나 또는 목적부동산에 관하여 제3취득자가 생긴 경우라면 근저당권자는 그 잔액으로 초과부분을 변제받을 수 없다.

한편 근저당권 설정 당시에는 물상보증인 소유였다가 채무자가 물상보증인을 상속한 경우의 처리가 문제되는데, 이는 우연한 사정에 의한 것으로 채무자는 물상보증인 지위를 승계한 것이기 때문에 근저당권설정자와 채무자가 동일한 경우로 볼 수 없어 채권최고액 초과부분은 근저당권자가 아닌 채무자에게 지급하는 것이 타당하다.

2) 근저당권자가 채권최고액을 초과하는 채권에 관하여 배당받기 위한 요건

근저당권자는 채권최고액 초과부분을 배당받을 수 없는 경우(즉, 변제받을 후순위권자가 남아있어 잉여금이 없는 경우 또는 잉여금이 있더라도 근저당권설정자가 물상보증인이거나 또는 목적부동산에 관하여 제3취득자가 생긴 경우), 근저당권자가 채권최고액을 초과하는 부분을 배당받기 위하여서는 그 채권최고액을 초과하는 채권에 관하여는 일반채권으로서 별도로 적법한 배당요구를 하였거나 그 밖에 달리 배당을 받을 수 있는 채권으로서의 필요한 요건을 갖추고 있어야 한다.

즉 담보권자가 초과부분에 관하여 민사집행법상의 배당요구 조건을 갖추어 민사집행법 제88조에 따라 배당요구를 한 경우에는 일반채권자와 안분비례하여 배당한다.[86)]

이는 일반채권이므로, 채권최고액을 초과한 금액에 관하여 '배당요구'를 한 근저당권자가 여럿이거나 일반채권자가 있는 경우 채권최고액 초과 부분에는 우선변제권이 없으므로 마찬가지로 안분배당을 한다.

---

85) 대법원 1971. 5. 15.자 71마251 결정, 대법원 1974. 12. 10.선고 74다998 판결 참조.

86) 대법원 1998. 4. 10. 선고 97다28216 판결(근저당권의 채권최고액을 초과하는 부분으로서 우선변제의 효력이 미치지 않는 채권에 관하여 다른 가압류채권자와의 사이에 같은 순위로 안분비례하여 배당하기 위해서는 근저당권에 기한 경매신청이나 채권계산서의 제출이 있는 것만으로는 안 되고, 그 채권최고액을 초과하는 채권에 관하여 별도로 적법한 배당요구를 하였거나 그 밖에 달리 배당을 받을 수 있는 채권으로서의 필요한 요건을 갖추고 있어야 한다).

다. 근저당권설정자와 채무자가 동일한 경우

근저당권설정자와 채무자가 동일한 경우에는 근저당권의 채권최고액은 후순위 담보권자나 저당목적부동산의 제3취득자에 대한 우선변제권의 한도로서의 의미를 갖는 것에 불과하고 그 부동산으로써는 그 최고액 범위 내의 채권에 한하여서만 변제를 받을 수 있다는 이른바 책임의 한도라고까지는 볼 수 없으므로 근저당권자의 채권액이 근저당권의 최고액을 초과하는 경우에 매각대금 중 그 채권최고액을 초과하는 금액이 있더라도 이는 근저당권설정자에게 반환할 것은 아니고 근저당권자의 채권최고액을 초과하는 채무의 변제에 충당하여야 한다.[87] 물론 그 전제로서 근저당권자가 경매신청서 또는 채권계산서에 의하여 “그 초과액까지도 청구한 경우”이어야만 한다.

채권최고액을 초과한 배당요구를 한 담보권자가 여럿인 경우에는 담보권의 순위에 따라 배당해야 한다는 견해와 안분배당을 해야 한다는 견해가 있다. 실무의 다수는 안분배당을 하고 있다.[88]

반면에 일반채권자가 있는 경우에는 채권최고액 초과부분에는 우선변제권이 없으므로 안분배당을 한다. 다만 이때 근저당권의 채권최고액을 초과하는 부분으로서 우선변제의 효력이 미치지 않는 채권에 관하여 다른 일반채권자와의 사이에 같은 순위로 안분비례하여 배당하기 위해서는 근저당권에 기한 경매신청이나 채권계산서의 제출이 있는 것만으로는 안 되고, 그 채권최고액을 초과하는 채권에 관하여 별도로 민사집행법 제268조, 제88조에 의한 적법한 배당요구를 하였거나 그 밖에 달리 배당을 받을 수 있는 채권으로서의 필요한 요건을 갖추고 있어야 한다.[89]

한편, 채권최고액 초과부분에 대한 배당요구를 한 담보권자만 여럿인 경우에는 집행권원이 없어도 경매신청서나 계산서 제출 등을 통해 배당요구가 있는 것으로 인정되면 이들에게 안분배당을 한다.[90]

이와 같이 채권최고액 초과부분을 배당한 경우에는 배당표 이유란에 ‘20○○. ○. ○.자 근저당권 채권최고액 초과부분’이라고 기재하는 것이 적절하다.

---

87) 대법원 1992. 5. 26. 선고 92다1896 판결, 대법원 2009. 2. 26. 선고 2008다4001 판결.
88) 법원실무제요 민사집행[Ⅲ], 사법연수원(2020), 39쪽.
89) 대법원 1998. 4. 10. 선고 97다28216 판결, 대법원 1998. 10. 13. 선고 97다27794 판결.
90) 이우재, 배당의 제문제(제2판), 진원사(2012), 603쪽.

라. 잉여금에 대한 압류 등이 있는 경우

근저당권자의 채권최고액 초과부분을 배당할 것인지 대해서는 근저당권자 배당설[91]과 소유자배당설이 대립되고 있다.[92] 잉여금은 경매절차에서 배당받을 채권자에게 배당하고도 남아 소유자에게 지급할 금액을 의미하는데, 근저당권자는 채권최고액 초과부분에 대해서도 앞서 본 바와 같이 적법하게 배당받을 수 있으므로 근저당권자에게 채권최고액 초과부분을 우선배당하고 그래도 남은 부분이 있으면 잉여금으로 처리하여 압류권자 등에게 지급하는 것이 타당하다.

6. 근저당권의 피담보채권과 함께 근저당권을 양수하였으나 채권양도의 대항요건을 갖추지 못한 양수인이 배당을 받을 수 있는 지 여부(=적극)

가. 견해의 대립

채권양도의 합의는 있으나 대항요건을 갖추지 않은 경우 "채무자에게 대항하지 못한다"는 취지가 무엇인지 즉, 채무자에 대하여 실체법적으로 일단 채권양도의 효력은 발생한 것으로 볼 수 없다는 것인지에 관하여 견해의 대립이 있다.[93]

1) 제1설(양도효력불발생설)

"대항하지 못한다"의 의미를 채무자에 대한 대항요건이 갖추어지지 않으면 채무자에 대한 관계에서 아직 채권양도의 효력이 발생하지 않는다는 취지로 해석한다.

2) 제2설(양도효력발생설)

일단 양도의 효력은 발생하며, 다만 통지나 승낙이 없는 동안은 양수인은 채무자에 대하여 채권양도의 효력을 주장할 수 없어 양수인은 채무자에 대하여 양수한 채권을 행사할 수 없고, 채무자는 양수인에게 변제할 의무를 지지 않는다고 한다.

나. 판례의 태도(=적극)

판례[94]에 따르면, 채권양도의 대항요건을 갖추지 않아도 일단 채권양도의 효력

---

91) 이우재, 배당의 제문제(제2판), 진원사(2012), 604쪽도 근저당권자의 채권최고액 초과부분까지 배당하고 남은 금액인 잉여금에 압류의 효력이 미친다는 견해임.

92) 2012 사법보좌관 정례세미나 회의록(실무상 제문제 등 종합토론) 33쪽.

93) 이우재, "가. 근저당권의 피담보채권과 함께 근저당권을 양수하였으나 채권양도의 대항요건을 갖추지 못한 양수인의 저당권실행의 가부(적극) 및 배당 여부(적극), 나. 선순위의 근저당권부 채권을 양수한 채권자가 채권양도의 대항요건을 갖추지 아니한 경우 후순위의 근저당권자가 채권양도로 대항할 수 없는 제3자에 포함되는지 여부(소극)", 대법원판례해설(54), 법원도서관(2006) 164-174쪽 참조.

은 발생한 것이고(양도효력발생설), 따라서 채권과 담보권의 양수인은 유효한 담보권자로서 담보권을 행사할 수 있다. 피담보채권을 저당권과 함께 양수한 자는 저당권이전의 부기등기를 마치고 저당권실행의 요건을 갖추고 있는 한 채권양도의 대항요건을 갖추고 있지 않더라도 경매신청을 할 수 있으며, 채무자는 경매절차의 이해관계인으로서 채권양도의 대항요건을 갖추지 못하였다는 사유를 들어 경매개시결정에 대한 이의나 즉시항고절차에서 다툴 수 있고, 이 경우 신청채권자가 대항요건을 갖추었다는 사실을 증명하여야 할 것이나, 이러한 절차를 통하여 채권 및 근저당권의 양수인의 신청에 의하여 개시된 경매절차가 실효되지 않은 이상 그 경매절차는 적법한 것이고, 또한 그 경매신청인은 양수채권의 변제를 받을 수도 있다.

담보권실행을 위한 경매절차는 국가가 채무자나 소유자의 권능을 제한하여 획일적으로 변제를 위한 절차를 실행하는 것으로서, 국가는 채무자가 소유자의 대리인이 아닌 제3자로서 대항요건불비여부를 따질 수 있는 자가 아니고, 담보권부 채권은 채권양도의 대항요건을 갖추지 못하였다고 하더라도 담보권자가 공시됨으로써 채권의 귀속이 간접적으로 공시되므로 담보권실행을 위한 경매절차에서는 절차적 안정성을 위하여 특수한 취급을 하고 있는 것이며, 담보물건의 소유자는 대항요건불비를 주장할 수 있는 제3자가 아니어서 그에 대하여는 채권양도만으로도 피담보채권의 양도효력이 있는 것으로 취급되어야 하는 것이며, 설령 소유자와 채무자가 동일인이라고 하더라도 이는 지위의 우연한 일치일 뿐 담보권의 본질상 당연히 그를 채무자로서 경매절차의 당사자로 취급하여야 하는 것은 아니라고 할 것이기 때문이다.

다. 대항요건을 갖추지 못한 양수인이 배당을 받을 수 있는 지 여부(= 적극)

1) 대법원 2005. 6. 23. 선고 2004다29279 판결은, 대항요건을 갖추지 못한 양수인이 배당을 받을 수 있다고 보았다.

변제절차를 진행하는 국가는 채무자나 소유자의 대리인이 아닌 공권력을 행사하는 제3자이고, 한편 국가는 대항요건불비를 다툴 수 있는 제3자는 아니므로, 국가가 배당할 때 경매신청채권자이든 배당요구채권자인 대항요건구비 여부를 따질 필요도 없으므로, 해당 담보권실행을 위한 경매절차에서는 채무자가 이를 다투지 않아 경매절차가 취소되거나 실효되지 않은 이상 경매신청채권자에게 배당을 하는 것이 타당

94) 대법원 2000. 10. 25.자 2000마5110 결정, 대법원 2004. 7. 28.자 2004마158 결정, 대법원 2005. 6. 23. 선고 2004다29279 판결.

하다.

집행법원은 형식적 심사권밖에 없으므로 대항요건 구비 여부를 실질적으로 심사하는 데 한계가 있고, 양수인보다 후순위 근저당권자는 대항할 수 없는 제3자에 포함되지 않으므로,[95] 대항요건의 구비 여부를 다투는 건 사실상 채무자라 할 수 있는데, 양수인은 채무자에게 대항하지 못하는 것일 뿐이므로 채무자가 이를 배당이의로 다투게 하는 것이 적절하다.[96]

2) 가) 근저당권부 채권이 양도되었으나 근저당권의 이전등기가 마쳐지지 않은 상태에서 실시된 배당절차에서 근저당권의 명의인은 배당이의를 할 수 없다.[97] 피담보채권을 양도한 저당권자는 채권의 양도로 인하여 더 이상 채권자가 아니므로 배당이의를 할 수 없는 것이다.

나) 문제는 이 경우 피담보채권의 양수인은 배당이의를 할 수 있는지 여부이다. 저당권이전등기를 하지 않은 피담보채권의 양수인은 일반채권자에 불과하므로, 일반채권자로서 배당을 받을 수 있기 위하여 요구되는 요건(집행력 있는 정본을 소지하거나 가압류를 한 후 배당요구종기 내에 배당요구를 하였을 것)을 모두 갖춘 경우에 한하여 배당이의가 가능하다.[98] 저당권이전등기를 하지 않은 피담보채권의 양수인은 저당권이전등기를 하지 않은 동안에는 저당권자라고 볼 수 없기 때문이다. 실무상 매각 전후로 근저당권부채권을 양도하면서 부기등기는 마치지 않는 경우가 종종 있으니 주의가 필요하다.

'피담보채권을 양도하여 채권이 없는 양도인'이 양수인을 대신하여 배당요구를 할 수도 없다.[99]

---

95) 대법원 2005. 6. 23. 선고 2004다29279 판결.

96) 이와 관련한 자세한 내용은 손흥수, "저당권부 채권양도와 민사집행", 민사집행법연구1, 진원사(2012), 144쪽 이하 참조.

97) 대법원 2003. 10. 10. 선고 2001다77888 판결(피담보채권과 근저당권을 함께 양도하는 경우에 채권양도는 당사자 사이의 의사표시만으로 양도의 효력이 발생하지만 근저당권이전은 이전등기를 하여야 하므로 채권양도와 근저당권이전등기 사이에 어느 정도 시차가 불가피한 이상 피담보채권이 먼저 양도되어 일시적으로 피담보채권과 근저당권의 귀속이 달라진다고 하여 근저당권이 무효로 된다고 볼 수는 없으나, 위 근저당권은 그 피담보채권의 양수인에게 이전되어야 할 것에 불과하고, 근저당권의 명의인은 피담보채권을 양도하여 결국 피담보채권을 상실한 셈이므로 집행채무자로부터 변제를 받기 위하여 배당표에 자신에게 배당하는 것으로 배당표의 경정을 구할 수 있는 지위에 있다고 볼 수 없다).

98) 노만경, "근저당권부 채권이 양도되었으나 근저당권의 이전등기가 경료되지 않은 상태에서 실시된 배당절차에서 근저당권의 명의인이 배당이의를 할 수 있는지 여부", 대법원판례해설(46), 법원도서관(2004), 477쪽.

99) 대법원 2003. 10. 10. 선고 2001다77888 판결.

저당권부채권의 양도를 받았으나 아직 저당권이전의 부기등기를 마치지 못한 자는 비록 채권양도의 대항요건(민법 450조)을 구비하였다 하더라도 저당권을 취득한 것이 아닌 반면, 저당권부채권이 법률의 규정에 의하여 이전하는 경우에는 저당권도 이에 따라 등기 없이도 이전되므로 이 경우에는 저당권을 취득한 자는 등기기록상에 저당권자로 등기되지 않았더라도 저당권자와 마찬가지로 취급된다. 예를 들어, 저당권부채권이 상속, 포괄유증, 회사의 합병 등에 의하여 포괄승계된 경우, 저당권부채권이 전부명령에 의하여 전부된 경우, 공동저당에 있어서 차순위자의 대위로 인한 이전(민법 368조)의 경우에는 포괄승계인 또는 전부채권자 등은 저당권이전의 부기등기 없이도 저당권자로서의 배당을 받을 수 있고, 배당이의도 할 수 있다.

7. 불법말소된 (근)저당권자의 구제방법[100)]

가. 원인 없이 말소된 등기의 추정력 여부(=적극)

등기가 불법말소된 경우 그 등기권리자가 권리를 상실하는 것인지 아니면 여전히 등기의 추정력을 갖는지에 관하여 아래와 같은 견해의 대립이 있다.

1) 권리상실설

등기는 물권변동의 효력발생요건인 동시에 존속요건이므로, 등기가 불법으로 말소되면 권리도 상실하는 것이며, 권리가 상실되지 않는다면 부동산거래의 안전을 위하여 바람직하지 못하다.[101)] 등기의 추정력은 등기가 현재 공시작용을 하고 있음을 전제로 인정되는 것인 만큼 등기기록이 멸실되거나 그 등기의 기재가 말소되었다면 그 등기가 회복되지 않는 한 멸실·말소의 원인을 묻지 않고 그 등기의 추정력을 부인하여야 한다.

2) 등기추정설

등기는 어디까지나 권리외관일 뿐이지 권리 그 자체가 아니므로, 등기가 불법적으로 말소되었다면 진정한 권리자는 권리를 잃지 않으며, 진정한 권리자는 말소회복등기를 청구할 수 있다.[102)] 등기상 권리자의 의사에 기하지 않고 등기기록이 멸실되

100) 자세한 내용은, 윤경, “불법말소된 저당권의 권리자와 배당이의의 소”(대상판례: 대법원 2002. 10. 22. 선고 2000다59678 판결), 한국민사소송법학회(2002) 237-263쪽 참조.

101) 곽윤직, 물권법(신정판), 박영사(1992), 148쪽.

102) 주석 민법[물권1](제5판), 한국사법행정학회(2019), 196~197쪽, 한국사법행정학회(2001) 230쪽; 이홍훈, “등기의 추정력”, 재판자료 43집, 등기에 관한 제문제(상), 법원행정처(1988), 241쪽; 김종대, “판례를 통해 본 등기의 추정력”, 판례연구 6집, 부산판례연구회(1996), 23-24쪽.

거나 등기가 말소되었음에도 불구하고 그 권리자에 대하여 등기의 추정력을 뺏는다는 것은 부당하므로, 등기기록이 멸실되었다든가 그 등기가 원인 없이 말소된 경우에는 그 등기가 회복되지 않았더라도 그 원래의 권리자에 대하여 추정력을 인정하여야 한다.

3) 대법원 판례의 태도(=등기추정설)

대법원 1982. 9. 14. 선고 81다카923 판결은, "등기는 물권의 효력발생요건이고 효력존속요건이 아니므로 물권에 관한 등기가 원인 없이 말소된 경우에 그 물권의 효력에는 아무런 영향을 미치지 않는다고 봄이 타당한 바, 등기공무원이 관할지방법원의 명령에 의하여 소유권이전등기를 직권으로 말소하였으나 그 후 동 명령이 취소확정된 경우에는 말소등기는 결국 원인 없이 경료된 등기와 같이 되어 말소된 소유권이전등기는 회복되어야 하고 회복등기를 마치기 전이라도 말소된 소유권이전등기의 최종명의인은 적법한 권리자로 추정된다고 하겠으나 동 이전등기가 실체관계에 부합하지 않은 점에 대한 입증책임은 이를 주장하는 자에게 있다"고 판시하여, 등기추정설을 취하고 있고, 그 후 같은 취지의 판결이 최근까지 선고됨으로서 대법원은 부정설의 입장을 확고하게 견지하고 있다.[103] 즉 등기는 물권의 효력발생요건이고 존속요건은 아니어서 등기가 원인 없이 말소된 경우에는 그 물권의 효력에 아무런 영향이 없고, 그 회복등기가 마쳐지기 전이라도 말소된 등기의 등기명의인은 적법한 권리자로 추정된다.[104]

불법말소된 등기권자가 자신의 등기가 불법하게 말소되었다는 점을 입증하면, 회복등기를 하지 않더라도 등기의 추정력이 인정되고, 그 등기가 무효라는 점은 다시 이를 주장하는 자가 입증하여야 한다.[105]

저당권(근저당권도 같다)은 물권이므로 불법말소되었다고 하더라도 권리가 소멸되는 것은 아니고,[106] 따라서 첫 경매개시결정등기 전에 등기되어 있던 저당권자는 회복등기가 되지 않았더라도 배당요구가 없이 당연히 배당을 받을 수 있는 자에 해당하므로 배당요구의 종기 이후라도 저당권이 불법말소된 사실을 증명하여 배당받을

103) 대법원 1982. 12. 28. 선고 81다카870 판결, 대법원 1988. 10. 25. 선고 87다카1232 판결, 대법원 1988. 12. 27. 선고 87다카2431 판결, 대법원 1997. 9. 30. 선고 95다39526 판결, 대법원 1999. 9. 17. 선고 98다63018 판결.

104) 대법원 2002. 10. 22. 선고 2000다59678 판결, 대법원 2010. 2. 11. 선고 2009다68408 판결 참조.

105) 대법원 2002. 10. 22. 선고 2000다59678 판결 참조.

106) 대법원 1998. 1. 23. 선고 97다43406 판결 등 참조.

수 있다.[107]

근저당권설정등기가 위법하게 말소되어 아직 회복등기를 마치지 못하였거나 또는 근저당권 이전 부기등기가 무효임에도 그 부기등기가 말소되지 않은 연유로 그 부동산에 대한 경매절차의 배당기일에서 피담보채권액에 해당하는 금액을 배당받지 못한 근저당권자는 배당기일에 출석하여 이의를 하고 배당이의의 소를 제기하여 구제를 받을 수 있다.[108]

4) 판례의 태도 분석

등기는 그것이 형식적으로 존재하는 것 자체로부터 등기에 의하여 표시된 권리 또는 법률관계가 존재하는 것으로 추정되고, 마찬가지로 말소된 경우에는 그 권리 또는 법률관계가 존재하지 않는 것으로 추정되어야 하는데, 불법말소된 등기의 경우에는 등기가 형식적으로 존재하지 않음에도 등기의 추정력을 인정하고 있는 것처럼 보인다. 이는 앞서 설명한 등기의 추정력에 대한 일반론과는 다른 것으로 보이지만, 판례는 '말소된 등기 자체'에 대하여 추정력을 인정한 것이 아니라, '등기가 마쳐졌다'는 사실에 대하여 소유자로서의 추정력(사실상의 추정)을 인정한 것으로 보아야 한다.

나. 불법말소된 근저당권자의 구제방법(=회복등기의 소 또는 부당이득반환청구소송)

1) 근저당권회복등기를 위한 소(=단, 매수인이 매각대금을 완납하기 전까지의 구제방법)

불법말소된 근저당권자는 어떤 구제방법을 택할 수 있는가?

통상 불법말소된 저당권의 회복등기를 하면 될 것이다. 회복등기가 이루어지면 근저당권자는 별도의 배당요구 없이도 배당을 받을 수 있는 자에 해당하므로(민사집행법 제148조 제4호), 배당순위에 따라 배당받을 수 있고, 배당에서 제외된 경우 배당이의의 소를 제기할 수 있다.

다만 경매법원에서는 새로운 등기사항증명서가 제출되지 않는 한 회복등기가 된 사실을 알 수 없으므로, 근저당권자는 회복등기가 이루어진 등기사항증명서를 경매법원에 제출하는 것이 바람직하다.

---

107) 대법원 2002. 10. 22. 선고 2000다59678 판결, 대법원 2010. 2. 11. 선고 2009다68408 판결 참조.

108) 대법원 2002. 10. 22. 선고 2000다59678 판결 참조, 대법원 2019. 8. 30. 선고 2019다206742 판결.

그런데 저당권이 설정된 목적물에 대한 경매가 진행되어 매수인이 매각대금을 납부한 경우에는 저당권은 소멸하고, 위법하게 말소된 저당권 역시 달리 볼 것은 아니므로, 이 경우에는 이미 소멸한 근저당권에 관한 말소등기의 회복등기를 위하여 현 소유자(매수인)를 상대로 그 승낙의 의사표시를 구할 수는 없다.109) 즉 매수인이 매각대금을 납부하면 그 부동산상의 저당권은 모두 말소할 운명에 처하게 되므로, 매수인이 매각대금을 완납한 후에는 회복의 소를 제기할 이익이 없게 되는 것이다.

2) 부당이득반환청구의 소(= 매수인이 매각대금을 완납하여 이에 기한 배당표가 확정된 이후의 구제방법)

부동산에 관하여 근저당권설정등기가 마쳐졌다가 그 등기가 위조된 등기서류에 의하여 아무런 원인 없이 말소되었다는 사정만으로는 곧바로 근저당권이 소멸하는 것은 아니지만, 부동산이 경매절차에서 매각되어 매각대금이 완납되면 그 부동산에 존재하였던 근저당권은 당연히 소멸하는 것이므로, 근저당권설정등기가 원인 없이 말소된 이후에 그 근저당 목적물인 부동산에 관하여 다른 근저당권자 등 권리자의 경매신청에 따라 경매절차가 진행되어 매각허가결정이 확정되고 매수인이 매각대금을 완납하였다면, 원인 없이 말소된 근저당권은 이에 의하여 소멸한다.

따라서 근저당권설정등기가 위법하게 말소되어 아직 회복등기를 마치지 못한 연유로 그 부동산에 대한 경매절차에서 피담보채권액에 해당하는 금액을 전혀 배당받지 못한 근저당권자로서는 위 경매절차에서 실제로 배당받은 자에 대하여 부당이득반환청구로서 그 배당금의 한도 내에서 그 근저당권설정등기가 말소되지 않았더라면 배당받았을 금액의 지급을 구할 수 있다.110)

다만 배당표가 확정되기 전까지는 배당표상의 채권자가 배당금을 수령할 수 없으므로, 배당표가 확정된 이후에나 그 채권자를 상대로 부당이득반환청구를 할 수 있다고 할 것이다.

따라서 불법말소된 근저당권의 권리자가 배당기일에 출석하지 않음으로써 배당표가 확정되었다고 하더라도, 확정된 배당표에 의하여 배당을 실시하는 것은 실체법상의 권리를 확정하는 것이 아니기 때문에 위 경매절차에서 실제로 배당받은 자에 대하여 부당이득반환 청구로서 그 배당금의 한도 내에서 그 근저당권설정등기가 말소되지 않았더라면 배당받았을 금액의 지급을 구할 수 있다.111)

---

109) 대법원 1997. 11. 25. 선고 97다35771 판결, 대법원 1998. 10. 2. 선고 98다27197 판결.
110) 대법원 1998. 10. 2. 선고 98다27197 판결, 대법원 2002. 10. 22. 선고 2000다59678 판결.
111) 대법원 2002. 10. 22. 선고 2000다59678 판결 참조.

다. 불법말소된 근저당권의 권리자가 배당이의의 소를 제기하여 구제받을 수 있는지 여부(=적극)

근저당권설정등기가 위법하게 말소되어 아직 회복등기를 마치지 못한 연유로 그 부동산에 대한 경매절차의 배당기일에서 피담보채권액에 해당하는 금액을 전혀 배당받지 못한 근저당권자는 원칙적으로 배당기일에 출석하여 이의를 하고 배당이의의 소를 제기하여 구제를 받을 수 있다.[112]

라. 저당권이 불법으로 말소되었다는 점은 언제까지 입증하여야 하는지 여부(=배당표가 확정되기 전까지)

불법으로 자신의 저당권이 말소된 자는 언제까지 이를 입증하여야만 배당을 받을 수 있는지에 관하여는 ① 배당요구의 종기까지라는 견해(1설), ② 매수인이 매각대금을 납부할 때까지라는 견해(2설), ③ 배당기일까지라는 견해(3설), ④ 배당표가 확정되기 전까지라는 견해(4설)가 있다.

결론적으로 제4설이 타당하다. 배당기일에 출석한 채권자는 자기의 이해에 관계되는 범위 안에서 다른 채권자의 채권의 존부, 범위, 순위에 관하여 이의(실체상의 사유에 기한 이의)를 할 수 있다(민사집행법 151조 3항). 이의를 할 때는 그 이유를 밝히거나 이유에 대한 증거를 제출할 필요가 없다. 이의가 정당한지 여부는 배당이의 소송의 판결절차에서 가려지기로 예정되어 있는 것이므로 이의의 이유를 밝히는 것과 그 입증은 그 소송절차에서 하는 것이 합리적이기 때문이다. 즉 자신의 명의로 된 저당권이 불법말소된 정당한 저당권자라는 점에 대한 입증이 반드시 배당기일까지 할 필요는 없고, 배당이의의 소에서 입증을 하면 충분하다.

8. 담보권의 효력이 미치는 매각부동산의 범위

가. 집합건물의 전유부분에만 설정된 저당권자가 대지사용권의 목적인 토지의 매각대금에서도 배당을 받을 수 있는지 여부(=적극)

건물소유자가 그 건물 소유를 위하여 가지는 지상권,[113] 전세권, 임차권[114] 등은 건물의 종된 권리로서 민법 제358조 본문의 규정을 유추적용하여 건물에 대한 저

112) 대법원 2002. 10. 22. 선고 2000다59678 판결 참조.
113) 대법원 1992. 7. 14. 선고 92다527 판결, 대법원 1996. 4. 26. 선고 95다52864 판결 참조.
114) 대법원 1993. 4. 13. 선고 92다24950 판결 참조.

당권의 효력은 당연히 이에 미치고 그 종된 권리가 경매신청 및 평가의 대상이 되었는지를 여부와 관계없이 매수인이 민법 제187조의 규정에 따라 등기 없이 당연히 취득한다.

판례는, "저당권의 효력은 저당부동산에 부합된 물건과 종물에 미친다는 민법 제358조 본문의 규정은 저당부동산에 종된 권리에도 유추적용된다고 할 것이고,[115] 한편 집합건물법 제20조 제1항은 '구분소유자의 대지사용권은 그가 가지는 전유부분의 처분에 따른다.', 제2항은 '구분소유자는 그가 가지는 전유부분과 분리하여 대지사용권을 처분할 수 없다.'고 규정하고 있으므로 구분건물의 전유부분만에 관하여 설정된 저당권의 효력은 대지사용권의 분리처분이 가능하도록 규약으로 정하는 등의 특별한 사정이 없는 한 그 전유부분의 소유자가 사후에라도 대지사용권을 취득함으로써 전유부분과 대지권이 동일소유자의 소유에 속하게 되었다면 그 대지사용권에까지 미치고 여기의 대지사용권에는 지상권 등 용익권 이외에 대지소유권도 포함되므로, 이 사건 구분건물의 전유부분의 소유자가 그 전유부분에 대하여만 원고에게 근저당권을 설정하여 준 후 이 사건 대지권에 대한 등기를 함으로써 그 전유부분과 대지권이 동일소유자의 소유에 속하게 된 이상(집합건물법 제20조 제1항, 제2항의 규정상 요구되는 요건이다) 그 전유부분에 대한 근저당권은 대지권에 대하여도 미친다고 할 것"이라고 판시하였다.[116]

따라서 그 대지사용권의 환가대금으로부터 우선변제를 받을 수 있다. 대지사용권은 종물 또는 종된 권리이기 때문이다.[117]

나. 구분건물의 전유부분에만 설정된 전세권의 효력이 대지사용권에도 미치는지 여부

1) 전유부분에만 설정된 전세권의 효력범위(= 대지사용권에도 미침)

전세권은 용익물권이지만 담보물권적 성격을 겸유하고 있기 때문에, 저당권의 경우와 달리 볼 이유가 없다.[118]

따라서 집합건물의 전유부분에 대한 전세권자는 건물부분에 대하여만 전세권설

115) 대법원 1992. 7. 14. 선고 92다527 판결, 대법원 1993. 12. 10. 선고 93다42399 판결, 대법원 1995. 8. 22. 선고 94다12722 판결, 대법원 2008. 3. 13. 선고 2005다15048 판결 등 참조.

116) 대법원 1995. 8. 22. 선고 94다12722 판결.

117) 대법원 2001. 9. 4. 선고 2001다22604 판결 등.

118) 윤경, "구분건물의 전유부분에만 설정된 전세권의 효력범위", 대법원판례해설(40), 법원도서관(2002), 554-555쪽.

정등기를 할 수 있고 대지사용권의 목적인 토지에 대하여는 전세권설정등기를 할 수 없어 전세권은 건물만에 관한 것이라는 취지의 부기등기를 하게 되나(등기선례 4-449 참조), 전세권의 경우에도 대지사용권의 분리처분이 가능하도록 규약으로 정하는 등의 특별한 사정이 없는 한 전세권의 효력은 대지사용권에도 미치므로,[119] 전세권자는 대지사용권의 매각대금 중에서도 배당받는다. 따라서 이 경우 등기사항증명서상 건물만에 관한 것이라는 취지의 부기등기가 있어도 전세권자는 대지사용권의 매각대금 중에서도 배당을 받을 수 있으니 주의가 필요하다.[120] 반면 다가구건물 중 일부에만 설정된 전세권은 토지에 대해서는 우선변제권이 없으니 집합건물에 설정된 전세권과 구별이 필요하다.

집합건물이 되기 전의 상태에서 건물 일부 만에 관하여 전세권이 설정되었다가 그 건물이 집합건물로 된 후 그 전세권이 구분건물의 전유부분만에 관한 전세권으로 이기된 경우 위 전세권의 효력은 그 대지권에까지 미친다.[121]

2) 대지사용권이 성립되기 전의 대지에 설정된 근저당권자와의 우선순위

집합건물이 되기 전의 상태에서 건물 일부 만에 관하여 전세권이 설정(2006. 1. 9. 설정)되었다가 그 건물이 2007. 3. 22.에 집합건물로 된 후 그 전세권이 구분건물의 전유부분만에 관한 전세권으로 이기된 경우 전세권의 효력이 대지권에 미친다.

그런데 건물 일부 만에 관하여 전세권이 설정(2006. 1. 9. 설정)된 후인 2006. 8. 21. 건물과 대지에 관하여 저당권이 설정된 경우 대지권의 환가대금에 대한 우선배당순위는 어떻게 되는가 하는 문제가 떠오른다(① 2006. 1. 9. 건물 일부 만에 관한 전세권 설정 – ② 2006. 8. 21. 건물과 대지에 관한 저당권 설정 – ③ 건물이 2007. 3. 22.에 구분소유건물로 된 경우임).

이에 대하여는, ① 원래의 전세권설정일자라는 견해(1설), ② 대지사용권이 성립한 시점이라고 하는 견해(2설), ③ 원래의 전세권설정일자를 기준으로 하여야 하나, 이미 대지사용권에 대하여 권리를 가진 자에게는 대항할 수 없다는 견해(3설), ④ 대지사용권이 성립한 시점이라고 하면서도 그 시점의 우선변제권자 사이에서는 종전 순위에 따른다고 하는 견해(4설)로 나뉜다.[122]

대지권에 대한 우선변제효가 건물(또는 전유부분)에 대한 전세권설정 당시로 소급

119) 대법원 2002. 6. 14. 선고 2001다68389 판결.
120) 대법원 2009. 1. 30. 선고 2008다67217 판결.
121) 대법원 2002. 6. 14. 선고 2001다68389 판결.
122) 자세한 것은, 윤경 위 논문 557-560쪽 참조.

한다고 보기는 어렵다는 점에서 1설과 3설에는 찬성하기 어렵다. 따라서 건물(또는 전유부분)만에 대한 전세권자나 저당권자가 종된 권리인 대지권에 대한 우선변제효를 가지는 시점은 대지권이 성립한 시점(2007. 3. 22.)이지만, 건물(또는 전유부분)만에 대한 전세권자나 저당권자 상호간의 대지권에 대한 우열은 동순위인지(2설) 아니면 종전 건물에 관한 설정 순위에 따라야 하는지(4설) 문제가 되는데, 4설이 타당하다.[123)]

3) 부동산 일부에 대한 전세권자의 우선변제권의 범위

건물의 일부에 대한 전세권자는 전세권의 목적물이 아닌 나머지 건물부분에 대한 전세권에 기한 경매신청권은 없지만[124)] 배당에 있어서는 민법 제303조에 따라 그 부동산 전부(토지는 제외)에 대하여 후순위권리자 그 밖의 채권자보다 우선하여 배당을 받는다. 따라서 다가구건물과 토지가 매각대상인 경우 다가구건물 중 일부에 대해 설정된 전세권은 다가구건물 전부에 대해 우선변제권이 있으나 토지에 대해서는 우선변제권이 없으니 배당 시 주의가 필요하다. 판례도, 다가구주택과 대지가 일괄매각된 사안에서 다가구주택에 설정된 전세권이 대항력과 확정일자를 갖춘 임차인보다 우선 변제받는지에 대해서, 건물 부분에 대해서는 전세권이 우선하지만 대지 부분에 대해선 전세권의 효력이 대지에 미치지 않기 때문에 확정일자부 임차인이 우선하므로 건물 부분과 대지 부분의 매각대금을 나눠 건물 부분에 대해서만 전세권자에게 우선배당하고 대지 부분에 대해선 확정일자부 임차인에게 배당해야 한다고 판단하였다.[125)]

9. 근저당권의 피담보채무의 일부 대위변제의 경우

가. 근저당권의 피담보채무의 일부 대위변제권자의 권리행사방법

변제할 정당한 이익이 있는 자가 채무자를 위하여 채권의 일부를 대위변제할 경우에 대위변제자는 변제한 가액의 범위 내에서 종래 채권자가 가지고 있던 채권 및 담보에 관한 권리를 법률상 당연히 취득하게 되는 것이므로, 채권자가 부동산에 대하여 근저당권을 가지고 있는 경우에는 채권자는 대위변제자에게 일부 대위변제에 따른 저당권의 일부 이전의 부기등기를 마쳐주어야 할 의무가 있으나, 이 경우에도 채

123) 대법원 2002. 6. 14. 선고 2001다68389 판결은 2설 또는 4설을 취한 것으로 보이는데, "대지사용권에 대한 전세권의 효력은 대지사용권이 성립함으로써 비로소 미치게 되는 것"이라고만 판시하여 2설과 4설 중 어느 설을 취하였는지 불분명하다.

124) 대법원 1992. 3. 10.자 91마256, 257 결정, 대법원 2001. 7. 2.자 2001마212 결정.

125) 대법원 2015. 5. 28. 선고 2014다10007 판결.

권자는 일부 변제자에 대하여 우선변제권을 가지고 있고,[126] 근저당권은 계속적인 거래관계로부터 발생하고 소멸하는 불특정다수의 장래채권을 결산기에 계산하여 잔존하는 채무를 일정한 한도액의 범위 내에서 담보하는 저당권이어서, 거래가 종료하기까지 채권은 계속적으로 증감변동하는 것이므로, 근저당 거래관계가 계속 중인 경우 즉, 근저당권의 피담보채권이 확정되기 전에 그 채권의 일부를 양도하거나 대위변제한 경우 근저당권이 양수인이나 대위변제자에게 이전할 여지는 없으나, 그 근저당권에 의하여 담보되는 피담보채권이 확정되게 되면, 그 피담보채권액이 그 근저당권의 채권최고액을 초과하지 않는 한 그 근저당권 또는 그 실행으로 인한 매각대금에 대한 권리 중 그 피담보채권액을 담보하고 남는 부분은 저당권의 일부이전의 부기등기를 마쳤는지 여부와 관계없이 대위변제자에게 법률상 당연히 이전된다.[127] 한편 신청채권자[128] 이외의 담보권자의 근저당권의 피담보채권의 확정시기는 그 근저당권이 소멸하는 시기, 즉 매수인이 매각대금을 완납한 때이다.[129]

즉 근저당권의 피담보채권이 확정되기 전에 일부 대위변제를 한 경우 근저당권을 일부 이전받을 수 없지만, 매각대금 납부와 동시에 근저당권의 일부가 대위변제자에게 법률상 당연히 이전되므로, 대위변제자는 대금납부 이후 배당기일 사이에 자신이 법률상 근저당권의 일부를 취득하였음을 이유로 일부대위변제자라는 소명자료와 채권계산서를 제출하여 배당받을 수 있다. 반드시 피담보채권의 확정 후 대위변제를 하여야 하는 것은 아니고, 확정 이전에 대위변제하여도 확정과 동시에 근저당권이 법률상 이전되는 것이다. 대위변제자는 대위할 범위에 관하여 종래 채권자가 이미 배당요구를 하였거나 배당요구 없이도 당연히 배당받을 수 있었던 경우에는 대위변제자는 따로 배당요구를 하지 않아도 배당을 받을 수 있다.[130]

일부대위변제자는 매각대금완납 이전이라고 미리 자신이 일부대위변제자라는 소

126) 대법원 2005. 7. 28. 선고 2005다19958 판결, 대법원 2010. 4. 8. 선고 2009다80460 판결, 대법원 2011. 6. 10. 선고 2011다9013 판결 등.

127) 대법원 2002. 7. 26. 선고 2001다53929 판결, 대법원 2006. 2. 10. 선고 2004다2762 판결, 대법원 2011. 6. 10. 선고 2011다9013 판결.

128) 경매신청채권자의 경우 경매신청 시 확정이 된다. 대법원 1994. 1. 25. 선고 92다50270 판결, 대법원 1999. 3. 23. 선고 98다46938 판결 등(담보권실행을 위한 경매에서 경매채권자가 피담보채권의 일부에 대하여만 담보권을 실행하겠다는 취지로 경매신청서에 피담보채권의 원금 중 일부만을 청구금액으로 하여 경매를 신청하였을 경우에는 경매채권자의 청구금액은 그 기재된 채권액을 한도로 확정되고 경매채권자는 채권계산서에 청구금액을 확장하여 제출하는 방법에 의하여 청구 금액을 확장할 수 없다).

129) 대법원 1999. 9. 21. 선고 99다26085 판결.

130) 대법원 2006.2.10. 선고 2004다2762 판결, 대법원 2011. 6. 10. 선고 2011다9013 판결.

명자료를 제출하면서 채권계산서를 제출할 수 있고, 매각대금이 완납되는 순간 근저당권의 일부 대위변제자로서의 그 근저당권상의 권리를 행사할 수 있다.

근저당권의 일부대위변제자는 근저당권의 일부이전 부기등기를 하지 않은 경우 등기기록에 나타나지 않는 권리자이지만, 일부대위변제자라는 신고를 하지 않아 배당표에서 누락된 경우 배당이의를 할 수 있다. 일부대위변제로 법률의 규정에 의하여 저당권의 일부를 취득한 자이기 때문이다.[131)]

근저당권의 피담보채권의 일부대위권자가 배당이의를 하지 않아 배당표가 확정된 경우에도 실제로 배당받은 후순위권자를 상대로 부당이득반환청구를 할 수 있다.

나. 근저당권의 일부 이전 부기등기권자의 순위

1) 대위변제자 상호간의 순위

수인이 시기를 달리하여 채권의 일부씩을 대위변제하고 근저당권 일부 이전의 부기등기를 각 마친 경우 그들은 각 일부대위자로서 그 변제한 가액에 비례하여 근저당권을 준공유하고 있다고 보아야 하고, 그 근저당권을 실행하여 배당함에 있어서는 다른 특별한 사정이 없는 한 각 변제채권액에 비례하여 안분배당하여야 하고 부기등기의 순서에 따라 배당해서는 안 된다.[132)]

이때 종전의 근저당권자와 채무자 사이에 지연손해금 약정이 있었다면 이러한 약정에 기한 지연손해금 또한 근저당권의 피담보채권에 포함되어 종전의 근저당권자가 배당받을 수 있는 금액으로서 대위변제자들이 안분 배당받을 금액에 포함되어야 한다.[133)]

변제자의 대위에 의한 저당권의 일부 이전이 아닌 당사자 사이의 약정에 의한 임의적인 저당권 일부 이전의 경우 당사자 사이에 별도의 약정이 없으면 각 근저당권자의 채권최고액 범위 내에서 실제 채권액의 비율로 안분배당함이 실무이다.[134)]

---

131) 대법원 2002. 10. 22. 선고 2000다59678 판결은, 근저당권설정등기가 위법하게 말소되어 아직 회복등기를 마치지 못한 연유로 그 부동산에 대한 경매절차의 배당기일에서 피담보채권액에 해당하는 금액을 전혀 배당받지 못한 근저당권자는 원칙적으로 배당기일에 출석하여 이의를 하고 배당이의의 소를 제기하여 구제를 받을 수 있다고 하고 있다. 즉 등기기록에 권리자로 나타나지 않은 자도 배당이의가 가능하다. 그런데 일부대위변제권자의 경우 법률의 규정에 의하여 근저당권의 일부를 취득한 자로서 당연히 배당받을 권리자이므로, 배당이의를 할 자격이 있음에는 더더욱 의문의 여지가 없다.

132) 대법원 2001. 1. 19. 선고 2000다37319 판결, 대법원 2006. 2. 10. 선고 2004다2762 판결, 대법원 2011. 6. 10. 선고 2011다9013 판결.

133) 대법원 2014. 5. 16. 선고 2013다202755 판결.

처음부터 순위가 같은 근저당권이 여러 개 설정된 경우에도 같다.

2) 채권자와 대위변제자 간의 순위

채권의 일부에 관하여 대위변제가 있는 때에는 대위자는 그 변제한 가액에 비례하여 채권자와 함께 그 권리를 행사한다(민법 제483조 제1항).

그러나 그 권리의 행사방법에 관하여는 먼저 일부 대위변제자의 저당권 단독실행여부 및 우선순위에 대한 채권자와 일부 대위변제자의 약정이 있는 경우 그에 따르고,[135] 약정이 없는 경우 견해가 나뉘는바, ① 대위자는 그 변제한 가액에 비례하여 그 범위 내에서는 단독으로 저당권을 행사할 수 있고 채권자와 평등한 입장에 선다고 하는 견해(1설)와 ② 대위자는 단독으로 대위한 권리를 행사할 수 없고 채권자가 그 권리를 행사하는 경우에만 채권자와 함께 그 권리를 행사할 수 있으며, 또 이 경우에는 변제에 관하여 채권자가 우선한다는 견해(2설)가 있는데, 2설이 통설이다.[136] 2설에 의할 경우 채권자와 일부 변제자 사이에 저당권의 단독 실행을 허용하는 약정은 가능하나, 이 경우에도 원래 채권자의 잔존 채권최고액 범위 내에서는 원래의 채권자의 권리가 우선한다.

예를 들어 1,000만 원의 저당채권에 관하여 보증인이 400만원을 변제한 경우에 1설에 의하면 채권자 또는 보증인이 담보물건에 관하여 경매를 신청하여 매각대금 500만원을 얻은 때에는 채권자는 300만원, 보증인은 200만원의 배당을 받게 되나, 2설에 의하면 채권자만이 경매를 신청할 수 있으며 배당에 있어서도 채권자의 채권액에 우선적으로 충당을 하게 되므로 보증인은 배당을 받을 수 없게 된다.

판례는 대위자가 단독으로 저당권을 행사할 수 있는가에 관하여는 아직 판시한 바 없으나, 변제의 순위에 관하여는 본래의 채권자가 일부 대위변제자에 대하여 우선변제권을 가지고 있다고 하여, 2설을 취하고 있다.[137]

결국 변제할 정당한 이익이 있는 자가 채무자를 위하여 근저당권의 피담보채무의 일부를 대위변제한 경우에 채권자는 대위변제자보다 우선변제권을 가진다.[138] 따

134) 주석 민법[물권4](제5판), 한국사법행정학회(2019), 66쪽.

135) 대법원 2010. 4. 8. 선고 2009다80460 판결.

136) 주석 민법[채권총칙4](제5판), 한국사법행정학회(2019), 319~321쪽; 민법주해[XI] 채권(4), 박영사(1995) 211쪽.

137) 대법원 1988. 9. 27. 선고 88다카1797 판결, 대법원 1995. 3. 3. 선고 94다33514 판결, 대법원 2009. 11. 26. 선고 20009다57545 판결, 대법원 2010. 4. 8. 선고 2009다80460 판결, 대법원 2011. 1. 27. 선고 2008다13263 판결 등.

138) 대법원 1988. 9. 27. 선고 88다카1797 판결, 대법원 2002. 7. 26. 선고 2001다53929 판결, 대법원 2004. 6. 25. 선고 2001다2426 판결, 대법원 2004. 6. 25. 선고 2001다2426 판결.

라서 일부 대위변제가 있는 경우 원 근저당권자에게 채권최고액 한도 내에서 피담보 채권액 전액을 먼저 배당하고 난 후 일부 대위변제자에게 채권최고액 한도 내에서 남은 금액을 배당해야 한다(원 근저당권자에게 채권최고액에서 등기사항증명서상 일부변제금액을 뺀 잔액을 기준으로 배당하는 것이 아님). 이 경우 배당표상 대위변제자의 채권최고액란에는 원 근저당권자의 채권최고액에서 원 근저당권자가 배당받고 남은 잔액을 기재하는 것이 적절하다.

다만 채권자와 어느 일부 대위변제자 사이에 변제의 순위나 배당금의 충당에 관하여 따로 약정(우선회수특약)을 한 경우에는 그 약정에 따라 배당의 방법이 정해진다.[139] 이 경우에 채권자와 다른 일부 대위변제자들 사이에 동일한 내용의 약정이 있는 등의 특별한 사정이 없는 한 그 약정의 효력은 약정의 당사자에게만 미치므로, 약정의 당사자가 아닌 다른 일부 대위변제자가 대위변제액에 비례하여 안분 배당받을 권리를 침해할 수는 없다.

따라서 경매법원으로서는 ① 채권자와 일부 대위변제자들 전부 사이에 변제의 순위나 배당금의 충당에 관하여 동일한 내용의 약정이 있으면 그들에게 그 약정의 내용에 따라 배당하고, ② 채권자와 어느 일부 대위변제자 사이에만 그와 같은 약정이 있는 경우에는 먼저 원칙적인 배당방법에 따라 채권자의 근저당권 채권최고액의 범위 내에서 채권자에게 그의 잔존 채권액을 우선 배당하고, 나머지 한도액을 일부 대위변제자들에게 각 대위변제액에 비례하여 안분 배당하는 방법으로 배당할 금액을 정한 다음, 약정의 당사자인 채권자와 일부 대위변제자 사이에서 그 약정 내용을 반영하여 배당액을 조정하는 방법으로 배당을 하여야 한다.[140] 채권자와 일부 대위변제자 전부 사이에 변제 순위나 배당금 충당에 관하여 동일한 약정이 있는 경우에는 배당표에 동순위로 기재하고 이유란에 '합의배당'이라고 추가 기재하는 것이 적절하다.

일부 대위변제자의 채무자에 대한 구상채권에 대하여 보증한 자가 자신의 보증채무를 변제함으로써 일부 대위변제자를 다시 대위하는 경우, 채권자와 일부 대위변제자 사이의 '우선회수특약'에 따른 권리까지 당연히 대위하거나 이전받게 된다고 볼 수는 없다.[141]

'대위변제'의 경우와 달리 피담보채권의 일부가 '양도'된 경우(전부명령에 의하여

---

139) 대법원 1998. 9. 8. 선고 97다53663 판결, 대법원 2005. 7. 28. 선고 2005다19958 판결, 대법원 2009. 2. 26. 선고 2007다15448 판결 등.

140) 대법원 2011. 6. 10. 선고 2011다9013 판결.

141) 대법원 2010. 4. 8. 선고 2009다80460 판결.

전부된 경우를 포함, 등기예규 1656호 참조)에는 그 채권상호간에 우선순위를 부여할 수 없으므로 채권액의 비율에 따라 평등하게 배당받는다.[142)]

한편 통설에 따를 경우 차순위 근저당권자를 비롯한 대위변제자가 경매신청을 하려면 피대위자가 그 채권을 완제받은 경우라야 하므로 그 사실을 소명하여야 한다.

다만 통설에 따르더라도 채권자와 일부 변제자 사이에 저당권의 단독 실행을 허용하는 약정은 가능하나, 이 경우에도 원래 채권자의 종전 채권최고액(대위변제 받은 금액을 뺀 나머지 금액이 아니라 원래 근저당권의 채권최고액) 범위에서는 원래 채권자의 권리가 우선한다.[143)]

예를 들어, A의 B에 대한 근저당권 채권최고액이 1억 원인데, A의 실제 피담보채권액이 1억 2,000만 원, C의 대위변제액이 8,000만 원이고 매각대금이 1억 원이라고 가정할 경우, A는 원래 근저당권의 채권최고액 1억 원의 한도에서 자기의 잔존채권 전액, 즉 대위변제로 남은 원본뿐만 아니라 대위변제 받은 이후의 잔존 원본채권에 발생한 지연손해금까지 우선변제를 받게 되고, C는 채권최고액 1억 원에서 A가 우선변제를 받고 난 나머지 범위에서 우선변제를 받게 된다.

근저당 거래관계가 계속 중인 경우 즉 근저당권의 피담보채권이 확정되기 전에 그 채권의 일부를 양도하거나 대위변제한 경우 근저당권이 양수인이나 대위변제자에게 이전할 여지가 없다 할 것이지만 그 근저당권에 의하여 담보되는 피담보채권이 확정되면, 그 피담보채권액이 그 근저당권의 채권최고액을 초과하지 않는 한 그 근저당권 또는 그 실행으로 인한 매각대금에 대한 권리 중 그 피담보채권액을 담보하고 남는 부분은 저당권 일부 이전의 부기등기를 마쳤는지와 관계없이 대위변제자에게 법률상 당연히 이전된다.[144)]

10. 근저당권에 질권이 설정되어 있는 경우

가. 기본적인 배당 방법

근저당권에 질권이 설정되어 있는 경우 별도의 압류가 없어도 질권자에게 배당이 가능한데[145)] 그 배당 방법은 아래와 같다.

---

142) 주석 민법[물권4](제5판), 한국사법행정학회(2019), 66쪽; 민법주해[VII] 물권(4), 박영사(1992) 27쪽.

143) 대법원 2004. 6. 25. 선고 2001다2426 판결, 대법원 2011. 1. 27. 선고 2008다13623 판결.

144) 대법원 2002. 7. 26. 선고 2001다53929 판결 등.

145) 법원실무제요 민사집행[Ⅲ], 사법연수원(2020), 270쪽.

근저당권자가 배당받을 금액 범위 내에서 질권자에게 우선배당하고 남은 금액이 있으면 근저당권자에게 배당한다.

근저당권자가 배당받을 금액이 채권최고액을 초과하는 경우에는 채권최고액을 기준으로 질권자의 채권액을 우선 배당하고 남은 금액을 근저당권자에게 배당한다. 예를 들어, 근저당권 채권최고액이 3천만 원이고 근저당권자의 채권액이 3천2백만 원, 질권자의 채권액은 2천9백만 원인 경우 질권자에게 2천9백만 원을 우선 배당하고 근저당권자에게 백만 원을 배당하면 된다. 이 경우 배당표 작성과 관련해선 질권자의 채권최고액란에는 근저당권의 채권최고액을 기재하고, 근저당권자의 채권최고액란에는 근저당권자가 배당받을 수 있는 한도(근저당권의 채권최고액에서 질권자의 배당액을 공제한 금액)를 기재하는 것이 적절하다.

근저당권자가 배당받을 금액이 채권최고액에 미달하는 경우에는 근저당권에게 실제 배당할 금액을 기준으로 질권자에게 우선 배당하고 남은 금액을 근저당권자에게 배당한다. 예를 들어, 근저당권 채권최고액이 3천만 원이고 근저당권자의 채권액이 2천9백만 원, 질권자의 채권액은 2천8백만 원인 경우, 질권자에게 2천8백만 원을 우선 배당하고 근저당권자에게 백만 원을 배당한다. 배당표 작성 시 질권자의 채권최고액란에는 근저당권의 채권액을 기재하고, 근저당권자의 채권최고액란에는 근저당권자가 배당받을 수 있는 한도(근저당권의 채권액에서 질권자의 배당액을 공제한 금액)를 기재하는 것이 적절하다. 간혹 근저당권자의 채권액이 채권최고액에 미달함에도 채권최고액을 기준으로 질권자에게 우선배당하고 남은 금액(위 사례에서 2백만 원)을 근저당권자에게 잘못 배당하는 경우가 있으니 주의가 필요하다.

한편 근저당권부 질권의 피담보채권의 범위와 관련해선, 민법 제335조의 규정에 의하여 권리질권에 준용되는 민법 제334조 전문은 '질권은 원본, 이자, 위약금, 질권 실행의 비용, 질물보존의 비용 및 채무불이행 또는 질물의 하자로 인한 손해배상의 채권을 담보한다'고 정하고 있고, 부동산등기법 제76조 제1항은 등기관이 민법 제348조에 따라 저당권부 채권에 대한 질권의 등기를 할 때에는 부동산등기법 제48조에서 규정한 사항 외에 '채권액 또는 채권최고액, 채무자의 성명 또는 명칭과 주소 또는 사무소 소재지, 변제기와 이자의 약정이 있는 경우에는 그 내용'을 기록하도록 정하고 있어 채권의 지연손해금을 등기사항으로 정하고 있지 않으므로 채권의 지연손해금을 별도로 등기기록에 기재하지 않았더라도 근저당권부 질권의 피담보채권의 범위가 등기기록에 기재된 약정이자에 한정된다고 볼 수 없다.[146]

변제자대위를 통해 근저당권부채권에 대한 질권을 취득한 경우 그 질권이 담보하는 피담보채권은 대위변제자의 변제에 따라 소멸하는 원채권이고, 대위변제자가 원채무자와 별도로 대출계약을 체결하였다고 하더라도 별도로 유효한 등기 유용의 합의가 있었다는 등의 특별한 사정이 인정되지 않는 한, 그 대출계약에 따른 채권은 위 질권의 피담보채권으로 볼 수 없다.[147)]

나. 근저당권에 설정된 질권이 다수인 경우

저당권으로 담보된 채권을 질권의 목적으로 한 때에는 저당권등기에 질권의 부기등기를 해야 그 효력이 미친다(민법 348조). 부기등기가 없는 경우의 질권의 효력에 대해선 견해 대립이 있으나(다수설은 저당권에 의해 담보되지 않는 질권을 취득한다고 견해이고 소수설은 질권의 효력이 생기지 않는다는 견해임) 민법 제361조와의 체계적인 해석상 소수설이 타당한 것으로 보인다. 따라서 이 경우 질권이 설정된 부기등기의 순서에 따라 배당하고 배당표의 이유란에 을구 순위번호 기재하는 것이 적절하다.

다. 근저당권자가 채권최고액 초과부분을 배당받는 경우

근저당권자의 채권최고액을 한도로 하여 질권자가 본인의 채권액을 전액 배당받지 못한 상태에서 잉여금이 생겨 근저당권자가 채권최고액 초과부분을 배당받을 수 있는 경우에는 근저당권자가 배당받는 채권최고액 초과부분에도 질권의 효력이 미친다고 보아야 하므로 질권자가 배당받지 못한 금액을 우선 배당한 후 잔액이 있으면 근저당권자에게 배당한다.

11. 근저당권의 공유자와 동순위의 근저당권자에 대한 배당

1) 근저당권의 공유자들 사이에 배당을 할 때에는, 원칙적으로 각 공유자의 채권액(배당시점에서의)의 비율에 따라 안분함이 타당하다.

예를 들면, 甲과 乙이 최고액 1,000만 원의 근저당권을 공유하고 있을 때, 배당시의 甲의 채권이 800만 원, 乙의 채권이 600만 원이고, 해당 근저당권에 배당될 액이 700만 원이라면 그 700만 원을 甲에게 400만 원[=700만 원×800/(800+600)],

146) 대법원 2023. 1. 12. 선고 2020다296840 판결.
147) 대법원 2023. 1. 12. 선고 2020다296840 판결.

乙에게 300만 원[=700만 원×600/(800+600)]의 비율로 나눈다.

다만 근저당권의 공유자들 사이에 채권최고액 범위에서 각자의 최고액의 범위를 나누어 계산서를 제출하는 경우가 있는데, 그 분할의 내용이 공유자들 사이에 일치할 때에는 그 비율에 따라야 할 것이다.

2) 변제자의 대위에 의한 저당권의 일부이전이 아닌 당사자 사이의 약정에 의한 임의적인 저당권 일부 이전의 경우, 당사자 사이에 별도의 약정이 없으면 각 근저당권자의 채권최고액 범위 내에서 실제 채권액의 비율로 안분배당함이 실무이다. 처음부터 순위가 같은 근저당권이 여러 개 설정된 경우에도 같다.

한편 여러 사람이 시기를 달리하여 채권의 일부씩을 대위변제하고 근저당권 일부이전의 부기등기를 마친 경우 그들은 각 일부대위자로서 그 변제한 가액에 비례하여 근저당권을 준공유하고 있다고 보아야 한다. 따라서 그 근저당권을 실행하여 배당할 때에는 다른 특별한 사정이 없는 한 각 변제채권액에 비례하여 안분배당하여야 하고, 부기등기의 순서에 따라 배당해서는 안 된다.[148] 종전의 근저당권자와 채무자 사이에 지연손해금 약정이 있었다면 이러한 약정에 기한 지연손해금 또한 근저당권의 피담보채권에 포함되어 종전의 근저당권자가 배당받을 수 있는 금액으로서 대위변제자들이 안분 배당받을 금액에 포함되어야 한다.[149]

3) 여러 채권자가 같은 기회에 어느 부동산에 관하여 하나의 근저당권을 설정받아 이를 준공유하는 경우 그 근저당권은 준공유자들의 피담보채권액을 모두 합쳐서 채권최고액까지 담보하게 되고, 피담보채권이 확정되기 전에는 근저당권에 대한 준공유비율을 정할 수 없으나(등기예규 1656호에 따르면 여러 명의 채권자가 근저당권을 준공유하는 경우에는 채권자별 채권최고액이나 그 지분을 기재하지 않는다), 피담보채권액이 확정되면 각자 확정된 채권액의 비율에 따라 근저당권을 준공유하는 것이 되므로, 준공유자는 각기 그 채권액의 비율에 따라 변제받는 것이 원칙이다. 그러나 준공유자 전원의 합의로 피담보채권의 확정 전에 위와 다른 비율을 정하거나 준공유자 중 일부가 먼저 변제받기로 약정하는 것을 금지할 이유가 없으므로 그와 같은 약정이 있으면 그 약정에 따라야 하며, 그 약정을 등기하게 되면 제3자에 대하여도 효력이 있다. 근저당권의 준공유자들이 각자의 공유지분을 미리 특정하여 근저당권설정등기를 마쳤다면 그들은 처음부터 그 지분 비율로 근저당권을 준공유하는 것이 되고,

---

148) 대법원 2001. 1. 19. 선고 2000다37319 판결, 대법원 2006. 2. 10. 선고 2004다2762 판결, 대법원 2011. 6. 10. 선고 2011다9013 판결.

149) 대법원 2014. 5. 16. 선고 2013다202755 판결.

이러한 경우 다른 특별한 사정이 없는 한 준공유자들 사이에는 각기 그 지분비율에 따라 변제받기로 하는 약정이 있었다고 봄이 타당하다. 따라서 그 근저당권의 실행으로 인한 경매절차에서 경매법원으로서는 배당시점에서의 준공유자 각자의 채권액 비율에 따라 안분하여 배당할 것이 아니라 각자의 지분비율에 따라 안분하여 배당하며, 어느 준공유자의 실제 채권액이 위 지분비율에 따른 배당액보다 적어 잔여액이 발생하게 되면, 이를 다른 준공유자들에게 그 지분비율에 따라 다시 안분하는 방법으로 배당해야 한다.[150)]

12. 일부 지분에 대하여 근저당권이 설정된 후 지분 변동이 있는 경우 근저당권의 효력 범위

집합건물의 소유 및 관리에 관한 법률의 적용을 받는 아파트 등을 건설하는 건축업자가 건축에 필요한 자금을 조달하기 위하여 건설할 건축물의 대지권으로 사용될 토지에 대한 자신의 공유지분 중 일부에 관하여 저당권을 설정하고, 그 후 건물이 완공되어 그 토지가 전유부분에 대한 대지권으로 등기된 경우에는 다른 특별한 사정이 없는 한 저당권의 효력은 전유부분 대지권의 목적이 된 공유지분 전체에 미치는 것이 아니라 그 공유지분 중 저당권설정 당시의 그 공유자의 전체 공유지분에 대한 저당권이 설정된 지분의 비율에 따른 범위 내에서만 미친다.[151)]

13. 동일 채권자의 다수 채권(근저당권과 가압류 등)이 있는 경우

동일한 채권자가 근저당권과 가압류채권 등 다수의 배당 자격을 가지고 있는 경우 해당 채권자에게 가압류의 피보전채권과 저당권의 피담보채권이 동일하거나 일부 중복되는 것은 아닌지를 소명하도록 보정명령을 해야 한다.

만약 일부 중복되는 경우에는 중복되는 부분을 고려하여 배당한다.[152)] 근저당권과 가압류가 일부 중복되는 경우 근저당권이 선순위이면 근저당권자로 우선 배당한 후 중복 부분을 제외하고 변제받지 못한 부분이 있는 경우에만 가압류권자로 배당한다.

가압류권자와 강제경매 신청채권자의 채권이 동일 채권이고 가압류 이후 설정된 근저당 등의 담보물권이 없어 동순위로 배당받는 경우에는 신청채권자로만 전액 배

150) 대법원 2008. 3. 13. 선고 2006다31887 판결.
151) 대법원 2005. 5. 12. 선고 2003다52685 판결.
152) 민사집행법 실무연구Ⅱ[재판자료 제117집], 170~172쪽 참조.

당하면 된다.

가압류권자와 강제경매 신청채권자의 채권이 동일 채권이고 가압류 이후 설정된 근저당 등 담보물권이 있는 경우에는 선순위 가압류와 근저당 등 담보물권은 동순위로 안분배당하고,[153] 후순위 가압류나 일반 채권에 기한 배당요구권자가 있는 경우 안분 후 담보물권자가 후순위자를 흡수하는 방식으로 배당한다.

신청채권자의 청구금액이 가압류결정금액보다 작은 경우에는 그 금액기준으로 후순위 담보물권과 안분배당하고, 신청채권자의 청구금액이 가압류결정금액보다 많은 경우에는 가압류결정금액기준으로 후순위 담보물권과 안분배당하고 신청채권자로서는 청구금액에서 가압류결정금액을 제외하고 남은 금액을 기준으로 배당에 포함시켜야 할 것이다.[154]

14. 근저당권의 피담보채권이 (가)압류된 경우

등기사항증명서상 근저당권에 압류 등의 부기등기가 있는 경우 피담보채권에 대한 압류·가압류는 저당권자의 배당금지급청구권에 효력이 미치므로 저당권자를 배당받을 채권자로 배당표를 작성하되 배당금을 집행공탁 한다.[155]

피담보채권에 대한 압류경합이 있거나 압류 후 저당권자의 배당금교부청구권에 대해 압류가 있는 경우 배당금지급청구권에 대한 압류의 경합이 있는 것으로 보아 집행공탁을 해야 한다.[156]

한편 피담보채권에 대한 추심(전부)명령까지 있는 경우 배당금에 대한 추심(전부)명령이 있는 경우에 준해 처리(추심권자 등에게 직접 배당)하되, 압류경합이 되는 경우에는 집행공탁을 해야 한다.[157]

---

153) 대법원 1994. 11. 29.자 94마417 결정.

154) 이 경우 안분 후 흡수설에 따르면 가압류만 한 경우보다 신청채권자에게 부당한 결과가 발생하는데 이와 관련한 자세한 논의는 민사집행법 실무연구Ⅱ(재판자료 제117집), 209~214쪽 참조.

155) 법원실무제요 민사집행[Ⅲ], 사법연수원(2020), 265쪽; 민사집행법 실무연구[재판자료 제109집](2006년) 83~84쪽.

156) 민사집행법 실무연구[재판자료 제109집](2006년) 84쪽.

157) 법원실무제요 민사집행[Ⅲ], 사법연수원(2020), 267쪽.

15. 공장저당(협의)에서의 배당

가. 여러 개의 공장저당권 상호 간의 배당관계

1) 공장 및 광업재단 저당법 제6조에서 정한 목록 내용이 동일한 경우

공장에 속하는 동일한 토지 또는 건물에 여러 개의 공장저당권이 설정되어 있는 경우에 그 설정등기를 할 때에 제출한 기계·기구 그 밖의 공장의 공용물에 관한 같은 법 6조에서 정한 목록의 내용이 동일한 때(예를 들어, 어떤 공장토지 위에 甲의 1번 공장저당권이 설정되고 그 공장에 설치된 기계·기구 A, B, C, D에 관하여 목록이 제출된 후, 동일한 공장토지 위에 乙의 2번 공장저당권을 설정할 때 그 기계·기구 등의 변동이 없이 동일한 기계·기구 A, B, C, D에 관하여서만 목록이 제출된 경우)에는 그 여러 개의 공장저당권의 우선순위는 보통의 저당권에 관한 민법 제370조, 제333조에 의하여 그 설정등기의 선후에 따라 결정된다. 따라서 그 저당목적물의 매각대금은 위 우선순위에 따라 배분하면 된다.

2) 공장 및 광업재단 저당법 제6조에서 정한 목록의 내용이 다른 경우

동일한 공장 토지나 건물에 설정된 여러 개의 공장저당권에 관하여 제출된 같은 법 제6조에서 정한 목록이 서로 다른 때(예를 들어, 앞의 예에서 1번 저당설정에 관해서는 기계·기구 A, B, C, D의 목록이 제출되고, 그 후 E, F라는 기계·기구의 증설이 있어 2번 저당설정에 관해서는 위 E, F의 목록이 추가로 제출된 경우) 또는 공장저당권설정등기의 순서와 목록제출의 순서가 일치하지 않은 때(예를 들어, 앞의 예에서 2번 저당설정 시에 추가목록이 제출된 후 1번 저당권에 관하여 위 기계·기구 E, F의 추가에 의한 종전목록의 변경등기가 행하여진 경우)에는 그 목록 중 일치하지 않는 부분의 기계·기구(앞의 예에서 E, F의 기계·기구)에 대하여 어느 공장저당권이 우선하느냐에 따라 위 여러 개의 공장저당권 간 배당관계가 달라진다.

이 경우 해당 기계·기구 등에 대한 저당권 상호 간의 우선순위에 관하여 판례는 공정저당권에서의 기계·기구에 대한 배당순위는 부동산에 대한 근저당권설정등기의 순위가 아니라 기계·기구 목록의 기재 선후에 따라야 한다고 판시하고 있다.[158] 즉 앞의 예에서 E, F의 기계·기구에 대하여는 2번 저당권자 乙이 甲보다 우선한다고 보는 것이다. 따라서 이 경우 각 물건마다 감정평가액의 비율로 매각대금을 안분한 다음 배당순위(기계·기구 목록의 기재 순서)에 따라 배당해야 한다.[159]

---

158) 대법원 2006. 10. 26. 선고 2005다76319 판결, 대법원 2010. 12. 9. 선고 2010다59844 판결.
159) 이우재, 배당의 제문제(제2판), 진원사(2012), 1151쪽.

그런데 이에 따르는 경우에는 토지·건물에 대한 저당권 순위와 기계·기구에 대한 저당권 순위가 달라져 일괄매각과의 관계상 배당 시에 다소 복잡한 문제가 발생한다.

즉 공장에 속하는 토지 또는 건물과 이에 설치된 기계·기구 기타 공장의 공용물은 이를 일괄하여 매각하여야 하므로, 그 기계·기구 등은 토지 또는 건물과 일괄하여 최저매각가격이 정하여지고, 일괄하여 매수가격의 신고를 받아 일괄하여 매각을 허가하여야 하는데,[160] 추가된 목록의 기계·기구(앞의 예에서 E, F의 기계·기구)에 대하여는 우선순위가 다르므로 매각대금의 배당을 위해서는 추가된 기계·기구의 매각대금과 종전의 기계·기구(앞의 예에서 A, B, C, D의 기계·기구)의 매각대금을 각별로 확정할 필요가 있는바, 일괄매각을 하면 추가된 기계·기구의 매각대금이 명확히 구별되지 않으므로 곤란하게 된다.

그러나 공장저당을 인정하는 취지나 공장 및 광업재단 저당법 제8조의 규정에 비추어 보면 이러한 경우에도 일괄매각을 하는 것이 타당하므로, 이와 같이 일괄매각을 한 경우에는 배당을 위하여 부득이 각 목적물별로 최저매각가격을 정하여 놓은 다음 이 비율에 따라서 추가된 기계·기구의 매각대금을 결정하고 비례결정된 대금을 기준으로 저당권 순위에 따라 배당할 수밖에 없다.[161]

나. 공장저당권과 보통저당권 사이의 배당관계

공장저당권의 목적인 토지 또는 건물에 설정된 보통저당권과 공장저당권 사이의 우선순위는 그 설정등기의 선후에 따라 결정된다.

공장에 속하는 토지나 건물에 관하여 선순위로 보통저당권이 설정된 후에 후순위로 공장 및 광업재단 저당법에 의한 공장저당권이 설정된 경우 또는 반대로 공장저당권이 설정된 후 그 목적토지나 건물에 관하여 보통저당권이 설정된 경우에는, 그 토지·건물에 관한 한 그 설정등기의 선후에 따라 양자의 우선순위가 결정된다.

이와 같이 공장저당권과 보통저당권이 경합된 경우에 선순위 또는 후순위의 보통저당권자가 그 저당권 실행으로 경매신청을 한 경우에도 공장 및 광업재단 저당법 제8조에 따라 토지·건물만을 분리 매각할 수 없고, 그 공장에 설치된 기계·기구 기타 공장의 공용물도 토지·건물과 일괄하여 매각하여야 한다(이 경우 보통저당권자는 경

160) 대법원 1971. 2. 19.자 70마935 결정, 대법원 2003. 2. 19.자 2001마785 결정, 대법원 2003. 9. 1.자 2003마754 결정 등.

161) 법원실무제요 민사집행[Ⅲ], 사법연수원(2020), 407쪽.

매신청 시에 공장저당권의 효력이 미치는 기계, 기구 등의 목록을 제출하여야 한다).

다만 이 경우 보통저당권자의 저당권의 효력은 공장에 설치된 기계·기구 그 밖의 공장의 공용물에는 미치지 않으므로, 그 기계·기구 등의 매각대금에서 우선변제받을 권리는 없다. 따라서 공장저당권자와 보통저당권자 사이의 배당을 위해서는 그 기계·기구 등의 매각대금을 토지나 건물 자체의 매각대금과 구별할 필요가 있다. 이와 같은 경우 각 그 매각대금액은 총 매각대금액을 각 목적물의 최저매각가격비율에 의하여 안분한 금액으로 함이 타당하다(민사집행법 101조 2항 전문 참조). 따라서 위와 같이 목적물별로 매각대금을 구별할 필요가 있는 경우에는 목적물별로 최저매각가격비율을 정하여 놓을 필요가 있으며, 이것도 전체 목적물에 대한 최저매각가격과 함께 공고하는 것이 바람직하다.[162] 만약 매각 전에 미리 최저매각가격의 비율을 정하지 않고 매각허가결정이 확정된 경우에는 차선의 방안으로, 최저매각가격을 정하는 것과 같은 방식 즉, 보통은 총 대금액을 각 재산의 감정가 비율에 의하여 안분하여 각 재산의 대금을 정하면 될 것이다.[163]

다. 공동저당에 관한 민법 제368조 준용

민법 제368조 제1항은 동일한 채권의 담보로 수 개의 부동산에 저당권을 설정한 경우에 그 부동산의 경매대가를 동시에 배당하는 때에는 각 부동산의 경매대가에 비례하여 그 채권의 분담을 정하도록 규정하고 있는바, 위 조항은 저당목적물이 수 개의 부동산인 경우만이 아니라 공장 및 광업재단 저당법에 따른 저당권의 목적물인 토지와 건물 및 거기에 설치된 기계·기구의 경매대가를 동시에 배당하는 경우에도 적용 및 준용되는 것이고, 이는 선순위 근저당권자가 토지에 대한 단독 근저당권을 취득한 시점과 그 단독 근저당권을 공장 및 광업재단 저당법에 의하여 공장에 속하는 동일한 토지와 그 지상의 건물 및 기계·기구에 대한 공동근저당권으로 변경하여 취득한 시점과의 사이에 후순위 근저당권자가 위 토지에 대한 근저당권을 취득한 경우에도 마찬가지로 적용 및 준용된다.[164]

162) 법원실무제요 민사집행[Ⅲ], 사법연수원(2020), 408쪽.
163) 법원실무제요 민사집행[Ⅲ], 사법연수원(2020), 166쪽.
164) 대법원 1998. 4. 24. 선고 97다51650 판결.

Ⅲ. 가등기담보권자의 채권

1. 가등기담보권자의 채권신고

가등기담보권자는 목적부동산에 대한 강제경매나 임의경매절차에 참가하여 우선변제를 받을 수 있고 이 경우에 순위는 가등기담보권을 저당권으로 보고 그 담보가등기가 된 때에 그 저당권의 설정등기가 행하여진 것으로 본다[가등기담보 등에 관한 법률(이하 '가등기담보법'이라 한다) 제13조].

다만 저당권과는 달리 가등기담보권의 경우에는 첫 경매개시결정등기 전에 등기된 것으로서 매각에 의하여 소멸되는 때에도 채권신고의 최고기간까지 채권신고를 한 경우에 한하여 배당받을 수 있는데(가등기담보법 제16조 제2항 전문),[165] 이것은 담보가등기의 등기목적(소유권이전담보가등기)과 등기원인(대물반환예약)에 의하여 통상의 가등기와 구별할 수 있다고 하더라도(등기예규 1632호 2. 다.), 어떤 가등기가 담보가등기인지 여부는 그 등기기록의 표시나 등기를 할 때에 주고받은 서류의 종류에 의하여 형식적으로 결정할 것이 아니고 거래의 실질과 당사자의 의사해석에 따라 결정하여야 한다는 판례[166]의 취지를 고려하면 담보가등기임을 단정할 수 없고, 설령 담보가등기라고 하더라도 피담보채권의 공시가 없기 때문이다.

그러므로 소유권이전에 관한 가등기가 되어 있는 부동산에 관하여 경매개시결정이 있으면 집행법원은 가등기권리자에 대하여 그 가등기가 담보가등기인 경우에는 그 내용 및 채권(이자 그 밖의 부수채권을 포함한다)의 존부, 원인 및 금액을, 담보가등기가 아닌 경우에는 그 내용을 법원에 신고할 것을 상당한 기간을 정하여 최고하여야 한다(가등기담보법 제16조 제1항, 재민 86-6 참조).

갑 주식회사가 대여금채무를 담보하기 위하여 채권자 을 앞으로 마쳐준 갑 회사 소유의 임야에 관한 소유권이전청구권가등기에 기해 을이 가등기담보법에서 정한 청산절차를 거치지 않은 채 본등기를 마쳤고, 그 후 병 주식회사가 갑 회사와 체결한 대위변제약정에 따라 을의 승낙을 얻어 위 담보가등기의 피담보채무를 대위변제하였

165) 대법원 2008. 9. 11. 선고 2007다25278 판결, 대법원 2022. 3. 31. 선고 2021다203760 판결(원고의 가등기가 담보가등기에 해당하는지 여부가 분명하지 않아 피고가 이를 다투고 있음에도 불구하고, 원고가 담보가등기권자로서 배당수령권을 갖는지 여부 내지 일반채권자로서 적법한 배당요구를 하여 배당수령권을 갖는지 여부 등에 대하여 구체적으로 심리하지 않고 막연히 원고의 청구를 인용한 원심판단에는 심리미진의 위법이 있다고 파기환송한 사안임).

166) 대법원 2014. 5. 29. 선고 2012다24996, 25005 판결, 대법원 2016. 10. 27. 선고 2015다63138, 63145 판결 등.

는데, 갑 회사와 을 및 정 주식회사가 체결한 약정에 따라 정 회사 앞으로 위 임야에 관한 소유권이전등기가 마쳐진 후 설정된 무 주식회사 명의의 근저당권에 기해 임의경매절차가 개시되자, 병 회사가 경매법원에 '담보가등기권리자 권리신고서'를 제출한 사안에서, 병 회사가 대위변제를 할 당시 담보가등기에 기한 본등기는 원인무효의 등기였고 담보가등기는 유효한 등기로 남아 있었으므로, 갑 회사에 대하여 구상권을 취득한 병 회사는 담보가등기와 그 피담보채권인 을의 갑 회사에 대한 대여금채권을 법률상 당연히 이전받았는데, 담보가등기가 위 경매절차의 경매개시결정 전에 등기가 되어 있었고, 가등기담보법 제16조 제1항에 따라 경매법원이 채권신고를 최고하기 전에 병 회사가 담보가등기권리자라고 주장하며 그 채권을 신고하였으므로, 병 회사는 부동산 매각으로 소멸하는 담보가등기를 가진 채권자로서 경매절차의 배당요구 종기 전에 배당요구를 하였는지와 관계없이 위 임야의 매각대금에서 배당받을 수 있다.[167] 따라서 담보가등기임에도 청산절차를 거치지 않고 본등기를 실행하였다가 본등기가 무효로 판단되어 담보가등기가 유효한 것으로 인정되는 경우(관련 판결 등 존재하는 경우) 해당 담보가등기권자에게도 채권신고 최고를 누락하지 않도록 주의가 필요하다.

최고는 경매개시결정에 의한 압류의 효력이 생긴 후 배당요구의 종기를 정한 직후에 하고, 최고에 따른 신고기간은 민사집행법 제84조 제4항의 최고와 마찬가지로 배당요구의 종기로 하는 것이 바람직하다. 만일 집행법원이 경매개시결정을 할 때 이 최고를 누락하였거나 채권신고 최고가 적법하지 않은 경우에는 배당요구의 종기 이후라도 다시 상당한 기간을 정하여 최고를 하여야 할 것이다.

일반적인 경우 등기사항증명서에 기재된 가등권자의 주소로 발송송달을 하면 적법한 채권신고 최고가 되나, 기록상 담보가등기임을 확인할 수 있는 서면 등이 제출되었고, 위 서면상 가등기권자의 주소 등이 기재되어 있는 경우나 가등기권자가 송달장소 신고 등을 한 경우 위 주소로도 송달하는 것이 바람직하다.

이 경우 가등기의 내용이 밝혀지지 않고서는 잉여의 유무를 판단할 수 없고, 또이 최고가 가등기권리자에게 미치는 영향이 크므로 가급적 서면에 의하여 최고를 함

---

167) 대법원 2021. 2. 25. 선고 2016다232597 판결[위 사안은 담보가등기권자가 청산절차를 거치지 않고 본등기를 하여 본등기가 무효가 되었으나 담보가등기권자가 한 소유권이전등기는 실체관계에 부합하는 것으로 유효로 판단 받으면서 담보가등기도 유효하게 존속하는 것으로 인정되었고, 위 담보가등기의 피담보채권을 대위변제한 병 회사가 경매절차에서 집행법원의 채권신고 최고 전에 권리신고를 하였으므로(집행법원은 담보가등기로 보지 않아 채권신고 최고를 하지 않은 것으로 보임) 배당받을 수 있는 채권자라고 인정한 사안임].

이 바람직하다.

먼저 경매개시결정을 한 사건이 취하 등에 의하여 종료되고 뒤에 경매개시결정을 한 사건으로 경매가 속행되는 경우에는 앞의 압류와 뒤의 압류의 중간에 등기된 가등기권리자에 대하여도 최고를 해야 할 것이다.

이 최고를 받은 가등기권리자는 법원이 정한 상당한 기간 내에 채권신고를 한 경우에 한하여 매각대금의 배당을 받을 수 있는데(가등기담보법 제16조 제2항 전문), 이와 관련하여 일부 실무에서는 담보목적의 가등기로 밝혀지면 최고기간 내에 채권신고를 하지 않더라도 실권효를 인정하지 않고 배당기일까지 배당요구가 들어오면 배당을 하여 주는 처리 방식을 취하고 있으나, 이러한 실무는 경매기일을 정하기 전에 잉여의 유무를 판단하는 자료를 수집하여 경매절차의 속행 여부를 결정짓기 위하여 위 최고제도를 둔 본래의 취지에 어긋난다.

실무에서는 신고가 없는 경우에는 일단 그 가등기를 순수한 소유권이전청구권보전을 위한 가등기로 보고 있다. 판례는 권리신고가 되지 않아 담보가등기인지 순위보전의 가등기인지 알 수 없는 경우에도 그 가등기가 등기기록상 최선순위이면 집행법원으로서는 일단 이를 순위보전을 위한 가등기로 보아 매수인에게 그 부담이 인수될 수 있다는 취지를 매각물건명세서에 기재한 후 그에 기하여 매각절차를 진행하면 충분하지, 반드시 그 가등기가 담보가등기인지 순위보전의 가등기인지 밝혀질 때까지 매각절차를 중지하여야 하는 것은 아니라고 한다.[168]

2. 배당절차

가등기담보권자가 채권신고를 한 경우에는 민사집행법 제84조 제4항의 채권신고서를 제출한 효과가 있고 그 순위에 따라 우선적으로 매각대금에서 배당받을 수 있다.

가등기담보권자의 배당순위는 담보가등기가 된 때에 저당권의 설정등기가 행하여진 것으로 보아(가등기담보법 제13조) 저당권의 배당순위를 정하는 것과 같은 판단을 하면 되지만, 권리신고를 하지 않아 담보가등기인지 순위보전을 위한 가등기인지 알 수 없는 경우에는 일단 순위보전을 위한 가등기로 보아 처리한다. 따라서 그 가등기가 최선순위이면 매수인에게 그 부담이 인수되므로 말소하여서는 안 되고, 그 가등기보다 선순위의 담보권이나 또는 가압류가 있으면 함께 말소하되, 가등기가 말소되더라도 채권신고가 없으므로 배당하지 않는다(같은 법 제16조 제2항 전문).

168) 대법원 2003. 10. 6.자 2003마1438 결정.

담보가등기보다 선순위 가압류가 있는 경우에는 안분배당을 해야 한다.[169)]

가등기담보권자가 경매에 의하여 우선변제를 받을 수 있는 채권의 범위에 관하여 가등기담보법에 명문의 규정이 없으나, 판례는 다른 담보권자와 일반채권자의 이익을 보호하기 위하여 가등기담보권에 의하여 담보되는 채권의 범위에 관하여도 민법 제360조의 준용을 허용하고 있다.[170)]

채권자와 채무자 또는 물상보증인이 가등기담보권설정계약을 체결함에 있어 가등기 이후에 발생한 채권도 가등기부동산의 피담보범위에 포함시키기로 한 약정(근담보가등기)은 가등기담보법 제4조 제1항부터 제3항까지에 반하는 것이라고 볼 수 없고 가등기담보권의 존재가 가등기에 의하여 공시되므로 후순위권리자로 하여금 예측할 수 없는 위험에 빠지게 하는 것도 아니므로, 채권자와 채무자가 가등기담보권설정계약을 체결하면서 가등기 이후에 발생한 채권도 후순위권리자에 대하여 우선변제권을 가지는 가등기담보권의 피담보채권에 포함시키기로 약정할 수 있고, 가등기담보권을 설정한 후에 채권자와 채무자의 약정으로 새로 발생한 채권을 기존 가등기담보권의 피담보채권에 추가할 수도 있다. 그러나 가등기담보권 설정 후에 후순위권리자나 제3취득자 등 이해관계 있는 제3자가 생긴 상태에서 새로운 약정으로 기존 가등기담보권에 피담보채권을 추가하거나 피담보채권의 내용을 변경, 확장하는 경우에는 이해관계 있는 제3자의 이익을 침해하게 되므로, 이러한 경우에는 피담보채권으로 추가, 확장한 부분은 이해관계 있는 제3자에 대한 관계에서는 우선변제권 있는 피담보채권에 포함되지 않는다.[171)] 한편 채권신고 기간 내에 담보가등기권자가 채권신고를 한 경우에는 이후 청구금액 확장은 할 수 없다고 보아야 할 것이다.

집행법원에서 담보가등기를 최선순위의 가등기로 보아 매각물건명세서에 그 부담이 인수될 수 있다는 취지를 기재한 후 매각절차를 진행하여 매각되었다 하더라도 매수인이 매각대금을 모두 지급함으로써 소유권을 취득하였다면 담보가등기권리는 소멸되고 그 후에 마쳐진 위 가등기에 기한 본등기는 원인을 결여한 무효의 등기가 된다.[172)]

최선순위이어서 매각절차에서 말소되지 않은 가등기라 할지라도 그것이 후에 담보가등기였고 그 피담보채무가 소멸했음에도 가등기에 기한 본등기가 마쳐지고 그에

169) 대법원 1992. 3. 27. 선고 91다44407 판결.
170) 대법원 2012. 9. 13. 선고 2012다32874 판결 참조.
171) 대법원 2011. 7. 14. 선고 2011다28090 판결.
172) 대법원 1994. 4. 12. 선고 93다52853 판결.

따라 가등기 후 매수인의 소유권이전등기가 직권 말소된 경우 매수인은 소유권에 기한 방해배제청구로서 직접 가등기 및 그에 기한 본등기의 말소등기를 청구할 수 있다.[173]

Ⅳ. 전세권자의 채권

1. 전세권의 소멸과 인수

1) 현행법은 구 민사소송법과 달리 전세권을 다른 용익권과 통일적으로 규정하여, 지상권·지역권·전세권 및 등기된 임차권은 저당권·압류채권·가압류채권(이하 '저당권 등')에 대항할 수 없는 것은 매각으로 소멸하고, 대항할 수 있는 것은 매수인이 인수하되, 다만 위의 용익권 중 전세권은 저당권 등에 대항할 수 있더라도 민사집행법 제88조에 따라 배당요구를 하면 매각으로 소멸된다고 규정하였다(민사집행법 제91조 제3항, 제4항).

민사집행법 제91조 제3항, 제4항의 규정은 전세권 중 매수인에게 인수되지 않고 소멸되는 것에 관한 규정이고, 같은 법 제148조 제4호는 소멸되는 전세권의 권리자 중 배당을 받는 권리자에 관한 규정이다. 같은 법 제91조 제3항, 제4항과 제148조를 종합적으로 해석하면 경매절차에서 매각으로 소멸되는 전세권의 권리자 중 배당요구를 하였거나 또는 당연히 배당요구의 효력이 인정되는 권리자에게 배당하되, 특히 저당권 등에 대항할 수 있어 본래는 매수인이 인수하여야 할 전세권의 권리자가 스스로 소멸을 원하여 배당요구를 하면 그 전세권을 매각으로 소멸시키고 전세금을 경매절차에서 반환한다는 취지임이 명백하다.

2) 본래 전세권은 민사집행법 제91조에 의하여 절차법적인 사유로 소멸하는 경우와 존속기간 만료 등의 실체법적인 사유로 소멸하는 경우가 있다.

그런데 존속기간에 대하여 전세권은 지상권이나 지역권과는 명백히 다른 규정이 있다. 즉 지상권이나 지역권은 존속기간이 만료되면 당연히 소멸하고 법정갱신제도가 없으나, 건물에 대한 전세권의 경우에는 법정갱신(민법 제312조 제4항) 제도[174]를 두고 있고, 또한 전세권이 소멸한 때에는 그 부동산 전부에 대하여 후순위권리자 기타 채권자보다 전세금의 우선변제를 받을 권리가 있다고 규정하고 있다(민법 제303조 제1항 후단).

---

173) 대법원 1997. 10. 24. 선고 97다29097 판결, 대법원 2010. 5. 13. 선고 2010다15080 판결.
174) 대법원 2010. 3. 25. 선고 2009다35743 판결 참조.

여기서 건물전세권의 경우에는 첫 경매개시결정등기 전에 약정존속기간이 만료되었으나 법정갱신되어 존속기간의 정함이 없는 것으로 된 경우가 있고, 혹은 당사자 사이에 이미 갱신거절의 통지 등이 있어 법정갱신이 저지되어 종료되었는데도 경매법원이 이를 모르고 있는 경우도 있을 수 있다. 심지어 경매개시결정 당시에는 약정존속기간이 남아 있었으나 압류채권자에 대하여는 법정갱신의 효력을 주장할 수 없으므로 경매진행 중에 결국 약정존속기간 만료로 전세권이 종료되어 소멸하게 되는 경우도 있다.

그런데 이처럼 존속기간 만료로 소멸하더라도 전세권자는 그 부동산 전부에 대하여 후순위권리자 그 밖의 채권자보다 전세금의 우선변제를 받을 권리가 있다(민법 제303조 제1항 후단).

여기서 존속기간 만료로 전세권이 소멸되었더라도 전세금의 우선변제를 청구하지 않은(즉 배당요구를 하지 않은) 최선순위의 전세권은 전세금의 우선변제권만으로도 민사집행법 제91조 제4항의 저당권 등에 대항할 수 있는 권리에 해당한다는 것이 같은 법 제91조 제3항, 제4항의 입법취지이다.

따라서 최선순위의 전세권 중 경매절차가 종료될 때까지 존속기간이 만료되지 않은 전세권은 물론이고, 최선순위의 전세권 중 첫 경매개시결정등기 전에 이미 존속기간이 만료되었거나 또는 매각절차 진행 중에 존속기간이 만료되었으나 전세금을 반환받지 못하고 있는 전세권도 민사집행법 제91조 제3항과 제4항이 규정하고 있는 저당권 등에 대항할 수 있는 전세권에 해당하는 것이다.

3) 결론적으로 전세권이 언제 종료되었는지, 그리고 전세권의 목적물이 건물인지 토지인지에 상관없이 최선순위의 전세권은 오로지 전세권자의 배당요구에 의하여만 소멸되고, 전세권자가 배당요구를 하지 않는 한 전세권은 매수인에게 인수되며, 반대로 배당요구를 하면 존속기간에 상관없이 전세권은 소멸한다.[175)]

이로써 전세금의 인수 여부에 관하여 매각물건명세서에 적힌 배당요구사실의 유무만을 보고도 판단할 수 있어 경매절차가 간명하게 되었다.

4) 전세권이 용익물권적 성격과 담보물권적 성격을 모두 갖추고 있고, 목적물의 인도는 전세권의 성립요건이 아닌 점 등에 비추어 볼 때, 당사자가 주로 채권담보의 목적으로 전세권을 설정하였고, 그 설정과 동시에 목적물을 인도하지 않은 경우라 하더라도, 장차 전세권자가 목적물을 사용·수익하는 것을 완전히 배제하는 것이 아니라

---

175) 대법원 2010. 6. 24. 선고 2009다40790 판결.

면 그 전세권의 효력을 부인할 수는 없다. 전세금의 지급은 전세권 성립의 요소가 되는 것이지만 그렇다고 하여 전세금의 지급이 반드시 현실적으로 수수되어야만 하는 것은 아니고 기존의 채권으로 전세금 지급을 대신할 수도 있다.[176)]

임대차계약에 따른 임대차보증금반환채권을 담보할 목적으로 임대인과 임차인 사이의 합의에 따라 임차인 명의로 전세권설정등기를 마친 경우, 그 전세금의 지급은 이미 지급한 임대차보증금으로 대신한 것이고, 장차 전세권자가 목적물을 사용·수익하는 것을 완전히 배제하는 것도 아니므로, 그 전세권설정등기는 유효하다. 이때 임대인과 임차인이 그와 같은 전세권설정등기를 마치기 위하여 전세권설정계약을 체결하여도, 임대차보증금은 임대차계약이 종료된 후 임차인이 목적물을 인도할 때까지 발생하는 차임 및 기타 임차인의 채무를 담보하는 것이므로,[177)] 임대인과 임차인이 위와 같이 임대차보증금반환채권을 담보할 목적으로 전세권을 설정하기 위하여 전세권설정계약을 체결하였다면, 임대차보증금에서 연체차임 등을 공제하고 남은 돈을 전세금으로 하는 것이 임대인과 임차인의 합치된 의사라고 볼 수 있다. 그러나 그 전세권설정계약은 외관상으로는 그 내용에 차임지급 약정이 존재하지 않고 이에 따라 전세금이 연체차임으로 공제되지 않는 등 임대인과 임차인의 진의와 일치하지 않는 부분이 존재한다. 따라서 그러한 전세권설정계약은 위와 같이 임대차계약과 양립할 수 없는 범위에서 통정허위표시에 해당하여 무효라고 봄이 타당하다. 다만 그러한 전세권설정계약에 의하여 형성된 법률관계에 기초하여 새로이 법률상 이해관계를 가지게 된 제3자에 대하여는 그 제3자가 그와 같은 사정을 알고 있었던 경우에만 그 무효를 주장할 수 있다.[178)]

5) 한편 전세권자는 전세금을 지급하고 타인의 부동산을 점유하여 그 부동산의 용도에 좇아 사용·수익하며, 그 부동산 전부에 대하여 후순위권리자 기타 채권자보다 전세금의 우선변제를 받을 권리가 있는데(민법 303조 1항), 전세권설정계약의 당사자가 주로 채권담보 목적으로 전세권을 설정하고 설정과 동시에 목적물을 인도하지 않는다고 하더라도 장차 전세권자가 목적물을 사용·수익하는 것을 배제하지 않는다면, 전세권의 효력을 부인할 수는 없다.[179)] 그러나 전세권 설정의 동기와 경위, 전세권

176) 대법원 1995. 2. 10. 선고 94다18508 판결 등 참조.

177) 대법원 2005. 9. 28. 선고 2005다8323, 8330 판결 등 참조.

178) 대법원 2008. 3. 13. 선고 2006다29372, 29389 판결, 대법원 2013. 2. 15. 선고 2012다49292 판결, 대법원 2021. 12. 30. 선고 2018다268538 판결, 대법원 2021. 12. 30. 선고 2020다200832 판결.

179) 대법원 1995. 2. 10. 선고 94다18508 판결 참조.

설정으로 달성하려는 목적, 채권의 발생 원인과 목적물의 관계, 전세권자의 사용·수익 여부와 그 가능성, 당사자의 진정한 의사 등에 비추어 전세권설정계약의 당사자가 전세권의 핵심인 사용·수익 권능을 배제하고 채권담보만을 위해 전세권을 설정하였다면, 법률이 정하지 않은 새로운 내용의 전세권을 창설하는 것으로서 물권법정주의에 반하여 허용되지 않고 이러한 전세권설정등기는 무효라고 보아야 한다.180)

2. 전세권자의 배당요구

앞에서 본 바와 같이 최선순위의 전세권자는 실체법상 소멸하였는지와 상관없이 경매절차에서 배당요구를 하여야만 매각으로 소멸하고 배당받는 것이 원칙인데, 이는 전세권에 대하여 저당권이 설정되어 있거나 전세권이 기간만료로 소멸한 후 전세금반환채권에 대한 제3자의 압류 등이 있더라도 마찬가지로서, 이 경우에도 전세권자가 배당요구하거나 전세권자의 채권자가 대위하여 배당요구 하여야만 매각으로 소멸한다.

전세권이 존속기간의 만료 등으로 종료한 경우라면 최선순위 전세권자의 채권자는 채권자대위권에 기하거나 전세금반환채권에 대하여 압류 및 추심명령을 받은 다음 그 추심권한에 기하여 자기 이름으로 전세권에 대한 배당요구를 할 수 있다. 다만 최선순위 전세권자의 채권자가 위와 같이 채권자대위권이나 추심권한에 기하여 전세권에 대한 배당요구를 할 때에는 채권자대위권 행사의 요건을 갖추었다거나 전세금반환채권에 대하여 압류 및 추심명령을 받았다는 점과 아울러 그 전세권이 존속기간의 만료 등으로 종료하였다는 점에 관한 소명자료를 배당요구의 종기까지 제출하여야 한다.181)

주택임대차보호법상 임차인으로서의 지위와 전세권자로서의 지위를 함께 가지고 있는 자가 그중 임차인으로서의 지위에 기하여 경매법원에 배당요구를 하였다면 배당요구를 하지 않은 전세권에 관하여는 배당요구가 있는 것으로 볼 수 없다.182) 따라서 전세권은 매각으로 소멸되지 않고 매수인에게 인수된다.

반면 최선순위 전세권자가 부동산에 관한 제1경매절차에서 배당요구를 하였으나 전세권자로서 배당을 받지 못하였다면 위 전세권은 제1경매절차에 따른 부동산의 매

180) 대법원 2021. 12. 30. 선고 2018다40235, 40242 판결.
181) 대법원 2015. 11. 17. 선고 2014다10694 판결.
182) 대법원 2010. 6. 24. 선고 2009다40790 판결.

각으로 이미 소멸되었으므로, 설령 전세권설정등기가 말소되지 않았다고 하더라도 제2경매절차에서는 전세권자로서 배당받을 수 없다.[183)]

3. 전세권과 전세금반환채권이 함께 양도된 경우

전세권설정등기를 마친 민법상 전세권은 그 성질상 용익물권적 성격과 담보물권적 성격을 겸비한 것으로서, 전세권의 존속기간이 만료되면 전세권의 용익물권적 권능은 전세권설정등기의 말소 없이도 당연히 소멸하고, 단지 전세금반환채권을 담보하는 담보물권적 권능의 범위 내에서 전세금의 반환 시까지 그 전세권설정등기의 효력이 존속하는데, 이와 같이 존속기간의 경과로서 본래의 용익물권적 권능이 소멸하고 담보물권적 권능만 남은 전세권에 대하여도 그 피담보채권인 전세금반환채권과 함께 제3자에게 양도할 수 있다. 다만 이 경우에는 민법 제450조 제2항에서 정한 확정일자 있는 증서에 의한 채권양도절차를 거치지 않는 한 전세금반환채권의 압류·전부채권자 등 제3자에게 전세보증금반환채권의 양도사실로서 대항할 수 없다. 즉 전세기간 만료 이후 전세권양도계약 및 전세권이전등기의 부기등기가 이루어진 것만으로는 전세금반환채권의 양도에 관하여 확정일자 있는 통지나 승낙이 있었다고 볼 수 없어 이로써 제3자인 전세금반환채권의 압류·전부 채권자에게 대항할 수 없다.[184)]

4. 전세금반환채권이 분리양도된 경우(전세금반환청구권을 전세권과 분리하여 양도하는 것이 가능한지 여부, 분리양도된 경우 전세금반환채권의 양수인에 대한 배당 여부)

먼저 전세금반환청구권을 전세권과 분리하여 양도하는 것이 가능한지 여부와 관련하여 판례는 전세권은 전세금을 지급하고 타인의 부동산을 그 용도에 따라 사용·수익하는 권리로서 전세금의 지급이 없으면 전세권은 성립하지 않는 등으로 전세금은 전세권과 분리될 수 없는 요소일 뿐 아니라, 전세권에 있어서는 그 설정행위에서 금지하지 않는 한 전세권자는 전세권 자체를 처분하여 전세금으로 지출한 자본을 회수할 수 있도록 되어 있으므로 전세권이 존속하는 동안은 전세권을 존속시키기로 하면서 전세금반환채권만을 전세권과 분리하여 확정적으로 양도하는 것은 허용되지 않

183) 대법원 2015. 10. 29. 선고 2015다30442 판결 참조.
184) 대법원 2005. 3. 25. 선고 2003다35659 판결.

는 것이며, 다만 전세권 존속 중에는 장래에 그 전세권이 소멸하는 경우에 전세금반환채권이 발생하는 것을 조건으로 그 장래의 조건부 채권을 양도할 수 있을 뿐이라고 판시하여 원칙적 부정설의 입장이다.185)

전세권설정계약이 존속기간의 만료나 합의해지 등으로 종료되고 예외적으로 전세권과 전세금반환청구권이 분리양도된 경우에는 주의할 점이 있다.

본래 전세권이 담보물권적 성격도 가지는 이상 부종성과 수반성이 있는 것이므로 전세권을 그 담보하는 전세금반환채권과 분리하여 양도하는 것은 허용되지 않는다고 할 것이나, 피담보채권의 처분이 있음에도 불구하고 담보물권의 처분이 따르지 않는 특별한 사정이 있는 경우(전세권이 존속기간의 만료로 인하여 소멸된 경우에도 당해 전세권설정등기는 전세금반환채권을 담보하는 범위 내에서는 유효한 것이라 할 것이어서, 전세권의 존속기간이 만료되고 전세금의 반환시기가 경과된 전세권의 경우에도 설정행위로 금지하지 않는 한 전세권의 이전등기는 가능하다. 등기선례 7-263)에는 채권양수인은 담보물권이 없는 무담보의 채권을 양수한 것이 되고 채권의 처분에 따르지 않은 담보물권은 소멸한다.186)

따라서 전세권설정계약이 존속기간의 만료나 합의해지 등으로 종료된 경우에도 전세권설정등기는 전세금반환채권을 담보하는 효력은 있다고 할 것이지만, 그 후 당사자 사이의 약정에 의하여 전세권의 처분이 따르지 않는 전세금반환채권만의 분리양도가 이루어진 경우에는 양수인은 유효하게 전세금반환채권을 양수하였다187)고 할 것이나 담보물권이 없는 무담보의 채권을 양수한 것이 되므로, 이 경우에 양수인은 우선변제권이 없을 뿐 아니라 별도로 집행력 있는 정본 등에 의하여 배당요구하지 않으면 배당 자체를 받을 수 없다고 할 것이고, 한편 등기기록상 남아 있는 전세권은 소멸하고 전세금반환채권은 없으므로 매수인에게 인수될 것도 없다.188)

5. 전세금반환채권의 배당순위

전세권이 매각으로 소멸하는 경우에 전세권자와 저당권자 또는 가등기담보권자 사이의 배당순위는 그 등기의 선후에 의하여 결정된다. 다만 전세권의 목적부동산과

185) 대법원 2002. 8. 23. 선고 2001다69122 판결.
186) 대법원 1997. 11. 25. 선고 97다29790 판결, 대법원 1999. 2. 5. 선고 97다33997 판결 등.
187) 대법원 2006. 7. 28. 선고 2005다49638 판결.
188) 대법원 1999. 2. 5. 선고 97다33997 판결, 대법원 2004. 4. 28. 선고 2003다61542 판결 참조.

저당권의 목적부동산이 동일한 경우에 전세권자가 그 목적부동산을 위하여 지출한 필요비 또는 유익비 중 민법 제367조에 해당하는 것은 집행비용 다음 순위의 우선변제권이 인정되고, 전세보증금의 범위에 포함되지 않는다.

전세권의 우선변제권은 전세금반환청구권 자체에만 있고, 나머지 부수적 채권(지연손해금 등)은 일반채권이다.[189] 따라서 전세금 중 일부를 반환한 경우에는 남은 전세금만 우선변제대상이니 주의가 필요하다.

전세권자가 매각대금에서 전세금을 반환받을 수 있는 경우에는 배당표에 전세권자의 채권금액으로 전세금액을 적는다.

6. 전세권을 목적으로 한 저당권이 설정된 경우

전세권이 기간만료로 종료된 경우 전세권은 전세권설정등기의 말소등기 없이도 당연히 소멸되고, 저당권의 목적물인 전세권이 소멸하면 저당권도 당연히 소멸하는 것이므로 전세권을 목적으로 한 저당권자는 전세권의 목적물인 부동산의 소유자에게 더 이상 저당권을 주장할 수 없다. 따라서 전세권을 목적으로 한 저당권이 설정된 경우에도 전세권이 기간만료로 소멸되면 전세권설정자는 전세금반환채권에 대한 제3자의 압류 등이 없는 한 전세권자에 대하여만 전세금반환의무를 부담한다.[190] 따라서 전세권에 저당권이 설정되어 있는 경우에도 전세권자에게 배당금을 지급하는 것으로 배당표가 작성되어야 한다.[191] 이 경우 전세권에 대한 저당권자는 민법 제370조, 제342조 및 민사집행법 제273조에 의하여 저당권의 목적물인 전세권에 갈음하여 존속하는 것으로 볼 수 있는 전세금반환채권에 대하여 압류 및 추심명령 또는 전부명령을 받아 전세권설정자에 대하여 전세금의 지급을 구할 수 있고, 제3자가 전세금반환채권에 대하여 실시한 강제집행절차에서 배당요구를 하는 등의 방법으로 권리를 행사할 수 있다.[192]

전세권저당권자가 전세금반환채권에 대하여 물상대위권을 행사한 경우, 종전 저당권의 효력은 물상대위의 목적이 된 전세금반환채권에 존속하여 저당권자가 전세금반환채권으로부터 다른 일반채권자보다 우선변제를 받을 권리가 있으므로, 설령 전세

189) 주석 민법[물권3](제5판), 한국사법행정학회(2019), 295쪽.
190) 대법원 1995. 9. 18.자 95마684 결정, 대법원 1999. 9. 17. 선고 98다31301 판결.
191) 민사집행법 실무연구[재판자료 제109집](2006년), 86~89쪽.
192) 대법원 1995. 9. 18.자 95마684 결정, 대법원 2008. 3. 13. 선고 2006다29372, 29389 판결 등.

금반환채권이 압류된 때에 전세권설정자가 전세권자에 대하여 반대채권을 가지고 있고 반대채권과 전세금반환채권이 상계적상에 있다고 하더라도 그러한 사정만으로 전세권설정자가 전세권저당권자에게 상계로써 대항할 수는 없다. 그러나 전세금반환채권은 전세권이 성립하였을 때부터 이미 발생이 예정되어 있다고 볼 수 있으므로, 전세권저당권이 설정된 때에 이미 전세권설정자가 전세권자에 대하여 반대채권을 가지고 있고 반대채권의 변제기가 장래 발생할 전세금반환채권의 변제기와 동시에 또는 그보다 먼저 도래하는 경우와 같이 전세권설정자에게 합리적 기대 이익을 인정할 수 있는 경우에는 특별한 사정이 없는 한 전세권설정자는 반대채권을 자동채권으로 하여 전세금반환채권과 상계함으로써 전세권저당권자에게 대항할 수 있다.193) 다만 임대차계약에 따른 임대차보증금반환채권을 담보할 목적으로 유효한 전세권설정등기가 마쳐진 경우에는 전세권저당권자가 저당권 설정 당시 그 전세권설정등기가 임대차보증금반환채권을 담보할 목적으로 마쳐진 것임을 알고 있었다면, 제3채무자인 전세권설정자는 전세권저당권자에게 그 전세권설정계약이 임대차계약과 양립할 수 없는 범위에서 무효임을 주장할 수 있으므로, 그 임대차계약에 따른 연체차임 등의 공제 주장으로 대항할 수 있다.194)

실제로는 전세권설정계약이 없으면서도 임대차계약에 기한 임차보증금 반환채권을 담보할 목적으로 임차인과 임대인 사이의 합의에 따라 임차인 명의로 전세권설정등기를 마친 후 그 전세권에 대하여 근저당권이 설정된 경우, 설령 위 전세권설정계약만 놓고 보아 그것이 통정허위표시에 해당하여 무효라 하더라도, 위 전세권설정계약에 의하여 형성된 법률관계를 토대로 별개의 법률원인에 의하여 새로운 법률상 이해관계를 갖게 된 근저당권자에 대하여는 그와 같은 사정을 알고 있었던 경우에만 그 무효를 주장할 수 있다.195)

임대차보증금 반환채권을 담보하기 위하여 전세권설정등기를 마친 후 그 전세권에 대하여 저당권이 설정된 경우, 임대차계약의 변경으로 전세권이 일부 소멸하더라도 민법 제371조 제2항에 의하여 저당권자의 동의가 없는 한 전세권설정자가 위 전세권의 일부 소멸을 주장할 수 없다.196)

---

193) 대법원 2014. 10. 27. 선고 2013다91672 판결.

194) 대법원 2021. 12. 30. 선고 2018다268538 판결, 대법원 2021. 12. 30. 선고 2020다200832 판결.

195) 대법원 2008. 3. 13. 선고 2006다29372, 29389 판결.

196) 대법원 2006. 2. 9. 선고 2005다59864 판결.

7. 주택임대차보호법 또는 상가건물 임대차보호법과의 중첩적 적용

전세권의 목적물이 주택인 경우, 임차인으로서 우선변제를 받을 수 있는 권리와 전세권자로서 우선변제를 받을 수 있는 권리는 근거규정 및 성립요건을 달리하는 별개의 것이므로, 전세권자가 주택임대차보호법상의 우선변제요건도 갖춘 경우에는 같은 법에 의한 보호도 받게 된다.[197] 전세권자가 상가건물 임대차보호법상의 우선변제요건을 갖춘 경우에도 달리 볼 이유가 없을 것이다. 다만 전세권자가 소액임차인에 해당함에도 소액임차인으로서 배당요구를 하지 않은 경우에는 전세권자로서만 배당받을 수 있다.

따라서 전세권등기일자로는 매각으로 소멸하는 것처럼 보이는 전세권이라도 위 각 법에서 정한 대항요건을 갖춘 것으로서 최선순위인 경우에는 임차권자로서 저당권 등에 대항할 수 있게 됨을 유의하여야 한다.[198]

또한 집합건물이 아닌 지상건물과 그 부지 중 건물에만 전세권설정등기를 한 경우라도 전세권자가 주택임대차보호법이나 상가건물 임대차보호법상의 우선변제권의 요건을 갖춘 경우에는 그 부지의 매각대금에서도 배당을 받게 되는 경우가 있고, 나아가 전세권설정계약서에 날인된 등기소의 접수인도 확정일자로 보아야 하므로,[199] 부지의 매각대금에 대한 배당순위도 전세권등기일자를 기준으로 판단하여야 하는 경우가 있을 수 있음을 유의하여야 한다.

Ⅴ. 주택 및 상가건물의 임차보증금반환채권

1. 임차보증금반환채권

☞ 자세한 것은, '제5편 제7장 주택임대차보호법' 부분과 '제5편 제8장 상가건물 임대차보호법' 부분 참조.

---

197) 대법원 1993. 12. 24. 선고 93다39676 판결 등.

198) 대법원 1993. 11. 23. 선고 93다10552, 10569 판결 참조. 한편, 동일인이 전세권설정등기를 먼저 한 후 나중에 대항력 요건을 갖추었고 전세권에 기해 경매신청을 하였으나 일부만 배당받은 경우 임차인으로서 대항력을 매수인에게 행사할 수 있는지가 문제된 사안에서 하급심 판례(대구지방법원 2008. 1. 28.자 2007라328 결정, 심리불속행기각 확정)는 전세권이 소멸하는 이상 후순위인 주택임대차보호법상 대항력 및 우선변제권도 소멸된다고 보아 매수인의 부동산 인도명령신청을 인용한 사례가 있는데 이에 대해 비판적인 견해가 있다[민사집행법 실무연구 Ⅱ(재판자료 제117집), 139~145쪽 참조].

199) 대법원 2002. 11. 8. 선고 2001다51725 판결, 대법원 2009. 1. 30. 선고 2007다68756 판결.

2. 임의경매사건에서 임차인이 배당받을 배당금 산정 시 임차인의 연체된 차임을 공제하고 배당표를 작성할 수 있는지 여부(=적극)

가. 문제점 제기

담보권실행을 위한 경매절차에서 임차인에게 임차보증금을 배당하는 내용의 배당표를 작성하였는데, 채무자(임대인)측에서 '매수인의 매각대금 납부 시까지'의 밀린 임료를 공제하여야 한다는 취지로 배당이의를 하는 경우가 있다. 경매절차가 진행되면 대부분의 임차인들이 임료를 지급하지 않고 있고, 따라서 배당기일에서 임차인에게 물어보면 '임료 밀린 것이 맞다'는 취지의 진술을 하게 된다. 이 경우 대부분의 법원에서는 배당기일에서 즉시 밀린 임료를 공제한 금원으로 배당표를 경정하기도 하고(공제된 금원은 후순위 채권자에게 배당함), 밀린 임료의 액수에 다툼이 있는 경우 배당이의를 통하여 그 금액을 확정하도록 한다.

문제는 임차인측에서 "민법 제359조에 의하면 저당권의 효력은 저당부동산에 대한 압류가 있은 후에 저당권설정자가 그 부동산으로부터 수취한 과실 또는 수취할 수 있는 과실에 미치고, 부동산의 차임은 법정과실이므로 부동산의 차임에도 저당권의 압류의 효력이 미쳐서 저당권설정자(임대인)가 이를 수취할 수 없으므로, 임대차보증금에서 공제되어서는 안 된다"는 주장을 하는 경우 이러한 주장이 타당한지 여부로 아래와 같은 견해 대립이 있었으나 다음에 보는 판례로 논란이 어느 정도 정리가 되었다.

나. 견해의 대립

1) 적극설(=연체차임 공제설)

임의경매의 경우에는 강제경매와 달리[200] 민법 제359조가 "저당권의 효력은 저당부동산에 대한 압류가 있은 후에 저당권설정자가 그 부동산으로부터 수취한 과실

---

200) 부동산강제경매에 관계되는 천연과실에는 과수의 열매, 곡물, 광물, 석재, 토사 등이 있다. 미분리의 천연과실은 원래 토지의 구성부분이므로 명인방법을 구비하여 제3자에게 양도된 경우가 아니면 원칙적으로 평가의 대상이 되나, 그것이 매각허가결정 시까지 수확기에 달하여 채무자에 의하여 수취될 것이 예상되거나 채굴이 예상되는 경우에는 평가의 대상에서 제외된다(민사집행법 83조 2항 참조). 민사집행법 83조 2항은 압류의 효력이 처음부터 미분리된 과실에 미치지 않는다는 의미가 아니고, 압류의 효력은 미치지만 채무자가 통상의 용법의 범위 내에서 또는 통상의 토지경영활동으로서 천연과실을 수취하는 것은 무방하다는 취지이다. 그리하여 채무자가 수취하면 과실은 압류의 효력을 벗어나게 되지만 수취하지 않고 매각허가결정을 할 때까지 토지의 구성부분으로 남아 있으면 매수인은 소유권을 취득하게 된다.

또는 수취할 수 있는 과실에 미친다"고 규정하고 있으므로, 항상 천연과실까지 고려하여 평가를 하여야 한다.201)

그러나 압류 및 저당권의 효력이 법정과실202)에 미치지 않으므로 법정과실은 부동산경매절차에서 평가의 대상이 되지 않는다.203)

즉 민법 제359조가 규정하고 있는 "과실"이란 '천연과실'을 말하는 것이고, '법정과실'은 제외되므로 저당권 압류의 효력이 '밀린 임료'에는 미치지 않고, 따라서 임차보증금에서 밀린 임료를 공제한 금액만을 배당하여야 한다.

2) 소극설(=경매개시결정등기 이후의 연체차임 공제불가설)

민법 제359조에 의하면 저당권의 효력은 저당부동산에 대한 압류가 있은 후에 저당권설정자가 그 부동산으로부터 수취한 과실 또는 수취할 수 있는 과실에 미치고, 부동산의 차임은 법정과실이므로, 부동산의 차임에도 저당권의 압류의 효력이 미쳐서 저당권설정자가 이를 수취할 수 없고, 저당부동산에 포함되어 저당부동산과 함께 경매절차에서 환가되거나 수취된 후 피담보채권의 변제에 충당되어야 한다.

따라서 임의경매개시결정등기가 이루어진 이후부터의 임차인에 대한 차임채권은 임차목적물과 함께 경매절차에서 매각되어 환가되거나 별도로 수취되어 피담보채권의 변제에 충당되어야 하고, 이와 달리 임대차보증금에서 공제되어야 하는 것은 아니다.204)

3) 절충설

민법 제359조에 의하면 저당권의 효력은 저당부동산에 대한 압류가 있은 후에 저당권설정자가 그 부동산으로부터 수취한 과실 또는 수취할 수 있는 과실에 미치고, 이때의 과실에는 법정과실도 포함된다고 할 것이나, 한편 위 규정의 취지는 저당부동산의 소유자 또는 제3취득자가 경매절차를 지연시켜 부당하게 과실을 취하는 행위를 방지하고 담보가치를 확보하여 저당권자를 보호하고 위한 것이므로, 저당권자의 담보가치가 충분하여 저당권자가 과실에 대한 집행을 하지 않은 채 저당부동산에 대한 강제집행절차가 종료하여 저당권이 말소된 경우에는 더 이상 저당권의 효력이 저당부동산의 과실에 미친다고 볼 수 없다고 한다.205)

이 견해는 기본적으로 소극설의 입장을 취하면서, 소극설에 따른 결론의 부당성

201) 법원실무제요 민사집행[Ⅱ], 사법연수원(2020), 173쪽.

202) 물건의 사용대가로 받는 금전 그 밖의 물건이 법정과실인바(민법 101조 2항), 부동산 경매와 관련된 법정과실에는 토지사용의 대가인 지료, 가옥사용의 대가인 집세 등이 있다.

203) 법원실무제요 민사집행[Ⅱ], 사법연수원(2020), 174쪽.

204) 서울동부지방법원 2007. 4. 24. 선고 2006가단62400 판결(항소기각 확정).

205) 서울동부지방법원 2007. 2. 14. 선고 2006나3556 판결(미상고 확정).

을 수정한 견해이다.

다. 판례(= 적극설)

민법 제359조 전문은 "저당권의 효력은 저당부동산에 대한 압류가 있은 후에 저당권설정자가 그 부동산으로부터 수취한 과실 또는 수취할 수 있는 과실에 미친다."라고 규정하고 있는데, 위 규정상의 '과실'에는 천연과실뿐만 아니라 법정과실도 포함된다고 할 것이므로, 저당부동산에 대한 압류가 있으면 그 압류 이후의 저당권설정자의 저당부동산에 관한 차임채권 등에도 저당권의 효력이 미친다.

다만, 저당부동산에 대한 경매절차에서 저당부동산에 관한 차임채권 등을 관리하면서 이를 추심하거나 저당부동산과 함께 매각할 수 있는 제도가 마련되어 있지 않으므로, 저당권의 효력이 미치는 차임채권 등에 대한 저당권의 실행이 저당부동산에 대한 경매절차에 의하여 이루어질 수는 없고, 그 저당권의 실행은 저당권의 효력이 존속하는 동안에 채권에 대한 담보권의 실행에 관하여 규정하고 있는 민사집행법 제273조에 따른 채권집행의 방법으로 저당부동산에 대한 경매절차와 별개로 이루어질 수 있을 뿐이다.

한편 부동산 임대차에서 수수된 보증금은 차임채무, 목적물의 멸실·훼손 등으로 인한 손해배상채무 등 임대차에 따른 임차인의 모든 채무를 담보하는 것으로서 이와 같은 피담보채무 상당액은 임대차관계의 종료 후 목적물이 반환될 때에 특별한 사정이 없는 한 별도의 의사표시 없이 보증금에서 당연히 공제된다.[206]

따라서 보증금이 수수된 저당부동산에 관한 임대차계약이 저당부동산에 대한 경매로 종료되었는데, 저당권자가 차임채권 등에 대하여는 민사집행법 제273조에 따른 채권집행의 방법으로 별개로 저당권을 실행하지 않은 경우에 저당부동산에 대한 압류의 전후와 관계없이 임차인이 연체한 차임 등의 상당액이 임차인이 배당받을 보증금에서 당연히 공제됨은 물론, 저당권자가 차임채권 등에 대하여 위와 같은 방법으로 별개로 저당권을 실행한 경우에도 그 채권집행 절차에서 임차인이 실제로 그 차임 등을 지급하거나 공탁하지 않았다면 잔존하는 차임채권 등의 상당액은 임차인이 배당받을 보증금에서 당연히 공제된다.[207] 실무도 이에 따르고 있다.[208]

206) 대법원 1999. 12. 7. 선고 99다50729 판결, 대법원 2016. 7. 27. 선고 2015다230020 판결 등 참조.

207) 대법원 2004. 12. 23. 선고 2004다56554 판결, 대법원 2015. 3. 26. 선고 2013다77225 판결, 대법원 2016. 7. 27. 선고 2015다230020 판결 참조.

라. 공제범위 및 공제방법 등

1) 공제범위

최초 미납한 달부터 매각대금 납부 전날까지이다. 매각대금을 납부하면 임대차 목적물이 채무자가 아닌 매수인의 소유가 되므로 채무자의 재산을 배당하는 절차에서 매수인이 받아야 할 차임 상당 금액을 공제하여서는 안 되기 때문이다.

2) 공제방법

공제방법에 대해선 소액보증금 부분에서 먼저 연체차임을 공제해야 한다는 견해가 있을 수 있으나 임차인 보호 측면에서 전체 보증금에서 연체차임을 먼저 공제한 후 그 나머지 보증금 범위 내에서 소액보증금을 지급하는 것이 타당하다.[209]

3) 부가가치세 포함 여부

상가건물 임대차의 경우 차임에 별도로 부가가치세가 있는 경우 이를 차임에 포함시킬 것인지가 문제된다. 이 경우 부가가치세 부담에 관한 약정이 있었는지를 살펴서 그에 따라 공제 여부를 판단하여야 할 것이다.[210] 판례도 사업자가 부가가치세법 제15조를 근거로 공급을 받는 자로부터 부가가치세 상당액을 직접 징수할 사법상의 권리는 없지만, 거래당사자 사이에 부가가치세를 부담하기로 하는 약정이 따로 있는 경우에는 사업자는 그 약정에 기하여 공급을 받는 자에게 부가가치세 상당액의 지급을 직접 청구할 수 있고, 부가가치세 부담에 관한 약정은 반드시 재화 또는 용역의 공급 당시에 있어야 하는 것은 아니고 공급 후에 한 경우에도 유효하며, 또한 반드시 명시적이어야 하는 것은 아니고 묵시적인 형태로 이루어질 수도 있다고 판시하였다.[211] 또한 임대차계약 해지 후의 계속 점유를 원인으로 차임 상당액을 부당이득으로 반환하는 경우에 종전 임대차에서 약정 차임에 대한 부가가치세 상당액을 공급을 받는 자인 임차인이 부담하기로 하는 약정이 있었다면, 달리 특별한 사정이 없는 한 부당이득으로 지급되는 차임 상당액에 대한 부가가치세 상당액도 계속 점유하는 임차인이 부담하여야 한다고 판시하였다.[212]

4) 배당표 기재

연체차임이 있어 이를 임대차보증금에서 공제한 경우 임차인이 배당 결과를 이

208) 법원실무제요 민사집행[Ⅲ], 사법연수원(2020), 89쪽.

209) 이우재, 배당의 제문제(제2판), 진원사(2012), 696쪽; 2014 사법보좌관 정례세미나 회의록(실무상 제문제 등 종합토론) 11쪽.

210) 임대차 재판실무편람, 임대차재판실무편람 집필위원회(2017), 99~100쪽.

211) 대법원 1999. 11. 12. 선고 99다33984 판결.

212) 대법원 2002. 11. 22. 선고 2002다38828 판결.

해할 수 있도록 배당표 이유란에 '연체차임 공제'라 기재해 주고, 연체차임을 공제하여 배당받을 금액이 없는 경우에는 비고란에 '임차인 ○○○에 대한 보증금(5백만원)은 차임연체로 인해 전액 공제되어 배당에서 제외함'이라고 기재하는 것이 적절할 것이다.

3. 임차인이 사망한 것으로 보이는 경우

가. 임차인의 상속인 확인

현황조사서상 임차인으로 등재된 사람이 사망한 것으로 보이고 그 상속인이라면서 권리신고 및 배당요구를 하는 경우가 간혹 있는데, 이 경우 일단 임차인의 상속인 여부를 확인할 수 있는 소명자료를 제출하도록 하여 적법한 임차인의 승계인인지를 확인하여야 한다.

[보정명령 예시]

> 제출된 임대차계약서상 임차인은 ○○○로 보이고, ○○○는 제출된 주민등록초본상 이미 사망한 것으로 보이며 주택임대차보호법 제9조에 따라 주택임차권의 승계인의 자격에서 권리신고 및 배당요구를 한 것이라면 이에 대한 소명자료(상속인을 확인할 수 있는 가족관계증명서, 혼인관계증명서, 친양자관계증명서 등)를 제출하시기 바랍니다(공동상속인들이 있는 경우에는 그 관계와 상속비율 등을 확인하여 임차권 승계인을 명확히 하시기 바랍니다).

보통 권리신고 및 배당요구서의 내용이 정확하지 않은 경우가 종종 있으므로 임차인의 상속인이 여러 명인지와 임대차계약서상의 각종 정보와 주민등록초본 상 전입일자 등이 맞게 기재하였는지를 확인하고 기재한 내용에 오류가 있거나 명확하지 않은 경우 이를 수정 또는 소명하는 자료를 제출하도록 보정명령을 할 필요가 있다.

[보정명령 예시]

> 권리신고서상 기재한 전입일자, 확정일자 등이 제출된 주민등록초본, 임대차계약서 등과 일치하지 않으므로 이를 소명하는 자료를 추가로 제출하거나 권리신고서상 기재한 날짜를 제출된 자료에 맞게 수정하시기 바랍니다.

나. 상속인이 없는 경우

임차인의 법정상속인이 없는 경우에는 임차인과 그 주택에서 가정공동생활을 하던 사실상의 혼인관계에 있는 자가 있으면 그 자가 임차인의 권리와 의무를 승계한다(주택임대차보호법 9조 1항).

다. 상속인이 있는 경우

1) 상속인이 임차인과 가정공동생활을 하고 있는 경우

주택임대차보호법 제9조는 배제되고 민법 일반 원칙에 따라 상속인이 임차인의 승계인이 된다.[213] 임차인과 가정공동생활을 한 상속인과 가정공동생활을 하지 않은 상속인이 있는 경우에도 가정공동생활을 한 상속인이 배타적으로 임차권을 승계하는 것은 아니고 법정 상속비율에 따라 공동으로 임차권을 상속한다.[214]

피상속인인 임차인이 대항력 및 우선변제권을 취득한 상태라면 상속권자가 이를 원용할 수 있으므로 피상속인의 점유개시일, 주민등록전입일, 확정일자를 기준으로 배당한다.[215] 다만 피상속인인 임차인의 주민등록이 말소된 경우의 처리와 관련해선 아래와 같이 견해가 대립된다.

상속인이 임차인과 가정공동생활을 한 경우 전입신고를 하지 않아도 우선변제권을 승계하는지 여부에 대해 승계된다는 하급심 판례가 있는가 하면,[216] 망인의 주민등록은 말소되므로 상속인이 별도로 전입신고 등을 하여 대항력을 갖추지 못하는 한 우선변제권이 없다는 하급심 판례도 있어[217] 견해가 나뉜다.

한편 임차인이 배당요구종기까지 대항력을 유지한 후 사망한 경우에는 상속인이 별도의 전입신고 등이 없어도 임차인의 종전 대항력을 유지하여 상속인이 우선변제권자의 지위를 승계하는지,[218] 주민등록을 갖춘 때 비로소 대항력을 취득하는지가 문제되는데, 기존 임차인의 지위를 그대로 승계한다는 점을 강조하면 전자와 같이 보

---

213) 주석 민법[채권각칙](제5판), 한국사법행정학회(2021), 488쪽.

214) 민법주해[XV], 채권(8), 박영사(1997), 281쪽(민일영 집필 부분).

215) 사법보좌관 실무편람[I], 법원행정처(2015), 288~289쪽.

216) 수원지방법원 2016. 6. 2. 선고 2016가단50012 판결(미항소 확정).

217) 창원지방법원 밀양지원 2001. 9. 27. 선고 2001가단2275 판결(미항소 확정. 피상속인이 1999. 10. 29. 사망하여 1999. 11. 13. 주민등록이 말소되었고 상속인이 2000. 2. 15. 전입신고를 한 사안임)], 인천지방법원 2015. 6. 18. 선고 2014가단61042 판결(미항소 확정), 서울서부지방법원 2006. 11. 22. 선고 2006가단44398 판결(미항소 확정), 서울서부지방법원 2014. 2. 14. 2013가단233691 판결(미항소 확정).

218) 서울남부지방법원 2006. 9. 21. 선고 2006나3085 판결(미상고 확정).

는 것이 수미일관하고 승계인 보호에도 부합하지만, 사망신고가 이루어져 망인인 임차인의 주민등록이 직권말소된 경우(주민등록법 14조 2항)에는 대항력을 상실하므로, 승계인 명의의 주민등록이 필요하다.[219)]

2) 상속인이 임차인과 가정공동생활을 하지 않았던 경우

가) 가정공동생활을 하던 사실상의 혼인관계에 있는 자가 있는 경우

가정공동생활을 하던 사실상의 혼인관계에 있는 자와 2촌 이내의 친족이 공동으로 임차인의 권리와 의무를 승계한다(주택임대차보호법 9조 2항). 2촌 이내의 친족이 없는 경우 사실상의 혼인관계에 있는 자가 단독으로 승계한다.

나) 가정공동생활을 하던 사실상의 혼인관계에 있는 자가 없는 경우

민법 일반원칙에 따라 상속인이 임차인의 권리와 의무를 승계한다. 다만 피상속인인 임차인의 주민등록이 말소되는 경우 위에서 본 바와 같이 대항력 원용 등에 대해 견해 대립이 있다.

Ⅵ. 근로자의 우선변제권

1. 근로기준법상 근로자에 해당하는지 여부의 판단 기준

근로기준법상의 근로자에 해당하는지 여부는 계약의 형식이 고용계약인지 도급계약인지보다 그 실질에 있어 근로자가 사업 또는 사업장에 임금을 목적으로 종속적인 관계에서 사용자에게 근로를 제공하였는지 여부에 따라 판단하여야 하고, 위에서 말하는 종속적인 관계가 있는지 여부는 ① 업무 내용을 사용자가 정하고 취업규칙 또는 복무(인사)규정 등의 적용을 받으며 업무 수행 과정에서 사용자가 상당한 지휘·감독을 하는지, ② 사용자가 근무시간과 근무장소를 지정하고 근로자가 이에 구속을 받는지, ③ 노무제공자가 스스로 비품·원자재나 작업도구 등을 소유하거나 제3자를 고용하여 업무를 대행케 하는 등 독립하여 자신의 계산으로 사업을 영위할 수 있는지, ④ 노무 제공을 통한 이윤의 창출과 손실의 초래 등 위험을 스스로 안고 있는지와 ⑤ 보수의 성격이 근로 자체의 대상적 성격인지, ⑥ 기본급이나 고정급이 정하여졌는지 및 근로소득세의 원천징수 여부 등 보수에 관한 사항, ⑦ 근로 제공 관계의 계속성과 사용자에 대한 전속성의 유무와 그 정도, ⑧ 사회보장제도에 관한 법령에서 근로자로서 지위를 인정받는지 등의 경제적·사회적 여러 조건을 종합하여 판단하

219) 주석 민법[채권각칙](제5판), 한국사법행정학회(2021), 489쪽.

여야 한다. 다만 기본급이나 고정급이 정하여졌는지, 근로소득세를 원천징수하였는지, 사회보장제도에 관하여 근로자로 인정받는지 등의 사정은 사용자가 경제적으로 우월한 지위를 이용하여 임의로 정할 여지가 크다는 점에서 그러한 점들이 인정되지 않는다는 것만으로 근로자성을 쉽게 부정하여서는 안 된다.220)

따라서 근로기준법의 적용을 받는 근로자에 해당하는지 여부는 계약의 형식에 관계없이 그 실질에 있어서 임금을 목적으로 종속적 관계에서 사용자에게 근로를 제공하였는지 여부에 따라 판단하여야 한다.

채무자가 법인이고 등기증명사항서상 대표이사가 임금채권자로 배당요구를 한 경우, 대표이사로서의 지위가 형식적·명목적인 것에 불과하여 실제 경영자로부터 구체적·개별적인 지휘·감독을 받아 근로를 제공하고 근로 자체의 대상적 성격으로 보수를 지급받았음에 그쳤다는 등의 특별한 사정이 없는 한, 근로기준법상의 근로자에 해당하지 않는다.221) 따라서 등기증명사항서상 대표이사로 등재된 기간 동안의 임금은 근로기준법상 근로자로서의 임금이 아니므로 최우선변제대상이 될 수 없다.

회사의 이사 또는 감사 등 임원이라고 하더라도 그 지위 또는 명칭이 형식적·명목적인 것이고 실제로는 매일 출근하여 업무집행권을 갖는 대표이사나 사용자의 지휘·감독 아래 일정한 근로를 제공하면서 그 대가로 보수를 받는 관계에 있다거나 또는 회사로부터 위임받은 사무를 처리하는 외에 대표이사 등의 지휘·감독 아래 일정한 노무를 담당하고 그 대가로 일정한 보수를 지급받아 왔다면 그러한 임원은 근로기준법상의 근로자에 해당한다.222)

따라서 임금채권으로 배당요구한 채권자가 채무자의 법인등기사항증명서상 임원으로 등재되어 있는 경우 일단 근로기준법상 근로자가 아닌 것으로 추정되므로 해당 채권자에게 보정명령 등을 하여 근로기준법상 근로자에 해당하는지 여부를 추가 소명하도록 할 필요가 있다.

[보정명령 예시]

법인등기사항증명서상 ○○○는 사내이사로 등재되어 있어 근로기준법의 적용을 받

220) 대법원 2006. 12. 7. 선고 2004다29736 판결, 대법원 2009. 8. 20. 선고 2009두1440 판결, 대법원 2010. 4. 15. 선고 2009다99396 판결, 대법원 2009. 10. 29. 선고 2009다51417 판결, 대법원 2011. 3. 24. 선고 2010두10754 판결 등.

221) 대법원 2014. 5. 29. 선고 2012다98720 판결.

222) 대법원 2003. 9. 26. 선고 2002다64681 판결.

는 근로자에 해당되지 않은 것으로 보이므로(대법원 2002다64681, 98720 판결 등 참조) 사내이사로 등재되어 있는 기간의 임금 및 퇴직금은 배당요구 금액에서 제외하는 것을 검토하시기 바랍니다(만약 근로기준법상 근로자에 해당한다면 이를 소명할 수 있는 자료를 제출하시기 바랍니다).

근로자에 해당하는지 여부에 대한 판단은 앞에서 본 판례가 판시한 여러 기준들을 참고하되, 근로자성을 쉽게 부정하여서는 안 될 것이나 근로기준법상 근로자임을 제대로 소명하지 못하는 경우 등기사항증명서상 임원으로 등재된 기간 동안은 우선변제대상인 임금채권에서 제외하는 것이 적절할 것이다.

2. 근거 법령

가. 근로기준법

근로기준법 제38조 제1항은 “임금, 재해보상금, 그 밖에 근로 관계로 인한 채권은 사용자의 총재산에 대하여 질권·저당권 또는 ‘동산·채권 등의 담보에 관한 법률’에 따른 담보권에 따라 담보된 채권 외에는 조세·공과금 및 다른 채권에 우선하여 변제되어야 한다. 다만 질권·저당권 또는 ‘동산·채권 등의 담보에 관한 법률’에 따른 담보권에 우선하는 조세·공과금에 대하여는 그러하지 아니하다."라고 규정하고, 제2항은 “1항에도 불구하고 다음 각 호의 어느 하나에 해당하는 채권은 사용자의 총재산에 대하여 질권·저당권 또는 ’동산·채권 등의 담보에 관한 법률’에 따른 담보권에 따라 담보된 채권, 조세·공과금 및 다른 채권에 우선하여 변제되어야 한다. 1. 최종 3개월분의 임금, 2. 재해보상금”이라고 규정하고 있다.

나. 근로자퇴직급여 보장법

최종 3년간의 ‘퇴직급여등’은 사용자의 총재산에 대하여 질권 또는 저당권에 의하여 담보된 채권, 조세·공과금 및 다른 채권에 우선하여 변제되어야 한다(근로자퇴직급여 보장법 12조 2항). 여기서 ‘퇴직급여등’이란 퇴직금, 확정급여형퇴직연금제도의 급여, 확정기여형퇴직연금제도의 부담금 중 미납금 및 이에 대한 지연이자, 개인형퇴직연금제도의 부담금 중 미납금 및 이에 대한 지연이자를 말한다(같은 조 1항). 다만 같은 법 부칙 제9조는 퇴직금의 우선변제에 관하여 다음과 같은 경과규정을 두고 있다.

근로자퇴직급여 보장법 제12조 제2항의 규정에 불구하고 1997. 12. 24. 전에 퇴직한 근로자의 경우에는 1989. 3. 29. 이후의 계속근로기간에 대한 퇴직금을 우선변제의 대상으로 한다(같은 법 부칙 9조 1항).

근로자퇴직급여 보장법 제12조 제2항의 규정에 불구하고 1997. 12. 24. 전에 채용된 근로자로서 1997. 12. 24. 이후에 퇴직하는 근로자의 경우에는 1989. 3. 29. 이후부터 1997. 12. 23.까지의 계속근로기간에 대한 퇴직금에 1997. 12. 24. 이후의 계속 근로기간에 대하여 발생하는 최종 3년간의 퇴직금을 합산한 금액을 우선변제의 대상으로 한다(같은 법 부칙 9조 2항).

근로자퇴직급여 보장법 부칙 제9조 제1항 및 제2항의 규정에 의하여 우선변제의 대상이 되는 퇴직금은 계속근로기간 1년에 대하여 30일분의 평균임금으로 계산한 금액으로 한다(같은 법 부칙 9조 3항).

근로자퇴직급여 보장법 부칙 9조 1항 및 2항의 규정에 의하여 우선변제의 대상이 되는 퇴직금은 250일분의 평균 임금을 초과할 수 없다(같은 법 부칙 9조 4항).

다. 선원법

2016. 12. 27. 개정된 선원법은 선원에 대한 보상을 강화하기 위하여 제152조의2를 신설하였다. 같은 조 1항은 "다음 각 호의 어느 하나에 해당하는 채권은 선박소유자의 총재산에 대하여 질권·저당권 또는 '동산·채권 등의 담보에 관한 법률'에 따른 담보권에 따라 담보된 채권 외에는 조세·공과금 및 다른 채권에 우선하여 변제되어야 한다. 다만 질권·저당권 또는 '동산·채권 등의 담보에 관한 법률'에 따른 담보권에 우선하는 조세·공과금에 대해서는 그러하지 아니하다. 1. 제52조에 따른 임금, 2. 제55조에 따른 퇴직금, 3. 제94조부터 제102조까지의 규정에 따른 요양비용, 보상 또는 장제비, 4. 그 밖에 선원의 근로관계로 인한 채권"이라고 규정하고, 2항은 "제1항에도 불구하고 다음 각 호의 어느 하나에 해당하는 채권은 선박소유자의 총재산에 대하여 질권·저당권 또는 '동산·채권 등의 담보에 관한 법률'에 따른 담보권에 따라 담보된 채권, 조세·공과금 및 다른 채권에 우선하여 변제되어야 한다. 1. 제52조에 따른 임금의 최종 4개월분, 2. 제55조에 따른 퇴직금의 최종 4년분, 3. 제94조부터 제102조까지의 규정에 따른 요양비용, 보상 또는 장제비"라고 규정하고 있다.

한편 신설된 선원법 152조의2는 2017. 1. 18.부터 시행되었는데, 부칙 4조는 "152조의2 2항의 개정규정은 이 법 시행 전에 발생한 임금채권 및 퇴직금 채권에 대해서도 적용한다. 다만 이 법 시행 전에 발생한 임금채권 및 퇴직금 채권과 이 법 시행 전에 발생한 다음 각 호의 권리 간의 변제는 '근로기준법' 38조 2항 및 '근로자 퇴직급여 보장법' 12조 2항에 따른다. 1. 질권·저당권, 2. '동산·채권 등의 담보에 관한 법률'에 따른 담보권에 따라 담보된 채권, 3. 질권·저당권 또는 '동산·채권 등의 담보에 관한 법률'에 따른 담보권에 따라 담보된 채권에 우선하는 조세·공과금"이라고 규정하고 있다.

3. 최종 3개월분 임금·재해보상금 채권

1) 근로자의 최종 3개월분의 임금에 대한 우선특권 규정에 의하여 보호되는 임금채권의 범위는 퇴직의 시기를 묻지 않고 사용자로부터 지급받지 못한 최종 3개월분의 임금을 말한다고 할 것이고, 반드시 사용자의 도산 등 사업폐지 시로부터 소급하여 3월내에 퇴직한 근로자의 임금채권에 한정하는 것은 아니다.[223] 즉 우선변제권이 인정되는 '최종 3개월분의 임금'은 퇴직 전 최종 3개월 사이에 지급사유가 발생한 임금채권 전액을 의미하는 것이 아니라, 최종 3개월간 근무한 부분의 임금채권을 말한다.[224]

해당 임금채권에 대한 근로자의 배당요구 당시 근로자와 사용자와의 근로계약관계가 이미 종료되었다면 그 종료 시부터 소급하여 3개월 사이에 지급사유가 발생한 임금 중 미지급분을 말한다.[225] 예를 들어, 2021. 12. 1. 퇴직한 근로자가 11월 급여는 받고 10월, 9월, 8월분 급여를 받지 못하였다면 10월, 9월분 급여만 최우선변제를 받을 수 있다.

한편 배당요구 당시에도 근로관계가 종료되지 않은 근로자의 경우에는 배당요구 시점부터 소급하여 3개월 사이에 지급사유가 발생한 임금 중 미지급분을 말한다.[226]

따라서 우선변제권이 있는 임금채권자가 현재 및 장래의 임금이나 퇴직금 채권

---

223) 대법원 1996. 2. 23. 선고 95다48650 판결, 대법원 1997. 11. 14. 선고 97다32178 판결, 대법원 2008. 6. 26. 선고 2006다1930 판결.

224) 대법원 2002. 3. 29. 선고 2001다83838 판결(설날, 추석, 연말의 3회에 걸쳐 각 기본급의 일정 비율씩 상여금을 지급받고 그 상여금이 근로의 대가로 지급되는 임금의 성질을 갖는 경우, 근로기준법 소정의 우선변제권이 인정되는 상여금은 퇴직 전 최종 3개월 사이에 있는 연말과 설날의 각 상여금 전액이 아니라 퇴직 전 최종 3개월의 근로의 대가에 해당하는 부분이라고 한 판례).

225) 대법원 1999. 4. 9. 선고 98다47412 판결, 대법원 2008. 6. 26. 선고 2006다1930 판결.

226) 대법원 2015. 8. 19. 선고 2015다204762 판결.

을 피담보채권으로 하여 사용자의 재산에 관한 근저당권을 취득한 경우 배당요구의 종기까지 우선권 있는 임금채권임을 소명하지 않았다고 하더라도 배당표가 확정되기 전까지 그 피담보채권이 우선변제권이 있는 임금채권임을 소명하면 최종 3개월분의 임금이나 최종 3년간의 퇴직금 등에 관한 채권에 대하여는 선순위 근저당권자 등보다 우선배당을 받을 수 있지만, 근저당권 설정 없이 우선변제권이 있는 임금채권자로서 배당요구의 종기까지 배당요구를 한 경우와 마찬가지로, 근저당권의 피담보채권이 우선권 있는 임금채권임을 소명함으로써 선순위 근저당권자 등보다 우선배당을 받을 수 있는 최종 3개월분의 임금은 배당요구의 종기에 이미 근로관계가 종료된 근로자의 경우에는 근로관계 종료일부터, 배당요구의 종기 당시에도 근로관계가 종료되지 않은 근로자의 경우에는 배당요구의 종기부터 소급하여 3개월 사이에 지급사유가 발생한 임금 중 미지급분을 말하는 것이고, 최종 3년간의 퇴직금도 배당요구 종기일 이전에 퇴직금 지급사유가 발생하여야 한다.[227] 정리하면 아래와 같다.

가) 배당요구종기 당시 이미 근로관계가 종료된 근로자의 경우

최종 3개월분의 임금인 근로관계 종료일부터 소급하여 3개월 사이에 지급사유가 발생한 임금 중 미지급분과 최종 3년간의 퇴직금을 최우선배당 한다.

나) 배당요구종기 당시 근로관계가 종료되지 않은 근로자의 경우

최종 3개월분 임금인 배당요구종기부터 소급하여 3개월 사이에 지급사유가 발생한 임금 중 미지급분만 최우선배당하고 퇴직금은 배당하지 않는다.

2) 배당요구서의 청구금액이 최우선변제대상(최종 3개월분의 임금, 최종 3년간의 퇴직금, 재해보상금)과 우선변제대상(위의 임금 외의 근로관계채권)으로 구분하지 않은 경우 일단 보정명령을 하여 구분하도록 하고 최우선변제대상과 우선변제대상을 정확하게 구분했는지 확인이 필요하다.

227) 대법원 2015. 8. 19. 선고 2015다204762 판결(임금채권자로서 경매개시결정등기 전에 부동산에 근저당권을 설정받았고 배당표가 확정되기 전까지 그 피담보채권이 임금이나 퇴직금 채권임을 소명하기는 하였으나 배당요구 종기일부터 소급하여 3개월 사이에 지급사유가 발생한 임금채권은 이미 소멸하였고 피고들에게 이 사건 배당요구 종기일 이후로서 피고들의 각 퇴직일을 기준으로 3개월분의 임금채권을 지급하지 않았더라도 위 임금채권은 근로기준법 제38조 제2항에서 규정한 우선변제권이 있는 임금채권이라고 할 수 없으며, 또한 피고들이 이 사건 배당요구 종기일에는 주식회사 ○○과 근로관계를 유지하다가 그 이후에 퇴직하여 이 사건 배당요구 종기일에는 피고들의 퇴직금채권이 발생하지 않았으므로 피고들에게 우선변제권이 인정되는 퇴직금채권이 존재하지 않는다는 이유로, 피고들에 대하여 선순위 근저당권자인 원고보다 우선하여 한 배당은 위법하다고 한 원심을 수긍한 사안임).

[보정명령 예시]

임금채권 청구금액을 최우선변제대상(최종 3개월분의 임금, 최종 3년간의 퇴직금, 재해보상금)과 우선변제대상(위의 임금 외의 근로관계채권)으로 구분하여 이를 명확히 하시기 바랍니다.

간혹 최우선변제대상(최종 3개월분 임금, 최종 3년간의 퇴직금)이 아닌 부분을 잘못 계산하여 청구하는 경우가 있고, 우선변제대상 임금채권도 배당순위에 따라 배당이 가능함에도 이를 배당에서 누락하는 경우가 있으니 주의가 필요하다.

체불 임금등 · 사업주 확인서상의 최우선 임금채권액과 확인통지서 및 근로복지공단의 대지급금(체당금) 지급내역의 최우선 임금채권액이 서로 다른 경우가 간혹 있다. 체불 임금등 · 사업주 확인서가 근로감독관이 조사한 결과이고 이를 바탕으로 확인통지서 작성(노무사 작성) 및 대지급금(체당금) 지급이 이루어지므로 자료에 오류가 있는지 여부를 최대한 확인한 후 그래도 서로 금액이 다른 경우 체불 임금등 · 사업주 확인서의 금액을 기준으로 배당하는 것이 적절할 것이다.

체불 임금등 · 사업주 확인서에 최종 3개월분의 임금과 최종 3년분의 퇴직금이 확인되는 경우에 이를 기준으로 하고 해당 기간을 특정할 수 없는 경우에는 대지급금(체당금) 지급내역 등을 기준으로 배당하면 된다.

3) 임금 자체에 대해서만 우선변제권이 인정되고, 지연손해금에 대하여는 우선변제권이 인정되지 않는다.[228] 따라서 임금 등에 대한 지연손해금에 대하여는 우선변제권을 인정할 수 없으므로, 임금채권자들이 집행력 있는 정본으로써 배당요구를 하는 경우에 원금만을 우선배당하고, 지연손해금은 일반채권자와 안분배당한다.

4) 파견근로자의 경우

파견근로자 보호 등에 관한 법률(이하 '파견법'이라 한다) 제1조는 파견근로자의 근로기준 등에 관한 기준을 확립함으로써 파견근로자의 고용안정과 복지증진에 이바지함을 입법 목적으로 규정하면서, 같은 법 제34조 제2항은 파견사업주가 대통령령이 정하는 사용사업주의 귀책사유로 인하여 근로자의 임금을 지급하지 못한 때에는 사용사업주는 당해 파견사업주와 연대하여 책임을 지고(전문), 그러한 경우 임금 지급에 관한 근로기준법 제43조를 적용할 때에는 사용사업주를 근로기준법상 사용자로 보아 근로기준법을 적용한다(후문)고 규정하고 있다. 파견법 시행령 제5조는 사용사

228) 대법원 2000. 1. 28.자 99마5143 결정.

업주의 귀책사유로 '사용사업주가 정당한 사유 없이 근로자파견계약을 해지한 경우(1호)'와 '사용사업주가 정당한 사유 없이 근로자파견계약에 의한 근로자파견의 대가를 지급하지 아니한 경우(2호)'를 규정하고 있다. 한편, 근로기준법 제38조 제2항 제1호에서 최종 3개월분의 임금채권은 사용자의 총재산에 대하여 가장 우선하여 변제받을 수 있음을 규정하고 있다.

이러한 법령 내용에 의하면, 사용사업주가 정당한 사유 없이 근로자파견의 대가를 지급하지 않고 그로 인하여 파견사업주가 근로자에게 임금을 지급하지 못한 경우 사용사업주는 근로자에 대하여 파견사업주와 연대하여 임금지급의무를 부담하게 된다. 이와 같이 사용사업주가 파견법 제34조 제2항에 따라 근로자에 대하여 임금지급의무를 부담하고 그에 따라 파견근로자가 사용사업주에 대하여 임금채권을 가지는 경우, 파견근로자의 복지증진에 관한 파견법의 입법취지와 더불어 사용사업주가 파견사업주와 연대하여 임금지급의무를 부담하는 경우 임금 지급에 관하여 사용자로 본다는 파견법 제34조 제2항 후문 및 근로자의 최저생활을 보장하려는 근로기준법 제38조 제2항의 규정취지를 고려하여 보면, 파견근로자의 사용사업주에 대한 임금채권에 관하여도 근로기준법 제38조 제2항이 정하는 최우선변제권이 인정된다고 봄이 타당하다.

한편, 사용사업주의 파견근로자에 대한 임금지급책임을 인정하는 파견법 제34조 제2항을 적용하기 위하여 해당 근로자파견이 파견법 제5조의 파견 사유가 있고 제7조의 허가를 받은 파견사업주가 행하는 이른바 '적법한 근로자파견'에 해당하여야만 하는 것은 아니다. 파견법은 '파견사업주가 근로자를 고용한 후 그 고용관계를 유지하면서 근로자파견계약의 내용에 따라 사용사업주의 지휘·명령을 받아 사용사업주를 위한 근로에 종사하게 하는 것'을 '근로자파견'으로 정의하고 있을 뿐(2조 1호), 제5조에 정한 근로자파견 대상 업무에 해당하는 등 파견사유가 있을 것 또는 제7조에 정한 근로자파견사업의 허가를 받은 파견사업주가 행하는 근로자파견에 해당할 것을 '근로자파견'의 요건으로 들고 있지 않고, 원칙적으로 파견사업주가 파견근로자에 대한 임금지급의무를 부담하지만, 파견사업주가 사용사업주의 귀책사유로 인하여 임금을 지급하지 못한 경우에는 사용사업주가 파견사업주와 연대하여 임금지급의무를 부담하도록 함으로써 파견근로자를 보호하고자 하는 것이 파견법 제34조 제2항의 취지이며, 적법하지 않은 파견의 경우 파견법 제34조 제2항이 적용되지 않는다고 보면 파견법이 규정한 제한을 위반하여 근로자파견의 역무를 제공받은 사용사업주는 오히

려 임금지급책임을 지지 않는 결과가 되어 법적 형평에 어긋나게 되기 때문이다.[229)]

4. 최종 3년간의 퇴직금 채권

최종 3년간의 퇴직급여등 우선변제권은 근로자퇴직급여 보장법 제12조 제2항에 규정되어 있고, 퇴직금의 우선변제에 관하여는 그 부칙 제9조에 별도의 경과규정이 있다. 우선변제받는 퇴직금은 250일분의 평균임금을 넘을 수 없다(같은 법 부칙 9조 4항). 최종 3년간의 퇴직금도 배당요구종기일 이전에 퇴직금 지급사유가 발생하여야 한다.[230)]

따라서 배당요구 시점에 근로관계가 종료되었는지 여부가 명확하지 않은 경우에는 이에 대한 소명자료를 제출하도록 보정명령을 해야 한다.

[보정명령 예시]

> 2018. 1. 29.자 권리신고 및 배당요구신청서와 관련하여 ○○○는 퇴직한 임금채권자로서 퇴직금까지 청구하고 있으나 첨부한 건강보험자격득실확인서상 퇴직하여 자격상실된 내역이 나타나지 않으므로 퇴직한 사실이 소명되는 자료를 제출하시기 바랍니다.

근로기준법 제2조 제1항 제1호에 해당하는 외국인 근로자에 대하여도 국내의 근로자들과 마찬가지로 근로자퇴직급여 보장법상의 퇴직금 지급에 관한 규정이나 최저임금법상의 최저임금의 보장에 관한 규정이 그대로 적용된다.[231)]

5. 선원법상 근로자의 경우

선원법 제152조의2 제1항 각 호의 임금채권등에 관하여는 선원법이 적용된다. 반면 같은 법 제152조의2 제2항 각 호의 임금채권등에 관하여는 질권·저당권, '동산·채권 등의 담보에 관한 법률'에 따른 담보권에 따라 담보된 채권, 질권·저당권 또는 '동산·채권 등의 담보에 관한 법률'에 따른 담보권에 따라 담보된 채권에 우선하는 조세·공과금이 2017. 1. 18. 전에 발생한 때에는 근로기준법 또는 근로자퇴직급

229) 대법원 2022. 12. 1. 선고 2018다300586 판결.
230) 대법원 2015. 8. 19. 선고 2015다204762 판결.
231) 대법원 2006. 12. 7. 선고 2006다53627 판결. 대법원 2006. 12. 21. 선고 2006다36509 판결.

여 보장법이, 2017. 1. 18. 이후에 발생한 때에는 선원법이 적용되게 된다.

선원법의 적용을 받는 근로자의 경우에도 같은 법 제152조의2 제2항의 최우선 변제권이 인정되는 임금(퇴직금)이 최종 3개월분(최종 3년분)이 아닌 최종 4개월분(최종 4년분)이라는 것의 차이가 있을 뿐, 임금채권의 배당순위, 적용대상 등은 근로기준법과 근로자퇴직급여 보장법의 내용과 같다.

6. 대위변제한 경우 우선변제권의 효력[232)]

1) 우선변제권이 있는 임금채권을 대신 변제한 자는 채무자인 사용자에 대한 임금채권자로서 사용자의 총재산에 대한 강제집행절차나 임의경매절차가 개시된 경우에 배당요구의 종기까지 배당요구를 하여 그 배당절차에서 저당권의 피담보채권이나 일반채권보다 우선하여 변제받을 수 있다.[233)]

이때 변제자는 채무자인 사용자에게 통지하거나 채무자가 승낙하지 않으면 채무자에게 대항할 수 없고(이러한 대항요건을 경매개시결정으로 인한 압류의 효력이 발생한 날보다 늦게 갖추었다고 할지라도 대위권 행사에는 영향이 없다), 채무자 아닌 제3자에게 대항하기 위해서는 확정일자 있는 증서에 의한 대위의 통지나 승낙이 필요하지만 이 경우 제3자란 대위변제의 목적인 임금채권 자체에 관하여 대위변제자와 양립할 수 없는 법률상의 지위에 있는 자만을 의미한다.[234)] 예를 들어, 임금채권과 아무런 관련이 없고 사용자에 대한 근저당권부 채권자에 지나지 않는 자는 대위권 행사에 있어서 대항요건을 갖추어야 할 제3자에 해당하지 않는다.

2) 고용노동부장관은 임금채권보장법 제7조(퇴직한 근로자에 대한 대지급금의 지급) 제1항, 제2항, 제7조의2(재직 근로자에 대한 대지급금의 지급) 제1항부터 제3항까지에 따라 일정한 경우 사업주를 대신하여 근로자에게 임금, 퇴직금, 휴업수당을 지급하는데, 이를 '대지급금'이라 한다. 고용노동부장관은 지급한 대지급금의 한도에서 그 근로자가 해당 사업주에 대하여 미지급 임금, 퇴직금, 휴업수당을 청구할 수 있는 권리를 대위하며, 근로기준법 제38조 제2항에 따른 임금채권 우선변제권 및 근로자퇴직급여 보장법 제12조 제2항에 따른 퇴직급여 등 채권 우선변제권은 위 대위되는 권리에 존속한다(임금채권보장법 제8조). 한편 이러한 고용노동부장관의 대지급

232) 윤경, 「부동산경매(입찰)의 실무(하)」, 법률정보센타(1999), 367-368쪽.

233) 대법원 1996. 2. 23. 선고 94다21160 판결 참조.

234) 대법원 1996. 2. 23. 선고 94다21160 판결 참조.

금 지급 권한과 청구권 대위에 관한 권한은 근로복지공단에 위탁되어 있다(같은 법 제27조, 같은 법 시행령 제24조 제2항 제1호, 제2호).

그런데 이와 관련하여 근로복지공단이 대지급금을 지급할 때에 임금채권보장법 제7조 제2항 단서, 제7조의2 제3항에 따라 상한액을 제한하여 일부만 대신 지급한 경우, 예를 들어 근로기준법 제38조 제2항 제1호의 최종 3개월분의 임금, 근로자퇴직급여 보장법 제12조 제2항의 최종 3년간의 퇴직금 중 근로복지공단이 상한액을 제한하여 일부만 대신 지급한 경우에는 잔여부분에 대한 해당 근로자의 임금우선변제권과 근로복지공단의 대지급금에 대한 대위권에 기한 우선변제권이 병존하게 되는데, 이 경우에는 해당 근로자의 우선변제권이 근로복지공단의 대위권에 기한 우선변제권에 우선한다.[235] 하지만 근로복지공단이 임금채권보장법에 따라 근로자에게 최우선변제권이 있는 임금과 퇴직금 중 일부를 대지급금으로 지급하고 그에 해당하는 근로자의 임금 등 채권을 배당절차에서 대위행사하는 경우, 근로복지공단이 대위하는 채권과 대지급금을 지급받지 않은 다른 근로자의 최우선변제권이 있는 임금 등 채권은 같은 순위(동순위)로 배당받아야 한다.[236]

따라서 최우선변제권이 있는 임금과 퇴직금을 전부 지급한 후 대위행사하는 근로복지공단과 대지급금을 지급받지 않은 최우선변제권이 있는 다른 근로자가 있는 경우 동순위로 안분비례에 따른 배당을 하고, 최우선변제권이 있는 임금과 퇴직금 중 일부만을 지급한 후 대위행사하는 근로복지공단, 잔여부분에 대한 해당 근로자, 대지급금을 지급받지 않은 최우선변제권이 있는 다른 근로자가 있는 경우 먼저 1차로 안분비례에 따른 배당을 한 후 2차로 잔여부분에 대한 해당 근로자가 1차 배당에서 만족받지 못한 금액을 한도로 근로복지공단의 배당금을 흡수하는 배당(안분 후 흡수배당)을 하게 된다.[237]

한편 재해보상금은 최우선변제권의 대상이지만(근로기준법 제38조 제2항 제2호), 임금채권보장법에 따른 대지급금의 대상은 아니다(임금채권보장법 제7조 제2항, 제7조의2 제2항 참조). 반면 휴업수당(근로기준법 제46조)은 임금채권보장법에 따른 대지급금의 대상이지만, 최우선변제권의 대상인지에 대하여는 견해가 나뉜다. 근로기준법 제38조 제2항에서 최우선변제권의 대상을 특정하여 규정하고 있으므로 임금과 다른 휴업수당에까지 최우선변제권을 인정하는 것은 강제집행절차의 명확성을 해하고 명문

235) 대법원 2011. 1. 27. 선고 2008다13623 판결, 대법원 2011. 2. 24. 선고 2009다47937 판결.
236) 대법원 2015. 11. 27. 선고 2014다208378 판결.
237) 법원실무제요 민사집행[Ⅲ], 사법연수원(2020), 98쪽.

을 벗어난 해석이라는 부정설과 사용자의 귀책사유로 근로자가 근로를 제공하지 못하게 된 경우 근로자는 민법 제538조 제1항에 따라 임금을 청구할 수도 있고 근로기준법 제46조에 따라 휴업수당을 청구할 수도 있는데, 근로자가 휴업수당을 청구하였다는 우연한 사정 때문에 임금과 달리 최우선변제권을 인정하지 않는 것은 불합리하다는 이유로 최종 3개월분의 휴업수당에 대하여도 최우선변제권을 인정하는 긍정설이 있다.[238]

3) 근로자로부터 임금채권을 양도받은 자 또는 추심을 위임받은 자는 직접 사용자의 집행 재산에 대하여 배당을 요구할 수 없다.[239]

7. 공동저당에 관한 민법 제368조 제2항 후문이 임금채권자가 우선변제받은 경우에도 유추적용되는지 여부(= 적극)[240]

1) 근로기준법에 규정된 임금 등에 대한 우선특권은 사용자의 총재산에 대하여 저당권에 의하여 담보된 채권, 조세 등에 우선하여 변제받을 수 있는 이른바 법정담보물권으로서,[241] 사용자의 부동산이 여러 건인 경우에는 마치 그 부동산 전부에 대한 공동저당권자와 유사한 지위에 서게 되므로 사용자 소유의 여러 건의 부동산이 동시에 경매되어 그 매각대금을 동시에 배당하는 때에는 각 부동산의 매각대금에 비례하여 그 채권의 분담을 정하여야 한다.

2) 사용자 소유의 여러 건의 부동산 중 일부가 먼저 경매되어 그 매각대금에서 임금채권자들이 우선특권에 의하여 우선변제받은 결과 그 매각된 부동산의 저당권자가 민법 제368조 제1항에 의하여 위 여러 건의 부동산으로부터 임금채권이 동시배당되는 경우보다 불이익을 받은 경우에는 같은 조 제2항 후문을 유추적용하여, 위 저당권자로서는 임금채권자가 위 여러 건의 부동산으로부터 동시에 배당받았다면 다른 부

238) 법원실무제요 민사집행[Ⅲ], 사법연수원(2020), 98쪽.

239) 대법원 1996. 3. 22. 선고 95다2630 판결(근로자가 그 임금채권을 양도한 경우라 할지라도 그 임금의 지급에 관하여는 근로기준법 제36조 제1항에 정한 임금 직접지급의 원칙이 적용되어 사용자는 직접 근로자에게 임금을 지급하지 않으면 안 되고, 그 결과 비록 적법 유효한 양수인이라도 스스로 사용자에 대하여 임금의 지급을 청구할 수 없으며, 그러한 법리는 근로자로부터 임금채권을 양도받았거나 그의 추심을 위임받은 자가 사용자의 집행 재산에 대하여 배당을 요구하는 경우에도 그대로 적용된다), 대법원 1994. 5. 10. 선고 94다6918 판결.

240) 윤경, 「부동산경매(입찰)의 실무(하)」, 법률정보센타(1999), 366-367쪽.

241) 대법원 1998. 12. 22. 선고 97다9352 판결, 대법원 2000. 9. 29. 선고 2000다32475 판결, 대법원 2001. 11. 27. 선고 99다22311 판결, 대법원 2009. 11. 12. 선고 2009다53017, 53024 판결 등.

동산의 매각대금에서 변제를 받을 수 있었던 금액의 한도 내에서 선순위자인 임금채권자를 대위하여 다른 부동산의 경매절차에서 우선하여 배당받을 수 있다.[242] 그러나 이러한 후순위 저당권자의 대위권은 임금채권에 붙어 있는 법정담보물권적 성격을 가진 우선변제권을 공동저당과 유사한 관계에 있는 다른 부동산에 대위하여 행사하도록 허용하여 후순위 저당권자나 다른 채권자 등의 이해관계를 조절하려는 것에 불과한 것이지 임금채권 자체를 대위하는 것은 아니다. 따라서 사용자의 일부 부동산에 대해 먼저 이루어진 경매절차에서 임금채권 우선변제권이 실행되어 그 경매대가가 배당되고 나서 사용자에 대해 파산절차가 개시되어 사용자의 나머지 재산이 파산재단에 속하게 되었다고 하여 민법 제368조 제2항 후문을 유추적용하여 후순위 저당권자의 채권이 임금채권과 마찬가지로 채무자 회생 및 파산에 관한 법률상의 재단채권으로 취급되어 파산절차에 의하지 않고 파산채권보다 우선하여 파산재단을 구성하는 사용자의 모든 재산으로부터 수시로 변제받아야 한다고 볼 아무런 근거가 없다.[243]

임금채권자를 대위하는 저당권자는, 임금채권자가 경매개시결정 이전에 경매 목적부동산을 가압류하였거나 스스로 우선변제권에 기하여 배당요구종기일 이전에 적법한 배당요구를 하였다는 등의 특별한 사정이 없는 한 배당요구의 종기까지 배당요구를 한 경우에 한하여 비로소 배당을 받을 수 있다. 같은 견지에서 근로복지공단이 개별 근로자가 해당 사업주에 대하여 가지는 임금 등 채권을 대위하여 행사함에 따라 어느 경매절차에서 우선배당받은 경우, 저당권자가 근로복지공단이 대위한 해당 근로자의 임금 등 채권을 다시 대위하여 다른 경매절차에서 우선하여 배당받기 위해서는 해당 근로자 또는 그를 대위한 근로복지공단이 배당요구의 종기까지 배당요구를 하거나 그렇지 않다면 저당권자 스스로가 배당요구의 종기까지 대위할 임금채권에 대하여 자신을 위한 배당요구를 하여야 한다.[244]

민법 제368조 제1항에서 말하는 '각 부동산의 경매대가'란 매각대금에서 해당 부동산이 부담할 경매비용과 선순위채권을 공제한 잔액을 말한다.[245]

3) 위와 같이 민법 제368조 제2항 후문이 유추적용됨에 따라 후순위저당권자가 사용자 소유 다른 부동산에 대한 경매절차에서 임금채권 우선변제권을 대위할 수 있

242) 대법원 2000. 9. 29. 선고 2000다32475 판결, 대법원 2007. 9. 7. 선고 2005다70816 판결, 대법원 2009. 11. 12. 선고 2009다53017, 53024 판결 등.

243) 대법원 2009. 11. 12. 선고 2009다53017, 53024 판결.

244) 대법원 2014. 6. 26. 선고 2014다204857 판결 등.

245) 대법원 2003. 9. 5. 선고 2001다66291 판결.

는 기대를 가지게 된다고 하더라도, 이에서 더 나아가 채권자의 고의·과실로 담보가 상실·감소된 경우 그 한도에서 면책을 인정함으로써 변제자의 법정대위에 관한 기대권을 보호하고 있는 민법 제485조까지 이 경우에 유추적용할 수는 없다. 민법 제485조는 변제할 정당한 이익이 있는 자의 출연에 의한 변제에 따른 구상권 및 대위에 대한 기대권을 두텁게 보호하기 위하여 특별히 마련된 조항이므로 구상권의 발생이 예상되지 않는 경우에 함부로 유추적용하는 것은 적절하지 않고, 이와 달리 유추적용을 인정하게 되면 후순위저당권자가 존재하는 경우 근로자로서는 사용자의 재산에 대하여 별개로 경매절차가 진행될 경우 해당 재산의 책임분담액에 맞추어 개별 경매절차마다 일일이 임금채권 우선변제권을 행사하지 않으면 그 한도에서 우선변제권이 배제되는 불이익을 입게 되는바, 이는 근로자에게 지나친 비용과 노력을 요구하는 것이어서 근로자의 생활안정을 위하여 임금채권을 강하게 보장하고자 하는 근로기준법의 입법 취지에 현저히 반하는 결과를 초래하기 때문이다. 따라서 근로자가 후순위저당권자가 존재하는 사용자의 재산에 대하여 임금채권 우선변제권을 행사하는 경우에 바로 민법 제485조를 유추적용하여 근로자의 고의·과실로 후순위저당권자의 대위에 관한 기대를 침해한 한도에서 임금채권 우선변제권이 배제되거나 제한된다고 볼 수는 없다.

다만 근로자가 사용자의 다른 재산에 대한 권리자 등과 공모하여 오로지 후순위저당권자의 대위에 관한 정당한 기대를 해하려는 의도 아래 후순위저당권의 목적물이 아닌 사용자의 다른 재산에 대하여 손쉽게 행사할 수 있었던 임금채권 우선변제권 행사를 포기해 버린 경우처럼, 근로자가 임금채권 우선변제권을 사용자의 일부 재산에 대하여만 선택적으로 행사하는 것이 사회생활상 도저히 용인될 수 없을 만큼 부당하여 권리남용으로 평가될 수 있는 정도에 이른 경우에는 그로 인하여 후순위저당권자의 대위에 관한 정당한 기대가 침해된 한도에서 임금채권 우선변제권이 배제되거나 제한될 수 있을 것이다.[246)]

4) 조세채권자와 소액임차인에 유추적용

위와 같은 법리는 조세채권자나 소액임차인이 우선변제받는 경우에도 마찬가지이다.

납세의무자 소유의 여러 부동산에 대하여 조세우선변제권이 행사된 경우에 공동저당권에 관한 민법 제368조가 유추적용되어야 한다.[247)]

---

246) 대법원 2006. 12. 7. 선고 2005다77558 판결.

주택임차인이 소액보증금에 대하여 대지와 건물 모두로부터 배당을 받는 경우 공동저당에 관한 민법 제368조 제1항을 유추적용하여 대지와 건물의 경매대가에 비례하여 그 채권의 분담을 정하여야 한다.[248]

5) 최우선변제대상 임금채권과 소액보증금채권이 경합하는 경우

주택임차대보호법 제8조의 규정에 따른 소액보증금과 근로기준법 제38조 등에 규정된 최종 3월분의 임금, 최종 3년간의 퇴직금 및 재해보상금채권이 서로 경합하는 경우, 두 채권은 모두 우선채권으로서 각 법에서 상호간의 우열을 정하고 있지 않으며 양쪽의 입법취지를 모두 존중할 필요가 있으므로 상호 동등한 순위의 채권으로 보아 안분배당을 실시하여야 한다(재민 91-2).

8. 우선변제권이 있는 임금채권과 가압류

우선변제권이 있는 임금채권자가 임금채권을 피보전권리로 하여 매각부동산에 관하여 첫 경매개시결정등기 전에 가압류집행을 한 경우에는 가압류권자로서는 배당요구가 있는 것으로 취급되게 되는데, 이 경우 우선변제권이 있는 임금채권자로서의 소명을 배당표 확정시까지 하면 된다.[249]

따라서 근로기준법상 우선변제권이 있는 임금채권자가 경매절차개시 전에 경매목적 부동산을 가압류한 경우에는 배당요구의 종기까지 우선권 있는 임금채권임을 소명하지 않았다고 하더라도 '배당표가 확정되기 전까지' 그 가압류의 청구채권이 우선변제권 있는 임금채권임을 소명하면 우선배당을 받을 수 있다.[250]

경매개시결정등기 전에 등기되고 매각으로 소멸하는 근저당권자는 배당요구를 하지 않더라도 당연히 배당을 받을 수 있는 채권자로서 배당요구 없이도 등기기록상 기재된 채권최고액의 범위 내에서 순위에 따른 배당을 받을 수 있는데, 우선변제권이 있는 임금채권자가 현재 및 장래의 임금이나 퇴직금 채권을 피담보채권으로 하여 사용자의 재산에 관한 근저당권을 취득한 경우 배당요구의 종기까지 우선권 있는 임금채권임을 소명하지 않았다고 하더라도 배당표가 확정되기 전까지 피담보채권이 우선변제권이 있는 임금채권임을 소명하면 최종 3개월분의 임금이나 최종 3년간의 퇴직금

247) 대법원 2006. 5. 26. 선고 2003다18401 판결, 대법원 2006. 5. 26 선고 2003다18418 판결.
248) 대법원 2003. 9. 5. 선고 2001다66291 판결, 대법원 2012. 3. 15. 선고 2011다54587 판결.
249) 대법원 2002. 5. 14. 선고 2002다4870 판결
250) 대법원 2004. 7. 22. 선고 2002다52312 판결.

등에 관한 채권에 대하여는 선순위 근저당권자 등보다 우선배당을 받을 수 있다.[251)]

사용자 소유의 부동산을 가압류한 임금채권자가 다른 부동산의 경매절차에서 우선특권에 따라 우선변제를 받고 이로 인하여 불이익을 받은 저당권자가 임금채권자가 가압류한 부동산의 경매절차에서 임금채권자를 대위하여 배당받는 경우에는 배당표가 확정되기 전까지 그 가압류의 피보전채권이 우선특권 있는 임금채권으로서 그 임금채권자를 대위할 권리가 있음을 소명하면 배당요구의 종기까지 배당요구를 하지 않았다고 하더라도 임금채권자를 대위하여 배당에 참가할 수 있다.[252)]

근로복지공단에서 가압류권자의 임금을 대지급금(체당금)으로 배당요구한 경우 전액 대지급금(체당금)으로 지급되었으면 가압류권자의 임금에 대해 별도 배당할 필요가 없으나 대지급금(체당금)으로 일부 지급받지 못한 금액이 있는 경우에는 가압류권자에게 미지급 금액에 대해 우선변제권이 있는지 여부를 확인해야 한다.

[보정명령 예시]

가압류권자인 ○○○은 임금채권자로 보이는데, 임금채권자로서 근로복지공단으로부터 지급받은 체당금 외에 지급받지 못한 최우선 변제대상인 최종 3개월분의 임금, 최종 3년간의 퇴직금, 재해보상금이 있다면 임금채권자임을 소명하는 자료들과 미지급된 최우선 변제대상 임금채권 금액을 소명하시기 바랍니다(배당기일까지 소명자료를 제출하지 않으면 배당에서 제외될 수 있습니다).

이와 같이 가압류채권의 피보전권리나 근저당권의 피담보채권이 임금채권으로 보이는 경우 임금채권인지 여부를 직권으로 조사하여 임금채권인 경우 우선변제권의 내용에 따라 배당을 실시하되, 최우선임금인지, 우선임금인지 알 수 없는 경우에는 우선임금으로 배당한다는 견해가 있다.[253)] 따라서 가압류채권자가 임금채권자로 보이는 경우 우선 보정명령을 해서 가압류결정문과 임금채권 관련 소명자료를 제출하도록 하고 소명자료를 제출하지 않는 경우 직권조사하여 임금채권자임이 확인이 된다면 우선임금으로 배당한다.

---

251) 대법원 2015. 8. 19. 선고 2015다204762 판결.
252) 대법원 2002. 12. 10. 선고 2002다48399 판결, 대법원 2005. 9. 29. 선고 2005다34391 판결 등.
253) 김상근, '조세 및 임금채권의 우선권과 배당' 재판자료 72집, 법원도서관(1996), 270~271쪽.

9. 임금우선변제권의 적용 대상 및 적용 범위[254)]

가. 임금우선변제권의 적용대상이 되는 사용자의 총재산의 의미

임금우선변제권의 적용대상이 되는 사용자의 총재산이란 근로계약의 당사자로서 임금채무를 1차적으로 부담하는 사업주인 사용자의 총재산을 의미한다.[255)] 따라서 사용자가 법인인 경우에는 법인 자체의 재산만을 가리키며, 법인의 대표자 등 사업경영 담당자의 개인 재산은 이에 포함되지 않는다.[256)] 매각대상이 법인의 대표자 개인 소유의 부동산인데 법인의 임금채권자가 배당요구를 한 경우 법인 소유 재산에 대해서만 임금채권자로 배당받을 수 있으므로 아래와 같이 일단 보정명령을 한 후 소명을 하지 못하면 배당에서 제외한다.

[보정명령 예시]

> 이 사건의 채무자는 ○○○로서 신청인은 ○○○의 임금채권자가 아닌 주식회사 ○○○의 임금채권자로 보여 이 사건에서 임금채권자로 우선배당 받을 자격은 없는 것으로 보이니 위 법인이 아닌 대표자 개인에게 임금채권자로 배당받을 수 있는 법적근거를 소명하거나 소명이 어려운 경우 권리신고 철회를 검토 바랍니다.

다만 개인병원 형태로 운영되던 사업을 의료법인 형태로 전환하면서 근저당권의 목적물인 부동산 등 물적 시설을 의료법인에 출자하고 그에 따라 근로자들의 근로관계도 법인에 단절 없이 승계된 경우와 같이 사업의 인적 조직·물적 시설이 그의 동일성을 유지하면서 일체로서 이전되어 형식적으로 경영 주체의 변경이 있을 뿐 개인병원과 의료법인 사이에 실질적인 동일성이 인정되는 경우에는 담보된 재산만이 특정승계된 경우와는 달라서, 고용이 승계된 근로자는 물론 법인 전환 후에 신규로 채용된 근로자들도 사용자가 재산을 취득하기 전에 설정된 담보권에 대하여 임금 등의 우선변제권을 가진다.[257)]

사업이 수차의 도급에 의하여 행하여지는 경우 하수급인이 직상수급인의 귀책사유로 근로자에게 임금을 지급하지 못하여 직상수급인이 근로기준법 제44조 제1항에 따라 하수급인의 근로자들에 대하여 하수급인과 연대하여 임금을 지급할 책임을 지

254) 윤경, 「부동산경매(입찰)의 실무(하)」, 법률정보센타(1999), 363-365쪽.
255) 대법원 1999. 2. 5. 선고 97다48388 판결, 대법원 2006. 12. 21. 선고 2006다65064 판결 등.
256) 대법원 1996. 2. 9. 선고 95다719 판결.
257) 대법원 2004. 5. 27. 선고 2002다65905 판결, 대법원 2004. 12. 24. 선고 2003다39729 판결.

게 되더라도(도급이 1차에 걸쳐 행하여짐으로써 도급인과 수급인만이 있는 경우에는 도급인이 직상수급인에 해당함), 직상수급인과 하수급인의 근로자 사이에 묵시적인 근로계약관계의 성립을 인정할 수 있는 특별한 사정이 존재하지 않는 이상 그 직상수급인은 하수급인의 근로자에 대한 관계에서 근로계약의 당사자로서 임금채무를 1차적으로 부담하는 사업주인 사용자에 해당하지 않는다고 할 것인바, 직상수급인 소유의 재산에 대한 강제집행절차에서 하수급인의 근로자들이 직상수급인 소유의 재산을 사용자의 총재산에 해당한다고 보아 이에 대하여 임금 우선변제권을 주장할 수 없다.[258]

나. 사용자가 재산을 취득하기 전에 설정된 담보권에 대하여 임금채권의 우선변제권 인정 여부(=소극), 사용자가 사용자의 지위를 취득하기 전에 설정된 담보권에 대하여 임금채권의 우선변제권 인정 여부(=적극)

사용자가 재산을 취득하기 전에 설정된 담보권에 대하여는 임금우선변제권이 인정되지 않지만,[259] 사용자가 사용자의 지위를 취득하기 전에 설정한 질권 또는 저당권에 의하여 담보된 채권에 대해서는 임금우선변제권이 인정된다.

근로기준법 제38조 제2항은 근로자의 최저생활을 보장하고자 하는 공익적 요청에서 일반 담보물권의 효력을 일부 제한하고 임금채권의 우선변제권을 규정한 것으로서, 그 규정의 취지는 근로자가 최종 3월분의 임금과 최종 3년간의 퇴직금, 재해보상금에 관한 채권을 질권, 저당권에 의하여 담보된 채권, 조세공과금 및 다른 채권과 동시에 사용자의 동일재산으로부터 경합하여 변제받는 경우에, 그 각 채권의 성립의 선후나 질권 또는 저당권의 설정 여부에 관계없이 그 임금, 퇴직금 등을 우선적으로 변제받을 수 있는 권리가 있음을 밝힌 것이며 사용자가 재산을 특정승계 취득하기 전에 설정된 담보권에 대해서까지 그 임금채권의 우선변제권을 인정한 것은 아닌 반면,[260] 사용자가 그 사용자 지위를 취득하기 전에 설정한 질권 또는 저당권에 따라 담보된 채권에는 우선하여 변제받을 수 없는 것으로 규정하고 있지 않기 때문이다.[261]

---

258) 대법원 1997. 12. 12. 선고 95다56798 판결, 대법원 1999. 2. 5. 선고 97다48388 판결.
259) 대법원 2004. 5. 27. 선고 2002다65905 판결.
260) 대법원 2004. 5. 27. 선고 2002다65905 판결.
261) 대법원 2011. 12. 8. 선고 2011다68777 판결.

다. 사용자의 재산이 제3자에게 양도된 경우 임금채권의 우선변제권 인정 여부(=소극)

사용자의 재산이 제3자에게 양도된 경우 위 우선권은 그 재산에 대해 더 이상 추급할 수 없어 양수인의 양수재산에 대하여는 우선변제권이 인정되지 않는다.[262)]

라. 임금에 대한 지연손해금

사용자에 대한 판결에 기하여 경매신청을 한 경우 임금 등에 대한 지연손해금에 대하여는 우선변제권을 인정할 수 없다.[263)] 근로기준법 제38조 제2항에 따르면, 근로관계로 인한 채권 중 최종 3월분의 임금, 최종 3년간의 퇴직금, 재해보상금의 채권은 사용자의 총재산에 대하여 질권 또는 저당권에 의하여 담보된 채권, 조세·공과금 및 다른 채권에 우선하여 변제되어야 한다고 규정하고 있는바, 위와 같은 임금 등 채권의 최우선변제권은 근로자의 생활안정을 위한 사회정책적 고려에서 담보물권자 등의 희생 아래 인정되고 있는 점, 민법 제334조, 제360조 등에 의하면 공시방법이 있는 민법상의 담보물권의 경우에도 우선변제권이 있는 피담보채권에 포함되는 이자 등 부대채권 및 그 범위에 관하여 별도로 규정하고 있음에 반하여, 위 근로기준법의 규정에는 최우선변제권이 있는 채권으로 원본채권만을 열거하고 있는 점 등에 비추어 볼 때, 임금 등에 대한 지연손해금 채권에 대하여는 최우선변제권이 인정되지 않는다고 봄이 타당하기 때문이다.[264)]

10. 임금직접지급의 원칙과 배당

임금은 직접 근로자에게 그 전액을 지급하여야 한다(근로기준법 제43조 제1항[265)]). 이를 임금직접지급의 원칙이라 한다. 따라서 근로자가 임금채권을 양도한 경우에도 그 임금의 지급에 관하여는 근로기준법 제43조 제1항에 정한 임금 직접지급의 원칙이 적용되어 사용자는 직접 근로자에게 임금을 지급하지 않으면 안 되고, 그 결과 비록 적법 유효한 양수인이라도 스스로 사용자에 대하여 임금의 지급을 청구할 수 없다.[266)] 이는 근

262) 대법원 1994. 1. 11. 선고 93다30938 판결, 대법원 2002. 10. 8. 선고 2001다31141 판결 등.

263) 대법원 2000. 1. 28.자 99마5143 결정.

264) 대법원 2000. 1. 28.자 99마5143 결정.

265) 근로기준법 제43조(임금 지급) ① 임금은 통화(通貨)로 직접 근로자에게 그 전액을 지급하여야 한다. 다만, 법령 또는 단체협약에 특별한 규정이 있는 경우에는 임금의 일부를 공제하거나 통화 이외의 것으로 지급할 수 있다.

로자로부터 임금채권을 양도받았거나 추심을 위임받은 자가 사용자의 집행재산에 대하여 배당을 요구하는 경우에도 그대로 적용된다.[267)]

그러나 우선변제권이 있는 임금채권을 변제한 자가 사용자의 총재산에 대한 강제집행절차나 임의경매절차에서 임금채권자를 대위하는 경우에 근로자가 아닌 대위변제자에게 임금의 우선변제권을 인정하더라도 근로자에 대하여 임금이 직접 지급된 점에 비추어 이를 근로기준법 제43조 제1항에서 정한 직접지급의 원칙에 위배된다고 할 수 없다.[268)]

또한 직접지급의 원칙은 임금채권 중 압류가 금지되지 않은 부분(민사집행법 제246조 제1항 제4호, 민사집행법 시행령 제3조, 제4조 참조)이 근로자의 채권자에 의하여 압류된 경우에는 적용되지 않으므로, 근로자의 임금우선변제권에 기한 배당요구에 따라 우선 지급할 배당금채권에 대하여 해당 근로자의 다른 채권자가 압류가 금지되지 않은 부분에 관하여 추심명령이나 전부명령을 얻었을 경우에는 추심권자나 전부명령을 얻은 자에게 지급하여야 한다.

한편 압류의 범위를 민사집행법 제246조 제1항 제4호 및 같은 법 시행령 제3조, 제4조의 범위로 제한하지 않고 임금채권 전액에 대하여 압류가 있는 경우에는 그 압류는 전부무효가 아니고, 같은 법 제246조 제1항 제4호 및 같은 법 시행령 제3조, 제4조의 압류금지에 해당하는 부분에 대하여는 압류가 무효이나,[269)] 나머지 부분에 대하여 압류가 유효하다고 봄이 통설이다.

11. 선박우선특권 있는 채권과 임금우선특권 있는 채권 사이의 우선순위

상법 제777조 제1항에서 정한 선박우선특권 있는 채권과 근로기준법 제38조 제2항의 임금우선특권 있는 채권 사이에서는 임금우선특권이 선박우선특권에 우선한다.[270)]

한편 복수의 선원 그 밖의 선박사용인이 선박우선특권(상법 제777조 제1항 제2호)에 의하여 그들을 고용한 선박소유자가 소유한 복수의 선박 등에 대한 경매신청을 한 경우, 선박우선특권에 의해 경매신청을 한 압류채권자의 지위에서 당연히 우선

266) 대법원 1988. 12. 13. 선고 87다카2803 전원합의체 판결 등.
267) 대법원 1996. 3. 22. 선고 95다2630 판결.
268) 대법원 1996. 2. 23. 선고 94다21160 판결.
269) 대법원 2007. 9. 6. 선고 2007다29591 판결, 대법원 2008. 6. 12. 선고 2008다11702 판결.
270) 대법원 2005. 10. 13. 선고 2004다26799 판결.

배당을 받을 수 있는 대상은 그 선원이 승선한 해당 선박과 그 속구 등의 매각대금에 한정되는 것이고 해당 선박이 아닌 다른 선박에 대한 매각대금에 대하여서까지 따로 배당요구를 하지 않더라도 당연히 우선 배당을 받을 수 있는 것은 아니다. 그리고 그 선원이 근로기준법 등에 의한 임금우선특권을 가지고 있다고 하더라도, 선박우선특권과 달리 임금우선특권만으로는 경매신청을 할 수 없으므로 배당요구종기일 전에 그에 기한 적법한 배당요구를 하지 않는 한 임금우선특권에 의한 우선 배당을 받을 수도 없다.[271)]

12. 임금채권자에 대한 배당금채권(배당금지급청구권)에 대한 압류·가압류의 효력

1) 부동산 경매절차에서 임금채권자 甲은 근로기준법 제37조 제1항 및 2항에 따른 배당요구를 하였는데, 甲의 채권자 乙이 甲의 배당금채권에 대하여 국가를 제3채무자로 배당금채권을 압류 또는 가압류한 경우 ① 위 배당금채권(배당금지급청구권)을 임금채권으로 볼 수 있는지, ② 임금채권으로 본다면 위 배당금채권을 어느 범위에서 압류할 수 있는지(무조건 2분의 1에 대해서만 압류의 효력이 있는지, 아니면 배당금이 미지급임금총액의 2분의 1을 초과하는 금액에 한해서만 압류의 효력을 인정할 것인지), ③ 채권배당절차에서 위 배당금채권 전액을 압류한 채권자와 그 중 2분의 1만을 압류한 채권자를 어떻게 취급할 것인지(가압류 또는 압류단계에서는 배당금채권으로만 기재하고 임금채권으로 기재하지 않기 때문에 배당금채권 전액에 대해 가압류 또는 압류결정이 내려지고 있다)가 문제된다.

2) 가) 경매절차에서 甲에게 임금우선변제권이 인정되어 배당된 채권은 임금채권이 그 형태만 변경된 것이고 임금채권과 동일한 법적 성격을 갖는다.[272)] 임금채권자가 배당받은 배당금채권은 임금채권으로서의 성격을 그대로 유지하므로, 민사집행법 제246조 제4호에 의하여 배당금채권 중 2분의 1에 해당하는 금액은 압류금지채권에 해당한다.

나) 이처럼 배당금채권을 임금채권으로 본다면 비록 위 배당금이 임금채권자가

---

271) 대법원 2012. 4. 13. 선고 2011다42188 판결.

272) 윤경, 「보전처분(가압류·가처분)의 실무(상)」 법률정보센타(1999), 14쪽. 대법원 1977. 5. 24. 선고 77다309 판결(퇴직금은 후불적 노임의 성질이 있으므로 민사소송법 579조 소정의 노무로 인하여 받는 보수임이 분명하여 압류제한의 대상이 되고, 무효한 전부명령에 의하여 채권을 행사하는 자는 채권의 준점유자에 해당하니 그에 대한 변제는 유효한 변제가 되는바 위 채권자에 대한 부당이득반환채권을 퇴직금채권의 변형으로 보아야 하므로 이를 수동채권으로 한 상계는 허용되지 않는다) 참조.

배당요구한 미지급임금채권의 전액에 미치지 못하다고 하더라도 그 배당금의 2분의 1만 압류가 가능하다. 압류가 가능한 임금채권의 2분의 1이라고 함은 임금채권자가 실제로 배당받게 될 금액을 기준으로 판단하여야 하는 것이고, 임금채권자가 배당요구를 신청한 미지급임금채권액을 기준으로 판단하여서는 안 된다.

다) 임금채권자가 배당받을 금액에 관하여 전액을 압류한 채권자이든 아니면 그 2분의 1만 압류한 채권자이든 동일하게 취급하여야 한다. 임금채권의 변형물인 배당금에 대한 압류는 배당금의 2분의 1에 한해서만 그 효력이 미치기 때문에 설령 배당금 전액에 대한 압류신청이 있더라도 그 압류의 법적 효력은 배당금의 2분의 1로 제한되기 때문이다.[273)]

피압류채권에 대한 이러한 기재상의 차이를 무시하고 동일하게 배당하여야 하므로, 궁극적으로 청구금액의 비율로 안분배당을 받게 된다.

라) 다만 민사집행법 제246조 제1항 제4호 단서[274)]에 따라 그 제한의 범위가 달라질 수 있다. 즉 종전에는 일률적으로 2분의 1 범위 내로 제한하였는데, 위 규정의 신설[2005. 1. 27. 개정(2005. 7. 28. 시행)]로 인하여 임금의 액수 등에 따라 제한의 범위가 달라졌다.

임금채권자의 배당금지급채권에 대한 가압류결정을 할 경우에도 일률적으로 2분의 1 범위 내로 제한할 것이 아니라, 민사집행법 제246조 제1항 제4호 단서에 따라 제한하여야 한다.

---

273) 민사집행법 실무연구[재판자료 제109집](2006년), 111-113쪽.

274) [급여채권에 대한 가압류 시 그 표시방법의 예시]

1. 채무자가 제3채무자로부터 매월 지급받는 급료(본봉 및 각종 수당) 및 상여금 등의 제 급여 중 제세공과금을 공제한 잔액이,
   가. 185만 원 초과 300만 원 이하일 경우에는 185만 원을 제외한 나머지 금액
   나. 300만 원 초과 600만 원 이하일 경우에는 월급여의 2분의 1을 초과하는 금액
   다. 600만 원을 초과하는 경우에는 [300만 원 + {(급여 ÷ 2) - 300만 원} ÷ 2]를 제외한 나머지 금액
   중 위 청구금액에 이르기까지의 금액
2. 단 채무자가 위 청구금액에 달하지 않은 사이에 퇴직 또는 퇴직금 중간 정산 시에는 채무자가 수령할 퇴직금 또는 중간 정산금과 채무자에게 퇴직보조금으로 지급하는 명예퇴직금 중 제세공과금을 제외한 나머지 금액의 2분의 1에 해당하는 금액 중 위 청구금액에 이르기까지의 금액.

Ⅶ. 국세·지방세 채권

1. 조세 상호 간의 우열

현행 세법은 조세 상호 간의 우열에 관하여 아무런 규정을 두고 있지 않다. 따라서 국세와 지방세를 포함한 모든 조세채권은 원칙적으로 그 징수순위가 동일하다. 다만 이에 대한 예외로서는 당해세 우선의 원칙(국세기본법 35조 3항, 지방세기본법 71조 1항 3호), 압류선착주의(국세기본법 36조, 지방세기본법 73조), 담보부 조세의 우선원칙(국세기본법 37조, 지방세기본법 74조) 등[275]이 있다. 이를 정리하면 아래와 같고 아래에 해당하지 않는 조세 상호간에는 우선관계가 없다.

당해세 〉 담보부 조세 〉 압류선착 조세

2. 당해세

가. 당해세 우선의 원칙

1) 당해세는 매각부동산 자체에 대하여 부과된 조세와 가산금을 말한다. 예를 들어 경매에 들어간 부동산 그 자체에 부과된 재산세는 당해세가 된다.

당해세는 그 법정기일 전에 설정된 저당권 등으로 담보된 채권보다 우선하는데(국세기본법 제35조 제3항, 지방세기본법 제71조 제1항 제3호), 이를 "당해세 우선의 원칙"이라 한다. 이 원칙은 공시를 수반하는 담보물권과 관련하여 거래의 안전을 보장하려는 사법적 요청과 조세채권의 실현을 확보하려는 공익적 요청을 적절하게 조화시키려는 데 입법취지가 있으므로, 당해세가 담보물권에 의하여 담보되는 채권에 우선한다고 하더라도 이로써 담보물권의 본질적 내용까지 침해되어서는 안 되고, 따라서 당해세라 함은 담보물권을 취득하는 사람이 장래 그 재산에 대하여 부과될 것을 상당한 정도로 예측할 수 있는 것으로서 오로지 해당 재산을 소유하고 있는 것 자체에 담세력을 인정하여 부과되는 국세만을 의미하는 것으로 보아야 한다.[276] 따라서 법정기일이 2022. 3. 8.인 당해세는 설정등기일이 2022. 2. 2.인 근저당권보다 우선하여 배당을 받게 된다. 만일 소액임차인, 저당권, 당해세가 있는 경우 ① 소액임차인 – ② 당해세 – ③ 저당권의 순서로 배당을 받는다.

---

275) 그 밖에 징수가 위임된 도세가 시·군세에 우선한다는 규정(지방세징수법 4조 2항)이 있다.

276) 대법원 1999. 3. 18. 선고 96다23184 전원합의체 판결, 대법원 2002. 2. 8. 선고 2001다74018 판결, 대법원 2007. 2. 22. 선고 2005다10845 판결 등.

한편, 2022. 12. 23. 개정된 국세기본법(2023. 4. 1. 시행)은 임차인 보호를 위해서 경매·공매 시에 해당 재산에 부과된 상속세·증여세·종합부동산세의 법정기일이 임차인의 확정일자(전세권의 설정일)보다 늦은 경우 그 배당(배분) 예정액에 한해서 주택임차보증금(전세금)에 먼저 배당(배분)할 수 있도록 하고(35조 7항 신설), 임대인 변경 시 종전 임대인에게 각 권리보다 앞서는 국세 체납이 있었던 경우에만 그 한도 금액 내에서 변경된 임대인의 체납국세를 우선 징수하되(35조 1항 3호의2 신설), 해당 주택에 부과된 종합부동산세에 대해서는 그 한도금액과 상관없이 적용(35조 3항 후단)하도록 개정되었다. 임차인의 확정일자보다 당해세의 법정기일이 늦은 경우 그 당해세의 배분 예정액을 임차인의 주택임차보증금(전세금)에 배분하도록 한 개정 국세기본법상 당해세 우선 원칙의 예외는 저당권 등 그 외 다른 권리에는 영향을 미치지 않으며, 주택임차보증금(전세금)과 당해세 사이의 관계에서만 적용되며 당해세의 우선변제권만 주택임차보증금에 귀속시키는 것으로 임대인의 세금체납액이 소멸하는 것은 아니다.

위 개정 국세기본법은 개정 규정 시행 이후(2023. 4. 1.) 국세징수법 제84조에 따른 매각결정 또는 민사집행법 제128조에 따른 매각허가 결정을 하는 경우부터 적용된다(위 개정 국세기본법 부칙 3조).

개정 지방세기본법(2023. 5. 4. 시행)에서도 임차인 보호를 위해서 경매·공매 시에 해당 재산에 부과된 재산세·지역자원시설세(소방분에 대한 지역자원시설세만 해당)·지방교육세(재산세에 부가되는 지방교육세만 해당)[277]의 법정기일이 임차인의 확정일자(전세권의 설정일)보다 늦은 경우 그 배당(배분) 예정액에 한해서 주택임차보증금(전세금)에 먼저 배당(배분)할 수 있도록 하였다(71조 6항 신설). 이러한 당해세 우선 원칙의 예외는 저당권 등 그 외 다른 권리에는 영향을 미치지 않고, 주택임차보증금(전세금)과 당해세 사이의 관계에서만 적용되며 당해세의 우선변제권만 주택임차보증금에 귀속시키는 것으로 임대인의 세금체납액이 소멸하는 것은 아니다.

위 개정 지방세기본법은 개정 규정 시행 이후(2023. 5. 4.) 지방세징수법 제92조에 따른 매각결정 또는 민사집행법 제128조에 따른 매각허가 결정을 하는 경우부터 적용된다(위 개정 지방세기본법 부칙 2조).

2) 주택임대차보호법상 대항요건과 확정일자를 갖춘 임대차보증금반환채권 또는 주거용 건물에 설정된 전세권에 의하여 담보된 채권이 있는 경우

---

277) 당해세에 해당하는 지방세 중 자동차세에 해당하는 부분에는 적용되지 않는다.

앞서 본 바와 같이 개정 국세기본법(2023. 4. 1. 시행)은 임차인 보호를 위해서 경매·공매 시에 해당 재산에 부과된 상속세·증여세·종합부동산세의 법정기일이 임차인의 확정일자(전세권의 설정일)보다 늦은 경우 그 배당(배분) 예정액에 한해서 주택임차보증금(전세금)에 먼저 배당(배분)할 수 있도록 하였다(35조 7항 신설). 이는 당해세의 경우 법정기일과 무관하게 담보물권 등에 우선한다는 국세기본법 제35조 제3항 전단의 예외를 규정한 것으로, 법정기일이 늦은 당해세에 배당(배분)될 금액을 임대차보증금반환채권(전세권)에게 우선 배당함으로써 임차인(전세권자)을 보호하는 것일 뿐 임대차보증금반환채권(전세권)에 우선 변제되는 저당권 등의 변제액이나 당해세를 우선 징수하는 경우에 배당(배분)받을 수 있었던 임대차보증금반환채권(전세권)의 변제액에는 영향을 미치지 않는다.

3) 당해세 우선의 원칙은 조세 상호간에도 적용되기 때문에,[278] 압류선착주의 원칙은 부동산 자체에 대하여 부과된 당해세와 그 가산금에 대하여는 적용되지 않는다.[279]

한편 어떤 조세가 당해세에 해당되는지에 관한 구체적·세부적 판단 문제는 개별 법령의 해석·적용의 권한을 가진 법원의 영역에 속한다.[280]

4) 신탁재산의 경우

신탁법 제22조 제1항 단서에서 예외적으로 신탁재산에 대하여 강제집행 또는 경매를 할 수 있다고 규정한 '신탁사무의 처리상 발생한 권리'에는 수탁자를 채무자로 하는 것만이 포함되며, 위탁자를 채무자로 하는 것은 여기에 포함되지 않는다.[281] 따라서 신탁재산에 관하여 위탁자에게 부과된 당해세인 재산세와 가산금 채권이라고 하더라도 신탁법 제22조 제1항 단서의 신탁사무의 처리상 발생한 권리라고 할 수 없어 신탁재산에 대한 경매절차에서 배당받을 수 없다.[282]

이에 따라 신탁재산 자체에서 발생하는 당해세(국세기본법 제35조 제3항, 지방세기본법 제71조 제5항)나 신탁재산에 기초한 신탁사업으로부터 발생하는 부가가치세와 같은 조세채권은 신탁재산과 관련하여 발생하였음에도, 납세의무자가 위탁자이고 신탁재산의 소유자가 수탁자라는 이유로 신탁재산으로부터 징수할 수 없는 문제가 있었는데, 2014. 1. 1. 법률 제12153호로 개정(2014. 1. 1. 시행)된 지방세법은

278) 대법원 2005. 11. 24. 선고 2005두9088 판결, 대법원 2007. 5. 10. 선고 2007두2197 판결.

279) 대법원 2007. 5. 10. 선고 2007두2197 판결.

280) 헌법재판소 2001. 2. 22. 선고 99헌바44 전원재판부 결정 등.

281) 대법원 2012. 4. 12. 선고 2010두4612 판결, 대법원 2012. 4. 13. 선고 2011두686 판결 등 참조.

282) 대법원 2012. 7. 12. 선고 2010다67593 판결.

신탁재산에 대한 재산세 납세의무자를 위탁자에서 신탁재산의 소유자인 수탁자로 변경하여(지방세법 제106조 제3항, 제107조 제1항 제3호) 지방세 중 당해세에 대한 위와 같은 문제점을 입법적으로 해결하였다. 이후 2020. 12. 29. 법률 제17769호로 개정(2021. 1. 1. 시행)된 지방세법은 신탁재산의 위탁자가 재산세 · 가산금 또는 체납처분비를 체납한 경우로서 그 위탁자의 다른 재산에 대하여 체납처분을 하여도 징수할 금액에 미치지 못할 때에는 해당 신탁재산의 수탁자는 그 신탁재산으로써 위탁자의 재산세 등을 납부할 의무가 있다고 규정하였다(지방세법 제119조의2 제1항).[283)]

또한 2017. 12. 19. 법률 제15223호로 개정(2018. 1. 1. 시행)된 부가가치세법은 위탁자의 다른 재산에 대하여 체납처분을 하여도 징수할 금액에 미치지 못할 때에는 신탁재산과 관련하여 발생한 부가가치세, 가산금, 체납처분비는 수탁자가 납부할 의무가 있다는 내용의 같은 법 제3조의2를 신설하였다.

한편 대법원은 신탁재산의 공급에 따른 부가가치세의 납세의무자는 그 처분 등으로 발생한 이익과 비용이 최종적으로 귀속되는 신탁계약의 위탁자 또는 수익자로 되어야 한다는 취지의 종전 판례를 변경하여, 수탁자가 위탁자로부터 이전받은 신탁재산을 관리·처분하면서 재화를 공급하는 경우 신탁재산에 대한 권리와 의무의 귀속

---

283) 지방세법 제119조의2(신탁재산 수탁자의 물적납세의무)

① 신탁재산의 위탁자가 다음 각 호의 어느 하나에 해당하는 재산세 · 가산금 또는 체납처분비(이하 이 조에서 "재산세등"이라 한다)를 체납한 경우로서 그 위탁자의 다른 재산에 대하여 체납처분을 하여도 징수할 금액에 미치지 못할 때에는 해당 신탁재산의 수탁자는 그 신탁재산으로써 위탁자의 재산세등을 납부할 의무가 있다.

1. 신탁 설정일 이후에 「지방세기본법」 제71조제1항에 따른 법정기일이 도래하는 재산세 또는 가산금(재산세에 대한 가산금으로 한정한다)으로서 해당 신탁재산과 관련하여 발생한 것. 다만, 제113조제1항제1호 및 제2호에 따라 신탁재산과 다른 토지를 합산하여 과세하는 경우에는 신탁재산과 관련하여 발생한 재산세 등을 제4조에 따른 신탁재산과 다른 토지의 시가표준액 비율로 안분계산한 부분 중 신탁재산 부분에 한정한다.
2. 제1호의 금액에 대한 체납처분 과정에서 발생한 체납처분비

② 제1항에 따라 수탁자로부터 납세의무자의 재산세등을 징수하려는 지방자치단체의 장은 다음 각 호의 사항을 적은 납부통지서를 수탁자에게 고지하여야 한다.

1. 재산세등의 과세표준, 세액 및 그 산출 근거
2. 재산세등의 납부기한
3. 그 밖에 재산세등의 징수를 위하여 필요한 사항

③ 제2항에 따른 고지가 있은 후 납세의무자인 위탁자가 신탁의 이익을 받을 권리를 포기 또는 이전하거나 신탁재산을 양도하는 등의 경우에도 제2항에 따라 고지된 부분에 대한 납세의무에는 영향을 미치지 아니한다.

④ 신탁재산의 수탁자가 변경되는 경우에 새로운 수탁자는 제2항에 따라 이전의 수탁자에게 고지된 납세의무를 승계한다.

⑤ 지방자치단체의 장은 최초의 수탁자에 대한 신탁 설정일을 기준으로 제1항에 따라 그 신탁재산에 대한 현재 수탁자에게 납세의무자의 재산세등을 징수할 수 있다.

주체로서 계약당사자가 되어 재화의 공급이라는 거래행위를 통하여 그 재화를 사용·소비할 수 있는 권한을 거래상대방에게 이전한 수탁자를 부가가치세 납세의무자로 보아야 한다고 판시하였다.[284]

2014. 1. 1. 개정(2014. 1. 1. 시행)된 지방세기본법 제63조 제1항 제4호(현행 지방세징수법 제5조 제1항 제4호)는 신탁을 원인으로 한 부동산의 소유권이전등기 시 해당 부동산의 소유자에게 지방세 체납액이 없음을 증명하는 지방세 납세증명서(이전하는 부동산의 소유자에게 부과된 해당 부동산에 대한 취득세, 재산세, 지방교육세 및 지역자원시설세에 한정한다)를 등기소에 제출하도록 의무화하였다.

나. 국세 중 당해세(상속세, 증여세, 종합부동산세)

1) 당해세의 변천 과정

국세에 관하여 종전에는 국세기본법 시행령 제18조 제1항이 상속세·증여세·재평가세를 당해세로 규정하고 있었다. 그런데 위 규정은 2003. 12. 30. 삭제되고 같은 날 국세기본법 제35조 제5항을 신설하여 국세 중 당해세는 상속세 및 증여세로 하였으나, 다시 같은 항을 2005. 1. 5. 개정하여 국세 중 당해세는 상속세, 증여세 및 종합부동산세로 하였다. 그 결과 종전에 당해세로 되어 있던 재평가세는 삭제되고, 종합부동산세가 추가되었다.

따라서 2005. 1. 5.부터는 국세 중 상속세, 증여세, 종합부동산세가 당해세에 해당한다(국세기본법 제35조 제3항).

상속세, 증여세에 대하여 이는 과세물건에 대한 재산세라기보다는 권리변동을 대상으로 하여 부과되는 것이므로 이를 당해세로 인정한다면 담보물권의 본질적 내용을 침해할 우려가 있어 위헌의 소지가 있다는 주장도 있으나, 증여세에 관하여 대법원은 이를 그 부동산 자체에 관하여 부과된 이른바 당해세에 해당한다고 판시한 바 있어,[285] 증여세나 이와 유사한 상속세는 모두 위 법률의 규정대로 당해세로 취급하는 것이 실무이다.

다만 경매절차에서 교부청구한 상속세와 증여세가 경매물건에 대한 당해세에 해당하는지에 관하여는 신중한 판단이 필요하다.

---

284) 대법원 2017. 5. 18. 선고 2012두22485 전원합의체 판결.

285) 대법원 1999. 8. 20. 선고 99다6135 판결.

2) 증여세

증여세도 당해세에 해당한다.[286)]

부동산을 매수한 후 소유권이전등기를 하지 아니한 채 수증자 앞으로 직접 소유권이전등기를 한 것을 과세대상으로 삼아 부과된 증여세는 당해세에 해당하지만,[287)] 매각재산의 취득자금을 증여받은 것으로 추정하여 그 재산의 취득자금에 대하여 부과하는 증여세는 당해세라고 할 수 없고,[288)] 구 상속세법(1996. 12. 30. 법률 5193호로 전문 개정되기 전의 것) 제34조의2 제1항의 규정에 의하여 부과되는 증여의제로 인한 증여세는 당해세가 아니어서,[289)] 매각재산 자체가 증여된 경우에 한하여 그 재산에 부과된 증여세가 당해세에 해당한다.

부동산에 대하여 근저당권설정 이전에 이루어진 증여를 원인으로 하여 부과된 증여세는 위 부동산 자체에 관하여 부과된 것이고, 근저당권설정 당시 이미 등기기록상 증여를 원인으로 하여 근저당권설정자 명의로 소유권이전등기가 마쳐져 있었으므로 근저당권자로서는 장래 이 증여를 과세원인으로 하여 증여세가 부과될 것을 상당한 정도로 예측할 수 있다고 봄이 상당할 것이고, 따라서 위 증여세는 당해세에 해당한다.[290)]

3) 상속세

상속세도 당해세이다.

다만 상속세에 관하여는, 국세에 대하여 우선적으로 보호되는 저당권으로 담보되는 채권이란 원래 저당권 설정 당시의 저당권자와 저당권설정자와의 관계를 기본으로 하여 그 설정자의 납세의무를 기준으로 한 것이라고 해석되므로, 저당권설정자가 그 피담보채권에 우선하여 징수당할 아무런 조세의 체납도 없는 상태에서 사망한 경우에 그 상속인에 대하여 부과한 국세인 상속세는 이를 당해세라 하여 우선 징수할 수 없다.[291)]

부동산등기기록상 상속재산임이 공시되어 있지 않은 부동산의 경우, 담보물권자가 해당 부동산에 상속세가 부과되리라는 점을 예측할 수 없었음을 이유로 상속세가

286) 대법원 1999. 8. 20. 선고 99다6135 판결, 대법원 2001. 1. 30. 선고 2000다47972 판결.
287) 대법원 1999. 8. 20. 선고 99다6135 판결.
288) 대법원 1996. 3. 12. 선고 95다47831 판결.
289) 대법원 2002. 6. 14. 선고 2000다49534 판결.
290) 대법원 2001. 1. 30. 선고 2000다47972 판결.
291) 대법원 1996. 7. 12. 선고 96다21058 판결, 대법원 1997. 5. 9. 선고 96다55204 판결.

당해세에 해당하지 않는다고 한 원심의 판단을 수긍한 사례가 있다.[292)]

판례가 저당권설정자에게 부과된 세금에 한하여 우선할 수 있고 양수인에게 부과된 증여세라든가 설정자의 사망으로 인하여 그 상속인에게 부과된 상속세와 같은 당해세는 기존의 저당권자에 우선하여 징수할 수 없다는 제한설의 입장임은 앞서 본 바와 같다.[293)]

4) 종합부동산세

국세 중 "종합부동산세"도 당해세이다.

종전에는 지방세 중 "종합토지세"가 당해세에 해당하였다.[294)] 그런데 2005. 1. 5. 제정되어 시행된 종합부동산법에 의하여 국세인 종합부동산세가 신설되면서 지방세인 종합토지세는 재산세에 통합되었다.

다. 지방세 중 당해세(재산세, 자동차세, 지역자원시설세, 지방교육세)

1) 당해세

지방세기본법 제71조 제1항 제3호는 공시를 수반하는 담보물권과 관련하여 거래의 안전을 보장하려는 사법적 요청과 조세채권의 실현을 확보하려는 공익적 요청을 적절하게 조화시키려는 데 그 입법의 취지가 있으므로, 당해세가 담보물권에 의하여 담보되는 채권에 우선한다고 하더라도 이로써 담보물권의 본질적 내용까지 침해되어서는 안 되고, 따라서 같은 법 제71조 제1항 제3호 괄호 안의 단서에서 말하는 '그 재산에 대하여 부과된 지방세'라 함은 담보물권을 취득하는 자가 장래 그 재산에 대하여 부과될 것을 상당한 정도로 예측할 수 있는 것으로서 오로지 해당 재산을 소유하고 있는 것 자체에 담세력을 인정하여 부과되는 지방세만을 의미하는 것으로 보아야 한다.[295)]

2) 당해세의 변천 과정

종전에는 지방세 중 ① 재산세(건물분), ② 농지세, ③ 자동차세, ④ 종합토지세, ⑤ 도시계획세,[296)] ⑥ 소방공동시설세[297)] 등이 당해세에 해당하였다. 그런데 재산세

---

292) 대법원 2003. 1. 10. 선고 2001다44376 판결 참조.

293) 대법원 1995. 4. 7. 선고 94다11835 판결 등.

294) 대법원 2001. 2. 23. 선고 2000다58088 판결(종합토지세는 지방세법 31조 2항 3호 단서에서 규정하고 있는 "그 재산에 대하여 부과된 지방세"에 해당한다 할 것이고, 다만 동일 소유자의 모든 토지를 합산하여 과세하는 종합합산과세대상이나 별도합산과세대상의 경우 1개의 과세단위로 부과된 종합토지세 중 담보물권의 대상이 된 토지에 해당하는 부분만이 당해세가 된다).

295) 대법원 2002. 2. 8. 선고 2001다74018 판결.

와 종합토지세로 이원화되어 있었던 부동산 지방세제를 지방세인 재산세와 국세인 종합부동산세로 개편하면서, 2005. 1. 5. 지방세법 시행령 제14조의4를 개정하여 종합토지세를 삭제하였기 때문에, 2005. 1. 5. 이후부터 2010. 12. 31.까지는 지방세 중 당해세는 재산세, 자동차세, 도시계획세, 공동시설세 및 지방교육세(재산세와 자동차세분에 한함)뿐이다.

한편 2011. 1. 1. 이후부터는 지방세 중 재산세·자동차세(자동차 소유에 대한 자동차세만 해당한다)·지역자원시설세(특정부동산에 대한 지역자원시설세만 해당한다, 2021. 1. 1.부터는 소방분에 대한 지역자원시설세만 해당한다) 및 지방교육세(재산세와 자동차세에 부가되는 지방교육세만 해당한다)가 당해세에 해당한다(지방세기본법 제71조 제5항).

취득세와 등록세는 당해세에 해당하지 않는다.

3) 지방세인 당해세의 우선적 효력의 제한

개정된 지방세법(1995. 12. 6. 법률 4995호로 개정되어 1996. 1. 1.부터 시행된 것)에 의하여 새로 규정된 당해세의 우선적 효력은 그 우선적 효력을 설정한 법률이 제정되기 전에 이미 성립한 저당권이나 질권에 대해서까지 소급하여 적용될 수는 없다.[298)]

당해세 우선 원칙 규정이 폐지된 기간 동안(1992. 1. 1. ~ 1995. 12. 31.) 설정된 근저당권뿐만 아니라 그 이전(1992. 1. 1. 이전)에 설정된 근저당권도 1996. 1. 1. 이후 납세의무가 성립하는 당해세에 우선한다.[299)]

3. 압류선착주의

가. 의의

1) 조세는 원칙적으로 교부청구의 선후에 관계없이 동순위로 그 사이에는 우선관계가 없다고 할 것이지만, 1개의 부동산에 대하여 체납처분의 일환으로 압류가 행하여졌을 때 그 압류에 관계되는 조세는 국세나 지방세를 막론하고 나중에 압류(참가압류)하거나 교부청구한 다른 조세보다 우선한다(국세기본법 36조, 지방세기본법 73조). 이를 압류선착주의라고 한다.

296) 대법원 2001. 2. 23. 선고 2000다58088 판결.
297) 대법원 2002. 2. 8. 선고 2001다74018 판결.
298) 대법원 1999. 3. 12. 선고 98다59125 판결.
299) 손진홍, 부동산 경매의 실무(하), 법률정보센터(2017), 230~231쪽.

그 취지에 대하여는 ① 채무자의 책임재산이 이탈되거나 유실되는 것을 방지하는 데 기여한 해당 조세채권에 대하여 우선권을 부여하려는 것이라는 견해(제1설)와, ② 다른 조세채권자보다 조세채무자의 자산상태에 주의를 기울이고 조세징수에 열의를 가지고 있는 징수권자에게 우선권을 부여하는 것이라는 견해[300](제2설)가 있는바, 판례[301]는 "국세기본법 제36조 제1항과 지방세기본법 제73조 제1항이 채택하고 있는 이른바 압류선착주의의 취지는 다른 조세채권자보다 조세채무자의 자산 상태에 주의를 기울이고 조세 징수에 열의를 가지고 있는 징수권자에게 우선권을 부여하고자 하는 것"이라고 판시하여 후자의 견해를 취하고 있다.

부동산경매절차에서 관세의 교부청구를 하는 경우에는 그 부동산이 관세미납물품일 여지는 없고 당연히 국세징수의 예에 의하여 관세를 징수하는 경우(관세법 제3조 제2항)에 해당할 것이므로, 이 경우의 관세의 우선순위는 국세기본법에 의한 국세와 동순위로 하고(관세법 제3조 제2항), 이때 다른 조세와의 사이에서는 압류선착주의의 적용 여부가 문제된다.

2) 압류선착주의가 강제경매나 임의경매절차에서도 그대로 적용되느냐에 관해 견해의 대립이 있으나, 판례는 국세기본법 제36조 제1항과 지방세기본법 제73조 제1항이 채택하고 있는 압류선착주의의 취지는 다른 조세채권자보다 조세채무자의 자산 상태에 주의를 기울이고 조세 징수에 열의를 가지고 있는 징수권자에게 우선권을 부여하는 것이고, 이러한 압류선착주의의 입법 취지와 압류재산이 금전채권인 경우에 제3채무자가 그의 선택에 의하여 체납처분청에 지급하는지, 집행법원에 집행공탁을 하는지에 따라 조세의 징수액이 달라지는 것은 부당하다는 점을 고려하여 보면, 압류선착주의는 조세가 체납처분절차를 통하여 징수되는 경우뿐만 아니라 민사집행법에 의한 절차를 통하여 징수되는 경우에도 적용되어야 한다는 입장이다.[302]

3) 주의할 것은, 압류선착주의는 압류가 먼저 된 대로 우선한다는 것이 아니라 압류와 교부청구 사이에는 압류가 우선한다는 점이다. 1순위 압류, 2순위 압류, 3순위 압류가 있는 경우에 2, 3순위 압류는 1순위 압류가 효력이 소멸되지 않는 한 참가압류로서 교부청구의 효력만이 있으므로(국세징수법 제59조, 제61조, 지방세징수법 제66조, 제67조),[303] 1순위 압류는 우선권이 있으나, 2순위와 3순위는 서로 교부청

300) 윤경, 「부동산경매(입찰)의 실무(하)」, 법률정보센타(1999), 374쪽.

301) 대법원 2003. 7. 11. 선고 2001다83777 판결.

302) 대법원 2003. 7. 11. 선고 2001다83777 판결.

303) 대법원 2007. 4. 12. 선고 2004다20326 판결, 대법원 2008. 10. 23. 선고 2008다47732 판결.

구로서 동순위로 안분배당하여야 한다. 즉 1, 2, 3 순위 압류가 차례로 있을 때 압류선착주의라는 말은 1, 2, 3의 압류순서대로 우선권이 있다는 말이 아니라, 1순위 압류만이 진정한 압류로서 참가압류권자이자 교부청구권자에 불과한 2, 3순위 압류권자에 우선권이 있다는 의미이다.[304)]

국세기본법 제36조 제1항은, 국세 강제징수에 따라 납세자의 재산을 압류한 경우에 다른 국세 및 강제징수비 또는 지방세의 교부청구(국세징수법 제61조 또는 지방세징수법 제67조에 따라 참가압류를 한 경우를 포함한다)가 있으면 압류에 관계되는 국세 및 강제징수비는 교부청구된 다른 국세 및 강제징수비와 지방세보다 우선하여 징수한다고 하여 이른바 압류선착주의를 규정하고 있고, 국세징수법 제46조 제2항은 같은 법 제45조에 따른 부동산 등의 압류의 효력은 해당 압류재산의 소유권이 이전되기 전에 국세기본법 제35조 제2항에 따른 법정기일이 도래한 국세의 체납액에 대하여도 미친다고 규정하고 있는바, 위 규정의 취지는 한번 압류등기를 하고 나면 동일한 자에 대한 압류등기 이후에 발생한 체납세액에 대하여도 새로운 압류등기를 거칠 필요 없이 당연히 압류의 효력이 미친다는 것이므로,[305)] 압류선착주의에서 의미하는 '압류에 관계되는 국세'란 압류의 원인이 된 국세뿐만 아니라 국세징수법 제46조에 따라 압류의 효력이 미치는 국세를 포함하는 것이다.[306)] 지방세징수법 제57조도 국세징수법 제46조와 동일하게 규정하고 있으므로 국세에 관한 위 원칙이 지방세에도 그대로 적용된다.[307)]

나. 참가압류도 포함되는지 여부(=소극)

여기에서 말하는 압류에 참가압류도 포함되는지 문제된다. 참가압류는 다른 기관이 압류하고 있는 재산에 대하여 세무서장이 교부청구에 갈음하여 행하여지는 것인데(국세징수법 제61조, 지방세징수법 제67조), 국세징수법 제62조 제1항, 지방세징수법 제68조 제1항이 참가압류는 선행의 기압류기관이 그 재산에 대한 압류를 해제한 때 압류의 효력이 생긴다고 규정하고 있으므로, 체납처분에 의한 압류에는 참가압류가 포함되지 않는다.

304) 법원실무제요 민사집행[Ⅲ], 사법연수원(2020), 110쪽.
305) 대법원 1988. 1. 19. 선고 87누827 판결, 대법원 2007. 12. 14. 선고 2005다11848 판결.
306) 대법원 2007. 12. 14. 선고 2005다11848 판결.
307) 대법원 2010. 1. 14. 선고 2007다5229 판결 참조.

다. 민사집행절차가 개시되거나 체납처분에 의한 압류가 된 재산에 대하여 다시 압류를 할 수 있는지 여부(=소극)

이미 민사집행절차가 개시되거나 체납처분에 의한 압류가 된 재산에 대하여 참가압류가 아니라 다시 협의의 체납처분에 의한 압류를 할 수 있는가가 문제된다.

이에 대하여 찬·반 양론이 있으나 국세징수법 제59조 제2호, 지방세징수법 제66조가 경매절차가 개시 중인 때에는 교부청구를 하여야 한다고 하고 있고, 국세징수법 제61조, 지방세징수법 제67조에서도 이미 다른 기관에서 압류하고 있는 경우에는 교부청구에 갈음하여 참가압류를 할 수 있다고 규정한 취지에 비추어 부정하는 것이 타당하다.

결국 압류선착주의는 민사집행절차가 개시하기 전이고 다른 체납처분에 의한 압류가 없는 재산에 대하여 최초로 압류한(물론 참가압류를 하였다가 선행 압류가 해제되어 압류의 효력이 생긴 때에는 이러한 압류도 포함된다) 그 압류에 대하여만 인정되는 것이다.[308]

한편 민사집행법에 따른 가압류가 있는 경우 체납처분에 의한 압류가 가능하므로(국세징수법 35조, 지방세징수법 제45조) 가압류를 본압류로 이전하기 전에 체납처분에 의한 압류를 한 경우에는 이후 가압류를 본압류로 이전하는 압류가 있는 경우에도 압류선착주의가 적용된다고 하급심 판례[309]가 있다.

최초의 압류가 공과금 채권이거나 조세가 아닌 각종 부담금 등 일반 채권에 기한 경우에 조세와 관련된 체납처분에 의한 압류를 기준으로 최우선 압류에 압류선착주의가 적용되는지 여부에 대해선 실무상 견해 대립이 있다.

조세 여부를 불문하고 최초의 압류만 본래의 의미의 압류에 해당하고 이후의 압류는 국세징수법 제61조에 따른 참가압류에 불과하므로[국세징수법 61조 1항의 "이미 다른 기관에서 압류하고 있을 때"의 다른 기관에는 조세채권자(공과금채권자 포함) 등 체납처분(그 예에 따른 절차 포함)을 집행하는 행정관청 또는 공공단체를 말함][310] 압류선착주의가 적용되지 않는다고 본다.

실무상 재판사무시스템의 이해관계인표 입력 시 경매개시결정 전 조세 압류 중

---

308) 서울고등법원 2001. 11. 28. 선고 2001나29461 판결(상고기각 확정). 민사집행법 실무연구[재판자료 제109집](2006년) 77-78쪽; 이우재, 배당의 제문제(제2판), 진원사(2012), 785쪽.

309) 서울동부지방법원 2009. 11. 25. 선고 2009가합10186 판결(항소기각, 심리불속행 기각 확정).

310) 곽용진, "체납처분절차의 문제점과 그 개선방향 : 국세징수법 규정상 문제점을 중심으로" 민사집행법 연구 2권, 한국사법행정학회(2006), 66쪽.

최초의 체납처분에 의한 압류의 압류일자를 반드시 입력해야 배당액계산에서 압류선착이 반영되어 계산된다.

라. 당해세에도 압류선착주의가 적용되는지 여부(= 부정)

1) 담보물권이 있는 경우 압류선착주의(= 당해세에는 적용 안됨)

당해세는 매각부동산 자체에 대하여 부과된 조세 및 가산금으로 그 법정기일 전에 설정된 저당권 등으로 담보된 채권보다 우선한다(국세기본법 제35조 제3항, 지방세기본법 제71조 제1항 제3호). 국세 중 당해세는 상속세, 증여세, 종합부동산세를 말한다(국세기본법 제35조 제3항). 이러한 당해세우선의 원칙과 관련하여 당해세에도 압류선착주의가 적용되는지 여부가 문제된다.

예를 들어 ① 담보물권, ② 당해세, ③ 당해세 아닌 조세가 있는 경우에 그 배당방법을 보면, 실무는 당해세를 우선배당하고 그 뒤 담보물권과 당해세 아닌 조세 사이의 우열을 담보물권의 설정일과 당해세 아닌 조세의 법정기일의 선후를 따져 배당하고 있다.

2) 담보물권이 없는 경우 당해세에도 압류선착주의가 적용되는지 여부

문제는 담보물권이 없이 당해세와 당해세 아닌 조세만 있는 경우(예를 들어 당해세 아닌 조세채권의 압류가 먼저 있고, 그 후 당해세에 관하여 교부청구를 한 경우) 당해세가 우선하는지 아니면 압류선착주의가 우선하는지 여부이다.

이에 대하여 긍정하는 견해가 있다.

긍정설의 견해는 다음과 같다. 당해세우선의 원칙은 조세채권우선의 원칙과 담보물권과 관련한 거래의 안전보장을 조정하기 위하여 담보물권 취득자가 장래 상당한 정도로 예측할 수 있는 조세채권의 범위를 한정하는 상대적 도구개념이므로, 조세채권과 담보물권부 채권이 충돌되는 상황의 배당에서 적용되는 것이지 조세 상호간의 배당에 적용되는 것은 아니다. 따라서 담보물권이 설정되어 있지 아니한 사안에서는 당해세와 당해세 아닌 조세 상호간에는 압류선착주의에 의하여 압류에 관계되는 당해세 아닌 조세채권이 우선하여 배당받는다. 즉 당해세 우선의 원칙(국세기본법 제35조 제3항, 지방세기본법 제71조 제1항 제3호)은, 당해세는 그 법정기일 전에 경매목적물에 설정된 저당권 등의 피담보채권보다 우선한다는 것이므로, 담보물권이 설정되어 있지 않은 사안에서 조세상호간의 우열은 서로 경합하는 조세에 당해세가 포함되어 있는지 여부를 불문하고 압류선착주의로 해결하여야 한다.

결론적으로 ① 담보물권이 있는 경우에는 당해세 우선의 원칙이 먼저 적용되고 [당해세 〉 담보물권 〉 압류에 관계된 조세(법정기일이 모두 담보물권보다 후순위인 경우 등)], ② 담보물권이 없는 경우에는 당해세와 압류에 관계된 조세 사이에는 압류선착주의가 적용되어야 한다는 것이다.

3) 판례의 태도(= 부정설)

판례는 부정설을 취하고 있다. 대법원 2007. 5. 10. 선고 2007두2197 판결은 당해세 우선의 원칙과 조세채권 상호간의 압류선착주의 원칙 상호간의 관계에 관하여 "압류선착주의의 원칙은 당해세에 대하여는 적용되지 않는다."고 설시하였다.

위 2007두2197 판결의 사안을 쟁점에 맞게 단순화시키면, 당해세인 조세채권(재산세와 종합토지세)이 있고, 근저당권이 있으며, 근저당권에 뒤지는 조세채권(부가가치세)이 있는 사건이다. 위 근저당권에 뒤지는 조세채권은 당해세보다 압류기일이 빠르다. 실제 공매절차에서는 1순위 당해세, 2순위 근저당권, 3순위 부가가치세로 배정하고, 당해세와 부가가치세 상호간에는 압류선착주의의 원칙에 의하여 부가가치세가 당해세보다 우선한다고 보아, 이른바 순환배당에 의하여 3순위 부가가치세가 1순위 당해세에 대한 배분액을 흡수하는 것으로 배당표를 작성하였다.

원심은 조세체권 상호간에도 당해세 우선의 원칙이 적용된다고 보아 위 사안에서 3순위 부가가치세가 당해세보다 압류기일이 빠르다고 할지라도 당해세보다 우선할 수 없고, 따라서 위 배당표는 잘못 작성된 것이라고 판단하여 원고 청구를 인용하였다. 대법원은 원심과 같이 "압류선착주의 원칙은 당해세에 대하여는 적용되지 않는다"고 판시하여 상고를 기각하고 원심을 확정하였다.

즉 위 판결은 당해세 우선의 원칙은 조세 상호간에도 적용된다는 입장을 취하였다. 당해세 우선의 원칙과 압류선착주의의 원칙 중 어느 것을 적용할지는 논리적인 문제라기보다는 정책적인 문제라고 할 것인데, 압류선착주의의 입법취지에 비추어 볼 때, 당해세는 담보물권과의 관계에서 이미 우선하여 징수할 수 있는 지위가 확보된 상태이므로 조세징수권자 사이에 징수권 행사의 경쟁관계를 유도할 실익이 크지 않다는 점, 압류선착주의가 절대적으로 적용되어야 할 원칙이라고 볼 수 없다는 점, 당해세에 대하여 압류선착주의를 적용할 경우 순환배당의 문제가 발생하여 실무상 바람직하지 않다는 점 등에 비추어, 당해세에 대하여는 압류선착주의가 작용되지 않는다고 보는 것이 타당하다고 보았다.

결국 위 판결은 담보물권이 있는지 없는지 여부를 불문하고 조세채권 사이에도 당해세 우선의 원칙이 적용되어야 한다는 입장을 천명한 것이다. 따라서 압류선착인 체납처분에 의한 압류와 관계된 조세채권은 당해세와 담보부 조세를 제외한 국세나 지방세를 막론하고 교부청구한 다른 조세보다 우선한다.

4) 당해세 상호간에 압류선착주의의 적용 여부(= 긍정)

당해세와 일반 조세 사이에는 압류선착주의가 적용되지 않으나 당해세 상호간에는 압류선착주의에 따라 우열관계를 정하는 것이 타당하다.[311]

마. 압류선착주의의 적용으로 조세채권과 근저당권부 채권과 사이에 순환배당 문제가 발생하는지 여부(= 부정)

1) 근저당권이 설정되어 있는 부동산에 대하여 둘 이상의 조세채권자에 의하여 각 압류가 행하여진 경우 각 채권의 우선순위와 관련하여 저당권 등 담보물권과 압류선착주의의 충돌문제는 발생하지 않고, 따라서 순환배당의 문제도 발생하지 않는다. 압류선착주의는 조세채권 사이의 우선순위를 정하는 데 적용할 수 있을 뿐 조세채권과 공시를 수반하는 담보물권 사이의 우선순위를 정하는 데 적용할 수는 없기 때문이다.[312]

예를 들어 ① 법정기일이 2021. 8. 5.인 조세채권 400만 원(교부청구), ② 설정일이 2021. 12. 5.인 근저당권의 피담보채권 1,000만 원, ③ 법정기일이 2022. 3. 12.인 조세채권 600만 원(압류), ④ 당해세 200만 원(교부청구)인 경우 매각대금 1,200만 원을 배당하는 방법은 다음과 같다.

가장 먼저 당해세에 200만 원을 우선배당한다. 근저당권자와의 관계에서는 압류선착주의를 적용하지 않고 오로지 조세의 법정기일과 설정등기일(확정일자를 갖춘 임차인 또는 등기된 임차인의 우선변제권 발생일 포함)의 선후를 따져 정하므로, 법정기일이 2021. 8. 5.인 조세채권에 400만 원을 우선 배당하고, 나머지 600만 원 전액을 근저당권자에 배당한다.

그 다음 조세끼리는 압류선착주의에 따라 '법정기일이 2021. 8. 5.인 조세채권'의 배당액 400만 원이 압류 조세채권(법정기일이 2022. 3. 12.인 조세채권)에 전액 흡수되어야 하므로, 결국 당해세채권자가 200만 원, 근저당권자가 600만 원, 압류 조세채권자가 400만 원을 각 배당받게 된다.

---

311) 손진홍, 부동산 경매의 실무(하), 법률정보센터(2017), 232쪽.

312) 대법원 2005. 11. 24. 선고 2005두9088 판결.

결국 조세끼리 흡수배당은 발생하지만, 순환배당은 일어나지 않는다.[313)]

따라서 담보물권과 조세채권 사이의 관계는, 당해세가 압류의 선후와 관계없이 가장 우선하고, 당해세를 제외한 나머지 조세채권과 담보물권은 법정기일과 담보물권 설정일의 선후관계에 의하여 정해지며, 이와 같은 순서로 배당이 이루어진 다음, 당해세를 제외한 나머지 조세채권 사이에서 압류선착주의에 따라 우선순위를 결정하여야 한다.[314)]

2) 다른 예를 들어 보자.

가) 동일한 소유자의 제1, 2부동산에 관하여 근저당권이 설정되고, 순차로 진행된 임의경매절차에서 근저당권설정일보다 법정기일이 앞서는 지방세채권과 법정기일이 뒤지는 국세채권에 관하여 각 교부청구가 있었는데, 법정기일이 뒤지는 국세채권이 지방세채권보다 먼저 압류를 하였다(압류선착).

이시배당이 이루어져 먼저 제1부동산의 배당절차에서 매각대금 1,000만 원, 지방세채권 1,000만원, 근저당권의 피담보채무 1,000만 원, 국세채권 1,000만 원인 경우 근저당권설정일보다 법정기일이 앞서는 지방세채권에게 1,000만 원이 배분되었다가 압류선착주의에 의하여 그 금액 전부가 국세채권에게 배당되었다. 그 후 제2부동산의 배당절차(매각대금 1,000만 원)에서, 지방세채권이 다시 교부청구를 하여 이번엔 지방세채권에게 1,000만 원이 배당되었다.

이에 대하여 근저당권자는, "제1, 2부동산이 동시에 경매되었을 경우 지방세채권 1,000만 원, 근저당권자 1,000만 원으로 배분된 후 지방세채권에게 배분된 1,000만 원이 압류선착주의에 의하여 국세채권에게 배당될 것인바, 순차 경매되었다는 우연한 사정으로 근저당권설정일보다 법정기일이 뒤지는 국세채권이 조세채권 사이의

---

313) 이와 달리 만일 압류선착주의를 전면적으로 적용하여 순환배당을 하게 되면(즉 조세와 담보물권 사이에도 압류선착주의를 적용하면), 안분 후 흡수설에 따라 당해세에 우선배당한 후 1단계로 근저당권자에 500만 원, 압류 조세채권(법정기일이 2022. 3. 12.인 조세채권)에 300만 원, '법정기일이 2021. 8. 5.인 조세채권'에 200만 원을 각 안분 배당한 후, 2단계로 근저당권자는 부족액 500만 원 범위 내에서 후순위인 압류 조세채권자(법정기일이 2022. 3. 12.인 조세채권자)의 안분배당액 300만 원 전액을 흡수하고, 압류 조세채권자(법정기일이 2022. 3. 12.인 조세채권자)는 부족액 300만 원 범위 내에서 후순위인 '법정기일이 2021. 8. 5.인 조세채권자'의 안분배당액 200만 원 전액을 흡수하며, '법정기일이 2021. 8. 5.인 조세채권자'는 부족액 200만 원 범위 내에서 후순위인 근저당권자의 안분배당액(500만 원) 중 200만 원을 흡수하여, 결국 근저당권자 600만 원(500만 원 + 300만 원 - 200만 원), 압류 조세채권자(법정기일이 2022. 3. 12.인 조세채권자)가 200만 원(300만 원 - 300만 원 + 200만 원), '법정기일이 2021. 8. 5.인 조세채권자' 200만 원(200만 원 + 200만 원 - 200만 원)을 각 배당받게 된다.

314) 대법원 2005. 11. 24. 선고 2005두9088 판결, 대법원 2015. 4. 23. 선고 2011다47534 판결.

우선순위를 정하는 압류선착주의에 의하여 근저당권보다 우선하여 배당받는 것은 부당하다"는 이유로 주위적으로 지방자치단체(지방세채권)를 상대로 제2부동산의 배당표에 대해 배당이의의 소를, 예비적으로 대한민국(국세채권)을 상대로 부당이득반환의 소를 제기하였다. 여기서 근저당권자의 청구가 정당한 것인지가 문제된다.

나) 살피건대, 압류선착주의는 조세채권 사이의 우선순위를 정하는데 적용할 수 있을 뿐이고, 조세채권과 공시를 수반하는 담보물권 사이의 우선순위를 정하는데 적용할 수 없다.

따라서 제2부동산의 경매절차에서 지방세채권자는 근저당권자에게 제1부동산의 경매절차에서 압류선착주의를 이유로 배당받지 못하였음을 주장할 수 없다. 그 결과 제2부동산의 배당표를 근저당권자에게 1,000만 원을 배당하는 것으로 경정하여야 한다.

즉 근저당권자로서는 배당재단에서 선순위채권을 공제한 나머지를 배당받아야 한다. 제1부동산과 제2부동산이 동시에 경매되었을 때의 각 채권자의 배당액을 살펴보면, 근저당권자에게는 1,000만 원[총 배당재단(2,000만 원) - 선순위 채권액(지방세채권 1,000만 원)]이 배당되어야 하고, 나머지 1,000만 원은 조세채권자 상호간의 우열관계에 따라 선착 압류권자인 국세채권에 1,000만 원을 배당되어야 한다.

한편, 담보물권보다 법정기일이 빠른 조세, 담보물권, 담보물권보다 법정기일이 늦은 조세의 배당은 원인날짜 순으로 배당을 해야 하고[315] 조세끼리 동순위로 보아 안분흡수배당을 하여서는 안 된다.

바. 압류선착주의의 공과금채권에의 준용 여부

국세징수법에서 규정하는 강제징수의 예에 따라 징수할 수 있는 채권 중 국세, 관세, 임시수입부가세, 지방세와 이와 관계되는 강제징수비[316]를 제외한 것을 통상 공과금이라고 하는데(국세기본법 2조 8호), 국민연금법상의 국민연금보험료, 산업재해보상보험법상의 산업재해보상보험료 등이 여기에 해당하는바, 이러한 공과금에 대하여도 압류선착주의가 적용될 수 있는지 문제된다.

판례는 산업재해보상보험료에 관하여 "산업재해보상보험법상의 국세체납처분의 예에 의하여 징수할 수 있다는 규정은 그 문언이나 법규정의 형식상 국세징수법 중 제3장에서 규정한 체납처분의 절차에 따라 강제징수할 수 있다는 소위 자력집행권이

315) 대법원 2005. 11. 24. 선고 2005두9088 판결.

316) 개정 국세기본법(법률 17650호, 2021. 1. 1. 시행)은 기존 '체납처분비'를 '강제징수비'로 용어를 변경하였다. 반면 지방세기본법에서는 여전히 '체납처분비'를 사용하고 있다.

있음을 규정한 것이지, 국세, 지방세가 저당권부 채권 등에 우선한다는 국세기본법 제35조 제3항, 지방세기본법 제71조 제1항 제3호의 규정도 준용됨을 규정한 것이라 볼 수 없다."라고 판시하여 이를 부정하고 있고,[317] 구 의료보험법상의 의료보험료에 대하여도 같은 입장을 보이고 있다.[318]

결국 압류선착주의를 규정하고 있는 국세기본법 제35조 제3항, 지방세기본법 제71조 제1항 제3호가 공과금에 적용된다고 볼 근거는 없으므로, 공과금 상호 간[319]과 공과금과 조세 상호 간[320]에는 압류선착주의가 준용된다고 볼 수 없다.

4. 가산금·가산세·체납처분비의 징수순위와 배당순위[321]

가. 가산금

가산금이란 국세, 지방세 등을 납부기한까지 납부하지 않은 때에 국세징수법, 지방세징수법 등에 의하여 고지세액에 가산하여 징수하는 금액(가산금)과 납부기한 경과 후 일정기한까지 납부하지 않은 때에 그 금액에 다시 가산하여 징수하는 금액(중가산금)을 말한다[구 국세기본법 2조 5호(2018. 12. 31. 개정되기 전의 것, 이하 같다), 2018. 12. 31. 개정(2020. 1. 1. 시행)된 국세기본법은 가산금을 폐지하고 이를 (납부지연)가산세로 통합하였는데, 시행일 이전에 성립된 가산금에 대하여는 종전의 규정에 따르므로 이하 가산금 내용 중 2020년 이전 성립된 가산금에 대해선 그대로 유효하다, 지방세기본법 2조 1항 24호].

구 국세징수법(2018. 12. 31. 개정되기 전의 것, 이하 같다) 제21조가 규정하는 가산금과 중가산금은 국세가 납부기한까지 납부되지 않은 경우 미납분에 대한 지연이자(이행지체에 대한 지연손해금)의 의미로 부과되는 부대세의 일종으로서, 과세권자의 확정절차 없이 국세를 납부기한까지 납부하지 않으면 같은 법 제21조의 규정에 의하여 당연히 발생하고 그 액수도 확정되는 것이다.[322] 구 지방세징수법(2020. 12. 29. 개정되기 전의 것, 이하 같다) 제30조, 제31조도 구 국세징수법 21조와 동일하게 규정하고 있었으므로 국세에 관한 위 원칙이 지방세에도 그대로 적용되었다.

---

317) 대법원 1990. 3. 9. 선고 89다카17898 판결.
318) 대법원 1988. 9. 27. 선고 87다카428 판결.
319) 대법원 2005. 5. 27. 선고 2004다44384 판결.
320) 대법원 2008. 10. 23. 선고 2008다47732 판결.
321) 윤경, 「부동산경매(입찰)의 실무(하)」, 법률정보센타(1999), 380-383쪽.
322) 대법원 2000. 9. 22. 선고 2000두2013 판결, 대법원 2007. 6. 29. 선고 2006다66753 판결.

가산금의 법정기일에 관하여는 종래 국세기본법에 따로 정한 바가 없었는데, 판례는 구 국세기본법 제35조 제1항 제3호 다목의 규정을 유추하여 가산금 자체의 납세의무가 확정되는 때, 즉 납부고지서에서 고지된 납부기한을 도과한 때로 보아야 한다는 입장이었다.[323] 2014. 12. 23. 개정되어 2015. 1. 1.부터 시행된 국세기본법 제35조 제1항 제3호 라목은 가산금의 법정기일을 '가산금을 가산하는 고지세액의 납부기한이 지난 날'로 명확히 하였다. 지방세도 마찬가지이다(2015. 12. 29. 개정되어 2016. 1. 1.부터 시행된 지방세기본법 71조 1항 3호 바목 참조).

특정의 조세채권에 관하여 조세의 본세와 가산금(구 국세기본법 2조 5호, 지방세기본법 2조 1항 24호) 및 체납처분비 전부를 충당하기에 부족한 경우에는 체납처분비, 국세 또는 지방세, 가산금의 순으로 징수한다(구 국세징수법 4조, 구 지방세징수법 4조).

그런데 위 각 조항은 조세에 관한 충당의 순서를 정한 것에 불과하고, 다른 담보권과의 우열관계를 정한 것은 아니다. 따라서 가산금 채권과 저당권 등에 의하여 담보되는 채권의 우선관계도 역시 가산금 자체의 법정기일을 기준으로 결정하여야 한다(구 국세기본법 35조 1항 3호, 지방세기본법 71조 1항 3호 참조).[324]

가산금·중가산금의 법정기일은 가산금·중가산금 자체의 납세의무가 확정되는 때, 즉 납부고지에서 고지된 납부기한이나 그 이후의 소정의 기한을 도과할 때로 보아야 한다.[325]

나. 가산세

가산세(국세기본법 제2조 제4호, 지방세기본법 제2조 제1항 제23호)는 가산금과는 달리 정당한 이유 없이 납세의무자가 세법에 의한 신고의무, 보고의무, 징수의무를 이행하지 않거나 위반하는 경우에 그에 대한 행정벌적인 성격으로 부과되는 것으로 본세의 산출세액에 가산하여 본세의 명목으로 징수하는 것이다.[326] 가산세도 가산금과 마찬가지로 본세의 법정기일이 아닌 가산세 자체의 법정기일을 기준으로 담보권과의 우선관계를 결정하여야 한다.[327]

323) 대법원 2003. 3. 11. 선고 2002다74374 판결, 대법원 2010. 12. 9. 선고 2010다70605 판결.

324) 대법원 1998. 9. 8. 선고 97다12037 판결, 대법원 2002. 2. 8. 선고 2001다74018 판결, 대법원 2003. 3. 11. 선고 2002다74374 판결.

325) 대법원 2002. 2. 8. 선고 2001다74018 판결, 대법원 2007. 6. 29. 선고 2006다66753 판결.

326) 대법원 2002. 8. 23. 선고 2002두66 판결, 대법원 2011. 2. 10. 선고 2008두2330 판결, 헌법재판소 2007. 1. 17. 선고 2006헌바3 전원재판부 결정 등.

지방세법상 가산세는 지방세법에 규정하는 의무의 성실한 이행을 확보하기 위하여 그 의무를 이행하지 않은 경우에 그 법에 의하여 산출한 세액에 가산하여 징수하는 금액으로서, 가산세가 본세의 명목으로 부과·징수된다고 하더라도 본세와는 본질적으로 그 성질이 다르므로, 가산세 채권과 저당권 등에 의하여 담보된 채권과의 우열을 가릴 때에는 가산세 자체의 법정기일을 기준으로 하여야 한다.[328)]

취득세의 신고납부의무 불이행으로 부과되는 가산세의 법정기일은 납세고지서의 발송일이다.[329)]

다. 체납처분비(강제징수비)

조세채권의 체납처분비에 관하여는, ① 이 비용은 체납처분의 집행에 소요되는 비용이긴 하지만 강제집행절차 또는 임의경매절차에 참가하여 배당을 받는 경우에는 조세 자체가 저당권 등에 우선하더라도 체납처분비는 저당권 등에 우선하지 못하고 공과금 그 밖의 채권에 우선하여 배당받을 뿐이라는 견해(제1설)와 ② 이 비용은 체납처분을 통하여 징수하려는 조세채권의 집행에 소요된 비용이므로 그 조세채권과 동순위로 변제받아야 할 것이라는 견해(제2설)[330)]가 대립되어 있다(국세기본법 35조 1항, 지방세기본법 2조 1항 22호, 25호, 71조 1항 참조).

실무에서는 제1설을 채택하고 있다.[331)]

5. 부동산이 양도된 경우 조세채권의 효력과 순위[332)]

가. 양도인에 대한 체납국세

부동산이 양도되어 제3자가 소유권을 취득한 경우 양도 이전에 양도인의 체납국세에 관하여 체납처분 등으로 압류를 한 바 없다면 양도인에 대한 체납국세는 매각대금에서 우선배당을 받을 수 없다.[333)] 이와 반대로 양도 전에 체납처분 압류를 한 경우에는 우선배당을 받을 수 있으므로 일반 원칙에 따라 전 소유자가 설정한 근저

327) 대법원 1998. 9. 8. 선고 97다12037 판결.
328) 대법원 2001. 4. 24. 선고 2001다10076 판결.
329) 대법원 2001. 4. 24. 선고 2001다10076 판결.
330) 윤경·손흥수, 부동산경매(2), 한국사법행정학회(2017), 1804쪽.
331) 법원실무제요 민사집행[Ⅲ], 사법연수원(2020), 113쪽.
332) 윤경, 「부동산경매(입찰)의 실무(하)」, 법률정보센타(1999), 383쪽, 389-390쪽.
333) 대법원 1998. 8. 21. 선고 98다24396 판결, 대법원 2003. 7. 11. 선고 2003다19435 판결.

당권의 설정일자와 체납처분 압류를 한 조세의 법정기일을 비교하여 그 우열에 따라 배당한다.

나. 저당권이 설정된 부동산의 양수인에게 부과된 조세 또는 당해세

1) 저당권이 설정된 부동산이 양도되었을 경우 양수인인 제3자에게 부과된 조세

저당권이 설정된 부동산이 양도되었을 경우 양수인인 제3자에게 부과된 조세는 그 법정기일이 저당권의 설정 전이라고 하더라도 저당권에 대하여는 우선권이 없다.[334] 부동산의 양도로 인해 국세 등의 우선징수로부터 보호되는 저당채권의 보호적격이 상실되는 것은 아니기 때문이다.

한편, 2022. 12. 23. 개정된 국세기본법(2023. 4. 1. 시행)은 양도, 상속, 증여로 소유자 변경 시 양도인이 설정한 저당권 등 각 권리보다 앞서는 국세 체납이 있었던 경우 대통령령으로 정하는 방법에 따라 계산한 금액의 범위 내에서 양수인의 체납국세를 우선 징수하도록 하였다(35조 1항 3호의2 신설).

국세기본법 시행령 제18조 제3항, 제5항은 국세기본법 제35조 제1항 제3호의2와 관련하여, 직전 보유자가 해당 재산을 보유하기 전에 해당 재산에 설정된 저당권 등이 없는 경우에는 직전 보유자 보유기간 중의 저당권 등 설정일 중 가장 빠른 날보다 법정기일이 빠른 직전 보유자의 국세 체납액을 모두 더한 금액을, 직전 보유자가 해당 재산을 보유하기 전에 해당 재산에 설정된 저당권 등이 있는 경우에는 0원으로 계산하도록 정하고 있다. 그리고 이러한 직전 보유자 국세 체납액의 구체적인 범위 설정을 위한 계산 기준일은 공매의 배분기일 또는 경매의 배당기일이다.[335]

따라서 직전 보유자인 양도인이 설정한 저당권 등 설정일 중 가장 빠른 날보다 법정기일이 빠른 양도인의 국세 체납액을 한도로 양수인에 대한 국세를 우선 배당하여야 한다. 이 경우 직전 보유자인 양도인에 대한 국세 체납 압류등기나 양수인에 대한 국세의 법정기일이 양도인이 설정한 저당권 등의 설정일보다 빠를 것을 요하지 않는다.

2) 양수인에 대한 당해세의 경우

저당권이 설정된 부동산이 양도되었을 경우 양수인인 제3자에게 부과된 당해세와 위 저당권의 우선관계에 관하여, 법문의 형식으로만 보면 납세의무자가 누구인지

334) 대법원 1972. 1. 31. 선고 71다2266 판결.

335) 국세기본법 시행규칙 제11조의3 제2항

또는 저당권이 설정되어 있는지의 여부와 관계없이 우선 징수되는 것으로서 저당 목적물이 양도된 사실에 불구하고 양수인의 당해세가 저당권에 우선한다고 보는 견해가 있으나, 저당권설정자에게 부과된 당해세에 한하여 저당권에 우선할 수 있고 위 설정자에게 저당권에 우선하여 징수당할 아무런 조세의 체납이 없었다면 양수인에게 부과된 증여세라든가 설정자의 사망으로 인하여 그 상속인에게 부과된 상속세와 같은 당해세는 기존의 저당권자에 우선하여 징수할 수 없다.[336)]

한편, 2022. 12. 23. 개정된 국세기본법(2023. 4. 1. 시행)에선 해당 주택에 부과된 종합부동산세에 대해서는 상속세, 증여세와는 달리 당해세 우선의 원칙을 그대로 적용(35조 3항 후단)하도록 하였다. 따라서 개정 국세기본법에 따를 경우 양도인이 설정한 근저당권보다 우선하는 체납 국세가 없는 경우에도 현 소유자에 대한 종합부동산세가 위 근저당권에 우선한다. 상속세와 증여세의 경우에는 앞서 본 바와 같이 직전 보유자인 양도인이 설정한 저당권 등 설정일 중 가장 빠른 날보다 법정기일이 빠른 양도인의 국세 체납액을 한도로 양수인에 대한 상속세와 증여세가 우선한다(35조 1항 3호의2 신설).

3) 계약인수가 이루어진 경우

저당부동산이 저당권설정자로부터 제3자에게 양도되면서 양도인, 양수인 및 저당권자 등 3자의 합의에 의해 저당권설정계약상의 양도인이 가지는 계약상의 채무자 및 설정자로서의 지위를 양수인이 승계하기로 하는 내용의 계약인수가 이루어진 경우, 양수인인 제3자에 대하여 부과한 국세 또는 지방세를 법정기일이 앞선다거나 당해세라 하여 위 저당권부채권에 우선하여 징수할 수 없다.[337)]

4) 전 소유자가 물상보증인이고 현 소유자가 채무자인 경우

채무자가 양수인이 된 경우(물상보증인의 재산을 채무자가 양수한 경우)에도 저당권 설정 당시를 기준으로 조세의 예측가능성을 판단해야 하므로 저당권에 우선하는 양도인(물상보증인)에 대한 체납조세가 없는 상태였다면 양수인인 채무자의 당해세(종합부동산세는 제외)나 저당권보다 법정기일이 앞서는 조세도 저당권보다 후순위로 보아야 한다.[338)]

---

336) 대법원 1991. 9. 24. 선고 88다카8385 판결, 대법원 1995. 4. 7. 선고 94다11835 판결 등.
337) 대법원 2005. 3. 10. 선고 2004다51153 판결.
338) 이우재, 배당의 제문제(제2판), 진원사(2012), 778쪽.

6. 공동저당에 관한 민법 제368조 제2항 후문이 조세채권자가 우선변제받은 경우에도 유추적용되는지 여부(=적극)

1) 조세우선변제권은 일정한 범위 내에서는 조세채무자의 총재산에 대하여 우선변제권이 인정된다는 점에서 이른바 법정 담보물권으로서의 성격을 갖고 있다.

따라서 조세채무자의 부동산이 여럿인 경우에는 마치 그 부동산 전부에 대한 공동저당권자와 유사한 지위에 서게 되므로, 납세의무자 소유의 여러 부동산에 대하여 조세우선변제권이 행사된 경우에 공동저당권에 관한 민법 제368조가 유추 적용되어야 한다.[339)]

2) 한편 조세채권자들 사이의 우선순위를 정하는 데 적용하는 압류선착주의로 말미암아 저당권자의 선순위 조세채권자에 대한 대위권이 침해될 수는 없으므로, 납세의무자 소유의 일부 부동산에 관한 선행 공매절차의 매각대금 배분과정에서 저당권자에 우선하는 조세채권자에 대하여 저당권자에 우선하여 배분절차를 진행한 이상, 비록 그 조세채권자에게 배분된 금액이 압류선착주의에 따라 압류일이 빠른 다른 조세채권에 흡수됨으로써 실제로는 그 금액을 배분받지 못하는 결과가 되었다 하더라도 실질적으로는 선순위 조세채권자의 우선변제권 행사에 의한 배분이 이루어진 것으로 보아야 하고, 납세의무자 소유의 다른 부동산에 관한 후행 경매절차 등에서 저당권자에 대하여 선순위 조세채권자에게 그와 같은 배분이 이루어지지 않았다고 주장할 수 없다.[340)]

3) 이와 같이 민법 제368조 제2항 후문에 따라 선순위자인 조세채권자를 대위하는 저당권자는 민사집행법 제268조에 의하여 담보권의 실행을 위한 경매절차에 준용되는 민사집행법 제88조 제1항, 제84조 1항에 의하여 배당요구의 종기까지 적법하게 배당요구를 하였다면 배당을 받을 수 있고,[341)] 선순위 조세채권자가 나중에 경매 또는 공매절차를 통하여 매각되는 부동산에 관하여 미리 압류를 해 두었거나 그 부동산의 경매 또는 공매절차에 참가하여 교부청구 또는 배분요구를 한 경우에만 후순위 저당권자가 선순위 조세채권자를 대위할 수 있는 것은 아니다.[342)]

---

339) 대법원 2006. 5. 26. 선고 2003다18401 판결, 대법원 2006. 5. 26 선고 2003다18418 판결.

340) 대법원 2015. 4. 23. 선고 2011다47534 판결.

341) 대법원 2005. 9. 29. 선고 2005다34391 판결, 대법원 2009. 11. 12. 선고 2009다53017, 53024 판결 등 참조.

342) 대법원 2015. 4. 23. 선고 2011다47534 판결.

7. 조세 압류권자의 변경이 있는 경우

1) 지방세기본법 제5조에 따라 지방세의 부과·징수에 관한 사항에 필요한 사항은 조례로 정할 수 있다.

서울특별시의 경우 서울특별시 시세기본조례 제3조 제2항 제4호에 따라 구청장이 부과한 시세 중 회계연도가 끝나는 날의 다음 날 현재 건당 1천만 원(2013년 이전 5백만 원) 이상의 체납액(고액체납액)이 있는 체납자의 해당 구 시세 체납액 전부에 대해서는 시장이 직접 징수하고 있고, 고액체납액에 대해 서울시 각 구청장이 행한 처분(압류, 교부청구 등)은 시장이 한 것으로 본다고 규정하고 있다(같은 조 제3항).

따라서 등기사항증명서상 구청의 압류가 있고 배당요구종기 내에 구청의 교부청구는 없는 상태에서 서울특별시가 배당요구종기 이후에 교부청구를 한 경우에도 구청의 압류권자의 지위를 서울특별시가 승계하는 것으로 볼 수 있으므로 배당요구 안 한 압류권자에 준해 서울특별시에 배당해야 한다.

2) 일부 세무서의 경우 기존 세무서에서 분리되어 신설된 경우(예를 들어, 서울특별시 관악세무서의 경우 2015. 4. 1.부터 금천세무서에서 분리신설됨)가 종종 있으므로 '국세청과 그 소속기관 직제 시행규칙'을 확인하여 기존 세무서가 한 압류를 분리 신설된 세무서가 승계하는 것으로 볼 수 있는 경우에는 압류선착 등을 검토할 때 주의할 필요가 있다.

8. 피상속인에 대한 조세 등의 배당

피상속인에게 한 처분 또는 절차는 상속으로 납세의무를 승계하는 상속인에 대해서도 효력이 있고(국세기본법 제24조 제6항, 지방세기본법 제43조), 체납자의 재산에 대해 강제징수를 시작한 후 체납자가 사망하였을 때 그 재산에 대한 강제징수는 계속 진행해야 하며, 체납자가 사망한 후 체납자 명의의 재산에 대해 한 압류는 그 재산을 상속한 상속인에 대해 한 것으로 본다(국세징수법 제27조, 지방세징수법 제47조).

따라서 피상속인 명의로 된 교부청구가 있는 경우 상속인에 대한 교부청구로 봐서 원래 순위에 따라 우선배당하면 된다.

Ⅷ. 강제징수(체납처분)의 예에 따라 징수되는 공과금채권

1. 의의

국세징수법 또는 지방세징수법에서 규정하는 강제징수(체납처분)의 예에 따라 징수할 수 있는 채권 중 국세, 관세, 임시수입부가세, 지방세와 이와 관계되는 강제징수비(체납처분비)를 제외한 것을 통상 공과금이라고 한다(국세기본법 제2조 제8호, 지방세기본법 제2조 제1항 제26호).

여기에는 징수순위가 일반채권보다 앞서는 것과 그렇지 않은 것이 있고, 전자 중에도 납부기한에 따라 담보권과의 우선순위가 달라지는 것과 그렇지 않은 것이 있는데, 어느 것이나 이들 공과금이 미납된 경우 국세징수법 또는 지방세징수법상의 강제징수(체납처분)의 예에 의한 압류·참가압류 및 교부청구가 가능하고, 압류의 배당요구적 효력, 배당요구의 종기까지 교부청구(배당요구)의 요부, 그 방법 및 교부청구하지 않은 경우의 효과는 조세의 경우와 같다.

근거 법령에 징수순위에 관한 규정이 있는 경우 이에 따르고 없는 경우에는 일반채권과 동순위로 취급하면 된다.

2. 납부기한 이전에 설정된 저당권 등보다는 후순위이고 국세 및 지방세를 제외한 다른 채권보다 선순위인 채권

1) 이러한 예로는 고용보험 및 산업재해보상보험의 보험료징수 등에 관한 법률(30조)[343)]상의 보험료채권(고용보험료채권, 산업재해보상보험료채권 등), 국민건강보험법(85조)[344)]상의 보험료채권과 징수금(같은 법 47조 4항), 부당이득금(같은 법 57

343) 고용보험 및 산업재해보상보험의 보험료징수 등에 관한 법률 제30조(보험료 징수의 우선순위) 보험료와 이 법에 따른 그 밖의 징수금은 국세 및 지방세를 제외한 다른 채권보다 우선하여 징수한다. 다만, 보험료 등의 납부기한 전에 전세권·질권·저당권 또는 「동산·채권 등의 담보에 관한 법률」에 따른 담보권의 설정을 등기하거나 등록한 사실이 증명되는 재산을 매각하여 그 매각대금 중에서 보험료 등을 징수하는 경우에 그 전세권·질권·저당권 또는 「동산·채권 등의 담보에 관한 법률」에 따른 담보권에 의하여 담보된 채권에 대하여는 그러하지 아니하다.

344) 국민건강보험법 제85조(보험료등의 징수 순위) 보험료등은 국세와 지방세를 제외한 다른 채권에 우선하여 징수한다. 다만, 보험료등의 납부기한 전에 전세권·질권·저당권 또는 「동산·채권 등의 담보에 관한 법률」에 따른 담보권의 설정을 등기 또는 등록한 사실이 증명되는 재산을 매각할 때에 그 매각대금 중에서 보험료등을 징수하는 경우 그 전세권·질권·저당권 또는 「동산·채권 등의 담보에 관한 법률」에 따른 담보권으로 담보된 채권에 대하여는 그

조 1항), 국민연금법(98조)[345]상의 보험료채권과 징수금, 개발이익 환수에 관한 법률(22조 2항)[346]상의 부담금채권, 장애인고용촉진 및 직업재활법(38조)[347]상의 부담금채권, 어선원 및 어선 재해보상보험법(47조의2)[348]상의 보험료채권 등이 있다.

2) 과거에는 이들 보험료 등은 저당권으로 담보되는 채권보다 언제나 후순위였으나,[349] 관련법의 제·개정으로 현재는 납부기한(개발부담금의 경우에는 납부고지일, 이하 같다) 전에 설정된 저당권 등에 기하여 담보되는 채권에 대하여만 그보다 후순위이다. 예를 들어, 2003. 12. 31. 제정된 고용보험 및 산업재해보상보험료의 보험료 징수 등에 관한 법률(2005. 1. 1. 시행) 제30조 단서에 따라 고용보험료, 산업재해보상보험료 기타 징수금의 경우 납부기한 전에 설정된 저당권 등에 기하여 담보되는 채권에 대하여만 그보다 후순위이다. 납부기한이 2004. 12. 31.까지인 산재보험료와 고용보험료는 납부기한이 저당권설정 시보다 선후인지 여부를 불문하고 조세와 저당권 다음 순위로 배당하고 일반채권자와의 관계에서만 우선하였으나, 납부기한이 2005. 1. 1. 이후인 고용보험료, 산업재해보상보험료 기타 징수금은 그 납부기한과 저당권설정일자의 선후에 따르는 것으로 변경되었다. 결국 현재로서는 보험료 등 모

러하지 아니하다.

345) 국민연금법 제98조(연금보험료 징수의 우선순위) 연금보험료나 그 밖의 이 법에 따른 징수금을 징수하는 순위는 「국민건강보험법」에 따른 보험료와 같은 순위로 한다.

346) 개발이익 환수에 관한 법률 제22조(체납처분 등) ① 시장·군수·구청장은 개발부담금의 납부의무자가 독촉장을 받고도 지정된 기한까지 개발부담금과 가산금 등을 완납하지 아니하면 「지방행정제재·부과금의 징수 등에 관한 법률」에 따라 징수할 수 있다.
② 제1항에 따른 개발부담금 및 가산금 등은 국세와 지방세를 제외한 그 밖의 채권에 우선하여 징수한다. 다만, 제15조에 따른 개발부담금 납부 고지일 전에 전세권, 질권 또는 저당권의 설정을 등기하거나 등록한 사실이 증명되는 재산을 매각할 때 그 매각 대금 중에서 개발부담금과 가산금 등을 징수하는 경우 그 전세권, 질권 또는 저당권으로 담보된 채권에 대하여는 그러하지 아니하다.

347) 장애인고용촉진 및 직업재활법 제38조(징수 우선순위) 부담금과 이 법에 따른 그 밖의 징수금(이하 이 조에서 "부담금등"이라 한다)은 국세 및 지방세를 제외한 다른 채권보다 우선하여 징수한다. 다만, 부담금등의 납부기한 전에 전세권·질권·저당권 또는 「동산·채권 등의 담보에 관한 법률」에 따른 담보권의 설정을 등기하거나 등록한 사실이 증명되는 재산을 매각하여 그 매각대금 중에서 부담금등을 징수하는 경우에 그 전세권·질권·저당권 또는 「동산·채권 등의 담보에 관한 법률」에 따른 담보권에 의하여 담보된 채권에 대하여는 그러하지 아니하다.

348) 어선원 및 어선 재해보상보험법 제47조의2(보험료 징수의 우선순위)
어선원보험료 등 이 장에 따른 징수금 및 체납처분비는 국세 및 지방세를 제외한 다른 채권에 우선하여 징수한다. 다만, 어선원보험료 등의 납부기한 전에 전세권·질권 또는 저당권의 설정을 등기 또는 등록한 사실이 증명되는 재산을 매각하여 그 매각대금 중에서 어선원보험료 등을 징수하는 경우에 그 전세권·질권 또는 저당권에 따라 담보된 채권은 그러하지 아니한다.

349) 대법원 1990. 3. 9. 선고 89다카17898 판결, 대법원 1997. 2. 28. 선고 96다50063 판결.

두가 보험료 등의 납부기한과 저당권설정일자의 선후에 따르는 것으로 변경되었다.

3) 국민연금보험료와 산업재해보상보험료 상호 간에는 압류선착주의를 규정한 국세기본법 제36조가 준용되지 않고,[350] 산업재해보상보험료와 지방세 상호 간에도 압류선착주의를 규정한 지방세기본법 제73조가 준용되지 않는다.[351] 따라서 보험료 등이 납부기한 후에 설정된 저당권등보다 우선한다고 하더라도 조세채권보다 우선하는 것은 아니므로, 위 보험료 등의 납부기한 후에 설정된 저당권보다 후순위의 조세채권이 있는 경우에는 저당권보다 우선하는 위 보험료 등 채권과 저당권부채권 및 저당권보다 후순위의 조세채권 사이에 순환관계가 성립한다.

3. 국세 및 지방세를 제외한 다른 채권보다 선순위이나 저당권등과의 순위가 규정되어 있지 않은 채권

1) 이러한 예로는 행정대집행법(6조 2항)상의 대집행비용채권, 보조금 관리에 관한 법률(33조의3 2항)상의 반환금채권, 사립학교교직원 연금법(52조 6항)상의 부담금(환수금)채권, 정치자금법(30조 3항)상의 보조금반환채권, 재난 및 안전관리 기본법(66조의3 4항)상의 반환금채권, 범죄피해자 보호법(30조 2항)상의 구조금환수채권 등이 있다. 행정대집행법상 대집행비용의 의미와 관련하여, 판례는 행정대집행법 제5조에 따르면 '대집행에 요한 비용'의 징수에 있어서 '실제에 요한 비용액'과 그 납기일을 정하여 의무자에게 문서로써 그 납부를 명하도록 되어 있으므로, 같은 법 제6조 제2항의 '대집행에 요한 비용'도 행정청이 대집행을 실제로 실행한 후 그 대집행에 요한 비용이라고 해석함이 타당하고, 산지관리법 제41조 제1호에 따라 복구의무자가 예치한 복구비나 예치된 복구비의 범위에서 발생한 복구대행비용은 대집행비용채권이라고 볼 수 없다고 하였다.[352]

2) 이 경우 그 납부기한이 저당권 등의 설정 시 보다 선후인지 여부를 불문하고 저당권 등이 우선한다. 따라서 위 반환금 등 채권은 저당권 등과 국세 및 지방세보다 다음 순위로 배당받고 일반채권자와의 관계에서만 우선한다. 공과금과의 우열은 특별히 규정한 경우(보조금 관리에 관한 법률에 따른 반환금채권)에는 이에 따르고 그렇지 않은 경우 동순위로 취급한다.

---

350) 대법원 2005. 5. 27. 선고 2004다44384 판결.
351) 대법원 2008. 10. 23. 선고 2008다47732 판결.
352) 대법원 2019. 7. 11. 선고 2018다265096 판결 참조.

3) 위 반환금 등 채권의 징수를 위한 압류를 마친 후 저당권 등이 설정된 경우, 저당권 등은 위 압류의 효력으로 인하여 압류채권자에 대한 관계에서 우선변제권을 주장할 수 없으므로, 압류를 마친 반환금 등 채권이 저당권 등보다 우선하여 배당받아야 한다(안분배당하여야 한다는 반대견해 있음). 다만 압류선착주의(국세기본법 36조, 지방세기본법 73조)가 적용된다고 볼 근거가 없어 위 반환금 등 채권의 징수를 위한 압류가 먼저 되었다고 하더라도 조세채권보다 앞서는 것은 아니므로, 저당권 등보다 후순위의 조세채권이 있는 경우에는 저당권보다 앞선 위 반환금 등 채권과 저당권부채권 및 저당권보다 후순위의 조세채권 사이에 순환관계가 성립한다.

4. 강제징수(체납처분)의 예에 따라 징수하지만 징수순위에 관한 별도의 규정이 없는 채권

1) 이러한 예로는 국유재산법(73조 2항)상의 사용료·관리소홀에 따른 가산금·대부료·변상금채권, 건축법상(80조 7항)의 이행강제금채권, 과태료, 환경개선비용 부담법(20조 2항)상의 개선부담금채권, 공무원연금법(37조 2항)상의 환수금채권, 공무원재해보상법(16조 2항)상의 환수금채권, 군인연금법(16조 3항)상의 환수금채권, 도시교통정비 촉진법(36조 9항)상의 교통유발부담금, 자원의 절약과 재활용촉진에 관한 법률(12조 5항)상의 폐기물부담금, 수도법(68조 1항)상 수도요금 등이 있다. 과태료 중 검사의 집행명령에 의하여 집행하는 것은 후술하는 'Ⅸ 재산형·과태료' 등에 속하고, 여기서 말하는 것은 행정관청이 일단 부과한 것을 그 상대방이 다투지 않음으로써 해당 과태료 그대로 확정됨에 따라 강제징수(체납처분)의 예에 의하여 징수하는 것이다(질서위반행위규제법 42조 2항 본문 참조).

2) 위의 각 채권도 그 징수는 강제징수(체납처분)의 징수절차에 의하나, 징수순위에 관한 특별한 규정을 두고 있지 않으므로 원칙적으로 일반채권과 동순위로 배당받게 된다. 따라서 조세에 관한 우선징수의 원칙(국세기본법 35조 1항, 지방세기본법 71조 1항)이나 압류선착주의(국세기본법 36조, 지방세기본법 73조)는 적용되지 않고, 다만 일반채권과 동일한 순위로 배당받을 뿐이다.[353]

---

353) 윤경, 「부동산경매(입찰)의 실무(하)」, 법률정보센타(1999), 391-393쪽.

Ⅸ. 재산형·과태료 등

1) 벌금, 과료, 추징, 과태료, 소송비용, 비용배상 또는 가납의 재판은 검사 또는 군검사의 명령에 의하여 집행한다(민사집행법 제60조 제1항, 형사소송법 제477조 제1항, 군사법원법 제520조 제1항, 비송사건절차법 제249조 제1항 전문, 질서위반행위규제법 제42조 제1항 전문).

이 중 과태료는 금전벌의 일종으로서 그 부과기관 및 확정절차에 따라 2가지로 나누어지는데, 하나는 법원의 과태료재판에 의하여 확정되는 과태료이고, 다른 하나는 행정관청이 일단 부과한 것을 그 상대방이 다투지 않음으로써 그대로 확정되어 버린 과태료이다. 전자의 집행에 관하여는 민사집행법 제60조, 비송사건절차법 제249조, 형사소송법 제477조 등에서 규정하고 있는 반면, 후자의 집행에 관하여는 개별법에서 대부분 국세 또는 지방세 강제징수(체납처분)의 예에 의하여 징수하도록 규정하고 있어 전술한 'Ⅷ.의 4.'와 중복되므로 여기서는 전자의 것만 적는다.

2) 검사의 명령에 의하여 집행하는 위 각 채권도 배당요구의 종기까지 배당요구를 하여야 하는데, 배당요구의 자격을 소명하는 서면으로는 검사의 집행명령등본 또는 사본과 집행하여야 할 채권의 내용이 적힌 재판서의 등본 또는 사본을 제출하면 된다.

한편 위 각 채권의 채권자는 국가이지만 집행권한이 검사에게 있으므로 검사가 집행신청 또는 배당요구를 할 때에는 집행채권자 또는 배당요구권자를 '○○지방검찰청 검사 ○○○'로만 표시한다(재민 64-2).

재산형이나 과태료에는 조세나 특별한 공과금과는 달리 우선배당에 관한 아무런 규정이 없으므로, 이들은 일반채권과 동순위로 배당받는다.

Ⅹ. 가압류채권

1. 가압류채권의 배당순위

가압류채권의 배당순위는 가압류에 의하여 보전된 피보전권리의 민법·상법, 그 밖의 법률에 의한 우선순위에 따른다. 따라서 피보전권리가 우선변제권이 있으면 가압류채권으로서도 우선변제를 받는다.

다만 이는 가압류의 피보전권리가 우선변제권 있는 채권임이 소명된 경우에 한하고, 그렇지 않은 경우에는 일반채권자로서만 배당받는데, 그 소명을 언제까지 하여야 하는가에 관하여, 판례는 배당표 확정 시까지 우선변제권 있는 채권임을 소명하면 된다고 한다.[354] 따라서 판례에 의하면, 우선변제권 있는 채권이라는 사실의 소명은 배당이의가 있는 경우에는 배당이의소송의 확정 시에 배당표도 확정되므로 결국 배당이의소송의 사실심 변론종결 시까지 하면 되고, 배당이의가 없는 경우에는 배당기일의 실시가 끝날 때까지 하면 된다.

2. 가압류 후 담보권 설정 또는 소유권이 변동된 경우(개별상대효)

가. 개별상대효와 절차상대효

1) 가압류(압류의 경우도 같다. 이하 편의상 가압류라고만 한다)등기가 먼저 되고 나서 담보권설정등기가 마쳐진 경우에 가압류의 처분금지적 효력에 관하여, 가압류 후 이에 저촉되는 집행채무자의 처분은 절대적으로 무효(절대적 무효설)인 것은 아니고 처분행위 당사자 사이에서는 유효하며, 다만 그 집행보전의 목적을 달성하는 데 필요한 범위 안에서 가압류채권자에 대한 관계에서 대항하지 못한다는 견해를 강학상 상대효설이라 한다.

2) 상대효설은 그러한 저촉처분의 무효를 주장할 수 있는 채권자의 범위와 관련하여 절차상대효설과 개별상대효설로 나뉜다.

절차상대효설은 압류 후의 저촉처분은 압류채권자뿐만 아니라 당해 집행절차에 참가한 다른 모든 채권자에 대하여도 그 효력을 주장할 수 없다는 견해로서, 민사집행법 제215조 제3항에 유체동산을 이중으로 압류한 경우에 '각 압류한 물건은 강제집행을 신청한 모든 채권자를 위하여 압류한 것으로 본다'라는 규정을 두었는데, 이 규정이야말로 가압류 또는 압류에 저촉되는 처분은 압류 또는 가압류채권자뿐만 아니라 그 집행절차가 존속하는 한 이에 참가한 모든 채권자에 대한 관계에서도 그 효력을 대항할 수 없다고 하는 이른바 가압류 또는 압류의 절차상대효를 명문화한 것이라고 하면서 부동산의 경우에도 압류 또는 가압류에 유체동산의 경우와 똑같은 효력을 인정하여야 하고, 따라서 가압류 후의 담보물권자는 그 가압류가 존속하고 있는 한 배당에도 참가할 수 없다고 한다.

개별상대효설은 압류 후의 저촉처분은 압류채권자와 그 처분 이전에 당해 집행절차에 참가한 채권자에게만 대항할 수 없을 뿐이고 저촉처분 후에 당해 집행절차에 참

354) 대법원 2002. 5. 14. 선고 2002다4870 판결, 대법원 2004. 7. 22. 선고 2002다52312 판결.

가한 채권자에게는 대항할 수 있다는 견해이다. 판례는 개별상대효설을 취하고 있다.

나. 피보전채권의 동일성 문제

가압류의 채권이 확정되지 않은 경우, 즉 가압류권자가 집행권원을 얻기 전에 배당이 실시되는 경우에는 가압류결정에 피보전채권액으로 적힌 청구금액이 가압류권자에 대한 배당액의 산정기준으로 되며, 집행법원이 배당을 실시할 때에 가압류에 관해 확정되지 않은 채권의 배당액은 공탁을 하여야 하고, 그 후 가압류권자의 피보전채권의 존재가 본안의 확정판결 등에 의하여 확정된 때 가압류권자가 확정판결 등을 제출하면 가압류권자에게 배당액을 지급하는 것인바, 이 경우 가압류의 피보전권리와 본안의 소송물인 권리는 엄격히 일치함을 요하지 않으며, 청구기초의 동일성이 인정되는 한 가압류에 대한 관계에서 본안이라고 보아야 한다.[355] 따라서 집행법원은 가압류권자에 대한 배당액을 산정할 때에, 가압류권자가 가압류의 피보전채권 및 그와 청구기초의 동일성이 인정되는 채권을 청구채권으로 하는 내용의 채권계산서를 제출하였으나 피보전채권 중 전부 또는 일부의 존재가 인정되지 않았다면, 특별한 사정이 없는 한 가압류결정에 피보전채권액으로 적힌 금액의 범위 내에서는 위 피보전채권 중 그 존재가 인정되는 나머지 부분 외에 그와 청구기초의 동일성이 인정되는 채권도 그 존재가 인정되는 한 이를 포함시켜야 한다.[356]

예를 들어 가압류채권자가 원금 1,000만 원을 청구금액으로 하여 가압류를 한 후 채권계산서를 제출하면서 그 금액을 원금채권 800만 원 및 이에 대한 배당기일까지의 지연손해금채권 400만 원 합계 1,200만 원으로 하는 내용으로 기재한 경우, 가압류결정에 청구금액으로 기재된 1,000만 원의 범위 내에서 그 존재가 인정되는 원금채권 800만 원 외에 그에 대한 배당기일까지의 지연손해금채권도 배당액 산정에 포함시켜야 한다. 즉 원금채권 800만 원을 기준으로 배당하는 것이 아니라, 청구금액 범위 내에서 원금과 이자를 합한 1,000만 원을 기준으로 배당한다. 이자는 원금과 청구기초가 동일하기 때문이다.

다. 가압류집행 후 담보권 설정 또는 소유권이 변동된 경우의 배당관계[357]

1) 가압류 후 담보물권이나 확정일자 임대차 등이 설정된 경우

355) 대법원 2007. 6. 14. 선고 2005다66800 판결.
356) 대법원 1997. 2. 28. 선고 95다22788 판결, 대법원 2013. 6. 13. 선고 2011다75478 판결 등.
357) 윤경, 「부동산경매(입찰)의 실무(하)」, 법률정보센타(1999), 397-399쪽 참조.

먼저 1번 가압류-2번 저당권-3번 가압류(또는 압류)가 순차로 있는 경우의 배당관계를 살펴본다.

가압류등기가 먼저 되고 나서 담보물권설정등기가 마쳐진 경우 가압류권자와 담보물권자는 평등하게 배당을 받는다.[358)]

위 사안에서 1번 가압류권자와 2번 저당권자 사이에서는 2번 저당권자가 1번 가압류권자에 대항할 수 없어 동순위이고, 2번 저당권자와 3번 가압류권자 사이에서는 2번 저당권자가 저당권의 효력으로 3번 가압류권자에 우선하며, 1번 가압류권자와 3번 가압류권자는 동순위이다. 따라서 1번, 2번, 3번 각 채권자의 채권액을 기초로 먼저 안분배당한 후, 2번 저당권자와 3번 가압류권자 사이에서 저당권자의 채권액을 만족시키는 금액까지 3번 가압류권자의 배당액을 저당권자에게 흡수시켜 배당한다.[359)] 이는 위 2번이 가등기담보권자이거나 확정일자부 임차권자인 경우 또는 선순위와 후순위 가압류채권이 동일인의 권리인 경우에도 마찬가지이다.[360)]

1번은 강제경매신청채권자, 2번은 저당권자, 3번은 가압류권자(배당요구)인 경우도 위의 경우와 동일하게 배당을 실시한다.

2) 전 소유자에 대한 가압류권자가 경매를 신청한 경우

A소유의 부동산에 갑이 가압류한 다음 가압류목적물의 소유권이 B에게 이전된 다음 을이 가압류를 하거나 또는 근저당설정을 받은 사안에서 구 소유자의 가압류권자가 경매신청을 한 경우 배당방법을 살펴본다.

부동산 가압류집행 후 소유권이 제3자에게 이전되고 전 소유자에 대한 가압류권자가 경매를 신청한 경우에는 그 경매의 배당절차에 제3취득자(신 소유자)의 채권자가 참여할 수 있느냐의 여부가 문제되는데, 판례는 이를 긍정하고 있다.[361)]

갑이 가압류한 다음 가압류목적물의 소유권이 B에게 이전되고 을이 가압류하거나 또는 근저당설정을 받았는데, 그 후 갑의 가압류에 기하여 개시된 강제집행절차에서의 배당방법은 다음과 같다.

가) 전소유자에 대한 가압류권자의 배당순위 및 범위

---

358) 대법원 1987. 6. 9. 선고 86다카2570 판결, 대법원 1994. 11. 29.자 94마417 결정, 대법원 2008. 2. 28. 선고 2007다77446 판결.

359) 대법원 1994. 11. 29.자 94마417 결정, 대법원 1998. 11. 13. 선고 97다57337 판결, 대법원 2008. 2. 28. 선고 2007다77446 판결.

360) 대법원 1992. 3. 27. 선고 91다44407 판결, 대법원 1992. 10. 13. 선고 92다30597 판결.

361) 대법원 1997. 8. 26. 선고 97다8410 판결, 대법원 1998. 11. 10. 선고 98다43441 판결, 대법원 1998. 11. 13. 선고 97다57337 판결, 대법원 2005. 7. 29. 선고 2003다40637 판결 등.

(1) 부동산에 대한 가압류집행 후 가압류목적물의 소유권이 제3자에게 이전된 경우 가압류채권자는 집행권원을 얻어 제3취득자가 아닌 가압류채무자를 집행채무자로 하여 그 가압류를 본압류로 이전하는 강제집행을 실행할 수 있으나, 이 경우 그 강제집행은 가압류의 처분금지적 효력이 미치는 객관적 범위인 가압류결정 당시의 청구금액의 한도 안에서만 집행채무자인 가압류채무자의 책임재산에 대한 강제집행 절차라 할 것이고, 나머지 부분은 제3취득자의 재산에 대한 매각절차라 할 것이므로, 제3취득자에 대한 채권자는 그 매각절차에서 제3취득자의 재산 매각대금 부분으로부터 배당을 받을 수 있다.[362)]

(2) 따라서 전 소유자 A의 가압류권자 갑은 가압류 청구금액의 범위 내에서 먼저 배당을 받고, 남은 금원은 현 소유자 B에게 교부하는 것이 아니라, B의 채권자 을에게 배당한다.[363)]

(3) 부동산에 대한 가압류가 집행된 상태에서 부동산의 소유권이 제3자에게 이전된 후 가압류채권자가 가압류채무자를 집행채무자로 하여 실행한 강제집행절차에서 제3취득자에 대한 채권자 병, 정이 배당을 받은 경우 제3취득자의 잔여매각대금채권을 압류·전부받은 병은 정에 대하여 배당이의의 소를 제기할 적격이 있다.[364)]

나) 전소유자의 다른 채권자

위 경우 전 소유자의 일반채권자(소유권변동이 있기 전에 미리 가압류 등을 하지 않은 채권자)는 그 배당에 참가할 수 없다.[365)] 이는 제3취득자로의 소유권이전이 가압류의 처분금지효에 따라 가압류채권자에 대한 관계에서만 상대적으로 무효일 뿐이고 가압류채무자의 다른 채권자 등에 대한 관계에서는 유효하기 때문이다.

다) 제3취득자의 채권자

---

362) 대법원 2005. 7. 29. 선고 2003다40637 판결.

363) 대법원 1998. 11. 10. 선고 98다43441 판결(가압류결정 당시의 청구금액이 채권의 원금만을 기재한 것으로서 가압류채권자가 가압류채무자에 대하여 원금 채권 이외에 이자와 소송비용채권을 가지고 있다 하더라도 가압류결정 당시의 청구금액을 넘어서는 이자와 소송비용채권에 관하여는 가압류의 처분금지효가 미치는 것이 아니므로, 가압류채권자는 가압류목적물의 매각대금에서 가압류결정 당시의 청구금액을 넘어서는 이자와 소송비용채권을 배당받을 수 없다).

364) 대법원 2005. 7. 29. 선고 2003다40637 판결.

365) 대법원 1998. 11. 13. 선고 97다57337 판결(제3자의 소유권 취득은 가압류에 의한 처분금지의 효력 때문에 그 집행 보전의 목적을 달성하는데 필요한 범위 안에서 가압류채권자에 대한 관계에서만 상대적으로 무효일 뿐이고 가압류채무자의 다른 채권자 등에 대한 관계에서는 유효하다 할 것이므로, 위와 같은 경우 집행권원을 얻은 가압류채권자의 신청에 의하여 제3자의 소유권 취득 후 당해 부동산에 대하여 개시된 강제경매절차에서 가압류채무자에 대한 다른 채권자는 당해 부동산의 매각대금의 배당에 참가할 수 없다).

전 소유자의 가압류권자와 현 소유자의 채권자(가압류권자 또는 근저당권자)사이는 안분배당이 아니라, 먼저 전 소유자의 가압류권자에게 "가압류 청구금액의 범위 내"에서 배당하고, 남은 금원을 현 소유자의 채권자에게 배당한다.[366]

제3취득자의 채권자가 소액임차인 등 최우선변제권자인 경우에도 마찬가지로 전 소유자의 가압류권자에게 우선 배당하고,[367] 제3취득자의 당해세 등 조세보다도 전 소유자의 가압류권자가 우선한다.[368]

전 소유자에 대한 가압류권자 이외에 근저당권자(전 소유자가 설정)가 있는 경우 가압류권자와 근저당권자에게 안분배당하고 남은 금액이 있어야 현 소유자의 채권자에게 배당이 가능하다.[369]

3) 현소유자의 채권자가 경매를 신청한 경우(=이때 구 소유자의 가압류권자가 배당을 받을 수 있는지 여부)

가) 전소유자에 대한 가압류채권자

제3취득자의 채권자가 신청한 경매절차에서 매각 및 매수인이 취득하게 되는 대상은 가압류목적물 전체라고 할 것이지만, 가압류의 처분금지효가 미치는 매각대금 부분은 가압류채권자가 우선적인 권리를 행사할 수 있고 제3취득자의 채권자들은 이를 수인하여야 하므로, 전소유자에 대한 가압류채권자는 그 매각절차에서 해당 가압류목적물의 매각대금에서 가압류결정 당시의 청구금액을 한도로 하여 배당을 받을 수 있다.[370]

이때에도 전 소유자의 가압류권자와 신 소유자의 채권자는 안분배당을 하는 것이 아니라, 전소유자의 가압류권자에게 "가압류 청구금액의 범위 내"에서 먼저 배당을 하고,[371] 그 가압류등기는 말소촉탁의 대상이 된다.[372]

---

366) 대법원 2005. 7. 29. 선고 2003다40637 판결(가압류의 처분금지효가 미치는 객관적 범위인 가압류결정 당시의 청구금액의 한도 안에서만 집행채무자인 가압류채무자의 책임재산에 대한 강제집행절차라 할 것이고, 나머지 부분은 제3취득자의 재산에 대한 매각절차라 할 것이므로, 제3취득자에 대한 채권자는 그 매각절차에서 제3취득자의 재산 매각대금 부분으로부터 배당을 받을 수 있다).

367) 손진홍, 부동산 경매의 실무(하), 법률정보센터(2017), 295~296쪽.

368) 손진홍, 부동산 경매의 실무(하), 법률정보센터(2017), 391~392쪽.

369) 손진홍, 부동산 경매의 실무(하), 법률정보센터(2017), 298~299쪽.

370) 대법원 2006. 7. 28. 선고 2006다19986 판결, 대법원 2006. 11. 24. 선고 2006다35223 판결, 대법원 2007. 4. 13. 선고 2005다8682 판결.

371) 대법원 2006. 7. 28. 선고 2006다19986 판결, 대법원 2007. 4. 13. 선고 2005다8682 판결.

372) 대법원 2007. 4. 13. 선고 2005다8682 판결.

한편 이 경우 가압류채권자가 배당을 받으면 그 가압류는 말소되어야 하지만, 전소유자에 대한 가압류채권자가 항상 배당을 받아야 한다거나 또는 그 가압류가 말소의 대상이 되는 것은 아니다. 즉 가압류권자가 배당을 받고, 가압류의 부담도 매수인에게 인수되지 않고 소멸되는 것으로 매각조건이 설정되어 매각될 수도 있고, 이 경우에는 그 가압류는 말소되어야 한다. 그러나 경우에 따라서는 집행법원이 종전 소유자를 채무자로 하는 가압류등기의 부담을 매수인이 인수하는 것을 전제로 하여 위 가압류채권자를 배당절차에서 배제하고 매각절차를 진행시킬 수도 있으며, 이와 같이 매수인이 위 가압류등기의 부담을 인수하는 것을 전제로 매각절차를 진행시킨 경우에는 위 가압류의 효력이 소멸하지 않으므로 집행법원의 말소촉탁이 될 수 없다. 따라서 종전 소유자를 채무자로 하는 가압류등기가 이루어진 부동산에 대하여 매각절차가 진행되었다는 사정만으로 위 가압류의 효력이 소멸하였다고 단정할 수 없고, 구체적인 매각절차를 살펴 집행법원이 위 가압류등기의 부담을 매수인이 인수하는 것을 전제로 하여 매각절차를 진행하였는가 여부에 따라 위 가압류 효력의 소멸 여부를 판단하여야 한다.[373] 실무상으로는 전 소유자가 설정한 가압류를 인수조건으로 하여 매각절차를 진행하는 경우는 거의 없는 것으로 보인다.

나) 전 소유자의 다른 채권자

전 소유자에 대한 다른 채권자는 가압류, 근저당 설정 등을 하지 않은 한 해당 부동산의 매각대금의 배당에 참가할 수 없다.[374]

다) 제3취득자의 다른 채권자

제3취득자의 채권자는 위 매각대금 중 가압류의 처분금지적 효력이 미치는 범위의 금액에 대하여는 배당을 받을 수 없으나,[375] 가압류의 처분금지효가 미치지 않는 제3취득자의 재산 매각대금 부분으로부터 배당을 받을 수 있다.[376]

4) 가압류 후 소유권을 취득한 제3자가 본압류의 집행배제를 구하기 위하여 변제해야 하는 금액의 범위

민사집행법 제53조 제1항은 "강제집행에 필요한 비용은 채무자가 부담하고 그 집행에 의하여 우선적으로 변상을 받는다"라고 규정하고 있는데, 여기의 '강제집행에 필요한 비용'에는 가압류의 집행비용이 당연히 포함된다. 그리고 가압류의 집행이 있

---

373) 대법원 2007. 4. 13. 선고 2005다8682 판결.
374) 대법원 1998. 11. 13. 선고 97다57337 판결.
375) 대법원 2006. 7. 28. 선고 2006다19986 판결.
376) 대법원 2005. 7. 29. 선고 2003다40637 판결.

은 후 그 가압류가 본압류로 이행된 때에는 가압류집행이 집행에 포섭됨으로써 당초부터 집행이 있었던 것과 같은 효력이 있다. 그러므로 가압류만 되어 있을 뿐 아직 본압류로 이전되지 않은 단계에서는 가압류채권자가 그 가압류의 집행비용을 변상받을 수 없고, 따라서 제3취득자가 가압류의 집행비용을 고려함이 없이 그 처분금지의 효력이 미치는 객관적 범위에 속하는 청구금액만을 변제함으로써 가압류의 집행의 배제를 소구할 수 있지만, 가압류에서 본압류로 이전된 이후에는 민사집행법 제53조 제1항의 적용을 받게 되므로 가압류 후 본압류로의 이전 전에 가압류의 목적물의 소유권을 취득한 제3취득자로서는 가압류의 청구금액 외에, 그 가압류의 집행비용 및 집행의 비용 중 가압류의 본압류로의 이전에 대응하는 부분까지를 아울러 변제하여야만 가압류에서 이전된 본압류의 집행배제를 구할 수 있다.[377)]

5) 가압류등기 후 담보권설정등기가 마쳐지고 다시 그 부동산의 소유권이 변동된 경우의 배당관계

가) 가압류등기 후 담보권설정등기가 마쳐지고 다시 그 부동산의 소유권이 변동된 경우 제3취득자에 대한 채권자는 가압류권자의 신청에 의하여 개시된 강제경매절차에서 그 배당에 참가할 수 있다.

제3취득자에 대한 채권자의 신청에 의하여 개시된 경매절차에서 가압류권자에게 배당을 하되 그 배당금은 공탁을 하고 그 가압류를 말소하여야 하며, 제3취득자에 대한 채권자의 신청에 의한 경매절차 진행 중 가압류권자 또는 근저당권자가 경매신청을 할 경우 제3취득자에 대한 채권자에게도 배당을 하여야 한다.

나) 이때의 배당순위를 보면, 위 가압류권자와 담보권자 사이의 배당의 우열은 동순위이므로 채권액에 비례하여 배당을 한다. 가압류권자와 담보권자에게 먼저 안분배당을 하고 남은 금원을 제3취득자에 대한 채권자들에게 배당하면 된다.

라. 수개의 부동산에 관한 가압류의 피보전권리가 동일한 경우 그 가압류권자에 대한 배당방법

1) 문제점 제기

경매절차에서 수개의 부동산을 개별매각한 후(일괄매각한 경우도 마찬가지이다) 배당표를 작성할 때는 각 매각대금으로부터 배당받을 채권자가 다른 경우에는 배당표를 따로 작성하여야 하고, 수개의 부동산에 대한 배당표가 하나로 작성되었다고 하

---

377) 대법원 2006. 11. 24. 선고 2006다35223 판결.

더라도 이는 부동산별 배당표의 각 채권자의 배당액이 합산되어 하나로 작성된 것에 불과하다.[378)]

그런데 예를 들어 개별매각 또는 일괄매각된 A, B, C 부동산 중 甲은 A부동산에 관하여, 乙은 B부동산에 관하여, 丙은 C부동산에 관하여만 가압류를 하였고, 丁은 동일한 피보전채권으로 A, B, C부동산 전부를 가압류한 경우 각 부동산별 丁에 대한 배당액은 "청구금액 전액"으로 하여야 하는지, 아니면 청구금액을 부동산별로 안분하여 배당액을 산정하여야 하는지가 문제된다.

2) 견해의 대립[379)]

가) 제1설(= 청구금액 전액을 기준으로 하되, 초과배당이 되는 경우에만 안분배당을 함)

각 부동산별로 丁에 대한 배당액은 "청구금액 전액"으로 하되, 다만 각 부동산별 배당액의 합계액이 청구금액을 초과하는 경우에 한하여 안분배당(청구금액 상당액을 안분함으로써 결국 청구금액 전액 만큼만 배당받음. 다만 구체적인 안분방법은 사안에 따라 달라질 수 있음)한다. 즉 초과배당이 되는 경우에만 안분을 함으로써 형평을 조절한다.

나) 제2설(= 부동산별로 안분한 금액을 기준으로 하여야 함)[380)]

민법 제368조의 공동저당에 관한 규정을 준용하여 각 부동산별 매각대금에 따라 청구금액을 안분하여 그 안분된 금액을 기준으로 배당액을 정하여야 한다. 판례도 임금채권이나 조세채권의 경우 공동저당에 관한 규정을 유추적용하고 있다.

실무에서도 수개의 부동산에 대하여 가압류신청을 하는 경우 초과압류에 해당하지 않는다는 주장·소명이 없으면, 집행법원은 부동산별로 청구금액을 배분하도록 한 다음 가압류명령을 발령하고 있다.

다) 제3설(= 먼저 배당한 금원을 순차 공제한 금원을 기준으로 함)

A부동산에 관하여는 丁에 대한 배당액을 "청구금액 전액"을 기준으로 하여 정하되, B부동산과 C부동산에 관한 배당액은 먼저 배당한 금액을 순차로 공제한 금원을 기준으로 하여야 한다.

3) 검 토(= 제1설이 타당함)

---

378) 대법원 2003. 9. 5. 선고 2001다66291 판결, 대법원 2004. 2. 27. 선고 2003다17682 판결, 대법원 2012. 3. 15. 선고 2011다54587 판결.

379) 이우재, 배당의 제문제(제2판), 진원사(2012), 818~820쪽 참조.

380) 제2설에 따른 하급심 판례는 서울남부지방법원 2020. 7. 16. 선고 2019나64721 판결(상고).

가) 제3설에 대한 비판

(1) 제3설은 받아들이기 어렵다. 동시에 배당되어야 할 사건임에도 불구하고 집행법원이 부동산의 배당순서를 어떻게 정하는가 하는 우연한 방법에 의하여, 먼저 배당을 한 부동산에 관한 다른 채권자들(丁을 제외한 채권자)이 불이익을 입게 되고 가장 나중에 배당을 하는 부동산에 관한 다른 채권자들(丁을 제외한 채권자)이 이익을 얻게 되는 부당한 결과가 생긴다.

(2) 따라서 1개의 부동산에 관한 경매절차에서 배당을 종료한 이후에 다른 부동산에 관한 경매절차에서 잔존채권액을 기준으로 하여 배당을 하는 것이 타당하지만, 수개의 부동산에 대한 배당절차를 동시에 진행할 경우에는 제3설을 적용할 수 없는 것이다.

나) 제2설에 대한 비판

(1) 위 사안에서는 공동저당의 법리를 유추적용할 수 없다. 설령 형평을 기하기 위하여 안분을 하여야 한다고 하여도, 그 논거로 '공동저당의 법리'를 끌어 오는 것은 무리이다.

공동저당이란 수개의 부동산에 우선변제권을 가진 공동저당권자가 1개의 부동산에 관하여 우선변제권이 충족될 경우 어느 부동산에 먼저 실행하는지 여부가 중대한 이해관계를 가지므로 각 부동산의 책임을 안분시킴으로써 각 부동산의 소유자와 후순위저당권자 기타의 채권자의 이해관계를 조절하고자 하는 데 그 취지가 있다.

그런데 여기서 안분하고자 하는 제2설의 논리는 "초과배당을 받을 우려" 때문에 안분을 하자는 말이지, "우선변제를 받을 우려" 때문이 아니다.[381)]

(2) 제2설은 안분배당의 논거로 조세채권과 임금채권에 관한 판례를 들고 있는데, 위 판례는 이 사안에 그대로 적용하기에 부적절하다.

판례에 의하면, 임금채권자들이 우선변제를 받은 경우에도 공동저당에 관한 민법 제368조 제2항 후문이 유추적용된다.[382)] 근로기준법에 규정된 임금 등에 대한 우선특권은 사용자의 총재산에 대하여 저당권에 의하여 담보된 채권, 조세 등에 우선하여 변제받을 수 있는 이른바 법정담보물권으로서, 사용자의 부동산이 여러 건인 경우에는 마치 그 부동산 전부에 대한 공동저당권자와 유사한 지위에 서게 되므로 사용

381) 제1설에 의할 경우, 초과배당이 된 경우에만(즉 각 배당액의 합계액이 가압류의 청구금액을 초과하는 경우에만) 청구금액을 한도로 안분을 하여야 한다는 것인데, 형평성의 견지에서 안분하여야 한다는 것이지 공동저당의 법리를 유추적용하자는 취지가 아니다.

382) 대법원 1998. 12. 22. 선고 97다9352 판결.

자 소유의 여러 건의 부동산이 동시에 경매되어 그 매각대금을 동시에 배당하는 때에는 각 부동산의 매각대금에 비례하여 그 채권의 분담을 정하여야 한다.383) 조세채권의 경우도 마찬가지이다.384)

이러한 임금채권이나 조세채권은 우선변제권이 있고 채무자의 총 재산 중 어느 재산이나 골라서 먼저 변제받을 수 있으므로, 다른 이해관계인이 영향을 받는 점에서 공동저당의 법리를 유추적용하는 것은 지극히 타당하다.

그러나 일반채권자(가압류채권자)는 초과배당을 받지 않는 한, 다른 채권자의 이해관계에 영향을 주는 것이 아니다. 배당액 산정의 기준은 '청구금액'이므로, 그 청구금액 전액을 기준으로 배당을 하는 것이 원칙이고, 이를 들어 다른 채권자의 이해관계에 영향을 주는 것이라거나 형평에 어긋나는 것이라고 할 수 없다.

다) 제1설에 대한 비판에 대한 반론

(1) 제1설이 공평의 원칙에 맞지 않는다는 비판은 납득하기 어렵다.

일반채권자로서는 압류의 경합을 예상하여 여러 부동산이나 여러 채권에 대하여 압류를 하는 것이므로, 그것이 초과압류가 되는 것이 아닌 한 공평의 원칙에 반하는 것이 아니다.

각 배당액의 합계액이 청구금액을 초과하지 않는다면 결국 이는 초과압류를 한 것이 아니라는 명백한 반증임에도 불구하고, 제2설과 같이 무조건 초과압류를 한 것과 같이 보아 청구금액을 안분하는 것은 논리상 모순이다.

채권 확보를 위하여(즉, 압류의 경합을 예상하여) 시간과 노력을 들여 여러 개의 부동산을 가압류한 자의 배당액의 합계가 청구금액에도 미치지 못함에도 불구하고 채권자의 청구금액을 함부로 안분함으로써 '아무런 노력 없이 1개의 채권만을 가압류한 자'와 동일하게 취급하는 것이 오히려 형평이 어긋난다.

(2) 동일한 피보전권리에 기하여 여러 개의 부동산을 가압류하는 경우 가압류채권자가 "초과압류에 해당하지 않는다는 주장·소명이 없는 한" 부동산별로 청구금액을 배분하는 것이 실무례라는 주장도 잘못된 것이다.

실제로 압류·가압류 단계에서 초과압류를 판단하기는 쉽지 않다. 실제로 변제받을 수 있는 금원은 채무자 등의 자력 유무나 다른 채권자 등의 중복압류 여부에 따라 결정되기 때문이다. 따라서 가압류신청채권자로부터 초과압류에 해당하지 않는다

---

383) 대법원 1998. 12. 22. 선고 97다9352 판결, 대법원 2000. 9. 29. 선고 2000다32475 판결, 대법원 2001. 11. 27. 선고 99다22311 판결 등.

384) 대법원 2006. 5. 26. 선고 2003다18401 판결.

는 주장·소명이 없더라도, 기록상 초과압류인 점이 명백한 경우를 제외하고는 가압류 명령을 발하여야 하는 것이다.[385)]

일부 법원에서는 가압류권자가 동일한 피보전권리에 기하여 수개의 부동산을 가압류하는 경우 "초과압류에 해당하지 않는다는 주장·소명이 없는 한" 이를 "무조건" 초과압류로 보아 청구금액을 배분하도록 보정명령을 내는 경우가 있는데, 이러한 실무례는 문제가 있다.[386)]

라) 결론(= 제1설)

(1) 위 사안에서는 먼저 각 부동산별 배당액의 합계액이 청구금액을 초과하는 경우인지를 먼저 살펴본 다음, 초과하지 않는 경우라면 초과배당이 아니므로 안분배당을 하여서는 안 되고, 초과배당이 되는 경우에만 안분배당(청구금액만큼을 안분배당하여 결국 청구금액 전액만큼만 배당한다는 취지임. 다만 구체적인 안분방법은 사안에 따라 달라질 수 있음)을 하여야 한다.

(2) 제2설과 같이 단지 동일한 피보전권리에 기하여 각 부동산별로 가압류를 하였다는 이유만으로 무조건 초과배당으로 보아서는 안 되고, 압류의 경합을 예상하여 시간과 노력을 들여 권리행사(권리확보)를 더 많이 한 자에게 오히려 불이익을 주어서는 안 된다.

(3) 공동저당권의 경우 등기기록상 공동담보된 부동산을 확인할 수 있지만[387)], 가압류를 여러 부동산에 한 경우에는 가압류한 부동산들이 모두 매각대상이거나 가압류채권자가 이에 대한 소명자료를 제출하지 않는 한 집행법원이 가압류가 된 부동산을 모두 파악할 수가 없다.

(4) 물론 이시배당을 하는 경우, 즉 1개의 부동산에 대한 배당절차에서 가압류채권자의 가압류 청구금액을 기준으로 배당표를 작성한 경우에는 그 후 또 다른 부동산의 배당절차에서는 이미 배당받는 금원을 공제한 잔존 채권액을 기준으로 배당표를 작성하여야 한다.

(5) 실무의 다수는 제1설을 취하고 있다.[388)]

---

385) 채권등집행재판실무편람, 법원행정처(2005), 11쪽.

386) 물론 채권에 관한 전부명령의 경우는 청구금액을 배분하여야 한다. 대법원 2004. 6. 25. 선고 2002다8346 판결 참조.

387) 공동담보의 개수가 4개 이하인 경우에는 그 부동산 등기기록의 해당구에 직접 기록하고, 5개 이상인 경우에는 공동담보목록에 기록하고 있다[부동산등기실무(Ⅱ), 법원행정처(2015), 500쪽 참조].

388) 법원실무제요 민사집행[Ⅲ], 사법연수원(2020), 134쪽.

마. 가압류비용의 배당

가압류비용은 가압류 청구금액의 범위 내에서 배당이 가능하다.389)

가압류신청 및 결정에 들어간 비용은 그 소명자료로서 소송비용부담 및 비용액 확정결정 필요하다.390) 다만 변론이나 심문을 거치지 않은 경우(대심적 구조가 아닌 경우)에는 그 소송비용은 신청인의 자기 부담이다.391)

가압류결정을 집행함에 소요된 비용(등록면허세 등)은 가압류채권자가 배당받을 본래의 채권과 동순위로 배당 가능하다고 하나392) 이는 공익비용이 아니어서 원칙적으로 이를 인정할 실익은 없을 것이다. 다만 가압류결정 이후 본압류 이전하기 전에 소유권 변동이 있어 신청채권자가 가압류를 본압류로 이전하는 경매신청을 한 경우 가압류의 처분금지적 효력으로 인해 전 소유자 재산에 대한 경매가 진행되는 경우에는 이 가압류 집행비용은 공익비용으로 볼 수 있어 집행비용으로 인정이 가능하다.

가압류등기의 등록면허세는 등기촉탁서 사본에 기재되어 있는 액수에 의해 산정한다(별도 소송비용액확정결정은 필요하지 않음).

XI. 집행력 있는 일반채권

1. 강제경매신청채권자

가. 우선변제대상 채권자인지 확인

집행권원을 확인하여 소액보증금, 임금 등 우선변제대상 채권자인 경우 관련 소명자료가 제출되었는지를 확인하여 이에 따라 배당한다.

나. 임차인인 신청채권자가 별도의 배당요구는 하지 않고 전세계약서 등을 제출한 경우

주택임대차보호법상의 대항력과 우선변제권을 가진 임차인(최선순위로 대항요건을 갖추어 매수인에게 대항할 수 있는 경우)이 강제경매를 신청한 경우 배당요구의 종기까지 우선변제권 있는 임차인임을 소명하는 서류를 경매법원에 제출하지 않았어

389) 민사집행법 실무연구Ⅱ[재판자료 제117집], 206쪽 이하 참조.

390) 민사집행법 실무연구Ⅱ[재판자료 제117집], 208쪽; 소송비용실무, 사법발전재단(2015), 80쪽, 인천지방법원 2011. 4. 20.자 2011라79 결정(재항고하지 않아 확정).

391) 대법원 1985. 7. 9.자 84카55 결정, 법원실무제요 민사집행[Ⅴ], 사법연수원(2020), 125쪽.

392) 민사집행법 실무연구Ⅱ[재판자료 제117집], 207쪽.

도 우선배당을 해야 한다. 집행관의 현황조사 등을 통해 강제경매신청채권자인 임차인의 우선변제권이 확인되고 그러한 내용이 현황조사보고서, 매각물건명세서 등에 기재된 상태에서 경매절차가 진행되어 매각이 이루어졌다면, 특별한 사정이 없는 한 후순위권리자나 일반채권자보다 우선하여 배당받을 수 있다.[393)]

확정일자부 임차인(대항력은 없는 경우)이 강제경매를 신청한 경우에도 임금채권의 가압류권자가 배당표 확정 전까지 우선변제권이 있음을 소명하면 되는 것[394)]과 같이 배당표 확정 전까지 우선변제권이 있는 확정일자부 임차인임을 소명하면 된다.

다. 우선변제대상 채권자가 아닌 경우

일반채권자로 배당한다.

라. 청구금액의 확장 가능 여부

청구금액 확장은 안 되고 잔액청구는 배당요구의 효력밖에 없다.[395)]

한편, 집행권원에 원금 외에 이자채권이 포함되어 있는 경우 경매신청 시 이자채권에 관하여 표시가 없었다 하더라도 배당요구의 종기까지 채권계산서에 기재하면 그 부분에 관하여 배당요구의 효력이 있다.[396)] 따라서 경매개시결정상 특정 금액으로 일부 청구만 한 경우에도 배당요구종기 내에 잔액에 대한 배당요구가 있으면 이를 배당해야 한다.

마. 가집행선고부 판결정본에 기해 배당요구한 경우

신청채권자나 배당요구권자가 가집행선고부 판결정본에 기해 배당요구를 한 후 배당요구종기 이후에 채권계산서를 제출하면서 항소심에서 추가 인용된 부분까지 포함해서 청구하는 경우가 간혹 있다. 이 경우 청구금액 확장에 해당하므로 배당요구종기 내에 적법한 배당요구를 하여야 항소심에서 추가 인용된 부분도 배당받을 수 있다.

가집행선고부 판결정본에 의해 배당요구가 있는 경우에는 집행력이 해당 1심 판결 주문에만 있으므로 배당요구종기 내에 항소심 판결에 기한 적법한 배당요구를 하지 않는 한 1심 판결 주문을 기준으로 항소심 판결에서 취소되지 않은 범위 내에서

393) 대법원 2013. 11. 14. 선고 2013다27831 판결.
394) 대법원 2004. 7. 22. 선고 2002다52312 판결.
395) 대법원 1983. 10. 15.자 83마393 결정.
396) 법원실무제요 민사집행[Ⅱ], 사법연수원(2020), 32쪽.

청구금액을 계산하여야 한다.

따라서 배당기일 이전에 미리 보정할 수 있으면 보정명령을 하여 채권계산서를 새로 제출하도록 하고, 보정할 시간이 없거나 보정에 불응하면 배당요구종기 내 청구한 금액 기준으로 배당해야 한다.

[보정명령 예시]

> 2022. ○. ○.자 채권계산서상 청구금액의 산출내역이 제출한 집행권원에 맞지 않으므로 집행권원에 기초하여 구체적인 청구금액 산출내역을 소명하시기 바랍니다(만약 항소심 판결을 근거로 계산한 것이라면 배당요구종기 내에 항소심 판결에 기해 적법한 배당요구를 하지 않아 항소심 판결을 근거로 배당을 할 수는 없고 1심 판결 중 항소심 판결에서 취소되지 않은 범위 내에서만 청구금액을 계산하시기 바랍니다).

XII. 저당물의 제3취득자가 지출한 필요비·유익비채권

1. 의의

저당권설정등기 후에 목적부동산의 제3취득자가 그 부동산의 보존, 개량을 위하여 필요비 또는 유익비를 지출한 때에는 민법 제203조(점유자의 상환청구권)에 따라 저당물의 매각대금에서 우선상환을 받을 수 있다(민법 367조).[397)]

제3취득자가 저당부동산에 관하여 지출한 필요비, 유익비는 그 부동산의 가치의 유지, 증가를 위하여 지출된 일종의 공익비용이므로 이는 저당부동산의 환가대금에서 부담하여야 할 성질의 비용이고 더욱이 제3취득자는 경매의 결과 그 권리를 상실하게 되므로 특별히 우선적으로 상환을 받도록 한 것이다.

민법 제367조는 저당권자의 신청에 의한 담보권 실행을 위한 경매절차에서만 적용되는 것은 아니고, 저당부동산이 매각되는 이상 다른 채권자에 의하여 개시된 강제경매절차에서도 적용된다.[398)]

2. 제3취득자의 범위

민법 제367조가 규정하는 비용상환청구권은 저당목적물의 점유자가 그 회복자에

---

397) 대법원 2004. 10. 15. 선고 2004다36604 판결.

398) 법원실무제요 민사집행[Ⅲ], 사법연수원(2020), 135쪽.

대하여 갖는 청구권으로서의 성질을 갖는 것이므로, 저당목적부동산에 대하여 지상권·전세권·대항력 있는 임차권 등을 취득한 자가 저당목적물의 제3취득자에 해당함은 이론이 없다.

물상보증인이나 이와 유사한 지위에 있는 자는 위 비용상환청구권을 행사할 수 없다.[399] 물상보증인은 소유자로서 저당목적물을 점유하는 자이므로 그에게는 비용상환청구권을 행사할 회복자가 따로 존재하지 않기 때문이다. 이와 관련해 물상보증인으로부터 전세권이나 지상권을 설정받은 제3자도 포함 안 된다는 견해도 있다.[400]

또 제3취득자라고 할 수 없는 단순한 점유자도 민법 제367조의 비용상환청구권을 행사할 수 없다.

다만 물상보증인과 유사한 지위에 있는 자와 관련하여, 저당목적물의 소유권을 취득한 자가 이 권리를 행사할 수 있는가에 관하여는, 민법 제367조의 제3취득자와 같은 법 제364조의 제3취득자를 동일하게 해석하여 이를 긍정하는 견해와 이를 부정하는 견해가 대립되어 있다. 부정하는 견해는 저당목적물의 소유권을 취득한 자는 저당권설정자와의 사이에서는 언제나 소유권 취득이 유효한 것으로서, 그가 저당목적물을 위하여 지출한 비용은 곧 자신의 소유물에 대하여 지출한 것이라고 할 것이고 따라서 그는 저당권설정자에 대하여 비용상환청구권을 갖지 못하기 때문이라고 한다. 판례는 민법 제367조의 취지는 저당권설정자가 아닌 제3취득자가 저당물에 관한 필요비 또는 유익비를 지출하여 저당물의 가치가 유지·증가된 경우 매각대금 중 그로 인한 부분은 일종의 공익비용과 같이 보아 제3취득자가 경매대가에서 우선상환을 받을 수 있도록 한 것이므로, 저당물에 관한 지상권, 전세권을 취득한 자만이 아니고 소유권을 취득한 자도 같은 법 제367조에서 정한 제3취득자에 해당하는 것으로 보는 것이 타당하다고 하여 긍정설의 입장이다.[401]

한편 제3자의 권리취득시기와 관련하여, 압류의 효력발생 전의 제3취득자만을 지칭한다는 견해가 있으나 민법 367조는 위에서 본 바와 같이 저당부동산의 가치의 유지, 증가를 위하여 제3취득자가 지출한 공익비용의 상환을 받게 하려는 취지에서 나온 규정임을 고려할 때 압류의 효력발생 전의 제3취득자인가 그 후의 제3취득자인가를 구별할 이유가 없으므로 압류의 효력발생 후의 제3취득자도 포함된다고 해석할 것이다.[402]

399) 대법원 1959. 5. 14. 선고 4291민상302 판결.
400) 이우재, 배당의 제문제(제2판), 진원사(2012), 837쪽.
401) 대법원 2004. 10. 15. 선고 2004다36604 판결.

3. 배당요구 및 변제의 범위

제3취득자는 필요비 또는 유익비를 매각대금으로부터 상환받기 위하여 필요비에 관하여는 지출한 금액, 유익비에 관하여는 지출한 금액 또는 부동산의 가액의 증가액(민법 203조 2항은 유익비에 관하여 부동산의 가액의 증가가 현존하는 경우에 한하여 회복자의 선택에 좇아 그 지출금액이나 증가액의 상환을 청구할 수 있도록 규정하고 있으나, 경매절차에서는 당연히 적은 쪽의 금액만을 상환 받을 수 있다)을 증명하여 배당요구의 종기까지 법원에 그 상환을 청구하여야 한다. 즉 민법 제203조의 권리도 배당요구의 종기까지 배당요구를 하여야만 매각대금에서 우선변제를 받을 수 있다. 다만 별도의 집행권원을 필요로 하지는 않는다.[403]

과실을 취득한 경우에는 통상의 필요비는 청구하지 못하고(민법 203조 1항 단서), 매수인이 매각대금을 지급하고 소유권을 취득하기 이전에 지출된 것에 한한다.[404]

배당표에는 집행비용 외에 최선순위로 배당하고,[405] 필요비에 관하여는 그 지출이 증명된 금액, 유익비에 관하여도 그 지출액과 증가액 중 적은 금액을 적는다. 다만 경매절차에서는 유익비 상환에 대한 상당기간의 허가(민법 203조 3항)는 있을 수 없으므로 배당절차에서 유익비를 바로 제3취득자에게 교부한다.

4. 다른 절차와의 관계

제3취득자가 필요비 또는 유익비를 경매절차에서 상환받지 못한 경우에도 그 권리를 상실하는 것은 아니고, 적법하게 배당요구를 하였는데도 경매절차에서 상환을 받지 못한 경우에는 그 금액에 관하여 배당을 받은 후순위권리자에 대하여 부당이득반환청구를 할 수 있다. 또한 필요비와 유익비는 바로 '물건에 관하여 생긴 채권'에 해당하므로 제3취득자가 배당요구를 하지 않은 때에는 그 비용을 상환 받을 때까지 유치권(민법 320조 1항)을 행사할 수 있고, 이 경우 매수인은 유치권자에게 그 유치권으로 담보하는 채권을 변제할 책임이 있다(민사집행법 91조 5항).

다만 제3취득자가 배당요구를 하였는데도 배당을 받지 못하였으나 배당을 받은 다른 채권자를 상대로 부당이득반환청구를 하면 상환을 받을 수 있는 경우에 배당을

402) 법원실무제요 민사집행[Ⅲ], 사법연수원(2020), 136쪽.
403) 이우재, 배당의 제문제(제2판), 진원사(2012), 840쪽.
404) 주석 민법[물권4](제5판), 한국사법행정학회(2019), 170쪽.
405) 이우재, 배당의 제문제(제2판), 진원사(2012), 840쪽.

받은 다른 채권자를 상대로 부당이득반환청구를 하지 않고 매수인에 대하여 유치권을 행사할 수 있는가에 관하여는 견해가 나뉜다.

XIII. 배당에 있어서 변제충당순서와 방법

1. 변제충당의 의미[406)]

가. 변제충당의 의미

채무자가 동일한 채권자에 대하여 같은 종류를 목적으로 한 수개의 채무를 부담한 경우에 변제의 제공이 그 채무 전부를 소멸하게 하지 못하는 때에 어느 채무를 소멸하게 할 것인가 하는 문제가 바로 변제충당이다(민법 제476조, 제477조, 제479조).

나. 계약충당(합의충당)

변제충당의 경우에도 당사자 일방의 지정에 의한 충당 방법(민법 제476조)이나 법률의 규정에 따른 충당순서에 의한 충당 방법(민법 제477조, 제479조)이 있다 하더라도 그보다 앞서 당사자 사이의 계약 또는 합의에 의한 충당 방법이 우선한다.

다. 지정충당

민법 제476조는 "① 채무자가 동일한 채권자에 대하여 같은 종류를 목적으로 한 수개의 채무를 부담한 경우에 변제의 제공이 그 채무 전부를 소멸하게 하지 못하는 때에는 변제자는 그 당시 어느 채무를 지정하여 그 변제에 충당할 수 있다. ② 변제자가 전항의 지정을 하지 않을 때에는 변제받는 자는 그 당시 어느 채무를 지정하여 그 변제에 충당할 수 있다. 그러나 변제자가 그 충당에 대하여 즉시 이의를 한 때에는 그러하지 않다."고 규정하고 있다. 이것이 당사자 일방의 지정에 의한 충당 방법인 지정충당이다.

민법 제476조의 취지는, 지정권이 우선 변제자에게 있고 변제자는 상대방의 동의를 받을 필요도 없으며 상대방은 이의할 수도 없는 반면, 변제자의 지정이 없는 경우에 지정권은 변제받는 자에게 넘어가지만 이에 대하여 변제자의 이의가 있으면 변제받는 자의 지정은 효력을 상실한다는 것이다.

---

406) 이홍철, "수개의 비용 간, 수개의 이자 간 지정충당의 효력", 사법연수원 논문집 제1집, 사법연수원(2004), 51-54쪽 참조.

다만 이러한 변제자의 지정권도 항상 최우선일 수는 없으며 일정한 제한을 받게 되는데 그것은 앞에서 본 바와 같은 경매 등의 영역과 뒤에서 보는 비용, 이자, 원본의 순서를 정한 민법 제479조이다.

라. 법정충당

민법 제477조는 "당사자가 변제에 충당할 채무를 지정하지 않은 때에는 다음 각호의 규정에 의한다. 1. 채무 중에 이행기가 도래한 것과 도래하지 않은 것이 있으면 이행기가 도래한 채무의 변제에 충당한다. 2. 채무 전부의 이행기가 도래하였거나 도래하지 않은 때에는 채무자에게 변제이익이 많은 채무의 변제에 충당한다. 3. 채무자에게 변제이익이 같으면 이행기가 먼저 도래한 채무나 먼저 도래할 채무의 변제에 충당한다. 4. 전 2호의 사항이 같은 때에는 그 채무액에 비례하여 각 채무의 변제에 충당한다."고 규정하고 있다.

지정충당이 없는 경우 또는 변제받는 자의 지정충당에 대하여 변제자가 이의한 경우에는 법정충당을 하여야 한다.

마. 비용, 이자, 원본에 대한 변제충당의 순서

민법 제479조는 "① 채무자가 1개 또는 수개의 채무의 비용 및 이자를 지급할 경우에 변제자가 그 전부를 소멸하게 하지 못한 급여를 한 때에는 비용, 이자, 원본의 순서로 변제에 충당하여야 한다. ② 전항의 경우에 제477조의 규정을 준용한다." 고 규정하고 있다.

이 규정은 지정충당과 법정충당을 제한하는 것으로서 이에 어긋나는 일방적인 충당지정은 효력이 없다.[407]

여기서의 비용은 당사자 사이의 약정이나 법률의 규정 등에 의하여 채무자가 당해 채권에 관하여 부담하여야 하는 비용을 의미한다. 따라서 채무자가 부담하여야 하는 변제비용(민법 473조 본문)이나, 채권자의 권리실행비용 중에서 소송비용액확정결정이나 집행비용액확정결정에 의하여 채무자가 부담하는 것으로 확정된 소송비용 또는 집행비용[408] 등은 위와 같은 비용의 범주에 속한다. 그러나 변제비용이라고 하여도 채권자의 주소이전 기타의 행위로 인하여 증가된 액수는 원칙적으로 채권자가 부

---

407) 대법원 1981. 5. 26. 선고 80다3009 판결.

408) 대법원 2006. 10. 12. 선고 2004재다818 판결 참조.

담하여야 하므로(민법 473조 단서), 이를 위 규정에서 말하는 비용에 해당한다고 할 수 없다.409)

바. 변제공탁금을 수령한 경우

채무자가 경매절차 정지 또는 취소를 위해 변제공탁을 하였으나 채권자가 이에 응하지 않아 경매절차가 계속 진행되어 매각되었다가 배당단계에서 채권자가 변제공탁금을 수령한 것으로 밝혀지는 경우가 간혹 있다. 이 경우 신청채권자의 채권금액 계산 시 변제공탁금을 수령한 시점까지 변제충당 등을 하여 남은 채권액만큼만 배당하는 것으로 처리한다. 만약 변제공탁금을 수령한 시점에 집행비용까지 포함하여 전액 변제된 경우에는 집행비용도 지급하지 않는 것이 타당하다.

사. 배당이의가 있는 경우

채무자가 공탁금 출급을 곤란하게 하는 장애요인을 스스로 형성·유지하는 등의 특별한 사정이 없는 한 배당액에 대한 이의가 있었던 채권은 공탁된 배당액으로 충당되는 범위에서 배당표의 확정 시에 소멸한다고 보아야 한다. 다만 위와 같은 배당표의 확정 전에 어떤 경위로든 채권자가 공탁된 배당금을 지급받아 수령하고 그 후 같은 내용으로 배당표가 확정된 경우에는, 채권자가 현실적으로 채권의 만족을 얻은 시점인 공탁금 수령 시에 변제의 효력이 발생한다고 봄이 타당하다.410)

한편, 배당이의의 소 수소법원이 피고에 대한 배당액을 삭제하면서 채권자인 원고가 배당받을 금액을 정하지 않고 배당표를 다시 만들고 다른 배당절차를 밟도록 명한 경우에는(민사집행법 157조 후문), 그 판결에 따라 배당법원이 실시한 재배당절차에서 재조제한 배당표가 확정되어야 원고의 채권이 소멸한다.411)

배당이의소송을 거쳐 배당표가 확정됨에 따라 공탁된 배당금이 지급되는 경우에, 그 배당금은 특별한 사정이 없는 한 민법 제479조 제1항에 따라 배당표의 확정 시까지(위에서 본 바와 같이 배당표 확정 시보다 앞서는 공탁금 수령 시에 변제의 효력이 발생한다고 볼 수 있는 경우에는 공탁금 수령 시까지를 의미한다) 발생한 이자나 지연손해금 채권에 먼저 충당된 다음 원금에 충당된다고 보아야 한다.412)

---

409) 대법원 2008. 12. 24. 선고 2008다61172 판결.
410) 대법원 2018. 3. 27. 선고 2015다70822 판결.
411) 대법원 2022. 11. 30. 선고 2021다287171 판결.
412) 대법원 2018. 3. 27. 선고 2015다70822 판결.

2. 강제경매절차에서의 변제충당방법[413)]

부동산 강제경매절차에서의 배당금에 대하여, 민사집행법 소정의 부동산 강제경매제도의 목적이나 성질 그리고 그 절차에 관한 여러 규정의 내용에 비추어 합의충당이나 지정충당은 허용될 수 없다.[414)]

3. 담보권실행을 위한 경매절차에서의 변제충당방법

가. 구 경매법 하에서의 판결

구 경매법이 적용되는 사안에서 대법원은 배당금에 대해 당사자 사이의 합의충당을 허용하고 있다. 즉 담보권실행을 위한 경매절차에서는 지정변제충당은 허용하지 않으나 합의에 의한 변제충당은 허용하였다.[415)]

1) 대법원 1991. 7. 23. 선고 90다18678 판결: 1990. 1. 13. 법률 제4201호로 폐지되기 전의 경매법에 의한 경매의 경우에 있어서도 위 지정변제충당은 허용될 수 없으나, 당사자 사이에 변제충당에 관한 별도의 합의가 있었다면 그 합의를 무효로 보아야 할 다른 사유가 있다면 모르되 그렇지 않는 한 이 합의에 의한 충당을 무효로 볼 것까지는 아니다.

2) 대법원 1991. 12. 10. 선고 91다17092 판결: 채권자와 채무자 사이에 변제가 모든 채무를 소멸시키기에 부족한 때에는 채권자가 적당하다고 인정하는 순서와 방법에 의하여 충당하기로 하는 별도의 약정에 따라 변제수령자인 채권자가 적당하다고 인정되는 순서와 방법에 따라 변제충당을 하였다면 그 충당은 효력이 있다고 할 것이고, 이는 구 경매법에 의한 임의경매의 경우에도 마찬가지이다.

나. 현행법하에서의 판례 태도

대법원은, 구 경매법이 폐지되고 난 뒤 담보권의 실행 등을 위한 경매에 있어서 배당금이 동일 담보권자가 가지는 수 개의 피담보채권의 전부를 소멸시키기에 부족한 경우 채권자와 채무자 사이에 변제충당에 관한 합의가 있었다고 하더라도 그 합의에 의한 변제충당은 허용될 수 없고, 이 경우에는 획일적으로 가장 공평·타당한 충

---

413) 구남수, "담보권 실행을 위한 경매 배당금의 변제충당과 채권자의 담보보존의무", 판례연구 13집, 부산판례연구회(2002), 423쪽.

414) 대법원 1991. 7. 23. 선고 90다18678 판결.

415) 구남수, 위 논문 423-425쪽 참조.

당방법인 민법 제477조의 규정에 의한 법정변제충당의 방법에 따라 충당을 하여야 한다고 판시하여, 임의경매에 있어서도 강제경매의 경우와 마찬가지로 합의충당이 허용될 수 없고 법정충당에 의하여야 한다는 입장을 취하고 있다.[416)]

결국 현행법 하에서는 강제경매이든 담보권실행을 위한 경매(임의경매)이든 합의충당이나 지정충당을 허용할 수 없고, 법률의 규정에 의한 충당만이 인정된다. 실무에서도 매각대금은 비용·이자·원본의 순서로 변제에 충당된다.

4. 강제징수(체납처분)에 따른 공매절차에서의 변제충당방법

동일 징수권자의 압류 또는 교부청구에 관계되는 국세가 여럿 있고 배분된 금액이 그 국세들의 총액에 부족한 경우 충당의 순서에 관하여는 국세징수법상 아무런 규정이 없고, 민법상의 법정변제충당에 관한 규정을 준용하도록 하는 규정도 없는바, 조세채무가 금전채무라는 사실에서 사법상의 채무와 공통점을 갖지만, 조세채무는 법률의 규정에 의하여 정해지는 법정채무로서 당사자가 그 내용 등을 임의로 정할 수 없고, 조세채무관계는 공법상의 법률관계이고 그에 관한 쟁송은 원칙적으로 행정사건으로서 행정소송법의 적용을 받으며, 조세는 공익성과 공공성 등의 특성을 갖고 이에 따라 조세채권에는 우선권(국세기본법 35조, 36조, 37조) 및 자력집행권(국세징수법 3장 이하)이 인정되고 있는 점을 고려하여 볼 때, 민법 제477조부터 제479조까지 규정하고 있는 법정변제충당의 법리를 조세채권의 충당에서 그대로 적용하는 것이 타당하다고는 할 수 없다.

이러한 점과 함께 국세징수법에 의한 체납처분절차는 세무서장이 그 절차의 주관자이면서 동시에 그 절차에 의하여 만족을 얻고자 하는 채권(국세)의 채권자로서의 지위도 겸유하고 있는 점을 아울러 고려하면, 압류에 관계되는 국세가 여럿 있고 공매대금 중 그 국세들에 배분되는 금액이 그 국세들의 총액에 부족한 경우에 세무서장이 민법상 법정변제충당의 법리에 따르지 않고 어느 국세에 먼저 충당하였다고 하더라도, 체납자의 변제이익을 해하는 것과 같은 특별한 사정이 없는 한 그 조치를 위법하다고 할 것은 아니다.[417)]

---

416) 대법원 1996. 5. 10. 선고 95다55504 판결, 대법원 1997. 7. 25. 선고 96다52649 판결, 대법원 1998. 7. 10. 선고 98다6763 판결, 대법원 1999. 8. 24. 선고 99다22281, 22298 판결, 대법원 2000. 12. 8. 선고 2000다51339 판결, 대법원 2001. 9. 28. 선고 2001다33352 판결, 대법원 2002. 12. 10. 선고 2002다51579 판결, 대법원 2003. 5. 16. 선고 2002다8506 판결 등.
417) 대법원 2002. 3. 15. 선고 99다35447 판결 참조.

한편, 민사집행법 제145조는 경매절차의 매각대금은 민법·상법, 그 밖의 법률에 의한 우선순위에 따라 배당하여야 한다고 규정하고 있으나, 동일 채권자에게 배당된 배당금이 그 채권자가 갖고 있는 복수의 채권 전부를 소멸시키기에 부족한 경우의 충당에 관하여는 아무런 규정도 두고 있지 않으며, 앞서 본 바와 같이 국세징수법에도 동일 징수권자의 복수의 국세들의 충당에 관하여 규정되어 있지 않은 점, 조세채권의 특성 등에 비추어 볼 때, 민사집행법상의 강제집행절차에서 세무서장이 국세징수법 제59조에 따라 집행법원에 체납 국세에 대한 교부청구를 한 결과 배당된 배당금이 당해 배당절차에서 교부청구된 여러 국세의 총액에 부족한 경우의 충당에 있어서, 국세징수법에 의한 강제징수절차에서의 배분대금의 충당과 다른 법리에 의하도록 하는 것은 적절하다고 할 수 없으므로, 세무서장이 경매절차에서 받은 배당금을 민법상 법정변제충당의 법리에 따르지 않고 어느 국세에 먼저 충당하였다고 하더라도, 체납자의 변제이익을 해하는 것과 같은 특별한 사정이 없는 한 이를 위법하다고는 할 수 없다.[418]

XIV. 매각목적물이 일부 지분인 경우 전체에 관한 선순위 권리자에 대한 배당

부동산 전체에 관하여 최선순위의 근저당권이나 가압류 등이 있는데 그 근저당권자나 가압류권자가 아닌 다른 채권자의 경매신청에 의하여 경매가 개시되었고, 경매목적물이 일부 지분인데 위 선순위권리를 매수인이 인수한다는 취지의 특별매각조건을 정하지 않고 매각한 경우에 최선순위의 근저당권자나 가압류권자에게 배당하여야 할 금액에 관하여 견해가 나뉜다. ① 근저당권의 채권최고액이나 가압류의 청구금액을 경매목적물인 지분에 상응한 비율로 안분한 금액이라는 견해와, ② 하나의 부동산을 지분으로 분할하여 매각할 경우에는 전체로 매각할 경우보다 저가로 매각되는데 근저당권자나 가압류권자는 전체를 매각할 때보다 불리하게 배당받아서는 안 된다는 이유로 채권최고액이나 청구금액 전액에 대하여 우선적으로 배당받고, 다른 권리자와의 관계는 변제자의 대위문제로 해결하여야 한다는 견해로 나뉘어져 있는데, 후자의 견해가 다수설이다.

한편 이러한 견해의 대립 때문에 실무에서는 위와 같은 근저당권이나 가압류를

418) 대법원 2007. 12. 14. 선고 2005다11848 판결.

매수인이 인수하도록 특별매각조건을 정하기도 한다. 만약 매각 전에 선순위 권리자가 근저당권의 채권최고액이나 가압류의 청구금액 중 매각지분에 상응한 비율로 안분한 금액만을 배당받고 매각지분에 해당하는 권리를 일부 말소하는 데 동의한다는 서면을 제출하는 경우에는 그 서면에 따라 배당하면 될 것이다.

판례도, 동일한 채권의 담보를 위하여 저당권이 설정된 공유의 부동산 중 일부 지분에 대하여 경매가 진행되어 그 매각대금을 먼저 배당하는 경우에는 채권자는 그 매각대금에서 채권 전부의 변제를 받을 수 있다고 보았다.[419]

이러한 법리는 집합건물이 매각 대상인 경우에 그 집합건물의 대지권의 목적인 토지 전체에 관한 별도등기에 대하여도 그대로 적용된다.[420] 민사집행법 제91조 제2항에 의하면 매각부동산 위의 모든 저당권은 매각으로 인하여 소멸한다고 규정되어 있으므로, 집합건물의 전유부분과 함께 그 대지사용권인 토지공유지분이 일체로서 매각되고 그 대금이 완납되면, 설령 대지권 성립 전부터 토지만에 관하여 별도등기로 설정되어 있던 근저당권이라 할지라도 경매과정에서 이를 존속시켜 매수인이 인수한다는 취지의 특별매각조건이 있지 않았던 이상 위 토지공유지분에 대한 범위에서는 매각부동산 위의 저당권에 해당하여 소멸한다.[421]

XV. 채권자취소권의 행사와 배당

1. 문제의 소재

민법 제406조에 따라 채권자취소권이 행사된 경우 취소판결의 기판력은 그 취소권을 행사한 채권자와 그 상대방인 수익자 또는 전득자와의 상대적인 관계에만 미칠 뿐 그 소송에 참가하지 아니한 채무자 또는 채무자와 수익자 사이의 법률관계에는 영향을 미치지 않는데 반하여(상대적 무효설),[422] 같은 법 제407조는 채권자취소권 행사에 의한 취소와 원상회복은 모든 채권자의 이익을 위하여 그 효력이 있다고 규정하고 있어 배당 시 복잡한 문제가 발생한다.

---

419) 대법원 2015. 9. 10. 선고 2014다87731 판결.

420) 대법원 2008. 8. 13. 선고 2005다15048 판결.

421) 대법원 2008. 8. 13. 선고 2005다15048 판결, 대법원 2012. 3. 29. 선고 2011다74932 판결.

422) 대법원 1988. 2. 23. 선고 87다카1989 판결, 대법원 2000. 12. 8. 선고 98두11458 판결, 대법원 2004. 8. 30. 선고 2004다21923 판결, 대법원 2007. 4. 12. 선고 2005다1407 판결 등.

2. 채권자취소권의 대상이 담보권설정행위인 경우

가. 일반론

원상회복의 방법은 원물반환이 원칙이고, 원물반환이 가능한 경우에는 가액배상은 허용되지 않으며, 원물반환이 불가능하거나 현저히 곤란한 경우에만 예외적으로 가액배상이 허용된다.[423)]

원물반환이 불가능하거나 현저히 곤란할 경우란, ① 목적물의 멸실, 일반재산에 혼입되어 특수성을 상실하는 것과 같이 사실상 불가능한 경우, ② 수익자가 선의의 전득자에게 양도해 버린 경우와 같이 법률상 불가능한 경우, ③ 저당권 소멸로 인하여 공평의 관념에서 원상회복이 불가능한 경우 등이다.

원상회복의 방법은, ① 목적물이 '동산' 또는 '금전'인 경우 채권자가 직접 '채권자'에게 인도 또는 지급하여 줄 것을 청구할 수 있고,[424)] ② 목적물이 '채권'인 경우 수익자가 취득한 채권의 '채무자'에의 양도와 그 양도통지 형태가 될 것이며,[425)] ③ 목적물이 '부동산'인 경우 말소등기의 방법에 의하는 것이 원칙이나, 수익자 또는 전득자를 상대로 채무자 앞으로 직접 소유권이전등기절차를 이행하도록 명할 수도 있다.[426)]

채권자취소권의 대상이 담보권설정행위인 경우 그 처리방법은 경매의 진행정도에 따라서 다음과 같이 달라진다.

나. 배당기일 전에 취소가 된 경우

채무자(경매목적물의 소유자)의 채권자가 근저당권자를 상대로 사해행위취소소송을 제기하여 배당하기 전에 승소확정판결을 받은 경우 취소채권자 및 그 취소의 효력을 받는 다른 채권자에 대한 관계에서는 무효이므로 취소된 담보권자는 별도의 배당요구를 하여 배당요구채권자로서 배당받는 것은 별론으로 하고 '담보권자'로서 배당받을 수 없고, 이는 사해행위취소 및 원상회복판결이 확정되었으나 담보권 등기가 말소되지 않고 있다가 경매로 인한 매각으로 말소된 경우에도 마찬가지이다.[427)]

채무자가 특정 채권자에 대한 채무를 담보하기 위하여 채무자 소유 부동산에 관

---

423) 대법원 1998. 5. 15. 선고 97다58316 판결.

424) 대법원 1999. 8. 24. 선고 99다23468, 23475 판결, 대법원 2003. 11. 28. 선고 2003다50061 판결 등.

425) 대법원 1997. 10. 10. 선고 97다8687 판결, 대법원 2011. 9. 8. 선고 2010다97525 판결 등.

426) 대법원 2000. 2. 25. 선고 99다53704 판결, 대법원 2006. 12. 7. 선고 2004다54978 판결 등.

427) 대법원 2002. 9. 24. 선고 2002다33069 판결, 대법원 2009. 12. 10. 선고 2009다56627 판결.

하여 근저당권을 설정하여 주었다가 그 근저당권설정계약이 사해행위라는 이유로 취소되었으나, 그 채권자가 위 근저당권의 피담보채권을 피보전채권으로 하여 가압류결정을 받은 다음 위 부동산에 관한 경매절차에서 배당요구종기 이전에 적법하게 배당요구를 한 경우에는, 위 부동산에 관한 경매절차에서 근저당권자 자격으로는 배당받을 수 없으나, 적법한 배당요구권자의 지위에서 배당받는 것은 가능하다.[428)]

다. 배당기일에 이의를 한 경우

1) 채권자가 배당기일에 출석하여 수익자의 배당 부분에 대하여 이의를 하였다면 그 채권자는 사해행위취소의 소와 병합하여 원상회복으로서 배당이의의 소를 제기할 수 있고, 다만 이 경우 법원으로서는 배당이의의 소를 제기한 해당 채권자 이외의 다른 채권자의 존재를 고려할 필요 없이 그 채권자의 채권이 만족을 받지 못한 한도에서만 근저당권설정계약을 취소하고 그 한도에서만 수익자의 배당액을 삭제하여 해당 채권자의 배당액으로 경정하여야 한다.[429)]

배당이의소송을 통하여 자신이 배당받아야 할 금액보다 초과하여 배당받은 채권자는, 그 초과 부분을 적법하게 배당요구를 하였으나 배당이의소송에 참여하지 못한 다른 채권자에게 부당이득으로서 반환할 의무가 있을 뿐 사해행위를 한 채무자에게 반환할 의무는 없다.[430)] 채무자와 사이에서 그 취소로 인한 법률관계가 형성되거나 취소의 효력이 소급하여 채무자의 책임재산으로 회복되는 것이 아니어서,[431)] 채무자는 수익자로부터 반환된 재산에 대하여 아무런 권리가 없어 손해도 없는 셈이고, 손해를 입은 자는 적법하게 배당요구를 하였으나 배당이의소송에 참여하지 못한 채권자이기 때문이다.

2) 채무자와 수익자 사이의 저당권설정행위가 사해행위로 인정되어 저당권설정계약이 취소될 경우에도 이미 경매절차에서 해당 부동산을 매각허가받아 매각대금을 완납한 매수인의 소유권취득에는 영향을 미칠 수 없으므로, 채권자는 채권자취소권의 행사에 따른 원상회복의 방법으로 매수인의 소유권이전등기를 말소할 수 없다.[432)]

---

428) 대법원 2014. 3. 27. 선고 2011다107818 판결, 대법원 2015. 7. 9. 선고 2014다229177 판결 등 참조.

429) 대법원 2004. 1. 27. 선고 2003다6200 판결, 대법원 2011. 2. 10. 선고 2010다90708 판결.

430) 대법원 2011. 2. 10. 선고 2010다90708 판결.

431) 대법원 2007. 4. 12. 선고 2005다1407 판결.

432) 대법원 2001. 2. 27. 선고 2000다44348 판결.

라. 배당표가 확정되었으나, 수익자가 배당금을 수령하지 않은 경우(배당절차가 종료되지 않은 경우)

1) 원상회복의 방법(= 수익자가 취득한 배당금지급청구권을 채무자에게 반환하는 방법)

채무자와 수익자 사이의 근저당권설정계약이 사해행위인 이상 그로 인한 근저당권설정등기가 매각으로 인하여 말소되었다고 하더라도 그 근저당권설정등기로 인하여 해를 입게 되는 채권자는 근저당권설정계약의 취소를 구할 소의 이익이 있다.433)

그리고 이때의 원상회복의 방법에 관하여는, 수익자가 경매절차에서 채무자와의 사해행위로 취득한 근저당권에 기하여 받은 배당금을 반환하여야 한다는 전제에 입각하여, 배당에 참가하여 배당표는 확정되었으나 채권자의 배당금 지급금지가처분으로 인하여 배당금을 현실적으로 지급받지 못한 경우,434) 채권자취소권의 행사에 따른 원상회복의 방법은 수익자에게 바로 배당금의 지급을 명할 것이 아니라 수익자가 취득한 배당금지급청구권을 채무자에게 반환하는 방법으로 이루어져야 하고, 이는 결국 배당금지급채권의 양도와 그 채권양도의 통지를 배당금지급채권의 채무자에게 하여 줄 것을 청구하는 형태가 된다.435)

이 경우의 주문은, "피고(수익자)는, 1. 소외 OOO(사해행위의 채무자)에게 별지 목록 기재 배당금지급청구권 양도의 의사표시를 하고, 2. 소외 대한민국에게 위 배당금지급청구권 양도의 통지를 하라."이다.

2) 원상회복의 효과

근저당권자에게 배당하기로 한 금원에 대하여 지급금지가처분결정이 있어 경매법원이 그 배당금을 공탁한 후에 그 근저당권설정계약이 사해행위로서 취소된 경우, 공탁금의 지급 여부가 불확정 상태에 있는 경우에는 공탁된 배당금이 피공탁자에게 지급될 때까지는 배당절차는 아직 종료되지 않은 것이라고 볼 수도 있으므로 반드시 배당절차가 확정적으로 종료되었다고 단정할 수는 없다는 점, 채권자취소의 효과는 채무자에게 미치지 않고 채무자와 수익자와의 법률관계에도 아무런 영향을 미치지

433) 대법원 1997. 10. 10. 선고 97다8687 판결.

434) 수익자에 대한 사해행위취소(소유권이전등기말소) 소송에서 승소하고 그 목적물인 부동산의 경매절차에서 발생한 수익자의 배당잔금지급청구권에 대하여 지급정지가처분(위 사해행위취소 소송을 본안으로 한 가처분)을 하여 두었을 뿐인 채권자는 위 배당잔금지급청구권에 대한 압류경합에 따라 개시된 채권배당절차에서 배당요구를 할 수 있는 채권자에 해당하지 않는다(대법원 2003. 12. 11. 선고 2003다47638 판결).

435) 대법원 1997. 10. 10. 선고 97다8687 판결.

않으므로 취소채권자의 사해행위취소 및 원상회복청구에 의하여 채무자에게로 회복된 재산은 취소채권자 및 다른 채권자에 대한 관계에서 채무자의 책임재산으로 취급될 뿐 채무자가 직접 그 재산에 대하여 어떤 권리를 취득하는 것은 아니라는 점 등에 비추어 보면, 그 공탁금은 그 경매절차에서 배당요구하였던 다른 채권자들에게 추가배당함이 타당하다.[436)]

다만 배당이의의 소를 제기한 경우와 달리, 채권자취소의 소를 제기한 채권자(단 그 경매절차에서 배당받은 자격이 있는 채권자에 한함)뿐만 아니라 당초 배당절차에 참가하였던 다른 배당요구권자들을 위하여도 그 배당금이 채무자의 책임재산으로 됨에 따라 추가배당 받을 수 있다.

마. 배당표가 확정되고 수익자가 배당금을 수령한 경우

대법원 2001. 2. 27. 선고 2000다44348 판결[437)]은, 수익자가 받은 배당금을 반환하여야 한다고 판시하면서, 나아가 위 배당금을 채권자인 원고에게 반환할 것을 명한 원심의 조치를 정당한 것으로 수긍하였다.

즉 배당절차가 종료되어 근저당권자가 배당금을 수령하고 나서 그 근저당권설정계약이 사해행위로서 취소되는 경우에는 사해행위임을 주장한 다른 채권자가 가액배상으로서 근저당권자에 대하여 배당금 상당액의 지급을 요구할 수 있다.

3. 근저당권설정계약이 사해행위로서 취소된 경우 공탁금 및 잉여금의 처리 방법

가. 처리방법의 특수성

채권자취소권이 행사된 경우 취소판결의 기판력은 그 취소권을 행사한 채권자와 그 상대방인 수익자 또는 전득자와의 상대적인 관계에만 미칠 뿐 그 소송에 참가하지 않은 채무자 또는 채무자와 수익자 사이의 법률관계에는 미치지 않는 한편(상대적 무효설[438)]), 채권자취소권 행사에 의한 취소와 원상회복은 모든 채권자의 이익을 위하여 그 효력이 있어(민법 406조) 이로 인하여 배당에서는 특수한 문제가 발생한다.

---

436) 대법원 2002. 9. 24. 선고 2002다33069 판결.

437) 대법원 2004. 1. 27. 선고 2003다6200 판결, 대법원 2011. 2. 10. 선고 2010다90708 판결 등도 같은 취지임.

438) 대법원 1988. 2. 23. 선고 87다카1989 판결, 대법원 2000. 12. 8. 선고 98두11458 판결.

나. 공탁금 또는 잉여금의 처리 방법

1) 채무자(부동산경매절차에서의 소유자)의 채권자가 근저당권자를 상대로 사해행위취소소송을 제기하여 승소확정판결을 받은 경우

가) 문제점 제기

근저당권자에게 배당기일에 배당을 하였는데, 채무자(부동산경매절차에서의 소유자)의 채권자439)가 그 근저당권설정등기가 사해행위로 마쳐졌음을 이유로 근저당권자를 상대로 배당금 지급금지가처분을 하고 본안소송으로 근저당권설정계약을 취소함과 아울러 채무자에게로의 배당금지급채권 양도와 그 채권양도의 통지를 하라는 내용의 승소확정판결을 받아오는 경우가 있다.

이때 채무자의 채권자가 채무자의 배당금(잉여금)출급청구권에 대하여 압류 및 추심명령이나 압류 및 전부명령을 받아 그 출급을 청구하는 경우 누구에게 지급을 하여야 하는지가 문제된다.

나) 취소채권자가 경매절차에서 배당받을 수 있는 채권자인 경우(=수익자)

근저당권자에게 배당되어 공탁된 금원은 그 경매절차에서 배당받을 자격이 있으나 후순위라서 배당받지 못한 다른 채권자들에게 추가배당하여야 한다.440) 추가배당을 함에 있어 배당받지 못한 채권자들에게 전액을 배당하고도 남는 금원이 있는 경우 이 금원을 누구에게 배당하여야 하는지 문제가 된다.

살피건대, 원칙적으로 채권자취소권 행사에 의한 취소판결의 효력은 그 취소채권자와 수익자 사이에서만 상대적으로 미칠 뿐이어서 근저당권설정계약이 취소되었다고 하여도 채무자가 그 근저당권을 취득하거나 처분권한을 취득하는 것은 아니므로,441) 채권자들에게 전액을 배당하고도 남은 금원이 있다면 그 잉여금은 수익자(근저당권자)에게 복귀시켜야지 채무자에게 지급하여서는 안 된다.

다) 취소채권자가 경매절차에서 배당받을 자격이 없는 채권자인 경우(=채무자)

그런데 사해행위취소소송의 취소채권자가 추가배당절차에서 변제를 받지 못한 경우라면 사정이 다르다(사해행위취소소송의 취소채권자가 그 경매절차에서 배당받을 자격이 없는 경우도 있다). 이 경우에는 그 잉여금을 채무자에게 귀속되는 것이므로(취소채권자의 사해행위취소 및 원상회복청구에 의하여 채무자에게로 회복된 재산은

---

439) 여기서 말하는 '채무자의 채권자'는 그 경매절차에서 배당받을 자격이 있는 채권자만을 의미하는 것은 아니다.

440) 대법원 2002. 9. 24. 선고 2002다33069 판결.

441) 대법원 2000. 12. 8. 선고 98두11458 판결 등 참조.

취소채권자 및 다른 채권자에 대한 관계에서 채무자의 책임재산으로 취급된다), 부동산 배당절차에서 모든 채권자가 배당을 받아 전액 만족을 받은 경우라면 추가배당을 할 필요가 없고, 채무자의 배당금(잉여금)출급청구권에 대한 추심권자나 전부권자에게 지급하여야 한다.

라) 소결

결론적으로 ① '경매절차에서 배당받을 수 있는 채권자'가 근저당권자를 상대로 사해행위취소소송을 제기하여 승소확정판결을 받은 경우 '근저당권자에게 배당되어 공탁된 금원'은 '그 경매절차에서 배당받을 자격이 있으나 후순위라서 배당받지 못한 다른 채권자들'에게 추가배당하여야 하고, 그 채권자들에게 전액을 배당하고도 남는 금원이 있는 경우 그 잉여금은 수익자인 근저당권자에게 지급하여야 한다.

그러나 ② '경매절차에서 배당받을 자격이 없는 채권자'가 근저당권자를 상대로 사해행위취소소송을 제기하여 승소확정판결을 받은 경우 '근저당권자에게 배당되어 공탁된 금원'은 '그 경매절차에서 배당받을 자격이 있으나 후순위라서 배당받지 못한 다른 채권자들'에게 추가배당하여야 하지만, 그 채권자들에게 전액을 배당하고도 남는 금원이 있는 경우(사해행위취소채권자는 배당자격이 없어 추가배당절차에서 금원을 지급받지 못함) 그 잉여금은 근저당권자(수익자)가 아닌 채무자에게 귀속되어야 한다. 취소채권자의 사해행위취소 및 원상회복청구에 의하여 채무자에게로 회복된 재산은 취소채권자 및 다른 채권자에 대한 관계에서 채무자의 책임재산으로 취급되어야 하기 때문이다. 취소채권자 및 다른 채권자는 '채무자의 잉여금지급청구권'에 대하여 추심명령이나 전부명령을 받는 방법으로 그 금원을 지급받을 수 있다.[442]

2) 배당받지 못한 채권자가 근저당권자를 상대로 배당이의를 한 후 배당이의소송에서의 승소확정판결을 받은 경우

배당받을 자격이 있으나 배당받지 못한 채권자가 배당기일에 출석하여 근저당권자의 배당액에 대한 이의를 하고, 그 근저당권설정등기가 사해행위로 마쳐졌음을 이유로 근저당권자를 상대로 배당이의소송에서의 승소확정판결을 받은 경우에는 그 판결문의 내용대로 배당표를 경정한 후 배당을 실시한다.

---

442) 취소채권자 및 다른 채권자가 전액 만족을 받고도 여전히 남는 금원이 있다면, 그 금원은 비로소 수익자에게 돌아가게 된다.

4. 소유권이전행위가 사해행위로 취소된 경우

가. 원물반환의 경우

1) 전소유자 앞으로 환원 후 취소채권자에 의하여 경매가 개시된 경우

사해행위의 취소에 따른 원상회복은 원칙적으로 그 목적물 자체의 반환에 의하여야 하고, 그것이 불가능하거나 현저히 곤란한 경우에 한하여 예외적으로 가액반환에 의하여야 한다. 원물반환이 불가능하거나 현저히 곤란한 경우란 원물반환이 단순히 절대적·물리적으로 불능인 경우가 아니라 사회생활상의 경험법칙 또는 거래상의 관념에 비추어 채권자가 수익자나 전득자로부터 이행의 실현을 기대할 수 없는 경우를 말한다.[443]

부동산에 관한 소유권이전의 원인행위가 사해행위로 인정되어 취소되더라도, 그 사해행위취소의 효과는 채권자와 수익자 사이에서 상대적으로 생길 뿐이므로, 사해행위가 취소되더라도 그 부동산은 여전히 수익자의 소유이고, 다만 채권자에 대한 관계에서 채무자의 책임재산으로 환원되어 강제집행을 당할 수 있는 부담을 지고 있는데 지나지 않는다.[444] 다시 말해서 사해행위의 취소는 채권자와 수익자의 관계에서 상대적으로 채무자와 수익자 사이의 법률행위를 무효로 하는 데에 그치고 채무자와 수익자 사이의 법률관계에는 영향을 미치지 않으므로, 채무자와 수익자 사이의 부동산매매계약이 사해행위로 취소되고 그에 따른 원상회복으로 수익자 명의의 소유권이전등기가 말소되어 채무자의 등기명의가 회복되더라도, 그 부동산은 취소채권자나 민법 제407조에 따라 사해행위취소와 원상회복의 효력을 받는 채권자와 수익자 사이에서 채무자의 책임재산으로 취급될 뿐, 채무자가 직접 그 부동산을 취득하여 권리자가 되는 것은 아니다.[445] 따라서 채무자가 사해행위취소로 그 등기명의를 회복한 부동산을 제3자에게 처분하더라도 이는 무권리자의 처분에 불과하여 효력이 없으므로,[446] 채무자로부터 제3자에게 마쳐진 소유권이전등기나 이에 기초하여 순차로 마쳐진 소유권이전등기 등은 모두 원인무효의 등기로서 말소되어야 한다. 이 경우 취소채권자나 같은 법 제407조에 따라 사해행위취소와 원상회복의 효력을 받는 채권자는 채무자의 책임재산으로 취급되는 그 부동산에 대한 강제집행을 위하여 위와 같은 원

443) 대법원 1998. 5. 15. 선고 97다58316 판결, 대법원 2009. 3. 26. 선고 2007다63102 판결 등.

444) 대법원 2016. 11. 25. 선고 2013다206313 판결.

445) 대법원 2015. 11. 17. 선고 2012다2743 판결, 대법원 2016. 3. 24. 선고 2015다250185 판결 등 참조.

446) 대법원 2017. 9. 21. 선고 2016다8923 판결.

인무효 등기의 명의인을 상대로 그 등기의 말소를 청구할 수 있다.[447]

매매계약이 사해행위로 취소되어 원상회복조치가 실행된 후 채무자가 사해행위 취소로 인하여 수익자에 대하여 부담하는 부당이득반환채무의 변제를 위하여 수익자와 금전소비대차계약을 체결하였더라도 특별한 사정이 없는 한 사해행위가 되지 않지만, 이러한 수익자가 갖는 부당이득반환채권은 사해행위 이후 취득한 채권에 불과하여 수익자는 위 채권을 가지고 원상회복된 재산에 대한 강제집행절차에 참여할 수 없다.[448]

전소유자 앞으로 환원 후 취소채권자에 의하여 경매가 개시된 경우에는 채권자취소권을 행사한 취소채권자뿐만 아니라 다른 채권자도 배당에 참가할 수 있다. 이때 민법 제407조의 채권자취소권행사의 효력을 받는 모든 채권자의 범위와 관련하여, 재산을 반환한 수익자가 사해행위 전의 채권자 중 1인이었던 경우에는 긍정하고, 단순 수익자로서 취소로 인하여 발생한 부당이득반환청구권이나 담보책임 추급권에 기하여 배당요구하는 경우에는 부정하는 것이 통설이고, 그 밖에 사해행위 이후 채권을 취득한 자도 포함되는지에 관하여는 부정하는 것이 통설이다.

판례도 채무자와 다수의 채권자들 중 1인인 수익자 사이의 행위가 사해행위로서 취소된 경우 수익자가 민법 제407조의 채권자취소 및 원상회복의 효력이 미치는 채권자에 포함되지만,[449] 사해행위 이후에 채권을 취득한 채권자는 채권의 취득 당시에 사해행위취소에 의하여 회복되는 재산을 채권자의 공동담보로 파악하지 않은 자로서 같은 법 제407조에 정한 사해행위취소와 원상회복의 효력을 받는 채권자에 포함되지 않는다는 입장이다.[450]

조세는 사해행위 이전에 성립된 것이 아니면 사해행위취소로 반환된 부동산에 대해 배당에 참가할 수 없다.[451]

따라서 등기사항증명서 등을 통해 사해행위가 취소되어 원상회복된 부동산에 대한 경매를 진행하는 경우 배당 시 사해행위 전에 발생한 채권인지 사해행위 후 발생한 채권인지 여부를 먼저 확인한 후 사해행위 전 발생한 채권인 경우에만 우선 배당한다.

---

447) 대법원 2017. 3. 9. 선고 2015다217980 판결.

448) 대법원 2015. 10. 29. 선고 2012다14975 판결.

449) 대법원 2003. 6. 27. 선고 2003다15907 판결.

450) 대법원 2009. 6. 23. 선고 2009다18502 판결, 대법원 2017. 9. 21. 선고 2016다8923 판결.

451) 이우재, 배당의 제문제(제2판), 진원사(2012), 151쪽; 손진홍, 부동산 경매의 실무(하), 법률정보센터(2017), 892쪽.

[보정명령 예시]

> 이 사건 매각대상물건은 채무자의 사해행위로 인한 소유권이전등기(20○○. ○. ○.)가 취소되고 원상회복된 재산이어서 사해행위 이후 발생한 채권은 배당에서 배제되므로 채권자가 배당요구한 채권이 사해행위 이전에 발생한 채권인지를 소명하는 자료를 제출하시기 바랍니다.

소유권이전등기의 말소등기절차를 이행하라는 주문과 같은 사해행위취소 등 판결에 의하여 등기를 할 때에는 등기원인을 '사해행위취소'로, 등기원인일자를 '판결확정일'로 기재하도록 되어 있으므로[등기선례 201203-4, 등기예규 1607호 4. 나. 2)의 나)항 각 참조], 사해행위취소로 소유권이 원상회복된 부동산이 매각부동산인 경우 경매절차 진행에 주의가 필요하다.

2) 수익자에 대한 채권자의 배당요구

위의 경우에 전소유자에 대한 채권자들에게 배당하고 남은 잉여가 있는데, 수익자에 대한 채권자도 배당요구를 한 경우 그 잉여금을 배당재단으로 하여 수익자에 대한 채권자들에게 배당을 실시할 수 있는가가 문제된다.

이에 대하여는 ① 수익자에 대한 채권자들은 수익자에 대한 잉여금교부청구권을 집행목적으로 삼아야 하고 따라서 경매절차에서의 배당절차가 아닌 금전채권에 대한 집행절차를 통하여 만족을 얻어야 한다는 견해와 ② 채권자취소판결의 효력에 관하여 상대적무효설을 취하는 한 사해행위는 전소유자의 채권자들을 위한 공동담보가 되는 범위에서만 무효가 될 뿐이고, 따라서 전소유자의 채권자들을 모두 만족시키고 남은 금액에 대하여는 수익자의 부동산을 매각한 것과 다름없으므로 전소유자의 채권자들에게 배당하고 남은 잉여금은 수익자에 대한 채권자들에게 배당함이 타당하다는 견해[452]가 대립되어 있는데 후자의 견해가 타당하다고 본다. 따라서 사해행위 전 발생한 채권들에 대해 우선배당 후 남은 금액이 있으면 수익자의 배당요구채권자에게 배당하고, 그래도 남은 잉여금이 있는 경우에는 수익자에게 지급한다. 이 경우 배당표 작성 시에 이유란에 '사해행위 전 채권', '수익자에 대한 채권' 등으로 기재하여 사해행위취소에 따른 배당임을 명확히 하는 것이 적절하다.

3) 수익자의 부동산에 대하여 경매절차가 진행되는 중 사해행위취소 및 원상회복(말소)판결이 확정된 경우[453]

452) 민사집행법 실무연구Ⅱ[재판자료 제117집], 231쪽.

453) 법원실무제요 민사집행[Ⅲ], 사법연수원(2020), 142~144쪽.

취소채권자가 수익자의 부동산에 수익자소유권등기의 말소등기청구권을 피보전권리로 하는 처분금지가처분집행(이하 '가처분')을 한 후 수익자를 소유자로 하는 경매신청이 있어 경매절차가 진행되는 도중에 사해행위취소 및 원상회복을 명하는 확정판결을 받은 경우(이하 '취소확정판결', 경매신청 전에 확정판결을 받은 경우에도 같다)에는 진행되고 있는 경매절차에 영향을 미칠 수 있다. 이하에서는 경매신청채권자의 경매개시결정등기가 위 가처분에 의한 실효의 대상이 아닌 경우(가처분집행이 되어 있지 않은 경우도 결론은 같다)와 실효의 대상인 경우로 나누어 설명하기로 한다.

가) 경매신청채권자의 경매개시결정등기가 가처분에 의한 실효의 대상이 아닌 경우

(1) 가처분등기 전에 마쳐진 가압류에 의한 강제경매개시결정등기와 가처분등기 전에 마쳐진 담보가등기, 전세권 및 저당권에 의한 임의경매개시결정등기는 가처분에 의하여 실효되지 않는다(부동산등기규칙 152조 1항 1, 2호). 또한 수익자의 소유권등기를 말소하기 위해서는 경매신청채권자의 승낙이나 이에 대항할 수 있는 재판이 있음을 증명하는 정보를 첨부정보로서 등기소에 제공하여야 하므로(부동산등기규칙 152조 2항), 취소채권자가 수익자의 소유권등기를 말소하라는 취소확정판결을 받았다고 하더라도 경매신청채권자의 승낙 없이는 수익자의 소유권등기만을 말소할 수는 없다(경매신청채권자의 승낙이 있는 경우에도 경매신청채권자의 강제경매개시결정등기와 수익자의 소유권등기를 함께 말소하게 된다). 따라서 집행법원에서는 경매절차를 속행하면 된다.

(2) 취소채권자가 배당 전에 취소확정판결을 집행법원에 제출하면서 가처분에 의해 실효되는 권리자의 배당을 배제하고 잉여금을 수익자가 아닌 취소채무자에게 배당해달라는 신청을 한 경우에 집행법원의 처리와 관련해서는, ① 취소확정판결에 의한 원상회복이 없는 상태이므로 가처분에 의한 실효의 대상이 되는 권리자라고 하더라도 배당에서 배제할 수는 없고 잉여금도 현재 소유자인 수익자에게 배당하여야 한다는 견해와 ② 취소확정판결에 의한 원상회복이 등기절차법과의 충돌로 인해서 집행불능이지만 취소확정판결의 취지를 고려해서 가처분에 의한 실효의 대상이 되는 권리자를 배당에서 배제하고 잉여금은 취소채무자에게 배당하여야 한다는 견해가 대립하고 있다.

(3) 실무에서는 간혹 취소채권자가 경매개시결정등기만을 남겨둔 채 수익자의 소유권등기가 말소된 등기사항증명서를 제출하는 경우가 있다. 이때의 집행법원의 처

리와 관련해서는 ① 수익자의 소유권등기의 말소는 위법한 등기이므로 무시하고 속행한다는 견해(속행설), ② 위법한 등기이더라도 취소판결의 실체적 내용과 부합하므로 개시결정을 경정하고 배당요구종기를 다시 정한 후 매각절차를 진행한다는 견해(경정 후 속행설)가 대립하고 있다. 배당과 관련해서는 속행설에 의할 경우 가처분의 실효의 대상이 되는 권리를 제외하고 배당순위에 따라 배당을 실시하되 잉여금이 있는 때는 채무자에게 배당한다는 견해와 수익자에게 배당한다는 견해로 나뉘고, 경정 후 속행설에 의할 경우 배당순위에 따라 배당을 실시하고 잉여금이 있는 때는 수익자에게 배당하게 된다.

나) 경매신청채권자의 경매개시결정등기가 가처분에 의한 실효의 대상인 경우

(1) 취소채권자는 확정판결의 정본을 첨부하여 수익자의 소유권등기와 경매신청채권자의 경매개시결정등기 등 가처분의 실효의 대상인 등기의 말소를 신청할 수 있고, 이에 따라 경매개시결정등기가 말소된 경우 등기관은 지체 없이 그 뜻을 집행법원에 통지하여야 한다(등기예규 1368호).

집행법원이 위 통지를 받은 경우의 처리와 관련하여, 가처분이 최선순위인 경우와 가처분이 최선순위가 아닌 경우로 나누어 설명한다.

(2) 가처분이 최선순위인 경우에는 집행법원은 개시결정만 하고 매각절차에 나아가지 않거나 가처분을 인수하는 조건으로 매각절차를 진행할 수 있는데 실무는 매각절차를 사실상 정지한다. 따라서 집행법원이 위 통지를 받거나 취소채권자가 위 등기가 말소된 등기사항증명서를 제출하면서 취소신청을 하는 경우에는 민사집행법 제96조 제1항에 따라 강제경매절차를 취소하면 된다.

(3) 가처분이 최선순위가 아닌 경우에는 집행법원은 매각절차를 진행하게 되는데, 매수인이 대금을 납부하기 전까지 위 통지를 받거나 취소채권자가 위 등기가 말소된 등기사항증명서를 제출하면서 취소신청을 하는 경우에는 민사집행법 제96조 제1항에 따라 경매절차를 취소한다. 반면 취소확정판결에 따른 경매신청채권자의 경매개시결정등기와 수익자의 소유권이전등기가 말소되기 전에 매수인이 대금을 납부한 경우에는 가처분은 매각에 따라 말소되고 매수인은 소유권을 유효하게 취득하게 된다.[454] 따라서 집행법원은 배당순위에 따라 배당을 실시하면 되는데, 취소채권자가 배당 전에 취소확정판결을 집행법원에 제출하면서 가처분에 의해 실효되는 권리자를

454) 대법원 2001. 2. 27. 선고 2000다44348 판결, 대법원 2003. 6. 13. 선고 2002다10509 판결 등 참조.

배당에서 배제하고 잉여금을 수익자가 아닌 취소채무자에게 배당해달라는 신청을 한 경우에 집행법원의 처리와 관련하여서는 위 '가) 경매신청채권자의 경매개시결정등기가 가처분에 의한 실효의 대상이 아닌 경우' 중 (2)의 ①, ② 견해대립과 같다.

나. 가액반환의 경우

가액반환을 명한 경우에는 취소채권자가 반환을 명한 금전의 수령권을 가지게 되므로[455] 가액반환판결은 수익자에 대한 집행권원이 된다. 따라서 취소채권자는 가액반환판결로써 사해행위의 목적부동산이 아닌 수익자의 다른 부동산에 대하여도 강제집행을 할 수 있고 배당요구만을 할 수도 있다.

사해행위의 수익자 소유의 부동산에 대한 경매절차에서 취소채권자가 수익자에 대한 가액반환판결에 기하여 배당을 요구하여 배당을 받은 경우, 그 배당액은 배당요구를 한 취소채권자에게 그대로 귀속되는 것이 아니라 채무자의 책임재산으로 회복되는 것이며, 이에 대하여 채무자에 대한 채권자들은 채권만족에 관한 일반원칙에 따라 채권 내용을 실현할 수 있는 것이다. 즉 취소채권자가 그 배당금에 대하여 우선권을 가지지는 않는다.[456] 그러나 통설은 취소채권자가 그 지급받은 금전을 자신의 채권과 상계하는 방법에 의하여 사실상 우선변제받는 것을 허용하고 있다.

사해행위의 취소와 원상회복은 모든 채권자의 이익을 위하여 그 효력이 있으므로(민법 407조), 채권자취소권의 행사로 채무자에게 회복된 재산에 대하여 취소채권자가 우선변제권을 가지는 것이 아니라 다른 채권자도 총 채권액 중 자기의 채권에 해당하는 안분액을 변제받을 수 있는 것이지만, 이는 채권의 공동담보로 회복된 채무자의 책임재산으로부터 민사집행법 등의 법률상 절차를 거쳐 다른 채권자도 안분액을 지급받을 수 있다는 것을 의미하는 것일 뿐, 다른 채권자가 이러한 법률상 절차를 거치지 않고 취소채권자를 상대로 하여 안분액의 지급을 직접 구할 수 있는 권리를 취득한다거나, 취소채권자에게 인도받은 재산 또는 가액배상금에 대한 분배의무가 인정된다고 볼 수는 없다. 가액배상금을 수령한 취소채권자가 이러한 분배의무를 부담하지 않음으로 인하여 사실상 우선변제를 받는 불공평한 결과를 초래하는 경우가 생기더라도, 이러한 불공평은 채무자에 대한 파산절차 등 도산절차를 통하여 시정하거나 가액배상금의 분배절차에 관한 별도의 법률 규정을 마련하여 개선하는 것은 별

---

455) 대법원 1999. 9. 7. 선고 98다41490 판결, 대법원 2001. 2. 27. 선고 2000다44348 판결 등 참조.

456) 대법원 2005. 8. 25. 선고 2005다14595 판결 등.

론으로 하고, 현행 채권자취소 관련 규정의 해석상으로는 불가피하다.457)

한편 수익자인 채권자로 하여금 안분액의 반환을 거절하도록 하는 것은 자신의 채권에 대하여 변제를 받은 수익자를 보호하고 다른 채권자의 이익을 무시하는 결과가 되어 제도의 취지에 반하게 되므로, 수익자가 채무자의 채권자인 경우 수익자가 가액배상을 할 때에 수익자 자신도 사해행위취소의 효력을 받는 채권자 중의 1인이라는 이유로 취소채권자에 대하여 총 채권액 중 자기의 채권에 대한 안분액의 분배를 청구하거나, 수익자가 취소채권자의 원상회복에 대하여 총 채권액 중 자기의 채권에 해당하는 안분액의 배당요구권으로써 원상회복청구와의 상계를 주장하여 그 안분액의 지급을 거절할 수는 없다.458)

5. 소유권이전행위가 사해행위로서 취소된 경우 공탁금 또는 잉여금의 처리 방법

가. 문제점 제기

A 소유의 부동산이 B의 소유로 이전이 된 다음 그 부동산에 관하여 매각절차가 진행된 다음 배당기일에서 채권자 모두에게 전액을 배당하고도 잔여액이 남은 경우 배당받은 채권자 중 1인(A로부터 근저당권을 설정받은 자로서 근저당권의 채권최고액을 초과하는 일반채권을 가지고 있는 자)이 B 명의로의 소유권이전등기가 사해행위라는 이유로 B를 상대로 사해행위취소소송을 제기하여 "A와 B 사이의 매매계약을 취소하고, B 명의로 마쳐진 소유권이전등기절차의 말소등기절차를 이행하라."459)는 내용의 승소확정판결을 받았고, A에게 배당될 잉여금에 관하여 채권추심 및 처분금지가처분을 받았다. 이 때 집행법원은 어떤 조치를 위하여야 하고, 위 채권자는 어떤 방법으로 위 잉여금을 수령할 수 있는지가 문제된다.

나. 사해행위취소소송의 승소확정판결에 따라 전소유자(채무자)에게 환원된 부동산의 경매절차에서 잉여금이 있는 경우 그 지급대상(일반론)

1) 취소채권자가 경매절차에서 배당받을 수 있는 채권자인 경우(=수익자)

채권자취소권 행사에 의한 취소판결의 효력은 그 취소채권자와 수익자 사이에서

457) 대법원 2008. 6. 12. 선고 2007다37837 판결.

458) 대법원 2001. 2. 27. 선고 2000다44348 판결, 대법원 2001. 6. 1. 선고 99다63183 판결.

459) 사해행위취소의 소의 성질은 형성의 소(형성권에 기한 사해행위의 취소, 여기서는 매매계약의 취소)와 이행의 소(원상회복청구권에 기한 원상회복, 여기서는 이전등기의 말소청구이행)의 결합이다.

만 상대적으로 미칠 뿐이어서 취소의 결과 소유명의가 수익자로부터 채무자에게 환원된 경우에도 채무자가 실체법적으로 그 환원된 부동산의 소유권 또는 처분권한을 취득하는 것은 아니다.[460]

따라서 취소채권자가 '경매절차에서 배당받을 수 있는 채권자인 경우'에는 수익자로부터 환원받은 부동산에 대하여 강제집행을 실시하여 취소채권자 등이 전액 배당받고 남은 잉여금은 그 재산을 반환한 수익자에게 복귀시켜야지 채무자에게 지급하여서는 안 된다.

2) 취소채권자가 경매절차에서 배당받을 자격이 없는 채권자인 경우(=채무자)

잉여금을 수익자에게로 복귀시키는 경우는 '취소채권자가 경매절차에서 배당받을 수 있는 채권자이기 때문에 배당절차에서 전액 만족을 얻은 경우'에 한정된다.

그런데 취소채권자가 경매절차에서 배당받을 자격이 없어 배당절차에서 만족을 얻지 못하는 경우가 있는데, 이때 취소채권자의 사해행위취소 및 원상회복청구에 의하여 채무자에게로 회복된 재산은 취소채권자 및 다른 채권자에 대한 관계에서 채무자의 책임재산으로 취급되어야 하므로, 그 한도 내에서 채무자에게 잉여금을 지급하여야 한다. 따라서 취소채권자 및 다른 채권자는 '채무자의 잉여금지급청구권'에 대하여 추심명령이나 전부명령을 받는 방법으로 그 금원을 지급받을 수 있는 것이다.[461]

다. 위 사안에서 집행법원의 조치

집행법원으로서는 잉여금을 A에게 지급하되, 위 가처분이 있음을 이유로 공탁하여야 한다.

채권자취소권 행사에 의한 취소판결의 효력은 그 취소채권자와 수익자 사이에서만 상대적으로 미칠 뿐이어서 취소의 결과 소유명의가 수익자로부터 채무자에게 환원된 경우에도 채무자가 실체법적으로 그 환원된 부동산의 소유권 또는 처분권한을 취득하는 것은 아니므로,[462] 수익자로부터 환원받은 부동산에 대하여 강제집행을 실시하여 배당받고 남은 잉여금은 그 재산을 반환한 수익자 B에게 복귀시켜야지 채무자 A에게 지급하여서는 아니 되는 것이 원칙이지만, 이 경우는 다르다(이 점은 이미

460) 대법원 2000. 12. 8. 선고 98두11458 판결, 대법원 2008. 9. 25. 선고 2007다47216 판결 등 참조.

461) 취소채권자 및 다른 채권자가 전액 만족을 받고도 여전히 남는 금원이 있다면, 그 금원은 비로소 수익자에게 돌아가게 된다.

462) 대법원 2000. 12. 8. 선고 98두11458 판결, 대법원 2008. 9. 25. 선고 2007다47216 판결 등 참조.

앞서 설명한 바와 같다).

즉 잉여금을 수익자 B에게로 복귀시키는 경우(위 법리가 적용되는 경우)는 '취소채권자가 배당절차에서 전액 만족을 얻은 경우'이다. 그런데 취소채권자가 경매절차에서 배당받을 자격이 없어 배당절차에서 만족을 얻지 못하는 경우가 있고, 위 사안이 바로 이런 경우이다. 이때에는 취소채권자의 사해행위취소 및 원상회복청구에 의하여 채무자에게로 회복된 재산은 취소채권자 및 다른 채권자에 대한 관계에서 채무자의 책임재산으로 취급되어야 하고, 취소채권자 및 다른 채권자는 '채무자의 잉여금지급청구권'에 대하여 추심명령이나 전부명령을 받는 방법으로 그 금원을 지급받을 수 있는 것이다.

라. 위 사안에서 B에게 잉여금이 배당된 경우 채권자가 위 공탁된 금원을 수령하기 위한 방법

1) 위 사안에서 사해행위 취소소송의 승소채권자가 위 공탁된 금원을 수령하기 위해서는 ① B를 상대로 사해행위취소소송의 원상회복 판결을 다시 받아야 하고, ② A에 대한 집행권원이 있어야 한다.

가) 먼저 B를 상대로 사해행위취소소송의 원상회복 판결을 다시 받아야 한다. 위 채권자가 이미 받은 원상회복판결의 내용인 "B 명의로 마쳐진 소유권이전등기절차의 말소등기절차를 이행하라."는 주문은 집행불능판결이므로, 다시 B를 상대로 잉여금지급채권의 양도와 그 채권양도의 통지를 하라는 판결을 다시 받아야 한다.[463][464] 이 경우의 주문은, "피고(수익자 B)는, 1. 소외 OOO(사해행위의 채무자 A)에게 별지 목록 기재 잉여금지급청구권 양도의 의사표시를 하고, 2. 소외 대한민국에게[465] 위 배당금지급청구권 양도의 통지를 하라.[466]"이다.

---

463) 대법원 1997. 10. 10. 선고 97다8687 판결.

464) 이 청구(원상회복청구)는 제척기간의 제한을 받지 않는다. 사해행위취소청구(위 사건에서의 매매계약취소청구)가 민법 제406조 제2항에 정하여진 기간 안에 제기되었다면 원상회복의 청구는 그 기간이 지난 뒤에도 할 수 있기 때문이다(대법원 2001. 9. 4. 선고 2001다14108 판결).

465) 재판예규 제64호 공탁금회수청구채권의 양도 통지가 공탁공무원에게 직접 송달된 경우의 유효 여부(재민 64-19)

문. 공탁금 회수청구권의 양도 통지서(확정 일자있는 증서)를 채무자에게 송달하는 경우 송달의 방식 및 양도 통지서의 효력에 관하여 의문이 있어 질의하니 어느 설이 정당한지 교시하여 주시기 바랍니다.

갑설: 채무자가 나라(그 대표자 법무부장관)로 되어 있는 경우에 실무상(송달의 편의상)채무자 표시 외에 괄호하고 소관처를 병기하고 있는 바, 이 경우에 법무부장관에게 공탁금회수청구채권의 양도통지가 송달된 경우에만 유효한 양도통지가 된 것으로서, 공탁공무원은 법무부장

나) 사해행위취소소송의 승소채권자는 위 판결을 받은 다음, 다시 A를 상대로 집행권원을 받아 이를 기초로 A에게 양도된 잉여금의 출급청구를 하거나 아니면 위 집행권원을 기초로 압류 및 추심명령이나 압류 및 전부명령을 받아 출급청구를 할 수 있다.[467)]

다) 그런데 문제는 대법원 2006. 12. 7. 선고 2004다54978 판결에 의하면, "채권자가 일단 사해행위취소 및 원상회복으로서 원물반환청구를 하여 승소판결이 확정되었다면, 그 후 어떠한 사유로 원물반환의 목적을 달성할 수 없게 되었다고 하더라도 다시 원상회복청구권을 행사하여 가액배상을 청구할 수는 없으므로 그 청구는 권리보호의 이익이 없어 허용되지 않는다."고 판시하고 있으므로, 위 판결에 의할 경우 채권자는 'B에게 배당될 잉여금'에 관하여 권리를 행사할 방법이 전혀 없게 된다.

사견은 위 판례의 태도에 반대하는 입장이다. 위 판례는 대법원 2001. 2. 9. 선고 2000다57139 판결을 그대로 답습한 것인데, 위 2000다57139 판결의 판시에 많은 문제점이 있다는 것은 논문으로 자세히 밝힌바 있다.[468)] 즉 위 논문에서 가액배상이 인정되는 유형을 2가지로 나누어 위 사안의 경우에는 다시 원상회복청구를 하여도 기판력에 저촉이 되는 것이 아님을 피력한 바 있다.[469)] 위 사안과 같은 제2유형의 경우 원상회복으로 소유권이전등기말소를 구하였다가 그 말소판결이 집행불능되자 다시 채권양도의 의사표시를 소로써 구하는 것은 마치 이행청구를 하였다가 그 청구가 이행불능된 경우 전보배상을 구할 수 있는 것처럼 별개의 소송물이므로, 기판력에 저촉되는 것도 아니고 권리보호의 이익이 없는 것도 아니다.

관의 지시를 받으면 된다.
을설: 위 공탁금회수 청구채권의 양도통지가 법무부장관에는 송달되지 않고 소관처인 공탁공무원에게 직접 송달된 경우에도 유효한 송달의 효력(대항요건의 구비)이 발생한 것으로 본다.
답: 을설 중 "송달"을 "도달"로 바꾸어 보고 "을설"이 옳다.

466) 채권양도 통지와 같이 의사 진술의 상대방이 원고가 아닌 제3자인 경우에는 판결 확정 후 원고가 스스로 그 판결을 제3자에게 송부 또는 제시함으로써 만족을 얻게 된다. 원고가 제3자에게 판결을 송부 또는 제시함에 있어서는 확정일자 있는 증서에 의하는 것이 유리하다. 대항력의 우열은 통지 또는 승낙에 붙여진 확정일자의 선후가 아니라, 확정일자 있는 양도통지가 채무자에게 도달한 일시 또는 확정일자 있는 승낙의 일시의 선후에 의하여 결정되기 때문이다(대법원 1994. 4. 26. 선고 93다24223 전원합의체 판결 참조).

467) 근저당권자에게 배당하기로 한 금원에 대하여 지급금지가처분결정이 있어 경매법원이 그 배당금을 공탁한 후에 그 근저당권설정계약이 사해행위로서 취소된 경우 그 공탁금은 그 경매절차에서 배당요구하였던 다른 채권자들에게 추가배당하여야 하지만(대법원 2002. 9. 24. 선고 2002다33069 판결), 위 사안의 경우 모든 채권자가 만족을 얻었으므로 추가배당을 하지 않는다.

468) 윤경, "사해행위취소와 가액배상", 저스티스 34권 5호, 한국법학원(2001), 165-168쪽 참조.

469) 윤경, 위 논문 168쪽.

라) 한편 원고가 갑 주식회사를 상대로 제기한 사해행위취소소송에서 원물반환으로 근저당권설정등기의 말소를 구하여 승소판결이 확정되었는데, 그 후 해당 부동산이 관련 경매사건에서 담보권실행을 위한 경매절차를 통하여 제3자에게 매각된 사안에서, 판례[470]는 원고는 대상청구권의 행사로서 갑 회사가 말소될 근저당권설정등기에 기하여 지급받은 배당금의 반환을 청구할 수 있다고 하여 원물반환이 이행불능이 된 경우 대상청구권 행사가 가능하다고 보고 있어 위 2000다57139 판결의 문제점을 우회적으로 해결하였다.

마) 사해행위취소소송의 승소채권자가 배당기일에 출석하여 을의 잉여금에 대하여 배당이의를 하고 배당이의소송을 제기하여 승소확정판결을 받아 그 공탁금을 수령할 수 있다는 견해가 있으나, 사해행위취소소송의 승소채권자는 이미 전액을 배당받은 자이므로 배당이의를 할 적격이 없고 나아가 배당이의의 소의 이익도 없으므로, 그 실익이 전혀 없다.

6. 사해행위를 원인으로 처분금지가처분을 한 경우 그 가처분의 효력

가. 저당권에 대하여 처분금지가처분이 된 부동산이 경매로 매각된 경우 가처분의 효력이 배당금지급청구권에도 미치는지 여부(= 소극)

1) 문제점 제기

저당권에 대하여 처분금지가처분등기가 된 후 저당목적물이 경매로 매각되고 저당권자에게 배당이 이루어진 경우 저당권자에게 배당액을 지급할 것인가, 아니면 저당권에 대한 처분금지가처분의 효력이 배당금지급청구권에도 미치는 것으로 보아 저당권자에게 배당금을 지급하지 않을 것인가가 문제된다.

2) 검 토

가) 저당권에 관하여 일반가처분으로 저당권처분금지가처분이 있는 경우에 그 저당권의 피담보채권 금액의 처리에 관하여, ① 저당권의 처분금지가처분은 저당권의 양도 그 밖의 처분을 금지하는 것이지 저당권의 실행을 금지하는 것은 아니기 때문에 그 가처분의 효력은 저당권이 실행된 효과로서 발생한 배당금지급청구권에는 미치지 않으므로 집행법원은 저당권자에게 지급하여야 하고, 따라서 저당권의 처분금지가처분권자는 저당권자가 배당금을 지급받기 전에 배당금지급청구권에 대하여 다시 지급금지가처분 또는 가압류를 하여야만 저당권자에 대한 배당금의 지급을 막을 수

---

470) 대법원 2012. 6. 28. 선고 2010다71431 판결.

있다는 견해(1설 저당권자지급설)[471]와 ② 저당권의 처분금지가처분은 저당권자가 배당금지급청구권을 행사하여 배당금을 수령함으로써 피담보채무를 변제받는 등 저당권을 실질적으로 소멸(처분)시키는 행위도 금지하는 것으로 보아 집행법원은 배당금을 저당권자에게 지급할 수 없고, 저당권자의 저당권부채권이 가압류된 경우에 준하여 공탁하는 것이 타당하다는 견해(2설 공탁설)[472]의 대립이 있다.[473] 아래와 같은 이유로 1설이 타당하다고 본다.

① 공탁은 공탁의 근거법령이 있고 공탁의 요건을 충족할 때에만 할 수 있는데, 현행 집행공탁의 규정에서 근저당권에 가처분이 되어 있다고 해서 근저당권자의 배당금을 공탁을 할 수 있는 근거 규정은 없고, ② 고액의 근저당권부 채권에 소액의 가압류가 되어 있는 경우 근저당권자가 가압류채권에 대해 다툼의 여지가 있다면 해방공탁을 하고 배당금을 모두 수령할 수 있겠지만 현행 민사집행법상 가처분에 대하여는 해방공탁을 할 수 있는 근거규정이 없으므로 위와 같은 경우 가처분권자의 권리가 소액의 금전채권으로 확정적으로 바뀔 때까지 근저당권자에 대한 배당금 전액을 공탁해야 한다면 근저당권자의 권리를 심각하게 침해하는 결과가 되며, ③ 근저당권에 대한 가처분뿐만 아니라 해당 근저당권부 채권에 대하여 압류 또는 가압류가 경합되고 있는 경우 매각절차로 인해 근저당권이 말소되고 근저당권자에게 지급해야할 배당금에 대하여는 경매계장은 집행공탁과 함께 사유신고를 하여 채권배당절차가 개시되는데, 이때 채권배당 실무에서는 가처분권자를 배당에서 배제하고 압류·가압류권자에게만 배당을 실시하고 있어 이런 실무례는 이미 가처분은 금전채권을 보전하는 것이 아니며 절차적으로도 채권배당에서 배당요구의 종기는 사유신고 시까지이므로 가처분권자는 배당절차가 개시되고 난 이후에 집행권원을 취득해 집행법원에 배당요구를 하더라도 배당을 받을 수가 없다는 것을 전제로 한 실무진행인 것으로, 만약 이런 경우 근저당권에 대한 가처분이 있다고 해서 채권배당절차를 정지시킨다면 어차피 배당받지 못할 자를 위해 절차를 정지시키는 것이므로 불합리하기 때문이다.[474]

현재 실무는 두 견해가 대립되고 있는 상황으로,[475] 공탁설은 법리적인 측면에

---

471) 윤경, 「부동산경매(입찰)의 실무(하)」, 법률정보센타(1999), 426-428쪽.

472) 이우재, 배당의 제문제(제2판), 진원사(2012), 946쪽 이하 참조(가처분의 유형에 따라 다르지만 원칙적으로 공탁설적 입장임).

473) 법원실무제요 민사집행[Ⅲ], 사법연수원(2020), 266쪽; 민사집행법 실무연구[재판자료 제109집](2006년) 84쪽.

474) 2009 사법보좌관정례세미나회의록(실무상 제문제 등 종합토론), 7~15쪽.

475) 2009 사법보좌관정례세미나회의록(실무상 제문제 등 종합토론), 15쪽.

서의 주장이라기보다는 가처분이 있어 배당금을 지급하기가 부담스럽다는 현실적인 사유에 기인한 것으로 보이는데 집행법원에선 공탁설에 따라 공탁을 하는 경우가 적지 않은 것으로 보인다.

나) 제1설에 의할 경우 저당권의 처분금지가처분권자는 저당권자가 배당금을 지급받기 전에 배당금지급청구권에 대하여 다시 지급금지가처분 또는 가압류를 하여야만 저당권자에 대한 배당금의 지급을 막을 수 있다.

그런데 주의할 점이 있다. 위와 같은 처분금지가처분 중에는 "사해행위취소를 원인으로 한 근저당권의 말소등기청구권"을 피보전권리로 한 것이 있는데, 채권자로서는 사해행위로 추정되는 재산처분행위가 있는 경우에 향후 사해행위 취소소송에서의 원상회복 방법을 예상하여 '가액배상의 방법으로만 원상회복이 가능한 경우'에는 가처분이 아니라 금전채권의 보전을 위한 가압류를 하여야 하며, 원상회복의 방법이 가액배상이 아닌 '원물반환의 경우에는' 권리보전을 위한 처분금지 가처분의 방법으로 채권보전조치를 취하여야 한다.

나. 처분금지가처분이 된 부동산이 경매로 매각된 경우 소유자에게 배당된 잉여금(소유권자의 잉여금교부청구권)에 처분금지가처분의 효력이 미치는지 여부(=소극)

1) 소유권에 대한 처분금지가처분의 효력(=소유권자의 잉여금교부청구권에 미치지 않음)476)

가) 최선순위 가처분의 경우

부동산에 대한 처분금지가처분이 최선순위 가처분에 해당하여 경매절차로 말소되지 않는 것이라면, 그 가처분은 매수인이 그대로 인수를 하게 되고 따라서 소유자의 잉여금교부청구권에 위 가처분의 효력이 미치지 않는다.

나) 경매로 말소되는 가처분의 경우

부동산에 대한 처분금지가처분등기라 할지라도 그보다 선순위로서 매각으로 소멸하는 담보권·압류·가압류등기가 존재하는 경우에는 말소의 대상이 된다.

경매로 인하여 말소되는 가처분의 효력은 '소유자의 잉여금지급(교부)청구권'에 미치지 않는다. 부동산처분금지가처분의 주문은 통상 "채무자는 별지 기재 부동산에 대하여 매매, 증여, 저당권이나 임차권의 설정 기타 일체의 처분을 하여서는 안 된

476) 윤경, 앞의 책, 법률정보센타(1999), 428-429쪽.

다"이다.

그런데 경매절차로 인하여 소유권이 이전되는 것은 채무자의 의사와는 무관한 것이고, 이는 가처분의 주문이 금하고 있는 "채무자의 처분행위"가 아니다. 매각절차는 가처분의 효력에 반하는 행위가 아니므로, 가처분권자는 아무런 배당을 받을 수 없고(경매절차의 이해관계인도 아님[477]) 그 가처분은 그대로 말소될 뿐이다.

2) 주의할 점

가) '소유자의 잉여금지급청구권'에 대한 지급금지가처분 또는 가압류가 필요함

부동산의 처분금지가처분권자는 소유자가 잉여금을 지급받기 전에 잉여금지급청구권에 대하여 다시 지급금지가처분 또는 가압류를 하여야만 소유자에 대한 잉여금의 지급을 막을 수 있다.

나) 피보전권리가 "사해행위취소를 원인으로 한 가액배상"인 경우에는 가압류를 하여야 함

주의할 점은, 위와 같은 처분금지가처분 중에는 "사해행위취소를 원인으로 한 소유권이전등기의 말소등기청구권"을 피보전권리로 한 것이 있는데, 채권자로서는 사해행위로 추정되는 재산처분행위가 있는 경우에 향후 사해행위취소소송에서의 원상회복 방법을 예상하여 '가액배상의 방법으로만 원상회복이 가능한 경우'에는 가처분이 아니라 금전채권의 보전을 위한 가압류를 하여야 하며, 원상회복의 방법이 가액배상이 아닌 '원물반환의 경우'에는 권리보전을 위한 처분금지가처분의 방법으로 채권보전조치를 취하여야 한다.

다) '소유자의 잉여금지급청구권'에 대한 지급금지가처분을 하였는데, 본안이 가액배상인 경우 다시 가압류를 하여야 하는지 여부(= 적극)

(1) 사해행위취소는 독특한 성질을 가지고 있다. 사해행위취소를 통하여 채권자가 확보하고자 하는 궁극적인 권리는 피보전채권(보전처분의 피보전권리와는 다른 개념임)인 금전채권이다. 금전채권의 보전을 위해서는 가압류를 하는 것이 통상이지만, 사해행위취소소송에서의 본안에 앞서 보전처분을 할 경우의 그 피보전권리는 부동산의 경우 "사해행위취소로 인한 부동산이전등기말소등기청구권"이고(가액배상이 아닌 경우 원물반환의 경우), 따라서 가처분을 하게 되는 독특한 구조를 가지고 있다. 즉 원고는 금전채권을 보호하기 위하여 가압류가 아닌 가처분을 하는 구조를 가지고 있다.

477) 대법원 1994. 9. 30.자 94마1534 결정.

그런데 사해행위 취소를 원인으로 원상회복청구권을 피보전권리로 하여 처분금지가처분을 해 두었는데, 변론종결 시까지 밝혀진 사정에 비추어 판단한 결과 비로소 가액배상임이 밝혀진 경우 피보전권리(사해행위취소로 인한 부동산이전등기말소등기청구권)가 인정되지 않은 것이므로 그 가처분은 효력이 없는 결과가 되는데, 이 경우 취소채권자가 굳이 새로운 가압류를 다시 받아야 한다고 하면 이는 사해행위의 취소채권자에게 심한 부담이 되고 집행재산의 임의처분을 막는 보전처분의 실효성도 없게 되는 결과가 발생하므로, 위 가처분의 효력으로 가액배상청구권을 보전할 수 있다고 해야 하지 않은가 의문이 들 수 있다.

즉 보전처분의 호환성(피보전권리의 청구의 기초동일성[478])이 인정되는 경우 가압류와 가처분이 서로 호환되는지 여부)에 관하여, 사해행위취소소송에서 원물반환청구권과 가액배상청구권이 청구기초의 동일성은 있다고 보아야 하지 않을까 하는 의문이 생긴다.

(2) 그러나 현재 판례상 청구기초의 동일성은 가압류의 경우 본안도 금전채권일 경우에 인정되는 것이므로, 본안은 특정물에 관한 이행청구권인데도 청구기초가 동일하다는 이유로 금전채권을 보전하기 위하여 한 가압류가 '특정물에 관한 이행청구권'을 보전할 수는 없는 것이고, 반대의 경우도 마찬가지이다.

---

478) 보전처분의 피보전권리와 본안소송의 소송물인 권리는 엄격히 일치될 필요는 없고, 청구취지와 원인사실 등에 비추어 청구의 기초, 즉 본안소송에 의하여 추구하려고 하는 이익과 해당 보전처분에 의하여 보전하려고 하는 이익 사이에 동일성이 인정되면 된다(청구의 기초동일설). 즉 보전처분의 피보전권리와 본안소송물인 권리는 엄격히 일치함을 요하지는 않고 청구의 기초의 동일성이 인정되는 한 본안이라고 할 수 있다. 판례(대법원 2001. 3. 13. 선고 99다11328 판결)도, "보전처분의 피보전권리와 본안의 소송물인 권리는 엄격히 일치함을 요하지 않으며 청구의 기초의 동일성이 인정되는 한 그 보전처분에 의한 보전의 효력은 본안소송의 권리에 미치고, 동일한 생활 사실 또는 동일한 경제적 이익에 관한 분쟁에 있어서 그 해결 방법에 차이가 있음에 불과한 청구취지 및 청구원인의 변경은 청구의 기초에 변경이 없다(가처분의 본안소송에서 그 청구취지와 청구원인을 원인무효로 인한 말소등기청구에서 명의신탁해지로 인한 이전등기청구로 변경한 사례)"고 판시하고 있다(대법원 1982. 3. 9. 선고 81다1223, 81다카991 판결도 같은 취지임). 청구의 기초에 변경이 없는 한 채권자는 이의소송에서 보전처분발령 당시와 다른 내용의 피보전권리를 교환적·추가적·예비적으로 변경할 수 있다(대법원 1982. 3. 9. 선고 81다1221 판결). 또한 변경에 의하여 피보전권리로 추가되는 권리가 보전처분의 재판 당시 아직 발생하지 않은 권리라 하더라도 이를 피보전권리로 변경할 수 있다(대법원 1996. 2. 27. 선고 95다45224 판결).

7. 취소채권자와 수익자의 고유채권자의 우열관계[479)]

사해행위의 목적부동산에 수익자에 대한 채권자의 가압류등기가 마쳐진 후 채무자와 수익자 사이의 위 부동산에 관한 매매계약이 사해행위라는 이유로 취소되어 수익자 명의의 소유권이전등기가 말소되었다 하더라도 사해행위의 취소는 상대적 효력밖에 없어 특단의 사정이 없는 한 가압류의 효력이 당연히 소멸되는 것은 아니므로 채무자로부터 위 부동산을 진전하여 양도받은 자는 가압류의 부담이 있는 소유권을 취득하였다 할 것인바, 원심이 위 부동산에 관한 수익자 명의의 소유권이전등기가 원인무효라는 이유만으로 가압류채권자의 위 부동산에 대한 강제집행을 불허한 조치는 사해행위취소의 효력에 관한 법리를 오해한 위법이 있다는 판례,[480)] 근저당권이 설정되어 있는 채무자의 부동산을 매수한 수익자의 채권을 담보하기 위하여 수익자의 채권자들이 부동산에 대해 압류 등을 하여 부동산에 관한 근저당권에 의한 경매절차에서 배당받은 후 사해행위 취소채권자가 수익자를 상대로 사해행위취소소송을 제기하여 가액배상의 확정판결을 받은 경우, 수익자의 채권자들이 수익자와 새로운 법률관계를 맺은 것이 아니라 수익자의 채권자로서 이미 가지고 있던 채권확보를 위하여 부동산을 압류 또는 가압류한 자에 불과하더라도 목적부동산의 매각대금에 대하여 사해행위 취소채권자에게 수익자의 채권자들에 우선하여 변제받을 수 있는 권리를 부여하여 사해행위취소판결의 실효성을 확보하여야 할 아무런 근거가 없으므로 수익자의 채권자들에게 사해행위취소판결의 효력이 미친다고는 볼 수 없다고 한 판례,[481)] 사해행위의 취소는 취소소송의 당사자 간에 상대적으로 취소의 효력이 있는 것으로 당사자 이외의 제3자는 다른 특별한 사정이 없는 이상 취소로 그 법률관계에 영향을 받지 않는다. 사해행위의 취소에 상대적 효력만을 인정하는 것은 사해행위 취소채권자와 수익자 그리고 제3자의 이익을 조정하기 위한 것으로 그 취소의 효력이 미치지 않는 제3자의 범위를 사해행위를 기초로 목적부동산에 관하여 새롭게 법률행위를 한 그 목적부동산의 전득자 등만으로 한정할 것은 아니므로, 수익자와 새로운 법률관계를 맺은 것이 아니라 수익자의 고유채권자로서 이미 가지고 있던 채권 확보를 위하여 수익자가 사해행위로 취득한 근저당권에 배당된 배당금을 가압류한 자에게 사해행위취소 판결의 효력이 미친다고 볼 수 없다는 판례[482)] 등으로 볼 때 판례

479) 이에 관련한 자세한 논의는 윤경·손흥수, 부동산경매(2), 한국사법행정학회(2017), 1839~1842쪽 참조.

480) 대법원 1990. 10. 30. 선고 89다카35421 판결.

481) 대법원 2005. 11. 10. 선고 2004다49532 판결.

는 사해행위취소 전에 수익자의 고유채권자가 목적부동산에 대해 (가)압류 등을 한 경우에는 사해행위취소의 상대적 효력으로 볼 때 수익자의 고유채권자에 대해 사해행위취소의 판결이 미치지 않는다는 입장으로 보인다.

8. 채권자취소권 행사를 위한 비용의 우선상환 가부

사해행위취소소송을 위하여 지출한 소송비용, 사해행위취소를 원인으로 한 말소등기청구권 보전을 위한 부동산처분금지가처분 비용, 사해행위로 마쳐진 소유권이전등기의 말소등기 비용 등은 사해행위취소소송으로 원상회복된 채무자의 재산에 대한 집행에 의하여 우선적으로 변상받을 수 있는 집행비용에 해당하지 않는다.[483)]

XVI. 외화채권 등의 환산[484)]

1. 내국통화지급의 원칙

1) 저당권의 피담보채권이 외화채권인 경우와 같이 다른 나라의 통화로 지급할 것을 목적으로 하는 채권, 즉 외화채권이라고 할지라도 다수의 이해관계인의 이익을 조절하면서 신속하게 절차를 진행시켜야 하는 강제집행절차에 있어서는 반드시 내국통화로 환산한 금액을 지급한다.

2) 외화채권인 경우에는 채무자는 현실로 이행하는 때에 있어서 지급할 때의 환금시가에 의하여 우리나라의 통화로 변제할 수 있다(대용급부권, 민법 378조).[485)]

채권액이 외국통화로 지정된 금전채권인 외화채권을 채무자가 우리나라 통화로 변제함에 있어서 그 환산시기는 이행기가 아니라 현실로 이행하는 때이므로 채무자는 현실이행시의 외국환시세에 의하여 환산한 우리나라 통화로 변제하여야 한다.[486)] 이는 외화채권자가 경매절차를 통하여 변제를 받는 경우에도 동일하게 적용되므로, 집행법원이 경매절차에서 외화채권자에 대하여 배당을 할 때에는 특별한 사정이 없는 한 배당기일 당시의 외국환시세를 우리나라 통화로 환산하는 기준으로 삼아야 한다.[487)]

---

482) 대법원 2009. 6. 11. 선고 2008다7109 판결.
483) 대법원 2011. 2. 10. 선고 2010다79565 판결.
484) 윤경, 「부동산경매(입찰)의 실무(하)」, 법률정보센타(1999), 401-403쪽 참조.
485) 대법원 1991. 3. 12. 선고 90다2147 전원합의체 판결
486) 대법원 1991. 3. 12. 선고 90다2147 전원합의체 판결.

2. 환산시점

1) 외화채권의 환산시기에 관하여 민법 제378조에서 "지급할 때"라고 규정하고 있고, 이는 문면상 채무자가 대용급부권을 행사하는 경우에 관한 것이므로 채권자의 대용권행사에 관한 직접적인 규정이라고 볼 수 없다.

다만 채권자가 대용급부청구권을 행사하는 경우에 관하여, 어음법 제41조 제1항은 "… 만기의 날 또는 지급의 날의 환시세 …", 수표법 제36조 제1항은 "… 제시한 날이나 지급하는 날의 환시세 …"라고 규정하고 있을 뿐이다.

이에 대하여 대법원 1991. 3. 12. 선고 90다2147 전원합의체 판결은 "채권자가 외화채권을 대용급부의 권리를 행사하여 우리나라 통화로 환산하여 청구하는 경우에도 법원이 채무자에게 그 이행을 명함에 있어서 채무자가 현실로 이행할 때에 가장 가까운 사실심 변론종결 당시의 외국환 시세를 우리나라 통화로 환산하는 기준으로 삼아야 한다."라고 판시하였다.

2) 경매절차에 있어서도 외화채권의 환산은 당사자의 대용급부권을 그 논리적 전제로 할 것이므로 그 환산시기에 관하여 ① 경매신청 시(배당요구 시)설, ② 매각허가시설, ③ 배당기일설, ④ 배당기일을 앞두고 해당 채권자가 계산서를 제출한 시점을 기준으로 하자는 설, ⑤ 배당표원안작성 시설 등의 견해가 있다.

실무에서는 외화채권에 대하여 배당기일에 있어서의 그 외화의 환금시가에 의한 한화환산액을 기준으로 하고 있다(배당기일설). 이때의 환산율은 해당 외화의 대고객전신환매매율(Telegraphic Transfer Selling Rate : 전신으로 송금할 때 적용되는 환율)에 의하여 외화채권액을 한화로 환산한 금액을 채권액으로 보아 배당을 실시한다. 환산율을 매도율에 의할 것인가 매입률에 의할 것인가는 견해가 나뉘나 실무상으로는 매도율을 적용하고 있다.[488] 따라서 근저당권자 등 청구채권이 외화채권으로 되어 있는 채권자에 대해서는 배당기일 당일의 대고객전신환매도율을 적용하여 계산한 채권계산서를 제출하도록 한 후 배당표를 작성해야 한다.

3) 저당권의 피담보채권은 반드시 금전채권에 한정되지 않고 백미 등 대체물의 일정 수량의 지급채권과 같이 금전채권이 아닌 채권이라도 무방하다. 다만 이 경우에는 저당권설정등기신청서에 그 피담보채권 외에 그 '채권의 평가액', 즉 그 채권을 금전으로 평가한 평가액을 적어야 하고 이를 등기기록에 표시하게 된다(부동산등기

487) 대법원 2011. 4. 14. 선고 2010다103642 판결.
488) 법원실무제요 민사집행[Ⅲ], 사법연수원(2020), 150쪽.

법 제77조).

이와 같이 대체물의 일정 수량의 지급을 목적으로 하는 채권이 저당권의 피담보채권인 경우에 그 저당권의 실행으로 저당권자가 실제 변제받는 것은 위 채권을 금전으로 평가한 금액일 것이므로 저당권자가 매각대금으로부터 변제받을 채권액을 어느 때를 기준으로 하여 산정할 것인가가 문제된다. 후순위의 이해관계인이나 목적부동산의 제3취득자가 없는 경우에는 당초 당사자 사이에 약정된 변제기일의 시가로 산정한 평가액을 채권액으로 볼 것이다(재민 64-10 참조). 후순위의 이해관계인이나 제3취득자가 있는 경우에는 그 변제기일에서의 시가로 산정한 평가액이 부동산등기법 제77조에 따라 등기기록상 적은 '채권의 평가액'을 초과하지 않을 때에는 그 변제기일에서의 시가 상당액을 채권금액으로 할 것이나, 만약 그 변제기일에서의 시가상당액이 등기기록상의 '채권의 평가액'을 초과한 때에는 그 초과분에 대하여는 저당권자는 후순위의 이해관계인이나 제3취득자에게 대항할 수 없다. 따라서 저당권자에게는 등기기록상의 '채권의 평가액'만을 변제하고 잉여가 있을 때에는 그 잉여금은 후순위담보권자나 제3취득자에게 교부하여야 한다.[489)]

다만 위 초과분은 일반채권자(강제경매신청에 의한 이중압류 채권자, 배당요구채권자)의 채권에 대한 관계에서는 민법 제360조 단서를 초과하는 지연손해금의 경우와 마찬가지로 처리한다.

XVII. 잉여금의 처리

1. 원칙(= 소유자에게 지급)

배당받을 수 있는 각 채권자의 채권에 배당하고도 남은 잉여금이 있을 경우에는 소유자에게 지급하여야 한다.

다만 소유자의 잉여금채권이 다른 채권자에 의하여 압류·가압류된 경우에는 소유자에게 지급할 수 없다.

소유자에게 잉여금을 지급하는 경우 임차인과는 달리 동시이행관계라고 볼 수 없으므로 인도확인서 등을 제출할 필요가 없다.[490)]

---

489) 대법원 1971. 3. 23. 선고 70다2982 판결, 대법원 1980. 9. 18.자 80마75 결정, 재민 64-10 각 참조.

490) 민사집행법 실무연구Ⅱ[재판자료 제117집], 167~170쪽.

2. 예외(= 잉여가 있는 경우 항고보증금은 항고인에게 지급)

가. 배당절차에서 잔여가 있는 경우 항고보증금의 처리(= 항고인에게 돌려줌)

1) 민사집행법 제147조 제1항의 배당할 금액 가운데 같은 조 제1항 제4호의 금액(채무자 및 소유자 이외의 자가 한 매각허가결정에 대한 항고가 기각되거나 항고가 취하된 때에 항고인이 보증으로 제공한 금전이나, 유가증권을 현금화한 금액 가운데 항고를 한 날부터 항고기각결정이 확정된 날까지 또는 항고가 취하된 경우에는 취하된 날까지의 매각대금에 대한 연 12%에 의한 금액)이 있는 경우에는, 채권자에게 배당하고 남은 금액이 있으면, 같은 조 제1항 제4호의 금액의 범위 안에서 그 보증 등을 제공한 사람에게 돌려주고(민사집행법 제147조 제2항), 또한 위의 배당할 금액 가운데 채권자에게 배당하고 남은 금액으로 위 보증 등을 돌려주기 부족한 경우로서 그 보증 등을 제공한 사람이 여럿인 때에는 제공한 보증 등의 비율에 따라 나눠줘야 한다(같은 조 제3항).

2) 실채권액이 근저당권의 채권최고액을 초과하고 있고 근저당권자가 경매신청서 또는 채권계산서에 의하여 그 초과액까지도 청구하고 있을 경우에 "매각대금으로 그 최고액을 변제하고도 잔액이 있으며 그 잔액으로부터 변제받을 후순위권자도 없는 때"에는 "근저당권설정자와 채무자가 동일한 경우"라면 근저당권자에게 채권최고액 초과 부분도 배당한다.[491] 문제는 이런 경우에 배당절차에서 채권자에게 배당하고 남은 금액이 있으면, ① 근저당권자에게 채권최고액을 한도로 모든 채권자에게 배당하고 남는 금액을 항고인에게 반환하여야 하는지 아니면 ② 채권최고액 초과부분까지도 전부 배당하고 남을 경우에만 그 금액을 반환하여야 하는지 여부이다.

근저당권자에게 채권최고액 초과부분까지도 배당하려면 '소유자에게 지급할 잉여금'이 있어야 하는데 위와 같은 경우에는 항고인에게 반환되어야 하는 금원이기 때문에 소유자에게 지급할 잉여금이라고는 할 수 없으므로, 근저당권자에게는 채권최고액까지만 배당하고 남는 금액은 항고인에게 반환하여야 한다.

나. 잔여가 있는 경우 전의 매수인의 매수신청보증금도 전의 매수인에게 돌려 줄 수 있는지 여부(= 소극)

이와 관련하여, 전의 매수인의 매수신청보증금이 배당재단에 포함되어 채권자에게 배당하고 남는 금액이 있는 경우 전의 매수인의 매수신청보증금을 보증을 제공한

491) 대법원 1992. 5. 26. 선고 92다1896 판결, 대법원 2009. 2. 26. 선고 2008다4001 판결.

전의 매수인에게 돌려 줄 수 있는지 여부도 문제된다.

이에 관하여는 ① 전의 매수인의 매수신청보증금이 배당재단에 포함되어 채권자에게 배당하고 남는 금액이 있는 경우 이를 모두 소유자인 채무자에게 잉여금으로 지급하는 것은 전의 매수인의 매수신청보증금까지도 채무자에게 지급하는 결과를 초래하게 되므로 민사집행법 제147조 제2항의 규정을 유추적용하여 그 매수신청보증금 한도 내에서 보증을 제공한 전의 매수인에게 반환하여야 한다는 견해(적극설)와 ② 민사집행법에 항고보증금에 대하여만 위 반환 규정이 있고 전의 매수인의 매수신청보증금에 대하여는 반환규정이 없을 뿐만 아니라, 채권자에게 배당하고 남는 금원이 모두 전의 매수인의 매수신청보증금으로 볼 수도 없고, 매수신청보증금은 항고보증금과는 달리 경매절차지연에 따른 이해관계인들의 손해보전의 성격도 가지는 점을 고려하면 설령 전의 매수인의 매수신청보증금이 배당재단에 포함되어 채권자에게 배당하고 남는 금액이 있는 경우에도 전의 매수인에게 반환하여서는 안 되며, 이를 모두 소유자인 채무자에게 잉여금으로 지급하여야 하므로 같은 법 제147조 제2항의 규정을 전의 매수인의 매수신청보증금에 유추적용해서는 안 된다는 견해(소극설)의 대립이 있다.

항고보증금은 항고의 남용을 통한 경매절차지연을 방지할 목적으로, 매수신청보증금은 매각대금납부를 담보하기 위한 목적으로 각 그 보증을 제공하게 하고 있어 그 취지가 다르며, 민사집행법에는 항고보증금에 대하여만 위 반환 규정을 두고 있는 점에 비추어 소극설이 타당하다.[492]

3. 경매개시결정등기 후에 소유권이전등기를 마친 제3취득자에 대한 잉여금 지급 여부

부동산 임의경매에 있어서 경매개시결정등기 후에 소유권이전등기를 마쳐 권리를 취득한 자는 경매신청채권자에 대하여는 그 권리취득을 주장할 수 없으나 그 밖에 위 경매개시결정등기 후에 집행에 참가한 자 등 제3자에 대하여는 유효하게 권리취득을 주장할 수 있고, 따라서 매각대금 중 피담보채권 등에 충당되고 남은 잔액은 위 제3취득자에게 교부되어야 하고, 이는 제3취득자가 그 권리를 집행법원에 신고하지 않아 경매절차에 대한 이해관계인으로서의 지위를 취득하지 못하였다 하더라도 마찬가지이다.[493]

492) 법원실무제요 민사집행[Ⅲ], 사법연수원(2020), 152쪽.
493) 대법원 1990. 4. 10. 선고 90다카2403 결정.

4. 사해행위취소소송의 승소확정판결에 따라 전소유자(채무자)에게 환원된 부동산의 경매절차에서 잉여금이 있는 경우 그 지급대상

가. 취소채권자가 경매절차에서 배당받을 수 있는 채권자인 경우(=수익자)

채권자취소권 행사에 의한 취소판결의 효력은 그 취소채권자와 수익자 사이에서만 상대적으로 미칠 뿐이어서 취소의 결과 소유 명의가 수익자로부터 채무자에게 환원된 경우에도 채무자가 실체법적으로 그 환원된 부동산의 소유권 또는 처분권한을 취득하는 것은 아니다.494)

따라서 취소채권자가 경매절차에서 배당받을 수 있는 채권자인 경우에는 수익자로부터 환원받은 부동산에 대하여 강제집행을 실시하여 취소채권자 등이 전액 배당받고 남은 잉여금은 그 재산을 반환한 수익자에게 복귀시켜야지 채무자에게 지급하여서는 안 된다. 채권자가 사해행위의 취소와 함께 수익자 또는 전득자로부터 책임재산의 회복을 명하는 사해행위취소의 판결을 받은 경우 그 취소의 효과는 채권자와 수익자 또는 전득자 사이에만 미치므로, 수익자 또는 전득자가 채권자에 대하여 사해행위의 취소로 인한 원상회복의무를 부담하게 될 뿐, 채무자와 사이에서 그 취소로 인한 법률관계가 형성되거나 취소의 효력이 소급하여 채무자의 책임재산으로 회복되는 것은 아니기 때문이다.495)

나. 취소채권자가 경매절차에서 배당받을 자격이 없는 채권자인 경우(=채무자)

잉여금을 수익자에게로 복귀시키는 경우는 '취소채권자가 경매절차에서 배당받을 수 있는 채권자이기 때문에 배당절차에서 전액 만족을 얻은 경우'에 한정된다.

그런데 취소채권자가 경매절차에서 배당받을 자격이 없어 배당절차에서 만족을 얻지 못하는 경우가 있는데, 이때 취소채권자의 사해행위취소 및 원상회복청구에 의하여 채무자에게로 회복된 재산은 취소채권자 및 다른 채권자에 대한 관계에서 채무자의 책임재산으로 취급되어야 하므로, 그 한도 내에서 채무자에게 잉여금을 지급하여야 한다. 따라서 취소채권자 및 다른 채권자는 '채무자의 잉여금지급청구권'에 대하여 추심명령이나 전부명령을 받는 방법으로 그 금원을 지급받을 수 있다.496)

494) 대법원 2000. 12. 8. 선고 98두11458 판결, 대법원 2010. 10. 28. 선고 2010후1435 판결 등 참조.

495) 대법원 2001. 5. 29. 선고 99다9011 판결, 대법원 2007. 4. 12. 선고 2005다1407 판결, 대법원 2011. 1. 27. 선고 2010후2407 판결 등.

496) 취소채권자 및 다른 채권자가 전액 만족을 받고도 여전히 남는 금원이 있다면, 그 금원은 비

5. 배당요구종기 이후 배당요구를 한 채권자가 있는 경우

채권자들에게 배당하고도 잉여금이 남는 경우 배당요구종기 이후에 배당요구를 하여 배당받지 못한 채권자(특히 조세, 공과금 등 채권자의 경우)에게 잉여금을 우선 지급하는 일부 실무례가 있으나[497] 이는 배당요구종기 제도를 도입한 취지에 반하므로 적절하지 않아 소유자에게 지급하여야 할 것이다. 이 경우 배당받지 못한 채권자는 잉여금에 대한 채권집행절차를 하여(조세의 경우 국세징수법 51조에 따른 채권압류절차로 잉여금 압류통지가 가능함) 자신의 권리를 실현하면 될 것이다.

로소 수익자에게 돌아가게 된다.

497) 2015 사법보좌관정례세미나회의록(실무상 제문제 등 종합토론), 1~6쪽.

제4장 배당순위 및 기준일

Ⅰ. 배당순위의 표시

각 채권자는 민법·상법, 그 밖의 법률에 의한 우선순위에 따라 배당순위가 정하여 진다(민사집행법 제145조 제2항).

배당참가채권이 모두 일반채권자라면 채권발생의 선후에 불구하고 평등한 비율로 배당을 받게 되지만 민법·상법, 그 밖의 법률에 의하여 일반채권자에 우선하여 변제받을 수 있도록 규정되어 있는 채권이 있으면 이러한 채권에 관하여는 우선적으로 변제하여야 하므로 배당표에 각 채권의 배당순위를 표시하여야 한다.

배당순위는 번호로 표시하며 동일순위의 채권자가 수인인 때에는 같은 번호로 표시한다. 예를 들어 당해세인 국세채권, 저당채권, 압류채권, 배당요구채권이 배당에 가입한 경우에는 국세채권에 대하여는 1로, 저당채권자에 대하여는 2로, 나머지에 대하여는 3으로 표시한다.

Ⅱ. 배당순위 결정의 기준일

1. 조세와 저당권·전세권 등의 순위 기준일

가. 기준일

1) 국세나 지방세의 법정기일은 각 조세의 종류마다 규정되어 있는데(국세기본법 제35조 제2항, 지방세기본법 제71조 제1항 제3호), 통상 세무관서나 구청 등에서는 조세의 교부청구를 하면서 법정기일은 함께 기재한다.

조세와 저당권·전세권의 피담보채권(확정일자를 갖춘 임차인의 임차보증금반환채권도 마찬가지이다.[1]) 사이의 우선순위는 조세의 법정기일과 설정등기일(확정일자를 갖춘 임차인 또는 등기된 임차인의 우선변제권 발생일 포함)의 선후를 따져 정한다. 즉 법정기일이 2022. 3. 8.인 조세 5,000,000원의 교부청구가 있고, 설정등기일이 2022. 5. 2.인 근저당권이 있는 경우 근저당권설정등기일보다 법정기일이 앞선 조세가 먼저 배당을 받게 된다.

물론 조세[국세, 지방세, 관세 및 강제징수비(체납처분비)]는 다른 공과금 그 밖의 채권에 우선하여 징수하므로(국세기본법 제35조 제1항, 지방세기본법 제71조 제1항, 관세법 제3조 제2항), 법정기일이 2022. 3. 8.인 조세 5,000,000원보다 앞선 가압류

1) 대법원 1992. 10. 13. 선고 92다30597 판결 참조.

(2022. 2. 5. 기입등기된 가압류)가 있다고 하여도 조세채권이 먼저 배당을 받는다.[2)]

2) 국세기본법 제21조 제1항 제4호 단서, 제22조 제1항에 따르면, 재화의 수입에 대한 부가가치세의 납세의무는 세관장에게 과세표준과 세액을 신고하는 때에 확정되는 것이므로, 그 신고한 세액에 대하여는 국세기본법 제35조 제2항 제1호의 규정에 따라 저당권 등의 피담보채권과의 우선순위를 결정하는 법정기일도 그때이다.

그러나 과세표준과 세액을 신고하지 않거나 신고 내용에 오류·탈루 등이 있어 과세표준과 세액을 정부가 결정 또는 경정결정을 하는 경우에는 그 결정하는 때에 납세의무가 확정되는 것이므로, 그 고지한 세액에 대하여는 국세기본법 제35조 제2항 제2호의 규정에 따라 그 법정기일은 납세고지서의 발송일이다.[3)]

나. 저당권 등의 설정일과 조세의 법정기일이 같은 날인 경우 순위(= 조세채권 우선)

1) 저당권 등의 설정일과 조세의 법정기일이 같은 날인 경우의 우선순위에 관하여, ① 조세채권이 우선한다고 보는 견해(1설), ② 저당권 등의 피담보채권이 우선한다는 견해(2설), ③ 양자가 동일한 순위로서 안분하여야 한다는 견해(3설) 등이 대립되고 있다.

2) 국세기본법 제35조 제1항 제3호(지방세기본법 제71조 제1항 제3호도 같다)가 법정기일 '전에' 설정된 저당권 등을 조세우선권의 예외로서 인정하는 형식으로 규정하고 있으므로 그 문리해석상 조세채권우선의 원칙으로 돌아가 조세채권이 우선한다고 보는 조세채권우선설이 타당하고 다수설이다(1설).[4)]

3) 공과금(납부기한을 기준)[5)]의 경우에도 조세의 경우와 동일하게 보아야 한다.

다. 기준일을 정하는 지방세(기본)법의 규정이 개정된 경우 적용될 법

1) 저당권 등 담보물권에 의하여 담보되는 채권과 지방세의 우열을 가리는 기준일은 지방세(기본)법이 정하는 바에 따른다. 그런데 그 기준일을 정하는 지방세기본법의 규정이 개정되어 구법과 신법이 다를 경우 어느 법에 의할 것인가가 문제된다.

2) 이러한 경우에 판례는, 구법 시행 당시에 이미 기준일이 도래하였다면 그때

---

2) 가압류와 저당권이 안분배당되는 것과 차이가 있다.

3) 대법원 2007. 2. 22. 선고 2005다10845 판결.

4) 윤경, 「부동산경매(입찰)의 실무(하)」, 법률정보센타(1999), 372쪽; 법원실무제요 민사집행[Ⅲ], 사법연수원(2020), 108쪽; 지방세에 관해서는 헌법재판소 2009. 9. 24. 선고 2007헌바61, 62 전원재판부 결정 참조.

5) 국민건강보험법 제85조 등.

를 기준으로 할 것이지 신법에 의하면 그 기준일이 달라진다 하여 신법을 적용할 것은 아니라고 한다.[6)]

3) 대법원 2004. 1. 16. 선고 2003다32483 판결은, "구 지방세법(1994. 12. 22. 법률 4794호로 개정되기 전의 것) 제31조 제1항, 제2항에 의하면, 지방자치단체의 징수금은 원칙적으로 공과금 그 밖의 채권에 우선하여 징수하지만, 지방세의 과세기준일 또는 납세의무 성립일 전에 설정한 전세권, 질권 또는 저당권의 목적인 재산의 매각으로 인하여 생긴 금액 중에서 지방세와 가산금을 징수하는 경우에 그 저당권 등에 의하여 담보되는 채권에 대하여는 우선할 수 없다고 규정하고 있으므로, 지방세의 과세기준일 또는 납세의무 성립일 후에 성립한 저당권 등에 의하여 담보되는 채권에 대하여는 지방세와 가산금을 우선하여 징수할 수 있으며, 이와 같이 구 지방세법이 규정한 지방세채권과 저당권 등에 의하여 담보된 채권과의 우선관계를 정하는 기준 시점은 조세우선권을 인정하는 공익목적과 담보권의 보호 사이에 조화를 이루는 시점에서 담보권자가 조세채권의 존부와 그 범위를 확인할 수 있는 시기를 기준으로 삼아 규정한 것이므로, 구 지방세법이 시행될 당시에 그 규정에서 정한 기준시점이 도래한 경우에 그에 따라 우선관계를 정하여야 하고, 배당을 할 때에 그 규정이 개정되었다고 하더라도 개정된 규정에 따라 우선관계가 달라지는 것은 아니다"라고 판시하고 있다. 위 판결의 사안에서 문제된 지방세법의 규정을 보면, 지방세의 우선에 관한 지방세법 제31조가 1994. 12. 22. 법률 제4794호로 개정되었는바, 개정 전에는 '지방세의 과세기준일 또는 납세의무성립일'을 기준으로 하였는데 비하여, 개정 후에는 '과세표준과 세액의 신고에 의하여 납세의무가 확정되는 지방세는 그 신고일을 기준으로 하고, 과세표준과 세액을 지방자치단체가 결정·경정 또는 수시부과결정하는 지방세는 그 납세고지서의 발송일'을 기준으로 하고 있다. 따라서 신·구법 중 어느 것을 적용하느냐에 따라 기준일이 달라지고 그 사이에 설정된 담보권과의 우열관계가 달라지게 되는 것이다.

라. 담보부 조세의 우선원칙

납세담보로 제공된 재산을 매각하였을 때에는 국세기본법 제36조(압류에 의한 우선)에도 불구하고 피담보국세와 그에 대한 강제징수비는 압류 여부에 관계없이 매각대

---

6) 대법원 1997. 4. 11. 선고 96다40264 판결, 대법원 1999. 4. 27. 선고 97다8939 판결, 대법원 2004. 1. 16. 선고 2003다32483 판결.

금 중에서 다른 국세 및 강제징수비와 지방세에 우선하여 징수하며(국세기본법 제37조), 이 점은 지방세에 대한 납세담보의 경우에도 마찬가지이다(지방세기본법 제74조).

이들 규정의 문언 내용과 체계, '담보 있는 조세의 우선 원칙'은 납세담보를 제공받고 징수유예, 체납처분에 의한 재산 압류나 압류재산 매각의 유예 등을 한 조세채권자로서는 징수 또는 체납처분 절차를 진행할 수 없을 뿐만 아니라 일정한 경우 이미 압류한 재산의 압류도 해제하여야 하는 사정 등을 감안하여, 납세담보물의 매각대금을 한도로 하여 '담보 있는 조세'를 다른 조세에 우선하여 징수하도록 함으로써 납세담보제도의 실효성을 확보하기 위한 것으로서, '압류에 의한 우선 원칙'의 예외에 해당하는 점, 구 국세기본법 제29조는 토지와 보험에 든 등기된 건물 등을 비롯하여 납세보증보험증권이나 납세보증서도 납세담보의 하나로 규정하고 있을 뿐 납세담보를 납세의무자 소유의 재산으로 제한하고 있지 않은 점 등을 종합하여 보면, 납세담보물에 대하여 다른 조세에 기한 선행 압류가 있더라도 매각대금은 납세담보물에 의하여 담보된 조세에 우선적으로 충당하여야 하고, 납세담보물이 납세의무자의 소유가 아닌 경우에도 마찬가지이다.[7)]

또한 납세담보로 제공된 재산에 관하여 경매가 실행된 경우에 이미 그 재산에 선순위 저당권·전세권 등이 설정되어 있으면 ① 담보재산이 납세의무자의 소유인 경우에는 조세채권의 법정기일이 담보권의 등기일자와 같거나 앞선 경우와 당해세의 경우에는 그 조세채권이 우선하고, ② 담보재산이 제3자의 소유인 경우에는 그 조세채권은 선순위의 담보권보다 항상 후순위이다.

2. 당해세의 순위 기준일

1) 당해세는 최우선순위의 임금채권과 소액임차인의 보증금을 제외하고는 원칙적으로 어떠한 채권에 대하여도 우선하므로 당해세의 법정기일은 고려할 필요가 없다.

다만, 앞서 본 바와 같이 개정 국세기본법(2023. 4. 1. 시행)은 임차인 보호를 위해서 경매·공매 시에 해당 재산에 부과된 상속세·증여세·종합부동산세의 법정기일이 임차인의 확정일자(전세권의 설정일)보다 늦은 경우 그 배당(배분) 예정액에 한해서 주택임차보증금(전세금)에 먼저 배당(배분)할 수 있도록 하였다(35조 7항 신설). 이는 당해세의 경우 법정기일과 무관하게 담보물권 등에 우선한다는 국세기본법 제35조 제3항 전단의 예외를 규정한 것으로, 법정기일이 늦은 당해세에 배당(배분)될 금액을

7) 대법원 2015. 4. 23. 선고 2013다204959 판결.

임대차보증금반환채권(전세권)에게 우선 배당함으로써 임차인(전세권자)을 보호하는 것일 뿐 임대차보증금반환채권(전세권)에 우선 변제되는 저당권 등의 변제액이나 당해세를 우선 징수하는 경우에 배당(배분)받을 수 있었던 임대차보증금반환채권(전세권)의 변제액에는 영향을 미치지 않는다. 따라서 주택에 확정일자부 임차인이나 전세권자가 있는 경우에는 당해세라도 법정기일과 임차인의 확정일자(전세권의 설정일)의 선후를 따져야 한다.

개정 지방세기본법(2023. 5. 4. 시행)에서도 임차인 보호를 위해서 경매·공매 시에 해당 재산에 부과된 재산세·지역자원시설세(소방분에 대한 지역자원시설세만 해당)·지방교육세(재산세에 부가되는 지방교육세만 해당)[8]의 법정기일이 임차인의 확정일자(전세권의 설정일)보다 늦은 경우 그 배당(배분) 예정액에 한해서 주택임차보증금(전세금)에 먼저 배당(배분)할 수 있도록 하였다(71조 6항 신설). 이러한 당해세 우선 원칙의 예외는 저당권 등 그 외 다른 권리에는 영향을 미치지 않고, 주택임차보증금(전세금)과 당해세 사이의 관계에서만 적용되며 당해세의 우선변제권만 주택임차보증금에 귀속시키는 것으로 임대인의 세금체납액이 소멸하는 것은 아니다.

부동산의 양도, 상속, 증여가 있는 경우 개정 국세기본법(2023. 4. 1. 시행)에선 해당 주택에 부과된 종합부동산세에 대해서는 상속세, 증여세와는 달리 당해세 우선의 원칙을 그대로 적용(35조 3항 후단)하도록 하였으나, 상속세와 증여세의 경우에는 직전 보유자인 양도인이 설정한 저당권 등 설정일 중 가장 빠른 날보다 법정기일이 빠른 양도인의 국세 체납액을 한도로 양수인에 대한 상속세와 증여세가 우선한다(35조 1항 3호의2 신설).

2) 당해세, 소액보증금 및 선순위저당권의 순위가 서로 상충되는 경우, 예를 들면 배당재단이 5천만 원, ① 2022. 1. 1. 설정된 근저당권자 갑의 채권액이 3천만 원, ② 을의 당해세가 1,500만 원, ③ 보증금 1억 6천만 원(2023. 2. 21. 서울특별시 기준 1억 6,500만 원 이하 최우선변제금은 5,500만 원 이하임)의 임차인 병(확정일자 없음)이 있을 경우에, 임차인 병의 소액보증금은 당해세에 우선하고, 당해세는 근저당권에 우선하며, 근저당권은 소액보증금에 우선하여 3자간에 순환적인 우선관계가 성립하는 경우에는 안분후 흡수설[9]에 따라 배당한다.

---

8) 당해세에 해당하는 지방세 중 자동차세에 해당하는 부분에는 적용되지 않는다.

9) 배당받을 채권자들 사이에 배당순위가 고정되지 않고 채권자들 사이에 우열관계가 상대에 따라 변동이 있는 경우에, ① 그에 관계된 각 채권자의 채권액에 비례하여 안분배당하여야 한다는 안분배당설과, ② 위와 같이 안분한 후(1단계), 각각 자신의 채권액 중 1단계에서 안분받지 못한

이 경우 먼저 각 채권액에 비례하여 안분하면 갑은 1,500만 원, 을은 750만 원, 병은 2,750만 원이 되고(1단계 안분), 갑이 병의 안분액으로부터 자신의 부족액 1,500만 원 흡수, 을이 갑의 안분액으로부터 자신의 부족액 750만 원 흡수, 병이 을의 안분액로부터 자신의 부족액 750만 원 흡수하면(2단계 흡수), 갑의 최종 배당액은 2,250만 원(= 1,500만 원+1,500만 원-750만 원), 을의 최종 배당액은 750만 원(= 750만 원+750만 원-750만 원), 병의 최종 배당액은 2천만 원(= 2,750만 원+750만 원-1,500만 원)이 된다.

안분 후 흡수설에 의하더라도 2단계로 후순위자의 안분배당액을 흡수함에 있어 흡수할 금액은 자신의 채권액 중 1단계에서 안분배당 받지 못한 부족액과 1단계에서 후순위자에게 안분배당된 금액을 각 한도로 하고, 또한 흡수는 각 흡수할 채권자마다 한 번으로 종결시켜야 하지 다시 이와 같은 절차를 반복하여서는 안 된다.

3. (근)저당권 상호간의 순위 기준일

저당권 상호간에는 저당권설정등기의 선후에 의하여 우선순위가 정하여 진다(민법 제333조, 제370조). 따라서 근저당권의 순위번호가 다른 경우(설정의 선후가 있는 경우) 접수번호가 빠른 근저당이 선순위이므로 우선 배당하고 근저당권의 순위번호가 같은 경우(설정의 선후가 없는 경우) 동순위이므로 안분배당한다.

저당권자와 전세권 및 등기된 임차권의 순위도 그 등기의 선후(다만 주택임대차보호법 3조의2와 상가건물임대차보호법 5조에서 정한 임차권의 경우에는 등기에 앞서 위 각 법조항에서 정한 요건을 갖춘 경우에는 그 요건을 갖춘 때를 기준으로 선후를 판단한다)에 의하며, 저당권설정등기와 가등기담보권의 선후도 그 등기의 선후에 의한다(가등기담보 등에 관한 법률 제13조).

다수의 근저당권자가 배당받는 경우 후순위 근저당권자들보다 우선순위인 조세나 공과금, 동순위인 설정일자가 빠른 가압류 등을 배당에서 누락하기 쉬우니 주의가 필요하다.

금액(부족액)에 달할 때까지 자신에게 열후하는 채권자의 안분액으로부터 흡수(2단계)하여 그 결과를 배당하여야 한다는 안분후 흡수설이 있는데, 판례(대법원 1992. 3. 27. 선고 91다44407 판결, 대법원 1994. 11. 29.자 94마417 결정)는 안분후 흡수설을 따르고 있다.

4. 임차인과 다른 권리자의 순위 기준일

가. 확정일자 있는 임차인의 경우

1) 대항요건과 확정일자를 갖춘 최종시점 기준

주택의 경우, 확정일자를 갖춘 임차인은 후순위 권리자 그 밖의 채권자보다 우선하여 보증금을 변제받을 권리가 있는바, 이는 배당절차에 있어서 확정일자를 갖춘 임차인은 담보물권자와 유사한 지위를 갖는다는 의미이다.[10)]

다른 권리와의 순위는 확정일자 부여일을 기준으로 삼는다.[11)] 그러나 확정일자를 입주 및 주민등록과 같은 날 또는 그 이전에 갖춘 경우에는 우선변제적 효력은 대항력과 마찬가지로 인도와 주민등록을 마친 다음날을 기준으로 한다.[12)] 즉 확정일자를 갖춘 임차인의 우선변제권은 대항요건 및 확정일자를 모두 갖춘 때에 발생한다.

결국 ① '확정일자 부여일' 과 ② '인도와 주민등록을 마친 다음날'을 비교하여 더 늦은 날이 우선변제권의 기준일이 된다.

2) 인도와 주민등록을 마친 다음날 설정된 저당권과의 관계

가) 주택의 임차인이 임대차계약서에 확정일자를 갖춘 당일 또는 그 후에 주택의 인도와 주민등록을 마친 경우에는 우선변제권은 주택의 인도와 주민등록을 마친 다음날 영시에 발생한다.[13)] 따라서 위와 같은 경우에는 인도와 주민등록을 마친 다음날 설정된 저당권과의 관계에서는 확정일자를 갖춘 임차인이 우선한다. 상가건물의 경우에도 마찬가지이다(상가건물 임대차보호법 제3조 제1항 참조).

나) 주택 또는 상가건물의 임차인으로서 대항요건을 갖춘 다음날 오전 영시 이후에 확정일자를 받았는데 확정일자를 받은 날에 저당권이 설정된 경우 확정일자를 받은 때와 저당권이 설정된 때가 명백히 판명되지 않는다면 임차인과 저당권자의 우선순위는 같으므로 평등하게 배당받는다. 이 때 근저당권자가 여러 명이고 여러 건의 근저당 모두에 대하여 임차인의 우열이 판명되지 않는 경우에는 각 채권액에 비례하여 먼저 안분배당을 하고 저당권자 상호간에는 선순위저당권자가 후순위저당권자의

---

10) 대법원 1992. 10. 13. 선고 92다30597 판결 참조.

11) 대법원 1992. 10. 13. 선고 92다30597 판결. 따라서 주택임대차보호법 제3조의2의 규정에 의하여 대항요건을 갖추고 증서상에 확정일자까지 부여받음으로써 우선변제권을 갖게 되는 임차보증금채권자도 선순위의 가압류채권자와는 평등배당의 관계에 있게 된다.

12) 대법원 1997. 12. 12. 선고 97다22393 판결, 대법원 1998. 9. 8. 선고 98다26002 판결, 대법원 1999. 3. 23. 선고 98다46938 판결, 대법원 2001. 4. 11. 선고 98다50791 판결.

13) 대법원 1999. 3. 23. 선고 98다46938 판결.

배당액을 흡수하는 것으로 처리한다.

다) 확정일자를 갖춘 임차인이 여러 명 있고 이들이 모두 저당권자에 우선하는 경우에는 각 임차인별로 우선변제권을 인정하되, 그들 상호간에는 대항력 및 확정일자를 최종적으로 갖춘 순서대로 우열관계를 정하고, 선순위가압류권자가 있는 경우에는 확정일자를 갖춘 임차인은 가압류권자에게 우선권을 주장할 수 없고 평등배당을 받는다.[14]

3) 조세, 저당권·전세권의 피담보채권과의 우선순위

가) 조세와 저당권·전세권의 피담보채권과의 우선순위는 조세의 법정기일과 저당권·전세권의 설정등기일 및 확정일자를 갖춘 임차인의 우선변제권 발생일의 선후를 따져 정한다.[15]

나) 상가건물의 경우에도 마찬가지이다. 확정일자를 받은 임차인과 조세채권자와의 우선순위는 국세기본법 제35조 제1항 제3호에 의하여 결정되어야 하고, 그중 당해세가 아닌 조세와는 임차인이 대항요건과 확정일자를 갖춘 최종시점과 조세의 법정기일의 선후에 따라 우선순위를 결정하여 배분하여야 한다.[16] 상가건물 임대차보호법 제5조 제2항은 같은 법 제3조 제1항의 대항요건(상가건물의 인도와 사업자등록)을 갖추고 관할 세무서장으로부터 임대차계약서상에 확정일자를 받은 상가건물임차인은 후순위권리자 그 밖의 채권자보다 우선하여 보증금을 변제받을 권리가 있음을 규정하고 있는바, 이는 임대차계약서에 확정일자를 갖춘 경우에는 부동산 담보권과 유사한 권리를 인정하여 우선변제권을 인정한다는 취지이므로, 같은 법 제5조 제2항에서 규정한 '후순위권리자 그 밖의 채권자'에는 조세채권자도 포함된다고 봄이 상당하기 때문이다.

개정 지방세기본법(2023. 5. 4. 시행)에서도 임차인 보호를 위해서 경매·공매 시에 해당 재산에 부과된 재산세·지역자원시설세(소방분에 대한 지역자원시설세만 해당)·지방교육세(재산세에 부가되는 지방교육세만 해당)[17]의 법정기일이 임차인의 확정일자(전세권의 설정일)보다 늦은 경우 그 배당(배분) 예정액에 한해서 주택임차보증금(전세금)에 먼저 배당(배분)할 수 있도록 하였다(71조 6항 신설).

다) 한편 당해세의 경우 법정기일과 무관하게 확정일자부 임차인보다 우선하였

---

14) 대법원 1992. 10. 13. 선고 92다30597 판결.
15) 대법원 1992. 10. 13. 선고 92다30597 판결 참조.
16) 서울행정법원 2006. 4. 18. 선고 2005구합27734 판결(항소기각 확정).
17) 당해세에 해당하는 지방세 중 자동차세에 해당하는 부분에는 적용되지 않는다.

으나, 개정 국세기본법(2023. 4. 1. 시행)은 임차인 보호를 위해서 경매·공매 시에 해당 재산에 부과된 상속세·증여세·종합부동산세의 법정기일이 주택임차인의 확정일자(전세권의 설정일)보다 늦은 경우 그 배당(배분) 예정액에 한해서 주택임차보증금(전세금)에 먼저 배당(배분)할 수 있도록 하여(35조 7항 신설) 당해세 우선의 원칙의 예외를 규정하였다.

나. 소액임차인의 경우

소액임차인은 소액보증금 중 일정액을 다른 담보물권자나 국세, 지방세보다 우선하여 변제받고(최우선변제권, 주택임대차보호법 8조 1항, 국세기본법 35조 1항 4호, 지방세기본법 71조 1항 4호), 확정일자를 갖춘 임차인이 소액임차인의 지위를 겸하는 경우에는 양 지위를 모두 인정하여 배당을 한다. 즉, 먼저 소액임차인으로서 일정액을 우선 배당하고 그래도 남은 보증금이 있는 경우에는 그 금액부분에 대하여 확정일자를 갖춘 임차인으로서의 순위에 따라 배당을 한다.[18]

한편 소액보증금의 우선변제권을 인정하는 법률이 제정되기 전에 이미 성립한 담보권에 대해서까지 우선변제권의 소급효가 미치는 것이 아님은 당연하다.[19] 또한 주택임대차보호법 및 같은 법 시행령 부칙 제2항은 위와 같이 소액보증금의 액수를 개정함에 있어 소액보증금 액수가 위와 같이 변동되기 전의 담보물권 취득자에 대하여는 종전의 규정에 의하도록 하는 경과 규정을 두고 있다. 따라서 현행법하에서는 소액임차인에 해당하나 구법하에서는 소액임차인에 해당하지 않는데 담보물권은 구법하에서 발생한 경우에는 구법을 기준으로 소액임차인 여부를 판단하여야 하므로 그 담보물권자에 대하여는 소액임차인임을 주장할 수 없다.[20] 이와 같이 소액보증금의 한도 변경으로 인해 담보물권과 당해세 사이에 순환관계가 성립하여 순환흡수배당을 하여야 하는 경우가 있음은 앞서 본 바와 같다.

상가건물의 경우에도 위 내용이 그대로 적용된다.

다. 전세사기피해자의 국세·지방세에 대한 안분 적용 신청이 있는 경우

관할 세무서장(지방자치단체의 장)은 임대인이 2개 이상의 주택을 보유하고 있고, 위 주택의 전부 또는 일부에 대하여 전세사기피해자 등의 임차권에 의하여 담보

18) 대법원 2007. 11. 15. 선고 2007다45562 판결.
19) 대법원 1990. 7. 10. 선고 89다카13155 판결 참조.
20) 대법원 1993. 9. 14. 선고 92다49539 판결, 대법원 2002. 3. 29. 선고 2001다84824 판결 참조.

된 임차보증금반환채권 또는 주택임대차보호법 제2조에 따른 주거용 건물에 설정된 전세권에 의하여 담보된 채권보다 우선징수가 가능한 국세 또는 지방세가 존재하는 경우 전세사기피해자 등의 안분 적용 신청이 있으면 국세기본법 제35조 제1항(지방세기본법 제71조 제1항)에도 불구하고 대통령령으로 정하는 기준에 따라 해당 임대인이 보유한 모든 주택에 각각의 가격비율에 따라 국세(지방세)를 안분하여 징수할 수 있다. 이 경우 안분된 국세(지방세)의 우선권은 국세기본법(지방세기본법)에 따른다(전세사기피해자 지원 및 주거안정에 관한 특별법 제23, 제24조[21]). 다만 안분하는 국세에는 당해세를 제외하고, 안분하는 지방세에는 당해세 중 재산세, 지역자원시설세(소방분에 대한 지역자원시설세만 해당한다), 지방교육세(재산세에 부가되는 지방교육세만 해당한다)를 제외한다.

이러한 국세·지방세의 안분 적용은 국세징수법 또는 지방세징수법에 따른 공매절차에 대해서도 동일하게 적용된다.

전세사기피해자 등은 관할 세무서장(지방자치단체의 장), 경매 등을 주관하는 법원 또는 공매를 대행하는 한국자산관리공사 등에 안분 적용을 신청하여야 한다. 이 경우 안분 적용 신청을 받은 법원 또는 한국자산관리공사는 그 신청사실을 즉시 관할 세무서장(지방자치단체의 장)에게 통지하여야 한다.

5. (근)저당권설정등기청구권을 보전하기 위하여 처분금지가처분등기를 한 경우 순위기산일(='저당권설정등기일'이 아니라 '가처분등기일'임)

1) 근저당권자인 신청채권자가 매각대상부동산에 관한 근저당권설정등기청구권을 보전하기 위하여 처분금지가처분등기를 하였는데(등기예규 1691호, 등기선례 8-288 참조), 위 가처분등기가 이루어지고 이에 기한 근저당권설정등기가 되기 전에 다른 채권자가 동일 부동산에 가압류를 하였고 그 후에 가처분권자가 본안에서 승소하여 근저당권설정등기를 한 경우에, 위 가처분의 피보전권리는 '대상부동산에 관한 근저당권설정등기청구권'이므로 위 가처분 이후에 다른 채권자의 가압류등기가 이루어졌다고 하여 위 가처분의 효력에 반하는 것은 아니다. 따라서 위 가처분에 기한 근저당권설정등기가 마쳐져도 가처분 이후에 기입된 가압류등기는 말소되지 않는다(등기예규 1691호[22]).

---

21) 시행일은 2023. 7. 2.임

22) 등기예규 제1691호 소유권 이외의 권리의 설정등기청구권을 보전하기 위한 처분금지가처분등기

2) 부동산에 관하여 처분금지가처분의 등기가 된 후에 가처분채권자가 본안소송에서 승소판결을 받아 확정되면 그 피보전권리의 범위 내에서 가처분 위반행위의 효력을 부정할 수 있다. 따라서 저당권설정등기청구권을 보전하기 위한 처분금지가처분의 등기가 이미 되어 있는 부동산에 관하여 그 후 소유권이전등기나 처분제한의 등기 등이 이루어지고, 그 뒤 가처분채권자가 본안소송의 승소확정으로 그 피보전권리 실현을 위한 저당권설정등기를 하는 경우에, 가처분등기 후에 이루어진 위와 같은 소유권이전등기나 처분제한의 등기 등 자체가 가처분채권자의 저당권 취득에 장애가 되는 것은 아니어서 그 등기가 말소되지는 않지만, 가처분채권자의 저당권 취득과 저촉되는 범위에서는 가처분등기 후에 등기된 권리의 취득이나 처분의 제한으로 가처분채권자에게 대항할 수 없게 된다.[23]

따라서 가처분에 기하여 근저당권설정등기를 마친 근저당권자로서는 자신의 가처분보다 후순위인 가압류권자에게 우선 배당을 주장할 수 있다. 마치 가등기에 순위보전의 효력이 있는 것처럼 가처분의 순위보전효에 의하여 위 '가처분의 등기시점'[24]에 근저당권의 우선변제효가 발생한다. "근저당권설정등기청구권의 보전을 위한 가처분 이후에 다른 채권자의 가압류등기가 이루어졌다고 하여 위 가처분의 효력에 반하는 것은 아니다"의 의미는 '가압류등기의 존재'가 그 효력에 반하지 않는다는 것이지, '가압류등기의 순위'가 그 효력에 반하지 않는다는 뜻이 아니기 때문이다. 따라서 이 경우 근저당권이 가압류에 우선하여 배당을 받아야 하므로, 근저당권자와 가압류권자를 안분배당하여서는 안 된다. 이렇게 가처분에 기해 설정된 근저당권이 있는 경우 배당 시 순위기준일은 근저당권설정등기일이 아닌 가처분등기일로 해야 하므로 주의가 필요하다.

가처분에 기하여 근저당권설정등기를 마친 다음 가처분이 말소되는 경우에도 위 법리가 달라지지 않는다. 따라서 위 가처분권자가 가처분에 기하여 근저당권설정등기를 마친 다음 그 가처분을 말소한다고 하여 이미 가처분에 기하여 설정된 근저당권설정등기의 순위가 '가처분등기시점'이 아닌 '근저당권설정등기시점'으로 바뀌는 것은 아니다.[25][26]

에 관한 사무처리예규.

23) 대법원 2015. 7. 9. 선고 2015다202360 판결.

24) 가처분에 기하여 근저당권설정등기를 마친 근저당권자의 경우 순위 기준일은 '저당권설정등기일'이 아니라 '가처분등기일'이다.

25) 대법원 2002. 3. 15.자 2001마6620 결정(가압류집행이 있은 후 그 가압류가 강제경매개시결정으로 인하여 본압류로 이행된 경우에 가압류집행이 본집행에 포섭됨으로써 당초부터 본집행이

3) 한편 저당권 등 소유권 외의 권리의 설정등기청구권을 보전하기 위한 처분금지가처분의 등기 후 그 피보전권리 실현을 위한 저당권 등의 설정등기를 하는 때에는 가처분등기 후에 등기된 권리의 취득이나 처분의 제한으로 가처분채권자의 저당권 등의 취득에 대항할 수 없다는 점을 표시하기 위하여 그 설정등기가 가처분에 기초한 것이라는 뜻도 함께 등기하게 되어 있고(부동산등기법 95조, 등기예규 1691호 참조), 이와 같이 가처분의 피보전권리 실현을 위한 등기가 되면 가처분은 목적을 달성하여 효력을 잃고 그 가처분등기는 존치할 필요가 없게 된다. 따라서 저당권설정등기청구권을 보전하기 위한 처분금지가처분 등기 후 그 피보전권리 실현을 위한 저당권설정등기가 되면, 그 후 가처분등기가 말소되더라도 여전히 가처분등기 후에 등기된 권리의 취득이나 처분의 제한으로 가처분채권자의 저당권 취득에 대항할 수 없다.[27)]

Ⅲ. 배당의 순위

각 채권자의 배당순위는 다음과 같다.

1. 매각재산에 조세채권의 법정기일 전에 설정된 저당권·전세권으로 담보되는 채권이 있는 경우

가. 제1순위: 집행비용

나. 제2순위: 저당물의 제3취득자가 그 부동산의 보존·개량을 위하여 지출한 필요비·유익비(민법 367조)

저당물에 관한 지상권, 전세권을 취득한 자만이 아니고 소유권을 취득한 자도 민법 제367조에서 정한 제3취득자에 해당한다.[28)]

수탁자는 신탁재산에 대한 민사집행절차 또는 국세징수법에 따른 공매절차에서 수

있었던 것과 같은 효력이 있고, 본집행의 효력이 유효하게 존속하는 한 상대방은 가압류집행의 효력을 다툴 수는 없고 오로지 본집행의 효력에 대하여만 다투어야 하는 것이므로, 본집행이 취소, 실효되지 않는 한 가압류집행이 취소되었다고 하여도 이미 그 효력을 발생한 본집행에는 아무런 영향을 미치지 않는 것이다).

26) 윤경, “가압류에서 이전한 본압류의 효력”, 대상판례: 대판 2002. 3. 15. 2001마6620, Jurist 381호, 청림인터렉티브(2002), 41-50쪽 참조.

27) 대법원 2013. 4. 26. 선고 2012다203843 판결, 대법원 2015. 7. 9. 선고 2015다202360 판결 참조.

28) 대법원 2004. 10. 15. 선고 2004다36604 판결.

익자나 그 밖의 채권자보다 우선하여 신탁의 목적에 따라 신탁재산의 보존, 개량을 위하여 지출한 필요비 또는 유익비의 우선변제를 받을 권리가 있다(신탁법 제48조 제2항).

다. 제3순위: 소액임차보증금채권(주택임대차보호법 8조 1항, 주택임대차보호법 시행령 10조, 11조, 상가건물 임대차보호법 14조 1항, 상가건물 임대차보호법 시행령 6조, 7조, 국세기본법 35조 1항 4호, 지방세기본법 71조 1항 4호), 최종 3개월분 임금·최종 3년간의 퇴직금·재해보상금 채권(근로기준법 38조 2항, 근로자퇴직급여 보장법 12조 2항, 국세기본법 35조 1항 5호, 지방세기본법 71조 1항 5호, 단, 최종 3년간의 퇴직금은 1997. 12. 24. 개정된 근로기준법 부칙 2조 1항에 의하여 개정 근로기준법의 시행 전에 퇴직한 근로자의 경우에는 특칙이 있음을 주의, 근로자퇴직급여 보장법은 2005. 12. 1.부터 시행), 최종 4개월분 임금과 최종 4년분 퇴직금 및 요양비용, 보상 또는 장제비(선원법 152조의2 2항).[29]

1) 채권 상호간의 순위

이들 상호간에는 같은 순위로 채권액에 비례하여 배당한다.

즉 최종 3월분의 임금, 최종 3년간의 퇴직금, 재해보상금은 저당권에 의하여 담보된 채권, 조세·공과금 및 일반채권보다는 선순위이나(근로기준법 38조 2항), 주택임대차보호법 8조에 의한 소액보증금채권과는 다 같은 우선채권으로서 동순위로 배당한다.[30]

2) 소액임차보증금채권

가) 주택임차인이 소액보증금에 대하여 대지와 건물 모두로부터 배당을 받는 경우 공동저당에 관한 민법 제368조 제1항을 유추적용하여 대지와 건물의 경매대가에 비례하여 그 채권의 분담을 정하여야 한다.[31]

나) 주택임대차보호법 제3조의2 제2항은 대항요건(주택인도와 주민등록전입신

---

29) 대법원 1996. 2. 23. 선고 95다48650 판결

30) 재판예규 제692호 부동산경매에서 우선채권간의 배당순위(재민 91-2) 부동산경매의 배당절차에 있어서 주택임대보호법 제8조의 규정에 의한 보증금 중 일정액(동법 제3조 제 1항의 요건을 갖춘 경우)과 근로기준법 제38조 제2항에 규정된 최종 3월분의 임금, 최종 3년간의 퇴직금 및 재해보상금채권이 서로 경합하는 경우, 두 채권은 모두 우선채권으로서 양법 다 같이 상호간의 우열을 정하고 있지 않으며 양쪽의 입법취지를 모두 존중할 필요가 있으므로 상호 동등한 순위의 채권으로 보아 배당을 실시하여야 할 것이니 업무에 착오 없기 바랍니다.

31) 대법원 2003. 9. 5. 선고 2001다66291 판결.

고)과 임대차계약증서상의 확정일자를 갖춘 주택임차인에게 부동산 담보권에 유사한 권리를 인정한다는 취지로서, 이에 따라 대항요건과 확정일자를 갖춘 임차인들 상호 간에는 대항요건과 확정일자를 최종적으로 갖춘 순서대로 우선변제받을 순위를 정하게 되므로, 만일 대항요건과 확정일자를 갖춘 임차인들이 주택임대차보호법 제8조 제1항에 의하여 보증금 중 일정액의 보호를 받는 소액임차인의 지위를 겸하는 경우, 먼저 소액임차인으로서 보호받는 일정액을 우선 배당하고 난 후의 나머지 임차보증금채권액에 대하여는 대항요건과 확정일자를 갖춘 임차인으로서의 순위에 따라 배당을 하여야 한다.[32]

3) 최종 3개월분 임금·재해보상금 채권

가) 최종 3월분의 임금의 의미

근로기준법 제37조[33]에 규정되어 있다.

근로자의 최종 3개월분의 임금에 대한 우선특권 규정에 의하여 보호되는 임금채권의 범위는 퇴직의 시기를 묻지 않고 사용자로부터 지급받지 못한 최종 3개월분의 임금을 말하고, 사용자의 도산 등 사업폐지 시로부터 소급하여 3월 내에 퇴직한 근로자의 임금채권에 한정하는 것은 아니다.[34] 즉 우선변제권이 인정되는 '최종 3월분의 임금'은 퇴직 전 최종 3개월 사이에 지급사유가 발생한 임금채권 전액을 의미하는 것이 아니고, 최종 3개월의 근로의 대가에 해당하는 부분이다.[35]

나) 임금에 대한 지연손해금의 우선변제권 인정 여부

임금 자체에 대해서만 우선변제권이 인정되고, 지연손해금에 대하여는 우선변제권이 인정되지 않는다.[36] 즉 임금 등에 대한 지연손해금에 대하여는 우선변제권을 인정할 수 없으므로, 임금채권자들이 집행력 있는 정본으로써 배당요구를 하는 경우

---

32) 대법원 2007. 11. 15. 선고 2007다45562 판결.

33) 근로기준법 제38조(임금채권의 우선변제) ① 임금, 재해보상금, 그 밖에 근로관계로 인한 채권은 사용자의 총재산에 대하여 질권(質權) 또는 저당권 또는 동산·채권 등의 담보에 관한 법률에 따라 담보된 채권 외에는 조세·공과금 및 다른 채권에 우선하여 변제되어야 한다. 다만, 질권·저당권 또는 동산·채권 등의 담보에 관한 법률에 따른 담보권에 우선하는 조세·공과금에 대하여는 그러하지 아니하다.
② 제1항에도 불구하고 다음 각 호의 어느 하나에 해당하는 채권은 사용자의 총재산에 대하여 질권·저당권 또는 동산·채권 등의 담보에 관한 법률에 따른 담보권에 따라 담보된 채권, 조세·공과금 및 다른 채권에 우선하여 변제되어야 한다.
1. 최종 3개월분의 임금 2. 재해보상금

34) 대법원 1996. 2. 23. 선고 95다48650 판결, 대법원 1997. 11. 14. 선고 97다32178 판결.

35) 대법원 2002. 3. 29. 선고 2001다83838 판결.

36) 대법원 2000. 1. 28.자 99마5143 결정.

에 원금만을 우선배당하고, 지연손해금은 일반채권자와 안분배당한다.

다) 임금채권과 대지급금(체당금) 채권의 배당순위

(1) 근로자의 최우선변제권 있는 임금 일부를 근로복지공단이 대지급금(체당금)으로 지급한 경우 해당 근로자의 나머지 지급받지 못한 최우선 임금과 대지급금 사이에서는 해당 근로자가 우선한다.[37] 즉 동일한 근로자에 관한 근로자 본인의 최우선 임금과 근로복지공단이 일부대위변제한 대지급금 사이에는 근로자가 우선한다.

(2) 한편 대지급금을 지급받지 못한 근로자의 최우선 임금채권과 그 근로자와 무관한 다른 근로자에 대한 대지급금은 동순위이므로 안분배당한다.[38]

(3) 최우선변제권이 있는 임금과 퇴직금 중 일부만을 지급한 후 대위행사하는 근로복지공단, 잔여부분에 대한 해당 근로자, 대지급금을 지급받지 않은 최우선변제권이 있는 다른 근로자가 있는 경우 먼저 1차로 안분비례에 따른 배당을 한 후 2차로 잔여부분에 대한 해당 근로자가 1차 배당에서 만족받지 못한 금액을 한도로 근로복지공단의 배당금을 흡수하는 배당(안분 후 흡수배당)을 한다.[39] 만약 대지급금을 받은 근로자가 다수인 경우 근로복지공단이 1차로 안분받은 금액을 각 근로자가 근로복지공단으로부터 지급받은 대지급금의 비율로 안분하여 그 금액에서 해당 근로자의 부족분을 흡수하는 방식으로 배당한다.

(4) 순위가 다른 임금채권의 경우(근로복지공단이 최선순위, 근로자는 일반 임금채권인 경우) 근로복지공단의 대위권이 우선한다. 최선순위 임금채권 중 일부만 대지급금 지급 시 나머지 최우선변제권에 달할 때까진 근로자가 우선하고 최우선변제권 범위 밖의 임금채권은 근로복지공단이 우선한다.[40]

(5) 근로복지공단의 대지급금 외에도 서울보증보험 주식회사 등이 외국인근로자의 임금체불에 대한 보증보험금을 지급한 후 임금채권 대위변제자라면서 배당요구를 하는 경우가 있다. 이 경우에도 민법 제481조를 유추적용하여 임금채권자의 채권을 대위행사할 수 있으므로[41] 임금채권자에 대한 소명자료와 대위변제한 임금채권을 소명하면(외국인근로자 보험금 청구서, 인허가보증보험 외국인근로자 체불임금보증 청

37) 대법원 2011. 1. 27. 선고 2008다13623 판결.

38) 대법원 2015. 11. 27. 선고 2014다208378 판결.

39) 법원실무제요 민사집행[Ⅲ], 사법연수원(2020), 98쪽.

40) 이우재, 배당의 제문제(제2판), 진원사(2012) 736쪽.

41) 대법원 2009. 2. 26. 선고 2005다32418 판결(납세보증보험의 보험자가 보험금을 지급하고 피보험자인 세무서가 보험계약자인 납세의무자에 대해 가지는 채권을 대위행사한 사안으로 세무서가 가지는 종전의 권리가 동일성을 유지한 채 이전되었다고 보았음).

약서, 입금확인증 등) 임금채권자 대위변제자로 인정해주고 근로복지공단과 동일한 순위로 배당한다.

(6) 동일한 근로자의 임금채권 대위변제자와 근로복지공단의 대지급금은 동순위이다. 다만 일부씩을 대위변제한 것이 아닌 이중으로 대위변제한 경우 나중에 대위변제한 자는 정당한 대위변제자가 아니어서 우선변제권을 행사하지 못한다.

4) 최종 3년간의 퇴직금 채권

가) 최종 3년간의 퇴직금우선변제권은 위 근로자퇴직급여 보장법 제12조 제2항[42]에 규정되어 있다. 이에 따라 종전 규정인 근로기준법 제37조 제2항은 삭제되었다.

나) 퇴직금의 우선변제에 관하여는 근로자퇴직급여 보장법(2005. 1. 27. 제정되어 2005. 12. 1.부터 시행) 법률 제10967호 부칙 제9조[43]에 별도의 경과규정이 있다.

다) 우선변제받는 퇴직금은 250일분의 평균임금을 넘을 수 없다(위 부칙 9조 4항).

---

42) 근로자퇴직급여 보장법 제12조(퇴직급여등의 우선변제)

① 사용자에게 지급의무가 있는 퇴직금, 제15조에 따른 확정급여형퇴직연금제도의 급여, 제20조제3항에 따른 확정기여형퇴직연금제도의 부담금 중 미납입 부담금 및 미납입 부담금에 대한 지연이자, 제23조의7제1항에 따른 중소기업퇴직연금기금제도의 부담금 중 미납입 부담금 및 미납입 부담금에 대한 지연이자, 제25조제2항제4호에 따른 개인형퇴직연금제도의 부담금 중 미납입 부담금 및 미납입 부담금에 대한 지연이자(이하 "퇴직급여등"이라한다)는 사용자의 총재산에 대하여 질권 또는 저당권에 의하여 담보된 채권을 제외하고는 조세·공과금 및 다른 채권에 우선하여 변제되어야 한다. 다만, 질권 또는 저당권에 우선하는 조세·공과금에 대하여는 그러하지 아니하다.

② 제1항에도 불구하고 최종 3년간의 퇴직급여등은 사용자의 총재산에 대하여 질권 또는 저당권에 의하여 담보된 채권, 조세·공과금 및 다른 채권에 우선하여 변제되어야 한다.

③ 퇴직급여등 중 퇴직금, 제15조에 따른 확정급여형퇴직연금제도의 급여는 계속근로기간 1년에 대하여 30일분의 평균임금으로 계산한 금액으로 한다.

④ 퇴직급여등 중 제20조제1항에 따른 확정기여형퇴직연금제도의 부담금, 제23조의7제1항에 따른 중소기업퇴직연금기금제도의 부담금 및 제25조제2항제2호에 따른 개인형퇴직연금제도의 부담금은 가입자의 연간 임금총액의 12분의 1에 해당하는 금액으로 계산한 금액으로 한다.

43) 근로자퇴직급여 보장법 부칙 제4조 제9조(퇴직금 우선변제에 관한 경과조치)

① 제12조제2항에도 불구하고 1997년 12월 24일 전에 퇴직한 근로자의 경우에는 1989년 3월 29일 이후의 계속근로기간에 대한 퇴직금을 우선변제의 대상으로 한다.

② 제12조제2항에도 불구하고 1997년 12월 24일 전에 채용된 근로자로서 1997년 12월 24일 이후에 퇴직하는 근로자의 경우에는 1989년 3월 29일 이후부터 1997년 12월 23일까지의 계속근로기간에 대한 퇴직금에 1997년 12월 24일 이후의 계속근로기간에 대하여 발생하는 최종 3년간의 퇴직금을 합산한 금액을 우선변제의 대상으로 한다.

③ 제1항 및 제2항에 따라 우선변제의 대상이 되는 퇴직금은 계속근로기간 1년에 대하여 30일분의 평균임금으로 계산한 금액으로 한다.

④ 제1항 및 제2항에 따라 우선변제의 대상이 되는 퇴직금은 250일분의 평균임금을 초과할 수 없다.

라. 제4순위: 집행의 목적물에 대하여 부과된 국세, 지방세와 가산금 등(이른바 '당해세'이다. 국세기본법 35조 3항, 지방세기본법 71조 1항 3호)

1) 당해세의 의미

당해세는 매각부동산 자체에 대하여 부과된 조세와 가산금을 말한다. 예를 들어 경매대상인 부동산 그 자체에 부과된 재산세는 당해세가 된다.

당해세는 그 법정기일 전에 설정된 저당권 등으로 담보된 채권보다 우선하는데 이를 "당해세우선의 원칙"이라 한다. 따라서 법정기일이 2022. 3. 8.인 당해세는 설정등기일이 2022. 2. 2.인 근저당권보다 우선하여 배당을 받게 된다. 만일 소액임차인, 저당권, 당해세가 있는 경우 ① 소액임차인 - ② 당해세 - ③ 저당권의 순서로 배당을 받는다.

다만 개정 국세기본법(2023. 4. 1. 시행)은 임차인 보호를 위해서 경매·공매 시에 해당 재산에 부과된 상속세·증여세·종합부동산세의 법정기일이 주택임차인의 확정일자(전세권의 설정일)보다 늦은 경우 그 배당(배분) 예정액에 한해서 주택임차보증금(전세금)에 먼저 배당(배분)할 수 있도록 하여(35조 7항 신설) 당해세 우선의 원칙의 예외를 두고 있다.

개정 지방세기본법(2023. 5. 4. 시행)에서도 임차인 보호를 위해서 경매·공매 시에 해당 재산에 부과된 재산세·지역자원시설세(소방분에 대한 지역자원시설세만 해당)·지방교육세(재산세에 부가되는 지방교육세만 해당)[44]의 법정기일이 임차인의 확정일자(전세권의 설정일)보다 늦은 경우 그 배당(배분) 예정액에 한해서 주택임차보증금(전세금)에 먼저 배당(배분)할 수 있도록 하였다(71조 6항 신설).

2) 당해세에 해당하는 조세채권의 범위

가) 현재 국세 중 상속세, 증여세(그 부동산 자체에 대하여 부과된 것),[45] 종합부동산세가 당해세에 해당한다.

나) 현재 지방세 중 재산세·자동차세(자동차 소유에 대한 자동차세만 해당한다)·지역자원시설세(특정부동산에 대한 지역자원시설세만 해당한다, 2021. 1. 1.부터는 소방분에 대한 지역자원시설세만 해당한다) 및 지방교육세(재산세와 자동차세에 부가되는 지방교육세만 해당한다)가 당해세에 해당한다.

---

44) 당해세에 해당하는 지방세 중 자동차세에 해당하는 부분에는 적용되지 않는다.

45) 대법원 2001. 1. 30. 선고 2000다47972 판결.

마. 제5순위: 국세 및 지방세의 법정기일 전에 설정등기된 저당권·전세권으로 담보되는 채권(국세기본법 35조 1항 3호, 지방세기본법 71조 1항 3호)·가등기담보권(가등기담보 등에 관한 법률 13조)

1) 조세채권 우선의 원칙

국세, 지방세, 관세 및 그 가산금과 강제징수비(체납처분비)는 다른 공과금 그 밖의 채권에 우선하여 징수한다(국세기본법 35조 1항, 지방세기본법 71조 1항, 관세법 3조 2항).

2) 조세의 법정기일

가) 국세나 지방세의 법정기일은 각 조세의 종류마다 규정되어 있다(국세기본법 35조 2항, 지방세기본법 71조 1항 3호). 국세의 법정기일은 국세기본법 제35조 제2항 제1호부터 제8호까지에 따라, 지방세의 법정기일은 지방세기본법 제71조 제1항 제3호 가.목부터 바.목까지에 따라 각 결정된다.[46]

나) 다만 국세의 경우 국세징수법 제31조 제2항에 의하여 확정 전 보전압류를 한 때에는 그 보전압류 이후 발생한 체납된 국세 및 가산금은 보전압류등기일을 법정기일로 본다(국세기본법 35조 2항 6호, 국세징수법 31조 2항).

개정된 지방세기본법 제71조 제1항 제3호 마목도 국세기본법 제35조 제2항 제6호와 동일하게 규정하고 있으므로 국세에 관한 위 원칙이 그대로 지방세에 적용된다.

다) 납세의무자가 신고납세방식인 국세의 과세표준과 세액을 신고한 다음 매각재산에 저당권 등의 설정등기를 마친 경우라면, 이후에 과세관청이 당초 신고한 세액을 증액하는 경정을 하여 당초보다 증액된 세액을 고지하였더라도, 당초 신고한 세액에 대해서는 구 국세기본법(2014. 12. 23. 법률 제12848호로 개정되기 전의 것) 제35조 제1항 제3호 (가)목[47]에 따라 당초의 신고일이 법정기일이 되어 저당권 등에 의하여 담보되는 채권보다 우선하여 징수할 수 있다.[48] 따라서 신고납세방식인 국세에 대해 증액경정처분이 있는 경우 당초 신고한 세액에 대해선 당초 신고일을 법정기일로 하고 증액된 세액에 대해서만 그 납세고지서 발송일을 법정기일로 하여 담보물권과의 우열을 비교한다.

3) 확정일자 있는 임차보증금채권의 순위

46) 대법원 1999. 1. 26. 선고 98다54298 판결, 대법원 2000. 1. 28. 선고 98다53646 판결, 대법원 2001. 11. 27. 선고 99다22311 판결 참조.

47) 현행 국세기본법 제35조 제2항 제1호임.

48) 대법원 2018. 6. 28. 선고 2017다236978 판결.

가) 확정일자 있는 임차보증금채권(주택임대차보호법 3조의2 2항, 상가건물 임대차보호법 제5조 제2항)은 저당권으로 담보되는 채권과 같은 순위로 취급한다. 다만 임차권등기된 경우 그 등기 전에 대항요건과 확정일자를 모두 갖춘 경우에는 등기된 때가 아니라 위 요건을 모두 갖춘 때의 순위가 인정된다.

나) 주택임대차보호법 제3조의2 제2항은 대항요건(주택인도와 주민등록전입신고)과 임대차계약증서상의 확정일자를 갖춘 주택임차인에게 부동산 담보권에 유사한 권리를 인정한다는 취지로서, 이에 따라 대항요건과 확정일자를 갖춘 임차인들 상호간에는 대항요건과 확정일자를 최종적으로 갖춘 순서대로 우선변제받을 순위를 정하게 되므로, 만일 대항요건과 확정일자를 갖춘 임차인들이 주택임대차보호법 제8조 제1항에 의하여 보증금 중 일정액의 보호를 받는 소액임차인의 지위를 겸하는 경우, 먼저 소액임차인으로서 보호받는 일정액을 우선 배당하고 난 후의 나머지 임차보증금채권액에 대하여는 대항요건과 확정일자를 갖춘 임차인으로서의 순위에 따라 배당을 하여야 함은 앞서 본 바와 같다.[49]

4) 가등기담보권자

가등기담보 등에 관한 법률 제16조 제2항 전문에 해당하는 담보가등기권리자가 집행법원이 정한 기간 안에 채권신고를 한 경우도 같다.

5) 근저당권의 일부 이전 부기등기권자의 순위

가) 대위변제자 상호간의 순위

수인이 시기를 달리하여 채권의 일부씩을 대위변제하고 근저당권 일부이전의 부기등기를 각 마친 경우 그들은 각 일부대위자로서 그 변제한 가액에 비례하여 근저당권을 준공유하고 있다고 보아야 하고, 그 근저당권을 실행하여 배당함에 있어서는 다른 특별한 사정이 없는 한 각 변제채권액에 비례하여 안분배당하여야 하고 부기등기의 순서에 따라 배당해서는 안 된다.[50]

변제자대위에 의한 저당권의 일부이전이 아닌 당사자 사이의 약정에 의한 임의적인 저당권 일부 이전의 경우 당사자 사이에 별도의 약정이 없으면 각 근저당권자의 채권최고액 범위 내에서 실제채권액의 비율로 안분배당함이 실무이다. 처음부터 순위가 같은 근저당권이 여러 개 설정된 경우에도 같다. 보통 원 근저당권자와 근저당권 일부 양수인 사이에 합의서를 제출하는 경우가 많으므로 합의서의 내용대로 배

---

49) 대법원 2007. 11. 15. 선고 2007다45562 판결.

50) 대법원 2001. 1. 19. 선고 2000다37319 판결.

당하고 배당표 이유란에 '합의배당'이라고 추가 기재하면 된다.

나) 채권자와 대위변제자 간의 순위

채권의 일부에 관하여 대위변제가 있는 때에는 대위자는 그 변제한 가액에 비례하여 채권자와 함께 그 권리를 행사한다(민법 483조 1항).

그러나 그 권리의 행사방법에 관하여는 견해가 나뉘는 바, ① 대위자는 그 변제한 가액에 비례하여 그 범위내에서는 단독으로 저당권을 행사할 수 있고 채권자와 평등한 입장에 선다고 하는 견해(1설)와 ② 대위자는 단독으로 대위한 권리를 행사할 수 없고 채권자가 그 권리를 행사하는 경우에만 채권자와 함께 그 권리를 행사할 수 있으며, 또 이 경우에는 변제에 관하여 채권자가 우선한다는 견해(2설)가 있는데, 2설이 통설이다.[51] 2설에 의할 경우 채권자와 일부 변제자 사이에 저당권의 단독 실행을 허용하는 약정은 가능하나, 이 경우에도 원래 채권자의 잔존 채권최고액 범위 내에서는 원래의 채권자의 권리가 우선한다.

예를 들어 1,000만원의 저당채권에 관하여 보증인이 400만원을 변제한 경우에 1설에 의하면 채권자 또는 보증인이 담보물건에 관하여 경매를 신청하여 매각대금 500만원을 얻은 때에는 채권자는 300만원, 보증인은 200만원의 배당을 받게 되나, 2설에 의하면 채권자만이 경매를 신청할 수 있으며 배당에 있어서도 채권자의 채권액에 우선적으로 충당을 하게 되므로 보증인은 배당을 받을 수 없게 된다.

판례는 대위자가 단독으로 저당권을 행사할 수 있는가에 관하여는 아직 판시한 바 없으나, 변제의 순위에 관하여는 본래의 채권자가 일부 대위변제자에 대하여 우선변제권을 가지고 있다고 하여, 2설을 취하고 있다.[52]

결국 변제할 정당한 이익이 있는 자가 채무자를 위하여 근저당권의 피담보채무의 일부를 대위변제한 경우에 채권자는 대위변제자보다 우선변제권을 가진다.[53] 채

---

51) 민법주해[XI] 채권(4), 박영사(1995) 211쪽; 제5판 주석민법 채권총칙(4), 한국사법행정학회(2020) 319~320쪽. 대위변제자는 채권자와 공동으로 담보권을 행사하여야 하고, 변제에 관해서는 평등한 지위에서 그 채권액에 비례하여 권리행사를 함이 원칙이지만, 대위변제자가 채무자의 보증인, 물상보증인, 저당부동산의 제3취득자인 경우에는 채권자의 권리가 우선한다는 견해와 대위변제자가 단독으로 담보권을 행사할 수 있으나 변제에 관해서는 채권자가 우선한다는 견해도 있다.

52) 대법원 1988. 9. 27. 선고 88다카1797 판결, 대법원 1995. 3. 3. 선고 94다33514 판결, 대법원 2009. 11. 26. 선고 2009다57545, 57552 판결.

53) 대법원 1988. 9. 27. 선고 88다카1797 판결, 대법원 2002. 7. 26. 선고 2001다53929 판결, 대법원 2004. 6. 25. 선고 2001다2426 판결, 대법원 2004. 6. 25. 선고 2001다2426 판결, 대법원 2011. 1. 27. 선고 2008다13623 판결.

권자의 우선변제권은 피담보채권액을 한도로 특별한 사정이 없는 한 자기가 보유하고 있는 잔존 채권액 전액에 미친다고 할 것이고, 이러한 법리는 채권자와 후순위권리자 사이에서도 마찬가지라 할 것이므로 근저당권의 실행으로 인한 배당절차에서도 채권자는 특별한 사정이 없는 한 자기가 보유하고 있는 잔존 채권액 및 피담보채권액의 한도에서 후순위권리자에 우선해서 배당받을 수 있다.[54]

다만 일부 대위변제자와 채권자 사이에 변제의 순위에 관하여 따로 약정을 한 경우에는 그 약정에 따라 변제의 순위가 정해진다.[55]

한편 피담보채권의 일부가 '양도'된 경우(전부명령에 의하여 전부된 경우를 포함)에는 '대위변제'의 경우와 달리 그 채권상호간에 우선순위를 부여할 수 없으므로 채권액의 비율에 따라 평등배당받는다.[56]

6) 한정승인이 이루어진 경우 상속재산의 강제집행절차(배당절차)에서 일반상속채권자가 한정승인자로부터 상속재산에 관하여 근저당권을 설정받은 고유채권자보다 우선하는지 여부

법원이 상속인의 한정승인신고를 수리하게 되면 민법 제1028조에 따라 피상속인의 채무에 대한 상속인의 책임은 상속재산으로 한정되지만, 민법이 한정승인자에 관하여 상속재산의 처분행위 자체를 직접적으로 제한하는 규정을 두고 있지 않기 때문에, 한정승인으로 발생하는 책임제한 효과로 인하여 한정승인자의 상속재산 처분행위가 당연히 제한된다고 할 수는 없다. 또한 같은 법은 한정승인만으로 상속채권자에게 상속재산에 관하여 한정승인자로부터 물권을 취득한 제3자에 대하여 우선적 지위를 부여하는 규정을 두고 있지 않으며, 한정승인이 이루어진 상속재산임을 등기하여 제3자에 대항할 수 있게 하는 규정도 마련하고 있지 않다. 따라서 한정승인자로부터 상속재산에 관하여 저당권등의 담보권을 취득한 사람과 상속채권자 사이의 우열관계는 민법상의 일반원칙에 따라야 하고, 상속채권자가 한정승인의 사유만으로 우선적 지위를 주장할 수는 없다. 이러한 이치는 한정승인자가 그 저당권 등의 피담보채무를 상속개시 전부터 부담하고 있었다고 하여 달리 볼 것이 아니다.[57] 그러나 상속재산의 강제집행절차에서 '한정승인자의 고유채권자'가 담보권 등 우선권을 갖고 있지 않

54) 대법원 2004. 6. 25. 선고 2001다2426 판결.

55) 대법원 2005. 7. 28. 선고 2005다19958 판결, 대법원 2010. 4. 8. 선고 2009다80460 판결, 대법원 2011. 6. 10. 선고 2011다9013 판결.

56) 주석민법 물권(4) (제3판), 한국사법행정학회(2000) 107쪽; 민법주해[VII] 물권(4), 박영사(1992) 27쪽.

57) 대법원 2010. 3. 18. 선고 2007다77781 전원합의체 판결.

다면 '상속채권자'가 우선적 지위를 가지며, 한정승인자의 고유채무가 조세채무인 경우에도 그것이 상속재산 자체에 대해 부과된 조세와 가산금, 즉 당해세에 관한 것이 아니라면 마찬가지이다.[58] 따라서 배당 시 한정승인자의 고유채권자 중 조세채권자는 당해세만 상속채권자(일반채권자)보다 우선하고 나머지 조세는 상속채권자(일반채권자)보다 후순위이다.

한편 상속부동산에 관하여 민사집행법 제274조 제1항에 따른 형식적 경매절차가 진행된 것이 아니라 담보권 실행을 위한 경매절차가 진행된 경우에는, 비록 한정승인 절차에서 상속채권자로 신고한 자라고 하더라도 집행권원을 얻어 그 경매절차에서 배당요구를 함으로써 일반채권자로서 배당받을 수 있다.[59]

바. 제4순위: 근로기준법 제37조 2항의 임금 등 및 근로자퇴직급여보장법 11조 2항으 퇴직금을 제외한 임금 등, 그 밖의 근로관계로 말미암은 채권(근로기준법 제37조 1항, 근로자퇴직급여보장법 11조 1항).

임금·퇴직금 기타 근로관계로 인한 채권 중 근로기준법 제37조 2항 및 근로자퇴직급여보장법 11조 2항의 것을 제외한 것(이하 근로관계채권이라 한다)은 저당권에 의하여 담보되는 채권보다는 후순위이고, 당해세를 포함한 조세·공과금 및 일반채권보다는 선순위이다(근로기준법 37조 1항 본문, 근로자퇴직급여보장법 11조 1항 본문, 국세기본법 35조 1항 5호, 지방세법 31조 2항 5호).

다만 조세·공과금이 저당권에 우선하는 경우에는 조세·공과금, 저당권에 의하여 담보되는 채권, 근로관계채권의 순이다(근로기준법 37조 1항 단서, 근로자퇴직급여보장법 11조 1항 단서).

따라서 저당권과 조세 등 채권의 우열을 따져 저당권이 우선하는 경우에는 저당권에 의하여 담보된 채권, 근로관계채권, 조세 등 채권의 순위가 되고, 조세 등 채권이 저당권에 우선하는 때에는 조세 등 채권, 저당권에 의하여 담보된 채권, 근로관계채권의 순위로 우선 변제된다.

그런데 조세채권 중 당해세가 있는 경우에 당해세는 원칙적으로 저당권에 우선하므로, 근로관계채권과 당해세 등 조세채권 및 저당권에 의하여 담보되는 채권을 동시에 배당할 때는 근로기준법 37조 1항 단서에 의하여 당해세가 근로관계채권보다

---

58) 대법원 2016. 5. 24. 선고 2015다250574 판결 참조.
59) 대법원 2010. 6. 24. 선고 2010다14599 판결.

선순위가 된다. 따라서 당해세, 저당권으로 담보된 채권, 근로관계채권, 기타의 조세 등 채권의 순위가 되거나, 당해세, 그 밖의 조세 등 채권, 저당권 등에 의하여 담보된 채권, 근로관계채권의 순위가 된다.

배당에 참가한 채권 중 조세 등 채권이 없는 경우에는 근로관계채권은 항상 담보권에 의하여 담보된 채권의 후순위이고, 담보권에 의하여 담보된 채권이 없는 경우에는 근로관계채권은 항상 당해세를 포함한 조세 등 채권에 우선하게 된다.

사. 제5순위: 국세, 지방세 등 지방자치단체의 징수금(국세기본법 제35조, 지방세법 제31조)

아. 제6순위: 근로기준법 제38조 제2항, 근로자퇴직급여 보장법 제12조 제2항의 임금 및 선원법 제152조의2 제2항의 임금 등을 제외한 임금, 그 밖의 근로관계로 인한 채권(근로기준법 38조 1항 본문, 근로자퇴직급여 보장법 12조 1항 본문, 선원법 152조의2 1항)

최우선임금채권을 제외한 임금채권도 우선변제권이 있어 배당순위에 따라 배당해야 하므로 배당에서 누락하지 않도록 주의해야 한다. 그 배당순위는 다음과 같다.[60] 저당권 등이 있으면 항상 그 다음 순위라고 생각하면 되고 저당권 등이 없는 경우에는 당해세를 포함한 조세 등 채권에 우선한다.

1) 저당권 등이 조세보다 선순위인 경우

당해세 - 저당권 - 임금채권 - 조세 등 순서로 배당한다.

2) 저당권 등이 조세보다 후순위인 경우

당해세 - 조세 등 - 저당권 - 임금채권 순서로 배당한다.

3) 조세 등 채권이 없는 경우

저당권 - 임금채권 순서로 배당한다.

4) 저당권 등 담보권이 없는 경우

임금채권 - 조세 등(당해세 포함) 순서로 배당한다.

5) 저당권 등이 여러 개 있는 경우에는 가장 후순위 근저당 다음으로 우선변제 대상 임금을 배당하고, 가장 후순위 근저당보다 법정기일 등이 늦은 조세, 공과금 등 보다는 우선하여 배당하면 된다.

---

60) 법원실무제요 민사집행[Ⅲ], 사법연수원(2020), 95~96쪽.

자. 제7순위: 국세·지방세 및 이에 관한 강제징수비(체납처분비), 가산금 등의 징수금(국세기본법 35조 1항 본문, 지방세기본법 71조 1항 본문

차. 제8순위: 국세 및 지방세의 다음 순위로 징수하는 공과금 중 국민건강보험료(국민건강보험법 85조), 국민연금보험료(국민연금법 98조), 고용보험료 및 산업재해보상보험료(고용보험 및 산업재해보상보험의 보험료징수 등에 관한 법률 30조), 개발부담금, 장애인고용부담금 등

1) 조세·가산금 및 강제징수비(체납처분비) 이외의 채권이면서 국세징수법상의 체납처분의 예에 의하여 징수할 수 있는 채권을 통상 공과금이라고 부른다(국세기본법 2조 8호, 지방세법 31조 1항 참조).

국민건강보험료(국민건강보험법 85조), 국민연금보험료(국민연금법 98조), 고용보험료 및 산업재해보상보험료(고용보험 및 산업재해보상보험의 보험료징수 등에 관한 법률 30조) 등[61]이 여기에 해당한다.

국민연금보험료와 산업재해보상보험료 상호간에도 압류선착주의를 규정한 국세기본법 제36조가 준용되지 않는다.[62]

2) 위 각 보험료의 납부기한이 저당권·전세권의 설정등기보다 앞서는 경우 예외규정이 있다. 즉 이러한 공과금 채권은 그 납부기한 전에 설정된 저당권 등에 대하여는 우선하지 못하나, 그 납부기한 이후에 설정된 저당권 등과 그 밖의 일반채권에 대하여는 우선하여 배당하여야 한다.

다만 위 보험료가 납부기한 후에 설정된 저당권 등보다 우선한다고 하여도 조세보다 우선하는 것은 아니므로, 위 보험료의 납부기한 후에 설정된 저당권보다 후순위의 조세가 있을 경우에는 저당권보다 우선하는 보험료채권과 저당권부채권 및 저당권보다 후순위의 조세채권 사이에 순환관계가 성립한다.

카. 제7순위: 일반채권자의 채권

61) 대법원 1988. 9. 27. 선고 87다카428 판결, 대법원 1990. 3. 9. 선고 89다카17898 판결, 대법원 1997. 2. 28. 선고 96다50063 판결 등 참조.

62) 대법원 2005. 5. 27. 선고 2004다44384 판결.

2. 매각재산에 조세채권의 법정기일 후에 설정된 저당권·전세권으로 담보되는 채권이 있는 경우

가. 제1~3순위: 앞서 본 바와 같다.

나. 제4순위: 조세 그 밖에 이와 같은 순위의 징수금(당해세 포함)

국세, 지방세, 관세 및 그 가산금과 강제징수비(체납처분비)는 다른 공과금 그 밖의 채권에 우선하여 징수한다(국세기본법 35조 1항 본문, 지방세기본법 71조 1항 본문, 관세법 3조 2항).

다. 제5순위: 조세 다음 순위의 공과금 중 납부기한이 저당권·전세권의 설정등기일보다 앞서는 고용보험료 및 산업재해보상보험료, 국민건강보험료, 국민연금보험료, 개발부담금, 장애인고용부담금 등

라. 제6순위: 저당권·전세권으로 담보되는 채권

마. 제7순위: 임금 그 밖의 근로관계로 말미암은 채권

제1순위인 임금 등 채권(최종 3월분의 임금 등 채권)을 제외한 근로관계채권은 저당권 등에 의하여 담보된 채권에는 후순위이나 조세 등 채권(당해세를 포함한다)에는 우선하고, 다만 담보권에 우선하는 조세 등에는 우선하지 못하므로(근로기준법 38조 1항) 담보권과 조세채권의 우열을 따져 담보권이 우선하는 경우에는 담보권에 의하여 담보된 채권, 근로관계채권, 조세 등 채권의 순위가 되고, 조세 등 채권이 담보권에 우선하는 때에는 조세 등 채권, 담보권에 의하여 담보된 채권, 근로관계채권의 순위로 우선 변제된다.

조세채권 중 당해세가 있는 경우에는 당해세는 항상 담보권 등에 우선하므로 당해세(1순위), 저당권 등으로 담보된 채권(2순위), 근로관계채권(3순위), 그 밖의 조세 등 채권(4순위)의 순위가 되거나, 당해세(1순위), 그 밖의 조세 등 채권(2순위), 저당권 등에 의하여 담보된 채권(3순위), 근로관계채권(4순위)의 순위가 된다.

배당에 참가한 채권 중 조세 등 채권이 없는 경우에는 근로관계채권은 항상 담보권에 의하여 담보된 채권의 후순위이고, 담보권에 의하여 담보된 채권이 없는 경우에는 근로관계채권은 항상 당해세를 포함한 조세 등 채권에 우선하게 된다.

바. 제8순위: 조세 다음 순위의 공과금 중 납부기한이 저당권, 전세권 설정등기일 후인 고용보험료 및 산업재해보상보험료, 국민건강보험료, 국민연금보험료, 개발부담금, 장애인고용부담금 등

사. 제9순위: 일반채권

3. 매각재산에 저당권 등으로 담보되는 채권이 없는 경우

가. 제1~3순위: 앞서 본 바와 같다.
나. 제4순위: 임금 그 밖의 근로관계로 말미암은 채권
다. 제5순위: 조세 그 밖에 이와 같은 순위의 징수금(당해세 포함)
라. 제6순위: 조세 다음 순위의 공과금
마. 제7순위: 일반채권

[배당순위표]

	조세채권의 법정기일 전에 설정된 저당권·전세권이 있는 때	조세채권의 법정기일 후에 설정된 저당권·전세권이 있는 때	매각재산에 저당권 등의 피담보채권이 없는 때
1	집행비용	집행비용	집행비용
2	저당물의 제3취득자가 지출한 필요비·유익비	저당물의 제3취득자가 지출한 필요비·유익비	저당물의 제3취득자가 지출한 필요비·유익비
3	소액임차보증금, 최종 3월분 임금·퇴직금, 재해보상금	소액임차보증금, 최종 3월분 임금·퇴직금, 재해보상금	소액임차보증금, 최종 3월분 임금·퇴직금, 재해보상금
			그 밖의 임금, 근로관계채권
4	당해세[63] (집행목적물에 부과된 국세, 지방세, 가산금)	당해세, 조세 그 밖의 동순위의 징수금	당해세, 조세 그 밖의 동순위의 징수금
		납부기한이	

		저당권·전세권등기보다 빠른 공과금 등	
5	(국세, 지방세의) 법정기일 전에 설정등기된 저당권·전세권의 피담보채권, 확정일자·등기 임차권의 임차보증금	(국세, 지방세의) 법정기일 후에 설정된 저당권·전세권의 피담보채권	
6	그 밖의 임금, 근로관계채권	그 밖의 임금, 근로관계채권	
7	국세·지방세 및 체납처분비, 가산금 등의 징수금		
8	납부기한이 저당권·전세권등기보다 늦은 공과금 등	납부기한이 저당권·전세권등기보다 늦은 공과금 등	조세 다음 순위의 공과금
9	일반채권, 재산형, 과태료, 국유재산 사용료·대부료·변상금	일반채권, 재산형, 과태료, 국유재산 사용료·대부료·변상금	일반채권, 재산형, 과태료, 국유재산 사용료·대부료·변상금

Ⅳ. 순환배당·흡수배당64)

1. 안분후흡수설

배당받을 채권자들 사이에 배당순위가 고정되지 않고 채권자들 사이에 우열관계가 상대에 따라 변동이 있는 경우에, 그에 관계된 각 채권자의 채권액에 비례하여 안분배당 하여야 한다는 안분배당설과, 위와 같이 안분한 후(1단계), 각각 자신의 채권액 중 1단계에서 안분 받지 못한 금액(부족액)에 달할 때까지 자신의 후순위인 채권자의 안분액으로부터 흡수(2단계)하여 그 결과를 배당하여야 한다는 안분후흡수설

63) 개정 국세기본법(2023. 4. 1. 시행)에 따를 경우 국세인 당해세(상속세·증여세·종합부동산세)의 법정기일이 주택임차인의 확정일자(전세권의 설정일)보다 늦은 경우 그 당해세 배당(배분) 예정액에 한해서 주택임차보증금(전세금)에 먼저 배당(배분)할 수 있도록 하였다(35조 7항 신설). 개정 지방세기본법(2023. 5. 4. 시행)에서도 당해세인 재산세·지역자원시설세(소방분에 대한 지역자원시설세만 해당)·지방교육세(재산세에 부가되는 지방교육세만 해당)의 법정기일이 임차인의 확정일자(전세권의 설정일)보다 늦은 경우 그 배당(배분) 예정액에 한해서 주택임차보증금(전세금)에 먼저 배당(배분)할 수 있도록 하였다(71조 6항 신설).

64) 법원실무제요 민사집행[Ⅲ], 사법연수원(2020), 175~181쪽.

이 있다. 판례[65]와 실무는 안분후흡수설에 따르고 있다. 단 안분후흡수설의 경우 2단계로 후순위자의 안분배당액을 흡수할 때에 흡수할 금액은 자신의 채권액 중 1단계에서 안분배당 받지 못한 부족액과 1단계에서 후순위자에게 안분배당 된 금액을 각 한도로 하고, 또한 흡수는 각 흡수할 채권자마다 한번으로 종결시켜야 하고, 다시 위와 같은 절차를 반복하여서는 안 된다.

그런데 안분후흡수설에 의할 경우 자기가 배당요구한 채권이 많으면 많을수록 1차로 안분배당을 많이 받지만 그 배당액을 2차로 선순위 채권자에게 흡수당하고, 다시 후순위자의 배당액을 흡수할 경우에는 1차로 배당받은 금액을 제외한 나머지 부분만큼만 흡수하므로 결국 배당요구채권이 많으면 배당액이 적어지는 문제가 발생한다(아래 예에서 B의 경우가 그러하다). 그리하여 적어도 이러한 결과를 방지하고, 나아가 자신의 채권액이 많다는 것과 선순위 채권의 비중이 적고 후순위 채권이 크다는 것은 배당에서 당연히 유리한 사정이 되어야 하므로, 이를 배당에서 그대로 반영하기 위하여, 1차로 자기보다 후순위자의 채권을 가산한 금액을 기준으로 안분하여 배당하고, 다만 이러한 안분결과 본래의 자기채권을 초과하여 배당받은 부분은 다시 나머지 채권자들 사이에서 순위에 따라 배당하여야 한다는 가산후안분설이 제기되고 있다.

예를 들어 A의 채권은 1,000만 원, B의 채권 800만 원, C의 채권 200만 원이고, 배당재단은 1,000만 원이며, A는 B에 대하여, B는 C에 대하여, C는 A에 대하여 각 배당순위가 앞서는 경우 위 각 설에 의하여 배당을 해보면 다음표와 같다(단 가산후안분설의 경우 C에 대한 1차 안분액 300만 원 중 C의 본래 청구금액인 200만 원을 초과하는 100만 원은 A, B 중 순위가 앞서는 A에게 전액 배당한다).

	A의 배당액	B의 배당액	C의 배당액
안 분 설	(안분기준액 1,000만 원) 500만 원	(안분기준액 800만 원) 400만 원	(안분기준액 200만 원) 100만 원
안 분 후 흡 수 설	(안분기준액 1,000만 원) 800만 원	(안분기준액 800만 원) 100만 원	(안분기준액 200만 원) 100만 원
가 산 후 안 분 설	(안분기준액 1,800만 원) 550만 원	(안분기준액 1,000만 원) 250만 원	(안분기준액 1,200만 원) 200만 원

65) 대법원 1992. 3. 27. 선고 91다44407 판결, 대법원 1994. 11. 29.자 94마417 결정.

아래에서는 편의상 안분후흡수설에 따라 배당을 실시하여 본다.

2. 순환흡수배당

가. 순환흡수배당의 대표적 사례

예를 들어 배당재단이 6천만 원인데, 당해세 우선의 원칙이 규정된 이후로서 '서울특별시의 임차인의 소액보증금의 한도가 1억6,500만 원 이하의 임차인 중 5,500만 원 한도'로 인상된 2023. 2. 21. 전에 설정된 저당권자 甲의 채권이 6천만 원, 조세채권자(당해세) 乙의 채권이 500만 원, 임차인 丙의 보증금채권이 1억6천만 원인 경우(확정일자 없음), 甲, 乙의 각 채권과 丙의 5,500만 원의 소액보증금 채권 간의 우선관계는 甲은 丙보다, 丙은 乙보다, 乙은 甲보다 우선하게 되어 끝없이 순환관계가 되풀이 된다. 권리기준일자 중 공과금의 납부기한이 가장 빠르고 근저당권의 설정일자, 조세의 법정기일 순서인 경우[66]나 가압류의 설정일자가 가장 빠르고 근저당권의 설정일자, 조세(공과금)의 법정기일(납부기한) 순서인 경우에도 모두 순환관계가 성립한다.

나. 순환흡수배당의 방법

1) 순환흡수배당의 대상

순환관계에 있는 모든 채권자들을 포함해서 순환흡수배당을 해야 한다.

가) 공과금의 납부기한이 제일 빠른 경우

근저당권의 설정일자보다 앞서는 공과금 부분과 근저당권, 당해세를 제외한 조세 전부를 포함해서 순환흡수배당을 해야 한다. 조세는 무조건 공과금보다 선순위이므로 법정기일과 상관없이 모두 포함해야 하고, 조세가 전액 포함됨으로 인해 조세보다 앞서는 후순위 담보물권도 순환흡수배당에 포함해야 함에도 이를 누락하기 쉬우니 주의가 필요하다.

나) 가압류의 설정일자가 제일 빠른 경우(과태료 등 일반채권에 기한 체납처분 압류의 설정일자가 제일 빠른 경우도 동일)

가압류보다 선순위인 조세, 공과금이 전부 포함되어야 하고, 근저당권 등 담보물권도 가압류와 동순위이므로 전부 포함되어야 한다. 가압류와 동순위인 일반채권(가압류, 배당요구권자, 과태료 등)들도 전부 포함되어야 한다.

---

66) 법원실무제요 민사집행[Ⅲ], 사법연수원(2020), 124쪽.

2) 순환흡수배당의 방법

가) 먼저 순환흡수배당에 포함된 채권자들의 각 배당받을 금액을 기준으로 순환흡수배당으로 배당할 금액을 안분한다.

나) 흡수의 순서

선순위자부터 흡수하는데 실무상 보통 다수자에게 선순위이거나 원인일자가 빠른 순서부터 함하고 있다. 흡수자가 사이도 순환관계인 경우 다수자에게 선순위인 자부터 흡수하는 것이 적절하다.

보통 당해세, 근저당권, 공과금, 상대적우선소액[67] 등이 순환관계인 경우 당해세를 1순위로 하고 나머지는 원인일자 순으로 흡수하되 상대적우선소액은 담보물권 외의 권리자에 대해선 선순위이므로 담보물권 다음 순위로 흡수한다.

다) 흡수당하는 순서

후순위자부터 흡수하되 흡수당하는 자들이 동순위인 경우 안분흡수를 한다. 흡수당하는 순서는 흡수자를 기준으로 흡수당하는 자들 사이의 우선순위를 확인하여 정한다. 흡수자 기준으로 흡수당하는 자가 순환관계인 경우에는 안분흡수하는 것이 적절할 것이다.

재판사무시스템의 배당액계산 프로그램의 흡수순서는 기본적인 권리관계만 반영되어 복잡한 권리관계에선 보통 안분흡수하는 것으로 설정되어 있으나 해당 피흡수자들 사이에 우열관계가 명확한 경우에는 수동으로 순위를 설정해주어야 한다. 예를 들어, 흡수자가 근저당권자이고 피흡수자가 비당해세, 공과금, 상대적우선소액인 경우 흡수순서는 공과금－비당해세－상대적우선소액 순서가 되어야 한다.

라) 흡수한도

흡수자는 본인이 안분받지 못한 부족액을 기준으로 하여 피흡수자의 안분액을 한도로 흡수할 수 있다. 이때 흡수는 한 번만 가능하고 배당 시 흡수하는 순서와 흡수당하는 순서가 맞게 되었는지 확인이 필요하다.

다. 구체적인 순환흡수배당 사례

가.의 사례에서 구체적인 순환흡수배당 방법을 살펴보면, 먼저 甲, 乙, 丙 3자를 평등하게 취급하여 각 채권액에 비례하여 甲에게는 3천만 원, 乙에게는 250만 원,

67) 주택임대차보호법 시행령상 현재 기준 소액보증금이나 담보물권의 설정일자를 기준으로 하면 소액보증금에 해당하지 않는 경우 실무상 '상대적우선소액'이라고 부른다.

丙에게는 2,750만 원으로 안분한 후(1단계), 저당권자 甲은 소액임차인 丙에 우선하므로 甲의 채권금액 중 1차로 배당받지 못한 3천만 원을 한도로 丙의 배당액 2,750만 원을 흡수하고, 소액임차인 丙은 조세채권자 乙에 우선하므로 같은 방식으로 乙로부터 250만 원을 흡수하고, 조세채권자 乙은 저당권자 甲에 우선하므로 마찬가지의 방식으로 甲으로부터 250만 원을 흡수하고 각 위 흡수당한 부분은 甲, 乙, 丙 각자에게 1차로 배당된 금액에서 공제된다(제2단계). 따라서 결국 甲은 5,500만 원(=원래의 배당액 3천만 원+丙으로부터 흡수한 2,750만 원-乙에게 흡수당한 250만 원), 乙은 250만 원(=원래의 배당액 250만 원-丙에게 흡수당한 250만 원+甲으로부터 흡수한 250만 원), 丙은 250만 원(=원래의 배당액 2,750만 원-甲에게 흡수당한 2,750만 원+乙로부터 흡수한 250만 원)을 각 배당받게 된다.

라. 소액보증금의 기준 금액이 변동된 경우

한편, 소액보증금은 주택임대차보호법 시행령 부칙상 원칙적으로 현재 기준이 적용되고, 다만 시행 전에 담보물권을 취득한 자에 대해서만 담보물권 설정 당시의 규정을 적용하도록 하고 있기 때문에[68] 담보물권(가등기담보권, 전세권, 확정일자부 임차인[69] 포함)을 제외한 나머지 조세, 공과금 등과 일반채권에 대해서는 현재 기준의 소액보증금이 적용된다.[70]

따라서 주택임대차보호법 시행령 개정 전에 설정된 담보물권과 그 담보물권보다 선순위인 당해세 등 조세나 공과금, 그리고 현재 주택임대차보호법 시행령 기준 소액보증금과 담보물권 설정 당시 기준 소액보증금과의 차액이 순환관계에 있게 되어 순환흡수배당을 해야 한다.

예를 들어, 서울특별시에 근저당 설정일자가 2020. 1. 1.이고 임대차보증금이 1억천만 원인 경우 당해세, 소액보증금, 근저당권의 배당은, 위 날짜 기준 소액보증금 3천7백만 원을 우선 임차인에게 배당한 후 남은 금액을 당해세, 근저당권, 현재 기준(2023. 2. 21. 기준) 소액보증금에서 최우선배당받은 소액보증금을 뺀 소액보증금 증가분 1,800만 원(=5,500만 원-3,700만 원)을 순환흡수배당 해야 한다. 이렇게 순

68) 소액보증금 기준과 주택임대차보호법 시행령 제10조 및 제11조가 개정되는 경우 보통 시행령 부칙에 '이 영 시행 당시 존속 중인 임대차계약에 대해서도 적용하되, 이 영 시행 전에 임차주택에 대하여 담보물권을 취득한 자에 대해서는 종전의 규정에 따른다.'는 적용례에 관한 규정을 두고 있다.

69) 대법원 2018. 2. 13. 선고 2017다48300 판결.

70) 법원실무제요 민사집행[Ⅲ], 사법연수원(2020), 79쪽.

환흡수배당을 하는 경우에는 배당표 이유란에 소액보증금의 기준 날짜를 기재해주는 것이 바람직하다(위의 경우 '2023. 2. 21. 기준 소액보증금'이라 기재). 다만 순환흡수배당을 해야 할 채권자들에게 모두 배당이 되는 경우에는 별도로 순환흡수배당계산을 할 필요 없이 동순위로 전부배당하면서 배당표 이유란에 '순환흡수배당'이라고만 기재하면 된다.

이와 같이 소액임차인이 있는 경우 선순위 담보물권이 있으면 담보물권 설정일자 기준으로 소액보증금에 해당하는 금액을 확인(담보물권별로 기준 날짜가 달라져 소액보증금 대상이 달라지는지)해야 한다. 최우선 담보물권부터 설정일자 순서대로 소액보증금 기준이 얼마인지 확인하여 해당 담보물권 기준으로 소액보증금에 해당하는 경우에는 그 담보물권보다 우선 배당한다.

다가구건물과 같이 한 건물에 다수의 임차인이 있는 경우(하나의 배당재단에 다수의 임차인이 있는 경우) 확정일자부 임차인은 담보권자에 준하므로[71] 각 확정일자부 임차인들을 기준으로 소액보증금 금액이 달라질 수 있으므로[72] 배당 시 주의가 필요하다.

마. 소액보증금 한도 변경 시 임차인들 사이의 배당 방법

소액보증금 한도 변동과 선순위 담보물권자와의 배당 관계에 있어 선순위 담보물권자에게 배당하고 남은 잔액을 임차인들 사이에 배당하는 방법이 문제된다.

예를 들어, 서울특별시 소재 주택에 2017. 1. 11. 설정된 근저당권의 권리자 甲, 2018. 10. 1. 설정된 근저당권의 권리자 乙, 2018. 1. 11. 대항력을 갖춘 보증금 1억 원의 임차인 丙과 보증금 1억 1,000만 원의 임차인 丁이 있는 경우를 보면, 甲에 대하여 丙은 소액임차인임을 주장할 수 있으나 丁은 소액임차인임을 주장할 수 없고, 乙에 대하여는 丙, 丁 모두 소액임차인임을 주장할 수 있으므로 1순위는 丙(소액보증금 3,400만 원), 2순위는 甲, 3순위는 丙(소액보증금 증가분 300만 원), 丁(소액보증금 3,700만 원)이 된다.

그런데 위의 경우에 제2순위인 甲에게 배당하고 남은 잔액이 4,000만 원 미만이어서 丙과 丁의 동순위(3순위)채권을 동시에 만족시킬 수 없는 경우에는 丙과 丁에게 평등하게 배당하여야 하는데, 이 경우 구체적인 배당방법에 관하여는 견해가 나

71) 대법원 1992. 10. 13. 선고 92다30597 판결.

72) 대법원 2018. 2. 13. 선고 2017다48300 판결.

뉜다.

위의 예에서 甲의 2순위 채권에 배당하고 남은 잔액이 3,800만 원이라고 가정하면, 하나는 그 3,800만 원을 丙의 300만 원과 丁의 3,700만 원의 비율로 안분하는 것인데(안분배당설), 이에 따르면 3순위에서 丙은 285만 원, 丁은 3,515만 원을 배당받게 되어 丙과 丁의 최종배당액은 丙은 3,685만 원, 丁은 3,515만 원이 된다.

다른 하나는, 배당순위가 같고 채권금액이 같다면 평등배당함이 원칙인데, 丙과 丁은 소액보증금 3,700만 원에 대한 동순위의 소액임차인이므로 평등배당함이 원칙이지만, 다만 법과 시행령의 부칙 경과규정에 의하여 甲과 그 甲에게 우선하는 丙의 소액보증금 중 일부가 각각 丙과 丁의 3,700만 원인 소액임차인의 배당순위에 앞서게 된 것이므로, 丙과 丁이 3순위로 평등배당을 받되 丙은 그 어떤 경우에도 1순위로 우선배당받는 3,400만 원보다 적은 금액을 배당받는 일이 없어야 한다는 제한을 받을 뿐이라고 한다(제한적 평등배당설). 따라서 이 견해에 의할 경우 3순위 배당을 할 때에, 丙이 1순위 배당받은 3,400만 원에 달할 때까지 丁에게 우선 3,400만 원을 배당하고, 남은 잔액 400만 원은 다시 丙과 丁의 3,700만 원에 미달하는 각 300만 원의 비율대로(즉 200만 원씩) 안분배당하게 되므로, 丙과 丁의 총 배당액은 각 3,600만 원씩이다.

바. 압류선착주의와의 관계

압류선착주의는 조세 상호간의 순위를 정하는 것일 뿐이므로 담보물권 등과는 무관하기 때문에 압류선착주의가 적용됨으로써 조세채권과 담보물권 사이에 순환배당문제는 발생하지 않는다. 따라서 순환흡수배당을 끝내고 나서 조세 상호간에만 압류선착주의를 적용하면 된다.

3. 안분흡수배당

위의 순수한 순환관계와는 달리 일부 동순위자가 있거나 특정 채권자에 대한 관계에서만 동순위로 인정되는 채권자가 있는 경우에도 배당의 방법은 동일하다.

1) 가압류 후에 1번 저당권 및 2번 저당권이 설정되어 있던 중 위 1번 또는 2번 저당권자에 의하여 경매신청이 된 경우에 위 3자간의 배당순위는[단 가압류 후의 담보물권설정행위가 가압류의 처분금지적효력에 반하는 것이 아니어서 가압류권자와 담보물권자는 평등하게 배당을 받는다는 판례의 견해(개별상대효설)에서 배당을 실시

한다. 이하 같다], 가압류채권자와 각 저당권자는 동순위로서 각 채권액에 따라 안분배당을 받되 1번 저당권은 2번 저당권에 우선하므로 1번 저당권자는 2번 저당권자가 받을 배당액으로부터 자기의 채권액을 만족시킬 때까지 이를 흡수하여 변제를 받을 수 있다. 예를 들어, 배당할 금액이 2,000만 원이고 가압류채권자 甲의 채권이 500만 원, 1번 저당권자 乙의 채권이 1,500만 원, 2번 저당권자 丙의 채권이 3,000만 원이라면 甲·乙·丙의 배당액은 각 채권액에 따라 안분비례되므로 甲은 200만 원[(2,000×500)/(500+1,500+3,000)], 乙은 600만 원[(2,000×1,500)/(500+1,500+3,000)], 丙은 1,200만 원[(2,000×3,000)/(500+1,500+3,000)]을 각 배당받아야 할 것이나, 乙은 丙에 우선하는 자인데 그 채권액 전부를 만족받지 못하므로 그 채권액 1,500만 원과 위 배당액 600만 원과의 차액 900만 원은 丙의 배당액으로부터 흡수하여 만족을 얻는다. 따라서 甲은 200만 원, 乙은 1,500만 원, 丙은 300만 원(1,200－900)을 각 배당받게 된다.

2) 가압류 후에 그 부동산에 저당권설정등기를 한 저당권자의 신청에 의하여 경매절차 진행 중 집행력 있는 집행권원의 정본을 가진 다른 채권자가 강제경매신청을 하여 압류가 경합된 경우에 가압류채권자 甲, 가압류 후의 저당권자 乙, 2중압류채권자 丙 3자간의 순위도, 저당권자 乙은 그 저당권으로써 가압류채권자 甲에게 대항할 수 없으므로 일반채권자와 동일한 지위에 서지만, 乙은 그 저당권으로써 丙에 대항할 수 있으므로, 甲·乙·丙은 평등하게 취급되어 그 채권액에 비례하여 안분배당을 받되 乙은 丙이 받을 배당액으로부터 자기의 채권액이 만족될 때까지 이를 흡수하여 변제받을 수 있다.

3) 한편 가압류등기가 있은 후에 저당권설정등기가 있고 그 후에 가압류가 본압류로 이행하여 경매개시결정이 된 뒤 다시 다른 일반채권자가 배당요구를 한 경우의 배당순위는, 예를 들어 매각대금은 1,600만 원이고 가압류채권자 甲의 채권은 800만 원, 저당권자 乙의 채권은 1,000만 원, 배당요구채권자 丙의 채권은 1,400만 원이라고 하면, 실무는 乙이 본압류 전에 등기된 저당권자라는 이유로 따로 배당요구를 하지 않은 경우에도 배당요구를 한 경우와 마찬가지로 취급하므로, 매각대금 1,600만 원을 1단계로는 甲, 乙, 丙 3인에게 甲 400만 원, 乙 500만 원, 丙 700만 원씩 안분배당하고 제2단계로 乙은 丙에 대하여 우선변제권이 있으므로 乙의 피담보채권 중 제1단계에서 배당받지 못한 부족분 500만 원을 丙의 안분액으로부터 흡수한다. 그 결과 甲은 400만 원, 乙은 1,000만 원(500+500), 丙은 200만 원(700－500)을 최종

적으로 배당받게 된다.

4) 다만 담보물권설정행위가 가압류의 처분금지적 효력에 반한다는 견해(절차상 대효설)에 의하면 가압류권자는 담보물권자에 앞서 우선적으로 배당을 받고 남은 것이 있으면 비로소 담보물권자가 배당을 받게 된다. 이 견해에 의하면 위 다.의 경우에 저당권자가 별도로 배당요구를 하지 않으면 그 저당권자는 경매신청인에 대한 관계에서는 무시당할 수밖에 없으므로 매각대금은 경매채권자와 배당요구채권자 2인에게 안분배당하면 될 것이나 다른 한편 배당요구채권자는 위 경매채권자와는 달리 저당권을 무시할 수 없으므로 자기가 안분배당 받은 금액 중에서 저당권자의 채권변제에 충당할 분을 공제하고 잔액이 있으면 자기가 수령할 수 있고 잔액이 없으면 배당을 받을 수 없게 된다. 이에 따르면 예를 들어, 매각대금은 1,600만 원이고 가압류채권자 甲의 채권은 800만 원, 저당권자 乙의 채권은 1,000만 원, 배당요구채권자 丙의 채권은 1,400만 원이라고 하면 甲이 582만 원을 배당받게 되고, 丙은 甲과 안분배당 받은 1,018만 원 중에서 乙의 채권 1,000만 원을 공제한 잔액 18만 원을 배당받게 되고 乙은 1,000만 원을 배당받게 된다. 이는 흔한 실무례는 아니다.

5) 그런데 위 다.의 경우에 甲과 丙이 동일 채권자인 경우 즉 甲, 丙 모두 동일한 집행권원상의 채권이나 甲 채권은 가압류에 의하여 보전된 채권이고, 丙 채권은 가압류에 의하여 보전되지 않은 결과, 甲 채권은 근저당권부채권과 동순위이고 丙 채권은 근저당권부채권보다 후순위가 된 경우를 보면, 이 경우 통상의 실무에 의하면 위에서 본 바와 같이 甲은 400만 원, 乙은 1,000만 원, 丙은 200만 원을 배당받게 되어 결국 甲(=丙)은 600만 원을 최종적으로 배당받게 된다. 그런데 이 경우 甲이 丙 채권으로 배당요구를 하지 않으면 매각대금 1,600만 원은 甲 채권 800만 원과 乙 채권 1,000만 원 사이에서만 안분하면 되므로 결국 甲은 711만 원, 乙은 889만 원을 배당받게 되어, 결과적으로 甲의 배당액이 더 많아지게 된다.

4. 배당순위의 모순저촉에 따른 특수흡수배당

다수의 채권자 중 등기기록에 기입된 순서가 ① 가압류(청구채권 400만 원), ② 근저당권(채권 200만 원), ③ 당해세 아닌 조세(300만 원)의 압류, ④ 가압류(청구채권 100만 원)의 등기가 순차로 되어 있고(편의상 조세의 법정기일을 압류한 날짜로 본다), 배당할 금액이 500만 원인 경우에는 위에서 본 것과 같은 배당의 순환관계는 생기지 않는 대신 부분적으로 ① 가압류의 입장에서는 ② 근저당권과 ④ 가압류에 대한 관계에서는 평등한 반면, ③ 조세에 대한 관계에서는 후순위이고, 또한 ③ 조세의 입장에서는 ①, ④ 가압류보다는 선순위이나 ② 근저당보다는 후순위로서, 서로 상호 순위가 모순되는 관계에 있게 된다.

이 경우에도 각 채권자의 채권액을 기초로 먼저 안분배당한 후, 각 자기보다 후순위권리자의 배당액을 자기채권이 만족할 때까지 흡수시켜 배당하여야 한다.[73)]

위의 예에서 먼저 각 청구채권의 비율에 따라 ①에게 200만 원(500×400÷1,000), ②에게 100만 원(500×200÷1,000), ③에게 150만 원(500×300÷1,000), ④에게 50만 원(500×100÷1,000)을 배당한 다음, ③, ④에 안분배당된 금액을 선순위 ②에게 ②의 청구채권한도(200)에서 흡수시키고, ①은 ③에 대하여는 후순위로서 ③의 청구채권한도(300)에서 ① 가압류를 흡수시키면 된다.

그런데 이때 세 가지 주의할 것이 있다. 첫 번째는 흡수의 순서에 관한 것으로서, ④에 안분배당된 것을 흡수할 권리자로 ②와 ③이 있는데 둘 사이에 ②가 선순위이므로 ②의 채권에 먼저 흡수하고 그 다음에 ③의 채권에 흡수하는 순서를 밟아야 한다는 것이다. 따라서 위의 예에서 ④에 대하여 안분배당된 것은 1차로 ②가 먼저 흡수하여야 한다.

두 번째는 흡수당하는 순서에 관한 것인데, 위의 경우 ②에 흡수당할 채권은 ③과 ④가 있는바, 이 ③, ④ 사이에서는 ④가 열후하므로 ④에 배당된 것을 먼저 흡수하고, 모자라는 한도에서 ③의 것을 흡수한다. 이때 ③, ④가 동순위일 경우에는 안분하여 흡수한다.

따라서 이에 따라 위의 예에 관하여 배당을 실시하면, ②는 ④의 배당액 50만 원을 먼저 흡수하고, 모자라는 50만 원(=청구금액 200만 원-1차안분액 100만 원-④흡수액 50만 원)을 ③으로부터 추가로 흡수하게 된다. 이로써 ②에 대한 배당금은 확정된다.

세 번째는 흡수의 한도에 관한 것으로서, 두 번째로 흡수하여야 할 ③의 흡수범위를 정하는데 있어서 ③이 1차로 안분배당받았다가 ②에 흡수당한 부분까지도 흡수할 수 있는가 하는 문제이다.

이에 관하여는, 흡수당한 부분은 일단 배당받은 것이므로 그 부분을 공제한 나머지만 흡수하여야 한다는 견해와 흡수당한 부분도 흡수할 수 있다는 견해로 나뉘어져 있는데, 전자의 견해가 타당하다.

73) 대법원 1994. 11. 29.자 94마417 결정.

전자의 견해에서 배당을 하면, ③은 원래 채권(300만 원)에서 1차로 배당받은 금액(150만 원)을 공제한 150만 원만을 흡수할 수 있으므로 ①의 배당액 중 150만 원만 ③에게 흡수되고 50만 원이 남는다. 결국 ④에게는 배당금이 없고, ①에게 50만 원, ②에게 200만 원, ③에게 250만 원이 각 배당된다.

한편 위의 예에서 위 ②번이 가등기담보권자이거나 확정일자를 갖춘 임차권자인 경우 또는 선순위와 후순위 가압류채권이 동일인의 권리인 경우에도 마찬가지이다.[74)]

실무상으로는 이러한 안분흡수내용을 다음과 같은 표로 작성하여 활용한다.

채권자	채권금액	안분금액	흡수한도	1차흡수		2차흡수		최 종 배당액
				내용	결과	내용	결과	
① 가압류	400	200			200	-150	50	50
② 근저당	200	100	100	+100	200		200	200
③ 일반조세	300	150	150	-50	100	+150	250	250
④ 가압류	100	50		-50	0		0	0

Ⅴ. 순위에 따른 구체적인 배당방법

구체적인 사안에 따른 배당은 다음과 같다.[75)]

1. 첫 번째 사례(① 일반 채권 - ② 확정일자 있는 임차권 - ③ 저당권)

가. 배당순위 및 배당액

① 일반 채권(A) – ② 확정일자 있는 임차권(B) – ③ 저당권(C)이 순차로 있는 경우의 배당순위 및 배당액은 다음과 같다.

74) 대법원 1992. 10. 13. 선고 92다30597 판결 참조.

75) 다양한 배당사례와 관련해서, 손진홍, 부동산집행(경매)의 실무, 법률정보센터(2013), 367쪽 이하 참조.

[배당순위 및 배당액(용도가 주택이고, 배당액이 6,500만원일 경우)](단위: 만원)

일 자	권리내용	순 위	배당액	비 고
2021. 2. 5.	임차권 16,000 (확정일자 없음)		없 음	채 권
2021. 5. 3.	확정일자부 임차권 5,000	1	5,000	확정일자 있는 임차권
2021. 12. 1.	근저당 3,000	2	1,500	물 권

나. 해설

성립선후에 관계없이 언제나 물권이 채권에 우선한다.

1순위로 확정일부 임차인 B에게 5,000만 원을 배당하고(확정일자 있는 임차권은 주택임대차 계약이 채권계약이지만 임차인이 대항력을 갖춘 상태에서 확정일자를 받으면 이후의 물권에 우선하는 우선변제권을 가짐), 2순위로 근저당권자 C에게 나머지 1,500만 원을 배당한다.

확정일자 없는 임차권자 A는 배당에 참여할 수 없다(확정일자가 없으면 우선변제권이 없음. 확정일자가 없어도 소액임차인은 우선변제권이 있으나, 소액임차인이 아님).

다만, 주택인 경우 임차권자 A는 배당에는 참가하지 못하지만, 최선순위 대항력 있는 임차인이므로, 매수인에게 대항력을 행사할 수 있다(주택임대차보호법 3조).

2. 두 번째 사례(① 가압류 - ② 가압류 - ③ 근저당권)

가. 배당순위 및 배당액

① 가압류(A) – ② 가압류(B) – ③ 근저당권(C)이 순차로 있는 경우의 배당순위 및 배당액은 다음과 같다.

[배당순위 및 배당액(배당액이 4,500만원일 경우)](단위: 만원)

일 자	권리내용	순 위	배 당	비 고
2021. 2. 5.	가압류 4,000	1	1,636	가압류
2021. 5. 3.	가압류 4,000	1	1,636	가압류
2021. 12. 1.	근저당 3,000	1	1,228	물 권

나. 해 설

채권 상호간에는 시간의 선후에 관계없이 동등한 지위를 갖게 되어 우선순위 없이 평등하게 취급하므로 안분배당(배당액×해당채권액/각 채권의 합계액)하여, 가압류권자 A, B에게 각 1,636만 원, 근저당권자 C에게 1,228만 원 배당한다.

만일 ① 근저당 - ② 가압류 - ③ 근저당의 경우라면, 1순위로 근저당권자 A에게 우선배당하고, 2순위로 가압류권자 B와 근저당권자 C에게 동순위로 안분배당한다.

3. 세 번째 사례(① 가압류 - ② 1번 근저당권 - ③ 2번 근저당권)

가. 배당순위 및 배당액

① 가압류(A) - ② 1번 근저당권(B) - ③ 2번 근저당권(C)이 순차로 있는 경우의 배당순위 및 배당액은 다음과 같다.

[배당순위 및 배당액(배당액이 6,000만원일 경우)](단위: 만 원)

일 자	권리내용	권리자	1차 안분	배 당
2021. 1. 7.	가압류 3,000	A	1,800	1,800
2021. 5. 8.	근저당 3,000	B	1,800	3,000
2021. 7. 25.	근저당 4,000	C	2,400	1,200
2021. 11. 5.	C의 임의 경매신청			

나. 해설

채권액별로 비례하여 안분배당한 후에 1번 근저당은 자기의 채권이 모두 회수될 때까지 배당을 받는다.

먼저 1차로 안분배당을 하면, 가압류권자 A에게 1,800만 원, 근저당권자 B에게 1,800만 원, 근저당권자 C에게 2,400만 원 배당된다.

그 다음 가압류권자 A에게 1,800만 원을 배당하고(법원은 위 배당금 1,800만 원을 공탁하게 되고, 가압류권자가 채무자를 상대로 소송을 제기하여 승소판결을 받아 위 공탁금을 회수하게 된다), 근저당권자 B에게 3,000만 원(C의 배당금에서 1,200만 원 흡수함)을, 근저당권자 C에게 1,200만 원(2,400만 원 - 1,200만 원)을 각 배당한다.

4. 네 번째 사례[① 가압류 - ② 근저당권 - ③ 압류(가압류)]

가. 배당순위 및 배당액

① 가압류(A) - ② 근저당(B) - ③ 압류(가압류)(C)가 순차로 있는 경우의 배당순위 및 배당액은 다음과 같다.

[배당순위 및 배당액(배당액이 6,000만원일 경우)](단위: 만원)

일 자	권리내용	권리자	1차 안분	배 당
2021. 1. 5.	가압류 2,000	A	1,500	1,500
2021. 2. 3.	근저당 3,000	B	2,250	3,000
2021. 6. 7.	압 류 3,000	C	2,250	1,500

나. 해설

가압류가 최선순위일 경우에 후순위 근저당은 가압류 채권자에게 우선변제권을 주장할 수 없고 가압류와 근저당권이 동순위로 취급되어서 안분비례에 의하여 평등배당을 한다.

먼저 안분하여, 가압류권자 A에게 1,500만 원, 근저당권자 B에게 2,250만 원, 압류권자 C에게 2,250만 원을 안분한 다음 가압류권자 A는 1,500만 원을, 근저당권자 B에게는 3,000만 원(이때 B는 위 안분액 2,250만 원이 자신의 청구금액 3,000만 원에 미달하는 금액인 750만 원을 C로부터 흡수하여 결국 3,000만 원을 배당받게 된다. 안분후흡수설)을, 압류권자 C는 1,500만 원(안분액 2,250만 원 - 750만 원)을 배당받는다.[76)]

5. 다섯 번째 사례(① 가압류 - ② 저당권 - ③ 가압류 - ④ 근저당권)

가. 배당순위 및 배당액

① 가압류(A) - ② 저당권(B) - ③ 가압류(C) - ④ 근저당권(D)이 순차로 있는 경우의 배당순위 및 배당액은 다음과 같다.

---

76) 대법원 1994. 11. 29.자 94마417 결정 참조.

[배당순위 및 배당액(배당액이 6,000만원일 경우)](단위: 만원)

일 자	권리내용	권리자	1차 안분	배 당
21. 1. 5.	가압류 4,000	A	1,500	1,500
21. 2. 7.	저당권 4,000	B	1,500	4,000
21. 3. 7.	가압류 4,000	C	1,500	250
21. 4. 8.	근저당 4,000	D	1,500	250
21. 11. 5.	A의 강제 경매신청			

나. 해설

채권에 비례하여 안분배당한 후 흡수배당한다. 먼저 안분하여, 가압류권자 A에게 1,500만 원, 저당권자 B에게 1,500만 원, 압류권자 C에게 1,500만 원, 근저당권자 D에게 1,500만 원을 배당한 다음 가압류권자 A는 1,500만 원을, 물권인 저당권자 B에게 4,000만 원(C와 D의 배당액 3,000만 원에서 2,500만 원을 흡수하되, C와 D로부터 1:1의 비율로 각 1,250만 원씩 흡수)을, 가압류권자 C와 근저당권자 D는 각 250만 원씩(C와 D 사이에 흡수관계는 없음)을 각 배당한다.

6. 여섯 번째 사례(① 가압류 - ② 근저당권- ③ 당해세가 아닌 조세 - ④ 가압류)

가. 배당순위 및 배당액

① 가압류(A) - ② 근저당(B) - ③ 당해세가 아닌 세금(C) - ④ 가압류(D)가 순차로 있는 경우의 배당순위 및 배당액은 다음과 같다.

[배당순위 및 배당액(배당금액이 500만원일 경우)](단위: 만원)

일 자	권리내용	권리자	1차 안분	배당금액
2021. 7. 23.	가압류 400(청구채권)	A	200	50
2021. 8. 7.	근저당권 200	B	100	200
2021. 9. 16. (법정기일)	당해세가 아닌 세금 300	C	150	250
2021. 10. 18.	가압류 100(청구채권)	D	50	없음
2022. 1. 19.	B의 임의경매신청			

나. 해설

이 경우도 안분 후 흡수배당을 한다. 먼저 안분을 하게 되면, 가압류권자 A에게 200만 원, 근저당권자 B에게 100만 원, 조세권자 C에게 150만 원, 가압류권자 D에게 50만 원이 배당된다.

먼저 근저당권자인 B는 안분액 중 청구채권에 미치는 못하는 100만 원을 조세권자인 C와 가압류권자인 D로부터 흡수할 수 있으나, C와 D 사이에서는 C가 D에 우선하므로 우선적으로 열후한 D로부터 50만 원을 흡수한 다음 그 나머지인 50만원을 C로부터 흡수하여 합계 100만 원을 흡수한다. 그리하면 C는 안분액 중 100만 원이 남고, D는 안분배당된 50만 원을 모두 뺏기게 된다.

다음으로, 조세권자인 C는 가압류권자인 A와 D로부터 안분액이 청구채권액에 미치지 못하는 150만 원을 흡수할 수 있는데, D는 이미 근저당권자에게 모두 뺏기어 흡수할 돈이 없으므로 A로부터만 그 안분액 중 150만 원을 흡수한다. 이때 흡수하는 측에서 흡수할 수 있는 액수는 안분비례한 금액이 자신의 채권액에 못 미치는 금액만 흡수한다. 흡수당하는 측에서 빼앗기는 금액은 1차 안분비례한 금액 한도에서만 흡수당하는 것이고, 흡수된 후 자신이 다른 채권자로부터 다시 흡수하여 배당받는 금액은 또다시 우선채권자에게 흡수당하지 않는다.[77] 결국 250만원(남은 안분액 100만원 + 흡수액 150만원)을 배당받는다.

그 다음으로 가압류권자 A는 나머지 50만원 배당받고, D는 배당액이 없게 된다.

7. 일곱 번째 사례(① 가압류 - ② 1번 근저당권 - ③ 당해세가 아닌 조세 - ④ 2번 근저당권 - ⑤ 가압류)

가. 배당순위 및 배당액

① 가압류(A) - ② 1번 근저당권(B) - ③ 당해세가 아닌 세금(C) - ④ 2번 근저당권(D) - ⑤ 가압류(E)가 순차로 있는 경우의 배당순위 및 배당액은 다음과 같다.

77) 안분 후 흡수설에 의하더라도 2단계로 후순위자의 안분배당액을 흡수함에 있어 흡수할 금액은 자신의 채권액 중 1단계에서 안분배당 받지 못한 부족액과 1단계에서 후순위자에게 안분배당된 금액을 각 한도로 하고, 또한 흡수는 각 흡수할 채권자마다 한 번으로 종결시켜야 하지 다시 이와 같은 절차를 반복하여서는 아니 된다.

[배당순위 및 배당액(배당금액이 1,000만원일 경우)](단위: 만원)

일 자	권리내용	권리자	1차 배당	배당금액
2021. 7. 23.	가압류 600 (청구채권)	A	3,333,000	2,307,656원
2021. 8. 7.	근저당권 400	B	2,222,000	400만 원
2021. 9. 16.	당해세가 아닌 세금 300	C	1,667,000	300만 원
2021. 10. 18.	근저당권 400	D	2,222,000	692,344원
2021. 10. 19.	가압류 100 (청구채권)	E	556,000	없음
2022. 1. 20.	B의 임의경매신청			

나. 해설

이 경우도 안분 후 흡수의 방법으로 배당하게 되는데, 각 근저당권을 기준으로 흡수를 시작하는 것이 간명하다.

우선, 채권액에 비례하여 안분을 하게 되면, 가압류권자 A에게 3,333,000원, 근저당권자 B에게 2,222,000원, 조세권자 C에게 1,667,000원, 근저당권자 D에게 2,222,000원, 가압류권자 E에게 556,000원이 배당된다.

선순위근저당권자인 B는 자기보다 열후한 C, D, E로부터 안분액이 청구액에 미치지 못하는 1,778,000원을 흡수할 수 있는데, 이를 위해 가장 열후한 E로부터 556,000원을 흡수하고, 나머지 1,222,000원을 D로부터 흡수함으로써 결국 400만원(안분액 2,222,000원 + 흡수액 1,778,000원)을 배당받는다. 이 흡수에 의해 E는 안분액을 모두 잃게 되고, D는 안분액 중 1,222,000원이 공제된 100만원이 남는다.

다음으로, 다른 근저당권자인 D가 안분액이 청구액에 미치지 못하는 1,778,000원을 흡수하여야 할 것이나, 흡수할 수 있는 가압류권자 E가 이미 안분액을 모두 B에게 빼앗겨 가진 것이 없으므로 흡수하지 못한다.

근저당권자를 제외한 우선순위의 채권자로부터 그보다 열후한 채권자 순으로 흡수할 수 있는 금액이 남을 때까지 1회 순환하며 흡수하면 되므로, 조세권자인 C가 안분액이 청구액에 미치지 못하는 1,333,000원을 자신보다 열후한 A, D와 E로부터 흡수할 수 있으나, E는 가진 것이 없으므로 A, D로부터 비례액으로 흡수하면 된다. A와 D는 어느 채권자가 우선한다고 볼 수 없으므로 그 안분액에 비례하여 흡수당한다.

따라서 A는 1,025,344원, D는 307,656원을 각 흡수당하게 되고, C는 결국 300만원(안분액 1,667,000원 + 흡수액 1,333,000원)을 모두 배당받는다. 따라서 A는 안분액이 2,307,656원만 남게 되고, D는 692,344원만 남는다.

가압류권자인 A, E는 같은 순위이므로 서로 흡수할 수 없게 되어 순환은 멈춘다. 결국 A는 위 2,307,656원을, D는 위 692,344원을 각 배당받게 되고, E는 배당액이 없다.

8. 여덟 번째 사례[① 가압류 - ② 1번 근저당권 - ③ 소유권이전 - ④ 2번 근저당권(신청채권자)]

가. 배당순위 및 배당액

① 가압류(A) - ② 1번 근저당권(B) - ③ 소유권이전(C) - ④ 2번 근저당권(신청채권자)(D)이 순차로 있는 경우의 배당순위 및 배당액은 다음과 같다.

[배당순위 및 배당액(배당금액이 2,500만원일 경우)](단위: 만원)

일 자	권리내용	권리자	배당액
21. 2. 5.	가압류 500	A	500
21. 6. 7.	제1근저당 1,500	B	1,500
21. 7. 2.	소유권이전	C	
21. 8. 2.	제2근저당 2,000	D	500
21. 11. 7.	D의 임의경매신청		

나. 해설

가압류와 제1근저당이 설정된 상태에서 소유권이전이 되었고 이후에 설정된 제2근저당권자 D에 의해 경매가 진행된 경우이다.

선순위 가압류권자 A와 제1근저당권자 B는 채권액에 비례하여 배당(즉, 안분배당)을 받고 남은 금액이 있으면 현 소유자의 채권자인 제2근저당권자 D가 배당받는다.

9. 아홉 번째 사례[① 부분 전세권(2층) - ② 임차권(1층) - ③ 근저당권(신청채권자)]

가. 배당순위 및 배당액

① 부분 전세권(2층)(A) - ② 임차권(1층)(B) - ③ 근저당권(신청채권자)(C)이

순차로 있는 경우의 배당순위 및 배당액은 다음과 같다.

[배당순위 및 배당액(배당금액이 1,500만원일 경우)](용도: 주택, 단위: 만원)

일 자	권리내용	권리자	배당액
2021. 1. 7.	전세권(2층) (배당요구)1,000	A	1,000
2021. 2. 8.	주택임차권(1층)	B	매수인이 인수
2021. 7. 20.	근저당권 1,500	C	500
2021. 10. 19.	C의 임의경매신청		

나. 해설

선순위 전세권자가 배당요구를 한 경우 선순위 전세권이 전체 전세가 아니고 부분 전세일 때, 즉 전세권자의 점유부분(2층)과 임차인과의 점유부분(1층)이 다른 경우에는 전세권이 경매로 소멸하더라도 임차권자 B의 권리는 말소기준인 근저당권보다 먼저 대항력을 갖추었기 때문에 경매로 인하여 소멸되지 않고 매수인이 인수한다.[78)]

건물 일부의 전세권자에게 건물 전부에 대한 매각대금에서의 우선변제권은 인정된다(민법 제303조 제1항).

78) 대법원 1997. 8. 22. 선고 96다53628 판결.

제5장 배당이의의 소

Ⅰ. 소송요건

1. 의의와 성질

배당이의의 소는 배당표에 대한 이의를 진술한 자가 그 이의를 관철하기 위하여 배당표의 변경을 구하는 소이다. 집행력 있는 권원의 정본을 가지지 아니한 채권자(가압류채권자 제외)에 대하여 이의한 채무자와 다른 채권자에 대하여 이의한 채권자는 배당이의의 소를 제기하여야 한다.

배당이의의 소의 성질은, 이의 있는 채권자가 실체상 권리의 존재를 전제로 하여 배당법원이 작성한 배당표의 변경을 명하는 판결 또는 이를 취소하여 새로운 배당표의 작성을 명하는 판결을 구하는 소송법상의 형성소송이다.

2. 제소기간

가. 제소기간

배당이의의 소는 이의를 한 배당기일부터 1주 이내에 제기하여야 한다(민사집행법 154조 3항).

민사집행법 제154조 제1항, 제3항, 민사소송법 제262조 제1항 본문, 제2항, 제265조의 규정을 종합하면, 배당기일에 이의한 채권자나 채무자는 배당기일부터 1주일 이내에 배당이의의 소를 제기해야 하는데, 소송 도중에 배당이의의 소로 청구취지를 변경한 경우 제소기간을 준수하였는지는 청구취지 변경신청서를 법원에 제출한 때를 기준으로 판단해야 한다(대법원 2020. 10. 15. 선고 2017다216523 판결).

나. 제소기간을 지나 제기한 배당이의의 소에 대한 처리

위 제소기간을 지나서 제기한 배당이의의 소에 대하여는 ① 부적법한 소이므로 각하하여야 한다는 견해(제1설)와 ② 소제기 자체는 적법하므로 각하할 것이 아니지만 이후 배당이 실시되면 이때 비로소 부적법한 소가 되므로 그 청구를 부당이득반환청구로 변경하여야 한다는 견해(제2설)[1]가 대립하고 있다. 제소기간을 도과하여 제기한 소는 부적법하므로, 제1설이 타당하고 대법원 판결의 태도도 동일하다.

1) 김봉석, “민사집행법상 집행법원의 배당에 대한 불복방법 및 그 문제점”, 민사집행법연구 1권(2005.02) 한국사법행정학회, 134-135

대법원 2003. 8. 22. 선고 2003다27139 판결은 배당기일에 이의신청을 한 채권자는 그 배당기일로부터 7일 이내에 배당이의의 소를 제기하여야 할 것인데, 원고가 위 배당기일로부터 7일이 경과한 후 비로소 피고를 상대로 필요적 공동소송인 추가신청이나 피고경정신청을 하였으므로 피고를 상대로 한 이 사건 소는 제소기간이 경과된 이후에 제기된 것이라고 판단하였다.

다. 제소기간 내에 제소가 되었으나 그 증명이 기간을 경과한 경우 배당이의의 소에 대한 처리

제소기간 내에 제소가 되었으나 그 증명이 기간을 경과한 후에 된 경우에 있어서 배당이의소송의 효력에 관하여, ① 증명기간 내에 소제기의 증명이 없으면 배당이의의 소는 배당절차에 아무런 영향을 미치지는 못하지만(즉 배당의 실시를 막지 못하지만), 소제기의 효력 자체에는 영향이 없다는 견해(제1설)와 ② 소제기의 증명을 하지 않으면 배당이 실시되고 배당표의 취소라고 하는 소 본래의 목적을 잃어버리므로 소를 유지하는 것은 불가능하지만 실체상의 권리를 잃는 것은 아니므로 부당이득반환청구소송으로 변경하여야 한다는 견해(제2설)가 있다.

민사집행법은 구 민사소송법과 달리 배당이의의 소가 소정의 기간 내에 제기되었으나 소제기증명서를 소정기간 경과 후에 제출한 경우에는 그 이의가 취하된 것으로 보아야 하고(민사집행법 제154조 제3항, 대법원 2011. 5. 26. 선고 2011다16592 판결 참조), 집행법원으로서는 아직 배당이 실시되지 아니하였더라도 이의를 당한 배당권자에게 배당을 실시하지 않을 수 없으므로, 제2설이 타당하다. 즉 배당기일에서 배당이의를 한 후 그 배당이의가 취하되면, 유효한 배당이의가 존속한 할 것을 전제로 하고 있는 배당이의의 소는 그 전제가 사라져 버리므로 부적법하게 되는 것이다.

3. 소의 이익

가. 일반론

1) 채권자가 배당이의의 소를 제기하기 위해서는 그 이의가 인용되면 자기의 배당액이 증가되는 경우이어야 한다(대법원 1994. 1. 25. 선고 92다50270 판결). 따라서 배당기일에 다른 채권자가 이의를 정당하다고 하거나 채권자들 사이에 배당에 관하여 다른 방법으로 합의가 성립된 때에는 그 채권자들 사이에는 이의권이 소멸되고 배당표는 확정되는 것이므로 소의 이익이 없게 된다.

이의가 있으면 배당법원은 그 부분에 대한 배당실시를 유보하고 배당표 가운데 이의가 없이 확정된 부분에 대하여 배당을 실시할 것이지만 배당법원의 잘못으로 이의의 대상이 된 부분까지 배당을 실시하여 버린 때에도 역시 소의 이익이 없게 된다(대법원 1965. 5. 31. 선고 65다647 판결).

배당표에 포함된 이상 원고나 피고의 채권이 민사소송 사항에 속하지 아니하는 청구이거나 채무자와 사이에 중재계약이 존재하는 경우에도 배당이의의 소의 제기가 가능하다.

나. 배당표에 없는 당사자도 소의 이익 있음

현재 배당표상 배당을 받을 채권자가 아니라고 하더라도 배당이의의 소에서 승소하면 배당을 받을 수 있는 지위에 있는 채권자는 원고가 될 수 있다.

이와 관련하여, 채권자가 제기한 배당이의소송에서 피고의 채권이 존재하지 않는 것으로 인정되는 경우 계쟁 배당부분 가운데 원고에게 귀속시키는 배당액을 계산함에 있어서 이의신청을 하지 아니한 다른 채권자의 채권을 참작할 필요가 없으며, 이는 이의신청을 하지 아니한 다른 채권자 가운데 원고보다 선순위의 채권자가 있다 하더라도 마찬가지이므로, 피고의 채권이 존재하지 않는 것으로 주장되는 이상 주장 자체로서 원고의 배당액이 증가될 여지가 있으므로 소의 이익이 문제되지 아니한다.

다. 채무자 이의시 집행권원의 정본을 가진 자 상대로 청구이의가 아닌 배당이의의 소를 제기한 경우는 소의 이익이 없음

1) 원칙

채무자가 집행력 있는 집행권원의 정본을 가진 채권자에 대하여 배당이의를 한 경우에는 배당기일부터 1주 이내에 청구이의의 소를 제기한 사실을 증명하는 서류와 그 소에 관한 집행정지를 명하는 취지의 잠정처분(민사집행법 46조 2항)의 정본을 제출하여야 함에도 청구이의의 소가 아니라 배당이의의 소를 제기한 것은 부적법하다(대법원 2005. 4. 14. 선고 2004다72464 판결, 대법원 2011. 7. 28. 선고 2010다70018 판결). 그러한 경우 배당이의의 소는 부적법하므로 각하되어야 한다(대법원 2018. 8. 30. 선고 2018다24813 판결).

2) 예외

가) 하지만, 집행력 있는 판결정본을 가진 채권자가 우선변제권을 주장하며 담

보권에 기하여 배당요구를 한 경우에는 배당의 기초가 되는 것은 담보권이지 집행력 있는 판결정본이 아니므로, 채무자가 그 담보권에 대한 배당에 관하여 우선변제권이 미치는 피담보채권의 존부 및 범위 등을 다투고자 하는 때에는 배당이의의 소로 다투면 되고, 집행력 있는 판결정본의 집행력을 배제하기 위하여 필요한 청구이의의 소를 제기할 필요는 없다. 따라서 집행력 있는 판결 정본을 가진 채권자가 그 채권을 담보하기 위한 근저당권을 가지고 있어 경매법원이 근저당권의 채권최고액 범위 내에서 그 우선순위에 따라 배당을 실시하였다면, 그 배당에 관하여 이의한 채무자는 배당이의의 소로 다툴 수 있다고 할 것이다(대법원 2011. 7. 28. 선고 2010다70018 판결, 대법원 2012. 9. 13. 선고 2012다45702 판결).

나) 집행력 있는 집행권원의 정본을 가진 채권자에 대하여 이의한 채무자는 집행권원의 집행력을 배제시켜야 하므로 청구이의의 소를 제기해야 한다(같은 조 제2항). 다만 확정되지 않은 가집행선고 있는 판결에 대해서는 청구이의의 소를 제기할 수 없고(같은 법 제44조 제1항), 채무자로서는 이에 대해 상소를 제기하거나 집행정지결정을 받을 수 있으므로 채권의 존재 여부나 범위를 다투기 위해 배당이의의 소를 제기할 수는 없다(대법원 2015. 4. 23. 선고 2013다86403 판결).

그러나 가집행선고는 그 선고 또는 본안판결을 바꾸는 판결의 선고로 바뀌는 한도에서 효력을 잃게 되므로(민사소송법 제215조), 만일 가집행선고 있는 제1심판결이 항소심에서 전부 취소되어 가집행선고의 효력도 상실되었다면 더 이상 집행력 있는 집행권원의 정본을 가진 채권자가 아니다. 채무자가 가집행선고 있는 제1심판결을 가진 채권자를 상대로 채권의 존부와 범위를 다투기 위해 제기한 배당이의의 소는 부적법하지만, 배당이의소송 도중 가집행선고 있는 제1심판결이 항소심에서 전부 취소되었고 그대로 확정되기까지 하였다면 위와 같은 배당이의의 소의 하자는 치유된다고 보아야 한다. 이러한 배당이의의 소의 하자 치유 여부는 특별한 사정이 없는 한 사실심 변론종결일을 기준으로 판단해야 한다. 배당이의의 소에서 원고는 배당기일 후 사실심 변론종결일까지 발생한 사유도 이의사유로 주장할 수 있다. 채권자가 받은 가집행선고 있는 제1심판결이 항소심에서 전부 취소되어 그대로 확정되었다면 채권자는 배당받을 지위를 상실하므로, 위와 같은 제1심판결의 취소는 배당이의의 소에서 배당이의 사유가 될 수 있다(대법원 2020. 10. 15. 선고 2017다228441 판결).

라. 채무자가 집행권원 가진 채권자의 채권의 순위에 대하여 이의할 때는 배당이의의 소 제기 가능

민사집행법 제151조는 채무자는 배당표에 기재된 채권자의 채권의 부존재뿐만 아니라 그 채권의 순위에 대하여도 이의할 수 있다고 정하고 있다. 채무자가 집행권원을 가진 채권자의 채권 자체는 인정하지만 순위에 대하여 이의하는 경우에도 청구이의의 소를 제기해야 하는지 문제 된다. 민사집행법 제154조 제2항의 문언만 보았을 때에는 이 경우에도 청구이의의 소를 제기해야 하는 것처럼 보인다. 그러나 이때의 이의는 집행권원의 집행력과 관련된 것이 아니고, 청구이의 판결로는 채권의 순위에 관한 잘못을 시정할 수 없다. 채무자가 집행력 있는 집행권원의 정본을 가진 채권자에 대하여 채권의 존부나 범위가 아닌 배당 순위를 다투는 것이라면 '배당이의의 소'를 제기해야 한다(대법원 2015. 4. 23. 선고 2013다86403 판결). 즉 채무자가 청구이의의 소송을 제기하여야 한다는 민사집행법 제154조 제2항은 채무자가 집행력 있는 집행권원의 정본을 가진 채권자의 채권 자체, 즉 채권의 존재 여부나 범위에 대하여 이의한 경우에 한하여 적용되고, 그 채권의 순위에 대하여 이의한 경우에는 적용되지 않으므로, 채무자가 채권의 순위에 관하여 이의한 경우에는 배당이의소송을 제기하면 된다.

마. 인수주의에 따른 경매절차에서는 배당이의 불가능

소멸주의에 따른 경매절차에서는 우선채권자나 일반채권자의 배당요구와 배당을 인정하므로 그 절차에서 작성된 배당표에 대하여 배당이의의 소를 제기하는 것이 허용되지만, 인수주의에 따른 경매절차에서는 배당요구와 배당이 인정되지 아니하고 배당이의의 소도 허용되지 아니한다(대법원 2014. 1. 23. 선고 2011다83691 판결).

위 대법원 2014. 1. 23. 선고 2011다83691 판결은 유치권에 의한 경매로서 '근저당 등 부동산상의 부담은 말소되지 않고 매수인이 인수함'이라고 기재하여 진행된 유치권에 의한 경매사건에서 위 경매가 인수주의에 따른 경매일 가능성이 크고 그 경우 배당이의의 소 자체가 허용되지 않음에도 원심이 배당이의의 소를 허용한 것은 위법하다고 판단한 바 있다.

바. 집행비용에 대한 배당이의

1) 강제집행에 필요한 비용은 채무자가 부담하고 그 집행에 의하여 우선적으로

변상을 받는다(민사집행법 제53조 제1항). 집행비용은 집행권원 없이도 배당재단으로부터 각 채권액에 우선하여 배당받을 수 있다. 여기서 집행비용이란 각 채권자가 지출한 비용의 전부가 포함되는 것이 아니라 배당재단으로부터 우선변제를 받을 집행비용만을 의미한다. 이러한 집행비용에 해당하려면 강제집행을 직접 목적으로 하여 지출된 비용으로서 강제집행의 준비 및 실시를 위하여 필요한 비용이어야 하고, 나아가 집행절차에서 모든 채권자를 위해 체당한 공익비용이어야 한다(대법원 2011. 2. 10. 선고 2010다79565 판결 등 참조). 채권자가 현실적으로 지출한 비용이어도 당해 집행과 무관하거나 필요가 없는 것은 집행비용에 해당하지 않는다(대법원 2005. 2. 18. 자 2004마1043 결정 참조).

2) 배당기일에 출석한 각 채권자와 채무자는 배당표에 기재된 집행비용의 계산에 대하여 불복이 있으면 이의할 수 있다(민사집행법 제151조, 제256조, 제268조 등). 법원은 위 이의가 이유 있으면 집행비용을 다시 계산하여 배당표의 기재를 경정한다. 집행비용의 재계산을 즉시 할 수 없는 경우에는 배당의 실시를 연기하고 다시 배당기일을 정하여 경정한 배당표에 따라서 배당을 실시한다.

법원이 위 이의가 이유 없다고 판단하여 배당표를 경정하지 아니하는 경우 이의진술인의 불복방법에 관하여는 견해가 대립하고 있다. 배당이의의 소를 제기할 수 없다고 보는 견해는, 법원은 그대로 배당을 실시하고 이의진술인은 집행에 관한 이의신청(민사집행법 제16조)을 할 수 있다고 한다. 이에 대하여 배당이의의 소를 제기할 수 있다고 보는 견해는, 법원은 이의가 완결되기 전에는 이의가 없는 부분에 한하여 배당을 실시하여야 한다고 한다.[2)]

하지만 집행에 관한 이의는 '집행절차에 관한 집행법원의 재판'에 대하여만 가능한데, 대법원은 집행비용액확정 결정은 집행종료 후의 재판으로서 민사집행법 제15조 제1항의 '집행절차에 관한 집행법원의 재판'에 해당하지 않는다는 입장이고(대법원 2011. 10. 13.자 2010마1586 결정), 집행비용 금액 결정 역시나 집행종료 후의 재판이어서 민사집행법 제15조 제1항의 '집행절차에 관한 집행법원의 재판'에 해당하지 않아 집행에 관한 이의가 불가능하다고 봄이 상당하고, 이의가 된 부분에 대하여 배당을 실시하지 않는다면 몰라도 배당까지 실시하여 집행절차가 최종적으로 종국된 이후에는 집행에 관한 이의는 소의 이익이 없다는 점에서도 일단 이의가 있는 금액까지도 배당을 실시하고 집행에 관한 이의를 할 수 있다는 견해는 집행에 관한 이의

---

2) 법원실무제요 민사집행(I): 부동산집행, 법원행정처(2020), 153

의 소의 이익에 대한 법리적인 이해가 부족하다는 점에서도 받아들이기 어렵다.

나아가 Ⓐ 대법원 2021. 10. 14. 선고 2016다201197 판결은 집행법원은 상속대위등기비용을 집행비용으로 계산하여 이를 배당할 금액에서 공제한 후 배당표를 작성하자, 원고가 배당기일에서 이 사건 상속대위등기비용을 집행비용으로 산입한 부분에 대하여 이의를 제기한 후 배당이의의 소를 제기한 사안에서 집행법원이 이 사건 상속대위등기비용을 집행비용으로 보아 배당할 금액에서 공제한 것은 타당하다고 인정하여 상속대위등기비용을 집행비용으로 포함하여 집행비용액을 결정할지 여부에 대하여 배당이의가 가능하다고 인정한 바 있고, Ⓑ 대법원 2011. 2. 10. 선고 2010다79565 판결은 사해행위취소 소송에 의하여 사해행위의 목적이 된 재산이 채무자의 책임재산으로 원상회복되고 그에 대한 강제집행절차가 진행된 사안에서, 사해행위취소 소송을 위하여 지출한 소송비용, 사해행위취소를 원인으로 한 말소등기청구권 보전을 위한 부동산처분금지가처분 비용, 사해행위로 마쳐진 소유권이전등기의 말소등기 비용은 위 집행에 의하여 우선적으로 변상받을 수 있는 '강제집행에 필요한 비용'에 해당하지 않는다면서 위 금액들이 강제집행비용에 해당하므로 위 금액을 포함시켜 그 집행비용을 증액하고, 그에 따라 피고에 대한 배당액을 안분하여 감액하는 것으로 배당표를 경정되어야 한다는 원고의 배당이의를 받아들인 원심을 파기한 바 있는데, 이는 집행비용금액 결정에 대하여 배당이의가 가능하다는 것을 전제로 한 판결이므로 배당금액의 결정에 대하여는 배당이의가 가능하다고 보는 것이 상당하다.

4. 원고 적격

가. 원고로서의 당사자적격이 있는 자

1) 배당표에 대한 실체상의 이의를 한 채권자 또는 채무자

원고로서의 당사자적격이 있는 자는 배당표에 대한 실체상의 이의를 한 채권자 또는 채무자이다. 원고적격을 갖고 있는 자의 채권자도 채권자대위권에 기하여 배당이의의 소를 제기할 수 있다.

첫 경매개시결정등기 전에 가압류집행을 한 채권자는 배당요구하지 않아도 당연히 배당받는 지위에 있다(민사집행법 제148조 제3호). 따라서 이에 해당하는 가압류 채권자가 채권계산서를 제출하지 않았다 하여 배당에서 제외하여서는 안 되므로, 가압류 채권자는 당연히 배당이의를 제기할 수 있다.

또한 가압류의 피보전권리를 양수한 자는 가압류채권자의 승계인으로서, 가압류

명령이 있었으나 아직 집행이 되기 전에 승계가 있었으면 승계집행문을 부여받아 가압류의 집행을 할 수 있고, 가압류의 집행이 완료된 후에는 위와 같은 승계집행문을 부여받을 필요 없이 자신이 승계인임을 주장하여 가압류에 의한 보전의 이익을 자신을 위하여 주장할 수 있다(대법원 1993. 7. 13. 선고 92다33251 판결).

가압류가 등기된 이후 피보전채권이 양도된 경우에는 승계집행문을 부여받을 필요 없이 양수인이 승계인임을 주장하여 가압류에 의한 보전의 이익을 자신을 위하여 주장할 수도 있으므로, 피보전권리의 특정승계인이 가압류부동산의 배당에 참가하여 배당을 요구하는 경우에 그 승계사실을 증명하는 자료를 첨부하여 배당법원에 제출하면 배당을 받을 자격이 있고, 별도로 가압류결정에 대하여 승계집행문을 받을 필요는 없다. 가압류 채권의 양수인은 배당표가 확정되기 전까지 경매법원에 피보전권리를 양수하였음을 소명하여 가압류의 효력을 원용함으로써 가압류채권자의 승계인 지위에서 배당받을 수 있고(대법원 1993. 7. 13. 선고 92다33251 판결, 대법원 1995. 7. 28. 선고 94다57718 판결 등 참조), 그 경우 배당이의도 제기 가능하다.

2) 채권자(=배당기일에 출석하여 이의를 한 채권자로 한정)

가) 배당기일 출석 후 이의한 채권자(=원고 적격)

채권자는 반드시 배당기일에 출석하여 이의를 한 채권자만이 원고적격이 인정된다(대법원 1981. 1. 27. 선고 79다1846 판결). 서면에 의하여 이의를 신청한 채권자도 배당기일에 출석하지 않은 경우에는 원고가 될 수 없다.

배당이의의 소에서 원고적격이 있는 사람은 배당기일에 출석하여 배당표에 대한 실체상 이의를 신청한 채권자나 채무자에 한정된다. 채권자로서 배당기일에 출석하여 배당표에 대한 실체상 이의를 신청하려면 실체법상 집행채무자에 대한 채권자라는 것만으로 부족하고 배당요구의 종기까지 적법하게 배당요구를 했어야 한다. 적법하게 배당요구를 하지 않은 채권자는 배당기일에 출석하여 배당표에 대한 실체상 이의를 신청할 권한이 없으므로 배당기일에 출석하여 배당표에 대한 이의를 신청하였더라도 부적법한 이의신청에 불과하고, 배당이의의 소를 제기할 원고적격이 없다(대법원 2020. 10. 15. 선고 2017다216523 판결).

채권자가 이의를 한 경우에는 이의를 한 이상 그가 집행력 있는 집행권원의 정본을 가지고 있는지 여부는 문제로 되지 아니하며, 가압류채권자도 모두 포함된다.

집행력 있는 집행권원의 정본 없이 배당요구를 한 채권자에 대하여 집행력 있는 집행권원의 정본을 가진 채권자가 이의를 한 경우에도 언제나 이의를 한 채권자가 소를 제기하지 않으면 아니 된다. 이 점이 정리채권확정이나 파산채권확정의 경우와 다르다(회사정리법 제147조, 제152조, 파산법 제217조 제1항, 제221조 참조).

나) 배당요구가 필요함에도 배당요구하지 않은 자(= 배당이의 부적격, 원고 부적격)

민사집행법 제148조의 배당받을 채권자는 다음과 같이 분류할 수 있다.

배당요구 없이도 당연히 배당받을 수 있는 채권자	배당요구를 한 경우에 한하여 배당받을 수 있는 채권자(제2호, 민사집행법 제88조 제1항)
ⓐ 배당요구의 종기까지 경매신청을 한 압류채권자 (제1호) ⓑ 첫 경매개시결정등기 전에 등기된 가압류채권자 (제3호) ⓒ 저당권·전세권, 그 밖의 우선변제청구권으로서 첫 경매개시결정등기 전에 등기되었고 매각으로 소멸하는 것을 가진 채권자 (제4호)	㉮ 집행력 있는 정본을 가진 채권자 ㉯ 경매개시결정이 등기된 뒤에 가압류를 한 채권자 ㉰ 민법·상법, 그 밖의 법률에 의하여 우선변제청구권이 있는 채권자
배당요구 없이도 배당이의 및 부당이득반환 청구 가능	배당요구를 한 경우에 한하여 배당이의 및 부당이득반환청구 가능

위 표에서 배당요구를 한 경우에 한하여 배당받을 수 있는 채권자의 경우에는 배당요구를 하여야만 배당에 참가하여 배당을 배당받을 수 있는 이해관계가 발생하기 때문에 그러한 채권자가 배당요구 자체를 하지 않은 경우에는 배당금에 아무런 이해관계가 없고 따라서 자신과 무관한 배당금의 귀속에 대하여 배당이의를 할 권리 자체가 없다고 봄이 상당하다.

대법원 2020. 10. 15. 선고 2017다216523 판결(대법원 2003. 8. 22. 선고 2003다27696 판결, 대법원 2019. 6. 13. 선고 2018다258289 판결도 같음) 등은 집행력 있는 정본을 가진 채권자, 경매개시결정이 등기된 뒤에 가압류를 한 채권자, 민법·상법, 그 밖의 법률에 따라 우선변제청구권이 있는 채권자는 배당요구의 종기까지 배당요구를 한 경우에 한하여 비로소 배당을 받을 수 있는데(민사집행법 제88조 제1항, 제148조 제2호), 채권자로서 배당기일에 출석하여 배당표에 대한 실체상 이의를 신청하려면 실체법상 집행채무자에 대한 채권자라는 것만으로 부족하고 배당요구의 종기까지 적법하게 배당요구를 했어야 한다. 적법하게 배당요구를 하지 않은 채권자는 배당기일에 출석하여 배당표에 대한 실체상 이의를 신청할 권한이 없으므로 배당기일에 출석하여 배당표에 대한 이의를 신청하였더라도 부적법한 이의신청에 불과하고, 배당이의의 소를 제기할 원고적격이 없다고 판시한 바 있다.

가등기담보 등에 관한 법률 제16조 제2항에 해당하는 담보가등기권자가 집행법원이 정한 배당요구종기까지 적법한 배당요구를 한 바 없다면 배당이의를 할 수 없으므로 배당이의의 소를 제기할 원고적격이 없다(대법원 2008. 9. 11. 선고 2007다25278 판결).

다) 배당표에 채권자로 기재되지 않은 채권자

배당표에 채권자로 기재되지 않은 채권자의 경우에는 실무의 편의상 배당액이 없어 배당표에 기재하지 않은 경우에는 배당이의 및 배당이의의 소송을 제기할 수 있지만, 절차상의 하자로 인하여 배당에서 배제되는 바람에 배당표에 기재되지 않은 경우에는 배당이의나 배당이의의 소를 제기할 수 없고, 그러한 절차상의 하자를 이유로 배당배제에 대하여 집행에 관한 이의를 하여야 한다는 견해도 있다.[3)]

하지만 배당이의는 법률의 조문상 배당기일에 출석한 각 채권자이기만 하면 다른 채권자의 채권에 대하여 이의할 수 있으므로 배당표에 배당을 받는 것으로 기재되어 있는지 여부를 불문하고 배당에 참가한 모든 채권자가 배당이의 및 배당이의소송을 제기할 수 있다.[4)]

하급심 판결 또한 별도의 배당요구 없이 배당받을 채권자가 배당기일에 출석하여 이의를 제기한 이상 원고는 배당표에 배당받은 채권자로서 기재되지 않았다 하더라도 배당이의를 할 수 있고, 배당이의의 소의 원고적격을 가진다고 판시하고 있고(수원고등법원 2021. 10. 21. 선고 2020나13645 판결 등), 가장 임차인이라는 이유로 배당에서 배제된 임차인이나, 집행문의 오류를 이유로 배당에서 배제된 경우에도 배당이의소송 절차로 진행하고 있다(수원지방법원 2015. 5. 13. 선고 2014나46805 판결, 제주지방법원 2022. 1. 27. 선고 2021가합10940 판결 등). 하급심 결정 례를 찾아보더라도 배당에서 배제된 경우에 집행에 관한 이의를 제기한 경우는 찾아보기 어렵다.

나아가 배당액이 없어 배당표에 기재하지 않은 경우와 배당에서 배제되는 바람

3) 주석 민사집행법 IV(제4판), 사법행정학회(2020), 262
4) 주석 민사집행법 IV(제4판), 사법행정학회(2020), 226

에 배당표에 기재되지 않은 경우를 형식적인 배당표만 보고 구분한다는 것은 현실적으로 쉽지 않기 때문에 양자의 경우를 나누는 것 자체부터 불가능하거나 어렵고, 배당표의 작성방법이나 배당실시절차에 위법이 있다는 배당절차상의 하자 또한 배당이의 및 배당이의소송 사유가 됨에도 불구하고 이에 반하여 배당절차상의 하자로 인하여 배당에서 배제되는 경우에는 배당절차상의 하자로 인하여 배당액이 적게 인정되는 경우와는 달리 별도로 집행에 관한 이의 소송으로 다루어야 한다는 위 견해는 배당절차상의 하자로 인하여 배당에서 배제되는 경우와 배당절차상의 하자로 인하여 배당액이 적게 인정되는 경우 양자를 구분할 실익이나 법리적인 차이가 없다는 점에서도 받아들이기 어렵다.

3) 채무자

채무자는 배당기일에 출석하여 이의를 한 경우뿐 아니라 배당기일에 불출석하였더라도 배당표원안이 비치된 이후에 배당기일이 끝날 때까지 서면으로 이의한 경우에는(민사집행법 제151조 제1항, 2항 참조) 원고적격이 인정된다.

채무자는 집행력 있는 집행권원의 정본을 가지지 아니한 채권자에 대하여만 배당이의의 소를 제기할 수 있고, 집행력 있는 집행권원의 정본을 가진 채권자에 대하여는 청구이의의 소(민사집행법 제44조)나 정기금판결변경의 소(민사소송법 제252조 제1항)를 제기하여야 한다.

하지만 배당절차에서 작성된 배당표에 대하여 채무자가 이의하는 경우, 집행력 있는 집행권원의 정본을 가진 채권자의 채권 자체, 즉 채권의 존재 여부나 범위에 대해 이의한 채무자는 집행권원의 집행력을 배제시켜야 하므로, 청구이의의 소를 제기해야 하고 배당이의의 소를 제기할 수 없다. 배당절차에서 채무자가 갖는 잉여금채권에 대해 압류와 추심명령을 받은 채권자도 추심권 행사의 일환으로 청구이의의 소를 제기할 수 있다(대법원 2020. 10. 15. 선고 2017다228441 판결).

앞서 본 바와 같이 집행력 있는 집행권원을 가진 채권자에 대하여 이의한 채무자는 배당기일부터 1주 이내에 청구이의의 소 제기 사실 증명서류와 아울러 그 소에 기한 집행정지재판의 정본을 집행법원에 제출하여야 하고, 채무자가 그 중 어느 하나라도 제출하지 않으면, 집행법원으로서는 채무자가 실제로 위 기간 내에 청구이의의 소를 제기하고 그에 따른 집행정지재판을 받았는지 여부와 관계없이 채권자에게 당초 배당표대로 배당을 실시하여야 하고, 배당을 실시하지 않고 있는 동안에 청구이의의 소에서 채권자가 패소한 판결이 확정되었다고 하여 달리 볼 것이 아니다. 그러한 경우 채무자는 채권자를 상대로 부당이득반환 등을 구하는 방법으로 구제받을 수 있을 뿐이다. 이와 달리 집행법원이 배당기일부터 1주 이내에 청구이의의 소 제기 사실 증명서류와 그 소에 기한 집행정지재판의 정본이 제출되지 않았는데도 집행법원이 채권자에 대한 배당을 중지하였다가 청구이의의 소 결과에 따라 추가배당절차를 밟았다면 채권자는 추가배당절차의 개시가 위법함을 이유로 민사집행법 제16조에 따라 집행에 관한 이의신청을 할 수 있으나, 채권자가 집행에 관한 이의 대신 추가배당표에 대하여 배당이의를 하고 당초 배당표대로 배당을 실시해 달라는 취지로 배당이의의 소를 제기하였다면, 배당이의의 소를 심리하는 법원은 소송경제상 당초 배당표대로 채권자에게 배당을 실시할 것을 명한다는 의미에서 추가배당표상 배당할 금액을 당초 배당표와 동일하게 배당하는 것으로 추가배당표를 경정하여야 한다(대법원 2011. 5. 26. 선고 2011다16592 판결).

4) 부동산의 소유자(등기부상 소유자일 것, 진정한 소유자인지 여부는 불문)

여기서 말하는 부동산 소유자는 담보권실행을 위한 경매의 경우에는 담보부동산의 소유자를 포함하는 개념이다.

그런데 진정한 소유자이더라도 경매개시결정기입등기 당시 소유자로 등기되어 있지 아니하였다면 민사집행법 제90조 제2호의 '소유자'가 아니고, 그 후 등기를 갖추고 집행법원에 권리신고를 하지 아니하였다면 같은 조 제4호의 '부동산 위의 권리자로서 그 권리를 증명한 사람'도 아니므로, 경매절차의 이해관계인에 해당하지 아니한다. 따라서 이러한 사람에게는 배당표에 대하여 이의를 진술할 권한이 없고, 이의를 진술하였더라도 이는 부적법한 것에 불과하여 배당이의의 소를 제기할 원고적격이 없다.

반면에, 경매개시결정기입등기 당시 소유자로 등기되어 있는 사람은 설령 진정한 소유자가 따로 있는 경우일지라도 그 명의의 등기가 말소되거나 이전되지 아니한 이상 경매절차의 이해관계인에 해당하므로, 배당표에 대하여 이의를 진술할 권한이 있고, 나아가 그 후 배당이의의 소를 제기할 원고적격도 있다(대법원 2015. 4. 23. 선고 2014다53790 판결).

의사무능력자인 소유자가 근저당권설정계약의 무효를 주장하면서도 그 근저당권에 기한 임의경매절차의 배당절차를 통하여 그에게 배당된 돈을 수령하는 등의 행위가 객관적으로 보아 매수인으로 하여금 위 임의경매절차가 유효하다는 신뢰를 갖게 하는 정도에 이르러서, 그 후 그 경매절차의 무효를 주장하는 것이 금반언의 원칙 또는 신의칙 위반에 해당한다고 볼 만한 사정이 있는 경우에는 의사무능력자인 소유자가 매수인을 상대로 다시 근저당권의 무효를 주장하면서 소유권이전등기의 말소를 구하는 소를 제기할 수는 없지만, 아직 배당금을 수령하지 아니한 의사무능력자인 소유자가 배당절차에서 근저당권설정계약의 무효를 주장하여 배당이의를 하는 것이 부당하다고 할 수는 없다(대법원 2006. 9. 22. 선고 2004다51627 판결).

나. 근저당권이전등기의 수반이 없는 근저당권부채권의 양도가 있는 경우 원고 적격자

1) 근저당권의 명의인이 배당이의권자인지 여부(= 소극)

근저당권부 채권이 양도되었으나 근저당권의 이전등기가 경료되지 않은 상태에서 실시된 배당절차에서 근저당권의 명의인은 배당이의를 할 수 없다. 피담보채권과 근저당권을 함께 양도하는 경우에 채권양도는 당사자 사이의 의사표시만으로 양도의 효력이 발생하지만 근저당권이전은 이전등기를 하여야 하므로 채권양도와 근저당권이전등기 사이에 어느 정도 시차가 불가피한 이상 피담보채권이 먼저 양도되어 일시적으로 피담보채권과 근저당권의 귀속이 달라진다고 하여 근저당권이 무효로 된다고 볼 수는 없으나, 위 근저당권은 그 피담보채권의 양수인에게 이전되어야 할 것에 불과하고, 근저당권의 명의인은 피담보채권을 양도하여 결국 피담보채권을 상실한 셈이므로 집행채무자로부터 변제를 받기 위하여 배당표에 자신에게 배당하는 것으로 배당표의 경정을 구할 수 있는 지위에 있다고 볼 수 없다(대법원 2003. 10. 10. 선고 2001다77888 판결). 즉 피담보채권을 양도한 저당권자는 채권의 양도로 인하여 더 이상 채권자가 아니므로 배당이의를 할 수 없고, 나아가 배당이의의 소를 제기할 수 없다.

2) 피담보채권의 양수인은 배당이의를 할 수 있는지 여부

가) 이 경우 피담보채권의 양수인은 배당이의를 할 수 있는지 여부가 문제된다.

나) 저당권이전등기를 하지 아니한 피담보채권의 양수인은 '일반채권자에 불과'하므로, 일반채권자로서 배당을 받을 수 있기 위하여 요구되는 요건(집행력 있는 정본을 소지하거나 가압류를 한 후 배당요구기한 내에 배당요구를 하였을 것)을 모두 갖춘 경우에 한하여 배당이의가 가능하다.[5] 저당권이전등기를 하지 아니한 피담보채권의 양수인은 저당권이전등기를 하지 아니한 동안에는 저당권자라고 볼 수 없기 때

5) 노만경, "근저당권부 채권이 양도되었으나 근저당권의 이전등기가 경료되지 않은 상태에서 실시된 배당절차에서 근저당권의 명의인이 배당이의를 할 수 있는지 여부", 대법원판례해설 46호, 477

문이다.

다) 하지만 피담보채권을 저당권과 함께 양수한 자는 저당권이전의 부기등기를 마치고 저당권실행의 요건을 갖추고 있는 한 채권양도의 대항요건을 갖추고 있지 아니하더라도 경매신청을 할 수 있으며, 채무자는 경매절차의 이해관계인으로서 채권양도의 대항요건을 갖추지 못하였다는 사유를 들어 경매개시결정에 대한 이의나 즉시항고절차에서 다툴 수 있고, 이 경우는 신청채권자가 대항요건을 갖추었다는 사실을 증명하여야 할 것이나, 이러한 절차를 통하여 채권 및 근저당권의 양수인의 신청에 의하여 개시된 경매절차가 실효되지 아니한 이상 그 경매절차는 적법한 것이고, 또한 그 경매신청인은 양수채권의 변제를 받을 수도 있으므로(대법원 2005. 6. 23. 선고 2004다29279 판결), 피담보채권을 저당권과 함께 양수한 자가 저당권이전의 부기등기를 마친 이상 비록 채권양도의 대항요건을 갖추지 못한 경우에는 그 양수인이 배당이의를 제기할 수 있다고 할 것이다.

라) 다만 저당권부채권의 양도를 받았으나 아직 저당권이전의 부기등기를 경료받지 못한 자는 비록 채권양도의 대항요건(민법 제450조)을 구비하였다 하더라도 저당권을 취득한 것이 아닌 반면, 저당권부채권이 법률의 규정에 의하여 이전하는 경우에는 저당권도 이에 따라 등기 없이도 이전되므로 이 경우에는 저당권을 취득한 자는 등기부상에 저당권자로 등기되지 아니 하더라도 저당권자와 마찬가지로 취급된다.

예컨대 저당권부채권이 상속, 포괄유증, 회사의 합병 등에 의하여 포괄승계된 경우, 저당권부채권이 전부명령에 의하여 전부된 경우, 공동저당에 있어서 차순위자의 대위로 인한 이전(민법 제368조)의 경우에는 포괄승계인 또는 전부채권자 등은 저당권이전의 부기등기 없이도 저당권자로서의 배당을 받을 수 있고, 배당이의도 할 수 있다.

마) '피담보채권을 양도하여 채권이 없는 양도인'이 양수인을 대신하여 배당요구를 할 수도 없다.

다. 매각된 물건이 제3자의 소유인 경우 제3자의 원고 적격

배당이의의 소의 원고적격이 있는 자는 배당기일에 출석하여 배당표에 대한 실체상의 이의를 신청한 채권자 또는 채무자에 한하고, 제3자 소유의 물건이 채무자의 소유로 오인되어 강제집행목적물로서 매각된 경우에도 그 제3자는 경매절차의 이해관계인에 해당하지 아니하므로 배당기일에 출석하여 배당표에 대한 실체상의 이의를 신청할 권한이 없으며, 따라서 제3자가 배당기일에 출석하여 배당표에 대한 이의를 신청하였다고 하더라도 이는 부적법한 이의신청에 불과하고, 그 제3자에게 배당이의의 소를 제기할 원고적격이 없다(대법원 2002. 9. 4. 선고 2001다63155 판결).

라. 임의경매에 있어서 물상보증인이 제공한 부동산에 관한 근저당권의 채무자의 배당이의의 소의 제기 가부(= 적극)

임의경매에 있어서 물상보증인이 제공한 부동산에 관한 근저당권의 채무자에게 배당이의소송의 원고적격 내지는 소의 이익이 있는가에 관하여 보면, ① 담보권 실행을 위한 경매에 있어서의 배당절차에 관하여는 민사집행법 제268조가 부동산에 대한 강제경매에 있어서 채무자의 배당이의 신청 등에 관한 민사집행법 제151조 제1항 및 본조 제1항의 규정을 준용하고 있고, 경매신청의 권원이 된 저당권이 당해 부동산의 소유자 이외의 자의 채무를 담보하기 위하여 설정된 것인 경우에는 위 준용규정에서의 '채무자'는 당해 부동산의 소유자 외에 위 피담보채권의 채무자도 포함되어, 위 채무자도 피담보채권 기타 자기의 채권자의 채권에 대한 배당액에 변동을 가져올 수 있는 범위 내에서 배당이의의 신청 등을 할 수 있다고 해석하는 것이 상당한 점, ② 위 채무자는 경매신청의 권원이 된 저당권의 피담보채권에 대한 배당에 의한 변제에 관하여 소유자로부터 구상권 행사를 받게 될 경우가 있고, 또한 당해 부동산의 매각대금의 배당을 받을 채권에는 위 피담보채권 이외에도 위 채무자에 대한 다른 채권이 포함되어 있는 경우가 있는데 이러한 채권들에 관하여 배당절차에서 어느 채권자에게 얼마나 배당이 되고 최종적으로 자기의 총 채무가 어느 정도 감소하는가에 관하여 고유의 법률상의 이해관계를 가지고 있는 점, ③ 다른 한편 피담보채권의 변제 등의 사정을 잘 알고 있는 채무자에게 배당이의의 신청 등을 인정함으로써 결과적으로는 소유자나 다른 채권자에게도 이익이 되는 적정한 배당의 실시를 기대할 수 있고, 배당에 관한 추후의 분쟁 발생의 방지도 기대할 수 있는 점, ④ 민사집행법 제265조는 위 채무자가 피담보채권의 소멸을 이유로 하여 부동산경매절차의 개시결정에 대하여 이의를 신청하는 것을 인정하고 위 채무자를 당해 경매절차에서는 소유자에 준하는 지위에 있는 자로서 취급하고 있어, 위 채무자의 배당액에 관한 불복신청 방법을 채무부존재확인의 소 등의 별소 제기로 굳이 한정시켜야 할 이유도 없다는 점에서 원고적격을 긍정하는 것이 타당하다는 데 대체로 견해가 일치한다.[6)]

6) 주석 민사집행법 Ⅳ, 한국사법행정학회(2020), 225-226

그러나 '경매신청에 관계된 담보권 이외의 담보권의 채무자'는 배당이의 신청을 하는 것이 불가능하다고 보아야 한다. 실행 담보권 이외의 담보권의 채무자가 실행 담보권의 채무자와 같이 소유자에 준하는 지위에 있다고 하기 어렵고, 실행 담보권 이외의 담보권의 피담보채권의 채무자는 별도의 채무부존재확인소송이나 담보권부존재확인소송 등을 제기하는 것이 가능하며, 너무 넓게 배당이의 신청을 허용하면 배당이의소송이 복잡하게 되어 배당이의 절차가 신속하게 완결되기 어려워지는 등의 문제가 있기 때문이다.

마. 채권자 대위에 기한 배당이의의 소의 제기 가부(= 적극)

배당이의권자의 채권자가 채권자대위권에 기하여 배당이의를 하고 배당이의의 소를 제기할 수 있는지 여부에 관하여는 견해가 대립한다. 소극설은, 배당이의란 이의권자에게 집행법상 부여된 권리이므로 이의권자를 대위하여 이의를 하는 것은 허용될 수 없다고 한다.

그러나 금전채권보전을 위하여 특정채권(특정권리)을 대위행사할 수 있으므로(이 경우 무자력 요건을 요하지 않음[7])[8], 배당이의권자의 채권자가 이의권자를 대위하여 배당이의의 소를 제기하는 것을 허용하지 못할 이유가 없다.[9] 실무 또한 금전채권보전을 위하여 특정채권(특정권리)을 대위행사할 수 있으므로 이의권자의 채권자가 이의권자를 대위하여 배당이의를 하는 것을 부정할 이유가 없다는 측면에서 채권자대위권에 기한 배당이의 및 배당이의 소제기를 허용하고 있다.[10]

5. 피고 적격

1) 피고로서의 당사자 적격이 있는 자는 보통 배당이의의 상대방 채권자 또는 채무자로서 그 이의를 정당한 것으로 승인하지 아니한 자, 다시 말하면 배당이의에

---

7) ① 임차보증금반환채권의 양수인이 양수금채권을 보전하기 위하여 임대인을 대위하여 임차인에 대하여 임차목적물의 인도청구를 하는 경우(대법원 1989. 4. 25. 선고 88다카4253,4260 판결)와 ② 수임인이 민법 제688조 제2항 전단 소정의 대위변제청구권을 보전하기 위하여 채무자인 위임인의 채권을 대위하여 행사하는 경우(대법원 2002. 1. 25. 선고 2001다52506 판결)와 같이 금전채권보전을 위한 대위소송이라 하더라도 채무자의 무자력을 요건으로 하지 않는 경우가 있다.

8) 채권자대위권과는 달리, 특정물채권을 보전하기 위하여 채권자취소권을 행사하는 것은 허용되지 않는다(대법원 1995. 2. 10. 선고 94다2534 판결).

9) 昭和 40年 4月 6日 東京高裁 昭39 (ネ) 1903号.

10) 법원실무제요 민사집행(III): 부동산집행, 법원행정처(2020), 198

의하여 자기에 대한 배당액(채무자의 경우에는 잉여금)이 줄어드는 자로서 그 이의에 동의하지 아니한 채권자이다.

배당이의소송은 이의 신청을 한 자와 그 이의 신청을 정당하지 않다고 주장한 상대방 채권자와의 소송이므로, 배당을 받을 채권자 전원 또는 배당에 이해관계를 가지는 전원을 피고로 삼을 필요는 없다.

이의의 상대방이 여러 사람일 경우에도 그들을 공동피고로 할 수는 있으나, 이는 필요적공동소송이 아니고 통상의 공동소송이다

2) 채권자에 대하여 이의를 한 경우 채무자까지 피고로 할 필요는 없고, 다만 채무자는 각 채권자가 정당한 배당액을 수령하는데 있어 이해관계가 있으므로 정당한 배당수령권자라고 생각되는 당사자 측에 보조참가를 할 수 있다.

그러나 채무자에게 잉여금이 지급되는 것으로 배당표가 작성된 경우에는 채무자도 배당요구채권액을 전액변제 받지 못한 채권자가 제기한 배당이의의 소의 피고가 될 수 있다.

3) 배당표에 대한 이의는 배당표에 배당받는 것으로 적힌 채권자를 상대로 하여야 하는데, 배당절차에서 선정당사자가 선정되면 선정자들이 아닌 선정당사자만이 이러한 채권자 지위에 있으므로, 선정당사자만이 배당표에 대한 이의의 상대방이 된다. 그리고 채무자나 다른 채권자가 선정당사자를 상대로 그가 배당받는 것으로 적힌 금액 전체에 대하여 이의를 한 경우에, 이로 인하여 선정당사자와 선정자들 사이의 공동의 이해관계가 소멸하는 것이 아니므로, 선정자들이 집행법원에 대하여 선정행위를 취소하였다거나 선정당사자가 사망하였다는 등의 특별한 사정이 없는 한, 선정자들이 아닌 선정당사자가 배당표에 대한 이의의 상대방이 된 채권자로서 배당이의의 소의 피고적격을 가진다. 따라서 위와 같은 특별한 사정이 없는 한, 선정당사자를 상대로 그가 배당받는 것으로 적힌 금액 전체에 대하여 이의를 한 채무자나 다른 채권자는 선정당사자를 피고로 하여 배당이의의 소를 제기하여 선정자들에게 귀속될 부분을 포함한 선정당사자가 배당받는 것으로 적힌 금액 전체에 대하여 경정을 구할 수 있다(대법원 2015. 10. 29. 선고 2015다202490 판결).

4) 채무자가 이의를 제기하는 경우 가압류 채무자의 경우에는 가압류 채권자가 제기한 본안소송 등에서 배당요구한 가압류채권의 존부나 변제기의 도래 등을 다투어 그 결과에 따라 민사집행법 제161조에 의한 배당 절차가 진행되도록 할 수 있을 뿐, 가압류채권자를 상대로 배당이의의 소를 제기할 수는 없다(민사집행법 제154조

제1항 참조, 대법원 2016. 8. 18. 선고 2015다256503 판결). 따라서 가압류채권자는 채무자가 배당이의의 소를 제기할 경우에 피고 적격이 없다.

Ⅱ. 소송절차

1. 관할법원 및 소가산정

가. 관할법원

1) 관 할

가) 집행법원이 속한 지방법원 관할

배당이의의 소는 배당을 실시한 집행법원이 속한 지방법원의 관할로 한다(민사집행법 제156조 제1항 본문). 이는 전속관할이다(민사집행법 제21조). 여기서 지방법원은 반드시 본원만을 뜻하는 것은 아니다.

나) 부인권으로 배당이의의 소 제기시도 회생법원 아닌 집행법원 관할

한편 파산관재인은 소, 부인의 청구 또는 항변의 방법으로 부인권을 행사할 수 있는데, 부인의 소와 부인의 청구 사건은 파산계속법원의 관할에 전속한다(채무자 회생 및 파산에 관한 법률 제396조 제3항, 제1항).

민사집행법과 채무자회생법의 위 관할 규정의 문언과 취지, 배당이의의 소와 부인의 소의 본질과 관계, 당사자 간의 공평이나 편의, 예측가능성, 배당이의의 소와 부인의 소가 배당을 실시한 집행법원이 속한 지방법원이나 파산계속법원에서 진행될 때 기대가능한 재판의 적정, 신속, 판결의 실효성 등을 고려하면, 파산관재인이 부인권을 행사하면서 그 원상회복으로서 배당이의의 소를 제기한 경우에는 채무자회생법 제396조 제3항이 적용되지 않고, 민사집행법 제156조 제1항, 제21조에 따라 배당을 실시한 집행법원이 속한 지방법원에 전속관할이 있다고 보는 것이 타당하다(대법원 2021. 2. 16.자 2019마6102 결정). 그 이유는 다음과 같다.

① 민사집행법과 채무자회생법이 규범체계상 일반법과 특별법의 관계에 있다고 보기 어렵다. 따라서 민사집행법과 채무자회생법의 각 전속관할에 관한 규정은 각 법률의 체계와 당사자 간의 공평, 재판의 적정, 신속이라는 민사소송의 기본이념에 비추어 체계적으로 해석되어야 한다.

② 배당이의의 소를 배당을 실시한 집행법원이 속한 지방법원의 전속관할로 규정한 이유는, 배당절차가 진행되는 집행법원이 속한 지방법원에서 배당이의의 소를

일률적으로 처리함으로써 이해관계인의 이의권을 실질적으로 보장하고, 관할 집중을 통하여 다툼이 있는 배당액 부분에 대하여 상호 모순·저촉되는 결과가 발생할 가능성을 최소화함으로써 후속 배당절차가 신속·원활하게 진행될 수 있도록 하는 데 있다. 나아가 민사집행법 제156조 제2항은 여러 개의 배당이의의 소가 제기된 경우에 한 개의 소를 합의부가 관할하는 때에는 단독판사의 관할에 속하는 다른 사건도 함께 관할한다고 정한다. 이는 동일한 배당사건을 둘러싼 배당이의의 소를 여러 다른 법원에서 심판하게 되면 상호 간에 모순·저촉되는 결과가 발생할 수 있어 바람직하지 않기 때문에 이러한 경우에는 합의부가 단독판사의 관할에 속하는 다른 사건도 함께 관할하게 한 것이다.

③ 채무자회생법에서 부인의 소 등을 파산계속법원의 전속관할로 규정한 이유는 부인권 행사와 관련이 있는 사건을 파산계속법원에 집중시켜 파산절차의 신속하고 적정한 진행을 도모하고자 하는 데 있다(대법원 2017. 5. 30. 선고 2017다205073 판결). 그러나 부인권 행사와 관련이 있는 사건을 파산계속법원에 집중시켜 얻을 수 있는 절차상의 편익은 소송의 종류나 진행 정도에 따라 달라질 수 있다. 파산관재인이 채권자를 상대로 부인권을 행사하면서 그 원상회복으로서 배당이의의 소를 제기한 경우 법원으로서는 채무자회생법 제391조 등에서 정한 부인권 행사의 요건을 충족하는지 여부를 심리, 판단해야 하지만, 경매절차에서 배당표의 경정 또는 재작성을 목표로 하는 배당이의의 소의 성격상 동일한 배당액에 대한 다툼이 있는 부분에 관하여 여러 배당이의의 소가 제기될 경우 그 결과가 상호 모순되거나 저촉되지 않도록 함으로써 후속 배당절차의 원활을 기할 필요가 있다는 점에서는 여느 배당이의의 소와 다르지 않다.

특히 파산관재인이 부인권 행사의 일환으로 제기한 배당이의의 소를 받아들이는 경우 이의하지 않은 다른 우선변제권자나 파산재단으로의 귀속을 위해서 배당표를 경정해야 한다(민사집행법 제161조 제2항). 그런데 만일 위 사건에 대한 관할이 파산계속법원에 전속된다면 동일한 배당액에 관하여 다른 채권자가 제기한 배당이의의 소의 수소법원은 파산관재인이 제기한 배당이의의 소의 존재를 알기 어렵고, 원칙적으로 이의한 채권자만을 위하여 상대적으로 배당액을 경정하는 내용의 판결을 하게 되는 결과 모순 · 저촉이 발생할 수 있다. 이 경우 집행법원으로서는 이들 판결의 주문 그대로를 모두 만족하는 재배당 또는 추가배당을 할 수 없게 되어 집행이 지연되는 문제가 발생할 수 있다.

④ 파산관재인은 애초에는 부인권을 행사하지 않고 배당이의의 소를 제기하였다가 이후 부인권을 행사하거나, 처음에는 부인권을 행사하였다가 철회하는 등 하나의 배당이의의 소에서 공격·방어방법을 변경할 수 있다. 이러한 경우 부인권을 행사하면서 그 원상회복으로서 배당이의의 소를 제기한 경우에도 파산계속법원의 전속관할 규정을 우선시하게 되면 배당이의소송 중간에 파산계속법원의 전속관할이 생기거나 사라지는 등의 문제가 발생할 수도 있다.

반면, 분쟁의 적정한 해결과 전체적인 소송경제의 측면에서 위와 같은 문제를 감수하면서까지 파산관재인이 부인권을 행사하며 제기한 배당이의의 소 부분 만을 별도로 파산계속법원에 전속시킴으로써 얻을 수 있는 파산절차상의 이익은 크지 않다.

2) 사물관할

사물관할은 일반원칙에 따른다.

법원조직법은 지방법원 및 그 지원의 심판권을 원칙적으로 단독판사가 행사하도록 하고 있으므로(법원조직법 제7조 제4항, 제5항), 심판권은 원칙적으로 단독판사에 속한다. 다만, 소송물이 단독판사의 관할에 속하지 아니할 경우에는 지방법원의 합의부가 이를 관할한다(민사집행법 제156조 제1항 단서).

여러 개의 배당이의의 소가 제기된 경우에 한 개의 소를 합의부가 관할하는 때에는 그 밖의 소도 함께 관할한다(민사집행법 제156조 제2항).

그런데 전속관할의 경우는 원래 합의관할(민사소송법 제29조), 변론관할(민사소송법 제30조)의 적용이 배제되나(민사소송법 제31조) 배당이의의 소에 있어서는 예외적으로, 이의한 사람과 상대방이 이의에 관하여 단독판사의 재판을 받을 것을 합의한 경우에는 민사집행법 제156조 제1항 단서와 제2항의 규정에 의하여 합의부관할에 속하는 사건도 단독판사가 재판할 수 있다(민사집행법 제156조 제3항).

나. 소가(소송목적의 값)의 산정

1) 배당이의의 소에 있어서 원고가 소로 주장하는 이익(민사소송법 제26조)은 원고의 이의가 인용될 경우에 배당표의 변경 또는 새로운 배당표의 작성에 의하여 원고가 받게 되는 이익이다.

따라서 배당이의의 소에 있어서 소송목적의 값의 산정은 채권자가 원고일 경우에는 이의신청으로 상대방 채권자의 채권을 부인한 그 액수에 의할 것이 아니라, 배당증가액 즉 당초의 배당표에 의한 원고의 배당액과 변경 또는 새로운 배당표의 작성에 의한 배당액과의 차액을 표준으로 하여야 하며(인지규칙 제16조 제6호), 채무자가 원고일 경우에는 감소배당액 즉 피고에 대한 당초의 배당표에 의한 배당액과 새로운 배당표에 의한 배당액과의 차액을 표준으로 하여야 한다.

2) 이자, 지연손해금, 비용의 청구에 대한 배당액 부분도 소송의 부대목적으로 되는 것은 아니라고 할 것이므로 소송목적의 값에 합산하여야 한다(민사소송법 제27조 참조).

2. 청구 취지

1) 원고는 청구취지로 배당기일에 진술한 이의의 범위 내에서(대법원 2000. 6. 9. 선고 99다70983 판결) 원고가 원래의 배당표에 기재된 것보다 배당을 더 받게 될 금액을 명시하여야 할 것이다.

통상 "OO지방법원 20 타경OO호 부동산강제경매사건에 관하여 위 법원이 20 . . . 작성한 배당표 중 원고에 대한 배당액 OOO원을 OOO원으로, 피고에 대한 배당액 OOO원을 OOO원으로 각 경정한다"는 취지로 기재하게 된다.

2) 배당이의소송에 있어서의 청구의 취지는 원고가 이의를 한 대로 배당이 실시되도록 하는 것이므로 채권자가 원고인 경우에는 배당기일에 이의를 한 범위 내에서 원고가 원래의 배당표에 기재된 것보다 배당을 더 받게 될 금액을 명시하여야 한다(대법원 2000. 6. 9. 선고 99다70983 판결).

그런데 원고의 배당액이 많아짐으로써 그만큼 피고의 배당액은 감소하게 되고, 이는 표리의 관계에 있으므로 피고의 감소될 금액 역시 표시하는 것이 통상이다. 그러나 모든 채권자에 대한 배당액까지 표시할 필요는 없다.

3) 채무자가 원고인 경우에는 법원은 배당에 대하여 이의하지 아니한 채권자를 위하여서도 배당표를 바꾸어야 하므로(민사집행법 제161조 제2항 제2호), 피고의 배당액에서 감소된 부분을 구체적으로 어떻게 처리해야 할 것인지까지 명확히 할 필요는 없다.

[배당이의의 소의 소장 예시]

소 장

원고 ○○○
　　○○시 ○○구 ○○동 ○○
　　소송대리인 변호사 ○○○

피고 ○○○
　　○○시 ○○구 ○○동 ○○

배당이의의 소

청구취지

1. 귀원 20 타기○○○ 부동산강제경매 사건에 관하여 귀원이 20 .○○.○○ 작성한 배당표 중 원고에 대한 배당액 금 5,000,000원을 금 25,000,000원으로, 피고에 대한 배당액 금 30,000,000원을 금 10,000,000원으로 경정한다.
2. 소송비용은 피고의 부담으로 한다.
라는 판결을 구합니다.

청구원인

1. 원고를 채권자, 소외 ○○○을 채무자로 하는 귀원 20 타경○○ 부동산강제경매사건의 배당절차에서 귀원은 20 .○○.○○ 배당금액 50,000,000원 중 1순위로 소외 근저당권자 ○○○에게 금 15,000,000원을, 2순위로 확정일자부 임차인인 피고에게 30,000,000원을 각 배당하고, 나머지 금 5,000,000원을 원고에게 배당하기로 하는 배당표를 작성하였습니다.
2. 그러나, 피고는 위 ○○○의 처남으로서 그와 짜고 임차인을 가장하여 허위의 임대차계약서를 만들고 확정일자까지 받은 자로서, 있지도 아니한 임차보증금 30,000,000원의 채권을 가지고 원고에 우선하여 배당을 받은 것이고, 그로 인하여 원고는 경매 신청 채권액 25,000,000원 중 5,000,000원 밖에 배당을 못 받게 된 것입니다.
3. 그러므로 위 배당표를 청구취지와 같이 변경하여 줄 것을 청구하는 것입니다.

입증방법

1. 배당표등본 (갑제1호증) 1통
1. 호적등본 (갑제2호증의 1, 2) 2통

20 . ○○. ○○

원고 소송대리인 변호사 ○○○ (인)

○○지방법원 귀중

3. 청구원인

청구취지를 이유 있게 하기 위하여 필요한 사실관계 또는 법률관계가 배당이의의 소의 청구원인이 된다.

가. 원고의 주장 사유

1) 모든 법률상, 사실상의 사유

원고는 원고의 이익이 되도록 배당표의 변경을 가져오게 하는 모든 사유, 즉 피고가 배당표대로 배당액을 수령할 수 없고 또 원고에게 보다 많은 배당액이 주어져야 할 근거가 되는 모든 사유를 주장할 수 있다.

원고의 청구를 뒷받침하는 공격방법으로 모든 법률상, 사실상의 사유를 다 주장할 수 있다. 또한 배당기일에서 주장한 이의 사유에 구속되지도 않는다(대법원 1997. 1. 21. 선고 96다457 판결). 대개의 경우 ① 피고의 채권의 부존재(피고의 채권이 당초부터 존재하지 않는다든가, 존재하더라도 이미 변제 기타의 사유로 소멸되었다는 점, 피고의 채권이 채권양도 등으로 타인에게 귀속되었다는 점), ② 우선권의 부존재(피고의 채권에 우선권이 있다고 한 배당법원의 판단이 부당하다는 점), ③ 피고의 배당요구의 무효 등(피고의 압류 또는 배당요구가 무효라거나 피고의 압류를 취소하는 재판이 있다는 점)을 사유를 주장하게 된다.

이러한 사유들 중에는 추후보완 등으로 치유되어 원고의 청구원인사유로 되지 아니하는 것(예컨대, 채권의 변제기 전에 한 배당요구의 하자가 그 배당요구의 종기까지 변제기가 도래하였기 때문에 치유된 경우)도 있다.

원고는 채무자가 피고에 대하여 가지고 있는 모든 항변을 제출할 수 있고, 그 전제로서 채권자대위권(민법 제404조)에 기하여 채무자가 피고인 채권자에게 대항할 수 있는 모든 권리, 즉 취소권, 해지·해제권, 상계권 등을 행사할 수 있다.

하지만 앞서 본 바와 같이 원고가 배당이의의 소에서 승소하기 위해서는 피고의 채권이 존재하지 아니함을 주장·증명하는 것만으로 충분하지 않고 자신이 피고에게 배당된 금원을 배당받을 권리가 있다는 점까지 주장·증명하여야 한다(대법원 2012. 7. 12. 선고 2010다42259 판결). 위와 같은 법리는 채무자가 체결한 근저당권설정계약에 관하여 채권자가 사해행위취소의 소를 제기함과 아울러 그 원상회복으로서 배당이의의 소를 제기하는 경우에도 마찬가지이다(대법원 2021. 6. 24. 선고 2016다269698 판결).

그러나 채무자나 소유자에게는 위와 같은 제한이 없을 뿐만 아니라(민사집행법 제151조 제1항), 채무자나 소유자가 배당이의의 소에서 승소하면 집행법원은 그 부분에 대하여 배당이의를 하지 아니한 채권자를 위하여서도 배당표를 바꾸어야 하므로(민사집행법 제161조 제2항 제2호), 채무자나 소유자가 제기한 배당이의의 소에서는 피고로 된 채권자에 대한 배당액 자체만 심리대상이고, 원고인 채무자나 소유자로서도 피고의 채권이 존재하지 아니함을 주장·증명하는 것으로 충분하다(대법원 2015. 4. 23. 선고 2014다53790 판결).

허위의 근저당권에 대하여 배당이 이루어진 경우, 통정한 허위의 의사표시는 당사자 사이에서는 물론 제3자에 대하여도 무효이고 다만, 선의의 제3자에 대하여만 이를 대항하지 못한다고 할 것이므로, 채권자는 채권자취소의 소로써 통정허위표시를 취소하지 않았다 하더라도 배당이의의 소로써 그 무효를 주장할 수 있다(대법원 2001. 5. 8. 선고 2000다9611 판결 참조).

대법원 판결은 甲 소유의 부동산에 관하여 乙 등 명의의 가압류 등기와 丙 명의의 근저당권 설정등기가 순차적으로 마쳐진 후 丙의 근저당권에 관하여 계약양도를 원인으로 근저당권자를 丁으로 하는 근저당권 이전등기가 마쳐졌고, 그 후 丁의 경매신청에 따른 선행 임의경매개시결정과 乙 등의 경매신청에 따른 후행 강제경매개시결정이 내려져 선행 경매절차에서 乙 등과 丁만 배당을 받았는데, 乙 등이 丁을 상대로 근저당권 등 양도행위가 통정허위표시로서 무효라며 배당이의의 소를 제기하자, 丁이 근저당권 등 양도의 유·무효는 丙의 채권자들만 이해관계가 있고 乙 등은 이해관계가 없어 무효를 주장할 지위에 있지 않다고 주장한 사안에서, 판례는 배당이의의 소에서 원고는 원고의 이익이 되도록 배당표의 변경을 가져오게 하는 모든 사유를 주장할 수 있는데, 허위의 근저당권에 대하여 배당이 이루어진 경우 통정한 허위의 의사표시는 당사자 사이에서는 물론 제3자에 대하여도 무효이고, 다만 선의의 제3자에 대해서만 대항하지 못할 뿐이므로(민법 제108조), 배당채권자인 乙 등은 근저당권 등 양도행위의 무효를 주장하여 그에 기한 채권의 존부, 범위, 순위에 관한 배당이의의 소를 제기할 수 있다고 하였다(대법원 2016. 7. 29. 선고 2016다13710,13727 판결).

2) 배당기일 후에 발생한 사유도 포함

이러한 사유는 배당기일 종료 시까지 생긴 것뿐 아니라 배당기일 후에 발생한 것도 포함된다.

배당이의의 소에 있어서 원고는 배당기일 후 그 사실심 변론종결 시까지 발생한 사유를 이의사유로 주장할 수 있으므로, 배당기일 후 배당이의소송 중에 가압류채권자의 채권액이 변제 등의 사유로 일부 소멸하여 그 잔존 채권액이 그 가압류 청구금액에 미달하게 된 경우에도 이를 이의사유로 주장할 수 있다. 따라서 경매절차에서 가압류채권자의 가압류 청구금액을 기준으로 배당표를 작성하였으나, 그 후 가압류채권자가 배당이의의 소의 진행 중 다른 부동산의 경매절차에서 배당받음으로써 그 잔존 채권액이 위 가압류 청구금액에 미달하게 된 경우 잔존 채권액을 기준으로 배당표를 경정해야 한다(대법원 2007. 8. 23. 선고 2007다27427 판결).

채권자가 받은 가압류결정이 취소되었다면 채권자는 가압류채권자로서의 배당받을 지위를 상실하므로 가압류결정의 취소는 배당이의의 소에서 가압류채권자에 대한 배당이의의 사유가 될 수 있다. 나아가 배당이의의 소에서 원고는 배당기일 후 사실심 변론종결 시까지 발생한 사유도 이의사유로 주장할 수 있으므로, 배당기일 후 배당이의소송 중에 가압류결정이 취소된 경우에도 이를 이의사유로 주장할 수 있다(대법원 2015. 6. 11. 선고 2015다10523 판결).

나아가 배당이의의 소에 있어서 피고의 채권액이 그 받은 배당액보다 많다고 하더라도 배당의 기초가 된 채권액(배당요구액)에 대하여 다툼이 있고, 그 채권액이 줄어들 경우 민사집행법상의 배당법리에 따라 배당하면 결과적으로 배당액이 줄어들 경우에는 배당이의를 할 수 있고, 한편 배당이의의 소에 있어서 원고는 배당기일 후 그 사실심 변론종결 시까지 발생한 사유를 이의사유로 주장할 수 있으므로, 배당기일 후 배당이의소송 중에 가압류채권자의 채권액이 변제 등의 사유로 일부 소멸하여 그 잔존 채권액이 그 가압류 청구금액에 미달하게 된 경우에도 이를 이의사유로 주장할 수 있으므로, 경매절차에서 가압류채권자의 가압류 청구금액을 기준으로 배당표를 작성하였으나, 그 후 가압류채권자가 배당이의의 소의 진행 중 다른 부동산의 경매절차에서 배당받음으로써 그 잔존 채권액이 위 가압류 청구금액에 미달하게 된 경우, 잔존 채권액을 기준으로 배당표를 경정해야 한다(대법원 2007. 8. 23. 선고 2007다27427 판결).

3) 집행권원 있는 일반 채권자가 우선변제권을 주장하며 담보권에 기하여 배당요구한 경우 피담보채권 존부 및 범위를 배당이의의 소로 다툴 수 있음

집행력 있는 판결 정본을 가진 채권자에 대한 배당에 관하여 이의한 채무자는 배당이의의 소가 아닌 청구이의의 소를 제기하여야 하지만, 집행력 있는 판결 정본을

가진 채권자가 우선변제권을 주장하며 담보권에 기하여 배당요구를 한 경우에는 배당의 기초가 되는 것은 담보권이지 집행력 있는 판결 정본이 아니므로, 채무자가 담보권에 대한 배당에 관하여 우선변제권이 미치는 피담보채권의 존부 및 범위 등을 다투고자 하는 때에는 배당이의의 소로 다투면 되고, 집행력 있는 판결 정본의 집행력을 배제하기 위하여 필요한 청구이의의 소를 제기할 필요는 없다. 따라서 집행력 있는 판결 정본을 가진 채권자가 채권을 담보하기 위한 근저당권을 가지고 있어 경매법원이 근저당권의 채권최고액 범위 내에서 우선순위에 따라 배당을 실시하였다면, 그 배당에 관하여 이의한 채무자는 배당이의의 소로 다툴 수 있다(대법원 2012. 9. 13. 선고 2012다45702 판결).

이러한 경우 배당이의소송에서는 채권자의 담보권에 의하여 담보되는 채권의 존부 및 범위뿐만 아니라 우선변제권의 순위 등에 대한 판단이 함께 이루어지고 이에 따라 판결 주문에서 배당표의 경정이 이루어진다(대법원 2011. 7. 28. 선고 2010다70018 판결)

나. 허위의 집행권원에 기한 배당권자의 채권을 부인할 수 있는지 여부(=적극)

피고가 확정판결 기타 기판력 있는 집행권원을 가지고 있는 경우 원고가 그 기판력의 표준시(민사집행법 제44조 제2항) 이전에 생긴 실체상의 사유를 주장하여 그 채권의 존재·액수를 부인할 수 있는가에 관하여, ① 집행권원의 기판력은 그 소송당사자와 승계인 사이에만 미치는 것이므로(민사소송법 제218조) 제3자인 원고에게는 기판력이 미칠 수 없다는 견해(적극설)와 ② 기판력 자체는 미치지 않지만 기판력의 반사효는 받는 것이라고 하거나, 또는 원래 배당이의소송에 있어서 원고가 피고와 채무자간의 채권관계를 부인하는 것은 제3자의 지위에서 자기의 항변을 주장하는 것이므로 채무자가 가지는 것 이상의 항변을 행사하지 못하는 것이 당연한 사리라고 하는 견해(소극설)의 대립이 있는데, 적극설이 타당하다.

따라서 채무자와 통정하여 허위의 집행권원을 가지고 배당에 참가한 채권자의 채권에 대하여 이의를 한 채권자는 그 채권의 존재·액수를 부인할 수 있다.

4. 피고의 공격방어방법

가. 원고의 청구를 배척할 수 있는 모든 주장

1) 배당이의의 소에 있어서 피고는 원고의 청구를 배척할 수 있는 모든 주장을

방어방법으로 내세울 수 있고, 배당기일에 피고가 원고에 대하여 이의를 하지 아니하였다 하더라도 피고는 원고의 청구를 배척할 수 있는 사유로서 원고의 채권 자체의 존재를 부인할 수 있다(대법원 2004. 6. 25. 선고 2004다9398 판결).

피고는 원고의 배당요구의 무효도 주장할 수 있다.

2) 이러한 사유는 배당기일 종료 시까지 생긴 것뿐만 아니라 배당기일 후에 발생한 것도 포함한다.

나. 원고의 채권 자체를 부인할 수 있는지 여부

1) 원고의 채권 자체를 부인할 수 있는가에 관하여는, 배당기일에 피고가 원고에 대하여 이의를 하지 아니한 이상 원고의 채권자체를 부인할 수 없다는 견해도 있으나, 그에 관계없이 원고의 주장을 배척할 수 있는 사유로서 채권자체의 존재를 부인할 수 있다.

대법원 2004. 6. 25. 선고 2004다9398 판결도 피고는 원고에 대하여 이의를 하지 아니하였는데, 원고가 제기한 배당이의의 소에서 원심판결은 피고의 주장에 따라 가압류채권자인 원고의 피보전채권의 존부에 관하여 심리하여 그 피보전채권이 존재하지 않는다고 판단하여 원고의 청구를 기각하였는바, 대법원은 그러한 조치가 정당하다고 인정하였다. 이러한 대법원 판례의 태도에 따르면 배당기일에 피고가 원고에 대하여 이의를 하지 아니하였다 하더라도 피고는 원고의 청구를 배척할 수 있는 사유로서 원고의 채권 자체의 존재를 부인할 수 있다고 할 것이다.

또한 피고는 원고의 청구를 배척할 수 있는 사유로서 원고가 배당이의 한 금원이 피고가 배당요구 하였으나 배당에서 배제된 피고의 다른 채권에 배당되어야 할 것이라고 주장할 수 있고, 이는 피고가 그 다른 채권에 기하여 배당이의를 하지 않았더라도 마찬가지이다(대법원 2008. 9. 11. 선고 2008다29697 판결).

2) 다만, 여기서 주의할 것은 피고가 원고의 채권 자체의 존재를 부인하여 원고의 청구가 기각된 경우에 이는 어디까지나 피고와의 관계에서 피고에게 배당된 몫을 원고에게 돌려달라는 청구가 기각된 것뿐이므로, 비록 위 소송에서 원고의 채권이 존재하지 않는 것으로 판명되었다 하더라도 원고에게 기존에 배당된 금원은 여전히 원고에게 귀속되며 위 소송의 결과에 영향을 받지 않는다는 것이다.

원고의 채권에 대하여 다른 채권자들이 이의를 제기하지 아니한 이상 원고의 채권은 그대로 확정되기 때문이다.

물론 원고의 채권이 가압류채권인 까닭에 원고가 본안소송에서 패소확정되면 결국 원고 몫으로 배당된 금원을 추가배당하는 일이 생길 수 있으나, 이는 별개의 문제이다.

다. 이의신청을 하지 아니한 다른 채권자의 채권을 참작할 필요가 있는지 여부

1) 원칙(=참작할 필요 없음)

피고의 방어방법과 관련하여, 채권자가 제기한 배당이의의 소에서 피고의 채권이 존재하지 않는 것으로 인정되는 경우 계쟁 배당부분 가운데 원고에게 귀속시키는 배당액을 계산함에 있어서 이의신청을 하지 아니한 다른 채권자의 채권을 참작할 필요가 없으며, 이는 이의신청을 하지 아니한 다른 채권자 가운데 원고보다 선순위의 채권자가 있다 하더라도 마찬가지이므로(대법원 2001. 2. 9. 선고 2000다41844 판결, 대법원 2004. 1. 27. 선고 2003다6200 판결), 채권자가 다른 채권자의 배당액에 관하여 채권의 부존재를 이유로 제기한 배당이의의 소송에서 피고의 채권이 존재하지 아니하는 것으로 밝혀진 이상, 원고의 채권보다 다른 선순위채권자가 있어서 그 채권자의 채권에 배당되어야 하고 원고에게 배당되어서는 안 된다는 항변을 할 수 없다.

2) 예외(=원고가 배당받는 것이 타당하다고 하여도 피고가 그 배당순위상 원고의 배당 여부에 관계없이 여전히 배당을 받을 수 있는 경우는 예외임. 이는 피고를 잘못 지정한 경우에 해당하기 때문임)

채권자가 배당을 받은 다른 채권자를 상대로 선순위 또는 동순위를 주장하면서 배당이의를 하는 경우에는 계쟁 배당부분 가운데 원고에게 귀속시키는 배당액을 계산함에 있어서 이의신청을 하지 아니한 다른 채권자 가운데 원고보다 선순위의 채권자가 있더라도 그 선순위 채권자의 채권을 참작할 필요가 없으나, 이의 하는 채권자가 자기보다 후순위 또는 동순위라고 지적하는 채권자들 중 아무나 상대방으로 하여 이의를 할 수 있는 것은 아니고, 배당법원이 처음부터 원고의 이의를 받아들여 배당표를 작성하였더라면 배당을 받을 수 없게 되는 채권자 즉, 배당표상 가장 후순위 채권자로부터 순차로 거슬러 올라가 이의 있는 채권자의 배당요구액에 달할 때까지의 배당액에 관계된 채권자에 대하여만 이의할 수 있는 것과 마찬가지로, 피고는 피고의 채권이 배당표상의 다른 채권자의 채권보다 앞서거나 또는 적어도 동순위이기 때문에 그 배당이 잘못되지 않았더라도 여전히 배당을 받을 수 있었던 범위에서는 원고의 청구가 이유 없다는 취지의 항변을 할 수 있다.

왜냐하면 배당이의의 소에서는 피고가 배당표대로 배당액을 수령할 수 없고 또한 그 배당액이 원고에게 주어져야 할 근거가 되는 사유가 모두 입증되어야 할 것인데, 이와 관련하여 특히 원고의 채권이 피고의 채권보다 선순위이거나 동순위임을 주장하는 경우에는, 설령 원고의 주장이 정당하다고 하더라도 피고의 채권이 배당표상의 다른 채권자의 채권보다 앞서거나 또는 적어도 동순위이기 때문에 그 배당이 잘못되지 않았더라도 여전히 배당을 받을 수 있었던 범위에서는 피고가 배당표대로 배당액을 수령하지 못할 이유가 없기 때문이다.

예를 들어 1순위 근저당권자에게 3,000만원, 2순위 배당요구채권자에게 3,000만원이 배당되었는데 소액임차인이 소액보증금의 우선배당을 주장하면서 이의를 하는 경우 소액임차인이 소액보증금에 대하여는 1순위로 배당받은 근저당권자보다 선순위인 것이 인정된다고 하더라도 배당표가 잘못되지 않았더라면 궁극적으로 소액보증금 해당액을 배당받지 못하는 것은 배당요구채권자이고, 근저당권자는 여전히 3,000만원을 배당받을 수 있으므로, 근저당권자에 대한 청구는 이유가 없는 것이다. 따라서 이 경우에 근저당권자를 상대로 한 배당이의의 소는 이유가 없고, 임차인은 배당요구채권자를 상대로 새로 부당이득반환청구를 하는 수밖에 없다.

5. 입증책임

1) 배당이의소송에 있어서의 배당이의사유에 관한 증명책임도 일반 민사소송에서의 증명책임 분배의 원칙에 따라야 한다. 따라서 배당채권에 있어서 권리근거사실(배당표의 성립사실)의 입증책임은 피고인 채권자에게 있고, 권리의 장애 또는 소멸사유를 구성하는 사실의 입증책임은 원고에게 있다.

2) 배당이의소송에 있어서의 배당이의사유에 관한 증명책임도 일반 민사소송에서의 증명책임 분배의 원칙에 따라야 하므로, 원고가 피고의 채권이 성립하지 아니하였음을 주장하는 경우에는 피고에게 채권의 발생원인사실을 증명할 책임이 있고, 원고가 그 채권이 통정허위표시로서 무효라거나 변제에 의하여 소멸되었음을 주장하는 경우에는 원고에게 그 장애 또는 소멸사유에 해당하는 사실을 증명할 책임이 있다(대법원 2020. 8. 20. 선고 2020다38952, 38969 판결, 대법원 2007. 7. 12. 선고 2005다39617 판결 등 참조). 다만 채권이 성립되었다는 점에 대한 피고의 주장 및 증거의 내용이 논리와 경험의 법칙에 반하여 이를 그대로 믿기 어려운 경우에는 허위채권인

지 여부를 판단하는 데 있어서 그러한 사정을 고려함이 타당하다(대법원 2008. 7. 24. 선고 2008다27998 판결, 대법원 2012. 5. 24. 선고 2011다37810 판결 등).

3) 채권자는 자기의 이해에 관계되는 범위 안에서만 다른 채권자를 상대로 그의 채권 또는 그 채권의 순위에 대하여 이의할 수 있으므로(민사집행법 제151조 제3항), 채권자가 제기한 배당이의의 소에서 승소하기 위하여는 피고의 채권이 존재하지 아니함을 주장·증명하는 것만으로 충분하지 아니하고 원고 자신이 피고에게 배당된 금원을 배당받을 권리가 있다는 점까지 주장·증명하여야 한다. 위와 같은 법리는 채무자가 체결한 근저당권설정계약에 관하여 채권자가 사해행위취소의 소를 제기함과 아울러 그 원상회복으로서 배당이의의 소를 제기하는 경우에도 마찬가지이다(대법원 2021. 6. 24. 선고 2016다269698 판결).

그러나 채무자나 소유자에게는 위와 같은 제한이 없을 뿐만 아니라(민사집행법 제151조 제1항), 채무자나 소유자가 배당이의의 소에서 승소하면 집행법원은 그 부분에 대하여 배당이의를 하지 아니한 채권자를 위하여서도 배당표를 바꾸어야 하므로(민사집행법 제161조 제2항 제2호), 채무자나 소유자가 제기한 배당이의의 소에서는 피고로 된 채권자에 대한 배당액 자체만 심리대상이고, 원고인 채무자나 소유자로서도 피고의 채권이 존재하지 아니함을 주장·증명하는 것으로 충분하다(대법원 2015. 4. 23. 선고 2014다53790 판결).

4) 피고는 배당채권의 권리근거사실 외에 원고의 채권에 대한 소멸, 변경 또는 장애가 되는 사실을 증명하지 않으면 안 된다. 또한 원고가 피고보다 선순위 또는 동순위임을 청구원인으로 한 경우에 원고가 주장하는 순위대로 배당표를 작성하더라도 피고의 배당액에 변함이 없다거나 또는 원고가 주장하는 것 이상이라는 사실은 피고가 입증하여야 한다.

6. 원고 불출석에 의한 소 취하 간주의 특칙

1) 배당이의의 소에 있어서 소를 제기한 원고가 '첫 변론기일'에 출석하지 아니한 때에는 소를 취하한 것으로 본다(민사집행법 제158조). 이 경우 소취하간주의 효력은 법률상 당연히 발생되므로, 수소법원이 속행기일을 지정한 경우에도 그 간주의 효과가 소멸되지 아니한다.

법조문에는 '이의한 사람'이 불출석한 경우로 되어 있는바, 이는 곧 배당이의소송의 원고를 가리킴은 물론이다. 따라서 피고가 불출석한 경우는 본조가 적용될 여지가 없다. 피고가 출석하지 아니한 경우에는 피고가 제출한 답변서 기타 준비서면의 진술이 간주될 뿐이다(민사소송법 제148조 제1항).

2) 본 규정에서 첫 변론기일이라 함은 최초로 지정된 변론기일을 말하는 것이 아니라 최초로 변론을 하게 된 기일을 말한다.

민사집행법 제158조의 '첫 변론기일'에 '첫 변론준비기일'이 포함되지 않는다(대법원 2006. 11. 10. 선고 2005다41856 판결, 2007. 10. 25. 선고 2007다34876 판결). 배당이의소송에서 원고가 변론준비기일에 출석한 적이 있더라도 첫 변론기일에 불출석하면 소를 취하한 것으로 간주된다(대법원 2007. 10. 25. 선고 2007다34876 판결).

이러한 취하간주는 원고가 제1심에서 첫 변론기일에 불출석한 경우를 말하므로 제2회 이후의 변론기일이나 항소심의 기일에는 적용이 없다.

3) 본 규정은 첫 변론기일에 원고가 불출석하고 피고가 출석한 경우뿐만 아니라 당사자 쌍방이 모두 불출석한 경우에도 적용된다(대법원 1967. 6. 27. 선고 67다796 판결). 따라서 원고가 출석하지 아니한 이상 피고의 출석여부를 따질 것도 없이 소취하간주로 본다.

이 규정은 원고가 첫 변론기일에 출석하지 아니한 경우뿐만 아니라 출석하여도 변론을 하지 아니하거나 퇴정을 한 경우도 포함된다.

4) 원고가 최초의 변론기일에는 출석하였으나 그 후의 변론기일에 쌍방이 2회 이상 출석하지 아니하였으면 민사소송법 제268조에 의하여 취하간주의 효력이 생길 수 있다.

5) 배당표는 배당이의의 소가 취하되어 종료한 때에 확정될 뿐 배당기일에 소급하여 확정되는 것은 아니고 배당이의의 소가 취하되었다고 하여 채권자가 배당기일에 소급하여 그 배당금을 수령한 것으로 간주되는 것도 아니다(대법원 2004. 6. 24. 선고 2004다15669 판결).

7. 소의 변경이 있는 경우 처리방법

가. 부당이득반환청구소송으로의 변경

1) 배당이의의 소가 제소기간 내에 제기되지 않았다든가, 기간 내에 제소가 되었으나 집행법원에 대한 제소 등의 증명이 기간을 경과한 경우에는 부당이득반환청구소송으로 변경할 수 있다. 위 두 소는 배당수령권의 존부라고 하는 동일한 이익에

청구의 기초를 둔 것이기 때문이다(대법원 2000. 1. 21. 선고 99다3501 판결 참조).

2) 소의 변경이 배당이의의 소의 첫 변론기일 전에 된 경우에는 원고가 첫 변론기일에 출석하지 아니한 때에도 소를 취하한 것으로 보아서는 아니 된다(민사집행법 제157조 참조). 다만 소의 변경 전에 원고가 첫 변론기일에 출석하지 아니하여 이미 소취하의 효력이 발생한 뒤에는 소를 변경할 여지도 없다.

나. 배당이의의 소송 계속 도중 청구가 감축된 경우

배당이의의 소송 계속 도중 청구가 감축된 경우에는 그 감축된 범위에서 소의 일부취하로 보아야 한다(대법원 2009. 9. 10. 선고 2009다37695 판결 등).

취하된 부분에 대하여는 소가 처음부터 계속되지 아니한 것으로 보게 되므로(민사소송법 제267조 제1항), 결국 감축된 부분에 대하여는 처음부터 배당이의의 소가 제기되지 아니한 것으로서, 배당이의의 소제기 기간이 지난 뒤에는 피고의 배당액 중 청구감축된 부분에 해당하는 배당액은 배당을 실시할 수 있다.

다. 배당이의의 소송 계속 도중 청구가 확장된 경우

1) 적법한 배당이의의 소제기기간이 지나기 전에는 배당기일에 이의를 한 범위 내에서 청구확장이 가능하다.

2) 그러나 제소기간이 지난 뒤에 이의를 한 범위 내에서 청구확장이 있는 경우 그 확장된 부분의 효력은 결국 배당이의의 제소기간이 지난 뒤에 제기되어 부적법하므로, 이 부분에 관한 소를 각하하여야 한다.

8. 심리

가. 여러 개의 배당이의의 소가 제기된 경우

여러 개의 배당이의의 소가 제기된 경우에 한 개의 소를 합의부가 관할하는 때에는 그 밖의 소도 함께 관할한다(민사집행법 제156조 제2항). 이의한 사람과 상대방이 이의에 관하여 단독판사의 재판을 받을 것을 합의한 경우에는 그 사건은 단독판사가 심리하게 되나, 여러 개의 사건 사이에 당사자의 지위가 공통됨으로 인하여 재판결과대로 배당을 실시하기 위해서는 집행법원이 배당표를 재조제하여야 할 가능성이 엿보이는 경우에는 동일한 재판부가 모아서 심리함이 타당하다.

따라서 배당이의를 심리하는 경우에는 먼저 원고가 적법하게 이의를 하였는지

뿐만 아니라 이의를 한 사람이 더 있는지, 누구에 대하여 이의를 하였는지까지 모두 조사하여, 갑이 을에 대하여 이의를 하고, 병도 을에 대하여 이의를 하였는데 소를 따로 제기한 것과 같은 경우에는 모아서 심리하여야 한다.

나. 공동소송

배당이의소송은 이의의 신청을 한 채권자 또는 채무자와 그 이의의 신청을 정당하지 아니하다고 주장한 상대방 채권자와의 소송이므로, 배당을 받을 채권자 전원 또는 배당에 이해관계를 가지는 자 전원을 상대로 할 필요는 없고, 또한 반드시 다른 채권자와 합일하여 확정하여야만 소송의 목적을 달성할 수 있는 것도 아니다. 따라서 배당이의소송은 필수적 공동소송(민사소송법 제67조)이 아니다.

배당이의의 소는 이의를 한 자가 각각 제기할 수 있고, 이의의 상대방이 여럿일 경우에도 그들을 공동피고로 할 수는 있으나, 이는 통상의 공동소송이다.

다. 참가

1) 당사자참가

배당이의의 소는 배당기일에 배당이의를 함을 전제로 하고, 원칙적으로 계쟁 배당액에 관하여 상대적 해결을 기도하는 데 그치기 때문에, 당사자참가는 문제로 되지 않을 것이다.

2) 채권자의 보조참가

가) 채무자가 제기한 배당이의의 소송에 관하여는 배당기일에 배당이의를 하지 않은 채권자라도 원고가 승소하면 추가배당을 받을 수 있으므로 원고 측에 보조참가를 할 수 있다.

나) 반면 채권자가 제기한 배당이의소송에 관하여는 다른 채권자가 보조참가를 할 이익이 없음이 원칙이다.

다만 예외로서, 동일채권자에 대하여 다른 채권자 여럿이 각각 배당이의의 소를 제기하여 승소한 경우에 어느 배당이의의 소에서 승소한 당사자의 지위는 다른 당사자에게도 일정한 범위에서 영향을 미쳐 각 판결에 따른 배당액을 정할 때 이를 고려하여야 한다는 견해에 의하면 다른 채권자가 제기한 배당이의의 소의 결과에 따라 자기에게 귀속되는 액이 감소하게 되는 경우가 발생하므로 그 경우에는 그 별소의 피고 측에 보조참가를 인정하여야 할 것이다.

3) 채무자의 보조참가

채무자는 원·피고 어느 쪽에든 보조참가를 할 수 있다.

9. 배당이의의 소에서 재판상 화해·조정, 청구의 포기·인낙이 가능한지 여부

가. 문제점 제기

청구이의, 제3자 이의 등 집행관계 사건은 형성소송이므로 당사자의 합의에 의하여 판결주문과 마찬가지의 창설적 효과(권리관계의 변동)를 직접적으로 정할 수 없으므로, 이런 견지에서 보면 배당이의의 소에서 재판상 화해·조정 등을 할 수 있는지 의문이 든다.

나. 검토

1) 청구이의의 소, 제3자이의의 소, 가압류이의 등 집행관계사건도 민사조정의 대상이 되는지 여부를 살펴보면, 민사조정법(이하, "법"이라 한다) 제2조는 '민사에 관한 분쟁'을 조정대상으로 하고 있고, 위 집행관계소송도 민사에 관한 분쟁임이 분명하므로 민사조정의 대상이 된다. 다만, 조정은 쌍방의 양보를 전제로 분쟁을 해결하는 것이어서 조정내용은 당사자가 자유로이 처분할 수 있는 권리에 관한 것이어야 하는데, 강제집행을 허용하지 아니한다든가 기존의 강제집행을 취소 또는 인가하는 등의 권한은 법원에게 있고 당사자에게 있는 것이 아니므로 강제집행소송의 판결주문과 같은 내용의 조정을 하는 것은 불가능하고, 집행관계소송의 전제가 된 권리관계에 대하여, 예컨대 청구이의사건에 있어서는 집행권원에 표시된 실체법상의 권리관계의 존부를 확인한다든가, 피신청인으로부터 일정금원을 지급받고 강제집행신청을 취하하기로 하는 등의 합의를 포함하는 조항으로 조정을 성립시킬 수 있다고 할 것이다.[11)]

2) 배당이의의 소에서도 재판상 화해·조정이 가능한지에 관하여는 배당이의의 소의 성질을 어떻게 보느냐에 따라 다르나, 다른 집행법상의 소송이 집행권원의 집행력의 배제라고 하는 실체법상의 권리와 완전히 분리된 집행절차상의 효력의 소멸을 그 작용으로 하고 있는데 반하여, 본소에 있어서는 실체법상의 권리의 양(量)만이 직접적으로 문제로 됨에 그칠 뿐만 아니라, 배당기일에 관계되는 각 채권자의 합의를 인정하고, 합의가 성립되면 배당표를 경정하여 배당을 실시하는 것이 허용되고 있다. 즉 민사집행법 제150조 제2항에 의하면, 출석한 이해관계인과 배당을 요구한 채권자

11) 재판예규 제871-53호 민사조정절차에 관련된 여러 의문점에 대한 검토의견(재민 95-1).

가 합의한 때에는 이에 따라 배당표를 작성하여야 한다고 규정되어 있으므로, 그 배당받을 금액의 범위 안에서 이해관계인과 배당요구채권자의 유효한 합의, 즉 자유로운 처분이 가능하다고 할 것이므로, 배당이의소송에 있어서도 그러한 합의(화해)·조정이 가능하다.

청구의 포기나 인낙도 마찬가지로 가능하다.

3) 배당이의의 소송에 있어서 합의(화해) 내지 조정이 이루어진 경우 주문(화해·조정조항)은 본안판결의 경우와 같이 배당표를 경정한다는 형식이 된다.

Ⅲ. 판결

1. 원고패소의 경우

배당이의의 소도 일반소송과 마찬가지로 소송요건이 갖추어져 있지 않으면 부적법한 소로서 각하하는 판결을 한다. 예컨대 원고가 배당표에 대하여 적법하게 이의를 한 바 없는 경우, 당사자 적격이 없거나 주장자체로 원고의 배당액이 증가될 여지가 없어 소의 이익이 없는 경우 등을 들 수 있다.

이 소각하의 판결이 확정되면 처음부터 채권자가 이의를 하였으나 이의소송을 제기하지 아니한 것과 동일한 것으로 되어 당초의 배당표가 그대로 확정된다.

한편 원고의 배당이의가 이유 없을 경우에는 청구기각의 판결을 한다. 이 판결이 확정된 때도 당초의 배당표가 그대로 확정된다.

당초의 배당표가 그대로 확정된 경우 집행법원의 법원사무관등은 당초에 작성한 배당표에 따라 배당을 실시하면 된다.

2. 원고승소의 경우

가. 원고가 채권자인 경우

1) 주문기재 방법

가) 채권자가 제기한 배당이의의 소에서 원고의 청구가 전부 또는 일부 이유 있는 경우에는 종국판결로써 그 이유 있는 한도에서 배당표상의 피고에 대한 배당액을 삭제 또는 감액함과 동시에 그 배당액을 원고에게 배당하도록 정하여야 한다(민사집행법 제157조 전문). 주문 기재례는 아래와 같다.

OO지방법원 20 타경OO호 부동산강제경매사건에 관하여 위 법원이 20 . . . 작성한 배당표 중 원고에 대한 배당액 OOO원을 OOO원으로, 피고에 대한 배당액 OOO원을 OOO원으로 각 경정한다

OO지방법원 20 타경OO 강제경매신청사건에 관하여 20 . . . 위 법원이 작성한 배당표 중 원고에 대한 배당액 금 OO원을 금 OO원으로, 피고에 대한 배당액 금 OO원을 삭제하는 것으로 각 경정한다.

나) 배당이의소송을 인용하는 판결에는 가집행선고를 붙이지 못한다.

2) 이의신청을 하지 아니한 다른 채권자의 채권을 참작하지 아니함

배당이의의 소의 판결의 효력은 오직 소송당사자인 채권자들 사이에만 미칠 뿐이므로, 다툼이 있는 배당부분에 관하여 배당받을 채권자와 그 액수를 정함에 있어서는 피고의 채권이 존재하지 않는 것으로 인정되는 경우에도, 이의신청을 하지 아니한 다른 채권자의 채권을 참작함이 없이 그 계쟁 배당부분을 원고가 가지는 채권액의 한도 내에서 구하는 바에 따라 원고의 배당액으로 하고 그 나머지는 피고의 배당액으로 유지하여야 한다는 점이다(대법원 1998. 5. 22. 선고 98다3818 판결, 2001. 2. 9. 선고 2000다41844 판결).

따라서 피고의 채권이 전부 존재하지 않는다는 이유로 피고에 대한 배당액은 전부 삭제를 명하면서 그 중 일부금액만 원고의 배당액에 추가하는 것으로 하여 원고에게 추가하고 남은 나머지 금액에 대하여 배당을 받을 채권자와 그 액수를 정하지 아니하거나 또는 그 나머지 금액을 다른 채권자에게 배당하는 것으로 하거나 심지어 원고의 배당액에 얼마를 추가할 것인지조차 정하지 아니한 것은 위법하다.

3) 구체적인 배당액까지 정하는 것이 적당하지 아니한 경우 주문기재 방법

한편 사정에 따라 판결에서 구체적인 배당액까지 정하는 것이 적당하지 아니하다고 인정한 때에는 판결에서 이의를 인용하는 범위를 명시하고 배당법원에 대하여 배당표를 다시 만들고 다른 배당절차를 밟도록 명하여야 한다(민사집행법 제157조 후문). 배당을 받을 채권자와 그 액수를 정하는 것이 부적당한 경우의 예로서는, 배당이의의 소가 여러 개 계속되어 그 재판이 따로 진행되고 있기 때문에 계산이 복잡하여 집행법원이 하는 것이 적당하다고 인정되는 경우 등을 들 수 있다.

이 경우의 주문은 아래와 같다.

○○지방법원 20○○타경○○ 부동산강제경매 사건에 관하여 20○○. ○. ○. 같은 법원이 작성한 배당표를 취소하고 각 채권자의 채권순위 및 채권액에 비례하여 이를 배당한다.

○○지방법원 20○○타경○○ 부동산강제경매 사건에 관하여 20○○. ○. ○. 같은 법원이 작성한 배당표 중 피고에 대한 배당액 ○○원을 삭제하고 각 채권자의 채권순위 및 채권액에 비례하여 이를 배당한다.

나. 원고가 채무자인 경우

1) 채무자가 승소한 금액은 채무자에게 배당하는 것이 아니라 추가배당을 함

채무자가 원고인 경우에는 법원은 배당에 대하여 이의하지 아니한 채권자를 위하여서도 배당표를 바꾸어야 하므로(민사집행법 제161조 제2항 제2호), 피고의 배당액에서 감소된 부분을 구체적으로 어떻게 처리해야 할 것인지까지 명확히 할 필요는 없다.

채무자가 배당이의의 소를 제기한 경우에는 피고로 된 채권자가 채무자에 대한 집행으로부터 배제되기 때문에, 그 당연한 결과로 배당이의소송의 승소판결이 확정된 뒤 배당표를 바꾸어 다른 채권자들(설사 그들이 배당이의를 하지 않았다 하더라도)에게 다시 배당하게 된다. 즉 채무자가 배당이의소송에서 승소확정판결을 받은 경우 승소한 금원은 채무자에게 배당을 하는 것이 아니라 아직 배당을 받지 못한 후순위 채권자들에게 추가배당을 한다.

2) 주문기재 방법(=원칙적 모습)

가) 채무자가 제기한 소송에서 피고의 채권이 전부 존재하지 않는 것으로 인정되거나, 피고의 채권은 존재하지만 피고의 배당액을 정하는 것이 적당하지 아니하다고 인정되는 경우

○○지방법원 20○○타경○○ 부동산강제경매 사건에 관하여 20○○. ○○. ○○. 같은 법원이 작성한 배당표 중 피고에 대한 배당액을 삭제한다.

나) 피고의 채권 중 일부만이 존재하지 않는 것으로 인정되고 피고에게 배당될 금액을 정한 경우

○○지방법원 20○○타경○○ 부동산강제경매 사건에 관하여 20○○. ○. ○. 같

> 은 법원이 작성한 배당표 중 피고에 대한 배당액 ○○원을 ○○원으로 경정한다(또는 피고에 대한 배당액 중 ○○원을 초과한 부분을 취소한다).

다) 피고의 배당액 감소분이 채무자나 소유자에게 교부될 것이 아니라 민사집행법 제147조 제2, 3항에 따라 채무자나 소유자 외의 항고보증을 제공한 자에게 돌려줘야 할 경우

> ○○지방법원 20○○타경○○ 부동산강제경매 사건에 관하여 20○○. ○○. ○○. 같은 법원이 작성한 배당표 중 피고에 대한 배당액을 삭제한다.

> ○○지방법원 20○○타경○○ 부동산강제경매 사건에 관하여 20○○. ○. ○. 같은 법원이 작성한 배당표 중 피고에 대한 배당액 ○○원을 ○○원으로 경정한다(또는 피고에 대한 배당액 중 ○○원을 초과한 부분을 취소한다).

라) 채무자가 승소한 경우 배당이의소송의 본안법원에서 위와 같이 주문을 기재하지 않고 "원고에 대한 배당액 금 OO원을 금 OO원으로, 피고에 대한 배당액 금 OO원을 금 OO원으로 경정한다"는 주문으로 판결을 한 경우에도 집행법원은 채무자가 승소한 금원을 채무자에게 배당하지 않고, 아직 배당을 받지 못한 후순위 채권자들에게 추가배당을 한다.

3) 다른 채권자가 전액 배당받은 경우 주문기재 방법(= 예외)

다른 채권자들이 모두 배당을 받아 추가배당을 실시할 필요가 없을 경우에는 아래의 주문례를 원용하여 주문을 적되, 피고의 배당액 중 줄어든 부분을 채무자(담보권 실행을 위한 경매에서는 담보부동산의 소유자)에게 교부하는 것으로 기재하면 된다.

> ○○지방법원 20○○타경○○ 부동산강제경매 사건에 관하여 20○○. ○. ○. 같은 법원이 작성한 배당표 중 원고에 대한 배당액 ○○원을 ○○원으로, 피고에 대한 배당액 ○○원을 ○○원으로 경정한다.

> ○○지방법원 20○○타경○○ 부동산강제경매 사건에 관하여 20○○. ○. ○. 같은 법원이 작성한 배당표 중 원고에 대한 배당액 ○○원을 ○○원으로, 피고 ○○○에 대한 배당액 ○○원 및 피고 ○○○에 대한 배당액 ○○원을 삭제하는 것으로 각각 경정한다.

3. 판결의 효력

가. 주관적 범위

1) 원고가 채권자인 경우(= 상대효)

가) 채권자가 제기한 배당이의의 소의 판결의 효력은 원고와 피고 사이에만 미치고 그 밖의 채권자와 채무자에게는 미치지 아니한다(대법원 2012. 4. 26. 선고 2010다94090 판결 등). 즉 상대효의 원칙이 지배한다. 따라서 동일배당표의 동일채권에 대하여 여러 사람의 이의가 병합된 경우에도 각 원고와의 관계에서 배당액이 취소·변경될 뿐이다.

위와 같은 법리는 배당이의의 소의 당사자가 아닌 배당요구채권자가 배당이의의 소의 판결에 기하여 경정된 배당표에 의하여 배당을 받은 다른 채권자를 상대로 배당이 잘못되었다는 이유로 부당이득반환청구를 하는 경우에도 그대로 적용된다(대법원 2007. 2. 9. 선고 2006다39546 판결, 대법원 2012. 4. 26.선고 2010다94090 판결 등).

이러한 점에서 회생채권확정의 소(채무자회생법 제176조, 제607조)나 파산채권확정의 소(채무자회생법 제468조)와 다르다. 따라서 동일배당표의 동일채권에 대하여 여러 사람의 이의가 병합된 경우에도 각 원고와의 관계에서 배당액이 취소·변경될 뿐이다.

나) 배당이의소송의 심리 결과 피고에 대한 배당이 부당하다고 하여 그 배당을 취소할 경우에 그로 인하여 생기는 배당액은 이의를 하지 아니한 다른 채권자의 채권액을 고려할 필요 없이 원고의 채권 범위 내에서 전액 원고에게 귀속시키며, 만일 원고에게 추가로 배당하고 남는 돈이 있다면 이는 피고에게 그대로 남겨 둔다(대법원 1998. 5. 22. 선고 98다3818 판결).

다) 이는 이의신청을 하지 아니한 다른 채권자 가운데 원고보다 선순위의 채권자가 있다고 하여 달라지는 것이 아니다(대법원 2001. 2. 9. 선고 2000다41844 판결).

라) 채권자가 배당기일에 출석하여 수익자의 배당부분에 대하여 이의를 하였다면 그 채권자는 사해행위취소의 소와 병합하여 원상회복으로서 배당이의의 소를 제기할 수 있다고 할 것이고, 다만 이 경우 법원으로서는 배당이의의 소를 제기한 당해 채권자 이외의 다른 채권자의 존재를 고려할 필요 없이 그 채권자의 채권이 만족을 받지 못한 한도에서만 근저당권설정계약을 취소하고 그 한도에서만 수익자의 배당액을 삭제하여 당해 채권자의 배당액으로 경정하여야 한다(대법원 2004. 1. 27. 선

고 2003다6200 판결).

2) 원고가 채무자인 경우(= 절대효)

반면 채무자가 제기한 배당이의의 소에서 청구가 인용된 경우에는 이의를 제기하지 않은 채권자를 위하여도 배당표를 바꾸어야 한다(민사집행법 제161조 제2항 제2호).

예를 들면, 배당재단이 3,600만 원인데 1번 저당권자 갑(채권액 3,000만 원)에게 3,000만 원, 신청채권자 겸 2번 저당권자 을(채권액 2,400만 원)에게 600만 원, 3번 가압류권자 병(채권액 1,500만 원)에게 0원으로 배당하기로 한 경우에, 채무자가 갑을 상대로 배당이의를 하여 갑의 채권액이 부존재한다는 이유로 그에 대한 배당을 취소하는 판결이 확정된 때에는, 경매법원은 을, 병이 배당이의를 하지 아니한 경우에도 갑이 처음부터 배당에 참가하지 아니한 경우와 동일하게 을에게 2,400만 원, 병에게 1,200만 원을 배당하는 것으로 배당표를 변경하여 을에게는 이미 실시된 배당에 더하여 1,800만 원을 추가로 배당하고, 병에게는 1,200만 원을 새로이 배당하여야 한다. 구 민사소송법에는 이에 관한 규정이 없어 단지 해석론으로 인정되던 것을 민사집행법은 제161조 제2항 제2호에서 명문의 규정을 두었다.

3) 원고가 채권자로서 승소한 경우 배당표 변경의 범위[12]

배당이의소송의 심리 결과 원고의 청구를 인용하는 경우에는 ① 첫째, 피고에 대한 배당을 취소함으로써 생기는 배당액을 누구에게 귀속시키며, ② 둘째, 원고에게 귀속시킬 경우에는 얼마를 배당할 것인지, ③ 셋째, 만일 원고에게 배당하고 남는 돈이 있다면 이는 누구에게 귀속시킬 것인지 하는 문제가 대두한다. 이 문제들을 차례로 검토하여 보면 다음과 같다.

가) 배당이의소송을 제기한 채권자에게만 배당

채권자가 배당이의소송을 제기하여 인용되는 경우에, 피고가 잃게 되는 배당이익을 채무자가 배당이의소송을 제기한 경우와 마찬가지로 모든 채권자들에게 귀속시킬 것인가, 아니면 배당이의소송을 제기한 채권자에게만 배당할 것인지가 문제된다.

배당이의소송은 그 본질이 배당이의를 완결시키기 위한 소송인바, 채권자가 제기하는 배당이의는 '자기의 이해에 관계되는 범위 안에서'만 할 수 있을 뿐 채권자 자신과는 상관없는 '다른 채권자의 이해에 관하여'는 할 수 없기 때문에(민사집행법

12) 제3판 주석민사집행법(IV), 274-282, 민일영, "배당이의소송의 판결에 관한 소고", 인권과 정의(1998. 10.), 86 이하

제151조 제3항), 배당이의소송 또한 자기의 이해에 관계되는 범위 안에서만 제기할 수 있을 뿐이다. 따라서 채권자가 제기한 배당이의소송의 종국판결은 대립하는 채권자들 사이, 즉 원고와 피고 사이에서 문제된 배당액을 둘러싼 분쟁을 상대적으로 해결하는 데 그친다.

즉, 채권자가 제기한 배당이의소송은 채무자의 총재산과의 관계에서 총채권자에 대한 배당의 기초가 되는 채권액을 확정하는 구조[이는 파산채권 확정의 소나 회생채권 확정의 소의 구조]를 취하는 것이 아니라, 개별 배당재산과의 관계에서 계쟁 배당액에 관하여 계쟁 당사자 사이에서만 귀속을 조정하는 구조인 것이다. 그러므로 원고의 청구가 인용되어 피고가 배당을 받을 수 없게 되었다 하더라도 피고에게 배당되었던 금원을 원고에게 할당하는 데 그치고, 다른 채권자의 배당액에 대하여는 아무런 영향을 미치지 않게 된다.

나) 원고에게 추가되는 배당액의 범위

위에서 본 바와 같이 채권자의 배당이의소송이 인용될 경우 원, 피고 사이에서만 배당액을 조정하면 된다고 할 경우에 구체적으로 어느 범위에서 원고에게 배당을 할 것인가? 이에 관하여는 견해가 대립된다.

이에 대하여는 ① 배당이의소송의 인용으로 피고가 배당받을 수 없게 된 배당액을 원고의 채권액에 달할 때까지 원고의 배당액에 흡수시켜야 한다는 견해(흡수설)와[13], ② 배당이의소송의 인용으로 피고가 배당받을 수 없게 된 배당액을 원고와 동순위의 다른 채권자 전원에게 안분하여 원고에게 배당될 금액을 산정한 후 그 한도에서 원고의 배당액에 추가하여야 한다는 견해(안분설)가[14] 대립하고 있었다.

위 두 견해의 차이를 예를 들어 설명하면 다음과 같다. 배당재단의 총액이 3,000만 원인데, 갑이 1,000만 원, 을이 2,000만 원, 병이 3,000만 원의 채권(각 채권은 동순위이다)으로 배당요구를 하여 갑에게 500만 원, 을에게 1,000만 원, 병에게 1,500만 원씩 배당하는 것으로 배당표를 작성하였는바, 이에 갑이 을의 채권이 가장 채권임을 들어 배당이의소송을 제기하였고 청구가 전부 인용된다고 하자.

이때 흡수설에 의하면 을에 대한 배당액 1,000만 원 중 500만 원을 갑에게 추가로 배당함으로써 갑의 채권이 전부 만족을 얻게 된다(나머지 500만 원의 처리 문제는 뒤에서 다룬다).

13) 오석락, 배당이의소송의 제문제(1), 305; 日注解執行(3), 410

14) 이재성, "배당표에 대한 이의", 평석집(Ⅲ), 277

반면 안분설에 의하면 을에 대한 배당액 1,000만 원을 갑, 병의 채권액에 따라 안분하여 갑에게 250만 원[1,000만 원x1,000만/(1,000만+3,000만)]을 배당하는 데 그쳐 갑의 채권이 전부 만족을 얻지는 못하게 된다(이 경우에도 흡수설과 마찬가지로 나머지 750만 원의 처리문제가 남는바, 피고에게 귀속시켜야 한다는 견해와 채무자에게 귀속시켜야 한다는 견해가 대립한다).

그러나 앞서 본 바와 같이 원고만 배당이의소송을 제기하고 다른 채권자들은 배당이의소송을 제기하지 않은 경우에 원고가 승소한 배당액은 배당이의소송을 제기한 채권자에게만 배당하여야 하는 이상 다른 채권자들에게 원고가 승소한 배당액을 배당할 수는 없으므로, ① 흡수설의 견해가 타당하다.

대법원 1998. 5. 22. 선고 98다3818 판결은 다음과 같은 설시를 함으로써 ① 흡수설의 견해를 취함을 정면으로 밝히고 있다.

"구 민사소송법 제658조의 규정에 의하여 부동산강제경매에 준용되는 민사소송법 제590조, 제591조, 제595조의 규정 등을 모아보면, 채권자가 제기한 배당이의소송은 대립하는 당사자인 채권자들 사이의 배당액을 둘러싼 분쟁을 상대적으로 해결하는 것에 지나지 아니하고, 그 판결의 효력은 오직 소송당사자인 채권자들 사이에만 미칠 뿐이므로, 배당이의소송의 판결에서 계쟁 배당 부분에 관하여 배당을 받을 채권자와 그 수액을 정함에 있어서는 피고의 채권이 존재하지 않는 것으로 인정되는 경우에도 이의신청을 하지 아니한 다른 채권자의 채권을 참작함이 없이 그 계쟁 배당 부분을 원고가 가지는 채권액의 한도 내에서 구하는 바에 따라 원고의 배당액으로 하고…"

4) 원고에게 추가 배당하고 남은 금액의 처리

채권자가 제기한 배당이의소송에서 원고의 청구를 인용할 경우에 피고에 대한 애초의 배당액을 원고의 채권이 전부 만족을 받을 때까지 추가로 배당하고도 돈이 남는다면 그 남는 돈을 누구에게 귀속시킬 것인가? 이에 관하여는 피고에게 그대로 남겨 두어야 한다는 견해와 채무자에게 교부하여야 한다는 견해가 대립한다.

가) 학설

(1) 피고설

이 설은 위 남는 돈을 피고인 채권자에게 그대로 남겨 두어야 한다는 견해이다.[15] 이 설의 논거는 다음과 같다.

15) 박효관, "채권자가 제기한 배당이의소송에서 피고 채권의 부존재가 인정된 경우, 계쟁 배당 부분

첫째, 채권자가 제기한 배당이의소송은 채권자 사이에서 배당재산의 분배라고 하는 배당관계의 조정에 지나지 않는데, 그 소송의 결과를 피고에 대한 배당에 관하여 하등의 이의를 하지 않은 채무자의 이익으로 돌리는 것은 적절하지 않다.

둘째, 실제 문제로서 채무자설을 취하게 되면 배당에 충당되어야 할 돈이 배당을 면하는 결과가 된다. 채무자설은 원고에게 배당하고 남은 돈을 채무자에게 교부함으로써 전채권자를 위한 공동의 책임재산으로 확보한다고 하지만, 배당이의소송의 당사자가 아닌 다른 채권자는 배당이의소송의 확정시기를 쉽게 알 수 없기 때문에, 채무자에게 교부하는 배당 잔액에 대한 채무자의 공탁금교부청구권을 다른 채권자가 때맞추어 압류하는 것은 사실상 매우 어렵다.

(2) 채무자설

이 설은 위 남는 돈을 채무자에게 교부하여야 한다는 견해이다.[16] 이 설의 논거는 다음과 같다.

첫째, 배당이의소송의 판결절차에 의한 심리를 거쳐 배당에 참가할 자격이 없다고 인정된 채권자(대부분 가장채권자이다)에게 배당 잔액을 보유케 하는 것은 옳지 않다.

둘째, 다른 채권자가 이의를 진술하지 않았다 하여 그렇다고 피고의 채권을 승인하는 의사는 아니다. 따라서 배당 잔액을 권리가 없다고 인정된 자에게 귀속케 하는 것보다는 이의를 진술하지 아니한 채권자를 위한 공동의 책임재산으로 확보하는 취지에서 채무자에게 반환하는 것이 타당하다.

나) 판례

이 문제에 관하여 대법원 1998. 5. 22. 선고 98다3818 판결이 다음과 같은 설시를 함으로써 피고설을 취함을 정면으로 밝히고 있다

"…배당이의소송의 판결에서 계쟁 배당 부분에 관하여 배당을 받을 채권자와 그 수액을 정함에 있어서는 피고의 채권이 존재하지 않는 것으로 인정되는 경우에도 이의신청을 하지 아니한 다른 채권자의 채권을 참작함이 없이 그 계쟁 배당 부분을 원고가 가지는 채권액의 한도 내에서 구하는 바에 따라 원고의 배당액으로 하고, 그 나머지는 피고의 배당액으로 유지함이 상당하다 할 것이다."

의 처리방법", 판례연구 13집, 부산판례연구회(2002), 900-901; 임기환, "채권자취소권의 행사에 따른 원상회복의 방법으로서의 배당이의의 소", 민판연(XXVIII), 박영사(2006), 739-740 등

16) 정웅태, "배당이의소송", 민사법연구(창간호)(1991), 205; 정호영, "배당이의의 소", 재판자료(36), 484

이는 이의신청을 하지 않은 다른 채권자 가운데 원고보다 선순위의 채권자가 있다고 해도 마찬가지이다(대법원 2001. 2. 9. 선고 2000다41844 판결).

나. 객관적 범위(=배당이의의 소 패소 후 실체법상의 권리주장 가부, 배당이의 소와 부당이득반환 청구소송의 관계)

1) 배당이의의 소에서 패소한 원고가 자기의 우선적 채권에 기하여 배당을 받은 다른 채권자에 대하여 부당이득반환청구의 소를 제기하는 것이 가능한지가 문제된다.

대법원 2000. 1. 21. 선고 99다3501 판결, 대법원 2000. 1. 21. 선고 99다3501 판결 등은 "배당이의의 소에서 패소의 본안판결을 받은 당사자가 그 판결이 확정된 후 상대방에 대하여 위 본안판결에 의하여 확정된 배당액이 부당이득이라는 이유로 그 반환을 구하는 소송을 제기한 경우에는, 전소인 배당이의의 소의 본안판결에서 판단된 배당수령권의 존부가 부당이득반환청구권의 성립 여부를 판단하는 데에 있어서 선결문제가 된다고 할 것이므로, 당사자는 그 배당수령권의 존부에 관하여 위 배당이의의 소의 본안판단과 다른 주장을 할 수 없고, 법원도 이와 다른 판단을 할 수 없다."고 판시하여 배당이의소송 판결이 확정된 경우에는 이의가 있었던 배당액에 관한 실체적 배당수령권의 존부의 판단에 기판력이 생기는 한편, 위 배당이의의 소와 부당이득반환청구의 소는 배당수령권의 존부라고 하는 동일한 이익에 청구의 기초를 둔 것으로서 사실상 동일 소송물임을 인정하고 있다.

이에 따라 배당이의의 소의 기판력이 그 뒤에 제기된 부당이득반환청구의 소에 미침으로써 후소인 부당이득반환청구의 소는 기판력의 효력에 관한 판례인 모순금지설에 따라 당사자는 그 배당수령권의 존부에 관하여 위 배당이의의 소의 본안판결의 판단과 다른 주장을 할 수 없고, 법원도 이와 다른 판단을 할 수 없다. 하지만 이러한 전소의 확정판결의 효력은 그 표준시인 사실심 변론종결시를 기준으로 하여 발생하므로, 그 이후에 새로운 사유가 발생한 경우까지 전소의 확정판결의 기판력이 미치는 것은 아니지만, 이와 같은 새로운 사유는 원칙적으로 사실관계 자체가 변론종결 이후에 새로이 발생한 경우에 한하고, 다른 사건의 판결 이유에서 전소 판결의 기초가 된 사실관계를 달리 인정하였다는 것은 변론종결 이후에 새로이 발생한 사유라고 볼 수 없다(대법원 2012. 7. 12. 선고 2010다42259 판결).

하지만 배당이의소송은 대립하는 당사자인 채권자들 사이의 배당액을 둘러싼 분쟁을 상대적으로 해결하는 것에 지나지 아니하고, 그 판결의 효력은 오직 소송당사자인 채권자들 사이에만 미칠 뿐이므로, 배당이의의 소의 당사자가 아닌 배당요구채권자로서는 배당이의의 소의 판결에 기하여 경정된 배당표에 의하여 배당을 받은 다른 채권자를 상대로 하여 배당이 잘못되었다는 이유로 부당이득반환청구를 할 수 있다 할 것이다(대법원 2007. 3. 29. 선고 2006다49130 판결).

2) 그러나 배당이의의 소와 부당이득반환청구의 소가 청구기초의 동일성이 인정된다고 하여 두 소송의 심판의 결과가 항상 일치하는 것은 아니다. 예컨대 피고의 채권은 존재하지 않지만 원고 보다 선순위의 다른 채권자가 있는 경우에는 배당이의의 소를 제기하였더라면 승소할 수 있어도 부당이득반환청구의 소에서는 승소하지 못하게 되는 경우가 생기게 된다. 이는 배당이의와 달리 부당이득은 원고의 손해 발생까지 요건으로 하기 때문에 생기는 결과일 뿐이다.

판례 또한 ① 채권자가 제기한 배당이의의 소에서 피고의 채권이 존재하지 않는 것으로 인정되는 경우 계쟁 배당부분 가운데 원고에게 귀속시키는 배당액을 계산함에 있어서 이의신청을 하지 아니한 다른 채권자의 채권을 참작할 필요가 없으며, 이는 이의신청을 하지 아니한 다른 채권자 가운데 원고보다 선순위의 채권자가 있다 하더라도 마찬가지라고 판시하였는가 하면(대법원 2001. 2. 9. 선고 2000다41844 판결), ② 적법한 배당요구를 한 우선변제청구권이 있는 채권자가 배당을 받지 못하고 권리 없는 자가 배당을 받았다고 하더라도, 그로 인하여 손해를 입은 사람 즉, 부당이득반환을 구할 수 있는 사람은 그 배당이 잘못되지 않았더라면 배당을 받을 수 있었던 사람이라고 판시하여(대법원 1990. 11. 27. 선고 90다카28412 판결, 2000. 10. 10. 선고 99다53230 판결), 배당이의의 소와 부당이득반환청구의 소의 판결의 결과가 달라질 수 있다는 점을 인정하고 있다.

4. 배당이의의 소의 승소판결이 여러 개 존재하는 경우

가. 여러 채권자가 동일한 채권자를 피고로 한 경우

1) 문제점 제기

여러 채권자가 동일한 채권자를 피고로 하여 제기한 여러 개의 배당이의의 소의 판결 주문에서 다툼이 있는 부분에 관하여 배당을 받을 채권자와 그 액수를 정하였지만 각 판결 주문에 따라 원고의 배당액에 증액할 금액의 합계액이 본래의 배당표상의 피고에 대한 배당액을 초과하는 경우에는 각 판결대로 배당표를 경정하는 것은 불가능하다. 이 경우에 그러한 판결을 어떻게 조정하여 새로운 배당표를 작성하여야 할 것인지가 문제된다.

2) 견해의 대립

가) 제1설

수 개의 판결을 통합하여 1차적으로 각 채권자의 배당요구채권액을 확정한 다음 2차적으로 배당이의소송의 결과에 따라 상대적으로 이를 재조정하여야 한다(배당요구채권의 단계에서 조정하되, 배당이의의 소에서 승소한 당사자의 지위는 다른 당사자에게도 일정한 범위에서 영향을 미쳐 배당액을 정할 때 이를 고려하여야 한다는 견해).

나) 제2설

배당이의의 소는 상대효가 있을 뿐이므로 이해관계가 상충되는 범위 내에서 배당단계로 돌아가 각 채권자들 사이에 독립적으로 배당순위에 따라 처음 배당할 때와 같이 다시 배당하여야 한다.

다) 제3설

각 판결의 취지에 따라 배당액을 산출한 다음 이를 통합 평균하여 각 배당액을 정하여야 한다.

3) 검토

배당할 금액이 1,200만 원이고, 배당에 참가한 채권자가 甲·乙·丙 3명으로서 그 각 배당요구채권액이 甲 500만 원, 乙 1,000만 원, 丙 1,500만 원이며, 甲·乙·丙을 동순위로 보아 甲의 배당액이 200만 원, 乙의 배당액이 400만 원, 丙의 배당액이 600만 원으로 배당표가 작성된 경우에, 甲과 丙이 배당이의를 하여, 乙의 채권이 존재하지 않는다고 주장한 사안을 가정하여 위 각 설에 따른 결과를 살펴보면 아래와 같다.

가) 甲과 丙 모두 배당이의의 소송에서 승소한 경우

배당이의의 소에서 甲과 丙 모두 승소하되, 甲이 제기한 소에서는 甲에 대한 배당액 200만 원을 500만 원으로, 乙에 대한 배당액 400만 원을 100만 원으로, 丙이 제기한 소에서는 丙에 대한 배당액 600만 원을 1,000만 원으로, 乙에 대한 배당액 400만 원을 0원으로 각 경정하는 판결이 선고되어 각각 확정되었다면 각 판결대로 甲과 丙의 배당액을 증액(경정)하기 위하여는 700만 원(甲에 대하여 300만 원 + 丙에 대하여 400만 원)이 필요한데, 증액할 수 있는 금액은 乙에게 배당되었던 400만 원뿐이므로 배당이의의 소의 각 판결의 주문대로 배당표를 경정하는 것은 불가능하다.

이 경우 제1설에 의하면, 2개의 판결을 통합하여 배당요구채권액은 甲 500만 원, 乙 0원, 丙 1,500만 원, 甲에 대한 배당액은 300만 원, 丙에 대한 배당액은 900만 원이 된다.

제2설에 의하면, 甲의 배당순위와 丙의 배당순위가 같을 때는 결과적으로 첫 번째 견해와 같지만, 만일 甲의 배당순위가 丙보다 앞서는 경우에는 乙의 배당액 400만 원 중 甲에게 300만 원을 우선배당하고, 나머지 100만 원은 丙에게 배당하게 된다. 그리고 丙은 甲에 대하여 다시 배당이의를 할 수 있다.

제3설에 의하면, 甲·乙 사이의 판결에 기하여 배당액을 甲 500만 원, 乙 100만 원, 丙 600만 원, 丙·乙 사이의 판결에 기하여, 배당액을 甲 200만 원, 乙 0원, 丙 1,000만 원으로 각 산출한 다음 이를 산술평균하여 甲 350만 원, 乙 50만 원, 丙 800만 원을 각 배당하게 된다.

나) 甲 승소 丙 패소의 경우

제1설에 의하면 한 채권자에게 패소했다 하여도 바로 모든 채권자에 대해 본소에서 패소한 것과 같이 취급하는 것은 문제가 있으므로, 乙의 배당요구채권을 0원으로 볼 수 없는 반면, 1,000만 원으로 볼 수도 없으므로, 이러한 경우에는 甲은 본래 자기에게 배당되어야 할 배당액의 한도에서 취소를 청구할 수 있는 것이라고 해석하여, 배당요구채권액을 甲 500만 원, 乙 0원, 丙 1,500만 원으로 하여, 본래의 배당액을 甲 300만 원, 丙 900만 원으로 각 산출한 다음, 甲 300만 원, 乙 300만 원, 丙 600만 원을 각 배당하게 된다.

제2설에 의하면 乙이 丙에 대하여 승소한 것은 甲에 대하여 영향을 미칠 필요가 없으므로(배당이의의 소의 상대효의 원칙) 甲 500만 원, 乙 100만 원, 丙 600만 원을 각 배당하게 된다.

제3설에 의하면, 甲·乙 사이의 판결에 기하여 甲 500만 원, 乙 100만 원, 丙 600만 원, 丙·乙간의 판결에 기하여 甲 200만 원, 乙 400만 원, 丙 600만 원으로 각기 배당액을 산출한 다음 이를 산술평균하여 甲 350만 원, 乙 250만 원, 丙 600만 원을 각 배당하게 된다.

다) 소결

실무는 제2설에 따르고 있다. 만일 제1설이나 제3설에 의할 경우에는 우선권 있는 甲은 최초의 배당에 대하여는 채권이 부존재하는 乙에 대한 이의만으로 자기채권의 만족을 얻을 수 있어 丙에 대하여 순위를 다투는 이의를 할 수 없었으나 재배당 결과에 따라 다시 丙을 상대로 배당이의나 부당이득반환청구를 하게 될 것이므로 배당을 둘러싼 분쟁이 종결되지 않지만 제2설에 의할 경우에는 丙이 甲의 우선순위를 인정하는 한 굳이 배당이의를 하지 않게 되므로 분쟁을 종국적으로 해결하게 된다.

나. 동일한 채권자의 배당액에 대하여 채권자와 채무자가 각 소를 제기한 경우

동일한 채권자의 배당액에 대하여 채권자와 채무자가 각각 배당이의의 소(채무자가 배당이의에 기하여 제기한 청구이의의 소 등도 마찬가지이다)를 제기하여 각 승소한 경우에 그 두 판결의 효과는, 채권자가 제기한 배당이의의 소의 판결은 상대적 효력밖에 없으나 채무자가 제기한 배당이의의 소의 판결은 절대적 효력을 가지므로(민사집행법 제161조 제2항 제2호), 동일한 채권자의 배당액에 관한 여러 개의 판결이 확정되어 그 정본이 집행법원에 제출되면 채무자가 제기한 배당의의 소의 판결에 의하여 추가배당을 하여야 한다.

5. 배당이의의 소와 사해행위취소소송의 병합

가. 사해행위취소의 원상회복 방법으로서 배당이의의 소 제기 가능 여부(=가능)

1) 채무초과 상태에 있는 채무자가 그 소유 부동산에 관하여 일부 채권자 앞으로 근저당권을 설정하여 주었다면, 채무자의 일반채권자에게 공동담보로 제공된 책임재산에 관해 일부 채권자에게만 우선변제권을 보장하는 행위로서 특별한 사정이 없는 한 일반채권자를 해하는 행위로 사해행위에 해당한다. 이를 이유로 일반채권자는 해당 근저당권자, 즉 수익자를 상대로 소로써 근저당권설정계약 취소를 구할 수 있게 된다.

그러나 근저당 목적 부동산에 관하여 경매절차가 개시되어 그 부동산이 매각되고 최고가매수인이 대금을 납부하여 근저당권설정등기가 집행법원의 촉탁에 의하여 말소되면, 최고가매수인은 적법하게 근저당의 제한이 없는 소유권을 취득하고 취소채권자는 더 이상 원상회복으로서 저당권설정등기 자체의 말소를 구할 수 없게 된다. 다만 수익자가 경매절차에서 근저당권자의 지위에서 배당을 받을 수 있는 경우, 이는 사해 근저당권에 의하여 확보된 교환가치 상당의 이익이라고 할 것이므로 다른 채권자는 이를 사해행위로 취소하고, 그 원상회복으로서 해당 선순위 근저당권자가 채무자의 부동산에서 수령하게 될 배당금을 책임재산으로 하여 어떠한 권리를 행사할 필요가 있게 된다.

2) 이 경우 원물반환이 불가능해진 때에 해당하여 가액배상의 방법으로 원상회복을 하여야 함을 전제로 원상회복의 방식으로 배당이의의 소 제기가 가능한지 여부에 관하여는 실무상 혼선이 있던 중 대법원 2004. 1. 27. 선고 2003다6200 판결에서 "근저당권설정계약을 사해행위로서 취소하는 경우 경매절차가 진행되어 타인이 소유권을 취득하고 근저당권설정등기가 말소되었다면 원물반환이 불가능하므로 가액배상의 방법으로 원상회복을 명할 것인바, 이미 배당이 종료되어 수익자가 배당금을 수령하였다면 수익자로 하여금 배당금을 반환하도록 명하여야 하고, 배당표가 확정되었으나 채권자의 배당금지급금지가처분으로 인하여 수익자가 배당금을 현실적으로 지급받지 못한 경우에는 배당금지급채권의 양도와 그 채권양도의 통지를 명할 것이나, 채권자가 배당기일에 출석하여 수익자의 배당 부분에 대하여 이의를 하였다면 그 채권자는 사해행위취소의 소와 병합하여 원상회복으로서 배당이의의 소를 제기할 수 있다고 할 것이고, 다만 이 경우 법원으로서는 배당이의의 소를 제기한 당해 채권자 이외의 다른 채권자의 존재를 고려할 필요 없이 그 채권자의 채권이 만족을 받지 못한 한도에서만 근저당권설정계약을 취소하고 그 한도에서만 수익자의 배당액을 삭제하여 당해 채권자의 배당액으로 경정하여야 한다."라고 명시적인 판결을 선고함으로써, 명시적으로 배당이의의 소 제기가 가능함을 명확히 밝혔다.

나. 배당받거나 배당받을 근저당권자에 대한 사해행위취소와 경매진행 단계별 원상회복 방법

통정한 허위의 의사표시는 당사자 사이에서는 물론 제3자에 대하여도 무효이고, 다만 선의의 제3자에 대하여만 이를 대항하지 못하므로(민법 제108조), 채권자취소의 소로써 취소되지 않았다 하더라도 그 무효를 주장하여 그에 기한 채권의 존부, 범위, 순위에 관한 배당이의의 소를 제기할 수 있다(대법원 2001. 5. 8. 선고 2000다9611 판결).

앞서 본 바와 같이 근저당권설정계약을 사해행위로서 취소하는 경우 경매절차가 진행되어 타인이 소유권을 취득하고 근저당권설정등기가 말소되었다면 원물반환이 불가능하므로 가액배상의 방법으로 원상회복을 명할 것인바, 그 원상회복 방법은 배당금 지급 여부 등에 따라 단계별로 다음과 같다.

1) 이미 배당이 종료되어 수익자가 배당금을 수령한 경우

가) 가액배상 및 배상액 산정 기준 시기

사해행위가 채권자에 의하여 취소되기 전에 이미 수익자가 배당금을 현실로 지급받은 경우에는, 수익자가 경매절차에서 채무자와의 사해행위로 취득한 근저당권부 채권에 기하여 배당에 참가하여 배당표는 확정되었으나 채권자의 배당금지급금지가처분 등으로 인하여 배당금을 현실적으로 지급받지 못한 경우와 달리, 채권자는 원상회복방법으로 수익자 또는 전득자를 상대로 배당 또는 변제로 수령한 금원 중 자신의 채권액 상당의 지급을 가액배상의 방법으로 청구할 수 있다(대법원 2004. 6. 25. 선고 2004다9398 판결 등).

이 경우 가액배상액 산정의 기준이 되는 시기는 사실심 변론종결 시라는 것이 판례의 입장이므로, 가액배상의 대상이 되는 금액은 배당금과 이에 대한 배당금 수령일부터 사실심 변론종결일까지 민사법정이율로 계산한 법정이자가 기준이 될 것으로 보이고(대법원 2002. 10. 25. 선고 2002다42711 판결 참조), 채권자는 사실심 변론종결 시까지 발생한 자신의 채권액 전액의 범위에서 가액배상을 구할 수 있을 것이다. 이 경우 취소채권자는 해당 가액배상금을 수령함으로써 사실상 자신의 채권을 우선변제 받게 된다.

나) 가액배상을 요구할 수 있는 채권자의 범위(= 일반 채권자 전원)

(1) 견해의 대립

위와 같이 사해행위로 취소되기 전에 수익자가 배당금을 현실로 지급받은 경우에 가액배상을 요구할 수 있는 채권자의 범위와 관련하여 다음과 같은 견해가 대립한다.

(가) 적법한 배당요구를 한 채권자만 가액배상을 구할 수 있고, 배당요구권자들에게 배당되고 남는 것이 있는 경우에 한하여 나머지 채권자들이 가액배상을 구할 수 있다고 보는 견해[17](이 견해는 사해행위취소에서 '모든 채권자를 위하여'의 의미가 강제집행 절차를 거치면서 집행법상의 법리에 따라 '적법하게 배당을 요구한 채권자를 위하여'로 제한되었다고 보면서. 경매절차가 진행된 이상 해당 배당금은 '모든 채권자'를 위한 책임재산이 아니라 배당요구 채권자의 책임재산의 의미로 제한되었고, 이는 배당이 종결되어 배당금이 지급된 이후에도 별도의 책임재산을 구성하는 것은 아니라고 본다)

---

17) 오영준, 사해행위취소권과 채권자평등주의, 사법논집(32), 법원도서관, 231;, 임기환, "채권자취소권의 행사에 따른 원상회복의 방법으로서의 배당이의의 소," 민사판례연구 제28권, 박영사(2006), 764.

(나) 적법한 배당요구를 하였는지 관계없이 일반채권자 전원이 가액배상을 요구할 수 있다는 견해[18](이 견해는 적법한 배당요구를 하였는지 여부를 불문하고 사해행위취소의 일반요건을 갖추면 족하다고 본다. 이 견해는 배당절차가 종결됨으로써 가액배상금은 경매절차와 별도로 채무자의 책임재산을 구성하게 된다는 점을 강조한다).

(2) 사견

대법원 판결은 '부당이득' 및 '배당이의의 소의 원고 적격'과 관련하여서는 ① 적법하게 배당요구를 하지 않은 채권자는 배당기일에 출석하여 배당표에 대한 실체상 이의를 신청할 권한이 없으므로 배당이의의 소를 제기할 원고적격이 없고, 그를 배당에서 제외하는 것으로 배당표가 작성·확정된 경우에 한하여 법률상 원인이 없는 것이라고 할 수 없다고 하여 적법한 배당요구를 하지 않은 채권자는 부당이득반환을 구할 수 없고, 배당이의의 소의 원고 적격도 없다는 입장을 취해 왔고(대법원 2002. 1. 22. 선고 2001다70702 판결, 대법원 2020. 10. 15. 선고 2017다216523 판결), ② 배당이의소송의 상대효에 의해 배당이의를 하지 않은 다른 채권자들은 사해행위취소소송과 병합되어 제기된 배당이의소송에서 배당표 경정을 통해 직접 자신의 채권에 대하여 만족을 얻을 수 없고, 경매절차에서 적법하게 배당요구를 한 채권자가 아니라면 사해행위 당시 채권을 가지고 있던 채권자라고 하더라도 사해행위취소소송에 의해 채무자의 책임재산으로 환원된 재산으로부터 채권의 만족을 받을 수 없으며, 취소채권자에 대하여 부당이득반환청구도 할 수 없다고 한다(대법원 1996. 12. 20. 선고 95다28304 판결, 대법원 1998. 10. 13. 선고 98다12379 판결, 대법원 2002. 1. 25. 선고 2001다11055 판결 등)

하지만 위 대법원 판결들은 ① 사해행위취소소송에 병합하여 배당이의소송을 제기하거나, ② 배당요구를 해야 하는 채권자가 배당요구를 하지 않은 채 다른 채권자가 배당받은 배당금을 '부당이득'이라면서 반환을 구하는 경우의 판례들로서, ①은 배당이의 소송자체는 배당요구를 하지 않은 경우에는 제기할 수 없다는 점에서 배당요구 자체가 필요한 사안이고, ② 사안의 경우에는 다른 채권자가 배당받은 배당금이 부당이득이 되려면 그 배당금을 부당이득이라고 주장하는 자가 배당금에 대하여 어떠한 법률상 이해관계를 가져야 되어서 배당요구를 통하여 배당절차에 참여한 자

18) 이우재, "사해행위취소의 효력과 배당절차에서의 취급-사해행위취소의 효력을 받는 '모든 채권자'의 범위와 관련된 문제-." 재판자료, 민사집행법 실무연구 II 제117집, 448;. 서정원, "경매절차에서 근저당권설정계약이 사해행위로 취소되는 경우, 수익자인 근저당권자에 대한 배당액의 처리 문제", 민사판례연구 제34권, 박영사(2012), 300-301

일 것이 요구되는 사안에 관한 판례들이다.

그런데 여기에서 문제가 되고 있는 것은 허위 내지 사해의 근저당권을 설정한 수익자인 B가 전혀 별도의 배당절차에서 위 근저당권에 대한 배당금으로 배당된 돈을 이미 수령한 상태에서 위 근저당권 설정행위가 사해행위임을 이유로 근저당권 설정행위의 취소와 아울러 위 B가 배당받은 돈을 가액배상으로 반환을 구하는 것으로 결국은 사해행위취소 가액배상의 대상물이 배당금일 뿐이다. 결국 앞서 본 사안과 근저당권 설정행위를 사해행위라고 주장하여 취소를 구하면서 배당금을 가액배상으로 구하는 자로서는 배당요구를 통하여 배당절차에 참여하여 배당금에 어떠한 법률적 이해관계를 가질 필요가 전혀 없는 이 사건 사안과 앞서 본 판례의 사안은 전혀 다른 사안이다.

사해행위취소와 아울러 원상회복 방법으로서 배당이의소송을 제기하는 경우라면 앞서 본 배당이의소송의 원고 적격에 관한 법리 등이 적용되어 적법한 배당요구를 하지 않은 채권자는 배당이의소송을 제기할 적격 자체가 없고, 부당이득반환도 구할 수가 없다 할 것이다.

하지만 ① 이 사건에서는 부당이득반환을 구하는 것이 아니라, 사해행위취소로서 근저당권 설정행위의 취소를 구함과 아울러 원상회복의 일환인 가액배상으로서 B가 배당절차에서 수령한 돈의 지급을 구하고 있을 뿐이므로 '부당이득 내지는 '배당이의소송에서의 부당이득' 법리나 '배당이의소송의 원고 적격'이 전혀 문제될 여지가 없고, ② 사해행위취소의 원상회복으로서의 가액배상청구권은 '배당절차에 참가하여야만 권리가 발생하는 배당요구 채권자'의 권리와는 전혀 별개의 권리로서, 배당절차를 통하여 배당된 돈을 부당이득으로 반환을 구하지 못할 뿐만 아니라 배당이의소송도 제기하지 못하는 배당요구 채권자와는 별개의 독립된 지위에서 가지는 권리일 뿐만 아니라 배당절차나 배당이의 절차와는 독립하여 전혀 별개의 독자적인 사해행위취소소송 절차에서 청구하는 권리이므로 사해행위취소와 아울러 원상회복 방법으로서 배당이의소송을 제기하는 경우와는 완전히 달리 취급되어야 한다.

따라서 근저당권을 설정한 수익자인 B가 전혀 별도의 배당절차에서 위 근저당권에 대한 배당금으로 배당된 돈을 이미 수령한 상태에서는 B가 배당금을 배당받은 배당절차는 이미 종료되었을 뿐만 아니라, 위 근저당권 설정행위가 사해행위임을 이유로 근저당권 설정행위의 취소와 아울러 위 B가 배당받은 돈을 가액배상으로 구하는 소송을 B가 배당금을 배당받은 배당절차와는 전혀 별개의 사해행위소송절차에서 청구하는 것은 부당이득이나 배당절차와는 전혀 무관한 권리행사이므로, B가 배당금을 배당받은 배당절차에 배당요구를 하지 않은 채권자라고 하여 그 권리행사가 금지된다고 볼 아무런 이유가 없다. 따라서 앞서 본 (나) 견해에 찬성한다.

2) 배당표가 확정되었으나 채권자의 배당금지급금지 가처분으로 인하여 수익자가 배당금을 현실적으로 지급받지 못한 경우

가) 가액배상의 방법: 배당금지급채권의 양도와 채권양도의 통지

수익자가 경매절차에서 채무자와의 사해행위로 취득한 근저당권에 기하여 배당에 참가하여 배당표는 확정되었으나 채권자의 배당금 지급금지가처분으로 인하여 배당금을 현실적으로 지급받지 못한 경우, 채권자취소권의 행사에 따른 원상회복의 방법은 수익자에게 바로 배당금의 지급을 명할 것이 아니라 수익자가 취득한 배당금지급청구권을 채무자에게 반환하는 방법으로 이루어져야 하고, 이는 결국 배당금지급채권의 양도와 그 채권양도의 통지를 배당금지급채권의 채무자에게 하여 줄 것을 청구하는 형태가 될 것이다(대법원 1997. 10. 10. 선고 97다8687 판결).

나) 채권자의 궁극적인 채권만족 방법: 추가배당절차의 진행

앞서 본 대법원 1997. 10. 10. 선고 97다8687 판결에서는 위와 같은 가액배상 판결 즉 배당금지급채권의 양도를 채무자가 받은 경우에 채권자가 실제로 자신의 채권을 만족받는 방법이 무엇인지에 대하여는 명확한 판시를 하지 않았고, 대법원 2002. 9. 24. 선고 2002다33069 판결에 이르러 비로소 집행법원이 '추가배당절차'를 밟아야 함을 밝혔다.

나아가 대법원 2009. 5. 14. 선고 2007다64310 판결은 다음과 같이 판시함으로써, 추가배당절차에 관한 기존의 판시를 다시 한 번 확인함과 동시에 배당금지급청구권(공탁금출금청구권)에 대한 압류·추심 등 채권집행절차와의 관계, 이로 인한 채권자들간의 우선순위 · 부당이득관계에 대하여 입장을 명확히 하였다.

"근저당권자에게 배당하기로 한 배당금에 대하여 지급금지가처분결정이 있어 경매법원이 그 배당금을 공탁한 후에 그 근저당권설정계약이 사해행위로 취소된 경우, 공탁금의 지급 여부가 불확정 상태에 있는 경우에는 공탁된 배당금이 피공탁자에게 지급될 때까지 배당절차는 아직 종료되지 않은 것이라고 볼 수도 있으므로 반드시 배당절차가 확정적으로 종료되었다고 단정할 수는 없다는 점, 채권자취소의 효과는 채무자에게 미치지 아니하고 채무자와 수익자와의 법률관계에도 아무런 영향을 미치지 아니하므로 취소채권자의 사해행위취소 및 원상회복청구에 의하여 채무자에게로

회복된 재산은 취소채권자 및 다른 채권자에 대한 관계에서 채무자의 책임재산으로 취급될 뿐 채무자가 직접 그 재산에 대하여 어떤 권리를 취득하는 것은 아니라는 점 등에 비추어 보면, 그 공탁금은 그 경매절차에서 적법하게 배당요구 하였던 다른 채권자들에게 추가배당함이 상당하고, 그 공탁금지급청구권에 관한 채권압류 및 추심명령은 추가배당절차에서 배당되고 남은 잉여금에 한하여 효력이 있을 뿐이다(대법원 2002. 9. 24. 선고 2002다33069 판결 참조). 따라서 취소채권자나 적법하게 배당요구 하였던 다른 채권자들로서는 추가배당 이외의 다른 절차를 통하여 채권의 만족을 얻을 수는 없으므로, 취소채권자라고 하더라도 배당금지급청구권에 대한 채권압류 및 추심명령에 기하여 배당금을 우선 수령하는 것은 허용되지 아니하고, 취소채권자가 그와 같은 절차를 거쳐 배당금을 우선 수령하였다면 적법하게 배당요구 하였던 다른 채권자들과의 관계에서 부당이득이 성립한다."

취소채권자는 수익자와 채무자 사이의 근저당권설정계약이 사해행위에 해당하여 취소한다는 내용이 담긴 확정판결정본을 집행법원에 제출함으로써 추가배당을 신청할 수 있다. 집행법원은 위 사유 발생 여부를 직권으로 조사할 의무가 없으나, 추가배당 사유가 발생한 사실을 알게 되면 취소채권자의 신청이 없더라도 추가배당절차를 밟아야 한다.

3) 채권자가 배당기일에 출석하여 수익자의 배당 부분에 대하여 이의한 경우

채권자는 사해행위취소의 소와 병합하여 원상회복으로서 배당이의의 소를 제기할 수 있다. 다만 이 경우 법원으로서는 배당이의의 소를 제기한 당해 채권자 이외의 다른 채권자의 존재를 고려할 필요 없이 그 채권자의 채권이 만족을 받지 못한 한도에서만 근저당권설정계약을 취소하고 그 한도에서만 수익자의 배당액을 삭제하여 당해 채권자의 배당액으로 경정하여야 한다(대법원 2004. 1. 27. 선고 2003다6200 판결, 대법원 2011. 2. 10. 선고 2010다90708 판결).

다. 사해행위취소소송과 배당이의소송 병합의 구체적인 모습

1) 사해행위취소소송과 배당이의소송을 동시에 제기하는 경우

이 경우 취소채권자는 배당이의소송을 관할하는 법원인 집행법원이 속한 지방법원에 소를 제기하여야 하고, 그 소송의 형태에 있어서는 '근저당권설정계약이 통정허위표시로서 무효임을 주장하여 제기하는 배당이의의 소'와 '채권자취소의 소 및 그 원상회복으로서의 배당이의의 소'를 선택적으로 병합하는 것도 가능할 것이다. 원고

인 취소채권자가 첫 변론기일에 출석하지 아니한 경우에는 다소 문제가 있다. 이 경우 배당이의소송 부분은 민사집행법 제158조의 규정에 따라 취하간주되는 것으로 볼 수밖에 없으므로, 결국 수익자는 배당금을 수령해 갈 수 있게 되고, 취소채권자로서는 수익자가 배당금을 수령하기 전에 배당금지급청구권에 대한 가처분을 하여 두고 사해행위의 취소만을 구하거나, 직접 수익자를 상대로 가액배상을 구하는 것으로 청구취지를 변경하여야 할 것이다.

2) 사해행위취소소송이 먼저 제기되어 있는 경우

채권자취소소송은 채권자가 취소원인을 안 날로부터 1년 내에 제기하여야 하므로(민법 제406조 제2항), 취소채권자가 배당이의소송을 제기하면서 비로소 채권자취소소송을 제기하는 경우보다는 배당기일 이전에 이미 채권자취소소송이 제기되어 진행 중인 경우가 많을 것이다.

이러한 경우 우선 기존의 채권자취소소송이 집행법원과 동일한 법원의 1심에서 진행 중이라면 취소채권자가 별도로 배당이의소송을 제기하여 두 소송을 병합하는 것이 가장 간명할 것이나, 별도로 배당이의소송을 제기하지 아니하고 배당표를 경정하는 것으로 기존의 청구취지를 변경하는 것도 가능하다고 할 것이다. 대법원 2001. 9. 4. 선고 2001다14108 판결 또한 "채권자가 민법 제406조 제1항에 따라 사해행위의 취소와 원상회복을 청구함에 있어 사해행위의 취소만을 먼저 청구한 다음 원상회복을 나중에 청구할 수 있으며, 이 경우 사해행위취소청구가 민법 제406조 제2항에 정하여진 기간 안에 제기되었다면 원상회복의 청구는 그 기간이 지난 뒤에도 할 수 있다"라고 판시한 바 있으므로 사실심변론종결 전이라면 얼마든지 원상회복의 방법을 변경할 수 있다고 할 것이다. 다만 이 경우 원고는 배당기일로부터 1주일 이내에 배당이의의 소를 제기한 사실을 증명하는 서류를 제출하여야 하므로(민사집행법 제154조 제3항), 배당표의 경정을 구하는 것으로 청구취지를 변경한다는 내용의 청구취지변경신청서 접수증명원을 집행법원에 제출하여야 할 것이다.

한편 기존의 채권자취소소송이 집행법원이 아닌 다른 법원 또는 상급심에서 계속 중인 경우는 다소 문제가 있다. 이러한 경우에는 위와 같은 청구변경의 방법은 곤란하다고 할 것이므로, 취소채권자로서는 천상 별도로 배당이의소송을 제기하여야 하고, 배당이의사건을 재판하는 법원은 채권자취소소송이 확정되기를 기다려 그 결과에 따라 재판을 하여야 할 것이다.

다만 이 경우, 채권자취소소송에서는 사해행위를 취소함에 그쳐야 하고 '배당금

지급청구권의 양도 및 통지' 등의 원상회복을 명할 수는 없다고 본다. 배당금지급청구권의 양도 및 통지는 적어도 배당표가 배당기일에 아무런 이의가 없어 형식적으로나마 수익자 앞으로 배당금지급청구권이 발생하였음을 전제로 한다고 보아야 하는데, 수익자의 배당금에 대하여 배당이의가 되어 있는 경우에는 배당금지급청구권이 아예 발생을 하지 아니하였기 때문이다. 그리고 마찬가지 이유에서 이 경우 사해행위를 취소한다는 내용의 판결이 확정되었다고 하더라도 집행법원이 바로 추가배당을 할 수는 없고, 배당이의소송의 결과를 기다려 그에 따라야 한다고 생각된다.

라. 근저당권자에 대한 사해행위취소소송 확정 이후 배당이의소송 진행 시 주문 및 그 이후 집행법원의 다른 채권자에 대한 추가배당

근저당권설정계약을 사해행위로 취소하는 판결이 먼저 확정되고 그 근저당권자를 상대로 한 배당이의소송이 뒤이어 진행되는 경우에, 배당이의소송에서는 그 소를 제기하지 아니한 다른 채권자의 존재를 고려할 필요 없이 그 소를 제기한 채권자의 채권이 만족을 받지 못한 한도에서만 근저당권자에 대한 배당액을 삭제하여 이를 그 채권자에 대한 배당액으로 경정하고 나머지는 근저당권자에 대한 배당액으로 남겨두어야 한다(대법원 1998. 5. 22. 선고 98다3818 판결 등 참조). 그런데 그 후 경매법원이 추가배당을 실시할 경우에 배당받을 채권자는 경매절차에서 적법하게 배당요구한 채권자이어야 하는데, 근저당권자로서 경매법원에 채권계산서를 제출하기는 하였지만 그 근저당권설정계약이 사해행위로서 취소된 때에는 이를 적법한 배당요구로 볼 수 없어서 그 근저당권자는 근저당권에 기하여 배당받을 권리를 상실하여 그에게 배당을 실시할 수 없는 명백한 사유가 생겼다고 할 것이므로(대법원 2002. 9. 24. 선고 2002다33069 판결), 경매법원으로서는 민사집행법 제161조를 유추적용하여 배당이의소송의 제기로 공탁된 배당액 중 그 소송 결과 근저당권자에게 남게 된 부분을 부동산경매절차에서 적법하게 배당요구하였던 다른 채권자들에게 추가배당하여야 한다(대법원 2002. 9. 24. 선고 2002다33069 판결, 대법원 2015. 10. 15. 선고 2012다57699 판결 등 참조).

마. 사해행위취소소송의 원상회복 방법으로 제기한 배당이의소송에서 배당표 경정을 통하여 배당받은 경우의 부당이득반환 의무 및 그 대상자(의무 존재하고, 그 상대방은 사해행위 채무자 제외한 다른 채권자임)

사해행위취소 판결로 회복된 재산은 '모든 채권자'를 위한 책임재산이 되는 것이 원칙이므로 배당이의소송을 통한 사해행위취소의 경우에도 부당이득반환청구가 가능함은 옳다.

확정된 배당표에 의하여 배당을 실시하는 것은 실체법상의 권리를 확정하는 것이 아니므로, 배당을 받아야 할 채권자가 배당을 받지 못하고 배당을 받지 못할 자가 배당을 받은 경우에는 배당을 받지 못한 채권자로서는 배당에 관하여 이의를 한 여부에 관계없이 배당을 받지 못할 자이면서도 배당을 받았던 자를 상대로 부당이득반환청구권을 가지며, 배당을 받지 못한 그 채권자가 일반채권자라거나 배당이의소송에서 승소하여 배당표를 경정한 것이 사해행위 취소판결에 의한 것이라고 하여 달리 볼 것은 아니다(대법원 2011. 2. 10. 선고 2010다90708 판결).

이 때 배당이의소송을 통하여 자신이 배당받아야 할 금액보다 초과하여 배당받은 채권자는, 그 초과 부분을 적법하게 배당요구를 하였으나 배당이의소송에 참여하지 못한 다른 채권자에게 부당이득으로서 반환할 의무가 있을 뿐 사해행위를 한 채무자에게 반환할 의무는 없다(대법원 2011. 2. 10. 선고 2010다90708 판결).

바. 사해행위취소소송의 원상회복 방법으로 제기한 배당이의소송에 따라 경정된 배당표상 수익자 앞으로 배당금이 남아있는 경우 잉여금의 처리

사해행위취소소송과 배당이의소송이 병합된 경우 피고(수익자)의 근저당권에 할당된 배당금에서 배당이의 원고(취소채권자)의 배당요구채권액을 공제하고도 남는 금원이 발생한 경우 그 처리가 문제되는데, 그 근저당권의 설정계약이 사해행위에 해당한다고 판명되더라도, 수익자(피고)가 근저당권에 기하여 받은 배당액은, 취소채권자(원고)의 배당요구채권이 만족받지 못한 범위 내에서 원고의 배당액으로 변경하고, 그 나머지는 수익자의 배당액으로 그대로 남겨두어야 한다.

위와 같이 배당이의소송에 따라 경정된 배당표상 수익자 앞으로 배당금이 남아있는 경우에 채권자로서는 앞서 본 바와 같이 ① 수익자가 배당금을 출급하기 전에 배당금지급청구권(공탁금출급청구권)에 대하여 지급금지가처분을 받은 뒤 사해행위취소 판결을 받는 방법, ② 수익자가 배당금을 출급한 후 가액배상금의 반환을 구하는 방법 두 가지가 있다.

①의 경우 판례는 추가배당을 인정하고 있으므로 배당이의 승소판결을 받은 채권자를 제외한 나머지 채권자들을 대상으로 추가배당을 하면 된다.

사. 임대차계약이 사해행위인 경우에도 동일 법리 적용

한편 임대차계약이 통정허위표시(민법 제108조)에 해당되지 않아 유효한 경우에도 그 임대차계약이 사해행위에 해당하면 그 임차인에게 배당을 해서는 안 된다.

주택임대차보호법 제8조의 소액보증금 최우선변제권은 임차목적 주택에 대하여 저당권에 의하여 담보된 채권, 조세 등에 우선하여 변제받을 수 있는 일종의 법정담보물권이므로(대법원 2003. 9. 5. 선고 2001다66291 판결 등), 채무자가 채무초과상태에서 채무자 소유의 유일한 주택에 대하여 위 법조에서 정한 임차권을 설정해 준 행위는 채무초과 상태에서의 담보제공행위로서 채무자의 총재산의 감소를 초래하는 행위가 되어서 그 임차권설정 행위는 사해행위취소의 대상이 된다(대법원 2005. 5. 13. 선고 2003다50771 판결, 대법원 2012. 8. 23. 선고 2012다20222 판결).

임대차보증금을 배당받지 못한 임차인이 배당을 받은 다른 채권자를 상대로 배당이의의 소를 제기한 경우, 다른 채권자가 이에 응소하면서 임차인이 내세우는 임대차계약이 사해행위에 해당하여 취소되어야 한다는 취지의 주장을 하려면 소송상의 공격방어방법으로 주장할 수 없으므로 위 배당이의소송에서 반소로써 사행행위취소의 소를 제기하여야 한다(대법원 1995. 7. 25. 선고 95다8393 판결 등 참조).

Ⅳ. 확정된 배당표에 의한 배당과 부당이득의 성립 여부

채권이 없음에도 배당이 되었거나 채권의 범위를 초과하여 배당이 이루어진 때에는 배당이의 등을 하지 않은 채권자의 부당이득반환 청구를 제한하더라도 그 채권자가 채무자를 대위하여 부당이득반환 청구를 하는 것까지 막을 방법은 없다. 그런데 채무자가 배당이의 등을 하지 않은 경우 채무자의 부당이득반환 청구를 허용하면서 배당이의 등을 하지 않은 채권자의 부당이득반환 청구를 제한하는 것은 논리적으로 일관되지 않고, 배당이의 등을 하지 않은 채권자가 여전히 채무자를 대위하여 부당이득반환 청구를 할 수 있게 된다면 절차의 안정이 침해되는 문제가 있다.

1. 배당받을 권리가 없는 채권자는 부당이득반환 청구권이 없음

배당받을 수 있는 채권자가 아닌 경우에는 배당금에 대하여 아무런 이해관계가 없을 뿐만 아니라 실체법상 권리도 없으므로 그러한 채권자를 배당에서 제외하는 것으로 배당표가 작성된 경우에 그 배당표는 정당하게 작성된 것으로서 실체적 하자가 없으므로, 그 확정된 배당표에 따른 배당액의 지급을 들어 '법률상 원인'이 없는 것이라고 할 수 없으므로(대법원 2002. 10. 11. 선고 2001다3054 판결 등), 그러한 배당받을 권리가 없는 채권자는 배당절차를 통하여 배당금을 배당받은 채권자들을 상대로 부당이득반환 청구 자체를 구할 수 없다는 점은 다툼의 여지가 없이 명백하다. 특히나 배당받을 권리가 없는 채권자는 실체적 권리가 없어서 배당절차를 통하여 자신이 아무런 손해를 입은 것이 없다는 측면에서도 부당이득반환을 구할 수 없음이 명백하다.

2. 집행법원이 작성한 확정된 배당표에 의한 배당과 부당이득(배당요구 후 배당이의를 하지 않거나 배당기일에 불출석한 경우)

가. 문제의 제기: 배당이의한 채권자는 민사집행법 제155조에 따라 부당이득반환 청구 가능하나 그 외의 경우는 문제

1) 민사집행법 제155조의 입법연혁(대법원 2019. 7. 18. 선고 2014다206983 전원합의체 판결)

민사집행법 제155조는 '이의한 채권자가 제154조 제3항의 기간(배당이의의 소제기 증명서류 제출기간)을 지키지 않은 경우에도 배당표에 따른 배당을 받은 채권자에 대하여 소로 우선권 및 그 밖의 권리를 행사하는 데 영향을 미치지 않는다.'고 정하고 있다. 위 조항의 입법 연혁은 다음과 같다.

1960. 4. 4. 법률 제547호로 제정된 민사소송법 제593조는 "이의를 당한 채권자가 전조의 기간을 해태한 경우에도 배당표에 의한 배당을 받은 채권자에 대하여 소로 우선권을 주장하는 권리는 영향을 받지 아니한다."라고 정하고 있었다. 이는 의용 민사소송법 제634조를 통해서 독일 구 민사소송법 제764조 제2항(현재의 독일 민사소송법 제878조 제2항으로 유지되고 있다)을 받아들인 것이다. 독일에서는 위 규정의 입법 취지를 배당절차가 실체법상 권리관계까지 결정하는 것은 아니라는 점을 확인하는 규정으로 보면서 배당기일에 출석하지 않거나 이의하지 않은 채권자의 부당이득반환 청구를 폭넓게 허용하고 있다. 독일은 배당표에 기판력이나 배당참가자들에 대한 기속력을 인정하지 않고 있어 배당결과가 실체적 권리관계와 달라질 여지가 많다는 점에서 우리 법제와 유사한 측면이 있다.

제정 민사소송법 제593조는 1963. 12. 13. 법률 제1499호로 일부 개정되면서 '이의를 당한' 부분이 '이의를 신청한'으로, '우선권을' 부분이 '우선권 기타를'로 각 변경되었고, 이는 2002. 1. 26. 법률 제6627호로 제정된 민사집행법에서도 그대로 유지되었다(다만 '우선권 기타' 부분의 표현을 '우선권 및 그 밖의 권리'로 바꾸었다).

위 민사소송법 규정은 1963. 12. 13. 개정 당시 '우선권' 부분이 '우선권 기타'로 개정되었는데, 그 개정이유에 대해서는 독일과 달리 평등주의(평등주의)를 채택하고 있는 우리의 법제에서 '순위에 의한 우선권'에 한정할 이유가 없으므로 일반채권자도 배당표에 의해 부당이득을 얻은 사람을 상대로 그 반환청구를 할 수 있음을 명확하게 하는 입법으로 보는 것이 학계의 일반적인 시각이었다.

2) 문제 제기

민사집행법 제155조는 배당이의한 채권자가 제154조 제3항[19]의 기간을 지키지 아니한 경우에도 배당표에 따른 배당을 받은 채권자에 대하여 소로 우선권 및 그 밖의 권리를 행사하는 데 영향을 미치지 아니한다고 규정하고 있어 배당이의를 제기한 채권자가 부당이득반환을 청구할 수 있다는 데 이론이 없다.

그러나 ① 배당요구 후 배당이의를 하지 않거나, ② 배당요구 후 배당기일에 불출석하여 배당이의를 하지 않은 것으로 간주되거나, ③ 배당요구 후 배당기일에 출석하였으나 아무런 배당이의를 하지 않은 경우에 '배당을 받지 못한' 채권자가 '배당을 받은' 다른 채권자에 대하여 집행절차에서 마련된 구제절차(배당이의의 소 등)를 통하지 않고 실체관계를 주장하여 부당이득반환을 청구할 수 있는지가 문제된다.

3) 대법원에서의 논의 경과[20]

앞서 본 바와 같이 민사집행법 제155조는 배당이의를 제기한 채권자의 부당이득반환청구만 언급하고 있고, '배당이의를 하지 않은 채권자'가 배당절차 종결 후에 과다배당수령자를 상대로 부당이득반환청구를 할 수 있는지 여부에 대해서는 침묵하고 있다.

그래서 이 문제가 오래 전부터 대법원에서 논의대상이 되어 왔고, 일찍이 1964년에 대법원은 경매법 따른 임의경매절차에서 배당이의를 하지 않은 채권자의 부당

---

19) 민사집행법 제154조(배당이의의 소 등)
① 집행력 있는 집행권원의 정본을 가지지 아니한 채권자(가압류채권자를 제외한다)에 대하여 이의한 채무자와 다른 채권자에 대하여 이의한 채권자는 배당이의의 소를 제기하여야 한다.
③ 이의한 채권자나 채무자가 배당기일부터 1주 이내에 집행법원에 대하여 제1항의 소를 제기한 사실을 증명하는 서류를 제출하지 아니한 때 또는 제2항의 소를 제기한 사실을 증명하는 서류와 그 소에 관한 집행정지재판의 정본을 제출하지 아니한 때에는 이의가 취하된 것으로 본다.

20) 전원열, 민사집행절차상 배당요구·배당이의와 부당이득반환청구권, 저스티스통권 제178호, 한국법학원(2020), 213-215

이득반환청구를 긍정하면서, "경매대금을 지급 또는 배당하는 행위는 실체법상의 권리를 확정하는 것이 아니므로"라고 간략히 이유를 든 바 있다(대법원 1964. 7. 14. 선고 63다839 판결)

이 문제가 본격적으로 논의된 것은 임의경매절차가 강제경매절차에 통합된 지 몇 년이 지난 후인 1996년 무렵이다. 위 1964년의 대법원판결을 추종한 판결이 몇 건 선고된 후 그 결론의 타당성에 대한 반대의견이 대법원 내부에서 제시되자 1996. 11. 21. 대법원의 비교법실무연구회에서 이 문제를 주제로 삼은 세미나가 열렸고, 찬반 양쪽으로부터의 진지한 토론이 있었다.[21] 그 토론 결과 '배당이의를 하지 않은 채권자가 배당절차 종결 후에 과다배당수령자를 상대로 부당이득반환청구를 할 수 있다'는 결론이 일단 내려져서. 이것이 대법원 1996. 12. 20. 선고 95다28304 판결 및 대법원 1997. 2. 14. 선고 96다51585 판결로 연속하여 선고되었다.

그리고 이 판결들에 따르는 후속판결이 몇 건 대법원에서 나왔고(대법원 2000. 10. 10. 선고 99다53230 판결, 대법원 2007. 2. 9. 선고 2006다39546 등), 이러한 결론이 유지되는 듯하다가, 이 결론에 반대하는 쪽에서 다시 이견이 제기되자, 이 문제는 다시 대법원의 논의대상이 되었고, 2015. 3. 4.에 대법원의 비교법실무연구회 세미나에서 토론이 행해졌다.[22]

결국 이 문제는 2019년에 대법원 전원합의체에 회부되었고 그 결과 선고된 판결이 최근에 나온 대법원 2019. 7. 18. 선고 2014다206983 전원합의체 판결이다. 여기서 다수의견은 위 96다51585 판결의 결론을 유지하였다(3인의 반대의견 있음).

나. 학설의 대립

1) 긍정설(배당이의 불요설)[23] – 기존 판례 입장과 유사

21) 비교법실무연구회, 판례실무연구 I. 박영사. 1997, 553 이하에 그 세미나에서 발표된 찬반 원고들이 실려 있고. 658면 이하에 그날의 세미나 토론내용이 정리되어 수록되어 있다. 당시 양창수 교수, 이주흥 판사가 부당이득반환청구 긍정설 입상에 섰고, 민일영·오종윤 판사와 정동윤 교수가 부정설 입장에 섰다. 양측 주장의 상세한 내용은 양창수, 부당배당과 부당이득반환청구, 위 책 610 이하; 이주흥. 배당절차와 관련된 부당이득반환청구, 위 책 575 이하 ; 민일영·오종윤, 배당 후의 부당이득반환청구에 대한 의견서, 위 책 587 이하; 정동윤, 배당절차종료 후의 부당이득반환청구에 관하여, 위 책 602 이하 참조.

22) 이 세미나에서 발표된 글이 정태윤, 과오배당과 부당이득반환청구에 관한 비교법적 검토, 판례실무연구 XIII, 사법발전재단(2020), 11면 이하 및 제철웅, 부당배당과 부당이득반환청구권, 판례실무연구 XIII, 사법발전재단(2020), 45 이하이다.

23) 양창수, 부당배당과 부당이득반환청구, 민법산고(2007), 224; 이주흥, 배당절차와 관련된 부당이득반환청구, 판례실무연구 1권(1997), 580; 김현석, 부동산 경매절차에서 배당요구를 하지 아니

권리남용에 해당하지 않는 한 채권자가 배당기일에서 이의를 하였는지를 불문하고 부당이득반환을 청구할 수 있다는 견해이다. 이는 배당을 받지 못한 채권자의 실체법적 권리를 중시하는 입장이다.

이 설이 들고 있는 논거는 대체로 다음과 같다.

첫째, 배당표의 확정 및 그 실시는 단지 강제집행절차의 종료를 의미하는 것일 뿐이고 실체적인 권리관계의 존부까지 확정하는 것은 아니기 때문에, 배당금을 부당하게 수령한 다른 채권자에게 그 부당이득의 반환을 청구할 수 있다.

즉, 채권자가 배당기일에 출석하지 아니하여 배당표에 동의한 것으로 간주되거나, 출석하였는데 배당이의를 하지 않은 경우에도, 이는 기껏해야 배당절차에서 배당표에 따른 배당 실시에 동의한 것으로 의제되는 데 불과하고, 다른 채권자의 실체법상의 권리를 승인하거나 자기의 부당이득반환청구권을 포기하는 것은 아니기 때문에, 채권자는 자기가 받을 수 있었던 배당액을 부당하게 수령한 다른 채권자에 대하여 부당이득반환을 청구할 수 있다.

둘째, 현행법상 배당이의를 하지 아니한 경우의 실권효를 규정한 특별한 규정이 없는데다가, 배당의 결과를 확정시키기 위하여 부당이득반환청구권을 배제하여야 할 정도로 절차적 안정이 요구되지도 않는다.

셋째, 연혁적으로 보더라도, 민사집행법 제155조의 모법이라 할 독일의 구 민사소송법 제764조 2항(현행 민사소송법 제878조 2항)이 배당이의의 소제기를 해태한 자에 대하여 실체법상의 우선권(ein besseres Recht)을 주장하는 별소를 인정한 것은 바로 배당절차가 실체상의 권리까지 결정하는 것은 아니라는 것을 확인한 데 그 입법취지가 있다.

2) 부정설(배당이의 필요설)[24)]

민사집행법 제153조 제1항에 따라 채권자가 배당기일에 이의하지 않거나 배당기일에 출석하지 아니한 때에는 그 채권자는 배당표의 실시에 동의한 것으로 간주되기 때문에 후에 그 배당표의 기재에 잘못이 있음을 알게 될 경우에도 채권 또는 우선적 권리 없이 배당을 받은 자에 대하여 실체법상의 우선권 주장의 소라고 할 수 있는 부당이득반환청구의 소를 제기할 수 없다는 견해이다. 이는 배당을 포함한 집행절차의

한 임금채권자의 지위, 민사판례연구 10권(1998), 232

24) 이우재, 부동산 및 채권집행에서의 배당의 제문제(2판, 2012), 1418; 민일영, 체납처분과 배당요구, 그리고 부당이득반환청구, 판례실무연구 1권(1997), 608; 오종윤, 배당이의와 부당이득반환청구, 사법논집, 26집(1995), 327

안정을 강조하는 입장이다. 다만, 적법한 배당기일 통지를 받지 못한 경우와 같이 배당이의를 할 기회를 부여받지 못한 채권자는 부당이득반환을 청구할 수 있다.

이 학설을 취하는 입장에서는, ① 민사집행법 제155조가 이의를 신청한 채권자가 제소기간을 지키지 아니한 경우에 소로써 우선권 및 그 밖의 권리를 행사하는데 영향을 받지 아니한다고 규정한 것을 뒤집어 보면 이의신청을 하지 아니한 채권자는 그 권리의 주장을 하지 못하게 하는 취지로 보아야 하고, ② 본래 배당에 참가한 채권자 상호간의 배당관계는 채권자의 자주적인 태도 결정에 따라 변용의 여지가 부여되어 있기 때문에 그 배당의 순위나 액수에 관하여 반드시 실체관계와 엄밀하게 합치될 것을 요구하지 아니하며, 배당표를 승인한 자가 뒤에 그 배당이 잘못되었다고 주장하는 것은 신의칙에 반하고, ③ 배당절차에 관하여 채권자 사이의 조정을 기하는 방법으로 민사집행법이 배당이의 신청과 배당이의의 소라는 특수한 구제수단을 보장하고 있음에도 스스로 그 권리주장의 기회를 이용하지 않는 채권자는 배당표의 기재를 더 이상 다투지 않겠다는 취지를 소극적으로 표명한 것으로 평가할 수 있고, 이 점에서 총채권자의 합의에 의하여 작성된 배당표에 따라 배당이 실시된 경우에 준하여 법률상 원인이 있다고 볼 수 있으며, ④ 배당이의가 없는 경우에 집행법원이 그 확정된 배당표에 따라 배당을 실시하는 것은 절차상으로는 물론 실체상으로도 정당한 것이어서 법률상 원인을 결한 이익이라고 볼 수 없고, ⑤ 허위채권에 의하여 배당요구를 하였거나 변제로 인하여 채권이 이미 소멸되었음에도 배당금을 수령한 채권자에 대하여는 이의를 신청하지 아니한 채권자도 채권자대위의 법리에 따라 채무자의 부당이득반환청구권을 대위행사할 수 있으므로 어느 정도 그 부당함을 시정할 길이 있다는 점 등을 근거로 제시한다.

3) 이분설[25]

담보채권자의 부당이득반환청구권은 긍정하고, 일반채권자의 부당이득반환청구권은 부정하는 입장이다. 이는 일반채권자는 집행목적물의 교환 가치에 대하여 실체법상의 권리를 가지지 않기 때문에 '정당하게 배당표가 작성되었다면 배당받았을 금액'을 배당받지 못하게 되었다고 하더라도 이로 인한 '손해'가 없다고 보는 데 기인한다.

이 설이 일반채권자와 담보권자를 구별하는 논거는 다음과 같다.

---

25) 서기석, 배당절차 종료 후 채권자의 부당이득반환청구, 판례실무연구 1권(1997), 718; 국상종, 과오배당과 부당이득반환청구, 민사법연구 6집(1997), 188

일반채권자는 집행대상인 특정 재산으로부터 배타적인 만족을 받는 실체법상의 권리가 없기 때문에 그 재산의 교환가치를 파악하고 있었던 것도 아닌데다가, 다른 책임재산으로부터 나중에 다시 평등분배를 받을 권리가 여전히 남아 있으므로, 가사 정당하게 배당표가 작성되었다면 자기에게 배당되었을 금액을 다른 채권자가 부당하게 많이 배당받았다 하더라도 그로 인한 손해가 있다고 할 수 없다. 따라서 부당이득반환청구를 할 수 없다.

그러나, 담보권자는 일반채권자와는 달리 집행대상 재산의 교환가치를 파악하고 있었던 것이므로, 배당이 종료되어 담보권이 소멸하였다면 배당금을 수령한 후순위채권자는 배당을 받지 못한 선순위담보권자의 우선권을 침해하여 이득을 얻고 담보권자에게 손실을 끼친 것이어서 그와의 관계에서 부당이득을 취득한 결과가 된다. 나아가 배당표의 실시는 계쟁 배당금의 귀속을 확정하는 것이 아니기 때문에, 담보권자에 관한 한 배당이의를 하지 않았다 하더라도 부당이득반환청구권을 인정하여야 한다.

일본 최고재판소 1998. 3. 26. 판결(민사집행법 52권 2호 513면)은 "배당기일에서 배당이의의 신청을 하지 않은 일반채권자는 배당을 받은 다른 채권자에 대하여 그 사람이 배당을 받은 것에 의해 자기가 배당을 받지 못한 금액에 상당하는 금원의 부당이득반환청구를 할 수 없다고 해석하는 것이 상당하다. 일반채권자가 부당이득반환청구권을 가진다고 하기 위해서는 그 사람에게 민법 제703조에 의한 손실이 발생할 것이 필요하지만, 일반채권자는 채무자의 일반재산으로부터 채권의 만족을 받을 수 있는 지위를 가지는 것에 그치고, 특정의 집행목적물에 대하여 우선변제를 받을 실체적 권리를 가지는 것은 아니며, 다른 채권자가 배당을 받았기 때문에 자기가 배당을 받을 수 없었다는 것만으로는 손실이 생겼다고 할 수 없다."고 판시하여 저당권자는 집행목적물 상에 가지는 실체법상의 우선변제권을 침해받은 것에 의한 '손실'이 있으나, 일반채권자는 집행목적물 상에 실체법상의 권리를 가지는 것이 아니기 때문에 '손실'이 없다고 생각하여, 일반채권자에 의한 부당이득반환청구는 인정하지 않는다는 주장을 채용하여 이분설의 입장을 취하였다.[26]

다. 종래 대법원 판례

민사소송법 개정 이후 선고된 대법원 1964. 7. 14. 선고 63다839 판결은 구 경매법(1962. 1. 15. 법률 제968호로 제정되어 같은 날부터 시행되다가 1990. 1. 13.

26) 野山宏(최고재 조사관) · 最判解民事篇平成10年度(上)148頁.

법률 제4201호로 폐지되었다)에 따른 임의경매절차 사안에서 배당을 받아야 할 자가 배당을 받지 못하였다면 배당에 관하여 이의를 하였는지 여부나 배당절차가 확정되었는지 여부와 관계없이 부당이득반환 청구권이 발생하고 이는 우선채권과 일반채권의 관계에서도 같다고 판단하였다.

이러한 입장은 경매법이 폐지되고 구 민사소송법(1990. 1. 13. 법률 제4201호로 개정된 것)에서 강제경매와 담보권 실행 등을 위한 경매를 포괄하여 규율하기 시작한 이후에도 계속 유지되었다(대법원 1994. 2. 22. 선고 93다55241 판결, 대법원 1997. 2. 14. 선고 96다51585 판결, 대법원 2000. 10. 10. 선고 99다53230 판결 등 참조).

그 후 민사집행법에 따른 경매절차(강제경매와 담보권 실행 등을 위한 경매를 포함한다) 사안에서도 대법원은 일관되게 같은 취지로 판단함으로써(대법원 2007. 2. 9. 선고 2006다39546 판결, 대법원 2011. 2. 10. 선고 2010다90708 판결 등 참조) 이는 대법원의 확립된 입장으로 굳어졌다(출처 : 대법원 2019. 7. 18. 선고 2014다206983 전원합의체 판결).

1) 실체법상 우선채권을 가지고 있는 자(부당이득반환 청구 인정)

대법원은 실체법상의 우선채권을 가지고 있는 채권자의 부당이득반환청구에 관하여 "확정된 배당표에 의하여 배당을 실시하는 것은 실체법상의 권리를 확정하는 것이 아니므로 배당을 받아야 할 자가 배당을 받지 못하고 배당을 받지 못할 자가 배당을 받은 경우에는 배당에 관하여 이의를 한 여부 또는 형식상 배당절차가 확정되었는가의 여부에 관계없이 배당을 받지 못한 우선채권자에게 부당이득반환청구권이 있다고 판시하였다(대법원 2000. 10. 10. 선고 99다53230 판결).

우선채권자의 부당이득반환청구에 관한 대법원 판결을 사안별로 살펴보면, 대법원은 채권배당절차에서 배당표에 대하여 이의 없다고 진술한 임금채권자(대법원 1988.11.8. 선고 86다카2949 판결, 대법원 1999. 5. 25. 선고 99다410 판결)와, 배당표에 대하여 이의하지 아니한 주택임대차보호법상의 소액임차인(대법원 1994. 2. 22. 선고 93다55241 판결)에게 부당이득반환청구권이 있는 것으로 판시하였다.

또한 대법원은 근저당권설정등기가 위법하게 말소되어 그 부동산에 대한 경매절차에서 배당받지 못한 근저당권자가 배당받은 채권자를 상대로 부당이득반환청구를 할 수 있는지에 대하여도 “등기는 물권의 효력 발생 요건이고 존속 요건은 아니어서 등기가 원인 없이 말소된 경우에는 그 물권의 효력에 아무런 영향이 없고, 그 회복등기가 마쳐지기 전이라도 말소된 등기의 등기명의인은 적법한 권리자로 추정되므로, 근저당권설정등기가 위법하게 말소되어 아직 회복등기를 경료하지 못한 연유로 그 부동산에 대한 경매절차의 배당기일에서 피담보채권액에 해당하는 금액을 배당받지 못한 근저당권자는 배당기일에 출석하여 이의를 하고 배당이의의 소를 제기하여 구제를 받을 수 있고, 가사 배당기일에 출석하지 않음으로써 배당표가 확정되었다고 하더라도, 확정된 배당표에 의하여 배당을 실시하는 것은 실체법상의 권리를 확정하는 것이 아니기 때문에 위 경매절차에서 실제로 배당받은 자에 대하여 부당이득반환청구로서 그 배당금의 한도 내에서 그 근저당권설정등기가 말소되지 아니하였더라면 배당받았을 금액의 지급을 구할 수 있다"고 판시하여 부당이득반환청구권을 긍정하였다(대법원 2002. 10. 22. 선고 2000다59678 판결).

2) 일반채권자(부당이득반환 청구 인정)

일반 채권자의 부당이득반환청구에 관하여 대법원은 "확정된 배당표에 의하여 배당을 실시하는 것은 실체법상의 권리를 확정하는 것이 아니므로, 배당을 받아야 할 채권자가 배당을 받지 못하고 배당을 받지 못할 자가 배당을 받은 경우에는 배당을 받지 못한 채권자로서는 배당에 관하여 이의를 한 여부에 관계없이 배당을 받지 못할 자이면서도 배당을 받았던 자를 상대로 부당이득반환청구권을 갖는다 할 것이고, 배당을 받지 못한 그 채권자가 일반채권자라고 하여 달리 볼 것은 아니다"라고 판시하여 일반 채권자의 부당이득반환청구도 받아들였다(대법원 2001. 3. 13. 선고 99다26948 판결, 대법원 2007. 2. 22. 선고 2006다21538 판결, 대법원 2007. 3. 29. 선고 2006다49130 판결, 대법원 2011. 2. 10. 선고 2010다90708 판결 등).

배당이의소송은 대립하는 당사자 사이의 배당액을 둘러싼 분쟁을 그들 사이에서 상대적으로 해결하는 것에 지나지 아니하여 그 판결의 효력은 오직 그 소송의 당사자에게만 미칠 뿐이므로, 어느 채권자가 배당이의소송에서의 승소확정판결에 기하여 경정된 배당표에 따라 배당을 받은 경우에 있어서도, 그 배당이 배당이의소송에서 패소확정판결을 받은 자 아닌 다른 배당요구채권자가 배당받을 몫까지도 배당받은 결과로 된다면 그 다른 배당요구채권자는 위 법리에 의하여 배당이의소송의 승소확정판결에 따라 배당받은 채권자를 상대로 부당이득반환청구를 할 수 있다(대법원 2007. 2. 9. 선고 2006다39546 판결).

라. 종래 대법원 판례의 법리적 근거(대법원 2019. 7. 18. 선고 2014다206983 전원합의체 판결)

대법원은 배당받을 권리 있는 채권자가 자신이 배당받을 몫을 받지 못하고 그로 인해 권리 없는 다른 채권자가 그 몫을 배당받은 경우에는 배당이의 여부 또는 배당표의 확정 여부와 관계없이 배당받을 수 있었던 채권자가 배당금을 수령한 다른 채권자를 상대로 부당이득반환 청구를 할 수 있다는 입장을 취해 왔다.

이러한 법리의 주된 근거는 배당절차에 참가한 채권자가 배당이의 등을 하지 않아 배당절차가 종료되었더라도 그의 몫을 배당받은 다른 채권자에게 그 이득을 보유할 정당한 권원이 없는 이상 잘못된 배당의 결과를 바로잡을 수 있도록 하는 것이 실체법 질서에 부합한다는 데에 있다. 나아가 위와 같은 부당이득반환 청구를 허용해야 할 현실적 필요성(배당이의의 소의 한계나 채권자취소소송의 가액반환에 따른 문제점 보완), 현행 민사집행법에 따른 배당절차의 제도상 또는 실무상 한계로 인한 문제, 민사집행법 제155조의 내용과 취지, 입법 연혁 등에 비추어 보더라도, 종래 대법원 판례는 법리적으로나 실무적으로 타당하므로 유지되어야 한다. 그 이유는 아래와 같다.

1) 잘못된 배당과 부당이득반환 청구권의 성립(=배당이의 등을 하지 않아 동의하는 것은 '배당표에 따른 배당 실시'라는 절차의 진행에 동의일 뿐 실체법상 권리승인이 아님)

가) 다른 채권자 권리 침해하여 배당받은 이상 부당이득이 성립함

민법 제741조는 "법률상 원인 없이 타인의 재산 또는 노무로 인하여 이익을 얻고 이로 인하여 타인에게 손해를 가한 자는 그 이익을 반환하여야 한다."라고 정하고 있다. ① 이득의 취득과 이로 인한 손해의 발생, ② 이득에 대한 법률상 원인의 결여라는 요건을 충족하면 부당이득이 성립한다. 경매절차에 참가한 채권자들은 정해진 매각대금을 둘러싸고 어느 채권자에게 우선적으로 또는 더 많은 액수가 배당되면 다른 채권자가 배당을 받지 못하거나 덜 받게 되는 반대의 이해관계를 가진다. 경매목적물의 매각대금이 잘못 배당되어 배당받을 권리 있는 채권자가 배당받을 몫을 받지 못하고 그로 인해 권리 없는 다른 채권자가 그 몫을 배당받은 경우에는, 배당금을 수령한 다른 채권자는 배당받을 수 있었던 채권자의 권리를 침해하여 이득을 얻은 것이 된다. 위와 같이 배당금을 수령한 다른 채권자는 그 이득을 보유할 정당한 권원이 없는 이상 이를 부당이득으로 반환할 의무가 있다.

나) 확정된 배당표에 따른 배당실시가 배당금 보유할 권원을 부여하지는 않음(배당절차는 경매절차의 일부일 뿐 실체적 권리 확인하거나 형성하는 절차가 아님)

민사집행법상 배당의 순위는 민법, 상법 그 밖의 법률에 의한 우선순위에 따라야 하고(민사집행법 제145조 제2항), 배당에 참가한 채권이 모두 일반채권이면 채권자평등 원칙에 따른 안분비례의 방법으로 배당되어야 한다. 그러나 확정된 배당표에 따라 배당이 실시되었다는 사정만으로 배당금을 수령한 다른 채권자가 그 이득을 보유할 정당한 권원, 즉 민법 제741조가 규정한 '법률상 원인'이 있다고 할 수는 없다. 배당절차는 실체적 권리를 실현하는 수단이 되는 경매절차의 일부를 이루는 데 그칠 뿐, 이에 따라 실체적 권리를 확인하거나 형성하는 절차가 아니기 때문이다. 이는 배당에 관한 민사집행법 규정 자체가 실체적 권리와 그 내용을 규율하는 것이 아니라, 절차적 처리에 초점을 맞추고 있는 점을 감안하면 더욱 그러하다. 따라서 채권자가 배당기일에 출석하지 않아 민사집행법 제153조 제1항에 따라 배당표와 같이 배당을 실시하는 데에 동의한 것으로 간주되거나 배당기일에 출석하고도 배당이의를 하지 않은 경우에도, 이는 배당절차에서 '배당표에 따른 배당 실시'라는 절차의 진행에 동의한 것일 뿐 다른 채권자의 실체법상 권리를 승인한 것으로 볼 수 없다. 더욱이 민사집행법은 배당이의를 하지 않거나 배당이의의 소를 제기하지 않은 채권자의 권리를 상실하게 하는 규정을 두고 있지 않고, 확정된 배당표에 기판력이나 배당참가자들에 대한 기속력을 인정하고 있지도 않다.

다) 배당요구가 필요함에도 하지 않은 경우와는 차이가 있음

적법한 배당요구가 필요함에도 이를 하지 않아 배당에서 제외된 선순위 채권자는 대신 배당받은 후순위 채권자를 상대로 부당이득반환을 청구할 수 없다(대법원 1997. 2. 25. 선고 96다10263 판결, 대법원 1998. 10. 13. 선고 98다12379 판결 등 참조). 채권자가 배당요구를 하기 전의 단계에서는 채무자의 책임재산으로부터 액수 미상의 돈을 분배받으리라는 잠재적이고 추상적인 기대를 가질 뿐이다. 그러나 채권자가 배당요구를 하여 배당절차에 참가하고 경매절차의 진행으로 배당요구의 종기가 지나면 특정 금액의 배당금을 자신에게 귀속시킬 수 있는 구체적인 권리를 가진다. 따라서 어느 채권자가 자신이 배당받을 수 있는 금액을 넘어 배당을 받거나 배당받을 지위에 있지 않음에도 다른 채권자에게 귀속되어야 할 배당금을 받아갔다면, 그는 다른 채권자의 손실로 인하여 법률상 원인 없이 이득을 얻은 것으로 보아야 한다.

라) 합의에 의한 배당과 배당이의를 하지 않아 배당표가 확정된 것은 전혀 다른

차원의 문제임

민사집행법 제150조 제2항은 '배당기일에 출석한 이해관계인과 배당을 요구한 채권자가 합의한 때에는 이에 따라 배당표를 작성'하도록 하고, 제152조 제2항은 '배당이의에 관계된 채권자가 이의를 정당하다고 인정하거나 다른 방법으로 합의한 때에는 집행법원은 이에 따라 배당표를 경정하여 배당을 실시'하도록 정하고 있다. 그러나 이는 어디까지나 배당절차에 참가한 이해관계인과 채권자들 사이에 '합의'나 배당이의에 관계된 채권자의 '동의'가 있음을 전제로 그들 상호 간에 배당관계를 자주적으로 정할 수 있도록 한 것이다. 따라서 위와 같은 합의나 동의 없이 단지 배당이의 등을 하지 않아 배당표가 확정되었다는 사정만으로, 잘못된 배당의 결과로 수령한 배당금을 보유할 정당한 권원, 즉 '법률상 원인'이 생기는 것은 아니다.

마) 민사집행법 제155조의 의미

민사집행법 제155조는 채권자가 배당이의 등과 같은 일정한 절차를 밟지 않았는지 여부나 배당이의의 소의 소송 계속이 소멸하였는지 여부와 상관없이 그로 인해 자신의 실체법상 권리까지 잃게 되는 것이 아님을 확인한 규정으로 해석함이 타당하다.

2) 부당이득반환 청구 허용할 현실적 필요성

가) 짧은 제소기간의 한계 보완 필요성

민사집행법은 배당기일에서 이의진술과 그에 따른 배당이의의 소와 같이 채권자가 자신의 실체법상 권리를 주장할 수 있는 별도의 권리구제수단을 마련하고 있다. 그러나 배당이의의 소는 제소권자를 '배당기일에 이의를 진술한 채권자나 채무자'에 한정하고 제소기간을 '1주일'이라는 짧은 기간으로 정하는 등 그 행사요건을 엄격하게 정하고 있다. 이러한 제한은 배당절차의 조속한 확정을 위한 것이지만, 잘못된 배당으로 인한 결과를 실체법적 권리관계에 부합하도록 교정할 수 있는 기회를 당사자에게 제공하는 측면에서는 분명히 한계가 있다.

나) 배당이의의 소가 야기하는 채권자평등원칙 위반의 문제점을 보완할 필요성

대법원의 확립된 판례에 따르면 채권자가 제기한 배당이의의 소에서는 원고의 청구가 이유 있으면 '배당이의를 하지 않은 다른 채권자의 채권을 참작할 필요 없이' 피고가 배당받을 수 없게 된 금액을 원고의 채권액에 달할 때까지 원고에게 배당하는 것으로 배당표를 경정하도록 하고 있다(이른바 '흡수설', 대법원 1998. 5. 22. 선고 98다3818 판결 등 참조). 이는 배당이의소송 제도의 본질이 배당이의에 관계된 당사자들 사이의 상대적인 해결을 도모하는 데 기인한 것으로 소송심리의 효율성이

확보되는 이점이 있다. 그러나 이러한 법리를 따를 경우 당초 권리 없는 피고를 제외하고 배당을 실시하였을 경우 받을 수 있었던 배당액 이상을 원고가 보유하도록 하는 결과가 생길 수 있는데, 이러한 결과는 채권자평등 원칙에 부합하지 않는다. 배당이의의 소를 제기하지 못한 채권자의 부당이득반환 청구를 허용하면 위와 같은 배당결과가 사후적으로라도 채권자평등 원칙에 맞게 조정될 수 있다.

나아가 부당이득반환 청구소송에서는 청구권자의 손해를 한도로 하면서 배당에 참가한 다른 채권자의 채권도 참작하여 반환할 부당이득의 범위가 정해지므로, 배당이의소송과 달리 채권자평등 원칙에 맞는 결론을 도출해낼 수 있다. 따라서 배당절차 종료 후 채권자의 부당이득반환 청구를 허용하는 것은 위와 같은 배당이의소송 제도의 한계를 보완하는 기능을 한다.

다) 사해행위 취소로 인한 독점적 이득취득, 채권자평등원칙 위반의 문제점 보완

부동산에 대한 (근)저당권설정행위가 사해행위에 해당하는 경우 원칙적으로 취소채권자는 원상회복으로서 (근)저당권설정등기의 말소를 구하여야 하지만 부동산에 대한 경매절차가 개시되어 부동산이 매각되고 매수인이 대금을 납부하여 저당권설정등기가 집행법원의 촉탁에 따라 말소되면 취소채권자는 더 이상 원상회복으로서 (근)저당권설정등기의 말소를 구할 수 없게 되므로, 이러한 경우에는 원상회복의 방법으로서 가액반환이 허용된다(대법원 2001. 2. 27. 선고 2000다44348 판결 등 참조). 취소채권자는 이미 배당금을 현실적으로 수령한 수익자인 (근)저당권자에 대하여 직접 자기에게 배당금을 반환할 것을 청구할 수 있으나(대법원 1998. 5. 15. 선고 97다58316 판결, 대법원 1999. 9. 7. 선고 98다41490 판결 등 참조), 취소채권자가 회복해 온 재산(배당금)은 모든 채권자를 위한 공동담보로 제공되어야 한다(민법 제407조 참조). 원상회복된 배당금에 대하여 취소채권자는 우선권을 가지지 않지만, 실제로는 취소채권자가 수령한 배당금을 채무자에게 반환할 채무와 채무자에 대한 자신의 채권과 상계하는 등으로 사실상 우선변제받는 것을 막을 수 없어 민법 제407조의 채권자평등 원칙에 위반된다는 지적이 있어 왔다.

현행법상 제도적 미비로 인해 취소채권자가 독점적 이득을 취득할 수도 있게 되는 문제가 있지만, 종래 대법원 판례에 따라 배당절차에서 배당이의 등을 하지 않은 다른 채권자들도 취소채권자를 상대로 부당이득반환 청구를 할 수 있으므로, 결과적으로 배당절차에 참가한 채권자들 사이에 채권자평등 원칙이 구현될 수 있는 기회가 어느 정도 보장되어 있다. 그런데 만일 대법원 판례를 변경하여 배당이의 등을 하지

않은 채권자의 부당이득반환 청구를 원칙적으로 금지하게 되면 위와 같이 사해행위 취소에 따른 가액반환 사안에서 취소채권자의 독점적 이득 취득 문제를 보완하거나 교정할 수 있는 수단을 잃게 되는 문제가 있다.

3) 현행 민사집행법에 따른 배당절차의 제도상 또는 실무상 한계로 인한 문제를 보완할 필요 있음

가) 배당기일 통지와 관련한 문제로 함부로 부당이득반환 제한하면 안 됨

배당절차는 법원사무관 등이 이해관계인과 배당을 요구한 채권자에게 배당기일을 통지하고 채권계산서의 제출을 최고함으로써 시작한다(민사집행법 제146조, 민사집행규칙 제81조). 위와 같은 통지와 최고는 상당하다고 인정되는 방법으로 할 수 있다(민사집행규칙 제8조 제1항). 그런데 현재의 배당기일 통지 실무는 배당기일 통지서를 등기부상 주소나 채권자가 신고한 주소로 우편송달하고 송달불능이 되면 발송송달하며 채권자의 주소를 알기 어려운 경우 직권으로 공시송달을 하고 있어 채권자의 귀책사유 없이 배당기일을 알지 못하여 배당절차에 참여하지 못하는 경우가 적지 않게 발생할 수 있다. 특히 등기된 가압류권자의 주소가 경매개시결정 전에 변경되어 주소를 알 수 없게 된 경우가 그러하다. 가압류등기는 가압류 당시 집행법원의 촉탁에 의해 이루어지므로(민사집행법 제293조 참조), 가압류권자로서는 변경된 주소만을 별도로 신고하여 등기할 방법이 없는데, 이 때문에 송달을 받지 못하여 배당절차에 참여하지 못한 것을 가압류권자의 책임으로 돌리기도 어렵다.

현행 민사집행법에 따른 배당기일 통지 실무상 적법한 발송송달이나 공시송달을 받은 채권자임에도 배당이의 등을 할 기회를 실질적으로 보장받지 못하는 경우가 있을 수 있으므로 함부로 부당이득반환 청구권의 행사를 제한할 것은 아니다.

나) 단기간의 배당표원안 열람기간 및 배당이의의 소 제기기간에 따른 문제 때문에도 부당이득반환 청구권 행사 제한하면 안 됨

채권자들이 제출한 계산서와 집행기록을 토대로 사법보좌관이 작성한 배당표원안(배당표원안)은 채권자와 채무자에게 보여주기 위하여 배당기일 3일 전에 법원에 비치되어야 한다(민사집행법 제149조 제1항). 채권자는 배당기일에 출석하여 다른 채권자의 채권 또는 그 채권의 순위에 대해 이의할 수 있다(민사집행법 제151조 제3항). 다른 채권자에 대해 이의한 채권자는 배당기일부터 1주 이내에 배당이의의 소를 제기한 사실을 증명하는 서류를 제출해야 한다(민사집행법 제154조 제1항, 제3항).

현행 민사집행법에서는 배당에 참가한 채권자가 권리관계나 순위 등을 확인하고

배당이의 여부를 결정하는 데에 필요한 배당표원안의 열람기간도 최대 '3일'에 불과하다. 따라서 배당기일 전에 배당표원안을 열람하지 못하거나 열람하더라도 짧은 기간 내에 배당표를 검토하여 이의하는 것이 쉽지 않다. 가장 임차인, 가장 임금채권자나 사해행위의 수익자인 근저당권자와 같이 배당을 받아서는 안 되는데도 배당채권자로 기재된 경우를 가려내어 이의하고 배당기일부터 1주 이내에 배당이의의 소를 제기하는 것은 더욱 어려운 일이다.

다) 채무자의 부당이득반환 청구와의 형평

① 채권이 없음에도 배당이 되었거나, ② 채권의 범위를 초과하여 배당이 이루어진 때에는 배당이의 등을 하지 않은 채권자의 부당이득반환 청구를 제한하더라도 그 채권자가 채무자를 대위하여 부당이득반환 청구를 하는 것까지 막을 방법은 없다. 그런데 채무자가 배당이의 등을 하지 않은 경우 채무자의 부당이득반환 청구를 허용하면서 배당이의 등을 하지 않은 채권자의 부당이득반환 청구를 제한하는 것은 논리적으로 일관되지 않고, 배당이의 등을 하지 않은 채권자가 여전히 채무자를 대위하여 부당이득반환 청구를 할 수 있게 된다면 절차의 안정을 도모하기 위해 판례를 변경하는 실익은 적을 수밖에 없다.

라) 배당표 작성에 필요한 시간 및 정보의 부족 문제점 보완

배당표가 실체적 권리관계와 달리 작성될 여지가 크고 배당표의 옳고 그름을 조사하거나 판단하는 데에 필요한 시간이나 정보가 충분히 확보되지 않는 배당절차의 제도상 또는 실무상 한계를 고려할 때, 배당절차가 종료되었다고 하여 배당요구를 하고 배당절차에 참가한 채권자의 부당이득반환 청구권을 전면적으로 제한할 경우 진정한 권리자가 부당하게 희생되는 것을 피할 수 없다. 특히 채무자와 통모한 가장 채권자들에 의한 이른바 '배당금 빼돌리기' 등의 문제를 배제할 수 없는 우리의 집행 현실에서 단순히 절차를 게을리하였다는 이유로 실체적 권리의 실현요청을 봉쇄하는 것은 더욱 조심스러울 수밖에 없다.

마. 대법원 2019. 7. 18. 선고 2014다206983 전원합의체 판결의 소수의견인 배당이의 필요설의 논거

1) 배당이의 필요설의 주장요지

종래 대법원 판례와 같이 배당절차 종료 후 배당이의 등을 하지 않은 채권자의 부당이득반환 청구를 허용하는 것은 민사집행법 제155조의 문언은 물론이고 민사집

행법의 전체적인 취지에 반할 뿐만 아니라, 확정된 배당절차를 민사집행법이 예정하지 않은 방법으로 사후에 실질적으로 뒤집는 것이어서 배당절차의 조속한 확정과 집행제도의 안정 및 효율적 운영을 저해하는 문제점을 드러내고 있다.

그리고 배당절차에서 이의할 기회가 있었음에도 배당이의 등을 하지 않은 채권자는 더 이상 해당 절차로 형성된 실체적 권리관계를 다투지 않을 의사를 소극적으로 표명한 것이므로, 그러한 채권자의 자주적인 태도결정은 배당금의 귀속에 관한 법률상 원인이 될 수 있다. 그런데도 배당절차 종료 후 배당이의 등을 하지 않은 채권자의 부당이득반환 청구를 허용하는 것은 금반언의 원칙에 반하는 것일 뿐만 아니라, 일련의 배당절차와 이에 투입된 집행법원과 절차 참가자들의 노력을 무시하는 결과를 초래한다.

따라서 채권자가 적법한 소환을 받아 배당기일에 출석하여 자기의 의견을 진술할 기회를 부여받고도 이러한 기회를 이용하지 않은 채 배당절차가 종료된 이상, 그 배당절차에서 배당받은 다른 채권자를 상대로 부당이득반환 청구의 소를 제기하여 새삼스럽게 자신의 실체법적 권리를 주장하는 것을 허용해서는 안 된다고 봄이 타당하다.

2) 배당이의 필요설의 주된 논거(대법원 2019. 7. 18. 선고 2014다206983 전원합의체 판결의 소수의견)

가) 민사집행법 제155조와 민사집행법의 전체적인 취지

민사집행법은 배당기일에서 '이의한' 채권자가 배당이의의 소를 제기하여 실체적 권리관계를 다툴 수 있도록 하고 있고, 배당이의의 소 이외의 방법으로 실체적 권리를 행사할 수 있는 경우를 규정한 민사집행법 제155조도 그 권리행사 주체를 '이의한 채권자'로 한정하고 있다. 민사집행법의 위 규정 내용과 전체적인 취지에 비추어 볼 때 배당이의 등을 하지 않은 채권자의 부당이득반환 청구를 허용해서는 안 된다.

민사집행법 제155조의 규정과 아울러 배당절차에 관한 민사집행법의 규율 태도, 배당이의 등을 하지 않은 채권자의 부당이득반환 청구에 관한 실체법적 측면과 절차법적 측면을 종합적으로 고려하여 볼 때, 배당이의 등을 하지 않은 채권자의 배당절차 종료 후 부당이득반환 청구는 불허함이 타당하다.

(1) 민사집행법 제155조의 반대해석 및 입법의도

민사집행법 제155조는 배당이의 소제기 증명서류 제출 등의 절차를 게을리 하였음에도 불구하고 소로 우선권 및 그 밖의 권리를 행사하는데 영향이 없는 채권자

의 범위를 '이의한 채권자'로 한정하고 있으므로, 그 문언대로 해석하여야 한다. 만일 채권자가 배당기일에 이의하였는지 여부를 묻지 않고 부당이득반환 청구를 할 수 있도록 하려는 입법의도가 있었다면 입법기술상 그러한 의도를 반영한 입법이 얼마든지 가능하다. 그런데도 '이의한 채권자'만을 명시함으로써 이의한 채권자에 대해서만 위 조항을 적용하려는 입법의도를 분명하게 표명하고 있으므로, 위 조항을 함부로 확인적이거나 예시적인 규정으로 해석할 수는 없다.

(2) 민사집행법 제정 시 배당요구 종기를 앞당긴 입법자의 의도

구 민사소송법(2002. 1. 26. 법률 제6626호로 전부 개정되기 전의 것, 이하 같다)은 다수의 경합하는 채권자들 사이의 배당순위에 관하여 이른바 '평등주의(평등주의)'를 채택하다가 민사집행법을 제정하면서 배당순위 등에 관하여 '평등주의' 원칙을 유지하면서 그 단점을 보완하기 위해서 구 민사소송법에 비하여 배당요구의 종기를 앞당기는 입법이 이루어졌다. 즉, 민사집행법은 첫 매각기일 이전의 적당한 날로 집행법원이 배당요구의 종기를 정할 수 있도록 함으로써(민사집행법 제84조 제1항) 재산발견을 위한 압류채권자의 노력이 무시될 수 있는 '평등주의' 법제의 단점을 완화하면서 경매절차의 불안정을 제거하고자 하였다. 위와 같이 민사집행법을 제정하면서 배당요구의 종기를 앞당긴 것을 비롯하여 배당절차의 조속한 확정과 집행제도의 안정을 꾀하는 방향으로 입법적 결단이 이루어졌으므로, 민사집행법 조항에 대한 해석이나 배당절차 전반에 관한 법리 전개도 이에 맞추어 일관성 있게 이루어져야 한다. 이러한 관점에서 보면 민사집행법 제155조에서 명시적으로 허용하는 경우가 아님에도 배당이의 등을 하지 않은 채권자의 배당절차 종료 후 부당이득반환 청구를 폭넓게 허용하는 것은 입법자의 의도에 어긋나고 민사집행법이 지향하는 전체적인 법질서 체계에 부합하지 않는 법해석이다.

(3) 외국 사례

독일과 프랑스, 일본, 미국의 입법례와 판례를 보더라도 배당이의 등을 하지 않은 일반채권자의 배당절차 종료 후 부당이득반환 청구를 허용하고 있는 나라는 독일밖에 없고, 그 외의 나라들은 적어도 일반채권자에 대해서는 배당절차 종료 후 부당이득반환 청구를 일절 허용하지 않는 것을 알 수 있다. 더욱이 독일에서는 우리나라와 달리 '우선주의'를 바탕으로 배당절차에서 압류채권자의 우선적 권리를 인정하는 강제집행법 체계를 취하고 있으므로, 우리 민사집행법을 해석할 때 독일의 이론이나 실무를 그대로 받아들여서는 안 된다.

나) 민사집행법이 정한 배당절차의 특수성

배당이의 등을 할 수 있는 기회를 부여받은 채권자가 스스로 배당이의 등을 하지 않아 배당표가 확정되고 배당절차가 종료되어도 그 배당절차에서 배당받은 다른 채권자를 상대로 부당이득반환 청구를 하는 것이 가능한지는 부당이득반환 제도의 실체법적 측면만이 아니라 집행제도와 배당절차의 절차법적 측면을 함께 고려하여 결정할 문제이다. 그러므로 다음과 같은 점에 비추어 보면 배당이의 하지 않은 자의 부당이득반환을 부정되어야 한다.

(1) 부당이득반환청구는 민사집행법이 예정하지 않은 구제수단

민사집행법은 채권자에게 배당기일을 통지하여 배당기일에 이의할 수 있는 기회를 부여함과 동시에 이의가 완결되지 않는 경우를 대비하여 배당이의의 소라는 권리구제수단까지 마련하고 있고, 채권자가 배당이의의 소 이외의 소로 권리를 행사할 수 있는 경우를 '이의한' 채권자가 '배당이의의 소의 제소기간을 지키지 않은 경우'로 한정하고 있다. 이는 배당에 관한 분쟁이 집행절차 내에서 종결되도록 함으로써 배당절차를 조속히 확정하고 집행제도의 안정을 도모하려는 데 그 취지가 있다. 따라서 종래 대법원 판례처럼 배당이의 등을 하지 않은 채권자가 배당절차 종료 후에 아무런 제한 없이 부당이득반환을 청구할 수 있도록 허용하는 것은, 민사집행법이 정하고 있는 절차를 거쳐 확정된 배당표를 사후에 민사집행법이 예정하지 않은 수단에 의하여 뒤집는 것이 되어 그 입법 취지에 반하고, 배당표에 의한 배당의 결과를 불안정하게 하며, 배당기일에서 이루어진 여러 절차를 헛수고에 그치게 할 우려가 크다.

(2) 신의성실 및 금반언의 원칙위반

민사집행법이 배당기일에서의 이의(제151조)나 배당이의의 소(제154조)라는 제도를 마련하여 채권자의 실체법적 권리관계를 주장할 수 있는 구제수단을 보장하고 있는데도, 스스로 그 기회를 이용하지 않은 채권자는 배당표에 의해 정해진 실체법적 권리관계를 더 이상 다투지 않겠다는 의사를 소극적으로 표명한 것으로 평가할 수 있다. 따라서 배당이의 등을 하지 않아 배당표가 확정된 후 그 배당표가 잘못되었다고 주장하는 것은 그 자체로 신의성실의 원칙에서 파생된 금반언의 원칙에 반한다.

(3) 절차법에 따른 실체법상 권리 실권

절차법이 정한 진행단계에 따른 일정한 행위를 하지 않은 사람은 설령 그가 실체법상 정당한 권리자라고 하더라도 그 절차에서는 '실권'되는 것이 당연한 법리이다. 채권자가 배당이의 등을 하지 않은 채 배당절차가 종료되었더라도 실제 배당을

받지 못한 이상 실체법상 권리가 소멸하는 것은 아니므로, 채권자는 채무자의 다른 재산에 대해서 얼마든지 강제집행 등을 할 수 있다. 그러나 해당 배당절차에서 그러한 실체법상 권리를 실현할 수 있는 절차적 구제수단에 제한이 있다면 그에 따를 수밖에 없고, 그 배당절차에서 확정된 권리관계를 다른 방법으로 부정할 수 없다고 보아야 한다.

가령 민사소송절차에서는 실기한 공격방어방법의 각하(민사소송법 제149조), 소송절차에 관한 책문권, 소취하 후의 재소금지(민사소송법 제267조 제2항), 상소기간 등이 있고, 민사집행절차에서는 배당요구의 종기(민사집행법 제84조)나 즉시항고 등이 있다.

판례도 배당요구의 종기 제도에 의하여 달성되는 경매제도의 효율적 운영은 더욱 중요한 공익에 속한다는 이유로 배당요구의 종기를 첫 매각기일 전까지의 범위에서 정하도록 한 것은 합리적인 입법조치라고 판시한 바 있다(대법원 2014. 6. 17.자 2014그85 결정 등 참조). 위와 같이 '배당요구의 종기' 단계에서 이루어지는 집행절차법 원리에 의한 실체법상 권리의 제약은 '배당절차의 종료' 단계에서도 마찬가지로 유지되어야 한다. 그에 대한 예외는 민사집행법 제155조(이의한 채권자가 배당이의의 소제기 증명서류 제출기간을 준수하지 못한 경우)와 같이 명시적 규정이 있는 경우로 한정될 수밖에 없다.

다) 민사집행법이 정한 절차에 따른 배당 자체가 법률상 원인임

(1) 채권자들 합의의 기속력 - 합의 자체를 법률상 원인으로 볼 여지가 큼

민사집행법은 배당표의 확정과 그에 따른 배당을 실시할 때 채권자에게 다른 채권자와 합의하거나 그에 대하여 이의를 하는 등으로 이해관계를 조정할 수 있는 기회를 부여하고 있다(제150조 제2항, 제151조 제3항). 그리고 배당기일에 출석한 채권자들의 합의가 있는 경우와 배당이의에 관계된 채권자가 이의를 정당하다고 인정한 때에 집행법원이 이에 기속되도록 하고 있다(제152조 제2항).

민사집행법은 배당을 실시할 때 1차적으로 합의에 의한 배당을 하고 그러한 합의가 이루어지지 않을 경우 비로소 법률에서 정한 우선순위나 안분비례의 방법으로 배당하도록 하고 있다. 배당에 참가한 채권자 상호 간의 배당관계는 채권자의 자주적인 태도결정에 따라 얼마든지 변경될 수 있고, 배당의 순위나 액수 등이 실체관계와 엄밀하게 합치될 것을 요구하고 있지도 않다. 따라서 배당기일에서의 '합의'와 같이 채권자의 자주적인 태도결정의 결과로 배당금이 다른 채권자에게 귀속되었다면 이를

'법률상 원인'이 없는 부당이득이라고 할 수 없다.

이러한 법리는 채권자가 적법한 배당기일 통지를 받아 배당기일에 출석하여 이의할 수 있는 기회를 가지게 되었음에도 이의하지 않은 경우에 마찬가지로 적용된다고 보아야 한다. 이의할 기회를 부여받은 채권자가 스스로의 선택에 따라 배당이의 등을 하지 않았다면 이 역시 채권자의 자주적인 태도결정에 해당하고, 합의배당에 준하여 그 배당결과에 '법률상 원인'이 없다고 볼 것은 아니기 때문이다.

(2) 배당요구 하지 않아 배당 못 받은 채권자 등과의 형평

대법원은 배당요구의 종기까지 배당요구를 하지 않은 채권자나 경매신청서에 피담보채권 중 일부만을 청구금액으로 기재한 채권자의 부당이득반환 청구를 배척하고 있는데, 이와 달리 배당이의 등을 하지 않은 채권자의 부당이득반환 청구를 허용하는 것은 논리적으로 일관되지 않다. 배당이의 등을 할 것인지 여부도 배당요구나 일부청구에서와 마찬가지로 채권자의 의사에 맡겨져 있으므로, 배당이의 등의 경우만 달리 취급할 이유가 없다. 특히 경매 진행사실 자체를 알지 못하였거나 법률의 부지 등으로 인하여 배당요구를 하지 못한 채권자보다 배당기일 통지를 받고도 출석하지 않은 채권자나 배당기일에 출석하였음에도 이의하지 않은 채권자 등을 더 보호하는 것은 형평의 관점에서 보더라도 쉽게 납득하기 어렵다.

라) 종전 대법원 판례의 태도인 배당이의 불요설의 문제점

(1) 다수 당사자를 장기간 불안정한 상태에 놓아두게 된다는 심각한 문제가 있음.

종래 대법원 판례대로라면 배당기일에서 이의를 하지 않은 채권자도 그 채권의 소멸시효(통상 10년)가 완성되기 전이면 언제라도 부당이득반환 청구를 할 수 있게 된다. 그러나 민사집행사건기록의 보존기간은 '배당의 실시(지급 또는 공탁)가 완료된 때부터 3년'이므로[재판서·사건기록 등의 보전에 관한 예규 제2조 (바)목 및 별표 참조], 적어도 기록보존기간이 경과한 이후의 부당이득반환 청구소송에서 소송당사자들은 모두 불충분한 증거와 그로 인해 불명확한 법률관계를 감수해야 한다. 또한 배당결과는 다수의 채권자들과 이해관계가 얽혀 있기 때문에 채권자 한 명의 부당이득반환 청구를 허용하면 연쇄적으로 다른 채권자들에게도 영향을 미치게 되는데, 이는 배당절차가 종료된 이후에도 장기간 그 배당과 관련한 법률관계를 불안정한 상태에 놓아두게 된다는 심각한 문제가 있다.

(2) 집행절차 자체의 내재적 한계

현행 민사집행법상 배당에 참가한 채권자가 권리관계나 순위 등을 확인하고 배

당이의 여부를 결정하는 데 필요한 배당표원안의 열람기간이 최대 3일에 불과하고(제149조 제1항), 배당기일부터 1주 이내에 배당이의의 소를 제기하고 그 증명서류까지 집행법원에 제출해야 하므로(제154조 제1, 3항), 배당에 참가한 채권자가 실체적 권리관계의 존부, 액수와 순위 등을 정확하게 판단하기에는 너무 짧은 기간이다. 결국 실체적 배당금 수령권의 존부는 최종적으로 배당이의소송 등을 통해 판단될 수밖에 없고, 집행절차 내에서는 아무리 충분한 시간과 정보를 제공하더라도 그 확인에 한계가 있을 수밖에 없다.

바. 사견

최근 선고된 대법원 전원합의체 판결의 다수의견에 의하면 배당절차가 모두 종료되었음에도 민사집행법이 예정하지 않은 방법인 부당이득반환 청구 소송을 통하여 배당결과를 사후적으로 뒤집을 수 있는 길을 열어놓아 배당표에 의한 배당의 결과를 불안정하게 하고 배당절차에 성실하게 참여한 다른 채권자나 이해관계인의 수고를 무시하는 결과를 초래될 우려가 있는 것은 사실이다.

하지만 개인적으로는 다음과 같은 점에 비추어 보면 아직까지는 최근 선고된 대법원 전원합의체 판결의 다수의견이 더 타당하다고 생각한다.

1) 배당절차라는 집행절차가 실체법상 권리를 소멸시킬 수는 없음

집행법과 실체법 간의 관계의 대원칙을 고려하면, 민사집행법 제155조가 배당이의를 한 자만이 부당이득반환청구 등을 할 수 있다는 취지로 규정하였다고 하여, 민사집행법 제155조를 근거로 곧바로 실체법상의 부당이득반환청구를 차단하는 실체법적 효과를 가진다고 볼 수는 없다는 점에서 전원합의체 판결의 반대의견은 근본적으로 받아들이기 어렵다.

2) 배당절차의 운영상 문제점이 많음

특히나 배당절차의 실무상의 운영모습을 보더라도, 배당이의를 하지 않았다는 점으로부터 실체법상의 권리를 박탈함은 부적절하다. 배당절차는 판결절차와 달리 법원이 양쪽의 주장을 심리하여 각각의 배당액을 결정하는 절차가 아니어서, 배당받을 채권자들의 각 채권의 존부 및 범위는 부동산등기부 및 배당요구채권자들이 제출한 자료에 의해서만 기계적으로 결정되고, 집행기관이 그 내용을 실질적으로 심사하지는 않는다. 배당표 작성 후를 보더라도, 배당표원안은 배당기일 3일 전에 법원에 비치될 뿐이어서, 각 채권자가 배당이의를 결정하기가 쉽지 않다. 특히나 열람기간 3일과 배

당이의 소 제기 후 자료제출기간 1주일은 배당표가 실체적인 권리를 정확하게 반영하고 있는지를 판단하는 데 너무 짧은 기간이고 최근 헌법재판소는 형사소송법상 3일의 즉시항고 기간이 지나치게 짧아 재판청구권을 침해한다는 이유로 헌법불합치 결정을 한 바 있을 뿐만 아니라 우리와 같은 법제를 취하고 있는 독일이 배당기일로부터 1개월로 상당한 기간을 허여하고 있는 점에 비추어 보면 현재의 배당실무는 문제가 있어 보인다.

나아가 만약 배당이의가 없으면 실체적 권리가 박탈된다고 정해 두게 되면 오히려 다수의 채권자들이 일단 배당이의를 해 놓고 보자는 반응을 보일 수 있어서 실무운영이 마비될 수도 있다. 특히나 채권자들이 배당기일에 의무적으로 출석해야 하는 것은 아니며. 배당기일 지정 시에 법원이 채권자들의 의견을 들어서 지정하지도 않는다는 측면에서 보더라도 배당이의를 하지 않았다는 이유만으로 실체법상의 부당이득반환청구권을 박탈하는 것은 부적절해 보인다.[27]

3) 배당이의 절차의 변화로 인해 종전 대법원 판결 유지가 더욱 절실함

2017. 7. 1.부터 사법보좌관 규칙의 개정으로 법관들이 배당이의 절차에 관여하지 않고, 사법보좌관이 배당표를 작성한 다음 사법보좌관이 배당이의를 받은 후 바로 배당이의소송 절차로 이어지고 있다(종래에는 사법보좌관에게 배당이의를 한 경우 다시 법관이 배당표를 작성한 후 배당이의를 받는 절차가 있었다). 그런데 종래 배당이의 불요설이 주된 근거로 들고 있는 실체관계와 달리 배당표가 확정된 데에는 그에 대하여 제대로 다투지 않은 채권자의 잘못도 있지만 집행법원이 실체적으로 잘못 판단한 측면도 무시할 수 없기 때문에, 집행법원이 실체관계를 제대로 파악하지 못하여 실체관계와 다른 배당표를 작성한 경우에는 배당이의 여부를 불문하고 부당이득반환 소송이 가능하게 하여야 한다는 점이 지적되었었다.

그런데 최근과 같은 제도의 변경으로 법관이 아닌 사법보좌관만이 배당표의 작성과 배당이의 절차에 관여하게 된다면, 변호사나 당사자들로서는 그 배당표 작성의 근거가 된 실체관계의 판단은 법관의 관여를 전혀 거치지 않은 사법보좌관만의 판단만을 받게 되고, 사법보좌관이 실체관계나 법리를 잘못 파악하여 실체관계와 다른 배당표를 작성한 것임에도 불구하고 사법보좌관의 판단을 믿고 배당이의를 하지 않았다는 이유만으로, 자신의 권리를 부당이득반환 청구를 통하여 회복하지 못하게 되는

27) 동지 전원열, "민사집행절차상 배당요구·배당이의와 부당이득반환청구권", 저스티스통권 제178호, 한국법학원(2020), 244

문제가 있을 수도 있다.

4) 배당이의 하였으나 배당이의 소 취하 간주된 사람을 달리 볼 이유 없음

민사집행법 규정에 비추어 보았을 때, 처음부터 배당이의를 하지 않은 사람과 배당이의를 하였으나 기한 내에 소 제기 증명서류를 제출하지 않거나, 제1회 기일에 불출석하여 배당이의 소송이 취하간주된 사람 사이에 차이를 두어야 할 차이가 없는데, 배당이의설에 의하면 배당이의를 하지 않은 사람은 보호하지 않고 배당이의를 하였으나 배당이의 소 취하 간주된 사람만 보호하여서 문제이다.

3. 배당요구가 필요한 채권자임에도 배당요구를 하지 않은 경우의 부당이득반환청구권(= 부정)[28]

민사집행법 제148조의 배당받을 채권자에는 아래와 같은 두 그룹으로 크게 분류할 수 있다.

배당요구 없이도 당연히 배당받을 수 있는 채권자	배당요구를 한 경우에 한하여 배당받을 수 있는 채권자(제2호, 민사집행법 제88조 제1항)
ⓐ 배당요구의 종기까지 경매신청을 한 압류채권자(제1호) ⓑ 첫 경매개시결정등기 전에 등기된 가압류채권자(제3호) ⓒ 저당권·전세권, 그 밖의 우선변제청구권으로서 첫 경매개시결정등기 전에 등기되었고 매각으로 소멸하는 것을 가진 채권자(제4호)	㉮ 집행력 있는 정본을 가진 채권자 ㉯ 경매개시결정이 등기된 뒤에 가압류를 한 채권자 ㉰ 민법·상법, 그 밖의 법률에 의하여 우선변제청구권이 있는 채권자

하지만 위에서 본 배당받을 수 있는 채권자 중 배당요구를 한 경우에 한하여 배당을 받을 수 있는 채권자가 배당요구를 하지 않은 경우에도 배당절차를 통하여 배당금을 배당받은 채권자들을 상대로 부당이득반환을 청구할 수 있는지가 문제된다.

28) 주석 민사집행법(Ⅳ)(3판, 2012), 259-262

가. 학설의 대립[29)]

1) 배당이의 않은 자의 부당이득반환 부정하는 견해는 부정설

2. 가.항에서 살펴본 바와 같이 배당요구를 하였으나 배당표에 대하여 이의하지 아니한 채권자의 부당이득반환청구권을 인정할 것인지에 관하여 부정설을 취하는 견해에 따르면 배당요구조차 하지 아니한 채권자의 부당이득반환청구권은 당연히 부정할 것이다.[30)] 즉 배당요구 후 배당이의하지 않은 채권자가 부당이득반환청구권을 가지지 못한다면 배당요구 조차 하지 않은 채권자는 더더욱 부당이득반환 청구권을 가질 수 없다 할 것이기 때문이다.

2) 배당이의 않은 자의 부당이득반환 긍정하는 견해는 부정설과 긍정설로 나뉨

배당이의의 진술을 하지 않은 채권자의 부당이득반환청구를 긍정하는 입장에서는 ① 경매절차개시의 기입등기 당시에 부동산등기부상 나타나지 않은 권리는 적절한 시간 내에 신고하여야 하고 이를 해태하면 배당시에 다른 권리보다 후순위가 된다는 규정이 있어 그로써 불이익을 입은 채권자에게 부당이득반환청구권이 인정되지 않는다고 하는 독일과는 달리 우리 민사소송법에는 그와 같은 규정이 없으므로 배당이의를 하지 아니한 채권자의 경우와 달리 볼 수 없다는 긍정설[31)]과 ② 민사소송법에서 배당요구의 종기를 두고 있는 취지에 비추어 채권자가 부당이득반환청구를 하기 위해서는 배당에 참가할 수 있는 형식적 요건, 즉 적법한 배당요구가 있어야 하고, 배당요구를 하지 않은 채권자는 당해 집행절차에서 배당을 받을 자가 아니고 따라서 법률상 원인 없이 타인의 재산으로 이익을 얻고 타인에게 손해를 가한 때라는 부당이득의 요건에 해당하지 않는다는 부정설[32)], ③ 배당요구채권자는 경락기일까지 배당요구를 한 경우에 한하여 비로소 배당을 받을 수 있고, 적법한 배당요구를 하지 아니한 경우에는 실체법상 우선변제청구권이 있는 채권자라 하더라도 배당을 받을 수 없으므로 그 배당표에는 실체적 하자가 있다고 할 수 없고 따라서 부당이득반환청구도 할 수 없으나, 다만 우선변제권 있는 주택임차인의 경우에는 달리 볼 여지도 있다는 절충설[33)]이 있다.

---

29) 이영갑, 배당이의판결의 기판력과 부당이득반환청구, 판례연구12집, 부산판례연구회(2000), 1071

30) 민일영·오종윤, 배당 후의 부당이득반환청구에 대한 의견서, 판례실무연구(Ⅰ), 비교법실무연구회 편, 595

31) 이주흥, 배당절차와 관련된 부당이득반환청구, 판례실무연구(Ⅰ), 비교법실무연구회 편, 586

32) 김상근, 조세 및 임금채권의 우선권과 배당, 민사집행에 관한 제문제(하), 법원도서관, 재판자료 72집, 204

33) 서기석, "배당절차 종료 후 채권자의 부당이득반환청구", 대법원판례해설, 1996년 하반기(통권

나. 대법원 판례

대법원 2020. 10. 15. 선고 2017다216523 판결에 의하면 "① 집행력 있는 정본을 가진 채권자, 경매개시결정이 등기된 뒤에 가압류를 한 채권자, 민법·상법, 그 밖의 법률에 따라 우선변제청구권이 있는 채권자는 배당요구의 종기까지 배당요구를 한 경우에 한하여 비로소 배당을 받을 수 있다(민사집행법 제88조 제1항, 제148조 제2호). ② 배당이의의 소에서 원고적격이 있는 사람은 배당기일에 출석하여 배당표에 대한 실체상 이의를 신청한 채권자나 채무자에 한정된다. 채권자로서 배당기일에 출석하여 배당표에 대한 실체상 이의를 신청하려면 실체법상 집행채무자에 대한 채권자라는 것만으로 부족하고 배당요구의 종기까지 적법하게 배당요구를 했어야 한다. 적법하게 배당요구를 하지 않은 채권자는 배당기일에 출석하여 배당표에 대한 실체상 이의를 신청할 권한이 없으므로 배당기일에 출석하여 배당표에 대한 이의를 신청하였더라도 부적법한 이의신청에 불과하고, 배당이의의 소를 제기할 원고적격이 없다 ③ 배당받을 권리 있는 채권자가 자신이 배당받을 몫을 받지 못하고 그로 말미암아 권리 없는 다른 채권자가 그 몫을 배당받은 경우에는 배당이의 여부 또는 배당표의 확정 여부와 관계없이 배당받을 수 있었던 채권자가 배당금을 수령한 다른 채권자를 상대로 부당이득반환청구를 할 수 있지만, 집행력 있는 정본을 가진 채권자 등은 배당요구의 종기까지 배당요구를 한 경우에 한하여 비로소 배당을 받을 수 있고, 적법한 배당요구를 하지 않은 경우에는 매각대금으로부터 배당을 받을 수는 없다. 이러한 채권자가 적법한 배당요구를 하지 않아 배당에서 제외되는 것으로 배당표가 작성되어 배당이 실시되었다면, 그가 적법한 배당요구를 한 경우에 배당받을 수 있었던 금액에 해당하는 돈이 다른 채권자에게 배당되었다고 해서 법률상 원인이 없는 것이라고 할 수 없다."라고 판시하여 배당요구 채권자가 적법한 배당요구를 하지 않은 경우에는 배당이의의 소도 제기할 수 없을 뿐만 아니라 배당절차에 따라 배당된 돈에 대하여 부당이득반환 청구도 할 수 없음을 명시적으로 밝혔다.

대법원 판례는 ① 우선변제청구권이 인정되는 주택임차보증금반환채권자(대법원 1998. 10. 13. 선고 98다12379 판결), 임금채권자(대법원 1997. 4. 25. 선고 96다55709 판결)도 배당요구를 한 경우에 한하여 배당을 받을 수 있고, "적법한 배당요구를 하지 아니한 경우에는 비록 실체법상 우선변제청구권이 있다 하더라도 배당을 받을 수는 없으므로, 적법한 배당요구를 한 경우에 배당받을 수 있었던 금액 상당의

第27호), 법원도서관, 166

금원이 후순위채권자에게 배당되었다고 하여 이를 법률상 원인이 없는 것이라고 할 수 없다."고 판시하여(대법원 1996. 12. 20. 선고 95다28304 판결 등 참조), 우선변제청구권이 있는 자가 배당요구를 하지 않았을 때 부당이득반환 청구를 부정하고 있을 뿐만 아니라, ② 집행력 있는 정본을 가진 일반 채권자의 경우에도, 집행력 있는 정본을 가진 채권자 등은 배당요구의 종기까지 배당요구를 한 경우에 한하여 비로소 배당을 받을 수 있는데, 적법한 배당요구를 하지 않은 경우에는 매각대금으로부터 배당을 받을 수는 없다. 이러한 채권자가 적법한 배당요구를 하지 않아 배당에서 제외되는 것으로 배당표가 작성되어 배당이 실시되었다면, 그가 적법한 배당요구를 한 경우에 배당받을 수 있었던 금액에 해당하는 돈이 다른 채권자에게 배당되었다고 해서 법률상 원인이 없는 것이라고 할 수 없다(대법원 2020. 10. 15. 선고 2017다216523 판결)"고 판시하여 일반 채권자가 배당요구를 하지 않았을 때도 부당이득반환 청구를 부정하고 있다.

다. 사견

배당절차가 적법하게 진행되었음에도 불구하고, 그 절차에서 배당요구하지 아니한 채권자까지 보호할 필요는 없을 뿐 아니라 적법한 배당요구를 하지 아니한 채권자는 당해 집행절차에서 배당을 받을 자가 아니라고 할 것이므로 그러한 채권자의 부당이득반환청구를 배척한 대법원의 결론은 타당하다고 생각된다.

4. 채권의 일부만을 청구하여 배당표가 확정된 우선채권자의 부당이득 청구 가부

경매신청권자가 일부청구를 한 경우 청구하지 아니한 부분에 관하여 부당이득반환청구를 허용할 것인가에 관하여는 일부청구의 확장여부와 관련하여 견해가 대립되고 있다.

가. 학설

1) 긍정설

저당권자가 경매신청 시에 채권 중 일부만을 채권액으로 표시하였다고 하여 나머지 채권액에 대한 우선변제청구권을 잃는다고 말할 수는 없고, 나머지 채권액에 대하여도 배당표가 작성되기 전까지는 여전히 다른 채권자들에게 우선변제청구권을 주장할 수 있다고 보아야 하며, 따라서 그 저당권자는 나머지 채권액을 가지고 배당기일에 앞서 채권계산서를 제출하였음에도 배당을 받지 못하였다면 나중에 배당을 받은 다른 채권자들를 상대로 부당이득반환청구를 할 수 있다는 견해이다.[34)]

2) 부정설

청구금액의 확장허부에 관하여 제한설을 취하는 한 가사 경매신청권자가 경락기일 이전에 청구금액을 가지고 채권계산서를 제출하거나 나머지 금액을 가지고 배당요구를 하더라도 이를 반영하지 아니한 배당표의 기재 내용에는 아무런 실체적 하자가 없는 것이므로 그 배당표에 따라 배당받은 후순위 채권자가 이득을 했다고 해서 이를 법률상 원인 없다고 할 수 없고, 따라서 부당이득반환청구를 허용할 수 없다는 견해이다.[35)]

3) 절충설

경매신청 당시 당해 근저당권의 피담보채권에 속하는 것인 이상 신청 당시에 기재하지 아니한 나머지 채권에 대하여도 채권계산서의 제출 등에 의하여 청구금액을 확장할 수 있다는 전제하에 경매신청채권자인 근저당권자가 경락기일에 이르기 전까지 청구금액을 확장한 채권계산서 등을 법원에 제출하였음에도 불구하고 그 채권의 전부 또는 일부를 변제받지 못하고 후순위 채권자에게 배당된 경우에 한하여 그 후순위 채권자를 상대로 부당이득 반환청구를 할 수 있고 경락기일이후에야 청구금액을 확장하였다거나 배당표의 확정 및 실시에 관하여 아무런 이의를 제기하지 아니한 경우에는 부당이득반환청구조차 할 수 없다고 보아야 한다는 견해이다.[36)]

나. 판례

대법원은 “담보권의 실행을 위한 경매에서 신청채권자가 경매를 신청함에 있어서 경매신청서에 피담보채권 중 일부만을 청구금액으로 기재하였을 경우에는 다른 특별한 사정이 없는 한 신청채권자가 당해 경매절차에서 배당을 받을 금액이 그 기재된 채권액을 한도로 확정되고, 신청채권자가 채권계산서를 제출하는 방법에 의하여 청구금액을 확장할 수 없다고 할 것이므로, 설사 신청채권자가 경매신청서에 기재하

34) 김교창. 임의경배절차상 청구금액의 확정시기, 오당 박우동선생 화갑기념 민사재판의 제문제 제8권 민사실무연구회(1994), 885

35) 서명수. 담보권실행경매신청권자의 청구금액 확장의 허용여부, 판례실무연구 I 박영사(1997) 572;, 서기석, 배당절차종료후 채권자의 부당이득반환청구, 판례실무연구 I 박영사(1997), 727

36) 김능환, "경매신청채권자의 청구금액의 확장", 판례실무연구(Ⅰ), 비교법실무연구회 편, 560, 민일영·오종윤, "배당 후의 부당이득반환청구에 대한 의견서", 판례실무연구(Ⅰ), 비교법실무연구회 편, 596

지 아니한 다른 피담보채권을 가지고 있었다고 하더라도 청구금액을 확장한 채권계산서를 제출하는 방법으로는 피담보채권액 중 경매신청 당시의 청구금액을 초과하는 금액에 관하여는 배당에 참가할 수 없으며, 배당법원으로서는 경매신청 당시의 청구금액만을 신청채권자에게 배당하면 족하다. 따라서 근저당권자가 경매신청서에 피담보채권 중 일부만을 청구금액으로 기재하여 담보권의 실행을 위한 경매를 신청한 후 청구금액을 확장한 채권계산서를 제출하였을 뿐 달리 경락기일까지 이중경매를 신청하는 등 필요한 조치를 취하지 아니한 채 그대로 경매절차를 진행시켜 경매신청서에 기재된 청구금액을 기초로 배당표가 작성·확정되고 그에 따라 배당이 실시되었다면, 신청채권자가 청구하지 아니한 부분의 해당 금원이 후순위채권자들에게 배당되었다 하여 이를 법률상 원인이 없는 것이라고 볼 수는 없다."고 판시하여 부정설의 입장에서 있다(대법원 1997. 2. 28. 선고 96다495 판결).

대법원 2000. 9. 8. 선고 99다24911 판결 또한 "담보권의 실행을 위한 경매절차에서 경매신청채권자에 우선하는 근저당권자가 경락기일 전에 피담보채권액에 관한 채권계산서를 제출하거나 그 후 배당표가 작성될 때까지 이를 보정함으로써 그에 따라 배당표가 확정되고, 그 확정된 배당표에 의하여 배당이 실시되었다면, 채권계산서를 전혀 제출하지 아니하여 등기부상 채권최고액을 기준으로 하여 배당하여야 할 경우와는 달리, 제출 또는 보정된 채권계산서상의 채권액을 기준으로 하여 배당할 수밖에 없고, 신고된 채권액을 초과하여 배당할 수는 없는 만큼, 배당할 금액에서 선순위 근저당권자가 미처 청구하지 못함으로 인하여 그에게 배당되지 아니한 피담보채권 중 일부에 해당하는 금액이 후순위 채권자 등에게 배당되었다 하더라도, 이를 법률상 원인이 없는 것이라고 볼 수는 없다."라고 판시하여 동일한 입장을 취하고 있다.

다. 소결

대법원 판결은 담보권의 실행을 위한 경매에서 청구금액의 확장을 인정하지 아니하는 부정설의 입장을 취하고 있는 바, 이러한 대법원의 견해를 따르는 한 경매신청채권자가 경락기일 이전에 청구금액을 확장한 채권계산서를 제출하거나 나머지 금액을 가지고 배당요구를 하더라도 집행법원으로서는 이를 반영할 수 없고, 따라서 그 당연한 결과로서 경매신청서에 기재된 청구금액을 기초로 배당표가 작성될 것이며, 그 확정된 배당표에 따라 배당이 실시되었다면 신청채권자가 경매신청 당시 경매신청서에 피담보채권 중 일부만을 기재함으로써 청구금액으로 되지 아니한 부분의 해당 금원이 후순위 채권자들에게 배당되었다 하더라도 이를 법률상 원인이 없는 것이라고 볼 수는 없을 것이므로, 부정설을 취할 수밖에 없다.

라. 배당요구하지 않은 채권자에 대한 대법원 판례의 태도 정리(배당요구 자체를 하지 않던, 일부 금액만 배당요구하지 않던 부당이득반환 부정)

앞서 본 바와 같이, 대법원은 '배당요구를 하지 않은 채권자'를 두 가지 경우로 나누어 취급하고 있다.

1) 배당요구 자체를 하지 않은 채권자

즉 배당이의 없는 채권자의 부당이득반환청구 문제에 관하여 이를 긍정한 초기 대법원 판결들은 그 채권자 중 '배당요구'를 한 채권자라야 원고가 될 수 있는지를 명시하지 않았으나, 위의 대법원 1996. 12. 20. 선고 95다28304 판결이 "임금채권자 등 실체법상 우선변제청구권이 있는 채권자라도 그가 적법한 배당요구를 하지 아니한 경우. 부당이득반환청구권이 인정되지 않는다."라고 판시하여 애초에 배당요구를 하지 않았다면 ―배당요구를 했다가 배당이의를 하지 아니하여 배당절차종결 후 부당이득반환청구를 하는 채권자와는 달리― 그 후에 부당이득반환청구를 할 수 없다고 명시적으로 판단하여, 배당요구 유무에 따라 부당이득반환청구 가부를 분명히 구별해서 판단했다. 그 후, 대법원 1997. 2. 25. 선고 96다10263 판결, 대법원 1998. 10. 13. 선고 98다12379 판결, 대법원 2002. 1. 22. 선고 2001다70702 판결이 위 판시를 반복하면서, 배당요구를 하지 않은 채권자의 부당이득반환청구를 일관해서 부정했다.

2) 일부 금액만 배당요구하고 나머지 금액은 배당요구 하지 않은 채권자(배당요구 하지 않은 부분은 배당요구 자체를 하지 않은 채권자와 동일하게 취급)

그리고 대법원 2005. 8. 25. 선고 2005다14595 판결은, 배당요구를 해야 배당을 받을 수 있는 채권자가 채권 중 일부 금액만을 배당요구한 경우에, 배당요구하지 않았던 채권을 경락기일 이후에 추가, 확장할 수는 없으며. 배당종결 후에 부당이득의 반환을 청구할 수도 없다고 판단하였다. 그리고 그 후에도 이런 경우 부당이득반환청구를 부정하는, 같은 취지의 판시는 이어졌다.

3) 부당이득반환 부정에 이설이 없음

위와 같이 '배당요구 후에 배당이의를 하지 않았던 채권자'의 부당이득반환청구에 대해 찬반 양론이 반복하여 제시되고 전원합의체 판결의 대상이 된 것과 달리, '배당요구를 하지 않았던(그래서 당연히 배당이의도 하지 않은) 채권자의 부당이득반환청구에 대해서는 이를 부정하는 판결이 확립되어 있으며, 이러한 결론에 대해 학설에서도 반대하는 견해를 찾아볼 수 없다.

5. 배당이의의 소송 당사자의 배당이의 소송 패소 확정 후 부당이득반환 청구 가부[37)]

배당이의 소의 본안판결은, 원·피고 당사자 사이에서만 그 효력이 생기고(상대효), 다른 채권자나 채무자에게 그 효력이 미치지 아니한다. 이러한 배당이의 소의 본안판결에 기판력을 인정할 수 있을 것인가에 관하여 채권자가 배당절차 종료 후에 배당받은 다른 채권자를 상대로 부당이득반환청구를 할 수 있는가 하는 점과 관련하여 견해가 나누어지고 있다. 배당이의 소의 성질론의 차이가 단적으로 나타나는 것이 바로 이 점에 관한 것이다.

가. 학설의 대립

1) 배당이의소송 본안판결에 기판력을 인정하는 견해

배당이의소송의 성격이 ① 배당기일에서의 이의의 당부, 즉 이의의 대상인 채권의 존부, 범위, 순위의 확인을 구하는 확인소송이라는 실체적 확인소송설이나, ② 채권 내지 담보권의 확인과 배당표의 변경 내지 실효라고 하는 확인기능과 형성기능을 병유하는 특수한 소송이라는 구제소송설에 의하면, 배당이의 소의 소송물은 배당청구권의 기초인 실체상의 권리이므로 그 소에 의하여 실체상의 권리의 존부를 확정하게 되고, 배당이의소송 본안판결에 기판력을 인정하게 되며, 부당이득반환청구를 부정하게 된다.

2) 배당이의소송 본안판결에 기판력을 부정하는 견해

하지만 배당이의 소의 법적 성질에 관한 견해 중 ① 형성소송설에 의하면, 배당이의 소의 소송물은 배당표변경이라는 소송법상의 형성권이므로 그 소에 의하여 실체법상의 권리의 존부를 확정하는 것은 아니라고 하고, ② 소송상 확인소송설에 의하면, 확인의 대상은 배당절차상의 배당청구권이므로 그 소에 의하여 확정되는 것은 배당청구권이라고 하는 소송법상의 권리에 그칠 뿐 실체상의 권리에는 미치지 않는다고 한다. 그러므로 형성소송설이나 소송상 확인소송설에 의하면 원칙적으로 배당이의소송 본안판결에 기판력을 부정하게 되고, 부당이득반환청구를 긍정하게 된다.

---

37) 이영갑, "배당이의 판결의 기판력과 부당이득반환청구", 판례연구 12집, 부산판례연구회(2001), 1077-1083

다만, 형성소송설의 입장에서도 형성판결에 의한 형성 후에 다시 형성권 내지 형성원인이 존재하지 않았다는 것을 주장하여 부당형성에 의한 손해배상청구 등의 형식으로 분쟁을 재연하는 것은 부당하므로 형성판결에 대하여도 기판력을 인정하여야 한다는 견해가 많다.[38)]

나. 판례(기판력 인정, 부당이득반환청구 부정)

대법원 2000. 1. 21. 선고 99다3501 판결은 최초로 배당이의소송의 당사자였던 채권자가 부당이득반환 청구를 한 경우에 "① 채권자가 제기한 배당이의의 소의 본안판결이 확정된 때에는 이의가 있었던 배당액에 관한 실체적 배당수령권의 존부의 판단에 기판력이 생긴다. ② 배당이의의 소에서 패소의 본안판결을 받은 당사자가 그 판결이 확정된 후 상대방에 대하여 위 본안판결에 의하여 확정된 배당액이 부당이득이라는 이유로 그 반환을 구하는 소송을 제기한 경우에는, 전소인 배당이의의 소의 본안판결에서 판단된 배당수령권의 존부가 부당이득반환청구권의 성립 여부를 판단하는 데에 있어서 선결문제가 된다고 할 것이므로, 당사자는 그 배당수령권의 존부에 관하여 위 배당이의의 소의 본안판결의 판단과 다른 주장을 할 수 없고, 법원도 이와 다른 판단을 할 수 없다"고 하여 배당이의 소의 본안판결에 기판력을 인정하여 부당이득반환청구를 부정하였다.

6. 배당이의 소송 당사자가 아니었던 채권자의 배당이의소송의 결과에 따라 배당을 받은 채권자를 상대로 한 부당이득반환청구의 가부[39)]

가. 논의의 전제

배당이의소송의 당사자가 아니었던 채권자가 원고가 되어 배당이의소송의 당사자였던 채권자를 피고로 하여 부당이득반환을 청구할 수 있는지의 문제는, 판례에 따른 배당이의소송에서의 배당표의 경정범위(흡수설)와 부당이득반환청구소송에서 부당이득의 인정범위(손해 한도)가 불일치하기 때문에 발생한다. 아래에서는 이에 대한 이해를 명확히 하기 위해 배당이의소송에서의 배당표의 경정 범위에 대하여 먼저 살펴보기로 한다.

---

38) 이시윤, 신판 민사소송법, 박영사(1991), 286; 편집대표 김상원 외 3인, 주석 민사소송법(Ⅲ), 207

39) 이호선, "배당이의하지 않은 채권자의 승소채권자를 상대로 한 부당이득반환청구", 재판과 판례 제29집, 대구판례연구회(2020), 89-93

1) 배당이의소송의 경정 범위

가) 학설

배당표의 경정 범위에 대해서는 ① 피고가 배당받을 수 없게 된 금액을 원고와 동순위의 다른 채권자 전원에게 안분하여 원고에게 배당될 금액을 산정한 후 그 한도에서 원고의 배당액에 추가하여야 한다는 '안분설'과 ② 이의를 하지 않은 다른 채권자의 채권을 참작할 필요 없이 피고가 배당받을 수 없게 된 금액을 원고의 채권액에 달할 때까지 원고의 배당액에 흡수하여야 한다는 '흡수설'이 있다.

나) 판례(흡수설)

대법원 1998. 10. 13. 선고 97다27794 판결은 "채권자가 제기한 배당이의 소송은 당사자인 채권자들 사이에서 배당액을 둘러싼 분쟁을 상대적으로 해결하는 것에 지나지 아니하고, 그 판결의 효력은 소송당사자인 채권자들 사이에만 미칠 뿐이므로, 배당이의 소송에서 원고의 이의신청이 받아들여지는 경우에는 이의신청을 하지 않은 다른 채권자가 있다 할지라도 이를 참작함이 없이 그 채권자에게 배당되어야 할 금액을 원고가 가지는 채권액의 한도 내에서 우선 원고에게 배당하여야 한다."고 판시하여 흡수설의 입장을 취하고 있고, 이와 같은 이치는 이의신청을 하지 않은 다른 채권자 가운데 원고보다 선순위의 채권자가 있다고 하여 달라지는 것은 아니다(대법원 2001. 2. 9. 선고 2000다41844 판결).

다) 흡수설에 대한 검토 및 부당이득반환청구권의 발생 단초

흡수설을 취할 경우 배당이의 등을 하지 않은 다른 채권자에게 배당되어야 할 몫까지 배당이의소송을 제기한 채권자에게 돌아가 채권자평등주의에 반하는 면이 있다.

그러나 ① 배당이의소송의 본질이 이의 당사자 사이에 상대적 해결을 도모하기 위한 것이고, ② 배당이의소송을 할 기회를 주었음에도 그 행사를 게을리 한 채권자의 이익까지 고려하여 안분함으로써 배당이의소송을 제기한 원고의 만족을 저감한다는 것은 제도의 본질에 맞지 않으며, ③ 합의에 의한 배당표의 경정도 허용되고, ④ 안분설에 의할 경우 결론적으로 원고의 안분액을 제외한 나머지 부분은 피고에게 남아 있게 됨으로써 오히려 다른 채권자들이 아닌 배당이의소송의 피고가 이익을 보게 되는 면을 고려하면 흡수설이 타당하다 할 것이다.

위와 같이 흡수설을 취할 경우 배당이의를 하지 않거나 배당이의 소송을 제기하지 않은 다른 채권자에게 배당되어야 할 몫까지 배당이의소송을 제기한 채권자에게 돌아가 채권자평등주의에 반하는 결과가 발생하고, 이러한 흡수설의 문제점을 보완하

기 위해서는 배당이의소송의 당사자가 아니었던 다른 채권자가 배당이의소송의 결과에 따라 자신의 몫까지 흡수하여 배당받은 채권자를 상대로 부당이득반환을 구할 수 있어야 하는 것이 아닌가 하는 문제가 발생한다.

2) 부당이득반환청구는 청구권자의 손해 범위 내에서만 인정됨

부당이득반환청구는 청구권자에게 '손해'가 있을 것을 요건으로 하고 반환할 부당이득의 범위도 '손해'를 한도로 하므로, 부당이득의 인정범위를 정함에 있어서는 배당에 참가한 다른 채권자의 채권을 참작하여 청구권자에게 손해가 있는지 여부를 판단하여야 한다.

나. 배당이의소송 당사자 아니었던 채권자가 배당이의 승소채권자 상대로 부당이득반환 청구가 가능한지 여부(흡수설 전제)

1) 배당이의 승소채권자 포함설(법률상 원인 없음, 부당이득반환청구 허용)[40]

이 견해는 배당이의소송 당사자 아니었던 채권자가 배당이의소송의 승소확정판결을 통해 배당을 받은 채권자를 상대로도 부당이득반환을 청구할 수 있다고 한다.

이 입장에 대한 논거로는 ① 다른 채권자들 사이의 배당이의소송의 결과에 따라 '그 부분 배당표가 경정·확정'되었다는 것만으로는, 배당이의소송의 판결의 효력이 미치지 않는 다른 채권자에 대한 관계에서 '법률상 원인'이 된다고 볼 수 없고, ② 배당이의소송의 판결의 효력 자체를 전면부정하는 것이 아니라 그에 따른 '배당금의 귀속'을 '원고와의 관계'에서 문제삼아 부당이득의 반환을 청구하는 것이므로, 반드시 배당이의소송을 무력화시키는 것도 아니며, ③ 부당이득반환을 청구할 수 없다고 보게 되면, '타인들 사이의' 배당이의 소송의 유무라고 하는 우연한 사정에 의하여 '배당을 받지 못한 채권자'가 부당이득반환을 청구할 수 있는지 여부가 좌우되고, 위와 같은 채권자의 권리 행사를 봉쇄할 합리적인 근거도 없으며, ④ 배당이의소송의 결과에 따라 배당을 받은 채권자가 그 소송을 하면서 지출한 비용 등의 수고는 부당이득의 반환 범위[41]를 산정함에 있어 고려하는 방법으로 이익 균형을 조정할 수 있다는 것이다.

---

40) 손현찬, "수 개의 사해행위 취소소송이 중첩된 경우의 법률관계", 재판과 판례 15집(대구판례연구회, 2007), 478

41) 일반적으로 수익자가 법률상 원인 없이 이득한 재산을 처분함으로 인하여 원물반환이 불가능한 경우에 있어서 반환하여야 할 가액은 특별한 사정이 없는 한 그 처분 당시의 대가이나, 이 경우에 수익자가 그 법률상 원인 없는 이득을 얻기 위하여 지출한 비용은 수익자가 반환하여야 할 이득의 범위에서 공제되어야 하고 … (대법원 1995. 5. 12. 선고 94다25551 판결)

2) 배당이의 승소채권자 불포함설(법률상 원인 있음, 부당이득반환청구 배척)[42]

배당이의소송의 판결 또는 확정된 화해권고결정은 별개의 '법률상 원인'에 해당하므로, 배당이의소송을 통해 배당을 받은 채권자에 대하여는 부당이득반환을 구할 수 없다.

이 입장에 대한 논거로는 ① 배당이의소송의 결과에 따른 배당액이 자신의 실체법상 원채권 및 배당금 지급 청구권의 범위 내에 있는 이상 법률상 원이 없는 것이라고 할 수 없고, ② 배당이의소송의 상대적 효력을 엄격히 따질 경우 재판의 효력을 받지 않는 원고가 상대적 효력밖에 없는 재판 결과를 원용하여 피고를 상대로 부당이득을 주장하는 것은 오히려 '피고와 소외 은행 사이의' 배당이의 판결의 상대적 효력과도 맞지 않을 수 있으며, ③ 무엇보다 배당이의소송을 통해 배당을 받은 채권자로서는 소 제기 및 승소를 위해 많은 노력과 비용을 들이고도 이득을 얻지 못하는 결과가 되고, 굳이 배당이의소송을 제기할 필요가 없게 되어 버리므로 제도를 무력화시키는 셈이 된다는 것이다.

다. 판례(= 배당이의 승소채권자 포함설)

대법원 2007. 2. 9. 선고 2006다39546 판결은 "배당이의소송은 대립하는 당사자 사이의 배당액을 둘러싼 분쟁을 그들 사이에서 상대적으로 해결하는 것에 지나지 아니하여 그 판결의 효력은 오직 그 소송의 당사자에게만 미칠 뿐이므로, 어느 채권자가 배당이의소송에서의 승소확정판결에 기하여 경정된 배당표에 따라 배당을 받은 경우에 있어서도, 그 배당이 배당이의소송에서 패소확정판결을 받은 자가 아닌 다른 배당요구채권자가 배당받을 몫까지도 배당받은 결과로 된다면 그 다른 배당요구채권자는 위 법리에 따라 배당이의소송의 승소확정판결에 따라 배당받은 채권자를 상대로 부당이득반환청구를 할 수 있다고 할 것이다."라고 판시하여 배당이의소송의 당사자가 아니었던 채권자가 배당이의소송의 결과에 따라 배당을 받은 다른 채권자에 대하여 부당이득반환을 청구할 수 있다는 배당이의 승소채권자 포함설의 입장을 취하였고, 그 이후 선고된 대법원 2012. 4. 26. 선고 2010다94090 판결, 대법원 2011. 2. 10. 선고 2010다90708 판결에서도 동일한 입장을 취하였고, 심지어 2010다90708 판결은 "배당이의 소송에서 승소하여 배당표를 경정한 것이 사해행위 취소판결에 의한 것이라고 하여 달리 볼 것은 아니다"라고 판시하기까지 하였다.

---

42) 이우재, 부동산 및 채권집행에서의 배당의 제문제(2판, 2012), 1427

한편 최근에 선고된 대법원 2019. 7. 18. 선고 2014다206983 전원합의체 판결은 배당이의 소송절차에서 판결이 확정된 것이 아니라 화해권고가 확정된 사안에서도 "담보권 실행을 위한 부동산경매절차에서 근저당권자인 갑 은행에 2순위로 채권액 전부가 배당되고 일반채권자인 신용보증기금과 을 주식회사 등에는 6순위로 채권액 일부만 배당되자 배당기일에 출석한 을 회사가 갑 은행에 배당된 배당금에 관하여 이의하고 갑 은행을 상대로 배당이의의 소를 제기하여 확정된 화해권고결정에 따라 갑 은행에 배당된 배당금 전액을 수령하였는데, 그 후 위 배당기일에 출석하였으나 이의하지 않은 신용보증기금이 을 회사를 상대로 을 회사가 수령한 배당금 중 신용보증기금의 채권액에 비례한 안분액에 대해서 부당이득반환을 구한 사안에서, 갑 은행에 잘못 배당되었던 배당금은 배당절차에서 자신의 채권액 전부를 배당받지 못한 6순위 채권자들에게 평등하게 분배되어야 하고, 위 배당금 중 6순위 채권자인 신용보증기금의 채권액 비율에 따른 안분액은 신용보증기금에 귀속되어야 하는데도 을 회사가 신용보증기금의 몫을 포함한 배당금 전액을 배당받은 것은 법률상 원인 없이 이익을 얻은 것이므로, 을 회사는 이를 신용보증기금에 부당이득으로 반환할 의무가 있고, 을 회사가 갑 은행과 사이에 배당이의소송을 통해 확정된 화해권고결정에 따라 배당금을 수령하게 된 것이더라도 달리 볼 것은 아니다."라고 판시하여 판결이 아닌 화해권고 결정으로 배당이의 소송이 확정된 경우까지 배당이의 승소채권자 포함설의 적용범위를 넓혔다.

라. 사견

배당에 함께 참여한 채권자들은 서로 정해진 매각대금을 둘러싸고 어느 채권자에게 우선적으로 또는 더 많은 액수가 배당되면 다른 채권자가 배당을 받지 못하거나 덜 받게 되는 반대의 이해관계를 가지고 있으므로, 원채권의 범위 내 배당이라는 것만으로 다른 채권자에 대한 관계에서 법률상 원인이 있다고 주장하기 어려워 보이고, 배당이의 소송의 상대적 효력은 기속력에 있어서 상대적이라는 제한을 둔 것으로 봄이 타당하고, 실체적 권리관계를 판단함에 있어서는 그 판단을 존중함이 타당할 것으로 보이며, 배당이의소송을 제기한 채권자의 수고와 노력은 부당이득 반환 범위를 산정함에 있어 고려할 수 있을 것으로 보이는 바, 배당이의 소송의 상대적 효력에 따른 문제점을 보완하고 실체권 권리관계에 부합하는 결과에 이를 수 있도록 하는 배당이의 승소채권자 포함설이 타당하다고 생각한다.[43)]

43) 동지 이호선, “배당이의하지 않은 채권자의 승소채권자를 상대로 한 부당이득반환청구”, 재판과 판례 제29집, 대구판례연구회(2020), 93

제6장 배당금의 지급

Ⅰ. 배당을 실시하여야 할 경우

1. 배당이의가 없는 경우

1) 채권자 및 채무자로부터 적법한 이의가 없는 경우 또는 배당기일에 출석하지 아니함으로 인하여 배당표와 같이 배당을 실시하는 데에 동의한 것으로 보는 경우(민사집행법 제153조 제1항)에는 법원이 작성한 배당표원안이 그대로 확정되므로 이에 따라 배당을 실시한다.

매수인이 배당액과의 차액지급에 의하여 대금을 지급한 때(민사집행법 제143조 제2항)와 매수인이 배당받을 채권자에 대한 채무를 인수한 경우(민사집행법 제143조 제1항)에는 그 자에 대하여는 현실의 배당을 실시하지 않는다.

2) 배당이의를 할 수 있는 채권자로서 이의를 제기하지 아니한 채권자는 배당절차에 관한 한 모든 항변과 함께 자신의 이익옹호를 위한 권리를 잃게 된다. 그러나 배당표가 확정되어 배당된 경우에도 배당을 받지 못한 우선채권자에게는 배당을 받은 다른 채권자에 대하여 부당이득반환청구권이 있다.[1)]

2. 배당이의가 있는 경우

가. 이의가 있었으나 이의가 완결된 경우

이해관계인이 이의를 정당하다고 인정하거나 다른 방법으로 합의한 때에는 이의가 완결되는데(민사집행법 제152조 제2항), 이의가 완결되면 완결된 내용대로 배당표가 확정되므로 법원은 완결된 내용에 따라 배당표를 경정하여야 하고, 경정된 배당표에 따라 배당을 실시한다.

나. 이의가 있고 이의가 완결되지 아니하였으나 이의 없는 부분이 있는 경우

이의가 완결되지 아니한 때에는 이의가 없는 부분에 한하여 배당을 실시하여야 한다(민사집행법 제152조 제3항).

다. 이의가 있었으나 이의가 철회된 경우

이 경우에는 일단 배당기일이 종료되면 다시 이의할 수 없어 배당표는 확정되므

1) 대법원 1988. 11. 8. 선고 86다카2949 판결

로 종전의 배당표에 따라 배당을 실시하여야 한다.

이 경우에는 법원이 따로 기일을 지정하지 않고 법원사무관등이 민사집행법 제160조 제2항의 채권자가 배당기일에 출석하지 아니한 때에 준하여 공탁을 한 다음 후일 수시로 출석한 채권자에게 지급증명서를 교부하여 배당을 실시한다.

라. 이의가 있었으나 이의한 채권자 또는 채무자가 배당이의의 소 등(채무자가 집행력 있는 집행권원을 가진 채권자에 대하여 제기하는 청구이의의 소 또는 정기금지급판결변경의 소를 포함)의 제기증명 등을 제출하지 아니한 경우(민사집행법 제154조)

이 경우에 법원은 이의를 무시하고 종전의 배당표에 따라 그대로 배당을 실시한다. 이의한 채권자나 채무자가 배당기일로부터 1주 이내에 배당이의의 소를 제기한 사실을 증명하는 서류를 제출하지 아니한 때 또는 집행력 있는 집행권원을 가진 채권자에 대하여 이의한 채무자가 청구이의의 소 등을 제기한 사실을 증명하는 서류와 그 소에 관한 집행정지재판의 정본을 제출하지 아니한 때에는 배당이의가 취하된 것으로 보기 때문이다(민사집행법 제154조 제3항).

마. 배당이의의 소 등이 취하 또는 취하간주 되거나, 소 각하 또는 청구기각의 판결이 확정되었음이 증명된 경우(민사집행법 제161조 제1항 참조)

이 경우에는 배당이의로 인하여 일단 유보된 배당절차가 다시 속행되는데, 위 사유가 배당기일부터 1주가 지난 후에 발생하여 배당이의의 소 등이 다시 제기될 여지도 없으면 배당표가 확정되므로 이때는 종전의 배당표에 따라 배당을 실시하여야 한다.

법원사무관등은 배당이의의 소 등의 피고가 소 취하, 각하 또는 청구기각판결의 확정사실을 증명하는 서면을 제출하면서 배당액의 지급청구를 하는 경우에는 그 피고였던 채권자에게 배당액을 지급하거나, 이미 공탁한 경우에는 공탁공무원에게 지급위탁서를 송부하고 당해 채권자에게는 지급증명서를 교부한다.

바. 배당이의의 소 등의 승소판결이 확정되었음이 증명된 경우(민사집행법 제161조 제1항 참조)

배당이의의 소 등에 있어서 원고청구의 전부 또는 일부인용의 판결이 확정되었음이 증명된 때에는 그 판결내용에 따라 배당을 실시한다.

1) 채권자가 승소 또는 일부 승소한 경우

가) 원고 전부 승소의 경우: 채권자가 제기한 배당이의소송에서 원고가 전부승소 한 경우에는 원고가, 원고 일부승소의 경우에는 원고 또는 피고가 판결확정증명서를 제출하면서 배당액의 지급 또는 재배당실시를 신청하면, 법원은 그 판결주문에서 다툼이 있는 부분에 관하여 배당을 받을 채권자와 그 액수를 정한 경우에는 특히 배당기일을 정함이 없이 그 내용에 따라 배당표의 배당액을 경정(그 방법은 경정되어야 할 부분을 판결내용대로 정정을 한 다음 날인을 하고 그 취지를 부기하는 방법이 무난할 것이나, 경우에 따라서는 경정된 내용대로 새로 배당표를 작성하고 그 취지를 부기하는 방법도 가능하다)하고, 그 다음에 법원사무관등이 경정된 배당표에 따라 공탁공무원에게 배당액의 지급위탁서를 송부하고 당해 채권자에게는 지급증명서를 교부한다.

나) 새로운 배당표작성을 명한 경우 등: 그러나 판결주문에서 새로운 배당표의 작성과 배당절차를 명하고 있거나(민사집행법 제157조 후문), 여러 개의 판결이 있는데 서로 저촉되는 부분이 있어 판결주문대로 배당표를 경정하여 배당액을 지급할 수 없는 때에는 재배당[2]기일을 정하여 관계채권자 및 채무자에게 통지하고 새로운 배당표를 작성하여 관계채권자들이 볼 수 있도록 재배당기일 3일전에 비치한 다음 재배당절차를 실시하여야 한다. 따라서 여러 개의 배당이의의 소가 제기된 때에는 모든 소송의 완결을 기다려야 하고, 일부 판결에 따라 배당을 실시하여서는 안 된다.

새로이 작성된 배당표에 대하여서도 이의가 가능하나, 이때에는 그 배당표가 배당이의의 소의 확정판결에 합치되고 있지 않다거나 또는 종전의 배당절차에서는 주장할 수 없었던 이유로만 하여야 하고, 또한 재배당절차에 관여하는 채권자만이 이의할 수 있으며, 그 전의 배당기일에 배당이의를 신청하지 아니한 채권자나 배당이의가 확정판결에 의하여 배척된 채권자는 그 재배당절차에 관여할 수 없다. 이때 채권자는 새로이 계산서를 제출할 필요가 없다.

2) 채무자가 승소 또는 일부 승소한 경우

채무자가 제기한 배당이의소송 등에서 채무자가 전부 또는 일부승소한 경우에는 추가배당[3]을 실시하여야 하고, 다른 채권자들이 전액 배당을 받은 경우에는 채무자

---

2) 배당이의의 소의 결과에 따라 배당이의의 소의 원고와 피고 사이에서만 다시 배당하는 절차를 '재배당'이라 한다.

3) 배당에 대하여 이의하지 않은 채권자를 포함한 모든 채권자와의 관계에서 배당표를 변경하지 않

등(강제경매의 경우에는 채무자, 임의경매의 경우에는 소유자, 민사집행법 제147조 제2항에 해당하는 경우에는 보증 등을 제공한 자)에게 지급하여야 한다.

II. 배당액지급 등의 절차

1. 배당금수령시 필요서류

가. 임차인 또는 전세권자인 경우

① 임대차계약서 원본, ② 주민등록 초본(주택임차인), ③ 등록사항의 현황서 등본(상가 임차인), ④ 매수인의 인감이 날인된 명도확인서 1통, ⑤ 매수인의 인감증명서 1통, ⑥ 신분증, ⑦ 배당기일 경과 후에는 임차인의 인감증명서 2통

나. 근저당권자인 경우

① 근저당권 등기권리증 원본, ② 원인증서(약정서, 차용증, 약속어음 등), ③ 신분증

다. 가압류권자인 경우

① 집행권원,[4] ② 가압류결정문, 가압류신청서 사본, ③ 신분증.

가압류의 경우에 확정되지 아니한 채권은 공탁하여야 한다. 또한 가압류의 피보전채권의 부존재가 본안의 확정판결에 의하여 확정되거나 가압류결정의 취소 등에 의하여 가압류집행이 취소된 때에는 위 공탁된 배당액은 아직 만족하지 못한 다른 채권자가 있는 경우에는 추가배당한다.

라. 대리인이 배당금을 수령하는 경우

① 위임장 2통, ② 위임자의 인감증명서(법인인감증명서) 2통, ③ 법인등기부등본 2통(법인인 경우), ④ 주민등록초본(변동내역 포함) 2통(개인일 경우), ⑤ 수임자의 신분증 및 도장

으면 안 되는 경우를 '추가배당'이라고 한다.

4) 가압류채권자의 피보전채권의 존재가 본안의 확정판결 등에 의하여 확정되었다고 주장하면서 확정판결 등을 제출하는 경우 가압류의 피보전권리와 본안의 소송물인 권리는 엄격히 일치함을 요하지 아니한다(대법원 1997. 2. 28. 선고 95다22788 판결).

2. 배당액지급 등의 주체

가. 법원사무관등에 의한 실시

채권자 및 채무자에 대한 배당금의 교부절차 또는 배당금의 공탁 및 그 공탁금의 지급위탁절차는 법원사무관등이 그 이름으로 실시한다(민사집행규칙 제82조 제1항). 구 민사소송법은 위와 같은 배당액지급 등의 절차를 법원이 하도록 규정하고 있었으나, 민사집행법은 법원사무관등이 그 이름으로 실시하도록 규정하고 있다.

본래 배당은 집행법원이 실시하는 것이므로(민사집행법 제159조 제1항), 배당금의 교부주체도 집행법원이며, 민사집행규칙 제82조 제1항이 이를 변경하는 취지는 아니라고 할 것이다. 즉 민사집행규칙 제82조 제1항이 배당금의 교부절차 등을 법원사무관등이 그 이름으로 실시한다고 규정하고 있는 것은 배당금을 지급받을 자에게 현실적으로 교부하는 절차를 법원사무관등이 하는 것을 말한다.

그러므로 배당표원안 및 배당표를 작성하는 것은 집행법원이 행하고, 확정된 배당표에 기한 배당을 실시하는 주체도 집행법원이지만, 다만 현실적으로 각 배당금수령채권자로부터 청구서 및 영수증을 제출받고 출급명령서를 작성·교부하는 업무는 법원사무관등이 그 이름으로 이를 행하게 된다. 종전의 실무례도 위와 같은 업무를 법원사무관등이 행하고 있었으나, 다만 본조와 같은 규정이 없었기 때문에 출급명령서를 법관 이름으로 작성하여 왔는바, 민사집행규칙 제82조 제1항이 신설되었으므로 법원사무관등의 이름으로 작성하면 된다.

또한 배당을 받아야 할 채권자의 채권에 관하여 공탁할 사유가 있는 경우에는 그에 대한 배당액을 공탁하여야 하며(민사집행법 제160조), 그 사유가 소멸된 때에는 법원은 공탁금에 관하여 배당을 실시하여야 하는데(민사집행법 제161조), 민사집행규칙 제82조 제1항은 위 배당금의 공탁 및 공탁금의 지급위탁절차를 법원사무관등의 권한으로 하고 있는 것이다. 즉 공탁된 공탁금에 관한 배당의 주체는 법원이며(민사집행법 제161조), 같은 조 2항, 3항에 따라 배당표를 바꾸어야 하는 경우에는 법원이 배당표를 작성하게 됨은 물론이다. 다만, 배당금의 공탁절차 및 그 공탁금의 지급위탁절차는 법원사무관등이 실시하게 되므로, 지급위탁서의 작성자 및 그 명의자는 법원사무관이며, 법관의 날인은 필요하지 아니하다.

나. 공탁사유소멸 및 배당표변경의 확인

다만 일단 민사집행법 제160조 제1항 각 호에 의하여 공탁된 금액에 관한 법원사무관등에 의한 배당액지급 등의 절차에는 주의할 점이 있다.

민사집행법 제160조 제2항의 공탁의 경우에는 단지 불출석 채권자가 공탁된 금액의 지급을 요구하는 경우 법원사무관등은 그 책임으로 그 채권자의 동일성을 확인하여 배당액을 지급하면 되지만, 민사집행법 제160조 제1항 각 호의 공탁의 경우에는 공탁금의 출급을 위하여 공탁사유의 소멸 여부 및 종전 배당표의 변경요부에 관한 법률적 판단이 필요하다.

따라서 민사집행법 제160조 1항 각 호에 의하여 공탁된 금액에 대하여 배당금 지급청구 등이 있는 경우에는 법원사무관등은 공탁사유 소멸여부 등에 관한 담임법관(사법보좌관)의 확인을 거쳐 지급위탁을 실시하여야 한다. 그 절차는 법원사무관등이 법관(사법보좌관)에게 지급청구서 상단 또는 여백에 고무인으로 배당표변경 요·부란을 작성하여 인계하면, 법관(사법보좌관)은 공탁사유가 소멸하였고, 한편 종전 배당표를 변경할 필요가 있는 경우, 예를 들어 채권자가 다른 채권자를 상대로 제기한 배당이의소송에서 원고가 전부 또는 일부 승소하였고 그 배당이의소송에서 피고의 배당액 중 다툼 있는 부분에 관하여 배당을 받을 채권자를 정하여, 그 피고의 배당액에 관하여 달리 재배당의 사유가 없는 경우에는 집행법원은 배당이의소송에서 확정된 대로 배당을 실시하면 되지만, 이때는 종전의 배당표대로 지급을 하는 것이 아니라 배당이의판결에 의하여 변경된 배당표에 따라 지급을 하여야 하므로, 이 경우에는 집행법원의 법관이 배당이의 판결에 따라 배당표를 경정하고, 종전의 배당표가 변경되어 변경된 배당표에 따라 배당액을 지급한다는 취지로 '요'란에 날인하고, 공탁사유가 소멸하였으나 종전의 배당표를 변경할 필요가 없는 경우에는 법관(사법보좌관)은 배당표변경 요·부란의 '부'란에 날인하고, 법원사무관등이 이에 따라 지급위탁하면 된다.

3. 배당액의 지급

가. 총설

배당액의 지급절차는 배당재단을 구성하는 금원이 공탁금인가 법원보관금인가에 따라 달라지고, 또한 배당재단을 구성하는 금원이 본래 법원보관금이었다고 하더라도 민사집행법 제160조에 의하여 배당액이 공탁된 후에는 그 배당액의 성격도 공탁금으로 변경되므로 공탁금의 출급절차에 의하여야 한다.

배당기일에 출석하지 아니한 채권자가 배당액을 입금할 예금계좌를 신고한 때에는 법원사무관등은 민사집행법 제160조 제2항의 규정에 따른 공탁에 갈음하여 배당액을 예금계좌에 입금할 수 있다(민사집행규칙 제82조 제2항).

나. 공탁된 배당액의 처리

1) 채권자가 전부를 받는 것으로 확정된 경우

배당법원은 배당액의 지급위탁서를 작성하여 공탁공무원에게 보내는 한편, 채권자에게는 배당액지급증(지급증명서)을 교부한다. 채권자는 지급증을 공탁공무원에게 제출하고 공탁금을 받는다.[5]

2) 채권자가 전부 또는 일부를 받지 못하는 것으로 확정된 경우

가) 배당이의의 소의 판결이 확정된 경우에는 그 판결 주문에서 명한 대로 배당을 실시하거나 다른 배당절차(채무자가 배당이의의 소를 제기하여 승소한 경우에는 추가로 배당을 실시한다)를 밟는다(민사집행법 제157조).

나) 그 밖의 경우(예컨대, 가압류가 취소되거나, 근저당권의 피담보채무가 모두 없어진 때)에는 추가로 배당을 실시한다(민사집행법 제161조 제1항 내지 제3항).[6] 추가배당절차에서는 종전의 배당기일 뒤에 생긴 사유로만 이의할 수 있다(민사집행법 제161조 제4항).

다. 배당재단이 법원보관금인 경우

1) 출급절차

배당기일에 출석한 채권자에 대하여는 법원보관금취급규칙에 따라 배당액을 지급한다. 즉 법원사무관등은 배당금의 출급사유가 발생하면 법원보관금 출급명령서를 작성하여 함께 배당수령채권자에게 교부하고 출급명령서 사본을 기록에 편철하고(배당실시절차는 법원사무관등이 행하므로 담임법관의 인증인을 받을 필요가 없다), 배당수령채권자는 교부받은 지급위탁서를 보관금취급자에게 제출하면 된다. 출급명령서를 제출받은 보관금취급자는 법원보관금취급규칙 제13조 제3항 각 호의 출급지시사항을 취급점에 전송하고 배당금수령채권자에게 출급지시서를 교부하고, 배당금수령채

---

5) 대법원 1999. 6. 18.자 99마1348 결정, 2000. 3. 2.자 99마6289 결정.

6) 이에 관한 규정이 없었던 구 민사소송법 시절에는 채무자에게 지급하여야 한다는 판례(대법원 1979. 7. 5.자 79마94 결정)와 추가로 배당을 하여야 한다는 판례(대법원 2001. 10. 12. 선고 2001다37613 판결, 1998. 6. 26. 선고 97다56280 판결, 2002. 9. 24. 선고 2002다33069 판결 등)가 혼재하였다.

권자는 보관금 취급점에 출급지시서를 제출하고 보관금을 수령한다(법원보관금취급규칙 제13조). 취급점이 배당금수령채권자에게 법원보관금을 배당액으로 지급한 때에는 그 지급내역을 즉시 법원사무관등(사건담임자) 및 출납공무원에게 전송하여야 한다(법원보관금취급규칙 제16조).

2) 지배인 또는 이에 준하는 법률상 대리인이 타인에게 경매배당금 등의 수령을 위임한 경우의 대리권 확인방법

배당기일에 지배인 또는 이에 준하는 법률상 대리인(이하 지배인등이라 한다)으로부터 배당금의 수령을 위임받은 사람은 ㉠ 위임장, ㉡ 법인등기사항전부증명서(지배인 또는 법률상 대리인에 관한 사항이 나타나야 함), ㉢ 상업등기법 제16조에 따라 발행한 인감증명서[7]를 첨부하여 그의 대리권을 증명함으로써 배당금을 수령할 수 있다(재민 2004-3 제56조).

라. 배당재단이 공탁금인 경우

배당재단이 공탁금인 경우에는 공탁금의 보관 및 관리는 공탁공무원이 하고 있으므로 집행법원의 법원사무관등은 지급할 배당금액을 적은 지급위탁서를 공탁공무원에게 송부하고(공탁서를 붙일 필요는 없다), 지급받을 자에게는 배당액지급증을 교부하여야 한다(민사집행법 제159조 제2, 3항, 공탁규칙 제43조 제1항).

이때 공탁관은 집행법원의 보조자로서 공탁금 출급사유 등을 심리함이 없이 집행법원의 공탁금 지급위탁서에 따라 채권자에게 공탁금을 출급하는 것이다. 위와 같이 민사집행법 제160조에 의하여 배당할 금액이 공탁된 후에는 그 배당액의 지급절차는 공탁금의 출급절차에 의하는 것이지만, 이러한 경우에도 채권자가 공탁금을 출급받을 수 있는 권리는 배당금 지급청구권에 기한 것이고, 공탁금 출급청구권은 채권자가 배당금 지급청구권을 행사하는 수단으로서 그에 관하여 집행법원이 발급한 공탁금 지급위탁서가 공탁관에게 접수됨으로써 현실적으로 발생한다(대법원 2006. 10. 13. 선고 2006다32453 판결). 따라서 채권자의 제3채권자가 채권자의 배당금 지급청구권에 관하여 가압류결정 또는 압류 및 추심명령을 받았다면 그 효력은 배당금 지급청구권의 행사 수단인 위 공탁금 출급청구권에 대하여도 미친다(대법원 2009. 7. 23. 선고 2009다39363 판결).

---

7) 인감증명서에 갈음하여 위임장에 서명을 하고 본인서명사실확인서 또는 전자본인서명확인서의 발급증을 첨부할 수 있다(재일 2012-2 제2조)

집행법원이 공탁관에게 지급위탁서를 송부하고 채권자에게 자격증명서를 교부하는 사무는 공탁관의 공탁사무가 아니라 집행법원이 공탁된 배당 잔여액의 출급을 위하여 집행절차에 부수하여 행하는 사무로 보아야 하므로 그 사무에 관한 집행법원의 처분에 대하여 불복하려면 공탁법 제12조가 정한 공탁관의 처분에 대한 이의신청을 할 것이 아니라 민사집행법 제16조가 정한 집행에 관한 이의신청을 하여야 하고, 그 이의신청은 배당절차에 관한 집행법원의 처분을 대상으로 한 것이 아니라 공탁된 배당 잔여액의 출급에 관한 집행법원의 처분을 대상으로 한 것이므로 배당절차가 종료되었다 하여 이의신청을 할 이익이 없다고 할 수 없다(대법원 1999. 6. 18.자 99마1348 결정 참조).

경매절차에서 배당받을 채권자의 불출석으로 인하여 배당금이 공탁된 경우에는 공탁일로부터 기산하여 10년이 경과하면 공탁금 출급청구권은 시효로 소멸한다(행정예규 948호 제1, 2항). 한편 공탁금 지급청구권에 대한 소멸시효가 완성된 후 공탁사실증명서의 교부청구가 있는 경우에는 그 증명서를 교부해서는 안 되나 착오로 이를 교부한 경우에는 시효이익을 포기한 것으로 처리하여야 한다(행정예규 948호 제4항).

배당받아야 할 채권자의 채권에 대하여 민사집행법 제160조 제1항 각 호의 사유가 있거나 채권자가 배당기일에 출석하지 아니하여 법원사무관등이 배당액을 공탁하거나 이미 되어있는 공탁을 유지하기로 하고 그 공탁서 원본과 배당표의 등본을 주무과장이 지정하는 공탁서 등 보관책임자에게 인계한 후에는 그 보관책임자가 공탁금의 출급에 관한 업무를 처리하게 된다(재민 92-2 제4조 제1항, 제5항).

채권자에게 위 증명서를 교부할 때에는 그로부터 배당금액에 대한 영수증을 받아야 한다.

배당금 수령채권자는 공탁물출급청구서 2통을 작성하고 거기에 법원사무관등으로부터 받은 증명서를 붙여 공탁관에게 제출하여 공탁금의 출급을 받는다(공탁규칙 제43조 제2항, 제32조, 재민 2001-4).

마. 배당액의 계좌입금

1) 기일에 출석하지 아니한 채권자가 배당액을 입금할 예금계좌를 신고한 때에는 위 공탁에 갈음하여 배당액을 그 예금계좌에 입금할 수 있다(민사집행규칙 제82조 제2항).

배당액의 예금계좌입금은 배당재단이 보관금인 경우뿐 아니라 공탁금인 경우에도 모두 포함되는데, 보관금에 관하여는 법원보관금취급규칙과 '법원보관금취급규칙의 시행에 따른 업무처리지침(재일 97-2)'이, 공탁금에 관하여는 공탁사무처리규칙과 '계좌입금에 의한 공탁금출급·회수절차에 관한 업무처리지침(행정예규 1045호)'이 각 절차를 규정하고 있다.

위 민사집행규칙 제82조 제2항이 공탁에 갈음하여 예금계좌에 입금할 수 있다고 규정한 것은 공탁하는 것 외에 예금계좌입금의 방법이 있음을 규정한 것이고, 법원사무관등에게 예금계좌에 입금할 것인가에 관한 재량을 부여한 것은 아니다. 따라서 배당금수령채권자가 자신의 예금계좌에 입금하여 줄 것을 신청한 경우에는 입금신청인이 출급지시 전에 계좌입금신청을 철회하지 않은 한 반드시 신고된 예금계좌에 입금하여 지급하여야 하고, 신청인 또는 그 대리인에게 직접 지급하여서는 안 된다(재일 97-2 제20조의2, 행정예규 1045호 제4조 제4항).

2015. 5. 26.부터 국가·지방자치단체에 한하여 '전국공통 포괄계좌신청 제도'가 도입되어, 국가·지방자치단체가 전국공통 포괄계좌 입금신청을 하는 경우에는 공탁사무 문서양식에 관한 예규(행정예규 1153호) 9-5호 양식의 전국공통 포괄계좌 입금신청서(국가·지방자치단체용)를 제출하여야 한다(행정예규 1045호 3조의2 1항).

입금에 필요한 비용은 채권자의 부담으로 하고, 배당금의 이자는 배당받을 자에게 지급한다. 입금계좌는 반드시 신청인 명의이어야 한다.

2) 계좌입금신청을 하는 때에는 법원보관금계좌입금신청서나 공탁금계좌입금신청서를 작성하여 법원사무관등에게 제출하여야 한다(법원보관금취급규칙 제15조 제2항, 행정예규 1045호 제2조 제1항. 위 행정예규는 공탁금계좌입금 신청은 공탁사무 문서양식에 관한 예규 제9-1호 양식의 공탁금계좌입금신청서를 공탁관에게 제출함으로써 한다고 규정하고 있으나, 배당금이 민사집행법 제160조에 의하여 공탁되기 전에는 배당금의 지급은 집행법원의 법원사무관등이 주관하게 되므로, 위의 경우에는 집행법원의 법원사무관등에게 제출하여도 될 것이다). 법원사무관등이 계좌입금신청서를 접수한 때에는 그 신청서를 즉시 출납공무원(공탁공무원 포함. 이하 같다)에게 인계하여야 하고, 출납공무원은 이를 전산등록하여야 하며, 법원사무관등은 지급위탁서를 출납공무원에게 직접 송부하여야 한다(재일 97-2 제12조 제4, 5항 및 공탁금계좌입금의 경우에 준용).

예금계좌입금신청서에는 인지를 붙일 필요가 없고, 이를 접수한 때에는 문서건명부에 등재하고 배당기록에 가철한다(재민 91-1).

4. 집행력 있는 정본 또는 채권증서의 교부, 영수증의 교부

가. 채권자가 채권 전부를 배당받은 경우

채권 전부를 배당받는 채권자에게는 배당액지급증(지급증명서)을 교부하는 동시에 그가 가진 집행력 있는 정본 또는 채권증서를 받아 채무자에게 교부하고(민사집행법 제159조 제2항), 채무자로부터 그에 대한 영수증을 받아 기록에 편철한다. 이는 이중집행을 방지하기 위한 것이다. 채권자가 민사소송 등에서의 전자문서 이용 등에 관한 규칙 제44조 제1항에 따라 집행권원이나 그 집행력 있는 정본을 전자문서로 변환하여 제출한 경우에도 민사집행법 제159조의 배당을 실시할 때에는 채권자에게 집행권원 등을 전자문서가 아닌 본래의 형태로 제출하게 하여야 한다(재민 2004-3 제57조).

채권자가 이미 집행력 있는 정본을 제출하여 집행기록에 편철되어 있는 때에는 이를 채무자에게 교부하면 되고, 여러 통의 집행력 있는 정본이 부여된 경우(민사집행법 제35조)에는 사용하지 아니한 집행력 있는 정본을 제출하게 한다.

채권자가 집행력 있는 정본이나 채권증서를 가지고 있지 아니한 경우에는 그 채권자로부터 영수증을 제출하게 하여 이를 채무자에게 교부한다.

채무자가 기일에 출석하지 아니한 경우에는 채권자가 제출한 집행력 있는 정본이나 채권증서를 기록에 편철하여 두었다가 나중에 채무자의 청구가 있으면 교부한다. 채무자가 소재불명인 경우도 같다.

채무자의 집행력 있는 정본 등 환부청구는 반드시 서면에 의할 필요는 없지만 서면으로 청구를 하는 때에도 인지를 붙일 필요가 없고, 이를 접수한 때에는 문서건명부에 입력하고 배당기록에 가철한다(재민 91-1).

임금채권자나 주택 또는 상가건물의 임차인처럼 채권자가 집행력 있는 정본이나 채권증서를 가지고 있지 아니한 경우에는 그 채권자로부터 영수증, 임대차계약서 등을 제출케 하여 이를 채무자에게 교부한다(민사집행법 제159조 제2항 참조).

불출석한 채권자의 신청에 의하여 배당액을 계좌입금한 경우(민사집행규칙 제82조 제2항), 채권자가 미리 집행력 있는 정본 등을 제출하지 아니한 때에는 그 채권자가 제출한 계좌입금신청서와 출납공무원이 계좌입금하고 받은 무통장입금증 등을 채무자에게 교부하여 영수증의 교부에 갈음할 수 있다.

임의경매에 있어서는 집행력 있는 정본이 불필요하므로 원칙적으로는 그것의 교부라는 것이 있을 수 없다.

또한 임의경매에 있어서 채무자와 소유자가 다른 경우에 채권증서와 영수증을 소유자에게 교부하여야 하는가 채무자에게 교부하여야 하는가에 관하여 다툼이 있으나, 소유자는 채무자에 대하여 구상권을 행사할 수 있는 관계에 있으므로 소유자에게 교부함이 타당하다.

집행력 있는 정본의 환부신청서에는 인지를 붙이지 않으며, 문서건명부에 등재하여 접수하되 경매사건기록에 시간적 접수순서에 따라 가철한다(재민 91-1).

나. 채권자가 채권 일부를 배당받은 경우

채권자에게 채권액의 일부만을 배당금으로 지급하는 경우에는 담당법원사무관등은 그 채권자로부터 집행력 있는 정본(집행력 있는 정본의 사본으로 배당요구를 한 채권자에 대하여는 집행력 있는 정본을 제출하게 하여야 한다) 또는 채권증서를 제출받아 그 여백부분 또는 뒷면에 배당액을 적고 기명날인하여(예컨대, 20○○타경12345호 사건에 기하여 20 . . . 금 원이 지급되었음을 부기함 20 . . . ○○법원 법원사무관 ○○○㊞) 돌려주고 배당액지급증을 교부하는 동시에, 채권자로부터 영수증을 제출받아 채무자에게 교부하여야 한다(민사집행법 제159조 제3항).

채무자가 출석하지 아니한 경우, 채권자가 집행력 있는 정본이나 채권증서를 소지하고 있지 아니한 경우, 배당액을 계좌로 입금한 경우 등의 처리는 위 가.항과 같다.

[부기 및 환부신청서]

부기 및 환부신청서

사건번호 타경 호 부동산 경매
채 권 자
채 무 자

위 당사자간의 위 사건에 관하여 귀원에서 배당을 실시하고 채권중 아직 나머지 잔액이 있으므로 후일을 위하여 채권원인 증서에 배당액을 부기하여 채권원인증서를 환부하여 주시기 바랍니다.

첨 부 : 영수증

년 월 일

위 채권자 (인)
연락처(☎)

OO지방법원 귀중

5. 배당액을 공탁하여야 할 경우

다음의 각 채권에 대한 배당액은 즉시 채권자에게 지급할 수 없거나 지급하는 것이 적당하지 아니하므로 법원사무관등은 그 채권자에게 배당액을 직접 지급하지 않고 공탁한다.

가. 채권에 정지조건 또는 불확정기한이 붙어 있는 때(민사집행법 제160조 제1항 제1호)

1) 공탁

정지조건이 있거나 불확정기한이 있는 채권의 배당액은 공탁하고, 공탁의 원인이 소멸한 때 즉, 조건의 성부나 기한의 도래에 의하여 지급하거나 추가배당하여야 한다(민사집행법 제161조).

2) 조건불성취 확정, 가압류의 효력이 소멸된 경우에는 추가배당

정지조건부 채권의 조건불성취가 확정된 경우, 가압류채권자가 본안소송에서 패소한 경우, 가압류채권자와 채무자 사이에 합의가 이루어져 가압류채권자가 가압류신청을 취하하고 그 집행을 해제하였거나 가압류이의 또는 사정변경을 이유로 한 취소소송에서 가압류결정이 취소된 경우 등 가압류의 효력이 소멸된 경우에는 그 채권자에게 배당을 하여서는 아니되고 추가배당을 실시하여야 한다.

3) 확정기한이 붙은 채권으로 그 기한이 도래하지 않은 채권의 경우에는 배당액 지급

확정기한이 붙은 채권으로 그 기한이 도래하지 않은 채권에 대하여는 명문의 규정이 없으므로 문제가 되는데, 불확정기한이 붙은 채권에 관한 규정을 유추하여 배당액을 공탁하여야 한다는 견해(제1설)와 민사집행법 제160조 제1항 제1호의 반대해석상 배당액을 지급하여야 한다는 견해(제2설)가 대립되어 있다. 제2설이 타당하다.

4) 우선변제권이 인정되는 임대차보증금의 경우에는 공탁 후 목적물 인도시 지급

가) 주택임대차보호법 제3조의2 및 상가건물 임대차보호법 제5조의 규정에 의하여 우선변제권이 인정되는 임대차보증금도 임차인이 임차목적물을 매수인에게 인도하지 아니하면 이를 수령할 수 없으므로(주택임대차보호법 제3조의2 제3항, 상가건물 임대차호법 제5조 제3항) 정지조건 있는 채권에 대한 배당액 교부방법과 마찬가지로 임차물의 인도를 조건으로 배당액을 공탁하고 목적물의 인도를 증명한 때에 이를 지급하도록 한다.[8)]

전세보증금의 반환도 전세목적물의 반환과 동시이행관계에 있으므로 전세권의 경우도 인도(명도)확인서가 필요하다.

나) 소액임차인의 경우 주택임대차보호법 제8조에서 같은 법 제3조의2 제3항을 준용하지 않으므로 인도확인서가 필요 없는 지에 관하여 견해의 대립이 있으나, 소액임차인도 인도확인서를 제출하여야 한다.[9)] 반면 대항력과 우선변제권을 겸유한 임차인이 배당요구를 하였으나 보증금 전액을 배당받지 못하고 일부만 배당받은 경우에는 그 잔액에 대하여 매수인에게 동시이행의 항변을 할 수 있으므로 배당금 수령 시 인도확인서를 제출할 필요가 없다.

한편 목적물의 인도를 증명하는 증거로는 보통 매수인이 작성한 인도(명도)확인서를 제출하도록 하고 있으나, 반드시 이에 한하지는 않고, 예컨대 배당기일 전에 미리 인도명령이 발령된 경우에는 인도집행조서, 그 밖에 이사확인서와 변경된 주민등록등본 및 공무소에의 조회 등을 통한 새로운 점유자의 확인 등을 종합적으로 고려하여 판단하면 된다.

5) 조건의 성취 또는 기한의 도래에 의한 지급절차

정지조건이 있는 채권은 조건의 성취에 의하여, 불확정기한이 있는 채권은 기한의 도래에 의하여 채권이 확정되므로, 조건이 성취되었거나(조건이 성취된 것으로 간주되는 경우를 포함한다) 기한이 도래한 경우에 당해 채권자가 그 사실을 증명하여

---

8) 재판예규 제866-41호 주택임대차보호법 제8조에 관한 질의회답(재민 84-10) 문 10.

9) 임차인은 임차주택을 양수인에게 인도하지 아니하면 보증금을 수령할 수 없으므로(주택임대차보호법 3조의2 제3항), 매수인 명의의 명도확인서를 제출하여야 배당금을 지급할 수 있는 데, 소액임차인의 경우에는 주택임대차보호법 제8조에서 위 제3항을 준용하지 않으므로 명도확인서가 필요 없다는 견해가 있다. 그러나 임차보증금의 반환은 임차목적물의 인도와 동시이행관계에 있으므로 임차권자의 의무이행 전에 배당액을 지급할 수는 없고, 따라서 소액임차인도 명도확인서를 제출하여야 한다{재판예규 제866-41호 주택임대차보호법 제8조에 관한 질의회답(재민 84-10) 문 10}. 명도확인서가 제출되지 않았다면 정지조건부 채권에 대한 배당액 교부 방법과 마찬가지로 임차물의 인도를 조건으로 배당액을 공탁하고 임차인이 목적물의 인도를 증명한 때에 이를 지급하도록 한다(임차인이 미리 목적물을 인도한 때에는 공탁함이 없이 바로 배당금을 지급할 수 있음은 물론임).

원래의 배당표에 적힌 대로 배당액 지급청구를 하면, 법원은 배당기일을 열지 않고 배당액지급 절차를 밟는다.

배당액지급 절차도 법원사무관등이 담당하게 되는데, 다만 이때의 법원사무관등은 집행법원의 법원사무관등이 아닌 공탁서등 보관자이다(재민 92-2). 이 업무를 담당한 법원사무관등은 당해 채권자에게 지급하여야 할 배당액에 상당하는 금액의 지급위탁서를 작성하여 공탁공무원에게 송부하는 한편, 당해 채권자에게는 배당액지급증(지급증명서) 3통을 교부하여야 한다(민사집행법 제161조 제1항, 제159조 2, 3항, 공탁규칙 제43조 제1항).

당해 채권자에게 배당액지급증(지급증명서)을 교부할 때에는 그 자로부터 집행력 있는 정본 또는 채권증서나 영수증을 받아야 한다.

배당금수령채권자는 공탁공무원에게 공탁물출급청구서(2통)에 위 배당액지급증을 첨부 제출하여 공탁금의 출급을 받는다(공탁규칙 제32조 제1항, 제43조 제2항).

6) 조건의 불성취가 확정된 경우

조건의 불성취가 확정된 경우에는 그 채권자에 대한 배당을 실시할 수 없으므로 달리 추가배당을 받을 채권자가 있는 경우에는 다른 채권자가 그 사실을 증명하면 집행법원은 후술의 추가배당절차를 실시하고(민사집행법 제161조 제2항 제1호), 나머지가 있으면 채무자등(즉 강제경매의 경우에는 채무자, 임의경매의 경우에는 소유자, 민사집행법 제147조 제2, 3항에 해당하는 경우에는 보증 등을 제공한 자. 이하 같다)에게 지급하여야 한다. 달리 추가배당을 받을 채권자가 없는 경우에는 채무자등에게 지급한다.

[지급위탁서(전산양식 A3449)]

<table>
<tr><td colspan="5">제 호
지 급 위 탁 서</td></tr>
<tr><td colspan="5">법원 지원
공탁공무원 귀하</td></tr>
<tr><td colspan="2">공탁번호</td><td>년 제 호</td><td>공 탁 물</td><td>금 2,500,000 원</td></tr>
<tr><td rowspan="2">공
탁
자</td><td>성 명</td><td colspan="3">○○지방법원 법원사무관 ○○○</td></tr>
<tr><td>주 소</td><td colspan="3"></td></tr>
</table>

지 급 내 역	지 급 액	수령인의 주소 및 이름
소액임차인배당금	금 이백오십만원 (2,500,000원)	서울 종로구 혜화동 64 김 갑 돌
공탁물을 위와 같이 지급 의뢰합니다. 년 월 일 ○ ○ 지방법원 법원사무관 ○ ○ ○		

주: 공탁사무 문서양식에 관한 예규(행정예규 1153호) 별표 제11호 양식

[공탁물수령권자 증명서(전산양식 A3450)]

증 명 서				
공탁번호		년 제 호	공 탁 물	금 2,500,000 원
수령자	성 명	김 갑 돌 (-)		수 령 할 공 탁 물
	주 소	서울 종로구 혜화동 64		금 이백오십만원
위 수령인은 위의 수령할 공탁물에 대한 수령권자임을 증명합니다. 년 월 일 ○ ○ 지방법원 법원사무관 ○ ○ ○				

주: 공탁사무 문서양식에 관한 예규(행정예규 1153호) 별표 제12호 양식

나. 가압류채권자의 채권(민사집행법 제160조 제1항 제2호)

1) 가압류권자에 대한 배당금의 공탁

가압류의 경우에 확정되지 아니한 채권은 공탁하여야 한다.

2) 가압류권자의 배당금 출급절차[10)]

가압류의 경우에 확정되지 아니한 채권에 대한 배당액을 공탁하는 것은 강제집행의 일환으로서 매각대금의 관리 및 배당금의 지급을 공탁절차를 통하여 시행하는 것이므로 성질상 집행공탁에 해당하고, 그러한 공탁금은 본집행의 요건을 구비하는 단계에 이르는 등 공탁사유가 소멸할 때 당연히 지급된다(대법원 2003. 11. 14. 선고 2003다37433 판결 참조).

10) 법원실무제요 민사집행(Ⅲ): 부동산집행, 법원행정처(2020), 258-260

본안소송에서 가압류채권자가 승소하여 집행력 있는 종국판결을 취득한 때, 혹은 그에 준하는 화해조서, 그 밖의 집행권원을 취득한 때 가압류채권자가 집행권원을 제출하면 법원사무관등은 그 채권자에게 배당액을 지급하여야 한다.

가압류채권자의 채권이 확정되지 아니하여 가압류채권자의 배당금을 공탁한 후에 가압류채권자가 피보전채권의 존재가 본안의 확정판결 등에 의하여 확정되었다고 주장하면서 확정판결 등을 제출하는 경우 가압류의 피보전권리와 본안의 소송물인 권리는 엄격히 일치함을 요하지 아니하며, 청구기초의 동일성이 인정되는 한 가압류에 대한 관계에서 본안이라고 보아야 한다.[11)]
가압류채권자에 대한 배당액을 공탁한 후 그 채권에 관하여 채권자 승소의 본안판결이 확정되면 특별한 사정이 없는 한 본안의 확정판결에서 지급을 명한 가압류채권자의 채권은 위 공탁된 배당액으로 충당되는 범위에서 본안판결의 확정 시에 소멸한다. 이러한 법리는 위와 같은 본안판결 확정 이후에 채무자에 대하여 파산이 선고되었다 하더라도 마찬가지로 적용되므로, 본안판결 확정 시에 이미 발생한 채권 소멸의 효력은 채무자회생 및 파산에 관한 법률 제348조 제1항에도 불구하고 그대로 유지된다고 보아야 한다. 이러한 경우에 가압류채권자가 공탁된 배당금을 채무자의 파산선고 후에 수령하더라도 이는 본안판결 확정 시에 이미 가압류채권의 소멸에 충당된 공탁금에 관하여 단지 수령만이 본안판결 확정 이후의 별도의 시점에 이루어지는 것에 지나지 않는다. 따라서 가압류채권자가 위와 같이 수령한 공탁금은 파산관재인과의 관계에서 민법상의 부당이득에 해당하지 않는다고 보아야 한다(대법원 2018. 7. 24. 선고 2016다227014 판결, 대법원 2018. 7. 26. 선고 2017다234019 판결).

가압류의 피보전권리를 승계하고 직접 가압류채무자를 상대로 집행권원을 취득한 승계인이 가압류채권자를 피공탁자로 하여 집행공탁된 배당금의 지급을 요구하는 경우에는 당해 집행권원 안에 가압류결정의 당사자 및 그 피보전권리의 연관성이 나타나 있거나 그 승계사실을 증명하는 자료가 첨부되어 있으면 충분하고 별도로 가압류결정에 대하여 승계집행문을 부여받을 필요는 없다(대법원 2003. 11. 14. 선고 2003다37433 판결, 대법원 2012. 4. 26. 선고 2010다94090 판결).

가압류의 피보전채권의 부존재가 본안의 확정판결에 의하여 확정되거나 가압류결정의 취소 등에 의하여 가압류집행이 취소된 때에는 위 공탁된 배당액은 아직 만족하지 못한 다른 채권자가 있는 경우에는 추가배당하여야 하고(민사집행법 제161조

11) 대법원 1997. 2. 28. 선고 95다22788 판결

제2항 제1호, 대법원 2013. 6. 13. 선고 2011다75478 판결 등), 그렇지 아니하면 채무자 등에게 지급한다. 어느 경우이든 법원사무관등은 즉시 배당법원에 보고하여, 추가배당하여야 할 경우에는 배당법원이 추가배당절차를 밟도록 하고, 채무자 등에게 지급하여야 할 경우에는 배당법원이 배당표를 경정하면 경정된 배당표에 의하여 채무자 등에게 지급하도록 한다.

배당액을 채무자 등에게 지급하는 것은 지급위탁서의 송부, 지급증명서(공탁수령자격증명서)의 교부 등의 방법에 의하여 행한다.

다만 다른 채권자가 가압류채권자의 채권에 대한 배당액에 대하여 이의를 한 경우에는 배당절차가 종료되지 아니하므로 판결내용에 따라 다시 배당을 실시한다.

3) 가압류권자가 집행력 있는 공정증서를 제출한 경우에도 배당금출급이 가능한지 여부(=긍정)

부동산경매의 배당절차에서 가압류채권자의 채권에 대한 배당액은 공탁하여야 하고(민사집행법 제160조 제1항 제2호), 본안소송에서 가압류채권자가 승소하여 집행력 있는 종국판결을 취득한 때, 혹은 그에 준하는 화해조서, 그 밖의 집행권원을 취득한 때 가압류채권자가 집행권원을 제출하면 법원사무관등은 그 채권자에게 배당액을 지급하여야 한다.

여기서 말하는 '그 밖의 집행권원'이란 모든 집행권원을 말하는 것이 아니고 '집행력 있는 종국판결에 준하는 집행권원'만을 말하는 것으로, 가압류에 기한 본안소송이 반드시 판결을 목적으로 하는 일반소송의 제기만을 의미하는 것은 아니고 조정, 지급명령, 소제기 전 화해, 중재의 신청 등도 포함되지만, 판결과 동일한 효력을 가지지 않는 문서의 작성절차의 경우에는 가압류의 본안이라고 인정할 수 없으므로, 집행증서작성을 가압류의 본안이라고 할 수 없다는 부정설도 있다.

하지만 집행력이 있는 집행권원에 집행문을 부여받으면 가압류가 본압류로 이행될 수 있고, 또한 이를 가지고 가압류의 목적이 된 부동산이 매각되는 등의 절차에 따라 공탁된 가압류채권자에 대한 배당금에 대하여 지급위탁을 받아 그 배당금을 출급할 수 있다는 점까지 보태어 보면, 소송과정에서 확정판결과 같은 효력이 있는 조정이나 재판상 화해가 성립하는 경우뿐만 아니라 집행증서와 같이 소송절차 밖에서 채무자의 협력을 얻어 집행권원을 취득하는 경우에도 가압류채권자가 채권의 실현 내지 회수의사를 가졌음이 명백하다면 가압류 집행 후 3년 내에 본안의 소를 따로 제기하지 아니하였더라도 제3호 사유에 해당한다고 할 수 없다고 하여 집행증서 제출을 민사집행법 제288조 제1항 제3호가 규정하고 있는 본안의 소 제기로 볼 수 있다고 판단한 대법원 2016. 3. 24.자 2013마1412 결정의 취지를 유추적용하여 보면 집행증서를 제출한 경우도 공탁된 가압류금액을 출급할 수 있는 집행권원을 제출한 경우에 해당한다고 봄(긍정설)이 타당하다. 다만 이 경우 집행권원은 가압류의 본안에 관한 것이어야 하므로, 집행권원에 표시된 권리는 가압류의 피보전권리와 청구기초의 동일성이 인정되어야 한다.

결국 공정증서에 구체적으로 표시된 권리가 가압류의 피보전권리와 청구기초의 동일성이 인정된다면 그에게 배당금을 지급하여야 할 것이다.[12]

4) 가압류의 피보전채권의 부존재가 밝혀진 경우 또는 가압류집행이 취소된 경우 등의 처리

가압류의 피보전채권의 부존재가 본안의 확정판결에 의하여 확정되거나 가압류 결정의 취소 등에 의하여 가압류집행이 취소된 때에는 위 공탁된 배당액은 아직 만족하지 못한 다른 채권자가 있는 경우에는 추가배당하여야 하고(민사집행법 제161조 제2항 제1호), 이는 가압류채권자가 본안에서 승소확정판결을 받은 금액이 가압류 청구금액에 미치지 못하지만(일부 승소) 공탁된 배당액을 초과한다고 하여도 마찬가지이다(대법원 2004. 4. 9. 선고 2003다32681 판결, 대법원 2013. 6. 13. 선고 2011다75478 판결 등).

가압류채권자에 대한 추가배당을 위해 배당금을 조정할 때에는, 가압류에 대한 본안의 확정판결에서 그 피보전채권의 원금 중 일부만이 남아 있는 것으로 확정된 경우라도, 특별한 사정이 없는 한 가압류 청구금액 범위 내에서는 그 나머지 원금과 청구기초의 동일성이 인정되는 지연손해금도 피보전채권의 범위에 포함되므로, 이를 가산한 금액이 가압류 청구금액을 넘는지 여부를 가리고, 만약 가압류 청구금액에 미치지 못하는 경우에는 그 금액을 기초로 배당액을 조정하되, 다른 배당채권자들의 채권액은 종전의 배당기일에서의 채권원리금액을 기준으로 하고 가압류채권자의 경우에도 종전의 배당기일까지의 지연손해금을 가산한 채권원리금액을 기준으로 하여 조정한 후 공탁금 중에서 그 감액 조정된 금액을 가압류채권자에게 지급하며, 나머지 공탁금은 특별한 사정이 없는 한 종전의 배당기일에서의 채권액을 기준으로 하여 다른 배당채권자들에게 추가로 배당한다(대법원 2013. 6. 13. 선고 2011다75478 판결).

가압류채권자에 대하여 그 가압류 청구금액인 2억 원을 기준으로 안분한 금액을

---

12) 법원실무제요 민사집행(III): 부동산집행, 법원행정처(2020), 259

배당하는 것으로 배당표가 작성되었으나, 그 후 가압류채권자가 배당이의의 소의 진행 중 다른 부동산의 경매절차에서 배당받음으로써 그 잔존 채권액이 위 가압류 청구금액인 2억 원에 미달하게 된 이상, 원고는 이를 이의사유로 주장할 수 있고, 법원으로서는 피고(가압류채권자)의 잔존 채권액을 기준으로 하여 배당표를 경정한다(대법원 2007. 8. 23. 선고 2007다27427 판결).

가압류가 취소되었으나 다른 채권자가 없는 경우에는 채무자등에게 지급한다.

어느 경우이든 법원사무관등은 즉시 배당법원에 보고하여, 추가배당하여야 할 경우에는 배당법원이 추가배당절차를 밟도록 하고, 채무자등에게 지급하여야 할 경우에는 배당법원이 배당표를 경정하면 경정된 배당표에 의하여 채무자등에게 지급하도록 한다.

배당액을 채무자등에게 지급하는 것은 지급위탁서의 송부, 지급증명서(공탁수령자격증명서)의 교부 등의 방법에 의하여 행한다.

다만 다른 채권자가 가압류채권자의 채권에 대한 배당액에 대하여 이의를 한 경우에는 배당절차가 종료되지 아니하므로 판결내용에 따라 다시 배당을 실시한다.

5) 가압류채권자에 대한 배당금이 공탁되었는데 제3채권자가 그 공탁금을 압류한 경우

가압류채권자에 대한 배당금이 공탁되었는데, 그 공탁금에 대하여 다른 채권자가 집행채무자에 대한 집행권원에 의하여 채권압류를 하였다면 형식적 심사권밖에 없는 공탁공무원으로서는 그 채권압류에 대한 당부를 판단할 수 없으므로 그 채권압류가 취소(소멸)된 후가 아니면 가압류채권자에게 출급할 수 없다.[13)]

6) 가압류채권자가 본안에서 일부 승소한 경우 공탁된 미확정채권액에 대한 배당액의 처리

가) 가압류채권자가 본안소송에서 일부승소, 일부패소한 경우 공탁금의 처리 방법

(1) 배당재단으로 배당절차에 참가한 채권 전액을 만족시키기에 부족하여 가압류채권액 중 일부금만이 배당되어 공탁되었는데 가압류채권자가 본안에서 일부 승소한 경우 공탁된 미확정채권액에 대한 배당액의 처리가 문제된다.

예컨대 병이 피보전채권 600만 원에 기하여 가압류를 하여 놓은 토지에 대하여 갑이 400만 원을 청구채권으로 강제경매를 신청하고, 을이 200만 원의 일반채권으로

13) 행정예규 제42호 경매절차에 있어 가압류채권자에 대한 배당금이 공탁되었는데 제3채권자가 그 공탁금을 압류한 경우.

배당요구를 한 경우 토지의 매각대금 600만 원으로 집행법원은 갑에게 200만 원, 을에게 100만 원, 병에게 300만 원을 배당하는 것으로 배당표를 작성한 후 배당이의가 없자 갑, 을에게는 각 배당액을 교부하고, 병에 대한 배당액 300만 원을 공탁하였는데, 그 후 병이 본안소송에서 그 피보전권리 600만 원 중 200만 원에 관하여만 승소하고 나머지 부분에 관하여는 기각판결을 받은 경우, 본안소송에서 인용된 금액만 당초부터 피보전권리로 존재하였던 것으로 보아 가압류채권자를 포함한 모든 동순위 채권자에 대한 배당비율과 배당액을 다시 계산한 후 그 다시 계산된 금액(위의 예에서 150만 원) 만을 공탁금 중에서 가압류채권자에게 교부하고 나머지(150만 원)은 추가배당 할 것인지, 아니면 당초 공탁된 배당액이 승소금액 범위 내의 금액이라면 추가배당할 필요 없이 가압류채권자에게 전액 지급할 것인지 하는 것이다.

(2) 이에 대하여는 ① 당초부터 본안판결에서 인용된 금액만 존재하는 것으로 보아 가압류채권자를 포함한 모든 동순위의 채권자에 대한 배당비율과 배당액을 다시 계산하여 공탁금 중 다시 계산된 금액만을 가압류채권자에게 교부하고 나머지는 추가배당할 것이라는 견해(제1설)와 ② 그 승소금액 범위내의 금액은 추가배당을 할 필요가 없다는 견해(2설)의 대립이 있었다.

제1설에 의하면, 가압류채권자에 대한 배당(공탁)금은 어디까지나 잠정적인 것으로서, 가사 그에 대한 배당이의 신청이 없다고 하더라도 장래 가압류의 귀추가 결정된 시점에 있어서 확정된 권리관계에 따라 다시 조정을 받아야 할 배당액이고, 2설에 의할 경우 가압류의 청구채권을 무조건 고액으로 한 자가 유리할 뿐만 아니라 다른 채권자와의 배당률과의 균형을 상실함으로써 형평의 원리, 채권자 평등주의에 반하게 되어 부당하므로, 당초부터 본안판결에서 인용된 금액만이 존재하는 것으로 보아 배당액을 다시 조정하여 공탁액 중 그 조정된 금액만을 가압류채권자(위의 예에 있어서는 병에게 150만 원)에게 교부함이 상당하다고 한다.[14)]

반면, 제2설은, 당초의 배당표에 가압류채권자에 대하여 300만 원의 배당액이 기재되고 그에 대하여 배당이의의 신청이 없는 이상 가압류채권자에게 300만 원까지는 배당하여야 한다는 점이 확정되었고, 추가배당으로 인하여 발생하는 실무상의 복잡한 문제들을 피할 수 있어 간명하기 때문에 가압류채권자의 일부 승소 판결에서의 인용금액이 공탁금을 넘을 때에는 공탁액 전부를 부족할 때에는 공탁금 중 인용한 금액을 교부하여야 한다는 입장이다.

---

14) 윤경, 「부동산경매(입찰)의 실무(하)」, 법률정보센타(1999), 413-414

(3) 판례[15]는, 가압류권자 갑의 가압류채권액 457,285,878원에 대하여 101,341,285원을 배당받아 그 금액이 공탁되었는데 갑이 본안소송에서 150,000,000원의 승소판결을 받은 사안에 대하여, "가압류채권자의 미확정채권에 대하여 배당기일에 아무런 이의 없이 배당절차가 종료되어 가압류채권자에 대한 배당액이 공탁되었다고 하더라도 공탁된 배당금이 피공탁자에게 지급될 때까지는 배당절차가 종료되었다고 할 수 없을 뿐 아니라 경매제도가 채무자의 재산으로부터 채권자의 만족을 얻게 하는 데 근본 목적으로 두고 있는 만큼 만족을 받지 못한 채권자가 있는 데도 이를 제쳐둔 채 채무자에게 공탁된 배당금을 지급하는 것은 경매제도의 목적에 현저히 반하는 것이라는 점 등에 비추어 추가배당하여야 하고, 이는 가압류채권자가 본안에서 승소확정판결을 받은 금액이 공탁된 배당액을 초과한다고 하여도 마찬가지이다."라고 판시함으로써 제1설을 취하고 있다.

이 사건에서 가압류권자 甲은 가압류채권액 457,285,878원에 대하여 101,341,285원을 배당받아 그 금액이 공탁되었는데, 甲이 본안소송에서 일부 승소의 확정판결을 받자(가압류채권액 중 1억5,000만 원만 인용), 집행법원은 그 승소확정된 금액이 공탁된 배당액을 초과한다 하여 甲에게 공탁된 금원을 추가배당 없이 전액 지급하였는바, 대법원은 甲의 승소확정금액을 기준으로 하여 배당액을 재차 조정하여 공탁된 배당액 중 그 조정된 금액만을 피고에게 지급하고 나머지는 다른 채권자들인 원고들에게 배당하는 방식의 추가배당을 실시하여야 한다고 하였다.

나) 일부 승소한 경우 지연손해금의 종기

일부 승소한 경우에는 지연손해금도 포함하여 승소금액을 정하여야 할 것인데 이 경우 지연손해금의 가산 종기를 언제로 할 것인가에 대하여, ① 다른 채권자와의 균형을 고려하여야 하므로 배당 시까지라는 견해(제1설)와, ② 배당에는 변제의 효과가 있는 것인데 가압류채권자에 대한 배당은 배당 즉시 배당금을 출급할 수 없어 배당 시에 바로 실질적인 변제의 효과가 생긴다고는 할 수 없으므로 가압류채권자가 배당금을 지급받을 수 있는 때인 판결 확정 시까지라는 견해(제2설)가 있다. 후자의 견해가 타당하다.

다) 추가배당 시 부대채권의 계산의 종기(= 원배당표의 배당기일까지)

(1) 배당표 변경의 성질을 공탁금에 관한 독립한 새로운 배당절차라고 보는 견해(제1설)에 의하면, 추가배당기일까지의 이자, 지연손해금의 청구가 가능하고, ② 배당표의 변경절차는 공탁금에 관한 독립한 배당절차는 아니고 종전 배당표를 본래의

15) 대법원 2004. 4. 9. 선고 2003다32681 판결

형태로 변경, 정정하는 절차라고 보는 견해(제2설)에 따르면, 종전 배당 시에 존재했던 채권에 관하여 후에 추가적으로 배당을 행하는 것이 되므로, 당초 기준이 된 각 채권자의 채권액은 종전 배당시의 채권액이 되어 그 후에 생긴 부대채권에 관한 배당은 인정하지 않게 된다.

제1설은 이자, 지연손해금의 발생은 배당절차를 이유로 정지될 이유가 없으므로 변제의 효력이 발생할 때까지 즉, 현실적으로 채권자 등에게 교부될 때까지의 이자 등을 청구하는 것이 가능하다는 점을 이유로 들고 있다.

그러나 공탁금액도 당초의 배당기일에 당해 채권자가 받아야 할 수액을 가지고 결정된 것으로서 그 공탁금을 가지고 당초의 배당기일부터 추가배당기일까지 사이에 생긴 부대채권에 충당하는 것은 법이 예정하고 있지 않은 것으로 보이는 점, 제1설의 견해에 따르면 채무자가 제기한 배당이의소송에 채권자가 오랫동안 다투면 다툴수록 채무자가 승소하더라도 공탁금의 대부분은 다른 채권자의 추가배당기일까지의 부대채권에 충당되고 말게 되는데 이는 상당히 불합리하다고 여겨지는 점 등[16]에 비추어 제2설이 타당하다.[17]

판례는 "① 다른 배당채권자들의 채권액은 종전의 배당기일에서의 채권원리금액을 기준으로 하고 ② 가압류채권자의 경우에도 종전의 배당기일까지의 지연손해금을 가산한 채권원리금액을 기준으로 하여 조정한 후 공탁금 중에서 그 감액 조정된 금액을 가압류채권자에게 지급하며, 나머지 공탁금은 특별한 사정이 없는 한 종전의 배당기일에서의 채권액을 기준으로 하여 다른 배당채권자들에게 추가로 배당함이 상당하다(대법원 2013. 6. 13.선고 2011다75478 판결)고 판시하여 제2설의 견해를 취하였다. 서울중앙지방법원의 실무는 '원배당표의 배당기일까지'를 부대채권(지연손해금 등)의 가산종기로 종기로 하고 있다. 추가배당받을 채권자의 경우 추가배당기일까지의 지연손해금은 인정하지 않고 있고, 원배당표상의 채권액을 기준으로 추가배당을 하고 있다.

[배당금교부신청서]

배 당 금 교 부 신 청

16) 동경지재민사집행실무연구회, 「改正 不動産執行の理論と實務(下)」, 法曹會(2000), 666

17) 손흥수, "배당표 변경의 법적성질론에 비추어 본 추가배당의 방법과 절차", 민사집행법연구 I, 진원사(2012) 참조

사 건 20 타경○○ 부동산임의경매
채 권 자 ○○○
채 무 자 ○○○
가압류권자 ○○○
(신 청 인)

위 당사자간 귀원 20 타경○○ 부동산임의경매에서 신청인은 가압류권자로서 배당을 받아 그 배당표가 확정되었는바, 신청인(가압류권자)은 ○○지방법원 20 카○○ 부동산가압류사건의 본안 소송(귀원 20 가합○○ 대여금 사건)에서 승소판결을 받고 그 판결은 이미 확정되었으므로, 그 배당금을 교부하여 주시기 바랍니다.

첨 부 서 류

1. 집행력 있는 판결정본 1통
1. 확정증명 1통

20 . . .
위 채권자 ○○○ (인)

○○지방법원 귀중

다. 민사집행법 제49조 제2호(강제집행의 일시정지를 명한 취지를 적은 재판의 정본) 및 제266조 제1항 제5호(담보권실행을 일시정지하도록 명한 재판의 정본)의 문서가 제출되어 있는 때(민사집행법 제160조 제1항 제3호)

1) 공탁

강제경매의 경우에 집행력 있는 정본을 가진 배당채권자 전원에 대하여 집행정지서면이 제출된 경우에는 배당절차는 정지되므로 배당액의 공탁문제가 일어날 여지가 없으나, 집행력 있는 정본을 가진 배당채권자의 일부에 대하여서만 집행정지서면이 제출되었거나 임의경매의 경우에는 법원은 배당절차를 속행하여야 하고, 다만 법원사무관등은 그 채권자에 대한 배당액을 공탁하여야 한다.

채무자가 집행력 있는 정본을 가진 채권자의 배당액에 대하여 배당이의를 하고 그 후 청구이의의 소 등을 제기하면서 소제기증명과 함께 집행정지의 잠정처분을 제출한 경우도 여기에 해당한다.

담보권자에 대하여 담보권의 실행을 일시정지하도록 명한 재판의 정본이 제출된 경우에도 같다.

2) 그 후의 절차

가) 이와 같이 공탁이 된 후 정지의 본안소송 또는 이의의 결과로서 집행불허의 재판의 정본이 제출되면 아직 만족하지 못한 다른 채권자가 있는 경우에는 그 채권자에게 추가배당을 하고(민사집행법 제161조 제2항 제1호) 그렇지 아니하면 채무자 등에게 지급한다.

나) 집행정지를 받은 채권자가 본안소송 또는 이의의 소에서 승소한 사실을 증명하면 그 채권자에게 전술한 공탁된 배당금액지급절차에 의하여 배당금액을 지급한다.

라. 저당권설정의 가등기가 마쳐져 있는 때(민사집행법 제160조 제1항 제4호)

압류의 효력발생 전에 저당권설정의 가등기가 되어 있는 경우에 그 가등기권리자는 후일 본등기를 하면 우선변제를 받을 수 있는 지위에 있으므로, 가압류의 경우에 준하여 가등기권리자가 본등기를 하였다고 가정하고 그에게 배당할 금액을 정하여 이를 공탁할 것이다.

가등기권리자가 본등기를 하든가 본등기를 하지 않더라도 본등기에 필요한 조건을 구비한 때에는 그 가등기권리자에게 그 배당금액을 지급한다.

이 경우 본등기에 필요한 조건이라 함은, 등기의무자의 동의서나 본등기를 함에 필요한 저당권 그 자체의 성립을 인낙하는 등기의무자의 채권확인서 또는 본등기를 명하는 확정판결 등이 제출된 경우를 말한다.

이러한 서류가 제출되면 법원사무관등은 공탁 전이면 공탁을 하지 않고 그 배당액을 지급하고, 공탁 후라면 전술한 바와 같은 공탁된 배당액지급절차에 의하여 배당액을 지급한다.

마. 배당이의의 소가 제기된 때(민사집행법 제160조 제1항 제5호)

배당표에 대한 이의가 있는 채권에 관하여 적법한 배당이의의 소가 제기된 때에는 그 배당액을 공탁하여야 한다.

배당이의의 소의 판결이 확정된 때, 그 소가 취하 또는 취하간주된 때에는 이해관계있는 채권자가 그 사실을 증명하면 그 판결의 내용에 따라, 종전의 배당표를 경정하거나 추가배당 또는 재배당을 하여야 할 경우에는 법원이 그 필요한 절차를 밟으면 되고, 종전의 배당표가 그대로 확정된 경우에는 법원사무관등이 종전의 배당표에 따라 배당액을 지급한다.

다만 채무자 소유 부동산에 관해 경매절차가 진행되어 부동산이 매각되었으나 배당기일에 작성된 배당표에 이의가 제기되어 파산채권자들 사이에서 배당이의소송이 계속되는 중에 채무자에 대해 파산이 선고되었다면, 파산절차는 모든 채권자들을 위한 포괄적인 강제집행절차로 파산절차가 개시되면 채무자가 파산선고 당시에 가진 모든 재산은 원칙적으로 파산재단에 속하므로(채무자회생법 제382조), 배당이의소송의 목적물인 배당금은 배당이의소송의 결과와 상관없이 파산선고가 있은 때에 즉시 파산재단에 속하고 그에 대한 관리·처분권 또한 파산관재인에게 속하게 된다(채무자회생법 제384조, 대법원 2019. 3. 6.자 2017마5292 결정). 따라서 적법한 배당이의의 소가 제기되어 관련 배당금을 공탁한 후 배당이의의 소가 완결되기 전에 집행법원에 채무자가 파산한 사실이 기재된 문건이 접수되었다면 법원사무관등은 배당이의의 소의 결과를 기다릴 필요가 없이 위 배당금을 파산관재인에게 지급하면 된다.

바. 저당권자가 저당권의 목적부동산이 아닌 다른 부동산에 관한 배당절차에서 배당을 받는데 다른 채권자가 그 배당금의 공탁청구(민법 제340조 제2항 및 같은 법 제370조)를 한 때(민사집행법 제160조 제1항 제6호)

저당권자는 담보권을 가지고 있어도 일반채권자로서의 자격을 상실하는 것은 아니므로 집행권원을 가지는 한 저당목적 부동산 이외의 채무자의 다른 부동산에 대하여도 강제집행을 할 수 있으나, 이 경우에 저당권자는 저당목적 부동산에 의하여 먼저 변제를 받고 그 부족액에 한하여 채무자의 일반재산에서 변제를 받을 수 있다(민법 제370조, 제340조 제1항). 그러나 저당권자가 저당권을 실행하기에 앞서 채무자의 다른 부동산에 대하여 다른 채권자가 먼저 강제집행을 개시하여 배당이 실시되는 경우에까지 위와 같이 제한을 한다면 후에 저당권이 실행되어 채권변제의 부족이 판명된 때에는 이미 다른 부동산에 대한 집행이 종료되어 부족액의 변제를 받을 기회를 상실하게 되므로 이런 경우에는 저당권자도 일반채권자와 동등한 자격으로 채권전액을 가지고 배당에 참가할 수 있는데(민법 제370조, 제340조 제2항 본문), 다만 저당목적부동산으로써 채무액의 변제에 충분함에도 불구하고 저당권자가 미리 배당액을 수령한다면 결과적으로 민법 제340조 제1항의 취지와 모순되고 다른 채권자의 이익을 해하게 되므로 다른 채권자는 배당에 참가하는 저당권자에게 배당금의 공탁을 요구할 수 있고(민법 제370조, 제340조 제2항 단서), 이러한 공탁청구가 있으면 법원사무관등은 그 저당권자에 대한 배당액을 공탁하여야 한다.

후에 저당권자가 저당권을 실행하여 피담보채권의 일부만을 변제받은 때에는 변제받지 못한 부분은 공탁된 배당액에서 저당권자에게 지급하고(이때 담보권자가 지급받을 금액에 관하여 담보권자가 그 부족액만을 가지고 앞서의 배당에 참가하였을 경우에 받을 수 있는 금액만을 위 공탁금 중에서 받을 수 있다는 견해와 공탁된 금액 범위 내에서 부족액 전액을 지급받을 수 있다는 견해로 나뉘는바, 일반채권자가 저당채무자의 일반재산에 대하여 먼저 강제집행을 하는 경우 저당권자로서는 차별을 받아야 할 이유가 전혀 없기 때문에 채권액 전액을 가지고 배당에 참가하는 것인데, 나중에 저당권자가 채권확보를 위하여 따로 담보목적물을 확보하여 그로부터 일부 변제를 받았음을 이유로 차별하는 셈이 되어 전자의 견해는 부당해 보인다), 잔여액에 대하여 추가배당 또는 채무자등에게의 교부절차를 밟는다.

저당권자가 저당목적 부동산에 의하여 채권의 일부를 변제받을 경우에는 저당권자는 그 부족액만을 가지고 앞서의 배당에 참가하였을 경우에 받을 수 있는 금액만을 위 공탁금 중에서 지급받게 되고, 그 부족액을 초과하여 공탁된 금액은 추가배당을 하게 된다(민사집행법 제161조 제2항 제3호).

사. 배당기일에 출석하지 아니한 채권자의 배당액(민사집행법 제160조 제2항)

배당받을 채권자가 배당기일에 출석하지 아니한 경우에는 그 배당액을 지급할 수 없으므로 이를 공탁하여 배당을 완결한다.

후일 그 채권자가 지급을 청구하면 법원사무관등은 지급위탁서의 송부, 배당액 지급증의 교부 등 전술한 공탁된 배당액지급방법에 의하여 처리한다.

채무자 등이 배당기일에 출석하지 아니한 경우도 채무자등에게 지급할 금원이 있으면 이를 공탁하였다가 채무자 등이 그 지급을 청구하면 앞에서 본 배당액 지급방법에 의하여 처리할 것이다(재민 92-2 참조). 다만 채권자가 배당기일에 출석하지 아니하였다 하여 즉시 공탁을 할 것이 아니라 10일 동안 그 채권자의 지급청구를 기다렸다가 끝내 그 채권자의 지급청구가 없으면 그때 공탁을 할 것이다(재민 91-5에 의하면 불출석채권자에 대한 배당액의 공탁 또는 계좌입금은 배당기일부터 10일 안에 하도록 되어 있다). 다만 기일에 출석하지 아니한 채권자가 배당액을 입금할 예금계좌를 신고한 때에는 위 공탁에 갈음하여 배당액을 그 예금계좌에 입금할 수 있다

(민사집행규칙 제82조 제2항).

한편 채권자가 법원에 대하여 공탁금의 수령을 포기하는 의사를 표시한 때에는 그 채권자의 채권이 존재하지 아니하는 것으로 보고 추가배당을 실시하거나 또는 채무자등에게 지급하여야 한다(민사집행법 제161조 제3항).

아. 저당권자의 저당권부 채권이 압류 또는 가압류된 경우

1) 피담보채권에 대한 압류·가압류는 저당권자의 배당금지급청구권에 효력이 미침

저당권의 피담보채권이 압류되면 종된 권리인 저당권에도 압류의 효력이 미친다(저당권의 수반성). 또 피담보채권의 일부를 압류하여도 저당권의 불가분성 때문에 압류의 효력은 저당권 전체에 미친다. 저당권이 설정되어 있는 부동산의 경매절차에서 저당부동산이 환가되어 피담보채권에 대하여 배당이 이루어지는 경우 피담보채권에 대한 압류는 저당권자의 배당금지급청구권에 대하여도 효력이 미치는 것이다.

즉 저당권이 있는 채권이 압류(가압류를 포함한다)된 것만으로는 그 채권의 권리자가 바뀌는 것은 아니지만 저당권이 있는 채권에 대한 압류의 효력은 저당권자의 배당금청구권에 미친다고 해석되므로, 압류가 존속하는 한 당해 배당금을 지급하지 않고 저당권자를 피공탁자로 하여 공탁을 한다.

다만 근저당권이 있는 채권이 압류되는 경우, 근저당권설정등기에 부기등기의 방법으로 그 피담보채권의 압류사실을 기입등기하는 목적은 근저당권의 피담보채권이 압류되면 담보물권의 수반성에 의하여 종된 권리인 근저당권에도 압류의 효력이 미치게 되어 피담보채권의 압류를 공시하기 위한 것이므로, 만일 근저당권의 피담보채권이 존재하지 않는다면 그 압류명령은 무효이다(대법원 2004. 5. 28. 선고 2003다70041 판결, 대법원 2009. 12. 24. 선고 2009다72070 판결 등).

2) 배당금의 공탁

이 경우 저당권자를 배당받을 채권자로 하는 배당표를 작성하되, 위 압류가 존속하는 한 배당금을 지급하지 않고 공탁을 하게 된다. 이때의 공탁은 민사집행법 제160조에 의한 공탁이 아니라 민사집행법 제248조 제1항에 의한 집행공탁이다. 공탁절차는 아래 타. 배당금 또는 잉여금수령채권에 대하여 압류, 가압류 또는 전부명령, 추심명령이 발령된 경우의 처리 방법과 같다.

나아가 저당권부채권(피담보채권)에 대하여 압류의 경합이 있거나, 저당권부채권의 압류가 있은 후에 다시 저당권자의 배당금지급청구권에 대하여 압류가 있으면 배

당금지급청구권에 대한 압류의 경합이 있는 것으로 보아 민사집행법 제248조 제3항의 집행공탁을 하여야 한다.

3) 제3채무자의 피담보채권에 대한 압류·가압류의 말소방법

가) 한편 위 쟁점과 직접 관련은 없지만, 실무상 전세권가압류나 저당권 또는 전세권이 있는 채권을 가압류한 경우, 전세기간 등이 만료된 후에 부동산소유자가 저당권자 또는 전세권자를 상대로 제기한 저당권 또는 전세권말소등기청구소송이 원고승소로 확정되었으나 이해관계 있는 제3자인 가압류 채권자의 승낙을 얻지 못하여 말소등기를 하지 못하고 있음을 이유로 가압류취소를 구하는 경우가 있다. 그러나 이 경우에는 가압류취소 신청을 할 수는 없다.

나) 제3채무자(소유자)는 가압류 채권자를 상대로 말소등기에 대한 승낙의 의사표시를 구하는 소송을 할 수 있다. 즉 제3채무자(소유자)는 가압류에서 벗어나기 위하여 피담보채무의 소멸을 이유로 근저당권자나 전세권자를 상대로 그 등기의 말소를 구하면서 가압류채권자(이해관계 있는 제3자)에 대하여 주등기의 말소에 대하여 승낙의 의사표시를 구하는 소를 제기할 수 있다.

다) 또 다른 방법으로는, 부동산소유자가 채권가압류사건의 제3채무자로서 민사집행법 제248조의 집행공탁을 하고 공탁서와 사유신고서를 첨부하여 가압류법원의 법원사무관등에게 채권가압류사실의 등기를 말소촉탁하여 줄 것을 신청할 수 있고(민사집행규칙 제167조 제4항[18]), 법원은 별도의 집행취소결정 없이 말소촉탁을 하게 된다. 이때의 등기원인 일자는 신청일 아니라 변제공탁이나 집행공탁을 한 날이다. 문제는 위 말소촉탁의 전제로 제3채무자가 '압류된 채권이 변제 또는 공탁에 따라 소멸되었음'을 증명하여야 하는데, 위 입증이나 판단이 사실상 어렵다는 점이다.

자. 저당권부채권에 대한 채권담보권의 등기가 되거나 질권자의 부기등기가 된 경우[19]

1) 채권담보권의 등기가 된 경우

부동산등기법 제76조 제2항 및 부동산등기규칙 제132조 제2항의 규정에 의하여 (근)저당권부채권에 대한 채권담보권의 부기등기가 경료된 경우에는(등기예규 1462호 참조) 채권담보 채권자에게 지급한다. 저당권부채권담보권의 설정자는 법인 또는 상

18) 위 규정은 저당권부채권압류에 관한 것이나, 저당권부채권가압류에도 준용이 되고, 나아가 전세권부채권에 대한 압류·가압류에도 유추적용된다.

19) 법원실무제요 민사집행(Ⅲ): 부동산집행, 법원행정처(2020), 265-266

업등기법에 따라 상호등기를 한 사람이어야 한다(동산·채권 등의 담보에 관한 법률 제2조 제5호 단서). 동일한 채권에 대하여 여러 개의 채권담보권이 설정되어 있는 경우 담보권자 사이의 순위는 담보등기의 선후에 따라 정해진다(같은 법 제37조, 제7조 제2항). 또한 동일한 채권에 관하여 채권담보권자와 권리질권자·채권양수인 등이 경합하는 경우에는 채권담보권의 등기일자와 확정일자 있는 통지 또는 승낙의 선후에 따라 우선순위가 결정된다(같은 법 제35조 제3항).

2) 질권자의 부기등기가 된 경우

저당권부채권의 질권자가 부기등기를 하면 그 효력이 저당권에도 미치는데(민법 제348조), 저당권부채권의 질권자가 저당권자가 받을 배당금에 대하여 권리를 행사하기 위해서는 배당법원에 배당금의 지급을 청구하거나(민법 제353조 제1항), 민법 제342조에 따라 배당 전에 저당권자가 배당받을 금원에 대하여 채권압류 및 추심명령(또는 전부명령)을 받거나, 제3자가 위 배당금을 압류하여야 그 배당금에 대하여 질권자로서의 우선변제권을 행사할 수 있으므로(민법 제354조), 저당권자의 배당금지급청구권에 대하여 질권자나 제3자로부터 압류가 없는 한 저당권자에게 배당을 하여야 할 것이고 공탁을 할 것은 아니라고 보는 견해도 있을 수 있다. 그러나 저당채권에 대한 질권자도 등기기록에 기입된 부동산 위의 권리자(민사집행법 90조 3호)에 해당하므로(대법원 1999. 11. 10.자 99마5901 결정), 질권자가 배당법원에 직접청구하지 않거나 압류가 없는 경우라도 질권자 앞으로 배당하여 유보공탁(민사집행법 제160조 제2항)을 할 것이고, 저당권자에게 배당할 것은 아니다.

한편 민법 제348조가 "저당권으로 담보한 채권을 질권의 목적으로 한 때에는 그 저당권등기에 질권의 부기등기를 하여야 그 효력이 저당권에 미친다."라고 규정한 취지는 질권의 효력이 저당권에 미치기 위한 요건을 정한 것에 불과하고, 위와 같은 부기등기를 마쳤다고(부동산등기법 제76조 제1항) 하여 곧바로 같은 법 제349조 제1항의 지명채권에 대한 질권의 대항요건이 갖추어졌다고 볼 수는 없다(대법원 2014. 9. 25. 선고 2014다216126 판결 참조). 따라서 근저당권 일부 이전의 부기등기를 마쳤다고 하더라도 피담보채권의 양도인이 채무자에게 채권양도 사실을 확정일자 있는 증서로 통지하기 이전에 그 피담보채권에 관하여 가압류집행이 이루어졌다면, 가압류가 저당권부채권의 양수인에 우선한다(대법원 2013. 8. 23. 선고 2012다65270 판결).

차. 저당권에 대하여 처분금지가처분이 된 경우 가처분의 효력이 배당금지급청구권에도 미치는지 여부(= 소극)

1) 문제점 제기

저당권에 대하여 처분금지가처분의 기입등기가 된 후 저당목적물이 경매로 매각되고 저당권자에게 배당이 이루어진 경우 저당권자에게 배당액을 지급할 것인가, 아니면 저당권에 대한 처분금지가처분의 효력이 배당금지급청구권에도 미치는 것으로 보아 저당권자에게 배당금을 지급하지 않을 것인가가 문제된다.

2) 검 토

저당권에 관하여 일반가처분으로 저당권처분금지가처분이 있는 경우에 그 저당권의 피담보채권 금액의 처리에 관하여, 다음과 같은 견해의 대립이 있다.

① 저당권의 처분금지가처분은 저당권의 양도 기타 처분을 금지하는 것이지 저당권의 실행을 금지하는 것은 아니기 때문에 그 가처분의 효력은 저당권이 실행된 효과로서 발생한 배당금지급청구권에는 미치지 않으므로 집행법원은 저당권자에게 지급하여야 하고, 따라서 저당권의 처분금지가처분권자는 저당권자가 배당금을 지급받기 전에 배당금지급청구권에 대하여 다시 지급금지가처분 또는 가압류를 하여야만 저당권자에 대한 배당금의 지급을 막을 수 있다는 견해(제1설)

② 저당권의 처분금지가처분은 저당권자가 배당금지급청구권을 행사하여 배당금을 수령함으로써 피담보채무를 변제받는 등 저당권을 실질적으로 소멸(처분)시키는 행위도 금지하는 것으로 보아 집행법원은 배당금을 저당권자에게 지급할 수 없고, 저당권자의 저당권부채권이 가압류된 경우에 준하여 공탁하는 것이 타당하다는 견해

③ 이와 관련하여 서울고등법원(인천) 2022. 1. 10.자 2021카합2 결정은 “근저당권처분금지가처분의 존재만으로 근저당권자에 대한 배당금을 공탁하는 경매 실무가 있고, 이러한 전제에서 그 공탁금(배당금)출급을 위하여 외관제거를 위한 가처분의 취소가 필요한 것으로 볼 여지도 있으나, 근저당권의 처분금지가처분은 저당권의 양도 및 기타 처분을 금지하는 것이지 저당권의 실행을 금지하는 것은 아니므로, 그 가처분의 효력은 저당권이 실행된 것과 마찬가지의 효과로서 발생한 배당금지급채권에는 미치지 않는다고 보아야 한다.”고 판시하여 ①설을 택하고 있다.

경매 실무상으로는 ②설에 따라 공탁을 하는 사례가 많지만 법리상으로는 ①설의 견해가 타당하다고 생각하고, 서울고등법원(인천)의 결정 또한 타당하다고 생각한다.

④ ①설에 의할 경우 저당권의 처분금지가처분권자는 저당권자가 배당금을 지급

받기 전에 배당금지급청구권에 대하여 다시 지급금지가처분 또는 가압류를 하여야만 저당권자에 대한 배당금의 지급을 막을 수 있다.

그런데 주의할 점이 있다. 위와 같은 처분금지가처분 중에는 "사해행위취소를 원인으로 한 근저당권의 말소등기청구권"을 피보전권리로 한 것이 있는데, 채권자로서는 사해행위로 추정되는 재산처분행위가 있는 경우에 향후 사해행위 취소소송에서의 원상회복 방법을 예상하여 '가액배상의 방법으로만 원상회복이 가능한 경우'에는 가처분이 아니라 금전채권의 보전을 위한 가압류를 하여야 하며, 원상회복의 방법이 가액배상이 아닌 '원물반환의 경우에는' 권리보전을 위한 처분금지 가처분의 방법으로 채권보전조치를 취하여야 한다.

카. 처분금지가처분이 된 부동산이 경매로 매각된 경우 소유자에게 배당된 잉여금(소유권자의 잉여금교부청구권)에 처분금지가처분의 효력이 미치는지 여부(=소극)

1) 소유권에 대한 처분금지가처분의 효력(= 소유권자의 잉여금교부청구권에 미치지 않음)[20]

앞서 본 저당권에 가처분이 된 경우의 설명과 마찬가지이다.

가) 최선순위 가처분의 경우

부동산에 대한 처분금지가처분이 최선순위 가처분에 해당하여 경매절차로 말소되지 않는 것이라면, 그 가처분은 매수인이 그대로 인수를 하게 되고 따라서 소유자의 잉여금교부청구권에 위 가처분의 효력이 미치지 않는다.

나) 경매로 말소되는 가처분의 경우

부동산에 대한 처분금지가처분등기라 할지라도 그보다 선순위로서 매각으로 소멸하는 담보권·압류·가압류 등기가 존재하는 경우에는 말소의 대상이 된다.

경매로 인하여 말소되는 가처분의 효력은 '소유자의 잉여금지급(교부)청구권'에 미치지 않는다. 부동산처분금지가처분의 주문은 통상 「채무자는 별지기재의 부동산에 대하여 매매, 증여, 저당권이나 임차권의 설정 기타 일체의 처분을 하여서는 아니된다」 이다.

그런데 경매절차로 인하여 소유권이 이전되는 것은 채무자의 의사와는 무관한 것이고, 이는 가처분의 주문이 금하고 있는 "채무자의 처분행위"가 아니다. 매각절차

20) 윤경, 「부동산경매(입찰)의 실무(하)」, 법률정보센타(1999), 428-429

는 가처분의 효력에 반하는 행위가 아니므로, 가처분권자는 아무런 배당을 받을 수 없고(경매절차의 이해관계인도 아님[21]) 그 가처분은 그대로 말소될 뿐이다.

2) 주의할 점

가) '소유자의 잉여금지급청구권'에 대한 지급금지가처분 또는 가압류가 필요함

부동산의 처분금지가처분권자는 소유자가 잉여금을 지급받기 전에 잉여금지급청구권에 대하여 다시 지급금지가처분 또는 가압류를 하여야만 소유자에 대한 잉여금의 지급을 막을 수 있다.

나) 피보전권리가 "사해행위취소를 원인으로 한 가액배상"인 경우에는 가압류를 하여야 함

주의할 점은, 위와 같은 처분금지가처분 중에는 "사해행위취소를 원인으로 한 소유권이전등기의 말소등기청구권"을 피보전권리로 한 것이 있는데, 채권자로서는 사해행위로 추정되는 재산처분행위가 있는 경우에 향후 사해행위 취소소송에서의 원상회복 방법을 예상하여 '가액배상의 방법으로만 원상회복이 가능한 경우'에는 가처분이 아니라 금전채권의 보전을 위한 가압류를 하여야 하며, 원상회복의 방법이 가액배상이 아닌 '원물반환의 경우에는' 권리보전을 위한 처분금지 가처분의 방법으로 채권보전조치를 취하여야 한다.

다) '소유자의 잉여금지급청구권'에 대한 지급금지가처분을 하였는데, 본안이 가액배상인 경우 다시 가압류를 하여야 하는지 여부(= 적극)

① 사해행위취소는 독특한 성질을 가지고 있다. 사해행위취소를 통하여 채권자가 확보하고자 하는 궁극적인 권리는 피보전채권(보전처분의 피보전권리와는 다른 개념임)인 금전채권이다. 금전채권의 보전을 위하여는 가압류를 하는 것이 통상이지만, 사해행위취소소송에서의 본안에 앞서 보전처분을 할 경우의 그 피보전권리는 부동산의 경우 "사해행위취소로 인한 부동산이전등기말소등기청구권"이고(가액배상이 아닌 경우 원물반환의 경우), 따라서 가처분을 하게 되는 독특한 구조를 가지고 있다. 즉 원고는 금전채권을 보호하기 위하여 가압류가 아닌 가처분을 하는 구조를 가지고 있다.

그런데 사해행위 취소를 원인으로 원상회복청구권을 피보전권리로 하여 처분금지가처분을 해 두었는데, 변론종결시까지 밝혀진 사정에 비추어 판단한 결과 비로소 가액배상임이 밝혀진 경우 피보전권리(사해행위취소로 인한 부동산이전등기말소등기

21) 대법원 1994. 9. 30.자 94마1534 결정

청구권)가 인정되지 않은 것이므로 그 가처분은 효력이 없는 결과가 되는데, 이 경우 취소채권자가 굳이 새로운 가압류를 다시 받아야 한다고 하면 이는 사해행위의 취소채권자에게 심한 부담이 되고 집행재산의 임의처분을 막는 보전처분의 실효성도 없게 되는 결과가 발생하므로, 위 가처분의 효력으로 가액배상청구권을 보전할 수 있다고 해야 하지 않은가 의문이 들 수 있다.

즉 보전처분의 호환성(피보전권리의 청구의 기초동일성[22])이 인정되는 경우 가압류와 가처분이 서로 호환되는지 여부)에 관하여, 사해행위취소소송에서 원물반환청구권과 가액배상청구권이 청구기초의 동일성은 있다고 보아야 하지 않을까 하는 의문이 생긴다.

② 그러나 현재 판례상 청구기초의 동일성은 가압류의 경우 본안도 금전채권일 경우에 인정되는 것이므로, 본안은 특정물에 관한 이행청구권인데도 청구기초가 동일하다는 이유로 금전채권을 보전하기 위하여 한 가압류가 '특정물에 관한 이행청구권'을 보전할 수는 없는 것이고, 반대의 경우도 마찬가지이다.

타. 배당금지급채권 또는 잉여금수령채권에 대하여 압류, 가압류 또는 전부명령, 추심명령, 가처분이 발령된 경우 처리 방법

1) 압류, 가압류된 경우(압류 경합 없이 1개만 있는 경우)

배당받을 채권의 존재 및 수액에 관하여 아무런 다툼이 없어 배당표가 확정되었지만 배당금수령채권이 압류(가압류를 포함한다)되어 있는 경우(채무자 등에게 지급될 잉여금채권이 압류된 경우도 같으므로 따로 설명하지 않는다)에는 배당받을 채권자를 배당금수령권자로 기재하여 배당표를 작성하되 압류가 존속하는 한 당해 배당

22) 청구의 기초 동일설: 보전처분의 피보전권리와 본안소송의 소송물인 권리는 엄격히 일치될 필요는 없고, 청구취지와 원인사실 등에 비추어 청구의 기초, 즉 본안소송에 의하여 추구하려고 하는 이익과 당해 보전처분에 의하여 보전하려고 하는 이익 사이에 동일성이 인정되면 된다(청구의 기초동일설). 즉 보전처분의 피보전권리와 본안소송물인 권리는 엄격히 일치함을 요하지는 않고 청구의 기초의 동일성이 인정되는 한 본안이라고 할 수 있다. 대법원 2001. 3. 13. 선고 99다11328 판결도, "보전처분의 피보전권리와 본안의 소송물인 권리는 엄격히 일치함을 요하지 않으며 청구의 기초의 동일성이 인정되는 한 그 보전처분에 의한 보전의 효력은 본안소송의 권리에 미치고, 동일한 생활 사실 또는 동일한 경제적 이익에 관한 분쟁에 있어서 그 해결 방법에 차이가 있음에 불과한 청구취지 및 청구원인의 변경은 청구의 기초에 변경이 없다"고 판시한 바 있다. 청구의 기초에 변경이 없는 한 채권자는 이의소송에서 보전처분발령 당시와 다른 내용의 피보전권리를 교환적·추가적·예비적으로 변경할 수 있다(대법원 1982. 3. 9. 선고 81다1221 판결). 또한 변경에 의하여 피보전권리로 추가되는 권리가 보전처분의 재판 당시 아직 발생하지 아니한 권리라 하더라도 이를 피보전권리로 변경할 수 있다(대법원 1996. 2. 27. 선고 95다45224 판결).

금을 지급하지 않고 공탁을 한다.

위의 경우에 하는 배당금의 공탁은 민사집행법 제160조에 의한 공탁이 아니다. 또한 민법 제487조(채권자가 변제를 수령할 수 없는 때)의 변제공탁을 할 수 있다는 견해도 있으나, 민사집행법의 시행으로 단일압류 등이나 가압류가 있는 경우에도 같은 법 제248조 제1항의 공탁을 할 수 있으므로 굳이 민법 제487조에 의한 변제공탁을 인정할 필요성이나 실익이 없다는 점, 제3채무자가 어느 절차를 선택하느냐에 따라 이후 공탁절차가 달라져 혼란이 있을 수 있는 점 등을 고려하면 민법 제487조의 변제공탁은 허용되지 않는다는 견해가 타당하다. 실무에서도 민사집행법 제248조의 공탁 및 사유신고(단일 압류만 있는 경우) 또는 민사집행법 제291조 및 제248조 공탁(단일 가압류만 있는 경우)으로 처리하고 있다.

따라서 배당금 전액이 압류된 경우에는 피공탁자를 기재하지 아니하고, 일부가 압류되어 관련된 배당금 전액을 공탁하는 경우에는 압류의 효력이 미치지 아니하는 부분에 대하여는 변제공탁으로 보아야 하므로 피공탁자 란에 압류채무자를 기재하여야 하며, 공탁사유신고(민사집행법 제248조 제4항, 민사집행규칙 제172조)도 하여야 한다[공탁사유신고를 할 법원에 대하여는 후술하는 공탁의 방법 참조].

공탁관이 배당절차에서 발생하는 배당금수령채권 또는 민사집행법 제160조에 의하여 공탁한 배당금수령채권에 대한 압류명령서 등을 접수한 때에는 전산시스템에 압류명령서 등의 접수연월일, 배당금수령채권이 압류된 사실 등을 입력한 후 압류명령서 등의 사본을 집행법원에 송부하여야 한다(행정예규 제951호 제2조).

한편 압류채권자는 민사집행법 제248조에 의한 공탁일 경우에는 같은 법 제252조 이하의 배당절차를 통하여 수령할 수 있다.

2) 다수의 압류, 가압류가 있는 경우

배당금지급청구권 등에 대하여 다수의 압류나 가압류로 인하여 채권자가 경합하는 경우에는 민사집행법 제248조의 해당 조문에 의하여 공탁하고 공탁사유신고(민사집행법 제248조 제4항, 민사집행규칙 제172조)를 하여야 한다(재민 2020-1 제2조).

배당금지급청구권 등에 대한 압류의 경합 등이 있는 경우 민사집행법 제248조 제4항에 따른 사유신고의 주체, 시기 등에 관한 사항에 관하여 집행법원의 사유신고에 관한 업무처리지침(재민 2020-1)이 제정되고, 이에 저촉되는 종전 규정(재민 92-24조의2, 행정예규 1094호 2. 나. (4))은 삭제되었다. 위 지침은 배당금지급청구권 등을 피압류채권으로 한 압류명령 등의 경합 등이 있는 경우 사유신고의 주체,

시기 등에 관한 사항을 명확히 하였고, 2020. 7. 1.부터 시행된다. 결국 피압류채권이 배당금지급청구권등인 경우에는 재민 2020-1이 적용되고, 변제공탁등 공탁지급청구권인 경우에는 행정예규 1225호가 적용되는 것으로 정리되었다.

배당금지급청구권 등에 대한 압류의 경합 등이 발생한 경우 집행사건의 담임법원서기관, 법원사무관, 법원주사 또는 법원주사보(이하 "담임법원사무관등"이라 한다) 또는 집행사건에 있어서 배당액등의 공탁 및 공탁배당액등의 관리절차에 관한 예규(재민 92-2) 제4조 제1항의 주무과장이 지정하는 보관책임자(이하 "공탁서등 보관책임자"라 한다)는 민사집행법 제248조 제4항 본문에 따라 사유신고(전산양식 A4801)를 하여야 한다(재민 2020-1 제4조 등).

종전에는 사유신고의 주체가 피압류채권이 배당금지급청구권등인 경우 집행법원의 담임법원사무관등이나 공탁서등 보관책임자(이하 양자를 합하여 '집행법원'이라 한다) 또는 공탁관으로 2원화 되어(재민 92-2 제4조의2, 행정예규 1094호 2. 나. (4)) 업무불통일이 있었는데 집행법원으로 단일화 되었다. 이는 배당유보공탁사유(민사집행법 제160조 제1항 각 호)의 존재여부 및 그 해소여부 등에 관한 정보를 집행법원이 갖고 있는 점, 배당금출급에 필요한 지급위탁권한을 집행법원이 보유하고 있는 점 등을 고려한 것이다.

사 유 신 고 서

사　　　건 : ○○지방법원 ○○○○타경○○ 부동산임의(강제)경매
또는
○○지방법원 ○○○○타배○○ 배당절차
채　무　자 :
공 탁 번 호 :　　　법원　　년 금 제　　　호
공 탁 금 액 :　　　원
사유신고금액 :　　　원

(민사집행법 제160조 제1항 각 호의 배당유보공탁사유가 없는 경우)
위 사건에서 발생한 채무자의 배당금지급청구권(배당잔여금교부청구권) 또는 그에 기한 공탁금출급청구권에 대하여 채무자의 채권자들이 별지 목록 기재와 같이 압류를 하여 압류의 경합 등이 발생하였으므로, 민사집행법 제248조 제4항에 따라 사유를 신고합니다.

(민사집행법 제160조 제1항 각 호의 배당유보공탁사유가 해소된 경우)
위 사건에서 발생한 채무자의 배당금지급청구권(배당잔여금교부청구권) 또는 그에 기한 공탁금출급청구권에 대하여 채무자의 채권자들이 별지 목록 기재와 같이 압류를 하여 압류의 경합 등이 발생하였고, 민사집행법 제160조 제1항 제2호의 사유가 해소되었음을 소명하는 문서[채무자인 가압류채권자의 본안소송(○○지방법원 ○○○○가합○○) 등에서 승소한 집행력 있는 종국판결 등]가 제출되어 배당금지급요건이 충족되었으므로[23], 민사집행법 제248조 제4항에 따라 사유를 신고합니다.

(특별한 경우[24])
위 사건에서 발생한 채무자의 배당금지급청구권(배당잔여금교부청구권) 또는 그에 기한 공탁금출급청구권에 대하여 채무자의 채권자들이 별지 목록 기재와 같이 복수의 압류 등을 하였으나, 각 압류의 법률적 성질상 압류액의 총액이 피압류채권액을 초과하지 아니하여 본래의 의미에서의 압류의 경합으로 볼 수 없지만 그 우선순위에 대하여 문제가 있는 등 압류의 경합이 있는지 여부에 대한 판단이 곤란하다고 보이는 객관적 사정이 있으므로, 민사집행법 제248조 제4항에 따라 사유를 신고합니다.

(그 밖의 경우)

첨 부 서 류

1. 별지(압류) 목록
1. 공탁서 사본
1. 배당표 사본
1. 배당기일조서 사본
1. 압류결정서 등 사본

20 . . .
○○지방법원 법원사무관 ○ ○ ○ (인)
(연락처 :)

○○지방법원 귀중

23) 민사집행법 160조 1항 각 호의 사유가 해소된 경우에는 그 내용을 아래 예시와 같이 구체적으

※ 1. 채무자는 부동산경매사건 또는 배당절차사건에서 배당(잔여)금을 수령할 자를 기재한다.
2. 사유신고할 법원은 제3채무자가 최초로 송달받은 압류명령(가압류명령 제외)발령 법원이다.

별 지 목 록

1. 사건번호 :
채권자
채무자
제3채무자
청구금액 : 금 원
결정일자 : 20 . . .
송달일자 : 20 . . .

2. 사건번호 :
채권자
채무자
제3채무자
청구금액 : 금 원
결정일자 : 20 . . .
송달일자 : 20 . . .

3. 사건번호 :
채권자
채무자
제3채무자
청구금액 : 금 원
결정일자 : 20 . . .
송달일자 : 20 . . .

※ 순번은 제3채무자(대한민국)가 송달받은 날짜를 기준으로 한다.

로 기재한다.
(채무자가 배당이의소송에서 승소한 경우) "민사집행법 제160조 제1항 제5호의 사유가 해소되었음을 소명하는 문서[배당이의의 소(○○지방법원 ○○○○가합○○)에서 종전의 배당표가 그대로 확정된 판결정본 및 확정증명서 등]가 제출되었으므로"

24) 이 경우 배당금지급청구권등에 민사집행법 제160조 제1항 각 호의 배당유보공탁사유가 있는 경우에는 그 사유가 해소된 문서가 제출되어 배당금지급요건이 충족된 것이 밝혀진 후에 하여야 한다.

3) 전부명령, 추심명령이 발령된 경우

가) 전부명령이 있는 경우

(1) 배당금수령채권에 대하여 전부명령이 발하여진 경우에 이를 송달받은 출납공무원이 해당 경매계에 그 사실을 통지하면(재일 97-2 제21조 참조) 집행법원은 배당기일 전에 전부명령이 확정된 것으로 밝혀진 경우(전부채권자가 확정증명을 서면으로 제출한 경우로 한정하고, 확정 전이거나 확정여부를 알 수 없다면 압류가 있는 경우와 같이 처리하면 된다)에는 배당표상의 채권자란에 당초의 채권자 ○○○의 전부채권자 ○○○라고 기재하고 이유 란에 당초 채권자에 대한 배당사유(예를 들어, 근저당권자)를 기재하며, 출급명령서를 전부채권자 앞으로 작성하여 배당액을 지급한다. 전부명령의 경우에는 배당금출급 전에 확정증명원을 제출하여야 한다. 전부채권자가 배당기일에 출석하지 않은 경우에는 전부채권자를 피공탁자로 하여 민사집행법 제160조 2항에 따라 공탁할 수 있을 것이다. 다만 전부명령 이후 다수의 압류채권자가 경합되어 그 우선순위 등에 의문이 있는 경우에는 같은 법 제248조에 의한 집행공탁도 가능할 것이다(대법원 1996. 6. 14. 선고 96다5179 판결 참조).

(2) 배당기일 전에 전부명령이 확정되지 않은 경우에는 배당표상에 전부권자를 기재하지 않는다.

다만 원 배당권자에 대한 배당표가 확정되어 배당금의 출급이 가능하다고 하여도, 전부명령이 있으므로 원 배당권자에게 지급하여서는 아니 된다. 추후 전부명령이 확정된 다음 전부권자의 청구가 있으면 전부권자에게 지급하면 되고, 전부권자의 지급청구가 없으면 전부명령이 있음을 이유로 공탁을 한다.

(3) 전부명령의 경우 배당금출급 전에 확정증명원을 제출받는다.

(4) 다수의 압류나 가압류로 인하여 채권자가 경합하거나 민사집행법 제248조 제2항과 제3항에 해당하는 경우에는 민사집행법 제248조의 해당조문에 의하여 공탁하고 공탁사유신고(민사집행법 제248조 제4항, 민사집행규칙 제172조)를 한다.

나) 추심명령이 있는 경우

(1) 배당금수령채권에 대하여 추심명령이 발하여진 경우에 이를 송달받은 출납공무원이 해당 경매계에 그 사실을 통지하면(재일 97-2 제21조 참조) 집행법원은 배당표상의 채권자란에 당초 채권자를 기재한 다음 그 옆 괄호 안에 추심권자 ○○○라고 기재하고, 이유 란에 당초 채권자에 대한 배당사유(예를 들어, 근저당권자)를 기재하며, 추심채권자가 배당기일에 출석하였거나 배당기일 후 공탁 전에 출급청구를

한 경우에는 추가로 다른 압류명령이 없다면 추심채권자 앞으로 출급명령서를 작성하여 배당액을 지급한다.

(2) 반면에 추심채권자가 배당기일에 출석하지 아니한 때에는 민사집행법 제160조 제2항에 따라 공탁하여야 한다는 견해가 있을 수 있으나, 추심채권자를 피공탁자로 하여 같은 법 제160조 제2항에 따라 공탁을 한 후 추심채권자가 위 배당금채권을 추심하기 전에 당초 채권자(추심채무자)에 대한 다른 압류 등이 추가로 있는 경우 추심채권자로서는 후행 압류 사실을 알 수가 없어 배당금을 수령한 후 압류경합을 이유로 공탁 및 사유신고를 해야 함에도 추심신고만 할 우려가 있으므로, 당초 채권자의 배당금수령채권에 대하여 압류(추심)명령이 있음을 이유로 하여 같은 법 제248조의 집행공탁을 하고 공탁사유신고(민사집행법 제248조 제4항, 민사집행규칙 제172조)를 하여야 할 것이다.

(3) 추심채무자의 배당금채권 전액이 압류(추심)된 경우에는 피공탁자를 기재하지 아니하고, 일부가 압류되어(채무자가 배당기일에 불출석하거나 공탁 전까지 배당금을 수령하지 않은 경우) 관련된 배당금채권 전액을 민사집행법 제248조 제1항에 따라 공탁하는 경우에는 압류의 효력이 미치지 아니하는 부분에 대하여는 변제공탁으로 보아야 하므로 피공탁자 란에 추심채무자를 기재하여야 한다.

(4) 한편 다수의 압류나 가압류로 인하여 채권자가 경합하거나 민사집행법 제248조 제2항과 제3항에 해당하는 경우에는 민사집행법 제248조의 해당 조문에 의하여 공탁하고 공탁사유신고(민사집행법 제248조 제4항, 민사집행규칙 제172조)를 한다.

다) 전부, 추심명령이 있는데 배당채권자가 가압류채권자이거나, 배당이의가 있는 경우

배당금수령채권에 대하여 전부명령이나 추심명령이 있는데, 만일 배당받은 채권자가 가압류권자라든가 또는 배당받은 채권자의 배당액에 배당이의가 있는 경우(배당받은 채권자가 가압류권자이고 그 채권에 대하여 배당이의가 있는 경우도 이에 준한다)에는 두 가지 처리방안이 가능하다.

(1) 첫 번째는 전부명령이 확정되기 전이거나 추심명령이 있는 경우에 민사집행법 제160조 제1항 제2호 또는 제5호와 제248조를 모두 적용하여 공탁을 하고 동시에 공탁사유신고를 한 후 배당받은 채권자에게 배당금지급청구권이 확정되면(가압류권자가 집행력 있는 집행권원 정본을 제출하는 경우, 배당이의가 있었던 경우에는 배당이의의 소에서 배당받은 채권자의 승소확정판결이나 소 취하증명서 등이 제출된

경우) 채권배당절차로 이행하여 채권배당절차에 따라 지급하는 방법이다. 다만 공탁 전에 전부명령이 확정되었다면 같은 법 제248조에 의한 집행공탁은 할 수 없으므로 이 경우에는 아래 두 번째 방법에 의한다.

(2) 두 번째는 일단 민사집행법 제160조 제1항 제2호 또는 제5호에 의하여 공탁을 하면서 추가로 배당금채권에 대하여 전부명령이나 추심명령이 있음을 기재하였다가 후에 배당받은 채권자에게 배당금지급청구권이 확정되면 그때 전부채권자 또는 추심권자에게 지급하고, 다만 사안에 따라 채권배당절차를 거치는 것이 상당하다고 판단되는 경우에는 종전의 공탁은 유지한 채 같은 법 제248조 제4항 및 민사집행규칙 제172조에 의하여 공탁사유신고를 하여 채권배당절차에 따라 지급하면 될 것이다.

어느 경우이든 배당금채권에 전부명령 등이 있음을 기재하는 것을 누락하여서는 안 될 것이다.

4) 배당금 수령채권이 질권의 목적인 사실을 통지받은 경우

질권의 목적이 된 채권이 금전채권인 때에는 질권자는 자기채권의 한도에서 질권의 목적이 된 채권을 직접 청구하여 자기채권의 변제에 충당할 수 있고(민법 제353조 제1, 2항. 대법원 2005. 2. 25. 선고 2003다40668 판결), 질권설정자는 질권자의 동의 없이는 질권의 목적이 된 권리를 소멸하게 하거나 질권자의 이익을 해하는 변경을 할 수 없으므로(민법 제352조), 배당금수령채권을 질권의 목적으로 한 질권설정계약 체결 사실을 통지받은 집행법원으로서는 배당을 실시함에 있어 공탁관에게 송부하는 지급위탁서와 질권자에게 교부하는 증명서의 수령인 란에 '채권자 甲의 질권자 乙'의 방식으로 위 배당금을 실제 지급받을 채권자가 질권자임을 명시하여야 한다(공탁선례 2-341).

5) 가처분이 발령된 경우

채권자에게 배당하기 위한 배당금에 대하여 처분금지가처분 또는 지급금지가처분이 된 채권도 공탁의 대상이다(대법원 2009. 5. 14. 선고 2007다64310 판결).

6. 배당액의 공탁방법

가. 공탁방법 및 절차

1) 공탁방법

배당액을 공탁할 사유가 있는 경우에는 공탁사무 문서양식에 관한 예규(행정예규 1153호) 별표 1-1호 양식에 의하여 공탁서 2통을 작성하여 공탁관에게 제출한다

(공탁규칙 제20조 제1항).

배당액의 공탁은 배당기일로부터 10일 안에 하여야 한다(재민 91-5).

배당재단이 공탁금인 경우에는 그 배당액에 상당한 금액을 출급한 후 다시 공탁하는 등의 이중의 절차를 밟을 필요는 없고 그 부분에 대한 공탁을 그대로 유지하면 된다. 이 경우 종전의 공탁서 원본에(지급위탁서에 이를 붙일 필요가 없으므로 그대로 편철되어 있게 된다) 그 사실을 덧붙여 적어 공탁서 등 보관책임자에게 인계하면 된다(재민 92-2 제4조).

배당재단이 법원보관금인 경우에는 법원사무관등이 2통의 공탁서를 작성하여 공탁공무원에게 제출하고, 공탁공무원은 공탁서 1통에 공탁을 수리한다는 취지 등을 적은 다음 법원사무관등에게 돌려주며, 법원사무관등은 그 취지에 따라 공탁물보관자로 지정된 은행에 배당액을 공탁한다(공탁법 제4조, 공탁규칙 제20조 제1항, 제26조 제1항 제1호, 제27조). 이때 배당금수령권자 명의로 출급하여 공탁하여야 하는데(재일 97-2), 실무에서는 법원사무관등이 2통의 공탁서를 작성하여 공탁계에 제출하면 그 중 1통은 공탁소가 보관하고, 나머지 한 통을 반환받아 출납공무원이 교부한 출급지시서와 함께 취급점에 제출하면 취급점에서는 보관금계정에 있는 배당액을 공탁금계정으로 대체시킨 후 공탁서를 법원사무관등에게 반환한다.

2) 공탁 후 절차

가) 담임 법원사무관등은 재민 92-2 제2조의 규정에 의하여 배당액등에 관한 공탁절차를 취한 후 즉시 그 공탁서 사본과 배당표 원본은 사건기록에 첨부하고, 따로 배당표 등본을 작성하여 이를 공탁서 원본과 함께 주무과장이 지정하는 보관책임자(이하 "공탁서등 보관책임자"라 한다)에게 인계한다(재민 92-2 제4조 제1항).

나) 공탁서등 보관책임자는 담임법원사무관등으로부터 공탁서 원본 등을 인계받음에 있어 배당액등에 관한 공탁서등 보관대장[전산양식 A3454]에 해당사항을 기재한 후, 인계받은 공탁서 원본 등은 연도별, 사건번호순으로 별도 보관한다(재민 92-2 제4조 제3항)..

다) 전항의 규정에 의하여 공탁서등 보관책임자가 보관하는 공탁서 원본 등은 공탁서등 보관책임자의 사무인계인수 시 철저히 인계, 인수하여야 한다(재민 92-2 제4조 제4항).[25)]

라) 배당기일로부터 10일 이내에 공탁된 배당액등(이하 "공탁배당액등"이라 한

---

25) 재판사무 인계요령(재일 2004-4) 참조

다)의 출급에 관련된 부수절차에 관한 업무(출급청구인에 대한 청구권의 존부확인, 지급위탁서의 송부, 지급증명서의 교부 등 및 추가배당 관련업무 등)는 공탁서등 보관책임자가 이를 담당한다.

마) 사건기록이 폐기된 후에 출급청구가 있는 경우에는 출급청구인이 제출한 소명자료 중 채권자 또는 채무자에게 교부한 것을 제외하고는 6개월간 이를 별도 보관한다.

바) 공탁공무원은 공탁배당액등에 관하여 국고귀속절차를 취할 경우에는 집행주무과장(참조:공탁서 등 보관책임자)에게 그 사실을 통보하여야 한다.[26)]

나. 공탁서에 적어야 할 내용

공탁서에 적어야 할 내용은 다음과 같다(공탁규칙 제20조 제2항).

1) 공탁자의 주소, 이름

공탁자는 법원사무관등이므로 '○○지방법원 법원사무관 ○○○'라고 적고, 주소와 주민등록번호는 적지 않는다.

2) 법령조항

민사집행법 제160조에 의하여 공탁할 경우에는 민사집행법 제160조의 해당 조항을 적고, 민사집행법 제248조 제1, 2, 3항이나 민법 제487조에 의하여 공탁할 경우에는 위 각 조문을 적으며, 두 가지 이상의 공탁원인이 있는 경우에는 모두 적는다.

3) 공탁물을 수령할 자의 주소, 이름, 주민등록번호

이의있는 채권에 대한 배당액을 공탁하는 경우에는 공란으로 두며(다만 실무에서는 배당표원안에 배당받는 것으로 기재된 채권자를 기재하기도 한다), 정지조건부 채권에 대한 배당액, 가압류의 피보전채권에 대한 배당액 또는 기일에 출석하지 아니한 채권자의 배당액을 공탁하는 경우에는 그 채권자의 주소, 이름을 적는다.

주민등록번호를 알 수 있는 때에는 주민등록번호도 기재한다.[27)]

---

26) 집행사건에 있어서 배당액등의 공탁 및 공탁배당액등의 관리절차에 관한 예규(재민 92-2).

27) 행정예규 제620호 공탁서의 주민등록번호 기재에 관한 지침
1. 공탁당사자가 개인일 경우: 공탁서의 공탁자 및 피공탁자 성명 기재란에 예시와 같이 주민등록번호(외국인이나 재외국민의 경우에는 여권번호, 등록번호, 거소신고번호) 등을 기재하여야 한다. 다만, 피공탁자의 경우는 주민등록번호 등을 확인할 수 있는 자료(주민등록등록표등본, 여권사본, 외국인등록사실증명서, 국내거소신고사실증명서 등)가 첨부되는 경우에 한하여 병기한다.{예: 성명 홍길동(123456-123456)}
2. 공탁당사자가 법인일 경우: 공탁서의 공탁자 및 피공탁자 성명 기재란에 예시와 같이 법인등록번호를 기재하여야 한다. 다만, 피공탁자의 경우는 법인등록번호를 확인할 수 있는 자료(법인등기

4) 공탁원인사실

'○○지방법원 20 타경 부동산강제경매사건에 관하여 채권자 갑으로부터 채권자 을의 채권에 대하여 이의가 있고 또 소정기간 내에 배당이의의 소제기의 증명이 있었으므로 이의있는 채권액에 대한 배당액을 공탁함' 또는 '○○지방법원 20 타경 부동산강제경매사건에 관하여 채권자 갑은 ○○지방법원 20 카단 부동산가압류명령에 의한 가압류채권자로서 위 가압류의 피보전채권이 확정되지 아니하였으므로 위 채권에 대한 배당액을 공탁함'이라고 적는다.

특히 두 가지 이상의 공탁사유가 있는 경우에는 공탁원인사실에 그 사유를 모두 적어야 한다.

한편 배당금을 공탁할 경우에는 배당기록의 보존기한이 지나 기록이 폐기되더라도 공탁서만으로도 출급이 가능하도록 공탁원인사실에 공탁금의 출급청구를 하게 될 가능성이 있는 모든 관계채권자의 기본적인 인적사항도 적는 것이 좋다. 예컨대 가압류권자의 채권을 공탁하는 경우에는 가압류권자의 주소 및 주민등록번호와 채무자의 주소 및 주민등록번호를, 배당이의가 완결되지 아니하여 공탁하는 경우에는 배당이의를 한 채권자 및 그 이의에 관계된 채권자의 주소 및 주민등록번호를 적는다.

특히 가압류권자에 대한 배당액을 공탁하는 경우 공탁서에 채무자의 인적사항을 적지 아니한 경우에는 기록이 폐기된 후에 집행권원을 제출하더라도 집행권원에 표시된 채권과 공탁된 가압류의 피보전채권과의 동일성 여부, 나아가 공탁된 집행사건의 채무자가 누구인지가 쉽게 파악되지 아니하는 경우까지 있으므로 가압류권자에 대한 배당액을 공탁하는 경우에는 채무자에 관한 인적사항을 반드시 적어야 한다.

법원사무관등은 위와 같은 공탁서 2통을 작성한 뒤 공탁서에 배당표 등본을 첨부한 뒤 공탁공무원에게 제출하여 공탁한다.

다. 민사집행법 제248조에 의한 공탁 및 공탁사유신고(주체 및 시기)

1) 공탁 및 사유신고

민사집행법 제248조에 의하여 공탁할 경우에는 같은 조 제4항에 의하여 공탁사유신고도 하여야 한다. 다만 일단 다른 사유로 공탁하였다가 후에 제248조를 적용하고자 하는 경우에는 종래의 공탁을 그대로 유지하면 되고 다시 집행공탁을 할 필요는 없으며 공탁사유신고서를 관할 집행법원에 제출하면 된다(공탁규칙 제58조 제1항).

부등본 등)가 첨부되는 경우에 한하여 병기한다. {예: 성명 주식회사 경매실업(110111-0012343)}

이 때 압류된 채권에 관하여 다시 압류명령 또는 가압류명령이 송달된 경우에 공탁사유신고는 먼저 송달된 압류명령을 발한 법원에 하여야 하므로(민사집행규칙 제172조 제3항), 위 공탁규칙 제58조 제1항의 관할 집행법원은 반드시 부동산경매절차를 실시한 법원을 뜻하는 것이 아니고, 민사집행규칙 제172조 3항의 먼저 송달된 압류명령을 발한 법원을 뜻하는 것임을 주의하여야 한다.

법원사무관등은 공탁을 하여 취급점으로부터 공탁서를 반환받은 때에는 즉시 그 공탁서 사본과 배당표 원본은 배당기록에 첨부하고, 따로 배당표 등본이 첨부된 공탁서 원본과 함께 주무과장이 지정하는 보관책임자에게 인계한다. 공탁된 배당액등의 출급에 관련된 절차에 관한 업무는 공탁서등 보관책임자가 이를 담당한다. 보관책임자는 공탁서등의 보관 및 인수인계에 철저를 기하여야 하며 배당액출·지급등 장부정리와 보고에 만전을 기하여야 한다(재민 92-2).

2) 민사집행법 제248조 제4항에 따른 사유신고의 주체 및 시기

민사집행사건에서 발생하는 배당금지급청구권 등에 대한 압류의 경합 등이 있는 경우 민사집행법 제248조 제4항에 따른 사유신고의 주체, 시기 등에 관한 사항이 종래에는 집행사건에 있어서 배당액등의 공탁 및 공탁배당액등의 관리절차에 관한 예규(재민 92-2), 공탁관의 사유신고에 관한 업무처리지침(행정예규 1094호)에 규정되어 있었다.[28]

그러나 위 규정에 대해서는 ① 피압류채권이 부동산경매절차의 배당금인 경우와 채권배당절차의 배당금인 경우의 사유신고 주체를 다르게 규정하고 있는데 그 법리적인 근거가 불명확하고, ② 배당유보공탁사유(민사집행법 제160조 제1항 각 호 사유)의 해소 여부에 대한 정보를 갖지 못한 공탁관을 사유신고의 주체로 삼는 바람에 민사집행법에 존재하지 않는 지급제한사유 해소사실 통지제도(전산양식 A3454-1)를 창설하게 되었으며, ③ 재민 92-2 제4조의2 등의 적용범위가 제한적이어서 공탁관, 집행법원 참여관 사이의 업무분장이 불명확하게 되고 실무의 불통일이 발생한다는

---

28) 구체적인 내용은 다음과 같다.
민사집행법 160조 1항 각 호에 정한 배당유보공탁사유가 있는 '공탁금출급청구권'에 대하여 압류가 경합하여 배당액의 지급위탁절차를 취할 수 없는 경우, 공탁서등 보관책임자 또는 담임법원사무관등은 배당유보공탁의 사유가 해소되면 그 사실을 〔전산양식A3454-1〕에 따라 공탁관에게 통지하고(재민 92-2 4조의2 1항), 공탁관은 집행법원으로부터 지급제한사유가 소멸되었다는 사실을 통지받은 때 사유신고를 한다(행정예규 1094호 2. 나. (4)). 또한'공탁서등 보관책임자 또는 담임법원사무관등'은 채권배당사건에서 민사집행법 제160조 제1항 각 호의 배당유보공탁사유가 있는 경우 지급제한사유 해소에 따른 통지를 하지 아니하고 직접 사유신고를 할 수 있다(재민 92-2 제4조의2 제2항).

문제점들이 지적되었다.

위와 같은 문제를 해결하기 위하여 집행법원의 사유신고에 관한 업무처리지침(재민 2020-1)이 제정되고, 이에 저촉되는 종전 규정[재민 제92-2 4조의2, 행정예규 1094호 2. 나. ⑷]은 삭제되었다. 위 예규는 배당금지급청구권 등을 피압류채권으로 한 압류명령 등의 경합 등이 있는 경우 사유신고의 주체, 시기 등에 관한 사항을 명확히 하였고, 2020. 7. 1.부터 시행된다.

가) 사유신고의 주체

배당금지급청구권 등에 대한 압류의 경합 등이 발생한 경우 집행사건의 담임법원서기관, 법원사무관, 법원주사 또는 법원주사보(이하 "담임법원사무관등"이라 한다) 또는 집행사건에 있어서 배당액등의 공탁 및 공탁배당액등의 관리절차에 관한 예규(재민 92-2) 제4조 제1항의 주무과장이 지정하는 보관책임자(이하 "공탁서등 보관책임자"라 한다)는 민사집행법 제248조 제4항 본문에 따라 사유신고(전산양식 A4801)를 하여야 한다(재민 2020-1 제4조 등).

종전에는 사유신고의 주체가 피압류채권이 배당금지급청구권등인 경우 집행법원의 담임법원사무관등이나 공탁서등 보관책임자(이하 양자를 합하여 '집행법원'이라 한다) 또는 공탁관으로 2원화 되어[재민 92-2 제4조의2, 행정예규 1094호 2. 나. ⑷] 업무불통일이 있었는데 집행법원으로 단일화되었다.

이는 배당유보공탁사유(민집 제160조 제1항 각 호)의 존재여부 및 그 해소여부 등에 관한 정보를 집행법원이 갖고 있는 점, 배당금출급에 필요한 지급위탁권한을 집행법원이 보유하고 있는 점 등을 고려한 것이다.

나) 사유신고의 요건 및 시기

일반적으로 배당금지급청구권 등에 대하여 채권자 경합(① 압류명령을 송달받은 후 다른 채권자의 배당요구통지를 받은 때, ② 압류명령을 송달받은 후 다른 채권자의 압류명령 또는 가압류명령을 송달받은 때, ③ 가압류명령을 송달받은 후 다른 채권자의 압류명령을 송달받은 때 등)이 생기고, 집행채권의 총액이 피압류채권(배당금지급청구권 등)의 총액을 초과하여 재판상 배당을 필요로 하는 경우(다만 동일한 채권자가 서로 다른 채권에 기초하여, 압류를 한 후 다시 압류 또는 가압류를 한 경우에도 채권자 경합이 있는 것으로 본다)에는 사유신고를 하여야 한다.

사유신고할 사정이 발생한 배당금지급청구권 등에 대하여, ① 민사집행법 제160조 제1항 각 호(같은 규정이 준용되는 민사집행법 제256조, 제268조 등의 경우를 포함한다), ② 민사집행규칙 제156조 제1항 각 호(같은 규정이 준용되는 민사집행규칙 제199조의 경우를 포함한다)의 사유가 있는 경우에는 그 사유가 해소되어 배당금지급요건이 충족된 후에 사유신고를 하여야 한다. 이를 위하여 배당유보공탁사유가 해소되었음을 소명하는 문서가 제출되어 배당금지급요건이 충족된 것을 확인하도록 사유신고서 양식이 신설되었다(재판양식 A4801).

사유신고는 사안복잡, 집행기록 폐기 등의 특별한 사유가 없는 한 집행법원이 최후의 압류명령서 등의 사본을 송부받은 다음날(제1항 단서 각 호의 사유가 있는 경우에는 그 사유가 해소된 다음날)부터 5일 이내에 법원에 하여야 한다(재민 2020-1 제4조 제2항).

다) 사유신고를 할 법원

담임법원사무관등 또는 공탁서등 보관책임자는 경합된 압류명령이 서로 다른 법원에 의하여 발하여진 경우에는 먼저 송달된 압류명령을 발령한 법원에, 가압류명령과 압류명령이 경합하는 경우에는 압류명령을 발령한 법원에 사유신고를 하여야 한다(재민 2020-1 제5조).

라) 사유신고서에 첨부할 서면

담임법원사무관등 또는 공탁서등 보관책임자는 사유신고서에 공탁서, 배당표, 배당기일조서의 사본과 압류명령서, 가압류명령서 또는 배당요구통지서 등의 사본을 첨부하여야 한다(재민 2020-1 제6조).

마) 민사집행사건 기록이 폐기된 경우

민사집행사건 기록이 폐기되어 사유신고서에 재민 2020-1 제6조의 서면을 첨부할 수 없는 경우에는 담임법원사무관등 또는 공탁서등 보관책임자는 압류명령서 등의 사본을 보관하는 공탁관에게 그 사본을 송부하여 줄 것을 촉탁(전산양식 A4802) 할 수 있다(재민 2020-1 제8조).

○ ○ 지 방 법 원
문서송부촉탁서

○○지방법원 공탁관 귀하

사 건 : ○○지방법원 ○○○○타경○○ 부동산임의(강제)경매

또는

○○지방법원 ○○○○타배○○ 배당절차

공 탁 번 호 : ○○지방법원 년 금제 호

위 공탁사건에 관하여 공탁관이 보관 중인 공탁서, 압류명령서 등 일체의 서류를 사본하여 송부해 주시기 바랍니다.

20 . . .

○○지방법원 판사(사법보좌관) ○ ○ ○ (인)

(재판부 연락처 :)

바) 민사집행법 제160조 제2항 공탁 후 배당금지급청구권 등에 대한 '압류의 경합 등'이 있는 경우 사유신고의 주체 문제

배당받을 채권자가 배당기일에 출석하지 아니한 경우에는 그 배당액을 지급할 수 없으므로 이를 공탁하여 배당을 완결한다(민사집행법 제160조 제2항). 후일 그 채권자가 지급을 청구하면 법원사무관등은 지급위탁서의 송부, 배당액지급증의 교부 등 전술한 공탁된 배당액지급방법에 의하여 처리한다. 채무자 등이 배당기일에 출석하지 아니한 경우도 채무자 등에게 지급할 금원이 있으면 이를 공탁하였다가 채무자 등이 그 지급을 청구하면 배당액 지급방법에 의하여 처리할 것이다(재민 92-2 참조). 한편, 기일에 출석하지 아니한 채권자가 배당액을 입금할 예금계좌를 신고한 때에는 위 공탁에 갈음하여 배당액을 그 예금계좌에 입금할 수 있다(민사집행규칙 제82조 제2항).

민사집행법 제160조 제2항에 따른 공탁 후 '압류의 경합 등'이 발생한 경우 추심권자 중 1인에게 지급하는 방법이 아닌 민사집행법 제248조 공탁에 의한 방법으로 면책될 터인데, 사유신고의 주체에 관하여는 견해대립이 있을 수 있다. ① 민사집행법 제160조 제2항 공탁의 성질은 변제공탁에 해당하므로 일반 변제공탁금출급청구권에 대한 압류의 경합 등이 발생한 경우처럼 공탁관이 사유신고를 해야 한다는 견해(행정예규 1225호 적용설) ② 민사집행법 제160조 제2항의 공탁은 집행절차의 일환

으로 행하여지고, 일반 변제공탁금에 대하여는 공탁관의 독자적인 판단 하에 공탁금의 출급이 이루어지는데 반해 민사집행법 제160조 제2항 공탁금의 출급은 집행법원의 지급위탁절차를 통해 이루어진다는 점, 배당받을 채권자가 배당기일에 불출석하여 배당액을 공탁(민사집행법 제160조 제2항)하였는데 그 채권자가 공탁금의 수령을 포기하는 의사를 표시하거나 그 채권자의 채권이 소멸한 것으로 밝혀진 경우 추가배당을 실시한다는 점(민사집행법 제161조 제3항, 대법원 2001. 10. 12. 선고 2001다37613 판결), 배당재단이 공탁금인 채권배당사건의 경우 실무상 민사집행법 제160조 제2항 등에 의한 공탁이 이루어지지 않아 공탁관이 민사집행법 제160조 제2항 공탁사유의 존재여부를 알지 못할 가능성이 높다는 점, 출급절차가 동일한 민사집행법 제160조 제1항에 의한 공탁의 경우 사유신고의 주체를 집행법원으로 정하고 있는 점(재민 2020-1 제4조) 등을 고려할 때 집행법원에서 사유신고를 해야 한다는 견해(재민 2020-1 적용설)로 나뉠 수 있는데, 후자가 타당하다.[29]

Ⅲ. 관련 문제점

1. 전세권에 압류·가압류가 된 경우나 전세금반환채권에 압류·가압류가 된 경우 그 압류·가압류의 효력이 전세권자의 배당금지급청구권에 미치는지 여부(= 적극)

가. 문제점 제기

전세권에 대한 압류[30]·가압류가 된 경우나 전세금반환채권에 대한 압류·가압류가 된 경우 그 압류·가압류의 효력이 전세권자의 배당금지급청구권에도 미치는지 여부도 문제가 된다.

나. 검토

1) 전세권에 대한 압류·가압류가 된 경우나 전세금반환채권에 대한 압류·가압류가 된 경우 그 압류·가압류의 효력이 전세권자의 배당금지급청구권에도 미친다.

2) 담보물권으로서의 전세권은 피담보채권인 전세금반환채권에 부종하고 처분에 있어 상호 수반한다. 즉 전세금반환청구권의 성립이 없으면 전세권도 성립할 수 없

29) 배당금·공탁금집행실무, 법원행정처(2020), 41-42

30) 등기된 전세권은 그 존속기간이 만료되지 않는 한 전세권 자체를 압류할 수 있으며, 이 경우 민사집행규칙 제175조에 따라 전세권압류기입등기를 하게 된다. 그러나 전세권이 전세기간의 종료 등으로 소멸하면 전세권 자체의 압류는 허용되지 않고 전세금반환채권 압류만이 허용된다.

고, 전세금반환청구권이 소멸하면 전세권도 소멸하며(부종성), 전세금반환청구권은 전세권과 함께가 아니면 이를 양도하거나 다른 권리의 목적으로 하지 못한다. 따라서 채무자 이외의 자에 의한 강제경매 또는 담보권실행을 위한 경매절차에서 목적부동산이 환가되어 피담보채권인 전세금반환채권에 대한 배당이 이루어지는 경우 배당금지급청구권에 대하여 압류·가압류의 효력이 미친다. 즉 가압류해방공탁금회수청구권에 대하여 가압류의 효력이 이행되는 것과 마찬가지로 등기된 전세권의 압류·가압류나 전세금반환채권의 압류·가압류의 효력이 배당금교부청구권에 미치는 것이다.

3) 저당권이 있는 채권이 압류(가압류를 포함한다)된 경우 저당권이 있는 채권에 대한 압류·가압류의 효력은 저당권자의 배당금청구권에 미치는 것과 같은 논리구조를 가지고 있다.

2. 가압류채권자에 대한 배당액이 공탁된 경우 가압류채권자의 채권이 소멸하는 범위와 시기[31)]

가. 문제의 제기

가압류채권자의 미확정채권에 대한 배당금의 공탁이 이루어진 경우 가압류채권에 대한 변제의 효과가 언제 이루어진 것으로 볼 것인지, 변제의 효과가 미치는 범위는 어떤지에 대해서는 여러 견해가 대립하고 있다.

나. 견해의 대립

1) 배당유보공탁 시설

집행법원의 가압류채권자에 대한 배당금 공탁이 이루어진 때로 보는 견해이다.

위 견해는 아래에서 보는 배당표 확정 시설과 그 취지 및 내용이 대동소이하지만, 그 채권소멸 시기가 배당금 공탁 이전에 배당표가 확정되는 경우에는 배당표 확정 시설보다 그 시점이 늦을 것이고, 그 반대의 경우에는 배당표 확정 시설보다 그 시점이 앞설 것이다.

위 견해에 따르면 집행법원이 배당금 공탁을 하는 시기가 법정되어 있는 관계로 (배당기일로부터 10일 이내에 그 시점이 확정될 것임) 그 채권소멸의 시점이 신속하

31) 조중래, “가압류채권자의 채권에 대하여 배당액이 공탁된 경우, 본안의 확정판결 등에서 지급을 명한 가압류채권자의 채권이 소멸하는 범위와 시기”, 대법원판례해설 제101호, 법원도서관 (2015), 149-156

고 명확해질 것으로는 보이기는 하나 집행법원이 금전을 임치하는 것에 지나지 아니하는 배당유보공탁에 가압류채권 소멸의 효력을 인정하는 것은 그 근거가 희박하다고 보인다.

2) 배당표 확정 시설

배당표가 확정된 시기에 그 채권소멸의 효력이 발생한다고 보는 견해이다. 즉 배당기일에 출석한 채권자나 채무자로부터 이의가 없는 경우, 배당기일에 출석하지 아니함으로 인하여 배당표와 같이 배당을 실시하는 데에 동의한 것으로 보는 경우, 배당이의가 있었으나 배당이의 소가 취하·취하간주되거나 그 판결이 확정된 때 등에 그 채권소멸의 효력이 있다고 본다.

이 견해는 다음과 같은 점들을 그 근거로 들고 있다.

가) 집행권원 취득 시설과 공탁금 수령 시설의 부당한 점

다른 견해에 따를 경우 가압류채권자의 의사에 따라 그 채권소멸의 효력이 발생하는 시점이 달라지므로 채무자로서는 경우에 따라서는 과다한 지연손해금을 부담하게 될 우려가 있다. 배당에는 변제효가 있다는 것이 일반적인 견해인데, 압류와 달리 유독 가압류의 경우에만 가압류채권자가 본안의 집행권원을 취득하는 등으로 집행요건을 구비한 때, 또는 현실적으로 공탁된 배당금을 수령한 때에 채권소멸의 효력이 있다고 보는 등으로 가압류채권자에게 유리하게 판단할 아무런 이유가 없다.

나) 배당유보공탁 시설의 부당한 점

채권소멸 효력의 발생 시점을 가압류채권자의 의사에 맡겨서는 안 된다는 취지에는 동의하나 집행법원의 배당금 공탁은 배당표에 기재된 금원을 공탁소에 임치하는 성질에 지나지 않으므로 통상의 집행공탁이나 변제공탁과 달리 위 공탁에 특별한 법률적 의미를 부여할 것은 아니라고 보인다. 또한 집행법원이 실제로 배당금을 공탁한 날까지 심리하여야 하는 번거로움이 있을 수 있고, 배당표에 이의가 있는 채권에 관하여 적법한 배당이의의 소가 제기된 경우에는 집행법원은 해당 배당액을 공탁하여야 하는바, 이와 같이 배당표가 확정되지 않아 채권자가 배당액을 수령할 수 없는 경우에까지 채권소멸의 효력이 생긴다고 보는 것은 부당하다.

다) 배당표 확정 시설의 타당한 점

배당표가 확정되어야만 비로소 채권자는 공탁금을 수령할 수 있게 되는바, 그 이전에 채권소멸의 효력이 발생한다고 보는 것은 무리이고, 위 견해에 의할 경우 가압류채권자와 압류채권자를 그 채권소멸의 효력 발생에 있어 동일하게 취급할 수 있

는 이점에 있다. 또한 가압류채권자가 본안소송에서 일부패소 또는 전부패소 판결을 받아 그 판결이 확정되는 것(즉, 본집행의 요건의 일부 또는 전부를 구비하지 못하는 것)을 해제조건으로 배당표 확정 시점에 채권소멸의 효력이 발생하는 것으로 보면 피보전채권의 존부 및 수액이 불확정적이라는 문제점은 어느 정도 해소될 수 있다.

대법원 2004. 8. 30. 선고 2003다23885 판결은 임차인이 경매절차에서 보증금 전액을 배당받을 수 있는 경우 임차인이 그 배당금을 지급받을 수 있는 때, 즉 배당표가 확정될 때까지는 임차권이 소멸하지 않는다고 해석함이 상당하다고 판시하였는바, 이는 참고가 될 것으로 보인다.

3) 집행권원 취득 시설(=판례의 입장)

가압류채권자가 본안의 집행요건을 구비한 때로부터 보는 견해이다. 다만 가집행으로 인한 채권소멸의 효력은 확정적인 것이 아니므로 여기에서의 집행권원이란 확정판결 및 확정판결에 준하는 조정조서, 화해조서, 강제조정결정, 화해권고결정을 말한다고 할 것이다.[32)]

이 견해에 의하더라도 구체적으로 어떠한 시기에 채권소멸의 효력이 발생하는지에 대하여는 ① 가압류채권자가 집행권원을 취득한 즉시 즉 판결확정 시, 임의조정, 화해 성립 시, 강제조정 이의신청기간 도과 시에 채권소멸의 효력이 생긴다는 견해, ② 집행권원을 법원사무관에게 제출할 수 있게 현실로 취득한 때(교부 또는 송달받은 때)에 생긴다는 견해, ③ 가압류채권자가 확정판결 등 집행권원을 취득한 후 이를 배당법원에 제출하여 배당유보공탁금을 회수하는 데 필요한 합리적인 기간이 경과한 때 생긴다는 견해가 있을 수 있다.

이 견해는 다음과 같은 점들을 그 근거로 들고 있다.

가) 아무리 빨라도 가압류채권자가 '채권을 회수할 가능성이 생긴 때'를 채권소멸의 시기로 보아야 함.

일반 경매참가채권자의 경우 '배당표 확정 시'에 그 채권소멸의 효력이 발생한다고 보는 것은 배당표 확정과 동시에 배당금을 지급받을 수 있는 지위에 있기 때문(=채권을 회수할 법적인 가능성을 가지고 있기 때문)으로 이해할 수 있다. 그러나 가압류채권자는 배당표가 확정되더라도 집행권원을 취득하기 전에는 공탁된 배당금을 수령할 수 없는바, 자신의 채권 만족을 실현하는 것이 불가능한 상태에 있는 채권자에 대하여 그 채권의 소멸을 의제하는 것은 과도하므로 아무리 빨라도 채권자가 '채권을

32) 대법원 2009. 3. 26. 선고 2008다95953, 95960 판결

회수할 가능성이 생긴 때' 즉 공탁금의 출급을 위한 집행권원을 확보한 때에 채권소멸의 효력이 발생한다고 볼 수 있다.

나) 집행권원의 취득 시에 채권소멸의 효력이 발생한다고 보더라도 다른 압류채권자와의 관계에서 형평에 반한다고 볼 수 없음(배당표 확정 시설에 대한 반론).

가압류채권자와 다른 압류채권자와 사이의 형평은 최초 '배당 시'를 기준으로 판단하면 족하다. 즉 최초 배당 시에 각자 법률이 허용하는 범위 내에서 채권액에 비례하여 배당을 받았다면 채권자 평등은 달성된 것이고, 그 이후의 사정변경을 고려할 것은 아니다. 가압류채권자의 확정된 피보전채권액이 가압류 청구금액에 미치지 못하여 추가배당을 실시하는 경우에도, (집행권원 확정 시까지의 지연손해금이 아니라) '종전 배당기일'까지의 채권원리금을 기준으로 하여 가압류채권자의 배당액을 조정한 다음 그 감액된 조정금을 가압류채권자에게 지급하고 나머지 공탁금은 추가배당하는 것이므로, 가압류채권자가 그 이후의 기간에 대한 지연손해금을 인정받는다고 하더라도 동 순위의 다른 채권자들과의 관계에서 이익을 얻는 것은 아니다.[33)]

설령 다른 채권자와 다른 취급을 받는 사정이 있다고 가정하더라도, 다른 채권자와의 형평을 유지하여야 한다는 이유 때문에, 채권을 회수하지도 않았고 회수할 수도 없는 상태에 있는 채권자의 채권이 소멸한 것으로 의제할 수는 없다. 집행권원의 구비 시점이 가압류채권자의 의사에 달려 있어 채무자가 과다한 지연손해금을 부담하게 될 우려에 대한 대응책은 채무자의 제소명령 등을 상정할 수 있다.

다) 현실적으로 공탁금을 수령한 때까지 기다릴 것은 아니고 '채권을 회수할 가능성이 생긴 때'에 채권소멸의 효력이 있다고 보면 족한 점(공탁금 수령 시설에 대한 반론).

채권을 회수할 가능성만으로 채권소멸의 효과를 인정한 대법원판결이 다수 있을 뿐만 아니라, 이는 신의칙의 관점에서도 수긍할 수 있다.

4) 공탁금 수령 시설

가압류채권자가 현실적으로 공탁된 배당금을 수령한 때에 변제효가 발생한다고 보는 견해이다.

배당절차에서 배당이 실시되면 채권자가 배당을 받은 한도 내에서 채권소멸의 효력이 발생하는데, 이는 집행권원을 가진 채권자에게 배당금이 현실적으로 지급됨으로써 채권의 만족을 얻게 되기 때문이다. 그런데 배당유보공탁이 되어 있는 경우 가

33) 대법원 2013. 6. 13. 선고 2011다75478 판결

압류채권자가 집행권원을 취득한 후 집행법원으로부터 배당금을 현실적으로 지급받기까지는 그에 상응하는 시간이 소요되므로 집행권원을 취득한 시점에 가압류채권자의 채권이 만족을 얻어 소멸한다고 의제할 수 없다.

또한 민법에서 규정한 지참채무의 원칙상 집행권원의 취득 후 배당금의 현실 수령 시까지의 불이익을 채권자에게 부담시키는 해석은 받아들이기 어렵다.

따라서 가압류채권자가 현실적으로 공탁된 배당금을 수령한 때에 변제효가 발생한다고 보는 견해이다.

다. 판례

대법원 2014. 9. 4. 선고 2012다65874 판결은 "배당법원이 배당을 실시할 때에 가압류채권자의 채권에 대하여는 그에 대한 배당액을 공탁하여야 하고, 그 후 그 채권에 관하여 본안판결이 확정되거나 소송상 화해·조정이 성립되거나 또는 화해권고결정·조정을 갈음하는 결정 등이 확정됨에 따라 공탁의 사유가 소멸한 때에는 배당법원은 가압류채권자에게 공탁금을 지급하여야 하므로(민사집행법 제160조 제1항 제2호, 제161조 제1항 참조), 특별한 사정이 없는 한 본안의 확정판결 등에서 지급을 명한 가압류채권자의 채권은 배당액으로 충당되는 범위에서 본안판결 등의 확정 시에 소멸한다."고 판시하여 집행권원 취득시설 중 집행권원을 취득한 즉시에 변제효가 발생한다는 견해를 취하면서 그 변제효가 발생하는 범위는 가압류채권자의 채권이 배당액으로 실제 충당되는 범위라고 판시하였다.

라. 사견

배당유보공탁 시설의 경우 배당유보공탁이 있다는 사정만으로는 가압류채권자가 그 공탁금을 수령할 수 없을 뿐만 아니라, 가압류채권자의 배당금에 대한 공탁시점에는 그 공탁으로 소멸할 피보전채권의 존부 및 수액을 알 수 없다는 점에서도 이를 받아들이기 어렵다.

또한 배당표 확정 시설은 압류와 달리 가압류의 경우에는 배당표 확정이 있다는 사정만으로 가압류채권자가 그 공탁금을 수령할 수 없는 점에 비추어 보면 이를 법리상 받아들이기 어렵다.

나아가 공탁금 수령 시설은 원하기만 하면 공탁금을 즉시 출급할 수 있는 지위에 있는 가압류채권자가 일부러 수령 시기를 늦춰서 집행권원에서 지급을 명한 이자,

지연손해금을 취득하는 등의 문제점이 있을 수 있다는 점에서 현실적인 차원에서 도저히 받아들이기 어렵다.

결국 채권자와 채무자의 이해관계가 적정히 조정된다고 보이는 집행권원 취득시설이 바람직해 보이고, 법률관계의 명확화, 법원의 심리부담 등을 감안하면 화해·조정이 성립되거나 또는 화해권고결정·조정을 갈음하는 결정 등이 확정됨에 따라 공탁의 사유가 소멸한 때에 변제효가 발생한다고 보는 대법원 판례의 입장을 받아들일 수밖에 없다.

Ⅳ. 배당표의 재조제 및 추가배당

1. 배당표의 재조제

가. 배당표 재조제의 개념 및 종류

일단 작성된 배당표의 전부 또는 일부를 무시하고 그 부분에 대하여 새로운 배당표를 작성하는 행위를 실무상 배당표의 재조제라고 한다.

배당표가 재조제되는 경우는 크게 세 가지가 있는데, ① 첫 번째는 배당표작성에 대한 절차적 하자를 이유로 제기된 집행에 관한 이의가 받아들여져 배당표가 취소된 경우이고, ② 두 번째는 추가배당의 경우(민사집행법 제161조 제2, 3항)이며[채무자가 배당이의의 소에서 승소한 경우에 하는 추가배당 또한 이 경우에 해당한다(민사집행법 제161조 제2항 제2호)], ③ 세 번째는 채권자가 제기한 배당이의의 소의 판결의 결과 재배당이 필요하게 된 경우이다.

나. 추가배당 및 재배당의 개념

1) 추가배당의 개념

부동산경매절차에서 대금이 납부되면 집행법원은 배당기일을 정하여 배당 또는 잉여금 교부절차를 실시하게 되는데, 이 때 채권자에게 민사집행법 제160조 제1항에서 정한 사유가 있는 경우 바로 배당금을 수령하지 못하게 되므로 그 채권에 관하여 배당을 실시할 수 없어 그 사유가 해소될 때까지 그에 대한 배당액에 상당하는 돈을 법원사무관 등이 공탁하게 된다. 그 후 그 사유가 해소되면 공탁사유의 소멸을 이유로 배당을 실시하게 되는데(민사집행법 제161조, 제268조), 이 때 당초의 배당표 등을 변경하지 않고 배당을 실시하는 것이 가능한 경우와 당초의 배당표를 변경하지 않으면 안 되는 경우가 있고, 그 변경이 특정채권자에 사이에서만 영향을 미치는 경우와 모든 채권자에 대하여 영향을 미치는 경우가 있는데, 광의로는 모든 경우를 통틀어 추가배당이라고 하지만, 협의로는 배당에 대하여 이의하지 않은 채권자를 포함한 모든 채권자와의 관계에서 배당표를 변경하지 않으면 안 되는 경우를 추가배당이라고 한다.

즉 협의의 추가배당이란 종전 배당표상 배당받는 것으로 기재된 채권자에 대한 배당액의 전부 또는 일부를 당해 채권자가 배당받지 못하는 것으로 확정된 경우(채무자가 배당이의의 소에서 승소한 경우 포함)에 그 채권자의 배당액에 대하여 이의를 하였는지에 관계없이 배당에 참가한 모든 채권자를 대상으로 배당순위에 따라 추가로 배당하는 절차(민사집행법 제161조 제2, 3항)를 추가배당이라고 한다. 추가배당은 배당에 참가한 모든 채권자를 위하여 다시 배당하는 것으로, 당초 배당 등이 예정되어 있던 채권자가 그 절차로부터 만족을 받을 수 없는 상태가 되었을 때 그 채권자에 대한 배당액을 종전 배당표상의 다른 채권자나 채무자(담보권실행의 경우에는 소유자를 포함) 등을 위하여 종전 배당표상의 채권순위 및 채권액에 비례하여 배당하는 것이다.

2) 재배당의 개념

배당이의의 소의 결과에 따라 배당이의의 소의 원고와 피고 사이에서만 다시 배당하는 절차를 재배당이라 한다.

다. 재조제의 절차

1) 집행에 관한 이의에서 배당표가 취소된 경우

집행에 관한 이의에서 배당표가 취소된 경우에는 배당받을 모든 채권자를 위하여 처음부터 배당표를 다시 작성하는 것이므로 최초의 배당절차이고 주문도 '○○지방법원이 같은 법원 2009타경○○ 부동산강제경매사건에 관하여 2009. 4. 15. 작성한 배당표(작성행위)를 취소한다'로 배당표의 전부 취소를 명하여야 한다.

2) 추가배당의 경우

추가배당을 위한 배당표의 재조제는 종전 배당표상의 채권자에 대한 배당액 중 그에게 지급하지 못하게 된 금액을 다시 각 채권자의 채권순위 및 채권액에 비례하여 배당하는 것으로서 이는 배당표의 일부를 재조제하는 경우에 해당한다.

3) 재배당의 경우

채권자가 제기한 배당이의의 소의 판결의 결과 재배당이 필요하게 되어 배당표를 재조제하게 된 경우는 두 가지가 있는데, 어느 경우이든 배당이의의 소의 당사자들 사이에서만 재배당을 실시하면 되고 이의 없이 확정된 부분에 대하여는 배당표를 재조제할 필요가 없다.

가) 우선 배당이의의 소에 대한 판결에서 배당액에 대한 다툼이 있는 부분에 관하여 배당을 받을 채권자와 그 액수를 정하는 것이 적당하지 아니하다고 인정하여 판결에서 배당표를 다시 만들고 다른 배당절차를 밟도록 명한 경우(민사집행법 제157조 후문)가 있다.

이 경우는 배당이의의 소의 판결 주문에 다툼이 있는 부분과 그에 관하여 재배당절차에 참가할 채권자를 표시하여야 한다.

그런데 여러 개의 배당이의 소가 제기된 경우에 배당표의 재조제를 명할 것인가는 여러 개의 배당이의의 소의 심리방법에 따라 달라진다.

예를 들어 배당절차에서 피고가 배당을 받고 원고와 갑은 배당을 받지 못하였는데 원고와 갑이 각자 피고를 상대로 피고의 배당액 전부를 원고와 갑에게 배당하는 것으로 배당표를 경정하라는 취지의 소를 따로 제기하였고, 원고와 갑이 각 전부 또는 일부 승소하는데 그 승소의 결과에 따라 원고와 갑의 배당액에 증액할 배당액의 합계액이 피고에 대한 배당액을 초과하는 경우에는 각 판결 주문에서 배당을 받을 채권자와 그 액수를 정하는 것이 적당하지 않다.

이 경우 위 두 사건을 동일한 재판부가 병합하여 심리하는 경우에는 주문에서 다툼이 있는 배당액을 명시하여 배당표의 재조제를 명하더라도 배당이의의 소의 상대효의 결과 재배당은 그 병합된 사건에서 특별히 청구가 전부기각 되지 아니한 원고들 사이에서만 이루어지게 되므로 문제가 없다.

한편 위 두 사건이 병합되지 아니하고 단순히 병행심리되거나 또는 다른 재판부에서 심리되는 경우에는 배당표의 재조제를 명할 경우 그에 따라 재배당절차에 참가할 채권자를 표시하는 것이 곤란한데, 이 경우에는 각 배당이의사건에서 각각 배당표의 재조제를 명한 경우는 물론이고, 각 배당이의사건에서 각 채권자별로 전부 승소판결을 하더라도 집행법원은 그 판결이 모두 확정된 후에 아래 나)의 예에 따라 처리할 수밖에 없다.

따라서 배당이의사건을 병합하여 심리하는 법원은 배당표의 재조제를 명하는 경우에 병합되지 아니한 배당이의사건이 더 있는지를 조사할 필요가 있다. 다른 배당이의사건이 있는지는 배당기일조서를 통하여 배당기일에 다른 채권자가 이의한 사실이 있는지 조사하거나 또는 피고에 대하여 피고에 대한 배당이의사건이 더 있는지에 관하여 석명하면 된다.

나) 다른 하나는 각기 제기된 여러 개의 배당이의의 소의 판결 주문에서 다툼이 있는 부분에 관하여 배당을 받을 채권자와 그 액수를 정하였지만 각 판결 주문에 따라 원고의 배당액에 증액할 금액의 합계액이 본래의 배당표상의 피고에 대한 배당액을 초과하는 경우이다.

여러 개의 배당이의의 소의 판결 주문에 따라 각 원고의 배당액에 증액할 금액의 합계액이 피고에 대한 배당액 이하인 경우에는 이미 배당이의사건을 재판한 법원에서 재배당절차를 실시한 셈이므로 배당법원은 따로 재배당절차를 실시할 필요 없이 그 판결에 따라 배당표를 경정하고, 법원사무관등은 경정된 배당표에 의하여 배당액을 지급하기만 하면 될 것이다.

그러나 여러 개의 배당이의의 소의 판결 주문에 따라 각 원고의 배당액에 증액할 금액의 합계액이 피고에 대한 배당액을 초과하는 경우에는 서로 저촉부분이 있어서 각 판결의 주문대로 배당표를 경정하여 지급하는 것은 불가능한데, 이처럼 여러 개의 판결이 선고된 결과 저촉부분이 생긴 경우에 그 저촉부분에 관계된 채권자들 사이에서는 그 부분의 귀속에 관한 판단이 없는 셈이므로(배당이의의 소의 상대효) 집행법원은 관계된 채권자들 사이의 순위를 독립적으로 판단할 수 있다고 할 것이고, 따라서 이 경우에도 각 판결의 당사자들 사이에 재배당을 실시하는 것이 실무이다.

따라서 여러 개의 배당이의의 소가 제기된 때에는 모든 소송이 완결될 때까지 기다렸다가 각 소송의 결과에 따라 배당을 실시하든지 또는 재배당절차에 들어가야 된다.

2. 추가배당의 사유(민사집행법 제161조 제2항, 제3항)

추가배당사유가 발생하면 종전 배당절차에서 배당받은 채권자에 대한 배당을 실시할 수 없게 되는데, 이 경우 배당을 실시할 수 없게 된 채권자에 대한 배당으로 인하여 종전 배당절차에서 만족을 얻지 못한 다른 채권자가 있을 경우에는, 다른 채권자나 채무자가 그 사실을 증명하면 집행법원은 배당에 대하여 이의를 하지 아니한 채권자를 위해서도 배당표를 바꾸어 공탁금을 추가배당하고, 나머지가 있으면 채무자

등에게 교부하여야 한다. 달리 추가배당을 받을 채권자가 없는 경우에는 공탁금을 잉여금으로 채무자 등에게 교부하게 된다.

한편 아래의 추가배당사유는 배당금이 공탁된 후에 밝혀진 경우뿐만 아니라 공탁 전에 밝혀진 경우도 포함하는 것으로 해석된다.

배당금 공탁사유	추가배당사유	배당유보사유 소멸 증명문서
정기조건부 불확정기한 채권(법 160조 1항 1호)	조건불성취 등이 확정된 경우	조건불성취 등이 확정된 경우
가압류채권의 경우(법 160조 1항 2호)	가압류채권자가 본안에서 (일부)패소한 경우	① 패소확정판결 등 정본 및 확정증명서 ② 가압류집행 취하증명서 ③ 가압류집행 취소재판 정본
강제집행 일시정지재판 있는 경우(법 160조 1항 3호, 49조 2호)	궁극적 집행 불허된 경우	집행정지결정을 인가하는 취지의 확정판결 등 정본청구 이의소의 원고승소판결정본 등) 및 확정증명서
담보권실행 일시정지재판 있는 경우(법 160조 1항 3호, 266조 1항5호)	당해 본안소송에서 채권자가 패소한 경우	담보권말소 또는 채무부존재 의 소에서 원고승소확정판결 등 정본 및 확정증명서
채무자가 배당이의 소제기(법 160조 1항 5호)	배당이의소송에서 채권자가 패소한 경우	채무자 제기의 배당이의 소에 서 원고승소확정판결 등 정본 및 확정증명서
질권자, 저당권자의 배당액에 대한 공탁청구 있는 경우(법 160조 1항 6호)	저당물이나 질물의 매각대금으로부터 채권의 일부만 변제받은 경우	저당권이나 질권의 실행 및 채권 일부밖에 변제받지 못했음을 증명하는 서류
	채권자가 법원에 공탁금 수령 포기 의사표시를 한 경우(법 161조 3항)	공탁금수령 포기 의사표시 문서
근저당권이나 그에 대한 배당액에 대해 지급금지가처분이 있는 경우(법 248조 1항, 291조 유추적용)	근저당설정계약이 사해행위로 취소된 경우	채권자취소소송 원고승소확정 판결 등 정본 및 확정증명서

가. 정지조건부 채권, 가압류채권, 집행정지 된 채권자 또는 저당권 설정의 가등기권자에게 배당을 실시할 수 없게 된 경우(민사집행법 제161조 제2항 제1호)

1) 정지조건부 채권의 조건불성취가 확정된 경우, 가압류채권자가 본안소송에서 전부 또는 일부 패소한 경우(대법원 2004. 4. 9. 선고 2003다32681 판결, 대법원 2013. 6. 13. 선고 2011다75478 판결 등), 가압류채권자와 채무자 사이에 합의가 이루어져 가압류채권자가 가압류 신청을 취하하고 그 집행을 해제하였거나 가압류이의 또는 사정변경을 이유로 한 취소소송에서 가압류결정이 취소된 경우 등 가압류의 효력이 소멸된 경우에는 그 채권자에게 배당을 하여서는 아니 되고 추가배당을 실시하여야 한다.

2) 가압류에 대한 본안의 확정판결에서 그 피보전채권의 원금 중 일부만이 남아 있는 것으로 확정된 경우라도, 특별한 사정이 없는 한 가압류 청구금액 범위 내에서는 그 나머지 원금과 청구기초의 동일성이 인정되는 지연손해금도 피보전채권의 범위에 포함되므로, 이를 가산한 금액이 가압류 청구금액을 넘는지 여부를 가리고 만약 가압류 청구금액에 미치지 못하는 경우에는 그 금액을 기초로 배당액을 조정하여야 한다. 그리고 위와 같이 배당채권자들과 사이에서 배당비율을 다시 계산하여 공탁되었던 배당액을 감액 조정하여 지급하는 것은 그 범위 내에서 잠정적으로 보류되었던 배당절차를 마무리 짓는 취지이고, 동순위 채권자들 사이에서는 배당채권으로 산입될 수 있는 채권원리금액 산정에 형평을 기하여야 할 터인데 가압류채권자에 대한 배당금 조정 시에 다른 배당채권자들의 잔존 채권원리금액을 모두 다시 확인하기 쉽지 아니함을 고려하면, 배당금 조정 시에 다른 배당채권자들의 채권액은 종전 배당기일의 채권원리금액을 기준으로 하고 가압류채권자의 경우에도 종전 배당기일까지의 지연손해금을 가산한 채권원리금액을 기준으로 하여 조정한 후 공탁금 중에서 그 감액 조정된 금액을 가압류채권자에게 지급하며, 나머지 공탁금은 특별한 사정이 없는 한 종전 배당기일의 채권액을 기준으로 하여 다른 배당채권자들에게 추가로 배당함이 타당하다(대법원 2013. 6. 13. 선고 2011다75478 판결). 이와 같이 당초의 배당액 중 다른 배당채권자들에게 추가배당하여야 할 부분에 관하여는 가압류채권자가 처음부터 그 부분에 대한 배당금지급청구권을 가지고 있지 않았다고 보아야 하므로, 가압류채권자가 그 부분 채권을 부당이득 하였다고 할 수 없다.

3) 집행력 있는 정본을 가진 채권자의 배당액에 대하여 채무자가 배당이의를 하고 청구이의의 소를 제기함과 아울러 집행정지의 잠정처분을 받아 제출하였는데 후

에 채무자가 그 청구이의의 소에서 승소한 경우 등 강제집행의 일시정지의 재판에 관련된 본안소송 등이나 부동산경매절차의 일시정지에 관련된 본안소송 등에서 채권자가 패소한 경우도 추가배당을 실시한다.

4) 저당권설정등기의 가등기권자가 저당권을 취득하지 못하고 오히려 가등기가 말소된 경우를 비롯하여 저당권가등기권자 등이 피담보채권의 부존재확인청구소송, 저당권설정가등기 말소청구소송이나 저당권가등기에 기한 본등기청구소송에서의 패소한 경우에도 그 자에게 배당을 실시할 수 없다.

나. 채무자가 제기한 배당이의소송에서 채권자가 패소한 때(민사집행법 제161조 제2항 제2호)

채무자가 배당이의의 소에서 승소하였더라도 바로 채무자에게 지급하면 안 되고 추가배당을 실시하여야 한다. 본래 그 공탁금은 배당재산의 일부였고, 배당을 받을 채권자들이 있는데도 채무자에게 그 돈을 지급한다는 것은 부당하기 때문이다.

채무자가 일부승소한 경우에는 그 승소한 금액에 한하여 추가배당을 실시한다.

다. 저당권자가 저당목적물 이외의 재산에서 배당받은 금액에 대하여 다른 채권자가 공탁을 청구한 후 그 저당권자가 저당목적물의 매각대가에서 배당을 받게 된 때(민사집행법 제161조 제2항 제3호, 민법 제370조, 제340조 제2항)

이 때 공탁된 금액을 저당권자에게 지급하면 이중변제가 되므로 저당권자에게 지급하면 안 되고 추가배당을 실시하는 것이다.

저당권자가 저당목적물로부터 채권액의 일부만을 지급받은 경우에는 변제받지 못한 부족액을 공탁금에서 지급하고 잔여액에 대하여 추가배당 또는 채무자등에게의 교부절차를 밟는다. 이때 추가배당이나 채무자에 대한 교부를 하지 않고 담보권자가 지급받을 금액에 관하여 담보권자가 ① 그 부족액만을 가지고 앞서의 배당에 참가하였을 경우에 받을 수 있는 금액만을 위 공탁금 중에서 받을 수 있다는 견해와 ② 공탁된 금액 범위 내에서 부족액 전액을 지급받을 수 있다는 견해로 나뉜다. 일반채권자가 저당채무자의 일반재산에 대하여 먼저 강제집행을 하는 경우 저당권자로서는 차별을 받아야할 이유가 전혀 없기 때문에 채권액 전액을 가지고 배당에 참가하는 것인데, 나중에 저당권자가 채권확보를 위하여 따로 담보목적물을 확보하여 그로부터 일부 변제를 받았음을 이유로 차별하는 셈이 되어 ① 전자의 견해는 부당하다.

라. 배당기일에 불출석한 채권자가 법원에 공탁금의 수령을 포기하는 의사를 표시한 때(민사집행법 제161조 제3항)

배당을 받을 채권자가 배당기일에 불출석하여 배당액을 공탁하였는데 그 채권자가 공탁금을 수령하지 않겠다는 의사를 표시한 때에는 그 채권자의 채권이 존재하지 않는 것으로 보고 추가배당을 실시한다.

배당기일에 불출석한 채권자를 위하여 배당액을 공탁하였는데, 그 후 그 채권자의 채권이 소멸한 것으로 밝혀진 경우에도 추가배당을 실시한다(대법원 2001. 10. 12. 선고 2001다37613 판결 등).

한편 실무에서는 근저당권자 등 배당금을 수령한 채권자들이 이미 변제된 사실을 모르고 배당금을 수령하였다가 나중에 이를 알고 배당법원에 배당금을 반환하는 경우가 있는데, 위 경우 배당법원은 민사집행법 제161조 제3항을 유추적용하여 다시 당해 사건의 보관금계좌를 복구하고 위 계좌에 반환받은 돈을 매각대금으로 다시 입금한 후 추가배당을 실시하고 있다.

마. 조세채권으로 배당받은 후 조세부과처분이 취소된 경우

부동산집행절차에서 조세채권으로 배당받은 후 조세부과처분이 취소된 경우 조세채권자는 배당금을 경매법원에 반환하고, 집행법원은 후순위 채권자들에게 추가배당을 실시하여야 하는지 아니면 납세의무자만이 부당이득반환청구권을 가지므로 조세채권자는 납세의무자에게 배당금을 반환해야 하는 것인지가 문제된다.

납세의무자 소유의 부동산에 대한 임의경매절차에서 세무서장이 국세에 대한 교부청구를 하여 이를 교부받았는데 그 후 국세의 부과처분이 어떤 사유로 취소된 경우에는 교부받은 국세 상당액은 교부청구가 없었더라면 경매절차에서 채권의 우선순위에 따라 배당을 받았을 후순위 채권자들에게 반환되어야 하고, 그 후순위 채권자들의 채권이 이미 소멸되었다거나 그 채권을 변제하고도 잉여가 있다는 등의 특별한 사정이 없는 한 경매 목적 부동산의 소유자에게 반환될 성질의 것이 아니다(대법원 1999. 1. 8.자 98마363 결정 참조).

이에 대하여는 ① 근저당권자 등 배당금을 수령한 채권자들이 이미 변제된 사실을 모르고 배당금을 수령하였다가 나중에 이를 알고 배당법원에 배당금을 반환하는 경우 배당법원은 민사집행법 제161조 제3항을 유추적용하여 다시 당해 사건의 보관금계좌를 복구하고 위 계좌에 반환받은 돈을 매각대금으로 다시 입금한 후 추가배당을 실시하여야 한다는 견해(제1설)와 ② 위와 같이 배당금이 출급되었으나 그 배당금수령자의 채권이 존재하지 않는 것으로 밝혀진 경우에는 민사집행법 제161조의 추가배당을 할 것이 아니라(민사집행법의 추가배당은 법원이 민사집행법 제160조에 의하여 배당금을 공탁하였다가 그 배당권자에게 배당할 금원이 아닌 것으로 밝혀지는 경우에 그 공탁된 배당금에 대하여 다시 배당절차를 실시하는 것을 말한다), 채권 없이 배당금을 수령한 당사자가 그 수령으로 채권을 전액 변제받지 못한 다른 채권자에게 부당이득으로 반환하는 것으로 처리하는 것이 타당하고, 집행법원에서 관여할 것이 아니라는 견해(제2설)[34]가 있다.

제2설에 의할 경우 세무서에서 구체적으로 추가배당권자의 범위와 그 금액을 확정하여 지급하기 곤란할 것이고, 후순위배당권자가 세무서에 대하여 부당이득 반환청구를 한다고 하여도 세무서는 상대방이 승소판결을 제출하지 않는 한 쉽사리 돈을 내주기 어려운 문제점이 있는 반면, 제1설에 따른 추가배당절차를 거칠 경우, ① 세무서도 받은 돈의 반환처리가 쉽고,[35] ② 다른 후순위 추가배당권자도 쉽게 법원을 통하여 배당받을 수 있으며, ③ 체납자로서도 자신의 채무가 신속하게 변제되는 장점이 있어서 실무는 제1설에 따른 추가배당절차를 거치고 있다.[36]

바. 근저당권설정계약이 사해행위로서 취소된 경우

근저당권자에게 배당하기로 한 금원에 대하여 지급금지가처분결정이 있어 경매법원이 그 배당금을 공탁한 후에 그 근저당권설정계약이 사해행위로서 취소된 경우에도 추가배당을 실시한다(대법원 2002. 9. 24. 선고 2002다33069 판결).

다만, 배당이의의 소를 제기한 경우와 달리, 채권자취소의 소를 제기한 채권자뿐만 아니라 당초 배당절차에 참가하였던 다른 배당요구권자들을 위하여도 그 배당금이 채무자의 책임재산으로 됨에 따라 추가배당 받을 수 있다.

그러므로 사해행위 취소채권자가 한 배당된 공탁금 지급청구권에 관한 채권압류 및 추심명령은 추가배당절차에서 배당하고 남은 잉여금에 한하여 효력이 있을 뿐이다(대법원 2002. 9. 24. 선고 2002다33069 판결, 대법원 2009. 5. 14. 선고 2007다64310 판결, 대법원 2009. 5. 14. 선고 2008다82278 판결). 따라서 취소채권자나 적법하게 배당요구 하였던 다른 채권자들로서는 추가배당 이외의 다른 절차를 통하여

34) 민사집행법 실무연구[재판자료 제109집](2006년), 94-95.

35) 세무서는 채권자를 상대로 확지변제공탁을 함으로써 면책이 될 수 있을 것이다.

36) 법원실무제요 민사집행(III): 부동산집행, 법원행정처(2020), 276

채권의 만족을 얻을 수는 없으므로, 취소채권자라고 하더라도 배당금지급청구권에 대한 채권압류 및 추심명령에 기하여 배당금을 우선 수령하는 것은 허용되지 아니하고, 취소채권자가 그와 같은 절차를 거쳐 배당금을 우선 수령하였다면 적법하게 배당요구 하였던 다른 채권자들과의 관계에서 부당이득이 성립한다(대법원 2009. 5. 14. 선고 2007다64310 판결).

근저당권설정계약을 사해행위로서 취소하는 경우 경매절차가 진행되어 타인이 소유권을 취득하고 근저당권설정등기가 말소되었다면 원물반환이 불가능하므로 가액배상의 방법으로 원상회복을 명할 것인바(대법원 2001. 2. 27. 선고 2000다44348 판결 등), 이미 배당이 종료되어 수익자가 배당금을 수령한 경우에는 수익자로 하여금 배당금을 반환하도록 명하여야 하고, 배당표가 확정되었으나 채권자가 배당금지급금지가처분으로 인하여 수익자가 배당금을 현실적으로 지급받지 못한 경우에는 배당금지급채권의 양도와 그 채권양도의 통지를 명할 것이나, 채권자가 배당기일에 출석하여 수익자의 배당 부분에 대하여 이의를 하였다면 그 채권자는 사해행위취소의 소를 제기함과 아울러 그 원상회복으로서 배당이의의 소를 제기할 수 있고, 이 경우 법원으로서는 배당이의의 소를 제기한 당해 채권자 이외의 다른 채권자의 존재를 고려할 필요 없이 그 채권자의 채권이 만족을 받지 못한 한도에서만 근저당권설정계약을 취소하고 그 한도에서만 수익자의 배당액을 삭제하여 당해 채권자의 배당액으로 경정하여야 한다(대법원 2004. 1. 27. 선고 2003다6200 판결, 대법원 2011. 2. 10. 선고 2010다90708 판결 등).

한편 근저당권설정계약을 사해행위로 취소하는 판결이 먼저 확정되고 근저당권자를 상대로 한 배당이의소송이 뒤이어 진행되는 경우에, 배당이의소송에서는 그 소를 제기하지 아니한 다른 채권자의 존재를 고려할 필요 없이 그 소를 제기한 채권자의 채권이 만족을 받지 못한 한도에서만 근저당권자에 대한 배당액을 삭제하여 이를 채권자에 대한 배당액으로 경정하고 나머지는 근저당권자에 대한 배당액으로 남겨두어야 한다. 그런데 근저당권설정계약이 사해행위로 취소된 이상 근저당권자는 근저당권에 따라 배당받을 권리를 상실하여 그에게 배당을 실시할 수 없는 명백한 사유가 생겼으므로, 경매법원으로서는 민사집행법 제161조를 유추적용하여 배당이의소송의 제기로 공탁된 배당액 중 소송 결과 근저당권자에게 남게 된 부분을 부동산경매절차에서 적법하게 배당요구하였던 다른 채권자들에게 추가배당하여야 한다(대법원 2001. 10. 12. 선고 2001다37613 판결, 대법원 2002. 9. 24. 선고 2002다33069 판결, 대법원 2015. 10. 15. 선고 2012다57699 판결).

사. 배당표상의 채권자를 상대로 제기된 청구이의의 소의 원고승소 확정판결이 있는 경우

1) 배당표가 확정된 후 그 중 한 채권자에 대한 청구이의의 소에서 원고승소판결이 확정되어 이에 따라 집행취소가 되자 위 배당표상의 다른 채권자들이 추가배당요구를 한 사안에서(이들은 배당기일에 출석하였으나 이의하지 않았고, 집행정지신청을 하지도 않았다), 추가배당을 할 수 있는지가 문제된다.

2) 사안을 나누어 본다.

가) 배당기일에 채무자가 문제가 된 채권자의 채권에 대하여 배당이의를 하였고, 그에 이어 청구이의의 소를 제기한 다음 그 청구이의의 소에서 집행정지결정을 받아 이를 집행법원에 제출하였던 경우라면 그 공탁은 민사집행법 제160조 제1항 제3호의 경우에 해당하므로, 후에 청구이의의 소에서 채무자인 원고가 승소하였다면 민사집행법 제161조 제2항 제1호에 기하여 추가배당을 하여야 한다.

나) 배당기일에 채무자의 이의는 없었으나 채권자가 불출석하여 집행법원이 민사집행법 제160조 제2항에 기해 공탁을 하였고, 채권자가 그 공탁금을 수령하기 이전에 채무자가 당해 채권자를 상대로 청구이의의 소를 제기하여 승소한 경우에 관하여 현행법에 명시적인 규정은 없으나, 판례(대법원 2001. 10. 12. 선고 2001다37613 판결)의 취지에 비추어 추가배당을 하는 것이 타당하다

다) 한편 배당기일부터 1주 이내에 청구이의의 소제기 사실 증명서류와 그 소에 기한 집행정지재판의 정본이 제출되지 않았는데도 집행법원이 채권자에 대한 배당을 중지하였다가 청구이의 재판의 결과에 따라 추가배당절차를 밟는 경우, 채권자는 추가배당절차의 개시가 위법함을 이유로 민사집행법 제16조에 따라 집행에 관한 이의신청을 할 수 있으나, 채권자가 집행에 관한 이의 대신 추가배당표에 대하여 배당이의를 하고 당초 배당표대로 배당을 실시해 달라는 취지로 배당이의의 소를 제기하였다면, 배당이의의 소를 심리하는 법원은 소송경제상 당초 배당표대로 채권자에게 배당을 실시할 것을 명한다는 의미에서 추가배당표상 배당할 금액을 당초 배당표와 동일하게 배당하는 것으로 추가배당표를 경정하여야 한다(대법원 2011. 5. 26. 선고 2011다16592 판결).

3. 추가배당의 방법과 절차

가. 추가배당기일의 지정

추가배당을 구하는 채권자 또는 채무자는 추가배당사유가 생겼음을 증명하는 문서를 집행법원에 제출하면서 추가배당을 신청할 수 있다.

집행법원은 공탁사유가 소멸하였는지 여부와 그에 따른 추가배당의 필요여부를 직권으로 조사할 의무가 없으나, 추가배당사유가 발생한 사실을 알게 되면 채권자나 채무자의 신청이 없더라도 추가배당절차를 밟아야 한다.

추가배당을 위해서는 배당표의 변경이 필요하기 때문에 이를 위하여 배당기일을 열지 않으면 안 되므로, 그 배당기일의 절차는 당초의 배당기일의 절차에 준하여 민사집행법 제159조의 규정이 적용된다. 실무는 따로 추가배당실시를 명함이 없이 바로 추가배당기일을 지정하고 있다.

추가배당은 부동산집행절차에서 실시되었던 종전 배당절차의 계속이나, 다만 추가배당하여야 할 금액만을 배당재단으로 한 배당절차로서, 집행법원은 추가배당기일을 정하여 각 채권자들에게 통지하여야 한다.

추가배당사유가 발생하면 법원사무관등은 즉시 집행법원에 보고하여, 추가배당절차를 밟아야 한다.

나. 최고절차 등

추가배당절차가 종전 배당절차의 계속으로서 종전 배당절차에서 실시된 채권계산서 제출 최고절차(민사집행규칙 제81조)를 원용할 수 있으므로 이 최고절차를 반드시 밟아야 하는 것은 아니지만, 종전의 배당실시결과에 따라 충당 후 남게 된 잔여채권액과 그 이후에 발생한 사정으로 인한 배당요구채권의 증감변동을 확인하기 위해서는 위 최고절차를 다시 밟아야 한다.

각 채권자들은 선행의 배당절차에서 제출되었던 배당요구의 종기까지의 채권 이상을 보충할 수 없다.

배당법원은 공탁된 금액에 관하여 배당표원안을 작성하고 배당기일의 3일 전에 법원에 비치하여 이를 관계채권자의 열람에 제공한 후, 배당기일에 배당을 실시한다. 배당기일의 절차는 종전의 배당절차와 동일하다.

한편 추가배당표에 대하여도 배당이의할 수 있으나 종전 배당기일에 주장할 수 없었던 사유만을 주장할 수 있다(민사집행법 제161조 제4항). 즉 배당액 및 순위에 관하여 종전 배당표의 확정 시 이전의 사유로는 이의를 할 수 없다. 추가배당을 실시하게 된 결과 비로소 배당을 받게 된 채권자들 사이에서 채권의 존부 및 순서에 관한 이의는 종전에 주장할 수 없었던 사유로 보아야 할 것이다.

다. 추가배당표의 작성 및 배당의 실시

1) 추가배당의 실시

가) 추가배당을 한 결과 잉여금이 생긴 경우에는 이를 채무자등에게 지급하며, 채무자등이 배당기일에 출석하지 아니한 경우에는 그 부분에 대하여 공탁을 유지하고 후일 채무자등의 청구가 있으면 지급위탁서를 송부하고 지급증명서(공탁금수령자격증명서)를 교부하는 등 지급절차를 취한다.

추가배당은 대부분 배당재단이 공탁금인 경우에 해당하므로 위와 같은 절차는 공탁서 원본을 보관하고 있는 공탁서 등 보관책임자가 법원사무관등의 지시에 따라 취하게 된다(재민 92-2).

나) 추가배당표 작성 시에는 원배당표 여백에 "2010. . . 추가배당 실시"라고 기재하고 담임법관(사법보좌관)이 날인하는 것이 바람직하다. 왜냐하면 추가배당표에는 '추가배당표'라는 문구가 기재되나, 원래의 배당표에는 아무런 표시가 없어 당사자들이 관련사건에서 원래의 배당표만 제출하는 경우 추가배당이 이루어졌는지 여부를 알 수 없기 때문이다. 다만 민사집행 전자소송 시행으로 원래의 배당표가 전자기록으로 저장되고 있는 현재는 추가배당이 실시되더라도 원래의 배당표에 추가배당이 실시되었음을 부기할 수 있는 방법이 없으므로 지급위탁 등을 하기 전에 추가배당사실이 있는지 여부를 확인할 필요가 있다.

2) 종전 배당절차에서 전액을 배당받은 채권자의 기재 여부

종전의 배당절차에서 청구채권 등의 전액에 관하여 배당을 받은 채권자는 추가(변경)배당표에도 배당을 받을 채권자로서 채권 등의 액 및 배당의 액을 기재하지 않으며, 따라서 배당기일의 소환도 필요치 않다.

3) 추가배당을 받아야 할 채권자가 1인인 경우 추가배당실시 여부

추가배당을 받아야 할 채권자가 1인인 경우, 또는 채권자가 2인 이상이지만 당해 공탁금으로 각 채권자의 채권 및 집행비용 모두를 변제할 수 있는 경우 추가배당기일을 열어야 하는지에 관하여 추가배당을 받아야 할 채권자에게 공탁금을 교부하고 잉여금을 채무자에게 교부하면 되고 따로 배당기일을 열 필요가 없다는 견해가

있지만, 이미 배당표가 존재하는 이상 그 변경 없이 그에 따르지 않은 처리를 하는 것은 타당하지 않으므로, 배당기일을 열어 배당표에 따라 자기를 위하여 유보된 공탁금에 관하여 공탁사유의 소멸을 다투는 채권자 및 채무자의 이의의 기회 보장을 위하여 추가배당기일을 열어야 한다.

4) 배당받을 채권자가 전혀 없는 경우 추가배당실시여부

배당받을 채권자가 전혀 없는 경우에도 추가배당절차를 실시하여 새로운 추가배당표를 작성하여야 하는 것이 원칙이지만, 새로운 배당표를 작성한다고 하여도 배당이의의 신청기회를 보장하여야 할 채권자가 없기 때문에 새로운 추가배당표를 작성하지 않고, 집행법원의 명령에 따라 배당표를 변경한 다음 바로 집행법원의 법원사무관 등이 채무자에 대한 지급위탁절차를 밟으면 된다.

5) 동일 채권에 관하여 공탁사유가 복수인 경우

가등기된 저당권의 피보전채권이 정지조건인 경우 등 동일 채권에 관하여 공탁사유가 복수인 경우 모든 공탁사유가 소멸한 경우에 추가배당 등을 실시하는 것이 원칙이지만, 채무자가 저당권설정가등기권자에 대하여 배당이의의 소를 제기하였는데 그 소가 인용된 경우와 같이 공탁에 관련된 당해 채권자가 배당 등을 받을 수 없는 지위에 있음이 확정된 때와 같은 경우에는 예외적으로 추가배당을 실시할 수 있다.[37)]

6) 부대채권의 계산의 종기(= 원배당표의 배당기일까지)

가) 배당표 변경의 성질을 공탁금에 관한 독립한 새로운 배당절차라고 보는 견해(제1설)에 의하면, 추가배당기일까지의 이자, 지연손해금의 청구가 가능하고, ② 배당표의 변경절차는 공탁금에 관한 독립한 배당절차는 아니고 종전 배당표를 본래의 형태로 변경, 정정하는 절차라고 보는 견해(제2설)에 따르면, 종전 배당 시에 존재했던 채권에 관하여 후에 추가적으로 배당을 행하는 것이 되므로, 당초 기준이 된 각 채권자의 채권액은 종전 배당 시의 채권액이 되어 그 후에 생긴 부대채권에 관한 배당은 인정하지 않게 된다.

제1설은 이자, 지연손해금의 발생은 배당절차를 이유로 정지될 이유가 없으므로 변제의 효력이 발생할 때까지 즉, 현실적으로 채권자 등에게 교부될 때까지의 이자 등을 청구하는 것이 가능하다는 점을 이유로 들고 있다.

그러나 공탁금액도 당초의 배당기일에 당해 채권자가 받아야 할 수액을 가지고

---

37) 손흥수, "배당표 변경의 법적성질론에 비추어 본 추가배당의 방법과 절차", 민사집행법연구 I, 진원사(2012) 참조

결정된 것으로서 그 공탁금을 가지고 당초의 배당기일부터 추가배당기일까지 사이에 생긴 부대채권에 충당하는 것은 법이 예정하고 있지 않은 것으로 보이는 점, 제1설의 견해에 따르면 채무자가 제기한 배당이의소송에 채권자가 오랫동안 다투면 다툴수록 채무자가 승소하더라도 공탁금의 대부분은 다른 채권자의 추가배당기일까지의 부대채권에 충당되고 말게 되는데 이는 상당히 불합리하다고 여겨지는 점 등[38]에 비추어 제2설이 타당하다.

서울중앙지방법원의 실무도 원배당표의 배당기일까지를 부대채권(지연손해금 등)의 가산종기로 하고 있다. 추가배당받을 채권자의 경우 추가배당기일까지의 지연손해금은 인정하지 않고 있고, 원배당표상의 채권액을 기준으로 추가배당을 하고 있다.

대법원 2013. 6. 13. 선고 2011다75478 판결이 가압류채권자가 본안소송에서 일부만 승소하여 추가배당하는 경우에 다른 배당채권자들의 채권액은 종전 배당기일의 채권원리금액을 기준으로 하고 가압류채권자의 경우에도 종전 배당기일까지의 지연손해금을 가산한 채권원리금액을 기준으로 하여 추가배당액을 산정하도록 하는 명시적인 판결을 이미 선고하였고, 특히 위 판결에서 추가배당 시에 배당채권자들과 사이에서 배당비율을 다시 계산하여 공탁되었던 배당액을 감액 조정하여 지급하는 것은 그 범위 내에서 잠정적으로 보류되었던 배당절차를 마무리 짓는 취지이고, 동순위 채권자들 사이에서는 배당채권으로 산입될 수 있는 채권원리금액 산정에 형평을 기하여야 할 터인데 가압류채권자에 대한 배당금 조정 시에 다른 배당채권자들의 잔존 채권원리금액을 모두 다시 확인하기 쉽지 아니함을 고려하여야 한다는 점을 근거로 들어서 종전 배당표를 본래의 형태로 변경, 정정하는 절차라고 보는 견해(제2설)를 따르고 있음을 명시적으로 밝히고 있다는 점에서도 제2설을 따를 수밖에 없다.

7) 가압류채권자가 일부만 승소하여 가압류채권액이 일부 감축된 경우의 처리

가압류에 대한 본안의 확정판결에서 그 피보전채권의 원금 중 일부만이 남아 있는 것으로 확정된 경우 위 가압류채권자에게 지급할 금액 범위에 대하여, 아주 과거에는 승소금액 범위 내의 금액은 추가배당할 필요가 없다는 견해도 있었으나 대법원 2010. 9. 30. 선고 2010다38779(본소), 2010다38786(반소), 2010다38793(병합) 판결은 "민사집행법 제160조 제1항 제2호 등에 의하면 집행법원이 배당을 실시함에 있어 가압류채권자의 채권인 때에는 그 채권의 배당액을 공탁하여야 하고, 그 후 가압류채권자의 피보전채권의 존재가 본안의 확정판결 등에 의하여 확정된 때 가압류채

38) 동경지재민사집행실무연구회, 「改正 不動産執行の理論と實務(下)」, 法曹會(2000), 666

권자가 확정판결 등을 제출하면 집행법원은 가압류채권자에게 배당액을 지급하되, 배당액이 공탁되었던 가압류채권자가 본안소송에서 일부 승소의 확정판결을 받은 경우에 집행법원으로서는 그 일부 승소로 확정된 금액을 기준으로 하여 배당액을 재차 조정하여 공탁된 배당액 중 그 조정된 금액만을 가압류채권자에게 지급하고 나머지는 추가배당을 실시하여야 한다."고 판시하여 추가배당을 하여야 한다는 입장을 취하였다.

또한 위와 같이 가압류채권자가 본안 소송에서 일부만 승소하는 바람에 당초의 배당액 중 다른 배당채권자들에게 추가배당하여야 할 부분에 관하여는 가압류채권자가 처음부터 그 부분에 대한 배당금지급청구권을 가지고 있지 않았다고 보아야 하므로, 가압류채권자가 그 부분 채권을 부당이득 하였다고 할 수 없다(대법원 2013. 6. 13. 선고 2011다75478 판결).

또한 배당법원이 배당을 실시할 때에 가압류채권자의 채권에 대하여는 그에 대한 배당액을 공탁하여야 하고, 그 후 그 채권에 관하여 본안판결이 확정됨에 따라 공탁의 사유가 소멸한 때에는 배당법원은 가압류채권자에게 공탁금을 지급하여야 하므로(민사집행법 제160조 제1항 제2호, 제161조 제1항 참조), 특별한 사정이 없는 한 본안의 확정판결에서 지급을 명한 가압류채권자의 채권은 배당액으로 충당되는 범위에서 본안판결의 확정 시에 소멸한다(대법원 2014. 9. 4. 선고 2012다65874 판결, 대법원 2015. 4. 23. 선고 2013다215379 판결)는 점은 앞서 III. 2. 가압류채권자에 대한 배당액이 공탁된 경우 가압류채권자의 채권이 소멸하는 범위와 시기에서 살펴본 바와 같다.

배당금을 공탁하여야 하는 가압류채권자와 달리 배당금을 바로 수령할 수 있는 압류채권자나 우선변제권자 등의 경우에는 변제의 효력이 특별한 사정이 없는 한 배당표가 확정된 때에 발생한다.

라. 배당이의 등

1) 추가배당표에 대하여도 배당이의할 수 있으나 종전 배당기일에 주장할 수 없었던 사유만을 주장할 수 있다(민사집행법 제161조 제4항). 즉 배당액 및 순위에 관하여 종전 배당표의 확정 시 이전의 사유로는 이의를 할 수 없다.

추가배당을 실시하게 된 결과 비로소 배당을 받게 된 채권자들 사이에서 채권의 존부 및 순서에 관한 이의는 종전에 주장할 수 없었던 사유에 해당한다. 그러므로 원래 배당절차에서 배당요구한 채권자라 하더라도 어떤 경위로든 종전의 1차 추가배당표에 배당요구채권자로 기재되지 않음으로서 그 배당에서 배제되었다면 2차 추가배당절차에서 배당이의할 자격이 없다. 따라서 원배당표에 대한 1차 추가배당절차의 배당권자에서 제외된 가압류권자는 그 2차 추가배당절차에서 배당이의를 할 자격이 없으므로 그 이의는 부적법 각하되어야 한다.

배당이의 신청이 가능한 채권자는 추가배당을 받아야 할 채권자이고, 원배당에서 청구채권 전액을 지급받은 채권자는 기일의 소환도 받을 수 없고, 배당이의를 할 이익도 없다.

2) 한편 배당기일부터 1주 이내에 청구이의의 소 제기 사실 증명서류와 그 소에 기한 집행정지재판의 정본이 제출되지 않았는데도 집행법원이 채권자에 대한 배당을 중지하였다가 청구이의의 소 결과에 따라 추가배당절차를 밟는 경우, 채권자는 추가배당절차의 개시가 위법함을 이유로 민사집행법 제16조에 따라 집행에 관한 이의신청을 할 수 있으나, 채권자가 집행에 관한 이의 대신 추가배당표에 대하여 배당이의를 하고 당초 배당표대로 배당을 실시해 달라는 취지로 배당이의의 소를 제기하였다면, 배당이의의 소를 심리하는 법원은 소송경제상 당초 배당표대로 채권자에게 배당을 실시할 것을 명한다는 의미에서 추가배당표상 배당할 금액을 당초 배당표와 동일하게 배당하는 것으로 추가배당표를 경정하여야 한다(대법원 2011. 5. 26. 선고 2011다16592 판결).

Ⅴ. 집행정지서류의 제출과 배당

1. 강제경매의 경우

매수인이 매각대금을 지급한 뒤에 민사집행법 제49조의 어느 서류가 제출된 때에는 경매절차의 진행에 영향을 미치지 않는다. 이 경우 배당절차가 실시되는 때에는 그 채권자에 대하여 다음의 구분에 따라 처리하여야 한다.

가. 1호, 3호, 5호 또는 6호의 서류 제출 시: 그 채권자를 배당에서 제외한다(민사집행규칙 제50조 제3항 제1호).

나. 2호의 서류 제출 시: 그 채권자에 대한 배당액을 공탁한다(민사집행법 제160조 제1항 제3호, 민사집행규칙 제50조 제3항 제2호).

다. 4호의 서류가 제출된 때에는 그 채권자에 대한 배당액을 지급한다(민사집행규칙 제50조 제3항 제3호). 이때 생기는 이중변제 등의 문제는 실체법상 부당이득문제로 해결하여야 한다.

2. 담보권 실행을 위한 경매의 경우

담보권 실행을 위한 경매의 경우에도 매수인이 매각대금을 지급한 뒤에 민사집행법 제266조 제1항의 어느 서류가 제출된 때에는 경매절차의 진행에 영향을 미치지 아니하며, 이 경우 배당절차가 실시되는 때에는 그 채권자에 대하여 다음의 구분에 따라 처리하여야 한다.

가. 1호, 2호, 3호의 서류가 제출된 때에는 그 채권자를 배당에서 제외한다(민사집행규칙 제194조 본문, 민사집행규칙 제50조 제3항 제1호).

나. 2, 4호의 서류가 제출된 때에는 그 서류가 화해조서의 정본 또는 공정증서의 정본인 경우에는 그 채권자를 배당에서 제외하고, 그 밖의 서류의 경우에는 그 채권자에 대한 배당액을 지급한다(민사집행규칙 제194조, 민사집행규칙 제50조 제3항 제3호). 이때 생기는 이중변제 등의 문제는 실체법상 부당이득문제로 해결하여야 한다.

다. 5호의 서류가 제출된 때에는 그 채권자에 대한 배당액을 공탁한다(민사집행법 제160조 제1항 제3호, 민사집행규칙 제50조 제3항 제2호).

제7장 주택임대차보호법

Ⅰ. 주택임대차보호법의 적용범위

1. 주거용 건물

가. 주거용 건물 여부의 판단 기준

1) 판단방법

주택임대차보호법은 주거용 건물의 임대차에 관하여 민법에 대한 특례를 규정함으로써 국민의 주거생활의 안정을 보장함을 목적으로 한다(주택임대차보호법 제1조).

임차주택의 일부가 주거 외의 목적으로 사용되는 경우에는 법 제2조[1]에 의하여 법의 적용을 받는 주거용 건물에 해당하나, 비주거용 건물의 일부를 주거의 목적으로 사용하는 경우에는 이를 주거용 건물이라 할 수 없으므로 법의 보호대상에서 제외된다.

주거용 건물, 즉 주택이란 토지에 정착된 공작물 중 지붕 및 기둥 또는 벽이 있는 것과 이에 부수되는 시설로서 사람의 일상생활인 기와침식에 사용되는 것을 말한다. 주거용 건물인지 여부를 판단함에 있어서는 임대차 목적물의 공부상의 표시만을 기준으로 할 것이 아니라 그 실제용도에 따라서 정하여야 하고, 주거용과 비주거용으로 겸용되는 경우에는 그 임대차의 목적, 전체 건물과 임대차 목적물의 구조와 형태 및 임차인의 임대차 목적물의 이용관계, 임차인이 그 곳에서 일상생활을 영위하는지 여부 등을 고려하여 합목적적으로 결정하여야 한다.

임차주택의 일부를 주거 외의 목적으로 사용하는 경우에도 그 전체가 주거용 건물에 해당하나, 비주거용 건물의 일부를 주거의 목적으로 사용하는 경우에는 주거용 건물이라고 할 수 없다.

가) 주된 목적이 주거용(住居用)이라고 본 판례로는, 대법원 1987. 8. 25. 선고 87다카793 판결, 1988. 12. 27. 선고 87다카2024판결, 1995. 3. 10. 선고 94다52522 판결, 2002. 9. 24. 선고 2002다30114 판결, 2003. 5. 13. 선고 2003다11455 판결, 2005. 6. 9. 선고 2004다58598 판결 등이 있다.

나) 주된 목적이 비주거용(非住居用)이라고 본 판례로는, 대법원 1987. 3. 24. 선고 86다카823 판결, 1987. 4. 28. 선고 86다카2407 판결, 1988. 12. 13. 선고 87다카3097 판결, 1993. 10. 8. 선고 93다25738, 25745 판결, 1996. 3. 12. 선고 95다51953 판결,

---

1) 주택임대차보호법 제2조 (적용범위) 이 법은 주거용 건물(이하 "주택"이라 한다)의 전부 또는 일부의 임대차에 관하여 이를 적용한다. 그 임차주택의 일부가 주거외의 목적으로 사용되는 경우에도 또한 같다.

2001. 9. 14. 선고 2001다37828 판결 등이 있다.

2) 주거용 건물의 대지의 경우 (임차인과 전세권자와의 차이점)

가) 주택임차인의 경우

주택임대차보호법상 주거용 건물이라 함은 주거용 건물 자체만을 말하는 것이 아니라 주거용 건물과 일체 불가분의 관계가 있는 대지부분을 포함한다(주택임대차보호법 제3조의2 제2항, 제8조 제2항, 대법원 1996. 6. 14. 선고 96다7595 판결, 2000. 3. 15.자 99마4499 결정). 따라서 단독주택은 그 대지에 대하여, 공동주택은 소유권인 대지권에 대하여 우선변제권을 취득하게 된다(대법원 1996. 6. 14. 선고 96다7595 판결).

이는 주택임대차보호법 제3조의 제2항이 임차주택(대지를 포함한다)의 환가대금에서 후순위권리자나 그 밖의 채권자보다 우선하여 보증금을 변제받을 권리를 부여하고, 주택임대차보호법 제8조가 소액보증금의 우선변제권이 주택가액(대지의 가액을 포함한다)의 2분의 1을 넘지 못하도록 규정하여 명문으로 대지부분에 대하여도 우선변제권을 인정하고 있는 점에서 명백하다.

나) 전세권자의 경우

단독주택을 임차하여 주택에만 전세권설정등기를 경료한 경우에는 전세권은 주택 자체에만 미치기 때문에 전세권자는 경매절차에서 대지부분에 대한 경매대금으로부터는 우선 변제를 받을 수 없다.

그러나 집합건물의 전유부분에 대한 전세권자는 건물부분에 대하여만 전세권설정등기를 할 수 있고 대지사용권의 목적인 토지에 대하여는 전세권설정등기를 할 수 없어 전세권은 건물 만에 관한 것이라는 취지의 부기등기를 하게 되나(등기선례 4-449 참조), 전세권의 경우에도 대지사용권의 분리처분이 가능하도록 규약으로 정하는 등의 특별한 사정이 없는 한 전세권의 효력은 대지사용권에도 미치므로(대법원 2002. 6. 14. 선고 2001다68389 판결), 전세권자는 대지사용권의 매각대금 중에서도 배당받는다.

나. 미등기 건물도 적용대상(소액보증금 우선변제권도 마찬가지)

미등기 건물이라도 주거용으로 사용되는 한 주택임대차보호법의 적용대상이 된다(대법원 1987. 3. 24. 선고 86다카164 판결, 2007. 6. 21. 선고 2004다26133 전원합의체 판결). 사용승인(또는 임시사용승인)을 받지 않은 주택도 마찬가지이다.

하지만 주택임대차보호법 제8조 제1항이 소액보증금 우선변제권을 행사하기 위해서는 임차인이 주택에 대한 경매신청의 등기 전에 제3조 제1항의 대항력 요건을 갖추도록 요구하고 있어서, 법문의 해석상 소액보증금 우선변제권은 경매신청의 등기가 가능한 등기된 주택에 대하여만 적용되는 것이 아닌가가 문제가 되었다.

① 종전에는 대법원 2001. 10. 30. 선고 2001다39657 판결이 그 토지나 그 토지상의 다른 지상건물의 등기부 기재로써는 그 주택의 유무나 임차인의 유무 등 대지의 부담사항이 파악되지 않으므로, 법 제8조의 규정에 의해 건물이나 토지의 경락대금에서 우선변제를 받기 위해서는 그 임대차의 목적물인 주택에 관하여 그 임대차 후에라도 소유권등기가 거쳐져 경매신청의 등기가 되는 경우이어야 한다는 태도를 취하였으나, ② 대법원 2007. 6. 21. 선고 2004다26133 전원합의체 판결은 "어느 건물이 국민의 주거생활의 용도로 사용되는 주택에 해당하는 이상 비록 그 건물에 관하여 아직 등기를 마치지 아니하였거나 등기가 이루어질 수 없는 사정이 있다고 하더라도 다른 특별한 규정이 없는 한 같은 법의 적용대상이 된다고 해석함이 상당하다(미등기무허가 건물의 양수인에 대한 대항력을 인정한 대법원 1987. 3. 24. 선고 86다카164 판결 참조). 그런데, 대항요건 및 확정일자를 갖춘 임차인과 소액임차인에게 우선변제권을 인정한 같은 법 제3조의 2 및 제8조가 미등기 주택을 달리 취급하는 특별한 규정을 두고 있지 아니하므로, 위에서 본 대항요건 및 확정일자를 갖춘 임차인과 소액임차인의 임차주택 대지에 대한 우선변제권에 관한 법리는 임차주택이 미등기인 경우에도 그대로 적용된다고 보아야 할 것이다. 이와 달리 임차주택의 등기 여부에 따라 그 우선변제권의 인정 여부를 달리 해석하는 것은 합리적 이유나 근거 없이 그 적용대상을 축소하거나 제한하는 것이 되어 부당하고, 민법과 달리 임차권의 등기 없이도 대항력과 우선변제권을 인정하는 같은 법의 취지에 비추어 타당하지 아니하다."고 판시하여 미등기주택에 대하여도 소액보증금 우선변제권이 적용된다고 판단하였다.

다만 위 대법원 2007. 6. 21. 선고 2004다26133 전원합의체 판결은 "소액임차인의 우선변제권에 관해 임차인은 주택에 대한 경매신청의 등기 전에 대항요건을 갖추어야 한다고 규정한 것은 배당절차에 임박하여 가장 임차인을 급조하는 등의 폐단을 방지하기 위하여 소액임차인의 대항요건의 구비시기를 제한하는 취지이지, 반드시 임차주택과 대지를 함께 경매하여 임차주택 자체에 경매신청의 등기가 되어야 한다거나 임차주택에 경매신청의 등기가 가능한 경우로 제한하는 취지는 아니라 할 것이다. 대지에 대한 경매신청의 등기 전에 위 대항요건을 갖추도록 하면 입법취지를 충분히 달성할 수 있으므로, 위 규정이 미등기 주택의 경우에 소액임차인의 대지에 관한 우선변제권을 배제하는 규정에 해당한다고 볼 수 없다면서 미등기 건물의 경우에는 대지에 대한 경매신청 등기 전에 대항요건을 갖추면 된다."고 판시하였다.

다. 주거용 건물인지 여부가 문제되는 경우

1) 겸용주택

임차주택의 일부가 주거용으로, 일부가 비주거용으로 사용되는 이른바 겸용주택의 경우에는 임대차의 목적, 전체 건물과 임대차목적물의 구조와 형태, 임차인의 임대차목적물의 이용관계, 임차인이 그곳에서 일상생활을 영위하는지 여부 등을 고려하여 합목적적으로 결정하여야 한다. 그러나 상가건물 임대차보호법과의 관계에서 임차건물의 일부가 주거용으로, 일부가 영업용으로 사용되는 경우 상가건물 임대차보호법을 적용하여야 하는가, 주택임대차보호법을 적용하여야 하는가에 관하여 논란이 있을 수 있다.

2) 주거용 건물의 일부

임차주택의 일부를 주거 외의 목적으로 사용하는 경우에도 그 전체가 주거용 건물에 해당하나, 비주거용 건물의 일부를 주거의 목적으로 사용하는 경우에는 주거용 건물이라고 할 수 없다.

라. 판단시점

주거용 건물인지 여부를 판단하는 기준시점은 원칙적으로 임대차계약의 체결 시이다.

비주거용 건물을 임차하여 임차인이 임의로 주거용으로 개조하여 사용한다거나 비주거용 건물에 주거용 건물을 증축하여 사용하는 경우에는 임대인이 이를 승낙하였다는 등의 특별한 사정이 없는 한 주거용 건물이라고 할 수 없다(대법원 1986. 11. 21. 선고 85다카1367 판결). 그러나 점포 및 사무실로 사용되던 건물에 근저당권이 설정된 후 그 건물이 주거용 건물로 용도 변경되어 이를 임차한 경우라도 주택임대차보호법의 적용대상이 된다(대법원 2009. 8. 20. 선고 2009다26879 판결).

2. 적용계약

전형적인 임대차계약은 물론 이른바 미등기전세계약에도 주택임대차보호법이 적용된다(주택임대차보호법 제1조, 제12조[2]), 상가건물 임대차보호법 제1조, 제17조 참조). 다만 일시사용을 위한 임대차에는 그 적용이 배제된다(주택임대차보호법 제11조, 상가건물 임대차보호법 제16조).

임대인은 반드시 임차주택의 소유자일 필요는 없으나 임차주택에 대한 처분권한이 있거나 적법한 임대권한을 가진 자이어야 한다(대법원 2008. 4. 10. 선고 2007다38908, 38915 판결, 2014. 2. 27. 선고 2012다93794 판결).

3. 주택임차인이 법인인 경우에 주택임대차보호법상 대항력 및 확정일자부 우선변제권 존재(소액보증금 우선변제권은 없음)

가. 주택임대차보호법의 개정

1) 개정 전 주택임대차보호법에서는 경매절차에 있어서 주택임차인이 법인인 경우에는 주택임대차보호법상 대항력 및 우선변제권 등이 인정되지 않았다. 이에 따라 대법원 1997. 7. 11.선고 96다7236 판결 등은 "법인이 임차한 주택에 관하여 법인의 직원이 주민등록을 한 경우 주택임대차보호법은 자연인인 서민들의 주거생활의 안정을 보호하려는 취지이고 법인을 그 보호 대상으로 삼은 것은 아니므로 법인의 직원이 주민등록을 마쳤다고 하여도 대항력이 생기지 않는다."고 판시한 바 있다.

그러나 주택임대차보호법의 일부개정(법률 제8583호, 2007. 8. 3. 공포, 2007년 11월 4일 시행)으로 인하여 일정한 조건을 갖춘 법인에 대하여는 대항력과 확정일자부 우선변제권이 인정되고, 임차권등기명령에 따른 등기도 가능하게 되었다.

2) 한편 상가건물 임대차보호법의 대항요건인 사업자등록신청은 법인도 할 수 있을 뿐 아니라 상가건물 임대차보호법 제3조 제1항이 대항요건으로 사업자등록신청을 규정하면서 법인세법 제111조의 규정에 의한 사업자등록신청을 인정하고 있으므로, 법인도 상가건물 임대차보호법의 적용대상이다(상가건물 임대차보호법 제4조 제1항 제1호 참조).

---

2) 주택임대차보호법 제12조 (미등기전세에의 준용) 이 법은 주택의 등기하지 아니한 전세계약에 관하여 이를 준용한다. 이 경우 "전세금"은 "임대차의 보증금"으로 본다.

나. 대항력이 인정되는 법인의 범위

1) 무주택자에게 전세임대주택을 지원하는 법인

국민주택기금을 재원으로 하여 저소득층의 무주택자에게 주거생활안정을 목적으로 전세임대주택을 지원하는 법인으로서 대통령령으로 정한 법인(주택임대차보호법 제3조 제2항)이다.

주택임대차보호법 시행령에서는 주택임대차보호법 제3조 제2항 후단에서 규정한 “대항력이 인정되는 법인”의 범위를 대한주택공사법에 따른 “대한주택공사”와 지방공기업법 제49조의 규정에 따라 “주택사업을 목적으로 설립된 지방공사”로 한정하였다(주택임대차보호법 시행령 제2조).

“지방공기업법 제49조의 규정에 따라 주택사업을 목적으로 설립된 지방공사”에는 각 지방자치단체에 다음과 같이 16개의 공사(1. 서울특별시에스에이치(SH)공사설립 및 운영에 관한 조례에 따른 서울특별시에스에이치(SH)공사, 2. 부산도시공사 설치 조례에 따른 부산도시공사, 3. 대구광역시 도시개발공사 설치 조례에 따른 대구광역시 도시개발공사, 4. 인천광역시도시개발공사 설립 및 운영에 관한 조례에 따른 인천광역시도시개발공사, 5. 광주광역시 도시공사 설치 조례에 따른 광주광역시 도시공사, 6. 대전광역시도시개발공사 설치조례에 따른 대전광역시도시개발공사, 7. 울산광역시 도시공사 설립 및 운영 조례에 따른 울산광역시 도시공사, 8. 강원도개발공사 설치 및 관리·운영조례에 따른 강원도개발공사, 9. 경기도지방공사의 설립 및 운영조례에 따른 경기도지방공사, 10. 경상남도개발공사설치조례에 따른 경상남도개발공사, 11. 경상북도개발공사 설치조례에 따른 경상북도개발공사, 12. 전남개발공사의 설립 및 운영조례에 따른 전남개발공사, 13. 전북개발공사설치조례에 따른 전북개발공사, 14. 충청남도개발공사 설립 및 운영에 관한 조례에 따른 충청남도개발공사, 15. 충북개발공사 설치 및 운영에 관한 조례에 따른 충북개발공사, 16. 제주특별자치도 개발공사 설치 조례에 따른 제주특별자치도개발공사)가 있다.

위 공사 중 현재 위 사업을 시행하고 있는 법인은 서울특별시에스에이치(SH)공사와 경기도지방공사 두 곳뿐이다.

2) 중소기업기본법에 따른 중소기업에 해당하는 법인

주택임대차보호법 제3조 제3항은 중소기업기본법 제2조에 따른 중소기업에 해당하는 법인이 소속 직원의 주거용으로 주택을 임차한 후 그 법인이 선정한 직원이 해당 주택을 인도받고 주민등록을 마쳤을 때에는 그 법인이 대항력을 가지고, 임대차기

간이 끝나기 전에 그 직원이 변경된 경우에는 그 법인이 선정한 새로운 직원이 주택을 인도받고 주민등록을 마친 다음 날부터 제3자에 대하여 효력이 생기는 것으로 규정하고 있다.

다. 대항력의 취득 시기

주택임대차보호법 제3조 제2항에 해당되는 법인이 주택을 임차한 후 지방자치단체의 장 또는 해당 법인이 선정한 입주자가 그 주택에 관하여 인도와 주민등록을 마친 때에는 그 익일부터 제3자에 대하여 효력이 생긴다.

이 경우 선정된 입주자가 전입신고를 한 때에 주민등록이 된 것으로 본다(주택임대차보호법 제3조 제1항).

라. 경매신청과 주택인도의 동시이행 관계

주택임대차보호법 제3조 제2, 3항의 법인이 임차주택에 대하여 보증금반환청구소송의 확정판결 기타 이에 준하는 집행권원에 기한 경매를 신청하는 경우에는 민사집행법 제41조의 규정에 불구하고 반대의무의 이행 또는 이행의 제공을 집행개시의 요건으로 하지 아니한다(주택임대차보호법 제3조의2 제1항).

마. 우선변제권(확정일자부만 인정, 소액보증금 최우선변제권은 아님)

주택임대차보호법 제3조 제2항, 3항의 법인이 동조의 대항요건과 법인과 임대인 사이의 임대차계약증서상에 확정일자를 갖춘 경우에는 민사집행법에 의한 경매 또는 국세징수법에 의한 공매시 임차주택(대지 포함)의 환가대금에서 후순위권리자 기타 채권자보다 우선하여 보증금을 변제받을 권리가 있다(주택임대차보호법 제3조의2 제2항).

바. 임차권등기명령

위 법인이 임대차가 종료된 후 보증금을 반환받지 못한 경우에는 임차주택의 소재지를 관할하는 지방법원·지방법원지원 또는 시·군 법원에 임차권등기명령을 신청할 수 있다(주택임대차보호법 제3조의3 제1항).

사. 소액보증금 최우선변제권의 불인정

주택임대차보호법 제8조 제1항에서는 임차인이 주택에 대한 경매신청의 등기 전에 제3조 제1항의 대항력 요건을 갖춘 경우에만 소액보증금 최우선변제권을 인정하고 있어서 주택임대차보호법 제3조 제2, 3항의 대항력 요건만을 갖출 뿐인 법인의 경우에는 제3조 제1항의 대항력을 갖출 수가 없어서 소액보증금 최우선변제권이 인정될 여지가 없다.

4. 전세권자에 대하여도 주택(상가건물)임대차보호법이 적용되는지 여부

가. 중첩적 적용

1) 전세권의 목적물이 주택이나 상가건물인 경우, 임차인으로서 우선변제를 받을 수 있는 권리와 전세권자로서 우선변제를 받을 수 있는 권리는 근거규정 및 성립요건을 달리하는 별개의 것이므로, 전세권자가 주택임대차보호법상의 우선변제요건도 갖춘 경우에는 위 법에 의한 보호도 받게 된다(대법원 1993. 12. 24. 선고 93다39676 판결 등). 전세권자가 상가건물 임대차보호법의 우선변제요건을 갖춘 경우에도 마찬가지이다.

전세권등기일자로는 매각으로 소멸하는 것처럼 보이는 전세권이라도 임대차보호법에서 정한 대항요건을 갖춘 것으로서는 최선순위인 경우에는 임차권자로서 매수인에게 대항할 수 있다(대법원 1993. 11. 23. 선고 93다10552, 10569 판결 참조).

집합건물이 아닌 지상건물과 그 부지 중 건물에만 전세권설정등기를 한 경우라도 전세권자가 주택임대차보호법이나 상가건물 임대차보호법상의 우선변제권의 요건을 갖춘 경우에는 그 부지의 매각대금에서도 배당을 받는다.

2) 전세권설정계약서에 날인된 등기소의 일부인도 확정일자로 보아야 하므로(대법원 2002. 11. 8. 선고 2001다51725 판결), 부지의 매각대금에 대한 배당순위도 위 날짜를 기준으로 판단하여야 한다.

나. 주택임차인이 별도로 전세권설정등기를 마친 경우 그 후 대항요건을 상실하여도 임차권등기가 된 것으로 보아 여전히 대항력 및 우선변제권을 유지하는지 여부(= 소극)

주택임차인이 그 지위를 강화하고자 별도로 전세권설정등기를 마치더라도 주택임대차보호법상 주택임차인으로서의 우선변제를 받을 수 있는 권리와 전세권자로서 우선변제를 받을 수 있는 권리는 근거 규정 및 성립요건을 달리하는 별개의 것이라는 점, 주택임대차보호법 제3조의3 제1항에서 규정한 임차권등기명령에 의한 임차권등기와 같은 법 제3조의4 제2항에서 규정한 주택임대차등기는 공통적으로 주택임대차보호법상의 대항요건인 '주민등록일자', '점유개시일자' 및 '확정일자'를 등기사항으로 기재하여 이를 공시하지만 전세권설정등기에는 이러한 대항요건을 공시하는 기능이 없는 점, 주택임대차보호법 제3조의4 제1항에서 임차권등기명령에 의한 임차권등기의 효력에 관한 같은 법 제3조의3 제5항의 규정은 민법 제621조에 의한 주택임대차등기의 효력에 관하여 이를 준용한다고 규정하고 있을 뿐 주택임대차보호법 제3조의3 제5항의 규정을 전세권설정등기의 효력에 관하여 준용할 법적 근거가 없는 점 등을 종합하면, 주택임차인이 그 지위를 강화하고자 별도로 전세권설정등기를 마쳤더라도 주택임차인이 주택임대차보호법 제3조 제1항의 대항요건을 상실하면 이미 취득한 주택임대차보호법상의 대항력 및 우선변제권을 상실한다.

5. 임대인

가. 임대인

임대인은 반드시 임차주택의 소유자일 필요는 없으나 임차주택에 대한 처분권한이 있거나 적법한 임대권한을 가진 자이어야 한다.

나. 명의신탁된 주택의 경우

주택임대차보호법이 적용되는 임대차는 반드시 임차인과 주택의 소유자인 임대인 사이에 임대차계약이 체결된 경우에 한정된다고 할 수 없고, 주택의 소유자는 아니지만 주택에 관하여 적법하게 임대차계약을 체결할 수 있는 권한(적법한 임대권한)을 가진 명의신탁자와 사이에 임대차계약이 체결된 경우도 포함한다. 이 경우 임차인은 등기부상 주택의 소유자인 명의수탁자에 대한 관계에서도 적법한 임대차임을 주장할 수 있는 반면 명의수탁자는 임차인에 대하여 그 소유자임을 내세워 인도를 구할 수 없다(대법원 2006. 2. 9. 선고 2004다17429 판결).

명의수탁자는 명의신탁의 법리에 따라 대외적으로는 완전한 소유자이므로 명의신탁자와 사이의 대내관계에서의 제한에도 불구하고 적법한 임대인이 될 수 있다. 명의신탁약정이 부동산실권리자명의등기에 관한 법률에 의하여 무효로 되는 경우에도 명의수탁자로부터 임차한 임차인은 같은 법 제4조 제3항의 "제3자"에 해당하므로 명의신탁자는 임차인에 대하여 명의신탁약정의 무효를 주장할 수 없다.

한편, 주택의 명의신탁자가 임대차계약을 체결한 후 명의수탁자가 명의신탁자로부터 주택을 임대할 권리를 포함하여 주택에 대한 처분권한을 종국적으로 이전받는 경우에 임차인이 주택의 인도와 주민등록을 마친 이상 명의수탁자는 주택임대차보호법 제3조 제2항의 규정에 의하여 임차인과의 관계에서 그 주택의 양수인으로서 임대인의 지위를 승계하였다고 보아야 한다(대법원 1995. 10. 12. 선고 95다22283 판결, 1999. 4. 23. 선고 98다49753 판결).

Ⅱ. 대항력

1. 대항력의 의미

가. 의의

주택임대차보호법 제3조 제1항[3] 전문에서 말하는 '제3자에의 대항력'이라는 말은 임차인이 임차주택의 양수인, 임대할 권리를 승계한 자, 기타 임차주택에 관하여 이해관계를 가진 자에 대하여 임대차의 내용을 주장할 수 있는 법률상의 권능을 말하고, 대항력이 있다는 말은 그러한 권능을 가지고 있다는 의미이다. 임차주택의 양수인이 양도인인 임대인의 지위를 승계하게 되는 결과 임차인은 양수인에게 임대차의 내용을 주장할 수 있고, 제3자의 임차주택에 대한 침해에 대하여 방해배제청구권 등을 행사할 수 있으며, 확정일자를 구비하게 되면 우선변제권 또는 최우선변제권을 주장할 수 있는 법률상의 권능을 가진다.

나. 요건

주택임대차보호법상의 대항력을 취득하기 위한 요건은 ① 주택의 인도와 ② 주민등록이다. 즉, 임차인이 임차주택을 인도받고 자신의 주소를 임차주택으로 주민등록 전입신고를 하게 되면 대항력을 취득하게 된다.

주택의 인도와 주민등록은 임차권의 대항력의 취득요건일 뿐만 아니라 주택의 점유와 주민등록의 계속은 대항력의 존속요건이다(대법원 1989. 1. 17. 선고 88다카

---

3) 주택임대차보호법 제3조 (대항력 등) ① 임대차는 그 등기가 없는 경우에도 임차인이 주택의 인도와 주민등록을 마친 때에는 그 익일부터 제3자에 대하여 효력이 생긴다. 이 경우 전입신고를 한 때에 주민등록이 된 것으로 본다.

143 판결).

다. 대항력을 갖추어야 하는 시기

1) 경매 또는 체납처분(공매)으로 임차주택의 소유권이 변동된 경우, ① 임차주택에 저당권, 가압류 또는 압류, 담보가등기 중 가장 빠른 등기가 경료된 시점을 기준으로 그 전까지 대항력을 구비하여야 하고, ② 임차주택에 위와 같은 등기가 되어 있지 아니한 경우에는 경매개시결정 혹은 체납처분에 의한 압류의 효력이 발생하기 전까지 대항력을 구비하여야 한다.

2) 경매 또는 체납처분(공매)이외의 원인으로 임차주택의 소유권이 변동된 경우, 양수인의 소유권이전등기 경료일 이전에 대항력을 갖추어야 하고, 다만, 순위보전을 위한 가등기, 처분금지가처분등기에 기하여 소유권이전등기가 경료된 경우에는 이들 등기일 이전에 대항력을 갖추어야만 한다.

라. 기존 채권을 임대차보증금으로 전환하여 임대차계약을 체결한 경우 대항력 취득 여부(원칙적 긍정, 예외적 부정)

주택임차인이 대항력을 갖는지 여부는, 주택임대차보호법 제3조 제1항에서 정한 요건, 즉 임대차계약의 성립, 주택의 인도, 주민등록의 요건을 갖추었는지 여부에 의하여 결정되는 것이므로, 당해 임대차계약이 통정허위표시에 의한 계약이어서 무효라는 등의 특별한 사정이 있는 경우는 별론으로 하고 임대차계약 당사자가 기존 채권을 임대차보증금으로 전환하여 임대차계약을 체결하였다는 사정만으로 임차인이 주택임대차보호법 제3조 제1항 소정의 대항력을 갖지 못한다고 볼 수는 없다.

그러나 채권자가 채무자 소유의 주택에 관하여 채무자와 임대차계약을 체결하고 전입신고를 마친 다음 그곳에 거주하여 형식적으로 주택임대차로서의 대항력을 취득한 외관을 갖추었다고 하더라도 임대차계약의 주된 목적이 주택을 사용·수익하려는 데 있는 것이 아니고, 실제적으로는 대항력 있는 임차인으로 보호받아 후순위권리자 기타 채권자보다 우선하여 채권을 회수하려는 것에 있었던 경우에는 그러한 임차인에게 주택임대차보호법이 정하고 있는 대항력을 부여할 수 없다.

1) 임차목적물을 주거용이나 영업용으로 사용·수익할 목적으로 임차하여 실제로도 그러한 목적으로 사용하고 있는 경우

주택임차인이나 상가건물임차인이 임차목적물을 주거용이나 영업용으로 사용·수

익할 목적으로 임차하여 실제로도 그러한 목적으로 사용하고 있는 한 계약 당사자가 기존 채권을 임대차보증금으로 전환하여 임대차계약을 체결하였다는 사정만으로 임차인이 대항력을 갖지 않는다고 볼 수 없다(대법원 2003. 7. 22. 선고 2003다21445 판결).

2) 목적물을 주거용이나 영업용으로 사용·수익할 목적을 갖고 있지 아니하거나 실제로 그러한 목적으로 사용·수익하지 아니한 경우

가) 주택임대차보호법의 적용대상인 주택이나 상가건물 임대차보호법의 적용대상인 상가건물의 임대차계약에 있어서는 임차인이 목적물을 주거용이나 영업용으로 사용·수익할 목적을 갖고 있지 아니하거나 실제로 그러한 목적으로 사용·수익하지 아니한 경우에는 주택임대차계약이나 상가건물임대차계약이 있었다고 할 수 없거나 그러한 계약이 있었다 하더라도 대항력이나 우선변제권 및 최우선변제권을 인정할 수 없다.

나) 채권자가 주택임대차보호법이나 상가건물 임대차보호법상의 대항력을 취득하는 방법으로 기존 채권을 우선변제 받을 목적으로 주택임대차계약이나 상가건물임대차계약의 형식을 빌려 기존 채권을 임대차보증금으로 하기로 하고 주택의 인도와 주민등록 또는 상가건물의 인도와 사업자등록을 마침으로써 주택임대차나 상가건물 임대차로서의 대항력을 취득한 것처럼 외관을 만들었을 뿐 실제 주택을 주거용이나 상가건물을 영업용으로 사용·수익할 목적을 갖지 아니한 계약은 주택임대차계약이나 상가건물 임대차계약으로서는 통정허위표시에 해당되어 무효이다(대법원 2002. 3. 12. 선고 2000다24184, 24191 판결, 2005. 8. 8.자 2005마524 결정).

다) 기존채권을 보증금으로 채권자가 채무자 소유의 주택이나 상가건물에 관하여 임대차계약을 체결하고 전입신고나 사업자등록을 마친 다음 그 곳에 거주 또는 영업을 하였다고 하더라도 실제 임대차계약의 주된 목적이 주거용이나 영업용으로 사용·수익하려는 것에 있는 것이 아니고, 실제적으로는 소액임차인으로 보호받아 선순위 담보권자에 우선하여 채권을 회수하려는 것에 주된 목적이 있었던 경우에는 그러한 임차인을 주택임대차보호법이나 상가건물 임대차보호법상 소액임차인으로 보호할 수 없다(대법원 2001. 5. 8. 선고 2001다14733 판결).

라) 주택과 그 대지에 관한 자기의 공유지분을 다른 공유자에게 명의신탁한 공동소유자로서 그 주택의 일부분을 사용·수익해 오던 자가 그 주택 등이 경매되는 경우 자기의 지분을 제3자에게 대항할 수 없게 되는 것에 대비하여 다른 공유자와 사

이에 임대차계약서를 작성하고 확정일자를 받아두었을 뿐인 경우에는 주택임대차보호법이 정하고 있는 우선변제권이 인정되지 않는다(대법원 2003. 7. 22. 선고 2003다21445 판결).

마. 금반언 및 신의성실의 원칙과 대항력

1) 일반론

임차주택을 매수하거나 담보권을 취득하려는 자가 임차인에게 임대차계약의 내용에 관하여 문의할 경우에 임차인은 이를 진실대로 고지할 의무가 있고, 당시의 진술에 반하는 주장은 금반언 및 신의칙에 위배되어 대항력이나 우선변제권이 허용되지 않는다.[4)]

2) 신의칙 등을 이유로 대항력 행사 부정한 경우

임대인의 부탁으로 대항력 있는 임차인이 그 주택을 담보취득하려는 은행직원에게 임대차보증금 없이 살고 있다거나 임대차계약을 체결한 바가 없다고 말하고 같은 취지의 확인서까지 써 준 후 경매절차에서 위 은행이 그 주택을 매수하여 명도를 구하자 임대차보증금반환과의 동시이행을 주장한 경우(대법원 1987. 11. 24. 선고 87다카1708 판결), 또는 위와 같은 임차인이 확정일자 있는 임차인으로서 배당요구를 하고 배당에서 배제되자 배당이의의 소를 제기한 경우(대법원 1997. 6. 27. 선고 97다12211 판결), 채무자가 동생 소유의 아파트에 관하여 근저당권을 설정하고 대출을 받으면서 채권자에게 자신은 임차인이 아니고 위 아파트에 관하여 일체의 권리를 주장하지 않겠다는 확인서를 작성하여 준 후 대항력을 갖춘 임차인임을 내세워 이를 낙찰받은 매수인의 인도명령을 다투는 경우(대법원 2000. 1. 5.자 99마4307 결정)에는 모두 금반언 및 신의칙에 위반되어 허용되지 않는다.

3) 은행직원의 개별적인 조사 시에 임대차사실 숨긴 것만으로는 보증금반환의 동시이행항변이 신의칙에 반하지 않음(소극적으로 임대차를 숨긴 경우)

반면, 은행직원이 근저당권실행의 경매절차와는 아무런 관련도 없이 행한 담보건물에 대한 임대차 조사에서 임차인이 그 임차사실을 숨겼다고 하더라도 그 후의 경매절차에서 임대차 관계가 분명히 된 이상은 은행이 경매가격을 결정함에 있어서

---

4) 금반언을 인정할 사례로는 대법원 1987. 5. 12. 선고 86다카2788 판결, 1987. 11. 24. 선고 87다카1708 판결, 1987. 12. 8. 선고 87다카1738 판결, 1997. 6. 27. 선고 97다12211 판결, 2000. 1. 5.자 99마4307 결정, 2001. 9. 25. 선고 2000다24078 판결, 2002. 1. 25. 선고 2001다76427 판결 등이 있고, 금반언을 인정하지 않은 사례로는 대법원 1987. 1. 20. 선고 86다카1852 판결이 있다.

신뢰를 준 것이라고는 할 수 없는 것이므로, 위와 같이 은행직원의 개별적인 조사시에 일시적으로 임대차관계를 숨긴 사실만을 가지고서 은행의 건물명도청구에 대하여 임차인이 하는 임차보증금 반환과의 동시이행의 항변이 신의성실의 원칙에 반하는 것이라고는 볼 수 없다(대법원 1987. 1. 20. 선고 86다카1852 판결).

4) 무상거주 확인서 등 적극적인 의사표시를 은행 측에 한 경우에는 신의칙 위반 적용됨

가) 무상거주 확인서 작성 시 신의칙 위반을 근거로 우선변제권 행사를 부정한 사례

(1) 대법원 1997. 6. 27. 선고 97다12211판결

[판결의 요지]

근저당권자가 담보로 제공된 건물에 대한 담보가치를 조사할 당시 대항력을 갖춘 임차인이 그 사실을 부인하고 임차보증금에 대한 권리주장을 않겠다는 내용의 확인서를 작성해 준 경우, 그 후 그 건물에 대한 경매절차에 참가하여 배당요구를 하는 것이 신의칙에 반한다고 본 사례

[사안]

피고는 이 사건 건물을 보증금 22,000,000원에 임차한 후 인도 및 전입신고를 마쳐 대항력 있는 임차인의 지위에 있음에도 이 사건 건물의 소유자가 원고 금고로부터 금원을 대출받기 위하여 이 사건 건물을 물상담보로 제공하려고 하자 "임대차계약을 체결하거나 보증금을 지급한 바가 없을 뿐더러 향후 임차보증금에 대한 권리주장을 하지 않겠다."는 내용의 확인서를 직접 작성하여 피고의 인감증명서와 함께 원고 금고에 제출함으로써 위 확인서의 내용을 믿은 원고 금고로 하여금 이 사건 건물에 대한 담보가치를 높게 평가하여 금 21,000,000원을 대출하도록 하였음에도 불구하고 이 사건 경매절차에서 이를 번복하여 대항력을 갖춘 임대차의 존재를 주장함과 아울러 원고보다 우선적 지위를 가지는 확정일자부 임차인임을 내세워 그 임차보증금반환채권에 대한 배당요구를 하는 것은 특별한 사정이 없는 한 금반언 및 신의칙에 위반되어 허용될 수 없다.

나) 무상거주 확인서 작성 시 신의칙 위반을 근거로 대항력 행사를 부정한 사례

(1) 대법원 2000. 1. 5.자 99마4307 결정

채무자가 동생 소유의 아파트에 관하여 근저당권을 설정하고 대출을 받으면서

채권자에게 자신은 임차인이 아니고 위 아파트에 관하여 일체의 권리를 주장하지 않겠다는 내용의 확인서를 작성하여 준 경우, 그 후 대항력을 갖춘 임차인임을 내세워 이를 낙찰받은 채권자의 인도명령을 다투는 것은 금반언 및 신의칙에 위배되어 허용되지 않는다.

(2) 대법원 2016. 12. 1. 선고 2016다228215 판결

근저당권자가 담보로 제공된 건물에 대한 담보가치를 조사할 당시 대항력을 갖춘 임차인이 임대차 사실을 부인하고 건물에 관하여 임차인으로서의 권리를 주장하지 않겠다는 내용의 무상임대차 확인서를 작성해 주었고, 그 후 개시된 경매절차에 무상임대차 확인서가 제출되어 매수인이 확인서의 내용을 신뢰하여 매수신청금액을 결정하는 경우와 같이, 임차인이 작성한 무상임대차 확인서에서 비롯된 매수인의 신뢰가 매각절차에 반영되었다고 볼 수 있는 사정이 존재하는 경우에는, 비록 매각물건명세서 등에 건물에 대항력 있는 임대차 관계가 존재한다는 취지로 기재되었더라도 임차인이 제3자인 매수인의 건물인도청구에 대하여 대항력 있는 임대차를 주장하여 임차보증금반환과의 동시이행의 항변을 하는 것은 금반언 또는 신의성실의 원칙에 반하여 허용될 수 없다.

다) 무상거주 확인서 작성을 근거로 우선변제권 행사 및 대항력 행사 양자를 부정한 사례(확정일자부 우선변제권이 제1순위 근저당권 설정일보다 앞선 임차인이 배당요구하였으나 무상거주 확인서를 작성하여 주었다는 이유로 배당거부 되자 대항력 주장한 사례, 대법원 2017. 4. 7. 선고 2016다248431 판결)

주택임대차보호법에 따른 주택임차인의 대항력 발생일과 임대차계약서상 확정일자가 모두 당해 주택에 관한 1순위 근저당권 설정일보다 앞서는 경우, 주택임차인은 특별한 사정이 없는 한 대항력뿐 아니라 1순위 근저당권자보다 선순위의 우선변제권도 가지므로, 그 주택에 관하여 개시된 경매절차에서 배당요구종기 이전에 배당요구를 하였다면 1순위 근저당권자보다 우선하는 배당순위를 가진다. 한편 집행법원은 부동산에 관한 경매절차에서 부동산의 표시, 부동산의 점유자와 점유의 권원, 점유할 수 있는 기간, 차임 또는 보증금에 관한 관계인의 진술 등의 사항을 적은 매각물건명세서를 작성한 다음 그 사본을 비치하여 누구든지 볼 수 있도록 하여야 한다(민사집행법 제105조). 이는 경매대상부동산의 현황과 권리관계를 되도록 정확히 파악하여 일반인에게 공시함으로써 매수희망자가 필요한 정보를 쉽게 얻을 수 있게 하여 예측하지 못한 손해를 입는 것을 방지하기 위한 것이다.

주택임차인이 주택에 관하여 개시된 경매절차에서 임차보증금 액수, 주택인도일, 주민등록일(전입신고일), 임대차계약서상 확정일자 등 대항력 및 우선변제권 관련 사항을 밝히고 권리신고 및 배당요구를 한 경우 그 내용은 매각물건명세서에 기재되어 공시되므로, 매수희망자는 보통 이를 기초로 매각기일에서 신고할 매수가격을 정하게 된다.

따라서 주택 경매절차의 매수인이 권리신고 및 배당요구를 한 주택임차인의 배당순위가 1순위 근저당권자보다 우선한다고 신뢰하여 임차보증금 전액이 매각대금에서 배당되어 임차보증금반환채무를 인수하지 않는다는 전제 아래 매수가격을 정하여 낙찰을 받아 주택에 관한 소유권을 취득하였다면, 설령 주택임차인이 1순위 근저당권자에게 무상거주확인서를 작성해 준 사실이 있어 임차보증금을 배당받지 못하게 되었다고 하더라도, 그러한 사정을 들어 주택의 인도를 구하는 매수인에게 주택임대차보호법상 대항력을 주장하는 것은 신의칙에 위반되어 허용될 수 없다.

5) 임대차 사실을 부인하거나, 무상거주 확인서 등을 작성하여 준 사례에 대한 대법원 판례의 정리

가) 소극적 부인 행위만으로는 신뢰를 형성하거나 적극적인 발언을 한 것이 아니므로 금반언 원칙이 적용되지 않음

앞서 대법원 1987. 1. 20. 선고 86다카1852 판결의 사례에서 보았듯이 경매절차와는 아무런 관련도 없이 은행직원이 독자적으로 행한 담보건물에 대한 임대차 조사에서 임차인이 그 임차사실을 숨겼다고 하더라도 그러한 행위만으로는 어떠한 신뢰가 형성되거나 적극적인 발언을 통한 제3자의 신뢰가 형성되지는 않으므로 신의칙 원칙이나 금반언 원칙 자체가 적용될 여지가 없다.

나) 무상거주 확인서 등을 적극적으로 작성해 준 경우에는 우선변제권 및 대항력 행사 불가

우선변제권 등을 구비한 임차인이 임대인이 대출을 받을 수 있도록 무상거주 확인서 등을 작성해 주는 등 허위 사실을 고지한 경우에 신의칙 등에 의하여 우선변제권이 제한된다는 것에 대하여는 대법원 1997. 6. 27. 선고 97다12211판결이 선고된 이후 일관적인 대법원 판례의 태도였고, 아무런 반대의견이 없었다.

나아가 무상거주 확인서를 작성해 준 경우에 대항력 행사도 부정할 것인가에 대하여는 다소간의 논의가 있었지만, 대법원 2016. 12. 1. 선고 2016다228215 판결, 대법원 2017. 4. 7. 선고 2016다248431 판결 등이 명시적으로 신의칙 위반 등을 이

유로 대항력 행사를 부정함으로써 논란의 여지를 없애버렸다.

2. 주택의 인도

가. 간이인도, 점유개정 등도 포함

1) 주택의 인도는 주택에 대한 점유, 즉 주택에 대한 사실상의 지배력을 이전하는 것을 말한다. 여기에서의 인도에는 현실인도뿐만 아니라, 간이인도, 반환청구권의 양도[5] 및 점유개정[6]도 포함된다.

2) 주택임차인의 경우 주택임대차보호법 제3조 제1항의 대항력은 임차인이 당해 주택에 거주하면서 이를 직접 점유하는 경우뿐만 아니라 타인의 점유를 매개로 하여 이를 간접점유하는 경우에도 인정된다.

다만 판례에 의하면, 주택의 인도에 점유개정도 포함됨을 전제로 하면서도 이에 대하여 일정한 제한을 가하고 있다. 즉 판례에 따르면 주택임대차보호법 제3조 제1항에서 주택의 인도와 더불어 대항력의 요건으로 규정하고 있는 주민등록은 거래의 안전을 위하여 임차권의 존재를 제삼자가 명백히 인식할 수 있게 하는 공시방법으로 마련된 것으로서, 주민등록이 어떤 임대차를 공시하는 효력이 있는가의 여부는 그 주민등록으로 제삼자가 임차권의 존재를 인식할 수 있는가에 따라 결정된다고 할 것이므로, 주민등록이 대항력의 요건을 충족시킬 수 있는 공시방법이 되려면 단순히 형식적으로 주민등록이 되어 있다는 것만으로는 부족하고, 주민등록에 의하여 표상되는 점유관계가 임차권을 매개로 하는 점유임을 제3자가 인식할 수 있는 정도는 되어야 한다(대법원 1999. 4. 23. 선고 98다32939 판결, 2000. 2. 11. 선고 99다59306 판결, 2000. 3. 23. 선고 99다67970 판결, 2001. 1. 30. 선고 2000다58026 판결 참조).

대법원 2000. 2. 11. 선고 99다59306 판결은 “소유자로서 주민등록을 마치고 주택을 점유하다가 주택을 매도하면서 자신이 임차하기로 하여 매수인에게 간접점유를 설정해 주고 자신이 임차인으로서 직접점유를 계속하는 경우와 같은 점유개정의 경우에 ‘임차인으로서의’ 점유와 주민등록으로 볼 수 있는 것은 매수인이 소유권이전등기를 한 날이라고 보아야 할 것이므로 주택임대차보호법 제3조 제1항에 따라 그 다음 날에 대항력이 발생한다.”고 판시하여 점유개정의 경우에는 주민등록의 공시와

5) 대법원 1993. 11. 23. 선고 93다10552, 10569 판결, 1999. 4. 23. 선고 98다32939 판결.

6) 대법원 1993. 11. 23. 선고 93다10552, 10569 판결, 1999. 4. 23. 선고 98다32939 판결, 2000. 2. 11. 선고 99다59306 판결, 2000. 3. 23. 선고 99다67970 판결

관련하여 대항요건의 효력발생시기를 매수인이 소유권이전등기를 한 날을 주민등록 공시일로 보는 일정한 제한을 하고 있다.

3) 이 요건은 주택임대차보호법 제8조 제1항의 소액보증금뿐 아니라 같은 법 제3조의2 제2항의 우선변제권에도 그대로 적용되고, 상가건물 임대차보호법 제14조 제1항의 소액보증금과 같은법 제5조 제2항의 우선변제권에도 그대로 준용된다.

나. 처분금지가처분 이후에 주택을 인도받은 임차인의 대항력과 우선변제권(=부정)

1) 부동산에 대하여 가압류등기가 마쳐진 후에 그 채무자로부터 그 부동산을 임차한 자는 가압류집행으로 인한 처분금지의 효력에 의하여 가압류사건의 본안판결의 집행으로 그 부동산을 취득한 경락인에게 그 임대차의 효력을 주장할 수 없고(대법원 1983. 4. 26. 선고 83다카116 판결 참조), 이와 같은 법리는 부동산에 대하여 처분금지가처분등기가 마쳐진 후에 그 채무자로부터 그 부동산을 임차한 자가 임차권의 대항력을 갖춘 경우에도 마찬가지라고 할 것이다.(대법원 2016. 8. 24. 선고 2016다24963 판결로 심리불속행 기각된 서울고등법원 2016. 5. 12. 선고 2014나2619 판결, 대법원 2016. 7. 14. 선고 2016다20152 판결로 심리불속행 기각된 서울고등법원 2016. 3. 24. 선고 2014나2640 판결 참조).

2) 처분금지가처분이란 가처분채권자가 가지는 피보전권리의 집행을 보전하기 위하여 가처분채무자의 목적물의 소유권자 또는 그 밖의 권리자로부터 목적물의 처분권능을 박탈하여 현재의 법률관계를 고정시키고, 그로써 가처분채권자의 피보전권리의 행사를 확실, 용이하게 하기 위함을 목적으로 하는 가처분으로서 목적물에 대한 가처분채무자의 소유권 이전, 저당권 또는 전세권 설정이나 임차권 설정 등 기타의 처분행위가 금지되며, 가처분에 위배되는 처분행위는 가처분채권자에게 대항할 수 없다.

한편, 주택임대차보호법 제8조 제1항, 제3조 제1항 등은 주택의 임차인이 그 주택을 인도받고 주민등록 전입신고를 마친 때 그 다음날부터 다른 담보물권자 및 후순위권리자보다 우선하여 소액임차인으로서 배당 내지 변제받을 권리를 부여하고 있어, 주택 소액임차인이 되는 구성요건을 갖추어 주는 행위는 단순한 임대차계약의 이행행위에 불과한 게 아니라, 그 구성요건을 갖추어 주는 행위로 인하여 비로소 당해 주택 임대차가 다른 채권자의 권리보다 우선하는 성질을 가지게 되는 것이어서, 이를 별개의 본질적 처분행위라고 봄이 상당한바, 처분금지가처분등기의 가처분채무자가 주택임대인이 되는 경우, 가처분채무자인 임대인의 처분행위가 수반되어야만 갖출 수 있는 소액임차인으로서의 성립요건 중 하나인 주택의 인도행위는 이를 가처분채무자인 임대인의 처분행위라고 할 수 있고, 따라서 가처분채무자인 주택임대인이 주택을 인도하고 임차인이 그 인도를 받는 행위가 당해 처분금지가처분등기 이후에 행하여진 이상 이는 가처분등기의 효력에 반하는 행위가 되므로(반면 가처분채무자인 주택임대인의 동의나 승낙 없이도 임차인이 단독으로 갖출 수 있는 요건 중 하나인 임대차계약서상 확정일자를 받는 행위 등은 처분금지가처분등기의 효력에 반하는 가처분채무자의 처분행위라 보기 어려울 것이다), 임차인은 가처분권자에 대하여 대항력을 행사할 수 없고, 주택임대차보호법 제3조의2에 기한 확정일자부 우선변제권이나 주택임대차보호법 제8조에 기한 소액보증금 우선변제권을 행사하기 위해서는 대항력 요건을 갖추고 있어야 하므로 대항력을 행사할 수 없는 가처분권자를 상대로 우선변제권(확정일자부 및 소액보증금 양자 모두)을 주장할 수도 없다.

3. 주민등록

가. 의의

대항력의 요건으로서 주민등록은 원칙적으로 적법한 것이어야 한다. 적법한 주민등록이라는 의미는 ① 주민등록이 주민등록법상의 절차에 따른 유효한 주민등록이어야 하고, ② 주민등록은 실제의 거주를 표상하는 것이어야 한다는 것을 의미한다.

주택임대차보호법 제3조 제1항에서 주택의 인도와 더불어 대항력의 요건으로 규정하고 있는 주민등록은 거래의 안전을 위하여 임차권의 존재를 제3자가 명백히 인식할 수 있게 하는 공시방법으로 마련된 것으로서, 주민등록이 어떤 임대차를 공시하는 효력이 있는가의 여부는 그 주민등록으로 제3자가 임차권의 존재를 인식할 수 있는가에 따라 결정된다고 할 것이므로, 주민등록이 대항력의 요건을 충족시킬 수 있는 공시방법이 되려면 단순히 형식적으로 주민등록이 되어 있다는 것만으로는 부족하고, 주민등록에 의하여 표상되는 점유관계가 임차권을 매개로 하는 점유임을 제3자가 인식할 수 있는 정도가 되어야 한다(대법원 1999. 4. 23. 선고 98다32939 판결, 2000. 2. 11. 선고 99다59306 판결, 2000. 3. 23. 선고 99다67970 판결, 2001. 1. 30. 선고 2000다58026 판결). 그러나 여기에서 주민등록에 의하여 표상되는 점유관계가 임차권을 매개로 하는 점유임을 제삼자가 인식할 수 있는 정도라는 의미를 명확하게 정의하기가 쉽지 아니하므로 구체적인 사안에 따라 개별적으로 판단할 수밖에 없다.

또한, 주택의 인도와 주민등록이라는 임대차의 공시방법은 어디까지나 등기라는 원칙적인 공시방법에 갈음하여 마련된 것이고, 제3자는 주택의 표시에 관한 사항과 주택에 관한 권리관계에 관한 사항을 통상 등기부에 의존하여 파악하고 있으므로, 임대차 공시방법으로서의 주민등록이 유효한 공시방법이 되기 위하여는 원칙적으로 주민등록이 등기부상의 주택의 현황과 일치하지 않으면 안 된다(대법원 1999. 12. 7.선고 99다44762, 44779 판결, 2001. 12. 27. 선고 2001다63216 판결).

대법원 2009. 6. 18. 선고 2008두10997 전원합의체 판결은 철거대상인 무허가 건축물에 살고 있는 주민들도 전입신고를 할 수 있다면서, 무허가 건축물을 실제 생활의 근거지로 삼아 10년 이상 거주해 온 사람의 주민등록 전입신고를 거부한 처분은 부동산투기나 이주대책 요구 등을 방지할 목적으로 주민등록전입신고를 거부하는 것은 주민등록법의 입법 목적과 취지 등에 비추어 허용될 수 없다고 하였다.

나. 점유보조자인 배우자나 자녀 등 동거가족의 주민등록

주택임대차보호법 제3조의 대항요건인 주민등록에는 점유보조자인 배우자나 자녀 등 동거가족의 주민등록도 포함한다.

국민의 주거생활의 안정을 보장함을 목적으로 하고 있는 주택임대차보호법의 입법취지나 주택의 인도와 주민등록이라는 공시방법을 요건으로 하여 대항력을 부여하고 있는 같은 법 제3조 제1항의 취지에 비추어 볼 때, 주민등록이라는 대항요건을 임차인 본인뿐 아니라 그 배우자의 주민등록을 포함한다(대법원 1987. 10. 26. 선고 87다카14 판결, 1988. 6. 14. 선고 87다카3093,3094 판결, 1989. 1. 17. 선고 88다카143 판결, 1995. 6. 5.자 94마2134 결정, 1996. 1. 26. 선고 95다30338 판결). 일단 임차인이 주택의 인도를 받은 이상 그 배우자나 자녀 등 가족의 주민등록만 마쳐진 경우라 하더라도 제3자에게 불측의 손해를 끼칠 염려가 적다는 점을 근거로 들 수 있다.

인도와 주민등록을 마친 주택임차인이 가족의 주민등록은 그대로 둔 채 임차인만 주민등록을 일시 다른 곳으로 옮긴 경우에도 대항력을 잃지 않는다(대법원 1996. 1. 26. 선고 95다30338 판결).

다. 임차인이 간접점유하는 경우 전차인등 직접점유자의 주민등록

1) 임차권의 적법한 양도나 전대의 경우

가) 임차인이 간접점유하는 경우 전차인 등 직접점유자의 주민등록을 포함한다.

나) 주택임대차보호법 제3조 제1항에 의한 대항력을 갖춘 주택임차인이 임대인의 동의를 얻어 적법하게 임차권을 양도하거나 전대한 경우에 있어서 양수인이나 전차인이 임차인의 주민등록퇴거일로부터 주민등록법상의 전입신고기간 내에 전입신고를 마치고 주택을 인도받아 점유를 계속하고 있다면 비록 위 임차권의 양도나 전대에 의하여 임차권의 공시방법인 점유와 주민등록이 변경되었다하더라도 원래의 임차인이 갖는 임차권의 대항력은 소멸되지 아니하고 동일성을 유지한 채로 존속한다(대법원 1988. 4. 25. 선고 87다카2509 판결, 1994. 6. 24. 선고 94다3155 판결).

다) 대항력을 가지는 것은 임차인이고, 전차인은 임차인의 권리를 원용할 수 있다(대법원 1988. 4. 25. 선고 87다카2509 판결).

2) 간접점유자의 주민등록이 주택임대차의 유효한 공시방법이 되는지 여부

간접점유자에 불과한 임차인 자신의 주민등록은 대항력의 요건이 되지 못한다.

주택임대차보호법 제3조 제1항 소정의 대항력은 임차인이 당해 주택에 거주하면서 이를 직접 점유하는 경우뿐만 아니라 타인의 점유를 매개로 하여 이를 간접점유하는 경우에도 인정될 수 있을 것이나, 그 경우 당해 주택에 실제로 거주하지 아니하는 간접점유자인 임차인은 주민등록의 대상이 되는 '당해 주택에 주소 또는 거소를 가진 자'(주민등록법 제6조 제1항)가 아니어서 그 자의 주민등록은 주민등록법 소정의 적법한 주민등록이라고 할 수 없고, 따라서 간접점유자에 불과한 임차인 자신의 주민등록으로는 대항력의 요건을 적법하게 갖추었다고 할 수 없으며, 임차인과의 점유매개관계에 기하여 당해 주택에 실제로 거주하는 직접점유자가 자신의 주민등록을 마친 경우에 한하여 비로소 그 임차인의 임대차가 제3자에 대하여 적법하게 대항력을 취득할 수 있다(대법원 2001. 1. 19. 선고 2000다55645 판결).

3) 전차인의 전입신고 후 임차인의 소유권 취득의 경우

전차인이 전입신고를 마치고 거주하던 중 임차인이 소유권을 양도받고 근저당권을 설정한 경우에는 전차인은 임차인 명의의 소유권이전등기가 경료되는 즉시 대항력을 취득하였다고 할 것이므로 근저당권에 기한 경매절차에서 경락받은 매수인에게 대항할 수 있다(대법원 2001. 1. 30. 선고 2000다58026,58033 판결).

4) 전차인도 우선변제권 있는 소액임차인에 해당하는지 여부(=긍정, 확정일자부 임차권은 부정)

가) 전대인(임차인) 자신이 주택임대차보호법 제8조에 의한 우선변제권이 있는 소액임차인인 경우에 한하여 임차인으로부터 적법하게 전차한 소액전차인에게도 법

제8조에 의한 우선변제권이 있다.

나) 이 점이 확정일자 있는 임차인의 경우와 다르다.

확정일자 있는 임차인의 경우 우선변제권을 주장할 수 있는 사람은 임차인이고 (임차인이 간접점유하는 경우 임차인의 점유나 주민등록은 전차인 등 직접점유자의 점유 및 주민등록을 포함한다), 전차인이나 양수인 자신은 우선변제권을 주장할 수 없다. 다만 전차인은 임차인의 권리를 원용할 수 있다(대법원 1988. 4. 25. 선고 87다카2509 판결).

라. 외국인, 재외국민

1) 외국인(= 외국인등록과 체류지 변경신고), 재외동포(= 국내거소신고와 그 이전 신고)

외국인은 주민등록의 대상은 되지 않으나(주민등록법 제6조 제1항 단서), 입국한 날부터 90일을 초과하여 국내에 체류하려면 국내 체류지 등을 등록사항으로 하는 외국인등록을 하고(출입국관리법 제31조, 제32조), 체류지를 변경하면 체류지 변경신고를 하여야 하는데(출입국관리법 제36조), 출입국관리법 제88조의2 제2항은 외국인등록과 체류지 변경신고는 주민등록과 전입신고를 갈음한다고 명문으로 규정하고 있는 이상 외국인등록과 체류지 변경신고를 하면 주택임대차보호법의 혜택을 누릴 수 있다.

2002. 12. 5. 개정 출입국관리법의 입법자료에 따르더라도 출입국관리법 제88조의2 제2항을 신설한 취지는 주택을 임차하는 외국인에 대하여도 주택임대차보호법의 보호 혜택을 누릴 수 있도록 하기 위한 것이라고 명시하고 있다.

출입국관리법 시행규칙 제75조는 외국인등록 사실증명의 발급에 관하여 규정하고 있는데, 신청권자가 제한되어 있어 주민등록과 비교하여서도 공시기능이 거의 없지만, 법률의 문언과 입법취지가 분명하므로 외국인등록과 체류지 변경신고는 주택임대차보호법 제3조 제1항에서 정한 대항력 취득요건의 하나인 주민등록에 해당한다고 보아야 한다.

대법원 2016. 10. 13. 선고 2014다218030 판결 또한 “외국인 또는 외국국적동포가 출입국관리법이나 재외동포법에 따라서 한 외국인등록이나 체류지변경신고 또는 국내거소신고나 거소이전신고에 대하여는, 주택임대차보호법 제3조 제1항에서 주택임대차의 대항력 취득 요건으로 규정하고 있는 주민등록과 동일한 법적 효과가 인정된다고 보아야 한다. 이는 외국인등록이나 국내거소신고 등이 주민등록과 비교하여 그 공시기능이 미약하다고 하여 달리 볼 수 없다"고 판시하고 있다.

또한 재외동포의 출입국과 법적 지위에 관한 법률(재외동포법) 제2조 제2호의 '외국국적동포'(대한민국의 국적을 보유하였던 자 또는 그 직계비속으로서 외국국적을 취득한 자 중 대통령령으로 정하는 자)가 국내거소신고와 그 이전신고(재외동포법 제6조)를 하면 출입국관리법 제31조에 따른 외국인등록과 출입국관리법 제36조에 따른 체류지 변경신고를 한 것으로 보므로(재외동포법 제10조 제4항) 외국국적동포가 국내거소신고나 그 이전신고를 하면 주택임대차보호법상 주민등록을 한 것과 마찬가지로 보호를 받는다(대법원 2016. 10. 13. 선고 2014다218030 판결; 대법원 2018. 9. 28. 선고 2015다254224 판결).

2) 재외국민(= 현행법 주민등록, 구 법 국내거소신고와 거소이전신고)

현행 주민등록법 제6조 제3호(2014. 1. 21. 법률 제12279호로 개정되어 2015. 1. 22. 시행된 것)는 재외동포의 출입국과 법적 지위에 관한 법률(재외동포법) 제2조 제1호의 '재외국민'을 주민등록 대상자로 하고 있으므로 재외국민은 주민등록을 하여 주택임대차보호법상의 대항력을 취득할 수 있다.

구 주민등록법(2014. 1. 21. 법률 12279호로 개정되어 2015. 1. 22. 시행되기 전의 것)상으로는 재외국민이 주민등록대상자가 아니어서 주민등록을 할 수 있는 방법이 없었고 재외동포법에도 재외국민에 대하여는 외국국적동포에 관한 제10조 제4항과 같은 규정을 두고 있지 아니하여 법률상 재외국민은 주택임대차보호법의 보호를 받을 수 없었다. 대법원 2005. 7. 15.자 2005마358 결정, 대법원 2013. 9. 16.자 2012마825 결정도 같은 취지였다. 이에 따라 대법원 2016. 10. 13. 선고 2014다218030 판결은 같은 취지에서 구 주민등록법에 따른 임차인인 재외국민의 국내거소신고에는 주민등록과 같은 법률효과를 줄 수 없지만, 그 동거가족인 외국인 또는 외국국적동포가 그 주택을 거소로 하여 한 국내거소신고는 주택임대차보호법상 대항력의 요건인 주민등록과 동일한 법적 효과가 있으므로 그 경우에는 임차인인 재외국민으로서는 외국인이나 외국국적동포인 동거가족의 국내거소신고를 통하여 주택임대차보호법상의 대항력을 취득할 수 있다고 보았다.

그런데 그 후 선고된 대법원 2019. 4. 11. 선고 2015다254507 판결은 "구 재외동포법에 출입국관리법 제88조의2 제2항과 같이 재외국민의 국내거소신고와 거소이전신고가 주민등록과 전입신고를 갈음한다는 명문의 규정은 없지만, 출입국관리법 제

88조의2 제2항을 유추적용하여 재외국민이 구 재외동포법 제6조에 따라 마친 국내거소신고와 거소이전신고도 외국국적동포의 그것과 마찬가지로 주민등록과 전입신고를 갈음한다고 보아야 한다. 따라서 재외국민의 국내거소신고는 주택임대차법 제3조 제1항에서 주택임대차의 대항요건으로 정하는 주민등록과 같은 법적 효과가 인정되어야 하고, 이 경우 거소이전신고를 한 때에 전입신고가 된 것으로 보아야 한다"고 판시하여 사실상 종전 판례를 변경하여 재외동포의 경우에는 국내거소신고와 거소이전신고로 주민등록과 전입신고를 갈음할 수 있다고 보았다.[7)]

4. 주민등록 기재의 정확성과 대항력

가. 일반론

주택임대차보호법 제3조 제1항에서 주택의 인도와 더불어 대항력의 요건으로 규정하고 있는 주민등록은 거래의 안전을 위하여 임차권의 존재를 제3자가 명백히 인식할 수 있게 하는 공시방법으로서 마련된 것이므로, 주민등록이 어떤 임대차를 공시하는 효력이 있는지 여부는 일반 사회통념상 그 주민등록으로 당해 임대차건물에 임차인이 주소 또는 거소를 가진 자로 등록되어 있다고 인식할 수 있는지 여부에 따라 판단하여야 한다(대법원 2002. 6. 14. 선고 2002다15467 판결, 2003. 5. 16. 선고 2003다10940 판결, 2003. 6. 10. 선고 2002다59351 판결, 2007. 2. 8. 선고 2006다70516 판결).

따라서 그 주택에 누구의 이름으로 주민등록이 되어 있느냐의 문제와 다른 측면에서 주택의 실제 현황이나 등기부 등 공부상의 표시와 임차인이 전입신고를 한 주민등록상의 주소가 불일치하는 경우, 그 주민등록을 대항력의 요건이 되는 주민등록으로 볼 수 있느냐가 문제된다. 대법원판례는 주민등록의 주체 내지 대상자 문제와 관련하여서는 관대한 반면, 주민등록의 객체 내지 기재의 정확성 문제와 관련하여서는 상당히 엄격한 태도를 취하고 있다고 평가된다.

나. 단독주택(다가구용 단독주택 포함)의 공부상 주소 표시 등과 주민등록의 불일치

1) 지번이 불일치하는 경우

가) 일가구용 단독주택은 물론 다가구용 단독주택의 경우에도 건축물관리대장

7) 박재억, "재외국민의 국내거소신고와 주택임대차의 대항요건", 대법원판례해설 119호(2019), 381

내지 등기부상의 지번과 주민등록상의 지번이 일치하지 않는 경우에는 특단의 사정이 없는 한 대항력을 취득할 수 없다.

판결과 다음과 같이 등기부상 지번과 주민등록상의 지번이 일치하지 않는 경우에 대항력 취득을 부정하였다.

(1) 등기부상 97 - 40과 주민등록상 97 - 7(대법원 1987. 11. 10. 선고 87다카1573 판결)

(2) 등기부상 분할 후 지번인 166 - 16과 주민등록상 분할 전 지번인 166 - 1(대법원 1989. 6. 27. 선고 89다카3370 판결)

(3) 등기부상 260 - 3과 주민등록상 206 - 3(대법원 1997. 7. 11. 선고 97다10024 판결)

(4) 건축물관리대장상 산 53-6이나 등기부상 산 53과 주민등록상 53 - 6(대법원 2000. 6. 9. 선고 2000다8069 판결)

(5) 등기부상 313-3과 주민등록상 313 - 2(대법원 2001. 4. 24. 선고 2000다44799 판결

나) 임차인이 임차건물 소재지 지번으로 올바르게 전입신고를 하였다면 이로써 그 임대차의 대항력이 생기는 것이므로, 담당공무원의 착오로 주민등록표상에 신거주지 지번이 다소 틀리게 기재되었다고 하더라도 대항력의 요건을 갖춘 것으로 보아야 한다(대법원 1991. 8. 13. 선고 91다18118 판결).

다) 임차 주택의 부지를 비롯한 3필지가 같은 담장 안에 있고 그 지상에 다른 건물이 건립되어 있지 않다 하더라도 위 3필지 중 다른 토지의 지번으로 주민등록을 마쳤다면 이는 유효한 공시방법으로 볼 수 없다(대법원 2001. 4. 24. 선고 2000다44799 판결).

2) 단독주택은 호수의 기재 불필요(지번 기재로 족함, 공동주택과 다름)

일가구용 단독주택의 경우는 물론 다가구용 단독주택의 전부나 일부를 임차하고 전입신고를 하는 경우에도 지번만 기재하는 것으로 충분하고, 위 건물 거주자의 편의상 구분하여 놓은 호수까지 기재할 의무나 필요는 없다(대법원 1998. 1. 23. 선고 97다47828 판결, 1999. 5. 25. 선고 99다8322 판결, 2002. 3. 15. 선고 2001다80204 판결).

대법원 1997. 11. 14. 선고 97다29530 판결은 임차인이 위 건물의 소유자나 거주자 등이 부르는 대로 지층 1호를 1층 1호로 잘못 알고, 이에 따라 전입신고를 '

연립 – 101'로 한 경우에도 대항력을 인정하였다.

3) 사후적으로 지번이 변경되거나 동·호수가 새로이 부여된 경우

임차인이 유효하게 주민등록 전입신고를 한 후 사후적으로 임차주택의 지번이 등록전환이나 분필과 합필 등으로 인하여 변경된 경우에는 이미 발생한 대항력에 지장이 없다(대법원 1999. 9. 3. 선고 99다15597 판결, 1999. 12. 7. 선고 99다44762, 44779 판결).

주택을 인도받은 임차인이 등기부나 건축물관리대장상의 주택의 현황과 일치하게 주민등록을 하였다면 유효한 공시방법을 취한 것이어서 대항력을 취득한다고 할 것이고, 그 후 건물의 구분·합병 등으로 인하여 지번이 변경되거나 동·호수가 새로이 부여되었다고 하여도 그 취지는 부동산등기법 제104조 내지 제108조의2에 의하여 등기부에 나타나는 것이어서 그로 인하여 임차인이 한 종전의 주민등록이 더 이상 유효한 공시방법이 되지 못한다거나 임차인이 이미 취득한 대항력을 상실하게 되는 것은 아니다(대법원 2006. 10. 27. 선고 2006다55715 판결).

4) 다가구용 단독주택에 관하여 구분건물로의 구분등기가 경료되었으나 소관청이 집합건물관리대장을 작성하지 않은 경우(= 지번 표시만으로 족함)

다가구용 단독주택에 관하여 구분건물로의 구분등기가 경료되었으나 소관청이 집합건물관리대장을 작성하지 않은 경우, 위 건물의 임차인은 전유부분의 표시 없이 지번만을 신고하면 족하다(대법원 1999. 9. 7. 선고 99다25600 판결, 2002. 3. 15. 선고 2001다80204 판결).

5) 다가구용 단독주택으로 소유권보존등기가 경료된 건물로 전입신고를 한 후 다세대 주택으로 변경된 경우(= 대항력 그대로 유지)

처음에 다가구용 단독주택으로 소유권보존등기가 경료된 건물의 일부를 임차한 임차인은 이를 인도받고 임차 건물의 지번을 정확히 기재하여 전입신고를 하면 주택임대차보호법 소정의 대항력을 적법하게 취득하고, 나중에 다가구용 단독주택이 다세대 주택으로 변경되었다는 사정만으로 임차인이 이미 취득한 대항력을 상실하게 되는 것은 아니다(대법원 2007. 2. 8. 선고 2006다70516 판결).

6) 등기부상 지번과 건축물관리대장상 지번이 상이한 경우

주택의 소유권보존등기가 이루어진 후 토지의 분할 등으로 인하여 지적도, 토지대장, 건축물대장 등의 주택의 지번 표시가 분할 후의 지번으로 등재되어 있으나 등기부에는 여전히 분할 전의 지번으로 등재되어 있는 경우 임차인이 주민등록을 함에

있어 토지대장 및 건축물대장에 일치하게 주택의 지번과 동호수를 표시하였다면 설사 그것이 등기부의 기재와 다르다고 하여도 일반의 사회통념상 임차인이 그 지번에 주소를 가진 것으로 제3자가 인식할 수 있다고 봄이 상당하므로 유효한 임대차의 공시방법이 된다(대법원 1999. 12. 7. 선고 99다44762, 44779 판결, 2001. 12. 27. 선고 2001다63216 판결). 즉 건축물대장이 먼저 정리되고, 등기부가 정리되지 않은 상태에서 건축물대장의 표시대로 하여도 유효한 공시방법이 되는 것이다.

주택 임차인이 주민등록 전입신고를 할 당시는 건물 등기부가 작성되기 전이지만 그 전입신고 내용이 실제 건물의 소재지 지번과 정확히 일치하는 경우라면, 그 후 토지 분할 등의 사정으로 지번이 변경되었다고 하더라도 주택임대차보호법 제3조 제1항에 규정된 주민등록으로서 여전히 유효하다고 보아야 하며(대법원 1999. 12. 7. 선고 99다44762, 44779 판결, 2003. 5. 30. 선고 2003다7647 판결 등 참조), 그 임대차계약의 내용에 변동이 없는 이상 비록 임차인이 주택의 부지가 분할된 사정을 알고 있었음에도 불구하고 뒤늦게 주민등록상의 지번 정정신고를 하였다고 하더라도 이와 달리 볼 것은 아니다(대법원 2004. 10. 18. 자 2004마600 결정).

다. 다세대주택(공동주택)의 공부상 주소 표시 등과 주민등록의 불일치

1) 동·호수의 일치(단독 주택의 경우와 다름)

가) 주민등록표 등 주민등록관계서류의 주소는 특별시·광역시·도, 시·군·자치구, 구(자치구가 아닌 구를 말한다), 읍·면·동·리, 지번의 순으로 표기한다. 이 경우 동·리는 법정 동·리의 명칭으로, 공동주택의 경우에는 지번 다음에 건축물관리대장에 의한 공동주택의 명칭과 동·호수를 기재한다(주민등록법시행령 제9조 제3항).

따라서 공동주택에 대한 주민등록의 경우 지번만 표시하고 동·호수를 누락하거나(대법원 1996. 3. 12. 선고 95다46104 판결, 1999. 9. 3. 선고 99다15597 판결, 2000. 12. 27. 선고 2001다63216 판결), 주민등록상 동·호수와 다르게 기재되어 있는 경우에는 그 주민등록은 공시방법으로서 유효한 것이라고 할 수 없다(대법원 1999. 4. 13. 선고 99다4207 판결, 1999. 9. 8. 선고 99가합30799 판결). 이러한 이치는 경매절차에서 근저당권자나 매수인(낙찰자) 등의 이해관계인 등이 잘못된 임차인의 주민등록상의 주소가 건축물관리대장 및 등기부상의 주소를 지칭하는 것을 알고 있었다고 하더라도 마찬가지이다(대법원 2003. 5. 16. 선고 2003다10940 판결).

구체적으로 다음과 같은 경우에 대법원은 대항력을 부정하였다.

(1) 신축 중인 연립주택의 현관문의 표시대로 1층 201호로 전입신고를 하였는데, 준공 후 건축물관리대장과 등기부에 1층 101호로 등재된 경우(대법원 1995. 8. 11. 선고 95다177 판결)

(2) 등기부상 표시인 2층 202호와 다르게 편지함과 현관문에 표시된 302호로 주민등록을 한 사안(대법원 1996. 4. 12. 선고 95다55474 판결)

(3) 등기부상 동 · 호수인 '디동 103호'와 다르게 '라동 103호'로 주민등록을 한 사안(대법원 1999. 4. 13. 선고 92다4207 판결)

(4) 연립주택이 등기부상으로는 'A, B, C, D'동으로 되어 있으나 건물 외벽에는 '가, 나, 다, 라'동으로 되어 있고, 그에 따라 '라동 103호'로 주민등록을 한 사안(대법원 1999. 4. 13. 선고 92다4207 판결)

(5) 집합건축물대장과 등기부상으로는 B동 302호, 비(B)동 3층 302호인데 다동 302호로 주민등록을 한 사안(대법원 2003. 5. 16. 선고 2003다10940 판결)

나) 원칙적으로 공동주택인 임차주택에 대한 주민등록이 대항력을 취득하기 위해서는 적어도 주민등록법시행령 제9조 제5항에 따른 동과 호수를 반드시 기재하여야 할 뿐 아니라 등기부등본상의 그것과 정확하게 일치할 것이 요구된다.

그러나 일반의 사회통념상 임차주택에 임차인이 주소 또는 거소를 가진 자로 등록되어 있는지를 인식할 수 있을 정도라는 추상적인 기준을 적용함에 있어서 전혀 융통성이 없는 것은 아니다. 다음과 같은 경우에 대법원을 대항력을 인정하여 융통성을 발휘하고 있다.

(1) 등기부상 "2층 402호"를 "402호"로 기재한 사안(대법원 2001. 5. 29. 선고 2001다1119 판결)

(2) 등기부상 기재된 '서울 성동구 중곡동 75-46 지층 01호'를 '서울 성동구 중곡동 75번지 46호 영일빌라 B01호'로 신고한 사안

(3) 등기부상 '에이동'으로 표시된 이 사건 부동산에 피고들이 '가동'으로 기재한 사안(대법원 2003. 6. 10. 선고 2002다59351 판결)[8)]

---

8) 주소지 대지 위에는 2개 동의 연립주택 외에는 다른 건물이 전혀 없고, 그 2개 동도 층당 세대수가 한 동은 4세대씩, 다른 동은 6세대씩으로서 크기가 달라서 외관상 혼동의 여지가 없으며, 실제 건물 외벽에는 '가동', '나동'으로 표기되어 사회생활상 그렇게 호칭되어 온 경우, 사회통념상 '가동', '나동', '에이동', '비동'은 표시 순서에 따라 각각 같은 건물을 의미하는 것이라고 인식될 수 있고, 더욱이 경매기록에서 경매목적물의 표시가 '에이동'과 '가동'으로 병기되어 있었던 이상, 경매가 진행되면서 매수인을 포함하여 입찰에 참가하고자 한 사람들로서도 위 임대차를 대항력 있는 임대차로 인식하는 데 아무런 어려움이 없었다는 이유로 임차인의 주민등록이 임대차의 공시방법으로 유효하다고 판단함(등기부상으로는 'A, B, C, D'동으로 되어 있으나 건물 외

(4) 등기부상 주소인 '서울 노원구 상계동 1087-8 상계동빌라 103호'를 '서울 노원구 상계동 1087-8 수락빌라트 103호'로 주민등록 등재한 사안(대법원 2004. 11. 26. 선고 2004다46502 판결)

(5) 망경동신아파트 상가동의 2층에는 201호 이외에 다른 전유부분이 없는데 202호로 전입신고를 마친 경우(대법원 2005. 10. 7. 선고 2005다37390 판결).

다) 다가구용 단독주택에 관하여 구분건물로의 구분등기가 경료되었으나 소관청이 집합건물관리대장을 작성하지 않은 경우, 위 건물의 임차인은 전유부분의 표시 없이 지번만을 신고하면 족하다(대법원 1999. 5. 25. 선고 99다8322 판결, 2002. 3. 15. 선고 2001다80204 판결).

하나의 대지 위에 단독주택과 다세대 주택이 함께 건립되어 있고, 등기부상으로 단독주택과 다세대 주택의 각 구분소유 부분에 대하여 지번은 동일하나 그 동·호수가 달리 표시되어 있으며, 나아가 위 단독주택에 대하여 위 등기부와 같은 지번과 동·호수로 표시된 집합건축물관리대장까지 작성된 경우라면, 위 단독주택의 임차인은 그 지번 외에 등기부와 집합건축물관리대장상의 동·호수까지 전입신고를 마쳐야만 그 임대차의 유효한 공시방법을 갖추었다고 할 것이다.

2) 임대차계약서상 동·호수 표시의 누락은 대항력과 무관(주민등록상 동·호수가 대항력의 기준이지 임대차계약서는 증거서류에 불과함)

가) 확정일자를 받은 임대차계약서가 당사자 사이에 체결된 당해 임대차계약에 관한 것으로서 진정하게 작성된 이상, 임대차계약서에 임대차 목적물을 표시하면서 아파트의 명칭과 그 전유 부분의 동·호수의 기재를 누락하였다는 사유만으로 주택임대차보호법 제3조의2 제2항에 규정된 확정일자의 요건을 갖추지 못하였다고 볼 수 없다(대법원 1999. 6. 11. 선고 99다7992 판결).

실무에서도 주민등록과 달리 임대차계약서에는 임차주택의 목적물의 표시를 정확하게 표시하지 않은 것이 많고, 임대차계약서는 임대차계약사실을 입증하는 증거서류에 불과할 뿐 아니라 대항요건이나 우선변제권의 취득요건도 아니므로 임대차계약서에 임차주택을 특정하는 표시가 누락되었다 하더라도 주민등록과 실제 거주하는 주택이 일치한다면 대항력과 우선변제권에 아무런 영향을 미치지 않는다.

나) 반면 상가건물임대차에 있어서는 임대차계약서가 사업자등록의 첨부서류로

벽에는 '가, 나, 다, 라'동으로 되어 있어서 '라동 103호'로 주민등록을 한 대법원 1999. 4. 13. 선고 92다4207 판결과 비교)

서 공시되는 것이므로 임대차계약서의 목적물의 표시가 건축물관리대장 또는 등기부 등본상의 목적물의 표시와 정확히 일치하여야 비로소 대항력이 생긴다.

3) 공시방법으로서 유효한 주민등록의 판단기준

가) 법 제3조가 정한 대항력의 요건인 주민등록은 공시방법이므로 일반 사회통념상 그 주민등록으로 임대차 목적 건물에 임차인이 주소 또는 거소를 가진 자로 등록되어 있는 것으로 인식할 수 있는지 여부에 따라 공시방법으로서의 유효 여부가 결정되어야 한다.

따라서 ① 지번이 명백하게 불일치하는 경우(대법원 2000. 4. 21. 선고 2000다1549, 1556 판결, 2000. 6. 9. 선고 2000다8069 판결), ② 다세대주택의 동호수를 빠뜨린 경우(대법원 1999. 9. 3. 선고 99다15597 판결, 2000. 4. 7. 선고 99다66212 판결), ③ 다세대주택의 동호수를 등기부 표시와 다르게 잘못 기재한 경우(대법원 1999. 4. 13. 선고 99다4207 판결, 2003. 3. 14. 선고 2002다66687 판결, 2003. 5. 16. 선고 2003다10940 판결)에는 그 주민등록은 공시방법으로서 유효한 것이 아니다. 다만, 주민등록이 바르게 정정되면 그 다음날로부터 대항력이 생긴다(대법원 1987. 11. 10. 선고 87다카1573 판결).

나) 임차인이 임차건물 소재지 지번으로 올바르게 전입신고를 하였다면 이로써 그 임대차의 대항력이 생기는 것이므로, 담당공무원의 착오로 주민등록표상에 신거주지 지번이 다소 틀리게 기재되었다고 하더라도 대항력의 요건을 갖춘 것으로 보아야 한다(대법원 1991. 8. 13. 선고 91다18118 판결).

다) 전입신고 당시 건축물관리대장과 등기부가 작성되기 전이었지만 신고 내용이 실제 지번과 일치한다면 그 후 토지분할 등의 사유로 지번이 변경되었더라도 이미 취득한 대항력은 상실하지 않는다.[9)]

4) 건축물대장상 지번·동호수와 등기부상 지번·동호수가 차이가 있을 경우

건축물대장상 지번·동호수와 등기부상 지번·동호수가 차이가 있을 경우 건축물대

---

9) 대법원 1999. 12. 7. 선고 99다44762, 44779 판결(피고가 하나빌라 B동 301호를 임차하여 경기 화성군 태안읍 안녕리 37의 86 하나빌라 B동 301호로 전입신고를 할 당시를 기준으로 하여 보면 비록 건축물관리대장 및 등기부가 작성되기 이전이지만 그 전입신고 내용이 실제 건물의 소재지 지번과 정확히 일치), 대법원 2001. 12. 27. 선고 2001다63216 판결(주택의 소유권보존등기가 이루어진 후 토지의 분할 등으로 인하여 지적도, 토지대장, 건축물대장 등의 주택의 지번 표시가 분할 후의 지번으로 등재되어 있으나 등기부에는 여전히 분할 전의 지번으로 등재되어 있는 경우), 대법원 2004. 10. 18. 자 2004마600 결정(임차인이 그 다가구주택으로 전입신고를 하면서 그 지번을 정확히 기재한 이상 그 후 토지 분할 등의 사정으로 지번이 변경되었다고 하더라도 주민등록으로서 여전히 유효).

장을 기준으로 한 주민등록이 유효한 임대차 공시방법인지 여부가 문제된다.

임대차 공시방법으로서의 주민등록이 유효한 공시방법이 되기 위하여는 ① 원칙적으로 주민등록이 등기부상의 주택의 현황과 일치하여야 하지만(대법원 1999. 12. 7.선고 99다44762, 44779 판결, 2001. 12. 27. 선고 2001다63216 판결 등), ② 예외적으로 주택의 소유권보존등기가 이루어진 후 토지의 분할 등으로 인하여 지적도, 토지대장, 건축물대장 등의 주택의 지번 표시가 분할 후의 지번으로 등재되어 있으나 등기부에는 여전히 분할 전의 지번으로 등재되어 있는 경우, 임차인이 주민등록을 함에 있어 토지대장 및 건축물대장에 일치하게 주택의 지번과 동호수를 표시하였다면 설사 그것이 등기부의 기재와 다르다고 하여도 일반의 사회통념상 임차인이 그 지번에 주소를 가진 것으로 제3자가 인식할 수 있다고 봄이 상당하므로 유효한 임대차의 공시방법이 된다(대법원 1999. 12. 7. 선고 99다44762, 44779 판결, 2001. 12. 27. 선고 2001다63216 판결 등).

즉 건축물대장이 먼저 정리되고, 등기부가 정리되지 않은 상태에서 건축물대장의 표시대로 하여도 유효한 공시방법이 되는 것이다.

라. 전입신고가 기준임

임차인이 임차건물 소재지 지번으로 올바르게 전입신고를 하였다면 이로써 그 임대차의 대항력이 생기는 것이므로, 담당공무원의 착오로 주민등록표상에 신거주지 지번이 다소 틀리게 기재되었다고 하더라도 대항력의 요건을 갖춘 것으로 보아야 한다.

대법원 1991. 8. 13. 선고 91다18118 판결은 피고가 이 사건 건물 일부를 임차입주하여 그 전입신고를 함에 있어 그 건물소재지 지번인 안양시 안양동 545의 5로 바로 기재하였는데도 담당공무원이 실수로 주민등록표의 신거주지를 안양동 545의 2로 잘못 기입한 것이라면(그 후 피고의 요청에 의하여 그 착오도 정정되었다), 피고의 전입신고는 적법한 것이어서 이로써 그 임대차는 제3자에 대하여 효력이 있다고 판시하였다.

또한 대법원 2009. 1. 30. 선고 2006다17850 판결은 주민등록은 단순히 주민의 거주관계를 파악하고 인구의 동태를 명확히 하는 것 외에도 주민등록에 따라 공법관계상의 여러 가지 법률상 효과가 나타나게 되는 것으로서, 주민등록의 신고는 행정청에 도달하기만 하면 신고로서의 효력이 발생하는 것이 아니라 행정청이 수리한 경우에 비로소 신고의 효력이 발생한다 할 것이고, 따라서 주민등록 신고서를 행정청에 제출하였다가 행정청이 이를 수리하기 전에 신고서의 내용을 수정하여 위와 같이 수정된 전입신고서가 수리되었다면 수정된 사항에 따라서 주민등록 신고가 이루어진 것으로 보는 것이 타당하다고 판시하여, 주민등록 신고의 효력 발생시기는 신고 수리시라는 점을 명확히 하였다.

5. 대항력의 발생시기

가. 발생시기

1) 주택인도와 주민등록을 마친 '다음 날(익일)'에 발생한다(주택임대차보호법 제3조 제1항 본문). 제3자가 인도와 주민등록을 마친 임차인이 없음을 확인하고 등기까지 경료하였음에도 같은 날 임차인이 인도와 주민등록을 마침으로 인하여 입을 수 있는 불측의 피해 등을 방지하기 위해 임차인보다 등기를 경료한 권리자를 우선시키고자 하는 취지이다(대법원 1997. 12. 12. 선고 97다22393 판결).

주택인도와 주민등록을 마친 '다음 날(익일)'이라는 의미는 주택인도와 주민등록을 '모두 마친 다음 날'이라는 뜻이다(대법원 1999. 3. 23. 선고 98다46938 판결). 전입신고를 한 때에 주민등록이 된 것으로 간주한다(주택임대차보호법 제3조 제1항 후문).

2) '익일(다음 날)'부터 대항력이 생긴다고 함은 다음 날 오전 영시부터 대항력이 생긴다는 취지이므로, 익일 주간에 등기가 경료된 저당권에 기한 매수인에게 대항할 수 있다(대법원 1999. 5. 25. 선고 99다9981 판결, 2001. 9. 18. 선고 2001다30902 판결). 예를 들어 2009. 5. 8. 설정된 근저당권자 A, 2009. 5. 8. 주택인도와 주민등록을 마친 B, 2009. 5. 9. 설정된 근저당권자 C 사이의 우열은 A, B, C의 순이다.

나. 주민등록이 정정된 경우 대항력 발생시기

1) 올바르게 정정된 시점

주민등록정정의 경우(주민등록법 제13조) 올바른 주소로 정정했을 때 대항력이 발생한다고 볼 것이다. 즉 ① 단독주택의 경우에는 주민등록상의 주소가 임차주택의 지번과 정확하게 일치하는 것으로 정정된 때 비로소 대항력이 생기고, ② 공동주택의 경우에는 주민등록상의 주소가 적어도 공동주택의 동·호수와 정확하게 일치하는 것으로 정정되는 때 비로소 대항력이 생긴다.

다가구용 단독주택의 경우에는 공동주택의 경우와 달리 다가구용 단독주택의 종전에 임차하고 있던 부분에서 다른 부분으로 옮기면서 그 옮긴 부분으로 다시 전입신고를 하였다고 하더라도 그 임차권에 대한 대항력은 임차인이 주택의 지번을 정확히 기재하여 전입신고를 마친 최초의 전입신고시를 기준으로 결정된다(대법원 1998. 1. 23. 선고 97다47828 판결).

2) 특수주소변경[10]의 경우

안전행정부는 주민등록관리를 전산화하기 위하여 1996. 2. 주민등록업무처리기관인 읍·면·동·출장소에 「주민등록관리 전산화 업무처리지침」을 시달하였는데 그 중 '특수주소관리'라는 항목이 있다. 그에 의하면 '특수주소'라 함은 아파트, 빌라, 연립 등의 명칭이 주소로 사용되었을 때 이를 통칭하는 용어라고 정의하고 있다. 따라서 특수주소란 다세대주택, 연립주택, 아파트 등 공동주택 만에 한하는 것은 아니고 다가구용 단독주택에도 적용되는 것으로서, 주민등록법령상의 개념이 아니고 종래 주민등록 업무처리기관에서 관용적으로 사용되어 오던 것을 안전행정부에서 위 지침을 시달함에 있어 편의상 사용한 용어에 불과하여 주택임대차보호법상의 주민등록의 유·무효를 판단하는 기준이 되는 개념도 아니다.[11]

실무에서는 주로 공동주택, 특히 다세대주택이나 연립주택의 명칭과 동·호수를

---

10) 행정자치부는 주민등록관리를 전산화하기 위하여 1996. 2. 주민등록업무처리기관인 읍·면·동·출장소에 「주민등록관리 전산화 업무처리지침」을 시달하였는데 그 중 "특수주소관리"라는 항목을 보면, '특수주소'라 함은 아파트, 빌라, 연립 등의 명칭이 주소로 사용되었을 때 이를 통칭하는 용어라고 정의하고 있다. 즉 특수주소란 다세대주택, 연립주택, 아파트 등 공동주택 만에 한하는 것은 아니고 다가구용 단독주택에도 적용되는 것으로서, 주민등록법령상의 개념이 아니고 종래 주민등록 업무처리기관에서 관용적으로 사용되어 오던 것을 행정자치부에서 위 지침을 시달함에 있어 편의상 사용한 용어에 불과하여 임대차법 상의 주민등록의 유·무효를 판단하는 기준이 되는 개념이 아니다. 행정관서에서는 주민등록 전입신고시 주민등록 관리의 편의를 위하여 미리 만들어진 '특수주소 등록부'를 전산상에 게시하여 이용하는 한편 특수주소거주자(세대주)명부를 만들어 이용하고 있다. 실무에서는 주로 공동주택, 특히 다세대주택이나 연립주택의 명칭과 동·호수를 정정하는 형태의 특수주소변경이 많고 특수주소변경이 있는 경우 주민등록표에 특수주소변경을 하였다는 취지를 기재하여 놓는 것이 일반적이다. 예컨대 연립주택의 명칭과 동·호수를 누락하여 추가하는 경우에는 기존의 주민등록표 "○동 ○번지의 1호"를 "○동 ○번지의 1호 상아연립 1동 201호 특수주소변경"이라고 기재하고, 연립주택의 동·호수를 정정하는 경우에는 기존의 주민등록표 "○동 ○번지의 1호 상아연립 1동 101호"를 "○동 ○번지의 1호 상아연립 1동 201호 특수주소변경"이라고 기재한다.

11) 행정관서에서는 주민등록 전입신고시 주민등록 관리의 편의를 위하여 미리 만들어진 '특수주소 등록부'를 전산상에 게시하여 이용하는 한편 특수주소거주자(세대주)명부를 만들어 이용하고 있다. 따라서 주민이 주민등록시 특수주소에 전입신고하는 경우 오류를 많이 바로 잡을 수 있다. 물론 주민등록은 신고주의의 원칙을 취하는 관계로 이와 같은 전산상에 입력되어 있지 않은 특수주소라도 주민등록 전입신고가 가능하다.

정정하는 형태의 특수주소변경이 많고 특수주소변경이 있는 경우 주민등록표에 특수주소변경을 하였다는 취지를 기재하여 놓는 것이 일반적이다.

이러한 특수주소가 변경된 경우 주민등록이 사실과 다르게 등재된 이유를 따져 ① 사실과 다른 주민등록이 주민등록 의무자인 임차인의 잘못된 신고에 의한 경우에는 특수주소변경 등에 의하여 사실과 일치하는 주민등록이 정정된 때이지만(대법원 1987. 11. 10. 선고 87다카1573 판결, 1997. 7. 11. 선고 97다10024 판결), ② 신고인인 임차인이 사실과 일치하는 주민등록 전입신고를 하였으나 담당공무원의 실수로 사실과 다른 사항이 등록되었던 경우에는 특수주소변경의 방법 등에 의하여 사실과 일치하는 주민등록이 정정된 것을 전제로 당초의 주민등록 전입신고를 한 때로 소급한다(대법원 1999. 5. 25. 선고 99다8322 판결, 2000. 9. 29. 선고 2000다37012 판결).

따라서 특수주소변경의 경우에는 반드시 담당공무원의 실수로 사실과 다르게 되었다가 정정된 것인지 여부에 관한 자료가 제출되지 않은 경우에는 주민등록이 정정된 때(특수주소변경이 된 때)를 기준으로 대항력을 판단한다.

6. 대항력의 존속요건

가. 존속요건

1) 취득요건이자 존속요건

주택의 인도와 주민등록은 임차권의 대항력의 취득요건일 뿐만 아니라 주택의 점유와 주민등록의 계속은 대항력의 존속요건이다(대법원 1987. 2. 24. 선고 86다카1695 판결, 1989. 1. 17. 선고 88다카143 판결).

2) 존속의 종기

가) 대항요건으로서의 주택의 인도와 주민등록은 대항력 취득 시에만 구비하면 족한 것이 아니고 대항력을 유지하기 위하여는 신소유자의 소유권취득 시까지 계속 존속하고 있어야 한다. 주택의 임차인이 그 주택의 소재지로 전입신고를 마치고 입주함으로써 임차권의 대항력을 취득한 후 일시적이나마 다른 곳으로 주민등록을 이전하였다면 그 전출 당시 대항요건을 상실함으로써 대항력은 소멸하고, 그 후 임차인이 다시 그 주택의 소재지로 주민등록을 이전하였다면 대항력은 당초에 소급하여 회복되는 것이 아니라 재전입한 때로부터 새로운 대항력이 다시 발생한다(대법원 1993. 12. 7. 선고 93다36615 판결).

나) 공시방법이 없는 주택임대차에 있어서 주택의 인도와 주민등록이라는 우선변제의 요건은 그 우선변제권 취득 시에만 구비하면 족한 것이 아니고, '배당요구의 종기'까지 계속 존속하고 있어야 한다.

주택의 점유를 상실하거나 주민등록을 전출하게 되면 그때부터 대항력은 소멸하며, 다시 대항력을 취득한다고 하더라도 종전의 대항력이 부활하지 않는다. 다만 임대차가 종료된 후 보증금을 반환받지 못한 임차인은 임차권등기명령제도를 이용하여 임차권등기를 경료하면 대항력과 우선변제권을 계속 유지할 수 있게 된다(주택임대차보호법 제3조의3).

3) 점유의 계속

주택을 인도받아 주택의 점유를 계속하여야 한다. 그러나 일단 주택을 인도받은 후에 제3자에 의하여 위법하게 침탈되었다 하더라도 점유회복의 소 등을 제기하여 점유를 회복하게 되면 점유는 계속한 것으로 보게 된다.

4) 주민등록의 존속

대항력의 요건으로서 주민등록이 존속하여야 한다.

주민등록이 되어 있다가 직권으로 말소되면 대항력은 상실된다. 다만 대항력의 상실시기는 직권말소의 이유와 원인에 따라 다르다. 위장전입을 이유로 한 경우에는 처음부터 유효한 주민등록이 아니므로 처음부터 대항력은 발생하지 않는다(대법원 1999. 4. 23. 선고 98다32939 판결 참조). 무단전출한 경우에는 무단전출한 그 때에 대항력이 소멸한다.

나. 주민등록의 이탈로 보지 않는 경우

1) 가족의 주민등록은 그대로 둔 채 이탈한 경우

주민등록이라는 대항요건은 임차인 본인뿐만 아니라 그 배우자나 자녀 등 가족의 주민등록을 포함하는 것이므로 임차인이 그 가족과 함께 그 주택에 대한 점유를 계속하고 있으면서 그 가족의 주민등록은 그대로 둔 채 임차인만 주민등록을 일시 다른 곳으로 옮긴 일이 있다 하더라도 전체적으로나 종국적으로 주민등록의 이탈이라고 볼 수 없는 이상 임대차의 제3자에 대한 대항력을 상실하지 아니한다(대법원 1989. 1. 17. 선고 88다카143 판결, 1996. 1. 26. 선고 95다30338 판결).

2) 자신의 의사에 기하지 않고 이탈한 경우

주민등록이 임차인의 의사에 의하지 않고 제3자에 의하여 임의로 이전되었고 그와 같이 주민등록이 잘못 이전된 데 대하여 임차인에게 책임을 물을 만한 사유가 없는 경우에는, 임차인이 취득한 대항력은 주민등록의 이전에도 불구하고 그대로 유지된다(대법원 2000. 9. 29. 선고 2000다37012 판결).

다. 주민등록의 종국적 이탈로 보는 경우

1) 주택임차인이 대항력을 취득한 후 주민등록(단독세대주 또는 세대원 전원)을 일시 다른 곳으로 옮겼다가 다시 전입신고를 하였으나 그 사이에 새로운 권리자가 없는 경우라도 당초의 대항력이 회복되는 것은 아니다.

주택의 임차인이 그 주택의 소재지로 전입신고를 마치고 그 주택에 입주함으로써 일단 임차권의 대항력을 취득한 후 어떤 이유에서든지 그 가족과 함께 일시적이나마 다른 곳으로 주민등록을 이전하였다면 이는 전체적으로나 종국적으로 주민등록의 이탈이라고 볼 수 있으므로 그 대항력은 그 전출 당시 이미 대항요건의 상실로 소멸되는 것이고, 그 후 그 임차인이 얼마 있지 않아 다시 원래의 주소지로 주민등록을 재전입하였다 하더라도 이로써 소멸되었던 대항력이 당초에 소급하여 회복되는 것이 아니라 재전입한 때부터 그와는 동일성이 없는 새로운 대항력이 재차 발생하는 것이다(대법원 1987. 2. 24. 선고 86다카1695 판결, 1998. 1. 23. 선고 97다43468 판결).

2) 이 경우 전출 이전에 이미 임대차계약서상에 확정일자를 갖추었고 임대차계약도 재전입 전후를 통하여 그 동일성이 유지된다면 임차인은 재전입시 임대차계약서상에 다시 확정일자를 받을 필요 없이 재전입 이후에 그 주택에 관하여 담보물권을 취득한 자보다 우선하여 보증금을 배당받을 수 있다(대법원 1998. 12. 11. 선고 98다34854 판결).

라. 말소된 주민등록이 회복된 경우

1) 주민등록이 직권말소된 후 주민등록법 소정의 이의절차에 따라 그 말소된 주민등록이 회복되거나 같은 법 시행령 제32조에 의하여 재등록이 이루어짐으로써 주택임차인에게 주민등록을 유지할 의사가 있었다는 것이 명백히 드러난 경우에는 소급하여 그 대항력이 유지된다.

2) 그러나 그 직권말소가 주민등록법 소정의 이의절차에 의하여 회복된 것이 아닌 경우에는 직권말소된 후 재등록이 이루어지기 이전에 주민등록이 없는 것으로 믿

고 임차주택에 관하여 새로운 이해관계를 맺은 선의의 제3자에 대하여 대항력의 유지를 주장할 수 없다(대법원 2002. 10. 11.선고 2002다20957판결, 2003. 7. 25. 선고 2003다25461 판결).

마. 임차주택의 양도와 대항력

1) 소유자가 주택을 매도함과 동시에 매수인으로부터 당해 주택을 임차한 경우(점유개정의 경우)

소유자가 주택을 매도함과 동시에 매수인으로부터 당해 주택을 임차한 경우 소유자의 주민등록은 매수인에게 소유권이전등기가 경료된 이후에야 비로소 대항력 인정의 요건이 되는 주민등록이 되며, 소유권이전등기 다음 날부터 대항력을 갖는다(대법원 1999. 4. 23. 선고 98다32939 판결, 2000. 2. 11. 선고 99다59306 판결).

2) 임차인이 소유권을 취득한 경우 전차인의 대항력 취득 시점

전차인이 임차인으로부터 전대가 금지된 임대아파트를 임차하여 전입신고를 마치고 거주하던 중 임차인(전대인)이 임대인으로부터 그 아파트를 분양받아 소유권이전등기를 마친 경우 혹은 경매절차에서 매수인(낙찰자)이 주민등록은 되어 있으나 대항력은 없는 종전 임차인과의 사이에 새로 임대차계약을 체결한 경우, 위 전차인 혹은 종전 임차인의 각 주민등록은 이미 각 그 전입신고일로부터 제3자에 대하여 임대차관계를 공시하는 기능을 수행하고 있었으므로, 임차인(전대인) 명의의 소유권이전등기가 경료되는 즉시(대법원 2001. 1. 30. 선고 2000다58026, 58033 판결), 혹은 매수인(낙찰자)이 매각대금을 납부하여 소유권을 취득하는 즉시(대법원 2002. 11. 8. 선고 2002다38361, 38378 판결) 각 임차권의 대항력을 취득하게 된다.

7. 대항력의 내용

가. 의미

대항력을 가진 임차인은 등기된 임대차와 동일한 권리, 즉 임대차가 종료될 때까지 주택을 사용·수익할 권리, 기타 임차인이 가지는 부수적인 모든 권리(보증금반환청구권, 부속물매수청구권 등)를 임대인 기타 제3자에 대하여 주장할 수 있다.

나. 대항력 발생 이후의 신소유자에 대한 대항력의 내용

1) 대항력 발생 후에 소유권이전등기를 마친 양수인(신소유자)의 지위

가) 임대차 존속 중의 양수인

임대차 존속 중의 양수인은 주택임대차보호법 제3조 제2항에 의하여 그 임대차관계가 양수인에게 승계된다.

임대인 지위의 승계는 법률상의 당연승계이므로 양도인이나 양수인에 의한 양도사실의 통지 혹은 임차인의 승낙 등은 불필요하며(대법원 1996. 2. 27. 선고 95다35616 판결), 양수인의 권리취득의 원인은 매매·증여 등의 법률행위이든, 상속·경매·체납처분에 의한 공매 등의 법률의 규정에 의한 경우이든 상관없이 모두 포함된다.

나) 임대차가 종료된 후의 양수인

임대차가 종료된 후의 양수인에 대하여는 주택임대차보호법 제3조 제2항이 바로 적용될 수 없지만, 주택임대차보호법 제4조 제2항에 의하여 일정한 범위 내에서 임대차관계가 존속하는 것으로 간주되는 결과 비로소 주택임대차보호법 제3조 제2항이 적용되고, 이에 따라 임차인은 보증금반환청구권을 주장하여 주택인도청구에 대하여 동시이행의 항변을 할 수 있다(주택임대차보호법 제4조 제2항에 따른 법정임대차관계).

결론적으로 임대차 존속 중의 양수인은 주택임대차보호법 제3조 제2항에 따라, 임대차가 종료된 후의 양수인은 주택임대차보호법 제4조 제2항에 따라 임대인의 지위를 승계한다.

2) 임차인의 이의가 있는 경우(임대인의 지위 승계를 원하지 않는 경우)

가) 임차인 보호를 위한 법의 입법취지에 비추어 임차인이 임대인의 지위 승계를 원하지 않는 경우에는 임차인이 임차주택의 양도사실을 안 때로부터 상당한 기간 내에 이의를 제기함으로서 승계되는 임대차관계의 구속으로부터 벗어날 수 있다고 봄이 상당하고(대법원 1998. 9. 2.자 98마100 결정, 1996. 7. 12. 선고 94다37646 판결), 그와 같은 경우에는 양도인의 임차인에 대한 보증금반환채무는 소멸하지 않는다(대법원 2002. 9. 4. 선고 2001다64615 판결). 위와 같은 법리는 임대차주택이 경매로 양도되는 경우뿐 아니라(대법원 1996. 7. 12. 선고 94다37646 판결, 1998. 10. 27. 선고 98다1560 판결), 경매 이외의 원인으로 양도되는 경우에도 적용된다(대법원 1998. 9. 2.자 98마100 결정).

나) 주택임대차보호법상의 대항력을 갖춘 후 임대부동산의 소유권이 이전되는 경우(경매의 경우는 제외) 임차인이 언제까지 이의를 제기하여야 하는가에 관하여 견해의 대립이 있으나, 판례는 임차인이 임차주택의 양도사실을 안 때로부터 상당한 기간 내에 이의를 제기하면 임대인인 양도인의 임차인에 대한 보증금 반환채무는 소멸

하지 않는다고 한다(대법원 2002. 9. 4. 선고 2001다64615 판결).

3) 대항력 있는 임대차의 존재에 관하여 고지 받지 못한 양수인의 손해배상청구

가) 경매의 목적물에 대항력 있는 임대차가 존재하는 경우에 매수인이 이를 알지 못한 때에는 주택임대차보호법 제3조 제3항의 규정에 의하여 매수인은 이로 인하여 계약의 목적을 달성할 수 없는 경우에 한하여 계약을 해제하고 채무자 또는 채무자에게 자력이 없는 때에는 배당을 받은 채권자에게 그 대금의 전부나 일부의 반환을 구하거나(부당이득반환), 그 계약해제와 함께 또는 그와 별도로 경매목적물에 위와 같은 흠결이 있음을 알고 고지하지 아니한 채무자나 이를 알고 경매를 신청한 채권자에게 손해배상을 청구할 수 있다(대법원 1996. 7. 12. 선고 96다7106 판결).

여기서 중요한 것은 대금의 전부 또는 일부를 부당이득반환으로 구하기 위해서는 반드시 계약을 해제하여야 한다는 것이고, 경매목적물의 흠결을 알고도 고지하지 않은 채무자나 채권자를 상대로 손해배상을 구하기 위해서는 계약해제가 필수적이지 않다는 점이다.

나) 매수인이 낙찰을 받은 후 채무자가 후순위 임차권의 대항력을 존속시킬 목적으로 선순위 근저당권의 피담보채무를 모두 변제하고 그 근저당권을 소멸시키고도 이 점에 대하여 매수인(낙찰자)에게 아무런 고지도 하지 않아 매수인(낙찰자)이 대항력 있는 임차권이 존속하게 된다는 사정을 알지 못한 채 대금지급기일에 매각대금을 지급하였다면, 채무자는 민법 제578조 제3항의 규정에 의하여 매수인(낙찰자)이 입게 된 손해를 배상할 책임이 있다(대법원 1998. 8. 24.자 98마1031 결정, 2003. 4. 25. 선고 2002다70075 판결).

4) 종전 임대인의 지위

가) 주택임대차보호법상의 대항력을 갖춘 후 임대부동산의 소유권이 이전되어 그 양수인이 임대인의 지위를 승계하는 경우에는 임대차보증금반환채무도 부동산의 소유권과 결합하여 일체로서 이전하는 것이며 이에 따라 양도인의 보증금반환채무는 소멸한다(면책적 채무인수설, 대법원 1998. 8. 24.자 98마1031 결정, 2003. 4. 25. 선고 2002다70075 판결).

그 이유는, 만일 보증금반환채무가 양도인에게 남아 있다고 해석하면 임대차계약관계에서 발생하는 채권·채무 즉 목적물의 사용수익을 하게 하는 채무, 수선의무, 필요비, 유익비상환의무 등은 모두 이전하는데 오로지 보증금반환채무만이 남는 것이 되어 불합리할 뿐만 아니라 임대차계약의 위와 같은 여러 채권·채무는 임대인이 어떤

사람인가 하는 개인적 색채보다는 부동산자체와 관련된 것이 대부분으로서 임대목적물의 소유자로서 거의 완전하게 이행할 수 있는 성질의 것이며, 임차인으로서는 동시이행의 항변, 유치권의 행사 등에 의하여 이행을 확보할 수 있기 때문에 임대인의 교체에 의하여 큰 영향을 받지 않는다는 데 있다.

나) 신소유자가 임차인에게 보증금을 반환하였다 하더라도 그것은 자기 채무의 이행에 불과하므로 종전 임대인에게 부당이득반환을 구할 수는 없다(대법원 1993. 7. 16. 선고 93다17324 판결).

다) 대항력을 갖춘 임차인이 양수인이 되어 임차인의 보증금반환채권이 혼동으로 소멸된 경우에도 동일하다. 즉 대항력을 갖춘 임차인이 양수인이 된 경우에도 임대인의 보증금반환채무는 소멸하고 양수인인 임차인이 임대인의 자신에 대한 보증금반환채무를 인수하게 되어, 결국 임차인의 보증금반환채권은 혼동으로 인하여 소멸하게 된다(대법원 1996. 11. 22. 선고 96다38216 판결).

라) 주택임대차보호법 제3조 제1항의 대항요건을 갖춘 임차인의 임대차보증금반환채권에 대한 압류 및 전부명령이 확정된 후 소유자인 임대인이 당해 주택을 매도한 경우 임대인은 전부금지급의무를 면한다(대법원 2005. 9. 9. 선고 2005다23773 판결).

8. 대항력이 미치는 인적 범위

가. 양수인(대항력 발생 후에 소유권이전등기를 마친 양수인)

1) 일반론

대항력 발생 후에 소유권이전등기를 마친 양수인(신소유자)과 관련하여 임대차 존속 중의 양수인은 법 제3조 제4항에 의하여 그 임대차관계가 양수인에게 승계되고, 임대차가 종료된 후의 양수인의 경우에는 주택임대차보호법 제4조 제2항에 의하여 일정한 범위 내에서 임대차관계가 존속하는 것으로 간주되는 결과 그 임대차관계를 양수인에게 주장할 수 있다는 점은 앞서 살펴 본 바와 같다.

2) 양수 유형별 대항력 발생 여부 판단 기준 시점

가) 소유권이전등기청구권 보전을 위한 가등기에 기한 소유권이전등기의 경우(=가등기 시기 VS 대항력 발생시기)

(1) 가등기에 기한 소유권이전등기를 마친 경우에는 가등기의 순위보전의 효력에 의하여 중간처분이 실효되는 효과가 있으므로, 대항력 발생시기와 가등기 시기의

선후에 따라 대항력이 미치는지 여부를 결정한다. 즉 가등기를 하고 그에 기하여 본등기를 마친 경우에는 비록 물권취득의 효력이 가등기 시에 소급하는 것은 아니지만 가등기가 갖는 순위보전의 효력에 의하여 중간처분이 실효되는 효과를 가져 오게 된다. 그 결과 가등기 이후에 행하여진 임차권의 설정도 가등기와 양립하지 않는 중간처분에 해당하므로, 가등기에 기한 본등기가 된 이상에는 그 임차권으로써 대항할 수 없다.

(2) 따라서 주택임대차보호법의 적용을 받는 임대목적 부동산에 관하여 제3자가 가등기를 하고 그 가등기에 기하여 본등기가 마쳐진 경우에 있어서는 임대인과 임차인 사이에 그 가등기 후 그 보증금을 인상하기로 약정하였다 하더라도 그 인상분에 대하여는 그 등기권리자에게 대항하지 못한다(대법원 1986. 9. 9. 선고 86다카757 판결).

주택의 소유자가 甲에게 근저당권을 설정해준 후에 乙 명의의 소유권이전청구권 보전을 위한 가등기가 마쳐지고 나서 丙에게 위 주택을 임대하고, 그 후 乙 명의의 본등기가 마쳐진 경우에는, 중간처분에 해당하는 위 임대차계약은 실효되므로 甲이 근저당권을 실행하더라도 임차인 丙은 아무런 배당을 받을 수 없으며, 근저당권자 甲에게 배당하고 남은 돈은 소유자 乙에게 지급된다. 이러한 결과는 丙이 확정일자 있는 임차인이건 소액임차인이건 마찬가지이다.

(3) 순위보전 가등기가 아닌 담보가등기인 경우에는 가등기담보 등에 관한 법률 제5조 제5항에 특칙을 두어 대항력을 갖춘 임차인에게 '청산금의 범위 안에서 동시이행의 항변'을 할 수 있도록 정하여 임차인을 보호하고 있다. 즉 전항의 사안에서 가등기에 기한 본등기가 가등기담보 등에 관한 법률의 규정 및 절차에 따라 유효하게 마쳐진 것이라면 丙이 확정일자부 임차인이건 소액임차인이건 그 임차권은 이미 소멸하였으므로, 그 상태에서 甲의 근저당권이 실행된다고 하여 임차인 丙이 배당받을 것은 없다. 다만, 대항력을 갖춘 임차인 丙은 가등기담보 등에 관한 법률의 규정 및 절차에 따라 乙의 담보가등기에 기한 본등기가 이루어지는 과정에서 청산금의 범위 안에서 동시이행의 항변권을 행사할 수 있을 뿐이다(가등기담보 등에 관한 법률 제5조 제5항). 만약 위 본등기가 청산절차를 제대로 거치지 아니하여 무효라면, 담보가등기 후의 확정일자임차인은 가등기권자 다음으로 배당을 받고, 소액임차인은 가등기권자보다 먼저 배당을 받게 된다.

나) 처분금지가처분권자가 소유권이전등기한 경우(= 가처분등기일자 VS 대항력

발생시기)

부동산에 대하여 가압류등기가 마쳐진 후에 그 채무자로부터 그 부동산을 임차한 자는 가압류집행으로 인한 처분금지의 효력에 의하여 가압류사건의 본안판결의 집행으로 그 부동산을 취득한 경락인에게 그 임대차의 효력을 주장할 수 없고(대법원 1983. 4. 26. 선고 83다카116 판결 참조), 이와 같은 법리는 부동산에 대하여 처분금지가처분등기가 마쳐진 후에 그 채무자로부터 그 부동산을 임차한 자가 임차권의 대항력을 갖춘 경우에도 마찬가지라고 할 것이다.(대법원 2016. 8. 24. 선고 2016다24963 판결로 심리불속행 기각된 서울고등법원 2016. 5. 12. 선고 2014나2619 판결, 대법원 2016. 7. 14. 선고 2016다20152 판결로 심리불속행 기각된 서울고등법원 2016. 3. 24. 선고 2014나2640 판결 참조).

따라서 처분금지가처분권자가 소유권이전등기를 마친 경우에도 가처분등기일자와 대항력 발생시기의 선후에 따라 대항력 유무를 결정하여야 한다. 점유이전금지가처분권자의 경우도 마찬가지이다. 점유이전금지가처분이 집행된 건물을 임차하여 대항요건을 갖추었다고 하더라도, 가처분채권자가 본안에서 승소하면 임차인은 이에 대항할 수 없다.

판례 중에는 주택의 양수인이 전 소유자로부터 주택을 양도받기로 약정한 것이 전 소유자와 임차인 사이의 임대차계약 체결 이전이고 양수인이 주택임대차보호법 시행 전에 처분금지가처분등기를 한 다음 본안판결에 의하여 소유권이전등기를 경료한 것이더라도 그 소유권이전등기가 법 시행 후에 경료되었다면 대항력이 있다는 취지의 대법원 1987. 6. 23. 선고 86다카2408 판결이 있으나, 위 판결은 주택임대차보호법이 시행되기 전에 가처분이 이루어진 사안에 대한 것이어서 주택임대차보호법이 시행된 이후에 가처분 등기에 기한 소유권이전등기가 이루어지고 있는 현재 문제가 되는 거의 모든 사안에는 적용되기 어려울 뿐만 아니라, 위 대법원 판결의 내용이 가처분의 처분금지효에 따라 가처분 이후의 임대차계약이 체결된 것이라면 임대차를 가지고 가처분권자에게 대항할 수는 없다는 법리를 무시하고 오로지 소유권이전등기가 주택임대차보호법이 시행된 이후 이루어진 이상 주택임대차보호법상의 대항력이 있다고 판단한 법리오해의 위법도 있어 보인다는 점에서도 실무상 이를 그대로 유지하기는 어려운 판례로 보인다.

다) 양도담보 목적 소유권이전등기의 경우(=소유권이전등기일자 VS 대항력 발생시기)

채무의 담보를 위하여 부동산의 소유권을 이전하는 양도담보가 임차권의 대항력 발생 전에 경료된 경우, 임차인은 귀속정산의 방법에 의하여 소유권을 이전받은 양도담보권자에게 대항할 수 없다(대법원 2001. 1. 5. 선고 2000다47682 판결 등).

즉 대항요건을 갖춘 주택임차인이라고 하더라도 그에 앞서 담보권을 취득한 담보권자에게는 대항할 수 없고, 주택임차인은 그 담보권에 기한 환가절차에서 당해 주택을 취득하는 취득자에 대하여도 자신의 임차권을 주장할 수 없는바(대법원 1999. 4. 23. 선고 98다32939 판결 참조), 이러한 법리는 채무의 담보를 위하여 부동산의 소유권을 이전하는 양도담보의 경우에도 그대로 타당하다. 따라서 임차인이 대항력을 갖추기에 앞서 담보권을 취득한 자나 그 담보권에 기한 환가절차에서 이 사건 건물을 취득하는 취득자에 대하여 자신의 임차권을 주장할 수 없으며, 이는 그 환가절차가 담보권자 자신에게 목적물의 소유권을 귀속시키는 귀속정산의 방법으로 이루어진다고 하여도 마찬가지이다(대법원 2001. 1. 5. 선고 2000다47682 판결, 2002. 1. 11. 선고 2001다48347 판결).

라) 가압류권자(= 가압류등기 VS 대항력 발생시기)

임차인이 주민등록전입신고를 마치고 입주사용함으로써 주택임대차보호법 제3조에 의하여 그 임차권이 대항력을 갖는다 하더라도 부동산에 대하여 가압류등기가 마쳐진 후에 그 채무자로부터 그 부동산을 임차한 자는 가압류집행으로 인한 처분금지의 효력에 의하여 가압류사건의 본안판결의 집행으로 그 부동산을 취득한 매수인(경락인)에게 그 임대차의 효력을 주장할 수 없다(대법원 1983. 4. 26. 선고 83다카116 판결).

3) 양수인 해당 여부

가) 미등기주택의 사실상 양수인(양수인 해당)

아직 소유권이전등기를 경료하지는 아니 하였지만 그 건물에 대하여 사실상 소유자로서의 권리를 행사하고 있는 자는 전 소유자로부터 위 건물의 일부를 임차한 자에 대한 관계에서는 주택임대차보호법 제3조 제2항 소정의 주택의 양수인으로서 임대인의 지위를 승계한 것으로 볼 수 있다(대법원 1987. 3. 24. 선고 86다카164 판결). 따라서 미등기주택의 사실상 양수인도 주택임대차보호법 제3조 제2항의 양수인에 해당한다.

나) 임차주택의 대지만을 경매로 취득한 자(양수인 미해당)

임차주택의 대지만을 낙찰(경락)받은 자는 임차주택의 양수인에 해당하지 아니한다.

즉 주택임대차보호법 제3조 제2항에서 말하는 임대인의 지위를 승계한 것으로 보는 임차주택의 양수인이라 함은 같은 법 제1조 및 제2조의 규정 내용에 비추어 보면 임대차의 목적이 된 주거용 건물의 양수인을 의미하는 것이고 같은 법 제3조의2 제1항이 같은 법에서 정한 대항요건을 갖춘 임차인에게 경매 또는 공매에 의한 임차주택의 대지의 환가대금에서 후순위권리자 보다 보증금을 우선변제 받을 권리를 인정하였다고 하여도 그 대지를 경락 받은 자를 위에서 말하는 임차주택의 양수인이라고 할 수 없다(대법원 1998. 4. 10. 선고 98다3276 판결).

다) 신탁법상의 수탁자(양수인 해당)

신탁법상의 수탁자는 양수인에 해당한다(대법원 2002. 4. 12. 선고 2000다70460 판결).

신탁법상의 신탁은 위탁자가 수탁자에게 특정의 재산권을 이전하거나 기타의 처분을 하여 수탁자로 하여금 신탁 목적을 위하여 그 재산권을 관리·처분하게 하는 것이므로(신탁법 제1조 제2항), 부동산의 신탁에 있어서 수탁자 앞으로 소유권이전등기를 마치게 되면 대내외적으로 소유권이 수탁자에게 완전히 이전되고, 위탁자와의 내부관계에 있어서 소유권이 위탁자에게 유보되어 있는 것은 아니기 때문이다(대법원 1991. 8. 13. 선고 91다12608 판결, 1994. 10. 14. 선고 93다62119 판결 참조). 신탁의 효력으로서 신탁재산의 소유권이 수탁자에게 이전되는 결과 수탁자는 대내외적으로 신탁재산에 대한 관리권을 갖는 것이고, 수탁자는 신탁의 목적 범위 내에서 신탁계약에 정하여진 바에 따라 신탁재산을 관리하여야 하는 제한을 부담함에 불과하기 때문이다.

라) 주택의 양도담보권자(양수인 미해당)

주택의 양도담보권자는 양수인에 해당하지 아니한다. 주택임대차보호법 제3조 제2항의 규정에 의하여 임대인의 지위를 승계한 것으로 보게 되는 임차주택의 양수인이 될 수 있는 경우는 주택을 임대할 권리나 이를 수반하는 권리를 종국적, 확정적으로 이전받게 되는 경우라야 하므로, 매매, 증여, 경매, 상속, 공용징수 등에 의하여 임차주택의 소유권을 취득한 자 등은 위 조항에서 말하는 임차주택의 양수인에 해당된다고 할 것이나, 이른바 주택의 양도담보의 경우는 채권담보를 위하여 신탁적으로 양도담보권자에게 주택의 소유권이 이전될 뿐이어서, 특별한 사정이 없는 한, 양도담보권자가 주택의 사용수익권을 갖게 되는 것이 아니고 또 주택의 소유권이 양도담보권자에게 확정적, 종국적으로 이전되는 것도 아니므로 양도담보권자는 이 법 조항에서 말하는 "양수인"에 해당되지 않는다(대법원 1993. 11. 23. 선고 93다4083 판결).

나. 부동산양도계약 해제로 소유권을 회복한 종전 소유자

1) 원칙

임대인의 임대권원이 되는 계약이 해제되기 전에 임대인으로부터 주택을 임차받아 주택의 인도와 주민등록을 마침으로써 대항요건을 갖춘 임차인은 등기된 임차권자와 마찬가지로 계약해제로 인하여 제3자의 권리를 해하지 못하도록 규정하고 있는 민법 제548조 제1항 단서 소정의 '제3자'에 해당된다고 봄이 상당하므로, 임대목적물의 매매계약 해제 당시 이미 대항요건을 갖춘 임차인은 임대인(임대목적물의 매수인)의 임대권원의 바탕이 되는 계약의 해제에도 불구하고 자신의 임차권을 새로운 소유자에게 대항할 수 있다(대법원 1996. 8. 20. 선고 96다17653 판결, 2003. 8. 22. 선고 2003다12717 판결).

2) 예외(임대 당시 임대인에게 임대할 권리 없었거나, 해제조건부 임대 후 해제조건 성취 시)

임대차 당시 임대인에게 소유권이나 기타 적법하게 임대할 권리가 없었다거나, 매도인이 매수인(임대인)에게 매매계약 해제를 해제조건으로 하여 임대권한을 부여하였는데 그 후 그 해제조건의 성취로 임대권한이 소급적으로 소멸된 경우에는, 그 임차인은 가사 대항요건을 갖추었다 하더라도 소유자에 대하여 자신의 임차권을 대항할 수 없다(대법원 1995. 12. 12. 선고 95다32037 판결).

다. 용익물권 또는 다른 임차권 취득자

임대차의 대항력 발생 후에 등기한 용익물권자 또는 대항력을 갖춘 다른 임차권자 또한 임차인의 대항력이 미치는 인적 범위 내에 속하는 자들이다.

라. 주택 명의신탁자와 임대차계약을 체결한 후 명의수탁자가 명의신탁자로부터 주택의 처분권한을 종국적으로 이전받은 경우

주택임대차보호법이 적용되는 임대차는 반드시 임차인과 주택의 소유자인 임대인 사이에 임대차계약이 체결된 경우에 한정된다고 할 수는 없고, 주택의 소유자는 아니지만 주택에 관하여 적법하게 임대차계약을 체결할 수 있는 권한(적법한 임대권한)을 가진 명의신탁자 사이에 임대차계약이 체결된 경우도 포함된다고 할 것이고, 이 경우 임차인은 등기부상 주택의 소유자인 명의수탁자에 대한 관계에서도 적법한 임대차임을 주장할 수 있는 반면 명의수탁자는 임차인에 대하여 그 소유자임을 내세워 명도를 구할 수 없다고 할 것이며, 그 후 명의수탁자가 명의신탁자로부터 주택을 임대할 권리를 포함하여 주택에 대한 처분권한을 종국적으로 이전받는 경우에 임차인이 주택의 인도와 주민등록을 마친 이상 주택임대차보호법 제3조 제2항의 규정에 의하여 임차인과의 관계에서 그 주택의 양수인으로서 임대인의 지위를 승계하였다고 보아야 한다(대법원 1999. 4. 23. 선고 98다49753 판결).

마. 경락 매수인

1) 경매에 의하여 소멸하는 선순위 저당권이 없는 경우(대항력〉경매개시결정 압류, 저당권설정등기)

가) 강제경매의 경우 대항력 발생 후 경매개시결정 압류 시 경락 매수인에게 대항가능

임대차의 대항력 발생 후에 경매개시결정의 기입등기(가압류가 있는 경우에는 그 가압류기입등기)가 되었을 때 매수인(낙찰자)에게 대항할 수 있다(대법원 1983. 4. 26. 선고 83다카116 판결).

나) 담보권실행을 위한 경매의 경우 대항력 발생 후 저당권설정등기 시 경락 매수인에게 대항가능

임대차의 대항력 발생 후에 저당권설정등기가 되었을 때 매수인(낙찰자)에게 대항할 수 있다. 대항력을 갖춘 임차인이 저당권설정등기 이후에 임차인과의 합의에 의하여 보증금을 증액한 경우 보증금 중 증액부분에 관하여는 저당권에 기하여 건물을 경락받은 소유자에게 대항할 수 없다.

2) 경매에 의하여 소멸하는 선순위 저당권이 있는 경우

가) 대항력 발생 전에 최우선순위의 저당권설정등기 등이 되었을 때(경락 매수인에 대한 대항력 없음)

(1) 강제집행이나 후순위 저당권의 실행으로 임차주택이 매각되어 선순위 저당권이 소멸하면 비록 후순위 저당권자에게는 대항할 수 있는 임차권이라 하더라도 선순위 저당권보다 뒤에 대항력을 갖춘 임차권은 함께 소멸하므로 이런 경우 매수인

(낙찰자)에게는 임대차를 가지고 대항할 수 없다(대법원 1990. 8. 14. 선고 90다카11377 판결).

(2) 주택임대차보호법 제3조 제1항의 대항요건을 갖춘 주택임대차보다 앞서는 저당권이나 압류, 가압류가 있는 경우에 그 주택이 강제경매나 담보권 실행을 위한 경매로 매각될 때 임차인이 경매절차의 매수인에 대하여 대항력을 주장할 수 있는지가 문제되는데, 우리 민사집행법 제91조 제3항은 "지상권·지역권·전세권 및 등기된 임차권은 저당권·압류채권·가압류채권에 대항할 수 없는 경우에는 매각으로 소멸된다"고 규정하고 있고, 주택임대차보호법 제3조 제1항에 따라 제3자에 대하여 효력이 있는 주택임대차는 민법 제621조 제2항의 등기된 임차권과 같다고 할 수 있으므로, 경매절차에서 주택임대차가 대항요건을 갖춘 때보다 앞서는 저당권이나 압류, 가압류가 있는 경우에 그 주택임대차는 매각으로 소멸되고, 그 주택임차인은 경매절차의 매수인에 대하여 대항력을 주장하여 인도를 거부하거나 경매절차의 매수인이 임대인의 지위를 승계하여 보증금반환의무를 진다고 주장할 수 없다.

(3) 경매절차에서 주택임대차가 '저당권·압류채권·가압류채권에 대항할 수 없는 경우'에 해당하는지 여부는 그 경매절차의 기초가 된 저당권이나 압류, 가압류를 가지고 따지는 것이 아니라 그 임차주택에 대하여 가장 빨리 마쳐진 저당권이나 압류, 가압류를 기준으로 하여 그보다 앞서 대항요건을 갖추지 못한 주택임대차는 경매절차에서의 매각으로 인하여 소멸한다. 그렇지 않으면 임차인에 앞서는 선순위자의 이익을 해치기 때문이다.

(4) 물론 이는 임차주택이 경매절차에서 매각되는 경우에 관한 것이고, 경매나 체납처분에 따른 공매절차에 의하지 아니하고 매매, 교환, 증여 등의 법률행위로 인한 소유권 이전의 경우에 대항력 있는 임대차에 선행하는 선순위의 저당권이나 압류, 가압류가 있다고 하여 그 임대차의 대항력이 법률행위로 인한 소유권 이전에 따라 소멸하는 것은 아니다.

나) 대항력 발생 전에 최우선순위의 저당권설정등기가 되었다가 사후에 소멸된 경우(경락 매수인에 대한 대항력 있음, 매수인의 권리구제 방법)

(1) 다만, 임대차의 대항력 발생시기보다 앞선 저당권이 피담보채무의 변제 등 사유로 소멸되었다면 임차권의 대항력이 소멸하지 아니한다(대법원 1996. 2. 9. 선고 95다49523 판결). 그 저당권이 매각대금지급 전에 소멸하였어도 매수인에게 대항할 수 있다(대법원 1998. 8. 24.자 98마1031 결정).

(2) 위와 같이 선순위 저당권의 소멸로 인하여 임차권의 대항력이 존속하는 것으로 변경됨으로써 매각부동산의 부담이 현저히 증가하는 경우에는 매수인으로서는 대금납부 전까지는 민사집행법 제127조 제1항의 유추적용에 의하여 매각허가결정의 취소신청을 할 수 있다.

(3) 부동산의 경매절차에 있어서 주택임대차보호법 제3조에 정한 대항요건을 갖춘 임차권보다 선순위의 근저당권이 있는 경우에는, 낙찰로 인하여 선순위 근저당권이 소멸하면 그보다 후순위의 임차권도 선순위 근저당권이 확보한 담보가치의 보장을 위하여 그 대항력을 상실하는 것이지만, 낙찰로 인하여 근저당권이 소멸하고 낙찰인이 소유권을 취득하게 되는 시점인 매각대금지급기일 이전에 선순위 근저당권이 다른 사유로 소멸한 경우에는, 대항력이 있는 임차권의 존재로 인하여 담보가치의 손상을 받을 선순위 근저당권이 없게 되므로 임차권의 대항력이 소멸하지 아니한다.

하지만 선순위 근저당권의 존재로 후순위 임차권이 소멸하는 것으로 알고 매수인이 부동산을 매각받았으나, 그 후 채무자가 후순위 임차권의 대항력을 존속시킬 목적으로 선순위 근저당권의 피담보채무를 모두 변제하고 그 근저당권을 소멸시키고도 이 점에 대하여 매수인(낙찰자)에게 아무런 고지도 하지 않아 매수인(낙찰자)이 대항력 있는 임차권이 존속하게 된다는 사정을 알지 못한 채 대금지급기일에 매각대금을 지급하였다면, 채무자는 민법 제578조 제3항의 규정에 의하여 매수인(낙찰자)이 입게 된 손해를 배상할 책임이 있다(대법원 1998. 8. 24.자 98마1031 결정, 2003. 4. 25. 선고 2002다70075 판결).

(4) 경매의 목적물에 대항력 있는 임대차가 존재하는 경우에 매수인이 이를 알지 못한 때에는 주택임대차보호법 제3조 제3항의 규정에 의하여 매수인은 이로 인하여 계약의 목적을 달성할 수 없는 경우에 한하여 계약을 해제하고 채무자 또는 채무자에게 자력이 없는 때에는 배당을 받은 채권자에게 그 대금의 전부나 일부의 반환을 구하거나, 그 계약해제와 함께 또는 그와 별도로 경매목적물에 위와 같은 흠결이 있음을 알고 고지하지 아니한 채무자나 이를 알고 경매를 신청한 채권자에게 손해배상을 청구할 수 있을 뿐이다(대법원 1996. 7. 12. 선고 96다7106 판결).

따라서 계약을 해제함이 없이 채무자나 경락대금을 배당받은 채권자들을 상대로 경매목적물상의 대항력 있는 임차인에 대한 임대차보증금에 상당하는 경락대금의 전부나 일부를 부당이득하였다고 하여 바로 그 반환을 구할 수 있는 것은 아니고, 먼저 계약해제를 하여야 한다.

3) 소결

가) 결국 임차주택에 저당권, 가압류 또는 압류, 담보가등기 중 가장 빠른 등기가 경료된 시점을 기준으로 그 전까지 대항력을 구비하거나, 임차주택에 위와 같은 등기가 되어 있지 아니한 경우에는 경매개시결정 혹은 체납처분에 의한 압류의 효력이 발생하기 전까지 대항력을 구비한 경우 경락 매수인에게 대항할 수 있다.

나) 이를 요약하면, 임차인이 대항력을 갖춘 시점(대항력의 발생시기는 주택인도와 주민등록을 마친 '다음 날'임)이 최선순위 저당권설정일이나 최선순위 가압류기입등기일보다 먼저인 경우 그 임차인은 매수인(낙찰자)에게 대항할 수 있다.

바. 경락 매수인이나 매매계약 매수인이 대항력 있는 임차권의 존재 등을 알지 못한 경우에는 계약목적 달성할 수 없는 경우에 한해 담보책임 추궁 가능

1) 주택임대차보호법 제3조 제5항의 규정 및 입법취지

주택임대차보호법 제3조 제5항은 “이 법에 따라 임대차의 목적이 된 주택이 매매나 경매의 목적이 된 경우에는 민법 제575조 제1항, 제3항 및 같은 법 제578조를 준용한다”고 규정하고, 민법 제575조 제1항은 “매매의 목적물이 지상권, 지역권, 전세권, 질권 또는 유치권의 목적이 된 경우에 매수인이 이를 알지 못한 때에는 이로 인하여 계약의 목적을 달성할 수 없는 경우에 한하여 매수인은 계약을 해제할 수 있다. 기타의 경우에는 손해배상만을 청구할 수 있다”고 규정하고, 제3항은 “전 제2항의 권리는 매수인이 그 사실을 안 날로부터 1년 내에 행사하여야 한다”고 규정하고 있다. 그리고 민법 제578조 제1항은 “경매의 경우에는 경락인은 전 제8조의 규정에 의하여 채권자에게 계약의 해제 또는 대금감액의 청구를 할 수 있다”고 규정하고, 제2항은 “전항의 경우에 채무자가 자력이 없는 때에는 경락인은 대금의 배당을 받은 채권자에 대하여 그 대금 전부나 일부의 반환을 청구할 수 있다”고 규정하고 있다.

주택임대차보호법은 주택의 인도와 주민등록이라는 간이한 방법으로 임차권의 대항력을 인정하므로 양수인이 대항력 있는 임차권의 존재를 모르고 임차주택을 양수할 수 있다. 그 결과 양수인은 임차주택의 사용·수익이 제한되고 보증금반환채무까지 승계하는 등 예상하지 못한 손해를 입을 수 있다. 이러한 사태에 대비하여 양수인의 보호대책을 강구하기 위하여 주택임대차보호법이 위와 같은 담보책임에 관한 규정을 둔 것이다.

2) 요건

가) 주택에 인도와 주민등록으로 대항요건을 갖춘 임차인이 있을 것

주택임대차보호법 제3조 제5항에 따른 담보책임을 추궁하기 위해서는 주택의 인도와 주민등록을 모두 마쳐 대항요건을 갖춘 임차인의 자격을 갖추어야 한다.

다만, 이러한 임차인이 경매절차에서 우선변제권을 행사하여 보증금 전부를 배당받아 가거나 선순위저당권의 존재로 인하여 경매절차의 매수인에게 대항할 수 없는 경우에는 임차권이 승계되지 아니하므로 담보책임이 문제될 여지가 없다.

나) 주택이 매매 또는 경매에 의하여 양도되었을 것

민법 제578조에서 말하는 경매는 민사집행법상의 강제집행이나 담보권 실행을 위한 경매 또는 국세징수법상의 공매 등과 같이 국가나 그를 대행하는 기관 등이 법률에 기하여 목적물 권리자의 의사와 무관하게 행하는 매도행위만을 의미하는 것으로 보아야 할 것이다.

다) 매수인이 대항력 있는 임차인이 있다는 사실을 몰랐을 것

매매의 경우나 경매의 경우나 대항력 있는 임차인이 있다는 사실을 알고 주택을 매수한 매수인은 보호할 필요가 없다. 매수인은 대항력 있는 임차권의 존재로 인한 불이익을 각오하여 완전한 목적물을 취득할 것이라는 기대를 가지고 있지 않고, 그러한 임차권의 존재를 고려하여 매매대금을 결정하였을 것이기 때문이다. 민법 제575조 제1항 전문은 “매매의 목적물이 지상권, 지역권, 전세권, 질권 또는 유치권의 목적이 된 경우에 매수인이 이를 알지 못한 때에는 이로 인하여 계약의 목적을 달성할 수 없는 경우에 한하여 매수인은 계약을 해제할 수 있다”고 규정하고, 후문은 “기타의 경우에는 손해배상만을 청구할 수 있다”고 규정하고 있는데, 전문의 ‘매수인이 이를 알지 못한 때에는’은 후문의 손해배상의 요건이기도 한 것이다.

이와 같이 매수인이 담보책임을 묻기 위해서는 선의의 매수인이어야 하는데, 등기기록을 열람하여 존재를 쉽게 알 수 있는 지상권이나 전세권, 등기된 임차권과는 달리, 인도와 주민등록으로만 공시되는 주택임대차보호법 제3조에 의한 대항력 있는 임차권의 경우에는 악의가 추정된다고 보기 어렵다.

경매의 경우에는 임대차의 기간, 차임, 보증금, 주민등록 전입신고일자 등이 매각물건명세서에 기재되어 열람에 제공되고 매각기일의 공고내용에 포함되므로(민사집행법 제105조, 제106조), 이와 같이 대항력 있는 임대차가 공고된 경우에는 매수인의 악의가 추정되고, 반대로 매각물건명세서와 매각기일의 공고내용에서 이러한 내용이 누락된 채 경매가 진행된 경우에는 매수인의 선의가 사실상 추정된다고 할 것이다.[12]

라) 경매의 경우 배당이 실시되었을 것을 요건으로 하는지 여부(= 부정, 매각허가결정 확정 전이면 매각허가결정 취소신청, 매각허가결정 후에는 배당실시 전후 모두 본 조 담보책임 추궁가능)

(1) 경매절차에서 매각허가결정이 확정되기 전이면 매각물건명세서 작성의 잘못(민사집행법 제121조 제5호)이나 중대한 권리관계의 변동(대항력 있는 임대차보다 선순위의 저당권이 소멸한 경우, 민사집행법 제121조 제6호)을 이유로 즉시항고를 함으로써 구제를 받을 수 있고, 매각허가결정 확정 후 대금납부 전이라면 민사집행법 제127조에 의하여 매수인은 매각허가결정에 대하여 취소신청을 함으로써 구제를 받을 수 있다. 매각허가결정이 취소되면 매수인은 경매법원으로부터 매각대금을 돌려받고 매수인 앞으로의 소유권이전등기는 경매법원의 직권에 의한 촉탁으로 말소하고 저당권 등 말소되었던 등기들도 역시 경매법원의 직권에 의한 촉탁으로 회복등기를 함으로써, 매각 이전의 상태로 되돌아가고 매각기일을 새로 지정하는 등 경매절차를 다시 진행하게 된다.

(2) 그러나 매각대금납부 후 배당이 실시되기 전에 비로소 임차권의 인수 사실을 알게 된 경우에는 ① 계약의 목적을 달성할 수 없는 경우에는 계약을 해제하고 채무자 또는 채무자에게 자력이 없는 때에는 배당을 받은 채권자에게 그 대금의 전부나 일부의 반환을 구하거나, 위 계약해제와 함께 또는 이와 별도로 경매목적물에 위와 같은 흠결이 있음을 알고 고지하지 아니한 채무자나 이를 알고 경매를 신청한 채권자에게 손해배상을 청구할 수 있고(대법원 1996. 7. 12. 선고 96다7106 판결 등 참조), ② 계약의 목적을 달성할 수 없는 정도가 아니어서 계약을 해제할 수 없거나 해제를 원하지 아니하는 경우에는 손해배상에 의한 담보책임(민법 제578조)을 물을 수 있다고 할 것이므로, 매각대금납부 후 배당이 실시되기 전에 매수인이 민사집행법 제127조의 유추적용에 의해 보호를 받을 수 있다고 하더라도 그 때문에 담보책임에 의한 보호를 부정할 것은 아니다. 즉 이때에는 매수인에게 민사집행법 제127조에 의한 구제와 담보책임에 의한 구제가 중첩적으로 부여되는 것이거나 이때의 매각허가결정의 취소신청은 담보책임을 추급하여 해제를 하는 특수한 방법으로 볼 수도 있을 것이다.

(3) 배당이 실시된 후에는 물론 담보책임에 의한 구제만이 가능하다.

---

12) 민일영, 주택 · 상가건물의 경매와 임대차, 박영사(2009), 213; 주석민법 채권각칙(3), 한국사법행정학회(2016), 836

3) 효과(임차주택이 경매절차에서 매각된 경우)

가) 계약의 해제

(1) 대항력 있는 임차권의 존재를 알지 못하였던 임차주택의 양수인이 이로 인하여 계약의 목적을 달성할 수 없는 경우에는 계약을 해제할 수 있다. 경매의 경우에는 매각허가결정의 확정으로 매매가 이루어진 것으로 보게 되므로, 담보책임은 이때부터 문제된다. 매각허가결정 확정 후 대금을 납부하기 전에 대항력 있는 임대차의 존재가 비로소 드러난 경우에 임차권을 인수하면서까지 매수하는 것을 원하지 않는 경매절차의 매수인으로서는 민사집행법 제127조 제1항에 따라 매각허가결정의 취소신청을 할 수 있으므로, 경매절차의 매수인이 담보책임을 묻는 방법의 하나로 해제가 문제되는 것은 주로 대금을 납부한 후이다.

(2) 경매절차에서 임차주택을 매수한 매수인이 민법 제578조 제1항에 따라 계약을 해제한다고 할 때, 해제의 의미에 관하여 경매를 해제한다는 것은 사법적 측면에서만 효력을 발휘하여야 하고 공법적인 측면에까지 당연히 영향을 미칠 수는 없는 것이라고 하여 매각허가결정의 효력에는 아무런 영향을 미치지 않으면서 채무자에 대해서만 매수의 효력을 부정하여 대금반환의무를 지우는 것이며, 이로써 매수인의 해제로 인한 법률관계는 종결되며 그 밖의 배당을 받은 채권자 등의 법률관계는 아무런 영향을 받지 않는다는 견해도 있지만[13], 경매절차의 매수인이 민법 제578조 제1항에 따라 계약을 해제하면 매각허가결정은 효력을 잃고 매각허가결정이 있기 전의 상태로 되돌아가는 것이 원칙이지만, 채무자가 대금 전부를 반환하면 그 범위에서 배당받은 채권자들의 채권도 소멸하는 것이라고 보는 것이 타당할 것이다.

(3) 해제의 상대방은 채무자이고, 경매목적물인 임차주택이 물상보증인의 소유였으면 해제의 상대방은 물상보증인으로 보아야 할 것이다.

(4) 경매절차의 매수인이 계약을 해제하면 채무자는 매각대금 납부일부터의 법정이자를 포함하여 매각대금을 전액 반환하여야 한다. 경매된 임차주택이 물상보증인 소유인 경우 민법 제578조 제2항에 따라 1차적으로 대금반환의무를 지는 것이 채무자인가 아니면 물상보증인인가에 관하여 견해의 대립이 있으나 판례는 물상보증인설을 취하고 있다(대법원 1988. 4. 12. 선고 87다카2641 판결 참조).

(5) 민법 제587조 제2항은 대금을 반환할 채무자가 자력이 없는 때에는 매각대금으로부터 배당을 받은 채권자들이 2차적, 보충적으로 배당받은 금액의 한도 내에

13) 민일영, 주택 · 상가건물의 경매와 임대차, 박영사(2009), 216-222

서 반환의무를 부담하는 것으로 정하고 있다. 채권자들이 반환하여야 할 범위는 각자 배당받은 금액(채무자와는 달리 배당금을 현실적으로 수령한 날부터의 이자를 포함한다) 범위로 한정되고, 채권자들이 연대책임을 지는 것이 아니다.

나) 대금감액

(1) 민법 제578조 제1항이 준용하는 민법 제575조 제1항에서 해제와 손해배상만을 인정할 뿐 대금감액청구를 인정하지 않는 이유는 본래 용익권의 존재는 소유권에 대한 질적인 하자가 되어 감축되어야 할 액수를 산정할 수 없기 때문이므로 감액산정이 용이한 경우에는 대금감액을 인정하는 것이 바람직하므로 대항력 있는 임대차가 존재하기는 하나 매수인이 계약의 목적을 달성할 수 없는 경우가 아니라면 계약을 해제할 수 없고(민법 제575조 제1항) 해제할 필요도 없으며, 그 대신 대금을 감액하는 것으로 손해를 막을 수 있으므로, 특히 경매절차에서 임차주택이 매각된 경우 대항력 있는 임대차의 보증금액만큼 대금감액청구를 할 수 있다고 봄이 상당하다.

(2) 이에 대해서는 민법 제575조가 매수인의 권리로서 대금감액청구권을 인정하지 않고 있으므로 대금반환청구를 직접 인정할 수는 없으나, 매수인이 대항력 있는 임차권을 인수하여 보증금반환의무를 부담하게 될 경우 민법 제575조 제1항 및 제578조 제3항의 손해배상청구를 할 수 있고, 이때의 손해는 인수하게 된 보증금액과 임차주택을 사용·수익하지 못하는 것으로 인한 손해를 모두 포함하는 것으로 해석하면 되므로, 계약해제를 전제하지 않은 대금감액을 허용하지 않아야 한다는 견해도 있다.

(3) 사견(대금감액청구 허용설 지지)

대금감액청구를 허용하는 것과 허용하지 않고 손해배상청구만 가능하다고 하는 것 사이에는 대금감액청구는 채무자와 배당을 받은 채권자를 상대로 할 수 있는 반면 손해배상청구는 채무자와 경매신청채권자에 대해서만 할 수 있다는 것과 손해배상청구는 악의의 채무자 및 경매신청채권자의 고지의무위반이 인정되는 경우에만 할 수 있다는 차이가 있다. 경매절차의 매수인이 예상 외로 인수하여야 하는 임대차의 보증금액이 손해임은 분명하고 경매절차의 매수인이 아직 대금을 납부하지 아니하였거나 대금을 납부하였으나 배당이 실시되기 전이라면 그 단계에서는 해제를 하여야 할 정도까지는 아닌 매수인으로서는 손해배상에 의한 담보책임을 묻는 특수한 방법으로 경매법원에 대하여 인수하여야 하는 보증금액만큼 대금의 감액 또는 이미 납부한 대금의 반환을 청구하는 것이 간명한 해결방법이므로 비록 명문의 규정은 없지만 이를 허용하는 것으로 적극적으로 해석하는 것이 타당하다는 것이 사견이다.

다) 손해배상

(1) 경매절차에서 채무자가 대항력 있는 임대차의 존재를 알면서도 고지하지 않거나 채권자가 이를 알고 경매를 신청한 때에는 경매절차의 매수인은 그 사실을 알고 있던 채무자나 경매신청채권자에 대하여 손해배상을 청구할 수 있다(주택임대차보호법 제3조 제5항, 민법 제578조 제3항).

예를 들어, 대항요건을 갖춘 임차인에 앞서는 선순위 저당권자가 있어서 임차권을 인수하지 않을 것으로 알고 매수인이 매수신고를 하였는데, 채무자가 매각허가결정이 확정된 후 대금지급기한 사이에 임차권의 대항력이라도 유지될 수 있도록 선순위 근저당권을 말소하여 달라는 임차인의 간청에 따라 선순위 근저당권자에게 피담보채무를 변제하여 선순위 저당권을 소멸시킴으로써 매각대금을 납부한 매수인이 대항력 있는 임차권을 인수하게 된 사안에서, 판례는 채무자가 임대차보다 선순위의 저당권을 소멸시킨 사실을 고지하지 아니하여 매수인이 대항력 있는 임차권이 존속되게 된다는 사정을 알지 못한 채 대금을 납부하였다면 채무자는 민법 제578조 제3항에 따라 매수인이 입은 손해를 배상할 책임이 있다고 하였다(대법원 2003. 4. 25. 선고 2002다70075 판결).

채무자와 경매신청채권자 모두 대항력 있는 임차인의 존재를 알면서 고지하지 아니하였을 경우, 채무자와 경매신청채권자의 손해배상의무는 부진정연대관계에 있다.

(2) 매수인은 해제 여부와 관계없이 손해배상청구를 할 수 있다(대법원 1996. 7. 12. 선고 96다7106 판결). 손해배상의 대상은 매수인이 대항력 있는 임차권의 존재로 인하여 임차주택을 사용·수익할 수 없게 되어 발생하는 손해이다.

Ⅲ. 확정일자를 갖춘 임차인의 우선변제권

1. 우선변제권의 요건

가. 요건(법 제3조 제1항의 대항요건+임대차계약증서상의 확정일자)

우선변제권의 요건은 ① 주택임대차보호법 제3조 제1항의 대항요건을 갖출 것, ② 임대차계약증서상의 확정일자를 받을 것, ③ 임차주택이 경매 또는 체납처분에 의하여 매각되었을 것, ④ 배당요구의 종기까지 배당요구를 하였을 것, ⑤ 배당요구의 종기까지 대항력을 유지할 것이다.

나. 주택임대차보호법 제3조 제1항의 대항요건(주택인도와 주민등록)의 구비

우선변제권이 인정되기 위해서는 먼저 임차인이 주택임대차보호법에서 요구하는 인도와 주민등록이라는 대항요건을 구비하여야 한다(주택임대차보호법 제3조의2 제2항, 제3조 제1항). 따라서 위의 대항요건을 구비하지 아니한 임차인은 임대차계약서에 확정일자를 구비하였는지 여부와 상관없이 우선변제권이 인정되지 않는다.

주택임대차보호법 제8조에 따라 소액임차인이 우선변제를 받기 위해서 경매신청의 등기 전에 대항요건을 갖추어야 하지만, 확정일자를 갖춘 임차인의 우선변제권의 경우에는 대항요건을 경매신청 등기 전까지 갖추어야 할 필요는 없다.

다. 대항요건의 존속시기(=배당요구의 종기)

1) 배당요구의 종기까지 갖추어야 함

가) 소액임차인은 법 제8조 제1항 단서가 경매신청의 등기(경매개시결정의 기입등기) 전에 대항요건을 갖추어야 한다고 규정하고 있으나,[14] 확정일자를 갖춘 임차인의 경우 아무런 규정이 없으므로 반드시 경매신청의 등기 이전에 요건을 갖출 필요가 없다.

나) 이때 임차인이 경매절차의 어느 단계까지 우선변제권을 위한 대항요건을 구비하여야 하는지 문제된다. 우선변제권의 행사는 배당요구로 외부에 표출되므로 배당요구 시 대항요건을 갖추고 있어야 하는 것은 자명한데 임차인이 배당요구를 한 후 임차주택에서 퇴거해도 무방하다고 한다면 배당요구는 경매법원이 정한 배당요구의 종기(終期)까지 가능하므로, 임차인의 퇴거 이후 그 주택을 다른 임차인이 다시 임차받아 배당요구하는 것을 막을 수 없다. 이를 악용하면 동일한 임차 주택에 다수의 임차인이 생겨 후순위 권리자의 이익을 해칠 우려가 있고, 가장 임차인이 발호할 가능성도 크므로, 이러한 가능성을 조금이라도 차단하기 위해 배당요구의 종기까지 대항요건을 갖출 것을 요구할 필요가 있다.

다) 대법원 2007. 6. 14. 선고 2007다17475 판결은 "소액보증금 우선변제권에 대한 사안에서 주택임대차보호법 제8조에서 임차인에게 같은 법 제3조 제1항 소정의 주택의 인도와 주민등록을 요건으로 명시하여 그 보증금 중 일정액의 한도 내에서는 등기된 담보물권자에게도 우선하여 변제받을 권리를 부여하고 있는 점, 위 임차인은

---

14) 여기서 말하는 경매신청의 등기는 민사집행법에 따른 기입등기뿐 아니라 체납처분에 의한 공매절차에서의 기입등기도 포함한다(대법원 2004. 3. 26. 선고 2003다65940 판결).

배당요구의 방법으로 우선변제권을 행사하는 점, 배당요구 시까지만 위 요건을 구비하면 족하다고 한다면 동일한 임차주택에 대하여 주택임대차보호법 제8조 소정의 임차인 이외에 같은 법 제3조의2 소정의 임차인이 출현하여 배당요구를 하는 등 경매절차상의 다른 이해관계인들에게 피해를 입힐 수도 있는 점 등에 비추어 볼 때, 공시방법이 없는 주택임대차에 있어서 주택의 인도와 주민등록이라는 우선변제의 요건은 그 우선변제권 취득 시에만 구비하면 족한 것이 아니고, 민사집행법상 배당요구의 종기까지 계속 존속하고 있어야 한다."라고 판시하였다.

라) 결국 우선변제권 행사의 요건으로서 대항요건은 확정일자를 갖춘 임차인과 소액임차인 모두 "배당요구의 종기"까지 계속 갖추고 있어야 한다. 배당요구종기 이전에 임차주택에서 다른 곳으로 이사를 가거나 주민등록을 전출하여 대항요건을 상실한 경우에는 우선변제를 받을 수 없으므로, 이런 경우에는 임차권등기를 마쳐야만 우선변제를 받을 수 있다.

마) 배당요구의 종기가 연기된 경우에는 연기된 배당요구의 종기까지 대항요건을 계속 구비하여야 한다(대법원 2002. 8. 13. 선고 2000다61466 판결).

2) 연기된 배당요구의 종기 이전에 전출한 임차인의 우선변제권행사 여부

가) 문제점 제기

우선변제권 행사의 요건은 확정일자를 갖춘 임차인과 소액임차인 모두 '배당요구의 종기'까지 계속 갖추고 있어야 한다. 배당요구종기 이전에 임차주택에서 다른 곳으로 이사가거나 주민등록을 전출하여 대항요건을 상실한 경우에는 우선변제를 받을 수 없으므로, 이런 경우에는 임차권등기를 경료하여야만 우선변제를 받을 수 있다.

그런데 부득이한 사정에 의하여 배당요구의 종기가 연기되는 경우에 만일 종전 배당요구의 종기까지 배당요구를 한 임차인이 연기된 배당요구의 종기 이전에 다른 주소로 전출을 하였다면 그 임차인에게 우선변제권에 따른 배당을 할 수 있는지가 문제된다.

나) 검토(= 소극설)

(1) 이에 대하여, 어떤 사유로든 배당요구종기가 연기되었을 때 법원이 이를 공고하고 배당요구를 할 수 있는 채권자들에게 통지하여야 하나 이미 배당요구 또는 채권신고를 한 사람에 대하여는 새로운 배당요구의 종기를 고지하지 아니하고(민사집행법 제84조 제7항 단서), 배당요구종기의 연기는 이는 임차인으로서는 전혀 예측할 수 없었던 사정이라는 점을 고려하면, 종전 배당요구의 종기를 고지받아 그에 따

라 배당요구를 하고 그 종기 이후에 주민등록을 전출한 임차인을 배당에서 배제하는 것은 지나치게 가혹한 것으로 보이므로, 대항력을 유지하고 있는 것으로 취급하는 것이 상당한 것으로 보인다는 견해(적극설)가 있다.[15)]

(2) 그러나 대법원 2002. 8. 13. 선고 2000다61466 판결은, "배당요구의 종기가 연기된 경우에는 연기된 배당요구의 종기까지 대항요건을 계속 구비하여야 한다"고 판시하고 있다(소극설). 위 판결은 구법시대 판결이지만, 현행법에도 그대로 적용된다.[16)]

예규도 마찬가지로 소극설을 취하고 있다. 재판예규 제943-37호 경매절차진행사실의 주택임차인에 대한 통지(재민 98-6)는 "경매법원은 집행관의 현황조사보고서 등의 기재에 의하여 주택임차인 또는 상가건물임차인으로 판명된 자, 임차인인지 여부가 명백하지 아니한 자, 임차인으로 권리신고를 하고 배당요구를 하지 아니한 자에 대하여 [전산양식 A3337] 또는 [전산양식 A3338] 기재 통지서를 송부하여 주택임대차보호법 제3조 제1항 또는 제2항이 정하는 대항요건과 임대차계약서(제3조제2항의 경우에는 법인과 임대인 사이의 임대차계약서를 말함)상의 확정일자를 구비한 임차인 또는 같은 법 제8조 제1항이 정하는 소액임차인이거나, 상가건물 임대차보호법 제3조 제1항이 정하는 대항요건을 갖추고 임대차계약서상의 확정일자를 받은 임차인 또는 같은 법 제14조 제1항이 정하는 소액임차인이라도 배당요구종기까지 배당요구를 하여야만 우선변제를 받을 수 있음을 고지하여야 한다"고 규정하고 있고, 위 재민 98-6에 따른 [주택임차인에 대한 통지서](전산양식 A3337) 및 [상가건물임차인에 대한 통지서](전산양식 A3338)에도 "다만 배당요구의 종기가 연기된 경우에는 연기된 배당요구의 종기까지 대항요건을 계속 구비하여야 합니다."고 기재되어 있다.

라. 배당요구 또는 우선권행사의 신고를 하였을 것

확정일자부 우선변제권을 행사하기 위해서는 배당요구 또는 우선권행사의 신고를 하여야 한다. 나아가 민사집행법상 경매에서 배당요구는 집행법원이 정하는 배당요구의 종기까지 하여야 한다(민사집행법 제84조 제1항, 제88조).

우선변제권과 대항력을 겸유하고 있는 임차인으로서는 우선변제권과 대항력을 선택적으로 행사할 수 있는데, 그 중에 대항력만을 행사하는 경우도 있을 수 있으므

15) 민사집행법 실무연구[재판자료 제109집](2006년), 73-74

16) 윤경, "주택임차인이 우선변제를 받기 위하여 그 요건을 존속시켜야 하는 '배당요구의 종기인 경락기일'의 의미" 참조. 위 논문에는 적극설과 소극설에 대한 견해의 대립이 자세히 소개되어 있다.

로 반드시 우선변제권을 행사하여 배당받기 위해서는 우선변제권을 행사한다는 의사 표시를 집행법원에 하여야만 하는 것이다.

다만 주택임대차보호법상의 대항력과 우선변제권을 모두 가지고 있는 임차인이 보증금을 반환받기 위하여 보증금반환청구 소송의 확정판결 등 집행권원을 얻어 임차주택에 대하여 스스로 강제경매를 신청하였다면 특별한 사정이 없는 한 대항력과 우선변제권 중 우선변제권을 선택하여 행사한 것으로 보아야 하고, 이 경우 우선변제권을 인정받기 위하여 배당요구의 종기까지 별도로 배당요구를 하여야 하는 것은 아니므로, 이와 같이 우선변제권이 있는 임차인이 집행권원을 얻어 스스로 강제경매를 신청하는 방법으로 우선변제권을 행사하고, 그 경매절차에서 집행관의 현황조사 등을 통하여 경매신청채권자인 임차인의 우선변제권이 확인되고 그러한 내용이 현황조사 보고서, 매각물건명세서 등에 기재된 상태에서 경매절차가 진행되어 매각이 이루어졌다면, 특별한 사정이 없는 한 경매신청채권자인 임차인은 배당요구의 종기까지 별도로 배당요구를 하지 않더라도 배당절차에서 후순위권리자나 일반채권자보다 우선하여 배당받을 수 있다.[17]

마. 확정일자를 갖출 것

1) 확정일자를 갖추는 방법

가) 확정일자란 증서에 관하여 그 작성한 일자에 관한 완전한 증거가 될 수 있는 것으로 법률상 인정되는 일자를 말하며, 당사자가 나중에 변경하는 것이 불가능한 확정된 일자를 가리킨다(민법 부칙 제3조 참조, 대법원 1998. 10. 2. 선고 98다28879 판결).

확정일자는 민법 부칙 제3조에 의거하여 부여한다. 임대차계약서에 확정일자를 갖추는 방법으로서는 ① 공증인사무소, 법무법인 또는 공증인가 합동법률사무소 등 공증기관에서 임대차계약서를 공정증서로 작성하는 방법, ② 사문서로 된 임대차계약서에 위 공증기관에서 확정일자를 찍어주는 방법, ③ 사문서로 된 임대차계약서에 법원, 등기소의 공무원과 읍·면사무소 또는 동 주민센터의 공무원[18]이 확정일자를 찍어주는 방법이 있다.[19]

---

17) 대법원 2013. 11. 14. 선고 2013다27831 판결

18) 읍·면사무소 또는 동 주민센터의 확정일자 부여는 1997. 9. 1.부터 시행.

19) 2013. 8. 13.자 법 개정으로(2014. 1. 1. 시행) 시(특별시·광역시·특별자치시는 제외하고, 특별자치도는 포함한다)·군·구(자치구를 말한다)의 출장소도 확정일자를 부여할 수 있게 되었고(법

주택의 임차인이 주택임대차보호법의 우선변제요건을 갖추었을 뿐 아니라 전세권등기까지 한 경우에는 위 각 법에 의한 보호뿐 아니라 전세권자로서도 보호를 받게 되고(대법원 1993. 12. 24. 선고 93다39676 판결 등), 전세권설정계약서에 날인된 등기소의 일부인도 확정일자로 보아야 한다(대법원 2002. 11. 8. 선고 2001다51725 판결).

나) 그런데 주택임대차보호법과는 달리 상가건물 임대차보호법상의 확정일자는 '관할 세무서장'으로부터 받아야 한다(상가건물 임대차보호법 제5조 제2항).[20]

다) 임대차계약서에 아파트의 명칭과 동·호수의 기재를 누락하였더라도 이에 확정일자를 받으면 법상 확정일자의 요건을 갖추고 있는 것이다. 확정일자의 요건을 규정한 것은 임대인과 임차인 사이의 담합으로 임차보증금의 액수를 사후에 변경하는 것을 방지하고자 하는 취지일 뿐, 대항요건으로 규정된 주민등록과 같이 당해 임대차의 존재 사실을 제3자에게 공시하고자 하는 것은 아니므로, 확정일자를 받은 임대차계약서가 당사자 사이에 체결된 당해 임대차계약에 관한 것으로서 진정하게 작성된 이상, 위와 같이 임대차계약서에 임대차 목적물을 표시하면서 아파트의 명칭과 그 전유 부분의 동·호수의 기재를 누락하였다는 사유만으로 주택임대차보호법 제3조의2 제2항에 규정된 확정일자의 요건을 갖추지 못하였다고 볼 수는 없기 때문이다(대법원 1999. 6. 11. 선고 99다7992 판결).

2) 계약서를 분실한 경우의 확정일자 입증방법

확정일자를 받은 사실은 반드시 임대차계약서로만 입증하여야 하는 것은 아니고 공정증서대장 등 다른 방법으로 입증할 수 있다(대법원 1996. 6. 25. 선고 96다12474 판결).

확정일자를 받아 우선 변제권을 취득한 임차인이 나중에 그 임대차계약서를 분실하거나 그 임대차계약서가 멸실 되었다고 하여 그 우선 변제권이 소멸된다고는 볼

제3조의6 제1항), 법 제3조의6 제1항의 확정일자부여기관은 해당 주택의 소재지, 확정일자 부여일, 차임 및 보증금 등을 기재한 확정일자부를 작성하여야 하고, 주택의 임대차에 이해관계가 있는 자는 확정일자부여기관에 해당 주택의 확정일자 부여일, 차임 및 보증금 등 정보의 제공을 요청할 수 있게 되었다(법 제3조의6 제2, 3항, 주택임대차보호법 시행령 제4조 내지 제6조). 이에 따라 대법원은 2014. 7. 1.부터 해당 주택의 이해관계인이 가정이나 직장에서도 임대차현황(임차인 유무, 보증금, 계약기간, 2014. 1. 1. 이후 법원, 등기소, 동 주민센터에서 받은 확정일자 등)을 인터넷으로 확인할 수 있는 시스템을 오픈하였다(http://www.iros.go.kr).

20) 상가건물 임대차보호법 제5조 (보증금의 회수) ② 제3조 제1항의 대항요건을 갖추고 관할세무서장으로부터 임대차계약서상의 확정일자를 받은 임차인은 민사집행법에 의한 경매 또는 국세징수법에 의한 공매시 임차건물(임대인 소유의 대지를 포함한다)의 환가대금에서 후순위권리자 그 밖의 채권자보다 우선하여 보증금을 변제받을 권리가 있다.

수는 없고, 임차인이 분실이나 멸실 등의 사정으로 배당요구과정에서 확정일자를 부여받은 임대차계약서를 제출하지 못하더라도 다른 사정에 의하여 확정일자를 부여받은 사실이 입증된다면 우선 변제권 주장에는 아무런 지장이 없다.

따라서 임대차계약서를 제출할 수 없는 임차인은 당초 확정일자를 부여받은 지방법원, 등기소, 읍·동사무소, 공증인사무소. 공증인가합동법률사무소. 법무법인 등으로부터 확정일자부 또는 확정일자발급대장 사본을 교부받고, 부동산중개업소에 보관중인 임대차계약서 부본을 교부받아 경매법원에 제출하는 등의 방법으로 우선 변제권을 소명하여야 한다. 계약서 사본마저도 없어 보증금 액수를 특정할 수 없을 때는 계약서 원본의 분실신고 접수증이나 보증인의 인우보증서를 제출하고, 계약 당시 지불방법, 내역(즉, 무통장입금, 또는 현금, 수표지급 등)에 대하여 소명하여야 한다.

3) 우선변제권의 배당순위(대항력 및 확정일자 갖춘 순대로)

확정일자를 갖춘 임차인은 후순위 권리자 기타 채권자보다 우선하여 보증금을 변제받을 권리가 있는바, 이는 배당절차에 있어서 확정일자를 갖춘 임차인은 담보물권자와 유사한 지위를 갖는다는 의미이다(대법원 1992. 10. 13. 선고 92다30597 판결 참조). 따라서 확정일자를 갖춘 임차인이 여러 명 있고 이들이 모두 저당권자에 우선하는 경우에는 각 임차인별로 우선변제권을 인정하되, 그들 상호간에는 대항력 및 확정일자를 최종적으로 갖춘 순서대로 우열관계를 정하고, 선순위가압류권자가 있는 경우에는 확정일자를 갖춘 임차인은 가압류권자에게 우선권을 주장할 수 없고 평등배당을 받는다(대법원 1992. 10. 13. 선고 92다30597 판결).

조세와 저당권·전세권의 피담보채권과의 우선순위는 조세의 법정기일과 저당권·전세권의 설정등기일 및 확정일자를 갖춘 임차인의 우선변제권 발생일의 선후를 따져 정한다(대법원 1992. 10. 13. 선고 92다30597 판결 참조).

4) 다른 권리와의 순위 비교시 기준일

가) 대항요건과 확정일자 양자를 모두 갖춘 최종시점 기준

주택의 경우, 확정일자를 갖춘 임차인은 후순위 권리자 기타 채권자보다 우선하여 보증금을 변제받을 권리가 있는바, 이는 배당절차에 있어서 확정일자를 갖춘 임차인은 담보물권자와 유사한 지위를 갖는다는 의미이다(대법원 1992. 10. 13. 선고 92다30597 판결 참조).

대항요건을 이미 갖춘 임차인의 다른 권리와의 순위는 확정일자 부여일을 기준으로 삼는다(대법원 1992. 10. 13. 선고 92다30597 판결).

확정일자를 갖춘 임차인의 우선변제권은 대항요건 및 확정일자를 모두 갖춘 때에 발생한다. 결국 ① '확정일자 부여일' 과 ② 대항요건 갖춘 날인 '인도와 주민등록을 마친 다음날'을 비교하여 더 늦은 날이 우선변제권의 기준일이 된다.

나) 확정일자를 입주 및 주민등록과 같은 날 또는 그 이전에 갖춘 경우

그러나 확정일자를 입주 및 주민등록과 같은 날 또는 그 이전에 갖춘 경우에는 우선변제적 효력은 뒤늦게 요건을 갖춘 대항력 발생시기인 인도와 주민등록을 마친 다음날을 기준으로 한다(대법원 1997. 12. 12. 선고 97다22393 판결, 1998. 9. 8. 선고 98다26002 판결, 1999. 3. 23. 선고 98다46938 판결, 2001. 4. 11. 선고 98다50791 판결).

다) 인도와 주민등록을 마친 다음날 설정된 저당권과의 관계

(1) 주택의 임차인이 임대차계약서에 확정일자를 갖춘 당일 또는 그 후에 주택의 인도와 주민등록을 마친 경우에는 우선변제권은 주택의 인도와 주민등록을 마친 다음날 영시에 발생한다(대법원 1999. 3. 23. 선고 98다46938 판결). 따라서 위와 같은 경우에는 인도와 주민등록을 마친 다음날 설정된 저당권과의 관계에서는 확정일자를 갖춘 임차인이 우선한다. 상가건물의 경우에도 마찬가지이다(상가건물 임대차보호법 제3조 제1항 참조).

(2) 주택 또는 상가건물의 임차인으로서 대항요건을 갖춘 다음날 오전 영시 이후에 확정일자를 받았는데 확정일자를 받은 날에 저당권이 설정된 경우 확정일자를 받은 때와 저당권이 설정된 때가 명백히 판명되지 않는다면 임차인과 저당권자의 우선순위는 같으므로 평등하게 배당받는다. 이 때 근저당권자가 여러 명이고 여러 건의 근저당 모두에 대하여 임차인의 우열이 판명되지 않는 경우에는 각 채권액에 비례하여 먼저 안분배당을 하고 저당권자 상호간에는 선순위저당권자가 후순위저당권자의 배당액을 흡수하는 것으로 처리한다.

(3) 확정일자를 갖춘 임차인이 여러 명 있고 이들이 모두 저당권자에 우선하는 경우에는 각 임차인별로 우선변제권을 인정하되, 그들 상호간에는 대항력 및 확정일자를 최종적으로 갖춘 순서대로 우열관계를 정하고, 선순위가압류권자가 있는 경우에는 확정일자를 갖춘 임차인은 가압류권자에게 우선권을 주장할 수 없고 평등배당을 받는다(대법원 1992. 10. 13. 선고 92다30597 판결).

라) 조세, 저당권·전세권의 피담보채권과의 우선순위

(1) 조세와 저당권·전세권의 피담보채권과의 우선순위는 조세의 법정기일과 저당

권·전세권의 설정등기일 및 확정일자를 갖춘 임차인의 우선변제권 발생일의 선후를 따져 정한다(대법원 1992. 10. 13. 선고 92다30597 판결 참조).

(2) 상가건물의 경우에도 마찬가지이다. 확정일자를 받은 임차인과 조세채권자와의 우선순위는 국세기본법 제35조 제1항 제3호에 의하여 결정되어야 하고, 그 중 당해세가 아닌 조세와는 임차인이 대항요건과 확정일자를 갖춘 최종시점과 조세의 법정기일의 선후에 따라 우선순위를 결정하여 배분하여야 한다(서울행정법원 2006. 4. 18. 선고 2005구합27734 판결). 상가건물 임대차보호법 제5조 제2항은 같은 법 제3조 제1항의 대항요건(상가건물의 인도와 사업자등록)을 갖추고 관할 세무서장으로부터 임대차계약서상에 확정일자를 받은 상가건물임차인은 후순위권리자 그 밖의 채권자보다 우선하여 보증금을 변제받을 권리가 있음을 규정하고 있는바, 이는 임대차계약서에 확정일자를 갖춘 경우에는 부동산 담보권과 유사한 권리를 인정하여 우선변제권을 인정한다는 취지이므로, 같은 법 제5조 제2항에서 규정한 '후순위권리자 그 밖의 채권자'에는 조세채권자도 포함된다고 봄이 상당하기 때문이다.

5) 확정일자를 갖춘 임차인들이 소액임차인의 지위를 겸하는 경우(=소액보증금부터 우선 배당 후 확정일자 임차인으로서의 순위에 따라 배당)

주택임대차보호법 제3조의2 제2항은 대항요건(주택인도와 주민등록전입신고)과 임대차계약증서상의 확정일자를 갖춘 주택임차인에게 부동산 담보권에 유사한 권리를 인정한다는 취지로서, 이에 따라 대항요건과 확정일자를 갖춘 임차인들 상호간에는 대항요건과 확정일자를 최종적으로 갖춘 순서대로 우선변제 받을 순위를 정하게 되므로, 만일 대항요건과 확정일자를 갖춘 임차인들이 주택임대차보호법 제8조 제1항에 의하여 보증금 중 일정액의 보호를 받는 소액임차인의 지위를 겸하는 경우, 먼저 소액임차인으로서 보호받는 일정액을 우선 배당하고 난 후의 나머지 임차보증금 채권액에 대하여는 대항요건과 확정일자를 갖춘 임차인으로서의 순위에 따라 배당을 하여야 한다(대법원 2007. 11. 15. 선고 2007다45562 판결).

6) 임대차계약이 갱신된 경우 및 보증금을 인상한 경우의 순위기산일

가) 갱신된 임대차도 대항력과 확정일자를 갖춘 종전 임대차와 같은 순위로 우선변제권을 행사할 수 있다.

그러나 임대차 갱신과 더불어 보증금이 인상된 경우에는 갱신 전에 설정된 다른 담보권자에 대하여는 종전의 보증금액에 한하여 우선변제가 인정된다(대법원 1990. 8. 24. 선고 90다카11377 판결).

나) 확정일자를 갖춘 후 보증금을 인상한 경우 인상한 보증금에 대하여는 새로 확정일자를 갖춰야 그때부터 우선변제권이 발생한다.

7) 다세대주택(공동주택)에 대한 임대차계약서상 동·호수 표시의 누락된 경우에도 확정일자부 우선변제권은 발생함

가) 확정일자를 받은 임대차계약서가 당사자 사이에 체결된 당해 임대차계약에 관한 것으로서 진정하게 작성된 이상, 임대차계약서에 임대차 목적물을 표시하면서 아파트의 명칭과 그 전유 부분의 동·호수의 기재를 누락하였다는 사유만으로 주택임대차보호법 제3조의2 제2항에 규정된 확정일자의 요건을 갖추지 못하였다고 볼 수 없다(대법원 1999. 6. 11. 선고 99다7992 판결). 확정일자부 우선변제권은 '확정일자'에 방점을 두고 있는 것이기 때문에 임대차계약서에 아파트의 명칭과 동호수의 기재를 누락하였더라도 이에 확정일자를 받으면 법상 확정일자의 요건을 갖추고 있는 것이다.

나) 반면 상가건물임대차에 있어서는 임대차계약서가 사업자등록의 첨부서류로서 공시되는 것이므로 임대차계약서의 목적물의 표시가 건축물관리대장 또는 등기부등본상의 목적물의 표시와 정확히 일치하여야 비로소 대항력이 생긴다.

바. 임대차의 종료는 요건이 아님

개정 전 주택임대차보호법 제3조의2 제1항 단서는 "임차인이 당해 주택의 양수인에게 대항할 수 있는 경우에는 임대차가 종료된 후가 아니면 보증금의 우선변제를 청구하지 못한다."고 규정하고 있었으나 1999. 1. 21.자 법 개정으로 삭제되었고, 신설된 주택임대차보호법 제3조의5는 "임차권은 임차주택에 대하여 민사집행법에 의한 경매가 행하여진 경우에는 그 임차주택의 경락에 의하여 소멸한다. 다만, 보증금이 전액 변제되지 아니한 대항력이 있는 임차권은 그러하지 아니하다."라고 하여 소멸주의의 원칙을 택하였다.

따라서 법 개정 이후, 우선변제권 행사에 있어서 임대차의 종료 여부를 묻지 않고, 주택임대차보호법의 특별규정에 따라 경매에서 우선변제권이 있는 주택임차인에게 배당하면 된다.

사. 보증금의 전액 지급도 요건이 아님

주택임대차보호법은 임차인에게 우선변제권이 인정되기 위하여 대항요건과 임대

차계약증서상의 확정일자를 갖추는 것 외에 계약 당시 임차보증금이 전액 지급되어 있을 것을 요구하지는 않는다. 따라서 임차인이 임대인에게 임차보증금의 일부만을 지급하고 주택임대차보호법 제3조 제1항에서 정한 대항요건과 임대차계약증서상의 확정일자를 갖춘 다음 나머지 보증금을 나중에 지급하였다고 하더라도 특별한 사정이 없는 한 대항요건과 확정일자를 갖춘 때를 기준으로 임차보증금 전액에 대해서 후순위권리자나 그 밖의 채권자보다 우선하여 변제를 받을 권리를 갖는다고 보아야 한다(대법원 2017. 8. 29. 선고 2017다212194 판결).

2. 우선변제권과 임차주택의 인도 등

가. 관련 규정

주택임대차보호법 제3조의2(보증금의 회수)

① 임차인(제3조 제2항 및 제3항의 법인을 포함한다. 이하 같다)이 임차주택에 대하여 보증금반환청구소송의 확정판결이나 그 밖에 이에 준하는 집행권원에 따라서 경매를 신청하는 경우에는 집행개시요건에 관한 「민사집행법」 제41조에도 불구하고 반대의무의 이행이나 이행의 제공을 집행개시의 요건으로 하지 아니한다.

② 제3조제1항·제2항 또는 제3항의 대항요건과 임대차계약증서(제3조제2항 및 제3항의 경우에는 법인과 임대인 사이의 임대차계약증서를 말한다)상의 확정일자를 갖춘 임차인은 민사집행법에 따른 경매 또는 국세징수법에 따른 공매를 할 때에 임차주택(대지를 포함한다)의 환가대금에서 후순위권리자나 그 밖의 채권자보다 우선하여 보증금을 변제받을 권리가 있다.

③ 임차인은 임차주택을 양수인에게 인도하지 아니하면 제2항에 따른 보증금을 받을 수 없다.

나. 우선변제에 따른 배당금 수령을 위해서는 원칙적으로 인도확인서 제출 필요(= 보증금 일부 배당의 경우에는 예외)

1) 임차인이 매수인으로부터 인도확인서를 받아 제출해야 배당금을 지급하며, 인도확인서가 제출되지 않으면 공탁하는 것이 경매실무이다. 다만 대항력 있는 임차권자가 배당요구를 하였으나 보증금 중 일부만 배당하는 경우에는 인도확인서를 제출받음이 없이 그대로 배당금을 지급하는 것이 실무 례이다.

2) 다만, 우선변제권이 있는 임차인은 임차주택의 가액으로부터 다른 채권자보

다 우선하여 보증금을 변제받음과 동시에 임차목적물을 인도할 수 있는 권리가 있으며, 법 제3조의2 제3항의 규정은 경매 또는 공매절차에서 임차인이 보증금을 수령하기 위하여는 임차주택을 인도한 것을 증명을 하여야 한다는 것을 의미하는 것이고, 임차인의 주택인도의무가 보증금반환의무보다 선이행되어야 한다는 뜻은 아니다(대법원 1994. 2. 22. 선고 93다55241 판결 참조).

다. 임차인이 보증금 반환청구 소송 판결을 집행권원으로 하여 강제집행하고자 하는 경우의 예외

1) 주택임대차보호법 제3조의2 제1항은 "임차인이 임차주택에 대하여 보증금반환청구소송의 확정판결이나 그 밖에 이에 준하는 집행권원에 따라서 경매를 신청하는 경우에는 집행개시요건에 관한 민사집행법 제41조에도 불구하고 반대의무의 이행이나 이행의 제공을 집행개시의 요건으로 하지 아니한다."고 규정하고 있다.

2) 임차인이 제삼자가 신청한 경매에서 보증금을 배당받는 경우와는 달리 보증금을 반환받기 위하여 보증금 반환청구소송을 제기한 결과 임대인은 임차인으로부터 임대주택을 인도받음과 동시에 임차인에게 임대보증금을 지급하라는 내용의 상환이행판결을 받아 그를 집행권원으로 하여 임차목적물인 주택에 대하여 강제집행을 하고자 할 경우에 경매개시신청서에 주택인도증명을 첨부하여야 한다면 사실상 선이행을 강제하는 것이 되고, 또 일단 주택을 인도하고 나면 대항력과 우선변제권을 상실하므로 경매절차에서 보증금을 배당받지 못하게 된다는 이상한 결과가 된다. 그래서 실무상으로는 임차인이 주택을 인도할 준비가 되었다는 뜻의 내용증명을 발송하고 그 내용증명을 제출하면 인도증명을 제출한 것으로 처리하여 왔다. 이러한 실무상의 난점을 해결하기 위하여 법 제3조의2 제1항은 위와 같은 경우에는 반대의무의 이행 또는 이행제공을 집행개시의 요건으로 하지 않는다고 규정하였다.

3) 통상은 상환판결의 경우 반대의무의 이행이나 이행의 제공이 집행개시의 요건이므로, 임차인으로서는 보증금 반환과 동시이행 관계에 있는 반대의무인 임대주택 인도의무를 이행하는 것이 집행개시의 요건이 되는데, 주택임대차보호법 제3조의2 제1항에 따라 임차인이 보증금 반환청구 소송 판결을 집행권원으로 하여 강제집행하고자 하는 경우에는 경매신청 시에 반대의무인 임대주택 인도의무를 이행하는 것이 집행개시의 요건이 아니므로 주택인도를 하지 않고도 강제경매를 신청하여 진행할 수 있다.

3. 우선변제권의 승계

가. 임차권의 양도·전대와 우선변제권

1) 임차권의 양도, 전대 시 우선변제권도 양수인에게 이전됨

주택임대차보호법 제3조 제1항에 의한 대항력을 갖춘 주택임차인이 임대인의 동의를 얻어 적법하게 임차권을 양도하거나 전대한 경우, 양수인이나 전차인에게 점유가 승계되고 주민등록이 단절된 것으로 볼 수 없을 정도의 기간 내에 전입신고가 이루어졌다면 비록 위 임차권의 양도나 전대에 의하여 임차권의 공시방법인 점유와 주민등록이 변경되었다 하더라도 원래의 임차인이 갖는 임차권의 대항력은 소멸되지 아니하고 동일성을 유지한 채로 존속한다고 보아야 한다.

이러한 경우 임차권 양도에 의하여 임차권은 동일성을 유지하면서 양수인에게 이전되고 원래의 임차인은 임대차관계에서 탈퇴하므로 임차권 양수인은 원래의 임차인이 법 제3조의2 제2항 및 같은 법 제8조 제1항에 의하여 가지는 우선변제권을 행사할 수 있고, 전차인은 원래의 임차인이 주택임대차보호법 제3조의2 제2항 및 같은 법 제8조 제1항에 의하여 가지는 우선변제권을 대위행사할 수 있다(대법원 2010. 6. 10. 선고 2009다101275 판결)

2) 임차권과 분리한 임차보증금반환채권만 양수한 채권양수인은 우선변제권 행사불가능(대법원 2010. 5. 27. 선고 2010다10276 판결)

법상 우선변제권을 가진 임차인으로부터 임차권과 분리하여 임차보증금반환채권만을 양수한 채권양수인은 법상의 우선변제권을 행사할 수 있는 임차인에 해당한다고 볼 수 없다.

대법원 2010. 5. 27. 선고 2010다10276 판결은 다음과 같이 판시하여 확정일자를 갖춘 임차인에게 우선변제권을 부여하는 것은 사회적 약자인 실제 주택임차인을 보호하기 위한 취지이므로, 우선변제권을 행사할 수 있는 주택임차인으로부터 임차권과 분리된 임차보증금반환채권만을 양수한 양수인의 경우에는 주택임대차보호법상의 우선변제권을 행사할 수 있는 임차인에 해당한다고 볼 수 없다는 입장을 취하였다.

"가) 주택임대차보호법의 입법목적은 주거용 건물에 관하여 민법에 대한 특례를 규정함으로써 국민의 주거생활의 안정을 보장하려는 것이고, 주택임대차보호법 제3조 제1항에서 주택임대차는 그 등기가 없는 경우에도 임차인이 주택의 인도와 주민등록을 마친 때에는 그 익일부터 제3자에 대하여 효력이 생기며, 같은 법 제3조의2 제2항에서 제3조 제1항의 대항요건과 임대차계약서상의 확정일자를 갖춘 임차인에게 경

매나 공매시 후순위권리자 기타 채권자보다 우선하여 임차보증금을 변제받을 수 있도록 한 취지는, 사회적 약자인 주택임차인을 보호하려는 사회보장적 고려에서 나온 것이다.

나) 이와 같은 주택임대차보호법의 입법목적과 주택임차인의 임차보증금반환채권에 우선변제권을 인정한 제도의 취지, 주택임대차보호법상 관련 규정의 문언 내용 등에 비추어 볼 때, 비록 채권양수인이 우선변제권을 행사할 수 있는 주택임차인으로부터 임차보증금반환채권을 양수하였다고 하더라도 임차권과 분리된 임차보증금반환채권만을 양수한 이상 그 채권양수인이 주택임대차보호법상의 우선변제권을 행사할 수 있는 임차인에 해당한다고 볼 수 없다.

다) 따라서 위 채권양수인은 임차주택에 대한 경매절차에서 주택임대차보호법상의 임차보증금 우선변제권자의 지위에서 배당요구를 할 수 없고, 이는 채권양수인이 주택임차인으로부터 다른 채권에 대한 담보 목적으로 임차보증금반환채권을 양수한 경우에도 마찬가지이다. 다만, 이와 같은 경우에도 채권양수인이 일반 금전채권자로서의 요건을 갖추어 배당요구를 할 수 있음은 물론이다."

3) 금융기관이 임차권과 분리한 임차보증금반환채권만 양수한 경우에는 우선변제권 승계를 인정하는 법률 규정 신설

가) 앞서 본 대법원 2010. 5. 27. 선고 2010다10276 판결이 법상 우선변제권을 가진 임차인으로부터 임차권과 분리하여 임차보증금반환채권만을 양수한 채권양수인의 우선변제권을 부정하자, 제1, 2 금융권으로부터 저리의 이자로 대출을 받을 신용 등이 부족한 서민들이 최후의 수단으로 임차보증금반환채권을 제3 금융권에 담보로 제공하고서야 겨우 대출을 받을 수 있던 좁은 문마저도 닫히게 되었고, 임차인의 현실적 수요가 있어도 보증금반환채권을 처분·환가하는 것을 억제하여 결과적으로 임차인 보호에 역행한다는 비판이 있었고, 이에 언론이나 금융권에서는 대법원이 세상물정 모르는 판결을 하였다는 비난이 폭등하였다.

나) 이에 국회에서는 임대차보증금 반환채권 외에는 다른 재산이 없는 임차인들로 하여금 금융기관에 보증금반환채권을 담보로 제공하고 대출을 받을 수 있도록 해줄 현실적 필요성이 크다는 점을 외면하고, 법률 문언에만 충실한 법해석만 한 대법원 판결에 대한 맹비난을 받아들여 아예 입법을 통하여 임차인이 금융기관에 보증금반환채권을 담보로 제공하고 대출을 받는 것이 가능하도록 하는 규정을 신설하였다. 2013. 8. 13. 개정 주택임대차보호법(법률 제12043호)의 개정이유에서도 "(전략)…주

택 임차인이 보증금반환채권을 담보로 전세자금 등을 빌리는 경우 그 담보권자에게 우선변제권이 인정되지 않아 높은 대출이자를 부담하게 되므로 보증금반환채권을 양수한 금융기관 등에 우선변제권을 인정함으로써 주택 임차인이 낮은 금리로 전세자금 등을 빌릴 수 있도록 하는 한편…(후략)"이라고 설명하고 있다.

다) 2013. 8. 13. 개정되고 2014. 1. 4. 시행된 주택임대차보호법은 제3조의2 제7항 내지 제9항을 신설하여, 법 시행 후 금융기관 등이 확정일자, 임차권등기명령 또는 주택임대차등기를 통하여 우선변제권을 취득한 임차인으로부터 보증금반환채권을 계약으로 양수한 경우에는 양수한 금액의 범위 내에서 임차인의 우선변제권을 승계하는 것으로 규정하여(주택임대차보호법 제3조의2 제7항), 임대차보증금반환채권을 양수한 금융기관 등에게 우선변제권의 승계 행사를 인정하고 있다.

위 개정규정의 취지는, 종전 판례의 결론을 전제로 하되, 그동안 보증금 반환채권을 양수한 금융기관 등이 주택임차인의 우선변제권을 승계할 근거가 없어 전세자금 등을 대출에 소극적이었던 현실을 반영하여 임차인이 낮은 금리로 전세자금 등을 빌릴 수 있게 하여 서민금융을 활성화하기 위한 것이라고 한다.

라) 다만 주택임대차보호법 제3조의2 제7항에 의하여 우선변제권을 승계한 금융기관 등이라 할지라도 임차인이 후에 대항요건을 상실하거나 임차권등기가 말소되거나 민법 제621조에 따른 임대차 등기가 말소된 경우에는 우선변제권을 행사할 수 없다(주택임대차보호법 제3조의2 제8항).

또한 금융기관 등은 우선변제권을 행사하기 위하여 임차인을 대리하거나 대위하여 임대차를 해지할 수 없다(주택임대차보호법 제3조의2 제9항).

마) 임차권 승계를 인정한 규정의 내용은 다음과 같다.

○ 법 제3조의2 (보증금의 회수)

⑦ 다음 각 호의 금융기관 등이 제2항, 제3조의3 제5항, 제3조의4 제1항에 따른 우선변제권을 취득한 임차인의 보증금반환채권을 계약으로 양수한 경우에는 양수한 금액의 범위에서 우선변제권을 승계한다. 〈신설 2013. 8. 13.〉

1. 「은행법」에 따른 은행
2. 「중소기업은행법」에 따른 중소기업은행
3. 「한국산업은행법」에 따른 한국산업은행
4. 「농업협동조합법」에 따른 농협은행
5. 「수산업협동조합법」에 따른 수산업협동조합중앙회
6. 「우체국예금·보험에 관한 법률」에 따른 체신관서

7. 「한국주택금융공사법」에 따른 한국주택금융공사
8. 「보험업법」 제4조 제1항 제2호 라목의 보증보험을 보험종목으로 허가받은 보험회사
9. 「주택법」에 따른 대한주택보증주식회사
10. 그 밖에 제1호부터 제9호까지에 준하는 것으로서 대통령령으로 정하는 기관
⑧ 제7항에 따라 우선변제권을 승계한 금융기관 등(이하 "금융기관 등"이라 한다)은 다음 각 호의 어느 하나에 해당하는 경우에는 우선변제권을 행사할 수 없다.
1. 임차인이 제3조 제1항·제2항 또는 제3항의 대항요건을 상실한 경우
2. 제3조의3 제5항에 따른 임차권등기가 말소된 경우
3.「민법」 제621조에 따른 임대차등기가 말소된 경우
⑨ 금융기관 등은 우선변제권을 행사하기 위하여 임차인을 대리하거나 대위하여 임대차를 해지할 수 없다.

4. 우선변제권의 대상

가. 임차주택과 대지의 환가액

임차주택과 그 대지의 매각대금 전부이다. 소액보증금의 경우에는 대지의 매각대금의 2분의 1로 제한되는 것과는 구분된다.

건물만의 임차인이라 할지라도 대지를 포함한 환가대금으로부터 우선변제를 받을 수 있다.

나. 대지와 건물이 임대차 성립 당시 동일인 소유일 것

주택임대차보호법상 명문의 규정은 없으나, 건물만의 임차인이 대지의 환가대금으로부터도 우선변제를 받으려면 건물과 대지가 모두 임대인의 소유이어야 한다. 다만, 임차인의 우선변제권은 이른바 법정담보물권의 성격을 갖는 것으로서 임대차 성립시의 임차 목적물인 임차주택 및 대지의 가액을 기초로 임차인을 보호하고자 인정되는 것이므로, 대지가 임대차 성립 당시 임대인의 소유였던 이상, 그 후 그 대지가 타인에게 양도되어 임차주택과 대지의 소유자가 서로 다르게 된 경우에는 임차인이 대지의 환가대금으로부터 우선변제를 받을 수 있다(대법원 2007. 6. 21. 선고 2004다26133 전원합의체 판결). 이러한 법리는 여러 필지의 임차주택 대지 중 일부가 타인에게 양도되어 그 일부 대지만이 경매되는 경우도 마찬가지이다(대법원 2012. 7. 26. 선고 2012다45689 판결).

다. 대지와 건물 동시 매각 시

임차인은 마치 그 대지와 건물 전부에 대한 공동저당권자와 유사한 지위에 서게 되므로 대지와 건물이 동시에 매각되어 주택임차인에게 그 경매대가를 동시에 배당하는 때에는 민법 제368조 제1항[21]을 유추적용하여 대지와 건물의 경매대가에 비례하여 그 채권의 분담을 정하여야 한다(대법원 2003. 9. 5. 선고 2001다66291 판결).

라. 대지와 건물 이시(異時) 매각 시

대항요건 및 확정일자를 갖춘 임차인과 소액임차인은 임차주택과 그 대지가 함께 경매될 경우뿐만 아니라 임차주택과 별도로 그 대지만이 경매될 경우에도 그 대지의 환가대금에 대하여 우선변제권을 행사할 수 있다(대법원 1996. 6. 14. 선고 96다7595 판결, 대법원 1999. 7. 23. 선고 99다25532 판결 등 참조).

주택의 대지 및 건물에 관한 저당권자가 양자 모두에 대해 경매를 신청했다가 그 중 건물에 대한 경매신청만을 취소함으로써 대지 부분만이 매각되었다고 하더라도 그 주택에 대한 대항요건과 확정일자를 갖춘 임차인 및 소액임차인은 그 대지에 관한 매각대금에서 후순위 권리자보다 우선하여 변제받는다(대법원 1996. 6. 14. 선고 96다7595 판결).

마. 미등기 주택도 우선변제권 있음

대항요건 및 확정일자를 갖춘 임차인과 소액임차인에게 우선변제권을 인정한 주택임대차보호법 제3조의2 및 제8조가 미등기 주택을 달리 취급하는 특별한 규정을 두고 있지 아니하므로, 대항요건 및 확정일자를 갖춘 임차인과 소액임차인의 임차주택 대지에 대한 우선변제권에 관한 법리는 임차주택이 미등기인 경우에도 그대로 적용된다(대법원 2007. 6. 21. 선고 2004다26133 전원합의체 판결)[22]

---

21) 민법 제368조 (공동저당과 대가의 배당, 차순위자의 대위) ① 동일한 채권의 담보로 수개의 부동산에 저당권을 설정한 경우에 그 부동산의 경매대가를 동시에 배당하는 때에는 각 부동산의 경매대가에 비례하여 그 채권의 분담을 정한다.

22) 소액임차인의 우선변제권에 관한 같은 법 제8조 제1항이 그 후문에서 '이 경우 임차인은 주택에 대한 경매신청의 등기 전에' 대항요건을 갖추어야 한다고 규정하고 있으나, 이는 소액보증금을 배당받을 목적으로 배당절차에 임박하여 가장 임차인을 급조하는 등의 폐단을 방지하기 위하여 소액임차인의 대항요건의 구비시기를 제한하는 취지이지, 반드시 임차주택과 대지를 함께 경매하여 임차주택 자체에 경매신청의 등기가 되어야 한다거나 임차주택에 경매신청의 등기가 가능한 경우로 제한하는 취지는 아니라 할 것이다. 대지에 대한 경매신청의 등기 전에 위 대항요건을 갖추도록 하면 입법 취지를 충분히 달성할 수 있다.

이와 달리 임차주택의 등기 여부에 따라 그 우선변제권의 인정 여부를 달리 해석하는 것은 합리적 이유나 근거 없이 그 적용대상을 축소하거나 제한하는 것이 되어 부당하고, 민법과 달리 임차권의 등기 없이도 대항력과 우선변제권을 인정하는 같은 법의 취지에 비추어 타당하지 아니하다.

바. 나대지에 관한 저당권 설정 후 건물이 신축된 경우(= 대지에 대한 우선변제권 없음)

나대지에 관한 저당권 설정 후에 비로소 건물이 신축되고 그 신축건물에 대하여 다시 저당권이 설정된 후 대지와 건물이 일괄 경매된 경우, 주택임대차보호법 제3조의2 제2항의 확정일자를 갖춘 임차인 및 같은 법 제8조 제3항의 소액임차인은 대지의 환가대금에서는 우선하여 변제를 받을 권리가 없다고 하겠지만, 신축건물의 환가대금에서는 확정일자를 갖춘 임차인이 신축건물에 대한 후순위권리자보다 우선하여 변제받을 권리가 있다(대법원 2010. 6. 10. 선고 2009다101275 판결).

주택임대차보호법 제3조의2 제2항 및 제8조 제3항의 각 규정과 같은 법의 입법 취지 및 통상적으로 건물의 임대차에는 당연히 그 부지 부분의 이용을 수반하는 것인 점 등을 종합하여 보면, 대지에 관한 저당권의 실행으로 경매가 진행된 경우에도 그 지상 건물의 소액임차인은 대지의 환가대금 중에서 소액보증금을 우선변제받을 수 있다고 할 것이나, 이와 같은 법리는 대지에 관한 저당권 설정 당시에 이미 그 지상 건물이 존재하는 경우에만 적용될 수 있는 것이고, 저당권 설정 후에 비로소 건물이 신축된 경우에까지 공시방법이 불완전한 소액임차인에게 우선변제권을 인정한다면 저당권자가 예측할 수 없는 손해를 입게 되는 범위가 지나치게 확대되어 부당하므로, 이러한 경우에는 소액임차인은 대지의 환가대금에 대하여 우선변제를 받을 수 없다고 보아야 하기 때문이다(대법원 1999. 7. 23. 선고 99다25532 판결, 대법원 2010. 6. 10. 선고 2009다101275 판결).

5. 우선변제권과 대항력과의 관계

가. 선택적 행사 및 순차적 행사

대항력과 우선변제권의 두 권리를 겸유하고 있는 임차인이 먼저 우선변제권을 선택하여 임차주택에 대하여 진행되고 있는 경매절차에서 보증금 전액에 대하여 배당요구를 하였다고 하더라도, 그 순위에 따른 배당이 실시된 결과 보증금 전액을 배당받을 수 없었던 때에는 주택임대차보호법 제3조의5 단서[23]에 의하여 임차권은 소멸하지 아니하므로 임차인은 대항력을 행사하여 매수인에게 임대차를 주장할 수 있다.[24]

주택임대차보호법 제3조의2 소정의 요건을 갖춘 임차인은 임차주택의 양수인에게 대항하여 임차보증금의 반환을 받을 때까지 임대차관계의 존속을 주장할 수 있는 권리와 보증금에 관하여 임차주택의 가액으로부터 우선변제를 받을 수 있는 권리를 겸유하고, 이 두 가지 권리 중 하나를 선택하여 행사할 수 있고, 나아가 보증금이 전액 변제될 때까지 위 두 권리를 순차 행사할 수도 있다(대법원 1986. 7. 22. 선고 86다카466,467,468,469 판결, 1996. 7. 12. 선고 94다37646 판결, 1997. 8. 22. 선고 96다53628 판결, 1997. 8. 29.선고 97다11195 판결).[25]

나. 배당요구를 철회한 경우(= 대항력은 유지함)

대항력과 우선변제권을 겸유한 임차인이 배당요구를 하였다가 이를 철회하였다고 하여 대항력의 포기라고 볼 수 없다.

배당요구는 채권자가 자유롭게 철회할 수 있으나, 다만 배당요구에 따라 매수인이 인수하여야 할 부담이 바뀌는 경우 배당요구한 채권자는 배당요구의 종기가 지난 뒤에 이를 철회하지 못한다(민사집행법 제88조 제2항).

'배당요구에 따라 매수인이 인수하여야 할 부담이 바뀌는 경우'란 ① 인수하여야 할 부담이 새로 생기는 경우(예를 들어, 최선순위의 전세권자나 대항력과 확정일자가 최선순위인 주택의 임차인이 배당요구하여 매수인이 위 권리를 인수할 필요가 없었는데 배당요구가 철회됨으로써 그 권리 자체를 그대로 인수하게 되는 경우)와

---

23) 주택임대차보호법 제3조의5 (경매에 의한 임차권의 소멸) 임차권은 임차주택에 대하여 민사집행법에 의한 경매가 행하여진 경우에는 그 임차주택의 경락에 의하여 소멸한다. 다만, 보증금이 전액 변제되지 아니한 대항력이 있는 임차권은 그러하지 아니하다.

24) 보증금이 전액 변제되지 아니한 대항력 있는 임차권은 소멸하지 아니한다는 내용의 주택임대차보호법 제3조의5 단서를 신설한 입법 취지가 같은 법 제4조 제2항의 해석에 관한 종전의 대법원판례(대법원 1997. 8. 22. 선고 96다53628 판결 등)를 명문화하는 데에 있는 점 등으로 보아, "임대차가 종료된 경우에도 임차인이 보증금을 반환받을 때까지 임대차관계는 존속하는 것으로 본다."라고 규정한 같은 법 제4조 제2항과 동일한 취지를 경락에 의한 임차권 소멸의 경우와 관련하여 주의적·보완적으로 다시 규정한 것으로 보아야 하므로, 소멸하지 아니하는 임차권의 내용에 대항력뿐만 아니라, 우선변제권도 당연히 포함되는 것으로 볼 수는 없다(대법원 2006. 2. 10. 선고 2005다21166 판결).

25) 이러한 판례이론은 구 주택임대차보호법 하에서의 판례이지만, 우선변제권 행사를 위하여 임대차 종료가 필요하다는 전제하에 판시한 부분을 제외한 나머지 부분은 개정법 하에서도 그대로 타당하다.

② 부담이 증가하는 경우(예컨대, 최선순위의 대항력 있는 주택임차인이 배당요구하였는데 확정일자를 받지 아니하여 배당절차에서 소액보증금만을 배당받고 나머지 보증금은 매수인이 인수할 것으로 예상되었으나 임차인이 배당요구를 철회함으로써 소액보증금까지 추가로 인수하게 되는 경우)를 말한다.

다. 확정판결에 기한 집행시 별도의 배당요구 불요

주택임대차보호법상의 대항력과 우선변제권을 모두 가지고 있는 임차인이 보증금을 반환받기 위하여 보증금반환청구 소송의 확정판결 등 집행권원을 얻어 임차주택에 대하여 스스로 강제경매를 신청하였다면 특별한 사정이 없는 한 대항력과 우선변제권 중 우선변제권을 선택하여 행사한 것으로 보아야 하고, 이 경우 우선변제권을 인정받기 위하여 배당요구의 종기까지 별도로 배당요구를 하여야 하는 것은 아니다(대법원 2013. 11. 14. 선고 2013다27831 판결).

6. 매수인(낙찰자)과의 관계

가. 대항력과 우선변제권을 겸유한 주택임차인이 보증금 전액을 배당받을 수 있는 경우 배당표가 확정될 때까지 주택의 점유로 인한 부당이득의무를 매수인에 대하여 지는 지 여부

1) 문제점 제기

대항력과 우선변제권을 겸유하고 있는 임차인이 배당요구를 하여 전액배당을 받는 것으로 배당표가 작성되었으나, 다른 채권자의 배당이의로 배당표의 확정이 저지되어 배당액을 출급할 수 없게 되자 매수인에 대한 임차주택의 명도를 거절하고 임차주택 전부를 계속하여 사용·수익하는 경우, 매수인에 대하여 임차주택의 사용·수익으로 인한 부당이득반환의무를 지는지 여부가 문제된다.

이에 대하여 대법원 2004. 8. 30. 선고 2003다23885 판결은, "특별한 사정이 없는 한 임차인이 그 배당금을 지급받을 수 있는 때, 즉 임차인에 대한 배당표가 확정될 때까지는 임차권이 소멸하지 않는다고 해석함이 상당하다 할 것이므로, 매수인이 매각대금을 납부하여 임차주택에 대한 소유권을 취득한 이후에 임차인이 임차주택을 계속 점유하여 사용·수익하였다고 하더라도 임차인에 대한 배당표가 확정될 때까지의 사용·수익은 소멸하지 아니한 임차권에 기한 것이어서 매수인에 대한 관계에서 부당이득이 성립되지 아니한다."고 판시하고 있다(대법원 2004. 8. 30. 선고 2003

다23892 판결도 같은 취지임).

이 점을 아래에서 자세히 분석하여 보기로 한다.

2) 임차인에 대한 배당표가 확정될 때까지의 사용·수익에 대한 부당이득 여부

가) 원칙

임차인이 그 배당금을 지급받을 수 있는 때, 즉 임차인에 대한 배당표가 확정될 때까지는 임차권은 소멸하지 않고, 매수인이 종전 임대인의 지위를 그대로 승계하며, 종전의 적법한 임대차관계가 그대로 유지된다. 즉 주택임대차보호법 제3조의5 단서 규정[26]에 따라 그 배당금을 현실적으로 수령할 수 있는 상태, 즉 배당표가 확정될 때까지는 종전 임차권이 그대로 유지되므로 그때까지 임차인의 사용·수익은 매수인에 대한 관계에서 부당이득이 성립하지 아니한다(대법원 2004. 8. 30. 선고 2003다23885 판결).

나) 보증금 이외에 월차임의 약정이 없는 경우

임차인은 명도를 거절할 수 있음은 물론 차임 상당의 부당이득반환의무도 성립하지 않는다.

매수인이 위와 같은 부담과 위험을 회피하려면, 임차인에게 그가 배당받을 보증금 상당액을 대위변제한 다음, 임차인으로부터 임차주택을 명도받고 배당표가 확정된 때에 그 배당금을 임차인에 대한 변제자대위로써 수령하는 방법이 있다.

배당이의소송으로 인하여 배당표의 확정이 늦어지는 관계로 그 기간만큼 명도받지 못함에 따라 매수인이 입은 손해는 배당이의를 한 후순위저당권자 등을 상대로 손해배상을 구하는 등의 방법으로 해결하여야 한다.

배당금에 대한 공탁이자는 공평의 견지에서 매수인에게 귀속시켜야 하고, 이 부분(배당금에 대한 공탁이자)에 대하여는 매수인에 대한 관계에서 임차인의 부당이득이 성립한다.

다) 보증금 이외에 월차임의 약정이 있는 경우

종전의 임대차관계가 그대로 유지됨에 따라 임차인은 매수인에게 매각대금 지급

26) 보증금이 전액 변제되지 아니한 대항력 있는 임차권은 소멸하지 아니한다는 내용의 주택임대차보호법 제3조의5 단서를 신설한 입법 취지가 같은 법 제4조 제2항의 해석에 관한 종전의 대법원판례(대법원 1997. 8. 22. 선고 96다53628 판결 등)를 명문화하는 데에 있는 점 등으로 보아, "임대차가 종료된 경우에도 임차인이 보증금을 반환받을 때까지 임대차관계는 존속하는 것으로 본다."라고 규정한 같은 법 제4조 제2항과 동일한 취지를 경락에 의한 임차권 소멸의 경우와 관련하여 주의적·보완적으로 다시 규정한 것으로 보아야 하므로, 소멸하지 아니하는 임차권의 내용에 대항력뿐만 아니라, 우선변제권도 당연히 포함되는 것으로 볼 수는 없다(대법원 2006. 2. 10. 선고 2005다21166 판결).

기일 이후 배당표 확정시까지 차임을 지급하여야 한다. 이때 차임지급의무의 법적 성질은 부당이득이 아니라, 월차임 약정에 따른 약정금 지급의무일 뿐이다.

3) 임차인에 대한 배당표가 확정된 이후의 사용·수익에 대한 부당이득 여부

가) 보증금 전부를 배당받은 경우

임차인은 매수인에 대하여 차임 상당의 부당이득 반환의무를 부담한다.

나) 일부만 배당받은 경우[27]

배당받지 못하는 보증금에 상응하는 부분에 관하여는 임대차가 존속하는 것이므로 임차인의 사용·수익을 부당이득이라고 할 수 없지만, 배당받은 부분에 관하여는 임차인이 사용·수익하는 만큼 임료 상당의 부당이득을 하고 있는 것이므로 임차인이 이를 반환하여야 한다(대법원 1998. 7. 10. 선고 98다15545 판결 참조).

본래 보증금만 있고 차임은 없었던 임대차라면 감소된 보증금에 상응하는 차임 상당을 반환하여야 하고, 보증금 이외에 차임이 있었던 임대차라면 감소된 보증금에 상응하는 차임 상당을 반환하여야 한다.

4) 결 론

주택임대차보호법상의 대항력과 우선변제권의 두 권리를 겸유하고 있는 임차인이 우선변제권을 선택하여 임차주택에 대하여 진행되고 있는 경매절차에서 보증금에 대한 배당요구를 한 경우 ① 배당이의가 제기됨이 없이 배당표가 확정되었다면, 배당받은 금액 부분에 대하여는 매수인에게 대항하여 임대차관계의 존속을 주장할 수 없다. 따라서 보증금 중 일부만을 배당받은 후 임차목적물 전부를 계속하여 사용·수익하는 경우 배당받은 보증금에 해당하는 부분에 대한 임료상당의 부당이득반환의무를 지게 된다(대법원 1998. 7. 10. 선고 98다15545 판결 참조).

반면 ② 배당이의소송이 제기되어 배당받을 수 있었던 금액을 받지 못하고 있는 경우라면 그 배당금을 받을 수 있을 때, 즉 배당표가 확정될 때까지 임차인의 사용·수익은 매수인에 대한 관계에서 부당이득이 성립하지 아니한다(대법원 2004. 8. 30. 선고 2003다23885 판결).

---

27) 대항력과 우선변제권을 겸유하고 있는 임차인이 배당요구를 하였으나 보증금 전액을 배당받지 못하고 일부만 배당받은 경우, 그 잔액에 대하여 매수인에게 동시이행의 항변을 할 수 있으므로, 배당금 수령시 매수인의 명도확인서가 필요 없다.

나. '임대차 존속 중인 상태'에서 보증금의 일부만 배당받은 경우 목적물의 사용·수익에 대한 임차인의 반환의무

1) 개정 전 법 하의 판례

대항력과 우선변제권을 겸유하고 있는 임차인이 배당요구를 하였으나 보증금 전액을 배당받지 못한 경우, 그 잔액에 대하여 매수인에게 동시이행의 항변을 할 수 있고, 대항력과 우선변제권을 겸유하고 있는 임차인이 배당요구를 하였으나 보증금 중 일부만을 배당받은 후 임차목적물 전부를 계속하여 사용·수익하는 경우, 이는 불법점유는 아니므로 그로 인한 손해배상책임은 없다고 하겠으나, 임료 상당의 금원 중에서 배당받은 보증금에 해당하는 부분에 대하여는 부당이득반환의무가 있다는 것이 개정 전 법 하의 판례(대법원 1998. 5. 12. 선고 98다1621 판결, 1998. 7. 10. 선고 98다15545 판결)의 태도이다.

2) 법 개정 이후의 해석('임대차가 존속 중인 상태'에서 보증금 일부만 배당받은 경우로 한정함)

가) 제1설(부족한 임료의 청구라는 견해)

법 개정 이후에는 대항력과 우선변제권 있는 임대차가 기간이 만료되지 않은 경우에 (법 개정 이후 배당요구의 통지가 행해지지 않으므로) 경매과정에서 임대차가 종료하지 않고 임대차가 존속 중인 상태에서 보증금 일부를 배당받게 되며, 그런 상태에서 매수인과 사이에 그 후 임대차관계가 존속하게 된다면, 매수인으로서는 임차인에 대하여 배당받은 보증금에 해당하는 임료 상당액을 부당이득을 원인으로 할 것이 아니라 임대차계약에 기한 부족 임료로서 바로 청구할 수 있다.

나) 제2설 (부당이득반환청구라는 견해)

배당표가 확정되어 보증금의 일부를 배당받게 되면, 그 부분에 한하여 임대차관계가 종료된 것이므로, 부당이득반환청구가 가능하다. 임차인이 보증금 중 일부만을 배당받은 후 임차목적물 전부를 계속하여 사용·수익하는 경우 그 사용·수익으로 인한 임료 상당의 금원 중에서 배당받은 보증금에 해당하는 부분에 대하여는 부당이득반환의무가 있다.

다) 소결(= 제1설 찬동)

주택임대차보호법의 해석상 제1설이 타당하다.

제1설에 대하여는 다음과 같은 비판이 있다. ① 제1설에 의하면, 임대차가 종료하지 않고 임대차가 존속 중인 상태에서 보증금 일부를 배당받게 되는데, 이는 민법

이론으로 설명할 수 없는 이상한 결론이다. ② 또한 제1설에 의할 경우 임차인이 보증금 잔액으로 동시이행의 항변을 하기 위한 목적으로 점유를 하였을 뿐 목적물을 실질적으로 점유·사용하고 있지 않은 경우[28]에도 차임지급의무를 거절할 수 없게 되는 불합리한 결과가 발생한다.

첫 번째 비판에 관하여 보면, 이는 민법 규정의 특칙인 주택임대차보호법의 해석론이므로, 반드시 민법 이론과 일치시킬 필요가 없다.

두 번째 비판에 관하여 살펴본다. 두 번째 비판은 법정임대차관계의 효력과 혼동한 것이다. 법정임대차의 경우에는 임대차가 종료한 경우에도 임차인이 보증금을 반환받을 때까지는 임대차관계는 존속한 것으로 본다(주택임대차보호법 제4조 제2항). 즉 법정임대차는 임대차계약 관계는 종료되었지만 임차인이 보증금을 반환받을 때까지는 그 정산을 위하여 일종의 법정임대차관계가 여전히 존속한다고 보는 것으로 실제 임대차계약 관계가 존속하고 있는 원래의 의미의 임대차와 다르다. 따라서 법정임대차의 경우에는 원래의 의미의 임대차와 달라 임차인이 계속 거주하는 한 차임지급의무를 부담하나, 거주하지 않고 이사한 경우에는 차임지급의무를 부담하지 않는다. 이 점에서 계약기간 중이면 거주 여부를 불문하고 차임을 지급하는 본래의 임대차관계와 다르다. 그런데 위 사안에서처럼 원래의 임대차가 존속 중인 상태에서는 원래의 임대차계약에 따라 사용유무에 관계 없이 차임지급의무를 지는 것은 당연함에도 실제 사용하지 않는 경우에는 차임을 지급하지 않아야 됨에도 차임을 지급해야 하는 것이 문제라는 비판은 다소 엉뚱한 비판이다.

다. 주택임차인이 배당요구를 하였음에도 불구하고 배당받지 못한 경우 매수인에게 청구할 수 있는지 여부 및 그 금액의 범위

1) 문제점 제기

가) 대항력 및 우선변제권을 가진 주택임차인이 적법한 배당요구를 하였음에도 불구하고 배당금을 전액 배당받지 못한 경우 나머지 잔액에 대하여 매수인에게 그

---

28) 점유로 인한 실질적인 이익이 있어야 부당이득 반환의무가 성립한다. 여기서 말하는 실질적 이익은 점유 그 자체로 인한 이득을 말하는 것이 아니다. 즉 점유 외에 사용·수익까지 동반하여야 비로소 이득을 얻는다고 보아야 한다. 따라서 임차인이 동시이행의 항변권을 행사하는 방법으로 목적물의 반환을 거부하기 위하여 임차건물을 계속 점유한 경우(예를 들어 사용수익을 하지 않은 채 시정을 하여 둔 경우)라면, 이는 본래의 임대차계약상의 목적에 따라 사용·수익하지 아니하여 실질적인 이득을 얻은 바 없으므로 그로 인하여 임대인에게 손해가 발생하였다 하더라도 임차인의 부당이득반환의무는 성립되지 아니한다(대법원 2001. 2. 9. 선고 2000다61398 판결, 2003. 4. 11. 선고 2002다59481 판결 등).

지급을 구할 수 있는지가 우선 문제된다.

나) 나아가 집행법원이 위 임차인에게 전액 배당을 하여야 함에도 불구하고 전혀 배당을 하지 않은 채 배당표가 확정된 경우 임차인은 매수인에게 보증금 전액의 지급을 구할 수 있는지가 두 번째 문제점이다.

2) 대항력 및 우선변제권을 가진 주택임차인의 배당요구에 따른 배당 시 일부 미지급된 임대차보증금이 있는 경우 매수인에 대한 청구의 가부

가) 이에 대하여는 ① 보증금잔액채무는 양도인(임대인)이 부담한다는 양도인부담설[29]과, ② 매수인에게 대항할 수 있는 보증금 전액을 배당받지 못한 때에는 그 잔액을 매수인으로부터 반환받을 수 있다고 보는 양수인부담설[30]의 대립이 있다.

나) 대법원 1997. 8. 22. 선고 96다53628 판결은, "그 순위에 따른 배당이 실시될 경우 보증금 전액을 배당받을 수 없었던 때에는 보증금 중 경매절차에서 배당받을 수 있었던 금액을 공제한 잔액에 관하여 매수인에게 대항하여 이를 반환받을 때까지 임대차관계의 존속을 주장할 수 있다고 봄이 상당하며, 이 경우 임차인의 배당요구에 의하여 임대차는 해지되어 종료되고, 다만 같은 법 제4조 제2항에 의하여 임차인이 보증금의 잔액을 반환받을 때까지 임대차관계가 존속하는 것으로 의제될 뿐이므로, 매수인은 같은 법 제3조 제2항에 의하여 임대차가 종료된 상태에서의 임대인의 지위를 승계한다"고 판시하여, 양수인부담설을 채택하였다.

다) 따라서 두 가지 권리를 겸유하고 있는 임차인이 먼저 우선변제권을 선택하여 임차주택에 대하여 진행되고 있는 경매절차에서 보증금 전액에 대하여 배당요구를 하였다고 하더라도, 그 순위에 따른 배당이 실시될 경우 보증금 전액을 배당받을 수 없었던 때에는 보증금 중 경매절차에서 배당받을 수 있었던 금액을 공제한 잔액에 관하여 매수인에게 대항하여 이를 반환받을 때까지 임대차관계의 존속을 주장할 수 있다.

3) 대항력과 우선변제권을 겸유하고 있는 임차인이 보증금 전액을 배당받지 못한 경우 경락인에게 대항할 수 있는 보증금 잔액의 범위

가) 다음으로 집행법원이 위 임차인에게 보증금 전액인 10,000,000원 중 8,000,000원을 배당을 하여야 함에도 불구하고 5,000,000원만 배당하여 그 배당표가 확정된 경우

29) 이주흥, 주택임대차보증금회수를 위한 우선변제권의 행사와 경매절차상 취급", 법조 458호 (1994. 11.), 58

30) 민일영, "주택임대차보증금의 우선변제를 둘러 싼 문제점에 관한 소고", 민법학논총·후암 곽윤직 선생 고희기념, 박영사(1995), 391-392

(현실로 배당받은 금액이 적은 경우) 임차인은 매수인에게 실제 배당받은 금액을 공제한 잔액 5,000,000원의 지급을 구할 수 있는지(실제 배당액 기준설), 아니면 정당하게 배당받을 수 있었던 금액을 공제한 잔액 2,000,000원의 지급을 구할 수 있는지(정당 배당액 기준설) 여부가 문제된다.

나) 대법원 2001. 3. 23. 선고 2000다30165 판결은, "주택임대차보호법상의 대항력과 우선변제권의 두 가지 권리를 겸유하고 있는 임차인이 먼저 우선변제권을 선택하여 임차주택에 대하여 진행되고 있는 경매절차에서 보증금 전액에 대하여 배당요구를 하였으나 그 순위에 따른 배당이 실시될 경우 보증금 전액을 배당받을 수 없었던 때에는 보증금 중 경매절차에서 배당받을 수 있었던 금액을 공제한 잔액에 관하여 매수인에게 대항하여 이를 반환받을 때까지 임대차관계의 존속을 주장할 수 있는바, 여기서 매수인에게 대항할 수 있는 보증금잔액은 보증금 중 경매절차에서 올바른 배당순위에 따른 배당이 실시될 경우의 배당액을 공제한 나머지 금액을 의미하는 것이지 임차인이 배당절차에서 현실로 배당받은 금액을 공제한 나머지 금액을 의미하는 것은 아니라 할 것이다."라고 판시하여, '정당 배당액 기준설'을 채택하였다.

즉 임차인은 경매절차에서 배당받지 못한 보증금에 관하여 매수인에게 대항할 수 있는데, 그 범위는 보증금에서 올바른 배당순위에 따른 배당이 실시될 경우에 배당받을 수 있는 금액을 공제한 것이다.

다) 따라서 이러한 임차인에 대하여 인도명령신청이 있는 경우 임차인은 매수인(인도명령신청인)으로부터 "보증금 10,000,000원에서 올바른 배당순위에 따른 배당이 실시될 경우의 배당액(8,000,000원)을 공제한 나머지 금액(2,000,000원)"을 지급받을 때까지 이 사건 부동산을 점유할 권원이 있다. 임차인이 임차목적물 전부를 계속하여 사용·수익하는 경우 올바른 배당순위에 따른 배당이 실시될 경우의 배당액(8,000,000원)에 상응하는 부분에 대한 임료상당의 부당이득반환의무를 매수인에게 지게 됨은 물론이다.[31)]

배당받을 수 있었던 금액(8,000,000원)이 현실로 배당받은 금액(5,000,000원)보다 많은 경우에는 임차인으로서는 그 차액(3,000,000원)에 관하여는 과다 배당받은 후순위 배당채권자를 상대로 부당이득의 반환을 구할 수 있다(대법원 2001. 3. 23.

31) 반면 임차인이 임차목적물 전부를 계속하여 사용·수익함이 없이 유치권이나 동시이행항변권과 같은 인도거절권능을 가지는 경우에 임차인이 이러한 권능을 행사하기 위한 방편으로 임차목적물을 점유하고 있다면, 매수인에게 손해가 발생하였다 하더라도 임차인의 부당이득반환의무는 성립되지 아니한다(대법원 1992. 4. 14. 선고 91다45202,45219 판결, 2001. 2. 9. 선고 2000다61398 판결, 2003. 4. 11. 선고 2002다59481 판결 등).

선고 2000다30165 판결).

라. 대항력 없는 임차인에 대한 매수인의 부당이득청구(임차인이 배당금을 수령할 때까지는 부당이득반환의무가 발생하지 않는 것인지 여부)

1) 매각대금을 납부한 매수인은 대항력이 없는 점유자를 상대로 인도명령을 받을 수 있고, 매각대금을 납부한 이후부터는 점유한 부분의 명도완료시까지 임료 상당의 부당이득을 구할 수 있다.

2) 문제는 대항력 없는 임차인이 배당을 받았으나, 매수인으로부터 명도확인서를 받지 못하여 배당금을 수령하지 못하고 있는 동안에는 매수인에 대하여 그 점유로 인한 부당이득반환의무가 발생하지 않는 것인가 하는 점이다.

임차인에 대한 배당표가 확정된 후 임차인이 그 배당금을 수령하려면, ① 임대차계약서원본, ② 주택임차인은 주민등록등본, 상가건물임차인은 등록사항 등의 현황서등본, ③ 매수인의 인감이 날인된 임차목적물명도확인서, ④ 매수인의 인감증명서를 제출해야 한다. 소액임차인[32] 및 전세권자[33]의 경우도 마찬가지이다.

이런 실무 례에 비추어 임차인이 배당금을 수령할 때까지는 이사를 가기 어려운 사정은 이해되지만, 대항력이 없는 임차인은 매수인이 매각대금을 납부한 이후부터는 명도확인서를 발급해 주지 않아서 배당금을 못받았다고 하더라도 인도완료 시까지 매수인에 대하여 점유·사용하는 부분에 대한 임료 상당의 부당이득반환의무를 지게 된다.

---

32) 임차인은 임차주택을 양수인에게 인도하지 아니하면 보증금을 수령할 수 없으므로(주택임대차보호법 제3조의2 제3항), 매수인 명의의 명도확인서를 제출하여야 배당금을 지급할 수 있는 데, 소액임차인의 경우에는 주택임대차보호법 제8조에서 위 3항을 준용하지 않으므로 명도확인서가 필요 없다는 견해가 있다. 그러나 임차보증금의 반환은 임차목적물의 인도와 동시이행관계에 있으므로 임차권자의 의무이행 전에 배당액을 지급할 수는 없고, 따라서 소액임차인도 명도확인서를 제출하여야 한다{재판예규 제866-41호 주택임대차보호법 제8조에 관한 질의회답(재민 84-10) 문 10}. 명도확인서가 제출되지 않았다면 정지조건부 채권에 대한 배당액 교부 방법과 마찬가지로 임차물의 인도를 조건으로 배당액을 공탁하고 임차인이 목적물의 인도를 증명한 때에 이를 지급하도록 한다(임차인이 미리 목적물을 인도한 때에는 공탁함이 없이 바로 배당금을 지급할 수 있음은 물론임).

33) 전세권설정등기는 대금납부 후 어차피 경매법원의 등기촉탁에 의하여 직권으로 말소될 것이므로 그 이행제공여부에 대한 소명이 필요 없다는 견해가 있으나, 전세권 말소외에 목적물의 인도도 동시이행관계에 있으므로, 임차인과 마찬가지로 매수인의 명도확인서가 필요하다.

7. 제2차 경매절차에서의 우선변제권의 행사

가. 제2차 경매절차에서 우선변제권 행사(=원칙적 소극, 원칙적으로 우선변제권은 저당권 등과 유사하게 경매로 소멸하는 1회용임, 다만 공동근저당의 경우 일부 대상물 매각으로 소멸하지 않듯이 아래에서 보는 지분 경매의 경우는 공동근저당과 같이 소멸하지 않음)

1) 문제의 제기

대항력과 우선변제권을 겸유한 임차인이 임차주택에 대한 경매절차에서 우선변제권을 행사하여 배당요구를 하였으나 전액을 변제받지 못한 경우에도 잔존보증금이 있는 한 임대차관계가 존속되는데, 그 임차주택에 대하여 다시 경매가 개시된 경우 2차 경매절차에서도 임차인이 우선변제권을 행사할 수 있는지가 문제된다.

2) 학설의 대립

가) 부정설

이 견해는 1차 경매에서 배당요구를 통하여 임대차계약 해지의사가 표시되어 임대차계약이 종료된 이상 그로 인하여 우선변제권 등 임차권은 소멸한다고 보아 2차 경매절차에서는 임차인이 우선변제권을 행사할 수 없다고 보는 견해이다. 부정설의 논거는 다음과 같다.[34)]

(1) 대항력이 있는 임대차라도 기간만료, 해지통고 등에 의하여 적법하게 종료되면 그 대항력은 상실하고, 그러한 상태에서 주택이 양도된 경우 주택임대차보호법 제4조 제2항이 신설되기 전에는 양수인이 임대인의 지위를 승계하지 아니한다는 견해가 다수설 및 일본의 판례[35)]의 태도이다. 따라서 우선변제권에 대하여는 법 제4조 제2항과 같은 예외 조항이 없는 이상 임대차의 종료와 함께 소멸한다고 보아야 할 것이다.

(2) 2차 경매에서는 우선변제권의 요건을 갖추었다고 볼 수 없다. 우선변제의 요건은 주택의 인도와 주민등록 외에 임대차계약서에 확정일자가 있어야 하며, 여기서 확정일자를 부여받을 '임대차계약서'는 임대인과 임차인 사이의 정당한 계약서이어야 한다. 그런데 대항력 있는 임차인이 제1경매절차에서 우선변제권을 행사하였으나 전액을 받지 못한 경우 종전의 임대차계약은 배당요구에 의하여 종료되었고, 법

34) 민일영, 동일주택에 대한 2회의 경매와 임차인의 우선변제권에 관한 시론, 법조 1999. 3. 통권 510호, 60-65

35) 최고재판소 소화 48.22. 판결, 민사집행법 27-1-80

제4조 제2항의 규정에 따라 법정임대차만이 존속하는데, 그 법정임대차에 대하여 확정일자를 부여받았다고 볼 수 없다.

(3) 주택임대차보호법 제4조 제2항은 임대인 또는 임대인의 지위를 승계한 자로부터 보증금을 '반환'받기 위한 범위 내에서 임대차의 존속을 의제한다는 취지로 해석되고, 임차인으로 하여금 경매절차에서 보증금을 '우선변제' 받도록 하기 위해서 임대차의 존속을 의제하는 것으로 볼 수는 없다.

(4) 만약 우선변제권도 존속한다고 본다면, 다른 근저당권등기에 앞서 대항력을 갖추었으나 확정일자를 그 뒤에 갖추어 경매절차에서 우선변제를 받지 못한 임차인은 대항력을 행사하여 보증금을 반환받을 때까지 계속 거주하다가, 경락 후에 설정된 근저당권에 기한 경매절차에서는 근저당권보다 우선변제를 받게 되어 종전에는 후순위이던 임차인이 경락으로 인하여 선순위로 되는 기이한 결과가 되고, 이는 실질적으로 임차인에 대하여 모든 근저당권 등기보다 선순위의 우선변제권을 인정하는 것이어서 부당하다.

나) 긍정설

임차주택의 경매 당시 임대차가 종료된 경우 대항요건과 확정일자를 갖춘 임차인 또는 소액임차인은 우선변제권을 행사할 수 있는데, 주택임대차보호법 제4조 제2항에 의하여 임차인이 보증금을 반환받을 때까지는 임대차관계는 존속하는 것으로 간주되므로, 위 임차인이 배당요구를 함으로써 우선변제권을 행사하였다고 하더라도 그 순위에 따른 배당이 실시될 경우 보증금 전액을 배당받을 수 없었던 때에는 배당받지 못한 보증금 잔액을 반환받을 때까지 위 조항에 의한 법정임대차관계가 존속하며, 같은 법 제3조 제2항에 의하여 경락인은 위와 같이 존속하는 법정임대차관계의 임대인의 지위를 승계한다. 이와 같이 하여 임차인과 경락인 사이에 법정임대차관계가 존속하고 있는 이상, 경락인 소유로 된 주택이 다시 경매되는 경우 임차인은 위 법정임대차관계에 터 잡아 같은 법 제3조의2 제1항에 의하여 위 주택의 환가대금으로부터 또 다시 우선변제를 받을 권리가 있다고 보는 견해이다. 다음과 같은 점을 논거로 하고 있다.

(1) 임대차가 종료하면 같은 법 제4조 제2항에 의하여 법정임대차관계가 존속하고, 이러한 상태에서 임차주택이 양도되면 양수인은 같은 법 제3조 제2항에 의하여 그 법정임대차관계의 임대인의 지위를 승계할 것인데, 이러한 경우에 임차인의 우선변제권이 항상 소멸한다고 말할 수는 없을 것이다. 오히려 경매나 공매에 의하지 아

니한 통상의 양도의 경우에는 그 후 양수인 소유로 된 임차주택의 경매 시 위 법정임대차관계의 임차인으로서 같은 법 제3조의2 제1항이나 제8조의 규정의 문리해석상 우선변제권을 행사할 수 있다.

(2) 법정임대차관계의 경락인(임대인)이 보증금을 반환할 자력이 없거나 이를 지체하는 경우 환가권이 없는 주택임차인을 보호할 필요가 있으므로 우선변제권을 인정하여야 한다.

또 이렇게 해석한다고 하여 다른 이해관계인에게 불측의 손해를 끼치는 것은 아니다. 우선변제권의 거듭 행사를 인정하는 경우에는 그 보증금은 제2경매절차에 참여하는 다른 배당채권자들의 부담으로 돌아가고(보증금액이 최선순위로 배당재단에서 공제될 터이므로) 제2경매절차의 경락인은 아무런 부담이 없는 완전한 소유권을 취득하는 반면 이를 부정하는 경우에는 그 보증금반환채무는 제2경매절차의 경락인의 부담으로 인수된다. 그런데 다른 배당채권자들은 담보권 등을 취득할 당시 이미 선순위 임차인이 존재한다는 사실을 익히 알고 있었던 자들이므로 그 보증금만큼을 배당재단에서 공제하고 나머지만을 배당하더라도 그들의 예상과 이해에 크게 반하는 것이 아니다.

(3) 주택임대차보호법이 개정되면서 구법 제3조의2 제1항 단서가 삭제되었고, 제3조의5가 신설되었으므로, 그 신설조항의 취지에 따라 우선변제권을 인정하여야 한다. 즉 대항력 있는 임차인이 배당요구를 했더라도 보증금을 전액 변제받지 않는 한 법 제3조의5 단서에 의하여 임대차는 종료함이 없이 존속하므로 우선변제권도 소멸할 여지가 없다.

3) 주택임대차보호법 제3조의5 신설 전 대법원 판례(= 부정설)

개정 전 법 제3조의2 제1항 단서는 "임차인이 당해 주택의 양수인에게 대항할 수 있는 경우에는 임대차가 종료된 후가 아니면 보증금의 우선변제를 청구하지 못한다."고 규정하고 있었으나 1999. 1. 21.자 법 개정으로 삭제되었고, 위 규정의 삭제와 동시에 신설된 법 제3조의5는 "임차권은 임차주택에 대하여 민사집행법에 따른 경매가 행하여진 경우에는 그 임차주택의 경락(競落)에 따라 소멸한다. 다만, 보증금이 모두 변제되지 아니한, 대항력이 있는 임차권은 그러하지 아니하다."고 규정하고 있다.

위와 같은 주택임대차보호법 제3조의5 규정이 신설되기 이전의 판례로서 임대차 종료된 후에야 보증금 우선변제권을 행사할 수 있던 시기의 판례는 "주택임대차보호법상의 대항력과 우선변제권의 두 가지 권리를 겸유하고 있는 임차인이 먼저 우선변제권을 선택하여 임차주택에 대하여 진행되고 있는 경매절차에서 보증금 전액에 대하여 배당요구를 하였으나 그 순위가 늦은 까닭으로 보증금 전액을 배당받을 수 없었던 때에는, 보증금 중 경매절차에서 배당받을 수 있었던 금액을 뺀 나머지에 관하여 경락인에게 대항하여 이를 반환받을 때까지 임대차관계의 존속을 주장할 수 있다. 이 경우 임차인의 배당요구에 의하여 임대차는 해지되어 종료되며, 다만 같은 법 제4조 제2항에 의하여 임차인이 보증금의 잔액을 반환받을 때까지 임대차관계가 존속하는 것으로 의제될 뿐이어서, 경락인은 같은 법 제3조 제2항에 의하여 임대차가 종료된 상태에서의 임대인의 지위를 승계하고(대법원 1997. 8. 22. 선고 96다53628 판결), 임차인의 우선변제권은 경락으로 인하여 소멸하는 것이다(대법원 1998. 6. 26. 선고 98다2754 판결 등)"라고 판시하여 1차 경매절차에서 우선변제권을 행사하여 배당요구를 한 경우에는 종래 개정 전 법 제3조의2 제1항 단서에 우선변제권을 행사하기 위한 요건인 임대차 종료라는 요건 충족을 위하여 위와 같이 임차인이 배당요구를 하여 경매법원이 임대인에게 배당요구사실을 통지하면 임차인의 해지의사가 임대인에게 전달되는 것으로 보아 배당요구 사실의 통지 시에 임대차가 해지되어 종료된다고 보았고, 그와 같이 임대차가 종료된 상태로서의 지위를 경매에 의한 매수인이 승계하는 이상 우선변제권은 경매절차에 따른 매각으로 소멸하므로 2차 경매에서는 우선변제권 행사가 불가능하고, 임차인은 다만 주택임대차보호법 제4조 제2항에 의하여 보증금 잔액 반환 시까지 임대차가 존속되는 것으로 의제되는 효과 즉 대항력만을 누릴 수 있을 뿐이라고 판단하였다.

즉 주택임대차보호법 제3조의5 신설 전 대법원판례는 1차 경매로 인하여 우선변제권은 소멸하는 1회용 권리라는 점을 명확히 하는 한편, 배당요구로 인한 계약해지로 인한 임대차계약의 종료에도 불구하고 1차 경매의 배당절차에서 배당받지 못한 잔존 보증금이 있는 경우에는 주택임대차보호법 제4조 제2항에 의하여 임대차관계가 존속하는 것으로 의제되어 대항력을 행사할 수 있는 것으로 보는 부정설의 입장을 명백히 하였다.

4) 주택임대차보호법 제3조의5 신설 이후의 대법원 판례

가) 주택임대차보호법 제3조의5 규정의 신설 취지

1999. 1. 21. 법 개정으로 신설된 주택임대차보호법 제3조의5는 앞서 본 부정설을 취한 대법원 1997. 8. 22. 선고 96다53628 판결, 대법원 1998. 6. 26. 선고 98다

2754 판결 등의 판례 법리를 입법화한 것으로서 민사집행법에 따른 1차 경매가 행하여진 경우 임차주택의 경락에 따라 임차권은 소멸하고, 보증금 전액을 변제받지 못한 대항력 있는 임차권은 잔액을 변제받을 때까지 존속한다는 취지이다.[36)]

주택임대차보호법 제3조의5 단서에 따르면, 대항력만 있고 우선변제권이 없는 임차권의 경우와 대항력과 우선변제권을 겸유한 임차권자라도 우선변제권의 행사로서 배당요구를 하지 않은 경우, 배당요구를 하였으나 우선변제권의 요건을 갖추지 못하여 각하된 경우, 배당요구를 하였다가 철회 또는 취하한 경우에는 모두 보증금에 대한 배당이 이루어지지 않으므로, 임차권은 그 상태 그대로 낙찰자에게 승계된다.

나) 주택임대차보호법 제3조의5 규정의 신설 이후에도 긍정설이 존재하기는 함

앞서 본 바와 같이 주택임대차보호법 제3조의5 규정의 신설 취지가 종래 대법원 판결이 취한 부정설의 입장을 반영하기 위한 것임에도 불구하고, 이러한 입법취지와 달리 주택임대차보호법 제3조의5 규정의 신설 이후에도 대항력과 우선변제권을 갖춘 임차인이 임차주택에 대한 경매에서 보증금을 전액 반환받지 못한 경우 더 이상 법 제4조 제2항에 의한 법정임대차 관계가 아니라 종전의 임대차관계가 그대로 존속하게 되었으므로, 임차권의 권능으로서의 우선변제권도 당연히 존속한다고 보아 1차 경매절차에서 우선변제권을 행사한 임차인도 다시 2차 경매절차에서 우선변제권을 행사할 수 있다는 긍정설을 취하는 입장이 아직도 있다.[37)]

다) 주택임대차보호법 제3조의5 규정의 신설 이후에도 대법원 판례는 부정설 입장을 유지

대법원 판례는 주택임대차보호법 제3조의5 규정 신설 이후에도 다음과 같이 판시하여 주택임대차보호법 제3조의5 규정이 종래 부정설을 취한 대법원 입장을 명문화한 규정이라는 점을 명확히 하는 한편 긍정설과 달리 주택임대차보호법 제3조의5 단서에 따라 소멸하지 아니하는 임차권의 내용에 대항력뿐 아니라 우선변제권이 당연히 포함되는 것으로 볼 수 없다고 판시함으로써 우선변제권은 1차 경매로 소멸한다는 점을 명확히 하는 한편, 그러한 법리가 확정일자 있는 임대차계약서를 첨부하거나 임차권등기명령을 받아 임차권등기에 기한 배당요구를 하는 것이 아니라 보증금

36) 국회법제사법위원회, 주택임대차보호법중개정법률안 심사보고서, 1998, 15; 제198회 국회 법제사법위원회 회의록 제12호, 1998, 6

37) 민일영, 주택 · 상가건물의 경매와 임대차, 박영사(2009), 409; 박해식 · 박정삼, 주택임대차 분쟁소송[이론과 실무], 법률정보센타(2006), 341; 김효석, 주택임대차분쟁의 해결(2005), 법률서원, 357

반환청구 소송을 제기하여 승소판결을 받은 뒤 그 확정판결에 기하여 1차로 강제경매를 신청한 경우에도 적용된다고 판시하였다(대법원 2006. 2. 10. 선고 2005다21166 판결).

(1) 보증금이 전액 변제되지 아니한 대항력 있는 임차권은 소멸하지 아니한다는 내용의 주택임대차보호법 제3조의5 단서를 신설한 입법 취지가 같은 법 제4조 제2항의 해석에 관한 종전의 대법원판례(대법원 1997. 8. 22. 선고 96다53628 판결 등)를 명문화하는 데에 있는 점 등으로 보아, "임대차가 종료된 경우에도 임차인이 보증금을 반환받을 때까지 임대차관계는 존속하는 것으로 본다."라고 규정한 같은 법 제4조 제2항과 동일한 취지를 경락에 의한 임차권 소멸의 경우와 관련하여 주의적·보완적으로 다시 규정한 것으로 보아야 하므로, 소멸하지 아니하는 임차권의 내용에 대항력뿐만 아니라, 우선변제권도 당연히 포함되는 것으로 볼 수는 없다.

(2) 주택임대차보호법상의 대항력과 우선변제권의 두 가지 권리를 함께 가지고 있는 임차인이 우선변제권을 선택하여 제1경매절차에서 보증금 전액에 대하여 배당요구를 하였으나 보증금 전액을 배당받을 수 없었던 때에는 경락인에게 대항하여 이를 반환받을 때까지 임대차관계의 존속을 주장할 수 있을 뿐이고, 임차인의 우선변제권은 경락으로 인하여 소멸하는 것이므로 제2경매절차에서 우선변제권에 의한 배당을 받을 수 없는바, 이는 근저당권자가 신청한 1차 임의경매절차에서 확정일자 있는 임대차계약서를 첨부하거나 임차권등기명령을 받아 임차권등기를 하였음을 근거로 하여 배당요구를 하는 방법으로 우선변제권을 행사한 것이 아니라, 임대인을 상대로 보증금반환청구 소송을 제기하여 승소판결을 받은 뒤 그 확정판결에 기하여 1차로 강제경매를 신청한 경우에도 마찬가지이다.

5) 사견

가) 경매실무상 배당요구를 한 우선변제권 있는 주택임차권자의 지위는 저당권자 등 담보물권자의 지위와 거의 같고 다른 것이 있다면 다른 담보물권자는 경매신청권이 있는 반면 위 임차권자는 경매신청권이 없다는 것뿐인데, 임차권은 저당권 등의 담보물권처럼 경락에 의하여 소멸된다고 보는 것이 소멸주의를 택한 개정된 주택임대차보호법 제3조의5의 해석상 타당하다고 생각한다.

나) 특히나 경매절차에서 대항력과 우선변제권은 선택하여 행사하는 것이지 동시에 행사할 수 있는 것이 아니므로, 대항력과 우선변제권이 있는 임차인은 ① 임차주택의 양수인에게 대항하여 보증금의 반환을 받을 때까지 임대차관계의 존속을 주장할

수 있는 권리와 ② 법 제3조의2 제1항 본문 소정의 보증금이나 법 제8조 제3항 소정의 보증금에 관하여 임차주택의 가액으로부터 우선변제를 받을 수 있는 권리를 겸유하고 있다고 해석되고, 대항력과 우선변제권 양자를 모두 행사하는 경우에는 먼저 우선변제권을 행사하여 우선배당을 받고 모두 변제받지 못한 잔존하는 금액이 있으면 잔존 금액을 다 받을 때까지 그 금액에 한하여 대항력을 행사할 수 있다는 것이 대법원의 확립된 태도이다(대법원 1997. 8. 22. 선고 96다53628 판결 등 참조).

다) 나아가 신설된 주택임대차보호법 제3조의5는 소멸주의를 명시적으로 택하면서 경매가 행하여진 경우에 임차권 또한 담보권과 같이 경락에 의하여 소멸한다는 것을 명문화하였고, 다만 예외적으로 '보증금이 모두 변제되지 아니한, 대항력이 있는 임차권만 소멸하지 않는다'고 규정하였는데 위 규정은 임차권은 경락으로 소멸하되 잔존보증금 부분의 '대항력'만 소멸하지 않는다고 해석함이 상당하다.

따라서 개인적으로는 현재 판례의 태도에 찬성한다.

6) 소액임차인 최우선변제권 등도 마찬가지

앞서 본 바와 같은 법리는 소액임차인의 최우선변제권의 경우에도 마찬가지로 적용된다. 따라서 대항력 있는 소액임차인이 제1 경매절차에서 소액보증금의 일부만 배당받은 경우 제2 경매절차에서 나머지 소액보증금에 대한 우선변제를 주장할 수 없다. 이러한 경우 소액임차인은 매수인을 상대로 집행권원을 얻어 강제경매를 신청하여 일반채권자로 배당을 받거나 대항력을 행사하여 매수인으로부터 나머지 임대차보증금을 반환받을 때까지 임차목적물에 계속하여 거주할 수 있을 뿐이다.

나아가 이러한 법리는 상가건물임대차의 확정일자부 우선변제권과 소액보증금 최우선변제권의 경우도 마찬가지로 적용된다고 할 것이다.

나. 1차 경매에서 배당요구를 하지 아니한 임차인의 2차 경매에서의 우선변제권 행사

1) 견해의 대립

앞서 본 바와 같이 1차 경매에서 배당요구를 하여 배당을 받은 임차인의 경우에 대하여 2차 경매에서 우선변제권을 부정한다고 하더라도, 1차 경매에서 배당요구를 하지 아니한 임차인의 경우에도 2차 경매에서 우선변제권을 행사할 수 없는 것인지에 관하여는 다시 견해가 나뉜다.

가) 소극설

배당요구를 하지 않은 임차인도 제2경매절차에서 우선변제권을 갖지 않는다는 견해이다. 그 이유는 다음과 같다. 앞서 본 바와 같이 대항력과 우선변제권을 겸유하고 있는 임차인은 두 가지 권리 중 하나를 선택하여 행사할 수 있을 뿐 그 권리를 모두 행사함으로써 양도인과 양수인 모두로부터 이중으로 변제받을 수는 없다. 따라서 임차인이 배당요구를 하지 않았다면 이는 '임차주택의 양수인에게 대항하여 보증금의 반환을 받을 때까지 임대차관계의 존속을 주장할 수 있는 권리'를 선택한 것이고 그 결과 더 이상 우선변제권을 행사할 수 없다.

또한 임차보증금 회수를 위한 우선변제권의 행사에 관하여 저당권이나 기간만료된 전세권의 소멸을 규정한 민사소송법 제608조 제2항의 규정을 유추적용하는 긍정설의 입장에 설 경우 저당권, 전세권 등은 그 우선변제권의 행사 여부를 묻지 않고 경락으로 소멸시키고 있으므로, 임차인의 우선변제권도 배당요구를 통한 행사 여부를 묻지 않고 소멸되는 것이다.

우선변제권이란 제1경매절차에서 다른 채권자와 관계에서 우열을 가려 우선변제받는 권리인데, 만일 적극설에 따라 제2경매절차에서도 최우선변제권을 갖는다고 본다면, 대항력만 갖춘 임차인은 언제든지 가장 후순위라도 확정일자만 받는다면 제1경매절차에서 배당받을 가망이 없는 후순위의 우선변제권을 행사하지 않음으로써(배당요구를 하지 않음으로써) 제2경매절차에서 최선순위의 강력한 권리를 행사할 수 있다는 부당한 결과를 낳게 된다.

나) 제한적 긍정설[38]

1차 경매시 원래의 임대차관계가 존속 중인 경우라면 임차인이 확보한 우선변제권이 임차인의 의사와 무관한 임차주택 경매라는 사정 때문에 소멸하는 것은 타당하지 않다는 이유에서 1차 경매에서 배당요구를 하지 않았더라도 2차 경매에서는 우선변제권을 행사할 수 있어야 한다는 견해이다. 당초의 임대기간까지 임차주택에서 거주하다가 기간 종료 시 임차주택에 대하여 우선변제권을 행사하려는 임대인의 의사는 보호되어야 한다는 것이다

다) 이분설[39]

이 견해는 임대차가 종료되었음에도 제1경매절차에서 우선변제권을 행사하지 않은 경우 제2경매절차에서 우선변제권이 있는지에 관하여 ① 임대차기간이 만료된 경

38) 최준규, 주석민법 채권각칙(3), 한국사법행정학회(2016), 867

39) 민일영, 동일주택에 대한 2회의 경매와 임차인의 우선변제권에 관한 시론, 법조 통권 510호 (1999. 3.), 62-63

우와 ② 임대인 또는 임차인의 해지의 의사표시가 있는 경우를 나누어 설명하고 있다. 즉, ① 전자의 경우 우선변제권을 행사하지 아니하였다는 것은 임대인 및 임차인 쌍방이 임대차관계의 종료 또는 보증금의 반환에 관하여 아무런 의사표시도 하지 아니하였음을 뜻하는 것이고, 이는 임대차관계가 적어도 묵시적으로 갱신되었음을 의미하는 것이 된다. 이 경우에 경락인에게 승계되는 임대차는 법 제3조 제2항에 의한 것이지 법 제4조 제2항에 의한 것은 아니다. 따라서 우선변제권도 당연히 존속한다. 그러나 ② 후자의 경우 행사할 수 있었던 우선변제권을 스스로의 선택에 의하여 행사하지 아니한 이상 우선변제청구권은 소멸하고 대항력만 남게 될 뿐이다.

다만 이 견해는 위와 같은 이분설은 주택임대차보호법 제3조의5가 신설되기 전의 견해이고, 대법원판례처럼 주택임대차보호법 제3조의5 단서가 주택임대차보호법 제4조 제2항과 실질적으로 다를 바 없다는 견해에 선다면 위 논의가 유의미하지만, 주택임대차보호법 제3조의5 단서는 주택임대차보호법 제4조 제2항에서는 임대차가 종료하되 보증금 반환 시까지 법정임대차가 존속하는 것으로 의제하였지만, 주택임대차보호법 제3조의5 단서는 종전의 임차권이 소멸하지 않고 그대로 존속하므로 이분할 필요 없이 무조건적으로 우선변제권 2회 행사가 가능하다고 보고 있다.[40]

2) 사견

앞서 본 제2차 경매절차에서 우선변제권 행사에 관한 사견 부분에서 살펴본 바와 같이 신설된 주택임대차보호법 제3조의5는 소멸주의를 명시적으로 택하면서 경매가 행하여진 경우에 임차권 또한 담보권과 같이 경락에 의하여 소멸한다는 것을 명문화하였다. 따라서 임차인의 우선변제권은 배당요구 여부에 관계없이 제1차 경매절차의 종료로 바로 소멸하게 되고, 예외적으로 '보증금이 모두 변제되지 아니한, 대항력이 있는 임차권' 즉 대항력만 소멸되지 않는다는 취지의 규정으로 봄이 상당하므로, 소극설에 찬성한다.

다. 공유지분 경매가 순차적으로 이루어진 경우 제2차 경매절차에서 우선변제권 행사(= 적극)

1) 긍정설을 취한 하급심판례(1심 서울중앙지방법원 2016. 4. 27. 선고 2016가합54판결, 서울고등법원 2017. 5. 12. 선고 2016나2033606 판결)

하급심 판결 중에는 주택임대차보호법의 규정과 입법취지, 주택임대차보호법에

40) 민일영, 주택 · 상가건물의 경매와 임대차, 박영사(2009), 409면

의한 우선변제권의 법적 성격을 포함하여 아래에서 보는 바와 같은 사정들을 종합하면, 피고들이 주택임대차보호법에서 정한 대항요건과 확정일자를 갖춘 임차인 내지 소액임차인으로서 이 사건 건물의 일부 지분에 대한 제1차 경매절차에서 임차인으로서 배당요구를 하였다고 하더라도 그 우선변제권은 소멸되지 않고, 이 사건 건물과 대지의 나머지 지분에 대한 제2차 경매절차에서 다시 임차인으로서 배당요구를 하여 남은 임대차보증금의 한도 내에서 우선변제권을 행사할 수 있다고 봄이 타당하다면서 ① 임차건물 중 일부 지분에 대한 제1차 경매절차에서 배당금을 배당받은 후 ② 이와 중복되지 않는 임차건물 중 나머지 지분과 대지지분에 대한 제2차 경매절차에서 확정일자부 우선변제권을 행사한 임차인들의 경우 남은 임대차보증금의 한도 내에서 우선변제권을 행사할 수 있다면서 우선변제권 행사를 허용한 것이 있다.

가) 주택임대차보호법 제3조의2 제2항에서 같은 법 제3조의 대항요건 및 확정일자를 갖춘 임차인의 경우 대지를 포함한 임차주택의 환가대금에 대하여 우선변제권이 있음을 규정하고 있다.

위 조항은 주택임차인의 임차보증금채권의 보호를 위하여 도입된 규정이고, 통상적으로 주택의 임대차에는 그 대지 부분의 이용을 수반하며, 임대차계약의 효력도 임차주택과 대지 전부에 대하여 미치는 점 등에 비추어 보면 주택임대차보호법에서 정한 대항요건과 확정일자를 갖춘 임차인은 임차주택과 대지가 함께 경매될 경우뿐만 아니라 임차주택과 별도로 대지만이 경매될 경우에도 대지의 환가대금에 대하여 우선변제권을 행사할 수 있고(대법원 2012. 7. 26. 선고 2012다45689 판결 참조), 이는 임차주택이나 대지의 일부 지분에 대하여 순차로 경매절차가 진행되더라도 마찬가지라고 할 것이다.

나) 주택임대차보호법에 의한 우선변제권은 이른바 법정담보물권의 성격을 갖는 것으로서 임대차 성립 시의 임차 목적물인 임차주택 및 대지의 가액을 기초로 임차인으로 보호하고자 인정되는 것이므로(대법원 2007. 6. 21. 선고 2004다26133 전원합의체 판결 참조), 대항력과 확정일자를 갖춘 임차인 내지 소액임차인은 임차목적물인 임차주택과 대지의 전부에 관하여 우선변제권을 행사할 수 있다고 보는 것이 그 입법취지에도 부합하고, 담보물권적 성격에도 부합한다.

만약 원고의 주장과 같이 대항요건과 확정일자를 갖춘 임차인 내지 소액임차인이 임차주택 또는 대지의 일부 지분에 대한 선행 경매절차에서 배당요구를 할 경우 임대차계약의 종료로 나머지 지분에 대한 후행 경매절차에서 더 이상 우선변제권을 행사할 수 없다고 한다면, 임대차 성립 당시 임차주택과 대지가 모두 임대인의 소유였다가 일부 지분이 타인에게 양도되어 그 소유자가 서로 달라지거나 공유로 된 후 그 일부 지분과 나머지 지분에 대하여 시기를 달리한 경매가 순차로 이루어지는 것과 같은 우연한 외부적인 사정으로 임차인 내지 소액임차인의 우선변제권이 약화되거나 그 행사가 제한되는 결과를 초래할 수 있다. 또한 임차주택 또는 대지의 일부 지분에 대하여 강제집행을 하는 등의 방법으로 우선변제권을 무력화하거나 약화시킬 수도 있게 되어 국민 주거 생활의 안정을 보장함을 목적으로 하는 주택임대차보호법의 목적에도 반할 뿐 아니라 임차주택과 대지 전부에 대하여 담보물권자와 유사한 지위를 가지도록 하는 우선변제권의 법적 성격에도 부합하지 않는다.

한편으로는 임차주택과 대지의 일부 지분에 대한 선행 경매절차가 있었더라도 후행 경매절차의 참가자로서는 임차인의 우선변제권의 행사 여부를 파악하기 어렵고, 통상적으로 대항력과 확정일자를 갖춘 임차인 내지 소액임차인의 배당요구가 있으면 이에 대하여 선순위로 배당이 이루어져 임대차의 부담이 소멸할 것을 예상하고 입찰가격을 정하여 경매절차에 참가할 것인데, 원고의 주장과 같이 임차인의 우선변제권을 부정한다면 그 임대차의 부담이 소멸되지 않고 그대로 인수되어 오히려 경매참가자에게 불측의 손해를 입게 하며, 다른 배당참가자에게 예상 밖의 이익을 주게 되는 불합리한 결과의 발생으로 경매절차의 불안정을 초래할 가능성도 있다.

다) 대항력과 확정일자를 갖춘 임차인 내지 소액임차인은 주택임대차보호법 제3조의2 제2항에 따라 임차주택과 대지가 함께 경매될 경우뿐만 아니라 별도로 시기를 달리하여 경매가 되더라도 각 절차에 모두 참가하여 우선변제를 받을 수 있는데[41], 임차주택과 대지가 시기를 달리 하여 순차로 경매되는 경우와 임차주택과 대지의 일부 지분에 대하여 시기를 달리하여 순차로 경매되는 경우를 달리 취급해야 할 합리적인 근거나 이유를 찾을 수 없다.

라) 한편 원고가 제1차 배당절차에서의 배당요구에 따라 우선변제권이 소멸한다는 근거로 들고 있는 대법원 판례(대법원 1997. 8. 22. 선고 96다53628 판결, 대법원 1998. 6. 26. 선고 98다2754 판결, 대법원 2006. 2. 10. 선고 2005다21166 판결 등)는 임대목적물 전부에 대한 선행 경매절차 이후에 다시 동일한 임대목적물에 대

41) 재판예규 제866-41호[개정 2002. 6. 26., 시행 2002. 7. 1., 주택임대차보호법 제8조에 관한 질의회답(재민 84-10)]에서는 '건물과 대지가 시기를 달리하여 따로 경매되는 경우에 소액보증금 반환청구권이 남아 있는 한 소액임차권자는 각 경매절차에 모두 참가하여 우선변제를 받을 수 있다'고 규정하고 있고, 대항력과 확정일자를 갖춘 임차인이라고 하여 소액임차인과 달리 볼만한 합리적인 근거나 이유는 없다.

하여 새로운 경매절차가 이루어지거나 새로이 설정된 근저당권에 기하여 경매절차가 이루어진 사안에 대한 것으로서, 이 사건과는 사실관계를 달리하여 이를 그대로 적용할 수 없다.

2) 부정설[42)]

이 견해는 다음과 같은 점들을 논거로 경매절차에서 배당요구를 하는 경우 임차인의 배당요구에 의하여 임대차는 해지되어 종료되고, 다만 주택임대차보호법 제4조 제2항에 의하여 임차인이 보증금의 잔액을 반환받을 때까지 임대차관계가 존속하는 것으로 의제되는 것일 뿐이므로 이론상 일부 지분에 대한 제1차 경매절차에서의 배당요구로 우선변제권은 소멸하고 대항력만을 가지는 것으로 보아야 할 뿐만 아니라, 긍정설은 실질적으로도 임차인에게 득이 되는 것은 아니어서 타당하지 않다고 본다.

가) 2차 경매 당시에 이미 임대차계약이 종료되어 우선변제권의 요건을 갖추지 못한다. 즉 주택임차권의 대항력의 요건은 주택의 인도와 주민등록이고, 우선변제권의 요건은 거기에 임대차계약서에의 확정일자부여가 덧붙여져야 한다. 여기서 확정일자를 부여받을 "임대차계약서"는 임대인과 임차인사이의 정당한 계약서이어야 한다. 그런데, 임차인이 제1차 경매에서 우선변제권을 행사하여 배당요구를 하고도 그 임차보증금 전액을 배당받지 못하여 그 경락인과의 사이에서 임대차관계가 존속하는 것으로 간주되는 경우에 있어서는, 종전의 임대차계약은 배당요구에 의하여 종료하였고, 이제는 주택임대차보호법 제4조 제2항의 규정에 의한 이른바 법정임대차관계만이 존재하게 되는 것이다. 따라서 이 경우 우선변제권 행사의 요건으로서의 '임대차계약서에의 확정일자'는 종전의 임대차계약서에 대한 것으로는 부족하고(그 임대차계약은 이미 종료하였으므로), 제1차 경매에서의 경락인과의 사이에서 성립한 이른바 법정임대차관계에 대하여 확정일자를 부여받아야 하는 것으로 보아야 하는데, 그것이 불가능함은 자명하다. 결국 제2차 경매에서는 대항력은 구비하고 있지만 우선변제권 행사의 요건은 구비하지 못한 것으로 볼 수밖에 없다.

나) 지분 경매에서의 배당요구라 하여, 임대차계약의 해지가 일부 지분 만에 대하여 이루어졌다고 볼 수도 없다.

다) 2차 경매에서 우선변제권을 인정하지 아니하여도 임차인에게 대항력이 인정되므로, 2차 경매에서의 우선변제권을 인정하지 않는 해석이 임차인들에게 불리하지도 않다. 1차 경매에서 임차인이 우선변제권을 행사하였음에도 보증금을 전액 배당

42) 윤경·손흥수, 부동산경매(2), 한국사법행정학회(2017), 2080-2084

받지 못한 경우에는 임차인은 경매절차에서 배당받을 수 있었던 금액을 뺀 나머지에 관하여 반환받을 때까지 임대차관계의 존속을 주장할 수 있다. 즉 임차인은 경매 매수인의 주택 명도청구에 대하여 보증금 반환과의 동시이행항변을 할 수 있으므로 2차 경매에서 우선변제권을 인정하지 않는다 하여도 임차인에게 불리한 해석이라고 할 수 없다.

라) 제2차 경매에서 임차인의 우선변제청구권을 인정할 것인가 아닌가는, 결국 종전의 임차인에 대한 임차보증금반환채무를 제2차 경매에서의 경락인과 다른 배당채권자들 중 누구의 부담으로 귀속시킬 것인가의 문제로 직결된다. 따라서 이는 근본적으로 선택의 문제인데, 대법원은 앞서 본 바와 같이 1차 경매에서 우선변제권을 행사한 경우에는 2차 경매에서는 우선변제권을 인정하지 않는 것으로 결단을 한 이상 이는 순차적인 지분경매에도 그대로 관철되어야 한다.

3) 사견(= 긍정설, 공유지분 순차 경매의 경우는 공동저당권의 목적인 수 개의 부동산이 이시배당된 경우와 같아서 1차 경매로 공동저당권 소멸하지 않듯이 우선변제권도 소멸되지 않음)

가) 우선변제권은 저당권자 등의 담보물권자의 지위와 같음

우선변제권은 이른바 법정담보물권의 성격을 갖는 것으로서 임대차 성립시의 임차 목적물인 임차주택 및 대지의 가액을 기초로 임차인을 보호하고자 인정되는 것이므로, 임대차 성립 당시 임대인의 소유였던 대지가 타인에게 양도되어 임차주택과 대지의 소유자가 서로 달라진 경우에도 마찬가지라 할 것이다(대법원 2007. 6. 21. 선고 2004다26133 전원합의체 판결).

즉 경매실무상 배당요구를 한 우선변제권 있는 주택임차권자의 지위는 저당권자 등 담보물권자의 지위와 거의 같고 다른 것이 있다면 다른 담보물권자는 경매신청권이 있는 반면 위 임차권자는 경매신청권이 없다는 것뿐이다.

나) 근저당권은 1회 경매로 소멸하지만, 공동근저당권의 경우에는 이시경매의 경우에 채권최고액 전액이 변제되지 않는 한 1회 경매로 소멸하지 않음(뒤에 이루어진 경매에서 공동근저당의 경우 우선변제 받은 금액을 공제한 나머지 금액에 대하여만 우선변제권 행사 가능)

(1) 공동저당권의 목적인 수 개의 부동산이 동시에 경매된 경우에 공동저당권자로서는 어느 부동산의 경매대가로부터 배당받든 우선변제권이 충족되기만 하면 되지만, 각 부동산의 소유자나 후순위 저당권자 그 밖의 채권자는 어느 부동산의 경매대

가가 공동저당권자에게 배당되는지에 관하여 중대한 이해관계를 가진다. 공동근저당권이 설정된 목적 부동산에 대하여 동시배당이 이루어지는 경우에 공동근저당권자는 채권최고액 범위 내에서 피담보채권을 민법 제368조 제1항에 따라 부동산별로 나누어 각 환가대금에 비례한 액수로 배당받으며, 공동근저당권의 각 목적 부동산에 대하여 채권최고액만큼 반복하여, 이른바 누적적으로 배당받지 아니한다.

공동근저당권자가 스스로 근저당권을 실행하거나 타인에 의하여 개시된 경매 등의 환가절차를 통하여 공동담보의 목적 부동산 중 일부에 대한 환가대금 등으로부터 다른 권리자에 우선하여 피담보채권의 일부에 대하여 배당받은 경우에, 그와 같이 우선변제받은 금액에 관하여는 공동담보의 나머지 목적 부동산에 대한 경매 등의 환가절차에서 다시 공동근저당권자로서 우선변제권을 행사할 수 없다고 보아야 하며, 공동담보의 나머지 목적 부동산에 대하여 공동근저당권자로서 행사할 수 있는 우선변제권의 범위는 피담보채권의 확정 여부와 상관없이 최초의 채권최고액에서 위와 같이 우선변제받은 금액을 공제한 나머지 채권최고액으로 제한된다고 해석함이 타당하다. 그리고 이러한 법리는 채권최고액을 넘는 피담보채권이 원금이 아니라 이자·지연손해금인 경우에도 마찬가지로 적용된다(대법원 2017. 12. 21. 선고 2013다16992 전원합의체 판결).

(2) 원래 근저당권은 경매절차가 완료되면 당연히 소멸하는 권리이지만, 공동근저당권의 경우에는 위와 같이 이시경매가 이루어져 이시배당이 이루어지는 경우에 1차 경매절차에서 채권최고액 전액을 배당받지 못하는 이상 2차 경매에서도 1차 경매절차에서 우선변제 받은 금액을 공제한 나머지 채권최고액 범위의 금액을 우선변제 받을 수 있다는 점에서 1회 경매로 소멸하지 않는 다회용이다.

다) 우선변제권은 임차주택과 그 대지 환가대금 전부(소액보증금은 1/2)를 담보로 하는 법정담보물권인 이상 별개 부동산인 토지와 건물이 별개 절차로 경매되거나, 토지와 건물 중 일부 지분이 별개 절차로 경매되는 경우 공동근저당권자와 유사한 지위에 있다고 봄이 상당함

(1) 임차인의 우선변제권은 이른바 법정담보물권의 성격을 갖는 것으로서 임대차 성립시의 임차 목적물인 임차주택 및 대지의 가액을 기초로 임차인을 보호하고자 인정되는 것이므로, 대지가 임대차 성립 당시 임대인의 소유였던 이상, 그 후 그 대지가 타인에게 양도되어 임차주택과 대지의 소유자가 서로 다르게 된 경우에는 임차인이 대지의 환가대금으로부터 우선변제를 받을 수 있고, 이러한 법리는 임차주택 및

여러 필지의 임차주택 대지 중 일부가 타인에게 양도되어 그 일부 대지만이 경매되는 경우도 마찬가지이다(대법원 2012. 7. 26. 선고 2012다45689 판결).

앞서 본 대법원 2012다45689 판결에서는 임차주택과 그 대지인 여러 필지의 대지 전체에 대하여 1개의 우선변제권이 법정담보물권으로 성립된다고 보았는데 이는 여러 필지 토지에 저당권을 설정한 공동근저당의 경우와 같다.

(2) 그런데 공동근저당권의 경우에 이시경매가 이루어져 이시배당이 이루어지는 경우에는 통상적으로 경매로 소멸해 버리는 1회용인 근저당권과는 달리 2차 경매에서도 1차 경매절차에서 우선변제받은 금액을 공제한 나머지 채권최고액 범위의 금액을 우선변제받을 수 있는 다회용이므로, 임차인의 우선변제권의 경우에도 부동산인 토지와 건물이 별개 절차로 경매되거나, 토지와 건물 중 일부 지분이 별개 절차로 경매되는 경우 공동근저당권자와 유사한 지위에 있다고 봄이 상당하다.

라) 대지와 건물이 별도의 부동산으로서 이시매각되는 경우와 토지와 건물 중 일부 지분이 별개 절차로 경매되는 경우를 달리 볼 이유도 없음

또한 앞서 본 하급심 판결에서 적절하게 지적한 바와 같이 대항력과 확정일자를 갖춘 임차인 내지 소액임차인은 주택임대차보호법 제3조의2 제2항에 따라 임차주택과 대지가 함께 경매될 경우뿐만 아니라 별도로 시기를 달리하여 경매가 되더라도 각 절차에 모두 참가하여 우선변제를 받을 수 있고[43], 법원실무제요[44] 또한 건물과 대지가 따로 매각되는 경우 소액임차인은 먼저 매각되는 목적물의 매각대금의 1/2 한도 안에서 우선변제를 받고 만일 잔여보증금이 있으면 후에 매각되는 목적물의 매각대금 1/2의 한도 안에서 다시 우선변제를 받는다고 명시적으로 기재하고 있어서, 대지와 건물이 이시에 매각되는 경우 1차 경매에서 우선변제권을 행사하고 남은 잔액 범위 내에서 2차 경매에서 우선변제권을 행사할 수 있다고 인정하고 있다.

그런데 임차주택과 대지가 시기를 달리 하여 순차로 경매되는 경우와 임차주택과 대지의 일부 지분에 대하여 시기를 달리하여 순차로 경매되는 경우를 달리 취급해야 할 합리적인 근거나 이유를 찾을 수 없다. 따라서 토지와 건물 중 일부 지분이 별개 절차로 경매되는 경우에도 우선변제권을 인정함이 상당하다.

---

43) 재판예규 제866-41호[개정 2002. 6. 26., 시행 2002. 7. 1., 주택임대차보호법 제8조에 관한 질의회답(재민 84-10)]에서는 '건물과 대지가 시기를 달리하여 따로 경매되는 경우에 소액보증금 반환청구권이 남아 있는 한 소액임차권자는 각 경매절차에 모두 참가하여 우선변제를 받을 수 있다'고 규정하고 있고, 대항력과 확정일자를 갖춘 임차인이라고 하여 소액임차인과 달리 볼만한 합리적인 근거나 이유는 없다.

44) 법원실무제요 민사집행(III): 부동산집행, 법원행정처(2020), 88

마) 대법원의 확립된 태도는 단순 근저당권과 유사하게 우선변제권 대상인 목적물이 한꺼번에 경매된 경우에 적용되는 사안이고, 본 사안은 공동근저당권과 유사한 사안임

(1) 부정설은 제1차 배당절차에서의 배당요구에 따라 우선변제권이 소멸한다는 근거로 들고 있는 대법원 판례(대법원 1997. 8. 22. 선고 96다53628 판결, 대법원 1998. 6. 26. 선고 98다2754 판결, 대법원 2006. 2. 10. 선고 2005다21166 판결 등)를 근거로 임차인의 우선변제권은 어느 경우이던 1회용으로 1번 행사하면 무조건 소멸하는 것이라는 것이 대법원의 확립된 태도라는 점을 근거로 들고 있다.

(2) 하지만 앞서 본 하급심 판결들이 적절히 지적하였듯이 제1차 배당절차에서의 배당요구에 따라 우선변제권이 소멸한다는 근거로 들고 있는 대법원 판례(대법원 1997. 8. 22. 선고 96다53628 판결, 대법원 1998. 6. 26. 선고 98다2754 판결, 대법원 2006. 2. 10. 선고 2005다21166 판결 등)들은 임대목적물 전부에 대한 선행 경매절차 이후에 다시 동일한 임대목적물에 대하여 새로운 경매절차가 이루어지거나 새로이 설정된 근저당권에 기하여 경매절차가 이루어진 사안에 대한 것으로서, 이 사건과는 사실관계를 달리하여 이를 그대로 적용할 수 없다.

(3) 즉 제1차 배당절차에서의 배당요구에 따라 우선변제권이 소멸한다는 근거로 들고 있는 대법원 판례들은 단순 근저당권이 설정된 토지에 대하여 1차 경매로 인하여 소유자가 변경된 이후에 새로운 집행권원(판결 등에 기한 강제경매, 새로운 근저당권에 기한 임의경매)에 기하여 2차 경매가 진행되는 경우의 사안으로서 이러한 경우 통상적인 단순한 근저당권은 1차 경매절차에서의 매각으로 인하여 소멸하는 것과 동일한 법리에 기하여 법정 담보물권인 임차인의 우선변제권도 소멸한다고 보아야 하는 것이 주택임대차보호법 제3조의5 본문이 소멸주의를 도입한 취지에 부합하는 해석이다.

하지만 공동근저당권의 경우에는 앞서 보았듯이 그 담보대상물 중 일부에 대한 1회 경매로 인하여 채권최고액 전액을 다 변제받지 않는 한 소멸하지 않고 그 설정당시 담보 대상으로 삼았던 나머지 대상물에 대한 2회 경매에서 1차 경매에서 변제받은 금액을 채권최고액에서 공제한 금액 범위 내에서 우선변제권을 행사할 수 있는데, 이러한 대법원 판례의 법리가 바로 문제가 되고 있는 이 부분 쟁점인 공유지분 경매가 순차적으로 이루어진 경우 제2차 경매절차에서 우선변제권 행사에 적용되어야 할 법리이다.

따라서 부정설이 이 사안과 2차 경매에서의 우선변제권을 부정한 대법원 2006. 2. 10. 선고 2005다21166 판결 등의 사안이 완전히 동일한 사안으로서 이 사안에 대하여도 대법원 판결이 확고하게 우선변제권을 부정하였다고 본 것은 잘못된 판단으로 생각된다.

8. 주택임대차보호법상 임차인으로서의 지위와 전세권자로서의 지위의 관계

가. 문제의 제기

동일한 임차보증금(전세보증금)에 관하여 주택임대차보호법상 우선변제권이 있는 임차인의 지위와 민법상 전세권자의 지위를 겸유하고 있는 자가 경매절차에서 어느 한 지위에서의 우선변제권을 행사(배당요구)한 경우 경매절차의 안정성 내지 경락인을 비롯한 경매 이해관계인들의 지위와 관련하여 다른 한 지위에서의 우선변제권 행사에는 어떠한 영향을 미치는 것인지, 특히 임차보증금(전세보증금) 전액을 배당받지 못한 경우에 그 잔액에 관하여는 주택임대차보호법상 임차인의 지위 또는 민법상 전세권자의 지위에는 어떠한 영향이 있는지가 문제된다.

구체적으로는 ① 임차인으로서의 지위에 기하여 배당요구를 한 경우에 전세권에 관하여도 배당요구가 있는 것으로 볼 수 있는지 여부, 반대로 ② 전세권자로서 배당요구를 하여 전세권이 매각으로 소멸된 경우에 변제받지 못한 보증금 잔액에 관하여 임차인으로서의 대항력을 행사할 수 있는지 여부가 쟁점이다.

아래에서는 경매절차에 있어서 주택임대차보호법상 임차인의 대항력과 우선변제권, 전세권자의 우선변제권에 관하여 판례를 중심으로 살펴본 후 이를 바탕으로 위 쟁점들에 관하여 검토해 보기로 한다.

나. 임차인으로서의 지위에 기하여 배당요구를 한 경우에 전세권에 관하여도 배당요구가 있는 것으로 볼 수 있는지 여부(=소극)

1) 문제되는 경우

임차인으로서의 지위에 기하여 배당요구를 한 경우에 전세권에 관하여도 배당요구가 있는 것으로 볼 수 있는지 여부, 즉 전세권이 매각으로 소멸하는지 여부가 문제되는 것은 동일 주택에 관하여 최선순위 전세권자이면서도 경락인에게 주택임대차보호법상의 대항력은 행사할 수 없는 임차인이 임차권에 기한 우선변제권을 행사하여 배당요구를 하였으나 보증금에 관하여 배당을 받지 못하거나 일부만 배당받은 경우이다.

왜냐하면 대항력이 인정되는 경우에는 임차인으로서 우선변제권을 행사하였더라도 주택임대차보호법 제3조의5 단서 규정에 의하여 배당받지 못한 보증금 잔액에 대하여 경락인에게 대항력을 행사함으로써 그 회수가 가능하기 때문에 아무런 문제가 없기 때문이고, 최선순위 전세권의 경우에는 배당요구가 없는 한 매각으로 소멸되지 아니하고 경락인에게 인수되지만 후순위 전세권만 배당요구를 하지 아니하였더라도 경매로 인하여 소멸하기 때문이다.

2) 전세권에 관하여는 배당요구가 없는 것으로 보는 견해

이 견해는 민사집행법 제91조 제4항의 취지 및 주택임차인으로서의 우선변제를 받을 수 있는 권리와 전세권자로서 우선변제를 받을 수 있는 권리는 근거규정 및 성립요건을 달리하는 별개의 것이라는 대법원 1993. 12. 24. 선고 93다39676 판결의 취지(반대해석) 등을 그 근거로 들고 있다. 이 견해는 전세권은 저당권·압류채권·가압류채권에 대항할 수 없는 경우에는 매각으로 소멸되나(민사집행법 제91조 제3항), 그 외의 경우에는 매수인이 인수하되 전세권자가 배당요구를 하는 경우에만 매각으로 소멸하는바(같은 조 제4항), 이는 전세권자 스스로 전세금반환청구권에 기한 배당요구를 통하여 경매절차에서 전세금을 회수할 것인지 아니면 전세권의 부담을 매수인에게 인수시켜 매수인으로부터 전세금을 회수할 것인지 선택할 수 있도록 하기 위한 것으로 매수인이나 전세권자에게 결정적이고 중요한 의미를 가지는 사항이다. 나아가 주택임차인으로서의 우선변제를 받을 수 있는 권리와 전세권자로서 우선변제를 받을 수 있는 권리는 근거규정, 성립요건 및 효력을 달리하는 별개의 것이고(대법원 1993. 12. 24. 선고 93다39676 판결 참조), 이에 더하여 앞서 본 바와 같은 민사집행법 제91조 제4항의 규정취지에 비추어 볼 때, 전세권자로서의 지위 및 대항력 있는 임차인으로서의 지위를 겸유하는 자가 임차인으로서 배당요구를 한 경우에는 특별한 사정이 없는 한 전세권자로서 배당요구를 한 것으로 볼 수는 없다고 본다.

3) 전세권에 관하여도 배당요구가 있는 것으로 보는 견해

이 견해는 임차권과 전세권이 별개라는 의미는 주택임대차보호법상의 임차인으로서 우선변제를 받을 권리와 전세권자로서 우선변제를 받을 권리를 모두 가짐으로써 양자의 권리에 기하여 우선변제를 받을 권리를 중첩적으로 보호받는다는 것이지 배당요구 자체를 중첩적으로 할 수 있다는 의미는 아니므로, 임차권자로서의 배당요구와 전세권자로서의 배당요구는 분리될 수 없다고 주장한다. 그리고 전세권에 관하

여는 배당요구가 없다고 보아야 한다는 견해에 따르면, ① 임차인이 배당요구를 하여 임차보증금을 전액 또는 일부 배당받는 경우에도 배당요구하지 않은 전세권자의 전세권은 매수인에게 인수되므로, 매수인에게 2중 변제를 강요하는 결과가 되고, ② 두 권리 모두에 기하여 배당요구를 한 자에 대하여는 각각 배당하여야 하는 부당한 결과를 초래하며, ③ 임차인이 얼마나 배당받을지는 배당기일에 이르러서야 알 수 있기 때문에 매각물건명세서를 작성할 때 전세권의 소멸 또는 인수 여부를 판단할 수 없어 매각물건명세서를 작성할 수 없게 되며, ④ 임차인이 집행권원을 얻어 강제집행을 신청하면서 동시에 전세권자로서 배당요구를 한 경우에도 최저매각가격에서 선순위 전세금을 차감하여 무잉여 여부를 판단하여야 하는 등 무잉여 판단함에 있어서 동일한 권리주체가 동일한 사실관계에 기하여 동일한 권리를 실현하고자 하는 것임에도 2중으로 공제하여 무잉여에 해당한다고 하여 경매신청을 기각하게 되는 부당한 점이 발생한다고 비판한다.

4) 대법원 판례(= 소극설)

대법원 2010. 6. 24. 선고 2009다40790 판결은, "① 민사집행법 제91조 제3항은 전세권은 저당권·압류채권·가압류채권에 대항할 수 없는 경우에는 매각으로 소멸된다고 규정하고, 같은 조 제4항은 제3항의 경우 외의 전세권은 매수인이 인수한다. 다만, 전세권자가 배당요구를 하면 매각으로 소멸된다고 규정하고 있고, 이는 저당권 등에 대항할 수 없는 전세권과 달리 최선순위의 전세권은 오로지 전세권자의 배당요구에 의하여만 소멸되고, 전세권자가 배당요구를 하지 않는 한 매수인에게 인수되며, 반대로 배당요구를 하면 존속기간에 상관없이 소멸한다는 취지라고 할 것인 점, ② 주택임차인이 그 지위를 강화하고자 별도로 전세권설정등기를 마치더라도 주택임대차보호법상 임차인으로서 우선변제를 받을 수 있는 권리와 전세권자로서 우선변제를 받을 수 있는 권리는 근거규정 및 성립요건을 달리하는 별개의 권리라고 할 것인 점 등에 비추어 보면, 주택임대차보호법상 임차인으로서의 지위와 전세권자로서의 지위를 함께 가지고 있는 자가 그 중 임차인으로서의 지위에 기하여 경매법원에 배당요구를 하였다면 배당요구를 하지 아니한 전세권에 관하여는 배당요구가 있는 것으로 볼 수 없다."고 판시하여 소극설의 입장을 취하였다.

5) 사견(= 소극설)

가) 대법원 1993. 12. 24. 선고 93다39676 판결도 임차인의 우선변제권과 전세권자의 우선변제권을 각각의 요건 및 효력을 독립적으로 평가하여야 하는 권리경합

관계임을 분명히 하고 있다. 즉, 전세권자가 주택임대차보호법상의 우선변제요건도 갖춘 경우에는 위 법에 의한 보호도 중첩적으로 받게 되는 것이다. 결국 전세권자와 임차인의 우선변제권 행사의 요건을 모두 갖춘 경우에는 임차권자로서의 배당요구와 전세권자로서의 배당요구 자체도 중첩적으로 할 수 있다고 보아야 할 것이고, 적극설과 같이 임차권자로서의 배당요구와 전세권자로서의 배당요구는 분리될 수 없다고 볼 이론적, 논리필연적 근거는 없다고 본다.

또한, 임차인이 전세권자로서의 등기도 한 경우에는 자신의 권리보호를 더 확고하게 하기 위한 의도로 양 제도를 다 이용한 것으로서 임차인으로서의 대항력과 최선순위 전세권자로서 배당에 참가하지 않을 경우 소멸되지 않고 경락매수인에게 인수되는 장점을 모두 이용하기 위하여 그러한 선택을 한 것이다. 그럼에도 ① 대항력 없는 임차인이 임차권자로서 배당요구를 한 경우 전세권에 관하여도 배당요구가 있는 것으로 본다면, 즉 최선순위 전세권이 매각으로 소멸된다면 임차인은 배당받지 못한 보증금 잔액에 대하여 담보물권을 상실하여 일반채권자의 지위에 서게 되고, 경락인에게 대항력을 행사할 수도 없어 보증금 회수에 있어서 우선적 지위를 상실하게 되며, 더구나 경우에 따라서는 최선순위 전세권자임에도 전혀 배당을 받지 못한 채 전세권은 말소되는 경우도 발생할 수 있게 되고, ② 대항력 있는 임차인이 전세권자로서 배당요구를 한 경우에 임차권에 관하여도 배당요구가 있는 것으로 본다면 임차인은 배당받지 못한 보증금 잔액에 관하여 대항력은 행사할 수 있지만 우선변제권은 경락으로 인하여 소멸하므로 제2경매절차에서는 우선변제권을 행사할 수 없게 되는 손해를 보게 된다.

이러한 결과는 임차인이 동일한 보증금에 관하여 주택임대차보호법상의 우선변제권과 전세권자의 우선변제권 2가지를 확보한 것은 자신의 지위를 강화하기 한 것이었음에도 경매절차에서 어느 하나의 권리에 기하여 배당요구를 하였다고 하여 다른 권리에 대하여서도 배당요구가 있는 것으로 보아 그 권리를 소멸시키는 것은 당사자의 의사에 반한다고 할 것이다.

결국 소극설과 같이 보는 것이 임차인의 우선변제권과 전세권자의 우선변제권을 각각의 요건 및 효력을 독립적으로 평가하여야 하는 권리경합관계임을 분명히 하면서 임차보증금 반환을 보장하려고 하는 기존 판례의 태도나 2중으로 권리구제를 받기 위한 당사자의 의사에 부합할 뿐만 아니라 임차인을 두텁게 보호하려는 주택임대차보호법의 취지에 맞는 해석이라고 할 것이다.

다. 최선순위 전세권자로서 지위와 그 후 대항력을 갖춘 임차인으로서의 지위를 겸유하는 사람이 전세권자로서 배당요구를 하여 전세권이 매각으로 소멸되는 경우에 변제받지 못한 보증금 잔액에 관하여 대항력을 행사할 수 있는지 여부

1) 문제되는 경우

이러한 쟁점이 문제되는 경우는 ① 매각으로 인하여 소멸하는 최선순위 전세권자와 위 전세권 설정 이후에 대항력을 갖춘 임차인이 동일인인 경우이다. ② 임차인이 최선순위로 대항력을 취득한 경우에는 당연히 경락인에게 대항할 수 있어서 아무런 문제가 없고, ③ 후순위 전세권자와 임차인이 동일인인 경우에는 그 전세권은 배당요구 여부와 무관하게 매각으로 인하여 소멸하게 되고, 경락인에 대한 대항력 유무는 이와는 독립적으로 임차권보다 매각으로 인하여 소멸하는 선순위의 근저당권 등이 있는지 여부에 의하여 결정되기 때문이다.

2) 판례(= 적극)

대법원 2010. 7. 26.자 2010마900 결정은 "주택에 관하여 최선순위로 전세권설정등기를 마치고 등기부상 새로운 이해관계인이 없는 상태에서 전세권설정계약과 계약당사자, 계약목적물 및 보증금(전세금액) 등에 있어서 동일성이 인정되는 임대차계약을 체결하여 주택임대차보호법상 대항요건을 갖추었다면, 전세권자로서의 지위와 주택임대차보호법상 대항력을 갖춘 임차인으로서의 지위를 함께 가지게 된다. 이러한 경우 전세권과 더불어 주택임대차보호법상의 대항력을 갖추는 것은 자신의 지위를 강화하기 위한 것이지 원래 가졌던 권리를 포기하고 다른 권리로 대체하려는 것은 아니라는 점, 자신의 지위를 강화하기 위하여 설정한 전세권으로 인하여 오히려 주택임대차보호법상의 대항력이 소멸된다는 것은 부당하다는 점, 동일인이 같은 주택에 대하여 전세권과 대항력을 함께 가지므로 대항력으로 인하여 전세권 설정 당시 확보한 담보가치가 훼손되는 문제는 발생하지 않는다는 점 등을 고려하면, 최선순위 전세권자로서 배당요구를 하여 전세권이 매각으로 소멸되었다 하더라도 변제받지 못한 나머지 보증금에 기하여 대항력을 행사할 수 있고, 그 범위 내에서 임차주택의 매수인은 임대인의 지위를 승계한 것으로 보아야 한다."고 판시하여 적극설을 취하고 있다.

3) 사견

임차인이 자신의 전세권설정등기 이후에 대항력을 취득한 경우 위 선순위 전세권이 매각으로 소멸하였으므로 후순위 임차권은 대항력이 인정되지 아니한다고 볼 여지도 있지만, 대법원 1987. 3. 10. 선고 86다카1718 판결 등이 인정한 바와 같이 주택임대차보호법 소정의 대항요건을 갖춘 임차인의 경락인에 대한 대항력 유무는 매각으로 인하여 소멸하는 선순위의 담보권이 있는지 여부에 따라 결정되는 것인바, 이는 선순위의 담보권이 설정당시 확보한 담보가치를 보장하기 위한 것이다. 만약 담보권 설정 이후에 대항력을 갖춘 임차인이 경락인에게 대항할 수 있게 되면, 경매에 참가하는 사람은 승계하게 될 보증금반환채무로 인한 부담을 계산하지 않을 수 없으므로 경매가격은 하락할 수밖에 없고 결국은 선순위 담보권자의 피담보채권을 만족시킬 수 없게 될 수도 있어서 결과적으로 선순위 담보권의 담보가치를 훼손하게 되기 때문이다. 결국 매각으로 인하여 소멸하는 최선순위 전세권자와 위 전세권 설정 이후에 대항력을 갖춘 임차인이 동일인인 경우에 배당받지 못한 보증금 잔액에 관하여 대항력을 인정할 것인지 여부는 임차권보다 먼저 설정된 담보권의 담보가치가 훼손되는지 여부에 따라 판단하여야 할 것이다.

① 따라서 최선순위 전세권설정등기와 대항력을 갖춘 시점 사이에 제3자의 담보권이 설정되었다면, 그 담보권의 담보가치가 훼손되므로 이러한 경우에는 대항력을 인정할 수 없을 것이나, ② 최선순위 전세권설정등기 이후 대항력을 갖춘 시점 사이에 다른 담보권이 설정되지 않았다면(즉, 최선순위로 전세권설정등기를 마치고 등기부상 새로운 이해관계인이 없는 상태에서 임대차계약을 체결하여 주택임대차보호법상 대항요건을 갖추었다면) 제3자의 담보권의 담보가치 훼손의 문제는 발생하지 아니하므로 대항력을 인정하여도 무방할 것이다.

개인적으로는 최선순위 전세권자로서의 지위와 주택임대차보호법상 대항력을 갖춘 임차인의 지위를 겸유하고 있는 자가 전세권자로서 배당요구를 하여 전세권이 매각으로 소멸되는 경우에 최선순위 전세권설정등기를 한 이후 대항력을 갖춘 시점 사이에 다른 담보권이 설정되지 아니한 경우에 한하여 배당받지 못한 보증금 잔액에 관하여 대항력을 인정하는 것이 타당하다고 생각한다.[45)]

9. 배당요구하지 않은 임차인의 부당이득반환청구 인정 여부(=소극)[46)]

가. 배당요구와 부당이득반환청구와의 관계

1) 임금채권, 주택임대차보증금(소액보증금 포함) 반환청구권 등 우선변제권이

45) 박형준, 주택임대차보호법상 임차인으로서의 지위와 전세권자로서의 지위를 겸유하고 있는 자의 배당요구, 판례연구23집 (2012.02), 부산판례연구회, 190-193

46) 윤경, "임의경매절차에서 착오로 축소신고된 채권계산서를 제출한 신청채권자의 부당이득반환청구", 대상판례: 대판 2002. 10. 11. 2001다3054, 인권과 정의 317호(2003.01), 149-161

있는 채권자라 하더라도 배당요구의 종기까지 배당요구를 하지 않으면 매각대금으로부터 배당을 받을 수 없고, 그 뒤 배당을 받은 후순위자를 상대로 부당이득반환청구를 할 수도 없다(대법원 1996. 12. 20. 선고 95다28304 판결, 2002. 1. 22. 선고 2001다70702 판결 등).

이 부분은 "제34장 배당이의의소 IV. 확정된 배당표에 의한 배당과 부당이득의 성립 여부 3. 배당요구가 필요한 채권자임에도 배당요구를 하지 않은 경우(=부당이득반환청구권 없음)"에서 살펴본 바와 같다.

즉 배당요구를 하여야만 배당절차에 참여할 수 있는 채권자가 배당요구를 하지 아니한 경우 판례는 부당이득의 성립을 부정하고 있다. 판례는, ① 임금채권에 관하여, 배당요구를 하여야만 배당절차에 참여할 수 있는 임금채권자가 배당요구를 하지 아니한 경우 부당이득청구를 할 수 없다고 판시하거나(대법원 1996. 12. 20. 선고 95다28304 판결 등), ② 우선변제청구권 있는 주택임대차보호법상의 임차보증금반환채권에 관하여, 임차보증금의 우선변제청구권이 인정되는 주택임차인이 적법한 배당요구를 아니한 경우에는 그가 적법한 배당요구를 한 경우에 배당받을 수 있었던 금액 상당의 금원이 후순위채권자에게 배당되었다고 하여 이를 법률상 원인이 없는 것이라고 할 수 없다고 판시하고 있다(대법원 1998. 10. 13. 선고 98다12379 판결, 2002. 1. 22. 선고 2001다70702 판결).

2) 그러나 체납처분의 청산절차에서는 절차 주관자가 임금채권자에게 우선적으로 배분할 금액을 직권으로 확정하여야 하므로, 압류재산 매각대금 배분 시까지 배분요구를 하지 않은 우선변제권 있는 임금채권자는 그 뒤 배분을 받은 후순위 채권자를 상대로 부당이득반환청구를 할 수 있다(대법원 2003. 1. 24. 선고 2002다64254 판결).

나. 배당요구하지 않은 임차인의 경우

우선변제권이 있는 임차인이 배당요구하지 아니한 경우 배당받은 다른 채권자에게 부당이득반환을 구할 수 없다(대법원 1996. 12. 20. 선고 95다28304 판결, 1998. 10. 13. 선고 98다12379 판결). 소액임차인의 경우에도 마찬가지이다(대법원 2002. 1. 22. 선고 2001다70702 판결).

나아가 법상의 대항요건을 갖춘 임차인이라고 하더라도 권리신고를 하지 않으면 경매절차상 이해관계인이 될 수 없고, 이해관계인이 아닌 임차인이 경매절차 진행사실의 통지를 받지 못하였음을 이유로 경매절차의 위법을 다툴 수 없으므로, 부동산 현황조사 과정에서 임대차관계를 제대로 확인하지 않은 집행관의 직무상 잘못이, 그 결과로 경매절차의 진행에 관한 통지를 받지 못하여 우선변제권의 행사에 필요한 조치를 취하지 못함으로써 손해를 입은 임차인에 대하여 불법행위를 구성하지 않는다(대법원 2008. 11. 13. 선고 2008다43976 판결).

Ⅳ. 소액임차인의 최우선변제권

주택임대차보호법 제8조 및 같은 법 시행령 제11조는 일정한 범위의 임차인에게 보증금 중 일정액에 관하여 임차주택에 대한 경매절차에서 다른 담보물권자보다 우선하여 변제받을 권리를 규정한다. 이를 주택임대차보호법상 제3조의2 제2항의 우선변제권과 구분하여 소액임차인의 최우선변제권이라고도 표현한다.

소액임차인의 최우선변제권을 규정한 주택임대차보호법 제8조는 1983. 12. 30. 주택임대차보호법의 제1차 개정 시 소액임차인의 주거권 보장을 위한 사회보장적 고려를 바탕으로 신설된 조항으로서, 같은 법 시행령상의 소액보증금 범위에 대한 개정이 계속 이루어지면서 현재에 이르고 있다. 또한 주택임대차보호법 제8조, 같은 법 시행령의 규정에 따라 소액임차인이 '우선변제를 받을 수 있는 범위의 금액'은 압류금지채권에 해당하고(민사집행법 제246조 제1항 제6호), 설령 그 채권이 압류되어 있더라도 그 압류는 무효이므로 소액임차인에게 배당금을 지급하여야 한다.

1. 소액임차인

가. 소액임차인

소액임차인이란, 보증금이 다음 각 지역별 구분에 의한 금액 이하인 임차인으로 한다(주택임대차보호법시행령[47] 제11조).

내용 / 지역	우선변제 소액임차인의 범위 (A)
서울특별시	150,000,000원 이하

47) 2021. 5. 11. 대통령령 제31673호로 개정, 시행

수도권정비계획법에 따른 수도권 중 과밀억제권역(서울특별시는 제외), 세종특별자치시, 용이시, 화성시, 김포시	130,000,000원 이하
광역시(수도권정비계획법에 따른 과밀억제권역과 군지역은 제외), 안산시, 광주시, 파주시, 이천시, 평택시	70,000,000원 이하
그 밖의 지역	60,000,000원 이하

나. 판단 시점

소액임차인에 해당하는 여부의 판단시점은 원칙적으로 배당 시이다.[48] 예컨대, 처음 임대차계약을 체결할 당시에는 소액임차인에 해당하지 않았다 하더라도 갱신과정에서 보증금액이 줄어 배당 시에는 법에서 정한 한도 이하로 되면 소액임차인에 해당한다.

하지만, 경매개시결정의 기입등기 후에 임대차계약을 갱신하여 보증금을 낮추어 소액임차인의 요건을 갖춘 경우에는 일단 임대인과 짜고 허위로 보증금액을 줄인 것으로 추정하여도 무방할 것이다. 다만 대법원 2008. 5. 15. 선고 2007다23203 판결은 '"실제 임대차계약의 주된 목적이 주택을 사용·수익하려는 것인 이상 처음 임대차계약을 체결할 당시에는 보증금액이 많아 소액임차인에 해당하지 않았지만 그 후 새로운 임대차계약에 의하여 임대인과의 사이에 정당하게 보증금을 감액하여 소액임차인에 해당하게 되었다면 그 임대차계약이 통정허위표시에 의한 계약이어서 무효라는 등의 특별한 사정이 없는 한 그러한 임차인이 같은 법상 소액임차인으로 보호받을 수 없다고 볼 수는 없다."라고 판시하였다.

다. 전차인도 소액임차인에 해당하는지 여부(=긍정)

1) 전대인(임차인) 자신이 주택임대차보호법 제8조에 의한 우선변제권이 있는 소액임차인인 경우에 한하여 임차인으로부터 적법하게 전차한 소액전차인에게도 법 제8조에 의한 우선변제권이 있다.[49] 대법원 2007. 11. 29. 선고 2005다64255 판결

48) 압류시를 기준으로 판단해야 한다는 견해도 있다.

49) 재판예규 제866-41호 주택임대차보호법 제8조에 관한 질의회답(재민 84-10) 문 9. : 임차인으로 부터 목적물을 적법하게 전차한 소액전차인에게도 제8조에 의한 우선변제의 권리가 있는지 여부에 관하여, ① 소액보증금에 관한 우선변제의 권리는 제8조에 의하여 물권적 성질을 가지는 강력한 권리로 승격되었다 할 것인바, 서민보호를 위한 이러한 강력한 입법취지에 비추어 소액전차권자도 보증금반환청구권에 관하여 소액임차권자와 동일한 권리를 가진다고 해석하여야 한다는 견해(적극설)와 ② 전대차의 경우에는 전차인이 임대인, 즉 목적물소유자에 대하여 직접 보증금반환을 청구할 권원이 없고, 따라서 전차인에게 목적물의 경매대금으로부터 우선변

도 "주택의 전대차가 그 당사자 사이뿐 아니라 임대인에 대하여도 주장할 수 있는 적법, 유효한 것이라고 평가되는 경우에는, 전차인이 임차인으로부터 주택을 인도받아 자신의 주민등록을 마치고 있다면 이로써 주택이 임대차의 목적이 되어 있다는 사실은 충분히 공시될 수 있고 또 이러한 경우 다른 공시방법도 있을 수 없으므로, 결국 임차인의 대항요건은 전차인의 직접 점유 및 주민등록으로써 적법, 유효하게 유지, 존속한다고 보아야 한다. 이와 같이 해석하는 것이 임차인의 주거생활의 안정과 임차보증금의 회수확보 등 주택임대차보호법의 취지에 부합함은 물론이고, 또 그와 같이 해석한다고 해서 이미 원래의 임대차에 의하여 대항을 받고 있었던 제3자에게 불측의 손해를 준다거나 형평에 어긋나는 결과가 되는 것도 아니다."라고 판시하여 전차인의 소액보증금 우선변제권 청구를 인용한 바 있다.

한편 전차인의 우선변제권 행사의 근거로, 대법원 2010. 6. 10. 선고 2009다101275 판결은 "임차권 양도에 의하여 임차권은 동일성을 유지하면서 양수인에게 이전되고 원래의 임차인은 임대차관계에서 탈퇴하므로 전차인은 원래의 임차인(전대인)이 주택임대차보호법 제3조의2 제2항 및 같은 법 제8조 제1항에 의하여 가지는 우선변제권을 대위 행사할 수 있다."고 판시하여 대위행사를 그 근거로 제시하고 있다.

2) 이 점이 확정일자 있는 임차인의 경우와 다르다. 확정일자 있는 임차인의 경우 우선변제권을 주장할 수 있는 사람은 임차인이고(임차인이 간접점유하는 경우 임차인의 점유나 주민등록은 전차인 등 직접점유자의 점유 및 주민등록을 포함한다), 전차인이나 양수인 자신은 우선변제권을 주장할 수 없다. 다만 전차인은 임차인의 권리를 원용할 수 있다(대법원 1988. 4. 25. 선고 87다카2509 판결).

라. 임차인이 2인 이상인 경우 소액보증금 해당 여부

하나의 주택에 임차인이 2명 이상이고, 그 각 보증금 중 일정액을 모두 합한 금액이 주택가액의 2분의 1을 초과하는 경우에는 그 각 보증금 중 일정액을 모두 합한 금액에 대한 각 임차인의 보증금 중 일정액의 비율로 그 주택가액의 2분의 1에 해당하는 금액을 분할한 금액을 각 임차인의 보증금 중 일정액으로 본다(주택임대차보호법 시행령 제10조 제3항).

하나의 주택에 임차인이 2명 이상이고 이들이 그 주택에서 가정공동생활을 하는

제의 권리를 인정하기는 해석론상 불가능하다는 견해(소극설)의 대립이 있다. 적극설이 타당하다. 다만 전대인(임차인) 자신이 제8조에 의한 우선변제권 있는 소액임차인인 경우에 한한다.

경우에는 이들을 1명의 임차인으로 보아 이들의 각 보증금을 합산한다(주택임대차보호법 시행령 제10조 제4항).

마. 공동임대인 중 일부의 공유지분이 경매되는 경우 소액보증금 해당 여부

공동임대인 중 일부의 공유지분이 경매되는 경우에 공동임대인의 보증금반환채무는 성질상 불가분채무이므로, 공동임대인 중 1인의 공유지분에 대하여 경매절차가 진행되는 경우 소액임차인에 해당하는지 여부는 경매대상 공유지분에 상응하는 금액이 아니라 임차보증금 전액을 기준으로 하여 판단하여야 하고, 배당절차에 있어서도 임차보증금 전액을 기준으로 배당한다.

다만, 공유지분의 경매절차에서 임차인이 소액보증금 전액을 배당받으면, 지분이 경매된 공유자는 다른 공유자에게 임차인이 배당받은 소액임대차보증금 중 다른 공유자의 공유지분 비율에 해당하는 금액의 구상을 할 수 있을 것이다.[50)]

바. 대지의 저당권 설정 후 지상건물이 신축된 경우 소액임차인은 대지의 환가대금에 대하여 우선변제 받을 수 있는지 여부(= 소극)

1) 대지에 관한 저당권의 실행으로 경매가 진행된 경우에도 그 지상 건물의 소액임차인은 대지의 환가대금 중에서 소액보증금을 우선변제받을 수 있다고 할 것이나(대법원 1996. 6. 14. 선고 96다7595 판결 참조), 이와 같은 법리는 대지에 관한 저당권 설정 당시에 이미 그 지상 건물이 존재하는 경우에만 적용될 수 있다.

대지에 관한 저당권 설정 후 지상에 건물이 신축된 경우[51)] 건물의 소액임차인은 저당권 실행에 따른 대지의 환가대금에 대하여 우선변제를 받을 수 없다(대법원 1999. 7. 23. 선고 99다25532 판결). 저당권 설정 후에 비로소 건물이 신축된 경우에까지 공시방법이 불완전한 소액임차인에게 우선변제권을 인정한다면 저당권자가 예측할 수 없는 손해를 입게 되는 범위가 지나치게 확대되어 부당하기 때문이다.

2) 다만 소액임차인의 존재를 예측할 수 없었던 저당권자 등의 권리자가 전액 배당받아 만족한 경우라면, 그 나머지 금액을 우선변제권 있는 소액임차인에게 배당

---

50) 민일영, 주택 · 상가건물의 경매와 임대차, 박영사(2009), 311; 최준규, 주석민법 채권각칙(3), 한국사법행정학회(2016), 890.

51) 그 지상에 건물이 건축 중이었고 그것이 사회관념상 독립된 건물로 볼 수 있는 정도에 이르지 않았다 하더라도 건물의 규모, 종류가 외형상 예상할 수 있는 정도까지 건축이 진전되어 있는 경우도 포함된다. 그러나 근저당권자가 '그 대지 상에 향후 임대주택이 건설되리라는 사정을 알고 있었다'는 점만으로는 소액임차인이 대지의 환가대금에서 우선배당받을 수는 없다.

하여야 한다. 즉 '소액임차인의 우선변제권을 예측할 수 없었던 권리자'에게 소액임차인의 우선변제권을 들어 대항할 수 없다는 취지이지, 소액임차인이 대지의 매각대금에서 전혀 배당을 받을 수 없다는 취지가 아니다.

사. 임차권등기 후의 소액임차인(=최우선변제권 대상 아님)

주택 인도와 주민등록을 갖춘 소액임차인이라 할지라도 그 대항요건을 갖추기 전에 당해 임차주택에 먼저 민법 제621조에 의한 임차권등기를 마친 임차인이 있는 경우에는, 그 소액임차인은 주택임대차보호법 제8조에 따른 우선변제를 받을 권리가 없다(주택임대차보호법 제3조의4 제1항, 제3조의3 제6항). 임차권등기명령의 집행에 따른 임차권등기가 끝난 주택(임대차의 목적이 주택의 일부분인 경우에는 해당 부분으로 한정한다)을 그 이후에 임차한 소액임차인도 마찬가지이다(주택임대차보호법 제3조의3 제6항). 임차권등기에 의하여 우선변제권이 확보된 것으로 믿고 다른 곳으로 이사한 임차인이, 차후에 요건을 갖춘 소액임차인에 의하여 우선변제를 받지 못하게 될 우려를 차단하기 위한 규정이다. 그러나 임차권등기가 있은 후에도 그 후에 대항요건과 확정일자를 구비한 임차인은 그러한 요건 구비 순위에 따라 주택임대차보호법 제3조의2 제2항에 의한 확정일자부 우선변제권에 의한 우선변제는 받을 수 있다.

아. 소유권이전등기청구권 보전을 위한 가등기가 마쳐진 후의 임차인

소유권이전등기청구권 보전을 위한 가등기를 하고 그에 기하여 본등기를 마친 경우에는 비록 물권변동의 효력이 가등기 시에 소급하는 것은 아니지만 가등기가 가지는 순위보전적 효력에 의하여 중간 처분이 실효된다. 그런데 가등기 이후에 이루어진 임차권도 가등기와 양립하지 아니하는 중간처분에 해당하므로 가등기에 기한 본등기가 경료된 이상 그 임차권으로써 본등기를 경료한 양수인에게 대항할 수 없다. 그러므로 이러한 임차인에게는 주택임대차보호법 제3조의2 제2항의 우선변제권이나 같은 법 제8조의 최우선변제권 모두 다 인정되지 않는다.

자. 임대차계약의 주된 목적이 채권회수에 있는 경우

채권자가 채무자 소유의 주택에 관하여 채무자와 임대차계약을 체결하고 전입신고를 마친 다음 그곳에 거주하였다고 하더라도 실제 임대차계약의 주된 목적이 주택을 사용수익하려는 것에 있는 것이 아니고, 실제적으로는 소액임차인으로 보호받아

선순위 담보권자에 우선하여 채권을 회수하려는 것에 주된 목적이 있었던 경우에는 그러한 임차인을 주택임대차보호법상 소액임차인으로 보호할 수 없다.52)

대법원 2001. 5. 8. 선고 2001다14733 판결은 "소액임차인의 경우 그 임차보증금이 비록 소액이라고 하더라도 그에게는 큰 재산이므로 적어도 소액임차인의 경우에는 다른 담보권자의 지위를 해하게 되더라도 그 보증금의 회수를 보장하는 것이 타당하다는 사회보장적 고려에서 나온 것으로서 민법의 일반규정에 대한 예외규정인바, 그러한 입법목적과 제도의 취지 등을 고려할 때, 채권자가 채무자 소유의 주택에 관하여 채무자와 임대차계약을 체결하고 전입신고를 마친 다음 그곳에 거주하였다고 하더라도 실제 임대차계약의 주된 목적이 주택을 사용 수익하려는 것에 있는 것이 아니고, 실제적으로는 소액임차인으로 보호받아 선순위 담보권자에 우선하여 채권을 회수하려는 것에 주된 목적이 있었던 경우에는 그러한 임차인을 주택임대차보호법상 소액임차인으로 보호할 수 없다고 할 것이다."고 판시하여 위와 같은 입장을 명시화하면서, 7천만 원을 대여하였다가 이를 변제받지 못하게 되자 주택을 가압류 한 후 방 1칸에 관하여 임대차보증금을 소액임차인에 해당하는 1,500만 원으로 정하여 임대차계약을 체결한 다음 실제 위 임대차보증금은 지급함이 없이 주택에 입주하여 전입신고를 마치고 거주해온 사안에서 임대차계약이 기존 채권의 추심을 위한 수단으로 체결된 것에 불과하다고 보아 소액임차인이 아니라고 판단하였다.

차. 소액임차권설정행위가 사해행위인 경우

채무자가 채무초과상태에서 채무자 소유의 유일한 주택에 대하여 소액임차권을 설정해 준 행위는 채무초과상태에서의 담보제공행위로서 채무자의 총재산의 감소를 초래하는 행위가 되는 것이고, 따라서 그 임차권설정행위는 사해행위취소의 대상이 된다.

대법원 2005. 5. 13. 선고 2003다50771 판결은 "주택임대차보호법 제8조의 소액보증금 최우선변제권은 임차목적 주택에 대하여 저당권에 의하여 담보된 채권, 조세 등에 우선하여 변제받을 수 있는 일종의 법정담보물권을 부여한 것이므로(대법원 2003. 9. 5. 선고 2001다66291 판결 참조), 채무자가 채무초과상태에서 채무자 소유의 유일한 주택에 대하여 위 법조 소정의 임차권을 설정해 준 행위는 채무초과상태에서의 담보제공행위로서 채무자의 총재산의 감소를 초래하는 행위가 되는 것이고,

---

52) 대법원 2001. 5. 8. 선고 2001다14733 판결, 2004. 3. 26. 선고 2003다66134 판결.

따라서 그 임차권설정행위는 사해행위취소의 대상이 된다고 판시한 다음, 채무초과상태에서 임차권 설정한 임차인의 악의는 추정되지만 소액임차인에 대하여 선행의 담보권자 등에 우선하여 소액보증금을 회수할 수 있도록 한 입법 취지에 비추어 보면, 소액임차인은 보증금회수에 대하여 상당한 신뢰를 갖게 되고, 따라서 임대인의 채무초과상태 여부를 비롯하여 자신의 임대차계약이 사해행위가 되는지에 대하여 통상적인 거래행위 때보다는 주의를 덜 기울이게 될 것이므로, 수익자인 임차인의 선의를 판단함에 있어서는 실제로 보증금이 지급되었는지, 그 보증금의 액수는 적정한지, 등기부상 다수의 권리제한관계가 있어서 임대인의 채무초과상태를 의심할 만한 사정이 있었는데도 굳이 임대차계약을 체결할 사정이 있었는지, 임대인과 친인척관계 등 특별한 관계는 없는지 등을 종합적으로 고려하여 논리와 경험칙을 통하여 합리적으로 판단하여야 할 것이라고 판시하여 소액임차인이 선의로 인정될 수 있는 사정들을 제시하였다.

카. 미등기 임차주택의 임차인이 대지의 환가대금에서 우선변제를 받을 수 있는지 여부(= 적극)

대항요건 및 확정일자를 갖춘 임차인과 소액임차인에게 우선변제권을 인정한 주택임대차보호법 제3조의2 및 제8조가 미등기 주택을 달리 취급하는 특별한 규정을 두고 있지 아니하므로, 대항요건 및 확정일자를 갖춘 임차인과 소액임차인의 임차주택 대지에 대한 우선변제권에 관한 법리는 임차주택이 미등기인 경우에도 그대로 적용된다.

따라서 대항요건 및 확정일자를 갖춘 임차인과 소액임차인은 임차주택과 그 대지가 함께 경매될 경우뿐만 아니라 임차주택과 별도로 그 대지만이 경매될 경우에도 그 대지의 환가대금에 대하여 우선변제권을 행사할 수 있다. 이와 같은 우선변제권은 임대차 성립 당시 임대인의 소유였던 대지가 타인에게 양도되어 임차주택과 대지의 소유자가 서로 달라지게 된 경우에도 마찬가지이다(대법원 2007. 6. 21. 선고 2004다26133 전원합의체 판결).

이 점은 다음 항(VI. 미등기 임차주택의 임차인이 대지의 환가대금에서 우선변제를 받을 수 있는지 여부)에서 별도로 자세히 살펴보기로 한다.

2. 소액보증금 최우선변제권

가. 성립시기

1) 주택의 경우 소액임차인의 최우선변제권은 소액임차인으로서 대항력이 생긴 때, 즉 주택의 인도와 주민등록을 마친 익일 오전 영시에 발생한다(대법원 2001. 9. 18. 선고 2001다30902 판결).

여기에서 '주택의 인도'는 임차목적물인 주택에 대한 점유의 이전을 말한다. 이 때 점유는 사회통념상 어떤 사람의 사실적 지배에 있다고 할 수 있는 객관적 관계를 가리키는 것으로서, 사실상의 지배가 있다고 하기 위해서는 반드시 물건을 물리적·현실적으로 지배할 필요는 없고, 물건과 사람의 시간적·공간적 관계, 본권관계, 타인의 간섭가능성 등을 고려해서 사회통념에 따라 합목적적으로 판단하여야 한다(대법원 2003. 11. 14. 선고 2001다7886 판결 등 참조). 임대주택을 인도하는 경우에는 임대인이 임차인에게 현관이나 대문의 열쇠를 넘겨주었는지, 자동문 비밀번호를 알려주었는지, 이사를 할 수 있는지 등도 고려하여야 한다(대법원 2017. 8. 29. 선고 2017다212194 판결).

소액임차인으로서 최우선변제를 받기 위해서는 첫 경매개시결정등기 전에 위 요건을 갖추어야 하고(주택임대차보호법 제8조 제1항), 배당요구의 종기까지 위 요건을 유지하여야 한다(대법원 2006. 10. 13. 선고 2006다56299 판결).

2) 주택임대차보호법은 임차인에게 확정일자부 우선변제권이 인정되기 위하여 대항요건과 임대차계약증서상의 확정일자를 갖추는 것 외에 계약 당시 임차보증금이 전액 지급되어 있을 것을 요구하지는 않는다(대법원 2017. 8. 29. 선고 2017다212194). 이러한 법리는 소액임차인의 최우선변제권에도 그대로 적용된다고 할 것이다. 따라서 임차인이 임대인에게 임차보증금의 일부만을 지급하고 같은 법 제3조 제1항에서 정한 대항요건을 갖춘 다음 나머지 보증금을 나중에 지급하였다고 하더라도 특별한 사정이 없는 한 당초 약정한 보증금 전체에 대하여 소액보증금 최우선변제권을 행사할 수 있다고 보아야 한다.

나. 우선순위: 최우선변제

소액임차인은 소액보증금 중 주택임대차보호법 시행령 제10조가 정한 일정액을 다른 담보물권자보다 우선하여 변제받는다(주택임대차보호법 제8조 제1항 전문). 위 조항에서 말하는 다른 담보물권자에는 저당권자, 전세권자, 가등기담보권자가 해당된다. 소액임차인이 임차주택의 경매개시결정 기입등기 전에 대항요건을 갖춘 이상, 그 대항요건 구비 시점이 담보물권 설정등기 시보다 앞서야 하는 것은 아니다.

소액임차인의 우선변제권은 당해세 여부를 불문하고 국세, 지방세 등 모든 조세채권보다 우선하고(국세기본법 제35조 제1항 제4호, 지방세기본법 제71조 제1항 제4호), 국세, 지방세보다 후순위인 고용보험료, 산업재해보상보험료, 기타 징수금, 국민건강보험료, 연금보험료 등보다도 우선한다(고용보험 및 산업재해보상보험의 보험료징수 등에 관한 법률 제30조, 국민건강보험법 제85조, 국민연금법 제98조).

최종 3개월분 임금, 최종 3년간의 퇴직금 및 재해보상금 채권은 소액임차인의 보증금 중 일정액과 동순위이다(근로기준법 제38조 제2항, 근로자퇴직급여 보장법 제12조 제2항).

소액임차인 상호간에는 임대차계약 성립의 전후나 대항요건 구비의 전후를 묻지 않고 동순위로 배당받는다.

다. 우선변제받는 금원

우선변제를 받는 보증금 액수는 소액 임차보증금 전부가 아니라 그 보증금 중 일정액이다. 우선변제를 받을 임차인 및 보증금 중 일정액의 범위와 기준은 주택임대차보호법 제8조의2에 따른 주택임대차위원회의 심의를 거쳐 대통령령으로 정하는데, 구체적으로 그 액수는 주택임대차보호법 제8조 제3항의 위임에 의하여 주택임대차보호법 시행령 제10조에 규정되어 있다. 현재 법령상 최우선변제되는 보증금 액수는 소액보증금 기준금액의 1/3에 해당하는 금액으로 아래 표에서 보는 금액이다.

[주택임대차보호법상 소액임차인 및 그 우선변제금액의 범위]

내용 / 지역	우선변제 소액임차인의 범위(A)	우선변제 받을 소액보증금의 범위(B)
서울특별시	150,000,000원 이하	50,000,000원 이하
수도권정비계획법에 따른 수도권 중 과밀억제권역(서울특별시는 제외), 세종특별자치시, 용이시, 화성시, 김포시	130,000,000원 이하	43,000,000원 이하
광역시(수도권정비계획법에 따른 과밀억제권역과	70,000,000원	23,000,000원

군지역은 제외), 안산시, 광주시, 파주시, 이천시, 평택시	이하	이하
그 밖의 지역	60,000,000원 이하	20,000,000원 이하

* 2021. 5. 11. 이후 현재까지
* B = A의 1/3 상당액

라. 우선변제를 받는 대상

1) 주택과 대지의 환가액

우선변제를 받는 '주택 가액'에는 대지의 가액이 포함된다(주택임대차보호법 제8조 제3항). 따라서 건물만의 임차인이라고 할지라도 대지를 포함한 환가대금으로부터 우선변제를 받을 수 있다.

2) 임대차 성립 당시 대지와 건물이 임대인 소유일 것

주택임대차보호법상 명문의 규정은 없으나, 건물만의 임차인이 대지의 환가대금으로부터도 우선변제를 받으려면 건물과 대지가 모두 임대인의 소유였어야 한다(대법원 2012. 7. 26. 선고 2012다45689 판결 참조). 소액임차인의 최우선변제권은 이른바 법정담보물권의 성격을 갖는 것으로서 임대차 성립 시의 임차 목적물인 임차주택 및 대지의 가액을 기초로 임차인을 보호하고자 인정되는 것이므로, 대지가 임대차 성립 당시 임대인의 소유였던 이상, 그 후 그 대지가 타인에게 양도되어 임차주택과 대지의 소유자가 서로 다르게 된 경우에는 임차인이 대지의 환가대금으로부터 우선변제를 받을 수 있다(대법원 2007. 6. 21. 선고 2004다26133 전원합의체 판결). 이러한 법리는 여러 필지의 임차주택 대지 중 일부가 타인에게 양도되어 그 일부 대지만이 경매되는 경우도 마찬가지이다(대법원 2012. 7. 26. 선고 2012다45689 판결).

3) 대지와 건물 동시 매각 시

대지와 건물이 동시에 매각되어 소액임차인에게 그 경매대가 중 일부를 동시에 배당하는 때에는 민법 제368조 제1항을 유추적용하여 대지와 건물의 경매대가에 비례하여 그 채권의 분담을 정하여야 한다(대법원 2003. 9. 5. 선고 2001다66291 판결).

4) 대지와 건물 이시(異時) 매각 시

임차주택과 대지가 시기를 달리 하여 경매될 경우에도 소액임차인은 각 경매절차에 참가하여 우선변제를 받을 수 있다(대법원 1996. 6. 14. 선고 96다7595 판결). 이 경우 소액임차인은 주택과 대지 중 먼저 경매되는 것의 매각대금 중 1/2의 한도

내에서 우선변제를 받고, 못 받은 것이 있으면 후에 경매되는 것의 매각대금 중 1/2 한도 내에서 다시 우선변제를 받는다[53].

주택의 대지 및 건물에 관한 저당권자가 양자 모두에 대해 경매를 신청했다가 그 중 건물에 대한 경매신청만을 취소함으로써 대지 부분만이 매각되었다고 하더라도 소액임차인은 대지에 관한 매각대금 중에서 보증금을 우선변제 받는다(대법원 1996. 6. 14. 선고 96다7595 판결).

5) 대지에 관한 저당권 설정 후 건물이 신축된 경우는 신축건물 대금에서만 우선변제권 있음.

나대지에 저당권이 설정된 이후 비로소 건물이 신축되고 그 신축건물에 대하여 다시 저당권이 설정되어 대지와 건물이 일괄 경매된 경우, 건물의 소액임차인은 대지의 환가대금에서는 우선하여 변제를 받을 권리가 없으나, 신축건물의 환가대금에서는 우선변제권이 인정된다. 대지 가액으로부터도 우선변제를 받는다고 하면 저당권자가 예측할 수 없는 손해를 입기 때문이다(대법원 1999. 7. 23. 선고 99다25532 판결).

만일 대지에 저당권설정 당시 건물 신축공사가 진행 중이었으나 그 건축 중인 건물이 사회관념상 독립된 건물에 이르지 못한 경우, 소액임차인의 최우선변제를 인정하지 아니하는 근거가 저당권자의 불측의 손해를 방지하는 것에 두는 이상, 건물의 규모, 종류를 예상할 수 있을 정도까지 건축이 진행되었다면, 소액임차인의 대지 가액에 대한 최우선변제권을 인정함이 타당할 것이다[54].

저당권설정 당시 건물이 존재하고 있었으나, 그 후 철거되고 새로운 건물이 신축되어 임대된 경우에, 당초 공동저당이 설정되어 있었던 건물의 철거로 인해 건물에 대한 담보권을 상실하게 된 저당권자의 처지 및 신축 건물의 규모를 저당권자가 예측하기는 어렵다는 점에서, 새로운 건물 임차인들의 소액임차보증금까지 저당권자에 우선하는 최우선변제를 인정할 수는 없을 것이다[55].

---

53) 주택임대차보호법 제8조에 관한 질의회답(재민 84-10), 재판예규 제866-41호, 문13, 14;강신중, "집행절차에 있어서의 주택임차인의 지위", 재판자료 제71집, 법원도서관(1996), 478; 오용호, "부동산경매와 임차권", 재판자료 36집, 법원도서관(1987), 364; 이주흥, "주택임차보증금회수를 위한 우선변제권의 행사와 경매절차상 취급", 법조 43권11호(458호), 법조협회(1994), 378

54) 박창수, "대지의 경매와 미등기 주택 임차인의 배당", 법조 54권 4호(통권583호), 법조협회(2005), 177; 홍승면, "미등기주택의 임차인이 대지환가대금에 대하여 우선변제권을 행사할 수 있는지 여부", 민사판례연구 30권, 박영사(2008), 543

55) 박창수, "대지의 경매와 미등기 주택 임차인의 배당", 법조 54권 4호(통권583호), 법조협회(2005), 176; 홍승면, "미등기주택의 임차인이 대지환가대금에 대하여 우선변제권을 행사할 수

마. 우선변제의 한도(=실제 배당할 금액의 2분의 1 이내)

1) 주택가액(대지가액 포함)의 1/2 범위 내임

우선변제를 받을 임차인 및 보증금 중 일정액의 범위와 기준은 주택가액(대지의 가액을 포함한다)의 2분의 1의 범위 안에서 인정된다(주택임대차보호법 제8조 제3항). 예컨대, 서울에서 임차보증금이 5,000만 원인 임차인은 주택임대차보호법 시행령 제10조 제1항에 따라 5,000만 원까지 주택임대차보호법 제8조 소정의 우선변제를 받을 수 있으나, 만일 그 임차주택의 낙찰가액이 6,000만 원이라면 임차인은 그 가액의 1/2인 3,000만 원만을 최우선변제 받게 된다. 소액임차인의 우선변제 순위가 최우선 순위이므로, 다수의 소액임차인이 있는 경우 후순위 채권자가 임차주택의 매각대금에서 전혀 배당을 받을 수 없는 사태를 방지하기 위한 취지라고 생각된다.

2) 주택가액은 실제 배당할 금액임.

여기서 말하는 '주택가액'이라 함은 실제거래가액인 매각가액이 아니라 실제 배당할 금액(매각대금+배당기일까지의 이자, 몰수된 매수보증금 등-집행비용)을 말한다(대법원 2001. 4. 27. 선고 2001다8974 판결).[56]

다가구용 단독주택의 대지 및 건물에 관한 근저당권자가 그 대지 및 건물에 관한 경매를 신청하였다가 그 중 건물에 대한 경매신청만을 취하함으로써 이를 제외한 대지부분만이 매각된 경우에도, 그 주택의 소액임차인은 그 대지에 관한 낙찰대금 중에서 소액보증금을 우선변제받을 수 있다(대법원 1996. 6. 14. 선고 96다7595 판결).

하나의 주택에 임차인이 2명 이상이고, 그 각 보증금 중 최우선변제를 받는 일정액을 모두 합한 금액이 주택가액의 1/2을 초과하는 경우에는 그 각 보증금 중 일정액을 모두 합한 금액에 대한 각 임차인의 우선변제를 받을 보증금의 비율로 그 주택가액의 1/2에 해당하는 금액을 분할한 금액을 각 임차인들이 우선변제 받는다(주택임대차보호법 시행령 제10조 제3항). 즉 소액임차인들이 수인이라고 할지라도 소액임차인들이 최우선변제 받는 보증금의 총 합산액은 주택가액의 1/2을 초과할 수 없다는 취지이다.

있는지 여부", 민사판례연구 30권, 박영사(2008), 543-544

56) 재판예규 제866-41호 주택임대차보호법 제8조에 관한 질의회답(재민 84-10) 문 11. : 소액보증금의 우선변제권의 한도가 되는 주택가액의 1/2의 산정기준에 관하여, 주택의 가액은 그 시가를 뜻하므로 경매절차에 있어서는 실제 거래가액인 매각가액이 주택가액이 된다는 견해(매각대금설)가 있다. 그러나 주택가액은 매각대금에 입찰보증금에 대한 배당기일까지의 이자, 몰수된 입찰·항고보증금 등을 포함한 금액에서 집행비용을 공제한 실제 배당할 금액을 말한다고 보아야 한다(실제 배당할 금액설).

바. 건물, 대지 따로 매각 시 우선변제의 한도

건물과 대지가 따로 매각되는 경우 소액임차인은 먼저 매각되는 목적물의 매각대금의 1/2 한도 안에서 우선변제를 받고 만일 잔여보증금이 있으면 후에 매각되는 목적물의 매각대금 1/2의 한도 안에서 다시 우선변제를 받는다(재민 84-10 문 14.).[57]

3. 시행령 개정 전에 담보물권을 취득한 자

가. 소액보증금 한도의 변동과 선순위 담보물권과의 관계

1) 소액임차인에 해당하는 보증금 범위를 정한 주택임대차보호법 시행령은 우리나라의 경제규모 및 경제상황의 변동 등을 이유로 수차례 개정되어 왔다. 이때 그 임차주택에 이미 선순위 담보물권자가 있는 경우 그 처리방법으로, 소액보증금 액수를 변동하는 개정 주택임대차보호법 시행령의 각 부칙은 "이 영 시행 전에 임차주택에 대하여 담보물권을 취득한 자에 대해서는 종전의 규정에 따른다."는 취지의 규정을 두어 왔다. 변동된 시행령에 의해서 비로소 소액임차인에 해당된다고 하더라도 그 이전에 이미 성립한 담보권에 대해서까지 우선변제권의 소급효가 미치는 것이 아님은 당연하다(대법원 1990. 7. 10. 선고 89다카13155 판결 참조). 또한 주택임대차보호법 및 같은 법 시행령 부칙 제2항은 위와 같이 소액보증금의 액수를 개정함에 있어 소액보증금 액수가 위와 같이 변동되기 전의 담보물권 취득자에 대하여는 종전의 규정에 의하도록 하는 경과규정을 두고 있다. 따라서 현행법 하에서는 소액임차인에 해당하나 구법 하에서는 소액임차인에 해당하지 아니하는데 담보물권은 구법 하에서 발생한 경우 구법을 기준으로 소액임차인 여부를 판단하여야 하므로 그 담보물권자에 대하여는 소액임차인임을 주장할 수 없다. 즉 현행 시행령 하에서는 소액임차인에 해당하나 구 시행령 하에서는 소액임차인에 해당하지 아니하는데 담보물권은 구 시행령 하에서 취득된 경우에는 구 시행령을 기준으로 소액임차인 여부를 판단하게 된다.

2) 이는 다시 말하면, 임차권 취득 전 미리 임차주택에 대해 담보물권을 취득한 권리자가 있는 경우 임차인이 그 담보물권자보다 우선하여 보증금 중 일부를 배당받을 수 있는 소액임차인에 해당하는지 여부는 그 담보권 설정일자를 기준으로 정해진다는 의미이다. 예컨대, 2000. 4. 6.에 근저당권이 설정된 서울 소재 주택을 2003. 6. 7. 보증금 4,000만 원에 임차한 경우, 그 임차인은 현행 시행령에 의하면 소액임차인이지만 아래 표에서 보듯이 근저당권이 설정된 2000. 4. 6.에는 소액임차인이 아니

57) 법원실무제요 민사집행(III): 부동산집행, 법원행정처(2020), 88

다. 따라서 그 근저당권의 실행을 위한 경매에서 위 임차인은 소액임차인으로서 우선변제 받지 못한다. 만일 그 임차인의 임대차보증금이 3,000만 원이라면 소액임차인으로서 근저당권자보다 우선하여 보증금 중 일부를 우선변제 받을 수 있을 것이다.

또한 예컨대 서울특별시 소재 주택에 1997. 1. 1. 설정된 근저당권의 권리자 甲, 2001. 10. 1. 설정된 근저당권의 권리자 乙, 1998. 1. 1. 대항력을 갖춘 보증금 2,500만원의 임차인 丙과 보증금 3,500만원의 임차인 丁이 있는 경우를 보면, 甲에 대하여 丙은 소액임차인임을 주장할 수 있으나 丁은 소액임차인임을 주장할 수 없고, 乙에 대하여는 丙, 丁 모두 소액임차인임을 주장할 수 있으므로 1순위는 丙(소액보증금 1200만원), 2순위는 甲, 3순위는 丙(소액보증금 증가분 400만원), 丁(소액보증금 1,600만원)이 된다.

3) 대지에 관한 저당권 설정 후에 비로소 건물이 신축되고 그 신축건물에 대하여 다시 저당권이 설정된 후 대지와 건물이 일괄 경매된 경우, 주택임대차보호법 제3조의2 제2항의 확정일자를 갖춘 임차인 및 같은 법 제8조 제3항의 소액임차인은 대지의 환가대금에서는 우선하여 변제를 받을 권리가 없다고 하겠지만, 신축건물의 환가대금에서는 확정일자를 갖춘 임차인이 신축건물에 대한 후순위권리자보다 우선하여 변제받을 권리가 있고, 주택임대차보호법 시행령 부칙의 '소액보증금의 범위변경에 따른 경과조치'를 적용함에 있어서 신축건물에 대하여 담보물권을 취득한 때를 기준으로 소액임차인 및 소액보증금의 범위를 정하여야 한다.

나. 각 시기별 소액보증금 범위

주택임대차보호법 시행령 개정 전에 담보물권을 취득한 자에 대하여는 개정 전 규정에 의하는데, 이에 따른 각 시기별 소액보증금 범위는 다음 표와 같다.

구분 시기	특별시·광역시 (군지역 제외)	기타 지역
1984. 1. 1. - 1987. 11. 30.	300만 원 이하	200만 원 이하
1987. 12. 1. - 1990. 2. 18.	500만 원 이하	400만 원 이하
1990. 2. 19. - 1995. 10. 18.	2,000만 원 이하 임차인 중 700만 원 한도	1,500만 원 이하 임차인 중 500만 원 한도
1995. 10. 19. - 2001. 9.	3,000만 원 이하 임차인 중	2,000만 원 이하 임차인 중

14.	1,200만 원 한도	800만 원 한도
2001. 9. 15. - 2008. 8. 20.	① 수도권정비계획법에 의한 수도권 중 과밀억제권역 : 4,000만 원 이하 임차인 중 1,600만 원 한도 ② 광역시(군 지역과 인천광역시 지역은 제외한다) : 3,500만 원 이하 임차인 중 1,400만 원 한도 ③ 그 밖의 지역 : 3,000만 원 이하 임차인 중 1,200만 원 한도	
2008. 8. 21. - 2010. 7. 25.	① 수도권정비계획법에 의한 수도권 중 과밀억제권역 : 6,000만 원 이하 임차인 중 2,000만 원 한도 ② 광역시(군 지역과 인천광역시 지역은 제외한다) : 5,000만 원 이하 임차인 중 1,700만 원 한도 ③ 그 밖의 지역 : 4,000만 원 이하 임차인 중 1,400만 원 한도	
2010. 7. 26. - 2013. 12. 31.	① 서울특별시 : 7,500만 원 이하 임차인 중 2,500만 원 한도 ② 수도권정비계획법에 의한 수도권 중 과밀억제권역(서울특별시는 제외) : 6,500만 원 이하 임차인 중 2,200만 원 한도 ③ 광역시(수도권정비계획법에 따른 과밀억제권역에 포함된 지역과 군 지역은 제외), 안산시, 용인시, 김포시, 광주시 : 5,500만 원 이하 임차인 중 1,900만 원 한도 ④ 그 밖의 지역 : 4,000만 원 이하 임차인 중 1,400만 원 한도	
2014. 1. 1. - 2016. 3. 30.	① 서울특별시 : 9,500만 원 이하 임차인 중 3,200만 원 한도 ② 수도권정비계획법에 의한 수도권 중 과밀억제권역(서울특별시는 제외) : 8,000만 원 이하 임차인 중 2,700만 원 한도 ③ 광역시(수도권정비계획법에 따른 과밀억제권역에 포함된 지역과 군 지역은 제외), 안산시, 용인시, 김포시, 광주시 : 6,000만 원 이하 임차인 중 2,000만 원 한도 ④ 그 밖의 지역 : 4,500만 원 이하 임차인 중 1,500만 원 한도	

2016. 3. 31. - 2018. 9. 18.	① 서울특별시 : 1억원 이하 임차인 중 3,400만 원 한도 ② 수도권정비계획법에 의한 수도권 중 과밀억제권역(서울특별시는 제외) : 8,000만 원 이하 임차인 중 2,700만 원 한도 ③ 광역시(수도권정비계획법에 따른 과밀억제권역에 포함된 지역과 군지 역은 제외), 안산시, 용인시, 김포시, 광주시 : 6,000만 원 이하 임차인 중 2,000만 원 한도 ④ 그 밖의 지역 : 5,000만 원 이하 임차인 중 1,700만 원 한도
2018. 9. 18. - 2021. 5. 10.	① 서울특별시 : 1억1천만원 이하 임차인 중 3,700만 원 한도 ② 수도권정비계획법에 의한 수도권 중 과밀억제권역(서울특별시는 제외), 용인시, 세종시, 화성시 : 1억원 이하 임차인 중 3,400만 원 한도 ③ 광역시(수도권정비계획법에 따른 과밀억제권역에 포함된 지역과 군지 역은 제외), 안산시, 김포시, 광주시, 파주시 : 6,000만 원 이하 임차인 중 2,000만 원 한도 ④ 그 밖의 지역 : 5,000만 원 이하 임차인 중 1,700만 원 한도
2021. 5. 11. 이후	① 서울특별시 : 1억5천만원 이하 임차인 중 5,000만 원 한도 ② 수도권정비계획법에 의한 수도권 중 과밀억제권역(서울특별시는 제외), 세종특별자치시, 용인시, 화성시, 김포시 : 1억3천만원 이하 임차인 중 4,300만 원 한도 ③ 광역시(수도권정비계획법에 따른 과밀억제권역에 포함된 지역과 군지 역은 제외), 안산시, 광주시, 파주시, 이천시, 평택시 : 7,000만 원 이하 임차인 중 2,300만 원 한도 ④ 그 밖의 지역 : 6,000만 원 이하 임차인 중 2,000만 원 한도

다. 확정일자를 갖춘 임차인이 위에서 말하는 담보물권의 권리자에 포함되는지 여부(=긍정)

위에서 말하는 담보물권에 저당권이나 가등기담보권은 포함되나, 가압류는 포함되지 않는다.

시행령 부칙에서의 종전의 규정이 적용되는 '담보물권을 취득한 자'에 확정일자를 갖춘 임차인이 포함되는지 여부에 대해 이를 부정하는 견해[58]가 있으나, 확정일자를 갖춘 임차인은 부동산담보권자에 유사한 지위에 있으므로(대법원 1992. 10. 13. 선고 92다30597 판결) 긍정함이 타당하다.[59]

4. 우선변제권 행사의 요건

가. 요 건

소액보증금 최우선변제권 행사의 요건은 ① 첫 경매개시결정등기 전에 주택임대차보호법 제3조 제1항의 대항요건(임차목적물의 점유 및 주민등록)을 갖추었을 것, ② 보증금 액수가 소액보증금(주택임대차보호법시행령 제4조 참조)에 해당할 것, ③ 배당요구의 종기까지 배당요구를 하였을 것, ④ 배당요구의 종기까지 대항력을 유지할 것이다.

나. 경매개시결정등기 전에 대항요건을 갖출 것

1) 주택임대차보호법 제3조 제1항의 대항요건(주택인도와 주민등록)

가) 소액임차인의 최우선변제권은 임차인이 주택에 대한 경매신청의 등기 전에 주택임대차보호법 제3조 제1항의 요건(주택 인도와 주민등록)을 갖추어야만 인정된다(주택임대차보호법 제8조 제1항 후문). 이러한 대항요건을 구비하지 아니한 임차인에게는 우선변제권이 인정될 여지가 없다.

나) 대항요건은 경매신청 등기 전까지 구비되어 있어야 한다. 법문상의 '경매신청의 등기 전'이란 경매개시결정 등기, 즉 압류등기를 의미하는 점이라는 것에 이설이 없다. 이 점에서 대항요건을 구비하는 시기에 특별한 제한이 없는 확정일자를 갖춘 임차인의 우선변제권과 차이가 있다.

---

58) 이우재, 부동산 및 채권집행에서의 배당의 제문제, 진원사(2012), 665-671

59) 민일영, 주택·상가건물의 경매와 임대차, 박영사(2009), 339; 법원실무제요 민사집행(Ⅱ), 법원행정처(2014), 513

한편 주택임대차보호법 제3조 제1항의 대항요건은 임차인이 주택의 인도와 주민등록을 마친 다음날 0시부터 제3자에 대한 대항력이 발생하므로, 임차인이 소액임대차보증금에 대해 최우선변제를 받으려면 적어도 경매개시결정 기입등기일 전날까지는 주택 인도와 주민등록을 마쳐야 한다.

다) 여기서 말하는 경매신청의 등기는 민사집행법에 따른 기입등기뿐 아니라 체납처분에 의한 공매절차에서의 기입등기도 포함한다(대법원 2004. 3. 26. 선고 2003다65940 판결). 국세징수법에 의한 공매에 있어서 주택임대차보호법 제8조 제1항의 '경매신청의 등기'에 대응하는 개념은, 조세채권의 내용을 실현하고 그 만족을 얻기 위한 체납처분의 최초의 절차로서 납세자의 특정재산을 강제적으로 확보하기 위하여 처분을 금지하는 '체납처분에 의한 압류등기'를 뜻하는 것으로 해석함이 상당하고, 공매대상 재산의 매수수요를 유발하여 고가의 매수청약을 유인하는 것에 불과한 '압류재산공매공고'를 뜻하는 것으로 볼 것은 아니다(서울행정법원 2006. 4. 18 선고 2005구합27734 판결 참조).

라) 파산재단에 속한 주택(대지를 포함한다)이 경매되는 경우에는 파산신청일까지 대항요건을 갖추어야 한다(채무자 회생 및 파산에 관한 법률 제415조 제2항). 파산절차가 개시되었더라도 별제권에 기한 경매가 개시된 경우는 민사집행법에 의한 경매절차로 볼 수 있으나 이 경우에도 소액임차인은 '파산신청일까지' 대항요건을 갖추어야 우선변제권을 행사할 수 있다.[60]

2) 대항요건 구비의 종기

위 대항요건은 확정일자를 갖춘 임차인에게 인정되는 주택임대차보호법 제3조의2 제2항의 우선변제권과 마찬가지로 배당요구의 종기까지 계속 구비되어 있어야 한다.

결국 소액임차인으로서 최우선변제를 받기 위해서는 첫 경매개시결정등기 전에 위 요건을 갖추어야 하고(주택임대차보호법 제8조 제1항, 상가건물 임대차보호법 제14조 제1항), 배당요구의 종기까지 위 요건을 유지하여야 한다(대법원 1997. 10. 10. 선고 95다44597 판결).

다. 임차주택이 경매 또는 체납처분에 의하여 매각될 것

1) 경매 또는 체납처분, 파산절차

주택임대차보호법 제8조에 의해 인정되는 소액임차인의 일정 보증금 액수 범위

---

60) 이우재, 부동산 및 채권집행에서의 배당의 제문제, 진원사(2012), 624

내에서의 최우선변제권도 우선변제권의 한 내용이므로, 최우선변제권이 인정되려면 당해 임차주택이 민사집행법에 의한 경매 절차나 국세징수법에 의한 공매 절차를 거쳐 매각되어야 한다(주택임대차보호법 제3조의2 제2항).

여기서의 국세징수법에 의한 공매란 민사집행법상의 경매에 대응하는 개념으로 사용된 것으로서 국세체납처분절차 중의 환가의 한 방법만 뜻하는 것이 아니라 국세체납처분절차를 포괄적으로 지칭하는 것으로서 국세징수법의 체납처분의 예에 의하여 임차건물을 체납처분하는 모든 경우를 포함한다.

임차주택의 파산절차에서도 소액임차인의 최우선변제권은 인정된다(채무자회생 및 파산에 관한 법률 제415조 제2항).

2) 가등기담보권자의 청산절차 시 소액임차인의 우선변제권 인정 여부

가등기담보 등에 관한 법률 제3조, 제4조는 가등기담보권자가 피담보채권의 변제기 후에 청산금의 평가액을 채무자 등에게 통지하고 그 통지를 받은 날로부터 2월의 청산기간이 경과한 후 가등기담보권자(채권자)가 통지 당시의 목적부동산의 가액에서 피담보채권의 가액을 공제한 청산금을 지급하는 방법인, '청산절차'라는 사적 실행을 통해 채권의 만족을 얻는 방법을 허용하고 있다.

그런데 임차주택과 대지에 대하여 가등기담보권자가 존재하는 경우, 주택임대차보호법상 임차인에게 별도로 인정되는 경매청구권은 없으므로(대법원 2008. 4. 11. 선고 2008다7987 판결로 심리불속행 기각된 부산고등법원 2007. 12 .21. 선고 2007나8266,8273 판결), 가등기담보권자는 담보권의 실행을 민사집행법상 경매에 의할 것인가 아니면 등기담보 등에 관한 법률에서 정한 청산절차에 의해 사적으로 실행할 것인가를 임차인의 의사와 관계없이 정할 수 있다. 이와 같은 경우, 가등기담보권이 경매로 실행되면 우선변제를 받을 수 있는 소액임차인이 청산절차라는 담보권의 사적 실행 시에는 우선변제를 받을 수 없다고 본다면 가등기담보권자의 담보권 실행방식의 선택이라는 우연적 사정에 의해 자신의 우선변제적 권리의 존부가 좌우되는 불합리한 결과가 발생한다. 이러한 사안에서 가등기담보권이 경매로 실행되는 경우와 사적 절차로 실행되는 경우의 임차인을 차별할 합리적 근거가 없고, 가등기담보권자가 청산절차를 거쳐 부동산의 소유권을 취득하는 것은 경매절차에서 가등기담보권자가 스스로 낙찰받는 것과 마찬가지라는 이유로, 주택임대차보호법 제8조의 소액임차인은 가등기담보 등에 관한 법률상 청산절차에서도 보증금 중 일정액에 관하여 최우선적으로 변제받을 수 있다고 본 하급심 판결이 있다(대법원 2008. 4. 11. 선고

2008다7987 판결로 심리불속행 기각된 부산고등법원 2007. 12 .21. 선고 2007나8266,8273 판결). 그 판결에서는 소액임차인의 우선변제청구권은 후순위권리자의 채권에 우선할 뿐 아니라 모든 담보권자에 우선하므로 가등기담보권자에게도 우선하는 것이어서 이 범위 내에서는 주택임차인은 통지된 청산금의 평가액이나 청산금의 유무에 관계없이 우선변제청구권을 행사할 수 있고, 이를 변제받을 때까지는 임차권으로 대항할 수 있다고 보았다.

라. 배당요구의 종기까지 배당요구를 할 것

1) 배당요구

소액임차인은 민사집행법상 경매에서 배당요구의 종기까지 배당요구를 하여야 한다(민사집행법 제84조 제1항, 제88조). 배당요구의 종기는 첫 매각기일 이전으로서 경매법원이 정하는 날이다(민사집행법 제84조 제1항). 소액임차인이라고 하더라도 등기부상 공시되는 권리가 아니므로 배당요구를 하지 않으면 집행관의 임대차조사만으로 그 채권의 존부나 액수를 분명히 알 수 없어서, 소액임차인이 우선변제를 받기 위하여 경매법원에 배당요구를 하도록 한 것이다.

소액임차권의 여부를 분명히 알 수 없고 달리 경매법원이 경매절차상 소액임차권의 존재를 확실히 알 수 있는 방법이 없으며 경매절차 진행 중에 소액임대차 관계가 소멸 또는 종료되는 경우도 많으므로, 소액임차권자도 배당요구를 하여야만 경매절차에서 우선배당을 받을 수 있다. 판례도 주택임대차보호법에 의하여 우선변제청구권이 인정되는 소액임차인의 소액보증금반환채권은 배당요구가 필요한 채권에 해당한다고 판시하였다(대법원 2002. 1. 22. 선고 2001다70702 판결).

임차인은 배당요구서에 배당요구의 자격을 소명하는 서면을 첨부하여야 한다. 그 서면은 주택임대차계약서와 주택에 전입신고된 주민등록등·초본이면 되고 집행력 있는 정본이 필요한 것은 아니다.

2) 배당요구를 하지 않고 권리신고만을 한 경우

소액임차권자가 경매절차에서 소액보증금의 우선변제를 받기 위해서는 반드시 배당요구를 하여야 하며, 단순히 이해관계인으로 권리신고 한 것(민사집행법 제90조 제4호)만으로는 배당요구를 한 것으로 볼 수 없으므로[61] 다시 배당요구를 하여야 하는 것이 원칙이다.

---

61) 2002. 6. 26. 재판예규 제866-41호 주택임대차보호법 제8조에 관한 질의회답 5번

다만 구체적인 사안에서 엄격한 의미의 배당요구가 없었더라도 임차인이 배당요구의 자격을 소명하는데 필요한 서면을 모두 첨부하여 권리신고를 한 경우에는 배당요구의 실질이 있었다고 볼 여지도 있다[62].

3) 배당요구와 관련된 소액임차인의 부당이득반환청구권

가) 배당요구를 하지 않은 소액임차인의 다른 채권자에 대한 부당이득반환청구권

임차주택의 경매절차에서 배당요구를 하지 않아 배당받지 못한 소액임차인이 배당을 받은 후순위 채권자에게 부당이득반환을 청구할 수 있을 것인가에 관해 견해가 대립되나, 확정일자를 갖춘 임차인의 우선변제권과 마찬가지로 후순위 채권자에 대한 부당이득반환청구는 인정되지 아니한다는 것이 확립된 판례의 입장이다(대법원 1996. 12. 20. 선고 95다28304 판결, 대법원 2002. 1. 22. 선고 2001다70702 판결 등).

나) 적법한 배당요구를 하였으나 배당받지 못한 소액임차인의 부당이득반환청구권

적법하게 배당요구한 소액임차인이 어떠한 경위로 배당을 받지 못하고 그 이후 배당이의도 하지 않아 후순위 채권자에게 배당하는 배당표가 확정된 경우, 그 소액임차인은 후순위채권자를 상대로 별소(別訴)로 부당이득반환청구를 할 수 있다고 보는 것이 다수설과 판례이다(대법원 2001. 3. 13. 선고 99다26948 판결, 대법원 2012. 4. 26. 선고 2010다94090 판결 등 참조). 확정된 배당표에 의하여 배당을 실시하는 것은 실체법상의 권리를 확정하는 것이 아니기 때문이다.

마. 임대차의 종료나 임차건물의 인도는 요건이 아님

소액임차인에게 배당액을 교부하려면, 매수인의 명도확인서가 제출되어야 한다.

임대차의 종료나 임차건물의 명도는 우선변제권행사의 요건이 아님은 확정일자를 갖춘 임차인의 경우와 동일하다(주택임대차보호법 제3조의5, 제3조의2 제3항 참조).

5. 매수인(낙찰자)과의 관계

1) 소액임차인이 매수인에게 대항할 수 없는 경우 임차주택의 경매절차에서 임차보증금을 지급받지 못한 이상 임차주택의 매수인에 대하여 임차보증금의 우선변제를 요구할 수 없다(대법원 1988. 4. 12. 선고 87다카844 판결).

2) 소액임차인이 매수인에게 대항할 수 있는 경우 임대차존속 주장과 우선변제

62) 법원실무제요 민사집행(Ⅱ), 법원행정처(2014), 498; 이우재, 부동산 및 채권집행에서의 배당의 제문제, 진원사(2012), 633

권을 선택적으로 행사할 수 있으므로, 임차인이 경매절차에서 우선변제권을 행사하지 아니하였다고 하여 매수인에게 임대차로써 대항할 수 없다거나 임차보증금 반환채권을 포기한 것으로 볼 수 없다(대법원 1992. 7. 14. 선고 92다12827 판결).

6. 소액임차인이 확정일자까지 받은 경우

소액임차인이 주택임대차보호법 제3조의2의 요건(확정일자부 우선변제권의 요건)을 갖춘 경우 보증금 중 ① 소액보증금은 법 제8조에 의하여 최우선순위로, ② 소액보증금을 제외한 나머지 보증금은 제3조의2의 요건을 갖춘 시기에 따라 확정일자부 우선변제권으로 다른 권리들의 성립시기와 비교 후에 우선하는 경우에 한하여 우선해서 배당받을 수 있다.

③ 최선순위의 대항력과 우선변제권을 겸유한 임차인이 소액보증금에 대한 우선변제권을 행사하고 나서도 임차권의 대항력을 주장하여 나머지 보증금을 반환받을 때까지 인도를 거절할 수 있다.

결국 소액임차인이 확정일자까지 받은 경우에는 ① 소액임차인의 최우선변제권, ② 확정일자부 우선변제권, ③ 대항력의 순으로 권리를 행사할 수 있다.

Ⅴ. 임차인의 배당금 수령과 명도확인서

1. 명도확인서

임차인은 임차주택을 양수인에게 인도하지 아니하면 보증금을 수령할 수 없다(주택임대차보호법 제3조의2 제3항). 임대차계약이 종료된 경우 임대차보증금 반환채무와 임차목적물 인도채무는 동시이행관계에 있다(대법원 1987. 6. 23. 선고 87다카98 판결, 1990. 12. 21. 선고 90다카24076 판결, 1992. 5. 12. 선고 91다35823 판결 등).

임차인에 대한 배당표가 확정된 후 임차인이 그 배당금을 수령하려면, ① 임대차계약서원본, ② 주택임차인은 주민등록등본, 상가건물임차인은 등록사항 등의 현황서 등본, ③ 매수인의 인감이 날인된 임차목적물명도확인서, ④ 매수인의 인감증명서를 제출해야 한다.

매수인으로부터 명도확인서를 받아 제출해야 집행법원은 배당금을 지급하며, 명도확인서가 제출되지 않으면 집행법원에서는 배당금을 공탁하게 된다.

우선변제권이 있는 임차인은 임차주택의 가액으로부터 다른 채권자보다 우선하여 보증금을 변제받음과 동시에 임차목적물을 명도할 의무가 있으며, 주택임대차보호법 제3조의2 제3항의 규정에 따라 경매 또는 공매절차에서 임차인이 보증금을 수령하기 위하여는 임차주택을 명도한 것을 증명을 하여야 한다. 그러나 임차인의 주택명도의무가 보증금반환의무보다 선이행되어야 한다는 뜻은 아니다(대법원 1994. 2. 22. 선고 93다55241 판결).

2. 소액임차인 및 전세권자의 경우(=배당금 수령 시 명도확인서 필요)

가. 소액임차인의 경우

임차인은 임차주택을 양수인에게 인도하지 아니하면 보증금을 수령할 수 없으므로(주택임대차보호법 제3조의2 제3항), 매수인 명의의 명도확인서를 제출하여야 배당금을 지급할 수 있는 데, 소액임차인의 경우에는 주택임대차보호법 제8조에서 위 제3항을 준용하지 않으므로 명도확인서가 필요 없다는 견해가 있다.

그러나 임차보증금의 반환은 임차목적물의 인도와 동시이행관계에 있으므로 임차권자의 의무이행 전에 배당액을 지급할 수는 없고, 따라서 소액임차인도 명도확인서를 제출하여야 한다.[63] 명도확인서가 제출되지 않았다면 정지조건부 채권에 대한 배당액 교부 방법과 마찬가지로 임차물의 인도를 조건으로 배당액을 공탁하고 임차인이 목적물의 인도를 증명한 때에 이를 지급하게 된다. 임차인이 미리 목적물을 인도한 때에는 공탁함이 없이 바로 배당금을 지급할 수 있음은 물론이다.

나. 전세권자의 경우

전세권설정등기는 대금납부 후 어차피 경매법원의 등기촉탁에 의하여 직권으로 말소될 것이므로 그 이행제공 여부에 대한 소명이 필요 없다는 견해가 있으나, 전세

63) 임차인은 임차주택을 양수인에게 인도하지 아니하면 보증금을 수령할 수 없으므로(주택임대차보호법 제3조의2 제3항), 매수인 명의의 명도확인서를 제출하여야 배당금을 지급할 수 있는 데, 소액임차인의 경우에는 주택임대차보호법 제8조에서 위 3항을 준용하지 않으므로 명도확인서가 필요 없다는 견해가 있다. 그러나 임차보증금의 반환은 임차목적물의 인도와 동시이행관계에 있으므로 임차권자의 의무이행 전에 배당액을 지급할 수는 없고, 따라서 소액임차인도 명도확인서를 제출하여야 한다{재판예규 제866-41호 주택임대차보호법 제8조에 관한 질의회답(재민84-10) 문 10}. 명도확인서가 제출되지 않았다면 정지조건부 채권에 대한 배당액 교부 방법과 마찬가지로 임차물의 인도를 조건으로 배당액을 공탁하고 임차인이 목적물의 인도를 증명한 때에 이를 지급하도록 한다(임차인이 미리 목적물을 인도한 때에는 공탁함이 없이 바로 배당금을 지급할 수 있음은 물론임).

권 말소 외에 목적물의 인도도 동시이행관계에 있으므로, 임차인과 마찬가지로 매수인의 명도확인서가 필요하다.

3. 대항력 있는 임차권자가 일부만 배당받은 경우(=명도확인서 불요)

대항력과 우선변제권을 겸유하고 있는 임차인이 배당요구를 하였으나 보증금 전액을 배당받지 못하고 일부만 배당받은 경우, 그 잔액에 대하여 매수인에게 동시이행의 항변을 할 수 있으므로, 배당금 수령 시 매수인의 명도확인서가 필요 없다(자세한 것은 인도명령 부분 참조).

배당받지 못하는 보증금에 상응하는 부분에 관하여는 임대차가 존속하는 것이므로 임차인의 사용·수익을 부당이득이라고 할 수 없지만, 배당받은 부분에 관하여는 임차인이 사용·수익하는 만큼 임료 상당의 부당이득을 하고 있는 것이므로 임차인이 매수인에게 이를 반환하여야 한다(대법원 1998. 7. 10. 선고 98다15545 판결 참조).[64]

[명도확인서]

명 도 확 인 서
사건번호 : 20 타경 부동산임의(강제)경매 이 름(임차인) : 주 소 : 전화번호 : 집 : 휴대폰 : 위 사건에서 위 임차인은 임차보증금에 따른 배당금을 받기 위해 매수인에게 목적부동산을 명도하였음을 확인합니다. 첨부서류 : 매수인 명도확인용 인감증명서 1통

64) 점유로 인한 실질적인 이익이 있어야 부당이득 반환의무가 성립한다. 여기서 말하는 실질적 이익은 점유 그 자체로 인한 이득을 말하는 것이 아니다. 즉 점유 외에 사용·수익까지 동반하여야 비로소 이득을 얻는다고 보아야 한다. 따라서 임차인이 동시이행의 항변권을 행사하는 방법으로 목적물의 반환을 거부하기 위하여 임차건물을 계속 점유한 경우(예를 들어 사용수익을 하지 않은 채 시정을 하여 둔 경우)라면, 이는 본래의 임대차계약상의 목적에 따라 사용·수익하지 아니하여 실질적인 이득을 얻은 바 없으므로 그로 인하여 임대인에게 손해가 발생하였다 하더라도 임차인의 부당이득반환의무는 성립되지 아니한다(대법원 2001. 2. 9. 선고 2000다61398 판결, 2003. 4. 11. 선고 2002다59481 판결 등).

20 년 월 일

매수인 (인)
연락처(☎)

○○지방법원 경매○계 귀중

◇ 유의사항 ◇
1) 주소는 경매기록에 기재된 주소와 같아야 하며, 이는 주민등록상 주소이어야 합니다.
2) 임차인이 배당금을 찾기 전에 이사를 하기 어려운 실정이므로, 매수인과 임차인간에 이사날짜를 미리 정하고 이를 신뢰할 수 있다면 임차인이 이사하기 전에 매수인은 명도확인서를 해줄 수도 있습니다.

4. 미등기건물임차인이 대지의 환가대금에서 배당을 받은 경우 명도확인서 제출 여부

☞ 자세한 것은, 후술하는 "VI. 미등기 임차주택의 임차인이 대지의 환가대금에서 우선변제를 받을 수 있는지 여부(= 적극)" 부분 참조.

가. 미등기 임차주택의 임차인이 대지의 환가대금에서 우선변제를 받을 수 있는지 여부(= 적극)

대항요건 및 확정일자를 갖춘 임차인과 소액임차인은 임차주택과 별도로 그 대지만이 경매될 경우에도 그 대지의 환가대금에 대하여 우선변제권을 행사할 수 있다(대법원 2007. 6. 21. 선고 2004다26133 전원합의체 판결).

나. 대지만 매각되어 미등기주택의 임차인이 대지의 환가대금에서 배당을 받은 경우 그 배당금 출급에 있어 미등기주택 소유자의 건물명도 확인서가 필요한지 여부(= 불요)

대지만 매각된 경우 그 매각대금에서 배당을 받게 된 건물의 임차인은 매각대상 토지와는 전혀 무관한 미등기건물소유자의 명도확인서를 제출할 필요가 없다.

주택임대차보호법 제3조의2 제3항의 규정은 건물이 매각되거나 건물과 그 대지가 함께 매각되는 경우에만 적용되는 것이고, 대지만 매각되는 경우에는 그 적용이 배제된다.

'미등기건물의 현 소유자'는 대지 만에 대한 경매절차와는 전혀 무관한 자이며(대지의 전 소유자일 뿐임), 그 경매절차에서 집행법상 아무런 지위를 가지고 있지 않으므로, 집행법원이 보호할 필요가 없는 제3자이다. 집행법원으로서는 매각대상 부동산(대지)에 관하여만 동시이행 여부를 따져야 하는 것이고, 경매절차와는 무관한 미등기건물과의 동시이행관계까지 고려할 필요가 없다. 이러한 결론은 미등기건물의 임차인이 임차보증금을 대지의 매각대금에서 전액 배당받았을 경우에도 마찬가지이다.[65]

결국 미등기주택의 임차인이 배당금을 출급받음에 있어 '미등기주택 소유자의 건물명도확인서'는 필요하지 않다.

다. 매수인(토지소유자)의 명도확인서는 필요한지 여부(= 불요)

미등기주택의 임차인이 배당금을 출급받음에 있어 '매수인(낙찰자)의 토지명도확인서'도 필요하지 않다.

그 이유는 미등기주택의 임차인은 대지의 점유자가 아니기 때문이다. 즉 건물의 부지가 된 토지(이 사건 매각대상 토지)의 점유자는 건물의 소유자이고, 건물의 점유자(임차인 등)는 건물의 부지가 된 토지의 점유자가 아니다.[66]

따라서 이 사건 매각대상토지의 점유자가 아닌 미등기 건물의 임차인이 토지에 대한 명도확인서를 제출할 필요가 없는 것이다.

5. 임차권자의 동시이행의 판결에 기한 경매신청(= 명도확인서 불요)

1) 임차인이 제3자가 신청한 경매에서 보증금을 배당받는 경우와는 달리 임차인이 임차주택에 대하여 보증금반환청구소송의 확정판결 기타 이에 준하는 집행권원에

65) 이런 경우 미등기 건물의 소유자는 임차인을 상대로 별소로 명도청구를 하여야 한다.

66) 사회통념상 건물은 그 대지를 떠나서는 존재할 수 없는 것이므로 건물의 대지가 된 토지는 그 건물의 소유자가 점유하는 것으로 보아야 하고, 이 경우 건물의 소유자가 현실적으로 건물이나 그 대지를 점거하고 있지 않더라도 그 건물의 소유를 위하여 그 대지를 점유하는 것으로 본다(대법원 1991. 6. 25. 선고 91다10329 판결, 1995. 11. 14. 선고 95다23200 판결, 1996. 6. 14. 선고 95다47282 판결 등 다수).
건물을 소유자 아닌 사람이 점유하는 경우 건물 소유자와 별개로 건물 점유자도 그 대지를 점유하는 것으로 볼 것인가에 관하여 占有說과 非占有說의 대립이 있는데, 대법원 2003. 11. 13. 선고 2002다57935 판결에서 "미등기건물을 양수하여 건물에 관한 사실상의 처분권을 보유하게 됨으로써 그 양수인이 건물부지 역시 아울러 점유하고 있다고 볼 수 있는 등의 다른 특별한 사정이 없는 한 건물의 소유명의자가 아닌 자로서는 실제로 그 건물을 점유하고 있다고 하더라도 그 건물의 부지를 점유하는 자로는 볼 수 없다."고 판시함으로써 비점유설의 입장에 있음을 분명히 하였다.

기한 경매를 신청하는 경우에는 반대의무의 이행 또는 이행의 제공을 증명하는 서면을 제출할 필요가 없다(주택임대차보호법 3조의2 제1항 참조). 주택임대차보호법 제3조의2 제1항이 "임차인이 임차주택에 대하여 보증금반환청구소송의 확정판결 기타 이에 준하는 집행권원에 기한 경매를 신청하는 경우에는 민사집행법 제41조의 규정에 불구하고 반대의무의 이행 또는 이행의 제공을 집행개시의 요건으로 하지 아니한다."고 규정하고 있기 때문이다. 2002. 11. 1.부터 시행된 상가건물 임대차보호법 제5조 제1항에도 같은 취지의 규정이 있다.

따라서 그 판결주문에 건물의 명도와 동시이행으로 보증금지급을 명하였다 하여도 이행제공 여부를 따질 것 없이 경매개시결정을 할 수 있다.

2) 이 경우에도 임차인이 배당금을 수령할 때는 명도확인서를 제출하여야 한다.

6. 매수인이 명도확인서의 작성을 거절할 경우

임차인과 매수인과의 감정대립으로 매수인이 명도확인서의 작성·교부를 거절하는 경우가 있다.

이런 경우에는 다른 방법으로 "매각부동산을 매수인에게 명도하였다."는 점을 입증하여도 무방하다. 예를 들어 통반장의 확인서, 아파트의 경우 아파트 관리소장 명의의 확인서 등을 들 수 있다. 입증이 어려운 사정이 있는 경우에는 집행법원에 사실조회신청을 하면, 일정한 요건 하에 집행법원에서 관할 경찰서에 '매수인에 대한 명도 여부'를 사실조회하기도 한다.

[관할경찰서에 대한 사실조회서]

서 울 중 앙 지 방 법 원
(기타집행3계)
사 실 조 회 촉 탁 서

서울OO경찰서 귀중

사　　건　　20 타경OOO　　부동산임의경매
채 권 자　　조00

위 사건의 배당공탁금 교부에 관한 심리상 필요하여 다음사항을 사실 조회하오니 회신하여 주시기 바랍니다.

- 다 음 -

1. 현재 위 조00(500000-1000000)의 '서울 관악구 남현동 000-000 제5,6층 제502호'의 주소지에 거주 유무 확인

* 회신 내용에 법원 사건 번호를 기재하여 주시고, 빠른 시일 내에 도착되도록 배려하여 주시기 바랍니다. 끝.

법원 전화번호 : 02) 530-2346

20 . . .

판 사 O O O

Ⅵ. 미등기 임차주택의 임차인이 대지의 환가대금에서 우선변제를 받을 수 있는지 여부(= 적극)

1. 대법원 2007. 6. 21. 선고 2004다26133 전원합의체 판결의 사안의 개요 및 쟁점

가. 판시 내용

1) 대항요건 및 확정일자를 갖춘 임차인과 소액임차인은 임차주택과 그 대지가 함께 경매될 경우뿐만 아니라 임차주택과 별도로 그 대지만이 경매될 경우에도 그 대지의 환가대금에 대하여 우선변제권을 행사할 수 있고, 이와 같은 우선변제권은 이른바 법정담보물권의 성격을 갖는 것으로서 임대차 성립시의 임차 목적물인 임차주택 및 대지의 가액을 기초로 임차인을 보호하고자 인정되는 것이므로, 임대차 성립 당시 임대인의 소유였던 대지가 타인에게 양도되어 임차주택과 대지의 소유자가 서로 달라지게 된 경우에도 마찬가지이다.

2) 주택임대차보호법은 주택의 임대차에 관하여 민법에 대한 특례를 규정함으로써 국민의 주거생활의 안정을 보장함을 목적으로 하고 있고, 주택의 전부 또는 일부의 임대차에 관하여 적용된다고 규정하고 있을 뿐 임차주택이 관할관청의 허가를 받

은 건물인지, 등기를 마친 건물인지 아닌지를 구별하고 있지 아니하므로, 어느 건물이 국민의 주거생활의 용도로 사용되는 주택에 해당하는 이상 비록 그 건물에 관하여 아직 등기를 마치지 아니하였거나 등기가 이루어질 수 없는 사정이 있다고 하더라도 다른 특별한 규정이 없는 한 같은 법의 적용대상이 된다.

3) 대항요건 및 확정일자를 갖춘 임차인과 소액임차인에게 우선변제권을 인정한 주택임대차보호법 제3조의2 및 제8조가 미등기 주택을 달리 취급하는 특별한 규정을 두고 있지 아니하므로, 대항요건 및 확정일자를 갖춘 임차인과 소액임차인의 임차주택 대지에 대한 우선변제권에 관한 법리는 임차주택이 미등기인 경우에도 그대로 적용된다. 이와 달리 임차주택의 등기 여부에 따라 그 우선변제권의 인정 여부를 달리 해석하는 것은 합리적 이유나 근거 없이 그 적용대상을 축소하거나 제한하는 것이 되어 부당하고, 민법과 달리 임차권의 등기 없이도 대항력과 우선변제권을 인정하는 같은 법의 취지에 비추어 타당하지 아니하다. 다만, 소액임차인의 우선변제권에 관한 같은 법 제8조 제1항이 그 후문에서 '이 경우 임차인은 주택에 대한 경매신청의 등기 전에' 대항요건을 갖추어야 한다고 규정하고 있으나, 이는 소액보증금을 배당받을 목적으로 배당절차에 임박하여 가장 임차인을 급조하는 등의 폐단을 방지하기 위하여 소액임차인의 대항요건의 구비시기를 제한하는 취지이지, 반드시 임차주택과 대지를 함께 경매하여 임차주택 자체에 경매신청의 등기가 되어야 한다거나 임차주택에 경매신청의 등기가 가능한 경우로 제한하는 취지는 아니라 할 것이다. 대지에 대한 경매신청의 등기 전에 위 대항요건을 갖추도록 하면 입법 취지를 충분히 달성할 수 있으므로, 위 규정이 미등기 주택의 경우에 소액임차인의 대지에 관한 우선변제권을 배제하는 규정에 해당한다고 볼 수 없다.

나. 사안의 요지

1) 미등기 주택에 대한 임대차계약

가) 임OO은 자신의 소유인 경기도 광주군 OO면 OO리 OOO 대 846㎡(이하 '이 사건 대지'라 함) 지상에 자신 명의로 건축허가를 받아 지상 4층의 다세대주택(이하 '이 사건 주택'이라 함)을 건축하였다. 그 후 건물의 마무리공사를 제외한 대부분의 공사는 마쳤으나 아직 준공검사는 받지 않은 상태임에도 이를 타인에게 임대하여 사전입주 시켰다.

나) 원고들은 이 사건 주택의 각 임차인들이다(원고 1 : 301호. 1997. 3. 1. 입

주, 1997. 3. 4. 전입, 1997. 3. 8. 확정일자 받음. 보증금 3500만원. 원고 2 : 401호. 1997. 2. 27. 입주, 1997. 2. 27. 전입, 1997. 3. 8. 확정일자 받음. 보증금 3300만원).

2) 근저당권의 설정

가) 1998. 2. 24.경 임OO은 이 사건 대지와 이 사건 주택을 그의 처인 박OO에게 증여하여, 이 사건 대지에 관하여 1998. 2. 25. 위 증여를 원인으로 한 소유권이전등기를 경료하고, 이 사건 주택에 관하여도 그 무렵 건축주 명의를 박OO으로 변경하였다(미등기 주택이므로 이전등기를 하지는 못함).

나) 1998. 10. 7. 박OO은 이 사건 대지에 관하여 피고(중소기업은행)를 근저당권자로 하는 근저당권을 설정하였다(채무자 주식회사 한OO, 채권최고액 2억 4천만 원).

3) 임의경매의 실행 및 배당이의

가) 피고는 위 근저당권의 채무자가 위 대출금을 변제하지 아니하자 이 사건 대지에 관하여 임의경매신청을 하였다. 위 신청으로 개시된 수원지방법원 성남지원 2001타경1708호 부동산임의경매 사건에서, 위 법원은 현황조사를 통하여 이 사건 대지상에는 4층 빌라(이 사건 주택)가 신축되어 있고, 각 세대의 임차인들로는 원고 등을 확인한 후 경매절차를 진행하였다.

나) 원고 2는 2001. 2. 14., 원고 1은 2001. 2. 15. 각 배당요구서를 제출하였다. 이 사건 대지는 최초 감정가가 318,942,000원이었으나, 2001. 9. 10. 남OO에게 금 105,000,000원에 낙찰되었다.

다) 집행법원은 배당기일인 2002. 3. 19. 원고들에게는 배당을 전혀 하지 아니한 채, 위 대지의 매각대금과 보증금이자에서 집행비용을 공제한 103,004,224원 전액을 피고에게 배당하는 것으로 배당표를 작성하였다. 이에 대하여 원고들이 배당표상의 피고 배당액 중 원고들의 배당요구 상당 금액에 관하여 이의를 제기한 후, 2002. 3. 26. 이 사건 소를 제기하였다.

다. 쟁점

위 판례 사안의 쟁점은, ① 주택임대차보호법상 대항력 및 확정일자를 갖춘 미등기 주택의 임차인이 그 주택 대지의 환가대금으로부터 우선변제를 받을 수 있는지 여부, ② 미등기 주택 양수인 소유의 대지가 경매되는 경우, 주택과 대지의 소유자가 동일한 경우로 보아 임차인의 우선변제권을 인정할 수 있는지 여부이다.

2. 대지매각대금에 대한 우선변제권

가. 주택과 대지에 대하여 경매신청 된 경우

주택과 대지가 동시에 경매에 부쳐진 경우, 소액임차인 및 확정일부 임차인은 대지의 환가대금으로부터 우선변제를 받을 수 있다(주택임대차보호법 제8조 제3항, 제3조의2 제2항).

나. 대지에 대하여만 경매신청 된 경우

1) 등기된 주택의 소액임차인의 경우

가) 등기된 주택의 소액임차인의 우선변제권과 관련하여 판례는 ① 대지와 건물에 관하여 경매신청 되었다가 건물에 대한 경매신청은 취소되고 대지만 경락된 경우(대법원 1996. 6. 14. 선고 96다7595 판결), ② 대지에 대하여만 경매신청 된 경우(대법원 1999. 7. 23. 선고 99다25532 판결) 모두 대지매각대금에 대한 우선변제권을 인정하고 있다. 모두 등기된 주택에 관한 것이다.

소액임차인은 주택과 대지의 소유자가 동일한 경우에는 주택뿐만 아니라 대지의 매각대금 중에서도 우선변제를 받을 수 있고, 건물과 대지가 시기를 달리하여 따로 경매되는 경우 소액임차권자는 소액보증금반환청구권이 남아있는 한 각 경매절차에 모두 참가하여 우선변제를 구할 수 있다.

나) 대지에 관한 저당권의 실행으로 경매가 진행된 경우에도 그 지상 건물의 소액임차인은 대지의 환가대금 중에서 소액보증금을 우선변제 받을 수 있다고 할 것이나(대법원 1996. 6. 14. 선고 96다7595 판결 참조), 이와 같은 법리는 대지에 관한 저당권 설정 당시에 이미 그 지상 건물이 존재하는 경우에만 적용될 수 있다.

대지에 관한 저당권 설정 후 지상에 건물이 신축된 경우 건물의 소액임차인은 저당권 실행에 따른 대지의 환가대금에 대하여 우선변제를 받을 수 없다(대법원 1999. 7. 23. 선고 99다25532 판결).[67] 저당권 설정 후에 비로소 건물이 신축된 경우에까지 공시방법이 불완전한 소액임차인에게 우선변제권을 인정한다면 저당권자가 예측할 수 없는 손해를 입게 되는 범위가 지나치게 확대되어 부당하기 때문이다. 다만 소액임차인의 존재를 예측할 수 없었던 저당권자 등의 권리자가 전액 배당받아

67) 그 지상에 건물이 건축 중이었고 그것이 사회관념상 독립된 건물로 볼 수 있는 정도에 이르지 않았다 하더라도 건물의 규모, 종류가 외형상 예상할 수 있는 정도까지 건축이 진전되어 있는 경우도 포함된다. 그러나 근저당권자가 '그 대지 상에 향후 임대주택이 건설되리라는 사정을 알고 있었다'는 점만으로는 소액임차인이 대지의 환가대금에서 우선배당받을 수는 없다.

만족한 경우라면, 그 나머지 금액을 우선변제권 있는 소액임차인에게 배당하여야 한다. 즉 '소액임차인의 우선변제권을 예측할 수 없었던 권리자'에게 소액임차인의 우선변제권을 들어 대항할 수 없다는 취지이지, 소액임차인이 대지의 매각대금에서 전혀 배당을 받을 수 없다는 취지가 아니다.

2) 확정임차인의 우선변제권

소액임차인과 마찬가지로 대지 및 건물에 관하여 경매신청 되었다가 대지 부분만이 매각되었거나, 대지만이 경매신청 된 경우 모두 우선변제권이 인정된다.

3. 미등기주택 임차인의 대지매각대금에 대한 우선변제권의 인정 여부(=제1 쟁점)

가. 학설의 대립

이 점에 관하여는 ① 긍정설[68]과 ② 부정설[69]의 대립이 있다.

나. 판례의 태도(=제1 쟁점의 해결)

위 대법원 2007. 6. 21. 선고 2004다26133 전원합의체 판결은, "대항요건 및 확정일자를 갖춘 임차인과 소액임차인에게 우선변제권을 인정한 주택임대차보호법 제3조의2 및 제8조가 미등기 주택을 달리 취급하는 특별한 규정을 두고 있지 아니하므로, 대항요건 및 확정일자를 갖춘 임차인과 소액임차인의 임차주택 대지에 대한 우선변제권에 관한 법리는 임차주택이 미등기인 경우에도 그대로 적용된다."고 판시하여, 긍정설의 입장을 취하고 있다.

따라서 대항요건 및 확정일자를 갖춘 임차인과 소액임차인은 (미등기)임차주택과 그 대지가 함께 경매될 경우뿐만 아니라 (미등기)임차주택과 별도로 그 대지만이 경매될 경우에도 그 대지의 환가대금에 대하여 우선변제권을 행사할 수 있다.

---

68) 박창수, '대지의 경매와 미등기 주택 임차인의 배당', 법조(2005), 159 이하; 이옥형, '소액보증금 우선변제권행사의 요건', 재판실무연구 2002, 광주지방법원, 121 이하; 박해식·박정삼, 주택임대차 분쟁소송, 이론과 실무, 법률정보센터(2006), 263 이하 각 참조.

69) 윤경, '미등기주택임차인의 우선변제권', 쥬리스트(2002. 8.), 60 이하; 김성수, '미등기주택 임차인의 우선변제권', 재판과 판례, 대구판례연구회, 495 이하 각 참조.

4. 주택과 대지소유자의 동일한 경우에만 임차인의 우선변제권이 인정되는지 여부(= 제2 쟁점)

가. 문제점 제기

위 대법원 2007. 6. 21. 선고 2004다26133 전원합의체 판결의 사안을 보면, 박OO 소유의 대지에 관하여 경매신청이 되었는바, 그 지상의 미등기건물은 원시취득자 임OO으로부터 박OO이 증여받았으나 미등기인 관계로 소유권이전등기를 하지 않아 건물과 대지의 소유자가 다르다.

따라서 건물과 대지의 소유자가 다른 경우 건물의 임차인은 대지의 환가대금에서 우선변제를 받을 수 있는지 및 건물의 사실상 처분권자가 토지의 소유자일 경우 건물과 대지의 소유자가 같은 경우로 볼 수 있는지가 문제된다.

나. 주택과 대지소유자가 동일하여야 하는지 여부(= 적극)

소액임차인은 주택과 대지의 소유자가 동일한 경우에 대지매각대금에서 우선변제를 받을 수 있다.[70]

주택과 대지가 주택임대인의 소유일 경우 대지 경락대금에서 우선변제를 받을 수 있는 것이고, 대지가 타인소유라면 주택과 대지가 별개의 부동산이므로 주택가액에서만 우선변제를 받을 수 있다.[71]

대지와 건물의 소유자가 다른 경우, 건물의 소유자는 대지 소유자에 대하여 철거의무를 부담하거나, 아니면 지료나 임료를 부담하는 지위에 있음에 불과하다. 따라서 대지만이 경매되는 경우 건물의 소유자는 법정지상권이 없는 한 철거될 운명에 처하고, 대지의 매각대금에 대하여 아무런 변제를 받을 권리가 없으므로, 건물의 임차인에게 대지환가대금에 대하여 우선변제권이 인정되지 않는다.

다. 대지의 소유자가 미등기건물의 사실상 처분권자인 경우 주택과 대지소유자가 동일한 것으로 볼 수 있는 지 여부

1) 긍정설

미등기주택의 양수인은 사실상의 처분권자와 동일하고, 적법한 임대권한을 가진

70) 2002. 6. 26. 재판예규 제866-41호 주택임대차보호법 제8조에 관한 질의회답 12번.

71) 조종현, '주택임대차보호법의 제3조 및 제8조의 해석론', 현대법학의 제문제, 동산 김두희박사 회갑기념논문집, 154

자이며, 임차인은 위 양수인에 대하여 보증금반환청구를 할 수 있으므로, 이 경우 미등기건물의 소유자와 대지소유자가 같은 경우로 보아 임차인은 대지의 환가대금에서 우선변제를 받을 수 있다. 미등기주택 양수인에게 소유자에 준하는 지위를 인정하는 판례의 태도(대법원 1987. 11. 24. 선고 87다카257, 258 판결, 1987. 3. 24. 선고 86다카164 판결)와 비교하여도 이를 긍정하여야 한다.

2) 부정설

주택임대차보호법이 적용되는 임대차는 임차인이 주택의 소유자, 사실상의 처분권자 또는 적법한 임대권한을 갖는 자로부터 임차한 경우에 적용되는 것이나, 대지의 매각대금에서 주택 임차인이 배당을 받기 위해서는 대지소유자와 주택소유자(건축주 또는 원시취득자)가 일치해야 한다.72)

미등기 건물과 그 대지 소유자의 동일성이 문제가 되는 법정지상권 성립여부에 관한 판단에서 판례는 사실상 처분권자의 경우 이를 인정하지 않고 있다(대법원 2002. 6. 20. 선고 2002다9660 전원합의체 판결, 1998. 4. 24. 선고 98다4798 판결).

3) 판례의 태도(= 부정설)

위 대법원 2007. 6. 21. 선고 2004다26133 전원합의체 판결은 "임대차 성립 당시 임대인의 소유였던 대지가 타인에게 양도되어 임차주택과 대지의 소유자가 서로 달라지게 된 경우에도 마찬가지이다."라고 판시하여 부정설을 채택하고 있다고 보인다.

그런데, 부정설에 의할 경우 미등기주택의 사실상 처분권자 소유의 대지가 경매되는 경우 주택과 대지의 소유자가 동일인이 아니므로 우선변제권을 부정하여야 한다. 그런데 우선변제권을 인정한 위 전원합의체 판결은 건물이 아닌 '대지만을 양도한 경우'에는 대지의 소유자에 대하여 대항력이 없다는 점을 간과한 것으로 보인다.

라. 주택과 대지소유자의 동일한 경우에만 임차인의 우선변제권이 인정되는지 여부(= 제2쟁점의 해결)

1) 판례의 태도

대법원 2007. 6. 21. 선고 2004다26133 전원합의체 판결은, "대항요건 및 확정일자를 갖춘 임차인과 소액임차인은 임차주택과 그 대지가 함께 경매될 경우뿐만 아니라 임차주택과 별도로 그 대지만이 경매될 경우에도 그 대지의 환가대금에 대하여

72) 박창수, '대지의 경매와 미등기 주택 임차인의 배당', 법조(2005. 4.), 174; 이옥형, '소액보증금 우선변제권행사의 요건', 재판실무연구 2002, 광주지방법원, 119 참조

우선변제권을 행사할 수 있고, 임대차 성립 당시 임대인의 소유였던 대지가 타인에게 양도되어 임차주택과 대지의 소유자가 서로 달라지게 된 경우에도 마찬가지이다."라고 판시하여 우선변제권을 인정하고 있다.

2) 이 부분 판시에 대한 의문점

그러나 이 부분 판시는 납득하기 어려운 점이 있다. 우선변제권을 갖기 위해서는 확정일자를 갖춘 임차인이던 아니면 소액임차인이던 그 요건으로서 주택임대차보호법 제3조 제1항의 대항요건을 갖추어야 한다.

그런데 대법원 1998. 4. 10. 선고 98다3276 판결에 의하면, 임차주택의 '대지만'을 낙찰(경락)받은 자는 임차주택의 양수인에 해당하지 아니한다. 즉 주택임대차보호법 제3조 제2항에서 말하는 임대인의 지위를 승계한 것으로 보는 임차주택의 양수인이라 함은 같은 법 제1조 및 제2조의 규정 내용에 비추어 보면 임대차의 목적이 된 주거용 건물의 양수인을 의미하는 것이고 같은 법 제3조의2 제1항이 같은 법에서 정한 대항요건을 갖춘 임차인에게 경매 또는 공매에 의한 임차주택의 대지의 환가대금에서 후순위권리자등보다 보증금을 우선변제 받을 권리를 인정하였다고 하여도 그 대지를 경락 받은 자를 위에서 말하는 임차주택의 양수인이라고 할 수 없다.

결론적으로 미등기건물의 임차인은 주민등록을 갖출 수가 없어서 건물의 임대차 성립 당시 임대인의 소유였던 대지가 타인에게 양도된 경우 그 대지의 소유자(양수인)에 대하여 대항력(임대차의 내용을 주장할 수 있는 법률상의 권능)을 주장할 수 없으므로, 그 대지에 관하여 우선변제권 역시 주장할 수 없는 것이다. 결국 대법원 2007. 6. 21. 선고 2004다26133 전원합의체 판결의 이 부분 판시는 대법원 1998. 4. 10. 선고 98다3276 판결의 판시와 정면으로 배치된다.

5. 소결론(대상판결의 결론에는 찬성하나, 판시의 표현에는 찬성하지 않음)

1) 이러한 의문점 제기에도 불구하고, 대법원판결의 결론에는 찬성한다.

대법원 1987. 3. 24. 선고 86다카164 판결은, '주택임대차보호법이 주거용 건물의 임대차에 관하여 민법에 대한 특례를 규정함으로서 국민의 주거생활의 안정을 보장함을 목적으로 하고 있고, 그 제3조 제2항이 임차주택의 소유권을 취득한 자로 한정하지 아니하고, 널리 그 주택에 관하여 임대할 권리를 승계한 자를 포함한 임차주택의 양수인은 임대인의 지위를 승계한 것으로 본다고 규정하고 있는 점에 비추어 볼 때 피고가 비록 이 사건 건물에 관하여 소유권이전등기를 경료하지 못하였다하더라도 위 인정과 같이 위 건물에 대하여 사실상 소유자로서의 권리를 행사하고 있는 이상 전소유자로부터 그 일부를 임차한 원고에 대한 관계에서는 그 주택의 양수인으로서 임대인의 지위를 승계하였다고 보는 것이 상당하다'고 판시하고 있다. 위 판결은, 주택임대차보호법 제3조 제2항 소정의 임차주택의 양수인의 범위에 관한 것으로, 미등기건물의 양수인으로서 그 건물을 점유하고 있는 자는 사실상 소유자라는 점에 착안하여, 임대인의 지위를 승계하는 양수인으로 보고 있는 것이다.

이 사건의 경우 대지도 '건물의 사실상 처분권자'의 소유에 해당하므로, 미등기건물의 임차인은 대지의 매각대금에서도 우선변제권을 행사할 수 있는 것이다.

기존의 판례가 취하는 견해의 연장선상에서 본다면, 이 사건 사안의 경우 '임차주택과 대지의 소유자가 서로 달라지게 된 경우라도 임차인이 미등기건물의 사실상 처분권자에게 대항력을 가지고 있고, 미등기건물의 사실상 처분권자가 대지의 소유자인 경우에는 대지의 매각대금에서 우선변제권을 행사할 수 있다'는 취지로 한정하여 판시하는 것이 바람직한 것이었다고 판단된다.

그런데 대상판결은 미등기건물과 등기된 건물을 구별하지 않고 "임대차 성립 당시 임대인의 소유였던 대지가 타인에게 양도되어 임차주택과 대지의 소유자가 서로 달라지게 된 경우에도 마찬가지이다."라는 일반론을 설시함으로써 혼란을 야기하고 있다.

2) 한편 대상판결의 취지를 다음과 같이 해석할 수도 있다.

대지에 관한 임차인의 우선변제권을 법정담보물권으로 보아 한번 대지에 관하여 우선변제권을 갖는 담보물권으로 성립한 이상 등기된 건물이든 등기되지 않은 건물이든 불문하고, 또한 소유권이 바뀌는 것에 무관하게 항상 법정담보물권으로 우선변제받을 수 있다는 것이다.

이런 견해에 설 경우 대지만이 계속 경매될 경우 건물의 임차인은 대지의 매각대금에서 매번 우선변제권을 행사하여 배당을 받을 수 있다. 판시대로라면 경매로 소유권이 달라진 경우라도 아무런 제한이 없기 때문이다.

그런데 판례(대법원 1998. 6. 26. 선고 98다2754 판결, 2001. 3. 27. 선고 98다4552 판결, 2006. 2. 10. 선고 2005다21166 판결)는, 주택임대차보호법상의 대항력과 우선변제권의 두 가지 권리를 겸유하고 있는 임차인이 우선변제권을 선택하여 제1경매절차에서 보증금 전액에 대하여 배당요구를 하였으나 보증금 전액을 배당받을 수 없었던 때에는 매수인(경락인)에게 대항하여 이를 반환받을 때까지 임대차관계의 존속을 주장할 수 있을 뿐이고, 임차인의 우선변제권은 경락으로 인하여 소멸하는 것이므로 제2경매절차에서 우선변제권에 의한 배당을 받을 수 없다고 판시하고 있는데, 이러한 판례와 배치된다. 또한 대상판결의 판시는 일반적인 담보물권의 보호범위(담보물권은 1회의 경매로 소멸됨)를 부당하게 넘어서 임차인을 과다하게 보호하는 것이다.

게다가 확정일자 임차인의 우선변제권은 임차인에 한하여 보호되고 '전차인은 보호대상에서 제외'된다는 것(단 소액임차인은 전차인도 우선변제권을 가짐)이 판례의 확고한 입장인데, 이는 임차인의 우선변제권이 완전한 담보물권화가 되지 않았다는 반증이다. 즉 대상판결의 판시는 이러한 기존 판례의 입장과 다소간 배치된다.

하지만 일단 대법원 전원합의체 판결이 내려진 이상 그 판시에 따라 "임차인의 우선변제권은 법정담보물권으로 확고하게 승격"되었다고 할 것이고, 이에 배치되는 기존의 대법원 판결은 사실상 폐지되었다고 할 것이다.

6. 미등기건물임차인의 배당금지급청구 시 명도확인서 제출 여부

가. 명도확인서

임차인은 임차주택을 양수인에게 인도하지 아니하면 보증금을 수령할 수 없다(주택임대차보호법 제3조의2 제3항). 임대차계약이 종료된 경우 임대차보증금 반환채무와 임차목적물 인도채무는 동시이행관계에 있다.

임차인에 대한 배당표가 확정된 후 임차인이 그 배당금을 수령하려면, ① 임대차계약서원본, ② 주택임차인은 주민등록등본, 상가건물임차인은 등록사항 등의 현황서등본, ③ 매수인의 인감이 날인된 임차목적물명도확인서, ④ 매수인의 인감증명서를 제출해야 한다.

나. 대지만 매각되어 미등기주택의 임차인이 대지의 환가대금에서 배당을 받은 경우 그 배당금 출급에 있어 대지 소유자가 아닌 미등기주택 소유자의 건물명도확인서가 필요한지 여부(= 불요)

1) 명도확인서란, 금전채권으로 목적물의 인도와 동시이행관계를 주장할 수 있는 점유자가 자신의 채권을 배당절차에서 배당받아 배당표가 확정된 경우 그 권리(배당금의 출급)를 행사함에 있어 동시이행관계에 있는 의무(목적물의 인도의무)를 이행시켜 '매각목적물의 대금을 완납한 매수인'의 권리를 용이하게 확보하여 주는데

그 목적이 있는 것이다.

주택임차인의 경우 임차보증금의 반환과 건물의 인도(명도)는 동시이행관계에 있지만, 임차보증금의 반환과 건물부지(토지)의 인도와는 동시이행관계에 있지 않다(이 점은 다음 항에서 다시 살펴 보기로 한다). 물론 토지의 임대차라면 임차보증금의 반환과 토지의 인도와는 동시이행관계에 있다.

2) 그런데 대지만 매각된 경우 그 매각대금에서 배당을 받게 된 건물의 임차인은 매각대상토지와는 전혀 무관한 미등기건물소유자의 명도확인서를 제출할 필요가 없다.

주택임대차보호법 제3조의2 제3항의 규정은 건물이 매각되거나 건물과 그 대지가 함께 매각되는 경우에만 적용되는 것이고, 대지만 매각되는 경우에는 그 적용이 배제된다.

'미등기건물의 현 소유자'는 대지 만에 대한 경매절차와는 전혀 무관한 자이며(대지의 전 소유자일 뿐임), 그 경매절차에서 집행법상 아무런 지위를 가지고 있지 않으므로, 집행법원이 보호할 필요가 없는 제3자이다. 집행법원으로서는 매각대상 부동산(대지)에 관하여만 동시이행 여부를 따져야 하는 것이고, 경매절차와는 무관한 미등기건물과의 동시이행관계까지 고려할 필요가 없다.

이러한 결론은 미등기건물의 임차인이 임차보증금을 대지의 매각대금에서 전액 배당받았을 경우에도 마찬가지이다.[73)]

결국 미등기주택의 임차인이 배당금을 출급받음에 있어 '미등기주택 소유자의 건물명도확인서'는 필요하지 않다.

다. 대지만 매각되어 미등기주택의 임차인이 대지의 환가대금에서 배당을 받은 경우 그 배당금 출급에 있어 매수인(토지소유자)의 명도확인서는 필요한지 여부(= 불요)

1) 건물의 부지가 된 토지의 점유자(= 임차인이 점유자가 아니라 건물 소유자가 점유자임)

사회통념상 건물은 그 대지를 떠나서는 존재할 수 없는 것이므로 건물의 대지가 된 토지는 그 건물의 소유자가 점유하는 것으로 보아야 하고, 이 경우 건물의 소유자가 현실적으로 건물이나 그 대지를 점거하고 있지 않더라도 그 건물의 소유를 위

---

73) 이런 경우 미등기 건물의 소유자는 임차인을 상대로 별소로 명도청구를 하여야 한다.

하여 그 대지를 점유하는 것으로 본다(대법원 1991. 6. 25. 선고 91다10329 판결, 1995. 11. 14. 선고 95다23200 판결, 1996. 6. 14. 선고 95다47282 판결 등 다수).

2) 건물소유자의 대지 점유(현실적으로 건물이나 그 부지를 점유하고 있지 않은 경우에도 동일함)

건물소유자는 건물이나 그 대지를 현실적으로 점유하지 않더라도 토지를 점유시효 취득할 수 있고(대법원 1991. 6. 25. 선고 91다10329 판결, 1993. 10. 26. 선고 93다2483 판결, 1995. 11. 14. 선고 95다23200 판결, 1996. 6. 14. 선고 95다47282 판결), 건물 소유권보존등기가 신탁적으로 이루어진 경우에는 수탁자가 그 건물의 소유를 위하여 그 대지를 점유하는 것으로 보며(대법원 1986. 7. 8. 선고 84누763 판결), 건물의 공유자는 그 대지를 공동으로 점유하는 것으로 본다(대법원 1996. 12. 20. 선고 96다34559 판결, 2003. 11. 13. 선고 2002다57935 판결).

건물의 소유권이 양도된 경우에는 종전의 소유자가 건물의 소유권을 상실하였음에도 불구하고 그 대지를 계속 점유할 별도의 독립된 권원이 있거나, 미등기건물을 양수하여 건물에 관한 사실상의 처분권을 보유하게 됨으로써 그 양수인이 건물부지 역시 아울러 점유하고 있다고 볼 수 있는 등의 특별한 사정이 없는 한 그 대지에 대한 점유도 함께 상실하는 것으로 보아야 하고, 종전의 소유자가 건물에 계속 거주하고 있고 새로운 소유자는 현실적으로 건물이나 그 대지를 점거하고 있지 않더라도 결론은 마찬가지이다(대법원 1993. 10. 26. 선고 93다2483 판결, 2003. 11. 13. 선고 2002다57935 판결).

3) 건물소유자의 대지에 대한 사용수익

타인의 토지 위에 건물을 소유하고 있는 자는 그 자체로써 특별한 사정이 없는 한 법률상 원인 없이 타인의 재산으로 토지의 차임에 상당하는 이익을 얻고 이로 인하여 타인에게 동액 상당의 손해를 주고 있다고 보아야 하므로 대지소유자에 대하여 부당이득반환의무가 있다(대법원 1994. 12. 9. 선고 94다27809 판결, 1995. 9. 15. 선고 94다61144 판결, 1998. 5. 8. 선고 98다2389 판결 참조).[74] 이러한 법리의 논거는 타인의 토지 위에 건물을 소유한 자는 건물을 사용·수익하고 있는지 여부에 관계없이 이미 그 건물을 타인의 토지 위에 세움으로써 그 토지를 실질적으로 사용하여 이득을 얻고 있다는 데 있다.[75]

---

74) 위 98다2389 판결에 대한 평석으로는, 강영호, "타인의 토지 위에 건물을 소유하고 있는 자의 부당이득반환의 범위와 매수청구권에 관한 제문제", 대법원판례해설 30호(1998), 96 이하 참조.

75) 강영호, "타인의 토지 위에 건물을 소유하고 있는 자의 부당이득반환의 범위와 매수청구권에 관

4) 소유자 아닌 건물 점유자의 대지 점유

가) 건물을 소유자 아닌 사람이 점유하는 경우 건물 소유자와 별개로 건물 점유자도 그 대지를 점유하는 것으로 볼 것인가에 관하여 占有說과 非占有說의 대립이 있는데,[76] 점유설은 건물의 점유·사용은 필연적으로 그 대지부분의 이용을 수반한다는 점에서 건물의 점유자가 대지를 점유하는 것은 당연하고, 건물 점유자와 건물 소유자 사이의 관계를 직접점유와 간접점유 혹은 공동점유로 보는 반면, 비점유설은 건물 점유자의 대지에 대한 지배를 별개 독립의 점유로 파악하지 않고 건물 점유의 내용의 일부를 이루거나 건물 점유의 반사적 효과에 불과한 것으로 이해한다.[77][78]

나) 점유설에 의하면 건물 소유자 이외에 건물 점유자에 대하여 토지 인도를 명하는 주문이 가능하고, 비점유설에 의하면 그러한 주문이 불가능하다. 1960년대의 판례 중에는 토지 소유자가 건물 점유자에 대하여도 대지의 인도를 청구할 권리가 있다고 판시함으로써 점유설의 입장을 취한 듯한 판결이 간혹 발견되기도 하고(대법원 1965. 9. 28. 선고 65다1571 판결, 1968. 4. 16. 선고 67다2778 판결), 이와 반대로 비점유설을 전제로 한 것으로 해석되는 판결(대법원 1976. 3. 9. 선고 75다1950 판결)도 보이나, 대법원 2003. 11. 13. 선고 2002다57935 판결에서 "미등기건물을 양수하여 건물에 관한 사실상의 처분권을 보유하게 됨으로써 그 양수인이 건물부지 역시 아울러 점유하고 있다고 볼 수 있는 등의 다른 특별한 사정이 없는 한 건물의 소유명의자가 아닌 자로서는 실제로 그 건물을 점유하고 있다고 하더라도 그 건물의 부지를 점유하는 자로는 볼 수 없다."고 판시함으로써 비점유설의 입장에 있음을 분명히 하였다. 실무 례도 기본적으로 비점유설에 따라 건물 점유자에 대하여는 판결에서 대지 인도 주문을 내지 않고 있다.

한 제문제", 대법원판례해설 30호(1998), 103 참조. 즉 대지 위에 건물을 소유하고 있다는 사실 자체로써 그 대지를 본래의 용도대로 사용·수익하고 있는 것으로 보는 것이다.

76) 이러한 법리적 문제는 건물을 대지와 독립한 부동산으로 취급하는 우리나라와 일본을 제외하고는 거의 논의되지 않는다고 한다. 양창수, 민법연구 5, 박영사(1999), 387 참조.

77) 점유설과 비점유설에 관한 학설과 판례 및 점유설을 취할 경우 생기는 여러 가지 실무상 난점에 관하여는 박태호, "토지점유자 이외의 자가 소유하고 있는 건물의 점유자의 대지점유와 관련한 법률관계", 재판과 판례 5집, 대구판례연구회(1996) 참조.

78) 양창수 교수는 건물을 점유·사용하는 자가 토지를 사실상 이용하는 것임에는 틀림없으나 이는 토지에 정착하고 있는 건물을 점유하는 것의 반사작용에 불과하고, 건물의 대지는 어디까지나 건물의 소유에 기하여 그 소유자의 사실적 지배 하에 있다고 보아야 하고, 나아가 소유자 아닌 자의 건물에 대한 점유에 의하여 따로 대지의 소유권이 방해되고 있지도 않다고 주장하면서 후술하는 대법원 1965. 9. 28. 선고 65다1571 판결에 대하여 의문을 제기한다(민법주해 V, 219-220쪽 참조).

5) 소유자 아닌 건물 점유자의 대지에 대한 사용수익

가) 건물 소유자가 아닌 건물 점유자가 대지 소유자에 대하여 차임 상당의 부당이득반환의무를 질 것인가 문제될 수 있는바, 우선 비점유설의 입장에서는 대지에 대한 점유 자체가 인정되지 않으므로 당연히 건물 점유자의 부당이득반환의무가 부정될 것이다.

나) 판례(대법원 1994. 12. 9. 선고 94다27809 판결)는 "토지 소유자에 대한 관계에서는 그 지상건물의 소유자만이 대지의 불법점유자로서 대지에 관한 차임 상당의 부당이득반환의무를 부담하고, 임차인으로서 건물을 점유하고 있는 데 불과한 자는 대지 점유자로서 부당이득반환의무를 진다고 볼 수 없다"고 판시하였다. 위 판결은 문언 자체로는 점유설과 비점유설 중 어느 견해를 전제로 하였는지 명백하지 않으나, "건물 소유자만이 대지 점유로 인한 부당이득반환의무를 부담하고, 건물 점유자는 토지 소유자에게 대지 점유에 따른 부당이득반환의무를 부담하지 않는다"라는 명제에 관하여는 분명한 법리를 선언하고 있다.

다) 학설 중에는 점유설과 비점유설의 대립과는 무관하게 건물 점유자의 점유와 토지 소유자의 손해 사이에 인과관계가 없다는 이유를 들어 부당이득반환의무를 부정하는 견해가 유력하게 주장되고 있다.[79] 즉 토지 소유자의 입장에서는 그 지상에 건물이 세워짐으로써 이미 차임 상당의 손해를 입은 것이고, 그 후 그 건물을 타인이 임차하는 등으로 점유·사용하게 되었더라도 새로운 손해가 발생할 것이 없으니, 가령 건물 점유자의 대지에 대한 점유를 긍정한다 하더라도 그 점유와 토지 소유자의 손해 사이에는 인과관계가 존재하지 않는다는 논리이다. 일본의 최고재판소 판례도 이와 유사한 법리를 전개하고 있다.[80] 다만 점유설의 입장에서 건물점유자의 부

79) 김태우, "타인의 물건을 임대한 임대인이 임대차계약 종료 후에 임차인에 대하여 차임 상당액의 부당이득반환을 청구할 수 있는가", 판례연구7집, 부산판례연구회(1997), 92 참조.

80) 最高裁判所 昭和 31. 10. 23. 判決. 이 판결은 부당이득반환청구가 아닌 차임상당 손해배상청구에 관한 것이기는 하지만 그 법리는 양자가 다를 것이 없다. 판시사항은 "대지소유권 침해를 원인으로 한 손해배상청구는 건물소유자에 대하여 청구하여야 하고, 그 건물임차인에 대하여는 건물임차인의 대지점유와 대지소유자의 손해 사이에 원칙적으로 상당인과관계가 없으므로 손해배상청구를 할 수 없다."는 내용으로서, "건물점유자가 건물에서 퇴거하여도 건물소유자가 건물을 철거하지 않는 한 토지소유자는 토지를 사용할 수 없게 되는 점에 비추어, 토지소유자가 토지를 사용·수익할 수 없게 된 것은 토지 상에 건물이 존재하기 때문이지, 건물임차인이 건물을 점유하고 있기 때문이 아니고, 따라서 건물소유자가 건물을 철거하여 토지를 인도하여 주려고 하여도 건물임차인이 일부러 퇴거하지 아니함으로써 이를 방해하고 있다는 등의 사정이 없는 한 건물점유자의 토지점유와 토지소유자의 손해 사이에는 인과관계가 없다"는 점을 논거로 하고 있다. 박태호, "토지점유자 이외의 자가 소유하고 있는 건물의 점유자의 대지점유와 관련한 법률관계", 재판과 판례 5집, 대구판례연구회(1996) 182 및 양창수, 민법연구 5, 박영사(1999),

당이득반환의무 또는 손해배상의무를 인정하는 견해는 건물소유자와는 공동의 불법 점유관계를 이루어 부진정연대채무의 책임을 지는 것으로 해석한다.[81)]

6) 결론

결론적으로 미등기주택의 임차인이 배당금을 출급받음에 있어 매수인(낙찰자)의 토지명도확인서는 필요하지 않다.

그 이유는 앞서 본바와 같이 미등기주택의 임차인은 대지의 점유자가 아니기 때문이다. 즉 건물의 부지가 된 토지(이 사건 매각대상토지)의 점유자는 건물의 소유자이고, 건물의 점유자(임차인 등)는 건물의 부지가 된 토지의 점유자가 아니다.

따라서 이 사건 매각대상토지의 점유자가 아닌 미등기 건물의 임차인이 토지에 대한 명도확인서를 제출할 필요가 없는 것이다.

Ⅶ. 임대차기간

1. 임대차기간

가. 원칙

1) 주택임대차나 상가건물임대차도 기간의 만료로 종료된다. 주택임대차보호법상 임대차기간에 관한 규정은 아래와 같다.

주택임대차보호법 제4조 (임대차기간 등) ① 기간의 정함이 없거나 기간을 2년 미만으로 정한 임대차는 그 기간을 2년으로 본다. 다만, 임차인은 2년 미만으로 정한 기간이 유효함을 주장할 수 있다.

② 임대차가 종료한 경우에도 임차인이 보증금을 반환받을 때까지는 임대차관계는 존속하는 것으로 본다.

위 규정에 따르면 주택임대차에 있어서 기간의 정함이 없거나 기간을 2년 미만으로 정한 경우에는 그 기간을 2년으로 보고, 다만 임차인은 2년 미만으로 정한 기간이 유효함을 주장할 수 있다. 따라서 임차기간을 1년으로 정한 경우 임차인은 약정기간의 만료를 주장하여 임차보증금의 반환을 구할 수 있다(대법원 1995. 5. 26. 선고 95다13258 판결, 2001. 9. 25. 선고 2000다24078 판결, 주택임대차보호법 제4

393쪽 참조).

81) 藤田耕三 外 1, 「不動産訴訟の實務」, 新日本法規(1998), 164쪽 참조. 박태호, “토지점유자 이외의 자가 소유하고 있는 건물의 점유자의 대지점유와 관련한 법률관계”, 재판과 판례 5집, 대구판례연구회(1996), 181 참조.

조 제1항 단서). 기간을 2년 이상으로 정한 경우, 원칙적으로 기간이 만료되거나, 합의해지 또는 법정해지가 되지 않는 한 임대차는 종료되지 않는다.

상가건물임대차에 있어서 기간의 정함이 없거나 기간을 1년 미만으로 정한 경우에는 그 기간을 1년으로 보고, 다만 임차인은 1년 미만으로 정한 기간이 유효함을 주장할 수 있다(상가건물 임대차보호법 제9조 제1항). 다만 재개발, 재건축조합 설립인가일 이후에 체결된 주택 및 상가임대차에 관하여는 2년 또는 1년의 임대차기간이 보장되지 아니한다(도시 및 주거환경정비법 제44조 제5항).

2) 임차기간을 정하지 않은 후 아무 때나 계약 해지 후 1개월 후 보증금 반환청구 가능

임차기간을 정하지 아니한 주택임차인이 스스로 기간의 정함이 없는 주택임대차임을 이유로 임대차계약을 해지한 후 보증금반환을 청구하는 것이 허용되는가에 대하여, 주택임대차보호법에는 이에 대한 아무런 규정이 없으나 주택임대차보호법 제4조 제1항은 임차인의 보호를 위한 규정이므로, 기간의 정함이 없는 경우에 임차인이 그 유효를 주장하는 경우 굳이 이를 거부할 이유가 없어, 민법 제635조 제1항, 제2항 제1호에 의하여 주택임차인이 임대인에게 임대차계약의 해지의사를 통보한 후 1개월이 경과하면 임대차계약은 해지되어 종료된다.[82]

3) 임차기간을 법이 보장하는 2년 미만인 1년 6개월로 정한 경우 법정기간 보다 짧은 약정 임차기간 지난 후 임대차종료 주장하여 보증금 반환청구 가능하나, 그 후 묵시 갱신 주장하면서 2년의 추가 임대차 기간 주장 불가능

① 임차기간을 2년 미만(예를 들어 1년 6개월)로 정한 경우 임차인은 약정된 2년 미간인 1년 6개월의 임차기간이 경과한 후 법정기간 보다 짧은 약정 임차기간 경과 후 임대차의 종료를 주장하여 임차보증금의 반환을 구할 수 있음은 신설된 법 제4조 제1항 단서의 규정에 의하여 분명하다. 법률이 개정되기 전에도 대법원 1995. 5. 26. 선고 95다13258 판결은 "기간의 정함이 없거나 기간을 2년 미만으로 정한 임대차는 그 기간을 2년으로 본다고 규정하고 있는 주택임대차보호법 제4조 제1항은 임차인의 보호를 위한 규정이라고 할 것이므로 위 규정에 위반되는 당사자의 약정을

---

82) 이에 대하여 당사자가 주택임대차계약을 체결할 때부터 임대차기간을 정하지 아니한 경우나 주택임대차계약이 묵시적으로 갱신된 경우나 모두 주택임대차보호법 제4조 제1항이 적용되는 점에서 그 법률관계가 유사하므로 처음부터 임대차기간이 정하여지지 아니한 주택임대차계약의 해지의 경우에도 민법 제635조 제1항, 제2항 제1호를 적용할 것이 아니라 주택임대차보호법 제6조의2를 유추적용하여 주택임차인의 해지권을 인정하되 그 효력발생시기는 주택임차인이 해지의사를 통보한 후 3개월이 경과하여야 한다는 반대견해도 있다.

모두 무효라고 할 것은 아니고 위 규정에 위반하는 약정이라도 임차인에게 불리하지 아니한 것은 유효하다고 풀이함이 상당하므로 임대차기간을 2년 미만으로 정한 임대차의 임차인이 스스로 그 약정임대차기간이 만료되었음을 이유로 임차보증금의 반환을 구하는 경우에는 그 약정이 임차인에게 불리하다고 할 수 없으므로, 2년 미만의 임대차기간이 만료되어 임대차가 종료되었음을 이유로 그 임차보증금에 관하여 우선변제를 청구할 수 있다 할 것이다."라고 판시하여 2년 미만의 임차기간을 정한 경우 2년이 도과되지 않더라도 약정된 1년 6개월 기간 뒤에 임대차 종료를 주장하면서 임차보증금 반환을 구할 수 있다고 판시하였다.

② 2년 미만인 1년 6개월의 임차기간을 정하여 계약한 당사자가 1년 6개월의 임차기간이 경과한 후 임차인은 그 때부터 다시 묵시의 갱신을 주장하여 2년의 임차기간을 주장할 수 있는지에 대하여 대법원 1996. 4. 26. 선고 96다5551, 5568 판결은 "주택임대차보호법 제4조 제1항은 같은 법 제10조의 취지에 비추어 보면 임차인의 보호를 위하여 최소한 2년간의 임대차기간을 보장하여 주려는 규정이라고 할 것이므로 위 규정에 위반되는 당사자의 약정을 모두 무효라고 할 것은 아니고 위 규정에 위반하는 약정이라도 임차인에게 불리하지 아니한 것은 유효하다고 풀이함이 상당하다. 따라서 임차인이 같은 법 제4조 제1항의 적용을 배제하고 2년 미만으로 정한 임대차기간의 만료를 주장할 수 있는 것은 임차인 스스로 그 약정 임대차기간이 만료되어 임대차가 종료되었음을 이유로 그 종료에 터 잡은 임차보증금반환채권 등의 권리를 행사하는 경우에 한정된다 할 것이고, 임차인이 2년 미만의 약정 임대차기간이 만료되고 다시 임대차가 묵시적으로 갱신되었다는 이유로 같은 법 제6조 제1항, 제4조 제1항에 따른 새로운 2년간의 임대차의 존속을 주장하는 경우까지 같은 법이 보장하고 있는 기간보다 짧은 약정 임대차기간을 주장할 수는 없다 할 것이다."라고 판시하여 법이 보장하고 있는 기간 보다 짧은 임차기간을 주장하는 임차인은 어디까지나 계약기간 보장을 통한 거주 확보 보다 보증금 반환이 주된 목적이라는 의사를 표시하였다고 봄이 상당한 이상 그런 의사와는 달리 1년 6개월이 지난 뒤에는 무조건 2년이라고 법정되어 있는 묵시의 갱신을 통한 임대차 기간을 주장할 수 없다는 취지로 판시한 바 있다. 이러한 법리는 법 개정 이후에도 그대로 적용된다.

즉 임차인으로서는 가만히 있어도 법이 최소한 2년의 임대차 기간을 보장해 주고 있고 그 이후 묵시의 갱신도 인정해주고 있을 뿐만 아니라, 임차인에게 주택임대차보호법 제6조의3에서 계약갱신요구권을 부여 하여 최소한 4년의 임대차 기간을 무조건적으로 보장해 주고 있음에도, 임차인 스스로 그 보다 짧은 기간인 1년 6개월이나 1년의 임대차 기간을 주장하는 것은 계속적인 거주가 아니라 보증금 반환을 받은 후 다른 곳으로 이주하려는 의사를 명시적으로 밝힌 것이기 때문에 임차인 스스로 법이 보장하는 최소한의 임차기간인 4년 보다 훨씬 짧은 1년 6개월이나 1년의 임대차 기간이 유효하다고 주장한 이상은 그 이후에는 이와 달리 묵시의 갱신 등을 통한 4년간의 법정 임대차 기간을 주장할 수는 없다고 보아야 할 것이다.

2. 묵시의 갱신

가. 묵시의 갱신

1) 묵시적으로 갱신된 기간은 2년으로 법정

민법 제639조에 의하여 묵시적으로 갱신된 임대차의 존속기간은 기간의 약정이 없는 임대차로 된다.

주택임대차의 경우 임대인이 임대차기간이 끝나기 6개월 전부터 2개월 전까지의 기간에 임차인에게 갱신거절의 통지를 하지 아니하거나 계약조건을 변경하지 아니하면 갱신하지 아니한다는 뜻의 통지를 하지 아니한 경우에는 그 기간이 만료된 때에 전임대차와 동일한 조건으로 다시 임대차한 것으로 본다. 임차인이 임대차기간 만료 전 2개월까지 통지하지 아니한 때에도 또한 같다(주택임대차보호법 제6조 제1항). 종래에는 1개월 전까지 통지하면 되었는데 2020. 6. 9. 개정 시에 2개월 전까지 통지하도록 규정이 개정되었다.

이 경우 임대차의 존속기간은 2년으로 본다. 이러한 묵시의 갱신된 경우의 임대차 기간은 무조건 2년으로 법정되어 있다.

전임대차와 동일한 조건으로 다시 임대차되는 것이 묵시의 갱신이므로 3년으로 계약한 경우에 묵시의 갱신이 되면 3년이 임대차 기간이라고 착각하는 경우가 많은데 3년으로 계약한 경우라도 묵시의 갱신이 된 경우의 임대차 기간은 2년이다.

나아가 2년 미만의 기간으로 임대차 계약을 체결한 경우에는 2년 미만의 기간이 지나면 바로 임대차 보증금을 지급받겠다는 의사로 그러한 계약을 체결한 것이어서 그 보다 장기간 임대차 기간이 존속되는 묵시의 갱신을 하지 않겠다는 의사로 보아 묵시의 갱신을 주장할 수 없다고 보는 것이 앞서 본 바와 같은 판례의 태도이므로(대법원 1996. 4. 26. 선고 96다5551, 5568 판결), 1년 6개월의 임대차 기간을 정한 경우에는 묵시의 갱신 없이 1년 6개월이 지나면 그대로 임대차계약이 종료된다.

2) 임차인은 언제든지 해지통지(통지 받은 날로부터 3월 경과 시 해지)

가) 규정

주택임대차보호법 제6조의2(묵시적 갱신의 경우의 계약의 해지) ① 제6조 제1항의 경우 임차인은 언제든지 임대인에 대하여 계약해지의 통지를 할 수 있다.

② 제1항의 규정에 의한 해지는 임대인이 그 통지를 받은 날부터 3월이 경과하면 그 효력이 발생한다.

나) 묵시의 갱신을 통하여 임대차 계약기간이 다시 2년 연장되었다 하더라도 그 후 임차인은 언제든지 임대인에 대하여 계약해지의 통지를 할 수 있고, 임대인이 그 통지를 받은 날로부터 3월이 경과하면 그 효력이 발생한다. 다만, 2기의 차임액에 달하도록 차임을 연체하거나 기타 임차인으로서의 의무를 현저히 위반한 임차인에 대하여는 위 묵시의 갱신이 적용되지 않는다(주택임대차보호법 제6조 제3항).

3) 묵시의 갱신 후 임대인의 해지 가능 여부(= 불가능)

임차인이 묵시의 갱신 후 임의로 해지 할 수 있는 것과 달리, 임대인의 경우에는 주택임대차보호법 제4조 제1항에 의하여 그 기간이 2년으로 간주되고, 주택임대차보호법 제6조의 반대해석상 임대차계약을 해지할 수 없다고 봄이 상당하다.

4) 임대인의 묵시의 갱신 주장 가능 여부(= 가능)

가) 임차인이 임대차 기간만료 후 보증금의 반환을 구함에 대하여 임대인이 묵시의 갱신을 주장할 수 있는가?도 문제되는데 현행법은 임차인이 임대차기간 만료 전 2개월까지 통지하면 임대차 계약이 묵시의 갱신이 되지 않을 수 있는 등 임차인에게 적극적으로 묵시의 갱신을 막을 수단을 마련해 주고 갱신된 임대차에 대한 임차인의 해지통고까지 인정하고 있으므로, 임대인도 법 제6조의 묵시의 갱신을 주장할 수 있다고 해석된다.

다만 임차인이 임대인을 상대로 임대차보증금반환청구의 소를 제기한 것은 주택임대차보호법 제6조의2 제1항 소정의 해지통보에 해당하고 이 경우 주택임대차보호법 제6조의2 제2항에 따라 임대인이 소장부본을 송달받은 날로부터 3개월이 경과하면 해지통고의 효력이 발생하기 때문에, 임대인이 묵시의 갱신을 주장하여 묵시의 갱신이 되더라도 소장부본 송달 후 3개월 후에는 임대차계약 해지의 효력이 발생한다.

나) 결국 임대인도 묵시의 갱신을 주장할 수 있고, 갱신된 임대차의 존속기간은 주택임대차보호법 제4조가 적용되어 그 기간은 2년으로 된다. 이 때 임대인에게는 민법 제635조에 의한 해지는 물론 주택임대차보호법에 의한 해지도 인정되지 아니하

나, 임차인은 주택임대차보호법 제6조의2에 의하여 해지통고(3월 후 효력발생)를 할 수 있다.

5) 임차인이 차임 연체 등 의무 위반 시 묵시적 갱신이 인정되지 않음

주택임대차보호법 제6조 제2항에 의하면 2기의 차임액에 달하도록 연체하거나 그 밖에 임차인으로서의 의무를 현저히 위반한 임차인에 대하여는 같은 조 제1항의 묵시의 갱신을 인정하지 않고 있다.

3. 계약갱신요구권 신설

2020. 7. 31. 개정된 주택임대차보호법은 상가건물 임대차보호법에만 존재하던 계약갱신 요구권 제도를 도입하여 임차인에게 1차례에 한해 계약갱신 요구권을 부여하여, 실질적으로 존속이 보장되는 임대차기간을 4년까지 연장하는 한편, 상가건물 임대차보호법상 계약갱신요구권의 예외 사유에 준하는 규정을 둬서 예외 사유에 해당하는 경우에 한하여 계약갱신을 거절 할 수 있도록 하였다.

나아가 임대인의 사정으로 계약갱신을 거절할 수 있는 사유 중 임대인의 실거주를 위하여 계약갱신을 거절하는 경우에는 임차인을 보호하기 위한 추가적인 규정을 둬서, 갱신되었을 기간이 만료되기 전에 정당한 사유 없이 제3자에게 목적 주택을 임대한 경우 임대인은 갱신거절로 인하여 임차인이 입은 손해를 배상하도록 하였다.

○ 법 제6조의3(계약갱신 요구 등)

① 제6조에도 불구하고 임대인은 임차인이 제6조제1항 전단의 기간 이내에 계약갱신을 요구할 경우 정당한 사유 없이 거절하지 못한다. 다만, 다음 각 호의 어느 하나에 해당하는 경우에는 그러하지 아니하다.

1. 임차인이 2기의 차임액에 해당하는 금액에 이르도록 차임을 연체한 사실이 있는 경우
2. 임차인이 거짓이나 그 밖의 부정한 방법으로 임차한 경우
3. 서로 합의하여 임대인이 임차인에게 상당한 보상을 제공한 경우
4. 임차인이 임대인의 동의 없이 목적 주택의 전부 또는 일부를 전대(전대)한 경우
5. 임차인이 임차한 주택의 전부 또는 일부를 고의나 중대한 과실로 파손한 경우
6. 임차한 주택의 전부 또는 일부가 멸실되어 임대차의 목적을 달성하지 못할 경우
7. 임대인이 다음 각 목의 어느 하나에 해당하는 사유로 목적 주택의 전부 또는 대부분을 철거하거나 재건축하기 위하여 목적 주택의 점유를 회복할 필요가 있는 경우
   가. 임대차계약 체결 당시 공사시기 및 소요기간 등을 포함한 철거 또는 재건축 계

획을 임차인에게 구체적으로 고지하고 그 계획에 따르는 경우
나. 건물이 노후·훼손 또는 일부 멸실되는 등 안전사고의 우려가 있는 경우
다. 다른 법령에 따라 철거 또는 재건축이 이루어지는 경우
8. 임대인(임대인의 직계존속·직계비속을 포함한다)이 목적 주택에 실제 거주하려는 경우
9. 그 밖에 임차인이 임차인으로서의 의무를 현저히 위반하거나 임대차를 계속하기 어려운 중대한 사유가 있는 경우
② 임차인은 제1항에 따른 계약갱신요구권을 1회에 한하여 행사할 수 있다. 이 경우 갱신되는 임대차의 존속기간은 2년으로 본다.
③ 갱신되는 임대차는 전 임대차와 동일한 조건으로 다시 계약된 것으로 본다. 다만, 차임과 보증금은 제7조의 범위에서 증감할 수 있다.
④ 제1항에 따라 갱신되는 임대차의 해지에 관하여는 제6조의2를 준용한다.
⑤ 임대인이 제1항 제8호의 사유로 갱신을 거절하였음에도 불구하고 갱신요구가 거절되지 아니하였더라면 갱신되었을 기간이 만료되기 전에 정당한 사유 없이 제3자에게 목적 주택을 임대한 경우 임대인은 갱신거절로 인하여 임차인이 입은 손해를 배상하여야 한다.
⑥ 제5항에 따른 손해배상액은 거절 당시 당사자 간에 손해배상액의 예정에 관한 합의가 이루어지지 않는 한 다음 각 호의 금액 중 큰 금액으로 한다.
1. 갱신거절 당시 월차임(차임 외에 보증금이 있는 경우에는 그 보증금을 제7조의2 각 호 중 낮은 비율에 따라 월 단위의 차임으로 전환한 금액을 포함한다. 이하 "환산월차임"이라 한다)의 3개월분에 해당하는 금액
2. 임대인이 제3자에게 임대하여 얻은 환산월차임과 갱신거절 당시 환산월차임 간 차액의 2년분에 해당하는 금액
3. 제1항 제8호의 사유로 인한 갱신거절로 인하여 임차인이 입은 손해액

주택임대차의 계약갱신 청구권에 대하여는 먼저 제도가 시행되고 있는 상가건물 임대차에서의 계약갱신 청구권에서의 논의가 대체적으로 그대로 적용되므로 아래에서는 상가건물임대차에서의 계약갱신 청구권을 살펴본다.

4. 상가건물임대차에서의 계약갱신 청구권

1) 상가건물임대차에서 임차인은 임대인에 대하여 상가건물 임대차보호법 제10조 제1항 단서 각호의 사유가 없는 한 임대차기간 만료 전 6월부터 1월까지 사이에 계약갱신을 요구할 수 있다. 임차인의 갱신요구권은 최초의 임대차기간을 포함한 전

체 임대차 기간이 10년을 초과하지 않는 범위 내에서 행사할 수 있다(상가건물 임대차보호법 제10조 제1항, 제2항). 따라서 상가건물임대차의 경우 특별한 사정이 없는 한 임대차의 존속기간은 최초 계약체결일로부터 10년간 계속될 수 있다.

위 '최초의 임대차 기간'이라 함은 위 법 시행 이후에 체결된 임대차계약에 있어서나 위 법 시행 이전에 체결되었다가 위 법 시행 이후에 갱신된 임대차계약에 있어서 모두 당해 상가건물에 관하여 최초로 체결된 임대차계약의 기간을 의미하고,(대법원 2006. 3. 23. 선고 2005다74320 판결), 이는 전체 임대차 기간 중 실제 임차인(사업자)과 사업자등록 명의자가 일치하지 않는 기간이 일부 있었더라도 전체 임대차 기간의 실제 임차인이 동일하다면 달리 특별한 사정이 없는 이상 마찬가지라고 보아야 한다(대법원 2006. 7. 13. 선고 2006다22272 판결)

2) 임차인이 임대인에 대하여 임대차기간 만료 전 6월부터 1월까지 사이에 갱신요구를 하지 아니하고, 임대인도 임대차기간 만료 전 6월부터 1월까지의 기간 이내에 임차인에 대하여 갱신거절의 통지 또는 조건의 변경에 대한 통지를 하지 아니한 경우에는 그 기간이 만료된 때에 전 임대차와 동일한 조건으로 다시 임대차한 것으로 간주되지만, 임대차의 존속기간은 정함이 없는 것으로 보게 되며, 이 경우 임차인은 언제든지 임대인에 대하여 계약해지의 통고를 할 수 있고, 임대인이 그 통고를 받은 날부터 3월이 경과하면 그 효력이 생기지만(상가건물 임대차보호법 제10조 제3항 본문, 제4항, 제5항), 반면 임대인은 상가건물 임대차보호법 제9조 제1항에 의하여 그 기간이 1년으로 간주되므로 임대차계약을 해지할 수 없다.

2020. 9. 29. 신설된 상가건물 임대차보호법 제10조의9에 의하면 임차인이 이 법 시행일부터 6개월까지의 기간 동안 연체한 차임액은 제10조 제1항 제1호, 제10조의4 제1항 단서 및 제10조의8의 적용에 있어서는 차임연체액으로 보지 아니한다.

5. 법정임대차

가. 제도의 취지 및 의의

임대차가 종료한 경우에도 임차인이 보증금을 반환받을 때까지 임대차관계는 존속하는 것으로 의제된다(주택임대차보호법 제4조 제2항). 이는 주택 임차인의 보증금반환청구권 보호를 위한 것으로 법 제정 시에는 없었던 조항인데 1983. 12. 30. 법 개정으로 도입되었다.

임대차가 종료하였는데 임대인이 보증금을 반환하지 않은 채 임차주택의 명도를 구하면 임차인은 동시이행의 항변권을 행사함으로써 보호받을 수 있다. 그러나 임대차 종료 후 임차주택을 양수한 제3자가 명도를 구할 경우에는 동시이행의 항변을 할 수 없게 되어 임차인은 보증금을 반환받지 못한 채 임차주택을 명도해야 하는 불리한 상황에 처하게 된다. 그런데 주택임대차보호법 제4조 제2항은 임대차 종료 후에도 임차인이 보증금을 반환받을 때까지는 임대차관계가 존속되는 것으로 의제하므로, 임차인은 위와 같은 경우에도 보호받는 결과가 된다. 이로써 임차인은 임차보증금반환청구권에 관하여 마치 유치권을 보유한 것과 같은 효과를 누리게 되는 것이다.[83]

나. 효과(거주하지 않은 경우에는 차임지급의무 없음)

1) 임대차 종료의 사유를 불문하고 임차인이 보증금을 반환받을 때까지는 그 정산을 위하여 임대차관계가 존속하는 것으로 보므로, 일종의 법정임대차 관계가 성립한다.

이 경우 임차인이 계속 그 주택에 거주하며 실질적인 사용·수익을 하는 한 임대인에 대하여 차임지급의무를 부담하나, 이는 임대차 종료 이후의 문제이므로 엄밀한 의미에서는 임대차계약에 정한 차임지급의무가 아닌 차임 상당의 부당이득 반환의무라고 할 것이다. 따라서 임대차 종료 후 보증금을 반환받지 못한 상태에서 임차인이 다른 곳으로 이사하여 임차주택의 사용·수익을 더 이상 하지 않을 경우에는 차임 상당액을 지급할 의무가 없게 된다. 이 점에서 계약기간 중이면 거주 여부를 불문하고 차임을 지급하는 본래의 임대차관계와 구별된다.

임차주택의 사용·수익에 따른 이득액이 종전의 약정 차임보다 크거나 작은 경우 임대인이나 임차인이 그 시가를 증명하여 부당이득액을 산정할 수 있는지가 문제된다. 이에 관해서는 찬반양론이 모두 가능할 것이나, 주택임대차보호법 제4조 제2항이 임대차관계 존속을 '의제'하는 한 종전의 차임 상당액만 청구할 수 있다고 봄이 타당할 것이다.[84] 임대인으로서는 보증금반환의무를 이행제공하는 등으로 임차인을 이행지체에 빠지게 하여 계약을 해지한다면 그 후에는 당연히 시가를 기준으로 부당이득반환청구를 할 수 있을 것이다.

2) 하지만 임차인이 거주하지 않고 이사한 경우에는 차임지급의무를 부담하지 않는다. 이 점에서 계약기간 중이면 거주 여부를 불문하고 차임을 지급하는 본래의

83) 민일영, 민법주해(XV), 박영사, 1997, 252.
84) 최준규, 주석 민법 채권각칙(3), 한국사법행정학회, 2016, 884.

임대차관계와 다르다.

3) 보증금 반환을 위해 임대차관계 존속을 의제하는 것이므로, 임대인이 보증금을 반환하면 임대차계약은 즉시 종료한다. 임대차관계가 존속하는 이상 그 기간 중에 지출한 비용상환청구권(민법 제626조)에 관하여는 유치권이 성립한다.[85)]

4) 한편, 최근의 판례는 소멸시효 제도의 존재 이유와 취지, 임대차기간 종료 후 보증금반환채권에 관계되는 당사자 사이의 이익형량, 본조 제2항의 입법취지 등을 종합하면, 주택임대차보호법에 따른 임대차에서 그 기간이 끝난 후 임차인이 보증금을 반환받기 위해 목적물을 점유하고 있는 경우 보증금반환채권에 대한 소멸시효는 진행하지 않는다고 보아야 한다고 판시하였다(대법원 2020. 7. 9. 선고 2016다244224, 244231 판결).

6. 임대차목적물에 대한 경매절차가 개시된 경우 임대차계약 해지 가능 여부

주택임차인이 목적물에 대한 경매 진행 중에 임대인을 상대로 보증금반환 청구의 소송을 제기하였는데 아직 임대차기간이 남아 있는 경우 판례는 대항력 있는 임차인은 공평의 원칙 및 신의성실의 원칙에 기하여 임대차를 해지할 수 있고 통지 즉시 해지된다고 판시하였는데(대법원 1996. 7. 12. 선고 94다37646 판결, 1998. 9. 18. 선고 97다28407 판결, 1998. 10. 27. 선고 98다1560 판결 등) 이는 대항력 없는 임차인의 경우에도 동일하다.

따라서 임차주택(주택이 아닌 일반 부동산도 포함)에 관하여 경매가 개시된 때에 임차인은 이를 이유로 임대차계약을 해지할 수 있고 해지는 도달 즉시 효력이 발생한다.

7. 배당받을 임대차보증금에서 차임의 당연공제 여부

가. 연체차임의 공제시기

임대차보증금이 담보하는 채무가 임차보증금에서 공제되는 시기는 임대차 종료 후 목적물 반환시점이다.

대법원 2015. 3. 26. 선고 2013다77225 판결은 "부동산 임대차에서 수수된 보

85) 민일영, 민법주해(XV), 박영사, 1997, 252; 최준규, 주석 민법 채권각칙(3), 한국사법행정학회, 2016, 884

증금은 차임채무, 목적물의 멸실·훼손 등으로 인한 손해배상채무 등 임대차에 따른 임차인의 모든 채무를 담보하는 것으로서 피담보채무 상당액은 임대차관계의 종료 후 목적물이 반환될 때에 특별한 사정이 없는 한 별도의 의사표시 없이 보증금에서 당연히 공제되므로, 보증금이 수수된 임대차계약에서 차임채권이 양도되었다고 하더라도, 임차인은 임대차계약이 종료되어 목적물을 반환할 때까지 연체한 차임 상당액을 보증금에서 공제할 것을 주장할 수 있다."고 판시하여 보증금에서 임대차보증금이 담보하는 채무가 임차보증금에서 공제되는 시기는 임대차관계의 종료 후 목적물이 반환될 때이고, 특별한 사정이 없는 한 별도의 의사표시 없이 연체한 차임 상당액을 보증금에서 당연히 공제된다는 취지의 판결을 하였다.

나. 임대차 종료 시 연체차임의 당연 공제

1) 임대차 존속 중의 충당

임대인은 임대차 존속 중에는 공제의 의사표시를 함으로써 임대차보증금에서 연체차임을 충당할 수 있다. 판례는 상계권 행사의 측면에서 임대차 존속 중의 공제가 가능하다고 본다(대법원 2017. 3. 15. 선고 2015다252501 판결). 즉 임대인으로서는 임대차보증금 없이도 부동산 임대차계약을 유지할 수 있으므로, 임대차계약이 존속 중이라도 보증금반환채무에 관한 기한의 이익을 포기하고 임차인의 보증금반환채권을 수동채권으로 하여 상계할 수 있고, 임대차 존속 중에 그와 같은 상계의 의사표시를 한 경우에는 보증금반환채무에 관한 기한의 이익을 포기한 것으로 볼 수 있다.

그러나 임차인은 보증금의 존재를 이유로 차임의 지급을 거절할 수 없고, 연체에 따른 채무불이행책임을 면할 수도 없다(대법원 2016. 11. 25. 선고 2016다211309 판결). 만약 이를 긍정하면, 임대인이 보증금을 보유·유지할 권리나 차임 연체 시 임대차를 해지할 권리 등을 제한하는 것이 되기 때문이다.

2) 임대차 종료 시 연체차임의 당연 공제

경매절차에서 경매개시결정 기입등기 이후부터 매각대금이 납부되기 전까지의 차임 또는 차임 상당 부당이득금의 합계액이 소액임차인 등이 배당받을 임대차보증금에서 당연히 공제되는지 여부가 실무에서 흔히 문제될 수 있는데, 소액임차인 등이 미지급 차임채권 등에 저당권의 효력이 미치므로 임대차보증금에서 공제되어서는 안 된다는 취지로 주장하는 경우가 많기 때문이다.

하지만 대법원 2016. 7. 27. 선고 2015다230020 판결은 "보증금이 수수된 저당부동산에 관한 임대차계약이 저당부동산에 대한 경매로 종료되었는데, 저당권자가 차임채권 등에 대하여는 민사집행법 제273조에 따른 채권집행의 방법으로 별개로 저당권을 실행하지 아니한 경우에 저당부동산에 대한 압류의 전후와 관계없이 임차인이 연체한 차임 등의 상당액이 임차인이 배당받을 보증금에서 당연히 공제됨은 물론, 저당권자가 차임채권 등에 대하여 위와 같은 방법으로 별개로 저당권을 실행한 경우에도 그 채권집행 절차에서 임차인이 실제로 그 차임 등을 지급하거나 공탁하지 아니하였다면 잔존하는 차임채권 등의 상당액은 임차인이 배당받을 보증금에서 당연히 공제된다."고 판시하여, 저당부동산에 대한 압류가 있으면 그 압류 이후의 저당권설정자의 저당부동산에 관한 차임채권 등에도 저당권의 효력이 미치기는 하나 저당권자가 차임채권 등에 대하여 별개로 저당권을 실행하여 그 채권집행 절차에서 임차인이 실제로 그 차임 등을 지급하거나 공탁하지 아니한 이상, 잔존하는 차임채권 등의 상당액은 임차인이 배당받을 보증금에서 당연히 공제된다고 판단하였다.

따라서 보증금이 2천만 원에 불과한 소액임차인이 6백만 원의 차임을 연체한 경우 소액임차인으로서는 2천만 원에 대하여 최우선변제권을 가지기는 하지만 연체 차임 6백만 원이 당연히 공제되므로 1천 4백만 원만 배당받을 수 있다.

다. 임대차보증금반환채무와 차임채권의 분리[86)]

1) 문제점

앞서 본 바와 같이 임대차보증금이 임대인의 차임 등 채권을 담보하는 것은 임대차 종료 시에 임차인에게 보증금을 반환할 의무 이행의 주체가 차임 등 채권을 갖는 임대인 자신이라는 점에 기인한다. 그런데 일정한 경우에는 보증금반환채무와 차임 등 채권의 귀속이 분리되는 현상이 발생하는데, 그 경우 보증금의 담보적 기능의 역할과 범위에 어떤 변화가 일어나는지를 알아보기로 한다.

2) 보증금반환채무와 차임채권이 분리되는 경우

가) 차임채권의 양도·압류

차임채권을 갖는 임대인이 임대보증금 반환채무를 부담하지 않는 경우로는 임대인이 개별 차임채권을 양도하거나 개별 차임채권에 대한 압류·추심명령이 있는 경우 등이 있다. 변제기에 이른 차임 채권은 임대차계약상 추상적·기본적 차임채권과는 별

86) 최정인, "임대차보증금반환채무와 차임채권이 분리되는 경우 임대차보증금의 담보 범위, 대상판결: 대법원 2017. 3. 22. 선고 2016다218874 판결", 재판과 판례 제26집(2017. 12), 대구판례연구회, 157-164

개의 독립된 지분적 채권으로서 임대인의 지위와 분리하여 양도, 압류하는 것이 가능하기 때문이다.

나) 임대인 지위의 이전

다음으로, 임대인의 지위 자체가 이전되어 보증금 반환채무도 포괄적으로 이전되는 경우로서, 그 이전 시에 전임대인의 임차인에 대한 연체차임 등 채권이 남아 있는 경우를 생각할 수 있다.

임대인의 지위 이전은 일종의 계약양도 또는 계약인수이므로 임대차계약상 임대인으로서의 포괄적 권리의무 이전을 수반하지만, 이미 변제기가 도래한 차임채권은 해당기간에 목적물을 사용한 대가이고, 위와 같이 기본적인 차임채권과는 별개의 권리로서 독립적인 처분이 가능하므로 임대인 지위의 이전에도 불구하고 전임대인에게 귀속된다고 보는 것이 타당하기 때문이다.

임대인 지위의 이전은 매매와 같은 법률행위 또는 경매와 같은 법률규정에 의하여 임대부동산의 소유권을 이전하는 경우로서 임차인이 갖춘 대항력에 의하여 또는 임차권등기에 의하여 임대인의 지위승계가 이루어지는 경우에 발생한다. 판례는 주택의 임차인이 제3자에 대한 대항력을 갖춘 후 임차주택의 소유권이 양도되어 그 양수인이 임대인의 지위를 승계하는 경우에는, 임대차보증금의 반환채무도 부동산의 소유권과 결합하여 일체로서 이전하는 것이므로 양도인의 임대인으로서의 지위나 보증금 반환채무는 소멸하는 것이라고 하여 보증금반환채무의 이전을 면책적 채무인수로 보고 있다(대법원 1996. 11. 22. 선고 96다38216 판결, 대법원 2009. 5. 28. 선고 2009다15794 판결).

3) 차임채권의 공제 여부

위와 같이 보증금반환채무와 차임채권이 분리되는 경우에, 임대차보증금 반환채무자가 아닌 사람이 연체차임 채권을 보유하고 있을 때 그 연체차임을 보증금에서 공제할 수 있는가?가 문제된다.

가) 학설

(1) 먼저 공제를 긍정하는 입장은 양도되거나 (전임대인에게) 잔류된 차임 등 채권이 보증금에서 공제되고 그 결과 임대인이 그 공제된 금액을 제외한 잔액만 임차인에게 반환하면 되며, 그 범위에서 그 차임 등 채권이 소멸된다고 본다. 이 때 차임 등 채권의 귀속자는 임대인에 대하여 담보책임을 묻거나 또는 부당이득 반환청구(공제의 결과 임차인에게 현실적으로 보증금을 반환할 의무를 면한 데 따른)를 할 수

있다고 한다.[87)]

(2) 현재 양수인이나 전임대인의 연체차임 등 채권이 보증금에서 공제되어서는 안 된다고 보는 학설은 없는 것으로 보인다.

나) 관련 판례

(1) 연체차임 채권의 양수인이 임차인에게 그 차임을 청구한 사안에서 임차인의 공제주장을 받아들인 사례

부동산 임대차에서 수수된 보증금은 차임채무, 목적물의 멸실·훼손 등으로 인한 손해배상채무 등 임대차에 따른 임차인의 모든 채무를 담보하는 것으로서 피담보채무 상당액은 임대차관계의 종료 후 목적물이 반환될 때에 특별한 사정이 없는 한 별도의 의사표시 없이 보증금에서 당연히 공제되므로, 보증금이 수수된 임대차계약에서 차임채권이 양도되었다고 하더라도, 임차인은 임대차계약이 종료되어 목적물을 반환할 때까지 연체한 차임 상당액을 보증금에서 공제할 것을 주장할 수 있다(대법원 2015. 3. 26. 선고 2013다77225 판결).

(2) 차임채권이 압류된 사안에서, 임차인이 차임채권 압류를 사유로 임대인에게 차임을 지급할 의무가 없다고 다투었으나 임대인의 공제주장을 받아들여 명도청구를 인용한 사례

부동산 임대차에 있어서 수수된 보증금은 차임채무, 목적물의 멸실·훼손 등으로 인한 손해배상채무 등 임대차에 따른 임차인의 모든 채무를 담보하는 것으로서 그 피담보채무 상당액은 임대차관계의 종료 후 목적물이 반환될 때에 특별한 사정이 없는 한 별도의 의사표시 없이 보증금에서 당연히 공제되는 것이므로, 임대보증금이 수수된 임대차계약에서 차임채권에 관하여 압류 및 추심명령이 있었다 하더라도, 당해 임대차계약이 종료되어 목적물이 반환될 때에는 그 때까지 추심되지 아니한 채 잔존하는 차임채권 상당액도 임대보증금에서 당연히 공제된다(대법원 2004. 12. 23. 선고 2004다56554 판결).

(3) 건물을 경락받은 매수인이 임차인을 상대로 연체차임을 청구한 사안에서 전임대인에 대한 연체차임이 보증금에서 공제되어 더 이상 보증금이 남아 있지 않다는 이유로 임차인의 공제주장을 배척한 사례

임차건물의 양수인이 임대인의 지위를 승계하면, 양수인은 임차인에게 임대보증

87) 이동원, "압류 및 추심명령의 목적이 된 연체차임이 임대보증금 반환시 공제되는지 여부", 대법원판례해설 제51호 (2005), 214-215

금반환의무를 부담하고 임차인은 양수인에게 차임지급의무를 부담한다. 그러나 임차건물의 소유권이 이전되기 전에 이미 발생한 연체차임이나 관리비 등은 별도의 채권양도절차가 없는 한 원칙적으로 양수인에게 이전되지 않고 임대인만이 임차인에게 청구할 수 있다. 차임이나 관리비 등은 임차건물을 사용한 대가로서 임차인에게 임차건물을 사용하도록 할 당시의 소유자 등 처분권한 있는 자에게 귀속된다고 볼 수 있기 때문이다. 임대차계약에서 임대차보증금은 임대차계약 종료 후 목적물을 임대인에게 명도할 때까지 발생하는, 임대차에 따른 임차인의 모든 채무를 담보한다. 따라서 이러한 채무는 임대차관계 종료 후 목적물이 반환될 때에 특별한 사정이 없는 한 별도의 의사표시 없이 보증금에서 당연히 공제된다. 임차건물의 양수인이 건물 소유권을 취득한 후 임대차관계가 종료되어 임차인에게 임대차보증금을 반환해야 하는 경우에 임대인의 지위를 승계하기 전까지 발생한 연체차임이나 관리비 등이 있으면 이는 특별한 사정이 없는 한 임대차보증금에서 당연히 공제된다. 일반적으로 임차건물의 양도 시에 연체차임이나 관리비 등이 남아있더라도 나중에 임대차관계가 종료되는 경우 임대차보증금에서 이를 공제하겠다는 것이 당사자들의 의사나 거래관념에 부합하기 때문이다(대법원 2017. 3. 22. 선고 2016다218874 판결).

따라서 임차건물의 양수인이 건물 소유권을 취득한 후 임대차관계가 종료되어 임차인에게 임대차보증금을 반환해야 하는 경우에는, 임대인의 지위를 승계하기 전까지 발생한 연체차임이나 관리비 등은 그에 관하여 채권양도의 요건을 갖추지 않았다고 하더라도 임대차보증금에서 당연히 공제되고, 이는 임대차보증금이 수수된 임대차계약에서 차임채권이 양도되었다거나 차임채권에 관하여 압류 및 추심명령이 있었다고 하더라도 마찬가지이다(대법원 2017. 10. 12. 선고 2016다277880 판결).

다) 검토[88]

(1) 부동산 임대차에 있어 지급되는 보증금은 임대차 종료 후 목적물 반환 시에 임차인의 채무불이행에 따른 손해액을 당연히 공제하고 잔액을 반환한다는 조건으로 금전소유권을 임대인에게 양도하는 것으로, 임대차 존속 중에는 임대인은 보증금으로 연체차임에 충당할 수도 있고, 충당하지 않고 연체차임의 지급을 임차인에게 청구할 수도 있으나, 임대차 종료 후에는 임차인이 목적물을 반환하는 시점에서 연체차임이 보증금에서 당연 공제되어 임대인은 그 잔액만 반환할 의무를 부담한다.

88) 여미숙, "임대차에서의 연체차임의 공제", 법학논총 제36권 제1호(2019), 한양대학교법학연구소, 338-339

(2) 차임채권에 대하여 압류 및 추심명령이 있는 경우 압류의 목적인 차임채권은 보증금에 의한 당연 충당을 예정한 채권이므로 추심권자도 그러한 제한을 받아 임대차 종료 후 목적물 반환 시에 연체차임이 당연 공제된다고 할 것이다.

(3) 또한 차임채권이 양도된 경우에도 보증금과 차임의 성질상 차임채무는 임대차 종료 후 목적물 반환 시까지 잔존하는 경우 보증금에서 당연 공제될 성질의 것이었고, 차임채권이 양도되더라도 그와 같은 성질은 유지가 되는 것이라고 보아야 할 것이므로 차임채권 양수인이 보증금에서 연체차임이 당연 공제되는 위험을 부담하는 것이 부당하다고 할 수 없고, 임차인은 연체차임이 공제된 나머지 보증금을 반환받더라도 불이익은 없고 연체차임이 임대인에게 있든 제3자에게 있든 보증금에서 공제되는 것이 보증금을 지급한 임차인의 의사에도 부합한다고 할 것이므로 임대차 종료 후 목적물 반환 시에 연체차임이 당연 공제된다고 보는 공제설이 타당하다.

(4) 목적물의 양도로 임대인 지위가 양수인에게 승계되는 경우 양수인은 임대차 계약상의 모든 권리와 의무를 가지게 되고. 보증금반환채무도 면책적으로 이전받는다. 목적물 양도 이전의 연체차임채권은 임대인이 사전에 이를 보증금에서 공제하거나 양수인에게 별도로 채권양도를 하지 않은 이상 양수인에게 승계되지 않는데, 그러한 정산절차가 없는 경우 양수인에게 승계되는 보증금은 연체차임을 공제한 나머지 금액이 아니라 보증금 전액이고, 양수인은 임대차 종료 후 목적물 반환 시에 연체차임이 공제된 나머지 보증금을 반환하면 된다고 본다. 목적물이 양도됨으로써 임대인 지위가 승계되면 종래의 임대차가 그 내용 그대로 양수인과 임차인 사이에 존속 하므로 양수인이 보증금반환채무를 승계하면서 연체차임이 보증금에서 당연 공제되는 것 또한 승계되어 이후 임대차 종료로 인한 목적물 반환 시에 연체차임이 당연 공제된다고 해석하는 것이 보증금의 성질 또는 임대인 지위 승계의 의미에 부합한다. 또한 이는 보증금을 반환하는 자가 임대인이든 양수인이든 보증금에서 연체차임이 공제되는 것에 반대할 이유가 없는 임차인의 일반적인 의사와 보증금계약에 내재한 당연 공제의 가능성도 포함한 임대차에 관련된 일체의 지위를 인수하고자 하였던 양수인의 일반의사에도 부합하며, 임대인은 목적물 양도와 함께 당연 공제 가능성이 함께 이전되는 것을 감수한 것으로 볼 수 있어 부당하게 불리하지 않고, 임대차 종료 후 목적물 반환시점에서의 당연 공제 제한을 인수한 차임채권의 추심권자 등의 이해관계도 적절히 고려된 것이다.

Ⅷ. 임차권등기명령제도

1. 임차권등기명령제도의 취지

임차권등기명령절차는 임대차 종료 후 보증금을 반환받지 못한 임차인에게 단독으로 임차권등기를 경료할 수 있도록 함으로써 자유롭게 주거를 이전할 수 있는 기회를 보장하기 위하여 마련된 절차이다(주택임대차보호법 제3조의3). 상가임대차보호법이 제정되면서 상가건물에 대해서도 거의 대동소이한 제도를 도입하고 있다(상가임대차보호법 제6조).

2. 요건

임대차가 종료된 후 보증금을 반환받지 못한 임차인만이 임차권등기명령신청을 할 수 있다.

가. 임대차의 종료

1) 임대차가 종료되어야 한다.

임대차가 종료된 이유는 묻지 않는다. 따라서 ① 존속기간의 만료로 임대차가 종료된 경우는 물론 해지에 의하여 임대차가 종료된 경우(해지통고로 인하여 임대차가 해지되는 경우는 기간의 약정이 없는 경우의 해지통고나 해지권유보에 의한 해지통고[89]), ② 기간의 약정되어 있더라도 임대인이 임차인의 의사에 반하여 임차주택에 대한 보존행위를 하여 임차인이 이로 인하여 임차의 목적을 달성할 수 없을 때(민법 제625조) 및 임차주택의 일부가 임차인의 과실 없이 멸실 기타의 사유로 인하여 사용·수익할 수 없게 되고, 그 잔존부분만으로는 임차의 목적을 달성할 수 없게 된 때(민법 제627조 제2항, 제652조),[90] ③ 묵시의 갱신이 이루어져 존속기간의 정함이 없는 것으로 간주되는 경우 임차인이 해지통고를 한 때,[91] ④ 임대인이 임차주택의 인도를 게을리 하거나 임대차존속 중 임차주택의 사용·수익에 필요한 상태를 유지시키지 않는 경우,[92] ⑤ 임대차계약이 체결된 후 임차주택이 멸실한 경우[93] 등을

89) 위 두 가지의 경우는 편면적인 해지사유로 해지통고가 된 날로부터 1개월이 경과하면 임대차는 종료된다.

90) 위의 두 가지의 경우는 해지의 의사표시가 상대방에게 도달한 때 즉시 임대차는 종료된다.

91) 이 경우에는 해지통고가 된 날로부터 3개월이 경과하면 임대차는 종료된다.

들 수 있다.

2) 합의해지 된 경우에도 임차권등기명령신청을 할 수 있다.

임대차가 기간의 만료로 종료된 경우에는 특별히 문제될 것이 없지만, 임차인이 임차기간 중 임대인의 약정위반 등을 이유로 해지통고를 하면서 임차권등기명령신청을 하는 경우에는 임대차의 종료와 관련하여 다툼의 여지가 있기 때문에 신중한 판단을 요하고 경우에 따라서는 변론을 거쳐 판결에 의하여 임차권등기명령을 할 필요도 있다.

나. 보증금을 반환받지 못한 경우일 것

보증금을 반환받지 못한 경우에는 보증금을 전액 반환받지 못한 경우는 물론 일부라도 반환받지 못한 경우도 포함된다.

다만 임차권등기명령의 대상은 잔존 보증금에 대하여서만 가능하다. 임차권등기명령절차에 관한 규칙(1992. 2. 27. 제정된 대법원규칙 제 1592호, 이하 규칙이라고 약칭하기로 한다) 제2조 제1항 제5호도 임차권등기명령신청서에 반환받지 못한 임차보증금액 및 차임(법 제12조의 등기하지 아니한 전세계약의 경우에는 전세금)을 기재하게 하고 있다.

일부를 반환받지 못한 경우 결정문에 원 보증금액수도 같이 기재(예 : 보증금액 50,000,000원 중 미변제잔액 20,000,000원)하여 줌으로써 후에 배당절차에서 소액임차인으로서 우선변제권 여부를 판단하는데 도움을 줄 수 있다.[94]

3. 신청인

가. 임대차종료 후 대항력 또는 우선변제권을 상실한 임차인의 임차권등기신청

임대차가 존속 중에 있지만 주민등록 전입신고를 하지 않아 처음부터 대항력을 취득하지 않았거나(주민등록 전입신고 자체를 하지 않아 대항력이 없는 경우는 물론 주민등록 전입신고는 하였으나 임차주택의 지번과 주민등록이 일치하지 아니하여 대

---

92) 후자는 주로 누수나 보일러의 고장, 악취 등으로 임차주택에 살 수 없다고 주장하는 경우가 많다. 위 두 가지의 경우는 임차인의 상당한 기간을 정하여 채무의 내용에 좇은 이행을 최고하고 그 기간 안에 이행하지 않을 때에는 임대차를 해지할 수 있고 해지통고가 된 날로부터 1개월이 경과하면 임대차는 종료된다.

93) 이 경우는 임차주택이 멸실된 즉시 임대차는 종료된다.

94) 강경래, “임차권등기명령제도를 둘러싼 실무상 문제와 그 운영방안에 대한 연구”, 26

항력을 취득하지 못한 경우를 포함한다) 대항력을 취득했다가 임대차가 종료된 후 임차주택의 점유를 상실하거나 주민등록을 전출하여 대항요건을 상실한 임차인도 임차권등기명령을 신청할 수 있는가에 대하여는 견해의 대립이 있으나, 다수설[95]과 판례(대법원 2004. 10. 28. 선고 2003다62255,62262 판결은 점유 상실 시 인정)는 긍정설을 취하고 있다.

따라서 임차인이 아직 대항력 또는 우선변제권을 취득하지 못한 상태에서 임차권등기가 경료되면 그때 대항력과 우선변제권을 취득한다. 대항력을 취득하였다가 점유 또는 주민등록의 요건을 상실한 임차인도 임차권등기명령신청을 할 수 있고, 임차권등기 경료 시에 다시 새로운 대항력과 우선변제권을 취득하게 된다(주택임대차보호법 제3조의3 제5항). 임차인이 임차주택의 점유를 상실하거나 주민등록을 전출한 다음 임차권등기명령을 신청하면 법원은 점유개시 일자 또는 주민등록일자를 공란으로 한 임차권등기명령을 발령하게 되고, 임차권등기 명령의 집행에 의한 임차권등기가 경료되면 임차인은 임차권등기 경료 시에 주택임대차보호법 제3조 제1항의 규정에 의한 대항력 및 같은 법 제3조의2 제2항의 규정에 의한 우선변제권을 새로이 취득하게 된다.[96]

나. 점유개정에 의해 매매목적부동산을 인도받은 임차인의 임차권등기명령 신청

1) 문제점 제기

부동산의 소유자가 점유개정에 의한 인도의 방법으로 부동산을 매매함과 동시에 매수인(현소유자, 임대인)으로부터 그 부동산을 임차하는 경우에 매도인(전소유자, 임차인)이 대항력을 취득하는 시기는 언제부터인지, 그에 따른 임차권등기명령 점유개시일자나 주민등록전입일자를 어떻게 기재해야 하는지가 문제된다.

2) 검토

95) 윤경, 「부동산경매(입찰)의 실무(하)」, 법률정보센타(1999), 356쪽(법 제3조의3 제1항은 임대차가 종료된 후 보증금을 반환받지 못한 임차인이라고만 규정하여 임차인이 임차권등기명령신청 당시 대항력이나 우선변제권을 취득하고 있을 것을 요건으로 하지 않고 있고, 동조 제5항도 임차권등기가 경료되면 임차인은 대항력 및 우선변제권을 취득한다고 하면서 다만 임차권등기 이전에 이미 대항력 및 우선변제권을 취득한 경우에는 그 대항력 및 우선변제권은 그대로 유지된다고 규정하고 있어 대항력이나 우선변제권이 없는 임차인도 임차권등기에 의하여 대항력 및 우선변제권을 취득하고 다만 이왕에 대항력 및 우선변제권을 취득한 경우에는 대항력 및 우선변제권이 그대로 유지되는 것으로 해석되므로 위와 같은 경우에도 임차인은 임차권등기명령을 신청할 수 있다고 함이 타당하다).

96) 윤경, "경매(입찰)에서의 주택임차권 등기권자의 지위", 법조 49권 4호 (2000.04) 8-9

판례(대법원 1999. 4. 23. 선고 98다32939 판결, 2000. 2. 11. 선고 99다59306 판결)는, 소유자로서의 점유 및 주민등록과 임차인으로서의 점유 및 주민등록을 구별하여 소유자인 때부터 목적부동산에 주민등록 전입이 되어 있었다 하더라도 이 주민등록이 임차인으로서의 대항력 취득의 요건이 되는 시점은 매수인(임대인, 현소유자) 명의로 소유권이전등기가 된 다음날부터라고 판시하였다.

따라서 결정문상으로도 임차인의 주민등록과 점유시점을 주민등록 전입일자가 아닌 등기부등본상의 소유권이전등기접수일자의 다음날로 기재하고 옆에 '(점유개정에 의하여)'라고 부기하여 두는 것이 바람직하다.

이와 같은 점유개정의 경우 신청인이 이런 사정을 신청서에 기재하지 않는 것이 보통이므로 등기부등본을 자세히 보지 않으면 점유개정에 의한 매매였는지를 간과하기 쉬우므로, 신청서상 임대차계약서상의 계약일자보다도 훨씬 이전에 주민등록이 되어 있는 경우라면 등기부등본상의 전소유자와 신청인(임차인)이 동일인인지를 한번쯤 확인해 보는 것이 필요하다.[97)]

다. 법인이 신청인인 경우

1) 임차권등기명령 절차에 관한 규칙의 개정

종전에는 경매절차에 있어서 주택임차인이 법인인 경우에는 주택임대차보호법상 대항력 및 우선변제권 등이 인정되지 않았다.[98)]

그러나 주택임대차보호법의 일부개정(법률 제8583호, 2007. 8. 3. 공포, 2007년 11월 4일 시행)으로 인하여 일정한 조건을 갖춘 법인에 대하여는 대항력과 우선변제권이 인정되고, 임차권등기명령에 따른 등기도 가능하게 되었다.

이에 따라 임차권등기명령 절차에 관한 규칙이 다음과 같이 개정되었다.

2) 임차권등기명령신청서의 기재사항

가) 임차인이 주택임대차보호법 제3조 제2항의 법인인 경우 규칙 제2조제1항의 기재사항 중 임차인의 주소 성명 등은 법인명, 대표자, 법인등록번호, 본점, 사업장소재지를 기재하도록 하였다.

97) 강경래, "임차권등기명령제도를 둘러싼 실무상 문제와 그 운영방안에 대한 연구", 17

98) 법인이 임차한 주택에 관하여 법인의 직원이 주민등록을 한 경우 주택임대차보호법은 자연인인 서민들의 주거생활의 안정을 보호하려는 취지이고 법인을 그 보호 대상으로 삼은 것은 아니므로 법인의 직원이 주민등록을 마쳤다고 하여도 대항력이 생기지 않는다(대법원 1997. 7. 11.선고 96다7236 판결, 2003. 7. 25. 선고 2003다2918 판결).

나) 신청이유 중 위 법인이 법 제3조 제2항의 대항력을 취득한 경우에는 지방자치단체장 또는 해당 법인이 선정한 입주자가 그 주택을 점유하기 시작한 날과 주민등록을 마친 날을 기재하도록 하였다.

다) 위 법인이 법 제3조의2 제2항의 우선변제권을 취득한 경우에는 위 선정한 입주자가 그 주택을 점유하기 시작한 날과 주민등록을 마친 날 및 법인과 임대인 사이의 임대차계약증서상에 확정일자를 받은 날을 각 기재하도록 하였다.

3) 임차권등기명령신청서의 첨부서류

주택임대차보호법 제3조 제2항의 법인이 임차권등기명령을 신청하는 경우에는 첨부 서류 중 임대차계약증서는 법인과 임대인 사이의 임대차계약증서(확정일자를 받은 경우 포함)를, 주택임대차보호법 제3조 제2항에 의한 대항력을 취득한 경우에는 선정한 입주자가 임차주택을 점유하기 시작한 날과 주민등록을 마친 날을 소명하는 자료를 각 제출하도록 하였다.

4) 주택임차권등기의 기재사항

등기관이 법원사무관등의 촉탁에 의해 주택임차권등기를 하는 경우 임대차계약을 체결한 날과 임차보증금액은 임차인이 주택임대차보호법 제3조 제2항의 법인인 경우에는 법인과 임대인 사이에 임대차계약을 체결한 날 및 임차보증금액을 각 기재하도록 하였다.

4. 피신청인

가. 임대인의 지위를 승계한 승계인을 상대로 임차권등기명령을 신청하는 경우 그 승계인의 피신청인 적격

1) 문제점 제기

임대차등기명령은 임대인 혹은 임대인의 지위를 승계한 자로서 등기부상 소유자로 등재되어 있는 자가 피신청인이 되는 것이 원칙이다. 임대차계약의 직접 당사자이자 신청당시 목적부동산의 소유자인 임차인의 경우에는 피신청인 적격을 판단하는데 비교적 문제가 없으나, 판례가 인정하고 있는 임대차계약을 체결할 수 있는 정당한 권한을 가지고 있는 자,[99] 임대차계약서상의 임대인과 임차목적물의 소유자가 틀린

99) 주택임대차보호법이 적용되는 임대차는 임차인과 주택의 소유자인 임대인과의 사이에 임대차계약이 체결된 경우가 원칙이라 할 것이나, 주택의 소유자는 아니지만 주택에 관하여 적법하게 임대차계약을 체결할 수 있는 권한(적법한 임대권한)을 가진 자 사이에 임대차계약이 체결된 경우도 포함된다(대법원 1999. 4. 23. 선고 98다49753 판결). 판례가 인정하는 적법한 임대권

경우 또는 임대인의 지위가 승계된 경우에는 과연 임차인의 대항력과 우선변제권을 현재 목적물의 소유자에게 주장할 수 있는지 여부가 문제된다.

2) 임차권등기명령을 신청할 당시 임차인이 임대인 혹은 임대권한 있는 자와 임대차계약을 체결하고 대항력을 취득하고 있는 경우

임차권등기명령신청을 할 당시 이미 임차인이 대항력을 취득한 경우에는 임차주택의 소유권이 임대인에게 남아 있으면 임대인을 상대로, 임차주택이 양도되었으면 임대인의 지위를 승계한 양수인을 상대로 임차권등기명령신청을 할 수 있다.

3) 임차권등기명령을 신청할 당시 임차인이 임대인 혹은 임대권한 있는 자와 임대차계약을 체결했지만 처음부터 대항력을 취득하지 못하였거나 대항력을 상실한 경우

다음으로 처음부터 대항력을 취득하지 못하였거나 대항력을 취득했다가 대항력을 상실한 경우에는 임차주택의 소유권이 임대인에게 남아 있으면 임대인을 상대로 임차권등기명령신청을 할 수 있으나, 임차주택이 양도되었으면 임차인은 양수인에게 대항할 수 없기 때문에 더 이상 임차주택의 양수인을 상대로 임차주택에 대한 임차권등기명령신청을 할 수 없다.

소유권이전 원인이 등기부상 매각(낙찰)으로 되어 있는 경우라도 무조건 임차권등기명령을 기각할 것이 아니라 임차인이 다른 부동산상의 권리자보다 최선순위였는지 여부, 임대보증금을 전액 배당받았는지 또는 권리신고 및 배당요구를 하지 않았는지에 대한 심사를 한 후 보증금잔액이 남아있다면 임차권등기명령을 발령한다. 다만 이러한 경우에도 문제는 최선순위 임차인이 배당요구를 했지만 보증금 일부만 배당받은 경우 임차인은 2차 경매절차에서 우선변제권은 없고 대항력만 주장할 수 있는데(대법원 1998. 6. 26. 선고 98다2754 판결, 2006. 2. 10. 선고 2005다21166 판결), 현재 임차권등기명령에는 우선변제권이 없고 대항력만 있다는 취지를 기재하지 않기 때문에 배당법원에서는 배당시 주의를 요한다.

일부법원에서는 이런 임차인에게 임차권등기명령을 발령할 때에는 결정문에 대항력만 있다는 취지를 등기부에 기재하고 있다. 다만 이런 취지를 등기부에 기재할 마땅한 란이 없으므로, 보증금액란에 "보증금 100,000,000원 중 서울중앙지법 2009타경3412호 사건에서 배당받은 금 70,000,000원을 제외한 나머지 금 30,000,000원"

한을 가진 자에는 '건물의 원시취득자(대법원 1991. 8. 13. 선고 91다13830 판결, 1996. 6. 28. 선고 96다9218 판결)'와 '건물의 명의신탁자'(대법원 1995. 10. 12. 선고 95다22283 판결) 등이 포함된다. 소액전차인도 보증금반환청구권에 관하여 소액임차인과 동일한 권리를 가진다{재판예규 제866-41호 주택임대차보호법 제8조에 관한 질의회답(재민 84-10) 문 9}.

이라고 기재한다.[100)]

4) 부동산양도계약 해제로 소유권을 회복한 종전 소유자

주택에 대한 매매계약의 해제로 인하여 소유권을 상실하게 된 임대인으로부터 그 계약이 해제되기 전에 주택을 임차받아 주택임대차보호법상의 대항요건을 갖춘 임차인에 대하여 계약해제로 소유권을 회복한 제3자가 임대보증금반환채무를 부담하는지가 문제된다.

주택임대차보호법상 제3조 제1항이 임차주택의 인도와 주민등록이라는 대항요건을 갖춘 주택임차인에게 등기된 임차권과 같은 대항력을 부여하고 있는 점에 비추어 보면, 소유권을 취득하였다가 계약해제로 인하여 소유권을 상실하게 된 임대인으로부터 그 계약이 해제되기 전에 주택을 임차하여 주택의 인도와 주민등록을 마침으로써 주택임대차보호법 제3조 제1항에 정한 대항요건을 갖춘 주택임차인은 임대인의 임대권한의 바탕이 되는 계약해제에도 불구하고 그 임차권으로 그 소유권을 회복한 원래 소유자에게 대항할 수 있다고 보아야 한다(대법원 2003. 8. 22. 선고 2003다12717 판결 참조).

나. 임대목적물의 공동소유자중 1인과 임대차계약을 체결한 경우 공유지분에 대한 임차권설정등기 가부

1) 문제점 제기

통상 공동소유자전원과 임대차계약을 체결한 경우에는 공동소유자 전부를 피신청인으로 임대차등기명령을 신청하는데 아무런 문제가 없으나, ① 계약서상 공동소유자 중 일부와 계약을 체결한 경우는 피신청인을 공유자전원을 상대로 해야 하는지 아니면, ② 공유자 중 일부 지분에 관하여도 임차권등기명령이 가능할 것인지 문제가 된다.

2) 검토

가) 공유물의 임대행위는 관리행위에 해당하므로 공유자 지분의 과반수로써 결정된다고(민법 제265조)[101)]하므로 계약서상 다른 나머지 공유자의 대리권수여표시가 되어 있는 경우나 지분의 과반수를 가지고 있는 자가 혼자 계약을 체결한 경우에는 공유자 전원을 피신청인으로 기재하여 임차권등기명령을 발령할 수 있다. 그러나 지

100) 강경래, “임차권등기명령제도를 둘러싼 실무상 문제와 그 운영방안에 대한 연구”, 16

101) 다만, 공유자들 사이에 민법의 규정과 달리 관리방법을 정했다면 그에 따라야 한다(대법원 1998. 10. 2. 선고 98다28978 판결).

분의 과반수에 미달하는 공유자와의 사이에 체결된 임대차계약의 경우 다른 공유자는 목적물의 인도를 청구할 수 있을 것이므로[102] 이 경우에는 임대차등기명령이 불가능하다.[103]

나) 공유자 1인의 지분에 대해서만 임차권등기를 기입하면 된다는 견해가 있으나, 부동산의 공유지분에 대한 임차권설정등기는 허용되지 않는다. 임차권설정등기나 임차권등기명령에 의한 임차권등기는 용익물권에 준하고, 공유지분에 관하여는 용익물권설정이 불가능하기 때문이다.[104]

등기선례는 부동산의 일부가 아닌 공유자의 공유지분에 대한 주택임차권등기촉탁은 수리할 수 없다고 하고 있고(2005. 1. 10. 부등 3402-14 질의회답), 민법이나 주택임대차보호법 등에도 아무런 규정이 없으므로 공유자 1인의 지분에 대한 임차권등기는 현재로선 불가능하다.

5. 임차권등기명령의 대상이 되는 주택의 범위[105]

가. 등기된 임차주택

임차주택은 원칙적으로 등기된 경우에만 임차권등기명령의 대상이 된다. 따라서 무허가 주택에 대하여는 임차권등기명령의 대상이 되지 않는다.

다만 임차주택이 준공검사가 필하여지고 건축물관리대장이 작성되어 있어 즉시

102) 판례는, 다수지분권자에 관하여는 보존행위인지 여부를 논하지 않고 관리행위로서 소수지분권자에 대하여 공유물인도를 구할 수 있다고 보고 있고(대법원 1991. 9. 24. 선고 88다카33855 판결), 소수지분권자의 다수지분권자에 대한 공유물인도청구는 불가능하다고 보고 있다(대법원 2001. 11. 27. 선고 2000다33638,33645 판결).
한편, 소수지분권자에 관하여는 ① 소수지분권자의 다른 소수지분권자에 대한 공유물인도청구(대법원 1994. 3. 22. 선고 93다 9392, 9408 전원합의체 판결), ② 1/2 지분권자의 다른 1/2 지분권자에 대한 공유물인도청구(대법원 1991. 1. 15. 선고 88다카19002, 19003 판결)를 인정하고 있었는데 최근에 선고된 대법원 2020. 5. 21. 선고 2018다287522 전원합의체 판결은 위 판결들을 파기하면서 공유물의 소수지분권자가 다른 공유자와 협의 없이 공유물의 전부 또는 일부를 독점적으로 점유·사용하고 있는 경우 다른 소수지분권자는 공유물의 보존행위로서 그 인도를 청구할 수는 없고, 다만 자신의 지분권에 기초하여 공유물에 대한 방해 상태를 제거하거나 공동 점유를 방해하는 행위의 금지 등을 청구할 수 있다고 보아야 한다고 판시하였다.

103) 강경래, "임차권등기명령제도를 둘러싼 실무상 문제와 그 운영방안에 대한 연구", 14

104) 민사집행법 실무연구[재판자료 제109집](2006년) 28-29쪽. 용익물권설정등기는 부동산의 전부는 물론 일부에 대하여도 할 수 있으나, 부동산의 공유지분에 대하여는 이를 할 수 없다{지상권에 관한 등기선례(1999. 3. 9. 등기 3402-237 질의회답), 전세권에 관한 등기예규(제574호 1985. 6. 3.) 및 등기선례(1987. 4. 29. 등기 261 질의회답)}. 전산시스템 상으로도 공유자 중 1인을 등기의무자로 하는 용익물권설정등기는 불가능하게 되어 있다.

105) 박해식, 임차권등기명령제도, 민사법학 제18호, 한국사법행정학회(2000), 528-530

임대인 명의로 소유권보존등기가 가능한 경우에는 임대인을 대위하여 소유권보존등기를 마친 다음 주택임차권등기를 할 수 있으므로 예외적으로 임차권등기명령의 대상이 된다.[106)]

나. 주택의 일부

주택의 일부가 임차목적물이 된 경우, 예를 들면 다가구용 단독주택의 일부분을 임차한 경우나[107)], 단독주택의 일부분을 임차한 경우에도 각 그 일부에 대하여는 임차권등기명령의 대상이 된다(주택임대차보호법 제3조의3 제2항 제2호, 규칙 제2조 제1항 제4호). 다만 이 경우에는 임차권등기명령신청서에 그 임차목적인 부분을 표시한 도면을 첨부하여야 한다(주택임대차보호법 제3조의2 제2항, 규칙 제2조 제1항).

다. 실질적 주택

임차목적물이 주거용이냐 비주거용이냐의 판단은 건물의 현황·용도 등에 비추어 일상생활인 기와침식에 사용하느냐의 여부에 따라 실질적으로 판단하여야 하며, 등기부나 건축물관리대장 등 공부상의 표시에 의하여 형식적으로 판단할 일이 아니다. 따라서 등기된 건물의 여부 또는 허가받는 건물이냐의 여부와는 전혀 무관하며, 공부상으로는 공장이나 사무실로 등재되어 있어도 내부구조를 주거용으로 변경하여 기와침식에 사용하고 있다면 주거용 건물에 해당하는 것으로 보아야 한다는 것이 학설·판례의 일치된 견해이다.

따라서 임차목적물에 대한 등기부상의 용도가 주거시설이 아닌 경우, 예를 들면 근린생활시설 겸 업무시설이나 업무시설[108)], 지하실[109)], 공장, 사무실 등으로 되어

---

106) 그러므로 위와 같은 주택에 대한 임차권등기명령신청서에는 즉시 임대인의 명의로 소유권보존등기를 할 수 있음을 증명할 서면, 예를 들면 건축물관리대장 등을 첨부하여야 한다(임차권등기명령절차에 관한 규칙 제2조 제3항 제2호).

107) 다가구용 단독주택의 경우 대지 및 건물의 벽·복도·계단 기타 설비 등의 전부 또는 일부를 공동으로 사용하는 각 세대가 하나의 건축물 안에서 각각 독립된 주거생활을 영위할 수 있는 거주로 된 주택과 같은 외관을 가지고 있고 독립된 일부분 전체에는 독립성의 징표로서 호수번호까지 붙어있는 것이 일반적이기는 하지만 공동주택(특히 다세대주택이나 연립주택)과 달리 법률상으로는 다가구용 단독주택 전체가 하나의 부동산이기 때문에 가사 다가구용 단독주택 중 독립된 일부분 전체(예를 들면 202호)를 임차한 경우라 하더라도 주택의 일부를 임차한 것이 된다.

108) 건축물관리대장이나 부동산등기부상의 용도가 근린생활시설 겸 업무시설이나 주거 겸 업무시설인 이른바 오피스텔의 一室을 주거용으로 임차하여 일상생활에 필요한 가재도구를 갖추고 생활하는 경우가 상당히 많은바, 이 경우에도 주택임대차보호법 제2조 소정의 주거용 건물에

있는 경우에도 주거용으로 임차하여 사용하고 있다면 주거용 건물로 보아 임차권등기명령대상이 된다. 다만 이 경우에는 임대차계약체결 시부터 임차권등기명령신청 당시까지 주거용으로 사용하고 있음을 증명하여야 한다(규칙 제2조 제5호). 이 경우 임차목적물의 사진, 도면 등은 이용현황을 증명하는 유력한 자료가 될 수 있다.

라. 무허가건축물(불법건축물)에 대한 임차권등기명령 신청의 허용 여부

1) 문제점 제기

실무에서 자주 문제가 되는 것은 건축물 전체가 위법건축물의 경우는 드물고, 옥탑을 불법적으로 증축하거나 지하실을 불법개조하여 주택으로 사용하는 경우 이 부분에 대한 임차권등기명령 신청이 가능한지가 문제된다.

2) 검 토

임차권등기명령은 등기제도를 전제로 하는 것이므로, 위와 같은 무허가건축물(불법건축물)에 관하여는 임차권등기명령이 허용될 수 없다. 위법건축물에 대한 등기신청의 경우는 표제부와 신청서상의 부동산표시가 일치하지 않는 경우에 해당하므로 이는 부동산등기법 제29조 11호에 의해 각하사유에 해당된다.

다만 등기부나 건축물대장상 지하실을 불법개조 하여 방을 들인 경우는 표제부와 신청서의 표시가 맞는 것으로 보아 신청을 인용해도 되겠지만, 불법으로 옥상에 증축을 한 경우(주로 옥탑은 계단실로 표시되어 있음)는 계약서상의 목적물이 등기부의 표제부 기재와 불일치하게 되므로 원칙상 신청을 기각함이 상당하다.[110]

이러한 무허가 건축물도 철거대상인지 여부는 별론으로 하고 철거되고 있지 않는 한 본건물의 부합물이나 종물에 해당하므로, 그 임차인은 우선변제권이나 대항력을 행사할 수 있다고 할 것이지만, 그렇다고 하여 임차권등기명령까지 허용될 수는 없다.

해당한다(서울지방법원 1995. 11. 21. 선고 95가단112467 판결). 따라서 건축물관리대장이나 부동산등기부상의 용도가 주거용이 아니어서 주민등록 전입신고를 할 수 없다고 하더라도 임차권등기명령신청은 할 수 있다.

109) 단독주택(다가구용 단독주택포함)의 지하실이나, 다세대주택이나 연립주택 등 공동주택의 공용부분, 예를 들면 연립주택의 지하실 등을 주거용으로 임차하여 사용하는 경우도 주택임대차보호법의 적용대상이 된다고 해석되므로 마찬가지로 임차권등기명령신청 대상이 된다.

110) 강경래, “임차권등기명령제도를 둘러싼 실무상 문제와 그 운영방안에 대한 연구”, 18

마. 전세권등기나 임차권등기가 기입되어 있는 건물에 대한 임차권등기명령의 허용 여부

1) 전세권이나 원래의 임차권은 목적물의 사용가치를 보장하는 권리이기 때문에 우리 등기선례[111]는 동일목적물에 대해 중복의 전세권이나 임차권을 등기하는 것을 불허하고 있다.

2) 그러나 이미 기간만료된 전세권이거나 담보목적으로 설정된 전세권(대법원 2005. 5. 26. 선고 2003다12311 판결), 임대차가 종료되고 대항력 유지를 위해 임차권등기가 되어 있는 경우 이러한 전세권이나 임차권은 사용가치를 보전하기 위한 것이 아니라 담보적 기능을 수행하는 등기이기 때문에 반드시 후행하는 임차권등기가 불가능하다고 볼 수 없다.[112]

대법원 2005. 6. 9. 선고 2005다4529 판결도, "주택임대차보호법 제3조의3 규정에 의한 임차권등기는 이미 임대차계약이 종료하였음에도 임대인이 그 보증금을 반환하지 않는 상태에서 경료되게 되므로, 이미 사실상 이행지체에 빠진 임대인의 임대차보증금의 반환의무와 그에 대응하는 임차인의 권리를 보전하기 위하여 새로이 경료하는 임차권등기에 대한 임차인의 말소의무를 동시이행관계에 있는 것으로 해석할 것은 아니고, 특히 위 임차권등기는 임차인으로 하여금 기왕의 대항력이나 우선변제권을 유지하도록 해 주는 담보적 기능만을 주목적으로 하는 점 등에 비추어 볼 때, 임대인의 임대차보증금의 반환의무가 임차인의 임차권등기 말소의무보다 먼저 이행되어야 할 의무이다."라고 판시하여, 주택임대차보호법 제3조의3 규정에 의한 임차권등기는 용익물권적 성격보다는 '담보적 기능'을 가진 권리라는 점을 분명히 하고 있다.

따라서 용익물권이나 용익물권에 준하는 권리는 동일 목적물에 대하여 중복설정하는 것이 불가능하지만, 중복되는 권리 중 하나가 더 이상 용익권으로서의 기능을 상실하고 담보적 기능만 남은 경우에는 중복설정이 가능하다.

예를 들어 선행임차인이 대항력 및 우선변제권의 유지를 위해 임차권등기를 하고 임대인에게 점유를 넘겨주었는데, 후행임차인이 생긴 경우 그 임차인이 임대차종

111) 질의회답등기선례 7-281 이미 전세권설정등기가 경료된 부동산에 대하여 주택임차권등기의 촉탁을 수리할 수 있는지 여부(소극) : 이미 전세권설정등기가 경료되어 있는 주택의 일부분에 관하여 그 주택의 소재지를 관할하는 법원이 임차권등기명령에 의하여 동일 범위를 목적으로 하는 주택임차권등기를 촉탁하는 경우, 이는 기존 전세권설정등기와 양립할 수 없는 등기의 촉탁으로서 등기관은 부동산등기법 제55조 제2호에 의하여 각하하여야 한다(2002. 12. 24. 등기 3402-724).

112) 강경래, "임차권등기명령제도를 둘러싼 실무상 문제와 그 운영방안에 대한 연구", 19

료로 보증금반환을 받지 못하고 이사를 해야 할 필요성이 있다면 제2의 임차권등기명령이 가능하다.

바. 수개의 부동산을 임차목적물로 한 경우 임차권등기명령의 허용 여부

1) 문제점 제기

작은 평수로 구분된 대규모 상가와 같은 경우 통상 2개의 구분건물 이상을 일괄하여 임차목적물로 하고 구분건물마다 보증금을 따로 정하지 아니하고 일괄해서 보증금액을 정하는 임대차계약을 체결하였으나, 계약이 종료되고 그 구분건물에 관하여 일괄하여 임차권등기명령을 신청해 오는 경우가 있다.

이 때 민법 제368조는 저당권과 관련하여 공동저당에 관한 규정을 두고 있고 부동산등기법 제72조에서는 저당권의 공동담보목록과 관련하여 공동전세목록을 작성하여 공동전세계약을 공시할 수 있는 방법을 마련해 두고 있으나, 명문의 규정이 없는 임차권등기에도 공동임차권등기를 할 수 있을 것인지 즉 각 구분건물마다 체결한 보증금액 전액을 기재함으로써 임차권등기명령을 발령할 수 있는지 여부가 문제된다.

2) 검토

임차권의 경우에 민법이나 부동산등기법 어디에도 공동저당권목록과 유사한 규정이 없는바, 현행법은 등기할 사항을 법으로 엄격하게 정해 두고 있으므로 법 규정의 근거 없이 공동저당권목록과 같은 공동임차권목록을 등기하는 것은 허용되지 않는다.

그렇다면 ① 각 부동산에 전체보증금액을 기입하거나 혹은 ② 각 부동산별로 보증금을 임의로 분할해서 임차권등기명령을 발령할 수는 있을 것인지[113]와 관련해서도 이는 원래의 임대차계약과는 다른 취지를 등기부에 기입하는 것이 되어 허용될 수 없다.[114]

그런데 상가임대차의 경우 수개의 부동산을 1개의 임차목적물로 하여 임대차계

113) 공동임대인 중 일부의 공유지분이 경매되는 경우에 공동임대인의 보증금반환채무는 성질상 불가분채무이므로, 공동임대인 중 1인의 공유지분에 대하여 경매절차가 진행되는 경우 소액임차인에 해당하는지 여부는 경매대상 공유지분에 상응하는 금액이 아니라 임차보증금 전액을 기준으로 하여 판단하여야 하고, 배당절차에 있어서도 임차보증금 전액을 기준으로 배당한다. 따라서 부동산 전체가 일괄매각되는 경우든 아니면 수개의 부동산 중 일부만 매각되는 경우든 임차보증금 전액을 기준으로 배당하여야 함에도 부동산별로 보증금을 분할할 경우 뜻하지 않게 소액임차인으로 우선 변제받게 되는 이상한 결과가 발생할 수 있으므로, 보증금을 분할하여 기재하는 것은 부당하다.

114) 강경래, "임차권등기명령제도를 둘러싼 실무상 문제와 그 운영방안에 대한 연구", 22

약을 체결하는 경우가 종종 있으므로, 이에 대한 임차권등기를 할 수 있도록 하는 입법적 조치가 필요하다.

사. 주택임차인이 별도로 전세권설정등기를 마친 경우 그 후 대항요건을 상실하여도 임차권등기가 된 것으로 보아 여전히 대항력 및 우선변제권을 유지하는지 여부(= 소극)

주택임차인이 그 지위를 강화하고자 별도로 전세권설정등기를 마치더라도 주택임대차보호법상 주택임차인으로서의 우선변제를 받을 수 있는 권리와 전세권자로서 우선변제를 받을 수 있는 권리는 근거 규정 및 성립요건을 달리하는 별개의 것이라는 점, 주택임대차보호법 제3조의3 제1항에서 규정한 임차권등기명령에 의한 임차권등기와 동법 제3조의4 제2항에서 규정한 주택임대차등기는 공통적으로 주택임대차보호법상의 대항요건인 '주민등록일자', '점유개시일자' 및 '확정일자'를 등기사항으로 기재하여 이를 공시하지만 전세권설정등기에는 이러한 대항요건을 공시하는 기능이 없는 점, 주택임대차보호법 제3조의4 제1항에서 임차권등기명령에 의한 임차권등기의 효력에 관한 동법 제3조의3 제5항의 규정은 민법 제621조에 의한 주택임대차등기의 효력에 관하여 이를 준용한다고 규정하고 있을 뿐 주택임대차보호법 제3조의3 제5항의 규정을 전세권설정등기의 효력에 관하여 준용할 법적 근거가 없는 점 등을 종합하면, 주택임차인이 그 지위를 강화하고자 별도로 전세권설정등기를 마쳤더라도 임차권등기명령을 받지 않은 상태에서 주택임차인이 주택임대차보호법 제3조 제1항의 대항요건을 상실하면 이미 취득한 주택임대차보호법상의 대항력 및 우선변제권을 상실한다.

6. 신청절차

가. 관할법원

임차권등기명령사건은 임차주택의 소재지를 관할하는 지방법원·지방법원 지원 또는 시·군법원이 관할권을 갖는다(주택임대차보호법 제3조의3 제1항).

나. 신청서의 기재사항

1) 임차권등기명령신청서 기재사항

임차권등기명령신청서에는 ① 사건의 표시, ② 임차인과 임대인의 성명, 주소, 임차인의 주민등록번호(주택임차권등기명령신청의 경우에 임대인이, 상가건물임차권등기명령신청의 경우에 임차인이나 임대인이 법인 또는 법인 아닌 단체인 경우에는 법인명 또는 단체명, 대표자, 법인등록번호, 본점·사업장소재지), ③ 대리인에 의하여 신청할 때에는 그 성명과 주소, ④ 임대차의 목적인 주택 또는 건물의 표시(임대차의 목적이 주택 또는 건물의 일부인 경우에는 그 목적인 부분을 표시한 도면을 첨부한다), ⑤ 반환받지 못한 임차보증금액 및 차임(주택임대차보호법 제12조 또는 상가건물 임대차보호법 제17조의 등기하지 아니한 전세계약의 경우에는 전세금), ⑥ 신청의 취지와 이유, ⑦ 첨부서류의 표시, ⑧ 연월일, ⑨ 법원의 표시를 하고 임차인 또는 대리인이 기명날인 또는 서명하여야 한다(주택임대차보호법 제3조의3 제2항, 임차권등기명령 절차에 관한 규칙 제2조 제1항).

2) 신청이유

신청이유에는 임대차계약의 체결 사실 및 계약내용과 그 계약이 종료한 원인 사실을 기재하고, 임차인이 신청 당시에 이미 주택임대차보호법 제3조 제1항의 규정에 의한 대항력을 취득한 경우에는 임차주택을 점유하기 시작한 날과 주민등록을 마친 날을, 제3조의2 제2항의 규정에 의한 우선변제권을 취득한 경우에는 임차주택을 점유하기 시작한 날, 주민등록을 마친 날과 임대차계약증서상의 확정일자를 받은 날을, 상가건물 임대차보호법 제3조 제1항의 규정에 의한 대항력을 취득한 경우에는 임차건물을 점유하기 시작한 날과 사업자등록을 신청한 날을, 제5조 제2항의 규정에 의한 우선변제권을 취득한 경우에는 임차건물을 점유하기 시작한 날, 사업자등록을 신청한 날과 임대차계약서상의 확정일자를 받은 날을 각 기재하여야 한다(임차권등기명령 절차에 관한 규칙 제2조 제2항).

3) 인지첨부

임차권등기명령신청서에는 2,000원의 인지를 붙여야 한다(임차권등기명령 절차에 관한 규칙 제2조 제3항).

4) 임차권등기명령신청서의 첨부서류

임차권등기명령신청서에는 ① 임대인의 소유로 등기된 주택 또는 건물에 대하여는 등기부등본, ② 임대인의 소유로 등기되지 아니한 주택 또는 건물에 대하여는 즉시 임대인의 명의로 소유권보존등기를 할 수 있음을 증명할 서면, ③ 주택임차권등기명령신청의 경우에는 임대차계약증서, 상가건물임차권등기명령신청의 경우에는 임대차계약서, ④ 임차인이 신청 당시에 이미 주택임대차보호법 제3조 제1항의 규정에 의한 대항력을 취득한 경우에는 임차주택을 점유하기 시작한 날과 주민등록을 마친 날을 소명하는 서류, 주택임대차보호법 제3조의2 제2항의 규정에 의한 우선변제권을 취득한 경우에는 임차주택을 점유하기 시작한 날과 주민등록을 마친 날을 소명하는 서류 및 공정증서로 작성되거나 확정일자가 찍혀있는 임대차계약증서, 상가건물 임대차보호법 제3조 제1항의 규정에 의한 대항력을 취득한 경우에는 임차건물을 점유하기 시작한 날과 사업자등록을 신청한 날을 소명하는 서류, 제5조 제2항의 규정에 의한 우선변제권을 취득한 경우에는 임차건물을 점유하기 시작한 날과 사업자등록을 신청한 날을 소명하는 서류 및 관할 세무서장의 확정일자가 찍혀있는 임대차계약서, ⑤ 주택임차권등기명령신청의 경우 임대차목적물에 관한 등기부상의 용도가 주거시설이 아닌 경우에는 임대차계약체결 시부터 현재까지 주거용으로 사용하고 있음을 증명하는 서류, 상가건물임차권등기명령신청의 경우 임대차목적물의 일부를 영업용으로 사용하지 아니하는 경우에는 임대차계약체결 시부터 현재까지 그 주된 부분을 영업용으로 사용하고 있음을 증명하는 서류를 첨부하여야 한다(임차권등기명령 절차에 관한 규칙 제3조).

5) 임차권등기명령의 소요비용

임차권등기명령신청서에는 2,000원의 수입인지를 붙여야 하고, 관할 법원에 사법부전산망이 설치되어 있는 경우에는 당사자 1인당 3회분의 송달료(5,200×3=15,600원)를 현금으로, 사법부전산망이 설치되어 있지 아니한 경우에는 당사자 1인당 1회분의 송달료(4,980원)를 우표로 납부하여야 한다. 실무상 부동산가압류 신청에 준하여 31,200원(5,200×3회분×2당사자)을 납부하면 된다.

그밖에 임차권등기촉탁에 필요한 비용으로 부동산등기신청수수료 3,000원과 등록면허세 및 등록세액의 20%의 교육세를 납부하여야 한다. 등록면허세는 차임이 있는 경우에는 지방세법 제131조(부동산등기의 세율) 제1항 제1호 다목 5)의 규정에 따라 월 차임액의 1,000분의 2에 해당하는 금액이 되고, 차임이 없는 경우에는 지방세법 제131조 제1항 제1호 마목의 규정에 따라 건당 6,000원이 된다. 따라서 주택임대차보호법 제12조의 등기하지 아니한 전세계약의 경우에는 등록세가 6,000원이고 교육세가 1,200원이 된다.

한편, 임차인은 임차권등기명령의 신청 및 그에 따른 임차권등기와 관련하여 소요된 비용을 임대인에게 청구할 수 있다(주택임대차보호법 제3조의3 제8항), 즉 임차권등기명령 신청은 임대인이 보증금반환의무를 다하지 않은 데에 따른 것이고, 임차권등기 관련비용은 임대인의 귀책사유에 의해 발생한 것이므로 그 비용을 임대인이 부담하도록 한 것이다.

신청서 양식은 아래와 같다.

주택임차권등기명령신청서

수 입 인 지 200원

신청인(임차인) (이름) (주민등록번호 : -)
(주소)
(연락처)
피신청인(임대인) (이름)
(주소)

신 청 취 지

별지목록 기재 건물에 관하여 아래와 같은 주택임차권등기를 명한다라는 결정을 구합니다.

아 래

1. 임대차계약일자 : 20 . . .
2. 임차보증금액 : 금 원, 차임 : 금 원
3. 주민등록일자 : 20 . . .
4. 임 차 범 위 :
5. 점유개시일자 : 20 . . .
6. 확 정 일 자 : 20 . . .

신 청 이 유

첨 부 서 류

1. 건물 등기사항증명서 1통
2. 주민등록등본 1통
3. 임대차계약증서 사본 1통
4. 부동산목록 5통

20 . . .

신청인 (인)

○○ 지방법원 ○○지원 귀중

◇ 유 의 사 항 ◇
1. 등기신청수수료는 부동산 1건당 3,000원을 납부하여야 합니다.
2. 등록세는 부동산 1건당 6,000원을 납부하여야 합니다.
3. '신청이유' 기재는 신청인의 구체적인 신청사유에 맞게 수정하시기 바랍니다.

7. 심리절차와 등기절차

가. 심리

임차권등기명령의 신청사건에 대한 심리는 변론 없이 할 수 있고, 결정의 형식으로 임차권등기명령을 발하거나 기각하게 된다(민사집행법 제280조 제1항, 제281조).

현재 법원실무는 특별한 사정이 없는 한 변론 없이 서면심리방식에 의하여 임차권등기명령의 발령여부를 심리하여 그 신청이 이유 있다고 인정되면 임차권등기명령을 발령하고, 이유 없다고 인정되면 기각하는 방법으로 운용되고 있다.

나. 임대인에의 송달

1) 송달

임차권등기명령신청 절차는 가압류에 관한 민사소송법의 규정을 일부 준용하고 있으나 “가압류에 대한 재판의 집행은 채무자에게 재판을 송달하기 전에도 할 수 있다”는 민사집행법 제292조 제3항의 규정은 준용하지 않고 있으므로 임차권등기명령에 기한 임차권등기의 촉탁을 하기 전에 임대인에게 임차권등기명령에 관한 판결 정본이나 결정 정본을 먼저 송달한다(임차권등기명령 절차에 관한 규칙 제4조, 제5조 참조).

2) 임차권등기명령이 송달불능 된 경우의 처리

임차권등기명령신청서에 기재된 임대인의 주소지로 임차권등기명령을 송달하였으나 송달불능 된 경우에는 임차권등기명령신청서상에 첨부된 부동산등기부등본(임차권등기명령절차에 관한 규칙 제3조 제2호의 서면이 제출된 경우에는 그 서면) 및 임대차계약서에 기재된 임대인의 주소지로 직권으로 재송달한다.

그리고 위 각 주소지에도 송달불능된 경우에는 송달불능의 사유에 따라 직권으로 재송달한다.

그리고 위 각 주소지에도 송달불능된 경우에는 송달불능의 사유에 따라 직권으로 공시송달 또는 발송송달을 하고, 그 송달의 효력이 생기는 즉시 위 규칙 제5조에 따른 임차권등기의 촉탁을 한다.[115)]

다. 임차권등기명령과 그 효력

임차권등기명령은 판결에 의한 때에는 선고를 한 때에, 결정에 의한 때에는 상당한 방법으로 임대인에게 고지를 한 때에 그 효력이 발생한다(임차권등기명령 절차에 관한 규칙 제4조).

후자의 경우에는 특별송달우편으로 결정 정본을 임대인에게 송달하는 방법으로 고지하며 특별송달우편이 임대인에게 송달되면 그 효력이 발생한다.

라. 촉탁과 등기

1) 임차권등기명령이 판결에 의하여 선고되거나 결정에 의하여 고지되어 효력이 발생하면 임차주택의 소재지를 관할하는 등기소에 지체없이 촉탁서에 재판서 등본을 첨부하여 등기관에게 임차권등기의 기입을 촉탁하여야 한다(민사집행법 제293조, 임차권등기명령 절차에 관한 규칙 제5조).

2) 등기관은 법원의 촉탁에 의하여 임차권등기를 하는 경우에 ① 주택임차권등기는 임대차계약을 체결한 날, 임차보증금액, 임차주택을 점유하기 시작한 날, 주민등록을 마친 날, 임대차계약증서상의 확정일자를 받은 날을 기재하고, 등기의 목적을 주택임차권이라고 기재하며, ② 상가건물임차권등기는 임대차계약을 체결한 날, 임차보증금액, 임차건물을 점유하기 시작한 날, 사업자등록을 신청한 날, 임대차계약서상의 확정일자를 받은 날을 기재하고, 등기의 목적을 상가건물임차권이라고 기재하여야 한다. 이 경우 차임의 약정이 있는 때에는 이를 기재하여야 한다(임차권등기명령 절차에 관한 규칙 제6조).

3) 등기관은 법원의 촉탁에 의하여 임차권등기의 기입을 마친 후에 등기필증을 작성하여 촉탁법원에 송부하여야 한다(임차권등기명령 절차에 관한 규칙 제7조). 그리고 미등기 주택에 대한 임차권등기명령의 촉탁이 있는 경우에는 등기관은 부동산등기법 제66조(미등기부동산의 처분제한의 등기)의 규정을 준용하여 직권으로 갑구란에 소유권보존등기를 한 후 을구 란에 주택임차권등기를 하여야 한다.

마. 임차권등기명령을 원인으로 한 임차권등기

1) 임차권등기명령에 의한 주택임차권등기를 하는 경우에는 임대차계약을 체결한 날 및 임차보증금액(주택임대차보호법 제3조 제2항의 경우에는 법인과 임대인 사

115) 재판예규 제769호 임차권등기명령이 송달불능 된 경우의 업무처리지침(재민 2000-1).

이에 임대차계약을 체결한 날 및 임차보증금액을 말한다), 임차주택을 점유하기 시작한 날, 주민등록을 마친 날, 임대차계약증서상의 확정일자를 받은 날을 등기부에 기재하고, 등기의 목적을 "주택임차권"이라고 하여야 한다. 이 경우 차임의 약정이 있는 때에는 이를 기재한다.

2) 임차권등기명령에 의한 상가건물임차권등기(이하 "상가건물임차권등기"라 한다)를 하는 경우에는 임대차계약을 체결한 날, 임차보증금액, 임차상가건물을 점유하기 시작한 날, 사업자등록을 신청한 날, 임대차계약서상의 확정일자를 받은 날을 등기부에 기재하고, 등기의 목적을 "상가건물임차권"이라고 하여야 한다. 이 경우 차임의 약정이 있는 때에는 이를 기재한다.

3) 미등기 주택이나 상가건물에 대하여 임차권등기명령에 의한 등기촉탁이 있는 경우에는 등기관은 부동산등기법 제66조의 규정에 의하여 직권으로 소유권보존등기를 한 후 주택임차권등기나 상가건물임차권등기를 하여야 한다.[116]

[임차권등기명령을 원인으로 한 주택임차권등기]

【 을 구 】	(소유권 이외의 권리에 관한 사항)			
순위번호	등기목적	접수	등기원인	권리자 및 기타사항
2	주택임차권	2007년 6월8일 제6233호	2007년 6월 5일 서울중앙지방법원의 임차권등기명령(2007카기780)	임차보증금 금80,000,000원 차 임 월 금200,000원 차임지급시기 매월 말일 범 위 주택 전부 임대차계약일자 2005년 5월 20일 주민등록일자 2005년 5월 23일 점유개시일자 2005년 5월 23일 확정일자 2005년 5월 23일 임차권자 박병동 450521-1456223 서울특별시 성북구 종암동 36

116) 등기예규 제1688호 임차권등기에 관한 업무처리지침 제3조.

[임차권등기명령을 원인으로 한 상가건물임차권등기]

【 을 구 】 (소유권 이외의 권리에 관한 사항)				
순위번호	등기목적	접수	등기원인	권리자 및 기타사항
2	상가건물 임차권	2007년 6월8일 제6235호	2007년 6월 5일 서울중앙지방법원의 임차권등기명령(2007카기356)	임차보증금 금80,000,000원 차 임 월 금200,000원 차임지급시기 매월 말일 범 위 상가건물 전부 임대차계약일자 2005년 5월 20일 사업자등록신청일자 2005년 5월 23일 점유개시일자 2005년 5월 23일 확정일자 2005년 5월 23일 임차권자 김갑순 730516-2456223 서울특별시 서초구 방배동 52

[미등기 주택이나 상가건물에 대한 등기명령에 의한 경우]

【 갑 구 】 (소유권에 관한 사항)				
순위번호	등기목적	접수	등기원인	권리자 및 기타사항
1	소유권보존			소유자 이을순 621011-2345678 서울특별시 광진구 자양동 64 임차권등기의 촉탁으로 인하여 2007년 6월 8일 등기

【 을 구 】 (소유권 이외의 권리에 관한 사항)				
순위번호	등기목적	접수	등기원인	권리자 및 기타사항
2	주택(상가건물)임차권	2007년 6월8일 제6236호	2007년 6월 5일 서울중앙지방법원의 임차권등기명령	임차보증금 금80,000,000원 차 임 월 금200,000원 차임지급시기 매월 말일 범 위 주택(상가건물) 전부 임대차계약일자 2005년 5월 20일 주민등록일자(사업자등록신청일자)

			(2007카기234)	2005년 5월 23일 점유개시일자 2005년 5월 23일 확정일자 2005년 5월 23일 임차권자 박병순 650302-2456223 서울특별시 강남구 청담동 76

바. 주택임차권등기명령 결정 후 주택의 소유권이 이전된 경우의 임차권등기 여부 (=소극)

주택임차권등기명령의 결정 후 주택의 소유권이 이전된 경우, 등기촉탁서에 전 소유자를 등기의무자로 기재하여 임차권등기의 기입을 촉탁한 때에는 촉탁서에 기재된 등기의무자의 표시가 등기부와 부합하지 아니하므로 등기관은 그 등기촉탁을 각하하여야 한다.117)

사. 존속기간 만료 후 임차권이전 및 임차물전대의 등기

임대차의 존속기간이 만료된 경우와 주택임차권등기 및 상가건물임차권등기가 경료된 경우에는, 그 등기에 기초한 임차권이전등기나 임차물전대등기를 할 수 없다.118)

아. 등록세

임차권등기명령에 의한 경우이든 신청에 의한 경우이든 차임이 있는 경우에는 지방세법 제28조 제1항 제1호 (다)목 5)의 규정에 따른 세액을 납부하고, 차임이 없는 경우에는 같은 조 같은 항 같은 호 마목의 규정에 따른 세액을 납부한다. 임차권 이전 및 임차물전대의 등기를 신청하는 경우에도 마찬가지이다.119)

8. 당사자의 신청에 의한 임차권설정등기

가. 신청서의 기재사항

1) 민법 제621조에 의한 임차권설정등기(이하 "임차권설정등기"라 한다)의 경우 신청서에 부동산등기법 제74조의 규정에 따라 제48조에서 규정한 사항 외에 1.

117) 등기선례 7-285 주택임차권등기명령의 결정 후 주택의 소유권이 이전된 경우의 임차권등기 여부(소극)

118) 등기예규 제1688호 임차권등기에 관한 업무처리지침 제4조

119) 등기예규 제1688호 임차권등기에 관한 업무처리지침 제5조

차임, 2. 범위, 3. 차임지급시기, 4. 존속기간(다만, 처분능력 또는 처분권한 없는 임대인에 의한 민법 제619조의 단기임대차인 경우에는 그 뜻도 기록한다), 5. 임차보증금, 6. 임차권의 양도 또는 임차물의 전대에 대한 임대인의 동의, 7. 임차권설정 또는 임차물전대의 범위가 부동산의 일부인 때에는 그 부분을 표시한 도면의 번호 등을 기재하여야 한다.

하지만 차임을 정하지 아니하고 보증금의 지급만을 내용으로 하는 임대차 즉 "채권적 전세"의 경우에는 차임을 기재하지 아니한다. 임차권의 목적이 토지 또는 건물의 일부인 때에는 임차권의 범위를 특정하여 기재하여야 한다.

[부동산의 일부에 대한 임차권설정등기]

【 을 구 】	(소유권 이외의 권리에 관한 사항)			
순위번호	등기목적	접수	등기원인	권리자 및 기타사항
2	임차권설정	2007년 6월8일 제6231호	2007년 6월 7일 설정계약	임차보증금 금30,000,000원 차 임 월 금100,000원 차임지급시기 매월 말일 범 위 건물 2층 동남쪽 40㎡ 존속기간 2007년 6월 8일부터 2009년 6월 7일까지 임차권자 김갑동 560508-1456223 서울특별시 서초구 서초동 12 도면편철장 제3책 제5면

2) 주택임대차보호법 제3조의4에 의한 주택임차권설정등기(이하 "주택임차권설정등기"라 한다)의 경우

주택임차인이 주택임대차보호법 제3조의4 제2항의 규정에 의하여 임대인의 협력을 얻어 주택임차권설정등기를 신청하는 때에는, 신청서에 위 (1)에서 정한 사항 이외에 주민등록을 마친 날과 임차주택을 점유하기 시작한 날(주택임대차보호법 제3조 제2항의 규정에 따른 대항력을 취득한 경우에는 지방자치단체장 또는 해당 법인이 선정한 입주자가 주민등록을 마친 날과 그 주택을 점유하기 시작한 날을 말한다. 이하 같다)을 기재하여야 하고, 주택임차인이 주택임대차보호법 제3조의2 제2항의 요건을 갖춘 때에는 임대차계약증서(주택임대차보호법 제3조 제2항의 경우에는 법인과

임대인 사이의 임대차계약증서를 말한다. 이하 같다)상의 확정일자를 받은 날도 기재하여야 한다.

3) 상가건물 임대차보호법 제7조에 의한 상가건물임차권설정등기(이하 '상가건물 임차권설정등기라 한다)의 경우

상가건물임차인이 상가건물 임대차보호법 제7조 제2항의 규정에 의하여 임대인의 협력을 얻어 상가건물임차권설정등기를 신청하는 때에는, 신청서에 위 (1)에서 정한 사항 이외에 사업자등록을 신청한 날과 임차상가건물을 점유하기 시작한 날을 기재하여야 하고, 상가건물임차인이 상가건물 임대차보호법 제5조 제2항의 요건을 갖춘 때에는 임대차계약서상의 확정일자를 받은 날도 기재하여야 한다.

나. 첨부서면

1) 신청서에 등기의무자의 인감증명·등기필증과 임대차계약서(임차인이 주택임대차보호법 제3조의2 제2항이나 상가건물 임대차보호법 제7조 제2항에서 정한 요건을 갖춘 때에는 공정증서로 작성되거나 확정일자를 받은 임대차계약서)를 첨부하여야 하고, 임대차의 목적이 토지 또는 건물의 일부분인 때에는 지적도 또는 건물의 도면을 첨부하여야 한다.

2) 주택임차권설정등기를 신청할 때에는 위 ①에서 정한 서면 외에 임차주택을 점유하기 시작한 날을 증명하는 서면(예: 임대인이 작성한 점유사실확인서)과 주민등록을 마친 날을 증명하는 서면으로 임차인(주택임대차보호법 제3조 제2항의 경우에는 지방자치단체장 또는 해당 법인이 선정한 입주자를 말한다)의 주민등록등(초)본을 첨부하여야 한다.

3) 상가건물임차권설정등기를 신청할 때에는 위 ①에서 정한 서면 외에 임차상가건물을 점유하기 시작한 날을 증명하는 서면(예: 임대인이 작성한 점유사실확인서)과 사업자등록을 신청한 날을 증명하는 서면을 첨부하여야 한다.[120]

[당사자의 신청에 의한 주택임차권설정등기]

【 을 구 】	(소유권 이외의 권리에 관한 사항)			
순위번호	등기목적	접수	등기원인	권리자 및 기타사항

120) 등기예규 제1688호 임차권등기에 관한 업무처리지침 제2조

2	주택임차 권설정	2007년 6 월8일 제6232호	2007년 6 월 1일 설정계약	임차보증금 금80,000,000원 차 임 월 금200,000원 차임지급시기 매월 말일 범 위 주택 전부 존속기간 2007년 6월 5일부터 2009년 6월 4일까지 주민등록일자 2007년 6월 5일 점유개시일자 2007년 6월 5일 확정일자 2007년 6월 5일 임차권자 이을동 360408-1456923 서울특별시 노원구 중계동 24

※ 주택임대차보호법 제3조 제2항의 규정에 따라 대항력을 취득한 법인(대한주택공사법에 따른 대한주택공사 및 지방공기업법 제49조의 규정에 따라 주택사업을 목적으로 설립된 지방공사에 한함)이 임차권자인 경우, 주민등록일자와 점유개시일자란에는 지방자치단체장 또는 해당 법인이 선정한 입주자가 주민등록을 마친 날과 그 주택을 점유하기 시작한 날을 기재함.

[당사자의 신청에 의한 상가건물임차권설정등기]

【 을 구 】	(소유권 이외의 권리에 관한 사항)			
순위번호	등기목적	접수	등기원인	권리자 및 기타사항
2	상가건물 임차권 설정	2007년 6 월8일 제6234호	2007년 6 월 1일 설정계약	임차보증금 금80,000,000원 차 임 월 금200,000원 차임지급시기 매월 말일 범 위 상가건물 전부 존속기간 2007년 6월 5일부터 2009년 6월 4일까지 사업자등록신청일자 2007년 6월 5일 점유개시일자 2007년 6월 5일 확정일자 2007년 6월 5일 임차권자 최정동 680509-1453779 서울특별시 강서구 방화동 48

9. 항고와 이의

가. 임차인의 항고

1) 임차권등기명령을 기각하는 결정에 대하여 임차인은 항고할 수 있다(주택임대차보호법 제3조의3 제4항). 이러한 항고에 대하여는 민사소송법 제3편 제3장의 항고에 관한 규정을 준용한다. 이 항고는 항고제기 기간에 대한 제한이 없는 통상항고로서 항고의 이익이 있는 한 보증금을 전부 반환받을 때까지 어느 때나 제기할 수 있다.

2) 이의신청은 임차권등기명령의 집행을 정지하지 않는다(택임대차보호법 제3조의3 제3항, 민사집행법 제283조). 이의신청이 있는 때에 법원은 변론기일 또는 당사자 쌍방이 참여할 수 있는 심문기일을 열고, 결정으로 임차권등기명령의 전부나 일부를 인가, 변경 또는 취소하며, 이 경우 적정한 담보의 제공을 명할 수 있다(주택임대차보호법 제3조의3 제3항, 민사집행법 제286조).

3) 위와 같은 법원의 이의신청에 대한 결정에 관하여 불복이 있는 당사자는 고지받은 날로부터 1주 이내에 즉시항고를 제기하여야 하나, 위 즉시항고에 집행정지의 효력은 없다(주택임대차보호법 제3조의3 제3항, 민사집행법 제286조 제7항). 이의사건에서도 당초 임차권등기명령신청절차에서의 당사자 지위가 그대로 유지되므로 이의절차에서 임차인은 적극적으로 임차권등기명령의 요건을 증명할 책임이 있다.

나. 임대인의 이의

임차권등기명령을 인용하는 결정에 대하여 임대인은 바로 항고를 제기할 수 없고, 가압류절차에서와 같이 임차권등기명령의 취소나 변경을 구하는 사유를 명시하여 이의신청을 제기할 수 있다. 이의신청은 임차권등기명령의 집행을 정지하지 않는다(민사집행법 제283조). 이의신청이 있으면 법원은 변론 또는 심문을 열어 결정으로 임차권등기명령의 전부나 일부의 인가, 변경 또는 취소를 선고하며, 이 경우 적당한 담보를 제공할 것을 명할 수 있다(민사집행법 제286조).

다. 임대인의 사정변경에 의한 임차권등기명령취소

임대인은 임차권등기명령이유의 소멸 기타 사정변경이 있는 때에는 임차권등기명령 후에도 임차권등기명령을 한 법원에 그 취소를 신청할 수 있다. 법원은 결정으로 재판한다(민사집행법 제288조).

10. 임차권등기명령의 효과

가. 대항력 및 우선변제권의 취득

임차권등기명령의 효력발생 후 그 집행에 의하여 임차권등기가 마쳐지면 임차인은 대항력 및 우선변제권을 취득한다(주택임대차보호법 제3조의3 제5항).

즉, 임차인이 아직 대항력 및 우선변제권을 취득하지 못한 상태에서 임차권등기가 되면 그 등기시점을 기준으로 대항력 및 우선변제권의 취득 여부를 판단하기 때문에, 예컨대 임차권등기 시에 이미 임차주택에 저당권 등의 담보권이 설정되어 있는 경우에는 임차인은 임차권등기를 하더라도 담보권 실행을 위한 경매절차에서 경락을 받은 매수인에게 대항하거나 이미 설정된 저당권자 등의 담보권자에 우선하여 배당을 받을 수 없다. 그러나 매각대금지급기일 이전에 선순위담보권이 소멸한 경우에는 후순위 임차권의 대항력 및 우선변제력이 소멸하지 아니하고 존속한다.

나. 이미 취득한 대항력 또는 우선변제권의 유지

임차인이 임차권등기 이전에 이미 대항력 또는 주택임대차보호법 제3조의2 제2항의 규정에 의한 우선변제권을 취득한 경우에는 그 대항력 또는 우선변제권은 그대로 유지되며, 임차권등기가 마쳐진 이후에는 법 제3조 제1항의 대항요건을 상실하더라도 이미 취득한 대항력 및 우선변제권은 상실하지 않는다(주택임대차보호법 제3조의3 제5항 단서).

민법 제621조의 규정에 의한 주택임대차등기가 된 경우에도 같다(주택임대차보호법 3조의4 제1항).

따라서 임차권등기가 마쳐진 이후에는 주택의 점유와 주민등록의 요건을 상실하더라도 이미 취득한 대항력 및 우선변제권은 여전히 유지되기 때문에 임차인이 다른 곳으로 이사하거나 주민등록을 옮길 수 있다.

다. 효과의 발생시점

위와 같은 효과는 임차권등기가 마쳐진 시점부터 발생하므로 임차권등기명령을 신청한 후 바로 다른 곳으로 이사가거나 전출하여서는 안 되고, 임차권등기가 경료된 이후에 이사나 전출을 하여야만 보호를 받는다.

라. 임차권등기명령에 의하여 등기된 임차권자에게 경매신청권이 있는지 여부(= 소극)

임차권등기명령은 주택의 점유를 상실하거나 주민등록을 전출하더라도 종전에 취득하였던 대항력 및 우선변제권을 그대로 유지시키는 제도일 뿐이고 임차권등기에 물권을 부여하는 취지는 아니므로 임차인은 주택임차권등기에 기하여 직접 경매를 신청할 수는 없다. 따라서 임차권등기를 마친 임차인이라도 실제로 보증금을 반환받기 위해서는 임차보증금반환청구소송 등을 제기하여 집행권원을 확보한 후 임차주택의 강제경매를 신청하여야 한다.

마. 대항력 또는 우선변제권을 취득하지 못한 상태에서의 임차권등기명령의 효력

임차인이 아직 대항력 또는 우선변제권을 취득하지 못한 상태에서 임차권등기가 경료되면 그때 대항력과 우선변제권을 취득한다.

대항력을 취득하였다가 점유 또는 주민등록의 요건을 상실한 임차인도 임차권등기명령신청을 할 수 있고,[121] 임차권등기 경료 시에 다시 새로운 대항력과 우선변제권을 취득하게 된다.[122]

바. 임대차보증금 반환의무와 임차권등기 말소의무의 동시이행관계 여부(= 부정)

임대인의 임대차보증금 반환의무와 임차인의 주택임대차보호법 제3조의3에 의한 임차권등기 말소의무는 동시이행관계에 있지 않고, 임대인의 임대차보증금의 반환의무가 임차인의 임차권등기 말소의무보다 먼저 이행되어야 할 의무이다(대법원 2005. 6. 9. 선고 2005다4529 판결).

사. 소액보증금의 최우선변제권 배제

1) 임차권등기명령의 집행에 의한 임차권등기가 마쳐진 주택(임대차의 목적이 주택의 일부분인 경우에는 해당부분에 한 한다)을 그 이후에 임차한 임차인은 주택임대차보호법 제8조에 의한 우선변제를 받을 권리가 없다(주택임대차보호법 제3조의3 제6항). 즉 소액임차인의 최우선변제권이 전면적으로 배제된다.

---

121) 대법원 2004. 10. 28. 선고 2003다62255,62262 판결(주택임대차보호법 제3조의3 제1항은 임대차가 종료된 후 보증금을 반환받지 못한 임차인은 임차권등기명령을 신청할 수 있다고 규정하고 있는바, 같은 조항 및 같은 조 제2항 제3호, 제5항의 각 규정 취지에 비추어 보면, 임차인이 임대차 종료 후 임차주택에 대한 점유를 상실하였더라도 보증금을 반환받지 못한 이상 임차권등기명령을 신청할 수 있다고 보아야 할 것이다).

122) 윤경, “경매(입찰)에서의 주택임차권 등기권자의 지위”, 법조 49권 4호(2000. 4.) 8-9

이와 같이 임차권등기 후의 소액임차인에 대하여 최우선변제권을 배제한 입법취지는 임차권등기 후의 소액임차인에 의한 최우선변제권 행사로 인하여 임차권등기를 한 임차인이 입을지도 모르는 불측의 손해를 방지하기 위한 것이다. 왜냐하면 임차인이 임차권등기 후 자신의 우선변제권이 유지한다고 믿고 다른 곳으로 이사를 간 이후에 소액임차인이 주택을 임차한 경우에는 소액임차인의 최우선변제권 때문에 임차권등기를 하고 퇴거한 임차인의 우선변제권이 유명무실화될 우려가 있기 때문이다. 특히 임차권등기 후 임차주택을 명도한 임차인의 경우 소액임차인의 입주나 가장소액임차인의 입주나 존재를 알 수 없다는 점에서 임차권등기명령제도의 실효성을 높이기 위한 불가피한 조치이다.

상가건물 임대차보호법 제6조 제6항, 제7조 제1항도 위와 동일한 취지로 규정하고 있다.

2) 전세권등기가 마쳐진 주택 또는 상가건물을 그 이후에 임차한 임차인은 소액보증금 우선변제를 받을 수 있는지 여부가 문제된다.

전세권등기에 의하여 우선변제권이 확보된 것으로 알고 다른 곳으로 이사한 전세권자가 그 후에 생긴 소액임차인 때문에 후순위가 되어 우선변제를 받지 못하는 사태를 막아야 한다는 점은 마찬가지이고, 임차권등기나 임대차등기를 한 사람도 보호를 받는 마당에 전세권자가 보호를 받지 못한다면 균형이 맞지 아니하므로, 전세권등기 이후에 주택 또는 상가건물을 임차한 임차인도 역시 소액보증금 우선변제를 받을 수 없다는 견해[123]가 있으나, 전세권이 기간만료로 종료하거나 또는 전세계약이 합의해제되어 전세권자가 이사를 한 경우 전세권이 당연 소멸하는 것이 아니지만 이때 전세권 중 용익물권적 권능은 소멸하기 때문에(대법원 1995. 9. 18.자 95마684 결정) 그 전세권은 담보물권적 성격만을 가지므로 저당권 등의 담보물권과 달리 볼 이유가 없고, 따라서 전세권자가 이사를 한 후에 주택 또는 상가건물을 임차한 임차인은 소액보증금 우선변제를 받을 수 있다.

아. 등기된 임차권등기명령권자의 배당순위[124]

1) 임차인이 임차권등기명령신청 당시에 이미 주택임대차보호법 제3조의2 제2항의 규정에 의한 우선변제권을 취득한 경우에는 처음의 그 대항력 및 우선변제권이

123) 황병하, "부동산경매에 있어서 임차보증금 배당에 관한 몇 가지 문제", 저스티스 96호(2007. 2.) 한국법학원, 109-110

124) 윤경, "경매(입찰)에서의 주택임차권 등기권자의 지위", 법조 49권 4호(2000.04), 29

그대로 유지되므로 그 순위에 따라 결정된다.

2) 임차인이 아직 대항력·우선변제권을 취득하지 못한 상태에서 임차권등기가 된 경우에는 그 등기시점을 기준으로 대항력·우선변제권을 취득하므로 대항력 및 우선변제권은 그 순위에 따라 결정된다.

3) 임차권등기에 의하여 공시된 내용이 소액보증금이고 경매신청기입의 등기 전에 주택임대차보호법 제3조 제1항 소정의 대항요건이 등기부상 기재되어 있으면, 임대차보증금 중 일부를 담보물권자보다 우선하여 변제받을 권리가 있다.

자. 임차권등기명령의 시효중단 효력(=부정)

주택임대차보호법 제3조의3에서 정한 임차권등기명령에 따른 임차권등기는 특정 목적물에 대한 구체적 집행행위나 보전처분의 실행을 내용으로 하는 압류 또는 가압류, 가처분과 달리 어디까지나 주택임차인이 주택임대차보호법에 따른 대항력이나 우선변제권을 취득하거나 이미 취득한 대항력이나 우선변제권을 유지하도록 해 주는 담보적 기능을 주목적으로 한다. 비록 주택임대차보호법이 임차권등기명령의 신청에 대한 재판절차와 임차권등기명령의 집행 등에 관하여 민사집행법상 가압류에 관한 절차규정을 일부 준용하고 있지만, 이는 일방 당사자의 신청에 따라 법원이 심리·결정한 다음 등기를 촉탁하는 일련의 절차가 서로 비슷한 데서 비롯된 것일 뿐 이를 이유로 임차권등기명령에 따른 임차권등기가 본래의 담보적 기능을 넘어서 채무자의 일반재산에 대한 강제집행을 보전하기 위한 처분의 성질을 가진다고 볼 수는 없다. 그렇다면 임차권등기명령에 따른 임차권등기에는 민법 제168조 제2호에서 정하는 소멸시효 중단사유인 압류 또는 가압류, 가처분에 준하는 효력이 있다고 볼 수 없다(대법원 2019. 5. 16. 선고 2017다226629 판결).

11. 경매절차에 있어서의 임차권등기권자의 지위

가. 임차권등기명령에 의한 임차권자가 이해관계인인지 여부

경매개시결정 등기 전에 임차권등기가 되어 있는 자는 민법상 등기된 임차권자의 지위와 다를 바 없고, 등기부상 알 수 있는 부동산 위의 권리자이므로 경매절차에서 권리신고여부와 상관없이 민사집행법 제90조 제3호(등기부에 기입된 부동산 위의 권리자)에 따라 이해관계인에 해당한다.

경매개시결정 등기 후에 임차권등기를 한 임차인의 경우는 민사집행법 제90조 제4호(부동산위의 권리자로서 그 권리를 증명한 자)에 의해 집행법원에 '매각허가결정이 있을 때'까지('배당요구의 종기까지'가 아님)까지 권리신고를 하여야 이해관계인이 될 수 있다.

경매개시결정 등기 후 임차권등기명령에 의해 비로소 대항력을 취득하고 이해관계인 신고를 한 임차인도 이해관계인에 해당된다.125)

나. 임차권등기권자가 배당요구를 하여야 배당을 받는지 여부(=개시결정등기 전 등기된 경우에는 불요, 개시결정 기입등기 후에는 필요)

대법원 2005. 9. 15. 선고 2005다33039 판결에 의하면 임차권등기명령에 의하여 임차권등기를 한 임차인은 우선변제권을 가지며, 위 임차권등기는 임차인으로 하여금 기왕의 대항력이나 우선변제권을 유지하도록 해 주는 담보적 기능을 주목적으로 하고 있으므로, 위 임차권등기가 첫 경매개시결정등기 전에 등기된 경우, 배당받을 채권자의 범위에 관하여 규정하고 있는 민사집행법 제148조 제4호의 "저당권·전세권, 그 밖의 우선변제청구권으로서 첫 경매개시결정 등기 전에 등기되었고 매각으로 소멸하는 것을 가진 채권자"에 준하여, 그 임차인은 별도로 배당요구를 하지 않아도 당연히 배당받을 채권자에 속하는 것으로 보아야 한다.

그러나 임차권등기가 경매개시결정의 기입등기보다 나중에 경료된 경우의 해당 임차인은 매각허가결정 전까지 그 등기사실을 경매법원에 신고하여야 민사집행법 제90조 제4호에 정한 '부동산 위의 권리자로서 그 권리를 증명한 사람'에 해당하여 경매절차의 이해관계인이 되고, 우선변제를 받기 위해서는 배당요구의 종기까지 배당요구를 하여야 한다.

다. 임차권등기권자의 배당순위

임차권등기명령에 의하여 임차권등기를 한 임차인은 보증금의 우선변제에 관한한 저당권자와 마찬가지로 임차권등기일자를 저당권등기일자로 보고 다른 채권자와의 우선순위를 정하게 된다. 다만, 임차인이 임차권등기명령신청 당시 대항요건과 확정일자를 구비하고 있었다면 임차권등기일자가 아닌 임차인에게 유리한 확정일자를 기준으로 우선순위가 정하여진다. 한편, 임차권등기를 한 임차인이 동시에 소액임차인이라면 소액보증금 범위 내에서 최우선변제를 받을 수 있음은 물론이다.

---

125) 윤경, "경매(입찰)에서의 주택임차권 등기권자의 지위", 법조 49권 4호 (2000.04), 19-20

라. 임차권등기권자의 배당과 등기의 말소

경매절차에서 임차권등기를 마친 임차인의 보증금이 전액 변제된 경우에 임차권 등기는 말소촉탁의 대상이 되나, 전액 변제되지 아니한 경우에는 임차권이 그 임차주택의 매각에 의하여 소멸되지 않으므로(주택임대차보호법 제3조의5 단서), 임차권등기는 말소되지 아니한다. 임차인이 경매절차에서 임차보증금 전액을 배당받지 못하였음에도 경매법원의 잘못된 촉탁으로 임차권등기가 원인 없이 말소된 경우에는 임차인에게 책임을 물을 만한 사유가 없는 이상 임차권등기의 말소에도 불구하고 임차인이 이미 취득한 대항력은 그대로 유지된다(부산고등법원 2006. 5. 3. 선고 2005나17600 판결 참조).

마. 임차권등기권자의 2차 경매에서의 우선변제권(=부정)

임차인이 임차주택에 대한 선행 경매절차에서 보증금을 전액 변제받지 못한 경우에는 다른 채권자에 의하여 개시된 후행 경매절차에서 다시 우선변제권을 행사할 수 있는지가 문제되는데, 판례는 임차인의 우선변제권은 선행 경매절차에서의 매각으로 인하여 소멸하므로, 후행 경매절차에서는 임차인이 우선변제권에 의한 배당을 받을 수 없다는 입장을 취하고 있다(대법원 2001. 3. 27. 선고 98다4552 판결; 대법원 2006. 2. 10. 선고 2005다21166 판결).

바. 임차권에 대한 가압류와 부기등기의 허용 여부

임차권등기를 경료(민법 제621조에 의하여 경료된 임대차등기 포함)한 임차인으로부터 임차보증금반환채권을 양수한 양수인이나 임차인에 대한 채권자가 임차권 자체를 가압류하거나 임차보증금반환채권을 가압류하면서 임차권등기에 부기등기[126]를 신청을 할 수 있는가의 문제이다.

1) 먼저 임차권은 용익물권적 성격과 담보물권적 성격을 겸유하고 있으므로 등기된 임차권 자체를 가압류할 수 있다.

이 경우에는 가압류결정을 하면서 법원은 직권으로 그 사유를 등기부에 기입할

126) 부기등기란 그 자체로서는 기존의 어떤 등기와 동일성을 유지하면서 그 일부를 변경해서 하는 새로운 등기로서 독립된 순위번호를 갖지 아니하고, 기존의 등기의 순위번호를 그대로 이용하여 그 번호 아래쪽에 부기호수를 기재하여 하는 등기를 말한다(부동산등기법 제60조). 이에 대하여 기존의 등기를 주등기라 한다. 이와 같은 부기등기는 법령에 "부기에 의하여"라는 특별한 규정이 있는 경우에 한하여 예외적으로 허용된다.

것을 등기공무원에게 촉탁하는 방법으로 한다. 임차권에 대한 가압류의 효력은 임차권이 소멸한 후 발생한 임차보증금반환채권에 대하여 미친다.

2) 임차보증금반환채권을 가압류할 수 있다는 점에는 다툼이 없다. 그런데 임차보증금반환채권을 가압류하면서 가압류의 기입등기신청을 할 수 있는가에 관하여 실무에서는 근저당부채권가압류의 부기등기에 관한 민사집행법 제228조를 준용하여 가압류 기입등기신청을 받아들이고 있다. 따라서 법원은 제3채무자에게 가압류결정을 송달한 후 그 사유를 등기부에 기입할 것을 등기공무원에게 촉탁한다.[127)]

12. 민법에 의한 주택임대차등기

민법 제621조[128)]의 규정에 의하여 임대인의 협력을 얻어 임대차등기를 한 경우에도 주택임대차보호법 제3조의3 제5항 및 제6항이 준용되므로,[129)] 임차권등기명령에 의하여 등기를 한 임차인과 동일하게 대항력과 우선변제권을 취득 또는 유지할 수 있고, 그 후의 소액임차인은 우선변제권이 없다.

민법에 의한 주택임대차등기에 대항력 이외에 우선변제권도 부여하려는 취지에서 신설된 조문이다. 다만 이 법 시행 전에 이미 경료된 임대차등기에 대하여는 이를 적용하지 않는다(부칙 제3조).

127) 윤경, 「보전처분(가압류·가처분)의 실무(상)」 법률정보센타(1999) 25.

128) 민법 제621조 (임대차의 등기) ① 부동산임차인은 당사자간에 반대 약정이 없으면 임대인에 대하여 그 임대차등기절차에 협력할 것을 청구할 수 있다. ② 부동산임대차를 등기한 때에는 그때부터 제3자에 대하여 효력이 생긴다.

129) 주택임대차보호법 제3조의4 (민법의 규정에 의한 주택임대차등기의 효력등) ① 제3조의3 제5항 및 제6항의 규정은 민법 제621조의 규정에 의한 주택임대차등기의 효력에 관하여 이를 준용한다. ② 임차인이 대항력 또는 우선변제권을 갖추고 민법 제621조제1항의 규정에 의하여 임대인의 협력을 얻어 임대차등기를 신청하는 경우에는 신청서에 부동산등기법 제156조에 규정된 사항 외에 다음 각 호의 사항을 기재하여야 하며, 이를 증명할 수 있는 서면(임대차의 목적이 주택의 일부분인 경우에는 해당부분의 도면을 포함한다)을 첨부하여야 한다. 1. 주민등록을 마친 날 2. 임차주택을 점유한 날 3. 임대차계약증서상의 확정일자를 받은 날

제8장 상가건물 임대차보호법

Ⅰ. 적용범위

1. 요건

1) 상가건물 임대차보호법[1)]은 상가건물, 즉 사업자등록의 대상이 되는 건물의 임대차(임대차 목적물의 주된 부분을 영업용으로 사용하는 경우를 포함) 중 대통령령이 정하는 보증금액을 초과하지 않는 임대차에 대하여 적용한다(상가건물 임대차보호법 제2조 제1항).

따라서 상가건물 임대차보호법이 적용되기 위해서는 ① 사업자등록의 대상이 되는 건물(상가건물)에 대한 임대차로서 ② 보증금액이 상가건물 임대차보호법시행령 제2조에 규정된 금액의 범위 내의 것이어야 한다(상가건물 임대차보호법 제2조 제1항, 시행령 제2조 제1항).

상가건물의 임차인이 임대차보증금 반환채권에 대하여 상가건물 임대차보호법 제3조 제1항 소정의 대항력 또는 같은 법 제5조 제2항 소정의 우선변제권을 가지려면 임대차의 목적인 상가건물의 인도 및 부가가치세법 등에 의한 사업자등록을 구비하고, 관할세무서장으로부터 확정일자를 받아야 하며, 그 중 사업자등록은 대항력 또는 우선변제권의 취득요건일 뿐만 아니라 존속요건이기도 하므로, 배당요구의 종기까지 존속하고 있어야 한다(대법원 2006. 1. 13. 선고 2005다64002 판결).

주택임차인은 주택임대차보호법의 적용을 받는데 있어서 임차보증금의 상한에 제한이 없지만, 상가건물의 경우에는 그 상한에 제한이 있어, 임차보증금이 상가건물 임대차보호법상의 상한을 넘는 경우에는 위 법의 적용대상이 아니다.

다만 ① 상가건물 임대차보호법이 2013. 8. 13. 법률 제12042호로 일부 개정되면서 임차인의 계약갱신요구권(제10조 제1, 2, 3항 본문)과 계약갱신 시 차임 및 보증금 증감청구권(제10조의 2) 같은 계약갱신과 관련된 규정의 적용범위가 제2조 제1항 단서의 보증금액을 초과하는 임대차로까지 확대되었으며, ② 그 후 동법이 2015. 5. 13. 법률 제13284호로 일부 개정되면서 부터는 제3조 대항력 및 신설된 제10조의3 이하 권리금 회수기회의 보호나 제10조의8 차임연체와 해지 등에 관한 규정의 적용범위 또한 위 제2조 제1항 단서의 보증금액을 초과하는 임대차로까지 확대되었

1) 2001. 12. 29. 제정 당시에는 위 법률의 시행시기가 2003. 1. 1.로 되어 있었는데, 위 법률의 제정 후 차임이 과도하게 인상되고 계약해지권이 남발하는 문제점이 발생하자, 2002. 8. 26. 법률 제6718호로 위 법률의 시행시기를 2002. 11. 1.로 앞당기는 내용의 개정을 단행하였다.

는데(제2조 제3항), 그 중 제3조 대항력에 관한 규정의 적용범위 확대는 그 개정법 시행일인 2015. 5. 13. 후에 최초로 계약이 체결되거나 갱신되는 임대차부터 적용된다(법률 제13284호 부칙 제2조).

2) 대통령이 정하는 보증금액의 범위는 보증금만 있는 경우는 서울특별시에서 9억 원 이하, 수도권정비계획법에 따른 과밀억제권역(서울특별시는 제외) 및 부산광역시에서 6억 9천만 원 이하, 광역시(수도권정비계획법에 따른 과밀억제권역에 포함된 지역과 군 지역은 제외), 세종특별자치시, 파주시, 화성시, 안산시, 용인시, 김포시 및 광주시에서 5억 4천만 원 이하, 그 밖의 지역에서 3억 7천만 원 이하인데(시행령 제2조 제1항),[2] 보증금 외에 차임이 있는 경우에는 월 단위 차임액에 1분의 100을 곱하여 환산한 금액을 포함하여 산정된 보증금액을 가지고 위 기준금액 범위 이하인지 여부를 판단한다(상가건물 임대차보호법 제2조 제2항, 시행령 제2조 제2, 3항).[3] 이를 도표로 정리하면 다음과 같다.

[상가건물 임대차보호법상 적용대상 기준 보증금액]

내용 / 지역[4]	적용대상 기준 보증금액
서울특별시	900,000,000원 이하
수도권정비계획법에 따른 수도권 중 과밀억제권역(서울특별시는 제외) 및 부산광역시	690,000,000원 이하
광역시(수도권정비계획법에 따른 과밀억제권역에 포함된 지역과 군지역, 제외), 세종특별자치시, 파주시, 화성시, 안산시, 용인시, 김포시 및 광주시	540,000,000원 이하
그 밖의 지역	370,000,000원 이하

2) 2019. 4. 2. 대통령령 제29671호로 개정, 시행

3) 위 법에서 이와 같이 보증금을 기준으로 적용범위를 제한하고 있는 것은 고액임차인들의 경우에는 대부분 전세권설정등기를 행하고 있는데다가 특별법에 의한 보호가 필요한 경제적 약자의 지위에 있다고 볼 수 없다는 현실인식이 작용한 것으로 보인다.

4) 지역별 법 적용 대상 보증금액은 2019. 4. 2. 개정으로 변경되었는바, 위에서 설명한 바와 같이, 법 적용대상 보증금의 범위에 관하여 시행령 제2조 제1항에서 정한 지역 구분은 우선변제 소액임차인의 범위 및 우선변제를 받을 소액보증금의 범위에 관한 시행령 제6조, 제7조의 지역 구분과 차이가 있다.

[상가건물 임대차보호법상 소액임차인 및 그 우선변제금액의 범위]

내용 / 지역	우선변제 소액임차인의 범위(A)	우선변제 받을 소액 보증금의 범위(B)
서울특별시	65,000,000원 이하	22,000,000원 이하
수도권정비계획법에 따른 수도권 중 과밀억제권역(서울특별시는 제외)	55,000,000원 이하	19,000,000원 이하
광역시(수도권정비계획법에 따른 과밀억제권역에 포함된 지역과 군지역, 제외), 안산시, 용인시, 김포시 및 광주시	38,000,000원 이하	13,000,000원 이하
그 밖의 지역	30,000,000원 이하	10,000,000원 이하

* 2019. 4. 2. 이후 현재까지
* B = A의 1/3 상당액

2. 상가건물에 대한 임대차

1) 상가건물이라 함은 부가가치세법 제5조, 소득세법 제168조 또는 법인세법 제111조의 규정에 의한 사업자등록의 대상이 되는 건물을 말한다. 사업자등록은 신규로 사업을 개시하는 경우에 하는 것이므로 상가건물 임대차보호법의 적용대상이 되는 건물은 사업용 내지 영업용 건물이어야 하고, 비사업용 내지 비영업용 건물이어서는 안 된다.

또한 상가건물 임대차보호법이 적용되는 임대차에는 건물의 소유자는 아니지만 건물에 관하여 적법하게 임대차계약을 체결할 수 있는 권한(적법한 임대권한)을 가진 임대인과 사이에 임대차계약이 체결된 경우도 포함되고, 매매계약의 이행으로 매매목적물을 인도받은 매수인은 그 물건을 사용·수익할 수 있는 지위에서 그 물건을 타인에게 적법하게 임대할 수 있다.

2) 여기에서 사업 내지 영업이라는 개념은 사업자등록을 위한 개념으로 상가임대차보호법의 적용을 위한 최소한의 요건이다. 사업 내지 영업의 종류는 묻지 않는다.

비사업용 내지 비영업용인 종중이나 동창회 사무실 등의 건물임대차에는 상가건물 임대차보호법이 적용되지 않는다. 판례는 특별법으로 설립된 농업협동조합(대법원

2000. 2. 11. 선고 99다53292 판결), 수산업협동조합(대법원 2001. 1. 15. 선고 2000다50817 판결), 신용보증기금(대법원 1989. 6. 27. 선고 88다카16812 판결)은 상인으로 볼 수 없다고 판시하였다.

임차한 부분 전체가 영업용으로 사용되는 경우는 물론 주된 부분을 영업용으로 사용하는 경우에도 그 적용이 있다. 주된 부분을 영업용으로 사용하는 경우에 해당하는지의 여부에 관하여는 주택임대차보호법의 적용범위에 관한 해석이 그대로 적용될 수 있다.

3) 대법원 2011. 7. 28. 선고 2009다40967 판결은 "상가건물 임대차보호법이 적용되는 상가건물에 해당하는지 여부는 공부상의 표시가 아닌 건물의 현황·용도 등에 비추어 영업용으로 사용하느냐에 따라 실질적으로 판단하여야 하고, 단순히 상품의 보관·제조·가공 등 사실행위만이 이루어지는 공장·창고 등은 영업용으로 사용하는 경우라고 할 수 없으나 그곳에서 그러한 사실행위와 더불어 영리를 목적으로 하는 활동이 함께 이루어진다면 상가건물 임대차보호법의 적용대상인 상가건물에 해당한다고 할 것이다. 원고가 서광주세무서에 동양도금이라는 상호로 사업자등록을 마친 후 이 사건 임차부분에서 도금작업을 하여 오면서 임차부분 및 인접한 컨테이너박스에서 고객으로부터 도금작업에 관한 주문을 받고 완성된 도금제품을 고객들에게 인도하고 수수료를 지급받는 등의 영업활동을 하여 온 이상, 임차부분과 인접한 컨테이너박스는 일체로서 도금작업과 더불어 영업활동을 하는 하나의 사업장이라고 할 것이므로, 이 사건 임차부분은 상가건물 임대차보호법이 적용되는 상가건물에 해당한다고 봄이 상당하다."고 판시한 바 있다.

3. 일정액의 보증금

1) 상가건물 임대차보호법의 적용범위는 차임이 없는 경우에는 보증금액만을 기준으로 하지만, 보증금 외에 차임이 있는 경우의 차임액은 월 단위의 차임액으로 하며, 그 경우에는 그 차임액에 1분의 100을 곱하여 환산한 금액(월차임을 연 12%의 금리를 적용하여 보증금으로 환산한 금액)을 말한다. 즉, 차임이 있는 경우는 「보증금+월차임x100」으로 환산한 금액이 적용 여부의 기준이 되는 금액이다. 예컨대 보증금 50,000,000원에 월차임이 1,000,000원이면 환산보증금은 「보증금 50,000,000원+(1,000,000원×100)=150,000,000원」이 된다.

2) 보증금액이 상가건물 임대차보호법시행령 제2조에 정해진 금액을 조금이라도

넘는 경우에는 상가건물 임대차보호법의 적용대상이 아니므로 같은 법에 의한 보호를 받지 못한다.

기존 임차인과 새로운 임차인 사이에 수수한 이른바 권리금은 보증금이 아니므로, 상가건물 임대차보호법의 적용 여부를 결정하는 기준이 되는 보증금액에 영향을 주지 않는다.

4. 상가건물임대차에 특유한 임대차의 종료

1) 상가건물임대차에서 임차인은 임대인에 대하여 상가건물 임대차보호법 제10조 제1항 단서 각호의 사유가 없는 한 임대차기간 만료 전 6월부터 1월까지 사이에 계약갱신을 요구할 수 있다. 임차인의 갱신요구권은 최초의 임대차기간을 포함한 전체 임대차 기간이 10년을 초과하지 않는 범위 내에서 행사할 수 있다(상가건물 임대차보호법 제10조 제1항, 제2항). 따라서 상가건물임대차의 경우 특별한 사정이 없는 한 임대차의 존속기간은 최초 계약체결일로부터 10년간 계속될 수 있다.

위 '최초의 임대차 기간'이라 함은 위 법 시행 이후에 체결된 임대차계약에 있어서나 위 법 시행 이전에 체결되었다가 위 법 시행 이후에 갱신된 임대차계약에 있어서 모두 당해 상가건물에 관하여 최초로 체결된 임대차계약의 기간을 의미한다(대법원 2006. 3. 23. 선고 2005다74320 판결). 이는 전체 임대차 기간 중 실제 임차인(사업자)과 사업자등록 명의자가 일치하지 않는 기간이 일부 있었더라도 전체 임대차 기간의 실제 임차인이 동일하다면 달리 특별한 사정이 없는 이상 마찬가지라고 보아야 할 것이다(대법원 2006. 7. 13. 선고 2006다22272 판결).

2) 임차인이 임대인에 대하여 임대차기간 만료 전 6월부터 1월까지 사이에 갱신요구를 하지 아니하고, 임대인도 임대차기간 만료 전 6월부터 1월까지의 기간 이내에 임차인에 대하여 갱신거절의 통지 또는 조건의 변경에 대한 통지를 하지 아니한 경우에는 그 기간이 만료된 때에 전 임대차와 동일한 조건으로 다시 임대차한 것으로 간주되지만, 임대차의 존속기간은 정함이 없는 것으로 보게 되며, 이 경우 임차인은 언제든지 임대인에 대하여 계약해지의 통고를 할 수 있고, 임대인이 그 통고를 받은 날부터 3월이 경과하면 그 효력이 생기지만(상가건물 임대차보호법 제10조 제3항 본문, 제4항, 제5항), 반면 임대인은 상가건물 임대차보호법 제9조 제1항에 의하여 그 기간이 1년으로 간주되므로 임대차계약을 해지할 수 없다.

II. 대항력

1. 요건

대항력의 요건은, ① 상가건물의 인도와 ② 사업자등록의 신청(부가가치세법 제5조, 소득세법 제168조 또는 법인세법 제111조의 규정에 의한)이다(상가건물 임대차보호법 제3조 제1항).

상가건물의 임차인이 임대차보증금 반환채권에 대하여 상가건물 임대차보호법 제3조 제1항 소정의 대항력 또는 같은 법 제5조 제2항 소정의 우선변제권을 가지려면 임대차의 목적인 상가건물의 인도 및 부가가치세법 등에 의한 사업자등록을 구비하고, 관할세무서장으로부터 확정일자를 받아야 하며, 그 중 사업자등록은 대항력 또는 우선변제권의 취득요건일 뿐만 아니라 존속요건이기도 하므로, 배당요구의 종기까지 존속하고 있어야 한다(대법원 2006. 1. 13. 선고 2005다64002 판결, 2006. 10. 13. 선고 2006다56299 판결).

소유권이전등기청구권을 보전하기 위한 가등기가 경료된 후에 상가건물 임대차보호법상 대항력을 취득한 임차인이 그 가등기에 기하여 본등기를 경료한 자에 대하여 임대차의 효력으로써 대항할 수 없다(대법원 2007. 6. 28. 선고 2007다25599 판결).

2. 상가건물의 인도

임차인이 임대인으로부터 상가건물의 점유를 이전받는 것을 말한다. 현실인도는 물론 간이인도, 점유개정에 의한 인도, 목적물반환청구권에 의한 인도 등도 포함된다.

그러나 주택의 경우에는 외관상으로도 그 점유의 이전이 비교적 뚜렷한 반면, 상가건물의 경우, 특히 건물의 일부에 대한 임대차의 경우에 있어서는 점유의 이전 여부가 외관상 명백하지 않은 경우가 있을 수 있다. 그리하여 상가건물의 경우에는 바로 영업을 개시하지 않고 영업을 위한 준비기간이 상당히 필요한 점을 이용하여 실제 점유를 하지도 않으면서 점유하는 것처럼 가장한 임차인이 생길 염려도 없지 않으므로 이 문제와 관련한 분쟁도 다수 있을 것으로 예상된다. 경우에 따라서는 주택임대차와 달리 상가건물 임대차에 있어서는 임차인이 실제로 상가건물의 점유를 이전받았는지 여부에 대하여 자세한 심리를 해야 할 경우도 있을 수 있다.

3. 사업자등록의 신청

가. 사업자등록

1) 사업자

사업자라 함은 영리목적의 유무에 불구하고 사업상 독립적으로 재화 또는 용역을 공급하는 자를 말하고(부가가치세법 제2조 제1항), 사업자에는 개인뿐만 아니라 법인 및 비법인사단·재단 기타 단체도 포함된다(같은 법 제2조 제2항). 여기서 '사업상 독립적으로 재화 또는 용역을 공급하는 자'라 함은 부가가치를 창출해낼 수 있는 정도의 사업형태를 갖추고 계속적이고 반복적인 의사로 재화 또는 용역을 공급하는 사람을 뜻한다(대법원 1992. 7. 24 선고 92누5225 판결 등).

2) 사업자등록

사업자등록이라 함은 과세업무를 효율적으로 처리하고 납세의무자의 동태를 정확히 파악하기 위하여 납세의무자의 사업에 관한 일련의 사항을 사업장 관할세무서 사업자등록부에 등재하는 것을 말한다. 현행 세법상 사업자등록에 관한 규정을 두고 있는 법률로는 부가가치세법, 법인세법 및 소득세법이 있는데, 법인세법 및 소득세법상의 사업자등록은 부가가치세법상의 사업자등록 관련 규정을 준용하고 있다.

부가가치세가 면제되는 재화와 용역을 공급하는 면세사업자는 부가가치세 납세의무 자체가 배제되므로 부가가치세법상 등록의무는 없으나(대법원 1984. 7. 10. 선고 84누163 판결), 면세사업자의 경우라도 법인의 경우 법인세법, 개인의 경우 소득세법의 규정에 의하여 사업자등록을 하여야 할 의무가 있다. 법인세법 및 소득세법상의 사업자등록은 부가가치세법상의 사업자등록 관련규정을 준용하고 있으므로 이하에서는 부가가치세법상의 사업자등록을 중심으로 서술하기로 한다.

3) 사업자등록의 신청절차

가) 신규로 사업을 개시하는 사업자는 사업장마다 사업개시일부터 20일 내에 사업장 관할세무서장에게 필요한 서류를 첨부하여 사업자등록신청서를 제출하여야 한다(부가가치세법 제8조 제1항 본문).

나) 사업자등록신청서에는 ① 사업자의 인적사항, ② 사업자등록 신청사유, ③ 사업개시 연월일 또는 사업장설치 착수 연월일 ④ 기타 참고사항을 기재하여야 한다(부가가치세법시행령 제11조 제1항).

다) ① 법령에 따라 허가를 받거나 등록 또는 신고를 하여야 하는 사업의 경우에는 사업허가증 사본·사업등록증사본 또는 신고확인증사본(사업허가증상의 명의자와

실사업자가 다른 경우에는 사업허가증을 실사업자 명의로 변경하여 사업허가를 받은 후 그 사본을 첨부하여야 한다), ② 사업장을 임차한 경우에는 임대차계약서사본, ③ 상가건물 임대차보호법 제2조 제1항에 따른 상가건물의 일부분만 임차한 경우 해당 부분의 도면 등을 첨부하여야 한다(부가가치세법시행령 제11조 제3항).

4) 신청의 수리와 등록거부

가) 신청의 수리

사업자등록을 신청받은 세무서장은 필요한 요건이 갖추어져 있으면 사업자등록부에 등재하고 등록번호가 부여된 사업자등록증을 신청일부터 2일 이내(토요일, 관공서의 공휴일에 관한 규정 제2조에 따른 공휴일 또는 근로자의 날 제정에 관한 법률에 따른 근로자의 날은 산정에서 제외한다)에 신청자에게 발급하여야 한다. 다만, 사업장 시설이나 사업현황을 확인하기 위하여 국세청장이 필요하다고 인정하는 경우에는 발급기한을 5일 이내에서 연장하고 그 조사한 사실에 따라 사업자등록증을 발급할 수 있다(부가가치세법 시행령 제11조 제1 내지 5항).

나) 등록거부

세무서장이 신청자가 사업을 사실상 개시하지 아니할 것이라고 인정하여 사업자등록을 정당하게 거부함에 따라 신청자가 재차 사업자등록을 신청하여 사업자등록증을 교부받은 경우에는 재차 사업자등록을 신청한 날을 사업자등록 신청일로 보아야 한다.

나. 사업자등록 신청일의 확인방법

1) 경매실무상 임차인들이 제출하는 사업자등록증에는 개업연원일과 사업자등록증 발급일만 기재되어 있어 '사업자 등록신청일'을 알기 어렵다. 상가건물의 인도와 사업자등록의 신청이라는 요건을 갖춘 임차인을 일정한 기준에 따라 보호하고자 하는 상가건물 임대차보호법 제3조 제1항의 취지에 비추어 볼 때 사실상 사업자등록증의 기재만으로 정확한 사업자등록신청일자를 알기 어렵다고 해서 사업자등록증 상의 개업연월일이나 사업자등록증 발급일을 사업자등록 신청일자로 볼 수는 없다.

2) 상가건물 임대차보호법 제4조 제1항은 임대차에 이해관계 있는 자의 등록사항 등의 열람 내지 제공요청에 대하여 관할세무서장이 정당한 사유 없이 이를 거부할 수 없도록 규정하고 있다.

현재 실무상 현황조사 명령 시 집행관에게 상가건물인 경우 '임차인 등록사항 등의 현황서'를 현황조사보고서의 첨부서류로 제출할 것을 요구하고 있으므로, 제출된 현황서를 통하여 사업자등록 신청일을 확인할 수 있다.

만일 현황조사보고서에 등록사항 등의 현황서가 첨부되어 있지 않은 경우에는 집행관에게 '등록사항 등의 현황서'를 제출하도록 명하면 된다.

Ⅲ. 사업자등록 효력발생의 시기와 종기

1. 문제점

상가건물 임대차보호법은 '사업자등록을 신청한 때'에 그 다음날부터 대항력을 가진다고 규정하고 있는바, ① 그 정확한 의미가 무엇인지, 또 ② 사업자등록을 신청하였으나 수리되지 아니한 경우 또는 사업자등록이 말소되는 경우 사업자등록이 유효한 시점과 종료되는 시점은 언제부터인지 등이 문제된다.

2. 사업자등록의 효력발생시기

가. 사업개시 이후에 등록 신청하는 경우

대항력은 상가임대차보호법 제3조 제1항이 규정하고 있는 바에 따라 '신청일 다음날'부터 효력을 발생한다.[5)]

나. 사업개시일 이전에 등록 신청하는 경우

부가가치세법에 의하여 사업개시일(재화 또는 용역의 공급을 개시하는 날, 같은 법 시행규칙 제3조) 이전에 사업자등록을 한 경우, 사업을 개시하였는지 여부는 이해관계인이 상가건물 임대차보호법의 적용을 받는 임차인이 존재하는지를 판단하는 기준이 아니므로 결국 사업개시 이전에 등록신청을 한 경우에도 상가건물 임대차보호법 제3조 제1항이 규정하고 있는 바에 따라 '신청일 다음날'부터 효력을 발생한다.

다. 사업을 폐지하였으나 사업자등록을 말소하지 아니한 경우

사업을 폐지하여 사업자의 지위를 상실했다 하여 기존에 발생한 대항력이 상실되지는 않는다는 견해가 있지만, 상가건물 임대차보호법의 제정취지에 따르면 사업을

5) 이와 달리 부가가치세법상의 납세의무는 실제로 사업을 개시한 날을 기준으로 발생한다.

폐지한 경우는 이미 사업자의 지위를 상실하였다 할 것이므로 사업자등록이 형식적으로 존속한다 하더라도 대항력을 인정할 수 없다(대법원 2006. 1. 13. 선고 2005다64002 판결). 이 경우 임차인이 상가건물 임대차보호법상의 대항력 및 우선변제권을 유지하기 위해서는 건물을 직접 점유하면서 사업을 운영하는 전차인이 그 명의로 사업자등록을 하여야 한다.

라. 폐업신고 후 다시 사업자등록을 신청한 경우

사업은 계속 유지하면서도 사업기간이 길어짐에 따라 세금액이 증가하는 것을 방지할 목적으로 폐업신고를 하였다가 다시 신규로 사업자등록을 취득하는 경우, 폐업신고로 인하여 대항력이 소멸하게 되므로 새로이 사업자등록을 신청한 때로부터 대항력이 발생한다.

사업자등록은 대항력 또는 우선변제권의 취득요건일 뿐만 아니라 존속요건이기도 하므로 배당요구의 종기까지 존속하고 있어야 하는 것이며, 상가건물을 임차하고 사업자등록을 마친 사업자가 폐업한 경우에는 그 사업자등록은 상가건물 임대차보호법이 상가임대차의 공시방법으로 요구하는 적법한 사업자등록이라고 볼 수 없으므로(대법원 2006. 1. 13. 선고 2005다64002 판결 참조), 그 사업자가 폐업신고를 하였다가 다시 같은 상호 및 등록번호로 사업자등록을 하였다고 하더라도 상가건물 임대차보호법상의 대항력 및 우선변제권이 그대로 존속한다고 할 수 없다(대법원 2006. 10. 13. 선고 2006다56299 판결).

3. 사업자등록 신청이 수리되지 아니한 경우

가. 적법한 사업자등록 신청의 경우

사업자가 사업자등록에 필요한 요건을 갖추어 신청하였으나 관할세무서장이 이를 수리하지 아니한 경우에는 최초 신청 시에 사업자등록 신청이 있었던 것으로 보아야 한다(대법원 2000. 12. 22. 선고 99두6903 판결). 관할세무서장이 사업자등록 신청을 받아들이지 않거나 반려하는 경우에는 관할세무서장을 상대로 사업자등록 거부처분의 취소 내지 사업자등록 신청 반려처분의 취소를 행정소송의 형태로 구할 수 있다.

나. 부적법한 사업자등록 신청의 경우

사업자등록신청서에 기재하여야 할 사항을 기재하지 아니한 때, 필요한 서류를 첨부하지 아니한 때 또는 신규로 사업을 개시하고자 하는 자가 사업개시일 전에 사업자등록 신청을 하였으나 신청자가 사업을 사실상 개시하지 아니할 것이라고 인정되는 때 등 사업자등록에 필요한 요건을 갖추지 못하여 관할세무서장이 그 신청을 거부 또는 반려하거나 보완을 명하는 경우 요건을 갖추어 재신청하거나 보완을 한 때에 비로소 사업자등록 신청이 있는 것이다.

사업자등록 신청이 적법하지 아니하다면 그 등록신청이 수리되지 아니한 근거에 관하여 설사 관계 공무원이 잘못 설시하였다고 하더라도 이를 적법한 등록신청이 있는 경우와 같이 볼 것은 아니다.

4. 사업자등록이 정정된 경우

가. 사업자등록정정

사업자등록정정이라 함은 사업자등록사항 중 사업장 소재지, 상호, 대표자 등의 변경이 있는 때 이를 관할세무서장에게 제출하여 그 변경사항을 사업자등록에 반영하는 절차이다(부가가치세법 제8조 제8항, 같은 법 시행령 제14조). 건물의 임대차에 이해관계가 있는 자는 건물의 소재지 관할 세무서장에게 임대차계약이 변경 또는 갱신된 경우에는 변경된 일자, 보증금 및 차임, 임대차기간, 새로운 확정일자를 받은 날 등의 사항의 열람 또는 제공을 요청할 수 있다(상가건물 임대차보호법 제4조 제1항 제6호).

나. 효력

사업자등록정정일은 사업자등록정정신청서가 관할세무서장에게 접수된 때를 말하므로 사업자등록정정 신청을 한 때에는 그 때부터 변경된 사항에 관한 사업자등록이 사업자등록으로서의 효력을 가진다.

정정신청에 있어서 신청요건을 흠결하여 이를 보정하거나 정정신청이 불수리되는 경우의 효력은 사업자등록신청 시의 경우와 마찬가지이다.

5. 사업자등록이 말소되는 경우

사업자등록이 말소되는 경우로는 사업자가 ① 폐업신고를 하여 이에 따라 관할 세무서장이 사업자등록을 말소하는 경우(폐업신청에 의한 말소)와 ② 사업자가 사업 개시일 전에 등록한 후 사실상 사업을 개시하지 아니하여 관할세무서장이 사업자등록을 말소하는 경우(직권말소)의 2가지 경우가 있다(부가가치세법 제8조 제8, 9항).

가. 폐업신청

상가건물 임대차보호법의 적용에 있어서는 폐업신고를 하여 사업자등록이 말소된 경우에는 그 때부터 사업자등록이 효력을 상실한다.[6] 폐업일은 사업장별로 그 사업을 실질적으로 폐업하는 날로 하되 폐업한 때가 명백하지 아니한 경우에는 휴업(폐업)신고서의 접수일을 폐업일로 본다(부가가치세법시행령 제13조).

나. 직권말소

직권말소의 경우 직권말소된 때부터는 사업자등록이 효력을 상실한다.

다만, 직권말소처분이 부적법하여 관할세무서장이 위 말소처분을 철회하거나 또는 취소소송에 의하여 위 처분이 취소되는 때에는,[7] 위 철회와 취소의 소급효를 인정하여 사업자등록이 계속하여 유효하게 존속한 것으로 보는 것이 타당하다는 견해와 거래의 안전을 위하여 소급효를 인정할 수 없다는 견해가 대립된다. 주택임대차보호법에서는 담당공무원의 착오로 주민등록표상에 신거주지 지번이 잘못 기재되었다 하더라도 대항력의 요건을 갖춘 것으로 보아야 한다거나 주민등록이 임차인의 의사에 의하지 않고 제3자에 의하여 임의로 이전되었고 그와 같이 주민등록이 잘못 이전된 데 대하여 임차인에게 책임을 물을 만한 사유도 없는 경우에는 임차인이 취득한 대항력은 주민등록의 이전에도 불구하고 그대로 유지된다는 판례가 있는데(대법원 1991. 8. 13. 선고 91다18118 판결, 1997. 2. 28. 선고 96다46033, 46040 판결, 2000. 9. 29. 선고 2000다37012 판결), 위 판례들의 취지에 비추어 그 소급효를 인

---

6) 반면 부가가치세법상으로는 위와 같이 폐업신고를 한 경우에도 사업을 계속 영위하는 때에는 실질과세의 원칙상 폐업한 것으로 보지 아니하고 과세한다.

7) 판례는 과세관청의 사업자등록 직권말소행위는 불복의 대상이 되는 행정처분으로 볼 수 없다는 입장을 취하고 있다(대법원 1993. 12. 10. 선고 93누17355 판결, 2000. 2. 11. 선고 98두2119 판결, 2000. 12. 22. 선고 99두6903 판결). 그러나 상가건물 임대차보호법의 제정·시행으로 위 판례가 계속 유지될 수 있을지 의문이다.

정하는 것이 타당하다.

등록신청이 요건을 흠결하여 부적법하였으나 관할세무서장이 이를 수리하여 등록이 된 경우에는 위 등록이 사후에 말소되더라도 말소 시까지는 대항력을 갖춘 것으로 보아야 한다. 예컨대, 영업허가를 요하는 주류판매업자가 영업허가를 받지 못하고 사업자등록신청을 하여 등록이 된 경우에도 위 주류판매업자는 행정법상의 영업허가를 취득하지 못한 것에 불과하고 그렇다고 하여 이 법의 보호를 받는 '상인'에 해당하지 않는 것은 아니므로 위 사업자등록에도 대항력이 인정되어야 한다.

Ⅳ. 사업자등록의 적법 여부 판단기준

1. 개요

건물을 임차하고 사업자등록을 신청한 경우에도, 제3자인 이해관계인이 상가건물 임대차보호법 제4조에 의하여 사업자등록사항 등을 열람하여 당해 건물에 상가건물 임대차보호법이 정한 대항력을 갖춘 임차인이 있음을 알 수 없는 경우는 공시방법을 제대로 갖추지 못한 것이 되므로 대항력을 취득할 수 없다.

이해관계인의 열람을 통하여 위 건물에 사업장을 임차한 사업자가 존재하는지를 명백히 알 수 있는 경우에만 공시방법을 갖춘 것으로 보아야 한다. 위 열람사항은 사업자가 사업자등록 신청 시에 제출하는 사업자등록신청서, 임대차계약서 및 도면의 기재에 따르게 되므로 결국 위 각 서류의 기재가 건물등기부상의 지번과 일치하지 아니하면 이해관계인의 열람이 불가능하게 되어 부적법한 사업자등록이다.

열람에 제공하는 자료 중 임대차와 관련한 사항(임대인, 임차인, 임대차 목적물의 지번, 임차보증금, 임대차기간, 확정일자 등)은 임대차계약서 및 도면의 기재에 의하게 되고, 사업자등록에 관한 사항(사업자, 사업자등록 신청일 등)은 사업자등록신청서의 기재에 의하게 된다.

임차목적물은 임대차계약서 및 도면을 종합하여 이를 확정하여야 할 것이므로 임대차계약서에 기재된 건물의 표시와 도면에 표시된 임차목적물의 표시가 그 위치 및 면적에 있어서 상이한 경우가 문제된다. 건물의 일부를 임차한 경우 그 일부에 대한 분할등기가 되어 있지 않음이 보통일 것이므로 임대차계약서에는 등기부상의 지번을 기재할 수밖에 없다. 이때는 도면상의 표시에 의하여 임차목적물을 특정하여야 한다. 반면 도면의 표시가 임대차계약서에 기재된 임차목적물의 범위를 초과하는 경우에는 임대차계약서에 기재된 부분만이 임차목적물이라고 보아야 한다. 즉, 임대차계약서와 도면을 비교하여 그 범위가 더 작은 쪽을 취하여 이를 임차목적물로 보면 된다.

대법원 2008. 9. 25. 선고 2008다44238 판결은 "상가건물 임대차보호법 제3조 제1항에서 건물의 인도와 더불어 대항력의 요건으로 규정하고 있는 사업자등록은 거래의 안전을 위하여 임차권의 존재를 제3자가 명백히 인식할 수 있게 하는 공시방법으로서 마련된 것이므로, 사업자등록이 어떤 임대차를 공시하는 효력이 있는지 여부는 일반 사회통념상 그 사업자등록으로 당해 임대차건물에 사업장을 임차한 사업자가 존재하고 있다고 인식할 수 있는지 여부에 따라 판단하여야 한다. 한편 건물의 임대차에 이해관계가 있는 자는 건물의 소재지 관할 세무서장에게 임대차와 사업자등록에 관한 사항의 열람 또는 제공을 요청할 수 있고, 사업자가 사업장을 임차한 경우에는 사업자등록신청서에 임대차계약서 사본을 첨부하도록 하여 임대차에 관한 사항의 열람 또는 제공은 첨부한 임대차계약서의 기재에 의하도록 하고 있으므로, 사업자등록신청서에 첨부한 임대차계약서상의 임대차목적물 소재지가 당해 상가건물에 대한 등기부상의 표시와 불일치하는 경우에는 특별한 사정이 없는 한 그 사업자등록은 제3자에 대한 관계에서 유효한 임대차의 공시방법이 될 수 없다. 또한 위 각 법령의 위 각 규정에 의하면, 사업자가 상가건물의 일부분을 임차하는 경우에는 사업자등록신청서에 해당 부분의 도면을 첨부하여야 하고, 이해관계인은 임대차의 목적이 건물의 일부분인 경우 그 부분 도면의 열람 또는 제공을 요청할 수 있도록 하고 있으므로, 건물의 일부분을 임차한 경우 그 사업자등록이 제3자에 대한 관계에서 유효한 임대차의 공시방법이 되기 위해서는 사업자등록신청 시 그 임차 부분을 표시한 도면을 첨부하여야 할 것이다."고 판시한바 있다.

2. 공시방법으로서의 사업자등록의 유효 여부에 관한 판단기준

상가건물 임대차보호법은 부가가치세 등의 징수를 위하여 부가가치세법 등이 규정하고 있는 사업자등록이라는 제도를 상가임대차의 공시방법으로 차용한 것이다. 따라서 사업자등록이 대항력을 취득하기 위하여 적법한 것인지의 여부는 부가가치세법상의 사업자등록 개념에 따라 판단할 것이 아니라 주택임대차보호법상의 주민등록의 유효 여부 판단 기준과 같이 상가건물 임대차보호법상 이해관계인인 제3자의 지위에서 해당 상가건물을 임차한 자가 사업자등록을 마친 자임을 확인할 수 있는지에 따라 판단되어야 한다.

3. 사업자등록상의 주소와 공부상 주소의 불일치(=대항력 부정)

1) 건물의 이해관계인이 당해 건물의 등기부상 지번을 기재하여 사업자등록사항의 열람을 신청하면 관할세무서장은 위 지번을 임차목적물로 하는 사업자등록을 검색하여 이를 이해관계인에게 제공하게 된다.

주택임대차보호법의 경우 당해 주택의 등기부상 지번과 다른 주소로 전입신고를 마친 경우 이해관계인이 그 주민등록사항을 파악할 수 없게 되는 것과 마찬가지로 상가건물 임대차보호법에서도 사업자등록상의 지번이 건물의 등기부상 지번과 일치하여야만 적법한 사업자등록이라 할 것이다.

사업장의 주소는 주민등록과 마찬가지로 제3자에 대한 공시기능을 담당하고 있고, 이에 따라 상가건물 임대차보호법은 제4조에서 이해관계인이 건물의 소재지 관할 세무서장에서 임대차 관련 사항의 열람 또는 제공을 요청할 수 있다고 규정하고 있는 것이므로, 이 점은 엄격하게 확인되어야 한다.

2) 등기부등본상의 지번으로 사업자등록을 하였으나 관할세무서가 담당공무원의 실수로 다른 사항이 등록되었던 경우에는 사업자등록 정정의 방법 등에 의하여 사실과 일치하는 사업자등록이 정정된 것을 전제로 당초의 사업자등록을 신청한 때로 소급하여 공시방법을 갖춘 것이다(주택임대차보호법상의 판례 취지를 준용함).

4. 임대차계약서상의 지번 등이 일치하지 않는 경우(=대항력 부정)

주택임대차보호법의 경우는 주민등록에 의하여 당해 지번에 임차인이 존재하는지의 여부를 판단하게 되므로 임대차계약서상의 지번 기재가 부정확하더라도 주민등록이 유효하면 족하나, 상가건물 임대차보호법의 경우에는 사업자등록 자체가 주민등록을 대신하여 공시방법으로서의 역할을 담당하고 사업자등록에 있어서의 주소는 임대차계약서의 기재를 원용하게 되므로 결국 '임대차계약서상의 지번'이 공시의 유효여부를 판단하는 기준이 된다. 따라서 임대차계약서상의 지번이 등기부상의 지번과 불일치하는 경우에는 대항력을 갖추지 못한 것이 된다.

5. 임차인과 사업자등록명의인이 다른 경우(= 대항력 부정)

1) 상가건물 임대차보호법 제3조 제1항은 '임차인이 … 사업자등록을 신청한 때에는'이라고 규정하고 있으므로 사업자등록인과 임차인이 동일인이 아닌 경우에는 대항력을 인정할 수 없다.

세법은 '실질과세의 원칙'에 따라 사업자등록명의인이 아니더라도 실질적인 사업자가 납세의무자가 되나, 상가건물 임대차보호법의 경우에는 실질적 사업자인지의 여부와 관계없이 임차인이 자신의 이름으로 사업자등록을 하여야만 이해관계인이 이를 열람하여 그 동일성 여부를 판단할 수 있으므로 이 경우 공시방법을 갖추지 못한 것이 된다.

이해관계인은 열람을 통하여 당해 지번에 사업자가 등록되어 있는 사실 및 위 영업에 관하여 임차인이 존재한다는 사실을 확인할 수 있으므로 위와 같은 경우에도 공시방법을 갖춘 것으로 볼 여지가 있으나, 상가건물 임대차보호법은 임차인과 사업자등록인이 동일인일 것을 요건으로 하고 있으므로 임차인인 사업자가 타인 명의로 사업자등록을 한 경우(또는 사업자등록은 자신의 명의로 하였으나 타인 명의로 임차한 경우)에는 공시방법을 갖추지 못한 것이다.

2) 다만, 임대차계약서상의 임차인은 타인 명의로 되어 있으나 사업자등록인이 실질적인 임차인이고 명의상 임차인은 사업자등록인의 동거가족에 해당하는 경우는 입증을 통하여 대항력을 인정받을 수 있다.

6. 임대차계약서에 첨부한 도면과 임대차계약서의 관계

임차목적물은 임대차계약서 및 도면을 종합하여 이를 확정하여야 할 것이므로 임대차계약서에 기재된 건물의 표시와 도면에 표시된 임차목적물의 표시가 그 위치 및 면적에 있어서 상이한 경우가 문제된다. 건물의 일부를 임차한 경우 그 일부에 대한 분할등기가 되어 있지 않음이 보통일 것이므로 임대차계약서에는 등기기록상의 지번을 기재할 수밖에 없다. 이때는 도면상의 표시에 의하여 임차목적물을 특정하여야 할 것이다. 반면 도면의 표시가 임대차계약서에 기재된 임차목적물의 범위를 초과하는 경우에는 임대차계약서에 기재된 부분만이 임차목적물이라고 보아야 할 것이다. 즉, 임대차계약서와 도면을 비교하여 그 범위가 더 작은 쪽을 취하여 이를 임차목적물로 판단하면 될 것이다.

7. 대항력의 발생시기 및 내용과 범위 등

가. 발생시기

상가건물 임대차보호법은 대항력의 발생시기를 '인도 및 사업자등록신청일 다음날'로 규정하고 있다.

사업자등록신청을 하였으나 신청이 부적법한 경우 또는 등록이 거부된 경우가 문제되는데, 등록신청을 하였으나 요건의 흠결로 등록이 거부된 때에는 결국 등록이라는 요건을 충족한 사실이 없으므로 등록신청일 다음날부터 잠정적으로 생긴 대항력이 소급적으로 소멸한다.

나. 존속요건

주택임대차보호법과 마찬가지로 사업자등록이 말소, 변경(사업종류 등의 변경은 대항력의 존속에 방해가 되지 않으므로, 소재지 또는 사업자의 변경의 경우가 문제될 것이다)되지 아니하고 유지되어야 한다. 경매절차에 있어서는 배당요구의 종기까지 존속되어야 배당받을 수 있다.

다. 내용과 범위

주택임대차보호법에 있어서의 해석이 그대로 적용될 수 있을 것으로 보인다. 임차인이 상가건물 임대차보호법상의 대항력을 취득한 후에 해당 상가건물의 소유권이 제3자에게 양도되면 임차인은 그 새로운 소유자에 대하여 자신의 임차권으로 대항할 수 있고, 새로운 소유자는 종전 소유자의 임대인으로서의 지위를 승계한다(대법원 2013. 12. 12. 선고 2013다211919 판결).

대항력이 미치는 인적 범위와 관련하여, 가등기에 기한 소유권이전등기를 마친 경우에는 가등기의 순위보전의 효력에 의하여 중간처분이 실효되는 효과가 있으므로 대항력 발생시기와 가등기 시기의 선후에 따라 대항력이 미치는지 여부를 결정하여야 하는 점도 주택임대차와 마찬가지이다.

Ⅴ. 우선변제권

1. 총설

주택임차인의 임차보증금 우선변제권(주택임대차보호법 제3조의2 제2항, 제8조 제1항)이나 상가건물임차인의 임차보증금 우선변제권(상가건물 임대차보호법 제5조 제2항, 제14조)은 그 요건이나 효력이 대동소이하고, 다만 임차한 건물이 주거용건물인지 상가건물인지, 보호대상인 임차보증금의 상한에 제한이 있는지 여부, 법인도 적용대상인지에 차이가 있을 뿐이다.

임대차의 종료나 임차건물의 명도는 요건이 아니다(상가건물 임대차보호법 제8조, 제5조 제3항 참조).

2. 확정일자를 갖춘 임차보증금채권의 우선변제권 행사의 요건

확정일자부 우선변제권 행사의 요건은 ① 상가건물 임대차보호법 제3조 제1항의 대항요건인 건물인도와 사업자등록을 갖추고, 그 대항요건을 배당요구의 종기까지 존속하여야 하며, ② 관할 세무서장으로부터 임대차계약서상의 확정일자를 받아 갖추어야 하고, ③ 상가건물이 경매 또는 체납처분에 의해 매각되어야 하며, ④ 임차인이 배당요구의 종기까지 배당요구를 하여야 하고, ⑤ 임대차보증금이 상가건물 임대차보호법 제2조의 적용범위에 해당하여야 한다.

3. 소액보증금 최우선변제권 행사의 요건

소액보증금 최우선변제권 행사의 요건은 ① 배당요구의 종기까지 배당요구를 하였을 것, ② 보증금 액수가 소액보증금(상가건물 임대차보호법시행령 제6조 참조)에 해당할 것(위 금액에 해당하면 상가건물 임대차보호법 적용대상 금액은 당연히 적용되기 때문에 상가건물 임대차보호법 적용대상 금액 이하일 것이라는 요건은 불요), ③ 첫 경매개시결정등기 전에 대항요건(임차목적물의 점유 및 사업자등록의 신청)을 갖추었을 것, ④ 배당요구의 종기까지 대항력을 유지할 것이다.

4. 소액보증금 판단 기준

가. 소액보증금(환산보증금)의 변천

시행일자		우선변제 소액임차인의 범위(A)	우선변제 받을 소액보증금의 범위(B)
2002. 11. 1. - 2010. 7. 25.	서울특별시	4,500만 원 이하	1,350만 원
	수도권정비계획법에 따른 수도권 중 과밀억제권역(서울특별시는 제외) 및 부산광역시	3,900만 원 이하	1,170만 원
	광역시(수도권정비계획법에 따른 과밀억제권역에 포함된 지역과 군지역, 제외)	3,000만 원 이하	900만 원
	그 밖의 지역	2,500만 원 이하	750만 원
2010. 7. 26. - 2013. 12. 31.	서울특별시	5,000만 원 이하	1,500만 원
	수도권정비계획법에 따른 수도권 중 과밀억제권역	4,500만 원 이하	1,350만 원
	광역시, 안산시, 용인시, 김포시 및 광주시	3,000만 원 이하	900만 원
	그 밖의 지역	2,500만 원 이하	750만 원
2014. 1. 1. - 현재	서울특별시	6,500만 원 이하	2,200만 원
	수도권정비계획법에 따른 수도권 중 과밀억제권역(서울특별시는 제외)	5,500만 원 이하	1,900만 원
	광역시(수도권정비계획법에 따른 과밀억제권역에 포함된 지역과 군지역, 제외), 안산시, 용인시, 김포시 및 광주시	3,800만 원 이하	1,300만 원

	그 밖의 지역	3,000만 원 이하	1,000만 원

나. 수 개 구분점포를 털어서 1개의 점포로 사용 시 소액임차인 대상 여부 판단하는 보증금(=1채로 계산)

1) 수 개 구분점포의 일괄임대차의 경우

임차인이 수 개의 구분점포를 동일한 임대인에게서 임차하여 하나의 사업장으로 사용하면서 단일한 영업을 하는 경우 등과 같이, 임차인과 임대인 사이에 구분점포 각각에 대하여 별도의 임대차관계가 성립한 것이 아니라 일괄하여 단일한 임대차관계가 성립한 것으로 볼 수 있는 때에는, 비록 구분점포 각각에 대하여 별개의 임대차계약서가 작성되어 있더라도 구분점포 전부에 관하여 상가건물 임대차보호법 제2조 제2항의 규정에 따라 환산한 보증금액의 합산액을 기준으로 상가건물 임대차보호법 제14조에 의하여 우선변제를 받을 임차인의 범위를 판단하여야 한다.

2) 대법원 2013. 10. 17. 선고 2013다207644 판결

위 판결은 '이 사건 집합건물 중 2층 201호, 202호', 보증금을 '1억 원', 차임을 '200만 원'으로 기재한 단일한 계약서를 작성하여 이 사건 임대차계약을 체결하고, 그 무렵 위 201호 및 202호(이하 '이 사건 각 구분건물'이라 한다)를 인도받아 벽체 등에 의한 구분 없이 하나의 사업장으로 사용하면서 '○○○'이라는 상호로 음식점을 운영하다가 2010. 4. 19. 청주세무서장으로부터 위 계약서에 확정일자를 받은 점 등에 비추어 보면, 이 사건 각 구분건물인 201호와 202호에 관하여 각각 별도의 임대차관계가 성립한 것이 아니라 일괄하여 보증금 1억 원, 차임 월 200만 원인 단일한 임대차관계가 성립한 것으로 봄이 상당하다고 전제한 다음, 상가건물 임대차보호법 제2조 제2항, 같은 법 시행령 제2조 제3항에 따라 환산한 금액을 포함하면 이 사건 임대차계약의 보증금액은 3억 원이 되어 상가건물 임대차보호법의 적용대상인 보증금액 한도를 초과하므로 원고를 그 법에서 정한 우선변제권 있는 임차인이라고 할 수 없다고 판단하였다.

위 판결은 결국 집합건물 중 2개의 구분건물을 임차하여 벽체 등에 의한 구분 없이 하나의 사업장으로 사용한 사안에서, 각 구분건물에 관하여 각각 별도의 임대차관계가 성립한 것이 아니라 일괄하여 단일한 임대차관계가 성립한 것으로 본 것이다.

3) 대법원 2015. 10. 29. 선고 2013다27152 판결

위 판결은 임차인이 수 개의 구분점포를 동일한 임대인으로부터 임차하여 하나

의 사업장으로 사용하면서 단일한 영업을 하는 경우 등과 같이, 임차인과 임대인 사이에 구분점포 각각에 대하여 별도의 임대차관계가 성립한 것이 아니라 일괄하여 단일한 임대차관계가 성립한 것으로 볼 수 있는 때에는, 비록 구분점포 각각에 대하여 별개의 임대차계약서가 작성되어 있더라도 그 구분점포 전부에 관하여 상가건물 임대차보호법 제2조 제2항의 규정에 따라 환산한 보증금액의 합산액을 기준으로 상가건물 임대차보호법 제14조에 의하여 우선변제를 받을 임차인의 범위를 판단하여야 한다고 판단하였다.

피고는 서울 중구 소재 상가건물의 지하 1층 구분점포 중 32개 구분점포를 임차하여 벽체 등에 의한 구분 없이 하나의 사업장으로 사용하면서 그곳에서 헬스장을 운영하여 온 사실, ② 피고가 임차한 32개 구분점포 중 이 사건 쟁점 부동산을 포함한 5개 구분점포는 소외인의 소유였는데, 피고는 소외인으로부터 위 5개 구분점포를 임차하면서 구분점포 각각에 관하여 별개의 임대차계약서를 작성한 사실, ③ 그런데 피고와 소외인 사이에 작성된 임대차계약서 5건은 모두 같은 날인 2009. 12. 20. 작성되었고, 동일한 계약서 양식을 사용하였으며, 보증금 및 월 차임의 기재를 제외한 나머지 계약내용이 모두 동일한 사실, ④ 구분점포별로 보증금 및 월 차임에 차이가 있기는 하나, 이는 구분점포의 계약서상 면적이 달라 그에 비례하여 보증금 및 월 차임을 정하였기 때문으로 보이고, 계약서상 면적이 동일한 구분점포(이 사건 쟁점 부동산, 69호) 사이에서는 보증금 및 월 차임도 동일한 사실, ⑤ 이 사건 쟁점 부동산에 관하여 상가건물 임대차보호법 제2조 제2항의 규정에 따라 환산한 보증금액은 3,110만 원으로서 구 상가건물 임대차보호법(2013. 8. 13. 법률 제12042호로 개정되기 전의 것, 이하 같다) 제14조 및 구 상가건물 임대차보호법 시행령(2013. 12. 30. 대통령령 제25036호로 개정되기 전의 것, 이하 같다) 제6조 제1호가 정한 기준금액인 5,000만 원을 초과하지 아니하나, 피고가 소외인으로부터 임차한 5개 구분점포 전부에 관하여 상가건물 임대차보호법 제2조 제2항의 규정에 따라 환산한 보증금액의 합산액은 1억 1,790만 원으로서 위 5,000만 원을 초과하는 사실 등을 알 수 있다.

이러한 사실관계를 앞에서 본 법리에 비추어 보면, 비록 피고가 이 사건 쟁점 부동산을 포함한 소외인 소유의 5개 구분점포 각각에 관하여 별개의 임대차계약서를 작성하였다고 하더라도, 그 5개 구분점포 각각에 관하여 별도의 임대차관계가 성립한 것이 아니라 일괄하여 단일한 임대차관계가 성립한 것으로 봄이 상당하다. 따라서 5개 구분점포 전부에 관하여 상가건물 임대차보호법 제2조 제2항의 규정에 따라 환산한 보증금액의 합산액이 구 상가건물 임대차보호법 시행령 제6조 제1호가 정한 금액을 초과하는 이상, 피고는 이 사건 쟁점 부동산에 관하여도 구 상가건물 임대차보호법 제14조에 의하여 우선변제를 받을 임차인에 해당하지 아니한다고 할 것이다.

다. 공동임대인 중 일부의 공유지분이 경매되는 경우

상가건물을 공유하는 공동임대인 중 일부의 공유지분이 경매되는 경우, 공동임대인의 임차인에 대한 보증금반환채무는 성질상 불가분채무이므로, 임차인이 소액임차인에 해당하는지 여부는 임차인의 전체 임대차보증금을 기준으로 해야 할 것이다. 이렇게 보지 않으면 소유자와 임차인이 담합하여 단독소유를 공유로 만드는 방법으로 소액임차인을 양산할 우려가 있다.[8)]

공유지분의 경매절차에서 임차인이 소액보증금 전액을 배당받으면, 지분이 경매된 공유자는 다른 공유자에게 임차인이 배당받은 소액임대차보증금 중 다른 공유자의 공유지분 비율에 해당하는 금액의 구상을 할 수 있을 것이다.[9)]

라. 임차권등기 후의 소액임차인은 최우선변제권 없음(확정일자부 우선변제권은 있음)

임차인이 임대건물의 인도와 부가가치세법 제8조, 소득세법 제168조 또는 법인세법 제111조에 따른 사업자등록을 갖춘 일정 범위의 소액임차인이라 할지라도 그 대항요건을 갖추기 전에 당해 임대건물에 먼저 민법 제621조에 의한 임차권등기를 마친 임차인이 있는 경우에는, 그 소액임차인은 상가건물 임대차보호법 제14조에 따른 최우선변제를 받을 권리가 없다(상가건물 임대차보호법 제7조 제1항, 제6조 제6항). 임차권등기명령의 집행에 따른 임차권등기가 끝난 건물(임대차의 목적이 건물의 일부분인 경우에는 그 부분으로 한정한다)을 그 이후에 임차한 소액임차인도 마찬가지이다(상가건물 임대차보호법 제6조 제6항). 임차권등기에 의하여 우선변제권이 확보된 것으로 믿고 대항력을 상실한 임차인이, 차후에 요건을 갖춘 소액임차인에 의하여 우선변제를 받지 못하게 될 우려를 차단하기 위한 규정이다. 다만 임차권등기가 있은 후에도 그 후에 대항요건과 확정일자를 구비한 임차인은 우선변제권 구비 순위에 따라 상가건물 임대차보호법 제5조 제2항에 의하여 우선변제를 받을 수는 있다.

---

8) 민일영, 주택 · 상가건물의 경매와 임대차, 박영사(2009), 311

9) 민일영, 주택 · 상가건물의 경매와 임대차, 박영사(2009), 311; 최준규, 주석민법 채권각칙(3), 한국사법행정학회(2016), 890

Ⅵ. 기타 쟁점

1. 주택임대차보호법과 동일한 부분

확정일자 임차인의 우선변제권(상가건물 임대차보호법 제5조 제2항), 소액임차인의 최우선변제권(법 제14조, 소액임차인 및 소액보증금의 범위와 기준은 건물가액의 1/2[10] 범위 안에서 대통령령으로 정함), 보증금반환채권을 양수한 금융기관 등의 우선변제권 승계(법 제5조 제7, 8, 9항), 임차권등기명령제도(법 제6조), 차임증감청구권(법 제11조), 월차임 전환 시 산정률 제한(법 제12조) 등은 주택임대차보호법과 같은 구조로 규정하고 있다.

2. 환산보증금 제도 존재(=주택임대차보호법에서는 환산보증금 없음)

가. 환산보증금 제도의 도입

1) 개념

가) 상가건물 임대차보호법의 적용대상 기준으로서의 보증금액이나 ② 소액임차인의 범위를 정하는 기준으로서의 보증금액을 산정함에 있어, 보증금 외에 차임이 있는 경우에는, 월 단위의 차임액에 1분의 100을 곱하여 환산한 금액(즉 100배의 금액)을 보증금에 산입한다(법 제2조 제2항, 제14조 제3항, 시행령 제2조 제2, 3항, 제6조)[11].

예컨대 보증금 8,000만 원에 월 차임이 100만 원이면 환산 보증금은 1억 8,000만 원{8,000만 원+(100만 원×100)}이 된다.

2) 규정

상가건물 임대차보호법
제2조(적용범위)
① 이 법은 상가건물(제3조제1항에 따른 사업자등록의 대상이 되는 건물을 말한다)의 임대차(임대차 목적물의 주된 부분을 영업용으로 사용하는 경우를 포함한다)에 대하여 적용한다. 다만, 제14조의2에 따른 상가건물임대차위원회의 심의를 거쳐 대통령령으로 정하는 보증금액을 초과하는 임대차에 대하여는 그러하지 아니하다.

---

10) 종래에는 1/3이었다가 2013. 8. 13. 법 개정 및 2013. 12. 30. 시행령 개정으로 2014. 1. 1.부터 상한이 1/2로 확대되었다.

11) 주택임대차보호법은 소액임차인의 범위를 정함에 있어 보증금액만을 기준으로 하고 있다.

② 제1항 단서에 따른 보증금액을 정할 때에는 해당 지역의 경제 여건 및 임대차 목적물의 규모 등을 고려하여 지역별로 구분하여 규정하되, 보증금 외에 차임이 있는 경우에는 그 차임액에 「은행법」에 따른 은행의 대출금리 등을 고려하여 대통령령으로 정하는 비율을 곱하여 환산한 금액을 포함하여야 한다.
제14조(보증금 중 일정액의 보호)
① 임차인은 보증금 중 일정액을 다른 담보물권자보다 우선하여 변제받을 권리가 있다. 이 경우 임차인은 건물에 대한 경매신청의 등기 전에 제3조제1항의 요건을 갖추어야 한다.
② 제1항의 경우에 제5조제4항부터 제6항까지의 규정을 준용한다.
③ 제1항에 따라 우선변제를 받을 임차인 및 보증금 중 일정액의 범위와 기준은 임대건물가액(임대인 소유의 대지가액을 포함한다)의 2분의 1 범위에서 해당 지역의 경제 여건, 보증금 및 차임 등을 고려하여 제14조의2에 따른 상가건물임대차위원회의 심의를 거쳐 대통령령으로 정한다.
상가건물 임대차보호법 시행령
제2조(적용범위)
① 「상가건물 임대차보호법」(이하 "법"이라 한다) 제2조제1항 단서에서 "대통령령으로 정하는 보증금액"이란 다음 각 호의 구분에 의한 금액을 말한다.
1. 서울특별시: 9억 원
2. 「수도권정비계획법」에 따른 과밀억제권역(서울특별시는 제외한다) 및 부산광역시: 6억 9천만 원
3. 광역시(「수도권정비계획법」에 따른 과밀억제권역에 포함된 지역과 군지역, 부산광역시는 제외한다), 세종특별자치시, 파주시, 화성시, 안산시, 용인시, 김포시 및 광주시: 5억 4천만 원
4. 그 밖의 지역: 3억 7천만 원
② 법 제2조제2항의 규정에 의하여 보증금외에 차임이 있는 경우의 차임액은 월 단위의 차임액으로 한다.
③ 법 제2조제2항에서 "대통령령으로 정하는 비율"이라 함은 1분의 100을 말한다.
제6조(우선변제를 받을 임차인의 범위)
법 제14조의 규정에 의하여 우선변제를 받을 임차인은 보증금과 차임이 있는 경우 법 제2조제2항의 규정에 의하여 환산한 금액의 합계가 다음 각호의 구분에 의한 금액 이하인 임차인으로 한다.
1. 서울특별시: 6천 500만원
2. 「수도권정비계획법」에 따른 과밀억제권역(서울특별시는 제외한다): 5천 500만원
3. 광역시(「수도권정비계획법」에 따른 과밀억제권역에 포함된 지역과 군지역은 제

외한다), 안산시, 용인시, 김포시 및 광주시: 3천 8백만 원
4. 그 밖의 지역: 3천만 원

나. 환산보증금 제도는 상가건물 임대차보호법 적용대상 여부 및 최우선변제 대상 소액임차인 여부 확인에만 활용됨.

환산보증금 제도는 ① 상가건물 임대차보호법 제2조에 따라 상가건물 임대차보호법 적용대상인지 여부를 가릴 때와, ② 상가건물 임대차보호법 제14조, 상가건물 임대차보호법 시행령 제6조에 따라 최우선변제를 받을 소액임차인인지 여부를 가리기 위해, 보증금과 차임이 있는 경우 법 제2조 제2항의 규정에 의하여 환산한 금액의 합계가 일정 금액 이하인지 여부를 판단할 때만 사용된다.

다. 소액임차인 해당 여부 판단 시에 환산보증금 적용

상가건물 임대차보호법 제14조의 규정에 의하여 우선변제를 받을 임차인은 보증금과 차임이 있는 경우 법 제2조 제2항의 규정에 의하여 환산한 보증금액의 합계가 서울특별시의 경우 6,500만 원, 수도권정비계획법에 따른 과밀억제권역(서울특별시는 제외)의 경우 5,500만 원, 광역시(수도권정비계획법에 따른 과밀억제권역에 포함된 지역과 군 지역은 제외), 안산시, 용인시, 김포시 및 광주시의 경우 3,800만 원, 그 밖의 지역은 3,000만 원 이하인 임차인이다(상가건물 임대차보호법 시행령 제6조).

이러한 소액보증금 범위의 판단 기준은 사업자등록신청서에 첨부한 임대차계약서와 등록사항현황서에 기재되어 공시된 임대차보증금 및 차임에 따라 환산된 보증금액이다[대법원 2016. 6. 9. 선고 2015다26542(본소), 2015다26559(반소) 판결]. 따라서 사업자등록신청서에 첨부한 임대차계약서와 등록사항 현황서에 기재되어 공시된 임대차보증금과 차임에 따라 환산된 보증금액이 상가건물 임대차보호법 시행령 제6조에서 정한 소액보증금의 범위에 해당하지 아니하는 경우에는, 실제 임대차계약의 내용에 따라 환산된 보증금액이 위와 같은 기준을 충족하는 것이더라도 임차인은 소액보증금 최우선변제권을 주장할 수 없다. 이러한 법리는 임대차계약이 변경되거나 갱신되었는데 임차인이 사업자등록정정신고를 하지 아니하여 등록사항현황서 등에 기재되어 공시된 내용과 실제 임대차계약의 내용이 불일치하게 된 경우에도 마찬가지이다(대법원 2016. 6. 9. 선고 2013다215676 판결).

라. 상가주택 임차인의 확정일자부 우선변제권이나, 주택임대차에서는 환산보증금 미적용(= 월세 있는 주택임대차에 있어서 환산보증금 적용하는 실수 피해야)

앞에서 살펴 본 바와 같이 환산보증금 제도는 ① 상가건물 임대차보호법 제2조에 따라 상가건물 임대차보호법 적용대상인지 여부를 가릴 때와, ② 상가건물 임대차보호법 제14조, 상가건물 임대차보호법 시행령 제6조에 따라 최우선변제를 받을 소액임차인인지 여부를 가리는 데만 적용되는 제도로서, 상가주택 임차인의 확정일자부 우선변제권이나, 주택임대차보호법상의 확정일자부 우선변제권이나 소액보증금 최우선변제권에는 전혀 적용되지 않는 개념이다.

그런데 근래에 들어 주택임대차에 있어서도 월세를 이용하는 경우가 증가하면서 월세 있는 주택임대차에 있어서 소액보증금 최우선변제권이나 확정일자부 우선변제권을 행사할 수 있는 보증금액을 계산하면서 월세에 100을 곱한 금액을 보증금액으로 산입하여 실제 보증금 보다 훨씬 많은 금액을 보증금액으로 계산하여 최우선변제권이 적용되는 소액보증금이 아니라고 처리하거나, 실제 보증금 보다 훨씬 많은 금액에 대하여 확정일자부 우선변제권을 부여하는 실수를 범하는 경우가 종종 있으므로 반드시 유의해야 한다.

3. 임대차기간

가. 임대차기간(= 1년)

주택임대차에 있어서 기간의 정함이 없거나 기간을 2년 미만으로 정한 경우에는 그 기간을 2년으로 보고, 다만 임차인은 2년 미만으로 정한 기간이 유효함을 주장할 수 있는 것과 달리, 상가건물 임대차보호법에서는 기간을 정하지 아니하거나 기간을 1년 미만으로 정한 임대차는 그 기간을 1년으로 본다. 다만, 임차인은 1년 미만으로 정한 기간이 유효함을 주장할 수 있다(법 제9조 제1항).

나. 법정임대차

임대차가 종료한 경우에도 임차인이 보증금을 반환받을 때까지 임대차관계는 존속하는 것으로 의제된다(법 제9조 제2항). 이는 상가건물 임차인의 보증금반환청구권 보호를 위한 것으로 법 제정 시부터 존재하는 규정이다(주택임대차보호법의 경우에는 법 제정 시에는 없었던 조항인데 1983. 12. 30. 법 개정으로 도입된 것과 다르다).

임대차가 종료하였는데 임대인이 보증금을 반환하지 않은 채 임차건물의 명도를 구하면 임차인은 동시이행의 항변권을 행사함으로써 보호받을 수 있다. 그러나 임대차 종료 후 임차주택을 양수한 제3자가 명도를 구할 경우에는 동시이행의 항변을 할 수 없게 되어 임차인은 보증금을 반환받지 못한 채 임차건물을 명도해야 하는 불리한 상황에 처하게 된다. 그런데 상가건물 임대차보호법 제9조 제2항은 임대차 종료 후에도 임차인이 보증금을 반환받을 때까지는 임대차관계가 존속되는 것으로 의제하므로, 임차인은 위와 같은 경우에도 보호받는 결과가 된다. 이로써 임차인은 임차보증금반환청구권에 관하여 마치 유치권을 보유한 것과 같은 효과를 누리게 되는 것이다.

임대차 종료의 사유를 불문하고 임차인이 보증금을 반환받을 때까지는 그 정산을 위하여 임대차관계가 존속하는 것으로 보므로, 일종의 법정임대차 관계가 성립한다. 이 경우 임차인이 계속 그 주택에 거주하며 실질적인 사용·수익을 하는 한 임대인에 대하여 차임지급의무를 부담하나, 이는 임대차 종료 이후의 문제이므로 엄밀한 의미에서는 임대차계약에 정한 차임지급의무가 아닌 차임 상당의 부당이득 반환의무라고 할 것이다.

하지만 임차인이 거주하지 않고 이사한 경우에는 차임지급의무를 부담하지 않는다. 이 점에서 계약기간 중이면 거주 여부를 불문하고 차임을 지급하는 본래의 임대차관계와 다르다.

다. 묵시의 갱신(법 제10조 제4, 5항)

1) 규정

상가건물 임대차보호법은 제10조에서 임차인의 계약갱신 요구권 행사에 의한 10년간의 법정 갱신 뿐 아니라 주택임대차보호법 제6조와 같은 취지로 '묵시의 갱신'에 관해서도 규정하고 있다.

즉, 임대차기간 만료 6개월 전부터 1개월 전까지 사이에 임대인이 임차인에게 갱신거절의 통지나 조건변경의 통지를 하지 아니하면, 그 기간 만료 시에 전 임대차와 동일한 조건으로 다시 임대차한 것으로 보고, 이 경우 임대차의 존속기간은 1년으로 본다(법 제10조 제4항).

묵시의 갱신이 되더라도 임차인은 언제든지 임대인에게 해지 통고를 할 수 있고, 임대인이 통고를 받은 날부터 3개월이 지나면 해지의 효력이 발생한다(법 제10조 제5항). 다만, 주택임대차보호법과 달리 임차인이 묵시의 갱신을 저지하기 위해 기간 만료 2개월 전까지 임대인에게 통지를 하도록 하는 규정은 없다. 그 이유는 상가건물 임차인은 임대차기간 만료 6개월 전부터 1개월 전까지 사이에 계약갱신요구를 통해 갱신의사 여부를 밝힐 수 있기 때문이다.

2) 요건

가) 묵시의 갱신이 되려면 일단 임대차기간이 만료되었을 때 비로소 가능하다. 임대차기간이 1년인 경우에는 1년이 만료되었을 때가 기준이 되고, 약정 기간이 1년을 초과하는 경우에는 그 약정 기간이 만료된 때를 기준으로 한다.

나) 이와 관련하여 기간을 1년 미만으로 정한 임대차관계에서는 임차인만 그 기간이 유효함을 주장할 수 있는데(법 제9조 제1항 단서), 이 경우 임차인이 1년 미만의 약정 기간 만료를 선택하여 그 시점을 기준으로 묵시의 갱신을 주장할 수 있는지가 문제된다. 주택임대차에 관한 사안에 대한 판례는 법이 보장하고 있는 기간보다 짧은 약정 기간을 주장할 수는 없다고 판시하여, 이를 부인하는 태도를 취하였다(대법원 1996. 4. 26. 선고 96다5551, 5568 판결). 이러한 판례의 입장은 상가건물 임대차의 경우에도 적용된다고 할 것이다. 계약이 중도 해지되는 등 기간 만료 이외의 사유로 임대차관계가 종료하는 경우에는 묵시의 갱신이 인정될 여지가 없다.

다) 또한 묵시의 갱신이 되려면 임대인이 임대차기간 만료 전 6개월부터 1개월 전까지 사이에 임차인에 대하여 갱신거절의 통지 또는 계약조건을 변경하지 아니하면 갱신하지 않는다는 뜻의 통지를 하지 아니한 경우라야 한다. 임대인이 위 기간 안에 갱신거절 또는 조건변경의 통지를 한 경우에는 묵시의 갱신이 될 수 없다.

3) 효과(= 임차기간은 종전 임대차와 달리 1년으로 법정)

가) 앞서 본 각 요건이 갖추어지면 임대차기간이 끝난 때에 전 임대차와 동일한 조건으로 다시 임대차한 것으로 보므로(법 제10조 제4항 전문), 보증금과 차임은 전 임대차와 동일하고, 종전 임대차가 대항력과 우선변제권을 갖추었다면 갱신된 임대차에서도 대항력과 우선변제권이 그대로 유지된다.

나) 다만, 묵시의 갱신이 이루어진 경우 새로운 임대차기간은 전 임대차의 기간과 무관하게 1년이 된다(법 제10조 제4항 후문). 임차인의 계약갱신요구권 행사로 인한 법정 갱신의 경우 갱신되는 임대차 기간이 종전 임대차기간과 동일한 것과는 차이가 있다. 또한 계약갱신요구권은 최초 임대차기간을 포함한 전체 임대차기간이 10년을 초과하지 않는 범위에서만 가능한 데 비하여(법 제10조 제2항), 묵시의 갱신에는 이러한 제한이 없다(대법원 2010. 6. 10. 선고 2009다64307 판결).

4) 묵시의 갱신 후 임차인의 임대차계약의 해지(법 제10조 제5항)

주택임대차와 마찬가지로 상가건물 임대차의 경우에도 묵시의 갱신이 되고나면 임차인이 언제든지 임대인에게 계약해지의 통고를 할 수 있고, 임대인이 그 통고를 받은 날부터 3개월이 지나면 효력이 발생하도록 정하고 있다.

이 법에 의하면 임대차기간 만료 전 6개월부터 1개월 전까지 사이에 임차인이 계약갱신요구를 하거나, 임대인이 위 기간 내에 임차인에 대하여 갱신거절 또는 조건변경의 통지를 하지 아니하면 임대차계약이 갱신되는데, 만일 임차인이 임대차기간 만료 전 1개월 전부터 만료일 사이에 계약 해지의 의사표시를 한 경우에 어떤 효과를 부여할 수 있을지가 문제된다. 이 경우 해지의 의사표시로 묵시의 갱신을 저지할 수는 없다고 할 것이나, 임대차의 존속을 원하지 않는 임차인의 의사가 명확히 표시된 이상 별도의 해지 통고가 없더라도, 이를 묵시의 갱신 후 임대차계약에 관한 해지 통고로 보아 묵시의 갱신이 이루어진 임대차는 그 개시일로부터 3개월이 경과하면 해지된다고 봄이 타당할 것이다.[12)]

5) 임차인의 갱신거절시 효과

주택임대차보호법에서는 "임대인이 임대차기간이 끝나기 6개월 전부터 2개월 전까지의 기간에 임차인에게 갱신거절의 통지를 하지 아니하거나 계약조건을 변경하지 아니하면 갱신하지 아니한다는 뜻의 통지를 하지 아니한 경우에는 그 기간이 끝난 때에 전 임대차와 동일한 조건으로 다시 임대차한 것으로 본다. 임차인이 임대차기간이 끝나기 2개월 전까지 통지하지 아니한 경우에도 같다(주택임대차보호법 제6조 제1항)."고 하여, 임대인뿐만 아니라 임차인의 갱신거절권에 대하여도 규정하고 있다.

반면 상가건물 임대차보호법에서는 임대인이 임대차기간 만료 6개월 전부터 1개월 전까지 사이에 임차인에게 갱신 거절의 통지를 하지 아니한 경우에는 계약이 갱신되도록 규정하고 있으나(법 제10조 제4항), 임차인의 갱신 거절의 통지에 대해서는 아무런 규정을 두고 있지 않다.

따라서, 상가건물 임대차보호법에서는 임대인이 임대차기간 만료 6개월 전부터 1개월 전까지 사이에 임차인에게 갱신 거절의 통지를 하지 아니한 이상 1년의 존속기간을 가진 임대차계약으로 갱신되는 것이고(법 제10조 제4항), 다만 이 때 임차인은 언제든지 임대인에게 계약해지의 통고를 할 수 있으며, 임대인이 그 통고를 받은 날부터 3개월이 지나면 해지의 효력이 발생하는 것으로(법 제10조 제5항) 해석함이 상당하다.

---

12) 박해식 · 박정삼 · 이경희, 상가임대차 분쟁소송[이론과 실무], 법률정보센타, 2004, 392

6) 임대인의 해지 통지 규정없고, 갱신거절 가능

임대인의 해지 통지에 관해서는 상가건물 임대차보호법에서 별도로 규정하지 않았는데, 임대인은 묵시의 갱신이 된 경우 1년의 법정 임대차기간에 구속되어 별도의 해지 사유가 없는 한 그 기간 내에는 임의로 해지 통지를 할 수 없다. 다만, 임대인은 재차 묵시의 갱신이 되는 것을 방지하기 위해 갱신된 1년의 기간이 끝나기 6개월 전부터 1개월 전까지 사이에 임차인을 상대로 갱신거절의 통지를 할 수는 있을 것이다.

다만 그러한 경우에도 최초 임대차기간부터 10년 이내에는 정당한 거절사유가 없는 한 임차인의 계약갱신요구에 따른 법정 갱신을 배제할 수는 없다.

4. 계약갱신요구권(=주택임대차보호법과 달리 여러 번 10년까지 가능)

가. 제도의 취지 및 의의

상가건물 임대차보호법이 임차인에게 10년의 임차기간 범위 내에서 임대인에게 특별한 거절 사유가 없는 한 계약갱신요구권을 부여하고 있는 제도의 취지는 임대차계약을 통하여 상가건물을 영업장으로 확보하고 영업을 시작하는 상인들의 경우 영업 초기의 투자비용이나 시설비용이 과대함에도 불구하고 임대차기간의 만료로 인하여 영업장을 옮겨야 할 경우 그 초기비용을 회수하지 못하는 손실을 입게 되므로, 상가건물 임차인에게 영업개시일로부터 최소한의 임차 기간을 보장함으로써 위와 같은 비용회수를 용이하게 하려는 것이라고 할 것이다.

나. 임차인의 계약갱신요구권(법 제10조 제1항 내지 제3항)

1) 의의

상가건물 임대차기간의 만료로 임차권이 소멸하는 경우 임차인은 계약갱신요구권을 행사할 수 있다. 기간 만료 이외의 사유로 임차권이 소멸하는 경우, 즉 임차건물의 멸실, 경매로 인한 임차건물의 매각, 임대인의 해지 등으로 임대차관계가 종료될 경우에는 갱신요구를 할 수 없다. 임차인의 계약갱신요구권은 형성권이므로 임대인이 법정사유를 들어 정당하게 거절하지 않는 한 곧바로 계약갱신의 효과가 발생한다.

2) 갱신요구권자와 상대방

상가건물 임대차보호법 제2조 제1항 본문에 정한 상가건물의 임차인은 당연히 계약갱신을 요구할 수 있다. 또한 보증금 회수에 있어 우선변제권이 보장되지 않는 법 제2조 제1항 단서에서 정하는 보증금액을 초과하는 임대차의 임차인도 계약갱신요구를 할 수 있다(법 제2조 제3항).

수인이 공동하여 상가건물을 임차한 때에는 해지권의 불가분성에 관한 민법 제547조를 준용하여 공동임차인 전원이 갱신을 요구하여야 한다.

갱신요구의 상대방은 임대인이다. 임대인이 반드시 임차건물의 소유자일 필요는 없다. 만일 임차건물의 소유자인 임대인이 그 건물을 제3자에게 양도한 경우에는 대항력 있는 임차인은 새로운 소유자에게 갱신요구를 할 수 있다(법 제3조 제2항).

3) 방식과 내용

상가건물 임대차보호법에서는 갱신요구의 방식에 관하여 별다른 정함이 없다. 따라서 갱신요구의 의사표시는 서면으로는 물론 구두로도 가능하다고 할 것이나, 임차인으로서는 장래의 분쟁을 예방하기 위하여 가급적 내용증명우편을 통해 갱신요구를 하는 편이 좋을 것이다. 갱신요구의 내용도 특별한 정함이 없으므로 임대인에게 기간이 만료되는 임대차의 갱신을 요구하면 되고, 그 사유를 제시할 필요는 없다. 묵시적으로라도 임대차계약의 갱신을 요구하는 의사가 임대인에게 표시되었다고 볼 수 있다면 갱신요구를 하였다고 인정할 수 있을 것이다.

4) 행사시기

가) 임차인의 계약갱신요구는 상대방 있는 의사표시이므로 임대차기간 만료 전 6월부터 1월까지 사이에 임대인에게 도달되어야 한다. 따라서 갱신요구가 기간만료 전 6월이 되기 전이나 기간만료 전 1월이 지나서 임대인에게 도달한 때에는 그 효력이 없다. 또한 임차인이 계약갱신요구를 한 후에는 이를 임의로 철회할 수 없다. 갱신요구의 시기에 제척기간을 설정한 것은 계약갱신요구권의 행사가 임차인의 일방적 행위로 이루어지므로, 행사 가능한 시기를 제한함으로써 임대인의 법적 불확실성을 제거하기 위한 취지로 이해된다.

나) 임차인의 계약갱신요구권은 최초의 임대차기간을 포함한 전체 임대차기간이 10년을 초과하지 아니하는 범위에서만 행사할 수 있다(제2항). 이 법 제정 시에는 그 기간을 5년으로 정하였으나 5년으로는 임차인이 영업을 안정적으로 계속하기 어렵다는 주장이 지속적으로 제기되어 2018. 10. 16. 법률 제15971호로 기간을 10년으로 변경하는 법 개정이 이루어졌다. 위 개정 조항은 시행일인 2018. 10. 16.부터 최초로 체결되거나 갱신되는 임대차에 적용된다(부칙 제2조).

다) 최초의 임대차로부터 합산하여 전체 임대차기간이 10년을 이미 초과한 경우에는 더 이상 계약갱신요구권을 행사할 수 없다. 아직 전체 임대차기간이 10년을 초

과하지 아니한 경우에도 계약이 갱신됨으로써 갱신 후의 임대차기간을 합산하여 10년을 초과하게 되는 경우에는 10년의 범위 내에서만 갱신의 효력이 미친다.

한편, 판례는 이 법 제10조 제2항의 문언 및 입법취지에 비추어 볼 때, '최초의 임대차 기간'은 이 법 시행 이후 체결된 임대차계약에 있어서나 법 시행 이전에 체결되었다가 법 시행 이후 갱신된 임대차계약에 있어서 모두 당해 상가건물에 관하여 최초로 체결된 임대차계약의 기간을 의미한다고 한다(대법원 2006. 3. 23. 선고 2005다74320 판결)

5) 묵시의 갱신과의 관계(=묵시의 갱신은 10년 초과해서도 가능, 임대인이 묵시의 갱신 거절해도 임차인은 계약갱신요구가능)

가) 상가건물 임대차보호법 제10조 제1항에서 정하는 임차인의 계약갱신요구권은 임차인이 임대차기간이 만료되기 6개월 전부터 1개월 전까지 사이에 계약의 갱신을 요구하면 그 단서에서 정하는 사유가 없는 한 임대인이 그 갱신을 거절할 수 없는 것을 내용으로 하여서 임차인의 주도로 임대차계약의 갱신을 달성하려는 것이다. 이에 비하여 같은 조 제4항의 묵시의 갱신은 임대인이 위와 같은 기간 내에 갱신거절의 통지 또는 조건변경의 통지를 하지 아니하면 임대차기간이 만료된 때에 임대차의 갱신을 의제하는 것으로서, 기간의 만료로 인한 임대차관계의 종료에 임대인의 적극적인 조치를 요구한다.

이와 같이 이들 두 법조항상의 각 임대차갱신제도는 그 취지와 내용을 서로 달리하는 것이므로, 임차인의 갱신요구권에 관하여 전체 임대차기간을 10년으로 제한하는 같은 조 제2항의 규정은 같은 조 제4항에서 정하는 법정 갱신에 대하여는 적용되지 아니한다(대법원 2010. 6. 10. 선고 2009다64307 판결). 따라서 묵시의 갱신은 전체 임대차기간이 10년을 초과하는 경우에도 가능하다.

나) 임차인의 계약갱신요구권에 관한 법 제10조 제1항 내지 제3항과 임대인의 갱신 거절의 통지에 관한 법 제10조 제4항의 문언 및 체계와 아울러, 법 제10조 제1항에서 정하는 임차인의 계약갱신요구권은 임차인의 주도로 임대차계약의 갱신을 달성하려는 것인 반면 법 제10조 제4항은 기간의 만료로 인한 임대차관계의 종료에 임대인의 적극적인 조치를 요구하는 것으로서 이들 두 법조항상의 각 임대차갱신제도는 그 취지와 내용을 서로 달리하는 것인 점(대법원 2010. 6. 10. 선고 2009다64307 판결 참조) 등을 종합하면, 법 제10조 제4항에 따른 임대인의 갱신거절의 통지에 법 제10조 제1항 제1호 내지 제8호에서 정한 정당한 사유가 없는 한 그와 같

은 임대인의 갱신거절의 통지의 선후와 관계없이 임차인은 법 제10조 제1항에 따른 계약갱신요구권을 행사할 수 있고, 이러한 임차인의 계약갱신요구권의 행사로 인하여 종전 임대차는 법 제10조 제3항에 따라 갱신된다고 할 것이다(대법원 2014. 4. 30. 선고 2013다35115 판결).

6) 계약갱신요구권은 기간을 정한 임대차에만 적용되므로, 대통령령으로 정한 보증금액을 초과하는 임대차에서 기간을 정하지 않은 경우에는 임대기간 1년 간주규정이 적용되지 않아 계약갱신요구권이 적용되지 않음(= 21다233730판결)

대법원 2021. 12. 30. 선고 2021다233730 판결은 "기간을 정하지 않은 임대차는 그 기간을 1년으로 간주하지만(제9조 제1항), 대통령령으로 정한 보증금액을 초과하는 임대차는 위 규정이 적용되지 않으므로(제2조 제1항 단서), 원래의 상태 그대로 기간을 정하지 않은 것이 되어 민법의 적용을 받는다. 따라서 대통령령이 정한 보증금액을 초과하는 상가임대차에서 기간을 정하지 않은 경우에는 민법 제635조 제1항, 제2항 제1호에 따라 이러한 임대차는 임대인이 언제든지 해지를 통고할 수 있고 임차인이 통고를 받은 날로부터 6개월이 지남으로써 효력이 생기므로, 임대차기간이 정해져 있음을 전제로 기간 만료 6개월 전부터 1개월 전까지 사이에 행사하도록 규정된 임차인의 계약갱신요구권(상가건물 임대차보호법 제10조 제1항)은 발생할 여지가 없다."고 판결하였다.

위 판결의 원심인 서울서부지방법원 2021. 4. 30. 선고 2020나41990 판결은 위와 같이 상가건물 임대차보호법 적용 기준을 초과하는 보증금액인 기간을 정하지 않은 임대차에 대하여는 계약갱신 요구권이 적용되지 않는다고 보는 논거로 다음과 같은 점을 들었다.

상가건물 임대차보호법은 갱신요구권 행사기간을 '임대차기간이 만료되기 6개월 전부터 1개월 전까지 사이'라고 명시하고 있고(제10조 제1항), 상가건물 임대차보호법의 적용을 받는 임대차 중에서 기간을 정하지 않은 임대차에 대해서는 그 존속기간을 1년으로 본다는 특별한 임대차기간 의제 규정을 두어 갱신요구권 행사를 가능하게 하고 있는 점(제9조, 제10조 제4항)을 감안할 때, 상가건물 임대차보호법의 갱신요구권 행사는 그 문언상 기간의 만료를 상정할 수 있는, 즉 존속기간이 정해진 임대차를 적용 대상으로 하고 있다고 봄이 타당하다. 이는 '갱신'의 의미에 비추어도 그러하다. 즉 묵시의 갱신에서도 이는 기간의 정함이 있는 임대차에 한하여 생기는 문제이고, 기간의 정함이 없는 임대차에서는 처음부터 문제되지 않는다. 갱신이라는 의미 자체가 기간의 정함을 전제로 한 것이기 때문이다.

7) 계약갱신요구권은 상가건물 임대차보호법이 시행되는 2013. 8. 13. 이후 처음으로 체결된 임대차 또는 2013. 8. 13. 이전에 체결되었지만 2013. 8. 13. 이후 갱신되는 임대차에만 적용됨

2013. 8. 13. 법률 제12042호로 개정되어 같은 날부터 시행된 상가건물 임대차보호법(이하 '상가건물 임대차보호법'이라 한다)은 제10조 제1항부터 제3항까지의 규정에서 갱신요구권에 관하여 최초 임대차기간을 포함하여 5년을 초과하지 않는 범위에서 임차인이 임대차기간이 만료되기 6개월 전부터 1개월 전까지 사이에 계약갱신을 요구하면 제1항 단서에서 정하는 사유가 없는 한 갱신을 거절하지 못하고, 전 임대차와 같은 조건으로 다시 계약된 것으로 보도록 정하고 있었다.

상가건물 임대차보호법 제2조 제3항은 위 제10조 제1항, 제2항, 제3항 본문이 대통령령이 정하는 보증금액을 초과하는 임대차에 대하여도 적용된다고 정하고, 부칙 제2조는 '이 법 시행 후 최초로 체결되거나 갱신되는 임대차부터 적용한다.'고 정하고 있었다.

위 규정들의 문언, 내용과 체계에 비추어 부칙 제2조의 '이 법 시행 후 최초로 체결되거나 갱신되는 임대차'는 위 개정 상가건물 임대차보호법이 시행되는 2013. 8. 13. 이후 처음으로 체결된 임대차 또는 2013. 8. 13. 이전에 체결되었지만 2013. 8. 13. 이후 갱신되는 임대차를 가리킨다고 보아야 한다. 따라서 개정 법률 시행 후에 임대차가 갱신되지 않고 기간만료 등으로 종료된 경우는 이에 포함되지 않는다(대법원 2017. 12. 5. 선고 2017다9657 판결).

8) 갱신기간을 10년으로 연장한 개정 상가건물 임대차보호법은 개정 법률 시행 후에 개정 전 법률에 따른 의무임대차기간이 경과하여 임대차가 갱신되지 않고 기간만료 등으로 종료된 경우는 적용되지 않음(= 20다241017판결)

가) 상가건물 임대차보호법은 제10조 제1항과 제3항의 규정에서 갱신요구권에 관하여 임대인은 임차인이 임대차기간이 만료되기 6개월 전부터 1개월 전까지 사이에 계약갱신을 요구하면 제1항 단서에서 정하는 사유가 없는 한 갱신을 거절하지 못하고, 전 임대차와 같은 조건으로 다시 계약된 것으로 보도록 정하고 있다.

나) 그런데 구 상가건물 임대차보호법(2018. 10. 16. 법률 제15791호로 개정되기 전의 것) 제10조 제2항은 갱신요구권은 최초 임대차기간을 포함하여 전체 임대차기간이 5년을 초과하지 않는 범위에서만 행사할 수 있다고 정하였는데, 개정 상가건

물 임대차보호법 제10조 제2항은 이에 대해 10년을 초과하지 않는 범위에서만 행사할 수 있다고 정하고, 그 부칙 제2조는 "제10조 제2항의 개정규정은 이 법 시행 후 최초로 체결되거나 갱신되는 임대차부터 적용한다."라고 정하고 있다.

다) 위 규정들의 문언, 내용과 체계에 비추어 보면, 개정 상가건물 임대차보호법 부칙 제2조의 '이 법 시행 후 최초로 체결되거나 갱신되는 임대차'는 개정 상가건물 임대차보호법이 시행되는 2018. 10. 16. 이후 처음으로 체결된 임대차 또는 2018. 10. 16. 이전에 체결되었지만 2018. 10. 16. 이후 그 이전에 인정되던 계약 갱신 사유에 따라 갱신되는 임대차를 가리킨다고 보아야 한다. 따라서 개정 법률 시행 후에 개정 전 법률에 따른 의무임대차기간이 경과하여 임대차가 갱신되지 않고 기간만료 등으로 종료된 경우는 이에 포함되지 않는다(대법원 2020. 11. 5. 선고 2020다241017 판결).

라) 이에 대법원은 2012. 7. 20. 임대차 계약을 체결한 후 2014. 7. 30.에 2019. 7. 20.까지 임대차기간을 총 7년으로 연장하기로 합의한 다음, 연장된 임대차 기간이 만료되기 3개월 전인 2019. 4. 6. 임대인이 임차인에게 임대차계약을 갱신할 의사가 없음을 통보하자 임차인이 임대차계약의 갱신을 요구한 사안에서, 임대차계약 체결 당시 임차인의 갱신요구권이 인정되는 의무임대차기간은 구 상가건물 임대차보호법(2018. 10. 16. 법률 제15791호로 개정되기 전의 것) 제10조 제2항에 따라 5년인데, 임차인이 임대차 갱신을 요구한 때에는 이미 의무임대차기간 5년을 경과하였으므로 위 임대차계약은 임대인의 적법한 갱신거절 통지로 인하여 2018. 10. 16. 법률 제15791호로 개정된 상가건물 임대차보호법 시행 이후에 기간만료로 종료되어 갱신되지 않았고, 따라서 위 임대차계약에는 개정 상가건물 임대차보호법 제10조 제2항이 적용되지 않기 때문에 을은 임대차계약에 적용되는 의무임대차기간이 10년이라는 이유로 임대차계약의 갱신을 요구할 수 없다고 판단하였다(대법원 2020. 11. 5. 선고 2020다241017 판결).

9) 갱신요구권과 권리금 회수 청구권은 무관

구 상가건물 임대차보호법 제10조의4의 문언과 내용, 입법 취지에 비추어 보면, 같은 법 제10조 제2항에 따라 최초의 임대차기간을 포함한 전체 임대차기간이 5년(현재는 10년)을 초과하여 임차인이 계약갱신요구권을 행사할 수 없는 경우에도 임대인은 같은 법 제10조의4 제1항에 따른 권리금 회수기회 보호의무를 부담한다(대법원 2019. 5. 16. 선고 2017다225312, 225329 판결 참조).

그 논거는 다음과 같다.

가) 구 상가건물 임대차보호법 제10조의4는 임차인의 계약갱신요구권 행사기간의 만료를 권리금 회수기회 보호의무의 예외사유로 정하고 있지 않다. 구 상가건물 임대차보호법 제10조 제2항은 "임차인의 계약갱신요구권은 최초의 임대차기간을 포함한 전체 임대차기간이 5년을 초과하지 아니하는 범위에서만 행사할 수 있다."라고 하여 계약갱신요구권 행사기간을 제한하고 있는데, 제10조의4는 제10조 제2항을 권리금 회수기회 보호의무의 예외사유로 정하지 않고, 계약갱신거절에 관한 제10조 제1항 각호 또는 제10조의4 제2항 각호에서 정한 '정당한 사유'가 있는 경우를 그 예외사유로 정하고 있다. 따라서 전체 임대차기간이 5년을 초과하는지 여부와 무관하게 제10조의4에서 정한 요건을 충족하면 임대인이 권리금 회수기회 보호의무를 부담한다고 보는 것이 법 문언에 충실한 해석이다.

나) 구 상가건물 임대차보호법은 2015. 5. 13. 개정되어 권리금 관련 조항(제10조의3 내지 제10조의7)이 신설되었다. 종래 규정만으로는 임차인이 투자한 비용이나 영업활동으로 형성된 지명도나 신용 등 경제적 이익이 임대인의 갱신거절에 의해 침해되는 것을 충분히 방지할 수 없었기 때문이다. 즉, 임대인은 새로운 임대차계약을 체결하면서 직접 권리금을 받는 등 임차인이 형성한 영업적 가치를 아무런 대가나 제한 없이 이용할 수 있게 되지만 임차인은 다시 시설비를 투자하고 신용확보와 지명도 형성을 위하여 상당기간 영업손실을 감당하여야 하는 문제점을 해결하기 위한 것이다. 그런데 임대인이 같은 법 제10조 제1항 각호의 갱신거절사유가 있어 계약갱신을 거절하는 경우에는 임대인에게 권리금 회수기회 보호의무가 없으므로, 법 개정을 통하여 보호하려는 '임대인의 갱신거절에 의해 임차인의 이익이 침해되는 경우'란 결국 같은 법 제10조 제2항에 따라 전체 임대차기간이 5년을 경과하여 임차인이 더 이상 계약갱신요구권을 행사할 수 없는 경우가 가장 전형적이다.

신설 조항의 입법과정에서 임대인의 권리금 회수기회 보호의무를 계약갱신요구권의 행사기간 범위로 제한하고자 하였다고 볼 만한 사정이 없는 점, 오히려 상가임차인이 같은 법 제10조 제2항에 따라 상가임대차계약의 갱신을 요구하지 못하더라도 권리금 회수를 보장할 필요가 있는 점 등에 비추어 보더라도 이러한 경우를 권리금 회수기회 보호의무의 예외사유로 인정할 필요성을 찾기 어렵다.

다) 구 상가건물 임대차보호법 제10조 제1항에서 정한 임차인의 계약갱신요구권은 임차인이 임대차기간이 만료되기 6개월 전부터 1개월 전까지 사이에 계약의 갱신을 요구하면 그 단서에서 정하는 사유가 없는 한 임대인이 그 갱신을 거절할 수 없

도록 하여 상가임차인에게 최소한의 영업기간을 보장하기 위해서 임차인의 주도로 임대차계약의 갱신을 달성하려는 것이다(대법원 2010. 6. 10. 선고 2009다64307 판결 등 참조). 반면, 같은 법 제10조의4는 임대차계약이 종료된 경우에도 상가임차인이 일정한 범위 내에서 영업상 유·무형의 재산적 가치를 회수할 수 있도록 보장하기 위해 임대인에게 권리금 회수기회 보호의무를 부과하는 것으로서, 두 조항의 입법 취지와 내용이 다르다.

라) 구 상가건물 임대차보호법 제10조 제1항 단서 각호에서 정한 갱신거절사유는, 임차인의 차임 연체(제1호), 부정한 방법에 의한 임차(제2호), 무단 전대(제4호), 고의·중과실에 의한 임차목적물 파손(제5호), 현저한 의무 위반(제8호) 등 전형적인 임차인의 채무불이행 또는 신뢰파괴 사유에 관한 것이거나 임대인이 임차인에게 상당한 보상을 제공하여(제3호) 권리금 회수를 보장할 필요가 없는 경우이다. 그 외에는 임차건물의 멸실로 임대차 목적 달성이 불가능하거나(제6호), 임대인이 임대차계약 시 미리 임차인에게 철거·재건축계획을 고지하였거나 안전사고의 우려나 법령에 의하여 상가건물의 철거·재건축이 이루어지는 경우(제7호)로서 상가건물의 멸실 등으로 임차인이 형성한 영업의 재산적 가치가 사라지게 되어 임차인이 권리금 회수를 기대하기 어려운 경우 등이다.

위와 같은 갱신거절사유의 내용을 살펴볼 때 상가건물의 전체 임대차기간이 5년이 지난 경우를 그와 같이 보기는 어렵다. 전체 임대차기간이 5년이 지나도 임차인이 형성한 고객, 거래처, 신용 등 재산적 가치는 여전히 유지되어 임차인의 권리금 회수를 보장할 필요성이 있기 때문이다.

마) 이러한 해석이 임대인의 상가건물에 대한 사용수익권을 과도하게 제한한다고 볼 수도 없다. 구 상가건물 임대차보호법 제10조의4 제2항은, 임차인이 주선한 신규임차인이 되려는 자가 보증금이나 차임을 지급할 자력이 없는 경우(제1호), 신규임차인이 되려는 자가 임차인의 의무를 위반할 우려가 있거나 그 밖에 임대차를 유지하기 어려운 상당한 이유가 있는 경우(제2호), 상가건물을 1년 6개월 이상 영리목적으로 사용하지 아니한 경우(제3호) 등 임대인으로 하여금 임차인이 주선한 신규임차인과 임대차계약을 체결하도록 강제하는 것이 부당한 경우에는 임대인이 그 계약체결을 거절할 수 있도록 하여 임대인의 재산권 행사를 보호하기 위한 규정을 마련하여 두고 있다. 또한 임대인은 신규임차인에게 시세에 비추어 현저히 고액의 차임과 보증금이 아니라면 새로운 조건을 내용으로 하는 임대차계약의 체결을 요구할 수 있

고, 신규임차인이 3기의 차임액 이상 차임을 연체하는 등 같은 법 제10조 제1항 각호의 사유가 발생한 경우에는 언제든지 임대차계약을 해지하거나 계약갱신을 거절할 수 있고 이러한 경우 권리금 회수기회 보호의무를 부담하지 않기 때문이다.

5. 차임연체 시 계약해지(=3기 연체)

가. 법률 개정 전 대법원 판례는 임대인의 갱신거절 사유인 3기 연체가 아니라 민법상의 2기 연체로 해지 인정

상가건물 임대차보호법은 제10조 제1항 단서에 의하여 상가건물 임대인에게 임차인의 계약갱신요구를 거절할 수 있는 권한을 부여하고 있지만, 임차인의 의무 위반으로 인한 임대인의 계약 해지에 관해서는 2015. 5. 13. 상가건물 임대차보호법 제10조의8이 신설되기 전에는 아무런 규정을 두지 않고 있었으므로, 종래 법 제10조 제1항 단서 각호의 갱신거절사유로 규정된 사항인 3기의 차임 연체를 원인으로 임대인이 민법상 해지권을 행사할 수 있는지와 관련하여 학설상의 대립이 있었다.

그러다가 대법원 2014. 7. 24. 선고 2012다28486 판결에서 "이 법에서 정한 임대인의 갱신요구거절권은 계약해지권과 그 행사시기, 효과 등이 서로 다를 뿐만 아니라, 이 법 제10조 제1항이 민법 제640조에서 정한 계약해지에 관하여 별도로 규정하고 있지 아니하므로, 이 법 제10조 제1항 단서 제1호가 민법 제640조에 대한 특례에 해당한다고 할 수 없다. 그러므로 이 법의 적용을 받는 상가건물의 임대차에도 민법 제640조가 적용되고, 상가건물의 임대인이라도 임차인의 차임연체액이 2기의 차임액에 이르는 때에는 임대차계약을 해지할 수 있다. 같은 이유에서 민법 제640조와 동일한 내용을 정한 약정이 이 법의 규정에 위반되고 임차인에게 불리한 것으로서 이 법 제15조에 의하여 효력이 없다고 할 수 없다."고 판시함으로써 이 법 제10조 제1항 단서 제1호가 '임차인이 3기의 차임액에 해당하는 금액에 이르도록 차임을 연체한 사실이 있는 경우'를 갱신거절사유로 삼고 있는 것과는 무관하게 '2기 이상 차임연체'가 있으면 민법 제640조에 의한 해지권 행사를 긍정하는 입장을 취하였다.

나. 2015. 5. 13. 개정시 3기 연체해야 계약해지 하도록 규정(법 제10조의8)

하지만 앞서 본 판례에 대하여 "상가건물 임대차에서 임대인의 갱신거절권과 즉시해지권은 그 행사의 시기와 방식에 차이가 있기는 하지만 같은 목적을 위한 병존적 권리로서, 전자가 후자를 배척하는 관계가 아니라 특별법의 정신이 일반법에서도 관철되어야 하는 제한의 관계로 이해되어야 하는 이상 즉시해지권의 발생요건을 갱신거절사유에 부합하도록 가중하여, 임대인으로서는 연체차임의 누적액이 3기분에 이르러야 즉시해지를 할 수 있도록 하여야 한다."는 취지의 비판이 제기되었다.[13]

이에 2015. 5. 13. 법률 개정 시에 법 제10조의8을 신설하여 상가건물 임대차에서는 차임을 3기 연체해야 계약을 해지할 수 있도록 새로운 입법을 하였다.

'차임연체액이 3기의 차임액에 달하는 때'란 연속해서 3기의 차임을 연체한 때는 물론이고 연속해서 연체하지 않았더라도 연체차임 총액이 3기분에 달하는 경우를 포함한다. 예를 들어 5월에 연체 후 6월에 차임을 납부했더라도 7, 8월에 다시 차임을 연체한 경우는 여기에 해당한다(다만, 본법 제10조의9에 따라 2020. 9. 29.부터 2021. 3. 29.까지 사이에 발생한 차임연체는 본조에서 말하는 3기의 차임연체에 산입하여서는 안 된다).

한편, 갱신을 전후로 한 상가건물 임대차계약의 내용과 성질이 동일한 점, 임대인과 임차인 사이의 형평, 이 법 제10조와 본조의 입법취지 등을 고려하면, 상가건물의 임차인이 계약갱신 전부터 차임을 연체하기 시작하여 계약갱신 후에 차임연체액이 3기의 차임액에 이른 경우에도, 임대인은 위 조항에 따라 임대차계약을 해지할 수 있다는 것이 판례이다(대법원 2008. 10. 9. 선고 2008다3022 판결).

Ⅶ. 부칙의 규정

상가건물 임대차보호법이 제정되어 2002. 11. 1. 시행됨에 따라 상가건물 임대차보호법 소정의 우선변제권에 관한 규정이 민법 제621조의 규정에 의한 건물임대차등기에도 준용되게 되었지만, 위 상가건물 임대차보호법 부칙 제2항은, 이 법 시행 전에 이미 저당권이나 전세권 등 물권을 취득한 제3자에 대해서는 그 효력이 없다고 규정하고 있으므로, 위 법 시행 전에 이미 저당권이나 전세권을 취득한 제3자가 있는 경우 여전히 그 저당권자나 전세권자에 대해서는 우선변제권을 주장할 수 없다(대법원 2004. 3. 19. 자 2004마44 결정).

---

13) 지원림, 차임 연체로 인한 상가건물 임대차계약의 즉시해지, 민사법학 제70호, 2015, 365

제9장 형식적 경매

Ⅰ. 형식적 경매의 의의

민사집행법상의 경매에는 집행권원에 기하여 행하는 강제경매와 담보권 실행 위한 경매, 그리고 오로지 특정재산의 가격보존 또는 정리를 위하여 하는 경매의 가지가 있는데, 이중 강제경매와 담보권 실행을 위한 경매는 채권자가 자기채권의 족을 얻기 위하여 실행한다는 의미에서 실질적 경매라고 부르고, 이에 대응하여 재산의 가격보존 또는 정리를 위한 경매를 보통 형식적 경매라고 부른다.

민사집행법 제274조는 유치권에 의한 경매와 민법·상법, 그 밖의 법률이 규정하는 바에 따른 경매는 담보권 실행을 위한 경매의 예에 따라 실시한다고 규정하고 있다. 여기에 규정된 민법·상법, 그 밖의 법률이 규정하는 바에 따른 경매를 흔히 협의의 형식적 경매라 부르고 여기에 유치권에 의한 경매를 포함시켜 광의의 형식적 경매라고 부르는 것이 일반적이다. 이에 따르면 결국 형식적 경매는 담보권 실행을 위한 경매절차의 예에 의하여 실시하여야 하는 셈이 된다.

Ⅱ. 형식적 경매의 종류

1. 유치권에 의한 경매

유치권에는 민사유치권(민법 제320조)과 상사유치권(상법 제58, 91조, 111조, 113조, 120조, 147조, 807조 2항, 844조 1항 등)이 있다.

유치권에 기한 경매에 있어서는 ① 유치권에 기한 경매가 소멸주의로 진행되는지 또는 인수주의로 진행되는지, ② 유치권에 기한 경매의 경우에도 잉여주의가 적용되어 민사집행법 제102조의 규정이 준용되는지, ③ 그 매각대금이 배당되어야 하는지 아니면 유치권자에게 교부하면 되는지 등이 주로 문제가 되는데, 이들 쟁점은 서로 별개의 것이 아니라 논리적으로 서로 연결되어 있다.

2. 협의의 형식적 경매의 종류

가. 공유물분할을 위한 경매

이것은 공유물을 그 가치에 의하여 분할하기 위하여 현금화하는 것을 목적으로 하는 경매로서, 민법 제269조 제2항, 제278조, 제1013조 제2항에 의한 경매가 그 예이다. 공유물분할의 소는 형성의 소이므로, 분할을 인용하는 판결에는 형성적 효력이 있어서(따라서 대세적 효력도 있다) 그 판결이 확정되면 부동산의 경우 그 판결내용과 같은 등기가 행해지지 않아도 분할된 각 부동산에 대하여 각 공유자가 단독소유권을 취득하는 것으로 권리관계의 변동이 생기게 되고, 다만 처분하기 위하여 등기해야 한다(민법 제187조)[1]는 것이 통설·판례의 입장이다.[2]

하지만 대금분할을 명한 공유물 분할판결은 경매를 조건으로 하는 특수한 형성판결로서, 대금분할을 명한 공유물분할 판결의 변론종결 후 일부 공유자의 지분이 제3자에게 이전된 경우, 제3자는 민사소송법 제218조 제1항의 변론을 종결한 뒤의 승계인에 해당하여 위 판결의 기판력이 그에게 미치므로, 그 원고는 위 판결정본에 승계집행문을 부여받아 제3자에 대한 강제집행을 실시할 수 있다.[3]

공유물분할청구권은 공유관계에서 수반되는 형성권이므로 공유관계가 존속하는 한 그 분할청구권만이 독립하여 시효소멸될 수 없고[4], 경매에 의한 대금분할을 명한 공유물분할을 명한 공유물분할의 확정판결에 기한 경매신청권 역시 공유물분할청구권이므로 공유관계가 존속하는 한 시효소멸의 대상이 되지 않는다.

집합건물의 소유 및 관리에 관한 법률 제20조 제2항에 따르면 구분소유자는 특별한 사정이 없는 한 대지사용권을 전유부분과 분리하여 처분할 수 없다. 이를 위반한 대지사용권의 처분은 법원의 공유물분할경매절차에 의한 것이라 하더라도 무효이므로(대법원 2009. 6. 23. 선고 2009다26145 판결), 구분소유의 목적물인 건물 각 층과 분리하여 대지에 대하여 경매분할을 명한 확정판결에 기하여 진행되는 공유물분할경매절차에서 대지만을 매수하였다고 하더라도 매수인은 원칙적으로 그 소유권

1) 등기예규 제1383호 판결 등 집행권원에 의한 등기의 신청에 관한 업무처리지침 참조

2) 대법원 1969. 12. 29. 선고 68다2425 판결, 대법원 1981. 3. 24. 선고 80다1888, 1889 판결 등. 다만 공유물분할의 소송절차 또는 조정절차에서 공유자 사이에 공유토지에 관한 현물분할의 협의가 성립하여 그 합의사항을 조서에 기재함으로써 조정이 성립하였다고 하더라도 그와 같은 사정만으로 재판에 의한 공유물분할의 경우와 마찬가지로 그 즉시 공유관계가 소멸하고 각 공 유자에게 그 협의에 따른 새로운 법률관계가 창설되는 것은 아니고, 그 공유자들이 협의한 바에 따라 토지의 분필절차를 마친 후 각 단독소유로 하기로 한 부분에 관하여 다른 공유자의 공유지분을 이전받아 등기를 마침으로써 비로소 그 부분에 대한 대세적 권리로서의 소유권을 취득하게 된다(대법원 2013. 11. 21. 선고 2011두1917 전원합의체 판결). 이 전원합의체 판결은, 조정은 공유물분할의 소의 소송물 자체를 대상으로 하여 그 소송에서의 법원의 판단을 갈음하는 것이 아니어서 본질적으로 당사자들 사이에 협의에 의한 공유물분할이 있는 것과 다를 바 없다는 취지이다. 이에 관하여 자세한 것은 강현중, "조정에 의한 공유토지의 분할과 공유자의 단독소유권 취득" 법률신문 2016. 3. 7.자 13면 참조.

3) 대법원 1979. 3. 8.자 79마5 결정.

4) 대법원 1981. 3. 24. 선고 80다1888, 1889 판결 등

을 취득할 수 없다(대법원 2010. 5. 27. 선고 2006다84171 판결, 대법원 2013. 1. 17. 선고 2010다71578 전원합의체 판결).

등기되지 않았을 뿐 아니라 건축허가나 신고 없이 지어진 건물에 대한 경매신청은 부동산 경매의 대상이 아닌 것에 대한 것이어서 부적법한데(대법원 2013. 9. 13. 선고 2011다69190 판결), 그와 같은 내용의 판결이 어떤 경위로든 확정이 되어 오면 집행법원으로서는 이를 함부로 무시하기도 어려워 실무적으로는 부담이 될 것이다.

나. 자조매각

특정물의 인도의무를 부담하는 자가 그 인도의무를 면하기 위하여 물건을 금전으로 현금화하는 것을 목적으로 경매를 신청하는 경우가 있는데 이것을 일반적으로 자조매각이라고 부른다. 민법 제490조, 민사집행법 제258조 제6항, 민사집행규칙 제142조 제3항, 제200조 제2항, 상법 제67조, 제70조 제71조, 제109조, 제113조, 제123조, 제142조, 제143조 제1항, 제149조 제2항, 제165조, 제753조, 제808조 제1항 등이 그 예이다.

자조매각의 경우에는 대부분 해당 조문에서 그 매각대금을 공탁하도록 규정하고 있으나, 다만 상법상의 자조매각에 있어서는 경우에 따라 위와 같은 목적을 초과하여 경매신청인이 그 매각대금 중에서 자신의 채권의 변제를 받는 수도 있다(상법 제67조 제3항 등).

다. 단주의 경매

주식회사는 여러 가지의 경우에 단주를 경매하여 그 대금을 주주에게 교부할 의무를 부담한다. 상법 제329조의2 제3항, 제360조의11, 제443조 제1항 본문, 제461조 제2항 후문, 제462조의2 제3항, 제530조 제3항, 제530조의11 제1항, 제597조, 제603조, 채무자 회생 및 파산에 관한 법률 제265조 제3항 전문, 제266조 제6항 본문, 제273조 제3항, 제274조 제6항 등이 그 예이다. 그러나 경매 이외의 방법에 의할 수도 있기 때문에 실제로 경매가 신청되는 경우는 거의 없다.

라. 타인의 권리를 상실시키는 경매

1) 어떤 물건에 대한 타인의 권리를 상실시키는 것 자체를 직접적인 목적으로 하여 그 권리에 대한 경매를 인정하는 경우가 있다. 상법 제760조, 집합건물의 소유

및 관리에 관한 법률 제45조의 경매가 그 예인데, 이는 경매에 의하여 목적재산에 대한 권리가 이전되는 효과를 이용하는 것이다.

2) 구분소유자가 집합건물의 소유 및 관리에 관한 법률 제5조 제1항 및 제2항을 위반하거나 규약에서 정한 의무를 현저히 위반한 결과 공동생활을 유지하기 매우 곤란하게 된 경우에는 관리인 또는 관리단집회의 결의로 지정된 구분소유자는 해당 구분소유자의 전유부분 및 대지사용권의 경매를 명할 것을 법원에 청구할 수 있다(같은 법 제45조 제1항).

위와 같은 집합건물의 소유 및 관리에 관한 법률 제45조 제1항에서 정한 구분소유자의 전유부분 및 대지사용권에 대한 경매청구권이 발생하려면 같은 조 제2항에서 정하는 구분소유자 및 의결권의 4분의 3 이상의 다수에 의한 관리단집회결의가 있는 것만으로는 부족하고, 그에 앞서서 같은 법 제45조 제1항, 제5조 제1항에서 정하는 '구분소유자가 건물의 보존에 해로운 행위 기타 건물의 관리 및 사용에 관하여 구분소유자의 공동의 이익에 반하는 행위를 한 결과 공동생활의 유지가 심히 곤란하게 되었다'고 하는 요건이 충족되어야 한다. 그리고 위와 같은 경매청구권이 행사되면 당해 구분소유자로서는 자신의 의사에 반하여 그 전유부분에 대한 소유권 및 대지사용권을 상실하고 집합건물의 공동생활로부터 축출되는 중대한 결과가 발생하므로, 위와 같은 요건이 충족되었는지에 대하여는 당해 구분소유자의 의무위반행위의 경위·목적 및 태양, 그 행위가 다른 구분소유자들 및 집합건물의 공동생활 전체에 미치는 각종 부정적 영향의 내용 및 정도 등 제반 사정을 고려하여 이를 신중하게 판단할 필요가 있고, 단지 당해 구분소유자의 권리행사 등 일정한 행위가 다수의 다른 구분소유자들의 의사와 계속적·반복적으로 배치된다거나 관리단 또는 다른 구분소유자들과의 사이에 갈등이나 반목이 발생하였다는 것만으로 쉽사리 이를 긍정하여서는 아니 된다(대법원 2009. 12. 24. 선고 2009다41779 판결).

나아가 법원에 경매청구를 할 수 있는 사람에 대하여 집합건물의 소유 및 관리에 관한 법률 제45조 제1항은 '관리인 또는 관리단집회의 결의에 의하여 지정된 구분소유자'라고 정하고 있으므로 집합건물의 구분소유자라도 관리단집회의 결의에 의하여 위와 같이 경매청구를 할 수 있는 사람으로 지정되지 아니하였다면 그는 위 경매청구를 할 당사자적격을 가지지 못한다(대법원 2009. 12. 24. 선고 2009다41779 판결). 재건축사업 실행에 불응하는 구분소유자에게 그 의무를 강제하기 위하여 재건축조합이 신청할 수 있는 권리도 아니다(대법원 1995. 3. 14. 선고 94다52966 판결).

마. 청산을 위한 경매

어떤 범위의 재산을 한도로 하여 각 채권자에 대하여 채권액의 비율에 따라 일괄하여 변제하기 위하여 청산을 목적으로 당해 재산을 현금화하는 것이다. 민법 제1037조, 제1051조 제3항, 제1056조 제2항이 그 예이다.

채무자 회생 및 파산에 관한 법률은 파산재단에 속하는 부동산 등 권리의 현금화는 민사집행법에 의한다고 하고 있고(채무자 회생 및 파산에 관한 법률 제496조 제1항). 또한 파산관재인은 민사집행법에 의하여 별제권의 목적인 재산을 현금화할 수 있다고 규정하고 있는바(같은 법 제497조 제1항), 위 각 규정에 의하여 현금화해야 할 재산 중 그 성질에 따라 경매를 해야 할 경우에 그 현금화절차에 대하여 이를 민사집행법상의 강제경매절차에 의해야 할 것이라는 견해가 있으나, 위 규정에 따른 현금화절차도 민사집행법 제274조 제1항의 '기타 법률이 규정하는 바에 따른 경매'에 해당하므로, 강제경매의 방법이 아니라 임의경매의 예에 따라 실시해야 할 것이고, 그 중에서도 청산을 위한 경매에 해당한다고 할 것이다.[5)]

Ⅲ. 형식적 경매의 절차

1. 개요

형식적 경매 절차는 담보권 실행을 위한 경매의 예에 따라 실시한다(민사집행법 제274조 제1항). 담보권 실행을 위한 경매는 목적재산의 종류에 따라 그 절차를 달리하므로 형식적 경매 절차도 목적재산의 종류에 따라 달라진다. 따라서 형식적 경매의 목적물이 부동산이라면 부동산경매절차(민사집행법 제264조-제268조)의 예에 따라 실시하고, 선박·자동차·건설기계·소형선박(자동차 등 특정동산 저당법 제3조 제2호에 따른 소형선박을 말한다. 이하 같다) 및 항공기(같은 조 제4호에 따른 항공기 및 경량항공기를 말한다. 이하 같다)라면 선박·자동차·건설기계·소형선박 및 항공기 경매절차(민사집행법 제269조, 제270조)의 예에 따라 실시하며, 유체동산이라면 유체동산경매절차(민사집행법 제271조, 제272조)의 예에 따라 실시하여야 한다.

한편, 여기서 '예에 따라 실시한다' 함은 담보권의 실행을 위한 경매에 관한 여러 규정을 모두 그대로 적용한다는 것이 아니라 사항의 성질에 따라 다소의 변용을 가하면서 이용할 수 있는 한도 안에서 이들 절차를 이용하여 경매를 실시한다는 것

5) 법원실무제요 민사집행 [III], 411

을 뜻한다.

따라서 형식적 경매에 담보권의 실행을 위한 경매절차에 관한 규정을 적용함에 있어 어느 한도 내에서 이를 이용할 수 있는가가 문제되는바, 아래에서 경매절차의 각 단계별로 실무상 주로 논의가 되고 있는 것들을 중심으로 간략히 살펴보기로 한다.

2. 경매의 신청

가. 개설

형식적 경매의 신청도 서면에 의하여 법원 또는 집행관에게 해야 한다. 즉 경매의 목적재산의 종류에 따라, 본래의 집행기관이 법원이면 법원에 대하여 경매신청을 해야 하고, 유체동산처럼 본래의 집행기관이 집행관이면 집행관에게 경매신청을 해야 한다.

이 때 형식적 경매의 성격을 반영하여 경우에 따라서는 신청서의 기재사항 중 채권자·채무자·소유자는 신청인·상대방으로, 담보권과 피담보채권의 표시는 경매신청권의 표시 등으로 바꾸어 기재하여야 할 경우가 있을 것이다.

유치권에 의한 경매신청의 경우에는 유치권의 피담보채권의 채무자와 경매목적물의 소유자가 다른 경우가 있다. 강제경매 또는 담보권 실행을 위한 경매절차에서 매수한 부동산에 대하여 전소유자에 대한 공사대금채권으로 매수인에 대하여 유치권을 주장하는 경우, 매수인은 민사집행법 제91조 제5항에 의하여 유치권자에게 그 유치권으로 담보하는 채권을 변제할 책임이 있으나, 인적채무까지 인수하는 것은 아니다(대법원 1996. 8. 23. 선고 95다8713 판결).

즉, 매수인은 유치권자에게 채무자의 채무와는 별개의 독립한 채무를 부담하는 것이 아니라 단지 채무자의 채무를 변제할 책임을 부담하는 것이다(대법원 2009. 9. 24. 선고 2009다39530 판결). 이러한 경우에는 임의경매에서 채무자와 소유자가 다른 경우에 준하여 채권자·채무자·소유자로 신청서를 기재하면 될 것이다.

부동산의 형식적 경매의 신청서에는 부동산에 대한 경매신청의 예에 의하여 '유치권의 존재 또는 협의의 형식적 경매의 신청권이 있다는 것을 증명하는 서류를 첨부해야 한다(민사집행법 제264조 제1항, 제274조 제1항).

선박·자동차·건설기계·소형선박(자동차 등 특정동산 저당법 제3조 제2호에 따른 소형선박을 말한다) 및 항공기에 대한 담보권실행을 위한 경매에는 부동산에 관한 담보권실행을 위한 경매절차가 상당부분 준용되므로(민사집행법 제269조, 제270조),

위 재산권에 대한 형식적 경매도 부동산의 형식적 경매의 절차에 준하여 생각하면 될 것이다.

유치권에 의한 경매의 경우 유치권의 존재를 증명하는 서류로는 유치권의 존재에 관한 확인판결(이유 란에 기재된 것이라도 무방할 것이다)이나 공정증서 등이 있으면 가장 확실하겠지만, 이러한 서류가 아니더라도 집행기관에 대하여 유치권의 존재를 증명할 수 있는 서류라고 인정될 수 있으면 충분하다(대법원 2012. 1. 20.자 2011마2349 결정). 따라서 이 서류는 사문서라도 무방하다.[6)]

협의의 형식적 경매에 있어서도 어떤 종류의 서류라도 경매신청권의 존재를 증명할 수 있는 것이면 충분하나, 다만 법원의 판결 또는 심판에 의하여 형식적 경매의 신청권이 생기거나(예를 들어, 민법 제269조에 의한 공유물분할을 위한 경매 또는 민법 제1013조에 의한 상속재산의 분할을 위한 경매) 또는 형식적 경매의 신청에 법원의 허가를 요하는 경우(예를 들어, 민법 제490조에 따른 자조매각)에는 각 그 판결(공유물의 경매분할을 명한 판결의 당사자는 원고이든 피고이든 그 판결에 기한 공유물의 경매를 신청할 권리가 있다 함은 대법원 1979. 3. 8.자 79마5 결정, 등기예규 1383호 참조)이나 심판 또는 허가결정의 등본을 첨부할 필요가 있다. 공유물의 경매분할을 명한 판결의 사실심 변론종결 후 일부 공유지분의 이전등기를 마친 제3자는 위 판결에 승계집행문을 부여받아 형식적 경매신청을 할 수 있다는 것이 다수의 실무례이다.

상속인간에 상속재산협의분할이 이루어지지 않아 법원이 상속재산의 경매분할을 명한 경우, 그 심판은 상속재산의 현물분할을 명한 것이 아니므로 그 심판에 따른 협의분할 상속등기를 할 수 없고, 그 심판에 따른 경매신청을 하기 위해서는 법정상속등기가 선행되어야 한다.[7)]

또한 청산을 위한 경매(예컨대, 한정승인의 경우에 상속채권자나 수증자에게 변제하기 위한 민법 제1037조에 따른 상속재산의 경매)에 있어서는 신청권 발생의 근거 사유를 적절한 서류(예컨대, 한정승인의 신고를 수리한 심판서등본 및 목적부동산이 상속재산임을 증명하는 등기사항증명서)에 의하여 증명할 필요가 있다. 한정승인이 이루어진 상속재산에 대하여 임의경매만 진행되는 경우는 물론 한정승인에 따른 형식적 경매와 임의경매가 경합된 경우에도 임의경매절차를 진행하여 통상의 임의경

6) 법원실무제요 민사집행 [III], 311

7) 등기선례 200612-4 8-191 상속재산의 경매분할을 명한 심판이 확정된 경우 상속등기절차 참조.

매와 마찬가지로 민사집행법 제148조에서 정한 채권자들에게 배당순위에 따라 배당을 할 것이지, 한정승인에 따른 변제절차를 고려하여 배당을 실시할 것이 아니다. 따라서, 상속부동산에 관하여 민사집행법 제274조 제1항에 따른 형식적 경매절차가 진행된 것이 아니라 담보권실행을 위한 경매절차가 진행된 경우에는, 비록 한정승인 절차에서 상속채권자로 신고한 자라고 하더라도 집행권원을 얻어 그 경매절차에서 배당요구를 함으로써 일반채권자로서 배당받을 수 있다(대법원 2010. 6. 24. 선고 2010다14599 판결).

채무자 회생 및 파산에 관한 법률상의 파산재단에 속하는 부동산에 관한 물권의 현금화(같은 법 제496조 제1항)와 별제권의 목적재산의 현금화(같은 법 제497조 제1항)에 있어서는 파산선고결정 등본에 의하여 증명해야 한다. 파산선고결정에 파산관재인 선임결정이 포함되어 있는 경우가 보통이기 때문이다. 파산관재인은 집행기관에 대하여 채무자가 파산선고를 받았고, 자신이 파산관재인으로 선임되었다는 사실과 당해 강제집행이 파산채권에 기한 것이므로 파산선고에 의하여 실효된 것이지만, 같은 법 제348조 제1항 단 서에 의하여 속행한다는 취지를 소명자료로 첨부하여 신청하면 된다.[8)]

한편, 채권이 변제기에 이르지 않을 때에는 유치권이 성립하지 않으므로(민법 제320조 제1항, 대법원 2011. 10. 13. 선고 2011다55214 판결 등), 채권이 변제기에 있다는 것은 유치권에 의한 경매의 실체상의 적법요건이지만, 담보권실행의 경우와 마찬가지로 이것을 증명하는 서류를 신청서에 첨부할 필요는 없다 할 것이다.[9)]

동산에 대한 형식적 경매의 경우에는 동산경매의 예에 따라 실시하게 되므로 신청인이 집행관에게 동산을 제출하거나 그 목적물의 점유자가 압류를 승낙하였음을 증명하는 서류를 제출한 때에 한하여 개시된다(민사집행법 제271조). 집행법원에 잘못 신청된 경우에는 관할 집행관에게 이송한다(민사집행법 제21조, 제23조 제1항, 민사소송법 제34조 제4항). 유치권자가 점유하고 있는 채무자의 유체동산에 대한 강제집행은 유치권자가 채권자의 강제집행을 위하여 집행관에게 그 물건을 제출한 경우에 한하여 허용되고, 유체동산의 유치권자가 민사집행법 제274조 제1항, 제271조에 따라 유치권에 의한 경매를 신청하고 집행관에게 그 목적을 제출하여 유치권에 의한 경매절차가 개시된 때에도 그 목적물에 대한 유치권자의 유치권능은 유지되고 있다

8) 법인파산실무, 86; 도산절차와 소송 및 집행절차, 235-236
9) 법원실무제요 민사집행 [III], 414

고 보아야 하므로, 유치권에 의한 경매절차가 개시된 유체동산에 대하여 다른 채권자가 민사집행법 제215조에 정한 이중압류의 방법으로 강제집행을 하기 위해서는 채권자의 압류에 대한 유치권자의 승낙이 있어야 한다. 그런데도 유치권에 의한 경매절차가 개시된 유체동산에 대하여 유치권자의 승낙 없이 민사집행법 제215조에 따라 다른 채권자의 강제집행을 위하여 압류를 한 다음 민사집행법 제274조 제2항에 따라 유치권에 의한 경매절차를 정지하고 채권자를 위한 강제경매절차를 진행하였다면, 그 강제경매절차에서 목적물이 매각되었더라도 유치권자의 지위에는 영향을 미칠 수 없고 유치권자는 그 목적물을 계속하여 유치할 권리가 있다(대법원 2012. 9. 13.자 2011그213 결정, 대법원 2012. 9. 13.자 2011그214 결정). 신청인은 그 밖에 유치권이나 경매신청권을 증명하는 서류를 제출해야 할 의무는 부담하지는 않지만, 경매신청 시에 이들 서류도 함께 첨부하는 것이 편리할 것이다.

[청산을 위한 경매신청서]

청산을 위한 경매신청

신청인	파산채무자 OO주식회사의 파산관재인 변호사 000 (주소)
상대방 (채무자)	ㅇㅇ 주식회사 (주소)
제3채무자	△△ 주식회사 (주소)
청구금액	청산을 위한 환가이므로 해당 사항 없음

신청취지

상대방이 제3채무자에 대하여 가지는 별지 목록 기재 골프회원권을 압류하고 위 압류된 골프회원권을 채권자가 위임하는 귀원 소속 집행관으로 하여금 적당한 방법으로 환가한다.

라는 재판을 구합니다.

신청이유

1. 신청인은 2000. 11. 13. 서울중앙지방법원 제○○부가 채무자 주식회사에 대하여 2000하합△△호로 파산선고를 하면서 선임한 상대방(채무자)의 파산관재인으로서, 신청인에게는 채무자 회생 및 파산에 관한 법률(이하 '채무자회생법'이라 함) 제384조에 의하여 파산재단에 대한 관리 및 처분 권한이 있습니다.

2. 상대방(채무자) 소유의 별지 목록 기재 골프회원권은 상대방에 대한 서울중앙지방법원의 파산선고로 인해 채무자회생법 제382조에 의하여 파산재단에 속하였는데, 채무자회생법 제496조 제1항에 의하면 '민사집행법에서 정한 권리의 환가는 민사집행법에 따른다.'고 규정하고 있고, 민사집행법 제273조 제1항에 의하면 채권과 그 밖의 재산권을 목적으로 하는 담보권의 실행은 담보권의 존재를 증명하는 서류가 제출된 때에 개시한다'고 규정하고 있으므로, 파산재단에 속한 별지 목록 기재 골프회원권에 대하여는 위 규정에서 정하는 채권과 그 밖의 재산권에 대한 담보권의 실행에 의한 환가가 가능합니다.
3. 파산재단에 대하여는 개별적인 권리행사를 할 수 없으며 오로지 상대방에 대한 파산절차에 참가(파산관할 법원에 채권신고를 하여 이에 대한 채권조사기일에서 통합도산법 소정의 파산채권으로 인정받아야 함)해야 만이 비로소 파산관재인으로부터 배당을 받을 수 있는 자격이 부여됩니다(채무자회생법 제424조, 제505조-제537조).
한편 채무자회생법 제43조 각호에서 정한 조세공과금, 임금 및 퇴직금 등의 재단채권이라 하더라도 이에 기하여 파산재단에 대하여는 압류나 가압류 등을 할 수 없고 단지 파산관재인으로부터 파산채권에 우선하여 수시변제를 받을 수 있을 뿐인데(채무자회생법 제475조, 제476조), 당 파산재단의 경우와 같이 파산재단의 재산이 재단채권의 총액을 변제하기에 부족한 경우 재단채권의 변제는 다른 법령이 규정하는 우선권에 불구하고 아직 변제하지 않은 재단채권액의 비율에 따라 파산관재인이 안분변제를 해야 합니다(채무자회생법 제477조).
따라서, 파산재단에 속한 별지 목록 기재 골프회원권의 매각대금은 경매절차 밖에 따로 마련된 별도의 청산절차인 파산절차 상에서 같은 순위의 재단채권에 대한 안분변제 재원으로 사용될 수 있도록 위 압류 및 매각명령 절차에 따른 매 각 대금을 파산관재인에게 교부하여 주시기 바랍니다.
첨부서류

1. 파산선고결정등본 1통
2. 파산법원의 허가결정등본 1통
3. 법인등기사항증명서 1통
4. 회원확인서 1통
5. 이해관계인 표시 1통

20 . . .

신청인 (날인 또는 서명)

지방법원 귀중

-유 의 사 항-

1. 채권자는 연락처 란에 언제든지 연락 가능한 전화번호나 휴대전화번호(팩스번호, 이메일 주소 등도 포함)를 기재하기 바랍니다.
2. 이 신청서를 접수할 때에는 (신청서상의 이해관계인의 수+3)×10회분의 송달료와 집행비용(구체적인 액수는 접수담당자에게 확인바람)을 현금으로 예납해야 합니다.
3. 경매신청인 채권금액의 1,000분의 2에 해당하는 등록면허세와 그 등록면허세의 100분의 20에 해당하는 지방교육세를 납부해야 하고, 부동산 1필지 당 3,000원 상당의 등가수입증지를 제출해야 합니다.
4. 채무자(소유자)가 법인인 때에는 법인의 사업자등록번호를 기재하여 주시기 바랍니다.

나. 공유물분할 판결에 기한 일부 집행 신청 가능 여부

갑, 을, 병, 정, 무 5의 공유자들 사이에 경매에 의한 공유물분할 판결이 확정된 후 실시된 을의 지분에 대한 강제경매절차에서 공유자우선매수청구권에 기하여 을의 지분을 매수한 갑이 위 판결 중 자신이 경매절차에서 매수한 을의 지분을 제외한 나머지 갑, 병, 정, 무 부분만의 일부 집행을 신청할 수 있는가가 문제될 수 있다.

① 통상 공유물분할 판결의 주문은 "별지 목록 기재 부동산을 경매에 부쳐 그 매각대금을 별지 공유지분에 따라 분할한다"라고 되어 있는데, 실체적인 판단할 권한이 없는 집행법원으로서는 위 판결을 집행함에 있어 전체 지분의 매도를 명한 판결내용에 반해서 특정 지분을 제외할 권한이 없는 점에 비추어 보더라도 공유물분할 판결에 기한 강제집행 신청을 접수하는 집행법원이 공유물분할 판결의 집행 대상물 중 일부를 임의로 제외한 강제집행신청을 그대로 접수하는 것은 문제가 될 뿐만 아니라, ② 공유물분할소송은 필수적 공동소송으로서 집행권원 형성절차로서 판결절차에서의 필수적 공동소송에 대한 취급은 집행권원 실현절차로서의 집행절차에 그대로 전사되는 것으로 이해해야 하므로, 집행권원 자체가 필수적 공동소송에서 이루어진 이상 그 강제집행절차 또한 필수적으로 공동으로 이루어져야 한다고 볼 수밖에 없다 할 것이라는 측면에서 보더라도, 갑으로서는 공유물분할판결에 기하여 집행을 신청하는 이상은 을의 지분을 부분을 제외한 나머지 부분 만에 대하여 집행을 신청할 수는 없다 할 것이다.

다. 공유물분할청구 및 공유물분할경매의 대위신청 가능 여부(제한적 가능)

채권자는 자기의 채권을 보전하기 위하여, 일신에 전속한 권리가 아닌 한 채무자의 권리를 행사할 수 있다(민법 제404조 제1항). 공유물분할청구권은 공유관계에서 수반되는 형성권으로서 공유자의 일반재산을 구성하는 재산권의 일종이므로 공유물분할청구권의 행사가 오로지 공유자의 자유로운 의사에 맡겨져 있어 공유자 본인만 행사할 수 있는 권리라고 볼 수는 없다. 따라서 공유물분할청구권도 채권자대위권의 목적이 될 수 있고, 나아가 공유물분할판결에 기한 경매청구도 채권자 대위권의 목적이 될 수 있다(대법원 2020. 5. 21. 선고 2018다879 전원합의체 판결 참조). 하지만 채권자가 자신의 금전채권을 보전하기 위하여 채무자를 대위하여 부동산에 관한 공유물분할청구권을 행사하는 것은, 책임재산의 보전과 직접적인 관련이 없어 채권의 현실적 이행을 유효·적절하게 확보하기 위하여 필요하다고 보기 어렵고 채무자의 자유로운 재산관리행위에 대한 부당한 간섭이 되므로 보전의 필요성을 인정할 수 없다. 또한 특정 분할 방법을 전제하고 있지 않은 공유물분할청구권의 성격 등에 비추어 볼 때 그 대위행사를 허용하면 여러 법적 문제들이 발생한다. 따라서 극히 예외적인 경우가 아니라면 금전채권자는 부동산에 관한 공유물분할청구권을 대위행사할 수 없다고 보아야 한다. 이는 채무자의 공유지분이 다른 공유자들의 공유지분과 함께 근저당권을 공동으로 담보하고 있고, 근저당권의 피담보채권이 채무자의 공유지분 가치를 초과하여 채무자의 공유지분만을 경매하면 남을 가망이 없어 민사집행법 제102조에 따라 경매절차가 취소될 수밖에 없는 반면, 공유물분할의 방법으로 공유부동산 전부를 경매하면 민법 제368조 제1항에 따라 각 공유지분의 경매대가에 비례해서 공동근저당권의 피담보채권을 분담하게 되어 채무자의 공유지분 경매대가에서 근저당권의 피담보채권 분담액을 변제하고 남을 가망이 있는 경우에도 마찬가지이다(대법원 2020. 5. 21. 선고 2018다879 전원합의체 판결).

3. 경매절차의 개시

가. 압류

형식적 경매의 절차를 개시하는 방법 역시 담보권 실행의 절차의 예에 따른다. 따라서 부동산의 경우에는 법원은 당사자의 신청에 따라 경매개시결정을 하고 동시에 그 부동산의 압류를 명해야 하며(민사집행법 제274조 제1항, 제268조, 제83조 제1항), 또한 담보권실행의 예에 따라 경매개시결정등기를 촉탁할 필요가 있다(민사집행법 제274조 제1항, 제268조, 제94조 제1항). 그러나 그 등기의 효력에 관하여는 다툼이 있다. ① 형식적 경매에서 압류에 처분제한의 효력을 인정하지 않는 견해에 따르면 이 등기는 단순히 절차의 개시를 공시하는 효력을 가짐에 그친다. ⓛ 형식적 경매에서의 압류에도 처분제한의 효력을 인정하는 견해에 따르면 이 등기도 담보권 실행에서의 등기와 마찬가지로 처분제한의 등기로서의 성질을 같이 가지고 있는 것으로 풀이된다. ② 견해가 통설이다.10) 동산의 경우에는 집행관이 당해 유체동산을 점유함으로써 압류의 효력이 발생한다(민사집행법 제274조 제1항, 제271조, 제272조, 제189조 제1항 본문).

[주문례]

실무상으로나 통상적으로는 아래에서 보는 유치권에 의한 경매결정문이나 공유물분할을 위한 경매결정문에서처럼 통상의 임의경매의 경우의 주문을 사용하여 경매절차를 개시하고 이를 압류한다고만 기재하고 그 이유에서 형식적 경매의 성질이 드러나도록 자세히 기재하고 있지만, 주문 자체에서 어떠한 성질의 형식적 경매인지를 나타내주는 주문을 사용할 수도 있어서 그 구체적인 주문례를 몇 가지 들어 본다.

[공유물분할을 위한 경매]

서울중앙지방법원 2000. 00.00. 선고 2000가합○○호 공유물분할청구사건의 확정판결에 기하여 별지 목록 기재 부동산에 대한 현금화를 위한 경매절차를 개시하고 신청인을 위하여 이를 압류한다.

[집합건물법 제45조 제1항에 의한 경매]

서울중앙지방법원 2000. 00.00. 선고 20○○가합○○호 구분소유권경매청구사건의 확정판결에 기하여 별지 목록 기재 부동산에 대하여 집합건물의 소유 및 관리에 관한 법률 제45조 제1항에 따른 경매절차를 개시하고 신청을 위하여 이를 압류한다.

[유치권에 기한 경매]

위 청구채권의 변제에 충당하기 위하여, 별지 담보권 목록 기재 유치권에 터잡아 별지 부 동산 목록 기재 부동산에 대하여, 민사집행법 274조에 의한 경매절차를 개시

10) 법원실무제요 민사집행 [III], 415

하고 채권자를 위하여 이를 압류한다.

[유치권에 의한 경매결정문]

서울○○지방법원

결 정

사 건	2016타경ㅇㅇ00 유치권에 의한 경매
신청인	이00 서울 광진구 ㅇㅇ동 77
채무자	전00 서울 강북구 ○○동 88
상대방	김00 서울 강북구 ○○동 99

주 문

별지 기재 부동산에 대하여 경매절차를 개시하고 신청인을 위하여 이를 압류한다.

청구금액

000,000,000원 및 그 중 000,000원에 대한 지연이자금

이 유

위 채권에 대한 유치권의 실행을 위하여 2016. 4. 1. 신청인이 한 신청은 이유 있으므로 주문과 같이 결정한다.

2016. 4. 1.

판사(사법보좌관) ㅇ ㅇ ㅇ

[공유물분할을 위한 경매결정문]

서울동부지방법원
결 정

사 건 2010타경000 공유물분할을 위한 경매

신 청 인 홍길동
경기 00군 00읍 00리 77
상 대 방 김길동
서울 00구 00동 99
소 유 자 김길동
서울 00구 00동 99
홍길동
경기 00군 00읍 00리 77

주 문

별지 기재 부동산에 대하여 경매절차를 개시하고 신청인을 위하여 이를 압류한다.

청구금액

경매로 매각 후 신청인에게 실제로 배당될 금액

이 유

서울동부지방법원 2010가합000 공유물분할청구사건의 집행력있는 판결정본에 의한 신청인의 신청은 위 판결주문에 기재된 신청인과 상대방들의 해당 비율에 의한 경매분할을 위하여 이유 있으므로 주문과 같이 결정한다.

2010. 4. 1.

판사(사법보좌관) ㅇ ㅇ ㅇ

나. 실체상의 이유에 의한 개시결정에 대한 이의

담보권실행을 위한 경매절차의 개시결정에 대한 이의에서 부동산의 경우에는 담보권이 없다는 것 또는 소멸되었다는 것을 주장할 수 있다(민사집행법 제265조, 대법원 2008. 9. 11.자 2008마696 결정, 대법원 2009. 5. 28. 2009마815 결정 등). 형식적 경매(광의)의 절차에 있어서도 그 예에 의하여 유치권 또는 형식적 경매(협의)의 신청권의 부존재 또는 소멸을 이유로 하여 개시결정에 대한 이의를 할 수 있다고 풀이함이 상당하다. 유체동산의 경우에는 개시결정에 대한 이의가 없는 대신 집행에 관한 이의(민사집행법 제16조)가 가능할 것인데, 그 사유도 유체동산에 대한 담보권 실행에 준하여 해석하면 될 것이다.

다. 부동산침해방지를 위한 조치

경매부동산의 침해방지를 위한 조치(민사집행법 제268조, 제83조 제3항)의 적용에 관하여는 유치권에 의한 경매 및 신청인이 당해 부동산을 점유하고 있는 자조매각의 경우에는 이를 적용할 여지가 없다.

그 외의 경우에는 신청인에게 당해 부동산에 의하여 변제를 받아야 할 실체적 청구권이 없으므로 부동산의 가격이 감소되더라도 불이익을 입을 염려가 없기 때문에 위 규정의 적용을 긍정할 실질적 근거가 없다고 하는 견해도 있지만, 매각을 조기에 성공시켜 신청인으로 하여금 비용예납(민사집행법 제53조) 등의 부담에서 벗어나도록 하기 위해서는 형식적 경매에도 매각을 위한 보전처분을 인정하는 것이 타당하다.

4. 현금화와 매각조건

가. 소멸주의와 인수주의

부동산에 관한 담보권의 실행을 위한 경매에 있어서는 부동산 위에 존재하는 제한물권 등의 부담은 매수인이 인수하는 것(인수주의)이 아니라 매각에 의하여 소멸하는 것이 원칙(소멸주의)이다(민사집행법 제268조, 제91조 제2, 3, 4항).

1) 학설의 대립[11)]

형식적 경매의 경우에도 위 소멸주의가 적용되는가에 관하여는 견해가 나뉜다.

가) 인수주의를 취하는 견해

형식적 경매에서는 부동산상의 담보권은 매각에 의하여 소멸하지 않고 매수인이 그 부담을 인수하며 배당요구는 허용되지 아니하고 따라서 배당절차도 실시되지 않으며 환가대금은 경매신청인에게 교부된다는 입장이다. 일본 민사집행법이 이 설에

---

11) 조용현, 유치권에 의한 경매에서 인수주의와 소멸주의- 대법원 2011. 6. 15.자 2010마1059 결정-자유와 책임 그리고 동행: 안대희 대법관 재임기념 논문집, 사법발전재단(2012), 259-263

의하여 입안되었다고 한다.[12)]

형식적 경매는 원래 채권자와 채무자라는 개념이 존재하지 않고 청구금액도 없는 것으로 단지 법률의 규정에 의하여 목적 재산의 환가만을 위하여 인정되는 것이므로 부동산상의 부담이 있어도 있는 그대로의 환가만을 하면 경매의 목적이 달성되고 더 나아가 부동산상의 부담을 말소하는 것은 환가라는 제도의 취지에 반한다. 만약 소멸주의를 취하게 되면 부동산상의 담보권이 소멸하고 그 때문에 그 담보권에 대항할 수 없는 용익물권과 가처분집행 등도 매각에 의하여 실효되어 전혀 보상을 받을 길이 없게 되는데 이러한 결과는 해당 이해관계인에게 지나치게 불리하다.

인수주의를 취하면 경매신청인에 우선하는 담보권자가 자신의 의사에 반하는 시기에 변제의 수령을 강요당하지 아니하고 매수인의 입장에서는 부동산상의 부담에 상응하는 금액을 공제한 가격으로 부동산을 매수하는 것이 가능해 일시에 다액의 비용을 요하지 않는다는 이점이 있다.

하지만 우리 민사집행법은 일본 민사집행법에는 없는 규정인 제274조 제2항 및 제3항을 두어 인수주의에 입각하여 법률이 제정되었음을 분명히 하고 있기 때문에 법률의 규정에 반하는 소멸주의 주장은 우리나라 현행 민사집행법 하에서는 받아들이기 어려운 주장이다.

나) 소멸주의를 취하는 견해

형식적 경매를 뒤에서 보는 이분설과 같이 환가를 위한 형식적 경매와 청산을 위한 형식적 경매로 나누면서도 이분설과는 달리 유치권에 의한 경매를 청산을 위한 형식적 경매로 보아야 하고, 따라서 원칙적으로 소멸주의를 취하는 것이 타당하다는 견해도 있다.[13)] 이 설에 따르면 매수인이 인수한 담보권이 실행된다는 부담이 없으므로, 매수인의 지위가 안정된다는 이점이 있다.

이 설은 형식적 경매도 국가에 의한 환가절차라는 점에서 담보권 실행을 위한 경매와 다르지 아니하고 담보권 실행을 위한 경매의 경우 소멸주의가 우리 법의 원칙이며, 인수주의를 취할 경우 매수인이 부동산의 부담을 모두 인수하게 되므로 매수의 신청을 기대하기 어려워 매각의 실효를 기대하기 어렵다는 점을 주된 근거로 든다.

이 설을 취하면 배당요구를 인정하고 배당절차를 실시하게 되나, 이 설을 취하는 입장 안에서도 담보권자를 제외한 우선권 있는 채권자 또는 일반채권자에게 배당

12) 일본 주석 민사집행법 8, 금융재정사정연구회(1995), 288

13) 추신영, “유치권자에 의한 경매신청”, 재산법연구 제24권 1호(2007. 6.), 167; 신국미, “유치권자에 의한 경매(민법 제322조)에 관한 의문”, 재산법연구 제25권 1호(2008. 6.), 83-85

요구를 인정할 것인가에 대하여는 의견이 나뉜다.

이 설에서는 담보권자는 피담보채권의 만족을 목적으로 담보권을 설정한 것이므로, 잉여주의의 적용을 긍정하는 이상 소멸주의를 취하더라도 담보권자가 불이익을 입는 것은 거의 없다고 보아야 하고, 어차피 담보권에 우선하지 못하는 용익물권 등은 담보권의 실행으로 소멸할 운명이었으므로 그다지 불합리하지 않다고 주장한다.

다) 이분설 - 우리나라의 현저한 다수설[14)]

이 설은 형식적 경매를 앞서 본 바와 같이 환가를 위한 형식적 경매와 청산을 위한 형식적 경매로 나누어서 환가를 위한 형식적 경매의 경우에는 인수주의와 동일한 입장에 서서 이러한 경매는 변제를 위한 것이 아니므로 목적 재산에 부담이 있더라도 그 부담이 있는 그대로 환가를 하면 족하다고 하고, 반면 청산을 위한 형식적 경매는 목적 재산으로부터 변제를 받을 수 있는 채권자들에 대하여 일괄 변제를 목적으로 하여 이루어지는 것이고 그 채권자에는 일반채권자뿐 아니라 담보권자도 당연히 포함되는 것으로 보아야 하며, 한정승인자의 변제에 관한 민법 제1034조의 규정에 의하더라도 그 변제시 우선권자의 권리를 해하지 못하도록 규정하고 있으므로, 실체법에 비추어도 형식적 경매에서 담보권을 소멸시키고 배당을 실시하는 것이 타당하다고 한다. 이분설에 따르면, 유치권에 의한 경매는 환가를 위한 형식적 경매에 속하므로 인수주의에 의하는 것이 당연하다고 한다. 그에 따라 유치권에 의한 경매에는 배당요구나 배당절차가 필요 없게 된다.

이분설이 청산을 위한 형식적 경매와 환가를 위한 형식적 경매에 대하여 인수주의와 소멸주의를 달리 채택하는 구체적 논거는 다음과 같다.

(1) 청산을 위한 형식적 경매의 경우: 강제경매나 담보권 실행을 위한 경매에서 소멸주의를 취하는 이유는, 인수주의를 취하여 저당권 등의 부담부 부동산을 매각할 경우 대부분 매수신고를 기대하기 어려우므로 매각의 실효를 위하여 이론상 지장이 없는 한 가급적 소멸주의를 취하여야 한다는 실천적 요청이 크다. 그리고 청산을 위한 형식적 경매는 그 제도의 목적이 당해 재산으로부터 변제를 받을 수 있는 모든 채권자에 대하여 일괄하여 변제할 것을 목적으로 하는 것으로 소멸주의를 취하여 담보권자의 채권을 포함한 전 채권을 일거에 청산하도록 하는 것이 제도의 목적에 합

14) 이우재, 민사집행법에 따른 배당의 제문제(2008), 1403-1404; 오시영, 민사집행법(2007), 727; 강대성, 민사집행법(2006), 566; 손진홍, “유치권자의 신청에 의한 경매절차”, 재판실무연구(2) 민사집행소송(2008), 694-696; 박두환, 민사집행법(2003), 675-676; 곽용진, 유치권과 경매(2009), 246-249

치된다. 따라서 청산형의 형식적 경매에서 인수주의를 취할 수는 없다.

(2) 환가를 위한 형식적 경매의 경우: 청산을 위한 형식적 경매에서 소멸주의를 택할 경우 저당권자 등은 그 시점에서 만족이 강제되어지는 것이지만, 여기에 잉여주의를 적용한다면 그가 부당하게 불이익을 받을 염려는 없고 또한 앞선 순위의 저당권 등에 뒤지는 용익권 등이 보상받지 못하고 실효되지만, 환가형의 형식적 경매와는 달리 우선하는 저당권 등이 청산절차의 일환으로서 목적을 달성하여 소멸하는 이상 담보권 실행을 위한 경매와 동일한 결과를 발생시키는 것일 뿐이라는 점에서 부당하지 아니하다. 그러나 부동산에 관하여 소멸주의를 채택하면 그 위의 담보권이 매각으로 인해 소멸함은 물론 이에 대항하지 못하는 용익권이나 가압류 등의 집행도 매각에 의해 그 효력을 상실하고 게다가 그에 따른 보상도 받기 어렵게 되는 경우가 많은데, 담보권자의 채권을 변제하여 그 담보권을 소멸시키는 것이 필연적이라고 할 수 없는 환가를 위한 형식적 경매에 있어서도 용익권 또는 가압류 등에 관하여 이와 같은 효력을 인정하는 것은 용익권 등 권리자를 침해하는 면이 있고 이는 과다하다고 할 수밖에 없다. 따라서 환가를 위한 형식적 경매에 있어서는 소멸주의를 취할 수 없다.

2) 판례의 태도(법정매각조건은 소멸주의)

판례는 아래와 같이 공유물분할을 위한 경매와 유치권에 의한 경매가 강제경매나 담보권실행을 위한 경매와 마찬가지로 목적부동산 위의 부담을 소멸시키는 것을 법정매각조건으로 한다는 입장이다. 다만, 이는 형식적 경매의 모든 경우에 그렇다는 취지는 아니므로, 경매의 종류나 목적에 따라서는 달리 판단될 수 있다. 나아가 경매법원으로서는 소멸주의가 법정매각조건이기는 하지만 부동산 위의 여러 이해관계를 살펴 법정매각조건과는 달리 인수주의를 채택하여 경매절차를 진행할 수도 있다.

가) 공유물분할을 위한 경매

민법 제269조에 의하여 실시되는 공유물분할을 위한 경매에 있어서 목적부동산 위의 부담을 소멸시켜 매수인이 완전한 소유권을 취득하게 되는 이른바 소멸주의를 취할 것인지, 아니면 매수인이 목적부동산 위의 부담을 인수하는 이른바 인수주의를 취할 것인지 여부는 경매의 목적이 채권의 회수에 있는가 또는 단순한 현금화에 있는가에 따라 논리필연적으로 도출되는 것이 아니라, 경매의 취지와 목적 및 성질, 경매가 근거하는 실체법의 취지, 경매를 둘러싼 소유자와 채권자 및 매수인 등의 이해관계 등을 종합하여 결정해야 할 것이다. 공유물분할을 위한 경매에서 인수주의를 취할 경우 민사집행법이 목적부동산 위의 부담에 관하여 그 존부 및 내용을 조사·확정하거나 인수되는 부담의 범위를 제한하는 규정을 두고 있지 않을뿐더러, 목적부동산 위의 부담이 담보하는 채무를 매수인이 인수하도록 하는 규정도 두고 있지 않아, 매수인 및 피담보채무의 채무자나 물상보증인이 매우 불안정한 지위에 있게 되며, 목적부동산 중 일부 공유지분에 관하여만 부담이 있을 때에는 매수인으로 하여금 그 부담을 인수하도록 하면서도 그러한 사정을 고려하지 않은 채 공유자들에게 매각대금을 공유지분비율로 분배한다면 분배비율을 정하기도 어려우므로 공유물분할을 위한 경매 등의 이른바 형식적 경매가 강제경매 또는 담보권의 실행을 위한 경매와 중복되는 경우에 관하여 규정하고 있는 민사집행법 제274조 제2항 및 제3항을 감안하더라도 공유물분할을 위한 경매도 강제경매나 담보권 실행을 위한 경매와 마찬가지로 목적 부동산 위의 부담을 소멸시키는 것을 법정매각조건으로 하여 실시된다고 봄이 상당하다. 다만, 집행법원은 필요한 경우 위와 같은 법정매각조건과는 달리 목적부동산 위의 부담을 소멸시키지 않고 매수인으로 하여금 인수하도록 할 수 있으나, 이때에는 매각조건 변경결정을 하여 고지해야 한다(대법원 2009. 10. 29. 선고 2006다37908 판결).

나) 유치권에 의한 경매(대법원 2011. 6. 15.자 2010마1059 결정 등)

민사집행법 제91조 제2항, 제3항, 제268조는 경매의 대부분을 차지하는 강제경매와 담보권 실행을 위한 경매에서 소멸주의를 원칙으로 하고 있을 뿐만 아니라 이를 전제로 하여 배당요구의 종기결정이나 채권신고의 최고, 배당요구, 배당절차 등에 관하여 상세히 규정하고 있는 점, 민법 제322조 제1항에 "유치권자는 채권의 변제를 받기 위하여 유치물을 경매할 수 있다."고 규정하고 있는데, 유치권에 의한 경매에도 채권자와 채무자의 존재를 전제로 하고 채권의 실현·만족을 위한 경매를 상정하고 있는 점, 반면에 인수주의를 취할 경우 필요하다고 보이는 목적부동산 위의 부담의 존부 및 내용을 조사·확정하는 절차에 대하여 아무런 규정이 없고 인수되는 부담의 범위를 제한하는 규정도 두지 않아, 유치권에 의한 경매를 인수주의를 원칙으로 진행하면 매수인의 법적 지위가 매우 불안정한 상태에 놓이게 되는 점, 인수되는 부담의 범위를 어떻게 설정하느냐에 따라 인수주의를 취하는 것이 오히려 유치권자에게 불리해질 수 있는 점 등을 함께 고려하면, 유치권에 의한 경매도 강제경매나 담보권 실행을 위한 경매와 마찬가지로 목적부동산 위의 부담을 소멸시키는 것을 법정매각조건으로 하여 실시되고 우선채권자뿐만 아니라 일반채권자의 배당요구도 허용되며,

유치권자는 일반채권자와 동일한 순위로 배당을 받을 수 있다고 보아야 한다. 다만 집행법원은 부동산 위의 이해관계를 살펴 위와 같은 법정매각조건과는 달리 매각조건 변경결정을 통하여 목적부동산 위의 부담을 소멸시키지 않고 매수인으로 하여금 인수하도록 정할 수 있다.

유치권에 의한 경매가 소멸주의를 원칙으로 하여 진행되는 이상 강제경매나 담보권 실행을 위한 경매의 경우와 같이 목적부동산 위의 부담을 소멸시키는 것이므로 집행법원이 달리 매각조건 변경결정을 통하여 목적부동산 위의 부담을 소멸시키지 않고 매수인으로 하여금 인수하도록 정하지 않은 이상 집행법원으로서는 매각기일 공고나 매각물건명세서에 목적부동산 위의 부담이 소멸하지 않고 매수인이 이를 인수하게 된다는 취지를 기재할 필요가 없다(대법원 2011. 6. 15.자 2010마1059 결정).

다) 유치권에 의한 경매절차의 진행 중 강제경매 또는 담보권 실행을 위한 경매절차가 개시되어 진행된 경우 유치권의 소멸 여부

민사집행법 제274조 제2항은 유치권에 의한 경매절차의 진행 중에 강제경매 또는 담보권실행을 위한 경매절차가 개시된 경우에는 선행절차인 유치권에 의한 경매를 정지하고 채권자 또는 담보권자를 위해 그 절차를 계속하여 진행하도록 규정하고 있는데, 그렇다면 그와 같이 강제경매 또는 담보권실행을 위한 경매절차가 진행되어 매각이 이루어졌다면 유치권이 소멸하는지, 아니면 인수되는지에 관하여 아무런 규정이 없다.

민사집행법 제274조 제2항의 규정취지는 유치권자가 유치권 행사를 위해 목적물을 채무변제시까지 보관하여야 하는 부담에서 벗어나고자 유치권에 의한 경매를 신청하였으나, 다른 채권자가 목적물을 경매하고자 한다면, 유치권자로서는 유치권만 행사하더라도 민사집행법 제91조 제5항에 따라 매수인이 유치권자에 대한 변제책임을 진다는 것을 전제로 하고 있다고 보아야 하므로, 강제경매 또는 담보권 실행을 위한 경매절차와의 경합으로 유치권에 의한 경매가 정지된 상태에서 강제경매 또는 담보권 실행에 의한 경매가 진행되어 매각된 경우에는 유치권에 의한 경매가 진행된 경우와는 달리 통상의 강제경매 또는 담보권 실행을 한 경매절차가 진행된 경우와 다를 바 없으므로, 원칙으로 돌아가 유치권이 소멸하지 않는다고 보아야 한다.

대법원 2011. 8. 18. 선고 2011다35593 판결 또한 부동산에 관한 강제경매 또는 담보권 실행을 위한 경매절차에서의 매수인은 유치권자에게 그 유치권으로 담보하는 채권을 변제할 책임이 있고(민사집행법 제91조 제5항, 제268조), 유치권에 의한

경매절차는 목적물에 대하여 강제경매 또는 담보권 실행을 위한 경매절차가 개시된 경우에는 정지되도록 되어 있으므로(민사집행법 제274조 제2항), 유치권에 의한 경매절차가 정지된 상태에서 그 목적물에 대한 강제경매 또는 담보권 실행을 위한 경매절차가 진행되어 매각이 이루어졌다면, 유치권에 의한 경매절차가 소멸주의를 원칙으로 하여 진행된 경우와는 달리 그 유치권은 소멸하지 않는다고 봄이 상당하다고 판시한 바 있다.

대법원 2011. 6. 15.자 2010마1059 결정, 대법원 2011. 6. 17.자 2009마2063 결정은 유치권에 기한 형식적 경매만이 이루어진 경우에 있어서 구 민사소송법 또는 현행 민사집행법에 '담보권 실행을 위한 경매의 예에 따라 실시'한다고만 규정되어 있는 것에 대하여 유치권에 의한 경매절차에서 그 유치권이 소멸한다는 것을 명확히 밝힌 데 그 의의가 있다면, 대법원 2011. 8. 18. 선고 2011다35593 판결은 유치권에 의한 경매절차의 진행 중 강제경매 또는 담보권 실행을 위한 경매절차가 개시되어 진행된 경우 유치권은 소멸하지 않고 인수된다는 것을 명확히 하여 이를 둘러싼 실무상의 혼란을 정리한 판결이라는 점에 그 의의가 있다.[15)]

나. 현금화의 준비

형식적 경매에 있어서는 담보권실행을 위한 경매의 예에 의하여 경매의 실시까지의 절차를 행한다. 즉 특히 부동산의 경우에는 현황조사(민사집행법 제268조, 제85조), 감정평가 및 최저매각가격의 결정(민사집행법 제268조, 제97조), 일괄매각의 결정(민사집행법 제268조, 제98조), 매각물건명세서의 작성·비치(민사집행법 제268조, 제105조) 등이 그것이다.

다만, 경매부동산의 침해방지를 위한 조치(민사집행법 제268조, 제83조 제3항)의 적용에 관하여는 견해가 나뉜다. ① 우선 유치권에 의한 경매 및 신청인이 당해 부동산을 점유하고 있는 자조매각의 경우에는 이를 적용할 여지가 없고, 그 외의 경우에는 신청인에게 당해 부동산에 의하여 변제를 받아야 할 실체적 청구권이 없으므로, 부동산의 가격이 감소되더라도 불이익을 입을 염려가 없기 때문에 위 규정의 적용을 긍정할 실질적 근거가 없다고 하는 견해와, ② 매각을 조기에 성공시켜 신청인으로 하여금 비용예납(민사집행법 제53조) 등의 부담에서 벗어나도록 하기 위해서는

15) 이정민, 강제경매 또는 담보권 실행을 위한 경매와 유치권에 의한 경매가 경합하는 경우 유치권의 소멸 여부-대법원 2011. 8. 18. 선고 2011다35593 판결 -, 특별법연구 10권(전수안대법관 퇴임기념 논문집), 사법발전재단(2012), 1037

형식적 경매에도 매각을 위한 보전처분을 인정할 여지가 없는 것이 아니라고 하는 견해가 서로 대립되어 있다.[16)]

한편 공유물분할판결에 기하여 공유물 전부를 경매에 붙여 그 매각대금을 분배하기 위한 현금화의 경우에는 공유물의 지분경매에 있어 다른 공유자에 대한 통지를 규정한 민사집행법 제139조는 적용되지 않는다(대법원 1991. 12. 16.자 91마239 결정).

다. 잉여주의 적용 여부

담보권 실행을 위한 경매에서는 강제경매와 마찬가지로 절차비용 및 우선채권을 변제하고 잉여가 생기지 않으면 경매를 실시할 수 없다는 잉여주의가 적용되는데(민사집행법 제268조, 제91조 제1항), 형식적 경매에 관하여도 잉여주의가 적용되는가에 대하여는 견해가 나뉜다.

매각조건에 관하여 민사집행법 제91조 제2항, 3항, 4항의 소멸주의의 적용을 긍정하는 입장에서는 우선권자를 해하지 않기 위하여 잉여주의를 채택함은 당연하다.

그러나 위 규정의 적용을 부정하는 입장에서는(우선권자가 존재하지 않는 경우에도 마찬 가지이다) 견해가 대립되는데, 1설은 형식적 경매는 채권의 만족을 얻기 위한 강제적 매각이 아니고 다른 채권자가 채권의 만족을 얻기 위하여 담보권을 실행하든가 강제집행을 하면 그 절차가 우선하게 되므로 형식적 경매에까지 잉여주의를 요구할 필요가 없다고 한다. 2설은 집행비용도 나오지 않는 경매를 행하는 것은 적당하지 않으므로 형식적 경매의 경우에도 역시 그 범위에서 잉여주의를 채택해야 할 것이라고 한다.

판례에 의하면 유치권에 의한 경매가 소멸주의를 원칙으로 하여 진행되는 이상 유치권에 의한 경매에도 압류채권자에 우선하는 채권자나 압류채권자의 보호를 위하여 민사집행법 제91조 제1항이 정한 잉여주의가 준용되어야 하고, 따라서 민사집행법 제102조에 따른 경매절차의 취소규정도 준용되어야 한다고 판시하고 있다(대법원 2011. 6. 17.자 2009마2063 결정).

집합건물법 제45조 제1항에 의한 형식적 경매의 경우에는 원칙적으로 소멸주의가 적용되는 이상 잉여주의가 채택되어야 한다는 견해도 있을 수 있으나, 그렇게 볼 경우 잉여금이 없는 경우에는 집합건물법 제45조가 구분소유자들의 공동이익을 해하는 구분소유자를 배제하기 위한 최후의 수단으로서 경매절차를 도입한 의미가 퇴색

16) 법원실무제요 민사집행 [III], 419

되고 만다. 잉여주의를 정한 민사집행법 제102조의 취지는 무익집행금지와 우선채권자의 현금화시기 선택의 이익을 보호하는데 있는 반면, 집합건물법 제45조 제1항의 경매에는 현금화와 관계없이 구분소유자들의 공동이익을 해하는 구분소유자를 배제하는데 목적이 있는 이상 구분소유자들의 공동의 이익을 보호한다고 하는 집합건물법 제45조의 목적을 살리기 위하여 부차적으로 이득을 보는 우선채권자의 현금화시기 선택 이익을 희생하는 것은 집합건물법 제45조에 따른 경매의 취지에 비추어 불가피한 것이다. 따라서 최저매각가격으로 절차비용을 변제하기 어려운 경우가 아닌 한 민사집행법 제102조의 규정은 적용되지 않는다 할 것이다.

민법 제490조에 기한 형식적 경매(자조매각)의 경우도 마찬가지이다. 이 경우에 무잉여 압류금지 규정을 적용하게 되면 목적물이 보관에 적합하지 않아 긴급하게 현금화할 필요가 있음에도 불구하고 압류를 해제하지 않을 수 없게 되어 위 조항의 취지를 몰각하게 되므로, 앞서 본 집합건물법 제45조 제1항에 의한 형식적 경매와 같은 취지에서 최저매각가격으로 절차비용을 변제하기 어려운 경우가 아닌 한 민사집행법 제102조의 규정은 적용되지 않는다고 봄이 상당하다.

라. 현금화의 실시와 사후처리

1) 임의경매절차 준용

민사집행법 제274조 제1항은 담보권 실행으로서의 경매에 있어서의 현금화방법에 관한 여러 규정을 형식적 경매에 그대로 이끌어 쓰는 데 주안을 둔 규정이라 할 수 있다.

따라서 현금화의 실시와 사후처리의 절차 및 그 효과는 담보권 실행을 위한 경매의 경우(민사집행법 제103조, 제104조, 제144조, 제267조, 제268조 등)와 같이 처리함이 타당하다.

2) 채무자 부존재하므로 채무자 매수신청금지 규정 원칙적 미적용

가) 다만 형식적 경매(협의)에 있어서는 신청인의 실체적 청구권을 만족시켜 주는 것을 절차의 목적으로 하는 것이 아니고, 또 채무자가 별도로 존재하지 않는 것이 통례이므로 채무자의 매수신청금지에 관한 민사집행규칙 제59조 제1호, 제158조의 규정은 적용될 여지가 없다 할 것이다.[17]

나) 그러나 유치권에 의한 경매에서는 이 점에 관하여 견해가 나뉜다.

---

17) 법원실무제요 민사집행 [III], 420

1설은 유치권에 의한 경매의 경우에는 신청인인 유치권자에게 실체상 청구권이 있고 채무자가 존재하므로 담보권 실행을 위한 경매의 예에 따라 채무자는 매수신청을 할 수 없음이 당연하다고 한다. 2설은 유치권에 의한 경매는 본래 신청인의 채권의 만족을 직접적인 목적으로 하는 것이 아니고 유치물을 장기간 계속하여 유치하여야 한다는 부담으로부터 유치권자를 벗어나도록 하려는 데 직접적인 목적이 있으므로, 유치권에 의한 경매절차에서의 채무자를 담보권 실행을 위한 경매에서의 채무자와 같이 볼 수 없고, 따라서 유치권에 의한 경매에서는 채무자에 의한 매수신청을 허용하여도 무방하다는 견해가 있다. 실무는 1설을 따르고 있다.[18]

다) 집합건물의 소유 및 관리에 관한 법률 제45조 제1항, 제4항에 의한 경매에서, 해당 구분소유자는 그 경매절차에서 매수인이 되지 못한다(같은 법 제45조 제5항).

라) 한편 공유물분할판결에 기하여 공유물 전부를 경매에 붙여 그 매각대금을 분배하기 위한 현금화의 경우에는 공유물의 지분경매에 있어 다른 공유자의 우선매수권을 규정한 민사집행법 제140조는 적용되지 않는다(대법원 1991. 12. 16.자 91마239 결정)

마. 공유물분할을 위한 경매의 매각조건에 있어서 법정지상권의 성립 여부

목적물에 저당권이 설정된 경우, 저당권 설정시점에 민법 제366조 법정지상권 성립요건을 갖춘 때에는 공유물분할을 위한 경매의 경우에도 통상의 저당권실행에 의한 경우와 마찬가지로 법정지상권이 성립하는 것으로 해석된다. 일반의 경매절차와 다를 것이 없으므로, 저당권이 설정 되지 않은 경우에도 요건을 갖춘 경우 관습법상의 법정지상권이 성립할 수 있다.

바. 공유물분할을 위한 경매사건 변론종결 후 공유지분가등기의 효력

대금분할을 명한 공유물분할 확정판결의 당사자인 공유자가 공유물분할을 위한 경매를 신청하여 진행된 경매절차에서 공유물 전부에 관하여 매수인에 대한 매각허가결정이 확정되고 매각대금이 완납된 경우, 매수인은 공유물 전부에 대한 소유권을 취득하게 되고, 이에 따라 각 공유지분을 가지고 있던 공유자들은 지분소유권을 상실하게 된다. 그리고 대금분할을 명한 공유물분할판결의 변론이 종결된 뒤(변론 없이 한 판결의 경우에는 판결을 선고한 뒤) 해당 공유자의 공유지분에 관하여 소유권이

---

18) 법원실무제요 민사집행 [III], 420-421

전청구권의 순위보전을 위한 가등기가 마쳐진 경우, 대금분할을 명한 공유물분할 확정판결의 효력은 민사소송법 제218조 제1항이 정한 변론종결 후의 승계인에 해당하는 가등기권자에게 미치므로, 특별한 사정이 없는 한 위 가등기상의 권리는 매수인이 매각대금을 완납함으로써 소멸한다(대법원 2021. 3. 11. 선고 2020다253836 판결).

5. 현금화한 금전의 처리

가. 배당요구

1) 형식적 경매에서 집행력 있는 정본을 가진 채권자 및 경매개시결정의 등기 후에 가압류를 한 채권자, 즉 일반채권자의 배당요구가 허용되는지 여부에 관하여는 견해가 나뉘지만 일반채권자의 배당요구는 허용되지 않는다고 보는 것이 더 타당하다.

2) 민사집행법 제88조의 배당요구채권자 중 민법·상법, 기타 법률에 의하여 우선변제청구권이 있는 채권자의 배당요구에 관하여는 견해가 나뉜다. 즉 1설은 민법·상법, 기타의 법률에 의하여 우선변제청구권이 있는 채권자 스스로 집행권원을 얻어 경매를 신청하든가 또는 선박우선특권과 같이 담보권 실행을 할 수 있는 경우에는 그 담보권에 기하여 스스로 경매신청을 하는 방법에 의하여 만족을 받으면 충분하고 배당요구를 인정할 필요가 없다고 한다. 2설은 형식적 경매에 있어서도 일반채권자와는 달리 법률에 의하여 우선변제청구권이 있는 자의 배당요구는 허용함이 상당하다고 한다.[19]

판례는 유치권에 의한 경매에 관하여는, 우선채권자뿐만 아니라 일반채권자의 배당요구도 허용된다는 입장이다(대법원 2011. 6. 15자 2010마1059 결정, 대법원 2011. 6. 17.자 2009마2063 결정, 대법원 2011. 8. 18. 선고 2011다35593 판결 등). 반면 민법 제1037조에 기한 상속재산에 대한 형식적 경매에 관하여는, 일반채권자인 상속채권자로서는 민사집행법이 아닌 민법 제1034조, 제1035조, 제1036조 등의 규정에 따라 변제받아야 하므로, 그 경매에서는 일반채권자의 배당요구가 허용되지 않는다고 한다(대법원 2013. 9. 12. 선고 2012다33709 판결). 이렇듯이 일반채권자나 우선변제권자의 배당요구 허용 여부는 형식적 경매의 목적이나 근거가 되는 법령의 입법취지에 따라 달라질 수 있으므로, 일률적으로 논할 수는 없는 문제이다(대법원 2010. 6. 24. 선고 2010다14599 판결 참조).

3) 국세 등의 교부청구에 관하여도 견해가 나뉘어 담보권실행의 예에 의하여 이

19) 법원실무제요 민사집행 [III], 421-422

를 허용함이 당연하다는 견해와 조세법률주의에 반한다는 이유 등으로 교부청구가 허용되지 않는다는 견해가 대립되어 있다. 실무상은 형식적 경매에서도 교부청구를 허용하고 있다.[20)]

나. 배당절차의 요부

1) 형식적 경매에 있어서 인수주의를 채택하고(인수주의를 채택하게 되면 담보권이 소멸하는 대신 배당요구 없이 당연히 배당을 받게 되는 채권자가 생길 여지가 없다) 배당요구도 허용하지 않는 입장에 서면 배당절차가 존재할 여지가 없게 된다.

2) 형식적 경매에 있어서 민사집행법 제91조 제2항, 제3항, 제4항의 소멸주의의 적용을 긍정 하는 입장에 서면 배당절차의 필요 여부에 관하여 다시 견해가 나뉜다.

1설은 소멸주의의 적용을 긍정하는 이상 매각으로 인하여 소멸하는 담보권을 가진 채권자에 대하여는 배당을 해야 한다고 한다(다만 이와 같은 것을 배당이라고 부르는 것이 적합한 것인가에 관하여는, 형식적 경매에 있어서는 배당을 받을 압류채권자가 존재하지 않으므로 논란의 여지가 없지 않으나, 매각으로 인하여 소멸되는 담보권자라든가 배당요구를 한 우선변제청구권자 등이 교부를 받는 것은 변제금에 다름 아니고 그 절차도 형식적 경매의 성질에 반하지 않는 한 담보권 실행에 있어서의 배당의 절차의 예에 의하도록 되어 있으므로, 배당이라는 용어를 그대로 쓰더라도 무방하다고 한다).

2설은 광의의 형식적 경매를 청산을 위한 형식적 경매와 현금화를 위한 형식적 경매로 구분하여 ① 현금화를 위한 형식적 경매의 경우에는 소멸주의가 적용되지 않으므로 배당절차가 필요 없다는 데는 견해가 일치한다. ② 그러나 청산을 위한 경매의 경우에는 다시 견해가 나뉜다. ㉠ 소멸주의가 적용되므로 논리적으로 소멸되는 부담에 관계된 채권자들에 대한 배당절차를 실시해야 한다는 견해와, ㉡ 청산을 위한 형식적 경매의 경우에 비록 소멸주의를 채택하더라도 배당절차를 실시할 필요가 없다는 견해가 대립하고 한다.[21)]

---

20) 법원실무제요 민사집행 [III], 422

21) 그 논거로는, 청산을 위한 형식적 경매의 경우에는 경매절차 밖에 따로 마련된 별도의 청산을 위한 절차 내에 매각대금에 대한 별도의 변제절차(가령, 청산을 위한 형식적 경매의 일종인 파산재단에 속하는 부동산에 대한 현금화를 위한 경매나 상속의 한정승인 또는 상속재산의 분리 시에 하는 경매의 경우, 파산관재인이나 한정승인상속인, 상속인 또는 상속재산관리인이 그 매각대금으로 채권자들에 대하여 관련법규 예컨대 채무자회생 및 파산에 관한 법률 제440조 이하의 파산채권의 변제, 제475조 이하의 재단채권의 변제, 제412조 이하의 별제권의 변제 및 채

3) 판례는 유치권에 의한 경매도 강제경매나 담보권 실행을 위한 경매와 마찬가지로 목적부동산 위의 부담을 소멸시키는 것을 법정매각조건으로 하여 실시되고 우선채권자뿐만 아니라 일반채권자의 배당요구도 허용되며, 유치권자는 일반채권자와 동일한 순위로 배당을 받을 수 있다고 하여 유치권에 의한 경매에 관하여 배당절차를 인정하고 있다(대법원 2011. 6. 15.자 2010마1059 결정, 대법원 2011. 6. 17.자 2009마2063 결정, 대법원 2011. 8. 18. 선고 2011다35593 판결 등). 나아가 형식적 경매 중 소멸주의를 원칙으로 하는 경매절차(유치권에 의한 경매, 공유물분할을 위한 경매 등)에서는 배당요구와 배당절차를 긍정하고 있다.

다만, 매각 조건의 변경에 따라 인수주의에 의하여 경매절차가 진행되었다면 배당요구와 배당이 인정되지 않으므로, 당연히 배당이의나 배당이의의 소도 허용되지 않을 것이다(대법원 2014. 1. 23. 선고 2011다83691 판결, 대법원 2011. 6. 15자 2010마1059 결정 참조).

다. 신청인에 대한 매각대금의 교부

1) 유치권에 의한 경매

유치권자는 채권의 변제를 받을 때까지 그 목적물을 유치할 권리가 있을 뿐 매각대금에서 우선변제를 받을 권리는 없다(대법원 1996. 8. 23. 선고 95다8713 판결). 그러나 유치권에 의한 경매는 본래 유치물을 금전으로 현금화하는 그 자체를 목적으로 하여 행해지는 것인 만큼, 유치권자는 이후 매각대금 위에 유치권을 행사할 수 있다고 해석해야 하고, 달리 매각 대금을 공탁해야 한다는 근거규정도 없으므로, 매각대금을 신청인에게 교부하는 것까지 부정할 수는 없다. 여기서 유치권자가 교부받은 매각대금을 자기의 채권에 충당할 수 있는가가 다시 문제로 되나 학설은 부정설이 다수설이다. 그러나 부정설에 따르더라도 자기의 채권이 금전채권이고, 그 채무자가 위 유치물의 소유자인 경우에는 위 교부받은 매각대금과 자기의 채권을 대등액에서 상계할 수 있다고 해석되므로 결국 이 경우에는 실질상으로는 우선변제를 받게 되는 것과 다름이 없다.

이에 대하여 신청인인 유치권자가 매수인에 대하여 다시 유치권을 행사함에 의

무자 회생 및 파산에 관 한 법률 3장 4절의 변제절차, 민법 제1034조 이하의 배당변제, 제1051조 이하의 배당변제 등의 절차에 따라 일괄적으로 변제해야 한다)가 있어서 그 매각대금으로 채권자들에 대하여 일괄적으로 변제해야 하므로, 그 절차에서 변제하도록 변제절차를 주관할 자(예컨대 파산관재인, 한정승인상속인, 상속인, 상속재산관리인 등)에게 교부해야 하고 따로 배당절차를 밟아서는 안 된다는 점을 들고 있다.

하여 우선변제를 받을 수 있다는 견해도 있으나, 형식적 경매에 있어서 매각조건에 관하여 어떠한 견해를 취하더라도 유치권에 의한 경매에 의하여 현금화가 이루어지는 경우에는, 그 물건에 대하여 유치권이 소멸하는 것이 당연하므로, 이 견해는 채용하기 어렵다 할 것이다.[22] 특히나 판례와 같이 소멸주의를 유치권에 의한 경매의 법정매각조건으로 한다면 위와 같은 문제가 생길 여지가 없다.

실무상으로 볼 때 집행법원이 배당절차를 진행하는 이상 잉여금이 남는 경우 이를 배당절차 내에서 잉여금으로 처리하는 것이 타당하므로, 매각대금으로부터 절차비용을 공제한 잔액을 담보권을 가지는 채권자와 교부청구한 세무관서에 배당하고 잔액이 있으면 유치권자에 대해서도 일반채권자와 동순위로 배당하고, 그러고도 잉여금이 있으면 소유자에게 교부하면 될 것이다.

2) 협의의 형식적 경매

유치권에 의한 경매를 제외한 협의의 형식적 경매에 있어서도 매각대금 중 집행비용(신청인이 지출한 부분은 신청인에게 상환한다)과 우선채권자에 대한 변제금(다만 형식적 경매에도 배당절차가 필요하다고 인정하는 경우에 한한다)을 공제한 잔금은 신청인에게 교부함이 원칙이다. 다만, 공유물분할의 판결에 기한 경매의 경우에는 판결문에 있어서 공유자인 원, 피고의 분할비율이 나와 있고, 또한 따로 경매절차 밖에 교부절차가 있는 것도 아니므로 판결에 나와 있는 분할비율에 따라 신청인과 다른 공유자에게 교부해야 한다.

매각대금의 교부를 받은 신청인은 각각의 형식적 경매의 취지, 목적에 따라서 이것을 처리해야 할 것이지만, 이른바 자조매각에 있어서는 실체법의 규정에 의하여 교부를 받은 매각대금을 공탁하도록 한 것이 많으나(예컨대, 민법 제490조, 상법 제67조 제3항 본문, 제109조, 제113조, 제123조, 제142조 제1항, 제143조 제1항, 제145조 등), 보관 또는 공탁을 하도록 한 것도 있다(예컨대, 상법 제70조 제1항 단서, 제71조 등).

다만, 상법상의 자조매각에 있어서는 매각대금의 전부 또는 일부를 매매대금 등에 충당함을 허용하고 있으므로(예컨대, 상법 제67조 제3항, 제109조, 제113조, 제123조, 제145조 등), 실질적으로는 신청인은 자기의 채권에 관하여 우선변제를 받는 결과가 된다.

---

22) 법원실무제요 민사집행 [III], 424

라. 교부절차

형식적 경매에 있어서는 배당절차가 필요 없다는 견해에 의하거나 또는 그것이 필요하다는 견해에 의하더라도, 배당을 받아야 할 우선변제청구권자가 없는 때에는 원칙적으로(예외 공유물분할의 판결에 기한 경매의 경우) 단순히 신청인에게 매각대금을 교부하는 절차가 된다.

또 배당을 받아야 할 우선변제청구권자가 있다 하더라도, 잉여주의가 적용되는 결과 원칙적으로 배당이 아니라 변제금의 교부에 지나지 않을 것이나, 넓은 의미에서 배당으로 보더라도 무방하다고 하는 견해가 있음은 앞에서 본 바와 같다.

신청인에 대한 매각대금의 교부를 포함하여 구체적인 절차는 담보권 실행에 있어서의 배당절차의 예에 의하여 실시된다.

다만 신청인에 대한 매각대금의 교부만 있는 경우에는 굳이 배당표를 작성할 필요가 없다고도 할 수 있으나, 실무상으로는 매각대금과 집행비용 및 교부한 매각대금을 명확히 하기 위하여 강제경매 또는 담보권 실행을 위한 경매시의 배당표를 다음과 같이 수정하여 활용함이 무난하다.[23]

[교부표]

○ ○ 지 방 법 원

교 부 표

사 건 20 타경 부동산임의경매

교 부 할 금 액(①)		금 72,000,000
명세	매 각 대 금	금 71,500,000
	지연이자 및 절차비용	금 0
	전경매보증금	금
	매각대금이자	금 500,000
	항고보증금	금 0
집 행 비 용(②)		금 1,500,000
실제 교부할 금액(①-②)		금 70,500,000
매 각 부 동 산		서울 서초구 서초동 1234 대 200㎡ 및 위 지상 1층 건물 100㎡
2○○○. ○. ○. 판사(사법보좌관) ○ ○ ○		

23) 법원실무제요 민사집행 [III], 425

6. 절차의 정지와 종료

가. 절차의 정지, 취소

담보권 실행을 위한 경매절차에서는 담보권이 없거나 소멸되었다는 취지의 확정판결의 정본, 담보권 실행의 일시정지를 명한 재판의 정본 등이 제출되면 경매절차를 정지하도록 되어 있고, 또 일정한 경우에는 이미 실시한 경매절차를 취소하도록 하고 있다(민사집행법 제266조 제1항, 제2항). 형식적 경매에서도 그 예에 의하여 유치권 또는 형식적 경매(협의)의 신청권이 없다는 취지의 확정판결 정본, 형식적 경매의 일시정지를 명하는 재판 정본 등이 제출된 때에는 절차를 정지하거나 이미 실시한 경매절차를 취소하여야 한다.

나. 절차의 종료

형식적 경매의 절차는 담보권 실행의 예에 따라 매각대금의 교부 등의 실시에 의하여 종료되는 외에 신청취하, 또는 절차의 취소에 의하여 종료된다.

7. 강제경매 또는 담보권 실행으로서의 경매와의 경합

가. 유치권에 의한 경매의 정지 및 강제경매 등의 실시

1) 유치권에 의한 경매의 정지

법은 형식적 경매가 진행 중인 목적물에 대하여 강제경매 또는 담보권의 실행을 위한 경매절차(이하 강제경매 등이라 한다)가 개시된 경우에는 형식적 경매를 정지하고, 채권자 또는 담보권자를 위하여 그 절차를 계속하여 진행하고, 강제경매 또는 담보권 실행을 위한 경매가 취소되면 형식적 경매절차를 속행한다고 규정하고 있다(민사집행법 제274조 제2, 3항). 따라서 양자가 경합한 경우에는 시간적 선후에 관계없이 강제경매 등의 절차에 의하여 속행할 것임을 명백히 하고 있는 것이다.

2) 유치권에 의한 경매정지 후 강제경매 등이 실시된 경우 유치권소멸여부(부정)

유치권에 의한 경매절차의 목적물에 대하여 강제경매 또는 담보권 실행을 위한 경매절차가 개시된 경우 선행의 유치권에 의한 경매절차는 정지되어야 하고(민사집행법 제274조 제2항), 유치권에 의한 경매절차가 정지된 상태에서 그 목적물에 대한 강제경매 또는 담보권 실행을 위한 경매절차가 진행되어 매각이 된 경우 그 유치권은 소멸되는지 여부에 대하여는 아무런 규정이 없다. 이에 대하여는 아래와 같은 견

해의 대립이 있다.[24)]

가) 유치권이 소멸한다는 견해

위 견해는, 민사집행법 제274조 제2항에 의하여 유치권에 의한 경매절차가 '정지'되는데, 위와 같이 '정지'되더라도 유치권에 의한 경매절차가 개시되어 있는 이상 유치권은 반드시 소멸한다고 해석하여야 하고, 만약 유치권자가 매수인에게 유치권을 인수시키고자 한다면 유치권자 스스로 유치권에 의한 경매신청을 취하하여 그 목적을 달성할 수 있다고 본다.

강제경매나 담보권 실행을 위한 경매를 적극적 경매로 본다면 유치권에 의한 경매는 소극적 경매로 볼 수 있다고 하면서 소극적이고 심리적 압박에 비중을 둔 유치권에 의한 경매절차의 진행 중에 적극적 절차가 개입하게 되면 유치권은 이에 편승하여 채권의 만족을 얻도록 하는 것이 합리적이라는 점에 위 규정의 의미가 있는 것이며, 유치권에 의한 경매절차 보다는 한층 정비된 강제경매나 담보권 실행을 위한 경매절차로 진행하는 것이 낫다는 기술적 요청 때문에 위 규정을 마련했다고 볼 수 있으므로, 유치권에 의한 경매가 진행 중에 강제경매나 담보권 실행을 위한 경매가 신청된 경우 유치권에 의한 경매를 정지하고 강제경매나 담보권 실행을 위한 경매로 진행하도록 한 것을 두고 인수주의를 채택한 당연한 결과라고 단언하는 것은 무리라고 보면서 민사집행법 제274조 제2항과 제3항의 규정은 인수주의 및 배당요구의 문제와 직접적 관련성이 없다고 주장한다.[25)]

나) 유치권이 인수된다는 견해

위 견해는, 소멸설은 유치권의 유치적 권능으로 인한 사실상의 최우선변제권을 도외시한 해석일 뿐만 아니라 소멸설에 따르면 민사집행법 제274조 제2항에 의하여 강제경매 또는 담보권 실행을 위한 경매가 계속 진행되더라도 매수인이 유치권을 인수하도록 되어 있는 민사집행법 제91조 제5항이 적용되지 않는다는 것인데, 그와 같이 적용을 배제할 근거나 합리적 이유가 없으며, 민사집행법 제274조 제2항에서 '정지'라고 한 것은 같은 조 제3항과의 관계, 즉 강제경매 또는 담보권 실행을 위한 경매가 취소되는 경우를 염두해 둔 것일 뿐이므로 '정지'라고 규정한 것을 두고 유치권이 소멸한다고 해석하는 것은 수긍하기 어렵다고 본다.

---

24) 이정민, 강제경매 또는 담보권 실행을 위한 경매와 유치권에 의한 경매가 경합하는 경우 유치권의 소멸 여부- 대법원 2011. 8. 18. 선고 2011다35593 판결-, 특별법연구 10권(전수안대법관 퇴임기념논문집), 사법발전재단(2012), 1034-1036

25) 추신영, "유치권자에 의한 경매신청", 재산법연구 제24권 제1호, 184.

유치권에 의한 경매는 유치권자가 목적물의 보관부담에서 해방되게 하려는 의도를 가지므로 다른 채권자가 목적물을 경매하려고 한다면 자기는 뒤로 물러서서 유치권만 행사하고 강제경매나 담보권 실행을 위한 경매를 진행하더라도 그 매수인은 유치권자에게 피담보채권을 변제할 책임이 있기 때문에 유치권자로서도 큰 불리함이 없다는 견해도 있다.26)

다) 검토

민사집행법 제274조 제2항의 규정취지는 유치권자가 유치권 행사를 위해 목적물을 채무변제시까지 보관하여야 하는 부담에서 벗어나고자 유치권에 의한 경매를 신청하였으나, 다른 채권자가 목적물을 경매하고자 한다면, 유치권자로서는 유치권만 행사하더라도 민사집행법 제91조 제5항에 따라 매수인이 유치권자에 대한 변제책임을 진다는 것을 전제로 하고 있다고 보아야 한다. 비록 대법원 2011. 6. 15.자 2010마1059 결정, 대법원 2011. 6. 17.자 2009마2063 결정 등에서 유치권에 의한 경매절차에서 소멸주의를 채택하였지만 위 결정들은 오로지 유치권에 의한 경매만 진행될 경우를 상정한 것이고, 강제경매 또는 담보권 실행을 위한 경매절차와의 경합으로 유치권에 의한 경매가 정지된 상태에서 강제경매 또는 담보권 실행에 의한 경매가 진행되어 매각된 경우에는 유치권에 의한 경매가 진행된 경우와는 달리 통상의 강제경매 또는 담보권 실행을 위한 경매절차가 진행된 경우와 다를 바 없으므로, 원칙으로 돌아가 민사집행법 제91조 제5항에 따라 유치권은 소멸하지 않는다고 인수된다고 보아야 한다.

라) 판례

대법원 2011. 8. 18. 선고 2011다35593 판결은 부동산에 관한 강제경매 또는 담보권 실행을 위한 경매절차에서의 매수인은 유치권자에게 그 유치권으로 담보하는 채권을 변제할 책임이 있고(민사집행법 제91조 제5항, 제268조), 유치권에 의한 경매절차는 목적물에 대하여 강제경매 또는 담보권 실행을 위한 경매절차가 개시된 경우에는 정지되도록 되어 있으므로(민사집행법 제274조 제2항), 유치권에 의한 경매절차가 정지된 상태에서 그 목적물에 대한 강제경매 또는 담보권 실행을 위한 경매절차가 진행되어 매각이 이루어졌다면, 유치권에 의한 경매절차가 소멸주의를 원칙으로 하여 진행된 경우와는 달리 그 유치권은 소멸하지 않는다고 봄이 상당하다고 판시하여 유치권에 의한 경매신청이 있었으나 후행 강제경매나 임의경매의 개시로 인하여

26) 이재성 · 이시윤 · 박우동 · 김상원/박삼봉집필, 주석 민사집행법(V) §257~§275, 324.

민사집행법 제274조 제2항에 따라 유치권에 의한 경매가 정지되고 강제경매 등이 실시된 경우에는 유치권에 기한 경매의 경우에 유치권 소멸주의를 취하고 있는 것과는 달리 일반 강제경매절차 등이 진행된 통상적인 경우에 적용되는 민사집행법 제91조 제5항에 따라 유치권은 소멸되지 않고 인수된다는 입장을 취하였다.

3) 민사집행법 제274조 제2항이 소멸주의를 원칙으로 하는 유치권에 의한 경매에도 적용되는지 여부(긍정)

민사집행법 제274조 제2항의 적용범위와 관련하여서도 소멸주의를 원칙으로 하는 유치권에 기한 경매 시에도 유치권에 기한 경매를 정지하여야 하는지 여부와 관련하여서 논의가 있다.

가) 적용긍정설[27)]

형식적 경매로 진행하다가 실질적 경매신청이 있는 경우 형식적 경매가 소멸주의나 인수주의로 진행되는가와 상관없이 선행 형식적 경매를 정지하고 후행 실질적 경매로 진행해야 한다는 견해이다. 이 견해는 유치권에 기한 경매에서는 그 절차가 소멸주의로 진행된다고 하더라도 위 규정은 의미가 있다고 보면서, 유치권에 기한 경매가 소멸주의로 진행된다면 유치권자가 피담보채권 전액을 배당받지 못할 가능성이 상당한 데에 반하여, 강제경매나 담보권 실행을 위한 경매의 경우에는 매수인이 유치권의 부담을 승계하므로 유치권자는 사실상 우선변제권을 행사할 수 있어 유치권자 입장에서는 강제경매나 담보권 실행을 위한 경매가 훨씬 유리하기 때문이다. 그러므로 비록 유치권에 기한 경매가 먼저 신청되었다 하더라도 그 후 다른 채권자에 의하여 강제경매나 담보권 실행을 위한 경매가 신청되었다면 유치권자는 굳이 자신이 신청한 경매를 우선하여 진행할 필요가 없이 뒤로 물러서서 유치권을 보전하고 강제경매 채권자나 담보권자로 하여금 앞서 경매를 진행하도록 하는 것이 합리적이다는 입장이다.

나) 적용부정설[28)]

민사집행법 제274조 제2항은 유치권에 의한 경매가 인수주의에 의할 경우에 경매와의 압류경합시 그 조정절차를 마련해 놓은 것이어서, 유치권에 의한 경매가 소멸

---

27) 주석 민사집행법(VI), 343; 법원실무제요 민사집행(Ⅱ), 법원행정처(2014), 824

28) 吉野 衛·三宅弘人 共著, 香川保一 監修, 위 注釋民事執行法(8), 288-295면; 문정일, “공유물 분할을 위한 경매에서의 법정매각조건”, 대법원판례해설(81), 법원도서관(2009. 10.), 445면; 손진홍, 유치권에 기한 경매와 민사집행법 274조 2항과의 관계, 2014. 12. 민사집행법 연구회 게시물

주의에 의할 경우에는 소멸주의에 의한 경매와 소멸주의 의한 경매의 압류경합에 해당하므로, 민사집행법 제87조가 해결할 것이기 때문에 제274조 제2항에 의한 조정은 필요 없고, 위 조항은 선행의 형식적 경매가 특별매각조건으로 인수주의를 취한 경우에만 한정적으로 적용된다는 견해이다.

다) 판례의 입장 및 검토

앞서 본 바와 같이 대법원 2011. 8. 18. 선고 2011다35593 판결은 유치권에 의한 경매절차는 목적물에 대하여 강제경매 또는 담보권 실행을 위한 경매절차가 개시된 경우에는 정지되도록 되어 있으므로(민사집행법 제274조 제2항), 유치권에 의한 경매절차가 정지된 상태에서 그 목적물에 대한 강제경매 또는 담보권 실행을 위한 경매절차가 진행되어 매각이 이루어졌다면, 유치권에 의한 경매절차가 소멸주의를 원칙으로 하여 진행된 경우와는 달리 그 유치권은 소멸하지 않는다고 봄이 상당하다고 판시하여, 간접적으로 유치권에 의한 경매절차는 소멸주의 방식을 취하던 인수주의 방식을 취하던 그 목적물에 강제경매 등이 개시되면 정지하여야 한다고 하여 소멸주의의 경우에도 민사집행법 제274조 제2항이 적용되며, 다만 유치권에 기한 경매가 소멸주의 방식으로 진행되었다고 하더라도 일단 정지된 후 강제경매 등 절차에 의하여 후행 경매절차에 따라 진행되어 목적물이 매각되었다면 민사집행법 제91조 제5항에 따라 유치권은 매수인에게 인수된다고 보았다.

결국 대법원 판례에 따르면 유치권에 기한 경매절차는 인수주의 방식이던, 소멸주의 방식이던 어떤 방식으로 진행되었던지 간에 후행으로 강제경매 또는 담보권 실행을 위한 경매절차가 개시되면 그 절차를 정지한 다음, 강제경매 절차 등으로 매각하게 되면 민사집행법 제91조 제5항에 따라 그 유치권은 매수인이 인수하여야 하게 되므로 앞서 본 적용부정설이 지적하는 문제점은 크게 발생할 여지가 없어 보인다.

나아가 유치권에 의한 경매에서가 소멸주의로 진행된다고 하더라도 민사집행법 제274조 제2항은 그 의미가 있는데 유치권에 의한 경매가 소멸주의로 진행된다면 유치권자가 피담보채권 전액을 배당받지 못할 가능성이 높은 데 반하여, 강제경매나 담보권실행을 위한 경매의 경우에는 유치권이 소멸되지 않아 매수인이 유치권의 부담을 승계하므로 유치권자는 사실상 우선변제권을 행사할 수 있게 되어 유치권자의 입장에서는 강제경매나 담보권실행을 위한 경매가 훨씬 유리하기 때문이다.[29]

4) 공유지분에 대한 선행경매에 공유지분 전부에 대한 형식적 경매가 후행하는

29) 주석 민사집행법(VI), 사법행정학회(2018), 343-344

경우

대법원 2014. 2. 14.자 2013그305 결정은 위와 같은 경우에 "민사집행법 제87조 제1항은 '강제경매절차 또는 담보권 실행을 위한 경매절차를 개시하는 결정을 한 부동산에 대하여 다른 강제경매의 신청이 있는 때에는 법원은 다시 경매개시결정을 하고, 먼저 경매개시결정을 한 집행절차에 따라 경매한다'고 규정하고, 같은 법 제274조 제2항은 '유치권 등에 의한 경매절차는 목적물에 대하여 강제경매 또는 담보권 실행을 위한 경매절차가 개시된 경우에는 이를 정지하고, 채권자 또는 담보권자를 위하여 그 절차를 계속하여 진행한다'고 규정하고 있는바, 위 규정들에 의하면 강제경매 또는 담보권의 실행을 위한 경매절차가 진행 중인 목적물에 대하여 나중에 공유물분할 경매가 개시되더라도 강제경매 등 절차를 계속 진행하여야 하고 공유물분할 경매에 의하여 절차를 진행할 것은 아니다."고 판시한 바 있다.

5) 공유물 분할을 위한 형식적 경매에 공유지분 일부에 대한 실질적 경매가 후행하는 경우

공유물분할을 위한 경매로서 물건을 압류한 후 절차 진행 중 공유자의 1인에 대한 채권자가 그 공유물의 일부 지분에 대하여 강제집행을 신청하여 압류한 경우에는 뒤에 개시된 사건은 물건의 일부에 대하여만 집행을 하는 것이므로, 이 경우에는 물건 전체를 집행목적으로 하는 형식적 경매의 절차에 의하여 목적물 전체를 매각하여야 한다.

판례 또한 ① 원칙적으로 동일한 목적물에 대하여 강제경매 등 절차가 진행 중인 목적물에 대하여 나중에 공유물분할 경매가 개시되더라도 강제경매 등 절차를 계속 진행하여야 하고 공유물분할 경매에 의하여 절차를 진행할 것은 아니라고 하면서도, ② 목적물의 지분 일부에 대하여 강제경매 등 절차가 진행되던 중 목적물 전체에 대하여 공유물분할경매가 개시된 경우에는 강제경매 등 절차와 공유물분할경매절차를 병합하여 목적물 전체를 한꺼번에 매각하되, 이중경매의 대상인 지분 매각은 강제경매 등 절차에 따라 진행하고 나머지 지분 매각은 공유물분할경매절차에 따라 진행함이 상당하고, 이 경우에는 결과적으로 공유물 전체를 매각하는 것이므로 민사집행법 제140조에서 정한 공유자의 우선매수권은 적용되지 않는다는 입장이다(대법원 2014. 2. 14.자 2013그305 결정).

찾아보기

(1,2권 통합)

▷ 사항색인

▷ 서식색인

▷ 판례색인

사항색인

"①" 또는 "②"의 구분기호는 수록된 권수를 뜻합니다.
(예를 들어 "감정평가액②"는 제2권에 수록된 내용임)

(ㄱ)

(ㅁ)

(ㅂ)

(ㅊ)

(ㅌ)

(ㅍ)

(ㅎ)

서식색인

"①" 또는 "②"의 구분기호는 수록된 권수를 뜻합니다.
(예를 들어 "[대금지급기한통지서]②"는 제2권에 수록된 내용임)

(ㄱ)

(ㄴ)

(ㄷ)

(ㅁ)

(ㅂ)

(ㅍ)

(ㅎ)

판례색인

"①" 또는 "②"의 구분기호는 수록된 권수를 뜻합니다.
(예를 들어 "대법원 1959. 5. 14. 선고 4291민상302 판결②"는 제2권에 수록된 내용임)

〈약력〉

윤 경 (편집대표)

[학력]

- 서울대학교 법과대학 졸업
- 서울대학교 대학원 법학과 졸업(상법 전공, 법학석사)
- 미국 Duke 대학 Law School 졸업(LL.M. 취득, 지적재산권 전공)

[경력]

- 사법시험 합격(27회)
- 서울서부지방법원, 서울중앙지방법원 집행단독(경매 · 신청 담당)
- 사법연수원 연구법관(각국의 경매제도 연구)
- 서울고등법원(의료사건 전담)
- 대법원 재판연구관(강제집행, 보전처분 및 민사사건 담당)
- 춘천지방법원 수석부장판사(행정사건 전담)
- 언론중재위원회 강원중재부장(언론사건 담당)
- 사법연수원 교수 부장판사(저작권법, 상표법, 부정경쟁방지법 주임교수, 민사집행법, 보전소송, 저작권법, 부정경쟁방지법 강의 담당)
- 서울중앙지방법원 부장판사(민사집행 전담)
- 더리드 법률사무소 대표변호사

[저서]

- 민사집행총서 부동산경매 I, II (2017), 사법행정학회
- 민사집행(부동산경매)의 실무 개정증보판 (2013), 육법사
- 민사집행(부동산경매)의 실무 2008, 육법사
- 저작권법, 2005, 육법사
- 민사집행 실무제요(법원행정처 2003)의 집필위원(부동산경매 부분 집필)
- 주석 민사소송법(사법행정학회 2004)의 집필위원
- 주석 민사집행법(사법행정학회 2004)의 집필위원
- 보전처분(가압류 · 가처분)의 실무(상), 1999, 법률정보센터
- 부동산경매(입찰)의 실무(하), 1999, 법률정보센터

[논문]

'캐릭터의 저작물성', '상가의 업종제한규정의 효력 및 그 변경절차'를 비롯하여 법조, 인권과 정의, 저스티스 등에 약 80여 편의 논문 발표.

박영호

[학력]

- 영남대학교 법과대학 졸업(1993)
- 서울대학교 대학원 석사과정 졸업(상법 전공)
- 서울대학교 대학원 박사과정 수료(상법 전공)
- 미국 조지타운 대학교 Visiting Scholar(2004)

[경력]

- 제36회 사법시험합격(사법연수원 26기 수료)
- 공군법무관(1997-2000)
- 대구지방법원 판사, 대구지방법원 포항지원판사, 대구고등법원 판사
- 대법원 재판연구관(2010), 대법원 부장재판연구관(2012)
- 수원지방법원 안양지원 부장판사(2015)
- 서울중앙지방법원 부장판사(신청단독 및 항고전담재판부)(2017)
- 수원지방법원 평택지원장(2020), 수원지방법원 부장판사(2022)
- 사법연수원 신청법관 연수(가압류 및 민사항고) 교수(2014-현재)
- 사법연수원 의료실무법관연수 교수(2007- 현재)
- 사법연수원 신임법관연수 교수 및 형사분과장(2018-2022)
- 사법연수원 사법보좌관 직무수행연수 교수(2017- 현재)
- 사법보좌관후보자 교육 교수(민사집행법, 주택임대차보호법, 2015-현재)

[저서]

- 민사집행 실무제요, 법원행정처(2014), 집필위원(부동산경매 부분 집필)
- 민사집행 실무제요, 사법연수원(2020), 집필위원(채권집행 및 보전처분 집필)
- 법원실무제요, 비송편, 사법연수원(2023), 집필위원
- 주석 민사집행법, 사법행정학회(2018), 집필위원
- 주석 민사소송법, 사법행정학회(2018), 집필위원
- 온주(로앤비) 주택임대차보호법, 상가임대차보호법, 이자제한법, 부동산등기법, 부동산 실권리자명의 등기에 관한 법률 공동 집필
- 민사집행소송, 한국사법행정학회(2008), 공저
- 기타집행 재판실무편람(타기사건)(2007), 과태료 재판실무편람(2008)의 집필위원
- 민사항고 재판실무편람(2018, 집필위원장), 의료재판 실무편람(2001, 2005, 2014, 집필위원장)
- 동산채권 담보집행절차 해설, 법원행정처(2013, 연구반장)
- 의료과실과 의료소송, 육법사(2001), 공저
- 의료형법, 육법사(2004), 공저
- 의료분쟁과 법, 법률정보센터(2005)

[논문]

'가상화폐와 강제집행', '전자어음의 (가)압류 제도', '전자등록주식등에 대한 민사집행·보전 절차', '암호화폐의 강제집행, 비트코인을 중심으로', '공탁 및 공탁사유신고와 관련한 실무상 문제점', '일괄매각', '보전처분 불복사건의 처리에 관한 실무 개선방안'을 비롯하여 민사집행, 의료소송 관련 약 70편의 논문을 사법논집, 법조 등에 발표

〈약력〉

김선형

[학력]
- 고려대학교 법과대학 졸업

[경력]
- 법원행정고등고시 합격(20회)
- 광주지방법원 형사과, 서울고등법원 민사과, 형사과 참여사무관
- 법원행정처 기획조정실 기획제2심의관실(현 법무담당관실) 사무관
- 서울중앙지방법원 파산과 참여사무관(법인회생 담당)
- 제9기 사법보좌관후보자 과정 수료(수석)
- 대전지방법원 천안지원, 인천지방법원 부천지원 사법보좌관(부동산경매 등 담당)
- 서울중앙지방법원 사법보좌관(부동산경매 등 담당)
- 법원행정처 재판사무국 사법보좌관(민사재항고사건 등 재판연구 담당)
- 법원행정처 사법지원실 민사제2심의관(국립통일교육원 파견)

[저서]
- 법원실무제요, 민사집행 I, II, III, IV, V권, 사법연수원(2020), 공동집필(부동산경매 부분 집필)

[논문]
- ‘회생절차가 경매절차에 미치는 영향 – 집행법원의 실무를 중심으로 –’ 발표

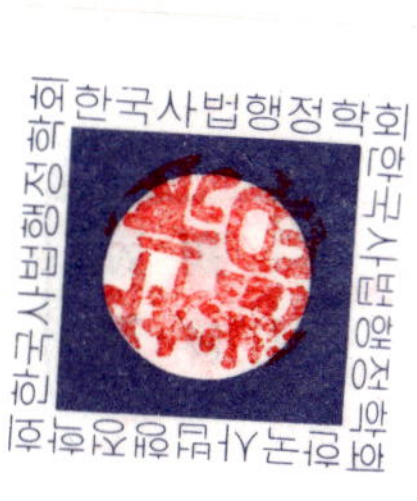

제2판 민사집행실무총서(Ⅰ)

부동산경매(2)

2017년 11월 10일 제1판 2쇄 발행
2023년 8월 1일 제2판 1쇄 인쇄
2023년 8월 15일 제2판 1쇄 발행

편집대표 윤 경
저 자 박영호·김선형
발 행 인 李 鍾 均
발 행 처 韓國司法行政學會

서울特別市 西大門區 忠正路 2街 69-18
電 話 (02) 362-2045~8
팩 스 (02) 312-2070
登 錄 1965年 8月 27日 9-94

定價 90,000원

ISBN 978-89-8109-853-7
SET 978-89-8109-851-3

※ 낙장·파본은 교환하여 드립니다.